山西文華·著述編

孔天胤全集

第八册

明 孔天胤◎著
張勇耀 趙桂溟
韓兵强 常佩雨◎點校

《山西文華》編纂委員會 編

山西出版傳媒集團
三晋出版社

山西文集

附録四　孔天胤年譜(下)

隆慶三年己巳(1569),六十五歲

鄉居。

是年與趙訥之間詩歌往來較多,春有《春日林間有懷趙陽谿使君》。趙訥任户部主事,差管徐州倉,六月有《和答趙陽谿使君四月廿七在徐州見夢之寄》詩。趙訥徐州事竣回京省親,有《喜陽谿户部分曹事竣過家省覲,因贈五言二律》詩。八月十六日有《酬陽谿先生以詩見壽,用原韻四首》詩。九月一日,趙訥至汾州拜訪,有《喜陽谿員外以九月一日過汾見訪》詩。趙訥母壽辰,有詩《奉壽趙母太老夫人時令嗣陽谿君省覲》。冬有《冬日宴趙陽谿復移小齋夜坐得六言四句二首》詩。另有《喜陽谿再過見訪》《至前宴集趙陽谿户部用甬東韻》《宿陽谿西郭草堂》等詩。趙訥詩《陽谿寄》存于集中①。

是年,趙訥《陽谿集》刊刻,孔天胤爲之作《陽谿集序》,序云:"陽谿趙子讀《禮》之餘,集其志學以來至今尚書郎凡所著述爲一家言。余覽而序之。"(《孔文谷集》卷八)《陽谿集》又名《趙孟敏集》,是否存世,待考。

正月十日,有詩《正月十日小堂春宴和西皋宗正》。

二月十五日,有詩《二月十五日口號》。

三月七日寒食節,有詩《寒食西岡二首》。

是年春,有詩《贈程一山參戎始建牙汾郡一首》。程一山,駐守汾州參將,一山爲字或號,其名不詳。五月仲夏又有詩《仲夏同程參戎游李氏園亭》。

---

①本年度所引孔天胤詩如無特别注明,均出自《文谷漁嬉稿·己巳卷》。

是年，爲程一山文集作《程參戎刻窗稿序》(《孔文谷集》卷八)。

孝義縣丞葉榮受嘉獎，有詩《贈孝義葉丞膺獎代人作》。乾隆《孝義縣志》之《官紳姓名卷一·縣丞》:“葉榮，保安人，嘉靖年任。”

三月十二日，爲故友王行仁(桐庵)之子王允承作詩《三月十有二日王生允承行年四十。允承，吾先友桐庵先生之遺孤也，蓋及髫而游吾門，今亦長焉如是，因感而賦之》。

三月末，與白雲康老飲酒，有詩《晚春與康老共酌》。孔天胤另有文《宴談》，或作于該年。句云:“要白雲之康老，度長日之小年。”(《孔文谷集》卷十三)

是年春，尚有詩《聞雁》《和西皋春日登城之作用韻》《春寒一首》等。

四月十日立夏，有詩《立夏日偶書》。

四月，又有詩《贈侯露泉宗相一首》。侯露泉，其人不詳。

五月五日端午節，有詩《五月五日宴小田宅》《己巳端陽日偶書》。小田指趙小田。

五月八日，有詩《五月八日園中再宴》。

五月上旬，前汾州知州郭鏗子西歸，作《贈郭公子西歸》，題目下有小注:“舊守石橋公有遺愛在汾。”石橋當爲郭鏗號。乾隆《汾州府志》卷八《職官·知州》:“郭鑑(鏗)，陝西咸寧(人)。舉人，嘉靖二年(任)。”嘉靖八年新淦人吳潮接任。

五月，園中石榴花盛開，有詩《仲夏庭榴開盛對酌咏言》。

五月十一日，慶成王府書官周永浩(號毅庵)卒。據馮叔奇(孚溪)行狀，爲之作《慶成王府書辦官毅庵周公暨元配党氏合葬墓誌銘》，内有“時隆慶三年五月十有一日也，享年七十有七”句。文中稱其處理問題能力强，“宗室藩衍至千，啓事叢集，真贋混淆。公承旨剖分，無不畢達”。其爲人，“納約自牖，進思退，補之忠，未易指數焉，由是郡士大夫亦皆樂與公游。郡人緩急，率倚公爲濟，而公慷慨措置，有惠有孚”。又教育有方，“諸子若孫，悉令業儒”(《孔文谷集》卷十二)。(周永浩小傳見附録)

六月三日，同年、致仕右副都御史蘇志皋卒，年七十三①。

六月麥收季節，有詩《刈麥復無所獲笑而賦之》：

自笑身爲田舍翁，麥收曾遇幾年豐。計當十斛成烏有，力盡三時獲屢空。雨露豈私磽確處，風雲不在坎坷中。若教窶者無荒儉，沮溺當時總未窮。

約六月，與宗尉東皋登北城樓，有詩《和東皋宗尉盛夏登北城新樓，贈太守寧公之作一首》。順治《汾陽縣志》卷一《土地志表》："城樓有四，東匾'汾水環流'，西匾'盤峰聳翠'，南匾'秦晉通衢'，北匾'鎖鑰雄鎮'。"

閏六月十五日立秋，有詩《和小村山中立秋見寄》，又有《秋日書感二首》。

張圖南由臨漳訓導調甘泉教諭，有詩《贈張圖南由臨漳司訓掌教甘泉》。張圖南，其人不詳。光緒《臨漳縣志》卷四《職官》隆慶朝無張姓訓導，疑漏載。

是年夏尚有詩《看東家牡丹》《夏日齋居》《和西皋宗尉見訪北園，兼有高咏》《奉和西園宴集之制》《夏日山莊六言》《伏日看文苑蓮花》。朱慎鍾有詩《和宗正西皋夏日於孔師園館宴集韻》（《寶善堂稿》卷下）。

七月七日，刻黄華老人王庭筠書法碑四塊于文苑清居。民國王堉昌《汾陽縣金石類編》按語："孔天胤摹刻四石，篆有'隆慶三年己巳七月七日，模勒于文苑清居，石凡四面，山人文谷子志'二行，字徑四分。原在汾陽縣文廟，今因馮軍駐廟，已湮没矣。"②

七月十四日與十九日，宗室柳川、小村生日，有詩《中元令節壽柳川小村二翁同誕》。

介休知縣劉旁興修廟學，爲作《介休縣興修廟學記》，記云："楚賢念虛劉公以名儒來莅……逾年而修之。"劉旁，字仲將，號念虛，隆慶元年任。光

①郭秉聰《明通議大夫都察院右副都御史食從二品俸致仕寒村蘇公暨配恭人温氏合葬墓誌銘》，蘇志皋《寒村集》附卷。

②詩碑經宋岳與孔天胤分别摹刻，歷經戰亂，今汾陽博物館四塊詩碑中第一塊爲孔天胤摹刻，後三塊爲宋岳摹刻。參見劉瑞祥《孔天胤》，王愷仁、劉瑞祥主編《汾州滄桑》第三卷，北嶽文藝出版社，2004。顧炎武《求古録》亦有記載。

緒《介休縣志》卷五《職官》:“劉旁,湖廣興國州舉人,隆慶二年任(誤,當爲元年)。詳宦績。隆慶五年高鈞繼任。”任内曾修《介休縣志》。後又任山東樂陵知縣[1]。

是年,劉旁修縣志成,爲作《介休縣志序》。序云:“令尹興國劉公始搜輯而草創之,而以學諭關西李君事編次。”(《孔文谷集》卷七)關西李君爲李斗,陝西鳳翔人,舉人。孫能傳《内閣藏書目録》:“《介休縣志》二册,全,隆慶己巳教諭李斗修。”(《内閣藏書目録》卷六)

是年有《叙知與王北野翁》文(《孔文谷集》卷十三),寫到二人“四十年相知而不惑”。王北野長于易數,曾卜孔天胤“道不濟時,文不華國,君子無情,小人側目”,並説他“甲戌之歲,其咎其辱。乃甲午有蒲之役,甲辰有沙蝨之蠹,甲寅被讒見放,甲子被偷。戊辰即鹿無虞,豺狼返噬”,這些“固皆驗矣”。又云“今年翁七十有三,余六十有五,度處之日各已有限”。據此可推知王北野生于弘治十年(1497)。

是年,知州寧策修北關城樓。順治《汾陽縣志》卷一:“北關城,明隆慶三年知州寧策築。周圍二里五分,高三丈二尺,基廣三丈,門四。”光緒《山西通志》卷二十四《府州廳縣考二》:“隆慶三年,築北關城樓。磚甃全城,益增高厚。通計高四丈八尺,基厚四丈二尺,頂厚一丈八尺。雉堞聯延,樓櫓相望。”

是年與汾州學正張三畏多有詩文唱和。七月有《短歌行》,詩題下有小注:“在文苑清居作呈郡博張十洲先生。”七月十五日有《七月十五日清醮呈郡博張十洲先生》。八月十五中秋有《和十洲見贈美際中秋喜逢華旦之作》。集中存有張三畏《十洲和》二首。乾隆《汾州府志》卷八《職官·學正》:“張三畏,北直德州衛(人)。歲貢,隆慶二年(任)。”

七月,有詩《汾上贈孝廉何竹窗先生》。竹窗,何瑭之子,或爲何光祖,曾任南宫訓導,時孔天民任南宫教諭。何瑭另一子何顯宗曾任解州訓導。

七月,有詩《覽鏡二首》《驚秋一首》《月蝕後書感》《林居即事一首》《理北園作》《答南老惠絲瓜白豆》《贈安上人》等。

---

①乾隆《樂陵縣志》卷四《秩官志》。

八月十五中秋，有詩《中秋月一首和七泉宗尉見壽》。

八月十六日生日，有詩《答南陽長老持山果見壽》。

八月，又有詩《題贈清溪宗尉石洪山莊二首》《積雨背郭園居二首》《謝東府宴一首》。

八月二十一日，禮部尚書趙貞吉兼文淵閣大學士，預機務。（《明穆宗實録》卷三十六）

八月二十二日，山西王府各立宗學。《明穆宗實録》卷三十六隆慶三年八月："癸亥，山西撫按官靳學顔等請如禮部議，命晉府、沈府及慶成、永和、安寧、隰川、陽曲、西河、交城、靈丘、山陰、襄垣、懷仁等王府各建立宗學，延請師儒教督宗室子弟，從之。"（另參《國榷》卷六十六）

八月二十八日，西湖八社成員高應冕卒①。

九月九日重陽節，有詩《次韻九日登北城新樓呈邽田相公》贈參政孫一正。句云："黄花有酒舒長嘯，紫塞無烟豁遠眸。"朱慎鍾亦有詩《重九日承大參孫邽田見招于北城新樓登眺》（《寶善堂集》卷下）。

九月十九日，有詩《九月十九日培菊，因憶雲溪老人嘗餞菊歸籬，創意殊絶，斯及之焉》。

九月，又有詩《暮雨蓬蒿園作》《比神不旺，數夢見鬼物，就于夢中紀夢》《咏史》《三次擁爐疊用前韻》等。病，有詩《答人問疾》《病中偶成》。

是月，四明隱士吕時自上黨過訪，自秋至冬，多有酬唱。天胤有《喜四明吕徵君自上黨來汾見訪》《邀吕徵君次園中二首》《再贈吕二山人》《謝甬東題園景十二咏二首》《初寒擁爐酌吕二山人並竺陽諸公在虚白齋作》《齋中再集擁爐，酒不殫興，戲用前韻》《酬吕徵君數來問疾》《咏吕山人酒瓢》《和吕二山人夜吟一首》《阻雪懷吕山人兼索詩》《臘月廿日與吕山人、程逸士迎春霞館》《立春後六日壽吕山人》《和吕二山人除夕寫懷》等。《立春後六日壽吕山人》題下小注："時十二月廿七日。"據此可推知吕時生日爲正德十三年（1518）二月七日。程逸士，即程竺陽。

沈宣王朱恬烄有《贈分守冀南大孫邽田》《送吕二山人游汾，訪孫大參

①張瀚《光州知州高穎湖墓誌銘》，《奚囊蠹餘》卷十五。

邽田、孔方伯文谷，和重陽後雪晴來謝詞韻》及《寄懷孔方伯文谷》《寄壽孔文谷鄉丈》《仙客篇》等詩[1]。後二首爲祝壽詩。

按：朱恬烄，沈憲王次子，自號西屏道人。嘉靖三十一年（1552）襲封，長于詩文，有《緑筠軒唫帙》，今存二卷。穆文熙云："宣王音調超拔，綽有陳思之風。"李騰鵬云："王所作和平爾雅，諸體各擅其長。"錢謙益云："宣王博學工詩，才藻秀逸。"《詩話》："宣王逸思清才，金枝之秀。"（《孤本明代人物小傳一》）

是年，又有詩《卜亭行》。卜亭，爲紀念卜子夏所立之亭。

九月十九日，冬至，有詩《至日二首》。

有書《與栗太行先生》致上黨栗應宏（《孔文谷集》卷十五），提及吕時過訪。

十月十日，王北野生日，有詩《壽王北野》。

是年冬，有懷人詩《叙舊呈馬北崖先生》，又有書《與馬北崖員外》《再與馬北崖員外》（《孔文谷集》卷十五）。按：馬雲雷，字子鳴，號北崖，山西祁縣人，監生。光緒《祁縣志》卷六《選舉·歲貢》："馬雲雷，天禄之子。陝西醴泉知縣，選南京户部主事，升北京户部員外郎。"崇禎《醴泉縣志》卷三《職官》："馬雲雷，山西祁縣人。由監生嘉靖三十年任，行取南京户部主事（即毀舊城者）。"二人相知二十餘年。馬雲雷在醴泉知縣任内曾參與嘉靖三十一年（1552）陝西鄉試[2]。

十月十六日，有詩《邽田相公誕辰適當奏凱賦以爲贈》《送大參知邽田孫公入賀》[3]。孫一正入朝，又有《送大參知邽田孫公入賀》詩。

臘月二十四日，孔天民生日，有詩《臘月廿四日壽乾石弟》《題梅竹圖爲壽二首》。

十二月，高拱復入閣[4]。高拱于嘉靖丙寅入閣，兼掌吏部事者凡二年。

---

①《緑筠軒唫帙》卷一、卷二。後二首見朱恬烄《緑筠軒稿》，又見于《沈國勉學書院集》卷九。

②《嘉靖三十一年陝西鄉試録》。

③據《嘉靖三十二年進士登科録》，孫一正生于正德甲戌年（1514）十月十六日。

④張廷玉《明史》卷一一〇，《表》第一一，《宰輔年表二》。

是年，大同知府程鳴伊刻其舅李舜臣《愚谷集》成，托“户曹趙陽谿君”（即趙訥）向孔天胤請序。孔天胤作《愚谷集序》，稱其文有“優柔涵泳之趣”“粹然一出于正”（《孔文谷集》卷八）。乾隆《大同府志》卷十《職官·知府》：“程鳴伊，隆慶中（任）。”程鳴伊曾任户部貴州清吏司郎中，趙訥亦曾在户部任職，故此相識[①]。（程鳴伊、李舜臣小傳見附録）

是年刻《文谷漁嬉稿》一卷。

隆慶四年庚午（1570），六十六歲

鄉居。

正月，因兵科給事中張鹵疏，宣大總督陳其學回籍聽勘。總督陜西三邊總督王崇古以原職任宣大總督[②]。

正月，浙江參政王世貞升山西按察使，本當四月初一到任，因母生病，七月十五日方到任。（鄭利華《王世貞年譜》）

二月，山西巡撫靳學顔遷工部右侍郎，石茂華任山西巡撫[③]。按：石茂華（1522—1583），字君采，號毅庵，山東益都人。曾主持編纂《寧夏志》，有《毅庵總督陜西奏議》行世。

蒙古軍隊犯邊三十年，皆因封貢及馬市而起。嘉靖年間，俺答曾屢次傳書，希望互開馬市，並承諾此後不再犯邊，但由于邊臣屢殺來使，馬市開了一段時間又告失敗。世宗殺掉主開馬市的仇鸞，並下令此後再有敢言開馬市者斬，終世宗之朝，無人復敢言及馬市之事。

是年冬，蒙古首領内部發生家庭糾紛，俺答搶了孫子把漢那吉所聘女子，把漢那吉一怒之下，率妻子十餘人到明朝投降。在高拱、張居正、王崇古、張四維等人的力持下，最終促成了通貢互市，史稱“俺答封貢”“隆慶和

①光緒《永平府志》卷五十二《列傳四·名宦四》作山東安丘人。

②吴廷燮《明督撫年表》卷二《宣大》。

③吴廷燮《明督撫年表》卷二《山西》。

議”，基本結束了明蒙之間長達二百多年的戰争狀態，對此後國家、民族、地區之間的關係發展産生了深遠影響[①]。

孔天胤有《與王鑑川督撫》致王崇古：“至於馬市進貢，乃遠人來服之效；時出犒賞，不過費國家九牛一毛，其視他費若何？賴公總統方略，省歲不防不貲之費，以廣儲蓄、養鋒鋭，更令郡縣略倣唐時府兵之制，各積官糧，各善民兵，則内治有强之實，外寇不足于虞也。國家二百年來，近歲虜患爲劇，乃今天授公明略，不煩一箭而成聖朝超古邁今一大勝事，威寧、新建不得專美于前矣。二《録》序中正要添此一段，所謂鋪張不世之鴻名，揚厲無前之偉績。”（《孔文谷集》卷十五）威寧，指王越，明中期將領，封威寧伯；新建，指王守仁，封新建伯。

是年，爲王崇古刻《蒲坂王氏世恩録》《蒲坂王氏世德録並序》（《孔文谷集》卷八），即《與王鑑川督撫》中所言之“二《録》”。

是年元旦，吕時在汾州度過。吕時有《庚午汾陽元旦試筆呈孔方伯五首》（《甬東山人稿》卷四）。第二首云：“春入台駘雲氣屯，鬥鷄走馬晉王孫。”台駘，汾河河神，侯馬、汾陽、介休、寧武、太原晉祠等地均有。鬥鷄，客觀上反映了晉王室的驕奢淫逸。第五首末句“社兒拷鼓賽空王”，反映了流行于晉中一帶的空王崇拜。

正月初八，孔天胤有詩《正月八日杏花亭與吕、程二山人觀梅，吕有“百年情在此杯中”之句，因足成一絶》。吕指吕時，程指程竺陽。

元宵節後，吕時别去，孔天胤作《汾亭别意引》（《孔文谷集》卷十三）。又有詩《贈别吕山人》《和吕山人留别》等[②]。

正月十五日，有詩《林間元夕》。

是年，趙訥仍于户部任職，孔天胤春有《送别陽谿户部在香林寺作》詩，趙訥有《陽谿和》。六月二十五日趙訥生日，又有《寄壽陽谿户部》，趙訥有和作。

①張四維《條麓堂集》卷十七收有二十三封與王崇古之間的書信，多談及此事。

②本年度所引孔天胤詩如無特别注明，均出自《文谷漁嬉稿·庚午卷》。

是年春，有詩《寄答素愚上人》《送别》《春林即事》《看園中牡丹》《戲題康老》《製衣嘆》等。朱慎鍾有和詩《步西園見"白雲籠碧樹，緑沼鏡青天"，敬和孔師春林即事》（《寶善堂稿》卷下）。

是年春，王文翰致仕，孔天胤有《喜西瀛丈歸田二首》詩。

三月三日，知州寧策在汾州城北修玄天閣成，爲作《玄天上帝閣記》云："至隆慶三年，太守河内寧公大葳城，築增高四丈八尺爲安攘計，謂舊址湫隘，乃建閣城之高頂……以明年庚午三月三日落成。"（《孔文谷集》卷十）

三月七日，王道行任四川布政使。（《明穆宗實録》卷四十三）

三月十日，張蕙（號抑齋）駐汾。（《明穆宗實録》卷四十三）萬曆《汾州府志》卷七《官職類·部使》："張蕙，山東平原縣人。嘉靖庚戌進士，由郎中歷升左參政，隆慶四年駐扎。升巡撫寧夏都御史。"（張蕙小傳見附録）

三月十八日，宗室朱奇灝夫人去世，雷凌霄（號水南）作行狀，孔天胤作《皇宗南村公暨配淑人戚氏合葬墓誌銘》。文云："公以嘉靖四十一年三月二十五日逝，享年八十。生於成化二十年五月十有八日。淑人以隆慶四年三月十有八日終，享年八十有四，生於成化二十三年二月二十五日……兹卜庚午五月十有七日，與淑人合葬某原。乃中尉君用别駕水南雷公撰狀索銘，余謹據其概而銘之。"（《孔文谷續集》卷四）孔天胤去世後，其子孫多得雷凌霄照顧。（朱奇灝、雷凌霄小傳見附録）

五月初七，文學家袁中道生。袁中道（1570—1623），字小修，湖廣公安人，有《珂雪齋集》。《明史》入《文苑》。

是年初夏，介休教諭李斗升芮城知縣，有詩《贈介休李學諭之芮城令》，詩題下有小注："李，岐周人。"乾隆《介休縣志》卷五《職官·教諭》："李斗，陜西鳳翔縣（人），舉人。"民國《芮城縣志》卷六《職官》："李斗，鳳翔府（人），隆慶五年（任），舉人。詳《名宦》。"卷九《名宦傳》："李斗，號葵軒，隆慶五年知縣，修邑志，刻題名記。"乾隆《鳳翔府志》卷八《選舉》記其爲嘉靖十九年（1540）庚子科舉人。

六月，同年前少傅大學士李本請復吕姓。（《國榷》卷六十六）

罷浙江提學副使林大春，以拭目割裂見劾。（《國榷》卷六十六）

六月二十日，前山西巡撫都察院右副都御史楊宗氣（一作“器”）卒①。

是年夏，汾州判官王守謙辭官，有詩《送王心涯別駕拂衣還里》。乾隆《汾州府志》卷八《職官·判官》：“王守謙，南直武進（人），隆慶三年（任）。”是年陝西涇陽人邱思敬繼任。

是年夏，尚有詩《首夏齋君》《卧疾虚白齋二首》《送郝虞官應貢北上》《園中行藥二首》《新理茅齋》《壽程竺陽作》《初夏看榴花作》《贈工琴史》《北園茅室新成輒謾題壁二首》《酬西皋到山房見留之韻》《贈春谷上人》《移疾蘭雪軒四首》《和宗川雨後西園漫興》《和小村題取經僧送茶》《和西皋答人送果》。

是年七月，有詩《初秋夜坐》。

八月，兩京各地例舉鄉試。湯顯祖以第八名中舉。王世貞參與是年山西鄉試，並作《山西鄉試録後序》。（鄭利華《王世貞年譜）

八月十五日中秋，雲川宗尉賦詩爲祝壽，有詩《雲川宗尉賦中秋月見壽，輒倚和奉酬》。另有《謝雲川惠菊兼有高咏》《西樓坐月中秋無月和吕傅》二詩，均作于十五、十六二日。王緯自德州祝壽，作《酬王龍岡太守自德州寄壽》詩。

不久，王緯辭官回鄉，孔天胤作《喜王龍岡使君拂衣還里》，又有《夜坐即事呈龍岡丈》。王緯均有和作，存集中。

八月二十日，李攀龍卒，年五十有七②。

九月九日，有詩《承雲川就菊小園爲登高之會用韻》《和雲川看菊韻》。

是月，另有詩《俠客篇》。

十月，王世貞參與是年山西武舉鄉試，並作《山西武舉鄉試録序》。尋接母親病重消息，遂上疏辭官。抵澤州，得母去世消息，晝夜疾馳，抵家。（鄭利華《王世貞年譜》）

是年冬，有詩《和雲川初雪韻》《歲暮行》《夜聽王生讀書二首》《答問一

①王崇古《都察院右副都御史延安鍾山楊公宗器墓表》，焦竑《國朝獻徵録》卷五十九。

②殷士儋《明故嘉議大夫河南按察司按察使李公墓誌銘》，《金輿山房稿》卷一。

首》《燕喜得孫》《掃舍一首》等。

十一月二十一日,大學士趙貞吉罷。(《明穆宗實録》卷五十一)

十一月二十五日,禮部尚書殷士儋入内閣,預機務。(《明穆宗實録》卷五十一)

十一月仲冬,汾州同知夏詔赴京述職,爲作《贈別駕丹峰夏公入覲序》,文云:"隆慶五年爲聖朝元會之期,方服之臣罔不畢詣。時汾州守以邊例留,丹峰夏公職在別駕,當於庚午仲冬祇行。"(《孔文谷集》卷七)乾隆《汾州府志》卷八《職官·同知》:"夏詔,陝西洮州(人)。歲貢,隆慶三年(任)。"

十二月初八,有詩《臘八日作香糜供佛》。

十二月十日,東皋翁生日,有詩《宗尉東皋翁令旦,庚午臘月十日》。

十二月十七日,大學士張居正秩滿,進兼太子太傅吏部尚書。(《明穆宗實録》卷五十二)

十二月二十二日,爲王文翰生日作《壽西瀛丈》詩。

十二月二十四日,有詩《臘月廿四日壽乾石弟》《壽弟叙懷二首》。

是年,范大儒上疏請求致仕,孔天胤寫有《贈范大參請告東歸序》,文云:"自二年戊辰到官,及庚午,則邊鄙盡寧,民用生息,一道皆倚以爲重。"(《孔文谷集》卷八)雍正《山西通志》卷七十九《職官》:"范大儒,進士。嘉靖時歷任僉事、右參議、右參政、副使。山東霑化人。"

十二月二十五日,進閣臣李春芳中極殿大學士,支尚書俸。高拱少師兼太子太師、建極殿大學士,張居正少傅兼太子太傅、建極殿大學士,各廕尚寶司丞。殷士儋少保武英殿大學士,與大學士趙貞吉各廕中書舍人。(《明穆宗實録》卷五十二)

是年,介休知縣劉旁主持修繕介休城,孔天胤作《介休縣繕城記》云:"其城增高一丈二尺,幫厚八尺,周圍雉堞樓櫓敵臺之屬,皆有業有嚴,式堅式好。君所謂一勞而永逸、小費而大成。"①乾隆《介休縣志》卷五《宦迹》:"劉旁……時隆慶元年,北虜入境,公繕城濬濠,守禦有方,民不驚竄。而寇知有備,亦遁去,一境賴以安。"

---

①孔天胤《孔文谷集》卷十。該文收入乾隆《介休縣志》,題爲《繕縣城記》,題後標明時間爲"隆慶四年"。

《與王龍池方伯》一文或作于是年歲末，因次年正月王道行即遭罷黜。文中提及："兹歲闌申仰德之懷，某一歲中賦詩幾百首，又草詩話數十條。"（《孔文谷集》卷十五）惜詩話未見于刻本，僅少量存于謝榛集中。

是年刻《文谷漁嬉稿》一卷。

隆慶五年辛未（1571），六十七歲

鄉居。

是年春節後，有詩《初春游長春觀六首》[①]。

元宵節前，有詩《題平泉館畫燈二首》。

元宵節，有《元夕篇》《元夕懷社中諸公》，社當指金蘭詩社。另有詩《春日感懷用前韻》《酬諸公看燈用來韻》。

時慶成王府與永和王府在汾州城各設詩社。萬曆《汾州府志》卷三《建置類·宗會》："先是，兩府各立詩社。慶成社名金蘭，王宗川主之；永和社名青蓮，王恒南主之。比時宗賢畢聚，成律成貼，彬彬稱盛焉。"乾隆《汾陽縣志》卷三《學校》："舊志：明藩封各設學，選宗室最賢者爲宗正。慶成設于城西北香火寺，永和設于城西南净土寺。慶成立詩社曰金蘭，永和立詩社曰青蓮。"

正月十三日，歸有光卒，享年六十有六[②]。

正月十七日，四川布政使王道行被罷黜。（《明穆宗實録》卷五十三）

正月，董世彦升山西右參政。（《明穆宗實録》卷五十三）

二月，張居正、吕調陽爲會試主考，録鄧以讚等四百人。（《明穆宗實録》卷五十四）

三月，張元忭、劉瑊、鄧以讚等三百九十六人進士及第，出身有差。

①本年度所引孔天胤詩如無特別注明，均出自《文谷漁嬉稿·辛未卷》。

②唐時升《太僕寺寺丞歸公墓誌銘》，《三易集》卷十七，代大學士王錫爵作。張傳元、余梅年《歸震川年譜》第75頁，商務印書館，1936。

(《明穆宗實録》卷五十五,另參《隆慶五年進士登科録》)

是科重要者或與孔天胤有交集者有:劉臺(貫江西安福縣)、耿定力(湖廣黄州府黄安縣人)、潘雲祥(山西寧化守禦千户所人)、劉虞夔(山西高平人)、公家臣(山東蒙陰人)、李楨(陜西慶陽衛人)、劉應元(山西洪洞人)、王象乾(山東新城人)、陸夢熊(浙江餘姚人)。

二月,有詩《仲春涉園,了無春事,因題二絶解之》。

二月十六日,春分,有詩《春分行》。

是年春,尚有詩《春日登讀書臺二首》《招隱一首》《有所思二首》《春日過天寧寺賦贈謝丈》《古意》。天寧寺簡介見前。

馬雲雷(北崖)送酒,孔天胤有《馬員外送酒歌》詩。

二月二十五日,山西布政司左參政張蕙升山西按察使,仍分守汾州。(《明穆宗實録》卷五十四)

二月末,有詩《贈大參知董公》贈參政董堯封(號李村)。另作有《贈言圖引》(《孔文谷集》卷十三)。(董堯封小傳見附録)

三月九日,山西左布政使楊綵任山西巡撫[①]。《山西通志》卷七十九《職官七》:“楊綵,進士,嘉靖時任副使,遷左布政使,爲巡撫山西都御史。江西泰和人。”(楊綵小傳見附録)

三月三日,與王緯等于天寧寺聚會,有詩《三月三日與龍岡諸公天寧寺宴集》。

三月,趙訥請刻孔天胤全集,寫有《請刻孔文谷先生全稿書》。文云:“伏乞尊慈,俯允所請,命侍史以文録語録全稿賜訥,當與二三門生及海内同好之士,通與已刻詩集梓爲全集。”文集刻成,趙訥作《文谷孔先生文集序》。序云:“先生以其詩則與人偕樂,每歲刻《漁嬉》一帙,而獨難於以文示人。比訥在民署閲年,蓋四方相知者愈益問請,以爲不可無傳也。予叨爲先生弟子,於是益以自愧内訟,乃捐俸寄先生之弟乾石氏,偕諸門人刻于家塾。”落款爲:“隆慶五年辛未三月吉,賜進士第承德郎户部署郎中眷門生

①吴廷燮《明督撫年表》卷二《山西》。

趙訥頓首撰。”

是年春，王緯招宴，孔天胤有詩《和龍岡招宴洪西隱居之作》。

三月十九日，爲西谷宗尉生日作詩《壽西谷宗尉》。

三月，慶成王宗川夫人卒，爲作挽詩《挽宗川王夫人》。

三月，有詩《侯露泉賓相修竹園》。侯露泉，其人不詳。

三月三十日，張蕙升寧夏巡撫。（《明穆宗實録》卷五十五）孔天胤寫有《贈抑齋張公巡撫寧夏序》，序云：“及擢守冀南，開府汾陽，凡八閲月而補偏救弊。”（《孔文谷集》卷八）四月初又有詩《送張中丞拊循寧夏》。

四月六日，有詩《四月六日宴端謹堂看牡丹用韻》。

四月八日，應周倫等人所請，在峪中宴集，有詩《四月八日周兑川昆玉邀謝徵君、王平原與余同宴峪中園亭，即席有作二首》。

四月九日，有詩《四月九日園中宴坐》。

四月初十，趙訥母親卒，爲之作《敕封太安人趙母田氏墓誌銘》，文云：“以隆慶五年辛未四月初十日終于正寢，距生弘治八年乙卯九月十有五日，享年七十七歲。”（《孔文谷集》卷十二）另作有祭文《祭趙母太安人田氏文》（《孔文谷集》卷十六）。

四月初，爲《書五世恩貤卷》題詩，或爲王崇古題。

四月，程竺陽生日，有詩《壽程山人》。

是年夏，于園中種白蓮，有詩《開池種白蓮呈柳川主人》。朱慎鍾有《次孔師開池種白蓮》詩（《寶善堂稿》卷下）。高西泉生日，孔天胤有詩《高西泉小樓行爲壽》。

五月初五，有詩《五日對榴花作》。

五月二十日，夏至，有詩《夏日與同懷諸子賞芍藥行》《夏日承同飲諸公林亭宴集得青字》等。

五月，尚有詩《築關城後作室嘉樹園因自寫懷》《壽橘泉六旬》《贈友人生日》等。

五月十七日，大學士李春芳罷歸。（《國榷》卷六十七）

五月，陝西參政張佳胤升山西按察使。（《明穆宗實録》卷五十七）

六月初一，前山西巡撫靳學顔卒。《明穆宗實録》卷五十八隆慶五年六月："辛卯，原任吏部左侍郎靳學顔卒，以三年未滿，賜祭一壇，給半葬。學顔，山東濟寧州人，嘉靖乙未進士。初授南陽府推官，累官至左布政使，入爲太僕光禄卿、都察院副都御史巡撫山西，晉工部侍郎，改吏部，以病乞歸，至是卒。學顔爲人淳謹，内行修潔，文學氣節俱爲士論所重云。"

六月二十二日，大暑，病，西谷宗尉送玉李，有詩《大暑卧痾，西谷翁見惠玉李，走筆奉謝》。

六月二十五日，爲趙訥生日作《慰趙陽谿生日，時宅憂》詩。趙訥時丁母憂。

七月七日，有詩《秋夕篇》。

八月十六日生日，趙訥、王緯有祝壽詩《陽谿見壽》《龍岡見壽》(俱見《文谷漁嬉稿》)，孔天胤有《酬陽谿、龍岡二使君見壽二首》。

是年秋，有題畫詩《題大司馬王公靖邊五圖》五首，分别爲《單于款塞》《三秋晏然》《萬里鷹揚》《鈴閣蕭閑》《功垂帶礪》，頌王崇古功績。

秋，爲慶成王府學教授吕恕生日作《壽王相吕磻溪先生》詩。

九月初一，慶成安穆王朱知𤓰下葬，爲之作《皇明慶成安穆王墓誌銘》。安穆王卒于隆慶三年(1569)，文中有"以隆慶五年九月初一日葬，先期以教授吕恕撰狀徵外史氏銘"句(《孔文谷集》卷十二)。《汾陽縣金石類編·卷二·志表類》載："碑高六尺六寸，寬三尺許。共二十五行，行各五十六字。字徑六分半，正書，篆額已佚。"此碑萬曆二年(1574)三月戊辰清明日立，民國十一年(1922)出土，原存汾陽宋家莊村[①]。落款爲："賜進士及第通奉大夫河南布政使司左布政使前三奉敕命提督陝西浙江學校副使陝西提刑按察使郡人孔天胤撰，賜同進士出身奉政大夫光禄寺少卿郡人王緝篆，賜同進士出身承德郎浙江清吏司署郎中事主事孝義趙訥書。"

送安穆王靈柩至墓地，有詩《送安穆靈至西山新兆》。另有祭文《祭慶成安穆王文》(《孔文谷集》卷十六)。

①順治《汾陽縣志》卷一《土地志·塋墓》："安穆王墓，在宋家里。"

九月十日，同年游居敬卒[①]。

九月二十九日，前兵部尚書、宣大總督蘇祐卒，壽八十[②]。

是年秋，有詩《雨中對庭樹二首》，王緯有和詩，集中作《龍岡和》。另有《積雨秋林四首》《秋雨嘆》《酒熟一首》《自咤》《合藥》《霜夜》《西岡草堂自題》《自寛》等詩。

十月九日，初雪，有詩《十月九日初雪》《山齋積雪二首》。

十月，山西按察使張佳胤升應天巡撫。（《明穆宗實録》卷六十二）

十一月，山西參政董世彦繼任按察使（《明穆宗實録》卷六十三），張佳胤有詩《寄董子才代余山西憲長》（《崌崍山房集》卷十七）。

十一月，殷士儋罷歸。（《明穆宗實録》卷六十三）

十二月，以受俘賞，加總督宣大、山西軍務都察院右都御史王崇古太子太保、兵部尚書，兼都察院右都御史[③]。

臘月二十四日，有詩《臘月二十四日壽乾石》。

是年冬，有詩《喜東谷生子》《題雪夜幸普圖用原韻》《七泉宗尉五十》。

除夕，與兒子孔階守歲，有詩《守歲慶雲山房兒階侍焉》。是年歲末，蘭雪堂落成，有詞《附蘭雪堂落成調〈沁園春〉一闋》，趙訥有和。《增置苑東樹園記》亦作于此時，文中有"則名其軒以'湛緑'也，白雲康老易之曰'蘭雪'。今作蘭雪堂。"孔天胤能詞，但不多見。

是年，有書《與孫思泉大參》（《孔文谷集》卷十五）。

是年，紀公巡駐汾。孔天胤寫有《贈大參省吾紀公移鎮汾陽序》，文云："省吾紀公，以宿望受上簡書，飭兵岢嵐，坐鎮老營，爲隆慶庚午。明年擢本省參知，分守冀南。"（《孔文谷集》卷八）萬曆《汾州府志》卷七《官職類·部使》："紀公巡，山東恩縣人。嘉靖庚戌進士，由給事中歷升左參政，隆慶五

①葉向高《通議大夫刑部右侍郎可齋游公神道碑》，《蒼霞草》卷十三。

②吳中行《資政大夫兵部尚書兼都察院右都御史蘇公墓誌銘》，《賜余堂集》卷十二。

③吳廷燮《明督撫年表》卷二《宣大》。

年駐扎。升陝西按察使。”

是年，應介休知縣劉旁所請，爲其同鄉、工部侍郎徐綱母作壽序《南山獻壽序》(《孔文谷集》卷七)。按：徐綱，字立之，號浴泉，湖廣興國州人。

是年，張三畏遷德州王府紀善，孔天胤有詩《贈郡博張十洲先生遷德王府紀善》。

是年刻《文谷漁嬉稿》一卷。

隆慶六年壬申(1572)，六十八歲

鄉居。

正月，進高拱柱國中極殿大學士，張居正少師兼太子太師。(《明穆宗實録》卷六十五)

正月初五，俗稱“五窮日”，各家打掃衛生、倒垃圾，俗稱“送五窮”。有詩《開歲五日涉園，俗云此日爲五窮日》[1]。

正月初七，人日，有詩《人日蘭雪堂宴坐》。

是年春，與趙訥之間來往頗多，初春有詩《酬陽谿春初見枉之作用韻》，二月仲春有《登趙陽谿書樓一首》，三月有《暮春同陽谿、龍岡、乾石、竺陽、露泉至谷口，遇周兑川、峪川，邀坐樹下一餐，去看柳川竹林，不遇主人，竟觴咏而歸，用龍岡韻一首》(趙訥有和詩)，另有《喜陽谿見過二首》《玩階前紅藥二首》(集中收有趙訥和詩二首)。

正月十五，元宵節。慶成王朱慎鍾善製燈，孔天胤有《和燈韻二首》，句云：“滇南寶絲金碧精，良工製器奇巧呈。”極力描繪慶成王高超的製燈技巧和花燈的奢華精巧。

是年春，王緯主持清醮(祭神)，孔天胤有詩《贈平原太守王公西林清醮二首》。

二月，有詩《仲春小園獨酌》《春雪遣懷四首》。

---

①本年度所引孔天胤詩如無特別注明，均出自孔天胤《文谷漁嬉稿·壬申卷》。

是年閏二月初二日，陝西麟游縣令楊蕚（汾州人）母田氏卒，王緯作行狀，孔天胤作《楊母太孺人田氏墓誌銘》。文云："太儒人奄以疾終，時隆慶六年閏二月初二日也，享年七十有九。蕚奔赴，卜其歲四月十七日葬廓南祖塋，啓西橋公壙祔之。"①

閏二月十二日爲清明節，有詩《清明後前一日作》。

是年春，還有詩《閑居》《宗正諸公見訪林園賦此奉酬》《棣華軒喜雨共酌和弟韻》《贈参戎程一山三首》。"棣華軒"詩後附有天民詩。

三月三日，邀知州鄭逢時（達泉）游賞峪中，有詩《邀郡守鄭公峪中宴眺》。乾隆《汾州府志》卷八《職官·知州》："鄭逢時，北直固安（人），舉人，隆慶五年（任）。"

鄭逢時獲山西巡撫楊綵嘉奬，爲作《贈明府達泉鄭公以卓異膺奬序》。（《孔文谷集》卷八）

三月十九日，爲西谷宗尉生日作《壽西谷翁》詩。

三月二十一日，致仕光禄寺卿馮惟訥卒②。

四月八日，受知州鄭逢時宴請，有詩《謝鄭明府四月八日惠燕北溪草堂》。

四月，庭前石榴花開，有詩《庭榴盛開酌言賞之》。

四月初夏，與趙訥之間有詩《避喧》，趙訥有和詩《陽谿和》。趙訥游介休綿山並拜謁介子推祠，有詩二首（集中有趙訥詩，題作《陽谿作》），孔天胤有和詩《和陽谿由雀鼠谷游綿山見寄之作》《和陽谿謁介子推祠》。

四月，高儀入内閣，預機務。（《明穆宗實録》卷六十九）按：高儀（1517—1572），字子象，號南宇，錢塘人。生平見《明史》本傳③。

五月初五，端午，有詩《五日山中》。首聯云："端陽百忌古遺風，總與山

①孔天胤《孔文谷續集》卷四。2002年9月，該墓誌銘于汾陽市南關村出土，現存汾陽市博物館。兵部尚書霍冀書，梁明翰篆額。

②余繼登《明通奉大夫光禄寺卿少洲馮公墓誌銘》，《淡然軒集》卷六。

③張廷玉《明史》卷一九三《高儀傳》。

家事不同。”

五月，朱慎鍾受册封爲慶成王，爲作《泮宫獻壽文序》。序云：“自莊祖八傳而至今王，隆慶六年五月，王受聖天子策命，纘緒鴻盟，踐登寶位。”（《孔文谷續集》卷三）另有詩《贈賓卿省齋劉公至慶邸册封》記其事。省齋劉公，其人待考。《明穆宗實録》卷六十九隆慶六年四月：“壬午，以册封宗藩，命駙馬都尉許從誠告内殿，遣懷柔伯施光祖等持節册封……慶成王府慶成王知㸂嫡長孫慎鍾爲慶成王。”五月爲使者到汾時間。

是年，有書《上慶成王宗川》，希望朱慎鍾“宜益留意于學，以永終譽”（《孔文谷集》卷十五）。

五月，穆宗駕崩，大學士高拱、張居正、高儀受顧命。（《明穆宗實録》卷六十九）

五月二日，夏至，有詩《夏日園居十首》。

六月初十，朱翊鈞即位，是爲神宗（《弇山堂别集》卷三十一《帝系》）。

約五六月間，王緯生日，孔天胤有詩《壽龍岡翁六十》。據此可知王緯生于正德八年（1513）。

六月十九日立秋，二十五日爲趙訥生日，作詩《立秋後九日壽趙陽谿》[1]。

是年夏，有詩《坐笑一首》：

> 計返空林十八年，不言平地少神仙。寥天對影雲常白，静夜同心月好圓。萬卷付教兒子看，一杯留聽老翁傳。笑他腐鼠雄鴟腹，曾嚇鵷雛過耳邊。

從嘉靖三十四年（1555）歸隱，至是年已十八年。

“腐鼠”“鵷雛”典出《莊子·秋水》：惠施爲梁國相，莊子往見之。惠施聽左右言，以爲莊子此行欲取而代之，故懼。莊子往見之，以鵷雛自比，非練食不食，非醴泉不飲。今有一鴟得腐鼠，見鵷雛飛過，以爲欲奪腐鼠，故嚇鵷雛。借以諷刺惠施的恐懼。後比喻庸俗的人所珍愛的物品。李商隱《題

---

①據《嘉靖三十八年進士登科録》，趙訥生于六月二十五日，據該詩，則生于六月二十八日。

安定城樓》:“不知腐鼠成滋味,猜意鵷雛竟未休。”

是年六月,與宗室西皋間有詩《賀西皋新地》。與東皋之間有詩《宗尉東皋釋禪爲拈一語奉慰》。

六月,久旱喜雨,有詩《喜雨二首呈鄭明府》。句云:“旱延三伏盡,澤應一壇祈。天意嗟如此,民生尚可爲。苗稀看晚秀,雨已望重施。”表達了久旱後喜獲甘霖的愉快心情。

六月十六日,高拱罷相,張居正爲首輔。(《明神宗實録》卷二)張居正秉政時代開始。

六月,大學士高儀卒[①]。

七月,郡城北樓新甓工畢,爲作《新甓汾州城記》。文中交代建北樓緣由是爲防“虜”。又云:“墻廣一丈,高四丈八尺……以五年辛未二月興事,適張公升去,左參政紀公至,乃申畫董正,至六年壬申七月告有成。”(《孔文谷集》卷十)趙訥有詩,孔天胤作和詩《郡城新甓北樓奉玄武像而下築臺,建五丈旗,壬申夏陽谿君登眺有作,余倚韻和焉》。七月已是秋天,趙訥作詩或略早。

六月末或七月初,作《擬古五首》。開篇云:“富貴不可極,氣勢不可殫。”表達了作者對富貴榮辱的看法。又有詩《緩歌五言》。

七月初七,有詩《七夕二首》。

七月,尚有詩《空谷篇招隱》《雨中留陽谿二首》等。

七月十五日,柳川宗尉七十壽,爲作《壽柳川宗尉七十》詩。

七月,山西按察司副使馮謙(號益川)回鄉,孔天胤有《贈别馮益川憲使東歸》詩。又有書《與馮益川憲副》云:“鄙人罷歸,作住山道士,見人便自泯縮,十有八年于兹矣。”許谷有詩《送馮益川憲副》,尾聯云:“不久均勞還秉軸,只今朝野望俱隆。”[②]可知離職係被貶。(馮謙小傳見附録)

①吕調陽《資德大夫正治上卿太子少保禮部尚書兼文淵閣大學士贈太子太保謚文端南宇高公儀墓誌銘》,焦竑《國朝獻徵録》卷十七。

②許谷《歸田稿》卷八。

七月，吏科都給事中雒遵劾楊綵，楊綵閑住，原户部侍郎趙孔昭任山西巡撫[①]。

七月，少傅兼太子太傅吏部尚書楊博考一品十二年滿，加少師兼太子太保，蔭子入監。(《國榷》卷六十八)

七月二十七日，前工部尚書績溪胡松卒[②]。

七月，山西按察使董世彦升山西右布政使。(《明神宗實録》卷三)

是年秋八月，吕時至，有詩《喜吕山人至》。八月十五邀請吕時、吕恕及弟天民賞月，有詩《八月十五夜邀吕山人、吕太傅，同弟東明令玩月》。吕太傅，吕本。

八月十六日生日，知州鄭逢時、學正宋崇獻(伴蘆)及親屬爲之賀壽，有《酬鄭明府見壽》《生日酬親知作》《酬郡博宋伴蘆先生見壽》等詩。乾隆《汾州府志》卷八《職官·學正》："宋崇獻，武功中衛籍，山東武定州(人)。舉人，隆慶五年(任)。"

八月，有詩《從吕山人處觀東岩唐公所贈詩因憶》。東岩唐公，指唐頤，字子觀，山西陽曲人。嘉靖十四年(1535)進士，曾任臨洮知府，學者稱東岩先生[③]。雍正《山西通志》卷一百七《人物七》："唐頤，陽曲人，希介孫。嘉靖乙未進士，官至臨洮知府。持己清謹，居家儉約。歷二千石而家業蕭然，不干謁，不語時政得失，循循退讓。林居四十年，年八十五卒。"又有詩《雨懷呈吕逸人二首》。傅山有《題唐東岩書册》(《霜紅龕集》卷二十二)。

八月，爲潞藩沈王題詩《題沈國〈好學敦倫册〉》。

八月，進張居正左柱國中極殿大學士，蔭尚寶司丞；吕調陽太子少保武英殿大學士，大學士張四維予告。(《國榷》卷六十八)

九月，大學士張居正請修《穆宗實録》。(《國榷》卷六十八)

九月九日，爲慶成王朱慎鍾生日作詩《九日奉壽慶成王》。又有詩《九

①吴廷燮《明督撫年表》卷二《山西》。

②王世貞《工部尚書致仕進階榮禄大夫承庵胡公松行狀》，焦竑《國朝獻徵録》卷五十。又見王世貞《弇州山人四部稿》卷一百《文部》。

③道光《陽曲縣志》卷十三《人物列傳》。

日登北城樓呈鄭明府二首用韻》贈知州鄭逢時。

九月十日，有詩《九月十日與吕山人小樓續眺》。

吕時返潞州，孔天胤有《和吕山人山房話别三首》《題老僧衣菊用吕山人韻》《夜聽落葉思吕山人旅桐竹山房二首》《和甬東嘉樹園留别》《贈吕山人自汾之潞》《姚江陳生隨其師吕公見訪以詩留别依韻和酬》《齋居與甬東》等詩。吕時有《行行嘆志别汾陽諸公》詩，句云："汾水已三向，主人仍嘆留。莎鷄一振羽，客子重悲秋。"(《甬東山人稿》卷一)故知吕時離開時間爲秋天，與孔天胤詩境契合。

是年秋，有古詩《猛虎行》《枯魚過河泣》《春江引》《估客樂》。

爲吕昶生日作《壽吕磻溪先生效張文昌》詩。張文昌，唐代著名詩人張籍(768—約830)，有《張司業集》。

是年秋，爲宗室蘭軒作《題蘭軒太霞閒宇》詩。太霞閒宇爲蘭軒室名。

是年秋，知州鄭逢時即將離任，孔天胤有《聞達泉公將去郡悵然有作》詩。首聯云："太行官路總摧輪，白日浮雲更愴神。"

是年冬，爲學正宋崇獻生日作詩《壽伴蘆宋先生》。

是年十二月，爲朱慎鏐生日作詩《壽仲川宗正》。是年祝壽詩又有《雲翁壽日》《題鄭君秋香玉兔圖因以爲壽》等。雲翁，宗室雲川生日爲正月初八，當另有其人。鄭君，當爲鄭柏齡。

十二月二十一日，立春，有詩《立春日偶書》。次日爲弟天民生日，有詩《立春次日爲東明弟壽辰得詩二首，時嘉平廿四日也》[①]。

是年冬，尚有詩《雜詩二首》《送歸客五首》《題東皋翁隱居》等。後裴邦奇游汾，有詩《題東皋别業次孔丈韻》(《巢雲詩集》卷五)，即用孔天胤《題東皋翁隱居》韻。

十二月十六日，舉人同年李天錫(號近山)卒，爲作《奉訓大夫乾州知州近山李公暨配安人曹氏合葬墓誌銘》。文云："享年八十有二，以隆慶六年十二月十六日考終正寢。生於弘治四年十月初七日。"[②](李天錫小傳見附録)

---

①按孔天胤詩，應爲十二月二十三日立春。

②《孔文谷續集》卷四。隆慶六年十二月十六日公曆爲1573年1月29日。

是年刻《文谷漁嬉稿》一卷。

萬曆元年癸酉(1573),六十九歲

鄉居。

正月,王大臣入乾清宫被獲,伏誅。(《明神宗實録》卷九)

正月十三日,吏部右侍郎諸大綬卒[1]。萬曆《紹興府志》卷四十八《人物志八·鄉賢五》:"穆宗注聽焉,方屬意大用,會崩,大綬亦病卒。"諸大綬爲孔天胤浙江任内所取舉人。(小傳見附録)

正月十五,元宵節,受慶成王朱慎鍾之邀到寶善堂觀燈,有詩《元夕寶善堂燈宴二首》《小堂燈集用韻兩首》[2]。朱慎鍾有和詩《元夕寶善堂燈宴次文翁孔師韻》(《寶善堂稿》卷下)。

正月,兵部尚書霍冀父霍文會八十壽,爲作《誥封兵部尚書梧岡霍翁登年八十序》。有"歲之癸酉,當萬曆改元正月上辰爲翁初度之日"句(《孔文谷集》卷八)。

二月仲春,有詩《仲春郊行》,朱慎鍾有和詩《次文翁孔師仲春郊行》(《寶善堂稿》卷下)。

二月,另有詩《題竺陽館畫壁》《懷古》《敕律歌二首》《落花》。

二月,孔階入學,趙訥有詩,孔天胤有《兒階入學,陽谿君有詩見教,倚韻奉酬》,句云:"喜看一脈綴斯文,卻恐趨庭學未勤。"

三月三日,于王緯别野宴集,有詩《三月三日宴集王龍岡洪西别業二首》。朱慎鍾有《次孔師〈三月三日燕集王龍岡洪西野業二首〉》(《寶善堂稿》卷上)。

是年春,與趙訥之間有詩《和陽谿春游二首》《維暮之春陽谿君過訪藥

---

①張元忭《吏部右侍郎兼翰林院侍讀學士贈禮部尚書山陰諸公大綬行狀》,焦竑《國朝獻徵録》卷二十六《吏部三》。該文不見于《張陽和先生不二齋文選》。

②本年度所引孔天胤詩如無特别注明,均出自《文谷漁嬉稿·癸酉卷》。

園便留賞酌》。藥園，芍藥園。

三月十二日，左參政紀公巡祈雨成，慶成王設宴慶祝，孔天胤有詩《三月十有二日宴集慶西園爲參知紀公喜雨即席賦謝二首》。

三月二十六日，與宗室柳川、東皋于李漁園林聚會，有詩《立夏後二日約柳川、東皋磻溪園賞會》。李漁（1518—？），號磻溪，貢生，李廷儒第四子，曾任劍州通判。乾隆《汾州府志》卷十九《科目下》："李漁，劍州州判。"同治《劍州志》職官遺漏較多，未載。

三月暮春，有詩《暮春山中一首》，朱慎鍾有和詩《次文翁孔師春曉山中獨酌》。

四月，山西巡撫趙孔昭任兵部左侍郎協理京營，寧夏巡撫朱笈任山西巡撫[①]。

四月，周鐸任汾州知州。《汾州府志·職官·知州》："周鐸，南直太倉州（人）。進士，萬曆元年任。"按：周鐸（1530—？），字子振，號鳳池，嘉靖四十四年（1565）進士。

四月八日，孫應元（號華山）任山西左參政，駐汾州。（《明神宗實録》卷十二）萬曆《汾州府志》卷七《官職類·部使》："孫應元，湖廣承天衛人，嘉靖壬戌進士。由郎中歷升右參政，萬曆元年駐扎。升巡撫山西都御史。"承天衛，今屬湖北鍾祥。（孫應元小傳見附録）

四月孟夏，與柳川宗尉及雷凌霄（號水南）游李漁園林，有詩《孟夏李磻溪園游宴同柳川水南》。

四月，宗室蘭軒游河東回，有詩《蘭軒游河東回奉贈二首》。

四月，爲高西泉七十歲生日作詩《贈西泉七十》。

約四月末，紀公巡升陝西按察使，爲作《送鎮守省吾紀公升陝西憲長序》。述其治汾之功："視寇亂之後，則防禦之爲急，殘破之餘，則整葺之爲先……是故甓我高城，堅于磐石；保我遺黎，慈于杜母。至於飭綱虔紀，洪纖不渝；獎善疾邪，舉措咸服，則正固剛明之烈也。識遠察微，知幾其神，割

①吴廷燮《明督撫年表》卷二《山西》。

劇剖紛，游有餘刃。”(《孔文谷續集》卷一)另有詩《贈紀省吾參知擢陜西廉使》。

四月二十七日爲程竺陽生日，有詩《四月念七酌程山人生日，山人寓此十度》。程竺陽寓居汾陽已十年。

五月五日，有詩《五日即事呈郡守鳳池公》呈周鐸。

五月，宗室小村招飲，有詩《仲夏小村招飲》。

五月，尚有詩《清夏嘉樹園二首》《題西齋新宫及園林二首》《嘉樹園自題》《觀書蘭雪堂作》《新葺南隅書舍題以示階》《睡起即事兩首》《逃暑嘉樹園有序》等。

是年初秋，爲宗室南川八十歲生日作詩《宗老南川翁八十》。

七月，户部侍郎趙孔昭任山西巡撫[1]。

七月，送諸生參加鄉試，有詩《癸酉大比送諸生入試》。

七月十五日前後，爲宗室柳川、小村、静川生日作詩《壽柳川、小村、静川》。

七月，有詩《與舊游酌池上》。慶成王送水晶葡萄，有詩《謝慶成見惠水晶蒲萄》。

七月至八月間，尚有詩《觀蓮》《對紫薇》《觀魚》《看芭蕉》《咏蟬》《雨夜聞蛙》等。

八月十六日生日，有詩《癸酉生日書懷，時六十九》。句云："或時一往成頽波，來日已衰將奈何。"

八月十八日，秋分，是日前後有詩《林間秋意二首》《秋日下帷偶書》《霜月》等。

九月九日，有詩《九日宴餞鳳池太守》，餞送周鐸升福州同知。又寫有《送周鳳池太守升福州别駕序》。序云："萬曆元年癸酉夏四月，鳳池周公出守于汾，五閲月而貳于福。"又寫有《叙諸生贈言》，文云："君侯鳳池公之南邁也，郊褰祖帳，史紀贈言。"(《孔文谷續集》卷一)

九月九日，有詩《九日登高四首》。

---

①吳廷燮《明督撫年表》卷二《山西》。

九月,曾任四川按察使的梁明翰(孝義人,號岐泉)母八十壽,爲寫《贈梁母太老夫人八十壽序》。序云:"今年季夏,太夫人壽登八十,岐泉公六十餘矣。"(《孔文谷集》卷八)後爲梁母所作墓誌銘中寫到此次壽筵:"萬曆紀元,太淑人年八十,君(指梁明翰)張組列筵,集車馬衣冠,文章歌頌,大合樂爲慶,郡里榮之。"(《孔文谷續集》卷四)(梁明翰小傳見附録)

是年九月,山西按察副使吴學詩(號虚宇)母八十,爲寫《吴母太夫人八十壽序》。序云:"太夫人者,故監察御史吴公之元配,今山西按察副使虚宇君之母也。君于晉時,太夫人命曰:'往哉!其懋哉!予兹樂桑榆之光矣!'是歲癸酉九月,登年八十。"(《孔文谷集》卷八)吴學詩于隆慶六年(1572)七月由光禄寺少卿升山西副使。(《明神宗實録》卷三,小傳見附録)

是年秋,爲慶成王府教授吕恕生日作《壽王相吕磻溪先生》詩。吕恕受嘉獎,又作《教授吕磻溪先生以賢膺獎序》(《孔文谷續集》卷一)及駢文《賀宫教吕磻溪先生》(《孔文谷集》卷十四)。

是年秋,四川布政使王道行(號龍池)罷官閑居,游汾,爲孔天胤文苑清居題詩[1]。孔天胤有和詩《懷龍池公閑居用見題文苑清居韻》。

是年冬,有詩《雪中遣悶二首》《贈王老》《贈郭醫士視疾有效》。

十二月二十二日,爲大宗正東皋翁及王文翰七十歲壽分别作詩《大宗正東皋翁登年七十》《西瀛年丈登年七十》。又有《旌孝贈言》,文云:"部使奉上明命,旌宗衮之賢二,其一爲東皋公。公系出太祖高皇帝之後,晉恭王之六代、慶成莊惠王之五代孫,奉國將軍南老府君之子……蓋年且七十,而亹亹如一朝,以是家庭儀之,邦國信之,皆曰恭孝温文君子也。皇上龍飛,以文命敷四海,孝德首宗風,詔有司上宗室賢孝,令部使者旌薦以聞。於是郡國守相監司僉言公有實德如此,而部使者謹加禮如詔云。時郡中學士大夫相與陳賀于公之堂。"(《孔文谷集》卷十三)

十二月二十四日,爲弟天民六十歲生日作詩《東明弟行年六十,宴于棣華,效成相語》。

---

①詩題作《龍池題文苑清居圖》,存孔天胤集中,不見于王道行《王明甫先生桂子園集》。

冬，趙訥起復，升户部郎中，孔天胤有詩《送趙陽谿起復》。

九月，宣大總督王崇古任兵部尚書，協理戎政，方逢時被起用①。

工部辦事進士鄒德涵請王守仁從祀孔廟，下禮部。（《國榷》卷六十八）鄒德涵，鄒守益孫。

張居正六年考滿，進中極殿大學士，蔭中書舍人，支正一品俸。（《國榷》卷六十八）

是年歲末，汾州學正宋崇獻升黄州通判，爲作《贈宋伴蘆先生通判黄州序》。文云："兹文旆將發，聘主考陝西鄉試，稱品藻得俊。十月還汾，始南邁，官僚及弟子送者藹藹依依，因請余爲紀其行。"（《孔文谷續集》卷一）

是年歲末，有詩《歲晏感懷一首》。

汾州修龍天廟，爲作《龍天廟重修記》。文云："萬曆元年，歲在癸酉，王國人居士曹公大珮暨其子掌記君禄經過拜廟，輒起願心，首倡出錢，仗義興修。"（《孔文谷續集》卷四）汾州龍天廟在城西二十里許的安睦莊開原里，兩翼有牛王、馬王神祠，不知建自何時，明弘治九年（1496）、嘉靖十年（1531）曾重修。

是年刻《文谷漁嬉稿》一卷。

萬曆二年甲戌（1574），七十歲

鄉居。

正月，有詩《歲初拈筆》。首聯云："甲子周來又十年，老夫幾已是神仙。"自注："古人有'人生七十古來稀'之語，故作如是説。"②

正月十五，元宵節，有詩《元夕》。宗室雲川有和詩，存集中。

正月二十八日，監生周倫卒，爲作《國子監生兑川周君墓誌銘》，有"以萬曆二年正月二十八日卒"句（《孔文谷續集》卷四）。

①吳廷燮《明督撫年表》卷二《宣大》。

②本年度所引孔天胤诗如无特别注明，均出自《文谷渔嬉稿·甲戌卷》。

按：周倫（1513—1574），字以明，號兑川，國子監生，屢試不第。孔天胤還有《壽周兑川上舍》《四月八日周兑川昆玉邀謝徵君、王平原與余同宴峪中園亭，即席有作二首》《暮春同陽谿、龍岡、乾石、竺陽、露泉至谷口，遇周兑川、峪川，邀坐樹下一餐，去看柳川竹林，不遇主人，竟觴咏而歸，用龍岡韻一首》等多首詩寫到周倫。

二月，吕調陽、王希烈爲會試主考官，録孫鑛等三百人。（《明神宗實録》卷二十二）

三月，孫繼皋、余孟麟、王應選等二百九十九人進士及第，出身有差。（《明神宗實録》卷二十三）

三月暮春，有詩《喜雨十韻呈華山公》致山西左參政孫應元。

是年春，得貴州巡撫陳洪濛懷人詩"含育堂前桑已挺，桃花洞口日增春"（陳洪濛原作存集中），有詩《寄懷陳抑庵中丞用見憶韻》《讀湖南社稿緬懷抑翁》。朱慎鍾有和詩《和文翁孔師寄懷陳抑亭中丞》《和文翁孔師讀湖南社稿緬懷抑翁》（《寶善堂稿》卷下）。

三月春暮，有詩《春暮聽西皋談游武當之勝》。

三月初六，孔天胤、孔天民兄弟及孔天胤子孔階，孔天民子孔陽、孔陟、孔陞一起爲孔麟、新鄭縣君立碑。碑文爲王崇慶所寫。碑額爲《浩封奉訓大夫宗人府儀賓暨配新鄭縣君墓表》，立碑時間爲"萬曆二年，歲在甲戌，春三月戊辰初六日清明上石"，落款爲"男通奉大夫河南布政使司左布政使孔天胤，文林郎直隸東明縣知縣孔天民；孫儒學生員孔階，儒學生員孔陽，幼學生員孔陟、孔陞。"碑今存汾陽孔氏祖塋。王崇慶于嘉靖二十九年（1550）四月至三十一年（1552）九月任南京户部尚書，該文應作于此間[①]。

三月十九日，爲宗室西谷生日作詩《壽西谷翁》[②]。

---

①碑文又見于王崇慶《端溪先生集》卷六，題爲《誥封奉訓大夫宗人府儀賓質庵孔公合葬新鄭縣君墓表》，與此有多處不同。《端溪先生集》刻于嘉靖三十一年（1552），收入時或做過修改。抑或萬曆二年（1574）上石時孔天胤做過修改。

②集中排在八月份，誤。頷聯"祥旦欣逢三月麗，芳筵茂對百花繁"，表明爲三月份。

是年四月初夏，有詩《園居清夏二首》。朱慎鍾有《次孔師園居清夏二首》(《寳善堂稿》卷上)。又有詩《清和曲》。

四月八日爲洗佛節，亦稱浴佛節、佛誕節，有詩《四月八日即事》。首聯云："風土相沿佛日嬉，北溪山社古叢祠。"朱慎鍾有《和文翁孔師四月八日即事》(《寳善堂稿》卷下)。俗傳此日爲釋迦牟尼生日，僧人以名香泡水灌洗佛像，購龜、魚放生，佛寺舉行大規模誦經活動。

四月，有詩《題崇文書院》。

四月二十四日，"天真四友"社于嘉樹園作詩會，有詩《四月廿四作天真會于嘉樹園，分韻才字二首》。又有《天真四友社會記》："萬曆二年甲戌，余年政七十……今結一社爲天真四友人。月一會，會必竟日，食不兼味，口不談世。儒而文，仙而玄，佛而空，則其與也；天而真，則其自得也。子不云乎？'優哉游哉，維以卒歲'，樂之謂也。白雲康老言。"(《孔文谷集》卷十)據記文，四友爲孔天胤、寵辱不驚居士、舒笑叟、巢雲君(非裴邦奇)。

四月，有詩《送李西渠通府署汾畢事還潞》。因周鐸調任福州，新知州尚未到任，由潞州通判李西渠署任。順治《潞安府志》卷四《職官中·通判》萬曆朝有"李冲，直隸欒城，舉人"，即此人。

四月，石榴花盛開，逢病癒，有詩《病起看榴花》。

五月五日，端午節，宴請吕怤，有詩《五日宴王相吕公二首》。

五月五日，翠虚亭落成，作《翠虚亭記》。記文云："亭作于萬曆二載春夏之交，訖于五月五日而亭成，七月十有五日上石。"(《孔文谷集》卷十)又有詩《翠虚亭》。

五月，尚有《咏山房紫竹簾一首》《仲川輔國見訪樹園》等詩。

六月，天真社詩會，有詩《六月社會》。

六月，有詩《觀謝槫仙山水畫障》《答方君見訪》《雨後與鄭鶴庵酌亭上》等。謝槫仙、方君不詳何人。鄭鶴庵，即鄭柏齡。

七月初七，有詩《七夕自解》。

七月，有詩《西岡草堂》。草堂坐落于西澗邊，"窮僻無如此偏"。

七月，有詩《題先壟碑後》。碑立于是年三月。

七月，有詩《贈李劍州磻溪于生日作》致李漁。首聯云："半刺三年坐劍州，一封初服返林丘。”“半刺”爲同知、通判之别稱。

七月十四、十九日爲柳川、小村二宗室生日，爲作詩《壽柳川小村二翁》。

約六月底或七月初，爲李渤（潤南）生日作詩《宴李别駕潤南于生日作》。

七月，玉李熟，親朋多送之，有詩《玉李時熟親知多所見貽，賦此奉答》。

七月，尚有詩《採蓮曲》《奉酬静川諸公見枉》《北野談老病多愁作此解之》《玩池荷作》等。

七月，詩社集會，有詩《田園秋意社會作》。

七月，鍾惺生（據《譚元春集》卷二十五《退谷先生墓誌銘》）。按：鍾惺，字伯敬，號退谷，竟陵人，有《隱秀軒集》等，明代竟陵派代表人物。

七月末或八月初，受王緝宴請，有詩《龍洲公惠宴用韻奉酬》。

八月初，有詩《寄贈張蘭池二尹》。二尹，州同知或府同知。張蘭池，其人不詳。

八月十五中秋節前，吕時由潞洲至汾州。李尚實（號養虚）有詩《送吕二之汾陽訪孔使君，時胡荆父客孔館並訊》，句云：“吕駕中秋約，孔樽計日斟。應逢淮海客，道我有詩吟。”（《潞安詩鈔前編》卷三）孔天胤有詩《吕山人來自上黨，沈國諸王俱見存記》。又有詩《上鎮康王》《八月十五日喜甬東至二首》。

李尚實又有五言長詩《寄壽孔丈，先客有遺孔〈漁嬉集〉者，詩及之》。句云：“老句七十詩，新酒黍初熟。”（《李裕州蕭然亭集》卷一）可知作于該年。按：李尚實，潞州人。

中秋，爲所刻全集作《自序》，序云：“余弱冠學文，白首無成焉。文易言乎？憶每有所綴，初自謂小可，再看則醜矣，輒棄去……比家僮整書，獲棄餘數百篇，陽谿君見而嘆曰：‘先生之志于兹也，文故在兹矣。’……若其佳惡，我自知之。非陽谿，誰復相知？”落款爲：“萬曆二年歲次甲戌中秋日，七十老人文谷子書。”①

中秋，金蘭社作詩會，有詩《社會分題得中秋對月用高字》。

八月十六日，吕時祝壽，孔天胤有詩《八月十六日和甬東見壽之韻》。朱恬烷有《仙客篇壽汾陽孔文谷》(《緑筠軒唫帙》卷二)。王道行《賀孔汝錫先生初度》或作于是年(《王明甫先生桂子園集》卷二十二)。

八月，與王緝在宗室西皋宅陪宴，有詩《西皋宅陪宴節使龍洲公賦得中厨出豐膳》。

八月，有詩《和甬東園中偶步韻》《酬吕山人見題蘭雪堂二首》和吕時。

八月，有詩《貞節詩爲林皋姊太君作》。宗室林皋、蘭軒雨中來訪，有詩《答林皋、蘭軒雨中見過》，又有詩《贈林皋宗尉一首》。

賀吕時生子，有詩《答甬東見喜生子》。

是年八月，有祝壽詩《沁太妃令誕》。

八月二十三日，楊博卒，年六十六②。

是年秋，賀吕恕生日，有詩《壽王相吕磻溪》。

九月九日，有詩《九日偕諸公登平霞館用臺字》。裴邦奇有《登平霞閣望汾水得閑字》(《巢雲詩集》卷三)。

九月二十三日，與吕時、程竺陽、少山、禹麓等人郊行，有詩《九月廿三日同甬東、竺陽、少山、禹麓郊行至一僧舍少憩》。

九月，有詩《西齋玉華園觀菊》。

九月，有詩《和胡山人留别一首》贈胡懷玉。雍正《山西通志》卷一百四十七：“吕時，字甬東，鄞縣人。胡懷玉，字楚貉(孔天胤集中作楚鶴)，河南人。並以山人能詩，寓居晉陽，與王明甫、孔文谷諸人相唱和。臨清謝榛、聞喜裴邦奇亦時與焉。”孔天胤萬曆三年(1575)所作詩《送胡山人游北岳》有小注：“山人家居廣陵，姓胡氏，荆父其字，懷玉其名，楚鶴則其自號云。”故

①《孔文谷集》序言，又見于雍正《山西通志》卷二百一十三。據此可知大量詩文在孔天胤生前即已散佚。

②徐階《光禄大夫柱國少師兼太子太師吏部尚書贈太傅謚襄毅楊公博神道碑》，焦竑《國朝獻徵録》卷二十五。

胡懷玉非河南人[①]。胡懷玉嘗出塞，又游洛陽，與趙用賢、張佳胤、歐大任等多有唱和詩。

九月，有詩《咏瓮頭春四首同吕山人》。

九月，金蘭詩社宴集，有詩《金蘭詩社宴集》。

九月，山西巡撫朱笈乞休，浙江右布政使鄭洛升右僉都御史繼之，後巡撫大同[②]。（鄭洛小傳見附録）

十月某日，詩社在東皋宅舉行社會，有詩《十月東皋館會》。

十月，胡懷玉還鄉，有贈别詩《贈楚鶴》。

十月，吕時及其門人陳伯梓東歸，孔天胤有送别詩《送吕山人東歸》《送陳生伯梓》等。吕時走後，有詩《山房憶吕逸人》。游晉之前，范欽有贈詩《送吕中甫游晉》[③]。

十月，王緝還京，有贈别詩《送龍洲公還京》。

約十月，爲雷凌霄作《水南公登年六十》詩。由此可知雷凌霄生于正德十年（1515）。

十月，爲宗室東谷五十歲生日作詩《東谷翁令誕五秩》。則東谷生于嘉靖四年（1525）。

十月二十七日，同年錢德洪卒[④]。

十一月，天真四友會于巢雲館，有詩《仲冬巢雲館圍爐》。

十一月初，趙訥任四川保寧府知府，孔天胤有詩《贈趙陽谿出守保寧》。

十一月初，有詩《九日西園宴壽》，壽主不詳。

十一月，宗室蘭軒來訪，有詩《謝蘭軒携酒見訪》。

---

①光緒《長治縣志》卷三有胡懷玉詩《大泉庵》：“晚宿投金界，幽尋傍虎溪。移樽石上酌，月落萬峰低。空外疏鐘散，煙中獨鳥棲。真如自無相，有句不須題。”

②吳廷燮《明督撫年表》卷二《山西》。

③范欽《天一閣集》卷十三。

④王畿《刑部陜西司員外郎特詔進階朝列大夫致仕緒山錢君行狀》，《龍溪王先生全集》卷二十。

十一月三十日，冬至，金蘭社詩友來訪，有詩《冬日謝蘭社諸公枉駕》。

十二月，有詩《贈鄭鶴庵、林皋清尚》。後裴邦奇游汾，有詩《題鄭鶴庵、林皋清尚卷次孔丈韻》（《巢雲詩集》卷五）。

十二月某日，爲宗室西皋五十歲生日作詩《西皋壽日咏言用韻二首》。第一首尾聯云："五十年來附仙籍，大羅今日好清酣。"

十二月，業師馮思翊之子馮叔奇以舉人出仕，任直隸香河試用知縣，有詩《寄馮孚溪試宰香河》賀之。

十二月某日，宗室蘭軒母親生日，有詩《蘭軒君乃堂壽》。

十二月某日，有詩《汾西先生華誕六旬》。汾西先生，其人不詳。

十二月二十二日，爲大宗正東皋生日作詩《壽東皋翁》[①]。

是年冬，尚有詩《林間冬日二首》《對雪》《蘭玉堂稱壽有圖有詩》《宴坐一首》《謝劉汝清見訪》等。劉汝清，其人不詳。

臘月，吕時再次來汾。因吕時生于閏臘月，五十八歲才第四次過生日，諸墨客爲之祝壽，編爲詩集《閏臘迎祥》。孔天胤有《壽吕山人二首》[②]。

孔天胤作有《吕甬東閏臘迎祥卷序》（《孔文谷續集》卷一）。序云："山人覽冀之餘，蓋三眄余于汾上之亭。今年甲戌仲秋既望，余政七十，山人搴雲笈之章來，遂留以過臘。"又轉述吕時之言曰："吾生於正德丁丑，閏臘之念七，其後臘而不閏，至嘉靖乙酉始一逢之，丙申再一逢之。今萬曆甲戌又一逢之。"據此可知吕時臘月在汾，且可斷定其生年。又據隆慶三年詩《立春後六日壽吕山人》小注："時十二月廿七日。"可知生于西曆 1518 年 2 月7 日。裴邦奇亦有詩《書吕山人聞（閏）臘迎祥序》（《巢雲詩集》卷四）。

閏十二月二十日，薛應旂卒。據唐鼎元《明唐荆川先生年譜》："萬曆二年甲戌，薛方山卒，閏十二月二十日，年七十五。"西曆爲 1575 年 1月 31 日。

是年，浮山縣改建廟學成，爲作《浮山縣弘修廟學記》。記云："隆慶

①原在孔天胤《文谷漁嬉稿·乙亥卷》，應歸入甲戌卷。

②原在孔天胤《文谷漁嬉稿·乙亥卷》，應歸入甲戌卷。

壬申，密雲左君某來宰是邑，慨任舉修，議捐俸募工，佐貳某等亦捐俸從之……以萬曆甲戌之春，改建文廟五間，東西各七間，明倫堂五間，東西齋各五間。"[1]左君，指左桐。民國《浮山縣志》卷二十一《職官》："左桐，河北密雲人。歲貢，（萬曆）二年任。"卷二十二《宦績》："左桐……創建明倫堂，振興文教。"

是年，作《漁父説》（文中云寫于歸田後十九年，故知作于是年）。提到漁父有三種，即魯漁父、楚漁父和汾汀漁父。何謂汾汀漁父？作者寫道："愚公歸釣大陵之西、涔浦之南，爲汾汀漁父。"（《孔文谷集》卷十三）涔浦，疑指文峪河。

是年，汾州學正陳汝聽免職將歸，爲作《贈别學正懿泉先生陳公西歸序》（《孔文谷續集》卷一）。乾隆《汾州府志》卷八《職官·學正》："陳汝聽，陝西狄道人。歲貢，萬曆元年任。"

是年，趙一齋七十歲，爲之作《一齋趙公壽登七秩序》（《孔文谷續集》卷一）。

是年，爲宗室林皋詩集作《五懷倡和集序》（《孔文谷續集》卷一）。

是年，馮夢龍生。按：馮夢龍（1574—1646），字猶龍，一字子猶，别署墨憨齋主人，長洲人。著有《警世通言》《喻世明言》《醒世恒言》，修訂出版《新列國志》，改刻戲曲作品多種。以文人而兼出版家，在晚明通俗文化領域影響甚大。

是年刻《文谷漁嬉稿》一卷。

萬曆三年乙亥（1575），七十一歲

鄉居。

春節，與吕時一起聽黄生彈琴，有詩《元日與吕山人聽黄生彈琴歌》[2]。

①孔天胤《孔文谷續集》卷四，又見光緒《浮山縣志》卷三十四。

②本年度所引孔天胤詩如無特別注明，均出自《文谷漁嬉稿·乙亥卷》。

據此可知吕時萬曆二年(1574)臘月在汾。又與吕時、黄琴士一起飲酒,有詩《酌黄琴士與吕山人同之》。

是年春,與吕時唱和詩頗多,有《風晨感懷呈吕徵君,時同宿嘉樹園》《喜雨邀吕公共酌》《小樓春望同吕山人》等。吕時將離開汾州返寧波(四明),有送行詩《賦得遠别離送吕甬東》。句云:"越江視汾水,悠悠四千里。晉嶺望明山,岧蕘不可攀。"可知吕時將返鄉。又云:"借問結交時近遠,帶去帶來今九年。"據此可知二人相識已有九年。

吕時門人陳伯梓善彈琴,孔天胤有詩《桐竹山房聽伯梓彈琴率然有贈》。

正月初六,太原府同知季遐齡(北沙)升陜西按察司僉事,整飭密雲兵備。(《明神宗實録》卷三十四)孔天胤爲作《送季北沙貳守升僉憲序》(《孔文谷續集》卷一)。按:季遐齡,山東夏津人。民國《夏津縣志》卷七《選舉志·舉人》:"季遐齡,辛酉(科)。字壽卿,山西太原府(同知)、兵備道副使。"

正月十一日,有詩《正月十一日雪二首》[①]。

是年正月,有詩《題輝上人壁室二首》《田家留客二首》(《文谷漁嬉稿·甲戌卷》)。

正月,周倫下葬,有詩《歌詞四首送兑川周君葬》(《文谷漁嬉稿·甲戌卷》)。北溪草堂舊爲周倫讀書之地,後路過周倫讀書處,睹物思人,感慨不已,作《過北溪草堂是兑川君讀書處》,句云:"溪上人何在,林堂事宛然。"

正月,爲王道行桂子園題詩(《題王龍池園圖十六首》,《文谷漁嬉稿·甲戌卷》)。

正月十五日,有詩《燈夕宴集二首》。

正月十六日,山西按察司副使蔡可賢(號明軒)母程氏八十壽,孔天胤爲作《北堂獻壽詩序》云:"憲使明軒蔡公,迎養太夫人程氏之明年,爲萬曆己亥。春正月既望,適太夫人登歲八十之辰。"(《孔文谷續集》卷三)按:蔡可

①孔天胤《文谷漁嬉稿·甲戌卷》。其下《田家留客二首》中有:"緑煙黄柳處,好鳥叫提壺。"《歌詞四首送兑川君》其四有:"梨花柳絮亂離春,苦雨凄風愁殺人。"從内容來看,上述詩應歸入萬曆二年。

賢，直隸成安人。（小傳見附録）亢思謙有《贈參伯蔡明軒莅晉陽序》（《慎修堂集》卷十）。

正月二十九日，孝義霍冀六十誕辰，孔天胤作《霍大司馬壽序》。序云："大司馬霍公自上疏乞還里第，頤素東山，今且六祀。乙亥春正月廿九日，爲公六十誕辰。"（《孔文谷續集》卷一，又有詩《壽霍大司馬六十》）

是年正月，爲太原同知李荷（號環洲）母七十大壽作《李母太老夫人大年序》（《孔文谷續集》卷三）。序中言其曾出守陽城，誤，當爲澤州。另有詩《題壽萱圖爲李環洲太君作》。約二月，有詩《寄酬李環洲别駕》。按：李荷，山東壽光人。（小傳見附録）

正月初八，宗室雲川生日，有《壽雲川君》。

是年春，夢與薛蕙（君采）、高叔嗣（子業）、張鯤（子魚）到某地，"林淵映帶，迥異城域"，遂題詩摩崖上。作詩《紀夢》，有序記其事。

是年春，汾州知州杭朝望（號玄洲）辭官歸里，爲作《杭玄洲太守致政還山序》（《孔文谷續集》卷一）。又有詩《贈杭太守抗疏還山》。又作有《贈邦伯玄洲杭公高尚序》（《孔文谷續集》卷一）。按：杭朝望，直隸宜興人，乾隆《汾州府志》卷八《職官·知州》："杭朝望，直隸宜興（人），歲貢。萬曆二年任。"（小傳見附録）

是年，張一敬繼任汾州知州。《汾州府志》："張一敬，山東朝城人。舉人，萬曆三年任。"順治《汾陽縣志》卷三《知州》："張一敬，朝城舉人，（萬曆）三年任。有治才，士民悦服。"張一敬曾任山西鄉寧知縣[1]。

杭朝望辭官，潞安府同知喬木代理汾州知州。張一敬到任，喬木還府，孔天胤作有《玄洲喬公攝郡還府序》（《孔文谷續集》卷一）。順治《潞安府志》萬曆年間知州有："喬木，號玄洲，上海人。進士。嚴能馭衆，明足服人，尤重文學之士，凡所甄拔，後皆知名。"孔天胤另有贈詩《贈喬二府玄洲署州還郡》。關于喬木署理期間行事，其墓誌銘中記載："署汾州，州貢綢典機綱，

①民國《鄉寧縣志》卷二《職官》。

解者往往破産，公調停如安吉時。”[1]《汾州府志》《汾陽縣志》失載。（小傳見附録）

三月三日，有詩《三月三日修禊事于峪中》。

三月末，文會，觀賞初唐四傑（王勃、楊炯、盧照鄰、駱賓王）詩。有詩《暮春文會觀初唐四子詩》記之。

是年春，尚有《贈弈客吳少山》《和柳川小洞避冬》《咏迎春花》《寄酬林皋君見訊》《雪徑草芽青》《早春園中即事》《春風扇微和二首》《輝上人禪室》《花朝涉嘉樹園》《仙人好樓居題扇作》《題陳生牡丹畫扇》《西林雅會》《花下一壺酒》《空林積雨》等詩。

是年，金蘭詩社多次宴集。一月二十九日，春分，有《春日集金蘭詩社二首》。三月，有詩《暮春文會觀初唐四子詩》。夏，有詩《東皋社會賦詩得槐陰避暑》《詩社高齋望文昌祠廣惠寺並峙北隅》[2]。秋七月十五日，有詩《社中以七月十五日爲瓜果之》。十月初冬，有詩《初冬辱蘭社諸公過訪即席賦酬》。十一月十一日冬至後，宴集，聽鍾小雅彈琴，有詩《社中至後宴集聽鍾小雅彈琴》。

三月二十六日，霍冀卒，爲作《資政大夫兵部尚書思齋先生霍公誄》。文云：“維萬曆三年乙亥三月二十六日，大司馬思齋霍公卒于中陽里第，春秋六十。”（《孔文谷續集》卷四）據張四維《資政大夫兵部尚書霍公墓誌銘》：“公子國子生鍾瑜手前河南左布政使孔公天胤所狀公世行問銘于余。”[3]可知孔天胤還爲霍冀撰有行狀，文集未收。

三月，胡懷玉來訪，孔天胤有詩《喜胡山人見訪》。又有詩《酌胡山人用

①沈一貫《雲南按察司副使玄洲喬公暨配宜人周氏合葬墓誌銘》，《喙鳴文集》卷十六。

②順治《汾陽縣志》卷一《土地志·祠廟》：“文昌祠，在縣治北隅，有敕賜額。一在東城上，知州白夏修。”廣惠寺，不詳，由詩内容看亦在城北。

③張四維《條麓堂集》卷二十六。按：《三晋石刻大全·吕梁市孝義市卷》收有《資政大夫兵部尚書思齋霍公暨原配誥封夫人張氏合葬墓誌銘》，羅萬化撰文，王家屏書丹，劉虞夔篆蓋，鎸刻于萬曆十一年。

華翁韻》,華翁,其人不詳。

三月,山西巡撫鄭洛改巡撫大同,江西巡撫沈應時巡撫山西①。

是年春,汾州同知劉綸(霞山)辭職歸隱,孔天胤有詩《送别劉霞山貳守謝秩東歸》。乾隆《汾州府志》卷八《職官·同知》:"劉綸,江西上饒(人)。歲貢,隆慶六年(任)。"

是年春,孔階由學校歸家,作《喜兒階游成均回詩以勉之》詩,望其"肯因潛大業,行可對天人"。成均,學校代稱。

收到舊友張時徹(東沙)、范欽(東溟)、吕本(南渠)、陳洪濛(抑庵)、馬三才(松里)、沈明臣(句章)、范閬峰、劉子伯(望洋)、沈仕(青門)等人的祝壽詩文,有詩《寄謝張東沙、范東溟、吕南渠、陳抑庵、馬松里諸老見壽》《寄謝沈句章、范閬峰、劉望洋三隱君見壽》《寄酬沈青門以詩畫見壽》。上述詩作爲上年七十歲壽時諸人所作祝壽詩之酬答。

大多數祝壽詩文今未見,只有少數流傳下來。張時徹與孔天胤交集當在孔天胤浙江任内,然其《芝園定集》中未見有相關詩文。按:張時徹,浙江鄞縣人。(小傳見附録)范欽有詩《寄同年孔方伯汝錫》,尾聯云:"此日山中新釀熟,欲因遥壽慰離群。"(《天一閣集》卷十三)當爲賀壽詩。此詩後二首即爲《送吕中甫游晉》詩,祝壽詩或由吕時游晉帶來。

馬三才有長詩《文谷孔師七十壽章三十韻》②,對孔天胤的才華、功業作了總結回顧:"回朝黄髮老,三晉紫薇臣。汾水原鍾秀,華山夙降神","三關揚藻鑒,兩浙薦陶甄。揚歷風猷著,勛勞屏翰匀",是關于其功業的評價;"嘉樹閑情適,高吟東意真。恍然塵世隔,不覺古稀臻",是對其閑適悠然的歸隱生活的寫照。馬三才稱孔天胤爲師,因其曾受孔天胤教誨。按:馬三才,浙江仁和人。

沈明臣現存集中未見寫給孔天胤的詩文。沈明臣與張時徹、吕時友善,集中有《傷張司馬時徹》及《大司馬張公東沙先生輓詞六首》等。吕時游

①吴廷燮《明督撫年表》卷二《山西》。

②馬三才《自由堂稿》甲戌卷。該詩作于萬曆二年。

晉，曾寄書，沈明臣有詩《送吕中父之山西》《得吕山人三晉書》等①。按：沈明臣，浙江鄞縣人。（小傳見附録）

范閬峰，隱士，待考。

值得一提的是還收到了屠隆的賀壽詩《寄壽孔文谷先生》：

> 八斗才華驚海上，歸來三晉老西河。素王劍履雲孫在，大國山川煙樹多。風度霓裳秋縹渺，夜凉銀漢碧嵯峨。山人萬里行爲壽，黄鶴凌空發浩歌。（《由拳集》卷九）

屠隆此時還未中舉，結識孔天胤，抑或因其與吕時、張時徹、沈明臣等人均爲鄞縣人，共結詩社之故。

此外程應登（號存齋）也有祝壽詩《壽孔文谷》（《程刺史棲霞集》不分卷）。按：程應登，山西長治人。

吕時游上黨，與沈憲王、程應登及李尚實交往頗多。

四月初夏，倣陶淵明詩，作《咏孟夏草木長，繞屋樹扶疏》詩。

是月，又有《江上行》《孟夏柳川園看竹》《咏出水新荷》等詩。

是月，胡懷玉游北嶽恒山，有詩《送胡山人游北嶽》。

是月，有詩《自述》。句云"潦倒還如樹下藤"，"舊卷有時披霧閲，小樓無力杖藜登"。

四月，好友梁明翰母卒，爲作《誥封太淑人梁母任氏墓誌銘》。記其"以乙亥四月告終，享年八十有二"（《孔文谷續集》卷四）。

四月初，陳敬則（石舟）任汾州同知。乾隆《汾州府志》卷八《職官·同知》："陳敬則，浙江安吉人。選貢，萬曆三年任。"

是年夏，爲程竺陽生日作詩《程竺陽生日》。時程竺陽已客居汾州十二年。其子程其章接其回家，孔天胤又有詩《送程氏其章迎父回家》。

是年夏，趙訥由保寧知府離任，孔天胤有詩《喜保寧太守趙公還山》。首聯云："羨君解印還東山，鴻飛冥冥不可攀。"專程去孝義看望，有詩《訪趙陽谿孝義道中作》。趙訥任保寧知府時，曾送孔天胤全集于時任四川提

①沈明臣《豐對樓詩選》卷四、卷十三、卷十四。

學副使陳文燭,陳文燭有詩《酬趙孟敏太守惠文谷全刻兼寄孔汝錫方伯》:

何意江天下雁鴻,閬州拂袖暮雲空。從來歸去願高士,況有師承自國工。南省作人誰更似,西河得爾早稱雄(趙爲孔門人)。高文直探先秦上,絶調誰陪後乘中。白社放歌煙月細,青山飛夢海門通。夜深玄草批尋罷,此日因君問孔融。(《二酉園詩集》卷十)

閬州,即保寧。陳文燭,湖廣沔陽人。

夏,又有詩《和陽谿歸田三首》,趙訥歸田詩作于春天。秋冬分别有詩《秋夕憶陽谿》《雪夜懷陽谿君》。

是年夏,彭范由河南靈寶寄書,孔天胤有詩《寄謝彭東溪自靈寶見訊》。首聯云:"去日棠陰滿舍春,廿年滋長色逾新。"二十年爲虚指,彭范嘉靖三十八年(1559)任山西參政,分守冀南,次年即致仕。

五月五日,夏至,有詩《夏日林居》。

是年夏,李漁(磻溪)生日,孔天胤有詩《李磻溪席上作》。首聯云:"飲君卮酒壽筵中,自笑衰顔鏡里紅。"表明爲祝壽詩。

伏天,有詩《伏暑登郡城北樓》。

七月初,汾州同知陳敬則辭官歸鄉,爲作《贈别駕石舟陳公拂衣東歸序》,記其"計到官至去之日,僅三閲月耳"(《孔文谷續集》卷二)。另有詩《贈明府石舟公二首》《送别駕陳石舟致政還山》《七月七日送别石舟先生二首》。

七月初,宗室柳川送青筠蠅拂,有詩《柳川翁製青筠蠅拂見貽,兼有題識,輒歌以奉酬》。

七夕,有詩《和小村宗尉七夕山居即事》。

七月十二日,柳川莊園荷花盛開,有詩《七月十二日看柳川莊池荷花盛開,輒擬四絶》。

七月十五日、十九日,柳川、小村二宗室生日,有詩《壽柳川小村二翁》。

是年秋,王府教授吕恕爲孔天胤門人子侄輩講儒家經典,孔天胤有詩《贈吕磻師納門人小子輩受經》。

是年秋，吕恕生日，有詩《壽吕磻溪先生》。

八月十六日生日，有詩《自壽二首》《生日奉酬諸公見贈二首》。

八月十五日，裴邦奇由聞喜來汾，適逢孔天胤生日，有詩《明月篇壽孔文谷先生》(《巢雲詩集》卷二)。按：裴邦奇，山西聞喜人。雍正《山西通志》卷一百四十記其"學問綜博，不事舉子業，以詩名。與汾陽孔探花(應爲榜眼)天胤、謝山人榛相唱和，爲所推重。有《巢雲詩集》四卷"。民國《聞喜縣志》卷十七："裴邦奇，號巢雲。學問綜博，不事舉子業，以詩名。與汾陽孔探花天胤、臨清謝山人榛相唱和，爲所推重。朱彝尊《明詩綜》亦録《巢雲集》。"今《巢雲集》爲明末清初刻本，八卷，藏國家圖書館與上海圖書館。陳田《明詩紀事》卷二十七也記載爲八卷。裴邦奇與王道行、孔天胤、張佳胤、吕陽等人友善，多有唱和詩①。

這是見于記載的裴邦奇第一次到汾州，有詩《文苑清居》一首。句云："文苑何其雅，紅塵自不侵。地開青峰遠，門掩紫苔深。"對文苑清居的清雅高格給予繪畫般的詩性寫意(《巢雲詩集》卷五)。孔天胤有詩《和裴山人見題文苑清居十韻》，又有《齋中和裴山人宴集同蘭軒君》。裴邦奇也寫有《孔齋同蘭軒宴集》一首(《巢雲詩集》卷三)。裴邦奇南歸時，孔天胤有詩《秋林與裴山人話别》。詩前序云："萬曆三年八月之望，巢雲裴君自河東來。往余數請君會不果，今始果其諾云。蓋兩人神交者，神物終當必合耳。靖節有言：'相知何必舊，傾蓋定前言。'謂一見若平生也。若神交千里而晤言一室者，何以謂耶？"可見二人神交已久。詩曰：

> 逍遥與子白雲邊，似是天公借好緣。秋色晴分廣寒樹，夜光冷浸瓊華筵。面談千里俄今夕，夢想十年空暮煙。傾蓋定交還别去，後期鷄黍寸心然。

①《文谷漁嬉稿》萬曆六年卷有詩《巢雲生日》："獨游三士里，半度百年生。"萬曆五年有詩《臘月一日壽巢雲君且送還山》，首聯云："嘉平一日古仙辰，初度榮君客裏身。"據此可推知裴邦奇生于嘉靖四年十二月初一，即1525年12月14日，比孔天胤小二十歲。

裴邦奇也作《與孔文谷先生話别》一詩以和，詩曰：

十年汾上挹清輝，此日天邊見少微。客館遲留同皓月，奚囊滿載得明璣。青尊北海連宵醉，紅葉西風遠道歸。來歲定尋鷄黍約，重春谷口白雲飛。（《巢雲詩集》卷五）

以"來歲定尋鷄黍約"，回應了孔天胤的相邀。這後來也成爲一則佳話。裴邦奇歸河東後，朱慎鏐曾携孔天胤書信到聞喜轉交裴邦奇，裴邦奇《仲川宗君持孔丈書自汾上相迎》詩中，末二句言："願從左騎歸汾上，傾倒還同北海尊。"並在詩後加注語："公有'後期鷄黍寸心然'之句。"（《巢雲詩集》卷五）裴邦奇另有《得孔文谷先生書》詩（《巢雲詩集》卷三）。

八月，以禮部侍郎張四維爲禮部尚書兼東閣大學士，預機務①。

八月，賀汾州知州張一敬祈雨獲應，有詩《謝郡侯張公禱雨輒應》。後張一敬因賢受奬，又作《贈郡伯筠亭張公以賢膺奬序》（《孔文谷續集》卷一）。

八月底或九月初，爲交城知縣齊一經作《題彩鳳銜書圖爲交城令齊公》詩。光緒《交城縣志》卷四《職官》："齊一經，山東濰縣進士，氣度恢宏，施爲整肅。修飭學舍，創建尊經閣，建科甲二坊表。有寒畯不能舉體者，捐俸賙之。擢禮、吏二科給事中，轉河南副使，終山西左參政。"乾隆《濰縣志》卷四《人物志》："齊一經，進士。初宰交城，擢給事中。奏彈不避權貴，神宗嘉其鯁直，嘗書之御屏曰'齊一經强口强舌'。仕至山西參政。"

九月九日，有詩《九日壽慶園》。

九月，有詩《採菊送龍池翁》，王道行有和詩《龍池答》存集中，《桂子園集》未收。

是年秋，尚有詩《秋林宴坐》《雁門早秋》《釋子慶雲見訪，茅齋有作率爾和酬》《秋堂夜坐，風雨凄清，用燈字爲韻二絶》《謝西齋君惠菊》《落葉二首》《滿庭詩景飄紅葉》。

十月十五日，三官祠修建完工，孔天胤作《弘修三官祠記》記其事："本年二月初五日起工，至十月十五日工完。"該文孔天胤文集未收。三官祠位

①張廷玉《明史》卷一一〇，表第一一《宰輔年表二》。

于汾州西郭，隆慶元年（1567），俺答寇汾州，近城村堡多罹其害，唯獨三官祠所在地秋毫無犯，村人認爲有神佑。萬曆二年（1574）仲春，鄉耆石廷佑等倡議弘修，一以報神之休，一以增嚴保障。據編于民國時期的《汾陽縣金石類編》，該碑民國時尚存，碑首有"前河南行省左丞郡人孔天胤記，光禄寺少卿郡人王緝書，廣東道監察御史郡人張更化篆"字樣，碑末落款日期爲"萬曆三年三月一日"。

十一月，山西巡撫沈應時拜大理寺卿，山西右參政崔鏞升山西巡撫[①]。

十一月某日，有詩《寒林宴坐呈社中三老》。

十一月十一日，冬至，有詩《社中至後宴集聽鍾小雅彈琴》。鍾小雅，其人不詳。

朱慎鏐生日，有詩《蘭玉堂稱壽》。

十二月二十二日，大宗正東皋與王文翰生日，有詩《壽東皋宗尉、西瀛少參》。

十二月二十四日，孔天民生日，有詩《乾石弟生日》，首聯云："流年共度百餘春，兄七旬來弟六旬。"據此可推知孔天民約生于正德十年（1515）。

十二月二十五日，立春，有詩《立春日分題得香煙接瑞雲》。

是月末，有詩《冀陽生日》。冀陽，其人不詳。

是月，汾州守備王應爵升山西都指揮使，孔天胤有詩《古泉王公自汾州守戎陟山西都閫》。乾隆《汾州府志》卷八《職官·汾州營守備》："王應爵，武進士，萬曆元年任。"雍正《河南通志》卷四十七《武進士》："王應爵，祥符人。隆慶辛未科，都司。"當即此人。

歲暮，有詩《歲暮咏懷呈同社三老翁》。

是年冬有詩《贈平定朱博父見訪》。朱博父，當爲朱繪（1521—?），字白甫，山西平定州人，嘉靖二十三年甲辰科進士，官南京通政[②]。

是年冬，尚有詩《夜長秉燭游》《小春集畫苑觀妓》《暮懷一首》《鍾琴士

①吳廷燮《明督撫年表》卷二《山西》。

②乾隆三十四年《平定州志》卷七選舉，另見《嘉靖二十三年甲辰科進士登科録》。

送余兩琴作雙玉篇》《再集畫苑呈柳川翁》《山中與王老》《雪樵》《書堂對雪》《西寺迎春》《冬夕宴集張卜亭宅觀諸老奕》等。

是年，汾州知州張一敬向孔天胤提及平陽知府胡來貢（號順庵）有四賢："純稟懿衷，冲粹廣淵，包含豐美，孚尹圓融，其賢也；鋪揚弦紀，潤飾采章，昭回天經，舒廣國華，其賢也；惠疇平理，强教悦安，條風濯俗，敦敏廉清，其賢也；履道循性，樂善同人，言中典謨，行成儀矩，其賢也。"孔天胤爲之作《贈邦伯順庵胡公上績序》（《孔文谷續集》卷一）。按：胡來貢，山東萊州衛人。（小傳見附録）

是年，鄭柏齡輯録刊刻慶成王朱慎鍾（宗川）詩《寶善堂稿》，孔天胤作《寶善堂稿序》（《孔文谷續集》卷一）。

是年冬，謝榛卒[1]。

約是年，爲五臺山僧人秋崖詩集二卷作序。序云："銅殿僧祖印號秋崖，著詩二卷……余讀《秋崖詩》，兼有感于斯人，因綴是語于卷右，以貽其弟子，庶永鎮山門焉。"（《秋崖詩序》，《孔文谷集》卷八）

是年，靈石知縣白夏主持重修靈石廟學，爲作《重修廟學記》[2]。民國《靈石縣志》卷四《學校》："文廟，在縣治西街，元大德十一年縣尹韓敦武建……萬曆三年，山水入城，浸漂磚石，知縣白夏重修，孔天胤撰記。"民國《靈石縣志》卷七《職官》："白夏，潁川衛人，（萬曆）二年任。"孔天胤《重修廟學記》亦提及"潁川白侯，萬曆甲戌尹靈石"。白夏任内曾修子夏廟[3]，又修義勇武安王廟，並作記[4]。（小傳見附録）

《文成公〈學的〉序》或作于該年（《孔文谷續集》卷三）。

是年刻《文谷漁嬉稿》一卷。

---

①另有 1576 年、1579 年卒之説。

②道光《霍州志》卷二十五《藝文》。又見于民國《靈石縣志》卷十《藝文》。

③民國《靈石縣志》卷五《典禮》。

④民國《靈石縣志》卷十《藝文》。

萬曆四年丙子(1576),七十二歲

鄉居。

正月初,有詩《首春文會》[①]。

正月六日,趙訥來訪,有詩《正月六日喜陽谿過訪二首》。

正月八日爲宗室雲川生日,有詩《穀日壽雲川君》。穀日爲正月初八。

正月,吕時居潞安,孔天胤有詩《寄懷吕徵君時在潞安》。

是月,有詩《寄懷上黨程存齋先生》。程應登(存齋)有和詩《寄答孔文谷先生》(《程刺史棲霞集》不分卷)。程應登曾托吕時捎書問候孔天胤。孔天胤回復,並寄詩二册。程應登收到詩册後,有詩《寄孔公文谷(有引)》。句云:“君卧横汾曲,我家太行巔”,“夜半壽席笙歌列,七秩中秋雨奇絶”(《潞安詩鈔前編》卷二)。

又有懷人詩《寄懷上黨李養虚先生》。首聯云:“何事高才李裕州,清時早已卧林丘。”表明其曾任裕州知州,據此可知李養虚即爲李尚實。李尚實有回詩《奉酬汾陽孔丈汝錫》:

> 古苔翠壁隔停雲,紫電宵寒劍氣分。海岱極天蟠闕里,樓船昨夜夢横汾。醉留島月漁還卧,説到朝鍾老倦聞。我欲買舟下煙水,釣竿共把傲斜曛。(《李裕州蕭然亭集》卷四)

正月十五日元宵節,京師楚峒上人來訪,有詩《元夕贈楚峒上人用來韻》。楚峒上人將往中條山,有詩《釋子楚峒年少嗜詩,來自京國,訪余汾上之亭,屬嘉藻見貽,尋别去,將游彼中條,因贈酬二首》。春,楚峒上人歸京師,有詩《再贈楚峒北還》。

觀慶成王府燈宴,有詩《寶善堂燈宴》。觀柳川館鏤花紙燈,有詩《題柳川館鏤花紙燈》。

正月三十日,有詩《晦日西園雅集》,首聯云:“初月俄成晦,明朝已仲春。”晦日,農曆每月最後一日。

---

①本年度所引孔天胤詩如無特别注明,均出自《文谷漁嬉稿·丙子卷》。

二月，有詩《昆山館聽南洲説法》。

二月，游杏花村，有詩《登杏花村酒樓》。

二月十日，有詩《春分日感懷》。

是年，參加金蘭詩社活動頗多。三月暮春，有《暮春宴金蘭館賦酬》。五月十五日夏至，有詩《夏日承蘭社諸公招飲崇文書院賦酬》。六月，平霞館聚會，有詩《六月平霞館會》。九月，有《起萊北郭圃九月社會分題》。九月二十九日，蘭社諸公來訪，有詩《九月廿九日承蘭社諸公見訪二首》。冬，有《寒日訪巢雲先生於金蘭社館》《社會分韻得歲寒松柏》。

二月，有詩《和陽谿山中見懷二首》。

正月，孫應元升山西按察使。（《明神宗實録》卷四十六）應汾州知州張一敬所請，作《贈參知相公華山孫老先生陟憲台長序》，記"萬曆四年，我參知相公移鎮爲按察使"（《孔文谷續集》卷三）。又有詩《參知華山公陟憲台長》，句云："薇省霜台望並隆，百城觀感萬心同。"

約二月，送王府教授吕恕還鄉，有詩《贈吕磻溪教授北歸》。吕恕籍貫爲陝西富平，但參加的是順天府鄉試，家在順天府，故曰北歸。

是年春，尚有詩《春至林木變》《内省軒新葺池塘》《南洲上人王莊蘭若》《碧桃花下聽吹笙》《春晚杏花亭小集》《暮春過子夏祠》《落花二首》《感遇四首》。

三月三日，有詩《三月三日侍太霞亭曲水宴》。

三月，王崇古巡撫朔方，孔天胤有組詩《王司馬巡視朔方》，共五首。

三月，致仕大學士趙貞吉卒，年六十有九。（李贄《續藏書》卷十二）

是年夏，有詩《山中答李使君見枉用韻》。李使君，其人不詳，或爲李荷。尾聯云："十年關尹無奇遇，今日青山禮伯陽。"可知此人曾在某地任職長達十年之久。

四月，左參議查鐸（號毅齋）與王秋溪來訪，有詩《謝查毅庵、王秋溪二使君見枉丘園》。按：查鐸，直隸涇縣（今屬安徽）人。（小傳見附録）今檢其現存文集，未見與孔天胤交游之記載。雍正《山西通志》卷七十九《職官七》僅記載其"隆慶時任左參議"。王秋溪，其人不詳，或爲王學書，字惟忠，山東濱州人，隆慶五年（1571）辛未科進士，萬曆初任山西副使，後任右參議、右參政、按察使、宣府巡撫，有《籌邊要略》，生平參見咸豐《濱州志》卷十《人物》。

是年四月，有詩《雜言》《西園牡丹亭侍宴作》《紅藥欄邊飲酒賦詩》《題鄰溪園》《首夏猶清和社中作》《清和文會同賦西苑池亭》。

五月初五，有詩《五日對榴花作》。

五月初七，有詩《壽王龍池先生》爲王道行祝壽。又有《贊王龍池先生小像》[1]。

五月十六日，有詩《五月既望，蔭修竹之林，漱清流之渚，南風時至，宴言咏懷》。

五月，郭文山守備赴柴溝，有詩《送郭文山守備柴溝》。

五月，爲山西按察司副使蔡可賢母八十壽作《題蔡使君獻壽北堂册》詩。

是月，李渤（澗南）七十歲壽，爲作《澗南李公七十序》，可知孔天胤長其二歲（《孔文谷續集》卷三）。另有詩《李澗南七十》，句云："休道人生須滿百，得來七十已如仙。"

是月，尚有詩《伏暑高齋静坐》《畫苑看粉紅榴花》《咏白榴花》《咏東陵侯種瓜青門》《晨起涉園二首》。

約五六月間，王緯生日，有詩《懷王龍岡先生》。首聯云："三年不出意如何？生日猶然謝客過。"可見王緯已抱病多年。

夏，尚有詩《雨後看山》。

夏，濮州蘇祐子蘇浣（號磻石）來訪，孔天胤作《濮陽蘇磻石見訪，兼遺令兄杏石訊，用韻贈酬二首》。杏石，指蘇潢，蘇祐之子。（蘇浣小傳見附録）蘇祐侄蘇漁亦曾來訪，孔天胤有詩《喜蘇尚書侄漁至自濮陽見訪》：

> 世講青雲器，相送喜復棲。箕裘濮水上，書劍雁門西。蒿徑移人野，柴扉有風題。履聲不可聽，玉樹得攀躋[2]。

蘇潢有詩《河汾攬勝送十弟游晉兼懷文谷孔左丞》：

---

[1]《嘉靖二十九年進士登科録》："行一，年二十，五月初七日生。"

[2]康熙《濮州志》卷五。該詩不見于集中。

阿弟言游晋，聯床初解携。明宵春草夢，擬隔太行西。書劍添形色，河山壯品題。汾陽夫子席，許爾一攀躋。（蘇潢《清華軒集》之五律）

可知十弟即蘇漁，游晋時間爲春末夏初。

六月初秋，有詩《初秋凉氣發》。

七月十五日，宗室小村生日，有詩《宗老小村翁七十》。

七月，送諸生參加鄉試，有詩《丙子秋送諸生赴試》。

八月十六日生日，有詩《丙子生日自寬，時年七十有二》。王道行有賀詩，作答謝詩《和謝龍池翁見壽》，並爲王道行作《成趣園詩題辭》（《孔文谷續集》卷三）。

中秋節，有詩《廣庭流月華，高閣凝餘霰。中秋夜集西園賦》。

與青蓮社的活動見于《九日奉酬蓮社諸公見訪》。

九月九日，有詩《九日登碧海青天樓》《九日賦白衣送酒于陶公》。

九月，王緯卒，有《哭王龍岡先生》詩。句云："論心少一人，顧影獨多慮。惻愴山陽懷，欷歔屋梁語。"

九月，有詩《寄壽吕磻溪先生》致吕怤。

九月，故友之子趙小田生日，有詩《贈趙小田生日》。

是年秋，有詩《雨中玩木芙蓉》《贈山僧三首》《鳳尾竹》《秋日郊園眺望》《社日咏歸燕》《採菊東籬下》《秋思》《太霞亭上壽詞》《丙子之秋，再叨東府菊宴申寫頌言》《東籬苦菊》《木葉既脱爰整書齋》等。

是年，屠隆中舉①。

是年冬，汾州舉人赴京參加會試，有詩《送舉子會試一首》。

是年冬，汾州訓導任世鰲升深澤縣教諭，爲作《贈郡博任龍泉公升深澤學諭序》（《孔文谷續集》卷三）。又有《贈任司訓掌教深澤》詩。乾隆《汾州府志》卷八《職官·訓導》："任世鰲，陕西永壽人。歲貢。隆慶六年（任）。"是年張邦彦繼任。

①徐美潔《屠隆年譜》，第25頁，上海人民出版社，2015。

是年冬，王北野七十七歲生日，孔天胤有詩《北野老人生日賦此招飲》。頸聯云："山人今年七十七，手杖紫藤長八尺。"

約十月，爲雷凌霄生日作《壽雷水南先生》詩。

是年冬，奉國將軍西齋卒，有詩《吊西齋奉國君》《哭西齋君》。

是年冬，有詩《對酒短歌行》，題下有小注："在東皋社會作。"

是年冬，有詩《寄題陽谿新理書齋》。

朱慎鏐生日，孔天胤有詩《白雲曲二首蘭玉堂稱壽》。王道行有詩《贈仲川宗將、文谷先生社友》，對朱、孔二人才華多有贊賞：

> 車騎翩翩叩薜蘿，喜逢清客到巖阿。義懸寶劍千金重，人服才名八斗多。經術如雲從北海，文星此日聚西河。孔庭靈檜高如許，便欲因君借一柯。（《王明甫先生桂子園集》卷一）

爲宗室蘭軒生日作《壽蘭軒君》詩。

十二月初八，有詩《臘月八日醮佛贊》。

十二月二十二日，爲大宗正東皋翁生日作詩《壽東皋翁》。

十二月二十四日，爲弟天民生日作詩《壽乾石》。

十二月某日，孔階生日，有詩《兒階生日詩以勉之》。首句云："年當五五學何如？"可知是年二十五歲。由此可推知孔階生于嘉靖三十年（1551）。

十二月，爲宗室山泉四十歲生日作詩《玉樹篇贈山泉宗尉四旬》。

十二月，有感于蘇軾被貶黄州，在黄州建有雪堂，作詩《咏蘇子十月之望步自雪堂》。

十二月，有詩《和小村看南洲説法兼贈南洲》。

是年冬，尚有詩《書堂冬日》《夜長》《吕祖像贊》《疾夜四首》《比夜長少寐，思想平生，謾成一律申社長三翁》《望介山緬懷郭有道先生》《雙樹軒茶會》《小堂觀妓》等。

除夕，有詩《青蓮精舍守歲》。

是年，爲宗室蘭軒詩集作《太霞閒宇集序》（《孔文谷續集》卷一）。提出詩學觀："夫詩本乎心者也。在心爲志，發言爲聲。聲成爲文，文有音爲詩。故詩以道性情，性即心也，情即志也。情有喜怒哀樂，則詩有歡愉悲怨。情正則爲賦爲比爲興皆正，情僻則爲賦爲比爲興皆僻。"又爲朱慎鏐詩集作《蘭

玉堂詩集序》。序云:"萬曆三年,文學鄭柏齡等繕《寶善堂詩》成。明年丙子,《蘭玉堂詩》亦成。"(《孔文谷續集》卷一)

順治《汾陽縣志》卷四《隱逸》:"鄭柏齡,自號鶴庵山人。家本吴會,明初佔籍汾陽。山人自先世累爲慶成、永和二藩王師,宗姓盛文藻者皆背面事之,不時築宫設醴已也。山人迹隱山林,身居蓬藁而意致高邁,不事進取,惟肆力于詩(見《藝文》),以寄其蕭散簡放之韻。有子觀,以貢世。孫奇以恩拔,俱見重於當世云。"①雍正《山西通志》卷一百四十七《寓賢》類此。孔天胤與鄭柏齡之間唱和詩較多。鄭柏齡也是金蘭社重要成員(或爲社長),惜無詩文集傳世。康熙《汾陽縣志》卷八《詩歌下》收録其《長春觀》《西園共賦羊耳山莊圖詩》,又收録其孫鄭琦詩《金蘭社雅集》《送李參戎總鎮西秦次韻》《贈隆庵上人》《汾上泛舟》等。可見鄭琦亦爲金蘭詩社成員之一。康熙《汾陽縣志》卷二《寺觀》:"長春觀,在城西十里田村之鶴鳴洞。初名西巖古洞……(元)中統中增置殿閣,更名長春觀。"

是年,壽聖寺重修,孔天胤作記,文今不存。康熙《汾陽縣志》卷二《寺觀》:"壽聖寺,在城東北四十里冀村鎮。不知何年建,明萬曆四年修,孔天胤撰碑記。文不載。"

是年,張士佩以分守左參政駐汾。萬曆《汾州府志》卷七《官職類·部使》:"張士佩,陝西韓城縣人,嘉靖丙辰進士。由監察御史歷升左參政,萬曆四年駐扎。累官南京户部尚書。"張士佩興修水利,孔天胤爲作《分守冀南道左參政濾濱張公創開田渠碑》(《孔文谷續集》卷四)。按:張士佩,陝西韓城人。(小傳見附録)

是年刻《文谷漁嬉稿》一卷。

①又見康熙《汾陽縣志》卷三《隱逸》,"孫奇"作"孫琦",後授兖州府通判。

萬曆五年丁丑(1577),七十三歲

鄉居。

正月,山西按察使孫應元升右僉都御史,巡撫山西[1]。孫應元知兵,任兵部職方郎中時,即賞識戚繼光,令其守薊門。後任永平等道副使,又與戚繼光共事。戚繼光有《賀華山孫公巡撫山西序》,認爲孫應元可以擔當起守衛山西一帶邊防的重任:"在晉,晉之社稷于兹將永賴之。古稱社稷臣,非公而誰哉!"[2]可惜的是,孫應元不久就賫志以殁。

張居正有《答總憲孫華山》一文,提及其萬曆初苦心經營邊事及求退之意,視孫應元爲知己:"僕數年圖畫邊事,苦心積慮,冒險涉嫌,惟公知之,他人不能盡諒也。"[3]

正月初六,立春,有詩《立春日覽鏡》:

> 齒牙脱落鬢毛稀,半似當人半已非。臨鏡不堪增醜老,逢春翻更減容輝。莊生野馬觀空盡,簡子微禽嘆世違。寄泊此身渾似鶴,寒松疏影獨依依。[4]

正月,與趙訥之間有詩《早春陽谿君見過有贈,率爾賦酬四首》。

正月二十二日,查鐸調任廣西副使。(《明神宗實録》卷五十八)孔天胤有《贈毅庵查使君移鎮廣西》詩送行。

是年春,有詩《贈王近暘比部》《壽李南原》《送葬》《月洲咏》等詩。王近暘,其人不詳。

二月,張四維、申時行主會試,取馮夢禎等四百人。(明神宗實録》卷五十九)

---

①吴廷燮《明督撫年表》卷二《山西》。雷禮《國朝列卿紀》(明萬曆徐鑒刻本)卷一百二十二:"孫應元,湖廣鍾祥人。嘉靖壬戌進士,萬曆五年五月由山西按察使升右僉都任,尋卒。""五年五月"應爲"五年正月",參見《明神宗實録》卷五十八萬曆五年正月"辛丑"條。

②戚繼光《止止堂集·横槊稿·中》。

③張居正《張太岳先生文集》卷二十四。

④本年度所引孔天胤詩如無特别注明,均出自《文谷漁嬉稿·丁丑卷》。

三月，沈懋學、張嗣修、曾朝節等三百零一人進士及第，出身有差。（明神宗實録》卷六十）張嗣修即張居正之子。該科著名者還有馮夢禎、屠隆、魏允貞、余繼登、鄒元標、李贄等。

三月初五，爲王緝生日作詩《寄壽龍洲光禄》。

四月，山西右布政使高文薦升右僉都御史，巡撫山西①。

四月，張士佩調任山東按察使，有文《郡史贈言》（《孔文谷續集》卷三），又有詩《贈張濾濱使君總憲山東》。

四月初八，浴佛節，有詩《四月八日峪中觀賽》。又有詩《前有樽酒行》。

四月，濮陽李先芳（北山）寄詩（集中收有原詩《李北山寄》），有和詩《和濮陽李北翁寄懷一首》。（李先芳小傳見附録）

四月，與李漁之間有詩《磻溪園第十次賞牡丹作》。

四月，與李渤之間有詩《謝澗南翁招賞名花》。

五月，宿趙訥西郭園，有詩《宿趙陽谿西郭園》。

五月二十五日，夏至，有詩《夏日登西山最高頂》。

夏，吳兑接替方逢時任宣大總督②。

是年與青蓮詩社有關的詩作有《承蓮社諸公見賞小園芍藥，依韻奉酬》《五日宴蓮社宗英》。裴邦奇有《五日有懷汾上舊游》詩，句云："菖蒲浮酒緑，荷芰染衣香。"當作于端午節。裴邦奇又有《贈青蓮社諸君》詩（《巢雲詩集》卷四）。

是年，與金蘭詩社有關的詩作有《鶴林園避暑作社會柳川翁爲之主，裴徵君爲之賓》《雲川新居社會》《孟冬社會賦得鶴來松有伴二首》《寒日訪巢雲先生於金蘭社館》等。裴邦奇也有詩《社中諸君見招同文谷宴集南原别業》《鶴林園避署作社會柳川翁爲之主，文谷翁陽字命作》（《巢雲詩集》卷三、卷四）。可見裴邦奇也參加了金蘭詩社的活動。裴邦奇另有《蘭社諸君九日峪中登眺，予以他事不預，以詩訊之》（《巢雲詩集》卷三），《十五夜與蘭社

①吳廷燮《明督撫年表》卷二《山西》。

②吳廷燮《明督撫年表》卷二《宣大》。

諸公對月同賦》《金蘭館宴坐聞梵》《夏日同蘭社諸君過小泉村居次唐人韻》《贈金蘭社諸君》(《巢雲詩集》卷四),《題金蘭社十二事》(《巢雲詩集》卷五)等詩。回鄉後又有《寄蘭社諸君》等詩。裴邦奇詩中也有提及詩社活動的,如在《答孔文谷先生桐庵山房之招》中,有"萍踪棲泊旅情微,蘭社相留未忍歸"句。《孔文谷先生與鄭鶴庵雨中見過》首聯:"寄迹金蘭館,重門掩碧筼。"(《巢雲詩集》卷三)

是年夏,尚有《園木初榮偶然對酌》《背郭園列蒔花藥及開寡顏題以解嘲》《再到清華園用題壁韻》《仲川君新園落成見招游宴,即席贈酬》《咏茶粥》《李南原館宴集》《伏日有懷》《贈滄江宗尉見訪》《涉江采芙蓉》《壽圖篇》等詩。

五月,裴邦奇過訪,孔天胤爲其詩集作《巢雲詩集叙》。文云:"萬曆丁丑仲夏,巢雲子來自河東,訪予背郭之園,出所爲詩四編,以期訂證。"①是年二人之間詩作頗多,孔天胤夏有《喜裴徵君見枉,兼枉蘭章,輒倚韻奉酬以寫我心》《雨中過裴山人館,鄭鶴庵在焉,山人有作,因共和之》《灑掃桐竹山房迎巢雲先生,館之》《偶得名酒携訪巢雲,撫景清言,不覺造夕》《五日西園宴集用裴徵君韻》《鶴林園避暑作社會柳川翁爲之主,裴徵君爲之賓》《山居寫懷呈裴山人》《賦裴山人椰瓢》《和巢雲先生喜遇滄江君倩寄家信》;秋有《秋日寫懷呈巢雲先生》《苦雨懷裴巢雲兼貽元善》《須以一袍贈巢雲先生,特表緇衣之好云耳,輒蒙藻答,爰用矢音》《秋杪翠虚亭留飲月洲王孫、巢雲隱君。巢雲有作,用韻和酬》《裴徵君見示長夜客中述懷之作,時余在病,亦寫我心》《仲川、鶴庵約巢雲君游覽介山,山中多王孫别墅,知有嘉客率具酒邀會,余聞而美之二首》;冬有《雪後携樽蘭館看裴徵君二首》《寒日訪巢雲先生於金蘭社館》《贈别巢雲先生》《臘月一日壽巢雲君且送還山》等,是年裴邦奇五十歲。裴邦奇有《慶成西園午日招宴,同蘭社諸

①裴邦奇《巢雲詩集》,上海圖書館藏清悠然齋抄本。另有吕陽《巢雲詩集序》,簡介見崔建英《明别集版本志》第191頁。

君應教二首》(《巢雲詩集》卷三),《答孔文谷先生桐庵山房之招》[①]《酬文谷先生雪中見過》(《巢雲詩集》卷五),《至日集文谷虛白齋,聽劉元善作歌一首》《文翁見招,與月洲同酌翠虛庵》等詩(《巢雲詩集》卷四)。文翁,即孔天胤。重陽節,裴邦奇有《重游汾上孔園登高二首》(《巢雲詩集》卷四)。裴邦奇南歸聞喜後,月洲上人曾爲孔天胤帶信給裴邦奇,裴邦奇有詩《月洲來汾上,持孔丈書復過,卻歸蒲坂》記其事(《巢雲詩集》卷三)。裴邦奇至太原訪王道行,經汾水橋,有詩《曉渡汾水橋有懷孔丈》(《巢雲詩集》卷五)。

按:劉元善,江陵人,善彈琴。吳國倫有《紫微宫聽劉元善彈琴》詩,下有小注:"元善,江陵人。"(《甔甀洞稿》卷二十六)又有詩《劉元善至自太原喜而有贈》(《甔甀洞續稿》詩部卷九)及《以詩代書寄王明輔方伯》(《甔甀洞續稿》詩部卷十)。後一首有小序云:"明輔與予别自嘉靖庚戌,迨今四十年不再晤,而予老矣。偶友人劉元善自明輔所來,道其近況佳甚,因悵然爲此詩寄之。"據此,可知劉元善與王道行、孔天胤皆有交往。

是年夏,爲李漁六十歲生日作賀壽詩《李磻溪六十》。

八月十六日生日,有詩《生日奉酬見壽諸親舊二首》《和酬龍池翁見壽》(王道行有贈詩,集中作《附龍池先生寄壽》)。本年八月爲閏月,有詩《閏月中秋,辱玉牒賢宗金庭文彦招飲于仲府之寄興園,再爲朽生壽也。即事寫心,作醉歌行》。裴邦奇有祝壽詩《壽文谷先生》(《巢雲詩集》卷五)及《醉歌行奉和文谷先生閏中秋誕日宴神川寄興圖》(《巢雲詩集》卷二)。

八月,爲鄭柏齡魚瓮題詩《題鄭鶴庵魚瓮》。

八月,有詩《壽宗正一山公五旬》。

八月,吕時將由上黨回寧波,作《聞吕徵君六旬,將自潞還越寄言贈之》《寄贈伯梓同甬師自潞還越》等詩。程應登有《和李裕州送吕山人南還》詩(《潞安詩鈔前編》卷二)。

爲王道行作詩《桂子山莊引爲龍池翁賦》。

八月,吕陽寄書問候,孔天胤作《奉懷吕岫雲中舍兼酬惠問》詩。句云:

---

①桐庵山房,孔天胤集中多處作"桐竹山房"。

"雄裁五色自垂藻,盛世三朝誰策勛。卻念北山饒隱逸,遥緘赤牘慰離群。"對吕陽的問候表達謝意。是年冬,孔天胤又有《懷吕岫雲先生》詩二首:

金玉才章冰雪姿,岸冠姑嶺帶汾陂。至尊若見輕黄屋,内史何言舊鳳池。

自解樊籠學退藏,松苓服盡羽毛强。何時一借天風去,直到仙家緑井莊。

雍正《平陽府志》卷三十六王時濟詩《奉訊吕岫雲舍人二章》下有小注:"按,吕岫雲,諱陽,臨汾人。"(小傳見附録)

孔天胤詩所云緑井莊,是吕陽所築莊園,裴邦奇曾多次前往拜訪,並作有《岫雲别業宴集》《過吕岫雲緑井莊》《夏日集吕舍人緑井莊》等詩[①]。其中《過吕岫雲緑井莊》描繪此莊:"窗雲曉拂千竿竹,池水秋鳴兩部蛙。"頗有隱者之境,使人有"便欲從君歸舊隱,西風垂釣白鷗沙"之想。

九月九日,山西按察司副使蔡可賢與賀一桂前來拜訪,孔天胤有詩《秋晚蔡明軒、賀淡庵二使君見枉丘園,咏言奉謝》《九日蔡明軒、賀淡庵二使君平霞館宴集即席賦酬》。按:賀一桂,江西廬陵人。(小傳見附録)

九月十日,舊友張時徹卒,年七十有八[②]。

九月,月洲上人返蒲州,孔天胤有詩《送月洲還蒲》。

九月,張居正以父喪起復,奪情事起。

九月,于宗室柳川園賞菊,有詩《柳川園菊會》。

九月,有詩《楚客吟贈雲谷山人》贈劉雲谷。

是年秋,尚有《高齋閑望言懷》《齋居偶然二首》《積雨初晴秋林宴坐》《苦雨行》《留雲洞》《洞壁梅》《奉答林皋見寄》《望綿山懷古》等詩。末首裴邦奇有和詩《綿上懷古次孔丈韻》(《巢雲詩集》卷四)。

九月末或十月初,與趙小田菊園賞菊,有詩《賦小田徵君種菊盈園,招飲菊花酒歌》。裴邦奇有和詩《奉和孔丈賦小田種菊盈園招飲菊花酒》(《巢

---

①裴邦奇《巢雲詩集》卷四。卷五亦有詩提及緑井莊。

②沈一貫《南京兵部尚書東沙張公行狀》,《喙鳴文集》卷十八。

雲詩集》卷二)。

十月,爲寶經禪院題石額,落款爲"萬曆丁丑孟冬吉日,中岳外使孔天胤題"。據《汾陽縣金石類編·卷六·叢刻類》:"石額横長約三尺餘,縱約八寸餘,字徑約六寸餘,倣六朝體。"原存汾陽北關關帝廟。

是年冬,有詩《懷劉金溪先生》。按:劉金溪,指劉光啓,與亢思謙爲同科舉人。咸豐《青州府志》卷十《職官·高苑·知縣》:"劉光啓,臨汾舉人,嘉靖三十二年任。"嘉靖三十六年(1557)離任。乾隆《臨汾縣志》卷七《選舉·舉人》:"嘉靖甲戌科,十三年。亢思謙,解元,進士。劉光啓,知縣。"亢思謙有《祭高苑知縣同年劉金溪文》(《慎修堂集》卷二十)。

是年冬,有詩《對雪懷劉雲谷兼呈兑軒》。劉雲谷,隱士。詩中有"一曲聊歌郢,三杯第蕩寒"句,故知爲南人。又朱載墣有詩《送劉雲谷山人北上謁張太岳閣老》(《紹易詩集》卷二),或爲荆州一帶人。兑軒,宗室。

是年,柴淶(定宇)駐汾。乾隆《汾州府志》卷七《職官·分守冀南道》:"柴淶,浙江鄞縣人,嘉靖丙辰進士。由郎中歷升江西左布政使,改遷左参政,萬曆五年駐扎。升陝西按察使、江西右布政使。"(柴淶小傳見附録)

是年冬,尚有《咏雪二首》《隱堂洞懷古》等詩作,又有散曲《蘭玉堂觀梅〈醉太平〉》。

是年十一月十五日,孟淮卒①。

十二月十六日,有《迎春詞二首》。迎春,立春前一日。《禮記·月令》:"立春之日,天子親帥三公九卿諸侯大夫,以迎春于東郊。"②

約是年,吕陽編《晉詩選雅》成,孔天胤有五言長詩《姑射神人篇贈吕岫雲舍人》,句云:"晉雅事剛述,于詩有耿光。"③

是年刻《文谷漁嬉稿》一卷。

①張一桂《明故嘉議大夫應天府府尹孟公暨配敕封孺人蘇氏合葬墓誌銘》,《漱秋堂文集》卷十三。

②《文谷漁嬉稿·戊寅卷》,從詩意看,該詩應列入萬曆五年。

③范鄗鼎《三晉詩選》卷一。

萬曆六年戊寅(1578),七十四歲

鄉居。

正月十一日,試燈,有詩《元宵前四日晝苑試燈》。元宵節,又有詩《魚燈》《梅燈》[①]。

正月十八日,趙訥來訪,孔天胤有詩《正月十八日答陽谿君見訪》。

正月,有詩《春酌寫懷壽露泉宗相》。"延宵絳蠟然燈永"暗示侯露泉生日爲元宵節後數日。

正月,葛守禮卒[②]。

進吕調陽建極殿大學士;吏部尚書張四維少保武英殿大學士,蔭中書舍人;張居正求守制,不允。(《國榷》卷七十)

三月,馬自强以禮部尚書兼文淵閣大學士,申時行以吏部左侍郎兼東閣大學士,預機務,十月卒[③]。

三月,有詩《陽春行》。

三月,有詩《贈李南原生日》。李南原,其人不詳。

三月,有詩《送田汾南應選北上》。檢乾隆《汾州府志》卷十八《科目下》,萬曆朝貢生有田選,臨洮同知;田順和,曲沃訓導;田宗易,無出仕記載。不詳何人。

三月,有詩《奉謝陳抑亭中丞寄懷》,集中有陳洪濛原詩《抑亭見寄》。陳洪濛已致仕多年。第二首首聯云:"秋風颯颯雁西征,尺素聊將寄遠聲。"表明寫作時間爲秋天。朱慎鍾有和詩《和文翁孔師寄懷陳抑亭中丞》(《寶善堂稿》卷下)。

是年春,天真社四老在春林聚會,有詩《春林適興社會作》。句云:"扶笻四老友,携興入煙霞。"故知爲天真社。

---

①本年度所引孔天胤詩如無特别注明,均出自《文谷漁嬉稿·戊寅卷》。

②王家屏《太子少保都察院左都御史贈太子太保謚端肅葛公墓誌銘》,《復宿山房集》卷二十三。

③張廷玉《明史》卷一一〇,表第一一,《宰輔年表二》。

是年春夏之交，光禄寺少卿王緝使晉，轉太僕寺卿還朝(《明神宗實録》卷六十九)，孔天胤有詩《贈龍洲公以光禄使晉，尋轉太僕還朝》。句云："舊鄉擁傳來三月，新命移官近五雲。行色又隨春草壯，離思空與夏條紛。"暗示了寫作時間。

四月，周小川入太學，有贈詩《贈周小川游太學》。周小川，或爲周倫弟。周倫有三弟，一名周價，另二人不知其名。兄弟四人中三人爲國子生。萬曆二年(1574)周倫去世，此前二弟已經去世①。

五月初五，端午，有詩《閑齋永日看王臨川、黄豫章詩，皆以竺乾之學發之乎杜調，而臨川隱約，豫章有譎諫意。因隨緣起興，欲擬之云爾，五日書懷》。首聯云："荏苒偏驚物候催，端陽争得好懷開。"表明爲端午節。頸聯云："插艾豈消防雀户，酌蒲猶恐冒蛇杯。"提及汾州一帶端午節的習俗如"插艾""挂菖蒲""蛇杯"等。"蛇杯"即雄黄酒。

五月七日，夏至，有詩《夏日登白雲寺樓》。康熙《汾陽縣志》卷二《寺觀》："白雲寺，在城東三十里杜村，宋政和七年(1117)建，爲大夏鄉一大古刹。白雲庵，在城西五里許，舉人常祐撰碑文。"

五月，無雨，有祈雨詩《畢宿壇道士祈雨》。

五月，與南洲禪師座談，有詩《與南洲禪師坐談用柴定公韻》。柴定公，即柴淶。

五月，天真社友作黄菜會，有詩《戲題黄菜會二絶》。

五月，有詩《題寶經禪院二首》，下有小注："院是僧映天造。"

五月，有詩《過雲谷新居二首》，首聯云："回望荆門隔楚江，安居汾水白雲邦。"可知劉雲谷隱居在汾州。又爲其隱居處題有《題雲谷山人隱居》詩。

伏日，有詩《伏日憩竹林西館，侯中散携酒見過》。侯中散，其人不詳。

五月，尚有詩《會清河老人叙懷二首》《贈王官夏南坪》。

①參見孔天胤《慶成王府書辦官毅庵周公暨元配党氏合葬墓誌銘》，《孔文谷集》卷十二；《國子監生兑川周君墓誌銘》，《孔文谷續集》卷四。

五月，有詩《贈霍礪庵以恩蔭拜官》。按：霍礪庵，指霍鍾瑜，霍冀之子。（小傳見附録）

是年，金蘭詩社多次宴集。六月，會于柳川園，有詩《柳川園六月社會》。秋，有詩《金蘭社宴集和李環洲韻》《新作金蘭社門》等。

六月孟秋，有詩《秋林社會呈二老共和》。

六月十九日，應柴淶所請，登城樓，有詩《孟秋多雨，弦望之交鬱不見月。十九日纔霽。四野榮觀，嘉禾豐茂，開府柴公登城周覽見招，鄙生從邁乾樓之上，共遲好月之升。乃二更，山吐出矣，因撫景暢懷，聊十一韻。翊日情感不既，輒嗣響復綴一篇。竊謂明公此行，庾武昌之淵興，謝宣城之雅裁，不是過也》。

六月，有詩《秋亭宴坐看槿花》。

七月十四日爲柳川生日，十九日爲小村生日，十五日有詩《中元佳節爲柳川、小村二翁壽》。

七月，有詩《咏蟬鳴黄葉》《今日良宴會》《奉擬贈燕一首》等。

七月七日，有詩《園中秋夕四首》。

八月十六日生日，柴淶有祝壽詩。句云："四分百歲已三分，愛狎漁樵麋鹿群。"（集中作《柴定公見壽》）孔天胤有《戊寅七十有四謝開府柴定公見壽》和之。又有詩《西園宴壽》《謝柳川翁菊宴用思字》等。

九月，有詩《秋暮田家》《咏桑落酒》。雍正《山西通志》卷四十七："桑落酒，王元美曰：'太原酒頗清醇而不甚釅，難醉易醒。余嘗取其初熟者，以汾州羊羔劑半嘗之，瀉水晶杯不復辨色，清美爲天下冠。'宋雨公曰：'徐文長集中酒三品，一曰桑落，即太原酒也。宗藩東玉家尤勝。'"

九月，柴淶調陝西按察使，孔天胤有詩《送柴定宇參知總憲三秦》。

九月，有詩《贈成監吾太史二首》。監吾，指成憲，直隸薊州衛人。（小傳見附録）

是年，裴邦奇第三次來訪，唱和頗多。秋有《雨懷二首念裴徵君》《九月念日邀裴徵君小酌得詩二首，一和其旅懷，一即事》等詩；冬有《寒夕款裴山人行》《和裴徵君雪中感懷》《鄭廣文新宅招飲，同宗老柳川、東皋二翁，山人巢雲子賦二首》《過裴徵君留飲有作二首》《和裴徵君雪中感懷》《巢雲生日》《和裴山人思歸四首，山人以舊游入汾，然頗有在陳之嗟。不樂久淹，慷慨悲歌，爲我心惻，故辭多激感云》等詩。裴邦奇有《雨過嘉樹園謁孔文谷》詩云：

園開嘉樹緑雲屯，山色青連背郭村。竹徑再逢前地主，桃花仍發舊仙源。碧筒注酒香猶在，翠壁分題墨尚存。忽漫相逢幾經歲，還同鷄黍對床言。(《巢雲詩集》卷四)

憶二人初遇時，分題作詩的賞心樂事。二人也曾于園中登臨，裴邦奇作有《重游汾上孔園登高二首》，句云"人同前歲健，花似故園開"，"黄花如舊好，白花競誰多"(《巢雲詩集》卷三)，表達對故人、新花同樣的欣喜。

是年秋冬之際，業師馮思翊之子馮叔奇升平凉府通判，孔天胤有詩《贈馮孚溪先生自香河擢貳平凉，監管固鎮糧儲》。

是年秋冬之際，于銜書樓宴會，有詩《銜書樓宴集，同環洲、監吾、葛野三使君賦》。環洲，李荷；監吾，成憲；葛野，張敏德。

十月十三日，"後七子"之一，江西左布政使徐中行卒，年六十有二[①]。

十二月，致仕大學士高拱卒[②]。

十一月三日，冬至，有詩《冬日訪桂亭翁》。

十一月，與蓮社相關的詩作有《蓮社新理門堂》。

十一月，有詩《仲冬逸老堂會》。

十一月，與宗室柳川、東皋及裴邦奇在鄭柏齡新宅飲酒，有詩《鄭廣文新宅招飲，同宗老柳川、東皋二翁，山人巢雲子賦二首》。

十一月十八日，小寒，宗室蘭軒來訪，有詩《喜蘭軒公寒日見訪》。

十二月某日，代理知州丘梁(號泰衡)生日，孔天胤有詩《壽泰衡丘明府》。其子丘齊雲(號若泰)遠道而來爲父祝壽，孔天胤有詩《潮陽太守若泰

①王世貞《中奉大夫江西布政司左布政使天目徐公墓碑》，徐中行《天目集》卷二十一附録。

②張廷玉《明史》卷二一三《高拱傳》。

公取道汾陽，上嚴尊紫薇翁壽，頃有詩答諸賀客，首余及之，輒擬贈謝》。（丘梁與丘齊雲小傳見附録）

是年冬，與李渤之間有詩《雪後承李澗南招飲，即席叙懷》。

十二月二十二日，東皋生日，有詩《東皋翁令旦》。

十二月某日，鄭柏齡生日，有詩《壽鄭鶴庵》。

是年冬，尚有《冬夜長》《小春集鄭隱君棲真洞，分韻得瓶字》《擬淮南王招隱之篇》《寒齋雪霽得群賢見枉》《送西寺僧坐禪南山》《憶慶雲上人説法南山道場二首》《雜言四首》等詩。

除夕，守歲，有詩《戊寅除夕兒階具觴守歲》。

是年刻《文谷漁嬉稿》一卷。

萬曆七年己卯(1579)，七十五歲

鄉居。

是年，汾州孝義瘟疫。乾隆《汾州府志》卷二十五《事考》："萬曆七年，孝義疫。"

正月，丘梁仍代理汾州知州，其子丘齊雲春節在汾州度過，孔天胤有詩《元日書懷呈攝守丘司理暨長君潮州太守》[①]。司理，爲布政司理問之别稱。又有詩《和丘若泰明府惠音平霞館》。

正月初七，趙訥宴請丘齊雲，孔天胤有詩《趙陽谿借山人之館延款若泰先生，時正人日，分韻得人字》。

正月十五日，有詩《西園燈宴》。

正月，與裴邦奇、鄭柏齡之間有詩《席間會裴、鄭二山人》。

正月，詔毁天下書院。《明會要》卷二十六："萬曆七年正月，毁天下書院。時士大夫競講學，張居正惡之，盡改各省書院爲公廨。凡先後毁應天等府書院六十四處。"關于毁書院的原因，後人看法多有不同。

---

①木年度所引孔天胤詩如無特别注明，均出自《文谷漁嬉稿·己卯卷》。

正月，尚有《咏春日春盤》《群雅堂公宴》《栖真洞小集》《留雲洞題壁》《青蓮歌》《咏史四首》《磬室觀妓燈下戲題》等詩。

是年春，丘山人游華山，孔天胤有《贈丘山人》《贈丘山人游華山》等詩。裴邦奇亦有詩《送丘遜之游西岳》《丘山人游寓西岳懷寄二首》。後詩題下有小注："山人，山陰人也。"(《巢雲詩集》卷四)據此可知丘山人非丘齊雲。

約二月，李荷調任陝西按察司僉事，兵備肅州，孔天胤有詩《贈李環洲憲僉西上》。王道行亦有《賀李郡丞擢陝西按察司僉事兵備肅州序》(《王明甫先生桂子園集》卷五)。

二月，有詩《東郡田生善書，行當北上，予作田生行贈之》。田生，或爲開州(濮陽)一帶人。東郡，古地名，秦置，治所在今濮陽，漢因之，約爲今河南省東北部與山東省西部部分地區。

二月，茅坤編成《唐宋八大家文鈔》，從此"唐宋八大家"成爲流行術語，雖然此前已有這一說法。

二月，少傅兼太子太傅、吏部尚書、建極殿大學士吕調陽致仕。(《明神宗實録》卷八十四)

是年，裴邦奇南歸聞喜，孔天胤有詩《贈别裴隱君還山》二首。這是他爲裴邦奇寫的最後兩首詩：

姑射山南鄉夢飛，汾陽橋北旅人歸。卻慚紅杏空春色，不緩驪駒駐夕暉。

天上客星原自隱，世間知己故應稀。行行且學桐江釣，龍渚鷗沙置一磯。

二月，另有詩《紫塞春鴻》。

約三月，有詩《李南原壽日》。李南原，其人不詳，應爲汾州人。據"多君解組身無累，會向東園樂有年"句，可知其曾出仕。據《汾州府志》，隆慶四年(1570)汾州有舉人李迪吉，曾任漳縣知縣，或即此人。

三月五日王緝生日，孔天胤有詩《南山篇寄壽龍洲》。

三月，賈待問生日，孔天胤有詩《壽開府賈春容翁》。春容爲其號。萬曆《汾州府志》卷七《官職類·部使》："賈待問，直隸威縣人，隆慶戊辰進士。由刑科給事中歷升左參政，萬曆七年駐扎。歷升巡撫南贛都御史。"(賈待問小

傳見附録）

三月，新知州董選到任，丘梁離任，孔天胤有詩《送藩理丘泰衡攝郡代還》。乾隆《汾州府志》卷八《職官》："董選，河南嵩縣人，進士。萬曆七年任。"乾隆《嵩縣志》卷二十四《治行》："董選，字仁卿，御史相（董相）之子。隆慶辛未進士，除行人。歷蘄水知縣、汾州知州、廣平府同知，擢知延安府。"

是年，參與詩社活動，詩作頗豐。春二月十五日，有詩《二月十五日感懷呈社友》。二月有詩《社中三老行》，句云："三人二百二十八，總把心期效洛南。柳谷翩翩來鶴駕，蘭皋冉冉下鸞驂。"三老或即孔天胤、柳谷與蘭皋。三月初四，有詩《谷雨日種瓜東園，值社中諸宗賢見訪》。五月，有詩《社中七子程藝西園應教賦詩，得五言近體用枝字》《蘭社新開魚沼》。八月六日，有詩《八月六日承蓮社諸宗英見訪，便留小酌，即席謝陳》。九月有詩《柳川園看菊寫懷呈同社諸老》。十一月，有詩《仲冬逸老堂會呈社長翁》。

三月，有懷人詩《寄懷中丞陳抑翁二首》寄陳洪濛。

三月十二日，有詩《王允承行年五十》。

三月十五日，穀雨。在東園種瓜，社友來訪，有詩《穀雨日種瓜東園，值社中諸宗賢見訪》。

三月，前陝西麟游知縣楊萼招飲，孔天胤有詩《謝楊古峰招飲》。

三月，在嘉樹園種蓮花，有詩《嘉樹園種蓮》。

三月末，通判申九峰（號半庵）東歸，孔天胤有《送别駕申半庵先生東歸》詩。乾隆《汾州府志》卷八《職官·判官》："申九峰，山東恩縣（人）。舉人。萬曆五年（任）。"（小傳見附録）

四月一日，有詩《四月一日會詩嘉樹園》。

四月八日，有詩《四月八日宴集仲川新園》。

四月，與李漁、柳川等觀賞牡丹與芍藥，有詩《李劍州邀賞牡丹》《再賞李劍州芍藥同柳川諸公賦》。觀賞李渤園芍藥花，有詩《李澗南園觀芍藥》。五月初五，有詩《端陽即事》。

五月初七，有詩《石菖蒲吟壽龍池王公》，爲王道行祝壽。王道行寄詩，作《奉答龍池翁寄懷》酬謝。

五月，有詩《謝兑軒宗尉惠千葉榴花》《玩庭榴二絶》。

五月，有《〈崧高維岳圖〉詩壽明府董伊公》。董伊公，知州董選。句云："河内官容借，汾陽政果平。"董選爲嵩縣人，古代亦屬河内。

五月，于李南原宅宴集，有詩《清夏宴李南原園》。

五月，有詩《和陽谿對芍藥見懷》贈趙訥。

五月，有詩《李萬川先生筮仕靈臺學訓，再轉靈丘學諭，又再轉靈州學正，拂衣還里》。按：李萬川，即李純全，汾州人，貢生。乾隆《汾州府志》卷十九《科目下·嘉靖中貢生》："李純全，靈臺訓導。"

五月，病後身體清癯，有詩《病癯》。

五月二十四日，有詩《東皋翁作會，時五月二十四日》。

是年五月，有詩《題畫扇玫瑰》《感興二首》《題王交城化蒸甘露卷》《山莊緑陰清晝聽鳥看雲》。

六月初，有詩《蘭雪軒與雲谷銷暑》。首聯云："言逃六月暑，一就小亭幽。"指出寫作時間。

六月，于詩社與鄭柏齡相遇，有詩《六月會鄭鶴庵詩社得六言二絶》。

六月，收到吕時懷人詩，作《六月得吕甬東五言寄懷，因用韻寫心》。

六月，尚有詩《贈曹書記孝行》《六字銘》《長日吟》《祈雨仙姑洞》等。

七月十二日，柳川招宴，孔天胤有詩《萬曆己卯秋七月十有二日，赴宗老柳川翁會，會于畫苑。入其園，見樹皆湛碧，池蓮半開半謝，明珠在葉而金粉紅霏，盈盈在水面浮。秋菊盈畦，夏果咸熟，令人結攬不遑。入其室，圖史與彝器錯陳。其最奇，則盆石雲石有如支機者，如鵲印者，有圓光而如佛羽立而如仙者，有如初平之羊、李廣之虎者，有如爪如觚、如几如鏊者，皆翁因形賦繢，刺以金青》。

七月十五日、十九日，爲宗室柳川、小村生日作詩《壽柳川小村二宗翁》。

七月末或八月初，宗室蘭軒來訪，孔天胤有詩《蘭軒君携酒見過奉答二首》。

八月十二日，有詩《秋日訪兑軒宗尉一首》。

中秋節，有詩《中秋寫懷奉答巢雲先生，惠而好我，寄以瑶華》。

八月十六日，有詩《己卯生日寫懷》，句云："吾生七十五中秋，看月盈虚只點頭。”又有《卜亭携酒見壽即席賦酬》。裴邦奇有《壽孔文谷先生》詩(《巢雲詩集》卷五)。

八月，慶成王府新殿完工，孔天胤有詩《慶國廣殿新成宴集二首》。

八月，兵部尚書郜光先父母生日，爲之作《雙壽篇奉贊郜司馬獻二親壽》詩。按：郜光先，山西長治人。(小傳見附録)

是年八月，宣大總督吳兑還朝，爲之作《贈總制大司馬吳公應詔還朝》詩。按：吳兑，浙江山陰人。(小傳見附録)

是年八月，兵部左侍郎鄭洛繼任宣大總督[1]。

九月，有詩《小田誕日書贈》賀趙小田生日。

九月，謝竹亭寄詩問候，有詩《寄酬謝竹亭遠見問遺》答謝。

九月，有詩《贈李恒齋登第》。李恒齋，其人不詳。是年爲鄉試年，汾州中舉者只有王近臣一人。該詩或其他年份所作。首聯云：“舊德名家慶緒長，超然奕世發賢良。”據此可知其爲世家子弟。張四維與之有書信來往，王道行爲之撰祭文，疑爲李敏德[2]。

是年秋，尚有詩《集池上亭分賦水雲二首》《西園花瑞》。

十一月十八日，夢到鄭柏齡自定襄回，有詩《十八日夜夢鄭鶴庵自定襄來，余寫詩贈問》。

十一月二十四日，冬至，于李漁宅宴，有詩《冬日宴李劍州宅》。

十二月，爲石溪先生新居題詩《石溪先生新居》。

歲末，宗室牧雲翁八十歲生日，有賀壽詩《皇宗仙老牧雲翁壽登八秩》。

是年冬，有《歲寒松柏》《咏古人秉燭夜游》《題景福堂東燠室二首》。

是年，同年熊過卒[3]。

---

①吳廷燮《明督撫年表》卷二《宣大》。

②張四維《復李恒齋二》，《條麓堂集》卷十六。王道行《祭李恒齋》，《王明甫先生桂子園集》卷十九。李敏德(1517—？)，字伯修。長治人。嘉靖二十六年丁未科進士。先後任祥符知縣、蘇州同知、湖州知府、山東副使、河南按察使、河南右布政使，終陝西左布政使。李敏德似爲李延康、李延馨族人，其從子李如桂號乾齋。

③趙用賢《熊南沙先生墓誌銘》，《松石齋集·文集》卷十七。

是年，刻《文谷漁嬉稿》一卷。

萬曆八年庚辰（1580），七十六歲

鄉居。

正月，前少傅兼太子太傅、吏部尚書、建極殿大學士呂調陽卒。（《明神宗實録》卷九十七）

二月，有詩《仲春理北園作》。句云："園圃荒殘更一新，要令安息老來身。"

是年春，侯露泉、趙小田等人來訪，有詩《雨中悶坐喜露泉、小田、月山携酒見過》。

三月十一日，清明節，有感于荒草陳迹，世事無常，有詩《清明日野望》：

> 出郭望南隴，陳人墓草屯。埋名何歲月，留世幾兒孫。樹慘黄泉隔，風凄白日昏。榮華銷歇盡，壞土復奚論。

是年春，陰雨連綿，有詩《春陰書感》。

二月，申時行、余有丁爲會試主考官，録蕭良有等三百人。（王世貞《弇山堂别集》卷八十三《科試考三》）

三月，張懋修、張敬修、蕭良有、王廷撰等三百零二人進士及第，出身有差。（《弇山堂别集》卷八十三《科試考三》）張懋修、張敬修爲首輔張居正子。顧憲成、黄克纘、魏允中、龍膺、王象蒙、臧懋循等亦中進士。

三月，有詩《王雲渚生日題扇以贈》。王雲渚，其人不詳。

是年春，另有詩《自題丈室》《春陰二首》《小園栽樹作》《開池》《種樹》《雨中謝鄰翁見訪》等①。

四月初一，有詩《四月一日寫懷》。句云："十旬寒雨消春盡，四月初晴始象春。"表明整個春季都在陰雨綿綿中度過。

①本年度所引孔天胤詩如無特別注明，均出自《文谷漁嬉稿·庚辰卷》。

四月初，有詩《寄懷陳抑庵翁》寄陳洪濛。

四月，到李漁園，有詩《李劍州園丹藥盛開，時余年七十有六，仍與賞會，即席賦酬》。

四月，有和趙訥詩《和趙陽谿看花見懷》。

四月，到李渤園中觀花，有詩《李澗南園觀芍藥》。

四月，有詩《宴李南原林居》。

四月三十日，夏至，宴于馮叔奇西園，有詩《夏日宴馮孚溪西園》。

四月，另有詩《購取盆榴置庭際》《小園芍藥初開承締觀有作》《齋居稍事植援坐而有省二首》《答山僧饋杏》《畏熱》。

五月初一，有詩《五月旦作》。

五月初七，爲王道行五十歲生日作詩《頌王龍池先生華誕五旬》。秋又有《奉答龍池翁寄懷》。

五月，爲雷凌霄書房題詩《題雷水南風雩精舍》。

五月初，有詩《夏日游園中感懷二首》。

五月二十二日，有詩《五月廿二日，酬鶴庵、仲川、兑軒在雅堂招飲二首》。

五月，另有詩《避暑登南薰樓》《虚白齋過夏》等。

約六月底七月初，爲李渤生日作詩《壽李澗南》。

六月，周峪川新居落成，有賀詩《贈周峪川新居》。周峪川，或爲周倫兄弟。

六月，爲李漁生日作詩《壽李磻溪》。

六月，陝西副使李荷自肅州問訊，有詩《寄酬李環洲憲使自安西見訊》。

六月，孔階于北園讀書，有詩《階讀書北園》。首聯云："少年文采學清修，選地莫如吾圃幽。"

六月二十五日趙訥生日，有詩《趙陽谿太守登年六十，余舉酒而賦玄露》。

六月，會于宗室柳川園，有詩《六月柳川園會》。

六月，有詩《壽守府胡繼山先生》。胡繼山，即胡璡。乾隆《汾州府志》卷八《職官·通判》："胡璡，陝西籍，四川南江（人）。舉人，萬曆七年（任）。"

六月，有詩《慰周小川服中生日》。首聯云："與子通家三十秋，歲時風雨不曾休。"故周小川或爲周永浩子、周倫弟。服中，當指喪母。

六月十七日，立秋，有詩《秋日題侄謂讀書處》。孔謂，當爲孔天胤同宗子侄。

六月，以七十六歲高齡得孫，宗室五老牧雲、柳川、東皋、小村、東谷及鄭柏齡送湯餅賀喜，孔天胤有詩《暮齒得孫，承牧雲、柳川、東皋、小村、東谷五宗老並鶴庵徵君持湯餅道喜，輒倚歌聲謝》。句云："七十六歲老人才抱孫，焚香頂禮玉宸尊。"可見欣喜之情。

六月，有詩《寄贈趙陽泉》。趙陽泉，當爲趙訥弟趙讚。

六月初，另有詩《立秋日喜雨納凉》。

六月，有詩《述懷呈馮孚溪先生，余有園廬在城北郭，比孚溪公卜築亦于西郭門，兩家相去僅二里間，余既欣鄰曲之交，復雅通家之誼，爰因初度，叙意侑觴》。可知馮叔奇宅與孔天胤宅相鄰。分别在汾州城北與城西①。

六月二十五日，趙訥生日，有詩《寄懷趙陽谿生日》。

六月，宗室兑軒與蘭軒來訪，分别有詩《和兑軒山居見贈》《秋日承蘭軒見訪》。

六月，在雷凌霄處宴集，有詩《再集水南園》。

七月，抗倭名將俞大猷卒，謚武襄。(《明神宗實録》卷十七)

八月十六日生日前後，王道行、賈待問、張柱等人爲之祝壽，有詩《中秋生日樓飲對月》《中秋生日謝見壽諸公三首》《奉答龍池翁寄懷》《奉謝賈春容相公見壽》《中秋望月呈張健庵參知》《贈張健庵參知》。張柱和詩存集中(二首均作《健庵次》)。

中秋又有詩《中秋對月有懷》。

是年秋，另有《林間早秋》《雨後看榴花》《背郭園即事》《古意五首》《夢一老僧與余説偈多品而記其半》《聽黄生彈琴》《獨坐有懷二首》《喜白鹿山

①王愷仁、劉瑞祥主編《汾州滄桑》第二卷(北嶽文藝出版社，2000)："北關村，清代名五名坊北關廂，民國及 20 世纪 50 年代初稱北關街，今名北關村。"村中"寶經禪院"門額爲孔天胤題。順治《汾陽縣志》卷二《里甲》："東郭、西東郭、東子城、南郭、西北郭廂並五名坊。"又見康熙《汾陽縣志》卷七《坊里》。孔天胤集中多處提及"背郭""背郭園"，或即"北郭"。

人卜築西澗不遠吾廬》《題素扇》《秋夜長》《村田俚語四言》《撫蘭菊而懷佳人》《搗衣曲》《林間四時行樂詞》《積雨無聊欣小田見訪》《秋懷二首》《夕雨微晴見林間返照》《汾亭秋望》等詩作。

九月九日，重陽節，有詩《九日懷古》。

九月，于柳川園賞菊，有詩《和柳川翁園看菊夜游》。

是年，丈量天下田畝。

是年冬，臨漳故人李九河孫李脈不遠千里來汾問候，李九河已故去多年。孔天胤悲欣交集，有詩《故人李九河孫脈千里見候，臨感酸欣，形之言句》。句云："家世宅漳水，子孫甘負樵。"可知其爲臨漳一帶人。

約十月，爲雷凌霄生日作詩《壽水南公》。

是年冬，有詩《贈麓庵宗尉村居》。麓庵，其人不詳。

是年冬，有詩《送八溪、洪川行香武當二首》。八溪、洪川，其人不詳。

是年冬，另有詩《咏蘇子瞻雪堂夜夢》《夜窗松月》《懷善書李山人宿觀音堂》《壽王老于山中》《歲晏寂君有懷朋舊》《寒宵不寐二首》《至日招友人圍爐賦詩》《再題燠室二首》《咏雪》《明妃辭二首》《戲贈丹客》《野老負暄》等。

除夕，與孔階守歲，有詩《庚辰除夕兒階奉予守歲》。

十二月，山西巡撫、右副都御史高文薦回院，山西右布政使辛應乾升右僉都御史繼任[①]。按：辛應乾，字伯符，山東青州府安丘縣人，嘉靖四十一年(1562)進士。

約是年，爲王緝所編《宋名臣狄武襄公功行録》作序，並作像贊。序今不存，《宋名臣狄武襄公像贊》云狄青："長材大器，崛起鴻蒙……處善不伐，謙持有功。忠誠天篤，智勇並隆。"[②]

是年，刻《文谷漁嬉稿》一卷。

---

①吳廷燮《明督撫年表》卷二《山西》。

②該書另有鄭旻序，作于萬曆庚辰，該書亦刻于是年，故推知孔天胤序、贊寫于是年。是書光緒二十一年由申季莊整理重新刊刻，據其所作序，整理時孔天胤序已亡佚其半，故未收録。

萬曆九年辛巳(1581),七十七歲

鄉居。

是年,汾州東郭發生火災。萬曆《汾州府志》卷十六《雜志類·灾祥》:"東郭火災,燒廬舍大半。"

正月,陝西副使朱孟震任山西左參政,分守冀南道,駐汾州。(《明神宗實録》卷一百八)康熙《汾陽縣志》卷五《憲司》:"朱孟震,江西新淦人。隆慶戊辰進士,歷升左參政,萬曆九年駐扎。累官山西巡撫。"(小傳見附録)

二月,吏部尚書王國光、考功郎中孫惟清查處朝臣二百六十四人,前建言戍斥諸臣艾穆、沈思孝、趙用賢、朱鴻琪等預焉。翰林編修公家臣謫澤州判官。(《國榷》卷七十一)

一條鞭法自是年始在全國推行。《明史》卷七十八《食貨志》二《賦役》:"一條鞭法者,總括一州縣之賦役,量地計丁,丁糧畢輸于官。一歲之役,官爲僉募。力差,則計其工食之費,量爲增減;銀差,則計其交納之費,加以增耗。凡額辦、派辦、京庫歲需與存留、供億諸費,以及土貢方物,悉並爲一條,皆計畝徵銀,折辦于官,故謂之一條鞭。立法頗爲簡便。嘉靖間,數行數止,至萬曆九年乃盡行之。"

是年夏,與朱孟震宴于園中,朱孟震有詩《夏日孔先生汝錫招飲,移酌海榴花下,時余愁病未捐,久失占謝,偶以登樓餘興,漫呈此詩》記其事:

> 風輕廉竹漾湘波,不飲其如此會何。座上賓朋元北海,囊中經術有西河。花迎綵筆偏能媚,月傍金尊轉自多。楚客病來那復興,卻緣心賞一狂歌。(《朱秉器詩集》卷二)

由于孔天胤該年詩未刻,故該詩爲目前所見之孔天胤最後的交游資料。

十月七日,舊友陳洪濛卒①。

十一月十一日,孔天胤卒于汾州。

①余有丁《明進階通議大夫都察院右副都御史抑庵陳公墓誌銘》,《余文敏公文集》卷九,十五卷本在卷十一;又見焦竑《國朝獻徵録》卷六十二。

趙訥《文靖先生孔公墓碑》云"卒于萬曆九年十一月十一日","門人輩誄而稱之爲文靖先生"。王道行有祭文《祭孔汝錫先生》,稱讚其才華:"夙挺孤標,博綜六藝。文蔽班楊,才陵漢魏。"班,班固;楊,揚雄(一寫作楊雄)。又指出孔天胤造士有聲:"兩浙三秦,柄文造士。彬彬乎及門入室之徒,濟濟然華國名家之輩。"(《王明甫先生桂子園集》卷十九)多年後有李君湘山人過訪,請王道行在試卷上題詞,王道行讀到孔天胤所作詩,不禁潸然淚下,有詩《贈李君湘山人,山人出詩卷索題,見孔文谷先生詩,潸然有感》(《王明甫先生桂子園集》近稿)。

葬于城北人美廂官道西。萬曆《汾州府志》卷十六《雜志類·墳墓》:"孔布政墓,在城東北人美廂官道西。"乾隆《汾州府志》卷二十三《冢墓》:"明河南左布政使孔天胤墓,在府城北人美廂官道西。"人美廂,有三賢街、聖仙廟、三賢祠。

《中國文物地圖集山西分册》記載如下:

> 孔天胤墓:太和橋街道籽城坊村。明代。孔天胤(1505—1581),字汝錫,號文谷,汾陽(今汾陽市)人,嘉靖壬辰年(1532)進士,官至河南左布政使。著有《文谷集》。地表原有封土、墓碑和石像生等,20世紀60年代均毁。

順治《汾陽縣志》卷一《土地志·塋墓》:"孔布政墓,在城東北人美廂官道西。"

陳文燭《寇山人詩序》:"廣濟蓋有寇山人云,一日走汾上,訪朱秉器大參,吊孔汝錫方伯。謁諸王孫,諸王孫引爲上客。山人名赫赫晉、楚,秉器梓其詩序焉。"(《二酉園文集》卷五)亦可作爲佐證。王道行有《喜寇山人至》詩(《王明甫先生桂子園集》卷一)。按:寇山人,名學海。(小傳見附録)

孔天胤有一子一女,且有孫。據趙訥《文靖先生孔公墓碑》,孔天胤"娶王氏,繼王氏,側室趙氏。生子階,國子生。後十一年,子娶王氏,少司徒王龍洲之女。生孫男,後同殤。孫女適奉國將軍敏淌,慶成王弟鎮國將軍利川之子也,亦先階卒","□王氏□無子,以其叔父之第三子□之□從□爲嗣。女一,適常志剛,早卒"。身後事,"幸賴龍洲公爲主治其後事,俾三倅得護奉祀事”。

身　後

萬曆十年壬午(1582)

四月,汾州爲明宗室祖墓立碑。據《汾陽縣金石類編補遺·卷一·志表類》載:“碑連額高七尺八寸,寬二尺四寸,共二十一行,每行字數不等,字徑六分半,正書。碑額殘缺,碑面上半全缺,惟存下半截,每行十五六字。”原存汾陽洪南社。碑文爲孔天胤生前所撰,王緝書,趙訥篆。

六月,張居正卒。殷士儋卒。張四維繼任首相。(《明神宗實録》卷一百二十五)

秋,朱孟震吊孔天胤,有詩《秋日哭孔汝錫先生墓》二首:

殘歲龍蛇逼,新阡雉兔過。露隨朝槿盡,風入暮蟬多。坐失千鍾酒,情傷九辯歌。夜臺無白日,一慟欲如何。

好客名千古,悲秋賦幾篇。卜山無舊業,綿上有新田。菊暗寒城雨,鴻沉野水煙。分違如昨夢,愁斷白雲天。①

是年,朱孟震作《汾上續談》。《四庫全書總目提要》稱其“多述舊聞軼事,間或評論詩文,考證典籍,亦頗喜談神怪”。

是年,白夏升汾州知州。萬曆《汾州府志》卷七《官職類》:“(白夏)爲人公明敏毅,經濟更優。凡任事臨民皆實心實政,譽望隆重,難盡名言,略見《拓修儒學創建西關城記》中。”順治《汾陽縣志》卷三《政事志表·知州》:“白夏,潁州人,(萬曆)十年(由)知縣升任。遇事敢爲,略見《拓修儒學創建西關城記》中。”

①朱孟震《朱秉器詩集》卷二。《明詩綜》作《哭孔汝錫先生墓》,僅收一首。

萬曆十一年癸未(1583)

知州白夏、州人王緝重修《汾州志》。光緒《汾陽縣志》"卷首例言":"萬曆十一年,知州白夏、州人王緝又踵其事。"

萬曆十二年甲申(1584)

修西關城,王緝作《汾州西關建城記》[①]。

萬曆十三年乙酉(1585)

同年范欽卒。(《范欽年譜》)

四月九日,侯一元卒[②]。

萬曆十七年己丑(1589)

同年王廷卒。(《明神宗實録》卷二百七)

萬曆十九年辛卯(1591)

朱孟震升山西巡撫。聞孔天胤子孔階客死,有詩《孔汝錫先生卒十年矣。余來晉陽,聞其子客死,詩以哀之》:

提携鳩杖話沉綿,猶記西河永决年。俎豆無人供麥飯,園亭有客泣朱弦。荒榛狐兔秋迷雨,古木龍蛇暮鎖煙。絮酒未疇千載誼,秋風延首淚空懸。(《朱秉器詩集》卷四)

---

①乾隆《汾州府志》卷三十、光緒《汾陽縣志》卷十二。

②侯一元著,陳瑞贊編校《侯一元集·下》,附録卷四《侯一元年譜》。

據趙訥《文靖先生孔公墓碑》，到萬曆二十二年（1594）爲孔天胤立神道碑時，孔階已經去世，孔階妻與子同殤。據此可知，孔階並非先于孔天胤去世，而是死于萬曆十年（1582）至二十年（1592）間。言"客死"，當非于汾州去世，原因不詳。另據乾隆《汾州府志》，孔階曾任盂縣訓導。

萬曆二十二年甲午（1594）

是年，趙訥等人爲其立碑。民國王堉昌《汾陽縣金石類編》："墓碑連額高八尺五寸，寬三尺二寸，共三十行，行各八十四字，徑五分許。正書。此碑上截漫滅，下截殘缺太甚。額篆'文靖先生孔公墓碑'八字。今在汾陽縣東關北門外官道西。"碑末署名："賜同進士出身、户部山東清吏司署郎中事、四川保寧府知府、孝義趙訥謹撰；陝西中部縣知縣雷啓東，郡學生雷象乾、雷象坤敬書。萬曆二十二年歲次甲午七月吉立，太學生故男階嗣孫從嗣奉祀。"雷啓東，嘉靖中貢生。乾隆《汾州府志》卷十九《科目下》："雷啓東，選貢，汾州人，陝西中部縣知縣，祀名宦。"嘉慶《續中部縣縣志》卷二《職官》："雷啓東，汾州人，選貢，見名宦。"①雷象乾，字易壘，曾任襄陵訓導。由此可知孔階卒後，親友爲其過繼一子續脈，名或爲孔從嗣。

萬曆二十三年乙未（1595）

五月乙未（6月30日），汾州升府，附郭設汾陽縣。分平陽府屬石樓、靈石二縣，太原府永寧州、臨縣、寧鄉二縣一併來屬。（《明神宗實録》卷二百八十五）

①後《名宦》部分缺。

萬曆二十八年庚子(1600)

是年,孔天胤入祀鄉賢祠。

萬曆《汾州府志》卷九《選舉類》:"嘉靖壬辰科:孔天胤,榜眼及第,歷官河南左布政使。萬曆庚子,督學陳公行入祠鄉賢。"陳公,即陳所學,時任山西提學副使。順治《汾陽縣志》卷四《鄉賢》"孔天胤"條:"督學陳公所學會檄本府從祀鄉賢。"咸豐《汾陽縣志》卷三《學校·鄉賢祠》:"副都御史孔天胤。"[①]誤,孔天胤未曾擔任副都御史。(陳所學小傳見附録)

順治五年戊子(1648)

傅山寓居汾州,與朱之俊及胡庭拜謁孔塋,題寫對聯一副:"人道俱瞻師相,天梯並作津梁。"(《霜紅龕集》附録《年譜》)該對聯今存拓片,有民國十二年(1923)王堉昌跋語:"此北廓村南玉真庵石聯,書法奇逸,是真山遺筆,邑人亦相傳。"真山,即傅山。北廓、背廓、背郭、北郭均指同一地名,位于北關内。

康熙二十六年丁卯(1687)

孔衍泗重修"榜眼坊"與"方伯文宗坊"。

康熙《汾陽縣志》卷四《坊牌》:"榜眼坊,在同節坊,嘉靖十一年爲孔天胤立。康熙二十六年孔衍泗重修。""方伯文宗坊,在同節坊,嘉靖三十八年爲河南左布政使前陝西、浙江提學孔天胤立。康熙二十六年孔衍泗重修。"

①光緒《汾陽縣志》卷三《學校·鄉賢祠》同。順治、康熙、乾隆版《汾陽縣志·鄉賢祠》無具體鄉賢名字。

康熙四十八年己丑(1709)

族裔孫孔鳳德、孔衍泗等重修神道碑。

康熙《汾陽縣志》卷四《塋墓》:"孔布政天胤墓,在城東北人美厢官道西。舊道東有神道碑,毁,族裔孫孔鳳德、孔衍泗等重修。"

民　國

時孔天胤神道碑已漫漶不全,但墓園保存尚好。汾陽縣令稷山人王堉昌編撰《汾陽縣金石類編》,抄録《文靖先生孔公墓碑》碑文(見該書卷二《志表類》),雖已殘缺不全,卻仍爲後世保存了一份極其珍貴的史料。碑文後王堉昌按語:

> 孔天胤,字汝錫,嘉靖壬辰進士第二人。太和橋街舊有榜眼坊。以宗姻例不得授京職,外補陝西、浙江提學,歷至河南布政司左使。文章政事,卓冠當時。與王明甫道行、吕仲和、裴庸甫邦奇結詩社,有《文谷詩文集》内《履霜》《澤鳴》《漁嬉》等詩集傳世。公裔先聖,造育人材,倡明學術,隱然有道統之續。碑云:夏殷之間,傅説始以學之義陳于高宗,後之學者歸之説,有繼開之功。王文中子繼司馬子長崛起龍門,道學爲河汾一派。堯舜禹之傳于孔子者,初自子夏入晉,至是爲再傳矣。明興,元靖薛敬軒承術濂洛、關閩之遺,超出俗儒之習,其道德品行爲一代理學首。先生以帝室之甥,繼子夏起于西河,世宗以敬一之學示天下,以王業之本問先生,而先生敬陳王道,實稱上意。晚退西河,以詩文倡和,以道德篤行,爲宗室及時儒之師,誄稱文靖,亦可知矣。趙訥爲先生之徒,與龍洲公即王緝主治其後事,俾立嗣奉祀,以光先生之道與學,實以西河道學之統歸之。惜碑殘泐,而未睹其詳也。

吕仲和即吕陽,蓋時人已不知其人。

二十世紀六十年代

孔天胤墓地全毁。李應傑、梁桂仙等人記載，據知情人回憶，舊村（籽城坊村）東有明朝榜眼孔天胤陵墓。佔地約 20 畝，園門坐西朝東，前有古莊村銅北廓村土路。據考，原門衛白石牌坊三楹，門側卧高大石獅兩只，四周有墻垣，墓道有石人、石馬等兩排。墓前有神道碑一通。1949 年後，園内主要構建大致仍存。1965 年夏，"四清"工作隊進駐籽城坊村，命村人用鐵錘砸毁部分石像，挖坑深埋于地下[1]。

①李應傑、梁桂仙《市郊北部區》，王愷仁、劉瑞祥主編《汾州滄桑》第一卷，第 233 頁，北嶽文藝出版社，2000。

附

一、年譜涉及人物小傳

説明:

1.小傳按傳主姓氏聲母先後順序排列。

2.每一聲母内,人物按交游時間先後排序。

3. 小傳主要列詩文集中出現過的人物, 孔天胤生活年代一些重要人物,于正文予以簡略介紹。

4.前文脚注中已作簡介的人物,不再重復介紹。

A

艾希淳(1514—?),字治伯,號居麓,陝西延安府米脂人。嘉靖十四年(1535)進士。曾任浙江提刑按察司僉事,後任山西參政、都察院右僉都御史、保定巡撫、户部右侍郎等職。

B

白夏,字履忠,號南道,河南潁川衛人。嘉靖三十一年(1552)壬子科舉人。授山西靈石縣令,考績爲三晉第一。萬曆九年(1581)任北直遷安令,倡修縣志,有政績,祀遷安名宦。後升汾州知州,以法繩宗室,皆爲斂手。擢承天郡丞,解組歸[1]。潁川衛位于潁州(今安徽阜陽),與潁州同治,正統年間歸河南都指揮司,順治間撤,並入潁州,故後世修志又稱其爲潁州人。

---

①參見乾隆《潁州府志》卷七《選舉表》、卷八《人物志》;萬曆《汾州府志》卷七《官職類》、民國《遷安縣志》卷七《職官》、光緒《永平府志》卷五十二《列傳四·名宧四》。同治《鍾祥縣志》卷七《職官》中未見記載。

C

陳束(1508—1540),字約之,號後岡,浙江寧波府鄞縣(今浙江寧波)人。嘉靖八年(1529)進士,授禮部主事,十二年(1533)改翰林院編修,十四年(1535)因性格亢潔、不肯依附權貴而被貶斥爲湖廣僉事,分司辰沅。十七年(1538)夏升福建參議,十八年(1539)任河南提學副使,次年卒于官,年三十三。有《陳後岡集》二卷。生平見《明史》卷二八七《文苑三》,參見《孤本明代人物小傳二》、雍正《寧波府志》卷二十六《文苑》、張時徹《陳約之傳》及《明故河南按察司提督學校副使後岡陳君墓碑》(《芝園定集》卷三十七、卷四十)。

陳洪濛(1512—1581),又寫作陳洪蒙,字元卿,號抑亭(一作抑庵),浙江仁和(今屬杭州)人。與兄洪范同舉嘉靖二十年(1541)進士,授刑部主事,出知河南彰德府,擢江西副使,進山西左參政分守冀南,遷四川右布政使,晉都察院右副都御史巡撫貴州。生平參見余有丁、王世貞撰墓誌銘[①]及《武林坊巷志·雙陳巷》、康熙《仁和縣志》、傅維鱗《明書》卷一百三十四。有《五經輯略》《性理纂要》《諸子粹言》《葩經講義》《台雁咏游稿》《督撫奏疏》等。陳洪濛與孔天胤交情甚篤,惜其著作今皆不存。

陳堯(1516—1582),字敬甫,號梧岡,直隸揚州府通州人[②]。嘉靖十四年(1535)進士。先後任工部主事、員外郎、郎中,嘉靖二十一年(1542)任台州知府。五年後轉南安府知府。嘉靖二十七年(1548)任長蘆都轉運使,轉廣西參政。三年後任貴州按察使。嘉靖三十七年(1558)升雲南布政使。罷

①陳洪濛墓誌銘有二,一爲余有丁《明進階通議大夫都察院右副都御史抑庵陳公墓誌銘》,見《余文敏公文集》(明萬曆刻本,十二卷本)卷九,十五卷本在卷十一,又見焦竑《國朝獻徵録》卷六十二。二爲王世貞《明故進階通議大夫都察院右副都御史抑庵陳公墓誌銘》,見《武林坊巷志·雙陳巷》(第七册)。

②《明分省人物考》卷二《順天府二》作順天府通州人,誤。

官鄉居三年，起復，任都察院右副都御史巡撫四川。嘉靖四十二年（1563）任南京户部右侍郎，尋改工部，兼憲職，總理河道。嘉靖四十四年（1565）任刑部右侍郎，轉左，致仕。生平見汪道昆《明故通議大夫刑部左侍郎陳公墓誌銘》（《太函集》卷四十九）。參見王世貞《陳司寇傳》（《梧岡文正續兩集合編》附）。有《梧岡文正續兩集合編》九卷、《虚舟集》一卷。孔天胤任浙江副使期間，陳堯任台州府知府，二人相識唱和，後亦有詩文往來。

陳講（1487—約1568）[①]，字子學，號中川，四川遂寧人。正德十五年（1520）進士[②]。初選翰林院庶吉士，後授監察御史。嘉靖九年（1530）十一月，升山西按察司副使提調學校。後歷任山西布政司右參政、山東按察使、山西左布政使、山西巡撫[③]。築河汾書院。有《中川集》《如鳥集》，均不存。又編有《馬政志》《潼川志》。

陳察（1471—1554），字原習，又作元習，號虞山，常熟人。弘治十五年（1502）進士，爲御史，直聲震朝野。貶廣信推官，升浙江按察司僉事、浙江按察司副使。嘉靖十年（1531）任山西按察使，後歷任山東右布政使、浙江左布政使、光禄寺卿，終都察院左僉都御史提督南贛軍務。有《都御史陳虞山先生集》十三卷。生平見《明史》本傳[④]，參見鄒善撰《明故中大夫都察院左僉都御史虞山陳公墓誌銘》、王世貞撰《陳長公傳》、瞿景淳《明故都察院左僉都御史前光禄寺卿陳公行實》[⑤]。陳察任山西按察使期間，曾彙集其任

①生年據《正德十六年進士登科録》中進士時三十五歲推知。又據《明穆宗實録》卷二十六隆慶二年十一月"庚申"條，陳講復官，賜祭葬，可推知卒年。

②正德十五年未殿試，次年補試，故又作正德十六年進士。

③參見乾隆《太原府志》卷三十二《名宦》及何出光《蘭臺法鑒録》卷十五。

④《明史》及雍正《山西通志》卷八十五《陳察傳》言其曾任山西左布政使，但卷七十八《職官》及《明實録》均無記載，《明史》記載或有誤。

⑤陳察《都御史陳虞山先生集》附卷。陳察生年據《弘治十五年進士登科録》中進士時三十二歲推知。卒年其墓誌有記載。

御史時奏疏爲《虞山奏疏》，並請時任山西提學副使陸深爲之作序[1]。

曹嘉，生卒年不詳，字仲禮，河南扶溝人。正德十二年（1517）丁丑科進士，選庶吉士。諫帝南巡，與舒芬等受刑杖。嘉靖初，任浙江道監察御史。謫昌邑知縣、茂州判官，升真定府知府，後歷任山西副使、山西參政、山西按察使、江西右布政使[2]。有《漫山集》。

陳洙（1501—？），字道源，號五山，浙江上虞人，嘉靖八年（1529）進士。後官至南京兵部右侍郎。生平見光緒《上虞縣志》卷九《人物》[3]。

陳仕賢（1500—？），字邦憲，福建福清人[4]。嘉靖十一年（1532）壬辰科進士，歷官杭州知府、湖廣副使、廣東按察使、河南右布政使、浙江左布政使、副都御史、湖廣巡撫。精醫學，著有《經驗良方》十一卷、《四留堂存稿》六卷。曾刊刻于謙《少保于公奏議》、楊慎《皇明詩鈔》等。

陳一貫（1495—？），字邦通，號魯得，自號五山，福建福清人[5]。嘉靖八年（1529）進士，歷任兵部主事、員外、禮部郎中，升杭州知府，謫撫州同知。

蔡克廉（1510—1559），字道卿，號可泉，福建晉江人。嘉靖八年（1529）進士，官至户部尚書。有《可泉先生文集》。生平參見朱孟震《明資善大夫南京户部尚書先師可泉蔡公傳》（《朱秉器文集》卷二）。

陳秉忠，字汝誨，號蘆（廬）山，北直遵化人。嘉靖三十年（1551）至三十

①陸深《虞山奏疏序》，見陳察《都御史陳虞山先生集》。
②參見光緒《扶溝縣志》卷十二《鄉賢》及《孤本明代人物小傳二》。
③陳洙生年據《嘉靖八年進士登科録》考訂。
④據《嘉靖十一年進士登科録》，陳仕賢中進士時三十四歲，可知生于1500年。
⑤乾隆《福清縣志》卷十四《循良》。生年據《嘉靖八年進士登科録》考訂。

五年(1556)任汾州知州,任内多有政績。據光緒《汾陽縣志》"卷首例言",任内與州人王緯創修《汾州志》。朱新堤有詩《贈廬山陳太守》(《奕善堂集》上)。曾參與嘉靖三十一年(1552)山西鄉試。

陳天祐(1509—?),字謙甫,號容山,澤州人。嘉靖二十三年(1544)甲辰科進士。爲陳廷敬家族的第一位進士。曾任主事、西安知府。

崔峩,生卒年不詳,字汝瞻,號芹溪,北直新城人。嘉靖二十年(1541)辛丑科進士,曾任榆林中路道,終山東參議[①]。

程軏(1501—?),字信甫,號古川,山東臨清人。嘉靖十七年(1538)進士,任湖廣道監察御史,曾巡按宣大、陝西。擢江西副使,升山西左參政,歷陝西左布政使,進右副都御史陝西巡撫。四十年(1561)夏,改陝西三邊總督。以陝西失事罪罷官。後復起爲三邊總制,累有戰功,以不附嚴嵩致仕歸。生平參見雍正《陝西通志》卷五十一《名宦二》、康熙《臨清州志》卷三《人物》及《蘭臺法鑒録》卷十六。程軏能詩,但不多見。

褚相,字朝弼,别號元泉,浙江海寧人。嘉靖二十二年(1543)癸卯科舉人。嘉靖間任霍州知州,申除徐溝、蒲縣等處助差銀,審定輪編夫役,歲省郡費不貲。創建霍山正學書院,集庠彦相與講明心學,士民立祠祀之。著《四書膚解》《尚書題義》,又修《霍州志》。《新建正學書院記》《建陶唐谷堯祠記》《戒石亭銘》《居官四戒》等文收入《霍州志》[②]。

陳珪(1523—?),字禹成,號羅江,廣東化州人。嘉靖八年(1529)己丑科進士[③]。歷知甌寧、元城、德化三縣,擢刑部主事,剛方明敏。時嚴嵩當國,

①民國《新城縣志》卷八《選舉》。

②道光《直隸霍州志》卷二十《宦績》。

③生年據《嘉靖八年進士登科録》考訂。

珪絶不私謁，嵩嫉之，謫青州推官。及嵩敗，起南京户部郎中。揚歷楚閩江浙，官至左布政，所在有聲，後以忤少保胡宗憲歸。生平參見道光《廣東通志》卷二百九十八、《化州志》卷九《列傳》。

陳鼎，字大器，號大竹。其先宣城人，高祖陳迪官居尚書，死惠帝之難，子孫戍登州衛，遂佔籍。陳鼎爲弘治十八年(1505)進士，正德四年(1509)授禮科給事中。爲人剛正，曾上章參奏中官廖堂侄子鎧冒籍參加河南鄉試事。觸怒廖堂，後廖堂囑權幸摘其語激怒正德皇帝，下詔獄掠治，云陳鼎此前曾侵佔籍没平江伯財産，疑有侵盜。賴尚書楊一清營救，乃釋爲民。世宗立，復故官，遷河南參議。改陝西副使，擢浙江按察使。陳鼎"廉介正直，不通私謁"。後升應天府尹，未任而卒。生平見《明史》卷一八八《陳鼎傳》，參見道光《重修蓬萊縣志》卷九《人物》。

陳其學(1514—1593)，字宗孟，號竹庵，别號行庵，陳鼎子。嘉靖二十三年(1544)甲辰科進士。授御史，彈劾錦衣陸炳倚勢擅事。嘉靖二十九年(1550)任陝西按察司僉事，鎮慶陽，復升榆林參議，升本省參政。尋升山西按察使，晉左僉都御史巡撫大同。四十二年(1563)升右副都御史巡撫陝西，後總督南京糧儲，轉户部右侍郎，升兵部左侍郎總督陝西軍務。以考績升右都御史兼兵部左侍郎，總督山西宣大軍務，終南京刑部尚書。生平見余繼登《南京刑部尚書行庵陳公誌銘》[①]，參見道光《重修蓬萊縣志》卷九《人物》。

陳瑞(1518—？)，字孔麟，號文峰，福建長樂人。嘉靖三十二年(1553)進士，除行人，擢御史。歷山西副使、湖廣巡撫、刑部尚書，終兵部尚書，總督兩廣。陳瑞在山西任職時間爲嘉靖四十四年(1565)二月，與郭斗同時任山西副使[②]。

---

①余繼登《淡然軒集》卷六；焦竑《國朝獻徵録》卷四十八。

②參見《明世宗實録》卷五百四十三嘉靖四十四年二月"丁丑"條。陳瑞生年據《嘉靖三十二年進士登科録》考訂。

程鳴伊(1531—?),字希正,號肖溟,又作消溟,山東樂安人。嘉靖三十八年(1559)進士[①]。嘉靖四十四年(1565)任永平户部分司。創立永豐倉廒,修建衛署,助糧以修學宫,捐俸以恤寒士。升大同知府,晉行太僕寺卿。

蔡可賢(1536—?),字仲聞,又字子齋,號明軒,直隸成安人[②]。嘉靖四十一年(1562)進士,歷任太原知府、山西按察司副使、陝西參政,山東參政等。有《西征鼓吹》。

柴涞(1531—?),字季東,號定宇,浙江鄞縣人。嘉靖三十五年(1556)丙辰科進士。由郎中歷任福建按察司副使、廣西右參政、江西按察使、江西布政使。萬曆五年(1577)降爲山西左參政,後升陝西按察使。有《方伯詩略》[③]。

成憲(1539—),字君迪,號監吾,直隸薊州衛人。嘉靖四十四年(1565)進士[④]。歷任翰林院庶吉士、檢討、南京户部郎中、陝西提學副使、潞安兵備副使、陝西提學副使、山東參政、南京國子監祭酒等。乾隆《潞安府志》卷三十《節鎮·兵巡道》:"成憲,直隸薊州人,進士。"生平參見民國《薊縣志》卷四《人物》。

陳所學(1559—1641),字正甫,號志寰,湖廣承天府沔陽州竟陵縣人[⑤]。萬曆十一年(1583)進士,授刑部主事,移工部虞衡清吏司主事。歷户部員外郎、户部郎中、安徽直隸徽州府知府、山西提學副使、山西右參政、

①生年據《嘉靖三十八年進士登科録》考訂。

②生年據《嘉靖四十一年進士登科録》考訂。

③參見《明神宗實録》卷六十、康熙《鄞縣志》卷二十上。

④生年據《嘉靖四十四年進士登科録》考訂。

⑤另有浙江海鹽人陳所學(1527—?),字行父,號海陽,嘉靖三十五年進士。歷任工科給事中、吏科給事中、河間府知府。參見《掖垣人鑒後集》卷十四。

福建右布政使、浙江左布政使、山西巡撫、南京户部右侍郎、工部尚書、南京户部尚書等職。

D

董堯封（1528—1592？），字叔化，號李村，河南洛陽人，嘉靖三十二年（1553）癸丑科進士[①]。擢御史按四川，歷任山西右參政、副使，甘肅巡撫，終官户部侍郎，謚恭敏。生平參見雍正《河南通志》卷五十九，《蘭臺法鑒録》卷十七、同治《河南府志》卷三十一。

F

范鏓（1487—？），字平甫，號東溟，其先江西樂平人，遷遼東瀋陽中衛。正德十二年（1517）進士，授工部主事，遷員外郎。嘉靖三年（1524），伏闕争大禮，下獄廷杖。由户部郎中改長蘆鹽運司同知。遷兩淮鹽運使，條上鹺政十要。歷四川參政、湖廣按察使，浙江、河南左右布政使。嘉靖二十年（1541）擢右副都御史巡撫寧夏。世宗才之，命爲兵部尚書，以老辭，帝怒，削籍。生平見《明史》卷一九九《儒林二》。

方太古（1471—1547），字符素，自號寒谿子、一壺生，浙江金華府蘭溪縣人。少警敏，好吟咏，受經于章懋，通《詩》《易》《春秋》，補博士弟子員，不屑治章句，遂棄去。年十八，走南海謁陳公甫，歸而廢經生業，讀書學古，專力爲詩，不苟隨時尚。壯歲遍游吴楚諸地名勝，與楊循吉、徐禎卿、沈周、文徵明等人唱和並結詩酒社。又游八閩，當時名輩如林泉山、林見素皆争相引。後僑居吴中，久之從者雲集。正德初，隱于玄英先生之白雲源。嘉靖初，徙金華之解石山，鄉大夫士莫不造廬禮訪焉。晚歸溪上故里，不應徵召，以

①生年據《嘉靖三十二年進士登科録》考訂。

終其身。負氣慷慨，高自位置，尤迂緩好潔，雖出宿不假衾裯。所著有《寒谿子集》《易經發明》《理學提綱》《交游紀略》等，惜今皆未見傳本[1]。生平參見嘉慶《蘭溪縣志》卷十三《人物上》。《金華詩録》《列朝詩集》《明詩綜》《明詩紀事》《金華府志》《蘭溪縣志》等均收録其詩文。

傅鳳翺（1487—1551），字德輝，號應臺（一作印臺），湖廣應山人。嘉靖二年（1523）進士，知上蔡縣。築城不擾民。擢福建道御史，歷僉都御史巡撫甘肅、江西、陝西，遷兵部右侍郎，有《皇明詔令》存世。生平見何遷《贈右都御史兵侍應台傅公鳳翺墓誌銘》[2]。參見《蘭臺法鑒録》卷十五。

方啓參，字叔前，號少岳，湖南巴陵人。舉人。歷官臨洮府知府、長蘆鹽運使、河東都轉使、山東右參政。曾主修《岳州府志》十八卷，有《方參政遺集》二卷。任臨洮知府期間曾參與嘉靖三十一年（1552）陝西鄉試。

馮謙（1525—？），字道光，號益川，浙江慈溪人。嘉靖三十五年（1556）進士，官南京禮部侍郎，遷山西按察司副使。後隱居安徽全椒。光緒《慈溪縣志》無傳。

G

顧應祥（1483—1565），字惟賢，號箬溪，浙江長興人。弘治十八年（1505）進士，授饒州府推官。桃源洞寇亂，應祥單身赴"賊"營，"賊"平。歷廣東僉事，累遷刑部尚書。時嚴嵩專權，顧應祥以耆舊自處，嵩不悦，改南京，尋致仕歸。著有《静虚齋惜陰録》《人代紀要》《上述纂言》《歸田詩選》《唐詩類抄》《南詔事略》等。又精算學，有《授時曆撮要》《測圓海鏡分類釋

---

①嘉慶《蘭溪縣志》卷十三上。

②焦竑《國朝獻徵録》卷四十一。有文獻作"傅鳳翔"，誤。

術》《弧矢算術》等。生平見徐中行《明故資善大夫南京刑部尚書贈太子少保箬溪顧公應祥行狀》及王世貞《明故資政大夫南京刑部尚書贈太子太保箬溪顧公墓誌銘》[①]。

郭鋆(1499—1558),字允新,號三泉,山西高平人。嘉靖十四年(1535)乙未科進士。選庶吉士,授翰林院檢討,歷任國子監祭酒、工部右侍郎。有《翰林詩稿》《窮居集》,惜不存。另編撰有《皇明太學志》。生平見敖銑撰《明故嘉議大夫南京工部侍郎泉南郭公墓表》及李璣撰《南京工部侍郎郭公郭鋆墓誌銘》[②]。

高節(1493—?),字公成(秉),號竹所,四川成都府綿州羅江縣人。孔天胤同年,探花,官翰林院編修。嘉靖二十三年(1544),因出任會試同考官被捲入科場作弊案,貶河間通判,後升主事。嘉慶《羅江縣志》卷二十四《人物》:"高節,明進士,題名碑載羅江縣,民籍。嘉靖壬辰探花,與兄簡、第俱以文章馳名,人謂之'三高'。"[③]

郭宗皋(1499—1588),字君弼,號似庵,山東登州福山人。嘉靖八年(1529)進士,選庶吉士。嘉靖十七年(1538)曾任雁門兵備副使。升陜西參政,累官右僉都御史巡撫大同,進兵部侍郎,總督山西宣大軍務。俺答犯大同,總兵官張達、林椿戰死,郭宗皋戍靖虜衛。隆慶初起刑部右侍郎,遷南京兵部尚書。卒謚康介。生平見《明史》本傳,參見于慎行所撰《資政大夫南京兵部尚書贈太子少保郭康介公宗皋墓誌銘》及王夢先《南京兵部尚書郭

①徐中行《天目先生集》卷十五;王世貞《弇州山人四部稿》卷八十六。

②司昌齡《泫志拾遺》卷二;焦竑《國朝獻徵録》卷五十三。

③《皇明三元人物考》:"兄第,甲戌進士,副使。弟簡,己丑進士。"《登科録》同。縣志誤。

宗皋傳》[1]。

郭斗(1518—1589),字應秀,號麓池,雲南右衛人。嘉靖三十二年(1553)癸丑科進士。由孝感知縣升南京户科給事中,升山西副使,歷四川左參政、貴州按察使、浙江右布政使、浙江左布政使、貴州左布政使。有《麓池存稿》。生平參見鄧原岳《貴州左方伯麓池郭公墓誌銘》(《西樓全集》卷十四)。

郭秉聰,字子愚,號艮山,山西襄垣人,上林苑籍。嘉靖五年(1526)丙戌科進士。由庶吉士改工部營繕司主事,晉員外郎、光禄少卿、右通政。嘉靖十八年(1539)致仕家居。生計蕭然,不以爲慮。授徒講學,自爲舉子。至謝政,四方從游之士數百人。因才施教,曲爲成就,掇科登仕,内而台諫省寺,外而郡邑藩臬,爲時聞人者先後相望焉[2]。

郜光先(1533—1586),字子孝,號文川,山西長治人。嘉靖三十八年(1559)進士,授上海知縣,擢御史,累官至兵部尚書兼左副都御史,總督陝西三邊軍務。生平見王家屏《資德大夫正治上卿太子少保兵部尚書兼都察院左副都御史贈太子太保郜公光先墓誌銘》[3]。參見過庭訓《明分省人物考》卷一百、乾隆《潞安府志》卷二十一《人物一》。

H

何天啓(1504—？),字羲佔,號鳳岡,江西廣信府貴溪縣人。嘉靖十一

①張廷玉《明史》卷二〇〇《郭宗皋傳》;于慎行《谷城山館文集》卷十九,焦竑《國朝獻徵録》卷四十二;王夢先《耕心子漫稿》卷九。

②生平參見民國《良鄉縣志》卷五《人物志·鄉賢》,《明世宗實録》卷二百二十九嘉靖十八年九月丁未條。

③王家屏《復宿山房集》卷二十三;焦竑《國朝獻徵録》卷五十七。

年(1532)壬辰科進士,先後任行人、給事中,兵部署郎中,因劾吏部尚書汪鋐私賄,謫淳安丞,尋知嘉善。前訟多停滯,啓下車三日,剖决無留,鈎攝不遺,吏卒民無騷擾。值歲潦,力請蠲税。嘉靖二十三年(1544)任浙江按察司僉事,大計罷歸,卒。貧不克葬,知縣伍袁萃賻之以襄事。孔天胤曾與其同在浙江任職。

皇甫沖(1490—1558),字子俊,號華陽,嘉靖七年(1528)舉人。屢試不第,著述較多,但均未傳世。《皇甫昆季集》中收録其部分詩文。生平見《孤本明代人物小傳二》及皇甫汸《華陽長公行狀》(《皇甫司勳集》卷五十七)。

皇甫濂(1508—1564),字子約,號理山,一字道隆。嘉靖二十三年(1544)甲辰科進士,歷工部都水司主事、河南布政司理問、福建興安府同知等。所著有《道德經解》《校輯玄晏高士傳》《皇甫水部集》《皇甫理山集》等。生平見《明史》卷二八七《文苑三》,參見《孤本明代人物小傳二》及皇甫汸《水部君墓誌銘》(《皇甫司勳集》卷五十七)。

韓邦靖(1488—1523),字汝慶,號五泉,陝西朝邑人。正德三年(1508)戊辰科進士,官工部員外郎、山西布政司左參議等。有《朝邑縣志》二卷,《韓五泉詩》四卷、《附録》二卷。生平見王九思撰《明故朝列大夫山西等處承宣布政司左參議五泉韓子墓誌銘》及韓邦奇《韓邦靖傳》[1]。

何景明(1483—1521),字仲默,號白坡,又號大復山人,河南信陽人。二十歲中進士,授中書舍人,官至陝西提學副使。與李夢陽、王九思、康海、徐禎卿、邊貢、王廷相並稱爲“弘德七子”,也稱爲“前七子”。有《大復集》三十八卷。生平見樊鵬所撰《中順大夫陝西提學副使何大復先生行狀》、孟洋所作《中順大夫陝西按察司提學副使何君墓誌銘》、汪道昆所作《明故提督

①王九思《渼陂集》卷十三;韓邦奇《苑洛集》卷八。

學校陝西按察司副使信陽何先生墓碑》、李開先所寫《何大復傳》、喬世寧所作《何先生傳》[①]。參見雍正《河南通志》卷六十五《文苑》。

胡纘宗(1480—1560),初字孝思,更字世甫,號可泉,别號鳥鼠山人,陝西秦安(今屬甘肅)人。正德三年(1508)進士,授翰林院檢討,出爲嘉定判官,遷知潼川。歷吏部郎中、安慶知府、山東參政、浙江參政、山西左參政,升山西右布政使,服除補河南右布政使,轉左布政使,升右副都御史巡撫山東,改河南,俱有政績。生平見《明史》卷二〇二《胡纘宗傳》,參見《孤本明代人物小傳二》及何棟撰《通議大夫都察院右副都御史可泉胡公纘宗墓誌銘》[②]。有《辛巳集》《丙辰集》《擬漢樂府》《鳥鼠山人小集》等。孔天胤與胡纘宗有書信往來。

韓邦奇(1479—1555),字汝節,號苑洛,陝西朝邑人。正德三年(1508)進士,歷吏部員外郎,會地震,疏論時政闕失,謫平陽通判。稍遷浙江按察僉事,中官採富陽茶魚爲民害,作歌哀之,遂被誣奏怨謗,逮繫奪官。嘉靖初起山西參議,再乞休去。自後屢起屢罷,終以南兵部尚書致仕。卒年七十七,謚恭簡。剛直尚節慨,性嗜學,自諸經史及天文地理樂律術數兵法之書,無不通究。有《性理三解》《易占經緯》《易説》《苑洛集》等。生平見《明史》卷二〇一《韓邦奇傳》,參見無名氏《南京兵部尚書韓邦奇》(焦竑《國朝獻徵録》卷四十二)。孔天胤在陝西任内參與刊刻《苑洛集》。

黄光昇(1506—1586),字明舉,號葵峰,福建泉州府晉江縣人。嘉靖八年(1529)進士,出任長興知縣,任刑科兵科給事中。嘉靖二十年(1541)忤夏言,出爲浙江按察司僉事。二十三年(1544)甲辰,晉浙江布政司參議。後

①孟洋《孟有涯集》卷十七;汪道昆《太函集》卷六十七,均見《大復集》附録。李開先《何大復傳》,《李中麓閑居集》卷十;喬世寧《何先生傳》,《丘隅集》卷十七。

②焦竑《國朝獻徵録》卷六十一;何棟《太華山人集》卷二。

任廣東按察司副使、四川布政司左參政、廣東按察使，四川布政司右布政使、左布政使，兵部右侍郎、工部右侍郎，南京户部尚書、刑部尚書，卒謚恭肅。著有《四書紀聞》《讀易私記》《讀書愚卷》《讀詩蠡測》《春秋採義》《歷代紀要》《昭代典則》《陶集》《杜律注解》等。但目前僅知《昭代典則》《讀易私記》《杜律注解》存世。生平見黄鳳翔《尚書贈太子少保黄恭肅公行狀》[①]。清李清馥有《恭肅黄葵峰先生光昇》[②]。孔天胤與黄光昇同官浙江。

霍冀（1516—1575），字堯封，號思齊，山西孝義人，嘉靖二十三年（1544）進士。授永平府推官，擢監察御史，歷都察院右僉都御史巡撫寧夏、河南，總督陝西三邊總督，隆慶初爲兵部尚書。久歷邊塞，諳悉九邊之險要、武備。隆慶三年（1569）曾編纂《九邊圖説》，今存，有《玄覽堂叢書》本。部分奏議見《皇明經世文編》卷三百二十三。張四維爲之作墓誌銘[③]。王崇古爲之作墓表[④]。生平參見康熙《山西通志》卷二十《人物下》、雍正《山西通志》卷一百一十四、乾隆《汾州府志》卷十五、乾隆《孝義縣志》卷十。

霍鍾瑜，字汝需，號礪庵，霍冀子，官生。萬曆十七年（1589）任長蘆鹽運司同知。曾捐地一頃二十四畝，又捐置北關義學[⑤]。

黄臣（1478—1541），字伯鄰，號安厓，山東濟陽人[⑥]。正德六年（1511）進士，改翰林庶吉士，授吏科給事中，累遷山西參政，歷右副都御史。嘉靖

①黄鳳翔《尚書贈太子少保黄恭肅公行狀》，《田亭草》卷十二。

②李清馥《恭肅黄葵峰先生光昇》，《閩中理學淵源考》卷六十一。

③張四維《資政大夫兵部尚書霍公墓誌銘》，《條麓堂集》卷二十六。據墓誌銘，孔天胤爲之作行狀，今不存。

④焦竑《國朝獻徵録》卷三十。

⑤參見乾隆《汾州府志》卷五、卷十九，黄掌綸《長蘆鹽法志》附編援證。

⑥黄臣生年據《正德六年進士登科録》中進士時三十四歲考訂，卒年據《明世宗實録》卷二百四十九考訂。

初以議大禮忤旨廷杖，繼而鑒其忠，甚委任之。官至陝西巡撫、都察院右副都御史。其文集散佚無存，《山左明詩鈔》收録數首。生平見民國《濟陽縣志》卷十一《人物志·鄉賢》。

洪垣（1507—1593），字峻之，號覺山，南直隸徽州府婺源人。嘉靖十一年（1532）進士，曾任山東道監察御史，終温州府知府。湛若水最著名弟子之一，有《覺山先生緒言》《覺山先生史説》等。

何瑭（1474—1543），字粹夫，號林齋，河南武陟人。弘治十五年（1502）進士，初授翰林修撰，不屈于劉瑾，出爲開州同知。歷工、户、禮三部侍郎，晉南京右都御史，卒年七十，謚文定。有《醫學管見》《柏齋三書》《何文定公集》，今人王永寬整理有《何瑭集》。生平見《明史》本傳（《明史》卷二百八十二《儒林一》），參見馬理撰神道碑及張鹵《何文定公傳》[1]及道光《河内縣志》卷二十六《先賢傳下》。

何其高（1493—？），字抑之，别號白坡，四川閬中人[2]。嘉靖十一年（1532）進士，授南京工部主事，調北刑部，擢廣西道御史，歷吉安府知府，終陝西布政使。

黄洪毗（1507—？），字協恭，號翠巖，福建興化府莆田縣人。嘉靖十七年（1538）進士[3]。曾任巡按山西監察御史、提督南畿學政、河南布政司布政司參議、江西副使。有《瞻雲集》《翠巖集》《翠巖奏議》等。萬曆《山西通志》卷三十《藝文下》存其詩《謁晉祠喜重修工成》。

---

①均見《何瑭集》附録。又見張鹵《滸東先生文集》卷十三；焦竑《國朝獻徵録》卷六十四，題作《南京右都御史何文定公瑭傳》。

②參見《蘭臺法鑒録》卷十六；《嘉靖壬辰科進士同年序齒録》。生年據《嘉靖十一年進士登科録》考訂。

③生年據《嘉靖十七年進士登科録》考訂。

洪朝選（1516—1582），字舜臣，又字汝尹，號芳洲，別號静庵，福建泉州府同安縣人。嘉靖二十年（1541）辛丑科進士。先後任南京户部山西司主事、南京吏部稽勳司郎中，轉考功司郎中，督學蜀中，調廣西布政司右參政。嘉靖三十七年（1558）任山西布政司左參政，升太僕寺少卿，晉都察院右副都御史巡撫山東，入爲刑部侍郎。遼藩獄起，因忤張居正，削籍下獄，死于獄中。後張居正敗，子兢訟冤闕下，詔復其官。有《洪芳洲先生摘稿》四卷、《洪芳洲先生歸田稿》三卷、《奏疏》一卷、《讀禮稿》六卷等。光緒年間編撰爲《洪芳洲先生全集》。曾爲孔天胤刊刻詩集四卷。

黄宬（1516—？），字思瞻，號少陂，陝西咸寧人。嘉靖二十六年（1547）丁未科進士[①]。授衛輝府推官，時鄭府以諫忤世宗，人乘機誣奏爲逆，上大怒，命三法司按之。法司檄宬訊鞫，宬獨直其冤。升工部主事，居淮上，會兵變，宬通商儹運，開屯核餉，吏不敢奸，叛軍帖服。後任汾州同知，升河南汝寧知州，擢彰德府知府，尋致仕。參見民國《咸寧縣志》卷十二《人物志》、雍正《陝西通志》卷五十七。

杭朝望，號玄洲，南直隸宜興人。嘉靖三十七年（1558）歲貢。隆慶四年（1570）署江西南康府通判，萬曆二年（1574）任汾州知州[②]。

胡來貢（1538—？）[③]，字天中，又字從治，號順庵，山東萊州衛人，隆慶二年（1568）進士。萬曆元年至四年任平陽知府，期間曾刊刻李攀龍文集《滄溟先生集》。後任山西副使、左參政，官至大同巡撫。乾隆《萊州府志》無傳記。胡來貢任大同巡撫時上疏改祀北嶽于渾源州恒山，此前祀北嶽地在今河北曲陽縣。

①生年據《嘉靖二十六年進士登科録》考訂。

②參見嘉慶《宜興縣志》卷七《選舉》、同治《南康府志》卷十二《職官》。

③生年據《隆慶二年進士登科録》考訂。

賀一桂(1531—？)[1],字秋芳,號淡庵,又號文南,江西廬陵人。嘉靖四十四年(1565)進士,曾任直隸溧水知縣,廣西道監察御史。隆慶六年(1572)任巡按山西御史,萬曆三年(1575)巡按順天,四年(1576)督學北畿,終大理寺丞。有《賀文南奏疏》。生平參見《蘭臺法鑒録》卷十七。曾爲王宗沐《敬所王先生文集》作序。

J

金璐,生卒年不詳,號近山,浙江錢塘人。嘉靖五年(1526)丙戌科進士,官翰林院編修,有《近山集》。金璐"倜儻善談,詩文敏贍,濟人急難,不擇恩怨,其尚義有足多者"[2]。孔天胤在浙江時,二人有詩文往來。

郟鼎(1492—？)[3],字薦和,號梅巖,明直隸太倉州人,嘉靖八年(1529)進士。曾任嘉定縣令、茶陵知州。有《宦游集》。

江匯,生卒年不詳,字東之,號石南,江西進賢縣人。嘉靖五年(1526)丙戌科進士。授兵部主事,歷升湖廣按察副使、浙江參政、浙江按察使。持法峻整,有豪民坐殺人,行千金求鬻獄,拒之。又屬柄相以請,不聽,竟論死。轉河南右布政使,以前事中傾軋歸,家居田宅無贏。有《游楚稿》《豫章書》。參見光緒《江西通志》卷一百七十三,雍正《浙江通志》卷一百四十八。

賈應春(1499—1560),字東陽,號樵村,直隸真定人。嘉靖二年(1523)進士。累官兵部右侍郎,總督三邊軍務。俺答寇延綏,督諸將邀擊有功。總

①生年據《嘉靖四十四年進士登科録》考訂。

②萬曆《杭州府志》卷五十六《選舉二》。

③生年據《嘉靖八年進士登科録》考訂。

督宣大，築邊垣一千八百餘丈，以花馬池閑田二萬頃屯墾，邊人賴之。累官户部尚書，致仕卒。生平見潘恩撰《資政大夫户部尚書贈太子少保樵村賈公應春神道碑》、梁夢龍所撰《贈太子少保户部尚書樵村賈公行實》及張文憲撰《資政大夫户部尚書賈公行狀》[①]。參見《明分省人物考》卷七《真定府》。

吉澄（1507—？），字静甫，號山泉，大名府開州（今河南濮陽）人。嘉靖二十三年（1544）甲辰科進士，二十八年（1549）任貴州道試用御史，後實授。曾巡按山西，嘉靖二十九年（1550）巡按陝西，三十一年（1552）巡按福建。升南京大理寺右寺丞，轉左，晉都察院右僉都御史巡撫遼東。刊有《大學衍義》《大學衍義補》《新刊憲台考正宋元通鑒全編》《書經集傳》《禮記集説》《詩經集説》等。生平參見光緒《開州志》卷五《選舉》、卷六《人物志》及《蘭台法鑒録》卷十六。嘉靖四十四年（1565）尚在世[②]。今其墓地尚在，據云有家譜，待考。

江東（1509—1565），字伯陽，號芳溪，山東東昌府朝城人。嘉靖八年（1529）己丑科進士。授工部主事，歷遼東巡撫。尋總督陝西三邊軍務。廉毅有大略，所至清寧。累升兵部戎政尚書，總督宣大。以勤王加太子少保，賜蟒玉。嘉靖四十四年（1565）卒于懷來，謚恭襄。生平參見過庭訓《明分省人物考》卷九十六、康熙《朝城縣志》卷八《人物》、雍正《山東通志》卷二十八。

焦希程，河南泌陽人，字師正，號雪山。正德十四年（1519）己卯科舉

①焦竑《國朝獻徵録》卷二十九，碑中無生卒年，又見《潘笠江先生集·近稿》卷十，有生卒年記載；梁夢龍《賜麟堂集》卷五。據潘恩撰神道碑可知，徐階爲賈應春撰墓誌銘，《世經堂集》未收。張文憲《殳山先生遺稿》卷二。

②瞿景淳撰《明故資政大夫南京吏部尚書端溪王公墓表》，《瞿文懿公集》卷十二。吉澄曾爲王崇慶撰墓表。

人。曾任南京户部主事、員外郎，謫山東寧海同知，升正定通判，歷鄜州知州、升鞏昌府同知。嘉靖三十一年（1552）升四川按察司僉事，三十五年（1556）任貴州按察司副使。西南寇亂，多方討伐，屢建殊功，會推優，爲嚴世蕃所阻，致仕。焦希程博學能文，修《維揚關志》《寧海州志》《平南略》《泌陽縣志》，又有《芝原文集》。生平參見道光《泌陽縣志》卷八《人物志》，嘉靖《寧海州志》、萬曆《貴州通志》。

蔣信（1483—1560），字卿實，號道林，湖廣常德人。嘉靖十一年（1532）壬辰科進士，歷任四川按察司僉事、貴州副使，有《蔣道林先生文粹》。《明史》入《儒林傳》，記其"與同郡冀元亨善，王守仁謫龍場，過其地，偕元亨事焉。嘉靖初，貢入京師，復師湛若水。……信初從守仁游，時未以良知教。後從若水游最久，學得之湛氏爲多。信踐履篤實，不事虚談。湖南學者宗其教，稱之曰正學先生"（《明史》卷二八三《儒林二》）。孔天胤文中曾提及蔣信。

季本（1485—1563），字明德，號彭山，浙江山陰人。正德十二年（1517）丁丑科進士，歷任建寧府推官、蘇州同知、南京禮部郎中，與鄒守益講學被謫辰州通判，升吉安同知，長沙知府。有《易學四同》《詩説解頤》《讀禮疑圖》《廟制考議》《樂律纂要》《孔孟事迹圖譜》《説理會編》《季彭山先生文集》等。生平參見張元忭《季彭山先生傳》及《明分省人物考》卷五十一《紹興府》[①]。季本與楊月山、鄒守益等有交往。

姜子羔（1522—？），字宗孝，號對陽，又作對揚，浙江餘姚人。嘉靖三十二年（1553）癸丑科進士。歷任禮部主客司郎中、陝西按察司副使、陝西行太僕寺卿。生平參見《孤本明代人物小傳二》。

賈待問（1533—1602），字學叔，號春容。直隸威縣人。隆慶二年（1568）

①張元忭《張陽和先生不二齋文選》卷五，卷四有《彭山季先生祠堂碑》。

進士，由咸寧知縣選禮科給事中。歷懷慶知府，築堤以禦沁河，人稱賈公堤。累遷陝西巡撫。萬曆二十七（1599）年以兵部尚書總督甘肅，卒于官。賈待問曾于萬曆四年（1576）刊刻何瑭《何文定公文集》，生平見焦竑撰《資德大夫正治上卿太子少保兵部尚書兼都察院右副都御史贈太子太保春容賈公待問墓誌銘》①。參見《明分省人物考》卷九《廣平府》。

K

亢思謙（1515—1580），字子益，號水陽，山西平陽府臨汾人。嘉靖二十六年（1547）丁未科二甲第一名進士，選庶吉士，授編修。因王親外放，擢河南提學副使，歷山東、四川布政使，嘉靖四十三年（1564）乞歸，卒年六十六。有《慎修堂集》。生平見張四維《通奉大夫四川布政司左布政使亢公墓誌銘》（《條麓堂集》卷二十六）。

柯相（1481—？），字符卿，直隸貴池人。因其家在獅山下，且"鐵面洪聲，魁梧挺拔，貌亦似之"，遂號獅山②。正德十二年（1517）進士。知吉安府永新縣、山東商河縣，出守寧波、武昌，升四川按察司副使，擢廣東參政，晉浙江按察使，升河南右布政使，轉左布政使，晉陝西巡撫，升副都御史巡撫河南等。有《獅山文集》③。又有《獅山十二詩》（胡侍《蒙谿集》卷二），惜均不存。生平見王材《明故嘉議大夫都察院右副都御史獅山柯公墓誌銘》（《念初堂集》卷二十，又名《王稚川全集》）。

寇學海，字巨源，湖廣廣濟人。與和慶成王有交。有《二餘齋詩集》《寇山人遺稿》等。清朱澤楠有《寇山人墓誌》（《小酉詩古文鈔》）。光緒《黃州府

---

①焦竑《國朝獻徵録》卷五十七。

②丁紹軾《丁文遠集》卷七《都御史柯先生文集序》。

③黄虞稷《千頃堂書目》卷二十二。

志》卷十九《人物志·儒林·廣濟縣》:“寇學海,字巨源。博學工詩,嘗獨往廬山白鹿洞鍵户。數年取魏晉盛唐諸詩冥會之,大有所得,已而歸里,名滿公卿。閑時稱寇山人。晉慶成王願交歡,山人辭不見,使者三至乃往。”又見乾隆《廣濟縣志》卷九之二《人物志·儒林》。

L

雷禮(1505—1581),字必進,號古和,江西豐城縣人。嘉靖十一年(1532)壬辰科進士,官至工部尚書。加太子太保,晉少保、太傅、柱國。明習朝章典故,有《國朝列卿記》《皇明大政記》《明六朝索隱》《南京太僕寺志》《真定府志》《鐔墟堂稿》《督學存稿》等。生平見余寅《明故光禄大夫柱國少傅兼太子太傅工部尚書雷公行狀》(《農丈人文集》卷十一)。

吕本(1504—1587),字汝立,號南渠,又號期齋。初冒姓李,後復本姓,浙江餘姚人。嘉靖十一年(1532)壬辰科進士,累官太子太保、文淵閣大學士。吏部尚書李默下獄,本掌部務,阿嚴嵩意,請考察去留諸大僚,列爲三等,凡不附嵩者皆屏斥無遺。加少保,母喪去位。嵩敗,失援,不復召。萬曆十五年(1587)卒,年八十四,謚文安。有《期齋吕先生文集》十四卷,又有《館閣類録》二十二卷及《餘姚新河吕氏家乘》。生平參見李廷機撰《明故光禄大夫柱國少傅兼太子太傅禮部尚書武英殿大學士期齋吕公墓誌銘》、汪道昆所作《太傅吕文安公傳》及沈一貫撰《光禄大夫柱國少傅兼太子太傅禮部尚書武英殿大學士期齋吕公行狀》①。

李開先(1502—1568),字伯華,號中麓,自稱中麓子、中麓山人、中麓放客,山東章丘人。嘉靖八年(1529)進士,官至太常寺少卿。罷歸,致力于

①李廷機《李文節集》卷二十;汪道昆《太函集》卷三十九;沈一貫《喙鳴文集》卷十八。

詩文戲曲。與王慎中、唐順之、任瀚、吕高、熊過、趙時春、陳束稱爲“嘉靖八子”。有《李中麓閑居集》。生平見《明史》本傳,參見殷士儋《翰林院提督四夷館太常少卿李開先墓誌銘》[①]。

李延康(1500—1555),字允吉,别號黄崖居士[②],山西長治縣人。嘉靖十一年(1532)進士,先任河南汝寧府推官,升湖廣道監察御史,嘉靖二十二年(1543),升河南按察司僉事,分巡河南大梁兩道。嘉靖二十七年(1548),升陝西布政司左參議,奉敕撫治商洛。嘉靖三十一年(1552),升湖廣按察司副使,整飭襄陽兵備。未幾罷歸。生平見孔天胤《中憲大夫湖廣按察司副使前監察御史黄崖李公墓誌銘》(《孔文谷集》卷十一)。參見《蘭臺法鑒録》卷十六。李延康曾與孔天胤同官陝西。其兄李延馨,字允明,爲嘉靖八年(1529)進士,終正定知府。

李舜臣(1499—1559),字懋欽,一字夢虞,號愚谷,又號未邨居士,山東樂安人。嘉靖二年(1523)進士,歷官太僕寺卿,有《愚谷集》。生平見李中麓《大中大夫太僕寺卿愚谷李公合葬墓誌銘》(《李中麓閑居集》卷八)。參見《孤本明代人物小傳二》、過庭訓《明分省人物考》卷九十七。孔天胤曾爲其文集作序。

李愷(1497—?),字克諧,號抑齋,泉州府惠安縣人。嘉靖十一年(1532)壬辰科進士。曾任番禺知縣、南京吏部勛司郎中、湖廣按察司副使,辰沅兵備等職。著有《處苗近事》及《抑齋介山集》《介山詩集》[③]。生平見李

①張廷玉《明史》卷二八七《文苑三》;焦竑《國朝獻徵録》卷七十,實爲張一桂代作,見《漱秋堂文集》卷十三,題作《明故中憲大夫翰林院提督四夷館太常寺少卿中麓李公墓誌銘》。

②孔天胤集中又寫作“黄巖”,誤,繁體“巖”“崖”相近。

③藏日本内閣文庫,内容不詳。

廷機《湖廣按察司副使抑齋李公洎配恭人吴氏墓誌銘》(《李文節集》卷二十二)。參見雍正《福建通志》卷四十五、李清馥《閩中理學淵源考》卷六十四。孔天胤文集中有《與抑齋李年丈》。

林雲同(1491?—1570?),字汝雨,號退齋,福建莆田人。嘉靖五年(1526)丙戌科進士。先任户部山西司主事,升禮部祠祭司員外郎,嘉靖十二年(1533)轉浙江提學僉事,後補河南僉事,兵備潁州。嘉靖十九年(1540)調廣東提學副使,二十二年(1543)十一月升浙江右參政,二十四年(1545)升湖廣按察使,二十五年(1546)升浙江布政使,擢都察院右副都御史,巡撫湖廣,轉刑部右侍郎,晉南京都察院右都御史,掌院事。升南京工部尚書、南京刑部尚書,卒于任上。贈太子少保,謚端簡。光緒《莆田縣志》記載其著有《退齋文集》《讀書園詩集》(《莆田縣志》卷二十三《藝文》)。黄虞稷《千頃堂書目》記載有《林端簡公存稿》,又《詩稿》(《千頃堂書目》卷二十三)。孔天胤曾與之共事浙江。

婁志德(1479—1546),字存仁,號勿齋,河南項城人。正德十二年(1517)進士,初任直隸真定府趙州知州,升户部郎中,督理甘肅糧餉。嘉靖九年(1530)至十三年(1534)任杭州府知府,後任浙江右參政。嘉靖二十一年(1542)四月升浙江右布政使,後轉福建左布政使,調南京太僕寺卿,升南京太常寺卿。二十四年(1545)升都察院右副都御史,巡撫山東,次年卒于任内[①]。隆慶二年(1568)贈工部右侍郎,賜謚莊肅。有《兩浙賦役全書》存世,《明史·藝文志》著録。生平參見俞時《通議大夫巡撫山東右都御史婁公志德行狀》[②]、宣統《項城縣志》卷二十二《人物》。孔天胤與婁志德相識于浙江任内。

①生年據《正德十二年進士登科録》考訂。

②焦竑《國朝獻徵録》卷六十二。

李夢陽(1473—1530),字獻吉,號空同,亦作崆峒,陝西慶陽(今屬甘肅慶陽縣)人。弘治六年(1493)癸丑科進士,授户部主事,遷郎中。正德五年(1510),升江西提學副使。爲人剛正不阿,五次入獄。著有《空同集》。《明史》入文苑,生平參見崔銑撰《江西按察司副使空同李君墓誌銘》及徐縉撰《明江西按察司副使空同李公墓表》①。

劉麟(1467—1561),字符瑞,一字子振,號南坦,江西安仁縣人。弘治九年(1496)進士。博學能文,與顧璘、徐禎卿號江東三才子。官至工部尚書,謚清惠,有《劉清惠集》及《坦上翁集》。生平見顧應祥撰墓銘和雷禮撰墓表(《劉清惠集》卷十二附録)。參見張寰作《南坦翁履略》、李默《坦上翁傳》(《坦上翁集》)。孔天胤有書信寫給劉麟。

林大欽(1511—1545),字敬夫,自號東莆子,廣東潮州人。嘉靖十一年(1532)壬辰科狀元,授翰林院編修。兩年後,以老母病,乞歸終養。至此隱居,講學著述,悠游林下,不再出仕。有《東莆先生文集》,今人黄挺整理有《林大欽集》。

陸深(1477—1544),初名榮,字子淵,號儼山,上海人。弘治十八年(1505)進士。選庶吉士,授編修。歷國子司業、祭酒,充經筵講官。忤輔臣,謫延平同知。晉山西提學副使,改浙江。累官四川左布政使。嘉靖中爲太常寺卿。世宗南巡,陸深掌行在翰林院印,進詹事府詹事。卒謚文裕。有《儼山集》《儼山外集》等。生平見《明史》卷二百八十六《陸深傳》,參見夏言撰《詹事府詹事兼翰林院學士儼山陸公行狀》、許讚撰墓表《通議大夫詹事府詹事兼翰林院學士贈禮部右侍郎謚文裕陸公深墓表》、唐錦撰《通議大夫詹事府事兼翰林院學士贈禮部右侍郎謚文裕陸公墓誌銘》②。

---

①崔銑《洹詞》卷十四;黄宗羲《明文海》卷四百三十二,墓文四。

②唐錦《龍江集》卷十二;夏言《桂洲文集》卷十六;許讚墓表見焦竑《國朝獻徵録》卷丨八。

劉龍(1476—1554),字舜卿,號紫巖,山西襄垣人。弘治十二年(1499)探花,官至南京兵部尚書。有《紫巖文集》。

路天亨(1502—?),字仲元,山西平陽府安邑縣人。嘉靖十一年(1532)進士,歷任直隸淶水知縣、吏部稽勛司郎中、山東參政、四川按察使,終陝西右布政使。

吕坤(1536—1618),字叔簡,號新吾,又號抱獨居士、沙隨先生,河南寧陵人。萬曆二年(1574)進士,歷官襄垣、大同知縣,吏部主事、郎中,山東參政、山西按察使、山西巡撫,終刑部侍郎。著有《呻吟語》《去僞齋文集》等。生平見《明史》卷二二六《吕坤傳》。

吕景蒙,生卒年不詳,字希正,號修飭,廣西象州人。弘治十七年(1504)舉人,官監察御史。因直言被貶潁州,曾主持編修《潁州志》,又修《柳州府志》,自著有《藏用集》等。

吕高(1506—1557),字山甫,號江峰,丹徒人。嘉靖八年(1529)進士。嘉靖八才子之一。歷官山東提學副使。有《江峰漫稿》。《明史》入《文苑傳》。參見《孤本明代人物小傳二》及李開先《江峰吕提學傳》[1]。

李珏(1481—1549),字廷重,號後庵,開州人。弘治十八年(1505)乙丑科進士。先任常熟知縣,擢刑部主事,歷員外郎、郎中,出爲東昌知府、山西副使、浙江參政、山西按察使,嘉靖五年(1526)升甘肅巡撫,六年(1527)謫戍,二十　年(1542)升山西巡撫,二十七年(1548)任遼東巡撫,二十八年(1549)遷大理寺卿[2]。生平見許成名撰《嘉議大夫大理寺卿後庵李公珏墓

①李開先《李中麓閑居集》文卷十。

②雷禮《國朝列卿紀》卷一百十九《巡撫遼東》;康熙《開州志》卷八《選舉》。

誌銘》及王崇慶撰《明故大理寺卿後庵李公墓表》[1]。參見《明分省人物考》卷十《大名府》。

盧蕙(？—1545),字子貞,號抑齋,直隸淮安府山陽縣人。嘉靖二年(1523)癸未科進士,歷浙江副使、參政、按察使,升江西布政使,終副都御史遼東巡撫。巡撫任内,“練兵儲餉,軍威大振。因出塞燒荒衝冒風雪,中寒而卒”[2]。盧蕙在浙江任内,因“重惜法紀,不徇情,屬吏有以賄敗者,人多以甲第憐之。蕙無所寬貸,竟褫其秩”。被祀爲杭州府名宦[3]。盧蕙性簡樸,不置家産,去世後家境貧寒。其子盧守恭住在社學,家徒四壁。多年後山西人曹于汴在《題抑齋盧公夫婦傳》開篇寫道:“余嘗言天下多清有司而鮮窮鄉官。夫既輦載而富,則所云冰澄玉潔,如薦剡及口譽者,何爲乎?故清之真者難也。咎在不知俸廩之外不宜更有所取,不知朝廷之禄原以供其在任之用,非並其任後身後俱有贍。”(《仰節堂集》卷三)指出朝廷給官員的俸禄是給其在任時的,並不是用于其退休及其後人生活的。惜《明史》無傳。

梁廷振(1587—1544),字伯綱,號瀾石,南海人。嘉靖二年(1523)進士,累官福建按察使、浙江布政使。有政聲,卒于任上。生平參見萬曆《粤大記》卷十九、道光《廣東通志》卷二百七十七、雍正《浙江通志》卷一百四十八。

李清(1582—?),字介卿,號南橋,湖廣龍陽人。嘉靖二年(1523)進士,歷官四川布政使。與孔天胤同官浙江。

梁宗魯,生卒年不詳,字一東,廣東博羅人。嘉靖十年(1531)辛卯科舉

①焦竑《國朝獻徵録》卷六十八;王崇慶《端溪先生集》卷六。

②雍正《江南通志》卷一百四十三。

③萬曆《杭州府志》卷六十二《名宦》。

人，嘉靖二十三年（1544）署宣平縣教諭（宣平20世纪50年代初後撤銷，分屬武義等地）。《惠州府志》記載其砥節礪行，學師聖賢，居處必敬，動遵古禮。不願結交權臣翟鑾和武定侯郭勛，謂："權臣必敗，何爲自撲膏火？"後任廣西融縣知縣，兩地均祀爲名宦。《惠州府志》將其列入鄉賢①。

劉佐，字時命，號前溪，江西安福人。正德九年（1514）進士，初知龍游縣，升湖州府知府，晉浙江布政司參議、左參政，升雲南按察使，終雲南布政使。與孔天胤同官浙江。

連鑛（1494？—1552？），字伯金，初號白石，繼號明山，直隸永年人。嘉靖五年（1526）進士，初任建平知縣，曾任浙江副使、河南左參政、湖廣按察使、浙江布政使，仕至右副都御史，巡撫鳳陽。有《明山漫稿》《燕山疏稿》，又修《建平縣志》。生平見郭鎜《右副都御史明山先生連公鑛神道碑》②。參見《蘭台法鑒録》卷十六、《明分省人物考》卷九《廣平府》。

劉尚義（1498—1556），字伯正，又字叔和，號柏山。嘉靖十四年（1535）乙未科進士。十七年（1538）由行人選河南道御史，在朝稜稜有威望。降秦州判官，改知朝邑縣，遷松江同知，俱以清介稱。擢南京刑部郎中，出補四川僉事，兵備西蜀，兼督松茂邊餉。轉陝西參議、河南副使，卒于官。有《柏山集》四卷。孔天胤撰墓誌銘。生平參見過庭訓《明分省人物考》卷一百一、雍正《山西通志》卷一百三十《鄉賢十五》、萬曆《汾州府志》卷十一《人物類》、乾隆《汾州府志》卷十五、《蘭臺法鑒録》卷十六。

李維楨（1547—1626），字本寧，號雲杜、雲中君、大泌山人，湖廣京山人。隆慶二年（1568）戊辰科進士。選庶吉士，授編修，進修撰，出爲陝西參

①光緒《惠州府志》卷三十四《儒林》。

②焦竑《國朝獻徵録》卷五十九。

議，遷提學副使。萬曆年間曾任山西按察使，天啓初以布政使致仕家居。又召爲南京太常卿，不就，以薦爲南京禮部右侍郎，進尚書。博聞强記，文章弘肆有才氣，海内請求者如市。負重名四十年，其詩文聲價騰涌，然多應酬之作，品格不高。有《史通評釋》《黄帝祠額解》《大泌山房集》。李維楨曾主持纂修萬曆《山西通志》。生平見《明史》卷二八八《文苑四》，參見錢謙益撰《南京禮部尚書贈太子少保李公墓誌銘》[①]。

李乘雲（1508—1554），字子雨，號荆陽，河南鈞州（今河南禹州）人。嘉靖十年（1531）辛卯科舉人，嘉靖十一年（1532）壬辰科進士。初任行人、山東道御史，出爲蒲州知州。嘉靖二十二年（1543）至二十六年（1547）任平陽府知府，升山西按察司副使，謫霸州兵備道，升陝西右參政。有《鳴鳩集》[②]。生平見徐文沔所作《亞中大夫陝西布政使司右參政荆陽李公墓誌銘》及高拱所作《亞中大夫陝西布政使司右參政荆陽李公行狀》、雷禮所作《陝西參政李荆陽墓表》[③]。參見《蘭臺法鑒録》卷十六。孔天胤曾與之同官陝西，並撰文《送荆陽李公便道上母氏太宜人壽序》爲其母祝壽，李乘雲去世後，孔天胤還寫有《祭李荆陽大參文》。

李登雲（1510—？），字子漸，乘雲弟。嘉靖十四年（1535）乙未科進士。先後任評事、通政使、工部左侍郎，贈尚書。

李淩雲（1513—1562？），字子鵬，號湫南，乘雲弟。嘉靖十七年（1538）戊戌科進士。歷任兵部主事、員外、郎中，出爲四川重慶府知府、湖廣副使、山西右參政。曾拜訪孔天胤，孔天胤有詩。

---

①錢謙益《牧齋初學集》卷五十一，具體生卒日期墓誌銘未交代。

②乾隆《禹州志》作《鳩鳴集》。

③徐文沔《澗濱先生文集》卷四；岳金西、岳天雷編校《高拱全集·詩文雜著》卷三；雷禮《鐔墟堂摘稿》卷十五。

李綸，生卒年不詳，字君重，號雲谷散人，汾州南善厢人。子李翰爲舉人，與澤州人裴宇及陳天祐爲同科。次子李潤。孫李杜，娶雷凌霄女。

李翰（1507—1560），字憲夫，道號卜溪，李綸子。嘉靖十三年（1534）甲午科舉人，先後任鎮安知縣、高陵知縣、慶陽同知、揚州同知。嘉靖三十九年（1560）卒于任。孔天胤爲作墓誌銘，生平參見光緒《汾陽縣志》卷六《人物》、乾隆《汾州府志》卷十五《人物》。孔天胤《明故奉政大夫揚州府同知卜溪李公墓誌銘》，現存汾陽市博物館。

李冕（1490—1563），字端甫，號脈泉，山東章丘人。嘉靖五年（1526）進士。授魏縣令、處州知府、大名兵備副使、陝西參政、陝西按察使、山西右布政使，終雲南右布政使。生平參見李開先《通奉大夫雲南右布政使脈泉李公合葬墓誌銘》（《李中麓閑居集》文卷八）。

李紳，生卒年不詳，字朝儀，號少泉，河南祥符人。官臨洮知府、苑馬寺少卿。生平參見萬曆《開封府志》卷十二；康熙《臨洮府志》卷十三《名宦》。

路王道（1528—?），字汝遵，一字天德，號坦齋，山西屯留人。嘉靖三十二年（1553）進士。先後任臨漳知縣，官至光禄寺卿，祀爲臨漳名宦。生平參見乾隆《潞安府志》卷二十一、光緒《臨漳縣志》卷七、光緒《屯留縣志》卷五。孔天胤曾爲其寫有兩文。

劉廷相，生卒年不詳，字介石，山西洪洞人。嘉靖十六年（1537）舉人。歷河南西平縣知縣，終河間府通判。有《反約集》。生平參見民國《洪洞縣志》卷四《選舉》、卷十二《人物志》。

劉廷臣（1509—1559），字伯鄰，號白石，廷相弟。嘉靖十七年（1538）進士，歷任裕州知州、刑部員外郎、開封府知府、辰沅兵備副使、河南參政、右僉都御史、副都御史。有《上谷奏議》《上谷須知》《上谷圖考》《南山圖考》等[1]。生平見蘇祐《都察院右副都御史劉公廷臣墓誌銘》[2]。孔天胤曾爲其母寫有祝壽文。

劉應時(1522—?),字子益,號中齋,劉廷相長子。嘉靖二十六年(1547)進士,授户部主事,累官直隸真定府知府、四川布政司參政、陝西按察司副使、山東按察司副使。有《中齋先生集》。山東任内曾主修《青州府志》。

來賀,字奉國,號碧澗,陝西三原人。嘉靖十年(1531)辛卯科舉人,嘉靖三十二年(1553)任太原通判,三十五年(1556)擢汾州知州,後調任代州知州、莒州知州[3]。生平見温純《明奉直大夫莒州守來公暨配合葬墓誌銘》(《温恭毅集》卷十);龍膺《明奉訓大夫莒州知州碧澗來公墓表》(《淪灃文集》卷十)。

李應奎(1487—1562),字文輝,號潭水,山西平定人。正德五年(1510)庚午科舉人,曾任陝西高陵教諭、鞏昌府教授、廬州府教授、伊府紀善、晉府紀善、右長史等。有《潭水詩集》《潭水文集》。子李念、李愈中嘉靖十四年(1535)進士。李念,字惟克,曾任歸德府知府;李愈,字惟中,號蒲石,曾任鳳陽府知府,有《蒲石山房集》五卷,存保定圖書館。應奎撫養諸弟應庚、應箕、應斗、應韶。李應箕官至狄道縣知縣;李應庚曾任陝西西安府同知,參與了嘉靖三十一年(1552)陝西鄉試。參見光緒《平定州志》卷七《選舉》及卷八《人物志·儒林》。

林大槐,生卒年不詳,字茂德,號虚溪,福建莆田人。嘉靖三十一年

---

①據過庭訓《明分省人物考》卷一百、民國《洪洞縣志》卷四選舉,卷十二《人物志》;雍正《平陽府志》卷二十三《人物志下》;雍正《山西通志》卷一百十一《人物十一》。

②焦竑《國朝獻徵録》卷六十二。

③參見乾隆《三原縣志》卷六。乾隆《太原府志》卷二十九《職官》記載來賀任通判職時間爲嘉靖三十二年至三十三年。

(1552)舉人，三十二年(1553)、三十五年(1556)會試不第，任汾州學正。三年後任浙江鄉試主考，隆慶三年(1569)會試又落第。任直隸懷遠知縣，卒于任。曾參與《山西通志》編纂。

劉涇(1510—1568)，字叔清，號次山，河南懷慶衛人。嘉靖二十六年(1547)丁未科進士。肆力濂洛之學，師事何瑭。選庶吉士，改御史。巡城，值京師戒嚴，守北城，開門納難民，全活萬衆。出守鳳翔，屬邑以羨金三千進，涇笑曰："世豈有受羨金劉次山哉！"尋以外艱去。補登州知府，晉山西兵備，防秋雲中。八角堡遇警，躬擐甲胄，厲衆固守。以蜚語罷歸。築白雲山房于西郊，讀書其中。著有《理學四先生言行録》及《京華》《滇南》《晉陽》三集行世。修郡志，高簡無華。卒祀鄉賢。惜其文集今不存，惟存《懷慶府志》。瞿景淳撰墓表[①]。生平參見乾隆《懷慶府志》卷二十八《人物志》、順治《潞安府志》卷三《建置二》、乾隆《潞安府志》卷十七《名宦》。

李僑(1513—1576)，字子高，號仙臺，山東長清人。嘉靖二十三年(1544)進士。歷官户部主事、兵部員外郎中、紹興知府、浙江按察司副使兵備寧紹，嘉靖四十一年(1562)擢山西左參政，四十三年進四川按察使，四十五年進浙江右布政使，復進山西左布政使。生平參見于慎行撰墓誌銘(《谷城山館文集》卷十九)、張□撰《山西左布政使長清李公僑墓誌銘》[②]及道光《濟南府志》卷五十二《人物八》。

劉曰材(1517—1580)，字汝成，號湖山，江西南昌人。嘉靖三十二年(1553)進士。歷官湖廣副使、山西參政、陝西按察使，終陝西左布政使，生平

①瞿景淳《山西按察司副使次山劉公墓表》，《瞿文懿公集》卷十二。

②焦竑《國朝獻徵録》卷九十七。于慎行墓誌銘作于李僑去世後十二年，是年李僑配張氏去世。張□，當爲張元忭，于慎行墓誌銘中有"山陰張宫諭爲志"字樣。

參見鄧以讚《明通奉大夫正治卿陝西布政司左布政使湖山劉公墓志銘》[①]。

栗應宏，生卒年不詳，字道甫，山西長子人。嘉靖四年(1525)舉人。屢試不第，耕讀太行山中以終。有《山居集》《栗太行集》。

雷凌霄(1515—?)，號水南，山西汾州人。嘉靖十九年(1540)庚子科舉人，任祁州知州、延安府同知[②]。

李天錫(1491—1573)，字德徵，號近山，山西汾州人。與孔天胤同中嘉靖十年(1531)辛卯科舉人。嘉靖二十四年(1545)至二十六年(1547)任陝西乾州知州[③]。

梁明翰(1513—1595)，字維憲，號歧泉，山西孝義人。嘉靖二十六年(1547)進士，授刑部主事，升郎中。嘉靖三十四年(1555)任慶陽知府，轉行太僕寺卿，終四川按察使。曾修《慶陽府志》，任内多所建樹。生平參見乾隆《汾州府志》卷十五《人物二》及乾隆《孝義縣志·人物事迹卷一》。

李荷(1537—1586)，字子藎，號環洲，山東壽光人。嘉靖四十一年(1562)壬戌科進士。官澤州同知、太原府同知、陝西按察司僉事兵備肅州、河南布政司右參議，終霸州兵備副使。生平見蕭大亨撰《明中憲公河南布政司右參議李環洲墓誌銘》。

①鄧以讚《鄧文潔公佚稿》卷六，又見《鄧定宇先生集》卷四。生卒年據墓誌銘，據《登科録》則爲1523年生。

②裴宇《明雲谷鄉先生雷公暨配姚氏馮氏合葬墓誌銘》中提及雷凌霄號"水心"。該碑于嘉靖三十年十一月刊。1998年徵集于汾陽市南關村，現存汾陽市博物館。

③參見雍正《乾州新志》卷四《官師》。

李先芳(1511—1594),字伯承,初號東岱,更號北山。其先監利人,寄籍濮州。嘉靖二十六年(1547)進士,官至尚寶司少卿,卒年八十四。有《讀詩私記》《江右詩稿》《李氏山房詩選》《東岱山房稿》《清平閣集》等,又修《濮州志》。生平參見于慎行撰《明故奉直大夫尚寶司少卿北山先生李公墓誌銘》及邢侗撰《奉訊大夫尚寶司少卿北山先生濮陽李公(先芳)行狀》[①]。

吕陽(1522—1586),字調陽,又字仲和,號岫雲。祖籍山東曹縣,其祖上有人以武功官平陽衛同知,入籍平陽衛。吕陽與王道行同爲嘉靖二十九年(1550)庚戌科進士。雍正《山西通志》記其"性豪宕不羈,不以仕進爲意,官中書科中書,解組歸。窮年學古,博極群書,著有《經世心鑒》《晉詩選雅》等"。《晉詩選雅》九卷附録一卷,今存臺灣中研院傅斯年圖書館。生平參見王道行《中書舍人岫雲吕公墓誌銘》(《王明甫先生桂子園集》卷十七)。

M

馬理(1474—1555),字伯循,號溪田,陝西三原人。正德九年(1514)進士。官考功郎,以諫南巡,受廷杖告歸。世宗時起爲員外郎,以争大禮再受廷杖。累遷官至南京光禄寺卿。嘉靖三十四年(1555)地震卒,謚忠勤。師從王恕,學行純篤。對諸經多所闡發,爲文喜摹《尚書》。與吕柟等相切磋,名震都下,爲三原學派重要人物,爲關中學者所宗。楊一清督學關中時,曾贊曰:"馬生、吕生之經術,皆天下士也。"(《四庫全書總目提要》)馬理著有《周易贊義》十七卷(今存七卷)及《溪田文集》十一卷。生平見《明史》卷二八二《儒林一》,參見喬世寧《馬溪田先生墓碑》及李開先《溪田馬光禄傳》[②]。

①于慎行《谷城山館文集》卷二十一;邢侗《來禽館集》卷十九。

②喬世寧《丘隅集》卷十四;李開先《李中麓閑居集》卷九。

孟淮(1513—1577),字豫川,號衛原,又作衛源,河南祥符人。嘉靖十七年(1538)進士,授大理評事,歷浙江按察使、山西布政使,都察院右副都御史巡撫山西,改應天府尹,坐嚴嵩黨罷歸。有《衛源集》《入蜀稿》。生平見張一桂《明故嘉議大夫應天府府尹孟公暨配敕封孺人蘇氏合葬墓誌銘》(《漱秋堂文集》卷十三)。孟淮在山西任内與孔天胤有詩文往來。

茅宰(1504—?),字治卿,號荼川,浙江山陰人。嘉靖八年(1529)進士。曾任直隸南京六合知縣,嘉靖十六年(1537)任潁州同知。乾隆《潁州志》稱其“布政和平,民懷其德,謡曰‘民之父母,愷悌君子,我潁茅公可以當此’”[①]。與孔天胤同官潁州。

馬九德(1512—1578),字子懋,又字吉甫,號小東,山東德州人。嘉靖十四年(1535)進士,先後任成都府知府、四川副使、山西副使兵備陽和、山西左參政分守冀南、山西按察使、順天巡撫。有《小東集》,今不存[②]。生平見程琺《故中憲大夫御史中丞小東馬公墓誌銘》[③]。墓誌銘中提及山西宗室多且横,馬九德曾予以彈壓。

閔熙(1507—1580),字和卿,號水東,北直隸任邱縣(今河北任丘)人。嘉靖十四年(1535)進士,歷開封府推官、御史、翰林院編修,以右副都御史巡撫山西,官至刑部尚書。生平參見吴中行《資善大夫刑部尚書閔公神道碑》(《賜余堂集》卷十一)。孔天胤“閑住”歸汾,有信慰問。正任右副都御史巡撫山西。閔熙曾任山西提學副使,亢思謙有詩《送太史閔水東視學河汾》(《慎修堂集》卷一)。閔如霖有《送閔水東憲副提學山西》(《午塘先生集》卷六)。

①乾隆《潁州志》卷六《名宦》。

②據乾隆《德州志》、雍正《山東通志》、雍正《山西通志》、康熙《遵化州志》等整理。

③程琺《程右丞集》卷八。

穆文熙(1528—1591),字敬甫,號少春,山東東明人。嘉靖四十一年(1562)進士,授行人,歷吏部員外郎。以擁護石星,廷杖罷官歸。後起爲郎中,官廣東副使,卒年六十四。著有《七雄策纂》《四史鴻裁》《春秋左傳評苑》《國語評苑》《戰國策評苑》及《穆考功逍遥園集選》。拜訪孔天胤或是受孔天民所托。生平見李廷機撰《憲副小春穆先生墓誌銘》(《李文節集》卷二十),參見《孤本明代人物小傳二》。

O

歐陽清(1492—?),字懋直,號冲庵,江西上饒人。嘉靖十一年(1532)壬辰科進士。先後任禮部觀政、員外郎、郎中,浙江按察司僉事、副使,終四川參政[1]。曾編《五子書》,今存。曾與孔天胤共事浙江。

歐陽必進(1491—1567),字任夫,號約庵,江西安福人。正德十二年(1517)進士,授禮部主事。歷河南參議、福建參議、四川副使、廣西參政。嘉靖十八年(1539)升浙江右布政使,尋轉左。嘉靖二十三年(1544)五月升鄖陽巡撫,後任兩廣總督、兩京都御史及刑部、吏部、工部尚書。著有《白雲山稿》,今不存。另有《交黎勦平事略》四卷,收入《玄覽堂叢書》。生平見王鴻緒《明史稿》卷一百七十三,參見劉陽《吏部尚書歐陽公必進行狀》[2]。曾與孔天胤共事浙江。

P

潘高(1514—1557),字子抑,號春谷,貫山西寧化守御千户所(今山西寧武),官籍,直隸合肥縣人。嘉靖十一年(1532)壬辰科進士。初爲大理寺

①生年據《嘉靖十一年進士登科録》考訂,參見《嘉靖壬辰科進士同年序齒録》。

②焦竑《國朝獻徵録》卷二十五。

評事，升寺正，補陝西布政司參議，分守關西道。嘉靖二十年（1541）以考察罷官，時年二十七歲，家居十八年卒。師事湛若水、霍韜，與蔣信、錢薇爲友，“講致良知之學與霸王之略”。著有《晉乘平交録》《蓄德隨録》《攘夷策》《守邊或問》及詩文若干卷，均未見傳本。又曾編撰《山西通志》，書未成即去世。生平見乾隆《寧武府志》卷四《潘高傳》、徐階《明故陝西參議春谷潘君墓誌銘》（《世經堂集》卷十六）及李開先《潘春谷傳》（《李中麓閑居集》卷九）、過庭訓《明分省人物考》卷九十九。各版《山西通志》均有記載。孔天胤文集中有書信《與潘春谷年丈》。潘高去世後，孔天胤寫有《祭潘春谷少參文》。

裴宇（1510—1580），字子大，號内山，山西澤州人。嘉靖十三年（1534）甲午科舉人，二十年（1541）辛丑科進士。選庶吉士，授翰林院國史檢討，奉敕纂修《大明會典》，又爲經筵官，歷南京禮部右侍郎、南京吏部右侍郎、南京工部尚書、南京禮部尚書。隆慶三年（1569）丁憂歸，萬曆八年（1580）諭祭葬。有《内山集》，今不存。

彭范（1547—？），字克憲，號東溪，河南靈寶人。嘉靖二十六年（1547）進士，由滑縣知縣選户科給事中，以憂歸。服除，歷刑科給事中，升兵部都給事中，擢山西參政，四十年（1561）免官。生平見民國《靈寶縣志》卷七《人物》及《掖淵人鑒》卷十四。

Q

錢德洪（1496—1574），本名寬，字德洪，以字行。改字洪甫，號緒山，學者稱緒山先生。浙江餘姚人。正德十六年（1521）至嘉靖六年（1527），在王陽明門下受業，常侍左右。嘉靖元年（1522）舉人。嘉靖五年（1526）與王畿參加會試，中貢士，因陽明病，未參加此年廷試。二人歸浙後，代替王陽明教授求學者基礎知識,人稱"教授師"。嘉靖七年(1528),二人在赴京參加廷試途中聽説王守仁在江西病故,轉而南下奔喪。直至嘉靖十一年(1532)才赴京參加廷試,中該年進士。嘉靖十三年(1534)主持廣東鄉試。嘉靖十七年(1538)冬,服闋補國子監丞。嘉靖二十年(1541)轉刑部陝西司員外郎。因事下獄,嘉靖二十二年(1543)出獄,被削職爲民。講學林下三十餘年,周游江、浙、楚、廣等地,年七十始不外出。穆宗即位後官復原職,神宗時晉官一級。講學語録見《明儒學案》。著有《緒山會語》《緒山集》。惜其文集今不存,今人錢明編校整理有《徐愛·錢德洪·董澐集》,收入《陽明後學文獻叢書》。又爲其師王守仁編《世德紀》《平濠記》《陽明先生年譜》《陽明先生文録》《陽明先生别録》等,增訂《吳越備史》。生平見吕本撰《明刑部陝西司員外郎特詔進階致仕緒山錢公墓誌銘》及王畿撰《刑部陝西司員外郎特詔進階朝列大夫致仕緒山錢君行狀》[①]。孔天胤文集中有詩《訪緒山許氏莊上》,書信《與錢緒山年丈》等。鄭洪萍《明儒錢德洪的生平與思想》叙述甚詳[②]。

秦鳴雷(1518—1593),字子豫,别號華峰,浙江臨海人。孔天胤同年秦鳴夏弟。嘉靖二十三年(1544)進士第一,官至南京吏部尚書。有《談資》《倚雲樓稿》。生平參見張鳳翼撰《資善大夫南京禮部尚書秦公鳴雷行狀》[③]。

戚賢(1492—1553),字秀夫,號南山,晚年更號南玄,全椒人。嘉靖五年(1526)進士,歷官浙江歸安知縣,曾師事王守仁。政治精明,賢聲大著。擢吏科給事中、刑科都給事中,彈劾汪鋐和輔臣張璁,被謫官。尋以父老自劾,免歸。生平見《明史》卷二〇八《戚賢傳》,參見王畿撰《刑科都給事中南

①吕本《期齋吕先生集》卷十二;王畿《龍溪王先生全集》卷二十。

②鄭洪萍《明儒錢德洪的生平與思想》,上海大學碩士論文,2005。

③焦竑《國朝獻徵録》卷三十六。

玄戚君墓誌銘》和羅洪先撰《刑科都給事中南玄戚君賢行狀》[1]。

齊宗道(1506—1583),字叔魯,别號雲汀,山東日照籍,廣寧右衛人。嘉靖十七年(1538)戊戌科進士。先任蒲城縣令,調咸寧,攝長安。升四川道監察御史,嘉靖二十四年(1545)巡按山西,升陝西副使。嘉靖三十二年(1553)任山西參政,分守冀南。後遷山西按察使,尋擢四川右布政使。嘉靖三十四年(1555)升都察院右僉都御史巡撫大同,升右副都御史。以不合當政者意外調歸,卒于鄉。生平參見黄洪憲《明通議大夫都察院右副都御史雲汀齊公墓誌銘》及劉虞夔《通議大夫都察院副都御史雲汀齊公墓表》[2]。

齊宗堯(1516—1572),字思欽,號碣石,北直昌黎人。歲貢,歷任山西屯留知縣、陝西鄜州判官、汾州知州、河東轉運同知、忻州知州。齊宗堯汾州任内以施酷刑著稱,葛守禮《禁酷刑以全民命疏》:“汾州知州齊宗堯三年致死五十人,滎河知縣吴朝一年致死十七人。”[3]又積極抵禦蒙古入寇。生平參見王槐撰《明朝議大夫河東陝西都轉運使司同知碣石齊公神道碑》及民國《昌黎縣志》卷八《人物志下》等[4]。

喬木(1529—1595),字伯梁,號玄洲,上海縣人。先後任安吉知州、潞安同知、河南僉事、福建參議,終雲南副使。任潞安同知時,潘恩曾爲其寫贈序《贈喬元洲之任潞安二守並壽其母太宜人序》(《潘笠江先生集·近稿》卷七)。在山西政績卓著,祀山西名宦。生平參見沈一貫撰《雲南按察司副使玄洲喬公暨配宜人周氏合葬墓誌銘》及林景暘傳《明中憲大夫雲南按察司副使玄洲喬公配誥贈宜人周氏行狀》[5]。

---

①王畿《龍溪王先生全集》卷二十;焦竑《國朝獻徵録》卷八十。

②黄洪憲《碧山學士集》卷五;劉虞夔《劉宫詹先生文集》卷十三。

③孫旬《皇明疏鈔》卷六十五《刑獄二》,又見萬曆《山西通志》卷二十八《藝文上》。

④《昌黎文史資料》第五輯。

⑤沈一貫《喙鳴文集》卷十八;林景暘《玉恩堂集》卷九。

丘梁，號泰衡，湖廣麻城人。歷任保寧通判，降忠州知州，調山西布政司理問，升南陽通判①。

丘齊雲（1541—？），字汝謙，又作謙之，號若泰。丘梁子。嘉靖四十四年（1565）己丑科進士，授富順知縣。升户部郎中，終廣東潮州知府。有《吾兼亭集》《粤中稿》《國雅中選集》②。

R

任洛（1485—？），字仲伊，號西溪，河南鈞州（禹州）人。正德六年（1511）進士。初爲桐鄉知縣，選監察御史，升霸州兵備副使，改甘肅。歷陝西參政、按察使，山西左右布政使，山西巡撫。轉遼東巡撫，升副都御史巡撫陝西，終户部左侍郎。有《桐鄉縣志》《遼東志》。生平參見道光《禹州志》③。

任道充（1499—1539），字少虚，别號左川，山西孝義人。嘉靖十四年（1535）乙未科進士，授行人，出使宣大，終刑科給事中。

任惟賢，號玉臺，四川閬中人。正德九年（1514）甲戌科進士。先後任河南右參議、江西參政、浙江按察使、河南右布政使、陝西左布政使、鄖陽巡撫。道光《保寧府志》卷三十六《選舉》："正德九年甲戌科唐皋榜：任惟賢，閬中人，副都御史。"卷四十二《人物》："任惟賢，閬中人，進士。性耿介，學

---

①民國《麻城縣志前編》卷八選舉作"邱梁"，嘉靖二十五年舉人。官通判。道光《保寧府志》卷三十二《職官》作"王梁，湖廣麻城，舉人。"丘誤爲王。王道行有《送丘太衡擢判南陽序》，《王明甫先生桂子園集》卷六，丘齊雲作邱齊雲。

②光緒《黄州府志》卷十九。民國《麻城縣志》無傳。

③道光《禹州志》卷十九《列傳三》。生年據《正德六年進士登科録》考訂。

務躬行。敦倫睦族,歷仕三十年,清白自守,家無餘積。”

任瀚(1502—1592?),字少海,號五岳山人,四川南充人。嘉靖八年(1529)進士,終翰林院檢討。與新都楊慎、内江趙貞吉、富順熊過合稱“西蜀四大家”。又與陳東、王慎中、唐順之、趙時春、熊過、李開先、吕高合稱“嘉靖八才子”。著有《春坊集》《釣臺集》《任文逸稿》等行世。事迹見《明史》本傳①。

S

史褒善(1499—1562?),字文直,號沱村,又號澶淵,直隸開州(今河南濮陽)人。嘉靖十一年(1532)進士,歷任行人、御史、遼東巡按,南京吏部主事、員外郎,江西副使、浙江參政、河南右布政使、南京都察院右僉都御史、大理寺卿等。有《史文直奏議》《沱村文集》。生平參見《開州志》等②。

孫一元(1484—1520),字太初,號太白山人。自稱秦人,實爲宗室安化王之孫。安化王坐不軌誅,孫一元變姓名避難,嘗栖太白山之巔,踪迹奇詭。携鐵笛鶴瓢,遍游名勝,足迹遍天下。正德間,隱居于浙江烏程,與劉麟、龍霓、陸昆、吳琉結社倡和,稱“苕溪五隱”。詩風豪放,多悲壯激越之音。著有《太白山人漫稿》《太白山人詩集》③。事見《明史》卷二九八《隱逸》,參見劉麟撰《孫太初墓誌銘》及萬曆《紹興府志》④。孔天胤在浙期間,曾訪其隱居地。

---

①張廷玉《明史》卷二八七《文苑三》。任瀚生年據《嘉靖八年進士登科録》考訂。中進士時二十九歲,生于十二月初八,公曆爲 1502 年 1 月 16 日。

②光緒《開州志》卷六;生年據《嘉靖十一年進士登科録》考訂。

③參見曹溶《孤本明代人物小傳一》。《太白山人漫稿》刻本較多,有萬曆、崇禎、四庫、嘉慶等版本,分八卷、五卷等。《太白山人詩集》有嘉靖七年許宗魯刻本與明抄本。

④劉麟《孫一元墓誌銘》,《劉清惠公集》卷八。萬曆《紹興府志》卷六六《寓賢》。

宋岳(1517—?),字伯鎮,號承山,浙江餘姚人[①]。嘉靖十九年(1540)中舉,次年中進士。歷任河間知府、大名兵備道、河南按察司副使,仕至山西左參政。著有《瞻遠樓詩》及《晝永編》。宋岳與孔天胤交情頗篤,唱和詩頗多,惜詩文集不存。

沈宏(1497—?),字惟遠,號芹溪,浙江崇德(今屬桐鄉)人。嘉靖十四年(1535)進士,初授刑部主事,歷武選司郎中,升廣西副使,終廣東按察使[②]。

孫校(1502—1559),字右文,號明軒,浙江嘉興平湖縣人。初爲禮部觀政,丁母憂,服除,授工部營繕司主事。丁父憂,服除,補兵部武庫。歷升職方、員外、郎中,貶衡州同知、四川按察司副使兵備夔州。生平參見鄭曉《中順大夫四川按察司副使致仕孫君墓志銘》(《端簡鄭公文集》卷六)。

蘇叢,生卒年不詳,字茂元,號海峰,廣西靈山人。以選貢入國子監,升江西道監察御史,後贈文林郎江南道監察御史。巡按江南期間,翦除豪强,推薦賢能,辨明冤獄,興利革弊,名重一時。

孫存(1491—1547),字性甫,號豐山,直隸滁州人。正德九年(1514)進士,授禮部主事,累官至河南布政使。精吏治,重法治。有《豐山集》《書史會要》,前者藏蘇州圖書館。生平參見胡松所撰《河南左布政使豐山孫公行狀》、張治所作《河南布政司左布政使豐山孫公墓誌銘》[③]。

①據《嘉靖二十年進士登科録》,宋岳中進士時二十六歲,十二月二十六日生,西曆爲1517年1月17日。

②沈宏生年據《嘉靖十四年進士登科録》考訂。

③胡松《胡莊肅公文集》卷六;張治《張龍湖先生文集》卷九。

施峻(1505—1561),字平叔,號璉川,浙江歸安人。嘉靖十一年(1532)進士,授南刑部廣西司主事,遷本部員外至郎中,升山東青州知府。有《璉川詩集》八卷、《璉川文集》六卷,生平參見徐獻忠撰《青州府知府施公配沈安人行狀》及徐中行撰《明故中順大夫青州府知府璉川施公暨配安人沈氏合葬墓誌銘》[①]。參見《孤本明代人物小傳二》及《列朝詩集小傳》[②]。

孫繼魯(1498—1547),字道甫,號松山,雲南右衛人。歷衛輝、淮安知府,擢湖廣提學副使,進山西參政,數繩宗藩。暨遷按察使,宗藩百餘人擁馬發其裝,敝衣外無長物,乃載酒謝過。遷陝西右布政使。嘉靖二十六年(1547)擢右副都御史巡撫山西。性耿介,然好剛使氣。都御史翁萬達議撤山西内邊兵,並力守大同外邊,繼魯抗章争,忤旨下獄,瘐死,年五十。穆宗時追謚清愍。民國《明滇南五名臣遺集》收有孫繼魯詩一首、文一篇。生平見《明史》卷二〇四《孫繼魯傳》,參見徐栻作《前副都御史孫清愍公繼魯墓誌銘》及龐愷所作《巡撫山西右副都御史孫繼魯傳》[③]。

蘇術,生卒年不詳,字惟和,又字雙柏,廣西陽朔人。嘉靖五年(1526)進士,歷官新建、貴溪、清豐知縣。治最,擢四川道御史。疏多戆直,指及乘輿,謫灤州判,再遷紹興知府,致仕。有《粹言録》[④]。

石遷高(1504—1549),字恩甫,山東恩縣人。嘉靖八年(1529)進士[⑤]。授内黄知縣,遷工科給事中,出知大名府,終山西巡撫。生平參見宣統《恩縣志》卷七《選舉》。

---

①徐獻忠《長谷集》卷十五;徐中行《天目先生集》卷十六。

②錢謙益《列朝詩集小傳》丁集上。

③焦竑《國朝獻徵録》卷六十二;《明清史料彙編》第九集第十册。

④光緒《廣西通志輯要》卷四;何出光《蘭臺法鑒録》卷十五。

⑤生年據《嘉靖八年進士登科録》考訂。

孫慎（1506—？），字用修，號聯泉，又字敬夫，大寧都司保定右衛人。嘉靖二十三年（1544）甲辰科進士，歷行人司行人、江西巡按御史、直隸巡按御史，大理寺右寺丞、左寺丞，都察院右僉都御史巡撫延綏，右副都御史總理河道。參見過庭訓《本朝分省人物考》卷五及《蘭臺法鑒録》卷十六。光緒《祁縣志》卷六《選舉》亦載其人，祁縣或爲其祖籍。

孫一正（1514—1592），字格卿，號邽田，陝西渭南人。嘉靖三十二年（1553）癸丑科進士。授户部主事，四十一年（1562）任衛輝府知府，升山西副使兵備井陘，升山西參政，駐汾州。時雲朔多驚，一正拊民振伍，卓有方略。升河南按察使、湖廣布政使，終順天府尹。振刷綱紀，釐剔奸蠹，部内肅清。尋以病免。性貞毅，不爲威利所移，尤篤于孝友。生平參見雍正《陝西通志》卷五十七。

孫枝（1525—？），字敬身，號思泉，錢塘人。嘉靖三十八年（1559）進士，歷工科給事中，後官山西右參政分守冀寧，落職後卒[①]。

孫應元（1533—1577），字仁甫，一作體仁，號華山，湖廣承天衛（今屬鍾祥）人[②]。嘉靖四十一年（1562）壬戌科進士。歷兵部職方司郎中、永平道、浙江按察司副使、山東按察司副使、山西左參政、山西按察使、山西巡撫等職。同治《鍾祥縣志》卷十一《耆舊》記其"歷官雁門巡撫，卓有治績，居里門，謹恪自守，人稱先輩典型"。參萬曆《承天府志》卷九《制科》、卷十一《人物》；同治《鍾祥縣志》卷八《選舉上》、卷十一《耆舊》。

沈明臣（1517—？），字嘉則，號句章山人，浙江鄞縣人，諸生。爲胡宗憲

①生年據《嘉靖三十八年進士登科録》考訂。

②據《嘉靖四十一年進士登科録》，孫應元中進士時年三十二，故生于1533年。卒年據雷禮《國朝列卿紀》卷一百二十二。

書記，有詩名。有《四明山游籍》《越草》《荆溪唱和詩》《吴越游稿》《蒯緱集》《用拙集》《帆前集》《豐對樓詩選》，修《通州志》。生平参見雍正《寧波府志》卷二十六《文苑》。《送吕山人中父》詩云："與君同庚復同里，四十五年才識爾。"(《豐對樓詩選》卷五)可知其生年約爲正德十二年(1517)。

蘇濂(1513—1580)，字子川，號鴻石，曾任南京光禄寺署正、鞏昌府通判。有詩名，著《蘇伯子集》，今存中國社會科學院文學研究所。

蘇澹(？—1571)，字子冲，號仲(玄)石，嘉靖二十八年(1549)舉人。有《蘇仲子集》。

蘇浣，生卒年不詳，字子新，號磻石，國子生①。

申九峰，號半庵，山東恩縣人。歷直隸滿城知縣、沁州知州、汾州同知。宣統《重修恩縣志》卷八《人物志》："申九峰，父瑄，鎮江知府。九峰中嘉靖三十四年(1555)舉人，令滿城，嚴明廉正，學宫、鄉賢、名宦等祠舊，俱傾圮，九峰捐俸新之，不一累民，一時稱循吏。升山西沁州知州，謫汾州判官。"

T

唐順之(1507—1560)，字應德，一字義修，號荆川，學者稱爲荆川先生。直隸常州府武進人。嘉靖八年(1529)會試第一。以郎中視師浙江，屢破倭寇。擢右僉都御史巡撫鳳陽，力疾渡焦山，至通州卒。崇禎中追謚襄文。文學上爲唐宋派代表人物，以反對"前七子"復古主張而聞名。著有《荆

---

①蘇氏兄弟簡介参見吴中行《資政大夫兵部尚書兼都察院右都御史蘇公墓誌銘》，《賜余堂集》卷十二；李先芳《賀蘇德啓功蔭錦衣衛千户序》，《李氏山房集》之《序類》。

川集》。生平見《明史》卷二〇五《唐順之傳》，參見《孤本明代人物小傳二》、李開先《荆川唐都御史傳》及趙時春《明督撫鳳陽等處都察院右僉都御史荆川唐先生墓誌銘》[①]。曾與孔天胤共同編校林春文集。

譚棨(1511—？)，字朝器，號少嵋，四川涪州人。嘉靖十七年(1538)戊戌科進士。先後任浙江按察司僉事、浙江按察司副使、山東按察司副使、陝西左參政。刻有《升庵南中集》六卷，孔天胤爲之序[②]。譚棨與孔天胤同在浙江任職。明代另有譚棨者，字繼之，四川大寧人，嘉靖四十一年(1562)進士。

屠隆(1543—1605)，字長卿，又字緯真，號赤水，又號鴻苞居士等，浙江鄞縣人。萬曆五年(1577)丁丑科進士，除潁上知縣，改青浦，徵授禮部主事，歷員外、郎中。有《由拳集》《白榆集》《栖真館集》等。今人整理有《屠隆集》。《明史》《列朝詩集》《松江府志》《鄞縣志》等有傳[③]。

童漢臣(1508—？)，字仲良，號南衡，浙江仁和人。嘉靖十四年(1535)進士，爲江西道御史。簡按山西，條陳邊計。嚴嵩當國，歎曰："嵩貪淫狡惡，必壞天下事矣。"疏入，謫楚藩都事。聞父訃，奔歸，家居十年，蕭然終老。會徐學詩疏嵩不法事，謂其矯詔傷直臣，列漢臣名，起廣東都事，累遷泉州知府。平彭湖寇，賜白金彩幣，尋升江西副使。有《童侍御奏疏》[④]。《千頃堂書目》卷三載其《正韻便覽》四卷。

唐時英(1496—1579)，字子才，號霽軒，又作濟軒，別號一相居士，雲

---

①《李開先全集》第787頁；趙時春《趙浚谷文集》卷十。

②嘉靖二十四年刻于涪州，故宫博物院圖書館有藏。

③張廷玉《明史》卷二八八《文苑四》；錢謙益《列朝詩集小傳》丁集上；嘉慶《松江府志》卷四十二《名宦傳》；康熙《鄞縣志》卷十七《品行考》。

④參見乾隆《杭州府志》卷八十一《名臣》，康熙《錢塘縣志》卷二十三。

南曲靖人。嘉靖八年(1529)進士,歷任平陽知縣、真定知府、貴州按察使、浙江按察使、山東布政使、山西巡撫等職。生平見李元陽撰《明副都御史子才唐公墓表》[①]《新纂雲南通志》卷一百九十二《唐時英傳》。

W

王文翰(1506—?),字則野,又字朝望,號西瀛,又號蒙莊[②]。山西汾州衛人,軍籍,直隸蒙城縣人。自稱西瀛山人、子夏山人。初授山東壽光知縣,升南京刑部主事,以王親例未任,改直隸冀州知州。升大名府同知,歷江西按察司僉事、山東按察司僉事,終陝西布政司參議。"爲人厚重端謹,志篤守堅,交接取予,一介不苟。事二朝終始如禮,鄉黨稱孝,翕然宗之。"[③]編著有《尚氏古文類編》,今存。與孔天胤同受學于馮思翊,同中嘉靖辛卯科(1531)舉人,一生交往唱和頗多。萬曆元年(1573)尚在世。

王廷(1504—1589),字子正,號南岷,四川順慶府南充縣人。嘉靖十一年(1532)壬辰科進士[④]。授户部主事,改御史。疏劾吏部尚書汪鋐,謫亳州判官。歷蘇州知府,有政聲。嘉靖三十四年(1555)任山西右參政,累遷右副都御史,總理河道。嘉靖三十九年(1560)轉南京户部右侍郎,總督糧儲。後遷南京禮部尚書,召爲左都御史。生平見《明史》卷二一四《王廷傳》,參見《嘉靖十一年進士登科録》及《蘭臺法鑒録》卷十五。孔天胤集中有《與王南岷年丈》。

①李元陽《李元陽集·散文卷》第421—423頁。

②王文翰曾爲《明故處士史公墓誌銘》篆額,題作"辛卯科舉人、郡人西瀛王文翰朝望篆"。又爲《故朝列大夫山東布政使司右參議西田趙公墓誌銘》書丹,題作"年生蒙莊王文翰敬書"。

③萬曆《汾州府志》卷九《選舉類》,乾隆《萊州府志》卷九。

④王廷生年據《嘉靖十一年進士登科録》,卒年據《明神宗實録》卷二百七考訂。

王畿（1498—1583），字汝中，號龍溪，浙江山陰人。嘉靖十一年（1532）進士。官至南京兵部武選司郎中，因忤夏言，疏乞致仕。天資聰穎，爲同門所不及。追隨陽明甚久，自視獨得陽明學説真諦，以推廣陽明學説爲己任。居林下四十年，無時不講學。自兩京及吴、楚、閩、越皆有講舍，莫不以先生爲宗。有《王龍溪先生全集》傳世。生平參見徐階《龍溪王先生傳》、趙錦《龍溪王先生墓誌銘》、查鐸《紀龍溪先生終事》[①]及《明分省人物考》卷五十一《紹興府》。

王艮（1483—1541），字汝止，號心齋，泰州人。拜王守仁爲師，追隨多年。王守仁病逝，返鄉講學，以“百姓日用即道”爲題。世稱心齋先生，有《王心齋先生全集》。王艮與王畿齊名。事見《明史》卷二百八十三《儒林二》。

王守仁（1472—1529），字伯安，浙江餘姚人。因築室越城外的陽明洞天，自號陽明子，學者稱之爲陽明先生。弘治十二年（1499）進士，授刑部主事。改兵部，以忤劉瑾杖闕下，謫貴州龍場驛丞。起南京刑部主事，改吏部，歷員外、郎中，遷南京太僕少卿。進鴻臚卿，拜左僉都御史巡撫南贛，進右副都御史。論平宸濠功，擢南京兵部尚書，封新建伯；贈侯，謚號文成，從祀孔子廟庭。有《陽明全書》。生平見《明史》卷一九五《王守仁傳》，參見湛若水《陽明先生墓誌銘》及黄綰《陽明先生行狀》[②]。孔天胤雖未親受王守仁教誨，但與陽明弟子錢德洪、王畿爲同年，又多有往來，學説實爲王陽明一派。又曾爲其寫祭文並刊刻其書。

王九思（1468—1551），字敬夫，號渼陂，又號紫閣山人、碧山野叟，陝西鄠縣（今户縣）人。弘治九年（1496）進士，選翰林院庶吉士，授檢討。九年

①均見王畿《龍溪王先生全集》卷首，後者又見查鐸《闡道集》卷九。

②王守仁《王陽明全集》卷三十八，上海古籍出版社；《王陽明全集》卷三十七，浙江古籍出版社。

考滿，值劉瑾執政，遷吏部主事，升員外郎、郎中。劉瑾誅，坐劉瑾黨謫壽州同知。正德六年（1511）致仕，家居四十餘年。有《渼陂集》《碧山樂府》等。生平見《明史》卷二八六《文苑二》，參見李開先《渼陂王檢討傳》（《李中麓閑居集》卷十）。

王慎中（1509—1559），字道思，初號南江，更號遵巖，福建晉江人。嘉靖五年（1526）進士。授禮部主事，進吏部郎中，終河南參政，以忤夏言落職。肆力古文，卓然成家，與唐順之齊名，天下稱王唐。有《遵巖集》。生平見《明史》卷二八七《文苑三》，參見《孤本明代人物小傳二》、李開先《遵巖王先生傳》、王惟中《河南布政司參政王先生慎中行狀》、雷禮《河南參政王遵巖墓表》①。

王崇古（1515—1588），字學甫，别號鑑川，山西蒲州人。嘉靖二十年（1541）辛丑科進士。隆慶初以兵部侍郎總督山西延寧甘肅軍務，在陝七年，功甚多。後移督宣大山西軍務。俺答降，加兵部尚書。卒謚襄毅。身歷七鎮，勛著邊陲。所著有《王襄毅公奏議》十五卷、《公餘漫稿》五卷、《王鑑川文集》四卷、《王督撫集》一卷，另有《莊浪漫記》《山堂彙稿》《少保鑑川王公督撫奏議》等。生平見《明史》卷二二二《王崇古傳》，參見許國《兵部尚書贈太保謚襄毅王公墓誌銘》、王錫爵《王襄毅公墓表》、申時行《光禄大夫柱國少保兼太子太保兵部尚書贈太保謚襄毅王公神道碑銘》②。

王叔杲（1517—1600），字陽德，號旸谷，浙江永嘉人。嘉靖二十二年（1543）舉人，係孔天胤所取舉人。次年未中進士，此後居鄉侍奉老父，久不

①李開先《李中麓閑居集》卷十；焦竑《國朝獻徵録》卷九十二；雷禮《鐔墟堂摘稿》卷十五，又見黄宗羲《明文海》卷四百三十七。

②許國《許文穆公集》卷十二，實爲焦竑所代作，見《國朝獻徵録》卷三十九；王錫爵《王文肅公文集》卷七；申時行《賜閑堂集》卷十九。

應試，直至嘉靖四十一年(1562)才上京應試，中壬戌科進士。先任常州府靖江縣知縣，後任兵部主事、員外郎、郎中、大名知府。萬曆元年(1573)升湖廣按察司副使，終福建右參政。有《家禮要節》《玉介園存稿》，今人整理出版有《王叔杲集》，前言敘述其生平頗詳。參見李維楨撰《福建布政使司右參政王公墓誌銘》[①]、《孤本明代人物小傳二》及《明分省人物考》卷五十六《温州府》。王叔杲兄王叔果爲嘉靖二十九年(1550)進士，亦有文名，著有《半山藏稿》。

王宗沐(1524—1592)，字新甫，號敬所。浙江台州臨海人。嘉靖二十三年(1544)進士，授刑部主事，繼由員外郎遷廣西按察僉事，督學政。修宣成書院，建崇迪堂。後轉廣東參議，分守惠州、潮州。三十五年(1556)任江西提學副使，修王陽明祠，建正學、懷玉書院，于白鹿洞聚集諸生，親自答疑、講學。嘉靖四十年(1561)任山西布政使，後任漕運總督，遷南京刑部左侍郎、工部侍郎、刑部侍郎，奉敕以右僉都御史巡撫宣大、山西。卒贈尚書，追謚襄裕。子士崧、士琦、士昌，從子士性，皆進士。士琦，大同巡撫；士昌，福建巡撫；士性，鴻臚卿。生平事迹見《明史》本傳[②]。參見鄧以讚《王敬所先生行狀》[③]及《明實録》《浙江通志》《臨海縣志》等地方志書。著述宏富，傳世有《宋元資治通鑒》《江西省大志》《台州府志》《敬所文集》《海運詳考》《海運志》等。王宗沐係嘉靖二十二年(1543)舉人，爲孔天胤所取士。

王緝(1526—？)，字熙甫，號龍洲，山西汾州衛人，祖籍直隸鳳陽府定遠縣。嘉靖三十八年(1559)己未科進士。授吉安府推官，以母老迎養不便，疏請就近改助教。歷職方司郎中，擢太僕寺少卿，轉僉都御史巡撫貴州。苗

---

①李維楨《大泌山房集》卷八十。

②《明史》卷二二三《王宗沐傳》。

③鄧以讚《鄧文潔公佚稿》卷六；又見《鄧定宇先生文集》卷四，題作《刑部左侍郎致仕敬所王先生行狀》。

民歸附，賜金幣，進副都御史巡撫南贛，終户部右侍郎。歷官三十年，有《防邊紀略》《宋狄武襄公功行録》，又修《汾陽縣志》。生平参見萬曆《山西通志》卷二十《人物下》、康熙《山西通志》卷二十《人物下》、光緒《山西通志》卷一百三十、乾隆《汾州府志》卷十五、光緒《汾陽縣志》卷六。

王瓊（1459—1532），字德華，號晉溪，太原人。成化二十年（1484）進士。正德初歷户部侍郎，進兵部尚書。嘉靖朝督陝西三邊軍務，功最多。嘉靖十一年（1532）卒，謚恭襄，有《晉溪本兵敷奏》《漕河圖志》《北虜事迹》《西番事迹》《雙溪雜記》等。生平見《明史》卷一九八《王瓊傳》，参見霍韜撰《贈少保兼太子太保吏部尚書謚恭襄前少師王公瓊神道碑銘》[①]。

魏有本（1483—1552），字伯深，一字曰深，號淺齋，浙江餘姚人。正德十六年（1521）進士，歷官大理寺少卿。嘉靖十九年（1540）以右僉都御史出撫河南，擢南京刑部右侍郎，遷右都御史總督漕運，未任致仕。有《淺齋文集》，不存。又曾刊刻《新刊皇明名臣言行録》《增入諸儒議論杜氏通典詳節》等。生平見袁煒撰《都察院右都御史贈工部尚書魏公有本墓誌銘》[②]。参見《蘭臺法鑒録》卷十五。與孔天胤同官河南。

吳百朋（1519—1578），一作吳佰朋，字惟錫，號堯山，浙江義烏人。嘉靖二十六年（1547）進士。隆慶中歷右僉都御史，巡撫南贛汀漳，破倭，擢兵部右侍郎。萬曆初奉命閱視宣、大、山西三鎮，累官刑部尚書。生平見《明史》卷二二〇《吳百朋傳》，参見馬自强作《刑部尚書吳公墓誌銘》[③]。

---

①焦竑《國朝獻徵録》卷二十四；又見霍韜《渭涯文集》卷六，題作《太保尚書王晉溪神道碑》；《王恭襄公年譜》附録，題作《吏部尚書謚恭襄王公神道碑銘》，《北京圖書館藏珍本年譜叢刊》第042册。

②焦竑《國朝獻徵録》卷五十九。

③焦竑《國朝獻徵録》卷四十五；又見馬自强《馬文莊公集選》卷七。

萬鏜(1485—1565),字仕鳴,號治齋,江西進賢人。登弘治十八年(1505)進士。由刑部主事屢遷吏部文選郎中,歷太常、大理少卿,尋遷順天府尹。累遷右副都御史,歷兵部侍郎、右都御史。彗星見,應詔陳八事,斥爲民,家居十年。嚴嵩柄政,起爲副都御史,剿撫湖廣蠟爾山蠻。調遷兵部侍郎,南京刑、禮部尚書。後因趙文華劾其無大臣禮,再次罷黜爲民。隆慶初復官,贈太子太保。事迹見《明史》卷二〇二《萬鏜傳》,參見萬浩《太子少保吏部尚書萬公鏜行狀》[1]。

王積(1492—1567),字子崇,號虚齋。其先直隸儀真人,徙居太倉。正德十六年(1521)辛巳科進士。歷官廣東參議,以憂歸。後補官,久不得調,乃上疏乞休。除陝西參議,累晉副都御史巡撫山東,終兵部右侍郎,卒。王世貞爲撰行狀[2]。生平參見《明分省人物考》卷二十二《蘇州府五》。

王以旂(1486—1553),字士招,號石岡,江寧人。正德六年(1511)進士,世宗時官兵部尚書,代曾銑總制三邊,屢破邊寇。在鎮六年,修延綏城堡四千五百餘所,又築蘭州邊垣。比卒,軍民爲罷市,謚襄敏。有《襄敏集》《漕河奏議》等。生平見《明史》卷一九九《王以旂傳》,參見謝少南、張天復撰行狀[3]及徐階所作墓志銘[4]。

---

①焦竑《國朝獻徵録》卷二十五。

②王世貞《嘉議大夫南京兵部右侍郎虚齋王公積行狀》,焦竑《國朝獻徵録》卷四十三。關于其曾任浙江按察司僉事事,墓誌銘中未記載,見雍正《浙江通志》卷一百十八。

③謝少南《光禄大夫太子太保兵部尚書兼都察院右僉都御史贈少保謚襄敏石岡王公以旂行狀》,焦竑《國朝獻徵録》卷五十七;張天復《總督陝西三邊軍務太子太保光禄大夫兵部尚書兼都察院右僉都御史石岡王公行狀》,《鳴玉堂稿》卷六。

④徐階《光禄大夫太子太保兵部尚書兼都察院右僉都御史贈少保謚襄敏王公墓誌銘》,不見于文集,見《皇明名臣墓銘》坤集。

翁萬達(1497—1552),字仁夫,號東涯,廣東揭陽人。嘉靖五年(1526)進士。歷官主事、郎中、知府、浙江右參政、陝西巡撫、兵部右侍郎兼右僉都御史,總督宣府、大同、山西、保定軍務,終兵部尚書。生平見《明史》卷一九八《翁萬達傳》,參見鄒守愚所作行狀、嚴嵩所作墓誌銘、王錫爵所作神道碑①。著有《平交紀事》《宣大山西諸邊圖》《稽愆集》《稽愆詩》《東涯集》等。今人整理出版有《翁萬達集》。孔天胤爲其寫有《海居圖贊》。

王崇(1496—1571),字仲德,號麓泉,浙江永康人。嘉靖八年(1529)進士。歷任安徽池州知府、吏科給事中、河南布政使司參議、山西按察司副使兵備井陘、山西右左布政使、山西巡撫,終兵部侍郎兼右僉督御史總督川貴。生平參見顧起元《麓泉王公傳》(《懶真草堂集》卷二十六)。編有《池州府志》,又有《王麓泉集》,藏河南省圖書館。今人整理有同名《王麓泉集》。孔天胤爲其寫有贈序。

王緯(1513—1576),字子聚,號龍岡,山西汾州衛人。嘉靖十三年(1534)甲午科舉人。初任河南鄢陵知縣,升山東青州府通判、武定州知州,貶順德府學教授,尋遷廣平府通判,終德州知州。萬曆《汾州府志》卷九《選舉類·舉人》記其"爲人博綜,創修州志,爲今及守執事文場者三,所取皆名士,時有至九列者"。王緯創修《汾州志》,又曾重刊高叔嗣《蘇門集》。與孔天胤爲知交好友。

吳岳(1504—1571),字汝喬,號望湖,山東汶上縣人。授户部主事,升員外郎、郎中。出任廬州府知府,復除保定府知府。後歷山西副使、浙江參政、湖廣按察使,擢山西右布政使,尋升巡撫保定右僉都御史,致仕。起都察院右副都御史、吏部右侍郎、左侍郎,晉南京禮部尚書,終兵部尚書。卒

①見朱仲玉、吳奎信點校《翁萬達集》附録。

謚介肅。生平見《明史》本傳①。參見過庭訓《本朝分省人物考》卷九十五。

王與齡(1508—1564),字受甫,又作壽甫,號湛泉,山西平陽府鄉寧縣人。與兄王培齡同中嘉靖八年(1529)進士,授蘇州府推官。入爲户部主事,升吏部文選郎中,澄清銓叙,所薦皆廉靖老成。大學士翟鑾、嚴嵩致書請托,與齡白之。尚書許讃以聞,帝方信嵩,坐除名。將歸,錦衣遣使偵其裝,襆被外無長物,稱嘆而去。家居二十餘年卒,年五十七。生平見張四維《湛泉王公墓誌銘》(《條麓堂集》卷二十八)。參見趙時春《前吏部文選司郎中湛泉王公行狀》(《趙浚谷文集》卷十)及過庭訓《明分省人物考》卷一百、光緒《山西通志》卷一百三十《鄉賢録十五》、乾隆《鄉寧縣志》卷七《人物》、民國《鄉寧縣志》卷十《仕宦録》。

王之誥(1512—1590),字告若,號西石,湖廣石首人。嘉靖二十三年(1544)進士。歷河南僉事,討師尚詔有功,轉山西布政司左參議。調大同兵備副使。以搗板升功,增俸一級,進山西右參政。超擢遼東巡撫,晉兵部左侍郎,總督宣、大、山西軍務。俺答陷石州,坐貶二秩。神宗立,召拜刑部尚書。張居正專政,每規切之。以終養歸,卒謚端襄。生平見《明史》本傳②。參見雍正《湖廣通志》卷四十九《鄉賢志》、同治《石首縣志》卷六上《人物志》。

王儼(1497—1561),字汝恩,别號北泉,山西汾州人。嘉靖七年(1528)舉人,歷任臨洮府推官、漢中府同知,終平凉知府。嘉靖《平凉府志》卷一《官師·知府》:"王儼,山西汾州人。舉人,三十年(由)同知升任。"

①張廷玉《明史》卷二〇一《吴岳傳》。生年據《嘉靖十一年進士登科録》考訂。過庭訓《本朝分省人物考》卷九十五:"卒年六十有九。"據此可知其卒年。

②張廷玉《明史》卷二二〇《王之誥傳》。生年據《嘉靖二十三年進士登科録》考訂。家譜記載其生年爲1521年,不確。艾穆《艾熙亭先生終太山人集》卷二有《豐壽大司寇西石王老先生七十有八序》,記其于萬曆十八年四月十五日病逝。

汪道昆(1525—1593),初字玉卿,改字伯玉,號高陽生,别署南溟、南明、太函氏、泰茅氏、天游子、方外司馬等,歙縣人。嘉靖二十六年(1547)進士。初授義烏知縣,教民習武,後備兵閩海,與戚繼光募義烏兵破倭寇,擢司馬郎,累遷兵部侍郎。與李攀龍、王世貞等以詩文相倡和。著有《太函集》《太函副墨》《大雅堂雜劇》等。事迹見《明史》卷二八七《文苑三》,生平参見俞均《明通議大夫兵部左侍郎汪南溟先生墓誌銘》(《山居文稿》卷七)。孔天胤爲其父母受封寫有賀文。

王治(1524—1589),字本道,號心庵,山西忻州人。嘉靖三十二年(1553)癸丑科進士。歷行人、給事中、御史、太僕寺卿。生平見《明史》卷二一五《王治傳》,参見王道行《明故大中大夫資治少尹太僕寺卿心庵王公墓誌銘》(《王明甫先生桂子園集》卷十八)及光緒《山西通志》卷一百三十《鄉賢録十五》。曾奉命册封慶成王,孔天胤爲其寫有詩序並爲其母寫有傳。

王好問(1517—1582)[①],字裕卿,别號西塘,直隸永平府樂亭縣人。嘉靖二十九年(1550)進士。除太常博士,升監察御史,遷大理寺右寺丞,歷左右少卿、太僕卿、南京太常卿、通政使,進工部右侍郎,改刑部户部,終南京户部尚書。有《春煦軒集》,今存清抄本。生平見許國撰《資政大夫南京户部尚書贈太子少保西塘王公好問墓誌銘》[②]。光緒《永平府志》卷五十六和光緒《樂亭縣志》卷九有傳。孔天胤代其爲《山西通志》作序,並有信《與王西塘侍御》。

王庭筠(1156—1202),字子端,遼東人,祖籍山西祁縣。金大定十六年(1176)進士。工詩文,七言長篇尤工險韻。書法米芾,與趙渢、趙秉文俱名家,尤善山水墨竹。初爲恩州軍事判官,明昌元年(1190)罷官,居彰德,買

①生年據《嘉靖二十九年進士登科録》考訂。

②焦竑《國朝獻徵録》卷三十一。

田隆慮，讀書黄華山寺，因以自號[1]。嗣爲應奉翰林，遷翰林修撰。泰和二年（1202）卒。上求生平詩文，藏之秘閣，其名重當時如此。嘗著《叢辨》十卷，文集四十卷，俱散佚。近人金毓黻輯得《黄華集》八卷。傳世作品有《幽竹枯槎圖》卷。父遵古大定十三年（1173）爲汾州觀察判官，庭筠省親至汾，有行書詩石四片[2]。《金史》有傳（《金史》卷一百二十六）。

吴學詩（1545—？），字伯興，號虚宇，江西上高人[3]。嘉靖四十四年（1565）乙丑科進士，改庶吉士，累官山西按察副使。少穎敏，過目成誦，督學王宗沐、巡撫何遷奇其文，稱爲大家。著有《復初堂稿》。生平参見同治《瑞州府志》卷十三《人物志》、《蘭臺法鑒録》卷十七。

吴兑（1525—1596），字君澤，號環洲，浙江山陰人。嘉靖三十八年（1559）進士。隆慶中累遷僉都御史，巡撫宣府。時俺答初封貢，而昆都力、辛愛陰持兩端，兑有智計，操縱馴伏之。萬曆中推款貢功，加兵部右侍郎，未幾擢尚書。御史魏允貞劾其依附高拱、張居正，乃去職。有《閲視三鎮奏議》一卷存世。生平見《明史》卷二二二《吴兑傳》，参見陶望齡《兵部尚書環洲吴公行狀》（《歇庵集》卷十六）及《明分省人物考》卷五十一《紹興府》。

X

謝九儀（1501—？），字君賜，又字汝膺，號少溪，山東章丘人。嘉靖十一年（1532）壬辰科進士。先任雄縣知縣，民國《雄縣志》記其"温厚端嚴，廉能勤慎。興學校，崇節義，裁冗費，懲奸貪，勵精圖治，百廢俱新。三月而政成，吏畏民懷。才思敏拔，尤工詩文。甫七月，以宏才大器調德清，士民借留不可得也"。升監察御史，二十三年（1544）任浙江按察司副使，後歷任河南布

①隆慮，又作林慮，在今河南林縣。

②多處有刻石，如河南雲林縣林慮山、雲南大理崇聖寺。

③生年據《嘉靖四十四年進士登科録》考訂。

政使、山西巡撫、户部右侍郎、兵部右侍郎，終户部左侍郎。參見《蘭臺法鑒録》卷十六。曾與孔天胤共事于浙江。

謝少南（1498—？），字應午，一字與槐，上元人，祖籍江西贛縣。嘉靖十一年（1532）壬辰科進士[①]。先任雲南道監察御史，後以御史提調北直隸學校。入爲翰林院檢討兼左春坊左司直，嘉靖十五年（1536）謫爲台州府推官。後歷任廣西提學僉事、河南布政司參議、陝西按察司副使、浙江參政，終山東右布政使。生平參見《嘉靖十一年進士登科録》《嘉靖壬辰科進士同年序齒録》《蘭臺法鑒録》卷十五、《孤本明代人物小傳二》及《盛明百家詩·二謝集》小傳。有《謫台稿》《河垣稿》《粵台稿》，今均不存。曾校刊《三輔黄圖》、吕柟《涇野先生五經説本》、許論《九邊圖論》及其父謝承舉《謝子象詩集》等書。謝少南是明代金陵四大藏書家之一（其他三人爲徐霖、黄琳、羅鳳），其室名有嘉堂。與孔天胤爲莫逆之交，詩文來往較多。

許應元（1506—1565），字子春，號茗山，浙江錢塘人。嘉靖十一年（1532）壬辰科進士，選庶吉士。張孚敬欲令先見，應元不往，不得館職，出知泰安州。廉白自持，苞苴斷絶，改泰州知州。擢工部員外郎，晉郎中。出知夔州府知府，擢四川副使，調廣西，升雲南布政使，改廣西。有《陭堂集》《陭堂摘槀》《許水部稿》等，又爲蘇志皋刻《寒村集》。生平見侯一元《明中奉大夫廣西右布政使許公墓誌銘》[②]。參見《孤本明代人物小傳二》、萬曆《杭州府志》卷八十一、雍正《浙江通志》卷一百六十七、民國《杭州府志》卷一百三十三。孔天胤在浙期間與許應元有詩文往來。

謝體升（1506—1571），字順之，號潮溪，江西吉水縣人。嘉靖十七年

①生年據《嘉靖十一年進士登科録》考訂。

②侯一元著、陳瑞贊編校《侯一元集·中》，《二谷山人集·近稿》卷五；又見焦竑《國朝獻徵録》卷一百一，題作《廣西右布政使許公應元墓誌銘》。

(1538)進士,歷工部主事、浙江僉事,終浙江布政使。與孔天胤相識于浙江任内,其改建船厰,孔天胤有記文。

謝庭茝(1507—?),字子佩,號右溪,四川富順人。嘉靖十一年(1532)壬辰科進士。先任新喻知縣,徵授吏科給事中,因忤嘉靖帝被貶雲南典史。嘉靖二十一年(1542)任襄陽同知,二十二年(1543)四月出任浙江按察司僉事,分巡西道。三十八歲歸隱。隆慶初薦爲山西按察司僉事,不久升河南布政司參議,以年事已高不響應徵召。孔天胤有詩文書信記其事。《掖垣人鑒》卷十三謂其又出山,萬曆二年(1574)加太常寺少卿,致仕。生平參見《明史》卷二〇七《謝庭茝傳》,參見《嘉靖壬辰科進士同年序齒録》、光緒《襄陽府志》卷十九、民國《富順縣志》卷十一。

徐學詩(1517—1567),字以言,别號龍川,浙江上虞人。嘉靖二十二年(1543)舉人,係孔天胤浙江所取士。次年中進士,授刑部主事,遷郎中,以劾嚴嵩父子罷職。隆慶初起南京通政司參議,未任而卒,贈大理寺少卿。有《石龍庵詩草》六卷。

許相卿(1479—1557),字臺仲,又字伯臺,號九杞,又號雲村,浙江海寧人。正德十二年(1517)丁丑科進士,十六年(1521)八月除兵科給事中,嘉靖二年(1523)以假請歸,遂以疾請。十八年(1539)起除禮科,終副使。有《雲村集》《黄門集》等。生平見《明史》卷二〇八《許相卿傳》,參見《雲村老人墓誌銘》及董穀《禮科給事中雲村先生行狀》[1]。朱之蕃稱其"爲諫議有聲、簡亢貞亮之士,詩亦如之"[2]。孔天胤浙江任内與之有交往。

徐樾(?—1552),字子直,號波石,江西貴溪人。青年時從王守仁學,

①許相卿《雲村集》卷十三。明慎蒙編《皇明文則》卷二十一。

②朱之蕃《盛明百家詩》首卷《姓氏爵里考》。參《孤本明代人物小傳二》。

後從王艮學。官雲南左布政使。雲南土司叛亂，徐樾往受降，遭襲遇害。僅有《日省仕學録》殘稿及《王艮别傳》等少量文章存世。生平見《明史》卷二八三《徐樾傳》。

謝蘭，字與德，號畹溪，山西振武衛（代州）人。嘉靖五年（1526）丙戌科進士，授真定府推官。嘉靖八年（1529）任御史，嘉靖十二年（1533）巡按浙江。升山東布政司參議、陝西按察司副使，晉陝西參政，擢河南按察使。孔天胤《送浙江右使畹溪謝公赴河南左轄序》云："公初以監察御史按部浙中，光闡風猷，吏民懷畏。其後東觀風齊魯之墟，西汾陝而治中，總憲河南。"嘉靖二十四年（1545）正月，升浙江右布政使，八月即轉任河南左布政使。二十五年（1546）任陝西巡撫，累升工部侍郎、兵部侍郎，左遷南京太僕寺卿。致仕，卒年七十九歲。生平見王崇古撰《通議大夫資治尹兵部右侍郎畹溪謝公蘭墓誌銘》[①]。參見《蘭台法鑒録》卷十五。謝蘭祖上爲安徽壽州人，遠祖謝興從徵北伐，遂定籍山西代州振武衛。謝興子謝鐸以文學起家，登鄉薦爲寧波府推官。謝鐸子謝璽爲弘治三年（1490）庚戌科進士，先後任容城知縣，陝西按察司僉事，戰死。謝璽子俱登科第，其中謝國表中弘治十八年（1505）乙丑科進士，官至御史。謝國表子謝芝丁卯科舉人，正德九年（1514）甲戌科進士，官至副使。謝莆爲嘉靖二十九年進士，官參議。謝蘭爲謝國詔子，最爲著名[②]。惜謝蘭無詩文集傳世，各地方志記載也極爲簡略。雍正《陝西通志》記其任巡撫時，"上安攘方略，各有條理。居常核軍實，恤民隱。丁未，秦隴大饑，嘯聚山岩，劍閣道阻，蘭請帑賑恤，擒治渠魁，餘即解散。督臣議復東勝，蘭力言不可，謂挑禍殃民，恐貽西顧憂。時朝議未定，蘭矢以去就争之。未幾督臣得罪，議遂寢。人重其强毅有執云"[③]。謝蘭後左遷即因爲陝西巡撫任内事。

①焦竑《國朝獻徵録》卷四十一。

②參見光緒《代州志》卷八、卷十，雍正《山西通志》卷一百二十八。

③雍正《陝西通志》卷五十一。

徐懷(？—1493),字明德,浙江建德人。天順四年(1460)進士,歷刑部主事員外郎,出爲江西按察司僉事。遷廣東按察司副使,改湖廣按察司副使,升本司按察使。尋升江西右布政使,轉左布政使,入爲都察院右副都御史。奉敕整飭薊州、永平、山海、密雲、居庸、白羊等處邊備,並巡撫順天、永平地方,升南京刑部右侍郎。弘治六年(1493)卒于官。張元禎撰墓誌銘①。生平參見《明分省人物考》卷五十五《嚴州府》。

蕭一中(？—1545),字執夫,湖廣岳州人。正德十二年(1517)進士,授知新城縣,擢貴州道監察御史。疏援馬録,逮系詔獄,貶廣西按察司照磨。升分宜知縣,晉東昌府同知、南京刑部員外郎,復以在新城時刻夏良勝大禮疏草,再貶饒州通判。吏部侍郎霍韜憐其淹蹇,升平樂府知府、浙江按察司副使、河南右參政、江西按察使、浙江右布政轉左布政,卒。凌迪知云:"一中性剛直廉介,所在著名譽,屢折弗回,居鄉亦弗廣置田廬。三子俱夭死,故不能盡傳其功業云。"②

徐守義(1493—？),字子和,號鳳岡,河南杞縣人。嘉靖十一年(1532)壬辰科進士③。歷揚州推官、禮科給事中,轉刑科。升山東按察司副使、山西右參政,擢陝西按察使、終陝西右布政使。生平參見乾隆《杞縣志》卷十四《人物志》及《掖垣人鑒》卷十三。《嘉靖壬辰科進士同年序齒録》提及徐守義曾擔任左布政使,不確。曾與孔天胤同官陝西。

許論(1495—1566),字廷議,號默齋,河南靈寶人。嘉靖五年(1526)進士。好談兵,幼從父歷邊境,盡知阨塞險易。著《九邊圖論》,由是以知兵聞。累官兵部尚書。嚴嵩用事,論時已老,一切聽嵩,聲望遂損。卒謚恭襄。今存

①焦竑《國朝獻徵録》卷四十九,又見張元禎《張東白集》卷十四。

②凌迪知《萬姓統譜》卷二十九。

③生年據《嘉靖十一年進士登科録》考訂。

有《九邊圖論》及《許默齋集》四卷。許氏一門父子四人均官至尚書，生平見《明史》卷一百八十六《許論傳》，參見張鼎文《光禄大夫太子太保兵部尚書兼都察院右副都御史默齋許公論墓誌銘》[1]。民國《靈寶縣志》卷七有傳記。

Y

楊慎（1488—1559），字用修，號升庵，四川新都人。大學士楊廷和之子。正德六年（1511）廷試第一，授修撰。武宗微行出居庸關，慎抗疏諫。世宗立，充經筵講官。大禮議起，慎與同列伏左順門力諫，帝命執首事下獄，慎及王元正等撼門大哭。帝益怒，悉下詔獄廷杖之，削籍，遣戍雲南永昌衛。卒年七十二。慎投荒多暇，書無所不覽，明世記誦之博，著述之富，推爲第一。詩文外雜著至一百餘種，有《升庵集》。天啓中追謚文憲。生平見《明史》卷一九二《楊慎傳》，參見《孤本明代人物小傳二》及游居敬《翰林修撰升庵楊公墓誌銘》[2]。孔天胤曾爲楊慎文集作序。

俞憲（1508—1572），字汝成，號華岳，直隸無錫人。嘉靖十七年（1538）進士。歷江西按察司僉事、山西副使、湖廣按察使，終山東布政使。有文名，著有《説詩》二十四卷及《遼海集》《金陵集》《蓬萊集》《輦下集》《去楚集》等。輯有《盛明百家詩》三百〇三卷。生平參見《孤本明代人物小傳二》、《明分省人物考》卷二十八《常州府二》及《俞憲詩話》小序[3]。

楊博（1509—1574），字惟約，號虞坡，山西蒲州人。嘉靖八年（1529）進士。官户部郎中，隨翟鑾巡視九邊。嘉靖二十五年（1546）以右僉都御史巡撫甘肅。後任兵部左侍郎，經略薊州、保定軍務，兩次擊退蒙古首領把都兒

---

①焦竑《國朝獻徵録》卷五十七。

②黄宗羲《明文海》卷四百三十四《墓文》。

③吴文治主編《明詩話全編（四）》。

與打來孫的進攻，累官至兵部尚書、太子少保。嘉靖三十五年（1556）受命總督宣府、大同和山西軍務，屢受嘉獎。後調薊遼總督，入爲兵部尚書、少保。世宗倚重，視爲左右手。改吏部尚書。穆宗時加封少傅兼太子太傅、少師兼太子太師。萬曆元年（1573）致仕，次年卒，贈太傅，謚襄毅。有《虞坡詩文集》《楊襄毅公本兵疏議》《蒲坂楊太宰獻納稿》，後二種今存。生平見《明史》卷二一四《楊博傳》，參見張四維所作《光禄大夫柱國少師兼太子太師吏部尚書贈太傅謚襄毅楊公行狀》、張居正所作《光禄大夫柱國少師兼太子太師吏部尚書贈太保謚襄毅楊公墓誌銘》、孫鑛所作《光禄大夫柱國少師兼太子太師吏部尚書贈太傅謚襄毅楊公博墓表》、徐階所作《光禄大夫柱國少師兼太子太師吏部尚書贈太傅謚襄毅楊公博神道碑》[①]。

游居敬（1509—1571），字行簡，號可齋，福建南平人。嘉靖十一年（1532）壬辰科進士，選庶吉士。改監察御史，巡視盧溝橋，清理商人匿税。巡按應天。嘉靖十七年（1538）爲浙江按察僉事，二十年（1541）擢廣東按察司副使，二十五年（1546）轉湖廣參政，次年擢浙江按察使，就遷右布政使。嘉靖三十七年（1558）以山東左布政使升右副都御史巡撫雲南。鎮守沐朝弼橫行無忌，侵奪民田，居敬奪其所佔田地，還于民。被沐朝弼聯合巡按御史、嚴嵩黨人王大佐誣劾，謫戍廣東碣石衛。隆慶三年（1569）復起南京刑部右侍郎，改左侍郎。隆慶五年（1571）致仕，同年九月十日卒，年六十三。編有《韓柳文》一百卷，生平參見葉向高《通議大夫刑部右侍郎可齋游公神道碑》（《蒼霞草》卷十三）。

楊宗氣（1514—1570），字子正，號活水，别號鍾山，浙江歸安人，著籍延安。嘉靖二十年（1541）進士，由庶吉士授工科給事中，又升刑科給事中，擢山東參政。後任山西右布政使，嘉靖四十年（1561）任山西巡撫，四十二

①張四維文見《條麓堂集》卷三十；張居正文見《江陵張文忠公全集》卷十三；孫鑛、徐階文見焦竑《國朝獻徵録》卷二十五。

年(1563)以都察院右副都御史巡撫山西、提督三關。主修《山西通志》。有《寄閑堂稿》四卷,重慶圖書館藏。生平参見王崇古撰《都察院右副都御史延安鍾山楊公宗器(氣)墓表》[①]。

尹耕(1515—?),字子莘,號朔埜。貫萬全都司蔚州衛,軍籍,山西孝義縣人。嘉靖十一年(1532)壬辰科進士。通曉邊事,歷藁城知縣、禮部儀制主事、員外郎、河間知府,升河南按察僉事。後爲張萬紀劾罷,謫戍遼東,遂不復用。爲人豪宕不羈,性嗜酒,喜談兵。有《南泰紀略》《大同平叛志》《塞語》《朔埜山人集》及著名志書《兩鎮三關志》。生平参見《孤本明代人物小傳二》、《列朝詩集小傳》丁集、朱彝尊《静志居詩話》卷十二。

於敖(1490—?),字伯度,號疊川,陕西岷州衛人,直隸亳州籍[②]。正德十六年(1521)辛巳科進士,嘉靖九年(1530)任户部郎中,十一年(1532)升山東按察司副使。正德《大同府志》卷七記載其"吏事精敏,持己方嚴,冰蘗自將,法在必行,人不敢干以私"。萬曆《汾州府志》卷十一《人物類·名宦》:"于(於)敖,陕西岷州衛人。正德辛巳進士,由郎中歷升左參政,嘉靖十九年駐扎。時强宗内亂,驕虜外侵,吏民皇皇,莫知所措,公下車經略,遂以帖然。因創作外城及四鄉堡寨,寇盗不敢犯,民永賴之。累官巡撫大同都御史。"[③]

應檟(1494—1554),字子材,號警庵,浙江遂昌人。嘉靖五年(1526)進士,授刑部主事,累遷山東布政使,升山東巡撫。二十八年(1549)任山西巡撫,三十年(1551)擢兵部右侍郎,總督兩廣軍務,卒于官。有《總督蒼梧軍門志》,刻有《大明律例》三十卷。生平参見唐汝楫撰《兵部右侍郎兼都御史

①焦竑《國朝獻徵録》卷五十九。

②生年據《正德十六年進士登科録》考訂。於敖中進士時三十三歲,十二月二十三日生,則西曆爲1490年1月13日。

③乾隆《汾州府志》卷十一《宦績》記載略簡。于,當爲於。

應公櫝墓誌銘》[①]。朱新堤有詩《上大中丞應警庵》(《奕善堂集》下)。

閻樸(1504—1567),字文甫,號又泉,山西榆次人。任右春坊右贊善兼翰林院檢討,力主收復河套,舉朝壯之。終南京國子監祭酒。有《通鑒逸旨》《閻文甫文集》,修《榆次縣志》《山西通志稿》。生平見傅希摯《南京國子監祭酒閻樸墓誌》[②]。參見《閻樸傳》[③]。近人常贊春收集整理有《閻文甫集》。

姚一元(1509—1578),字惟貞,號畫溪,浙江長興人。嘉靖二十三年(1544)進士。授行人,選御史,出按陝西。鋤强黜貪,轉江西左布政使,忤時相罷歸。尋起山東布政使,歷順天府尹,致仕。閉門讀書,一循禮法,見妻子無惰容,人稱古君子。萬曆六年(1578)卒,年七十。有《按陝行稿》,生平見董份《正議大夫順天府府尹畫溪姚公暨淑人錢氏墓誌銘》(《董學士泌園集》卷三十六)。與孔天胤共事于陝西。

殷學(1503—1562),字成甫,一字時敏,號虚川,山東東阿縣人。嘉靖十一年(1532)壬辰科進士,觀户部政,授合肥知縣。升山西道監察御史,降湖廣按察司知事,升臨淮知縣。歷南京户部主事、南京刑部郎中、陝西僉事、河南提學副使,復除河南副使,調山西副使,升河南參政、浙江按察使、山西右布政使、陝西左布政使、巡撫陝西右都御史,兵部右侍郎協理戎政,終户部左侍郎。生平參見道光《東阿縣志》卷十三《人物志下》、過庭訓《本朝分省人物考》[④]。

楊胤賢(1521—?),字子容,號小竹,山東壽張人。嘉靖二十年(1541)

---

①唐汝輯文見焦竑《國朝獻徵録》卷五十八,又見唐汝輯《小漁先生遺稿》卷十,題作《明故兵部右侍郎兼都察院右僉都御史贈兵部尚書警庵應公墓誌銘》。

②雍正《山西通志》卷一百九十八。

③《閻樸傳》,雍正《山西通志》卷一百三十六;乾隆《榆次縣志》卷十三《人物下》。

④過庭訓《本朝分省人物考》卷九十五《山東兖州府》。

進士。初任永平府推官，升南京户部主事，歷户部員外郎、山西按察司僉事、昌平兵備副使[1]。

楊天翔（1493—1557），字君瑞，號西橋，汾州南廓里人，以經商爲業。

楊蕚，生卒年不詳，號古峰。嘉靖二十二年（1543）癸卯科舉人，曾任陝西麟游、大名府教授、直隸無極知縣[2]。萬曆《汾州府志》卷九《選舉類·舉人》："癸卯科：楊蕚，亞魁，授陝西麟游縣知縣。士民感頌，爲立生祠。調直隸無極縣。"

楊美益（1515—？），字以謙，號受堂，浙江鄞縣人。係孔天胤浙江所取舉人。後中嘉靖二十六年（1547）丁未科進士，歷大理丞、御史、太僕寺少卿[3]。著有《西巡稿》，又曾刊刻《新刻古文選正》。

楊選（1515—1563），字以公，號東江，山東濟南府章丘人[4]。嘉靖二十三年（1544）進士。授行人，擢御史。二十九年（1550）任兩淮巡鹽御史。遷易州兵備副使，擢總督薊遼副都御史，進兵部右侍郎。以邊備疏失被劾，逮繫詔獄論死。有《東江集》，今不存。生平見《明史》卷二〇四《楊選傳》。

楊綵（1529—1590），字質夫（甫），號彬庵，江西泰和人。嘉靖三十二年（1553）癸丑科進士，歷官陝西華州知州、直隸冀州知州、刑部廣東司員外郎、湖廣司郎中、西安知府、山東按察司副使兵備青州、山西副使、山東左參政、湖廣按察使、山西左布政使、右僉都御史巡撫山西。著有《雁門集》

---

①光緒《壽張縣志》卷六《選舉》。

②參見民國《無極縣志》卷六《職官》、光緒《麟游縣志新草》卷四《官師志》。

③生年據《嘉靖二十六年進士登科録》考訂，中進士時三十三歲。《寧波府志》無傳。

④生年據《嘉靖二十三年進士登科録》，卒年據《明世宗實録》卷五百二十七考訂。

《天柱山房集》，輯有《斛山楊先生遺稿》（楊爵著）。生平參見梁夢龍《明中憲大夫都察院右僉都御史彬庵楊公暨元配劉宜人繼配孫宜人合葬墓誌銘》（《賜麟堂集》卷五）。又見《孤本明代人物小傳二》。

Z

查鐸（1516—1589），字子警，號毅齋，直隸涇縣（今屬安徽）人。嘉靖四十四年（1565）進士。初授德安府推官，隆慶時爲刑科右給事中、户科右給事中、刑科左給事中。忤高拱，出爲山西布政司左參議，分守河東。萬曆初官廣西副使，移疾歸。繕水西書院，講王畿、錢德洪之學，後進多歸之。有《西漢菁華》十四卷、《毅齋先生集》（又作《毅齋查先生闡道集》）。生平見《明史》卷二二七《查鐸傳》，參見焦竑撰《查先生墓誌銘》[①]。據《明穆宗實録》卷六十五隆慶六年（1572）正月，查鐸與參政孫枝即被彈劾閑住，萬曆改元復任山西參議[②]。其子撰行實叙述甚詳[③]。駐汾期間與孔天胤交游較多。

張鈇（1504—1566），字寵之，别號劍崖，臨海人[④]。出身軍人世家，先祖張山原籍直隸滑縣（今河南滑縣），授京衛將軍，景泰年間調任台州千户侯；父張瑞贈驃騎將軍。張鈇少年習武，善騎射，智勇兼全。嘉靖二十三年（1544）甲辰中武科探花，授台州衛兵馬指揮，總海寧兵，歷七任之久。抗倭

①焦竑《焦氏澹園續集》卷十三。又見《國朝獻徵録》卷一百一及《毅齋查先生闡道集》附録。

②《明穆宗實録》卷六十五隆慶六年正月："己卯罷山西布政司參政孫枝、左參議查鐸閑住。時當入賀萬壽聖節，鐸及枝皆辭不肯行，爲巡撫都御史楊綵所劾。上以其欺肆不敬，並黜之。"

③查鐸《毅齋查先生闡道集》附録《明故中憲大夫廣西按察司副使先考毅齋查公諱鐸行實》。

④康熙《臨海縣志》卷六《選舉》。

有功，升温處參將。侯一元有《劍崖張公祠記》[1]。據蔡雲程《明浙江參將劍崖張公墓誌銘》載，張鈇精騎射，博群書，工詩文，與"督學孔文谷、郡伯陳梧岡相唱和"，稱之爲"翰苑宗工也"。著有《劍崖集》[2]。

趙文華（1503—？），字元質，浙江慈溪人。嘉靖八年（1529）進士，授刑部主事。以考察謫東平州同知，累官至通政使，終工部尚書。諂媚嚴嵩，誣殺尚書張經方、浙江巡撫李天寵，論罷總督楊宜等。後失寵，罷黜爲民，以病暴斃。著有《嘉興府圖記》《世敬堂集》《趙氏家藏集》等。生平見《明史》卷三〇八《趙文華傳》。爲嘉靖十年（1531）山西鄉試考試官之一。

莊一俊（1501—？），字君斐，號石山、八石山人，福建泉州府晉江青陽人。嘉靖八年（1529）己丑科進士，與程文德、項喬同榜。先後任户部主事、員外郎、浙江參議。嘉靖二十年（1541）落職回鄉。于文好韓愈，于詩好李杜，有文集、詩集若干卷，今未見。生平參見乾隆《泉州府志》卷五十四《文苑》。嘉靖十年（1531）山西鄉試考試官之一，孔天胤中舉即爲其所取，故孔天胤稱其爲座主。

鄭曉（1499—1566），字窒甫，號淡泉，浙江海鹽人。嘉靖二年（1523）進士。通經術，熟諳典故，長于史學，通達國體，甚孚時望。官至刑部尚書、兵部尚書。後因受權貴傾軋阻扼落職。卒謚端簡，隆慶初追贈太子少保。有《鄭淡泉集》《鄭端簡公全集》等。生平見《明史》卷一九九《鄭曉傳》，參見戚元佐撰《刑部尚書端簡公曉傳》等[3]。孔天胤有《與鄭淡泉先生》。

張岳（1492—1553），字維喬，號净峰，福建惠安東嶺人。正德十二年

①吳明哲編著《温州歷代碑刻二集上》，第 400—403 頁。

②馬曙明、任林豪主編《臨海墓誌集録》，第 158—159 頁。

③焦竑《國朝獻徵録》卷四十五。參見《孤本明代人物小傳二》。

(1517)丁丑科進士,授行人,與同官諫南巡,杖闕下,謫南京國子學正。世宗嗣位,復故官,遷右司副。母老乞便養,改南京武選員外郎,歷主客郎中。忤張璁,出爲廣西提學僉事,調江西,貶廉州。升浙江提學副使、參政,調廣東。擢右僉都御史巡撫鄖陽,轉江西巡撫。嘉靖二十三年(1544)升右副都御史總督兩廣軍務。卒于沅州,贈太子少保,謚襄惠。《明史》記其"博覽工文章,經術湛深,不喜王守仁學,以程、朱爲宗"。著有《净峰稿》《小山類稿》,與戴璟等撰有《廣東通志初稿》。生平見《明史》卷二百《張岳傳》,參見徐階撰《明故資政大夫總督湖廣川貴軍務都察院右都御史贈太子少保謚襄惠净峰張公墓誌銘》(《世經堂集》卷十七)。孔天胤有《叙贈大中丞净峰張公初從浙之藩參移廣東》文。

鄒守益(1491—1562),字謙之,號東廓(郭),江西安福人。正德六年(1511)辛未科進士,出王守仁門。授編修,逾年告歸。謁守仁,講學于贛州。宸濠反,與守仁軍事。世宗立,始赴官。建復初書院,與學者講授其間。遷南京禮部郎中,歷祭酒,復以諫,落職歸。里居日事講學,學者稱東廓先生。卒謚文莊。有《東廓鄒先生文集》。今人董平整理編校有《鄒守益集》,收入《陽明後學文獻叢書》。生平見《明史》卷二八三《儒林二》,參見宋儀望撰《大司成贈吏部侍郎謚文莊東廓鄒公行狀》,羅洪先撰《明故南京國子監祭酒致仕東廓鄒公墓誌銘》及耿定向作《東廓鄒先生傳》[①]。嘉靖十七年(1538),洪垣刊刻其文集,孔天胤曾爲之校讎。

張璁(1479—1555),字鵠舉,號南溪,揚州泰興人。正德九年(1514)進士,授户部主事。升兵部武選司,謫廣東饒平幕,遷海鹽知縣。升湖州府同知,歷陝西僉事、河南副使、陝西參政、貴州按察使、四川右布政使、江西左布政使,改河南左布政使。嘉靖二十一年(1542)升都察院右副都御史巡撫

①宋儀望《華陽館文集》卷十一;羅洪先《石蓮洞羅先生文集》卷二十二;耿定向《耿天臺先生文集》卷十四。

延綏、榆林等處。加兵部侍郎銜，終南京户部侍郎。生平見李春芳撰《通議大夫南京户部侍郎前巡撫延綏等處都察院右副都御史南溪張公聽墓誌銘》①。張聽與孔天胤曾共事于河南。

張鐸（1507—？），字世鳴（一作叔鳴），號秋渠，又號海虞山人。南京留守衛旗籍，常熟人。嘉靖二十年（1541）辛丑科進士，改庶吉士，授監察御史。巡按遼東，規度要害，建諸臺堡，積粟六萬餘斛，貯預備倉以防兵荒。後十年遭大水，疫癘繼作，賴以賑濟，人謳思之。後任山東按察司副使、天津兵備道、陝西布政司左參議。有詩名，與劉達、謝少南並稱"金陵三才子"。有《秋渠詩》，不存。生平參見《嘉靖二十年進士登科録》、雍正《江南通志》卷一百三十九、嘉慶《新修江寧府志》卷三十八《仕籍》、《蘭臺法鑒録》卷十六②。

趙時春（1509—1567），字景仁，號浚谷，陝西平凉（今甘肅平凉）人，嘉靖五年（1526）進士。官至右僉都御史巡撫山西，罷官。王兆雲認爲其與唐順之均爲"一世之偉人"（《皇明詞林人物考》卷七）。有《趙浚谷詩集》六卷、《趙浚谷文集》十卷，附《永思録》一卷、《疏案》一卷。生平參見《明史》卷二〇〇《趙時春傳》，參見《孤本明代人物小傳二》及徐階《明故巡撫山西都察院右僉都御史浚谷趙公墓誌銘》（《世經堂集》卷十八）。

趙維垣（1510—？），字師德（《登科録》作字伯師），號龍巖。貴州永寧衛（今關嶺縣）人，祖籍南直隸江都。嘉靖十一年（1532）壬辰科進士，是貴州籍被選爲庶吉士的第一人。因事被貶大名，嘉靖二十三年（1544）任浙江按察司僉事，調任雲南參議。二十九年（1550）任雲南副使，後升福建右布政

①焦竑《國朝獻徵録》卷三十二，又見李春芳《貽安堂集》卷八。

②明另有張鐸者，山西壺關人，字邦敷，號西林。嘉靖丙戌（1526）進士。選翰林庶吉士，歷兵部郎中、湖州知府。有《西林集》。詳見道光《壺關縣志》卷七《人物》。

使，轉左布政使[①]。著有《攻玉稿》，今未見[②]。王崇慶《山海經釋義》萬曆刻本有趙維垣序。與孔天胤曾同任職浙江，相交莫逆。

張天復（1513—1573），字復亨，號内山，又號初陽，浙江山陰（今浙江紹興）人。嘉靖二十六年（1547）進士，歷官雲南按察司副使、太僕寺卿。博洽工文，亦善書。著有《皇輿考》《鳴玉堂稿》《博山居印譜》《紹興志》。生平見其子張元忭所撰《先考内山府君行狀》[③]。張天復爲孔天胤浙江任内所取舉人。

趙訥（1521—1599），字孟敏，號陽谿、陽谿子，山西汾州孝義縣宣化坊人[④]。嘉靖三十八年（1559）己未科進士，歷任直隸定興知縣、直隸江都知縣、刑部主事、户部主事、員外郎、郎中，官至中憲大夫、四川保寧府知府。卒後門人私謚文直先生。有《中陽近記》《陽谿集》等[⑤]。又曾刊刻《薛文清公全集》。生平參見乾隆《汾州府志》卷十五《人物》。

張四維（1526—1585），字子維，號鳳磐，世稱鳳磐先生，山西蒲州人。嘉靖三十二年（1553）進士，萬曆間以張居正薦爲禮部尚書、東閣大學士，參贊機務。居正卒，四維當國，力反前事，時望頗屬。卒謚文毅。有《條麓堂集》三十四卷。生平見《明史》卷二一九《張四維傳》，參見申時行撰《吏部尚書中極殿大學士贈太師謚文毅張公神道碑銘》，許國撰《吏部尚書中極殿

①參見《嘉靖十一年進士登科録》，雍正《貴州通志》卷二十六，過庭訓《本朝分省人物考》卷一百十五，凌迪知《萬姓統譜》。

②黄虞稷《千頃堂書目》卷二十三。

③張元忭《張陽和先生不二齋文選》卷五。

④生年據《嘉靖三十八年進士登科録》，卒年據乾隆《汾州府志》卷十五《人物》考訂。

⑤《内閣藏書目録》卷三記載有《陽谿文集》九册、《陽谿詩集》七册和一册；《千頃堂書目》卷二十四云其有《歸田稿》十卷。雍正《山西通志》卷一百七十五記載有《趙訥集》三十卷。光緒《山西通志》卷八十八《經籍記下》作《趙孟敏集》。今未見。

大學士贈太師謚文毅張公墓誌銘》[1]。

趙繼孟(1515—?),字宗之。澤州(今晉城市澤州縣大陽鎮)人,嘉靖十四年(1535)乙未科進士,中舉人時年僅十七歲,二十一歲即成進士。歷任刑部員外郎、懷慶知府、夔州知府、南京户部郎中等。

張潤(1470—1552),字汝霖,號西磐,山西臨汾人。弘治十一年(1498)戊午科山西解元,十五年(1502)進士。官南京吏部尚書,謚恭肅。生平參見聶豹《資政大夫南京吏部尚書贈太子少保謚恭肅張公潤墓誌銘》[2]。

張冕(1504—?),字服周,號勝溪,山西汾州孝義縣人。授户部主事,監收太倉,轉員外郎。擢河南僉事,分巡大梁。至洧川,因飈風辨野寺之冤,人咸異之。遷霸州兵備副使,平土寇,益勵操守。及歸,行李蕭然。居家二十年,博極群書,德行文學遠近推重。著有《勝溪文集》,參修《孝義縣志》[3]。

翟瓚,生卒年不詳。字廷獻,號青石,山東昌邑人。正德九年(1514)進士,授工科給事中,有直聲。出爲河南僉事,破青羊。仕至湖廣巡撫,平寧鄉巨"寇"。歸田後日市牛酒,召故舊爲樂。著有《蟲吟草》。生平參見乾隆《萊州府志》卷十《人物》、過庭訓《明分省人物考》卷九十八。孔天胤潁州任上有詩賀其平"寇"功成。

張鯤(1492—?),字子魚,河南太康人。正德十二年(1517)進士[4]。任吏部主事,升郎中,歷湖廣按察司副使、四川提學副使、江西按察使,終山

①申時行《賜閑堂集》卷二十;許國《許文穆公集》卷十一。

②焦竑《國朝獻徵録》卷二十七。

③參見光緒《山西通志》卷一百五十五《文學録中》,乾隆《孝義縣志·人物事迹》卷一。

④生年據《正德十二年進士登科録》考訂。生平參見道光《禹州志》卷五《選舉表》。

西右布政使。有《東山詩》《嵩少漫稿》等。

周金（1473—1546），字子庚，號約庵，武進（今江蘇常州）人。正德三年（1508）進士，授工科給事中，累遷户科都給事中。曾上疏言裁汰冗食、罷中官横索等事，言詞懇切。嘉靖元年（1522）由太僕寺少卿遷右僉都御史巡撫延綏，改撫宣府，進右副都御史，再改巡保定。遷兵部右侍郎，尋進右都御史總理糧儲，兼撫鳳陽諸府。漕運方面頗有建樹。終南京户部尚書。善書，有晉人風骨。謚襄敏。今存《撫上郡集》一卷、《周尚書集》一卷。生平見《明史》本傳及嚴嵩撰《南京户部尚書約庵周公墓表》[①]。參見《明分省人物考》卷二十八《常州府二》。

張臬（1502—？），字正野，號百川，江西進賢人。嘉靖五年（1526）進士。初任刑部主事，後因事貶官廣西，任靈川縣丞，升寧國府（今安徽宣城）同知。升徐淮兵備，調山東按察司副使、參政，升陝西左布政使。嘉靖三十一年（1552）升右副都御史巡撫四川，嘉靖三十三年升南京刑部右侍郎，轉南京兵部右侍郎，調南京大理寺卿。尋以兵部侍郎提督兩廣，晉右都御史提督兩廣。與孔天胤同官陝西，刻《西京雜記》。

趙錦（1516—1591），字元樸，號麟陽，浙江餘姚人。嘉靖二十三年（1544）進士。擢南京御史，清軍雲南。上疏彈劾嚴嵩，下獄，斥爲民。穆宗即位，起故官，擢太常少卿，尋巡撫貴州，平苗亂。萬曆初歷南京禮部、吏部尚書，忤張居正，乞歸。後拜左都御史，改兵部尚書，謚端肅。篤信王守仁之學，教人則以躬行爲本。守仁從祀孔廟，趙錦出力甚多。爲人忠厚，有長者之風。趙錦始忤嚴嵩，罷官家居十五年。後任貴州巡撫，路過嚴嵩故里，見嵩葬路旁，惻然憫之，囑有司護視。張居正家被抄没，復爲營救。認爲"居正誠擅權，非有異志。其翊戴冲聖，夙夜勤勞，中外寧謐，功亦有不容泯者"。

①《明史》卷二百一《周金傳》。嚴嵩文見《鈐山堂集》卷三十二。

生平見《明史》卷二一〇《趙錦傳》，參見陶望齡撰《太子少保刑部尚書端肅趙公行狀》、朱賡撰《資德大夫正治上卿太子少保刑部尚書贈太子太保趙公錦墓誌銘》[1]。

鄒堯臣，生卒年不詳，字廷命，號和峰，雲南趙州人。嘉靖五年(1526)丙戌科進士。官南城縣令。擢御史，巡按四川，累官江西副使，參政，所至以治行稱。丁艱，遂不起。建祠堂，立家塾，置義田，族黨稱之[2]。

曾銑(？—1548)，字子重，號石塘，直隸江都人。嘉靖八年(1529)進士。歷山西巡撫，二十五年(1546)夏總督陜西三邊軍務。有膽略，長于用兵，立志收復河套。上方略十八事，爲嚴嵩所構陷，誅死。隆慶初復官，謚襄愍。有《曾襄愍公復套議》一卷。生平見《明史》卷二〇四《曾銑傳》，參見《明分省人物考》卷三十一《揚州府二》。

張子立，生卒年不詳，字原禮(又寫作元禮)，號南墅，山東黄縣人。嘉靖五年(1526)丙戌科進士。嘉靖十三年(1534)曾巡按浙江。後任山西按察司副使、右參政，嘉靖二十三年(1544)四月升山西按察使。終延綏巡撫。因用兵西夏失利被逮，戍固原。趙時春有詩《寄同年張都憲原禮謫固原戍》(《趙浚谷詩集》卷四)。包節有《寄中丞張南墅》詩(《包侍御集》卷六)。生平見同治《黄縣志》卷八《人物》、《蘭臺法鑒録》卷十五及過庭訓《明分省人物考》卷九十八。張子立也刊刻過《唐詩紀事》。張子立亦能詩，但罕見，《明詩紀事》收録其《黄花堡》一詩，詩風雄壯闊厚。曾派人護送孔天胤家眷至浙，孔天胤有謝書。

---

①陶望齡《歇庵集》卷十六；朱賡《朱文懿公文集》卷十，又見焦竑《國朝獻徵録》卷四十五。

②道光《趙州志》卷三《鄉賢》；何出光《蘭臺法鑒録》卷十五。

張一厚,生卒年不詳,號岱野,山東平原人。嘉靖五年(1526)進士,八年(1529)任獲鹿知縣,調當塗知縣。後任南京户部郎中、處州知府,終浙江按察司巡海副使。著有《海道經》。生平見乾隆《平原縣志》卷七和光緒《獲鹿縣志》卷五。

張玭(1516—1565),字席玉,號永石,山西石州人。張珩弟。嘉靖十四年(1535)進士。任清豐知縣,擢兵部主事,升郎中,出守永平府。祀永平名宦[①]。歷肅州兵備副使、河南按察使、順天巡撫、順天府尹,四十三年(1564)升南京户部右侍郎,四十四年(1565)改工部右侍郎。有《夷齊録》。刻有吴相輯《武經摘要》及《行軍須知》。生平參見乾隆《汾州府志》卷十五《人物》、光緒《永寧州志》卷十九《仕實》。

張珩(1486—1560),字佩玉,號南川。正德十六年(1521)進士。歷御史、太僕寺卿、大理寺少卿、都察院右僉都御史巡撫延綏、南京都察院右副都御史、左副都御史、兵部右侍郎、南京户部尚書等。卒謚襄敏。居官以剛介著,經略西陲之功最久且大。萬斯同《明史》卷二八五有傳。孔天胤爲之作墓誌。生平參見乾隆《汾州府志》卷十五《人物》、光緒《永寧州志》卷十九《仕實》。

鄒守愚(?—1556),字君哲,號一山,福建莆田人。嘉靖五年(1526)進士,官江西學政、河南左布政使、河南巡撫,終户部右侍郎。卒謚襄惠。爲學政時,所拔多名士。曾修《河南通志》四十五卷。又有《俟知堂集》十四卷。生平參見方萬有《户部左侍郎鄒公守愚傳》及《莆田縣志》[②]。

朱新堤(1524—1564),别號小溪。有文才,善書法,曾著《奕善堂集》若

①光緒《永平府志》卷五十二《列傳四·名宦四》。

②光緒《莆田縣志》卷二十六上。焦竑《國朝獻徵録》卷三十。

干卷。其子朱慎鍾襲位後，請求朝廷追封其父，朱新堤被追封爲悼懷王，即第七代慶成王。孔天胤曾爲其《奕善堂集》作序，並有其他詩文。

趙祖元（1512—？），字宗仁，號南庵，浙江東陽人。嘉靖二十三年（1544）甲辰科進士。由江西吉安教授遷國子助教，又二年遷刑部主事，尋轉員外郎，升山西按察司僉事。嘉靖三十五年（1556）地震，河東蒲州境覆壓過半，盜乘之猬起，抄劫晝行，祖元設方略解散其黨，而悉籍其金錢之無主者數十萬，官貯之，且新其城塹，境以無事。俄遷江西參議，復遷山西兵備副使，以憂歸。山西祀名宦。陸可教爲之作墓誌銘①。生平參見雍正《山西通志》卷八十五、《明分省人物考》卷五十三《金華府》及過庭訓《本朝分省人物考》卷五十三。

鍾錫（1487—？），字爾祉，號三谷，山西澤州人。正德九年（1514）甲戌科進士。授鄒平令，有善政，調武進。轉刑部主事，出爲鳳翔同知，擢陝西按察司僉事，修扶風、寶鷄等城。補四川按察司僉事，升陝西按察司副使兵備延鄜。有《三谷集》，刻有范理《讀史備忘》②。

鍾鑑（1499—？），字爾正，號方塘。鍾錫弟。嘉靖八年（1529）己丑科進士。知巢縣，名廉能。調獻縣，補洛陽，歷知河南府、陝西副使，遷參政。關隴大饑，鑑發粟以賑，全活以億萬計。著有《禮經主意》③。

朱奇湎（1485—1540），號北村。康熙《汾陽縣志》卷五《藩封》："奉國將

---

①陸可教《憲副南庵趙公墓誌銘》，《陸學士遺稿》卷十二。焦竑《國朝獻徵録》卷九十七作《山西副使趙公祖元誌銘》。墓誌銘中未交待生年和卒年的具體時間。生年據《嘉靖二十三年進士登科録》考訂。

②乾隆《鳳臺縣志》卷八《人物》。

③同上。生年據《嘉靖八年進士登科録》考訂。

軍奇洄，倡明經學，號北村老人。”善詩文，康熙《汾陽縣志》卷八《詩歌下》收録其《游長春觀》《東谷庵》《亂後過天寧寺》等詩。嘉靖《山西通志》卷十一《雜志》收録其《靈巖寺》《國寧寺》詩。

張良知，生卒年不詳，字幼養，號條巖，山西安邑人。吕柟弟子，嘉靖七年（1528）戊子科舉人。嘉靖十七年（1538）至二十年（1541）任許州知州，任内多有政績，主持纂修《許州志》。嘉靖二十年（1541）升漢中府同知，次年主修《漢中府志》，又刻印吕柟《吕涇野先生别集》。嘉靖二十六年（1547）任中都監儲部曹使，又編撰《中都儲志》，均存世[①]。雍正《陝西通志》：“張良知，安邑人。以知州任漢中府同知，修山河堰，甚有勞績，漢民享其利。”[②]官至户部員外郎，祀陝西名宦。致仕後與孔天胤多有文、書來往。

趙世禄（1508—1561），字汝功，别號西田。與孔天胤同中嘉靖十年（1531）丁卯科舉人。嘉靖二十三年（1544）甲辰科進士。授户部陝西司主事監兑浙江，尋有繼母之服。服除，授本部廣東司主事，升本司員外郎，補河南按察司僉事分巡河北，升山東布政司右參議分守遼海東寧，卒于官[③]。孔天胤作墓誌。

周斯盛（1524—1569），字子才，號際巖，陝西慶陽府寧州人。嘉靖三十二年（1553）進士，初授行人，繼選四川道監察御史。後巡按遼東有功，改按浙江。督學山西，修河汾書院，撰修《山西通志》。嘉靖四十三年（1564）調爲參議，撫備雲朔。升岢嵐兵備副使，防秋有功。以喪親家居，適值饑荒，族人流離，出俸金購糧以安之。隆慶三年（1569）冬卒。生平參見《寧縣志》[④]及乾隆《太原府志》卷三十二《名宦》。孔天胤曾爲其所修《山西通志》作序，又爲

①乾隆《解州安邑縣志》卷七《選舉》、卷八《人物》。

②雍正《陝西通志》卷五十四《名宦》。

③《嘉靖二十三年進士登科録》作“字汝公”。生平參見萬曆《汾州府志》。

④《寧縣志》第750頁，甘肅人民出版社，1988。新編《山西通志》作江西寧州人，誤。

其所編《宗正録》作序。

張德化(1505—1562),字修甫,别號吕梁,山西石州人。嘉靖十九年(1540)庚子科舉人。乾隆《汾州府志》卷十五有傳。門人稱其爲貞孝先生。

張柱(1523—?),字汝任,號健庵,山東壽光人。嘉靖二十六年(1547)丁未科進士。歷任户部主事、河南府知府、山西按察司副使、浙江參政,陞遷江西按察使,晉右布政使,調山西,卒于官。著有《讀史日抄》[1]。在山西任上與孔天胤有交游。

張更化(1531—1600),字德孚,號玉岡,山西汾州人。嘉靖四十四年(1565)進士,授南陽推官,歷官廣東道監察御史、陝西副使、陝西參政、湖廣參政、山東按察使、河南左布政使,以太僕寺卿致仕。生平參見崔士棨《明河南布政使司左布政使玉岡先生張公墓表》及雍正《山西通志》卷一百四十二、萬曆《汾州府志》卷十一《人物類》、乾隆《汾州府志》卷十五《人物》。墓表現存汾陽市張更化墓。

周永浩(1493—1569),字德洪,號毅庵。周倫父。本浙江海寧縣人,祖永樂間隨侍慶成莊惠王之國汾陽。孔天胤爲其寫有墓誌銘。

張蕙(1521—?),字時芳,號抑齋,山東平原人[2]。嘉靖二十九年(1550)庚戌科進士。歷任河南按察司僉事、河南布政司參議、陝西右參議、肅州兵備道副使、山西左參政。隆慶五年(1571)二月升山西按察使,三月升寧夏巡撫。隆慶六年(1572)外任。生平參見乾隆《平原縣志》卷八。

---

①參見民國《壽光縣志》卷十二《人物志》,雍正《山東通志》卷二十八之三《人物志三》。生年據《嘉靖二十六年進士登科録》考訂。

②生年據《嘉靖二十九年進士登科録》考訂。

朱奇灝(1484—1562),封奉國將軍,道號南村。據朱新堤詩《觀南村將軍自製綫燈三首》《上將軍南村自結綫燈》(《奕善堂集》),可知朱奇灝善于製燈。與孔天胤有詩文唱和。

諸大綬(1521—1572),字端甫,山陰人。嘉靖三十五年(1556)進士第一。贈禮部尚書,謚文懿(《國榷》卷六十八)。生平見張元忭撰《吏部右侍郎兼翰林院侍讀學士贈禮部尚書山陰諸公大綬行狀》[①]。參見《明分省人物考》卷五十一《紹興府》、乾隆《紹興府志》卷四十八《人物志八·鄉賢五》。

張時徹(1500—1577),字維(唯)静,一字九一,號東沙,浙江鄞縣人。嘉靖二年(1523)進士,累官南京兵部尚書。有《芝園定集》《善行録》《明文范》等。生平附見《明史》卷二〇一《張邦奇傳》,参見沈一貫撰《南京兵部尚書東沙張公行狀》(《喙鳴文集》卷十八)及《孤本明代人物小傳二》。

張士佩(1531—1609),字玫夫(父),號濂濱,陝西韓城人。嘉靖三十五年(1556)丙辰科進士。授紹興府推官,擢御史,升江西副使。晉山西參政,升山東按察使、陝西右布政使,轉山西左布政使,累官至南京兵部尚書。曾刻《太史升庵文集》。生平参見葉向高撰《南京户部尚書起都察院右都御史總督倉場贈太子少保濂濱張公神道碑》[②]。

張敏德(1519—?),字遜時,號葛野。江西萬安人,嘉靖三十八年進士,任休寧縣令。刻印過韓萬鍾《新編性理三書圖解》。

湛若水(1466—1560),初名雨,字符明,號甘泉,廣東增城人。弘治十八年(1505)進士,授編修。母喪,廬墓三年。嘉靖時歷南京兵部尚書。年九

①張元忭文見焦竑《國朝獻徵録》卷二十六。

②葉向高《蒼霞續草》卷十四。

十五卒，謚文簡。有《甘泉先生文集》《甘泉先生續編大全》《春秋正傳》等。生平見《明史》卷二八三《儒林二》，參見無名氏作《南京兵部尚書湛公若水傳》[①]。湛若水青年從學于陳獻章，中年與王陽明共同提倡聖人之學。與王陽明同講學，各立宗旨，陽明以致良知爲宗，湛若水以隨處體認天理爲宗，遂分爲王、湛之學。其門人雖不及王氏之盛，但源遠流長，爲明代儒學重要流派。對明代書院教育有重要影響，其著作亦成爲研究明代政治社會的重要資料。參見黄宗羲《明儒學案》卷三十七。

朱睦㮮（1517—1585），字灌甫，號西亭，明代藏書家、學者，人稱西亭先生，明代周定王六世孫，封鎮國中尉。博通經史，有《萬卷堂書目》《易學拾遺》《五經稽疑》《授經圖》《聖典》《河南通志》《皇朝中州人物志》《朱灌甫集》等。生平見《明史》卷一一六《朱睦㮮傳》，參見張一桂撰《明周藩宗正鎮國中尉西亭公神道碑》及《中州文獻總録》（上）卷二十一。

二、孔天胤不詳年份及未繫年詩文

1.《孔文谷集》卷十六《誄祭文》有《祭楊七嶺先生文》《祭友人文》二篇。

2. 卷十三有《詩思説》《節文》《邪氣解》《王朱辨》《論語解》《大學解》《中庸解》《孟子解》等。《節文》中有“今主上冲年御極”句，或作于萬曆元年（1573）。其他均爲課士期間爲諸生所作。

3.卷十四《四六語》共十一篇，大多無題。

第一篇有“復有校書宗正，抽藻藜端，珥筆台僚，抒文柱下”，似爲某宗正所作。

第二篇有“塞上防秋，當甲兵之要害”句，當爲給某人所作的頌詞。又

①焦竑《國朝獻徵録》卷四十二。

有“二華摅靈，三秦挺秀”句，當爲給某陝西人所作，或爲周斯盛。

第四篇爲給奉國太淑人鄭某八十生日所作壽序。

第五篇有題目《題石川稿》，係爲歙縣石川子文集所作。石川子，名不詳，程木（竺陽）之父。程竺陽客居汾州十餘年，請孔天胤爲其父文集作序。

第六篇文中有“恭惟御史大夫南溪張公，鎮英海岳，奮翼天衢”，“爾從中岳之司，特拜内台之長。謂經營朔漠，必須叔甫之才”句，故可知爲張鏓升延綏巡撫所作。時間或爲嘉靖二十一年（1542）。

第七篇爲祝賀某知州三年考績受嘉獎所作。

第八篇爲祝賀慶成王受封所作，受封時間爲嘉靖四十一年（1562）。

第九篇爲慶祝慶成安穆王朱知爜壽辰所作，竹溪爲其號。

第十篇爲答謝文。

第十一篇爲慶祝慶成王府教授吕恕受嘉獎所作。後有一詞《御街行》，是孔天胤僅有的兩首詞之一。

4.《吳孝子》

該詩見雍正《定襄縣志》卷八，又見光緒《汾陽縣志》卷十四《藝文四》。全詩如下：

> 思親遠似望雲時，日日看雲不盡思。萬古蒼溟空有恨，百年風木已餘悲。夢臨霜草青天老，腸斷墳廬白晝遲。我亦思親親更永，感君和淚一題詩。

雍正《定襄縣志》卷六《人物志·孝義》：“吳一夔，南關厢人，邑庠生。少喪母，會父邦獻病，嘗藥吁天，願以身代。及卒，水漿不入口者三日。負土築墳廬于墓所三年，當道扁（匾）門‘吳孝子’。家屢經獎。”故吳孝子或爲定襄人。

5.《狄武襄公像贊》

孔天胤曾爲狄青作《狄武襄公像贊》，見王緝所編《宋狄武襄公功行録》。又爲之作序。光緒年重修再刊時，因孔序已缺，未收録。

6.《奉酬少華許公見懷》

該詩見萬曆《山西通志》卷三十《藝文下》。全詩如下：

門徑人稀到，求羊許共臨。晤言投一室，閑步繞初林。酒滿忘憂酌，詩多招隱吟。好山圖作障，嘉沼韻成琴。眺聽情非淺，淹留意獨深。塵沙悲白髮，爐火笑黄金。寄迹看魚鳥，冥心謝翥沈。何由報玄度，申此谷中音。

由于許宗魯嘉靖三十八年(1559)去世，故該詩應作于此前；但不早于孔天胤嘉靖三十四年(1555)致仕後。

7.《卧雲崗》

詩見萬曆《山西通志》卷三十《藝文下》。詩云：

野闊常風雨，蘿深可挂衣。虬龍岩下憩，時見白雲飛。

又

開襟坐小亭，玉碗流佳釀。明月過東林，醉卧蒼苔上。

從詩意來看，當作于歸隱之後，詩風較爲閑適；然必不作于歸隱初。

三、孔天胤詩文選録情况

1.《晉風選》

是書爲清人趙瑾選編。

卷一《春盡將循永嘉，早發錢塘，回寄憲府諸公》《雁山觀龍湫》《歲暮深澤縣作二首》《秋思》，均見《孔方伯集》。

卷五《寒食放吏齋居悄然三首》爲《孔文谷詩集》中第二、三、四首，另有《秋懷》見《孔方伯集》；《送秋渠出巡》《新理右轄書齋》《送張秋渠分守慶陽》《藍田輞川寺是右丞别業》四詩作于陝西任上，《孔文谷詩集》《文谷漁嬉稿》《孔方伯集》均未收録。

卷七《送黄翠巖憲副出曹門》作于河南左布政使任内。

卷九《寄張永石兵憲肅州》作于陝西任内。

按：趙瑾《晉風選》編于順治年間，所選詩多不見于當今通行本。由此推斷，孔天胤在陝西與河南任内或另有詩集。

2.《國雅》

是書爲明人顧起綸輯。

卷十二收録有《春盡將循永嘉,早發錢塘,回寄憲府諸公》《經桐廬七里瀨至嚴陵瀨》《訪方隱君金華山中》《能仁寺宿》《上靈峰洞》《渡謝公嶺,觀石門潭,因緬懷伊人,作此短章》《國清寺》《桐柏宫憩眺》《石梁》《寄高竹所年兄》《循行還述所覽懷呈憲府諸同僚》《夜坐》《秋思》《秋懷》。詩多寫于浙江任内,或爲《霞海篇》中篇目。

3.《明詩評選》

是書爲清人王夫之選評。

收録有《春盡將循永嘉,早發錢塘,回寄憲府諸公》,有評語:"狷潔自裕。"《夜坐》,有評語:"緩。"《石梁》,有評語:"高吟華咏,不入色莊。"

4.《明詩綜》

是書爲清人朱彝尊選編。

卷四十六收録有《雁山峰洞巒壑之勝、水石之奇、雲物之美多在靈岩,予往臨眺,述景散懷》。

5.《御選明詩》

該書《四庫全書》本卷二十七收録有《雁山峰洞巒壑之勝、水石之奇、雲物之美多在靈巖,予往臨眺,述景散懷》;卷五十七收録有《秋懷》《夜坐》。

6.《列朝詩集》

是書爲清人錢謙益選編。

丁集卷四收録八首,分别爲《春盡將循永嘉,早發錢塘,回寄憲府諸公》《寒食放吏齋居悄然》《夏夜永嘉館》《夜坐》《秋懷》《送秋渠出巡》《國清寺》《石梁》。

7.《三晉詩選》

是書爲清人洪洞范鄗鼎選編。

卷一收録有《和許中丞遼海西歸草堂留韻》及《姑射神人篇贈吕岫雲舍人》。二詩均不見于通行詩集及其他選本。

徵引書目

一、文集類

[明]孔天胤《孔文谷集》,隆慶五年趙訥刻,萬曆二年續刻。《續集》四卷,萬曆年間續刻。《文谷漁嬉稿》二十卷,始于嘉靖四十年辛酉,終于萬曆八年庚辰,每年一卷。《四庫全書存目叢書》集部第95册。

[明]王崇慶《端溪先生集》,嘉靖三十一年張藴校刊本。

[明]李廷機《李文節集》,崇禎間刊本,臺灣文海出版社,1970。

[明]郭正域《合併黄離草》,萬曆四十年史記事刻本。

[明]高叔嗣《蘇門集》,文淵閣《四庫全書》本。又萬曆四十一年馬之駿刻本。

[明]何瑭著、王永寬校點《何瑭集》,中州古籍出版社,1999。又《何文定公柏齋集》,[清]邵松年輯《續中州名賢文表》本,光緒三十年海虞邵氏鴻文書局石印本。又《明别集叢刊》本,影印萬曆四年賈待問刻本,黄山書社,2013。

[明]李開先《李中麓閑居集》,嘉靖至隆慶刻本。又李開先著、路工輯校《李開先集》,中華書局,1959。

[明]王畿《龍溪王先生全集》,萬曆四十三年張汝霖校刊本。

[明]查鐸《毅齋查先生闡道集》,光緒十六年涇川查氏濟陽家塾刻本。

[明]程文德著,程朱昌、程育全編《程文德集》,上海古籍出版社,2012。又《程文恭公遺稿》,萬曆十二年程光裕刻本。

[明]吕本《期齋吕先生集》,萬曆三年鄭雲鎣等刻本。

錢明編校整理《徐愛·錢德洪·董澐集》,《陽明後學文獻叢書》,鳳凰出版社,2007。

[明]皇甫涍《皇甫少玄集》,文淵閣《四庫全書》本。

[明]羅洪先《石蓮洞羅先生文集》,萬曆四十五年宜興陳于廷江西刻本。又《念庵羅先生集》,嘉靖四十二年劉玠刻本。又《念庵文集》,文淵閣《四庫全書》本。又徐儒宗編校整理《羅洪先集》,《陽明後學文獻叢書》,鳳凰出版社,2007。

[明]鄒守益著、董平整理編校《鄒守益集》,《陽明後學文獻叢書》,鳳凰出版社,2007。

[明]許宗魯《少華山人文集·前集·後集·續集》,嘉靖刻本。

[明]薛蕙《考功集》,文淵閣《四庫全書》本。又《西原先生遺書》,嘉靖四十二年王廷刻本。又《西原全集》,崇禎朝薛邦瑞刻本。

[明]王九思《渼陂集》,嘉靖十二年王獻等刻,二十四年翁萬達續刻,崇禎十三年張宗孟修補本。

[明]韓邦奇《苑洛集》,文淵閣《四庫全書》本。又《苑洛集》嘉靖三十一年賈應春刻本。

[明]張治道《張太微詩集》《張太微後集》《嘉靖集》,明嘉靖刻本。

[明]趙廷松著、陳彩雲點校《趙廷松集》,《温州文獻叢書》,綫裝書局,2009。

[明]劉麟《劉清惠公集》,文淵閣《四庫全書》本。

[明]侯一元著、陳瑞贊編校《侯一元集》,黄山書社,2011。

[明]項喬著,魏得良、方長山整理《項喬集》,《温州文獻叢書》,上海社會科學院出版社,2006。

[明]胡侍《胡蒙谿文集》《胡蒙谿續集》,嘉靖刻本。

[明]瞿景淳《瞿文懿公集》,萬曆瞿汝稷刻本。

[明]徐中行《天目先生集》,萬曆十二年張佳胤刻本。

[明]王世貞《弇州山人四部稿》,《明代論著叢刊》第1輯第11册,臺灣偉文圖書出版有限公司,1977。又《弇州四部稿》《弇州續稿》,文淵閣《四庫全書》本。

[明]徐獻忠《長谷集》,嘉靖四十四年刻本。

[明]劉儲秀《劉西陂集》,嘉靖三十年傅鳳翱刻本。

[明]孟洋《孟有涯集》,嘉靖十七年王廷相等刻本。

[明]季本《季彭山先生文集》,清初抄本影印。

[明]王守仁《王陽明全集》,上海古籍出版社,1992。又《王陽明全集》,浙江古籍出版社,2010。又[明]王守仁撰、[明]錢德洪編,謝廷杰彙集《王文成全書》,文淵閣《四庫全書》本。

[明]吕柟《涇野先生文集》三十六卷本,嘉靖三十四年于德昌刻本。又《涇野先生文集》三十八卷本,萬曆二十年刻本。

[明]唐時升《三易集》,《明代論著叢刊》第3輯第29册,臺灣偉文圖書出版有限公司,1977。又[明]唐時升《三易集》,崇禎謝三賓刻,康熙三十三年陸廷燦補修,《嘉定四先生集》本。

[明]徐階《世經堂集》,萬曆徐氏刻本。

[明]王維楨《王氏存笥稿》二十卷,嘉靖三十六年刻本。又《王槐野先生存笥稿續集》九卷,嘉靖徐學禮刻本。又《槐野先生存笥稿》三十八卷、附録一卷,萬曆三十四年黄陞、王九叙刻本。又《司成遺翰》,萬曆三十八年王承之刻本。

[明]高拱著,岳金西、岳天雷編校《高拱全集》,中州古籍出版社,2006。又《高文襄公文集》,萬曆四十二年序刊本。

[明]雷禮《鐔墟堂摘稿》,明刻本,《續修四庫全書》本。

[明]皇甫汸《皇甫司勛集》,文淵閣《四庫全書》本。

[明]張時徹《芝園定集》五十一卷、别集十卷、外集二十四卷,嘉靖刻本。

[明]葉向高《蒼霞草》,萬曆刻本。又《蒼霞續草》,萬曆刻本。

[明]張居正《新刻張太岳先生詩文集》,萬曆四十年唐國達刻本。

[明]林大欽著、黄挺校注《林大欽集》,廣東人民出版社,1995。

[明]茅坤《茅鹿門先生文集》,萬曆刻本。

[明]朱賡《朱文懿公文集》,天啓刻本。

［明］馮夢禎《快雪堂集》，萬曆四十四年黄汝亨、朱之蕃等刻本。

［明］張天復《鳴玉堂集》，萬曆八年陳文燭刻本。

［明］張元忭《張陽和先生不二齋文選》，萬曆張汝霖、張汝懋刻本。

［明］殷士儋《金輿山房稿》，萬曆十七年邵陛刻本。

［明］沈一貫《喙鳴詩集》《喙鳴文集》，明刻本。

［明］許國《許文穆公集》，民國許同莘輯《新安許氏先集》本。又［明］許國《許文穆公集》，葉向高等輯，許立言等刻本。

［明］王錫爵《王文肅公文集》，萬曆王時敏刻本。

［明］汪道昆《太函集》，萬曆刻本。

［明］陳堯《梧岡文正續兩集合編》，康熙五十一年陳世輯鈔本。

［明］張四維《條麓堂集》，萬曆二十三年張泰徵刻本。

［明］董份《董學士泌園集》，萬曆董嗣茂刻本。

［明］王叔杲撰，張憲文校注《王叔杲集》，《温州文獻叢書》，上海社會科學院出版社，2005。

［明］徐渭《徐渭集》，中華書局，1983。

［明］夏言《桂洲詩集》，嘉靖二十五年曹忭、楊九澤刻本。又《夏桂洲先生文集》，崇禎十一年吴一璘刻本。

［明］林大春《井丹先生文集》，民國二十四年潮陽郭氏雙百鹿齋刻本。

［明］韓邦靖《韓五泉詩》四卷《附録》二卷，嘉靖十六年趙伯一刻本。

［明］王九思《渼陂集》，嘉靖年間刻、崇禎年間補修本。

［明］唐寅撰，［明］何大成輯《唐伯虎先生集》，萬曆刻本。

［明］朱新堤《奕善堂集》，嘉靖刻本，甘肅省圖書館藏。

［明］宗臣《宗子相集》，文淵閣《四庫全書》本。

［明］崔銑《洹詞》，嘉靖三十三年周鎬等池州刻本。

［明］康海《對山集》，萬曆十年潘允哲刻本。

［明］趙時春《趙浚谷文集》《趙浚谷詩集》《浚谷先生集》，萬曆八年周鑒刻本。

[明]焦竑《焦氏澹園集》《焦氏澹園續集》,萬曆三十四年刻本。

[明]顧夢圭《疣贅録》,雍正七年顧懷劬刻本。

[明]吳道南《吳文恪公文集》,崇禎吳之京刻本。

[明]鄭曉《端簡鄭公文集》,萬曆二十八年鄭心材刻本。

[明]嚴嵩《鈐山堂集》,嘉靖二十四年刻本(後有增修)。

[明]陸深《儼山集》《儼山外集》,文淵閣《四庫全書》本。又《陸文裕公行遠集》,[明]陸起龍刻,康熙六十一年陸瀛齡補修本。

[明]王同祖《五龍山人集》,萬曆刻本。

[明]郭樸《郭文簡公文集》,康熙十三年思齊軒刻增修本。

[明]葛守禮《葛端肅公文集》,萬曆刻本。又《葛端肅公文集》,嘉慶七年葛周玉重刻本。

[明]唐順之《重刊荆川先生文集》,《四部叢刊》景明本,上海商務印書館 1919 年影印。又《重刊校正唐荆川先生文集》,嘉靖三十二年浙江葉氏寶山堂刊本。

[明]李春芳《李文定公怡安堂集》,萬曆十七年李戴刻本。

[明]張邦奇《張文定公覲光樓集》《張文定公紆玉樓集》《張文定公靡悔軒集》《張文定公環碧堂集》《張文定公養心亭集》《張文定公四友亭集》,明刻本,《續修四庫全書》本。

[明]閔如霖《午塘先生集》,萬曆二年閔道孚等刻本。

[明]李維楨《大泌山房文集》,萬曆三十九年刻本。

[明]王格《少泉詩集》十卷,嘉靖刻本。

[明]錢薇《海石先生文集》,萬曆四十一年至四十二年錢氏刻、清增修本。

[明]施峻《璉川詩集》,嘉靖三十八年刻本。

[明]邵經濟《西浙泉厓邵先生文集》《西浙泉厓邵先生詩集》,嘉靖四十一年張景賢、王詢刻本。

[明]張瀚《奚囊蠹餘》,隆慶六年刻本。又《奚囊蠹餘》隆慶三年張佳胤

刻本。

[明]丁紹軾《丁文遠集》,明天啓刻本。

[明]王寅《十岳山人詩集》,萬曆程開泰等刻本。

[明]龔用卿《雲崗選稿》,萬曆三十五年龔燫刻本。

[明]陳鶴《海樵先生全集》,隆慶元年陳經國粵東刻本。

[明]吳中行《賜餘堂集》,萬曆二十八年吳亮、吳奕等刻本。

[明]于慎行《谷城山館文集》,萬曆于緯刻本。

[清]熊文舉《雪堂先生文集》,據清初刻本影印本。又《雪堂先生集選》,順治刻本。

[宋]張浚《張魏公集》,民國十九年刻本。

[明]林希元《同安林次崖先生文集》,乾隆十七年刻本。

[明]黄綰著,張宏敏編校《黄綰集》,《陽明後學文獻叢書》,上海古籍出版社,2014。又《石龍集》,嘉靖刻本。張宏敏著《黄綰生平學術編年》,浙江大學出版社,2013。

[明]萬表《玩鹿亭稿》,萬曆萬邦孚刻本。

[明]薛應旂《方山先生文録》,嘉靖三十三年東吳書林刻本。又《方山薛先生全集》,嘉靖刻本。

[明]田汝成《田叔禾小集》,嘉靖四十二年田藝蘅刻本。

[明]朱孟震《汾上續談》,萬曆刻本。又《朱秉器全集》,萬曆刻本。

[明]文徵明《甫田集》,文淵閣《四庫全書》本。

[明]蔡汝楠《自知堂集》,嘉靖刻本。

[明]趙用賢《松石齋集》,萬曆刻本。

[明]翁萬達著,朱仲玉、吳奎信點校《翁萬達集》,上海古籍出版社,1992。又,《翁東涯集》,嘉靖朱睦㮮刻本。

[明]海瑞《備忘集》,文淵閣《四庫全書》補配文津閣《四庫全書》本。

[明]耿定向《耿天臺先生文集》,萬曆二十六年劉元卿刻本。

[明]蘇祐《穀原文草》,明刻本。又《穀原詩集》,嘉靖三十七年龔秉德

刻本。

[明]陳棐《陳文岡先生文集》，萬曆九年陳心文刻本。

[明]蘇志皋《寒村集》，嘉靖三十六年許應元刻，隆慶增修本。

[明]唐汝輯《小漁先生遺稿》，萬曆四十三年刻本。

[明]陸可教《陸學士遺稿》，萬曆刻本。

[明]薛甲《畏齋薛先生藝文類稿》《畏齋薛先生藝文類稿續集》，隆慶刻本。

[明]王宗沐《敬所王先生文集》，萬曆元年劉良弼刻本。

[明]楊巍《存家詩稿》，文淵閣《四庫全書》本。又《夢山存家詩稿》，萬曆三十年楊岑刻本。

[明]馬理《溪田文集》，萬曆十七年刻、乾隆十七年補修本。

[明]張鹵《滸東先生文集》，明天啓五年張永忠刻本。

[明]谷中虛《少司馬谷公文集》，明天啓元年谷遷喬、葛如麟刻本。

[明]袁中道《珂雪齋前集》，萬曆刻本。又《珂雪齋近集》，明書林唐振吾刻本。

[明]沈愷《環溪集》，隆慶五年至萬曆二年沈紹祖刻本。

[明]余繼登《淡然軒集》，文淵閣《四庫全書》本。

[明]謝榛撰，盛以進訂補《四溟集》，文淵閣《四庫全書》本。又《四溟山人全集》，萬曆二十四年刊本。又李慶立校箋《謝榛全集校箋》，江蘇古籍出版社，2003。又《四溟詩話》，郭紹虞主編《中國古典文學理論批評專著選輯》，人民文學出版社，1961。又朱其鎧、王恒展、王少華校點《謝榛全集》，齊魯書社，2000。

[明]穆文熙《穆考功逍遥園集選》，萬曆二十九年穆光胤刻本。

[明]裴邦奇《巢雲詩集》，明萬曆刊本。

[明]鄧原岳《西樓全集》，崇禎元年鄧慶寀刻本。

[明]朱慎鍾《寳善堂稿》，萬曆三年刻本。

[明]沈明臣《豐對樓詩選》，萬曆二十四年陳大科、陳堯佐刻本。

［明］朱怙焌《緑筠軒唫帙》，萬曆元年瀋藩刻本。

［明］吕時《甬東山人稿》，萬曆九年瀋藩勉學書院刻本。

［明］陳文燭《二酉園文集》《二酉園詩集》《二酉園續集》，文集、詩集，明天啓三年陳之蘧重刻本；續集，萬曆刻本。

［明］范欽《天一閣集》，萬曆刻本。

［明］屠隆《由拳集》，萬曆刻本。又《白榆集》，萬曆龔堯惠刻本。

［清］計東《改亭詩文集》，乾隆十三年計瑸刻本。

［明］李贄《續藏書》，明汪修能刻本。

［明］吳國倫《甔甀洞稿》《甔甀洞續稿》，萬曆刻本。

［明］朱載墣《紹易詩集》，明直敬堂刻本。

［明］陶望齡《歇庵集》，萬曆喬時敏等刻本。

［明］余有丁《余文敏公文集》，萬曆刻本。

［清］傅山《霜紅龕集》，宣統三年丁氏刻本。

［明］李先芳《李氏山房集》，隆慶六年刻本。

［明］喬世寧《丘隅集》，嘉靖四十二年刻本。

［明］邊貢《邊華泉集》，嘉靖十七年魏允孚刻本。

［明］艾南英撰，［清］吕留良評點《艾千子先生全稿》鈔本。

［明］張慎言《泊水齋文鈔》，康熙三十九年張茂生刻本。

［明］曹于汴《仰節堂集》，文淵閣《四庫全書》本。

［明］馬三才《自由堂稿》，明萬曆刻本。

［明］湛若水《泉翁大全集》，嘉靖十九年刻，萬曆二十一年修補本。

［明］楊博《大椿堂詩選》，楊俊民輯、楊俊彦增校，萬曆二十一年裴述祖刻本。

［明］鄧以讚《鄧文潔公佚稿》，劉日升、鄧以誥參訂，何三畏校刻，萬曆刻本。又《鄧定宇先生文集》，萬曆三十一年吳達可江西刊本。

［明］艾穆《艾熙亭先生終太山人集》，《故宫珍本叢刊》第 532 册。

［明］包節《包侍御集》，嘉靖三十七年包杞等刻本。

[明]蔡汝楠《自知堂集》,嘉靖刻本。
[明]傅新德《傅文恪公全集》,民國牛誠修《雪華館叢編》本。
[明]李濂《嵩渚文集》,嘉靖刻本。
[明]許相卿《雲村集》,文淵閣《四庫全書》本。
[明]吳鼎《過庭私録》,嘉靖四十一年吳遵晦等刻本。
[明]宋儀望《華陽館詩集》,萬曆三年魏學禮刻本。
[明]方獻夫《西樵遺稿》,康熙三十五年方林鶴刻本。
[明]李宗樞《李石疊集》,嘉靖二十九年西亭書院刻本。
[明]程應登《程刺史栖霞集》,康熙二十九年程之玿重修本。
[明]李尚實《李裕州蕭然亭集》,萬曆刻本。
[明]何楝《太華山人集》,明刻本。
[明]陳察《都御史陳虞山先生集》,萬曆四十五年陳玉陛刻本。
[明]蘇潢《清華軒集》,萬曆刻本。
[明]程珫《程右丞集》,萬曆十九年程紹刻本。
[明]張文憲《殳山先生遺稿》,萬曆十一年張汝賢刻本。
[明]梁夢龍《賜麟堂集》,明末抄本。
[明]施經《虎泉漫稿》,嘉靖三十六年刊本。
[漢]劉向《劉氏二書》,嘉靖三十八年楊美益汾州刻本。
[明]李元陽《李元陽集·散文卷》,雲南大學出版社,2008。
[明]余寅《農丈人文集》,萬曆三十二年周禮寫刊本。
[明]陳柏《蘇山選集》,萬曆十五年陳文燭刻本。
[明]林景暘《玉恩堂集》,萬曆三十五年林有麟刻本。

二、總集類

[明]黄宗羲《明文海》,涵芬樓鈔本。
[明]俞憲《盛明百家詩》,嘉靖至萬曆刻本。
[清]朱彝尊《明詩綜》,文淵閣《四庫全書》本。

[清]《御選宋金元明四朝詩·御選明詩》,文淵閣《四庫全書》本。

[清]陳田《明詩紀事》,貴陽陳氏聽詩齋刻本。

[清]薛熙《明文在》,康熙三十二年古淥水園刻本。

[明]祝時泰等《西湖八社詩帖》,《武林掌故叢書》本。

[明]顧起綸輯《國雅》,萬曆顧氏奇字齋刻本。

[清]程之玿編纂,常煜、連寶東修訂《潞安詩鈔前編》,道光十九年刻本。

吳文治主編《明詩話全編》,江蘇古籍出版社,1997。

[清]趙瑾編《晉風選》,順治十七年刻本。

[清]王夫之編、周柳燕校點《明詩評選》,上海古籍出版社,2011。

[明]朱珵堯輯《瀋國勉學書院集》,崇禎元年沈國勉學書院刻本。

[明]慎蒙編《皇明文則》,萬曆元年刻本。

《山左明詩鈔》,乾隆三十六年李文藻刻本。

[清]范鄗鼎編《三晉詩選》,康熙十七年刻本。

三、史志類

祁明編《山西地方志綜録》。

《大明一統志》,[明]李賢、彭時等纂修,天順五年積秀堂刊本。

嘉靖《山西通志》,[明]楊宗氣主修、周斯盛主纂,嘉靖四十三年刻本。

萬曆《山西通志》,[明]李景元、樊東謨等修,李維楨、范弘嗣等纂,萬曆中修,崇禎二年刊本。又山西省地方志辦公室主編,王卯根、任根珠、王增斌等點校,中華書局,2012。

康熙《山西通志》,[清]穆爾賽等修,劉梅、温敞纂,康熙二十一年刻本。

雍正《山西通志》,[清]覺羅石麟等修,儲大文等纂,文淵閣《四庫全書》本。

光緒《山西通志》,[清]曾國荃、張煦等修,王軒、楊篤等纂,《續修四庫全書》本。

嘉靖《陝西通志》,[明]趙廷瑞修,馬理、吕柟纂,董健橋等校注,三秦出版社,2004。

雍正《陝西通志》,[清]劉于義等修、沈青崖等纂,文淵閣《四庫全書》本。

嘉靖《貴州通志》,[明]郭經修,張道纂。

雍正《甘肅通志》,[清]許容等修,李迪等纂,文淵閣《四庫全書》本。

雍正《四川通志》,[清]黄廷桂等修,張晉生等纂,文淵閣《四庫全書》本。

雍正《江西通志》,[清]謝旻等修,陶成等纂,文淵閣《四庫全書》本。

雍正《浙江通志》,[清]嵇曾筠等修,沈翼機等纂,文淵閣《四庫全書》本。

乾隆《福建通志》,[清]郝玉麟等修,謝道承等纂,文淵閣《四庫全書》本。

雍正《湖廣通志》,[清]邁柱等修,夏力恕等纂,文淵閣《四庫全書》本。

嘉靖《河南通志》,[明]鄒守愚修,李濂、朱睦㮮等纂。

雍正《河南通志》,[清]田文鏡、王士俊等修,孫灝、顧棟高等纂,文淵閣《四庫全書》本。

雍正《山東通志》,[清]岳濬等修,杜詔等纂,文淵閣《四庫全書》本。

雍正《畿輔通志》,[清]唐執玉等修,田易等纂,文淵閣《四庫全書》本。

乾隆《江南通志》,[清]趙弘恩等修,黄之雋等纂,文淵閣《四庫全書》本。

道光《廣東通志》,[清]阮元、陳昌齊等纂修,《中國地方志集成·廣東省志輯》。

嘉慶《湖北通志檢存稿》,[清]章學誠纂,民國十一年劉氏嘉業堂刻《章氏遺書》本。

萬曆《汾州府志》,[明]王道一等纂修,萬曆三十七年刻本,哈佛大學漢和圖書館藏。

乾隆《汾州府志》,[清]孫和相修,戴震纂,乾隆三十六年刻本,《中國地方志集成·山西府縣志輯》(下略爲《某省府縣志輯》)第 27 册。

順治《汾陽縣志》,[清]吴世英修,劉文德纂,順治十四年刻本。

康熙《汾陽縣志》,[清]周超修,邢秉誠纂,康熙十六年刻本。

乾隆《汾陽縣志》,[清]李文起修,戴震纂,乾隆三十七年刻本。

咸豐《汾陽縣志》,[清]周貽纓、曹文錦纂修,咸豐元年刊本,又著録爲道光本。

光緒《汾陽縣志》,[清]方家駒、慶文修,王文員纂,光緒十年刻本,《山西府縣志輯》第 26 册。

乾隆《孝義縣志》,[清]鄧必安修,鄧誠纂,乾隆三十五年刻本,《山西府縣志輯》第 25 册。

康熙《寧鄉縣志》,[清]吕履恒纂修,康熙四十一年刻本,《山西府縣志輯》第 31 册。

乾隆《鄉寧縣志》,[清]葛清等纂修,乾隆四十九年刻本,《山西府縣志輯》第 57 册。

民國《鄉寧縣志》,趙祖抃修,吴庚等纂,民國六年刊本,臺灣成文出版社《中國方志叢書》本(下略爲《中國方志叢書》本)。

嘉靖《霍州志》,[明]褚相修,楊樞纂,嘉靖三十七年刻本。

嘉靖《慶陽府志》,[明]梁明翰增修,嘉靖三十六年刊本,《稀見地方志彙刊》,第 9 册。

道光《直隸霍州志》,[清]崔允昭修,李培謙纂,道光六年刻本,《山西府縣志輯》第 54 册。

乾隆《太原府志》,[清]費淳、沈樹聲纂修,乾隆四十八年刻本,《山西府縣志輯》第 1—2 册。

道光《陽曲縣志》,[清]李培謙、華典修,閻士驤、鄭起昌纂,道光二十三年刻本,《山西府縣志輯》第 2 册。

順治《潞安府志》，［清］楊晙修，李中白、周再勛纂，順治十六年刻本，中華書局2001年點校本。

乾隆《潞安府志》，［清］張淑渠、姚學瑛修，姚學甲纂，乾隆三十五年刻本，《山西府縣志輯》第30—31册。又中華書局2001年點校本。

光緒《長治縣志》，［清］李楨等修，楊篤纂，光緒二十年刊本，《中國方志叢書》本。

雍正《澤州府志》，［清］朱樟修，田嘉谷纂，雍正十三年刻本。又《山西府縣志輯》第32—33册。

光緒《平定州志》，［清］賴昌期、張彬等纂修，光緒八年刻本，《山西府縣志輯》第21册。

正德《大同府志》，［明］張欽等纂修，正德十年刻，嘉靖補修本。

雍正《定襄縣志》，［清］王時炯原本，王會隆等續修，康熙五十年刊，雍正五年增補本，《山西府縣志輯》第37册。

光緒《代州志》，［清］俞廉三修，楊篤纂，光緒八年刻本，《山西府縣志輯》第11册。

光緒《平遥縣志》，［清］恩端修，武達材、王舒萼纂，光緒八年刻本，《山西府縣志輯》第17册。

光緒《祁縣志》，［清］劉發岏修，李芬纂，光緒八年刻本，《山西府縣志輯》第23册。

乾隆《介休縣志》，［清］王謀文纂修，乾隆三十五年刻本，《山西府縣志輯》第24册。

道光《永寧州志》，［清］黄培杰纂修，道光十六年刻本，《中國方志叢書》本（貴州永寧）。

雍正《平陽府志》，［清］章廷珪修，范安治纂，乾隆元年刻本，《山西府縣志輯》第44—45册。

乾隆《臨汾縣志》，［清］高塘、吳士淳纂修，乾隆四十四年刻本，《山西府縣志輯》第46册。

民國《襄陵縣志》,[清]李世祐修,劉師亮纂,民國十二年刻本,《中國方志叢書》本。

康熙《臨海縣志》,[清]洪若皋等纂修,康熙二十二年刊本,《中國方志叢書》本。

乾隆《泉州府志》,[清]懷蔭布、張廷珩修,黄任、郭賡武纂,光緒八年補刻本,《福建府縣志輯》本。

同治《廣信府志》,[清]蔣繼洙等修,李樹藩等纂,同治十二年刊本,《中國方志叢書》本。

萬曆《紹興府志》,[明]蕭良幹修,張元忭等纂,萬曆十五年刊本,《中國方志叢書》本。

嘉慶《重刊江寧府志》,[清]吕燕昭修,姚鼐纂,嘉慶十六年修,光緒六年刊本,《中國方志叢書》本。《江蘇府縣志輯》作《新修江寧府志》。

光緒《襄陽府志》,[清]恩聯等修,王萬芳等纂,光緒十一年刊本,《中國方志叢書》本。

民國《富順縣志》,彭文治、李永成修,盧慶家、高光照纂,《四川府縣志輯》第30册。

[清]朱煒修,孫彦春校注道光《禹州志》,河南舊志整理叢書,中州古籍出版社,2010。

民國《禹縣志》,王棽林等纂修,民國二十年刊本。

[清]司昌齡《泫志拾遺》,高平馮金堆影印版,2006。

乾隆《饒陽縣志》,[清]單作哲纂修,乾隆十四年刻本,《河北府縣志輯》第47册。

《直隸秦州新志》,[清]費廷珍修,胡釴纂,乾隆二十九年刊本,《中國方志叢書》本。

嘉靖《鄜城縣志》,[明]楊邦梁修,趙應式纂,嘉靖三十三年刻本,《天一閣藏明代方志選刊續編》第59册。

乾隆《祁州志》,[清]羅以桂等修,張萬銓等纂,乾隆二十一年刊本,

《中國方志叢書》本。

嘉慶《羅江縣志》,［清］鄧林等修,李桂林等纂,嘉慶二十年修,同治四年重印本,《中國方志叢書》本。

乾隆《萊州府志》,［清］嚴有禧纂修,乾隆五年刻本,《山東府縣志輯》第44册。

乾隆《淶水縣志》,［清］黄可潤修,方立經纂,《故宫珍本叢刊》第76册。

乾隆《懷慶府志》,［清］布彦纂修,乾隆五十四年刊本,焦作市地方志委員會、慶陽市地方志委員會點校,2005。

道光《河内縣志》,［清］袁通修,方履籛等纂,道光五年刊本,《中國方志叢書》本。

民國《太和縣志》,丁炳烺修,吴承志等纂,民國十四年排印本,《中國方志叢書》本。

光緒《永嘉縣志》,［清］張寶琳修,王棻等纂,光緒八年刊本,《中國方志叢書》本。

乾隆《潁州府志》,［清］王斂福修,潘遇莘纂,乾隆十七年刊本,《中國方志叢書》本。

光緒《永平府志》,［清］游智開修,史夢蘭纂,光緒五年刊本,董耀會主編《秦皇島歷代志書校注》,中國審計出版社,2001。

光緒《樂亭縣志》,［清］蔡志修等修,史夢蘭纂,光緒三年刊本,《中國方志叢書》本。

嘉靖《武安縣志》,［明］陳璋等纂修,《天一閣藏明代方志選刊續編》第4册。

嘉靖《涉縣志》,《天一閣藏明代方志選刊續編》第4册。

宣統《項城縣志》,［清］張鎮芳修,施景舜等纂,民國三年石印本,《中國方志叢書》本。

嘉慶《松江府志》,［清］宋如林修,孫星衍等纂,嘉慶二十二年刊本,《中國方志叢書》本。

康熙《鄞縣志》,[清]汪源澤、聞性道纂修,康熙二十五年刊本,《浙江府縣志輯》第 18 册。

道光《趙州志》,[清]陳釗鍾修,李其馨等纂,道光十八年刊,民國三年重印本,《中國方志叢書》本。

嘉慶《蘭溪縣志》,[清]張許等修、陳鳳舉撰,嘉慶五年刊本,《中國方志叢書》本。

民國《雁蕩山志》,蔣叔南重修,盧禮陽、詹王美校注,綫裝書局,2009。

《雁山志》,[明]朱諫修,萬曆刻本,《中國佛寺史志彙刊》第 2 輯第 10 册。

乾隆《平原縣志》,[清]黄懷祖修,黄兆熊等纂,乾隆十四年刊本,《中國方志叢書》本。

光緒《獲鹿縣志》,[清]俞錫剛修,曹鏢纂,光緒七年刊本,《河北府縣志輯》第 4 册。

萬曆《新昌縣志》,[明]田管纂修,據萬曆七年刻本影印本,《天一閣藏明代方志選刊》第 19 册。

乾隆《岳州府志》,[清]黄凝道、謝仲坃修纂,《湖南府縣志輯》第 6 册。

同治《蘇州府志》,[清]李銘皖修,馮桂芬纂,《江蘇府縣志輯》第 7—10 册。

宣統《恩縣志》,[清]汪鴻孫修,劉儒臣等纂,宣統元年刊本,《中國方志叢書》本。

光緒《潮陽縣志》,[清]周恒重修,張其纂,光緒十年刊本,《中國方志叢書》本。

康熙《遵化州志》,[清]鄭僑生修,葉向升等纂,康熙十五年抄本,《河北府縣志輯》第 22 册。

道光《趙城縣志》,[清]楊延亮纂修,道光七年刻本,《山西府縣志輯》第 52 册。

咸豐《固安縣志》,[清]陳崇砥修,陳福嘉纂,咸豐九年刊本,《中國方志叢書》本。

同治《進賢縣志》,江璧等修,胡景辰等纂,《江西府縣志輯》第59册。

同治《瀏陽縣志》,[清]王汝星修,鄒焌杰纂,同治十二年刻本,《湖南府縣志輯》第13册。

乾隆《慶陽府志》,[清]趙本植纂修,乾隆二十六年刊本,《甘肅府縣志輯》第22册。

民國《新城縣志》,張雨蒼等修,王樹枏纂,民國二十四年排印本,《中國方志叢書》本。

光緒《屯留縣志》,[清]劉金麟、何金聲修,楊篤、任來樸纂,光緒十一年刻本,《山西府縣志輯》第43册。

乾隆《鳳臺縣志》,[清]林荔修,姚學甲纂,乾隆四十九年刻本,《山西府縣志輯》第37册。

乾隆《寧武府志》,[清]魏元樞、周景柱纂,《山西府縣志輯》第11册。

光緒《開州志》,[清]陳金貮等修,陳兆麟纂,光緒七年刊本,《中國方志叢書》本。

康熙《開州志》,[清]孫柴纂修,康熙十二年刻本,《故宫珍本叢刊》第128册。

乾隆《三原縣志》,[清]劉紹攽纂修,《陝西府縣志輯》第8册。

道光《泌陽縣志》,[清]倪明進修,栗郢纂,道光八年刊本,《中國方志叢書》本。

嘉靖《寧海州志》,[明]李光先、焦希程纂修,《天一閣藏明代方志選刊續編》第57册。

萬曆《貴州通志》,[明]王耒賢、許一德纂修,萬曆二十五年刻本,《日本藏中國罕見地方志叢刊》,書目文獻出版社,1991。

《寧縣志》,甘肅人民出版社,1988。

康熙《濮州志》,[明]李先芳纂,康熙十二年刊本,《稀見地方志彙刊》第34册。

乾隆《新蔡縣志》，[清]莫璽章修，王增纂，乾隆六十年修，民國二十二年重印本，《中國方志叢書》本。

民國《南宮縣志》，黄容惠修，賈恩紱纂，民國二十五年刊本，《中國方志叢書》本。

乾隆《聞喜縣志》，[清]李遵唐修，王肇書等纂，乾隆三十年刊本，《中國方志叢書》本。

萬曆《開封府志》，[明]曹金纂，萬曆十三年刊本，《四庫存目叢書補編》第 76 册。

乾隆《杞縣志》，[清]周璣纂修，乾隆五十三年刊本，《中國方志叢書》本。

康熙《臨清州志》，[清]于睿明修，康熙十三年刊本，《稀見地方志彙刊》第 9 册。

民國《咸寧縣志》，[清]高廷法修，董佑誠等纂，嘉慶二十四年修，民國二十五年重印本，《中國方志叢書》本。

嘉靖修、萬曆續修《平凉府志》，[明]趙時春修，《四庫全書存目叢書》史部第 189 册。

光緒《長治縣志》，[清]陳澤霖監定，楊篤纂修，《山西府縣志輯》第 29 册。

康熙《隴州志》，[清]羅彰彝纂修，《陝西府縣志輯》第 37 册。

乾隆《東明縣志》，[清]儲元升等纂修，乾隆二十一年刊本，《中國方志叢書》本。

民國《昌黎縣志》，陶宗奇等修，張鵬翱等纂，民國二十二年排印本，《中國方志叢書》本。

乾隆《德州志》，[清]董鵬翱修，《山東府縣志輯》第 10 册。

道光《濟南府志》，王贈芳、王鎮等修，成瓘、冷烜編纂，道光二十年刊本，《山東府縣志輯》第 1—3 册。

民國《良鄉縣志》，周志中修，吕植等纂，民國十三年排印本，《中國方志叢書》本。

宣統《鄗縣志》，[清]李帶雙修，張若纂，沈錫榮增補，宣統元年排印本，《中國方志叢書》本。

乾隆《臨潼縣志》，[清]史傳遠纂修，乾隆四十一年刊本，《中國方志叢書》本。

光緒《灤州志》，[清]楊文鼎修，王大本等纂，光緒二十四年刊本，《中國方志叢書》本。

民國《芮城縣志》，牛照藻修，張亘等纂，民國十二年排印本，《中國方志叢書》本。

民國《浮山縣志》，任耀先修，張桂書等纂，民國二十四年刊本，《中國方志叢書》本。

民國《夏津縣志》，[清]方學城修，梁大鯤等纂，民國二十三年刊本，《中國方志叢書》本。

民國《靈石縣志》，李凱明修，耿步蟾纂，民國二十三年排印本，《中國方志叢書》本。

民國《遷安縣志》，薛鳳鳴修，王維賢纂，民國二十年排印本，《中國方志叢書》本。

同治《鍾祥縣志》，[清]孫福海等纂修，《湖北府縣志輯》第39冊。

《長蘆鹽法志》，[清]黄掌綸撰，劉洪升點校，科學出版社，2009。

道光《保寧府志》，[清]黎學錦等修，史觀等纂，《四川府縣志輯》第56冊。

光緒《黄州府志》，[清]英啓修，鄧琛等纂，光緒十年刊本，《中國方志叢書》本。

民國《壽光縣志》，宋憲章修，鄒允中等纂，民國二十四年排印本，《中國方志叢書》本。

乾隆《廣濟縣志》，[清]虞學灝重修，黄墶訂修，乾隆十七年刊本，《故宫珍本叢刊》第138冊。

同治《廣濟縣志》，英啓、劉宗元等修，劉燡等纂，《湖北府縣志輯》第25册。

［清］丁丙編《武林坊巷志》（第7册），《杭州掌故叢書》，浙江人民出版社，2013。

光緒《樂清縣志》，［清］李登雲等修，陳珅等纂，光緒二十七年刊，民國元年補刊本，《中國方志叢書》本。

嘉慶《懷遠縣志》，［清］孫讓修，李兆洛纂，嘉慶二十四年刊本，《中國方志叢書》本。

光緒《莆田縣志》，［清］汪大經等修，廖必琦等纂，光緒五年潘文鳳補刊本，民國十五年重印，《中國方志叢書》本。

萬曆《承天府志》，［明］孫文龍纂輯，鄭天佐、李徵纂，《日本藏中國罕見地方志叢刊》，書目文獻出版社，1991。

乾隆《福清縣志》，饒安鼎修，林昂、李修卿纂，《中國方志叢書》本。

乾隆《江陵縣志》，［清］崔龍見、魏耀修，黄義尊纂，乾隆五十九年刊本。

光緒《荆州府志》，［清］倪文蔚修，顧嘉蘅等纂，光緒六年刊本，《中國方志叢書》本。

光緒《慈溪縣志》，［清］楊泰亨修，馮可鏞纂，光緒二十五年刊本，《中國方志叢書》本。

康熙《滁州志》，［清］余國修，潘運皥纂，康熙十二年刊本，《中國方志叢書》本。

李培信主編《文水縣志》，山西人民出版社，1994。

康熙《臨洮府志》，［清］高錫爵修，郭巍纂，康熙二十六年刻本，《甘肅府縣志輯》第2册。

光緒《上虞縣志》，［清］唐煦春修，朱士黻等纂，光緒十七年刊本，《中國方志叢書》本。

光緒《富陽縣志》，［清］汪文炳撰，何鎔等纂，光緒三十二年刊本，《中國方志叢書》本。

乾隆《西安府志》,[清]舒其紳等修,嚴長明等纂,乾隆四十四年刊本,《中國方志叢書》本。

崇禎《寧海縣志》,[明]宋奎光纂修,崇禎五年刊本,《中國方志叢書》本。

光緒《壽張縣志》,[清]劉文煃修,王守謙纂,光緒二十六年刊本,《中國方志叢書》本。

光緒《麟游縣新志草》,[清]彭洵纂修,光緒九年刊本,《中國方志叢書》本。

民國《無極縣志》,耿之光修,王重民纂,民國二十五年排印本,《中國方志叢書》本。

同治《石首縣志》,[清]朱榮實修,傅如筠纂,同治五年刊本,《湖北府縣志輯》第45册。

《化州志》,[清]彭貽蓀修,彭步瀛纂,光緒十四年修,民國三十一年重刊本,《中國方志叢書》本。

民國《續修醴泉縣志稿》,張道芷、胡銘荃修,曹驥觀纂,《陝西府縣志輯》第10册。

民國《洛川縣志》,余正東修,黎錦熙、吳致勛纂,《陝西府縣志輯》第48册。

《重修陝西乾州志》,即《乾州新志》,[清]拜斯呼朗纂修,雍正五年刊本,《中國方志叢書》本。

道光《東阿縣志》,[清]李賢書裁定,吳怡纂輯,道光九年刊,民國二十三年排印本,《中國方志叢書》本。

同治《臨江府志》,[清]德馨等修,朱孫詒等纂,同治十年刊本,《中國方志叢書》本。

嘉靖《仁和縣志》,[明]沈朝宣撰,嘉靖二十八年修,光緒十九年錢塘丁氏嘉惠堂刻,《武林掌故叢編》本,《四庫全書存目叢書》史部第194册。

咸豐《濱州志》,[清]李熙齡纂修,咸豐十年刊,《中國方志叢書》本。

同治《湖州府志》,[清]宗源瀚等修,周學浚等纂,同治十三年刊,《中國方志叢書》本。

萬曆《保定府志》,[明]馮維敏纂修,[明]王國禎續修,[明]王政熙續纂,萬曆三十六年戊申刻本,《日本藏稀見地方志叢刊》第16册。

康熙《朝城縣志》,[清]祖植桐修,趙昶纂,康熙十二年鈔本,《故宫珍本叢刊》第85册。

殷時學、陶濤主編《羑里城志》,河南人民出版社,2007。

民國《濟陽縣志》,胡德琳修,何明禮纂,《山東府縣志輯》第14册。

民國《新纂雲南通志》,龍雲等編修。

乾隆《解州安邑縣志》,[清]言如泗修,吕瀶等纂,乾隆二十八年刊本,《中國方志叢書》本。

[元]脱脱等撰《金史》,中華書局,1975。

[清]張廷玉《明史》,中華書局,1976。

[明]吏部考功司編《吏部考功司題稿》,《明季史料集珍》,偉文圖書出版有限公司,1977。

[明]何出光、陳登雲等纂,喻思恂續纂《蘭臺法鑒録》,據萬曆刻、崇禎四年續刻本影印,《北京圖書館古籍珍本叢刊》第16册。

[清]朱彝尊《經義考》,文淵閣《四庫全書》本。

國家文物局主編《中國文物地圖集山西分册》,中國地圖出版社,2006。

牛平漢《明代政區沿革綜表》,中國地圖出版社,1997。

[明]蕭彦等《掖垣人鑒》,《四庫全書存目叢書》史部第259册。

國立中央圖書館編印《明人傳記資料索引》,臺北文史哲出版社,1978。

吴廷燮《明督撫年表》,中華書局,1982。

[明]廖道南《殿閣詞林記》,文淵閣《四庫全書》本,總第452册。

[明]俞汝楫《禮部志稿》,文淵閣《四庫全書》本,總第597—598册。

[清]張惟驤《疑年録彙編》,《叢書集成續編》,第259册。

李小强主編《第二批山西省珍貴古籍名録圖録》,山西人民出版社,2012。

《正德十六年進士登科録》,《嘉靖十年山西鄉試録》,均見屈萬里主編《明代登科録彙編》,臺北學生書局,1969。

《嘉靖壬辰科進士同年序齒録》《弘治十八年進士登科録》《嘉靖二年進士登科録》《嘉靖八年進士登科録》《嘉靖十一年進士登科録》《嘉靖十四年進士登科録》《嘉靖十七年進士登科録》《嘉靖二十年進士登科録》《嘉靖二十三年進士登科録》《嘉靖二十六年進士登科録》《嘉靖二十九年進士登科録》《嘉靖三十二年進士登科録》《嘉靖三十八年進士登科録》《嘉靖四十一年進士登科録》《嘉靖三十五年進士登科録》《嘉靖四十四年進士登科録》《隆慶五年進士登科録》《萬曆二年進士登科録》,均見《天一閣藏明代科舉録選刊·登科録》,寧波出版社,2007。

《嘉靖二十二年癸卯科浙江鄉試録》《嘉靖三十一年壬子科陝西鄉試録》,見《天一閣藏明代科舉録選刊·鄉試録》,寧波出版社,2007。

[明]過庭訓《本朝分省人物考》,周駿富《明代傳記叢刊·綜録類》,臺灣明文書局(以下略爲明文書局),1991。

[明]焦竑《國朝獻徵録》,萬曆四十四年徐象橒曼山館刻本。

[明]雷禮《國朝列卿紀》,萬曆徐鑒刻本。

[清]李周望《國朝歷科題名碑録初集》,《北京圖書館古籍珍本叢刊》第116册。

[清]曹溶《孤本明代人物小傳》,國家圖書館分館編,全國圖書館文獻縮微中心,2003。

[明]張弘道《皇明三元考》,周駿富《明代傳記叢刊·學林類》,明文書局,1991。

[清]錢謙益《列朝詩集小傳》,周駿富《明代傳記叢刊·學林類》,明文

書局,1991。

［明］王兆雲輯《皇明詞林人物考》,周駿富《明代傳記叢刊·學林類》,明文書局,1991。

［明］孫旬《皇明疏鈔》,《續修四庫全書》本。

《昌黎文史資料》第五輯。

［明］朱大韶編《皇明名臣墓銘》,周駿富《明代傳記叢刊·名人類》,明文書局 1991。

馬曙明、任林豪主編《臨海墓誌集録》,宗教文化出版社,2002。

吳明哲編著《温州歷代碑刻二集》,上海社會科學院出版社,2006。

駱兆平編纂《天一閣藏書史志》,上海古籍出版社,2005。

［明］周暉撰,張增泰點校《金陵瑣事》,《南京稀見文獻叢刊》,南京出版社,2007。

王愷仁、劉瑞祥主編《汾州滄桑》第 1—4 輯,北嶽文藝出版社,1994。

［民國］王堉昌原著,郝勝芳主編《汾陽縣金石類編》,山西古籍出版社,2000。

萬國鼎編,萬斯年、陳夢家補訂《中國歷史紀年表》,中華書局,1978。

［明］凌迪知《萬姓統譜》,文淵閣《四庫全書》本。

［明］黄宗羲著,沈芝盈點校《明儒學案》,中華書局,1985。

［清］李清馥《閩中理學淵源考》,文淵閣《四庫全書》本。

［清］顧炎武《求古録》,文淵閣《四庫全書》本,總第 683 册。

劉澤民總主編《三晉石刻大全·吕梁市孝義市卷》,三晉出版社,2012。

《三輔黄圖》,嘉靖三十二年刻本。

［明］沈德符《萬曆野獲編》,《元明筆記史料叢刊》,中華書局,1959。

四、書目類

［清］黄虞稷《千頃堂書目》,文淵閣《四庫全書》本,吳興張氏適園叢書本,第二集。

[清]范邦甸《天一閣書目》,嘉慶十三年揚州阮氏文選樓刻本。
[明]焦竑《國史經籍志》,萬曆三十年陳汝元函三館刻本。
[清]徐乾學《傳是樓書目》,道光八年劉氏味經書屋鈔本。
杜信孚《明代版刻綜録》,江蘇廣陵古籍刻印社,1983。
杜信孚、杜同《全明分省分縣刻書考》,綫裝書局,2001。
黄仁生《日本現藏稀見元明文集考證與提要》,嶽麓書社,2004。
吕友仁、查洪德《中州文獻總録》(上册),中州古籍出版社,2002。
[清]嵇璜《欽定續文獻通考》,文淵閣《四庫全書》本,總第626—631册。
劉緯毅主編《山西文獻總目提要》,山西人民出版社,1998。
[清]紀昀總纂《四庫全書總目提要》,海南出版社,1999。
《中國古籍總目·集部》,中華書局,上海古籍出版社,2012。
瞿冕良編著《中國古籍版刻辭典》(增訂本),蘇州大學出版社,2009。
崔建英輯,賈衛民、李曉亞整理《明别集版本志》,中華書局,2006。
葉德輝著、楊洪升點校《郎園讀書志》,上海古籍出版社,2010。
傅增湘《藏園群書經眼録》,中華書局,2009。

五、人物傳記、年譜、論文及其他類

汪惠民《皇甫四傑研究》,上海師範大學碩士論文,2010。
井良俊《薛應旂的生平及思想研究》,復旦大學碩士論文,2013。
鄭洪萍《明儒錢德洪的生平與思想》,上海大學碩士論文,2005。
程峰《博愛清化鎮金龍四大王廟及其戲樓碑刻考述》,《焦作大學學報》,2012(3):52—57。
褚福樓《明清時期金龍四大王信仰地理研究》,暨南大學碩士學位論文,2010。
王文榮《關于西湖八社的幾個問題考辯》,《山西師範大學學報》,2015,42(1):70—74。
裘樟松《王宗沐生平考辯》,《東方博物》第12輯:77—91。

陳斌《徐獻忠生平及詩學著述考》,《福建師範大學學報》,2012(3):68—81。

楊道偉《邊貢年譜》,湘潭大學碩士論文,2011。

謝莉《范欽年譜》,蘭州大學碩士論文,2007。

王秋朋《李攀龍年譜稿》,蘭州大學碩士論文,2007。

張肖雲《劉儲秀年譜》,西北大學碩士論文,2013。

秦皖春《屠隆年譜》,復旦大學碩士論文,2003。

錢大昕《弇州山人年譜》,《續修四庫全書》第553册。

唐鼎元《明唐荆川先生年譜》,《北京圖書館藏珍本年譜叢刊》第48册。

孫岱《歸震川先生年譜》,《北京圖書館年譜叢刊》第49册。

張傳元、余梅年《歸震川年譜》,商務印書館,1936。

夏明媚《王維楨生平及其〈存笥稿〉版本研究》,西北大學碩士論文,2010。

梁娟娟《明清臨朐馮氏家族研究》,山東師範大學碩士論文,2006。

鄭威《董其昌年譜》,上海書畫出版社,1989。

《洪芳洲公年譜》,洪朝選研究會編。

豐家驊《楊慎評傳》,《中國思想家評傳叢書》,南京大學出版社,1998。

朱東潤《張居正大傳》,湖北人民出版社,1957。

楊鐸《張江陵年譜》,商務印書館排印本,1938。

鄭涵《吕坤年譜》,中州古籍出版社,1985。

鄭利華《王世貞年譜》,章培恒主編《新編明人年譜叢刊》,復旦大學出版社,1993。

何宗美《明末清初文人結社研究》,南開大學出版社,2003。

何宗美《明末清初人文結社研究續編》,中華書局,2006。

楊增泰《明代驛站考》增訂本,上海古籍出版社,2006。

薛愈編著《山西藏書家傳略》,山西古籍出版社,1996。

劉緯毅主編《山西歷史名人傳》,山西古籍出版社,2006。

［明］楊慎著，王文才、張錫厚輯《升庵著述序跋》，雲南人民出版社，1985。

夏荃《退廬筆記》，沈雲龍主編，《近代中國史料叢刊》第965種，臺灣文海出版社。

［清］潘永因《宋稗類鈔》，書目文獻出版社，1985。

靳學强主編《汾陽書法篆刻選集》，京華出版社，2010。

王戎笙、王天有、李世愉主編《中國考試通史》，首都師範大學出版社，2004。

袁喜生《李濂年譜》，河南大學出版社，2001。

湖南圖書館編《湖南近現代藏書家題跋選》，《湖湘文庫》，嶽麓書社，2011。

金寧芬《康海研究》，崇文書局，2004。

後 記

年譜編寫完了,照例是要寫個後記的。一時却不知該從何處談起。

我是學工科的,雖然也忝列所謂的"專家"之列,實際上是真正的"磚家"。與孔天胤搭上邊,可能還與自己"不務正業"有關吧!

對專業或者工作,每個人心底或許都有某種選擇或者有某種看法。專業或工作在某個時候可能只是一種謀生的工具,雖則如此,但對絶大多數人來説,却是無法輕易捨棄的,因此工作之外就出現了業餘愛好。比如著名科學家胡先驌,植物學是其本行,詩却寫得極好。再比如一位神交已久的北京某醫院的醫生,手術做得極棒,業餘愛好却是和醫學不沾邊的古建。當然筆者並非爲自己的不務正業尋找托辭。

和孔天胤聯繫起來,並參與到《孔天胤傳》《孔天胤評傳》的寫作、《孔天胤全集》的整理以及《孔天胤年譜》的編訂中來,有很大的偶然性,這在張勇耀先生爲《孔天胤傳》所寫的《後記》中已經談得很多了,讀者不妨參看。但還有幾句需要補充的。筆者的專業是工科,研讀文史僅是爲陶冶身心,當作一種業餘愛好的。當張先生提出要我參與時,我並没有十分的自信。因爲此前對孔天胤已經有過一些了解,知道孔天胤交遊甚廣,詩文寫作時間跨度長,接近五十年,文集中涉及的人物多達幾百位,且多用號,僅僅把這些人名搞清楚就是一件繁難的工作,需要查閱大量的文獻資料,花費大量的精力和時間,有時候或許還得不到什麽結果。但筆者臉皮薄,生性不輕易拒絶别人。既然當初没拒絶,就不能再找托辭,用什麽外交辭令了。在這種情况下,參與了部分傳記的寫作。

在接受的傳記部分任務初稿完成之後，我就開始了年譜的撰寫。在此之前，張先生已經有個年譜的簡編，爲編撰詳譜打下了較好的基礎。筆者深知要編寫一本年譜，尤其是像孔天胤這樣，在當時有一定影響，但五百年來並不爲人所研究、所認知的一個人來講，困難可想而知。要編寫年譜，需要熟悉明朝的典章制度、官制、歷史政區沿革、天文曆學知識、教育科舉制度等等。因此又從頭對詩文集進行梳理，好在其大多數詩特别是《文谷漁嬉稿》大體是按照寫作年份編排的。但其中也有一些明顯的錯排，很多文章並無明確的寫作時間，只能根據其在各地任職時間進行推斷。還有部分文章除了文集外，在一些地方志中也有收録，據此進行了比較核實。在地方志和一些詩文選集中也收集到不少未收入文集的作品，特别是陝西和河南任職期間的作品大多數散失，也儘可能進行了編排。

整個年譜從資料收集到初稿撰寫完成，前前後後花費了大約一年的時間。除了正常工作之外，業餘時間幾乎都用于資料的檢索和收集、人物史實的甄别、年代的分析斷定、文字的校對等方面。"如魚飲淺水，冷暖自知。"張舜徽先生有"事非經過不知難"之語，其中甘苦，難以一言盡之。

需要説明的是，孔天胤雖然在當時有一定的影響，但已不盡爲世人所了解，年譜中涉及了大量的人物，更不盡爲人所知。這些人物或爲其同年，或曾經與其共事，或曾在山西爲官，了解他們的生平，不僅對進一步開展孔天胤研究有重大意義，而且對地方史的研究也不無裨益。這些内容原來作爲正文插入，後考慮到正文篇幅及人物簡介過多會淡化主題，因此統一調整爲附録。

筆者深知自己學識淺陋，在文史方面只能算是票友，所撰寫年譜難以登堂入室，惟願對孔天胤的認知和研究起到某種導引作用。倘蒙得到方家批評指正或者某種肯定，則又算意外之收穫了。

在資料收集和撰寫過程中，得到了國家圖書館、山西省圖書館等单位的支持，從哈佛東亞圖書館、中國國家圖書館中華古籍庫、臺灣“國圖”等所公開的電子古籍受益頗多。除此以外，還得到了趙桂溟、李永强、孔偉、香港中文大學田芳諸位的無私幫助，在此深表感謝！

韓兵强

2018年6月

山西文華·著述編

孔天胤全集

第七册

明　孔天胤◎著

張勇耀　趙桂溟
韓兵强　常佩雨◎點校

《山西文華》編纂委員會　編

山西出版傳媒集團
三晋出版社

山西文華

附録三　孔天胤年譜(上)

譜　前

汾州古爲西河地，屬冀州。明洪武九年(1376)，汾州爲直隸州，領孝義、介休、平遥三縣。萬曆二十三年(1595)五月，汾州升府，附郭設汾陽縣，另轄永寧、沁州二州及介休、孝義、平遥、臨縣、靈石五縣。永寧州領寧鄉縣，沁州領沁源、武鄉二縣，凡二州九縣。三十二年(1604)沁州、沁源、武鄉不屬，四十年(1612)石樓縣來屬，四十三年(1615)靈石縣改屬平陽府。故明季汾州府轄一州七縣，清因之[①]。

汾州城東西南北設四門，東曰景和，西曰静寧，北曰永泰，南曰南薰。與一般城池不同之處是在城外另建有東、南、西、北四關。

明代汾州城有兩座王府，一爲慶城王府，位于汾陽城東北隅，也叫東府；一爲永和王府，位于城西南隅，也叫西府。順治《汾陽縣志》卷一《土地志》："府治，在分巡道西。""分巡冀南道，在察院西。""分守冀南道，在大城東南。""汾州府學，在至聖先師廟。""名宦祠，大成門外東。""鄉賢祠，大成門外西。"

關于晉王府的世系，孔天胤在給安穆王寫的墓誌銘裏有過梳理："高皇帝有天下，大封諸子，其封晉者爲恭王。又分封諸王子。"封到山西太原的，是朱元璋的三兒子朱棡，是爲晉恭王。朱棡又將他的兒子們封到山西各州縣，"其始封于汾者，爲慶成莊惠王，恭王第四

①參見乾隆《汾州府志》卷一《沿革》。

子也”[1]。明藩王多以地爲名，獨慶成王例外。《明史》：“慶成王濟炫，晉恭王子。其生也，太祖方御慶成宴，因以爲封。”[2]慶成王濟炫先是被封到潞州，因“擅發驛馬，縱軍人爲盜，被責，召還太原”。永樂十年（1412）被封到汾州，于是這一支便在汾州世代繁衍。

相傳永和王最初是被封到山西永和縣，但因永和縣位于山西西南隅，不但地僻人稀，而且距離太原城路途遥遠，山路崎嶇，往返非常不便，永和王便以不能早晚孝敬母親劉氏爲由，奏請改封到與汾陽毗鄰的孝義縣，並請准建府于汾州。關于這一説法，也有人認爲只是臆測，因爲“王號以地名封，在山西三藩的郡王中雖屢見不鮮，然封號並不等于封地”[3]。

萬曆《汾州府志》卷三《建置類》：“成祖文皇帝載闢疆宇，篤祐宗盟。永樂初，晉王兩子並建府于汾，是爲慶成，是爲永和。”

慶成、永和兩座郡王府，在汾陽城存在了二百餘年，子孫繁衍共十一代。

譜主孔天胤一生與兩座王府，尤其是慶成王府具有莫大的關係。

汾陽孔氏，至今爲大姓望族。其先祖何時由山東曲阜遷至汾州，不得而知，家史中僅有的記載，是宋代先祖孔弘正。據曾任冀南道分巡副使的開州（今河南濮陽）人王崇慶所撰寫的孔天胤父母墓表，“公（孔麟）遠祖弘正當宋室衰微，寇賊蜂起，嘗以義氣率衆遏紅軍，一鄉賴以保全”，並且“不求功賞”[4]。而乾隆《汾州府志·州學正》一職中，有“孔宏治：山東曲阜人，至聖五十三代孫，汾州學正，入籍汾

①孔天胤《皇明慶成安穆王墓誌銘》，《孔文谷集》卷十二。

②張廷玉《明史》卷一一六《晉王棡》附《慶成王濟炫》。

③王愷仁、劉瑞祥主編《汾州滄桑》第一卷，北嶽文藝出版社1994年版，第376頁。

④王崇慶《誥封奉訓大夫宗人府儀賓暨配新鄭縣君墓表》，碑存汾陽孔氏祖塋。又見王崇慶《端溪先生集》卷六，題作《誥封奉訓大夫宗人府儀賓質庵孔公合葬新鄭縣君墓表》，二文多有不同。以下分別簡稱《墓碑》與《墓表》。

州”，未知“孔弘正”“孔宏治”是否爲一人。

弘正後有信甫，信甫生克仁，克仁生友端，友端生表，表生大褫。孔表以上皆不樂仕進，及入明承平，亦僅力田而已。到了孔大褫，才有了出仕爲山東肥城巡檢的記載。

弘治十八年乙丑（1505），一歲

八月十六日，生于山西汾州（今汾陽市）。

該支孔氏爲北鄉文同里五甲。明清鼎革，人口鋭減。據順治《汾陽縣志》：“萬曆三十一年，户一萬三千六十二，口一十二萬五千二百五十四。萬曆三十八年以後遭明季亂，版籍盡廢不存。大清順治二年實在興差人丁四萬二百丁。”文同里、王家里並入文會里①。據康熙《汾陽縣志》卷四《鄉村》，文會里屬北鄉，下轄冀村鎮（離城四十里）、古賢莊、王家社、百金堡、東橙槽頭、西橙槽頭，後五村離城四十五里②。1971 年 4 月，因組建吕梁地區行署，將原屬交城縣的蒼兒會人民公社共二十七村及原屬汾陽縣的冀村人民公社之百金堡、西槽頭、東槽頭、裴家會、王家社、閻家社、狄家社、尹家社等八村劃入文水縣③。

據趙訥《文靖先生孔公墓碑》，孔天胤“生於弘治十八年八月十六日”④。

《嘉靖十一年進士登科録》：“孔天胤：貫山西汾州，軍籍。州學生，治《詩經》。字汝錫。行一。年二十八。八月十六日生。曾祖表。祖大褫，巡檢。父孔麟，儀賓。母新鄭縣君。”

祖父孔大褫，山東肥城巡檢。祖母和氏。

父孔麟（1480—1538），字應經，號質庵。王崇慶記其“資性純粹，簡遠

①順治《汾陽縣志》卷二。

②咸豐《汾陽縣志》卷一《疆域》記載類此。

③李培信主編《文水縣志》第 6 頁，山西人民出版社，1994。

④《文靖先生孔公墓碑》，王堉昌《汾陽縣金石類編》卷二《志表類》，山西古籍出版社，2000。

篤誠”(《墓碑》),“年十五,通《詩》《書》兩經,能文章,督學王君鴻儒試而嘉之”(《墓表》),故被選爲慶成王府儀賓。孔麟去世後,時任山西巡撫陳講爲其撰寫了墓誌銘(已佚)。

母朱氏(1484—1546),新鄭縣君。“縣君出輔國將軍,慶成恭僖王之孫也”(《墓碑》)。慶成恭僖王,萬曆《汾州府志》卷三《建置類》記載:“恭僖王諱美埥,莊惠王長子。宣德七年(1432)册封,景泰七年(1456)薨,葬汾州宋家里。”但據《墓表》,恭僖王爲縣君曾大父(曾祖父),其大父(祖父)爲鎮國將軍朱美埭,父爲輔國將軍朱鍾鐺,母謝氏。恭僖王朱美埥與鎮國將軍朱美埭同輩,《墓表》有誤,慶成莊惠王爲其曾大父。關于其世系,孔天胤曾寫道:“莊惠王生恭僖,恭僖生温穆,温穆生端順,端順生恭裕,恭裕生王(指安穆王)。”①

《山西歷史名人傳》《山西藏書家傳略》《汾陽文史資料》《文水縣志》《山西省志·人物志》等,稱其父名“孔雄駿”,誤。錯誤源于一通民國孔氏後人碑。此碑名曰《先考乃璜公與先妣鄭王鄭三夫人合葬誌》,碑文中有以下一段:

> 我國著姓,以孔氏爲最,而皆系籍曲阜。吾汾陽之孔爲旁支,譜牒甚明。相傳宋時有游宦此方者,遂卜居焉。至明世,有雄駿君子曰天胤,登嘉靖壬辰科貢士榜,殿試一甲第二人及第。以祖父爲晉府儀賓,按國制不得大用,僅以參政終,未竟所學。然蓄道德而能文章,士大夫因已推重,世所稱管涔山人是也。②

因此段文字造成的錯誤信息有三:其一,孔天胤祖父是巡檢,不可能是儀賓。明制,儀賓不得參加科舉,自然也不得外任官職。其二,孔天胤並非“僅以參政終”,而是官至河南左布政使。其三,作者稱孔天胤爲“雄駿君子”,並非其父名“雄駿”。可見到民國時,孔氏後人已經對孔天胤的認識有相當的偏離。

①孔天胤《皇明慶成安穆王墓志銘》,《孔文谷集》卷十二。

②見靳學强主編《汾陽書法篆刻選集》,京華出版社,2010。

孔天胤字汝錫，號文谷，別號文谷子、文谷山人、管涔山人、管涔了、中岳外史、河汾山人等①。

“文谷”之號來源于流經汾州的文谷河（今名文峪河）。順治《汾陽縣志》卷一《山川》：“文谷河，在城東北五十里，南流，會隱泉水，經故城兹氏西與文湖水合。兹氏在汾東，又名萬谷河。”咸豐《汾陽縣志》卷二《山川》：“《文水縣志》云，文峪水，在永寧州孝文山，一出交城縣西山半崖龍口，一出本縣土安都泊泊河（縣西五十里），三水合流，從文峪口開栅鎮向東南流。今是水從文水縣南流，與汾陽縣東北五十里接境，以下經百金堡（縣東北四十五里）……”

孔天胤于嘉靖四十五年（1566）曾作《重修天寧寺萬佛閣記》，文末落款爲“退默顧侗、懷玄履素、玉涔樵隱、金庭羽客、前河南左布政孔天胤撰”②，可知“玉涔樵隱、金庭羽客”亦爲其別號。去世後門人私謚爲“文靖先生”。

同年十二月二十二日，好友王文翰生。據《嘉靖二十三年進士登科録》：“王文翰，貫山西汾州衛，軍籍。直隸蒙城縣人。國子生，治《詩經》。字則野。行五。年三十九。十二月二十二日生。”③父王繼，母黄氏④。（王文翰小傳見附録）

是年二月癸亥，命太常卿兼學士張元楨、左春坊大學士兼侍讀學士楊廷和爲會試考官，取董玘等三百人。（《明孝宗實録》卷二百二十一）

三月，顧鼎臣、董玘、謝丕等三百零三人進士及第，出身有差。改進士崔銑、嚴嵩、湛若水等三十人爲翰林院庶吉士。（《明孝宗實録》卷二百二十二，另參《弘治十八年進士登科録》）

該科重要人物或與孔天胤有交集者有：崔銑（河南彰德府人）、嚴嵩

①亦有寫作“管岑山人”或“管岑子”者。

②孔天胤《孔文谷集》卷十。

③據《嘉靖二十三年進士登科録》，王文翰生年陰曆爲十二月二十二日，則公曆爲1506年1月15日。

④據光緒《汾陽縣志》卷七《封蔭》。

（江西分宜縣人）、湛若水（廣東增城人）、陸深（直隸松江府上海縣人）、翟鑾（貫錦衣衛籍，山東諸城人）、萬鏜（江西進賢人）、顧應祥（浙江長興人）、胡汝楫（貫陝西寧夏右衛軍籍，應天府溧陽縣人）、張邦奇（浙江鄞縣人）等。

五月，孝宗去世，葬泰陵。太子朱厚照即位，是爲武宗。（《明史》卷十五《孝宗本紀》）

部分重要歷史人物及與孔天胤有重要關係可考者如下：

雷禮一歲。

王廷、何天啓、吕本、皇甫汸、張鈇两歲。

徐階、趙文華三歲。

錢薇、李開先、高叔嗣四歲。

謝九儀、薛應旂、莊一俊五歲。

李延康六歲。

史褒善、鄭曉、謝榛、李舜臣七歲。

王畿、謝少南、林春、萬表八歲。

李愷、皇甫涍、程文德九歲。

錢德洪十歲。

趙廷松十一歲。

廖道南十二歲。

項喬十三歲。

歐陽清、胡侍、張岳十四歲。

林雲同、鄒守益、歐陽必進十五歲。

皇甫冲、許宗魯十六歲。

薛蕙十七歲。

韓邦靖、楊慎十八歲。

張治道十九歲。

孫一元、王崇慶二十二歲。

顧應祥、王艮、徐獻忠、劉儲秀、何景明二十三歲。

夏言二十四歲。

胡纘宗、黄綰、嚴嵩二十六歲。

韓邦奇、吕柟、婁志德、張璁、徐禎卿二十七歲。

邊貢三十歲。

康海三十一歲。

王廷相、馬理三十二歲。

李夢陽三十三歲。

王守仁三十四歲。

王九思三十八歲。

劉麟三十九歲。

正德元年丙寅(1506),兩歲

在汾。

正月初五,黄光昇生。後黄光昇與孔天胤共事浙江。(小傳見附録)

正月二十八日,同年許應元生。後孔天胤任職浙江,與許應元有詩文往來。(小傳見附録)

三月二十五日,謝體升生。謝體升後與孔天胤共事浙江。(小傳見附録)

七月十六日,同年包節生。後包節與孔天胤有詩文往來。

九月十九日,同年范欽生。孔天胤七十歲生日時,范欽寄詩賀壽。

正德二年丁卯(1507),三歲

在汾。

二月二十九日,張鐸生。後孔天胤與張鐸同官陝西。(小傳見附録)

三月二十七日,同年謝庭茝生。後孔天胤與謝庭茝共事浙江。(小傳見附録)

十月初五，唐順之生[1]。後孔天胤與唐順之共同校刊林春遺著。（小傳見附録）

十一月二日，王維楨生[2]。後孔天胤與王維楨多有書信往來。

正德三年戊辰（1508），四歲

在汾。

二月，會試天下貢士。命少傅兼太子太傅户部尚書武英殿大學士王鏊、掌詹事府事吏部尚書兼翰林院學士梁儲爲會試考試官，取邵鋭等三百五十人。（《明武宗實録》卷三十五）

三月，吕柟（陝西高陵人）、景暘（直隸儀真人）、戴大賓（福建莆田人）等三百四十九人進士及第，出身有差。（《明武宗實録》卷三十六）

吕柟中狀元，授翰林院編修。胡纘宗三甲第一名，爲翰林院檢討。劉天和（湖廣麻城人）、周金（直隸武進人）、王崇慶（直隸開州人）及韓邦奇、韓邦靖（陝西朝邑人）兄弟亦中進士。

三月初八，俞憲生[3]。後俞憲編《盛明百家詩》，收孔天胤詩一卷。（小傳見附録）

四月十六日，陳束生[4]。（小傳見附録）

七月十一日，同年李乘雲生[5]。後與孔天胤共事陝西。（小傳見附録）

十月初八，皇甫濂生[6]。（小傳見附録）

---

①生年據《嘉靖八年進士登科録》考訂。

②郭樸《明故南京國子監祭酒王公墓誌銘》，《王槐野先生存笥稿》三十八卷本附録。

③生年據《嘉靖十七年進士登科録》考訂。

④生年據《嘉靖八年進士登科録》考訂。

⑤生年據《嘉靖十一年進士登科録》考訂。

⑥生年據《嘉靖二十三年進士登科録》考訂。

正德四年己巳(1509),五歲

在汾。

五月二十四日,楊博生①。(小傳見附録)

八月二十七日,同年游居敬生②。(小傳見附録)

九月二十四日,同年廖希顔生。後與孔天胤有詩文往來。

九月二十七日,文學家王慎中生③。(小傳見附録)

是年,趙時春生④。趙時春後曾任山西巡撫。(小傳見附録)

正德五年庚午(1510),六歲

在汾。

三月三十日,同年趙維垣生⑤。後與孔天胤共事浙江。(小傳見附録)

四月,汾州灾。乾隆《汾州府志》卷二十五《事考》:“五年夏四月,汾州黑眚。”

正德六年辛未(1511),七歲

在汾。

二月初六,同年狀元林大欽生⑥。(小傳見附録)

---

①徐階《光禄大夫柱國少師兼太子太師吏部尚書贈太傅謚襄毅楊公博神道碑》,焦竑《國朝獻徵録》卷二十五。

②葉向高《通議大夫刑部右侍郎可齋游公神道碑》,《蒼霞草》卷十三。

③雷禮《河南參政王遵岩墓表》,黄宗羲《明文海》卷四百三十七。

④徐階《明故巡撫山西都察院右僉都御史浚谷趙公墓誌銘》,《世經堂集》卷十八。出生月、日未載。

⑤生年據《嘉靖十一年進士登科録》考訂。

⑥生年據《嘉靖十一年進士登科録》考訂。

三月，楊慎、鄒守益、余本等三百五十人進士及第，出身有差。是年張璧（湖廣石首人）、黄臣（山東濟陽人）、楊守禮（山西蒲州人）、王以旂（直隸江寧人）等也中進士。（《明武宗實録》卷七十三，參見《正德六年進士登科録》）

六月，汾州灾。萬曆《汾州府志》卷十六《雜志類·灾祥》："正德六年六月，黑眚自東來，爲狀不一，人或被傷者有血痕。居民鐘鼓震鳴，通晝夜不寧，至七月方息。"乾隆《汾州府志》卷二十五《事考》："六年，汾州黑眚。居民咸鳴鉦鼓，燃燈達旦，彌月乃止。石州饑。"

九月初六，侯一元生①。後與孔天胤有詩文往來。

九月初八日，譚棨生②。譚棨與孔天胤曾同在浙江任職。（小傳見附録）

十一月三十日，張瀚生③。後孔天胤任職陝西，與張瀚有詩文往來。

正德七年壬申（1512），八歲

在汾。

是年二月，山西蒲州，陝西華陰、同官等地地震。

十一月初二，陳洪濛生。後任職山西，與孔天胤交情甚篤。（小傳見附録）

正德八年癸酉（1513），九歲

在汾。

七月十七日，孟淮生。後任山西巡撫，與孔天胤多有交往。（小傳見附録）

九月十二日，張天復生。後爲孔天胤浙江提學任上所取舉人。（小傳見附録）

五月，小王子以五萬騎攻大同，趣朔州，掠馬邑。

---

①侯一元著，陳瑞贊編校《侯一元集·下》，附録卷四《侯一元年譜》，黄山書社，2011。

②生年據《嘉靖十七年進士登科録》考訂。

③王錫爵《張恭懿公神道碑》，《王文肅公文草》卷六。

正德九年甲戌(1514),十歲

在汾。

正月初六,楊宗氣生。後任山西巡撫期間與孔天胤有交集。(小傳見附録)

小王子屢侵擾。增設總制陝西、延綏、甘肅、寧夏等處軍務大臣。(《明史》卷九十《兵志》)

二月,會試。命大學士梁儲、翰林學士毛澄爲考試官,取霍韜等四百人。(《明武宗實録》卷一百九)

三月,殿試。唐皋、黄初、蔡昂等三百九十六人進士及第,出身有差。是科未考選庶吉士。(《明武宗實録》卷一百一十)

劉儲秀登進士第,治《易》,會試一百八十六名,殿試二甲四十八名,授刑部主事。是科後來與孔天胤有交集者有:馬理(陝西三原人)、張㯋(直隸泰興人)、孫存(直隸滁州人)、薛蕙(直隸亳州人)、翟瓚(山東昌邑人)、李濂(河南開封人)、賈繼之(山西汾州人)、謝芝(山西振武衛人)、任惟賢(四川閬中人)、劉佐(江西安福人)、張治道(陝西長安人)、鍾錫(山西澤州人)等①。

十月十六日,艾希淳生。後與孔天胤共事浙江。(小傳見附録)

十二月初一,同年潘高生。潘高及其子潘雲祥與孔天胤多有往來。(小傳見附録)

正德十年乙亥(1515),十一歲

在汾。

四月二十一日,王崇古生。孔天胤致仕後與王崇古有交往。(小傳見附録)

六月二十日,同年尹耕生②。(小傳見附録)

---

①據《正德九年甲戌會試録》。

②生年據《嘉靖十一年進士登科録》考訂。

是年臘月廿四日，弟孔天民生。按：孔天民（1515—？），字不詳，號乾石。嘉靖十六年（1537）舉人，曾任直隸南宫（今河北南宫縣）教諭，山東東明縣知縣。孔天民能詩，但罕見，縣志中存詩一首。孔天胤有詩《臘月廿四日壽乾石弟作》（《文谷漁嬉稿》戊辰卷）、《東明弟行年六十，宴于棣華，效成相語》（《文谷漁嬉稿》癸酉卷）及《乾石生日》（《文谷漁嬉稿》乙亥卷），詩中有“流年共度百餘春，兄七旬來弟六旬”句，可推知孔天民生年。

是年，山西清源、交城二地地震。

正德十一年丙子（1516），十二歲

在汾。

正月十六日，陳堯生。後與孔天胤有詩文往來。（小傳見附録）

正月二十九日，孝义霍冀生。孔天胤後爲其祖父作墓誌，二人詩文往來頗多。（小傳見附録）

五月十四日，同年王廷榦生。後與孔天胤共事浙江。

十月初六日，同年蔡汝楠生[①]。後與孔天胤有詩文書信往來。

十二月二十八日，宋岳生。後任山西左参政，與孔天胤多有交游及詩文往來。（小傳見附録）

正德十二年丁丑（1517），十三歲

在汾。

二月辛亥，命太子太保、户部尚書兼武英殿大學士靳貴，詹事府少詹事兼翰林學士顧清爲會試考官。甲戌，禮部會試，取倫以訓等三百五十名。（《明武宗實録》卷一百四十六）

三月殿試，舒芬、倫以訓、崔桐等三百四十九人進士及第，出身有差。（《明武宗實録》卷一百四十七，《正德十二年進士登科録》）

---

①董份《明通議大夫南京刑部右侍郎白石蔡公墓誌銘》，《董學士泌園集》卷三十六。

是科重要人物或與孔天胤有交集者有：馬汝驥（陝西綏德人）、許宗魯（陝西咸寧人）、胡侍（陝西咸寧人）、張鯤（河南太康人）、歐陽必進（江西安福人）、婁志德（河南項城人）、許相卿（浙江海寧人）、夏言（江西貴溪人）、柯相（直隸貴池人）、張岳（福建惠安人）、蕭一中（湖廣華容人）、聶豹（江西永豐人）、張瀚（江西吉水人）、范鏓（瀋陽中衛人）等。

閏十二月十五日，徐學詩生。後成爲孔天胤浙江提學任内所取舉人。

是年，王叔杲生。後與孔天胤相識于浙江。（小傳見附録）

正德十三年戊寅（1518），十四歲

在汾。

二月初二，秦鳴雷生。後成爲孔天胤浙江提學任内所取舉人。（小傳見附録）

正德十四年己卯（1519），十五歲

在汾。

武宗至汾。萬曆《汾州府志》卷十六《雜志類·災祥》："正德十四年，上駕幸汾，時自榆林還京。"

六月，江西寧王朱宸濠反，集兵十萬。巡撫南贛都御史王守仁起兵討之。

七月，王守仁克南昌，擒寧王等，僅用四十三日。

正德十五年庚辰（1520），十六歲

在汾。

二月二十日，隱士孫一元卒①。孔天胤後任職浙江時曾訪其隱處。

①劉麟撰《孫太初墓誌銘》，《劉清惠公集》卷八。

正德十六年辛巳(1521),十七歲

在汾。

是年,王守仁始揭"致良知"之學。

三月,武宗薨,遺詔興獻王朱厚熜嗣位。九月葬于康陵。

四月,世宗朱厚熜自安陸(今湖北鍾祥縣)至京師,即皇帝位。

大學士楊廷和總理朝政,革除武宗弊政。佞臣錢寧、江彬伏誅。(《明史》卷一百九十《楊廷和傳》)

世宗即位六日,大禮議起。

五月丙辰,補庚辰廷試,賜楊維聰、陸釴、費懋中等三百三十人進士及第,出身有差。改廖道南、江汝璧等二十四人爲翰林院庶吉士。(《明世宗實録》卷二)

是科重要人物或與孔天胤有交集者有:陳講(四川遂寧人)、丁汝夔(山東霑化人)、張璁(浙江永嘉人)、邵經邦(浙江仁和人)、邵經濟(浙江仁和人)、於敖(陝西岷州衛人)、孫應奎(河南衛洛陽人)、張珩(山西石州人)等。

六月二十五日,趙訥生①。後成爲孔天胤弟子。(小傳見附録)

嘉靖元年壬午(1522),十八歲

在汾。

是年,張鉞任汾州知州。乾隆《汾州府志》卷八《職官·知州》:"張鉞,山東舉人,嘉靖元年任。"任内創修仰高書院。據雍正《山西通志》卷三十五《學校》:"仰高書院,在縣治西。嘉靖元年,督學周宣命知州張鉞即狄公祠隙地創建,參政李元題曰'仰高',蓋言仰子夏之文、狄公之武也。"

八月,寧鄉地震。汾州大稔。(乾隆《汾州府志》卷二十五《事考》)

是年,韓邦靖任山西布政司左參議。

---

①《嘉靖三十八年進士登科録》:"趙訥:字孟敏。行一。年三十九,六月二十五日生。"

嘉靖二年癸未（1523），十九歲

在汾。

是年，郭鏗任汾州知州。乾隆《汾州府志》卷八《職官·知州》："郭鑑（鑒）：陝西咸寧（人）。舉人，嘉靖二年（任）。"[①]又卷十一《宦績上》："郭鏗，陝西咸寧人，以舉人嘉靖二年知汾州。爲人深沉有志操，民畏服之。擢户部員外郎，累官布政使左參議。"

是年，姚淶、王教、徐階等四百一十人進士及第，出身有差。是科未考選庶吉士（《明世宗實録》卷二十四，《嘉靖二年進士登科録》），徐階爲探花。

是科其他重要人物或與孔天胤有交集者有：李舜臣（本年會元，山東樂安人）、孫繼魯（雲南右衛，軍籍，浙江錢塘人）、歐陽德（江西泰和人）、盧蕙（直隸淮安府山陽人）、高叔嗣（河南祥符人）、趙廷松（浙江樂清人）、鄭曉（浙江海鹽人）、王庭（直隸蘇州府長洲人）、顧夢圭（直隸蘇州府昆山人）、張時徹（浙江鄞縣人）、柯維騏（福建莆田人）、李清（湖廣龍陽人）、李宗樞（陝西富平人）、傅鳳翱（湖廣應山人）等。

正月，韓邦靖自劾歸，有《正月十四日飲宗人宅時自山西歸省》[②]。

四月二十一日，韓邦靖卒[③]。

八月，兵科給事中許相卿自免歸[④]。後孔天胤任職浙江，與許相卿有交往。（小傳見附録）

十一月初三，林大春生。後與孔天胤相識于陝西，结忘年之交。

---

①順治《汾陽縣志》卷四《名宦》作"郭鏗"，嘉靖二十二年任。康熙《汾陽縣志》亦作"郭鏗"，列在張琯後，任職時間應爲嘉靖二年。嘉慶《咸寧縣志》卷八《選舉》作"郭鏗"，正德二年丁卯科舉人，後升太原府同知、山西參議。雍正《陝西通志》卷三十一《選舉二》"舉人·正德二年丁卯科"條："郭鏗，咸寧人，山西參議。"鑑或鑒當爲"鏗"之誤。

②韓邦靖《五泉韓汝慶詩集》卷三。

③王九思《明故朝列大夫山西等處承宣布政使司左參議五泉韓子墓誌銘》，《渼陂集》卷十三。

④張廷玉《明史》卷二〇八《許相卿傳》。

嘉靖三年甲申(1524),二十歲

在汾。

正月十九日,王宗沐生。後成爲孔天胤浙江所取舉人。又任職山西,與孔天胤有書信往來。(小傳見附録)

師從汾州隱士馮思翊,學《詩》。從師年份不詳,姑繫于此年。按:馮思翊(1491—1568),字忠甫,别號西野。萬曆《汾州府志》有傳:"馮思翊,隱居教授,聚徒講學,科第得人最多。榜眼孔天胤、進士王文翰輩,舉人賴君恩輩,選貢田選輩,皆出其門,一時稱盛。"

康熙《汾陽縣志》卷三《隱逸》:"馮思翊,隱居讀古(當爲書),聚徒講學,得人最盛。科第孔天胤、王文翰、賴君恩等皆出其門。子叔奇鄉薦,孫建賢歲貢,建官府庠生,人稱造士子報。督學陳公延爲仰高書院長。"[①]

光緒《汾陽縣志》卷十引舊志:"明馮思翊,汾陽人,嘗爲仰高書院山長。聚徒講學,多所成就。邑人孔文谷方伯出其門,他若王參議文翰、賴别駕君恩皆登甲榜,莅官有聲思。子叔奇舉鄉薦,官平凉通判。孫建賢、建官皆高才生。人以爲造士之報。"按:賴君恩,字汝承,號龍溪,嘉靖十三年(1534)舉人,官鞏昌府通判[②]。

是年王崇慶任山西按察司副使,分巡冀南道,駐汾[③]。雍正《山西通志》:"王崇慶,直隸開州人。正德間以進士官主事,上疏忤旨,謫沁州州判。高才邃學,名山勝迹所在嘯咏,尋入爲部曹,擢分巡冀南道,駐汾州。惟正風俗、敦士習是務,嘗毁玄元宫爲子夏祠,撤静心寺爲察院。後以母老請歸。累官南京吏部尚書。"萬曆《汾州府志》與此記述類似,云"嘉靖二年駐扎"。據《端溪先生年譜圖》[④],嘉靖三年(1524)三月,王崇慶升山西按察副

---

①亦見順治《汾陽縣志》卷四《隱逸》。

②乾隆《汾州府志》卷十八《科目上》。康熙《鞏昌府志》未見記載。字號據《明故處士賴公墓誌銘》考訂,碑存汾陽博物館。

③瞿景淳《明故資政大夫南京吏部尚書端溪王公墓表》,《瞿文懿公集》卷十二。

④今藏河南濮陽縣檔案館。

使。孔天胤《刻海樵子序》中也説:“嘉靖甲申,先生持憲山西,行憲冀南。”據此,嘉靖三年爲是。

子夏祠又稱卜山書院,在西北大相里。《汾陽縣金石類編》有《有元創建卜山書院》碑,記載書院係元代邑人樊宗英創建。卜山書院爲汾陽八景之一。第六代慶成王朱知爃有《卜山書院》詩:

卜山擁翠勢峥嵘,世遠空堂草自横。澗底寒流鳴咽里,令人疑是讀書聲。(乾隆《汾州府志》卷三十三)

第七代慶成王朱新堤有同名詩:

子夏山南山樹青,當年有客夜談經。無邊風月誰收拾,寥落無人空見亭。(《奕善堂集》卷上)

王崇慶任職期間頗有作爲,瞿景淳《明故資政大夫南京吏部尚書端溪王公墓表》云:“時進諸生課試之,荷公獎拔者相繼登進士第,人尤服其明。”

孔天胤後來爲王崇慶文集作序時,也提及王崇慶在汾州之治績以及帶給自己的重要影響:

嘉靖甲申,先生持憲山西,行憲冀南,考澤、潞、遼、沁、汾。汾且劇,故先生駐汾日多。一時剔蠹作明,闢邪恢正,章采樹風,照道啓學之功,皆百年所未有焉。是時,學宫諸弟子員始相遜勵,鄉風日以成章。而予小子乃得舉進士上第,服官明時,夫德化光,教弘士興,信哉!(《刻海樵子序》)

嘉靖五年丙戌(1526),二十二歲

在汾。

汾州知州郭鏗增拓仰高書院。雍正《山西通志》卷三十五:“仰高書院:在縣治西,嘉靖元年督學周宣命知州張鉞即狄公祠隙地創建……五年知州郭鏗增拓,自爲記。”

二月壬午,禮部會試天下貢士,取趙時春等三百人。(《明世宗實録》卷六

十一）

是科重要人物或與孔天胤有交集者有：王慎中（福建晉江人）、郭秉聰（山西襄垣人）、趙時春（陝西平涼人）、翁萬達（廣東揭陽人）、鄒守愚（福建莆田人）、應檟（浙江遂昌人）、林雲同（福建莆田人）、蘇祐（山東濮州人）、張鐸（南京留守衛旗籍，常熟人）、連鑛（直隸永年人）、張一厚（山東平原人）、李冕（山東章丘人）、鄒堯臣（雲南趙州人）、許論（河南靈寶人）、蘇術（廣西陽朔人）、張子立（山東黄縣人）、金璐（浙江仁和人）、張九叙（山西石州人）、蔣應奎（山西大同人）、張鵬（山西沁州人）、謝蘭（山西代州人）等。

三月初五，王緝生。孔天胤與王緝及其兄王緯交情莫逆，後與王緝成爲兒女親家。（小傳見附録）

五月十二日，張四維生。按：張四維，山西蒲州人。（小傳見附録）

十一月初五，王世貞生。錢大昕《弇州山人年譜》："明世宗嘉靖五年丙戌十一月五日，公生。"後謝榛將孔天胤與馮惟訥評點刊定的詩集《適晉稿》寄給王世貞，王世貞有詩。

是年汾州饑荒。萬曆《汾州府志》："嘉靖五年，汾州大饑。斗粟錢數千，流殍滿野。"

嘉靖六年丁亥（1527），二十三歲

在汾。

是年，右參政黄臣駐汾。康熙《汾陽縣志》卷五《憲司》："黄臣，山東濟陽人……嘉靖六年駐扎。"與孔天胤在此期間相識，後二人相遇于淮上。（小傳見附録）

嘉靖七年戊子（1528），二十四歲

在汾。

十一月二十九日(1529年1月9日),王守仁卒于江西南安。(小傳見附録)

是年,劉儲秀任山西提學副使。雍正《陝西通志》卷六十記其任山西提學副使期間,“崇雅黜浮,士風丕變”。孔天胤在此期間與之相識。

嘉靖八年己丑(1529),二十五歲

在汾。

是年,吴潮任汾州知州。按:吴潮,江西新淦人。順治《汾陽縣志》卷三《知州》:“吴潮,江西新淦舉人,嘉靖八年任。”①

三月甲寅,羅洪先(江西吉水人)中狀元,榜眼爲程文德(浙江永康人),探花爲楊名(四川遂寧人)。而唐順之(直隸武進人)會試第一,殿試二甲第一名。(參見《嘉靖八年進士登科録》)

程文德外,是科重要人物或與孔天胤有交集者有:陳束(浙江鄞縣人)、任瀚(四川南充人)、栗應麟(山西潞州人)、項喬(浙江永嘉人)、胡松(直隸滁州人)、郊鼎(直隸太倉人)、熊過(四川富順人)、薛甲(直隸江陰人)、李開先(山東章丘人)、莊一俊(福建晉江人)、趙文華(浙江慈溪人)、王培齡(山西鄉寧人)、王與齡(山西鄉寧人)、孟雷(山西澤州人)、孟霖(山西澤州人)、孫應奎(浙江餘姚人)、葛守禮(山東德平人)、楊博(山西蒲州人)、鍾鑒(山西澤州人)、李延馨(山西潞州人)、陳珪(廣東化州人)、王崇(浙江永康人)、黄光昇(福建晉江人)、寇陽(山西榆次人)、陳一貫(福建福清人)等。

是科主考官爲華蓋殿大學士楊一清、謹身殿大學士張璁、武英殿大學士桂萼、翰林院學士方獻夫、翰林院學士霍韜,多人皆議禮新貴。(《嘉靖八年進士登科録》,《明史》卷一十七《世宗本紀一》)

是年,汾州饑荒。萬曆《汾州府志》卷十六《雜志類·災祥》:“嘉靖八年,

①隆慶年間有同名吴潮任臨縣知縣,係陝西渭南人,非同一人。

饑。”乾隆《汾州府志》卷二十五《事考》:“八年正月朔,寧鄉大雨雹。六月,汾州螟蝗食稼。秋七月,石樓隕霜。八月,孝義縣地震。”

九月,山西提學副使劉儲秀升河南左參政。(《明世宗實録》卷一百五)張肖雲《劉儲秀年譜》作嘉靖九年任,或爲實際到任時間①。

嘉靖九年庚寅(1530),二十六歲

在汾。

是年,寧鄉饑荒。乾隆《汾州府志》卷二十五《事考》:“九年,寧鄉饑。”

是年,胡纘宗任山西布政司左參政,駐汾。萬曆《汾州府志》卷七《官職類·部使》:“胡纘宗,陝西秦安人……嘉靖九年駐扎。”次年孔天胤參加鄉試,胡纘宗是提調官之一。康熙《汾陽縣志》記載類此。《河汾樂育詩》所作序中,胡纘宗寫道:“馴雅若孔汝錫,若郭允新,文彩侁侁焉。”郭允新,郭鎜。(胡纘宗、郭鎜小傳見附録)

是年十一月,陳講任山西提學副使。(《明世宗實録》卷一百十九)陳講,四川遂寧人,萬曆《山西通志》載其“寬而有致,品第士類,人咸服其明。建河汾書院,萃士之良者,課業有程,多所造就”。(小傳見附録)

此年爲孔天胤參加鄉試的前一年,可知孔天胤參加鄉試,是受提學陳講考選。孔天胤在後來給陳講的信《與中川陳宗師》中,不但自稱“門人小子”,而且記述了陳講對自己的影響,稱“小子仰庇寵靈,復從文事”,並且覺得自己在學術上没有建樹,有愧于先生教導,“聰明益有所不逮耶,誠負明教甚矣”。離别之後,孔天胤對其“結佩明思,並兹離緒,緬望雲峩,曷勝耿耿”。(《孔文谷集》卷十五)

①張肖雲《劉儲秀年譜》,西北大學2013年碩士學位論文。

嘉靖十年辛卯(1531),二十七歲

在汾。是年考取舉人。

五月,山西右參政黄臣升四川右布政使。(《明世宗實録》卷一百二十五)

是年,王正宗任汾州知州。順治《汾陽縣志》卷三《知州》:“王正宗,北直固安人。進士,授御史,謫判潞州。嘉靖七年轉介休知縣,清廉正直,盗賊遁,豪强服。十年知汾州,遷長史。”

八月,孔天胤參加鄉試。

考試官爲户部湖廣主事莊一俊、刑部廣東主事趙文華。提調官爲山西布政左使楊叔通、山西布政司左參政胡纘宗。據《嘉靖十年山西鄉試録》,當年鄉試取六十五名,孔天胤以《詩經》“于萬斯年,受天之祜”中第六名。同考官王時進評:“講繩武處是受祜處,甚善。”同考官倪鎧評:“不言其受祜而言其所以受祜,知本之論也。”考試官趙文華批:“全不類時作。”考試官莊一俊批:“融會詩意成文,可取。”(莊一俊、趙文華小傳見附録)

乾隆《泉州府志》卷三十五:“(莊一俊)辛卯典試山西,得十,獨盛。孔天允其著也。先于闈中得一卷,多秦漢語。謂同典試趙文華曰:‘此角丱士。’趙以其文蒼然,未之信。已入見,爲趙繼孟,稺而貧。趙乃大服。”(趙繼孟小傳見附録)

同時中舉的汾州學子有:王文翰,第二十三名,以《詩經》中式;趙世禄,第四十一名,以《書經》中式;何體乾,第五十二名,以《詩經》中式;李天錫,第五十八名,以《詩經》中式。孔天胤後來在給趙世禄的墓誌銘中也寫道:“嘉靖辛卯之歲,郡文士舉於鄉者五人,余與焉。”①

《嘉靖十一年進士登科録》:“(孔天胤)山西鄉試第六名。”趙訥《文靖先生孔公墓碑》也記孔天胤“中式辛卯第六人,明年連第”。

---

①孔天胤《故朝列大夫山東布政使司右參議西田趙公墓誌銘》,《孔文谷集》卷十二。

九月，浙江副使陳察升任山西按察使。（《明世宗實録》卷一百三十）陳察與孔天胤有詩文往來。（小傳見附録）

是年，由于山西提學副使陸深與巡按御史趙鏜互相彈劾，引出一場關于修建"敬一碑"的風波，波及曾任山西提學副使的劉儲秀。（《明世宗實録》）當時已任河南布政司左參政的劉儲秀被罷職，直至嘉靖十五年（1536）才復出任江西參政[①]。（陸深小傳見附録）

嘉靖十一年壬辰（1532），二十八歲

是年，中進士。

正月，曹嘉任山西提學副使。（《明世宗實録》卷一百三十四。曹嘉小傳見附録）

是年，魏珏任汾州知州。順治《汾陽縣志》卷三《知州》："魏珏，許州人。嘉靖十一年任，係舉人。"

正月丙寅，右中允廖道南、右贊善蔡昂並爲翰林侍讀學士。（《明世宗實録》卷一百三十四）

二月會試，孔天胤榜上有名。《嘉靖十一年進士登科録》："（孔天胤）會試第二百七十二名。"知貢舉官爲禮部尚書夏言、禮部左侍郎湛若水，主考官爲詹事兼翰林院學士張潮、翰林院侍讀學士郭維藩，同考官有吏部稽勛司主事署郎中事高叔嗣，翰林院修撰王教、倫以訓、龔用卿，翰林院編修張兖、歐陽德、程文德、楊名，户部山西司主事林雲同等。

三月廷試，讀卷官爲張孚敬、李時、王瓊、王憲、汪鋐、許讚、王時中、蔣瑤、陳經、周期雍、張潮、席春、吴惠、郭維藩、廖道南、蔡昂。孔天胤以一甲第二名進士及第（第一名爲林大欽），此後人稱"孔榜眼"。《嘉靖壬辰科廷試》策問卷見《孔文谷集》卷一。

萬曆《山西通志》卷二十三《選舉下·壬辰科》："孔天胤，汾州人，榜眼，

---

①張肖雲《劉儲秀年譜》，西北大學2013年碩士學位論文。

布政。”

諸版《汾陽縣志》均有記載：

孔天胤，榜眼及第。以王親例外補按察僉事，提督學政。（順治《汾陽縣志》卷四）

嘉靖壬辰科：孔天胤，榜眼及第，見鄉賢。（康熙《汾陽縣志》卷六《甲科》）

孔天胤，字汝錫，汾州人。嘉靖壬辰殿試第二。以宗親例不得授京職，外補陝西按察司僉事，提督學政。（乾隆《汾陽縣志》卷八《文苑》）

是科考選庶吉士二十一人。一人入閣，即李本（吕本）。位居一品者有李本、雷禮與朱衡。正二品有户部尚書曹邦輔、傅頤；禮部尚書閔如霖、王廷；兵部尚書吴岳、吕光洵；刑部尚書毛愷[1]、盧勛；工部尚書魏尚純。沈德符認爲：“壬辰一甲，最爲不競。首林大欽止修撰，榜眼孔天允以王親授僉事，探花高節，以編修謫戍；庶常惟吕餘姚一人入閣，差强人意耳。”（《萬曆野獲編》卷七）

是科與孔天胤交往密切或曾共事者有：

二甲第七名林春；

二甲第八名王廷；

二甲第十六名謝少南；

二甲第三十六名蔣信；

二甲第三十七名茅鑿；

二甲第四十名陳仕賢；

二甲第五十四名許應元；

二甲第五十七名皇甫涍；

①毛愷，《明史》及登科録中作嘉靖十四年進士。據張正位《蘇門集序》，毛愷爲嘉靖十一年壬辰科進士。毛愷《跋蘇門集後》云：“愷也不佞，壬辰就試南宫，繆爲先生所録。”則毛愷參加了嘉靖十一年會試，或未參加該年殿試。

明制，藩王宗親、姻親不得在京爲官。作爲典型，沈德符在《萬曆野獲編》中寫道：

本朝宗室厲禁，不知起自何時，既絶其仕宦，並不習四民業，錮之一城。至於皇親，亦不許作京官，尤屬無謂。仕者僅止布政使，如嘉靖壬辰探花孔天允，榜下選陝西提學僉事，時方弱冠，尋任浙江提學副使，後官至左轄而歸。他不可勝紀。①

“探花”爲“榜眼”之誤。“時方弱冠”也不確切，孔天胤中進士時已經二十八歲。“左轄”，左布政使。

關于孔天胤不能任京官的記載，又見王世貞《弇山堂别集》卷十六《皇明奇事述一》“山西二國戚”條：“嘉靖壬辰第一甲第二人孔天胤，以國戚授陝西按察僉事，遷提學副使，至右布政使（誤，當爲左布政使）。丁未第二甲第一人亢思謙改庶吉士，授編修，國戚事始覺，得遷提學副使，至右布政使。皆以不得意功名去官，皆晉人，皆有詩文名，豪飲喜客相甲乙。”亢思謙《慎修堂集》詹思虞序：“三晉文獻制科登上第，若郭壺關、劉襄垣、張臨汾、孔汾州與平陽亢公而五。汾州以前尚矣。”按：郭壺關，郭翀，字子翔，又字飛卿，洪武四年（1371）開科中榜眼，官吏部主事②。劉襄垣，劉龍。張臨汾，張潤。（小傳見附録）

七月十七日任陝西提學僉事。《明世宗實録》卷一百四十嘉靖十一年七月：“癸亥，改陝西按察司僉事孔天胤俱提調學校。”

七月，吏部尚書、四朝元老王瓊卒③。王瓊曾任該年殿試讀卷官。

顧夢圭《送文谷孔君序》：“皇上御極，壬辰歲，臨軒策天下士。文谷孔君對揚清問，上親擢一甲第二人及第。顧以藩府姻也，出爲陝西督學。”（《疣贅録》卷四）

①沈德符《萬曆野獲編》卷四。卷七《詞林大拜》條中也提及此事。

②曾擬中狀元，因貌寢遂易吳伯宗。事見《皇明三元考》卷一。

③霍韜《贈少保兼太子太保吏部尚書謚恭襄前少師王公瓊神道碑銘》，焦竑《國朝獻徵録》卷二十四；又見《渭涯文集》卷六，題作《太保尚書王晉溪神道碑》。

冬，康海至長安，孔天胤前往拜會，與之定交。康海《送文谷先生序》中寫道："予以壬辰冬再詣長安，文谷子來訪。予睹其人，聽其言，有孚之君子也。當時諸君子相訪者，顧無能如文谷子，於是定交焉。"該年二人四次相見："今歲凡四會文谷子矣，其所啓迪士類，一皆因之於心而求諸理，故士子沛然興焉。"（《對山集》卷二十八）

是年，牛天麟駐汾。康熙《汾陽縣志》卷五《憲司》："牛天麟，山東聊城人，正德戊辰（1508）進士，由監察御史歷升左參政。嘉靖十一年駐扎。累官督理甘凉屯政都御史。"

十二月，大理寺右少卿陳達任山西巡撫①。按：陳達，福建閩縣人，弘治十八年（1505）進士。

春，小王子乞通貢，不許，怒，以十萬騎擾延綏。（《明史》卷三二七《外國八·韃靼》）

嘉靖十二年癸巳（1533），二十九歲

陝西任上。

是年汾州饑荒，萬曆《汾州府志》卷十六《雜志類·灾祥》："十二年，饑。"乾隆《汾州府志》卷二十五《事考》："十二年，盜據劉王嵲。八月，石樓隕霜害稼。寧鄉、汾州、石州大饑，道殣相望。"

二月，山西提學副使陳講升山西右參政。（《明世宗實録》卷一百四十七）

四月，高叔嗣以山西布政司左參政分守冀南道，駐汾。（《明世宗實録》卷一百四十九）萬曆《汾州府志》卷七《官職類·部使》："高叔嗣，河南祥符縣人。嘉靖癸未進士，由吏部郎中升左參政，嘉靖十二年駐扎。累官湖廣按察使。"康熙《汾陽縣志》卷五《憲司》："高叔嗣，河南祥符人，嘉靖癸未進士。由吏部郎中升左參政，嘉靖十二年駐扎。累官湖廣按察使，有文學盛名。"高叔嗣《清心堂省事銘》："嘉靖癸巳，余罷吏部稽勛郎中，出爲山西布政司左參政，分守冀南道。"（《蘇門集》卷六）馬理有贈詩七律《送高蘇門擢山西大

①吳廷燮《明督撫年表》卷二《山西》。

參之任》及七絶《送高蘇門擢大參之任》二首。後詩句云："文星昨夜入汾陽，曉日都門泛别觴。"(《溪田文集》卷九、卷十)

是年，王確任汾州知州。順治《汾陽縣志》卷三《知州》："王確，潁上人。嘉靖十二年任。"

是年，孔天胤在陝西任上。遍歷陝西諸縣，考選士子，並致力于糾正學風。張治道記載孔天胤"敦崇教化，嚴制科條，淑士必先根本，爲文必法秦漢。删繁剃稊，刬異歸同，變近時嶮澀乖盭之習，以復成化、弘治博雅渾厚之氣。士彬彬然盛矣"[①]。

十月，命鄉試考官只用教職，不必差京官。(《明世宗實録》卷一百五十五)

十月，大同兵變。總兵官李瑾以小王子屯大同塞外，遂督役峻急，役卒王福勝、王保數十人鼓譟，焚殺李瑾，代王奔宣府。(《明史》卷十八《世宗本紀二》)

高叔嗣爲王瓊作《祭晉溪公文》。文中寫道："嘉靖癸巳孟冬之望，謹用牲醴楮幣，申祭於故府主太宰恭襄晉溪公。"(《蘇門集》卷八)

孔天胤初仕陝西期間詩文大多佚失。行迹零星見于劉儲秀、張治道等人的詩文中。記録最多者當屬張治道。張治道《太微後集》中有《題陸魏孔三君子空同觀鶴卷》《十月十五日孔文谷過留飲觀詩至晚移菊下見月作》《孔文谷邀過興善寺閣二首》《雨中同孔文谷宿金聖寺》《寺中送孔文谷之涇陽》《得孔文谷書情極綢繆讀之焉有賦此隨答》等詩，記載了孔天胤在陝西期間視學崆峒(今屬甘肅)、涇陽，登臨興善寺、金聖寺的行踪[②]。具體寫作時間待考，暫繫于該年。尤其是《十月十五日孔文谷過留飲觀詩至晚移菊下見月作》一首，更見出這對忘年交志趣之相投：

朝聞車馬過柴廬，更有新詩以啓余。貰酒敢扱深夜飲，開緘真見古人書。搴裳爲月行風苑，改席因花坐露除。醉後高歌一回首，不知天地復何如。

①張治道《送提學孔文谷先生序》，《太微後集》卷三。

②雍正《陝西通志》卷二十八："興善寺，在永寧門外五里，今靖恭坊。創自晉武，初名遵善寺，隋開皇間額曰大興善寺。"

嘉靖十三年甲午(1534),三十歲

陝西任上。

正月,永和王府欲改水環汾州城,高叔嗣止之。其《汾州馬跑泉碑》云:“嘉靖十三年甲午正月,冀南道、汾州王府教授所申欲改引州城西馬跑泉水環城,陰擷其利。民並泉居,且千餘家恃水以富,百餘年其樂,改否如何也?”(《蘇門集》卷七)過庭訓《明分省人物考》卷八七高叔嗣条:“……出爲山西左參政。永和王欲改馬跑泉水環汾州城,中丞報可,叔嗣曰:‘王專其利,奈小民生業何?’卒止其議。汾人感其事,争肖像祀之。”

五月,山西右參政翟瓚升湖廣按察使。(《明世宗實録》卷一百六十三)後孔天胤任潁州兵備時有詩寄之。

是年,孔天胤有詩《寄高竹所年兄》。頷聯云:“念我西征客,曾貽驄馬篇。”[1]高竹所,即高節。孔天胤赴陝西任,高節曾寫送别詩。詩今未見。

高節自翰林院編修被貶爲河間通判。林春《再簡孔文谷》云:“思竹所轉判河間,尚未到任,便中均乞教言及之,亦同年之雅意也,何如何如?”(《林東城文集》)

在陝西任上,孔天胤考選陝西各地諸生。

八月,兩京及河南、山東、陝西、山西、浙江、湖廣、江西、福建、廣東、廣西、四川、雲南等十二布政司鄉試。貴州士子附雲南鄉試。

是科,臨汾亢思謙中山西解元。高應冕(1503—1569)中舉,此後三應進士試不第。張瀚《光州知州高潁湖墓誌銘》:“高光州者,諱應冕,字文中,自號潁湖。其先由汴徙仁和。”“甲午舉于鄉,三上春官不遇。”“試吏湖廣綏寧,遷光州守。”(《奚囊蠹餘》卷十五)高應冕爲西湖八社成員之一,孔天胤在浙期間,二人多有交往。

八月,孔天胤主持該年陝西鄉試。張治道《送提學孔文谷先生序》云:“遵制得六十五人,案首三十六,優等二十八,遺材一,皆儘先生之選。”(《太微後集》卷三)

---

①俞憲《盛明百家詩·孔方伯集》,以下簡作《孔方伯集》。

王九思之侄王沔受孔天胤賞識，以附學生參加鄉試，不果，以增廣生入學[①]。據温純《明封膳部員外郎平橋王公墓誌銘》，華州王庭詩、王庭譔、王庭諭進士三兄弟之父王吉兆（平橋）亦受孔天胤賞識，但亦不遇。（温純《温恭毅集》卷十《誌銘》）

九月，翟瓚升湖廣巡撫。（《明世宗實録》卷一百六十七）

是年，修書謝少南，言及"都門一别，倏已兩年"（《與謝與槐》，《孔文谷集》卷十五）。都門，當指嘉靖十一年會試與殿試時在京事。（謝少南小傳見附録）

約是年，刻樊鵬《樊氏集》四卷[②]。孔天胤與樊鵬同官又同道，互相欣賞，孔天胤稱"嘉靖甲午，余方提學關中，其年南溟（樊鵬號）以民部員外郎升僉憲，至與余語，甚契"[③]；樊鵬也對孔天胤敬佩備至，稱讚孔天胤"執事造詣玄妙，識見超凡，可謂乘龍鳳遨遊天宇者矣"（樊鵬《答孔文谷提學書》，《樊氏集》卷九）。

樊鵬嘗遊何景明、邊貢之門，而與孟洋、唐順之輩爲詩文友，故其談詩卓有所見。關于樊鵬之詩，錢謙益評曰："其論詩一以初唐爲宗，亦原本于仲默也。"（錢謙益《列朝詩集·丙集》卷十二）仲默爲何景明字。王兆雲認爲："鵬嘗遊于何仲默、邊廷實（邊貢）、吕仲木（吕柟）之門，而與孟望之（孟洋）、李子西（李宗樞）、唐應德（唐順之）、王道思（王慎中）、王汝化（王格）、田深甫（田汝耕）、孔文谷諸公爲詩文友，故其談詩也卓有所見。"（《皇明詞林人物考》卷七）而"嘉靖八才子"之一趙時春認爲樊鵬之詩"源出于何大復氏（指何景明），獨堅壁立玄甲之幟，不復襲其師説，燦然成一家言"（趙時春《樊子集後序》，《趙浚谷文集》卷三）。樊鵬丁憂期間，孔天胤與其曾有書信往來。孔天

---

①王九思《侄沔墓誌銘》，《渼陂集》續集卷下。記其事曰："嘉靖甲午投試入學，督學者文谷孔公先生見其文，愛之，令以附學生試鄉闈，乃不果舉，尋授增廣生。"

②中國國家圖書館善本室藏有《樊氏集》共十二卷，爲"明嘉靖十三年孔天胤刻本，二十三年吴九經續刻本"，前七卷均注明"汾州文谷子孔天胤刻"。然由其爲《樊氏集》所寫的序言"信陽樊南溟子著詩四卷""因授四卷詩"句，可知當年初刻只有四卷；五、六、七卷爲嘉靖十八年補刻，因該卷最晚詩《南巡歌》作于嘉靖十八年。臺灣"國圖"藏七卷本，著録爲嘉靖十八年孔天胤刻本，有"陽湖陶氏涉園/所有書籍之記"。

③孔天胤《刻樊氏集序》。此文《孔文谷集》未收録，見于《樊氏集》。

胤所作已佚失，樊鵬所作《答孔文谷提學書》尚存[1]。

除了該信，樊鵬還寫有《贈文谷子行》文及詩《贈孔文谷》（《樊氏集》卷九、卷六）。後者爲孔天胤被貶回鄉時送别之作：

東晉車應發，西秦節復催。人憐瓊玉樹，酒惜夜光杯。桃李多空種，琴書只自回。天朝恩不已，肯負濟時才。

七月，山西巡撫王德明罷，山西左布政使任洛繼任[2]。（任洛小傳見附録）

八月，孔天胤因歲貢所選非人，降官一級。《明世宗實録》卷一百六十六嘉靖十三年八月："戊申，下福建提學副使潘潢巡按御史達問，降陜西提學僉事孔天錫（胤）爲直隸祁州知州。以廷試歲貢生員，潢所考上者黜落三人，天胤考上者黜落六人故也。"

張治道《送提學孔文谷先生序》寫道："嗚呼！盡得一方之材以事君，乃以衰庸之七貢貶削焉。君子行道之難有如此哉？可慨也夫！可慨也夫！"[3]

孔天胤被貶，康海作《送文谷先生序》，文中寫道："聞文谷子以考貢不合於條例，左遷治郡。今天子勵精求治，廟堂諸公方虚心以求天下之賢，翊贊弘化，安有純儒如文谷子者？肯使之待年于郡，而不亟登于朝哉！予于是深有望于文谷子矣。"（《對山集》卷二十八）勸其無須爲此感到沮喪而沉淪。又强調有物之言，要求諸心，求諸理，反對巧言令色、空洞無物之言。

八月十五日中秋，劉儲秀于宅中設宴，爲孔天胤餞行，並招張治道與許宗魯同來。許宗魯赴約，張治道因病未至，後寫《八月十五夜劉西陂邀孔文谷、許少華並余對月，余以病不赴。次日相遇文谷館中，西陂出所作詩一首，余遂賦此答西陂兼别文谷云》（《太微後集》卷二）詩説明原委。劉儲秀有詩《中秋同少華宴别孔文谷督學二首》（《劉西陂集》卷三），許宗魯有詩《中秋劉士奇宅宴别孔文谷》（《少華山人詩集》卷四）。

張治道寫有兩首送别詩，一爲《永壽西關飲餞孔文谷》，一爲《王石谷

---

①樊鵬《答孔文谷提學書》，《樊氏集》卷九。

②吴廷燮《明督撫年表》卷二《山西》。

③張治道《送提學孔文谷先生序》，《太微後集》卷三。

莊候孔文谷》[1]，可見送别之意不盡。王石谷，其人不詳，從“王子早挂冠，棲息朱博里”句可知爲關中隱士。

張光宇有送别詩《送孔文谷提學歸汾陽》，内有“泮宫池上花，寂寞桃與李”句（《太乙山人游蜀詩》卷三）。

許宗魯又有《西園宴别孔文谷提學》一首五言古詩（《少華山人後集》卷一）。

孔天胤回鄉省親。期間與高叔嗣多有交游，高叔嗣有《齋中檢舊集因呈孔文谷學憲》詩，“寒城朔吹動，庭樹曉霜繁”，可知作于冬日。又稱“言笑一相投，逍遙窮朝昏。心賞不易值，素交世罕存”（《蘇門集》卷三），可見二人之相契。

是年冬，離鄉赴任祁州，帶兄弟孔天民同行。高叔嗣寫有《宴别文谷先生赴祁州》一詩，有“歲晏冰霜厲，天寒鼓角悲”（《蘇門集》卷三）句。

途中宿榆次縣，寫有詩《甲午冬十二月赴祁州經宿榆次縣》[2]。過平定縣，有詩《過平定用蘇門韻》：

旅館風霜集，山程曉夕寒。復當將盡歲，且爾未休鞍。處世飄蓬是，容身直道難。紅顔與鬒鬢，應爲雪沾殘。

高叔嗣原詩爲《發平定》：

空山懸日影，長路起風寒。京邑方趨役，邊城遂發鞍。孤心向誰是，直道匪今難。不是秦關客，貂裘亦已殘。[3]

到祁州任所，寫有《至郡》詩。末聯云：“疇予論遷謫，不是遣長沙。”暗含賈誼被貶爲長沙太傅的典故。

祁州，明屬保定府，洪武二年（1369）下轄深澤、束鹿、博野三縣。洪武九年（1376）博野歸保定府。[4]

是年，有書《與蔡白石》致蔡汝楠，有句云：“某不穀待罪名邦，忽已閲

①俱見張治道《太微後集》卷二。

②本年度所引孔天胤詩如無特别注明，均出自《孔文谷詩集》卷一《履霜集》。

③高叔嗣《蘇門集》卷三。題下有小注：“以下入覲作。”

④乾隆《祁州志》卷二《建置》。

月矣。"（《孔文谷集》卷十五）

到任後巡行祁州，寫有《行役宿保安寺》《曉發望燕臺》等詩。

任職陝西時所選貢生高世榮任饒陽訓導，作《贈高生世榮司訓饒陽》詩。乾隆《饒陽縣志》卷下《官師中·訓導》條："高世榮，天水人，嘉靖十三年任，後升教諭。"《直隸秦州新志》卷八《選舉·貢生》："高世榮，睢城知縣。"

除夕與弟天民郡中小酌，作《除夕同弟酌郡齋中》詩。

是年，大同兵變平。

嘉靖十四年乙未（1535），三十一歲

祁州任上。

顧夢圭《送文谷孔君序》："皇上御極，壬辰歲，臨軒策天下士。文谷孔君對揚清問，上親擢一甲第二人及第。顧以藩府姻也，出爲陝西督學。未幾，復守祁州，董戎潁上。"（《疣贅録》卷四）

二月，在祁州生病，作《仲春閑齋》《病懷》二首①。

同年兼山西同鄉平陽府安邑縣人路天亨任直隸淶水知縣，孔天胤經淶水，作《春日路年兄淶水縣宅宴别二首》。乾隆《淶水縣志》卷五《職官》："路天亨，安邑進士。德量寬容，政事兹祥，兩均徭役，百姓稱平，官至參政。"②（路天亨小傳見附録）

鄉試同年、平遥人雷潔赴京趕考，路經祁州，孔天胤作《雁别雷鳴春上京用杜韻二首》。鳴春或爲雷潔字號。雷潔爲孔天胤同科舉人。句云："天府青雲近，賢關白日開。"希望雷潔科考青雲直上。萬曆《汾州府志》卷九《選舉類·舉人·嘉靖辛卯科》："雷潔，授陝西延長知縣。歷官九年，士民愛慕。家居力學……文風丕振……里人追慕。"

是年殿試，韓應龍、孫升、吴山爲一甲前三名。其他重要人物或與孔天胤有交集者有：趙貞吉（四川内江人）、郭朴（河南安陽人）、尹臺（江西永新

①本年度所引孔天胤詩如無特别注明，均引自《孔文谷詩集》卷一《履霜集》。

②又見光緒《淶水縣志》卷八《名宦》。

人）、艾希淳（陝西米脂人）、王崇（保定後衛人）、陳堯（直隸揚州府通州人）、張瀚（浙江仁和人）、劉佐（山東德州人）、施峻（浙江歸安人）、林庭機（福建閩縣人）、劉尚義（山西汾州人）、薛應旂（直隸常州府武進人）、馬九德（直隸德州衛人）、郭鋆（山西澤州高平人）、童漢臣（浙江錢塘人）、趙繼孟（山西澤州人）、包孝（直隸松江府華亭人）、王維楨（陝西華州人）、李念（山西平定人）、陳棐（河南鄢陵人）、李登雲（河南鈞州人）、張玭（山西石州人）、靳學顔（山東濟寧人）等。

春末雷潔落第而歸，再過祁州，孔天胤作《送雷生歸汾上》一詩。另有汾州故人君衡落第而歸，作《餞别君衡二首》。君衡，其人不詳。

是年春，還寫有《春夜即事》《午睡》等詩。

二月始修祁州廟學。廖道南《重修廟學記》："歲甲子，孔侯汝錫自秦督學遷牧於州……越明年春二月，哉生明，乃闢厥基。"孔天胤作《書廟學碑後》："不過一日而樂工之成，僅逾三月，其經營重正，永觀厥成。"[①]

嘉靖十一年孔天胤參加殿試時，廖道南爲讀卷官之一[②]。廖道南《殿閣詞林記》卷十四：

> 嘉靖壬辰，今上御文華殿，輔臣以次讀卷，其第二卷孔天胤對《農桑策》云："帝王敦本以厚天下之生，達權以通天下之變。"則臣道南所拔也。

四月，遼東巡撫韓邦奇與山西巡撫任洛互調，自此韓邦奇開始經營山西邊防[③]。

五月，山西右參政陳講升山東按察使。（《明世宗實録》卷一百七十五）高叔嗣有《贈陳中川公拜山東按察使序》，云："十四年乙未，中川公由山西布政司參政拜山東按察使，高子受命序其行，未就，逾歲冬，公拜河南布政右

---

①乾隆《祁州志》卷七《藝文》。卷二《建置》作"（嘉靖）六年知州孔天胤重修"。時間有誤。

②見《嘉靖十一年進士登科録》。

③吳廷燮《明督撫年表》卷二《山西》。另參張廷玉《明史》卷二〇一《韓邦奇傳》，雷禮《國朝列卿紀》卷一百二十二。

使，既履任，始畢序焉。”（《蘇門集》卷五）文中提及嘉靖十三年甲戌科山西鄉試，陳講與左布政使任洛及高叔嗣均有參與。

六月，刻王崇慶《海樵子》並爲之序。是書得自同年行人司行人史褒善，史褒善與王崇慶爲同鄉。文末落款：“予刻之祁州郡宅中，成之乙未六月望日。賜進士及第知祁州前陝西按察司提督學校僉事汾州門人孔天胤序。”（《海樵子》）嘉靖十七年，康海亦爲之作序。（《對山集》卷四）

中秋節次日，拜訪當地一位歸里的鄧姓太僕寺卿，作《十六夜鄧司僕宅小坐望月》。鄧，其人不詳，待考。

九月始修建貞文書院，以崇祀曾任祁州司法參軍的宋代理學家張載，及元代祁州狀元董珪（字君章）、李齊（字公平）[①]。乾隆《祁州志》卷二《建置》：“貞文書院，在學宫後。東西八丈，南北四十八丈，共六畝四分。嘉靖十四年知州孔天胤建，後圮。”董珪、李齊又崇祀祁州鄉賢祠。

是年秋，收到故園友朋書信，作《秋日定州道中得故園諸君子訊》詩。

九月九日重陽節，與同僚友朋登祁州南城，作《九日登南城作》詩。

是年，還有《晨起》《秋思八首》《秋日郊行即事》《言懷寄王子拙庵》《古意》《秋懷》等詩[②]。

《夜坐》《野望》《宿永寧禪房》等詩或作于該年[③]。

約是年，孔天民歸汾，準備鄉試，作《寄弟》詩一首。

是年，陸冕以左參政分守冀南。康熙《汾陽縣志》卷五《憲司》：“陸冕，江南昆山人，嘉靖癸未進士。十四年以左參政駐扎。”

約是年歲末，在深澤縣，有詩《歲暮深澤縣作二首》，第一首首聯云：“理郡缺良圖，驅馳且終歲。”[④]

是年，作《棠陰書院記》。棠陰書院位于易州，祀召公。是年春由兵備副

---

①廖道南《貞文書院碑記》，乾隆《祁州志》卷七《藝文》。

②《秋思八首》第二首“白露沾野草”又見《孔方伯集》及《晉風選》卷一。後者有評點：“瑩净。”《秋懷》見《晉風選》卷五。

③見《孔方伯集》及《晉風選》卷五。

④見《孔方伯集》及《晉風選》卷一。

使張惟恕主持修繕[1]。

嘉靖十五年丙申(1536),三十二歲

祁州任上。

正月,貞文書院建成。廖道南作《貞文書院碑記》:“貞文書院者,祁州孔侯之所建也。”“經始於己未之九月,越十月祠成。十一月大雅堂成,十二月齋舍成。明年正月諸工畢成。”孔天胤作《貞文書院碑後》:“予作書院,表先哲,萃諸生,蓋欲貞厥攸觀。”[2]又作詩《貞文書院諭諸生》,首聯云:“大道易遵軌,多歧涉險艱。”[3]

寒食,依例官員要休假,孔天胤作《寒食放吏齋居悄然五首》,有“自出逢寒食,依然兩度春”句。

春日踏青觀農事,寫有《春日郊行三首》,詩中有“乘春試省勸,弭蓋臨東菑”句。

七月,河南鈞州人張鯤由江西按察使升山西右布政使,与孔天胤相識當在此間。孔天胤歸隱後曾夢到張鯤。(張鯤小傳見附録)

八月,翰林侍讀學士廖道南以憂去。(《明世宗實録》卷一百九十一)

八月,薛甲有書《大學説贈孔文谷編修》,談及對于《大學》的看法。文末交代:“孔君文谷與予相遇于上谷,論及大學,辱以予言爲信。臨別索贈書,予説以貽之,時嘉靖丙申八月日也。”(《藝文類稿》卷一)

孔天胤在祁州,學問政事爲時人所推崇。朱彝尊《明詩綜·安州語》:“蘇州張寅仲,明中正德辛巳進士,知安州,濬牙家港,築堤,暇則與士子講學。時孔天胤知祁州,亦以才見重。時人語曰:‘有所疑,問安祁;莫憂竦,有張孔。’”(《明詩綜》卷一百)安州與祁州同屬保定府管轄。

是年夏秋之際,孔天胤升河南按察司僉事,兵備潁州。

---

①萬曆《保定府志》卷三十九《藝文》。

②均見乾隆《祁州志》卷七《藝文》。

③本年度所引孔天胤詩如無特別注明,均出自《孔文谷詩集》卷一《履霜集》。

離開祁州後某年，被列入祁州“名宦”。乾隆《祁州志》卷四《官師·宦績附》：“孔天胤，山西汾州進士。嘉靖間知祁州，文學優長，政事卓異。歷任左布政。”

回汾州省親，作《重修三賢閣記》。三賢爲卜子夏、段干木、田子方。是閣始修于嘉靖癸未(1523)，中間輟工久之。嘉靖乙酉(1525)，郭鏗守汾州，始完工，又手書“三賢閣”三大字于其上。文中寫道：“後十二年丙申，(李)林之子儀賓李恕思其事之始末，與夫出金人姓名垂刻于石，始托余師馮西野先生與余友李體元子來，徵余爲之記。”①

將赴任，寫有《將赴潁上與親愛别》詩。

途經少林寺，寫有《初祖庵觀留影石》詩。

是年十月，高叔嗣由山西左參政調湖廣按察使，治所江夏(今湖北武漢，《明世宗實録》卷一百九十二)。高叔嗣有詩《量移湖南用文谷韻》：

歲暮邊隅客，歸來見此身。馬蹄穿欲盡，虎穴到爲鄰。漳水經途舊，湘潭去路新。我生豈斷梗，逐處任飄淪。(《蘇門集》卷四《入楚稿》)

孔天胤原詩今未見于詩集中。

高叔嗣上任途經潞安，沈定王朱允栘有贈詩《送高蘇門廉憲之武昌》二首，其一云：

感君情獨重，惜别幾傷神。楚樹帆檣隔，江天雨露新。只今成遠别，何日復相親。西望飛旌去，茫茫渺路塵。②

次陽武縣，孔天胤過訪③。高叔嗣有《還次陽武與孔文谷飲和其韻二首時冬至後》詩以記其事：

客子多苦辛，塵滿征衣裳。旦下太行坂，車輪摧羊腸。邊戍久不歸，馬毛變繁霜。安知平生親，合併此中堂。廣筵羅絲竹，寒日懸晴光。陳觴未及飲，感往各自傷。歲晏客如何，欣願履初陽。

①萬曆《山西通志》卷二十八《藝文上》。

②朱允栘《保和齋稿》，朱理堯輯《沈國勉學書院集》卷二。

③民國初陽武縣與原武縣合併爲原陽縣。

我心鬱不樂，豈乏御冬裳。馳情多所懷，無以布私腸。山川行不竟，飄飖冒風霜。感彼瑚璉珍，胡不置明堂。時俗難與謀，神寶秘其光。每用攬古昔，惄焉心自傷。驅車復辭去，陟馬大河陽。

（《蘇門集》卷四《佚稿》）

孔天胤原詩今未見于集中。

冬，經偃城縣，前任知縣萬松相陪雪中出行，寫有《阻雪偃城縣館書示萬宰二首》。

經襄城裴村寺，有詩《襄城道早雪稍次裴村寺》①。

于十二月到達潁州。嘉靖《潁州志》卷十三《命使》："孔天胤，字汝錫，山西汾州人。進士及第，以王親改授陝西按察司提學僉事，調祁州知州，復任今職。十五年季冬至。"乾隆《潁州府志》卷五《秩官》："孔天胤，十五年，有傳。"

是年，劉坤任汾州知州。乾隆《汾州府志》卷八《職官·知州》："劉坤，山東壽張(人)。舉人，嘉靖十五年任。"劉坤爲弘治十四年(1501)舉人。光緒《壽張縣志》卷七《人物·鄉賢》："劉坤，清之孫。字伯生，壽張人。少穎異，都御史劉大夏見而器之……升山西汾州知州，以母老告歸。"嘉靖初年以舉人身份出任江西萬安知縣，"有廉能聲"。雍正《山西通志》卷九十二："劉坤，壽張人。嘉靖間由萬安縣擢知汾州，廉静簡明，民忻忻望治。"

是年十月，高叔嗣刊《太平經國之書》于汾州。高叔嗣《太平經國書序》："嘉靖丙申上冬朔日，刊於山西布政司。"（《蘇門集》卷五）

拜訪亳州學者薛蕙。《薛詩拾遺序》："余往歲丙申，初謁考功於譙城大寧齋中。考功一見余，即莫余逆也。留飲闌夕，賦詩見志，後數往來，並喪爾我。""夫先生懷余，余可得。余今懷先生，先生其可得耶？"（《孔文谷集》卷三）另寫有《題薛西原先生園中》詩。薛蕙有詩《贈孔汝錫》，又有《次韻酬孔汝錫》。後詩尾聯云："潁亳殊相近，詩筒約往還。"（分見《考功集》卷三、卷五）孔天胤詩已佚。

薛蕙之人品與詩文在當時就已經具有相當的影響，《明詩綜》中有大

①與前詩俱見嘉靖《郾城縣志》卷十一。

量對薛蕙詩的評論，如王世貞云：“薛君采如宋人葉玉，幾奪天巧，又如倩女臨池，疏花獨笑。”穆文熙云：“薛公理學著稱，詩亦有致。”(《明詩綜》卷四十《薛蕙》)趙訥在《文谷孔先生文集序》中也提到：“即如故祥符高蘇門氏，亳州薛西原氏，諸子皆卓然以其詩文高視一世。”

《四庫全書總目提要》云：“正、嘉之際，文體初新，北地(李夢陽)、信陽(何景明)聲華方盛，蕙詩獨以清削婉約介乎其間，古體上挹晉、宋，近體旁涉錢、郎。核其遺編，雖亦擬議多而變化少，然當其自得，覺筆墨之外别有微情，非生吞漢魏，活剥盛唐者比。”①認爲薛蕙詩風“清削婉約”，介於李夢陽與何景明之間。又云其“詩格蔚然孤秀”。薛蕙與湛若水、嚴嵩爲同年，對嚴嵩文采極爲賞識。嚴嵩秉國後，薛蕙卻鄙其爲人，盡删集中與嚴嵩的唱和詩。

是年，吕坤生②。吕坤後在山西歷多職，被祀爲名宦。

是年，劉可以左參政分守冀南道。康熙《汾陽縣志》卷五《憲司》：“劉可，河南羅山人，正德辛巳進士。由郎中升左參政，嘉靖十五年駐扎。累官山東左布政。”

十一月，山西巡撫韓邦奇上疏增設山西三關管糧主事一員。(《明世宗實録》卷一百九十三)

是年冬，山東按察使陳講升河南右布政使。王慎中有《贈憲使陳中川之任汴藩序》(《虚巖文集》卷十四)。

嘉靖十六年丁酉(1537)，三十三歲

潁州任上。

是年正月，趙廷松由直隸真定府同知升任山西按察司僉事。(《明世宗實録》卷一百九十六)

趙廷松治事頗有風骨，在山西最突出的兩件事，一是懲治山西宗室，

---

①紀昀《四庫全書總目提要》卷一百七十二《考功集》。

②鄭涵《吕坤年譜》，中州古籍出版社，1985。

録)。今傳《海樵子》即爲嘉靖十七年吕景蒙刻本。康海亦曾爲之作序(《對山集》卷四)。

四月,韓邦奇因事被奪俸。

四月,因修皇陵有功,孔天胤與周金、張臬等獲嘉獎,孔天胤官升一級。《明世宗實録》卷二百十一嘉靖十七年四月:“戊午,命鎮遠侯顧寰挂印充總兵官提督漕運,鎮守淮安地方。鳳陽修理祖陵、皇陵及皇城,工成,升巡撫右都御史周金爲左都御史,賞銀四十兩,紵衣四襲;升巡按御史蘇叢俸二級,賞銀二十兩,衣二襲;兵備副使張臬,僉事李宗樞、孔天胤各升一級,賞銀十五兩,衣二襲;鳳陽府知府劉安等二十七人各升俸及服色二級;留守司副留守李藩等十九人各升俸一級;餘皆賞賚有差。”(周金、蘇叢、張臬小傳見附録)

五月,爲翻刻的高叔嗣刊本《太平經國之書》作序。該書爲高叔嗣任山西左參政時所刻,孔天胤序曰:“明年丁酉,余飭兵潁上,士多藻彦,因出其書,托縣尹姜子時習爲翻刻之,與諸生同觀,又明年戊戌五月而翻刻成。冀南孔天胤。”①

五月,升孔天胤爲陝西布政使司右參議。《明世宗實録》嘉靖十七年五月:“庚辰,升河南布政使司參議李宗樞爲本省按察司副使,河南按察司僉事孔天胤爲陝西布政使司右參議,山東按察司副使張臬爲本布政使司右參政。”薛蕙有詩《孔汝錫得陝右少參邸報,臺中舊養一鶴,俄鳴舞而去。汝錫感而賦詩,因作同一首》。句云:“潁水今朝應暫别,緱山他日會相迎。”(《考功集》卷七)孔天胤原詩集中未收。顧夢圭有詩《送孔文谷赴關中》(《疣贅録》卷六)。顧夢圭時任河南提學副使。

孔天胤調離後被祀爲潁州名宦。乾隆《潁州府志》卷六《名宦志》:“孔天胤,字汝錫,汾州人。嘉靖壬辰進士。知祁州,遷潁壽兵備。以文章飭政

①光緒《永嘉縣志》卷二十五《藝文志一》收録該序。《太平經國之書》有明刊本,又有納蘭性德《通志堂經解》本、民國上海涵芬樓本、商務印書館本等。嘉靖二十七年,仁和芮氏又據孔天胤翻刻本再次翻刻,陳曉校對,其序中稱孔天胤爲“孔宗師”。但該翻刻本無孔天胤序。

事，有詩名。精藻鑒，簡易澹泊，與寒素同。民戴其仁，士樂其教。後官河南參議。”

六月，韓邦奇請致仕。

七月，山西巡撫韓邦奇上疏，請求在神池及五寨前後各築城一座，並增設守備及增加馬匹兵員。（《明世宗實録》卷二百十四）韓邦奇六月已被批准致仕，路迎由右僉都御史升副都御史任山西巡撫①。按：路迎，字賓暘，山東汶上人，正德三年（1508）戊辰科進士，曾任宣大、鄖陽、山西三地巡撫，終兵部尚書②。因路迎尚未到任，韓邦奇直到次年正月方離任。

同月，河南右布政使陳講升山西左布政使。（《明世宗實録》卷二百十五）這是陳講第三次任職山西。王格有《於修武餞中川陳方伯赴山西》一詩，中有“三晉雲山迎馬道，兩河父老隊車輪”句（《少泉詩集》卷七）。陳講與孔天胤交情匪淺，惜無文集傳世。

十月，韓邦奇上疏，請求在偏頭老營堡地設置守禦千户所，招募土著爲士兵。（《明世宗實録》卷二百十七）

是年冬，薛蕙有詩《對雪懷孔汝錫》。孔天胤曾贈薛蕙臨洮硯，薛蕙有詩《余有洮溪硯，乃孔汝錫所贈者，每懷其人，因成斯咏》。（均見薛蕙《考功集》卷五）

十二月二十日，父喪，回汾州奔喪守制。王崇慶《墓碑》：“質庵公以嘉靖十七年十二月□□終，享年五十有九。”《墓表》：“卒之日，十二月二十日未時也。”據《墓表》，孔麟墓誌銘爲山西巡撫陳講所撰：“先是，厥考奉訓大夫棄背，山西巡撫陳公講既志其墓而銘之。”孔天胤《與南溪張左丞》：“戊戌過家即哭先君子矣。”（《孔文谷集》卷十五）

是年，校正鄒守益《東郭先生集》。該書凡九卷，林春作序，同年洪垣刊刻。林春《東郭先生摘編序》：“今刻一百二十四篇，乃先生所存手稿，覺山

①參見《明世宗實録》卷二百十一嘉靖十七年四月“乙巳”條；卷二百十三嘉靖十七年六月“戊辰”條。

②無名氏撰《兵部尚書路公迎傳略》，焦竑《國朝獻徵録》卷三十六。另參《明世宗實録》卷二百十四嘉靖十七年七月“甲戌”條。

洪侍御按揚求得之，命江都王杰夫至潁上，托文谷孔少參校正以傳，將以信衆人而納之於道也。"[1]覺山，洪垣號。（小傳見附録）

嘉靖十八年己亥（1539），三十五歲

丁父憂。

矖父遺書，作《矖遺書作》：

亂簡殘書次第開，先人遺迹滿塵埃。徘徊空宇嗟何及，泣涕斜陽心已摧。[2]

这是目前所知孔天胤關于其父唯一的一首诗。

收到恩師王崇慶的一封唁問短函：

舊歲河州守吉子西入秦，嘗托奉訊，想已達之矣。近聞有大故，望汾驚悼，何可爲言。聞之君子哀而不毁，唯而不對，王制也。讀《禮》之餘，嘗自爲四方訓也，珍重珍重。粗帛一端充賻云，幸麾入，草草不盡。[3]

河州守吉子，指吉陳（1481—1567），字萬言，别號柳東。康熙《開州志》卷八《選舉·闢薦》："吉陳，以子澄貴，封監察御史。"可知爲吉澄父。孔天胤後受吉澄彈劾落職。

正月，韓邦奇上疏請求增設山西三岔守備官。（《明世宗實録》卷二百二十）

正月，寫有《山中懷秋山上人》《孟春宴文湖南園》詩。

二月，有詩《仲春書懷》。

四月十七日，孝義人任道充去世，爲作《明故徵仕郎刑科給事中左川任公暨孺人武氏合葬墓誌銘》[4]。（任道充小傳見附録）

①董平編《鄒守益集》卷二十七，《陽明後學文獻叢書》。林春序作于九月。

②本年度所引孔天胤詩如無特别注明，均出自《孔文谷詩集》卷一《履霜集》。

③王崇慶《與孔汝錫書》，《端溪先生文集》卷六。

④見《三晉石刻大全·吕梁市孝義市卷》第32—33頁。碑存孝義皮影木偶博物館。

居喪期間，與王府大宗正西谷先生及奉國將軍北村先生多有交往。

西谷宗正，其名不詳，比孔天胤小四歲。博學多才，“早從事詩書禮樂，以克紹先王之光訓，乃文德懿衷，天章炳蔚。道積厥躬，行憲厥世。吐詞振藻，馳譽流芳。鬱鬱彬彬，盛矣美矣”。品性温朗，“神宇泰定，性天朗融，望之儼然，即之温如”[①]。孔天胤與西谷宗正交往時間較長，致仕歸汾後，二十餘年間一直有詩歌唱和，頗爲相得。

丁憂期間，卜居白雲庵[②]，寫有《卜居白雲庵南答友人》詩，又有《贈西谷》詩云：

> 方外尋丹壑，山中藝紫芝。意將流水遠，身與白雲期。夏葉裁書策，春條攬釣絲。柴門隔溪望，裊裊薜蘿垂。

北村先生朱奇湎，孔天胤在諸生時，就常前去府上拜訪，孔天胤記其“獨好書，又好親賢，於書無所不通，於才人學士未嘗不虚左而迎之。故其德大雅。卓爾不群，而諸宗之有識者，亦胥向風。由是彬彬多文學之家矣”[③]。順治《汾陽縣志》卷一《土地志·藩封》：“奉國將軍奇湎，倡明經學，號北村老人。”

據孔天胤後來爲其所撰墓誌記載，朱奇湎“高祖晉恭王，曾祖慶成莊惠王。祖諱美埰，封鎮國將軍。父諱锺鈌，封輔國將軍。配夫人王氏，生子十有二人，公其仲也。”與端順王朱奇湞爲堂兄弟，與孔天胤母新鄭縣君同輩，生于“成化二十一年四月初九”，長孔天胤二十歲。

丁憂期間，與時任山西按察司僉事的趙廷松等人交游。趙廷松寫有《少年行》二首[④]，孔天胤寫有《〈少年行〉二首用俟齋韻》。

趙廷松《少年行》二首：

> 白馬紫絲繮，飄裾動緑楊。攜朋張樂盛，狎妓引杯長。游戲

---

①孔天胤《壽宗尉西谷公六十序》，《孔文谷集》卷五。

②康熙《汾陽縣志》卷二《寺觀》：“白雲寺，在城東三十里杜村，宋政和七年建，爲大夏鄉一大古刹。”“白雲庵，在城西五里許，舉人常祐撰碑文。”

③孔天胤《皇明誥封奉國將軍北村公墓誌銘》，《孔文谷集》卷十二。

④《趙廷松集》第35頁，綫裝書局，2009。

鞦韆市，回過蹴鞠場。夜歸奏新曲，沉醉倚鴛鴦。

勝日尋芳草，春風醉落梅。新豐騎馬看，長樂門鷄回。水面芙蓉障，花邊鸚鵡杯。交歡分日飲，莫問歲華催。

孔天胤和作《〈少年行〉二首用俟齋韻》：

射雕回細柳，走馬向長楊。面帶胡姬酒，衣沾漢苑香。黄金捐舞館，白璧謝歌場。詎念閨中婦，織羅綉紫鴦。

吹笛青樓暮，珠簾滿落梅。鳴鞭何處去，走馬日邊回。乍怒猶懸劍，俄歡更舉杯。來朝灞陵戲，已有博徒催。

是年，汾州知州劉坤辭官歸，作《奉和劉石梁太守歸思》詩。辭官原因，光緒《壽張縣志》稱其"以母老告歸"，而萬曆《山西通志》卷十六《名宦上》稱其"值宗黨强横，數撓法，常閉閤省躬。知不能化，乃浩然告歸，抗疏即行"。康熙《汾陽縣志》卷三《名宦》："劉坤，壽張人。舉于鄉，以才俊稱。除萬安縣，政令有聲。嘉靖十五年由萬安升知汾州。下車廉静清明，民忻忻望治。值宗黨强横，數撓法，常閉閤省躬。知不能化，乃浩然有歸與之懷，抗疏即行。然其寬厚長者，民至今思之。"[①]過庭訓《本朝分省人物考》卷九十五："汾宗藩常禄歲九萬金，民間不以時完，或稍漁羡，輒持守長短。坤裁之以法，宗禄不匱。已而思母乞休。"

汾州之"强宗"，人數衆多，且難以管理，孔天胤文中也寫道："惟汾居腹内，有强宗之患，民生蓋亦靡有寧日。"[②]"終王（指安穆王）之世，强宗而抵于法。"[③]

大約在該年前後，趙訥拜師。據趙廷松《乞骸疏》，趙訥爲廷松義子。趙廷松、孔天胤與趙訥之父趙思商皆有交往[④]。

三月初九日，趙訥祖父趙鴻卒，孔天胤作《溥官趙公墓誌銘》。（《孔文谷集》卷十一）文中有"尋卒，時嘉靖十八年三月初九日也"句。十一月三日下

①順治《汾陽縣志》漏載。

②孔天胤《贈郡守龍嵎張公受撫台旌奬序》，《孔文谷集》卷五。

③孔天胤《皇明慶成安穆王墓誌銘》，《孔文谷集》卷十二。

④《趙廷松集》第 377 頁，綫裝書局，2009。

葬,“其年十一月三日,思禹(思商弟)等合葬公城西五里之原,思商哭具狀事,而乞銘”。孔天胤梳理趙思商的家世:“其先太原文水人也,六世祖諱福,以洪武初徙孝義,家焉。”故趙氏後人常自稱爲文水人。

八月,陳講由山西左布政使升山西巡撫,提督雁門[1]。任内加强雁門等地防禦工作(《明世宗實録》卷二百二十五)。朱允移有《贈陳中川都憲撫晉》記之[2]。陳講到任後,爲孔麟作有墓誌銘,今未見。

九月十日,携酒拜訪北村先生,有《九月十日出訪北村,便留酌逮暮,率爾賦酬》詩。

是年秋,與弟孔天民同游,有《秋日同弟西田》詩。

十月,鑒于岢嵐州屢遭寇患,陳講上疏請改石隰兵備爲岢嵐、石隰等處兵備。(《明世宗實録》卷二百三十)

是年,吕柟升南京禮部右侍郎,尋乞休致仕[3]。

嘉靖十九年庚子(1540),三十六歲

丁父憂。

理學家王艮卒[4]。(王艮小傳見附録)

三月,詔儒臣議薛瑄從祀文廟事。《明世宗實録》卷二百三十五嘉靖十九年三月庚子:“先是,御史楊瞻、樊得仁奏故禮部侍郎薛瑄國朝大儒,宜從祀文廟。詔下儒臣議上曰:聖賢道學不明,士趨流俗,朕深有感。薛瑄能自振起,誠可嘉尚,但公論久而後定,宜候將來。”唐順之作有《故禮部左侍郎薛瑄從祀議》,見《荆川先生外集》卷一。

是年春,趙廷松被彈劾。《明世宗實録》卷二百八十一嘉靖二十二年十二月壬午:“先是,巡按山西御史王汝楫劾奏按察使曹嘉縱惡自肆、招集群

---

①吳廷燮《明督撫年表》卷二《山西》。

②朱允移《保和齋稿》,朱理堯輯《沈國勉學書院集》卷四。

③李開先《涇野吕亞卿傳》,《李中麓閑居集》卷九。

④《年譜紀略》,《王心齋全集》第 144 頁,江蘇教育出版社,2001。

小、鬻獄贖貨等不法事，嘉亦訐汝楫偏私不公，並誣以通賄，辭連僉事趙廷松。疏俱下山西巡撫都御史勘究，汝楫、廷松悉回籍聽候，時嘉靖十九年春也。”按：王汝楫，山東德州人，嘉靖八年(1529)進士，官至御史[①]。

六月，巡撫陳講上疏，請于寧武關温嶺至老營堡及偏頭關野豬溝抵黄河築一道邊墻，以禦蒙古各部入侵。(《明世宗實録》卷二百三十八)

八月，蒙古軍隊攻入山西朔州並逐漸深入。陳講上疏乞兵策應。(《明世宗實録》卷二百二十五)

孔天胤《聞出師北伐二首》當作于該年前後：

戍樓霜夜動胡笳，吹起陰風滿雪花。平世何人聞戰鬥，中原今日有塵沙。兵分幾路連旗出，陣合千重疊鼓斜。共道伐謀須上將，不愁驕虜亂如麻。

寒垣秋色滿寒煙，正是霜高急虜弦。飲馬漸看來近渡，射雕時見落平田。烽傳羽檄搖天上，轂轉金符下日邊。大將誰爲竇車騎，會當名藻勒燕然。[②]

九月十二日，北村先生朱奇洒卒。孔天胤《皇明誥封奉國將軍北村公墓誌銘》記其“薨於正寢。薨之日，從容端坐……時嘉靖十九年九月十有二日酉時”(《孔文谷集》卷十二)。

是年鄉試，趙訥中舉。乾隆《汾州府志》卷十八《科目》：“十九年庚子(科)：趙訥。孝義人。”始與孔天胤有詩歌唱和，後刻爲《汾上講餘録》。孔天胤在序中説：“余兩人詩，自嘉靖庚子至隆慶丁卯，皆贈答寄憶而作，各若干篇。後倘有作，則續之云。”(《孔文谷集》卷八)該書今不存。

是年，“嘉靖八才子”之一陳束卒于河南任上，年僅三十三歲[③]。

孔天胤居父喪的嘉靖十七年末到二十一年初，正是蒙古吉囊、俺答部不斷入侵山西時期。據《明史》，嘉靖十九年，“正月吉囊寇大同”；嘉靖二十年，“八月俺答、阿不孩、吉囊分道入寇；九月俺答犯山西，入石州”。孔天胤

---

①參見乾隆《德州志》卷九《人物》。

②本年度所引孔天胤詩如無特别注明，均出自《孔文谷詩集》卷一《履霜集》。

③張時徹《明故河南按察司提督學校副使後岡陳君墓碑》，《芝園定集》卷四十。

後來在《送月山楊君赴清浪軍參戎序》中描述："昔歲庚子，匈奴掠過雁門高闕，辛、壬、癸、甲四歲，無歲不過。南渡漳汾，東瞰紫荆，西登黄蘆，皆流火時來，草死後去。"（《孔文谷集》卷三）孔天胤在《送疊川於公按察湖廣序》中也説："庚子秋高，胡馬南犯，辛、壬相繼，益以跳梁。"（《孔文谷續集》卷二）疊川於公，即於敖，是年以分守左參政駐汾。朱新堤有五言律詩《孟秋上大參于（於）疊川壽》（《奕善堂集》上）。

萬曆《汾州府志》卷十一《人物類·名宦》："于（於）敖，陝西岷州衛人。正德辛巳進士，由郎中歷升左參政。嘉靖十九年駐扎。時强宗内亂，驕虜外侵，吏民皇皇，莫知所措。公下車經略，遂以帖然。因創作外城及四鄉堡寨，寇盗不敢犯，民永賴之。累官巡撫大同都御史。"①

九月，於敖主持修建東關城。當時汾州居民共有十萬，住在城中的不及十分之一，而佔有東城外的卻有十分之三。萬曆《汾州府志》卷三《建置》："東關城汾宗繁衍，城内府第十之七八，士夫軍民多居東關。顧城垣未設，大有可虞。"孔天胤作《汾東關建城記》，文中有"工起于庚子九月之季，落成于仲冬之始。明年辛丑六月上日而刻石"句②。順治《汾陽縣志》卷一《土地志》："東關城，明嘉靖十九年冀南分守道岷州於公令知州張琯修築。"③光緒《山西通志》卷二十四《府州廳縣考二》："嘉靖十九年，築東關護城。"

時任汾州知州爲張琯。乾隆《汾陽府志》卷八《職官》："張琯，陝西平凉舉人，嘉靖十九年任。"順治《汾陽縣志》卷三《知州》："張倌，平凉舉人，嘉靖十九年任。爲人英果，禦暴安良，創築西關城並四鄉堡寨，爲民永賴。"乾隆《汾陽府志》卷十一《宦績》："張倌（琯），平凉府人，以舉人嘉靖十九年知汾州，精明果毅，凡强梗病民力爲杜絶。"④

十二月十四日，康海卒⑤。

---

①又見乾隆《汾州府志》卷十一《宦績》，記載略簡。

②《孔文谷集》未收録，今見于乾隆《汾州府志》卷三十《藝文》，光緒《汾陽縣志》亦有收録。

③張琯，乾隆《汾州府志》卷十一《宦績》、咸豐《汾陽縣志》卷四《名宦》作張倌。

④又見咸豐《汾陽縣志》卷四《名宦》。

⑤吕柟《大明前翰林院修撰對山先生康公墓表》，《涇野先生文集》卷三十二。

嘉靖二十年辛丑(1541),三十七歲

丁父憂。

是年正月初九,薛蕙卒①。唐順之作墓誌銘,對其心學造詣表彰尤力。葛守禮代李宗樞作《祭薛考功文》(《葛端肅公文集》卷十一)。

是年沈坤、潘晟、邢一鳳等二百九十八人進士及第,出身有差。其中重要人物或與孔天胤有交集者有:高拱(河南新鄭人)、宋大武(浙江餘姚人)、洪朝選(福建同安人)、曹忭(湖廣江陵人)、范惟一(直隸松江華亭人)、陳洪范(浙江仁和人)、陳洪濛(浙江仁和人)、王崇古(山西蒲州人)、方逢時(湖廣嘉魚人)、王忬(直隸蘇州府太倉人)、楊宗氣(陝西延安人)、王繼洛(河南鄭州人)、楊胤賢(山東壽張人)、陳以勤(四川南充人)、裴宇(山西澤州人)、王材(江西新城人)、張鐸(南京留守後衛人)、宋岳(浙江餘姚人)、宋大勺(浙江餘姚人)等。

是年三月後,湖廣參議胡松升山西提學副使②。胡松與孔天胤有詩文往來。

五月三十日,前都察院右副都御史黄臣卒。(《明世宗實録》卷二百四十九)

是年夏,於敖主持修復介休西渠,明主簿董舉正興石河之役,知縣董宗魯監督之。孔天胤作《介休縣興復西渠水記》:"今年辛丑之夏,分守大參政疊川於公行縣,尋介子之桂樹,訪有道之林丘。觀風川谷,問水郊源。遂得西渠所由廢興……訓導吕萬里撰狀,屬余爲記其事,以表石章,俾人世世有所考。"③乾隆《汾州府志》卷三十文末有落款:"嘉靖二十年,陝西參議文谷孔天胤。"

八月,夏言罷。九月,郭勛以罪下獄。十月,夏言復入閣。

萬曆《汾州府志》卷十六《雜志類·灾祥》:"虜入寇,游騎至汾境。"胡松

①文徵明《吏部郎中西原先生薛君墓碑銘》,薛蕙《考功集》附録。

②張廷玉《明史》卷二〇二《胡松傳》,另參《明世宗實録》卷二百四十七嘉靖二十年三月"癸丑"條。

③孔天胤《孔文谷集》卷九。光緒《介休縣志》卷十二《藝文》題作《復西河水利記》。

有《晉城圍賑記》,記蒙古軍隊寇太原事[1]。

九月,俺答部掠石州。乾隆《汾州府志》卷二十五《事考》:“二十年九月辛亥,韃靼部俺答寇石州,大掠而去。”

是年,山西提學副使胡松因上邊務十二事,進參政,尋被斥爲民[2]。

九月,工部郎中廖希顔任山西按察司副使[3]。唐順之有《答廖東雩提學》(《重刊荆川先生文集》卷五),張邦奇有《送廖叔愚憲副提學山西二首》(《張邦奇集》之《四友亭集》卷八)。

十月,山西巡撫陳講被免職,次年二月以治山西失事削爵[4]。

十月初十,同年張冕祖母岳氏病故,應其所請,作《明故張母岳氏墓誌銘》,落款爲“賜進士及第朝議大夫陝西布政右參議汾州孔天胤撰”。

十一月,劉臬由順天府尹升山西巡撫[5]。

是年,同年林春卒。黄宗羲《明儒學案》卷三十二:“林春,字子仁,號東城,揚之泰州人。家貧,傭王氏爲僮子。王氏見其慧,因使與子共學,先生亦刻苦自勵。嘉靖壬辰,舉會試第一,登進士第。除户部主事,改禮部,又改吏部,久之轉員外郎。請告歸,起補郎中。辛丑卒官,年四十四。先生師心齋(王艮),而友龍溪(王畿),始聞致良知之説,遂欲以躬踐之。日以朱墨筆點記其意向,臧否醇雜,以自考鏡。久之,乃悟曰:‘此治病於標者也,盍反其本乎?’自束髮至蓋棺,未嘗一日不講學。……荆川曰:‘君問學幾二十年,其膠解凍釋,未知其何如也。然自同志中語質行者必歸之。’由此言之,先生未必爲泰州(王艮)之入室,蓋亦無泰州之流弊矣。”

是年,河南參政王慎中,陝西參議、分守關西道潘高皆以考察罷官,均爲夏言所忌也。王慎中時年三十三歲,潘高二十七歲[6]。

---

①萬曆《山西通志》卷二十八《藝文上》。

②張廷玉《明史》卷二〇二《胡松傳》。另參《明世宗實録》卷五百六十三嘉靖四十五年十月“乙卯”條。

③《明世宗實録》卷二百五十六作“廖希賢”。

④吳廷燮《明督撫年表》卷二《山西》。

⑤吳廷燮《明督撫年表》卷二《山西》。

⑥事見李開先《李中麓閑居集》卷九《潘春谷傳》、卷十《遵巖王參政傳》。

嘉靖二十一年壬寅(1542),三十八歲

服除,起復河南,任布政司參議,分守河北道。明代河南分四道:大梁道,轄開封府、歸德府;河南道,轄河南府、汝州;河北道,轄彰德府、衛輝府、懷慶府;汝南道,轄南陽府、汝寧府。

具體補任時間不詳,約上年歲末赴任。廖希顔有詩《送孔文谷之河南》:

> 鳹鵲寒疑春雪繁,孔融簪筆向梁園。參藩新屬提衡手,辭闕仍銜次第恩。白馬高談還遠去,青山相對欲何言。龍翔鳳翥自寥廓,不學陸沉金馬門。①

途經祁縣,寫有《次祁縣館》;經保定遇雪,有《保定道雪》詩②。孔天胤《與趙復齋》:"四載家園,極承道愛。……别來至都城,半月,而補官梁藩。"趙復齋,不詳何人。孔天胤《與約庵周老先生》:"戊戌過家即哭先君子矣,壬寅起復,補河南。"約庵爲周金號。

正月,有書致於敖。孔天胤《與疊川於大參》:"初春曾上短書,想辱鑒聞。"③

約正月末,到達省城開封,有詩《河南省堂公燕因呈省中諸僚長二首》④。開封爲周府所在地,詩中有"不意窮途子,來參大國藩"句,可知孔天胤對此次升職較爲滿意。

二月二十五日,赴任河北道。《與趙復齋》:"住一月而起。以二月廿五日赴任分守河北,駐當輝縣。"三司官員爲之送行,作詩《大梁城樓雨中留别三司諸公時出守河北》⑤。大梁即開封。

三月十六日,到達輝縣駐地。《與疊川於大參》:"次月十六日,承守分疆,駐輝縣。"有詩《至輝縣分司作》。《與南溪張左丞》:"日去省,辱城上餞。

---

①曹學佺《石倉十二代詩選·明詩四集》卷四十七《廖叔愚集》。

②二詩俱見《孔文谷詩集》卷一《履霜集》。

③以上三封書信俱見《孔文谷集》卷十五。

④《孔文谷詩集》卷二《澤鳴稿》。

⑤本年度所引孔天胤詩如無特别注明,均出自《孔文谷詩集》卷二《澤鳴稿》。

乃西行三日而至密縣，頓六日而會巡院，又頓二日始出密如鄭，以十六日達輝縣。”（《孔文谷集》卷十五）南溪指張聰，時任河南左布政使。

本月，在武安創立邊城、樓櫓。涉邑王科《磚城隘口記》：“蠢兹北虜，庚子連歲直由大同入寇遼、沁至潞安，此天機之可戒者也。壬寅春三月，前巡撫河南都察院右僉都御史餘姚魏淺齋公，由本行分守河北道汾州孔文谷公天胤，委官於十八盤諸隘口，創立邊城、樓櫓。方三之一，秋七月虜復寇前地，聲勢甚急。”①魏淺齋公即魏有本（小傳見附録）。類似記載見《涉縣新作石城記》，魏有本甚至親自帶兵駐扎于林縣②。

是年，于衛輝府創建分守道官署。萬曆《衛輝府志》：“分守道，在儒學西，嘉靖二十年創建。”孔天胤《與南溪張左丞》：“所謂構行署縣中者，尚無也。方與諸吏定約，清心省事以保疲氓，堅壁清野以戒不虞。”（《孔文谷集》卷十五）

是年駐扎磁州期間，有書《與吕山車郎中》（《孔文谷集》卷十五）。吕山車，當爲吕山甫刻寫之誤。吕山甫，即“嘉靖八才子”之一吕高，直隸丹徒人。

爲廖道南寄書幣。孔天胤《與廖洞野先生》：“昔壬寅大梁之歲，曾兩具書幣，托竹泉少參寄奉，想能畢達之也。”（《孔文谷集》卷十五）

是年，有書信《與弟民書》，寫到百泉書院之幽静及不能與弟同游之憾：“百泉書院背青山，面緑水，圖書湛採，花竹含暉，獨不得兄弟同游携手共玩，唯有佳景，只覺予思。”③百泉爲輝縣名勝，多有名人題咏。

是年，有詩《嘯臺》④。嘯臺在百泉書院。

四月二十一日，吕柟卒⑤。

五月，任惟賢由河南布政右使升陝西布政左使，孔天胤作《贈玉臺任公上陝西布政左使序》（《孔文谷集》卷四）。文中注明寫作時間爲“嘉靖壬寅

---

①嘉靖《武安縣志》卷四《藝文志》。

②嘉靖《涉縣志·雜志·古今詩文》。

③孔天胤《孔文谷集》卷十五。又見雍正《山西通志》卷二百一十。

④萬曆《衛輝府志》卷十五《藝文志下》。

⑤李開先《涇野吕亞卿傳》，《李中麓閑居集》卷九。

五月”。(任惟賢小傳見附録)

六月，沙溝墩失守，山西巡撫劉臬等停俸。(《明世宗實録》卷二百六十三)

六月，蒙古軍犯太原等地。(《明世宗實録》卷二百六十三)

七月，蒙古軍從太原南下，欲犯平陽、澤潞，山西撫按官請發京兵赴援。(《明世宗實録》卷二百六十四)

七月，蒙古俺答部掠汾州。乾隆《汾州府志》卷二十五《事考》:“二十一年七月朔，介休孝義俱晝，晦星見，如深夜。俺達入寇，由太原南下，掠汾州等處，列營汾水東西，大衆駐平遥、介休間。諸將無敢乘險邀擊，副總兵張世忠自侯城村起營躡寇，力戰自己至酉，卒無援者，中二矢墜馬死。部將張宣、張成亦力戰死之。”

萬曆《汾州府志》卷十六《雜志類·災祥》:“二十一年八月，虜入寇。”

於敖率軍抵禦，白世卿有詩《壬寅虜寇山西，於疊川大参率軍拒戰有功，賦此》。(《東川詩集》下集)

八月，劉臬被劾，坐事免，十月革職聽勘。李珏以右僉都御史接任[①]。(李珏小傳見附録)

是年，汾州修築南關城。順治《汾陽縣志》卷一:“南關城，明嘉靖二十一年知州張瑄、曹寵相繼建築。周圍五里十三步，高三丈，門四。”光緒《山西通志》卷二十四《府州廳縣考二》:“嘉靖二十一年，築南關城。”

是年，有書《與百泉胡大參》給胡松(《孔文谷集》卷十五)。胡松在山西參政任上，十月與劉臬一起被革職候勘(《明世宗實録》卷二百六十七)，故當寫于十月前。

九月前後，河南左布政使張驄升都察院右副都御史巡撫延綏榆林等處[②]，孔天胤爲之作四六語送行[③]。李宗樞有《送張南溪巡撫延綏序》，開篇云:“嘉靖壬寅秋，寇入雁門，攻太原，至榆次，逾月遁去。上乃顓任武臣，選

---

①《明世宗實録》卷二百六十五嘉靖二十一年八月“己卯”條，卷二百六十七嘉靖二十一年十月“己卯”條。

②李春芳《通議大夫南京户部侍郎南溪張公驄墓誌銘》，焦竑《國朝獻徵録》卷三十二。另見吴廷燮《明督撫年表》卷三。

③孔天胤《孔文谷集》卷十四，第六篇，原無題目。

士厲兵，簡練傑俊，先事豫防。是時延綏撫臣闕，銓部以河南左丞南溪張公請於上，以公爲右副都御史，往撫其地。”[①]時任右布政使爲孫存。（孫存小傳見附録）

是年，于蘇門山刻石“知静仁動”。刻石今存。蘇門在今河南衛輝市。

嘉靖二十二年癸卯（1543），三十九歲

浙江任上。

是年巡按山西監察御史童漢臣會同都御史李珏就山西被寇事上疏，《吏部考功司題稿》存有覆稿，題作《覆山西巡按勘報被虜殘破疏》[②]。要求將被虜人口、牲畜數目、燒燬房屋間數造表上報，並追究各級官員責任。童漢臣後被謫湖廣布政使都事。（參見雍正《山西通志》卷八十五《童漢臣傳》）按：童漢臣，浙江仁和人，與孔天胤交往頗多。（小傳見附録）

正月，左參政於敖升湖廣按察使。（《明世宗實録》卷二百七十）孔天胤作有《送疊川於公按察湖廣序》（《孔文谷續集》卷二）。

二月，衛輝府修題名碑，孔天胤撰《衛輝府題名記》，文末落款“嘉靖癸卯春二月望日，太原孔天胤撰”。此文《孔天胤文集》未收，今見于萬曆《衛輝府志》卷七《官師志下·歷宦》，附于“題名記”條目下。係應其同年陳澍所請而作。按：陳澍（1492—？），字伯雨，直隸合肥人，時任衛輝知府[③]。

約三月，孔天胤升浙江提學副使。赴任前，爲湯陰縣羑里作《演易亭記》[④]。此文爲應河南巡撫魏有本所請而作。嘉靖二十年，魏有本重修文王廟，建演易亭五間，左右廂房各三間，演易坊一座。羑里爲周文王被囚禁之處，相傳周文王在此創文王八卦。

四月，赴浙江提學副使任。李宗樞有五言詩《贈文谷使君督學兩浙》，

---

①雍正《陝西通志》卷九十三。

②《吏部考功司題稿》第 1557 頁，《明季史料集珍》，偉文圖書出版社，1976。

③生年據《嘉靖十一年進士登科録》考訂。

④殷時學、陶濤主編《羑里城志》第 32—33 頁，河南人民出版社，2007。落款爲“賜進士第中憲大夫浙江按察司副使孔天胤”。

詩末寫道："子其揚希音，弘敷被烝徒。"(《李石疊集》卷一)對孔天胤寄予厚望。李宗樞又寫有五律詩《宜溝驛懷文谷使君》(《李石疊集》卷二)。宜溝驛，在河南湯陰縣。

李濂有贈詩《送孔提學之浙江》，句云："風謡隨地得，桃李向陽開。帝遣文星去，人歌化雨來。"(《嵩渚文集》卷十九)李濂，字川甫，號嵩渚，河南祥符人。

張岳升廣東參政，作《叙贈大中丞淨峰張公初從浙之藩參移鎮廣東》。(參見《明世宗實録》卷二百三十八)

五月，與陳堯等一起觀賞五代吴越王錢俶的《草書手簡》，並作題跋。此題跋出現在中國嘉德2015年春拍"大觀之夜"，並有鐵券圖式及宋元明清名賢題跋。其中孔天胤與陳堯等共同賞析的題曰："嘉靖廿二年五月望日，西湖散吏孔天胤與太守陳堯同觀，又觀舊書鐵券及宋濂等詩文卷子。"後有朱文印章"壬辰及第進士"，又有錢德洪、謝鐸、黄綰、張寰等人跋文。

王格有詩《得孔文谷書兼惠諸作因以寄之》：

> 河渚初歸春日雁，濠梁近報孔融書。清淮路隔應憐汝，明月珠生更寄余。烏臬十年猶舊秩，鳳樓三策見平居。幸從鴛序論心素，獨恨藜燈夜雨疏。(《少泉詩集》卷七)

河渚，杭州西溪濕地故地名。濠梁，鳳陽府。據此可知赴浙江任途中曾經潁州舊地，並修書致王格。王格嘉靖十七年(1538)曾任河南僉事，與孔天胤有交集。時王格已因衛輝行宫失火被杖責並削籍。孔天胤寄王格書，文集未收。按：王格，湖廣京山人。

是年，皇甫汸有詩《寄孔督學》(《皇甫司勛集》卷二十六)。首聯"憲府新開越水東，瀛州似與海門通"，當作于孔天胤上任不久。

是年，有書《與廖東雩年丈》致同年廖希顔，感嘆"四十無兒，萬里孤泊"(《孔文谷集》卷十五)。在寄給廖道南的信《與廖洞野先生》中也提及"離老母之日久，舊業遂益荒廢，子嗣未立，鬢毛變色，日夜思意，惟有歸與"(《孔文谷集》卷十五)。

錢薇作《論四十不惑贈督學孔文谷》，認爲孔天胤"誦法夫子與人同，而其得諸心體諸身，發揮其藴藉每與人異，方未四十，已能攄露所有"。且午未四十已“潛窺不惑之蘊”，掌教浙江，是浙地士子的榮幸。爲此希冀孔天胤能以山西大儒王通與薛瑄爲“規”，或者以孔夫子爲“的”。(《海石先生文集》卷十三)

孔天胤上書請求迎養，獲得允許。同年施峻有詩《孔文谷丈廷試及第，以太縣君例不得内仕，出督陝、浙學政，詔許迎養，寄贈一首》，首聯云：“學士何年下直廬，西湖太華寄圖書。”(《璉川詩集》卷七)施峻，浙江歸安人。

是年六月，汾州水災。乾隆《汾州府志》卷二十五《事考》：“二十三年，孝義、汾州大水傷稼。”柳川宗室有《苦水吟》咏其事[①]。碑陽文字有：“今年甲辰六月九日，時作大雨，至十五日始晴，十六日復作大雨。”按：柳川，名朱表柄，與孔天胤交游甚多。

六月二十五日，屠隆生[②]。按：屠隆，浙江鄞縣人。後孔天胤七十歲生日時寄詩祝壽。

秋八月，浙江鄉試。該年主持浙江鄉試的主考官爲山東濟南府德州儒學學正陳烜、廣東廣州府順德縣儒學教諭陳雍，同考官有從山東、湖廣等地調來的儒學教諭石銘等人，監臨官爲巡按浙江御史舒汀，提調官爲浙江左布政使歐陽必進與右參政江匯，監試官爲按察使盧蕙與僉事黄光升。收掌試卷官有杭州府知府陳仕賢、湖州府知府熊汲、紹興府知府張明道、温州府知府洪垣，受卷官有台州府知府陳堯、金華府知府朱麟、台州府同知王廷榦、温州府同知陳公升等人。除此以外還有彌封官、謄録官、對讀官以及巡視維持秩序的官員及防止考生夾帶的搜檢官等[③]。其他參與者還有：右布政使婁志德，左參政劉佐，右參政馬紀，右參議郊鼎，副使鄒堯臣、張一厚、歐陽清，僉事艾希淳、黄德純、康朗，都指揮傅啓忠、韓平等。工部員外郎周南、南京户部主事洪朝選亦參與該次鄉試。其中王廷榦、陳仕賢、周南、洪垣等爲孔天胤同年。(陳仕賢小傳見附録)

孔天胤代主考官陳雍作《鄉試録後序》，“録所選士九十人及文二十一

①碑原位于萬柳山莊，2010年復刻，今置于峪道河鎮峪口村聖母廟。

②秦皖春《屠隆年譜》，復旦大學碩士論文，2003。

③《嘉靖二十二年癸卯科浙江鄉試録》。陳烜，福建莆田人。

篇以獻”（《孔文谷集》卷二）。

是科所拔人才較多，爲時人所稱。明凌迪知《萬姓統譜》卷六十八：“孔天胤，字汝錫，汾州人。宣聖後裔，嘉靖進士第二。督浙江學校，頗稱得士。”邵經濟詩《和近山五雲山韻簡文谷學憲》：“道在六經元自重，心傳千聖系非輕。先生上谷遭逢日，造士從前大有聲。”（《西浙泉厓邵先生詩集》卷八）“上谷遭逢日”，係指孔天胤被貶祁州知州事。邵經濟與孔天胤多有詩文往來。按：邵經濟，浙江仁和人。近山，指金璐，浙江錢塘人。（小傳見附録）孔天胤與金璐有詩文往來。

張治《近科題名碑記》開篇寫道：“仁和縣儒學舊有題名録，領薦之士甚盛典也，歲久文刻剥蝕，漫無所考。嘉靖二十二年，適河汾文谷孔公督學兩浙，慨然以古道造士，士類莫不砥礪興起。”（嘉靖《仁和县志》卷八）

本届共録取舉人九十名，其中五十八人中進士，諸大綬、徐學詩二人會魁，秦鳴雷、諸大綬二人爲狀元，而名臣吳百朋、趙錦均官至尚書，副使、參政之類更是不乏其人。該科中趙祖元、趙祖朝與嘉靖二十五年舉人趙祖述、二十八年舉人趙祖鵬爲親兄弟。趙祖元中嘉靖二十三年進士，趙祖朝與趙祖鵬中嘉靖三十二年進士。褚相、王宗沐、趙祖元、姜子羔等人後與孔天胤多有交集。張天復，張岱高祖父，其子張元忭爲狀元。（趙錦、吳百朋、張天復小傳見附録）

除秦鳴雷、王宗沐等人外，本科舉人中有文集存世者如：徐學詩有《石龍庵詩草》六卷，有乾隆二十三年徐光度等重慶堂刻本；詹萊有《招搖池館集》十卷，有福建書坊詹佛美活字印本，武漢大學圖書館有藏；王叔杲有《玉介園存稿》十八卷、附録四卷、行狀傳墓誌銘等一卷，國家圖書館、北大圖書館等單位有藏，今人張憲文點校整理爲《王叔杲集》；陶承學有《庸齋先生集》二卷，有清陶氏賢奕書樓鈔本，國家圖書館有藏。

陸可教之父亦受孔天胤賞識，但終生不領鄉薦。王祖嫡《師竹堂集》卷十二《陸先生七十壽序》：“先生幼負奇藴，咸以爲無雙，先達唐文襄公、學使孔文谷公俱有國士之賞，乃十九首薦而不領鄉書，詘之甚矣！”陸可教（1547—1598），字敬承，號葵日。浙江蘭溪人，萬曆丁丑科進士，授編修，充纂修會典，終國子監祭酒，有《陸禮部文集》十六卷。

孔天胤兩次擔任學政，成績斐然。據王道行記載，孔天胤與灌甫宗侯朱睦㮮友善（小傳見附録），灌甫將二人往來書牘裝訂成册，後爲西亭所藏。孔天胤故去多年，王道行讀之感慨萬分，作《題西亭家藏孔文谷赤牘卷》："見前輩簡易之風，筆法宛秀，猶可玩也。"而自己"余計七十許，方擁師席，爲諸王孫講五經同異"（《王明甫先生桂子園集》卷二十三）。

是年秋，按察使盧蕙（號抑齋）升廣東右布政使，孔天胤作《送浙江按察使抑齋盧公晉廣東布政右使序》及詩《送盧方伯之任廣東》[1]。邵經濟也有贈詩《秋江別意餞盧抑齋陟廣東方伯》，句云："西子湖頭秋水平，輕橈短楫晚煙明。"（《西浙泉厓邵先生詩集》卷三）故知時間爲秋季。（盧蕙小傳見附録）

是年，右布政使婁志德升福建左布政使，孔天胤作《送勿齋婁公赴福建布政左使》，篇首有"皇帝臨御二十有二載"句，可知作于是年。（《孔文谷集》卷二）

是年秋，浙江參議郟鼎罷歸（小傳見附録），孔天胤作《憶闌余馥篇爲夾（郟）少參題》詩。王廷榦有《憶闌余馥篇爲郟梅岩作》。首句云："輕輕南國卉，瑞質向秋風。"（《巖潭詩集》卷六）則郟鼎罷官時間當爲秋天。邵經濟也有詩《梅岩篇爲薦和郟少參賦（諱鼎）》（《西浙泉厓邵先生詩集》卷三）。

九月三十日，何瑭卒[2]。（小傳見附録）後孔天胤爲其文集作序。

是年秋，同年兼好友謝庭茝乞休，作詩《謝子佩乞休有作用韻贈之》。尾聯云："去歲令兄先解印，今看鴻鵠兩悠然。""去歲"句指謝庭茝兄謝庭芝，字子如，嘉靖五年（1526）丙戌科進士，任刑部主事，升員外郎，嘉靖二十一年（1542）乞終養歸，以孝敬聞名鄉里[3]。又寫有《贈憲使右溪謝子拂衣歸里序》（《孔文谷集》卷六）及《與謝右溪年丈》（《孔文谷集》卷十五）。錢薇也寫有《送謝右溪乞歸序》（《海石先生文集》卷十九）。

是年秋冬之際，與友人在杭州大仁院聚會。大仁院又名石屋寺，作《石

①本年度所引孔天胤詩如無特別注明，均出自《孔文谷詩集》卷二《澤鳴稿》。

②馬理《大明資善大夫南京都察院右都御史柏齋何先生神道碑銘》，《何瑭集》附録二，王永寬校點，中州古籍出版社，1999。馬理《溪田文集》未收。

③民國《富順縣志》卷十一。

屋寺宴集》詩。

是年有書致戚賢(小傳見附録),對戚賢道德文章大加贊賞。信中提及當時之"英賢":"在江北則有先生(戚賢)與百泉(皇甫汸)諸公,然薛西原(薛蕙)化于田園,林東城(林春)終於郎署,可慨也。在江南則有東郭(鄒守益)、龍溪(王畿)、波石(徐樾)、荆川(唐順之)、緒山(錢德洪)諸公,實爲一時斯文之托。"又提及:"右溪浩然歸去,豈不誠大丈夫哉!"(《與戚南山》,《孔文谷集》卷十五)

是年冬,會晤趙廷松,時趙廷松因被參待勘鄉居。有《與趙俟齋宴湖上閣》詩,首聯云:"湖上入座影離離,雪意窺梅向北枝。"趙廷松有《湖上次孔文谷韻》,首聯云:"萬木寒山葉盡衰,青青惟有桂林枝。"[①]故可知作于冬季。趙廷松文集中有《答孔文谷督學》《同張岱野、孔文谷登萬松嶺》《孔文谷過訪因評薛西原詩》等詩文[②]。

十二月,山西巡撫都御史李珏奏按察使曹嘉、巡按山西御史王汝楫互相考訐事,爲趙廷松平反。《明世宗實録》卷二八一嘉靖二十二年十二月:"壬午。及二十年吏部考察天下方面官,當嘉不謹,革職閑住,廷松以才力不及論調。至是,山西巡撫都御史李珏勘上嘉、汝楫奏訐事情謂:'嘉本以剛愎露才,自招怨謗,其狎比群小,縱容騙詐,事多有迹;廷松無他愆,特以語言欠檢,横犯强御。此二臣者,昨歲已經考察黜調,公論允協,無復别議矣。其嘉奏汝楫贜罪悉出詆餙無實,汝楫宜令供職如故。'部覆從之。"趙廷松復入山西。

是年孔天胤母親六十大壽,邵經濟爲寫壽序《松鶴篇壽新鄭縣君孔文谷母太夫人六十》。(《西浙泉厓邵先生詩集》卷三)

是年初,孫繼魯以左參政分守冀南道駐汾州。康熙《汾陽縣志》卷三《名宦》:"孫繼魯,字道甫,雲南衛人。嘉靖癸未(1523)進士,由郎中歷升左參政,嘉靖二十二年駐扎。問學淵深,耿介自持,强藩斂迹。升本省按察使,士民擁馬不能行。宗藩百餘以執法銜之,挾以解其囊,惟敝衣履。衆愕然

①《趙廷松集》第167頁,綫裝書局,2009。

②分别見《趙廷松集》第164、168、200頁,綫裝書局,2009。

曰：‘我高皇帝迄今百七十餘年，罕見此官。’乃載酒追送於郊。至任，持法益堅，王府無敢暴横。兩台交薦，謂百姓有孫青天之謡。遷陝西右布政，升山西巡撫，提督三關。會有西陲事，與總督論不合，被誣下錦衣衛獄……隆慶贈兵部右侍郎，謚清愍。”雍正《山西通志》卷七十八：“孫繼魯，進士。嘉靖時任左參政，遷按察使，後爲巡撫山西都御史。雲南衛人。”①（小傳見附録）

是年，曹寵任汾州知州。順治《汾陽縣志》卷三《知州》：“曹寵，肅寧舉人，二十二年升任。性寬守法，稍遷長史。”

嘉靖二十三年甲辰（1544），四十歲

浙江任上。

二月，會試。命掌詹事府事禮部尚書兼翰林院學士張潮、左春坊左庶子兼翰林院修撰江汝璧主考會試，取瞿景淳等三百二十名。（《明世宗實録》卷二百八十三）

三月，殿試，秦鳴雷、瞿景淳、吴情等三百二十二人進士及第，出身有差。是科未考選庶吉士。（《嘉靖二十三年進士登科録》）

是科，孔天胤于嘉靖二十二年所選舉人中，有秦鳴雷、沈束、王宗沐、邵漳、金潮、孫學古、徐學詩、徐公遴、邵稷、陶大有、項守禮、金豪、蔣寘、陳信、趙錦、陳淮、趙祖元等近二十人考中進士。

該科著名人物或與孔天胤有交集者還有：譚綸（江西宜黄人）、方九叙（浙江錢塘人）、陳其學（山東登州衛人）、霍冀（山西孝義人）、任環（山西潞安府長治縣人）、趙世禄（山西汾州人）、吉澄（直隸大名府開州人）、谷中虚（山東海豐人）、栗永禄（山西長治人）、楊選（山東章丘人）、孫慎（貫大寧都司保定右衛官籍，河南武安人）、徐綱（湖廣武昌府興國州人）、王之誥（湖廣荆州府石首人）、石茂華（山東益都人）、李僑（山東長清人）、王國光（山西陽城人）、趙軏（山西高平人）、李攀龍（山東歷城人）等。

---

①孫繼魯初擬任浙江，因浙江爲其原籍，故改任。參見《明世宗實録》卷二百六十七嘉靖二十一年十月“壬午”條。故孫繼魯任山西參政期間應爲二十一年歲末，到任時間爲二十二年初。

二月，廣東布政司左參政柯相升浙江按察使，柯相到任前一段時間，孔天胤曾暫代該職。《與項甌東》："訖試之後，又權管司事，獅山至，裁稍脱身。"（《孔文谷集》卷十五）獅山，柯相號。柯相不久即升任河南右布政使，孔天胤作《送獅山柯公赴河南行省右轄序》（《孔文谷集》卷二）。按：柯相，直隸貴池人。（小傳見附録）

是年春，鄒堯臣（號和峰）由浙江副使調任江西參政，孔天胤作《江樓送遠贈和峰大參》詩①。内有"明珠按劍誰知己，春水盟鷗自息機"句，故知爲春天。按：鄒堯臣，雲南趙州人。（小傳見附録）

三月，山西巡撫李珏因疾歸，右副都御史曾銑繼任②。按：曾銑，江都人。（小傳見附録）

三月，同年皇甫涍擢浙江按察司僉事，分莅浙東。（《明世宗實録》卷二百八十四）

是年春，與金璐（號近山）在西溪宴會，有詩《西溪莊宴與金近山同賦》。首聯云："湖館澹春陰，芳菲襲我襟。"可知作于春天。

與皇甫涍同游，作《翠�山房同皇甫少玄三首》。皇甫涍寫有和詩《昭慶寺翠筠禪房同孔學憲》《孔學憲讀經昭慶寺予過贈此》（《皇甫少玄集》卷五、卷十）。王廷榦有《和皇甫少玄贈孔文谷讀經昭慶寺之作》（《巖潭詩集》卷七）。

皇甫涍赴任浙東途中，經天台，有詩《發郡城之天台，道中述所經覽，寄孔謝二憲副、趙何二僉憲同年二首》（《皇甫少玄集》卷十九）。謝，謝庭茝，時乞休待候中；趙，趙維垣；何，何天啓。五人均爲同年。王寅有《括蒼留别貳守皇甫子循游雁宕（蕩）天台》（《十岳山人詩集》卷三）。王廷榦有《送謝右溪得請歸蜀》，該詩作于甲辰，首聯云："使君歸去卧林泉，别路離觴悵遠天。"（《巖潭詩集》卷六）可知謝庭茝乞休到獲批期間仍一直在浙江逗留。

三月，福建按察使梁廷振（號瀾石）升浙江右布政使。（《明世宗實録》卷二百八十四）龔用卿有《贈福建按察使瀾石梁公擢浙江右方伯序》（《雲岡公文集》卷十）。按：梁廷振，南海人（小傳見附録），後孔天胤爲其撰祭文。

①本年度所引孔天胤詩如無特别注明，均出自《孔文谷詩集》卷二《澤鳴稿》。

②吴廷燮《明督撫年表》卷二《山西》。

四月，山西右參政張了立升山西按察使。(《明世宗實録》卷二百八十五)

五月，江西按察使蕭一中升浙江右布政使。(《明世宗實録》卷二百八十六)

五月，歐陽必進由浙江左布政使升右副都御史巡撫鄖陽，孔天胤作《送大中丞約庵歐陽公撫治鄖陽序》(《孔文谷集》卷二)。孔天胤在序中開篇寫道："鄖陽咽喉楚蜀，襟帶漢宛，形勢扼塞，風氣慓遬，而山林川澤之饒，可以給民。故其民多呰窳而罕積蓄，而他所流亡，往往歸集其地。通乎漢中、商洛、南陽、汝寧之間。故四郡之俗，亦多枝柱急疾奸宄易萌。非轂輻而銜轡之難爲理也。"指出鄖陽地理位置之重要。歷史上的鄖陽是中國第一個特區，其轄地包括現在陝西、河南、湖北及重慶部分區域，由時任副都御史山西人原杰倡議成立①。明代中期，鄖陽山區流民聚集，暴亂頻發，明朝廷兩度派兵鎮壓，屠戮無數，但爲生存而聚集于此的流民去而復聚。朝廷一直苦無良策，後來朝中大臣周洪謨、文會等力主招撫，認爲非原杰莫屬。原杰到任後深入鄖陽山區走訪調查，爲民請命，奏請朝廷在鄖縣設立鄖陽府、鄖陽撫台，開創了鄖陽山區的安定時代。

孔天胤認爲："夫民一也，編户之民易治，而流徙之民難爲；瘠土之民思善，而沃土之民多淫。"顯然孔天胤對鄖陽的設立與背景有相當的瞭解，認爲"善治者，因其勢而理之"。歐陽必進在鄖陽時，曾發明人力耕地機。歐陽必進雖官居高位，但因其是權臣嚴嵩妻舅，受牽連，《明史》無傳，偶有涉及亦多貶抑之詞。(歐陽必進小傳見附録)

是年，孔天胤與時任杭州知府陳一貫改凝真道院爲揚清祠，祀四川按察司僉事王琦與刑部郎中項麒。萬曆《杭州府志》卷四十七《祠廟中·杭州府·仁錢二縣》："揚清祠，在忠清里，改凝真觀爲之，祀國朝四川按察僉事王琦、刑部郎中項麒。二公，里人也。正德十六年，巡按御史唐鳳儀始附祀

---

①原杰(1417—1477)，字子英，山西陽城人。明正統十年進士，初任御史，巡按順天府。歷任江西按察使、山東布政使。成化二年，拜右副都御史，巡撫山東。後任户部左侍郎，尋任副都御史，鄖陽首任巡撫，調南京兵部尚書，在赴任途中病故。生平見《明史》卷一五九《原杰傳》；商輅《南京兵部尚書贈太子少保原襄敏公墓碑》(雍正《山西通志》卷一百一)。

於諸侯射祠，改祠曰‘忠清’。[1]嘉靖二十年，知府陳仕賢別建祠，隘陋不稱。二十三年，提學副使孔天胤、知府陳一貫改祀今祠，春秋致祭，一貫爲記。”按：陳一貫，福建福清人。（小傳見附録）

又在斯如里建先賢祠，祀先賢曾子。萬曆《杭州府志》卷四十六《祠廟上·杭州府·仁錢二縣》：“先賢祠，在斯如里。嘉靖二十三年，提學副使孔天胤、郡守陳一貫建，祀先賢曾子。”

是年，杭州饑荒。萬曆《杭州府志》卷七《國朝郡事紀下》：“二十三年，杭州大（旱），無麥禾。”自春至夏無雨，餓殍遍野，瘟疫流行。孔天胤寫有《祈雨文》《再禱雨文》《禱雨告先正文》（《孔文谷集》卷十六）。邵經濟有和詩《苦旱和孔文谷學憲韻》，首聯云：“桔槔聲斷田父苦，長夏高天不作雨。”祈雨得應後有詩《得雨和孔文谷宗工韻》（《西浙泉厓邵先生詩集》卷三、卷六）。孔天胤詩今未見。

是年春，孔天胤開始上任後第一次循行課士。目前可知其所經地方有湖州、嘉興、紹興與寧波四府。童漢臣送至謝村，作《出湖州童南衡送至謝村賦酬二首》。

途中讀薛蕙《考功集》，作《讀薛考功集感而賦之》：

一覽西原作，欄杆涕莫從。紛兹懷化鶴，憶昔見猶龍。耿耿對秋竹，青青倚春松。余户斟水月，瑶席整絲桐。聽嘯蘇門上，窺玄草閣中。著書躡二老，鮮綬辭三公。義諦昭如日，言詮穆似風。洪河方飲鼠，歧路忽飛蓬。遠吊斯文喪，深悲吾道窮。流沙歸李叟，梁木萎尼翁。生死原相托，幽明劇不同。譙墳宿草長，苦縣暮雲重。懸劍情可極，頭出理亦空。惟將千古意，潛向九淵通。

在湖州府長興縣，名宿顧應祥托學官送來“教緘及和章之什”，孔天胤認爲自己應該先登門拜謁，對此表示不安，修書向其討教並表示感謝。（《與顧箬翁》，《孔文谷集》卷十五）按：顧應祥，浙江長興人。（小傳見附録）

有感于當時教育之艱難，寫有《湖州夜坐感懷安定先生十首》。安定先

[1]又見嘉靖《仁和縣志》卷七《壇廟》。

生，即宋代人儒胡瑗，曾執教蘇州、湖州，進行教學改革。其教學法，被後世稱爲“蘇湖教學法”，也稱“安定學法”。培養了大量經世致用的人才，如范純祐、范純仁、孫覺、孫覽、滕元發、田述古、陳敏、錢公輔、錢藻、張堅、張巨等[①]。

孔天胤在詩中寫道：“假使儒官盡安定，未知若個肯來師。”教職收入微薄，職責重大，孔天胤感慨很難選擇到像胡瑗那樣的教師。又感覺教學環境不好，教師良莠不齊：“今日學堂都破壞，幾人經治幾人通。”“莫道明經爲上乘，屯田水利亦高玄。假如三百篇俱誦，不曾施爲只惘然。”也反映了孔天胤反對死讀書，學以致用、躬行實踐的思想。

烏程境内有歸雲庵，爲孫一元歸隱處，孔天胤有詩《宴歸雲庵是孫太初隱處》《晚登道場絶頂煙雲變幻兩儀混茫曠然凝視有若鴻荒》。（孫一元小傳見附録）

在嘉興海鹽，拜訪同年錢薇，錢薇時鄉居在家。孔天胤準備重刊《資治通鑒》，二人就此展開討論，錢薇寫有《與孔文谷督學論〈通鑒〉書》（《海石先生文集》卷十三），就“道心之旨”展開討論，指出培養根本的重要性。

紹興課士期間，適逢清明，寫有《清明後正晴與賢良文學坐大觀堂同賦》，句云：“物理欣同賞，天真樂共祈。設心倘如是，携手咏而歸。”大觀堂在龍首書院内，萬曆《紹興府志》卷三：“龍首書院，前曰大觀堂，後曰史隱軒，周墻繚焉。明知府南大吉因舊基建。”[②]南大吉曾撰有《龍首書院記》[③]。

寒食節，有《寒食客中作》，流露出歸隱之意。

夏，寧波課士，奉化知縣徐獻忠作詩《夏日雨中督學孔文谷出奉化有作見示奉次》《雨後度山隍嶺再用韻奉呈》。孔天胤詩已佚。

《策秀才講學正心文六首》或作于該年（《孔文谷集》卷十三）。

是年夏，宴洪朝選于湖亭，有詩《夏日宴洪氏湖亭》。游靈隱寺，有詩

---

①李瑞《引領宋代教育改革之風：胡瑗的教育思想與實踐》，河南大學碩士論文，2007年。陳泠《胡瑗和蘇湖教法研究》，蘇州大學碩士論文，2008。

②萬曆《紹興府志》卷三，寧波出版社，2012。

③南大吉，字符善，渭南人。嘉靖二年至五年任紹興知府。任内葺稽山書院，創尊經閣，刻《傳習録》。王守仁講學，多賴之左右。

《夏日靈隱寺游宴用韻》。

夏，在杭州名刹昭慶寺，趙維垣召集同僚及孔天胤等人宴集（趙維垣小傳見附録），作詩《昭慶寺承龍岩憲使招同諸寅丈宴集席上偶成》。頷聯"出嶺高霞無鳥度，沿溪密柳係蟬吟"，可知作于夏季。邵經濟有《有懷龍岩趙監司和文谷孔宗工留别韻》（《西浙泉厓邵先生詩集》卷十）。

初秋，會錢德洪于許應元宅邸，有詩《訪緒山許氏莊上》。頷聯云："柴門夾竹驚秋早，石室邊松處夏閑。"可知作于夏末秋初。許應元時由工部郎中調任四川夔州府知府，便道省親。（錢德洪小傳見附録）

秋八月，刻宋大儒真德秀撰《集録真西山文章正宗》完工，並爲之作《文章正宗序》，記載刻書"經自嘉靖甲辰孟夏，而于仲秋之望落成"[1]。關于刊刻該書的旨意，序言中寫道："夫虚華者，無宗之文也。凡物無宗，猶之乎不繫之舟與行潦之水，易爲飄蕩。""故今所輯，以明義理、切世用爲主。"（《孔文谷集》卷三）

約是年秋，柯相調任河南，李清（號南橋）繼任按察使。按：李清，湖廣龍陽人。（小傳見附録）

是年秋，浙江按察司僉事譚棨西巡，孔天胤有詩《送譚少嵋西巡》。

秋，同年李愷自京師游蘇州虎丘（小傳見附録），寄詩，作《奉和李抑齋司勛歸自京師游虎丘見詒五篇》和之。李愷時任南京吏部南京稽勛司郎中。按：李愷，福建泉州府惠安縣人，時丁憂回鄉。

中秋，天陰無月，有詩《中秋無月》。次日天晴出月，作《十六夜玩月閑齋》。又在映江樓觀潮，有詩《觀潮映江樓二首》。

中秋節前，再次修書謝庭茝。寫道："秋當四十，痛感無聞，存省之餘，頗覺顔子善學聖人真處，遂謂聖人不出吾腔子矣。"孔天胤生于八月十六日，故云"秋當四十"。（《與謝右溪年丈》，《孔文谷集》卷十五）

吴鼎有長篇五言古體祝壽詩《壽孔文谷提學》，對孔天胤才學與教育方面的業績頗爲讚許："覽古慕汾陽，凌風望文谷。""三十奏長楊，四十典文學

---

①據《第二批山西省珍貴古籍名録圖録》，《集録真西山文章正宗》三十卷，（宋）真德秀輯，明嘉靖二十三年（1544）孔天胤刻本，山西師範大學圖書館、祁縣圖書館有藏。

……道爲王者師，西河有遺馥。感激平生懷，因之策高足。”又謂其雖出身王親，但志向高遠：“朱門安足榮，所志在華國。義高卜子夏，何論段干木。”（《過庭私録·泉亭外集》）按：吳鼎，浙江錢塘人，時已致仕在鄉。

是年秋，另有《秋夜二首》等詩。

浙江右布政使蕭一中、僉事皇甫涍巡行會稽，作《映江樓雨中送蕭右丞、皇甫僉憲出會稽循行一首用壁間韻》《席上寓懷用前韻》。

重陽節，與同僚登北高峰，作《九日同省中諸公登北峰最高頂作》《又用杜子藍田莊韻》詩。陪按察司同僚游玩天竺寺，有詩《陪憲府諸公游宴天竺》。

是年秋，招飲西樓，吳鼎有詩《雨中西樓赴孔文谷督學招飲》記其事。（《過庭私録·泉亭外集》）

是年秋，孔天胤南下課士，對浙西進行循行。由已發現史料分析，曾到過處州與金華，或乘舟，先至嚴州府，再到衢州、金華、處州等地。

在處州寫有《處州水心亭偶題二首》。時任處州府宣平縣教諭梁宗魯曾向孔天胤上所著《學規》，深得孔天胤見重。（梁宗魯小傳見附録）

循學途中作《别懷送少玄》，内有“薄宦不求達，佳人欣與俱”句。

在金華，與程文德相遇。嘉靖十一年（1532）殿試，時任翰林院編修的程文德是掌卷官之一。孔天胤寫有《永康縣訪松溪先生不果至館頭懷寄並謝來篇二首》，程文德寫有《與孔文谷督學同過寶山寺論學契懷遂成十律》。寶山寺一名靈岩寶山院，爲唐元和間僧道琳建。（光緒《富陽縣志》卷十六）

永康課士期間，對諸生應召頗爲賞識。胡應麟《應文學墓誌銘》：“君諱召，字可南，古平其别號也。先世自天台徙婺永康……督學張公按部，奇其文，拔高等補邑弟子員。孔公天胤系至，閲諸生卷，得君，大擊節，有深探理窟之評……”（《少室山房集》卷九十二）

九月初七，理學家王廷相卒[1]。

九月二十四日，循行期間，忽得音訊，家眷已經到浙。大喜過望，對安

①許讚《榮禄大夫太子太保兵部尚書兼都察院左都御史掌院事浚川王公墓誌銘》，《皇明名臣墓銘·坤集》。

排並護送其家眷至浙的山西按察使張子立感激萬分。《與張南墅憲長》:“感激誠入骨髓。而門下之高仁大義,施及遠艱,至周至密,則其同體天地,同仁萬物之盛即是可知。”(《孔文谷集》卷十五)按:張子立,山東黄縣人。(小傳見附録)

是年,孔天胤同年趙維垣任浙江按察司僉事。

十月二十七日,兵部侍郎萬鏜(號治齋)生日,時任浙江右參政江匯爲其同鄉,孔天胤代寫壽序《叙石南子奉壽萬公治齋老先生》(《孔文谷集》卷二)。石南,江匯號。(萬鏜、江匯小傳見附録)

十一月,李清升任四川右布政使,孔天胤作《贈觀察使南橋李公陟蜀藩右轄序》,内有“以是歲之冬,陟丞蜀”句(《孔文谷集》卷二)。又有詩《送南橋李公赴四川右轄》,有“一望江頭楊柳煙,鳳城春色使人憐”句,可知冬天接到調令,次年春天才正式赴任。皇甫涍也作有《贈别南橋李公赴蜀右使詩序》,寫道:“甲辰之夏……學憲文谷孔公既叙其行,同省諸君咸有賦藻,申章匯意不可無述,文谷謂予知言,屬備首簡。”“甲辰之夏”似應爲“甲辰之冬”。

是年冬,多雨,有詩《雨夜不眠漫成五首》,其一有句云:“江南冬日雨,江北雪連天。”

是年,收集薛蕙《考功集》之外的遺詩,刻《薛詩拾遺》四卷並作序。序中回憶二人交往:“既余别先生去,而先生亦與世别矣。”“卷中有賦洮溪硯一篇,乃先生攬物懷余。夫先生懷余,余可得;余今懷先生,先生其可得耶?展卷揮涕,言不成章。”(《孔文谷集》卷三)據《與中川陳宗師》,該書刻成後曾送陳講。(《孔文谷集》卷十五)

是年,浙江都司傅啓忠乞歸,作《送都閫驃騎大將軍巢湖傅侯乞歸序》。(《孔文谷集》卷二)都閫,都司。傅啓忠曾參與二十二年浙江鄉試,或爲辰州衛人。

是年,浙江僉事艾希淳升河南布政右參議,孔天胤作《贈居麓艾公入覲拜河南布政司右參議序》,文中云:“居麓子僉憲於浙三年,用法廉正,用威惠均……是歲甲辰,當萬國朝政之期例,藩臯長吏,當率郡縣守令以行。”(《孔文谷續集》卷二)文中,孔天胤提出爲政的理想狀態:

夫君子修德勉善，孳孳閔閔，晝日以學，蚤夜以思，惟恐不及；及其得也，惟恐不行；及其行也，惟恐不知；及其知也，惟恐不信；及其信也，惟恐不用。蓋信而不用，猶不見信也；知而不信，猶不見知也；行而不知，猶不能行也；得而不行，猶不能得也。

約是年，孔天胤有書《奉莊石山座主》（《孔文谷集》卷十五）。莊石山即莊一俊。按：莊一俊，嘉靖十年（1531）山西鄉試主考官之一。

是年，同年王廷幹調南京户部，孔天胤作《讀湖閬感别之篇便書其後》，開篇云："少玄皇甫子與巖潭王子别也，作《别友賦》，並取往懷諸篇書爲一册，抽緒神睿，振華憲雅，玉質金相，文棟郁如也。"（《孔文谷集》卷十三）

約是年，與陳鶴交游。按：陳鶴，浙江山陰人，家族故武胄，但以文名。陳鶴集中有《孔文谷學宗寫聽風圖》《題畫寄孔文谷學宗》《郊外奉寄孔文谷憲副》《九月三日同孔文谷憲副萬鹿園總兵童南衡侍御湖上分韻飛字》等詩[①]。陳鶴又爲孔天胤詩集《霞海篇》寫序（《海樵先生全集》卷十五）。

其他可知作于該年的詩有《江上奉送南石翁》《塔燈二首》等。

《與陳虞山大卿》一文或作于是年。陳虞山指陳察，曾任光禄寺卿，故稱大卿。文中寫道："曩某釋褐歸里，幸門墻承教貺。"（《孔文谷集》卷十五）可知陳察對孔天胤有提携之恩，但檢陳察現存文集《都御史陳虞山先生集》，未見與孔天胤相關詩文。

是年十一月，山西右參政蘇祐升大理寺少卿。（《明世宗實録》卷二百九十二）雍正《山西通志》卷七十八："蘇祐，進士，嘉靖時歷任巡按宣大御史、右參政、巡撫山西都御史、總督都御史。山東濮州人。"蘇祐與慶成王府及孔天胤多有交往。

十二月，孫繼魯升山西按察使。（《明世宗實録》卷二百九十三）

十二月壬午，翁萬達以右僉都御史總督宣大、山西[②]。

約是年冬，浙江左布政使梁廷振卒于任，作《祭瀾石梁方伯文》（《孔文

---

①分别見陳鶴《海樵先生集》卷十二、卷十四、卷七。具體寫作時間待考。

②吴廷燮《明督撫年表》卷二《宣大》。

谷集》卷十六)。次年正月,蕭一中繼任,據《明世宗實録》卷二百九十四嘉靖二十四年正月:“壬寅,升湖廣右布政使張時徹、浙江右布政使蕭一中俱爲左布政使,時徹河南,一中浙江。”據此可推知梁廷振卒年。(蕭一中小傳見附録)

除夕,皇甫涍有《除夕與孔學憲》《雨夜孔文谷見過》等詩①。

是年,孔天胤有書《與百泉皇甫先生》致皇甫汸(《孔文谷集》卷十五)。皇甫汸《皇甫司勋集》中未見有回信,或未收録。

是年,送參政江匯,作《鐵佛寺送江大參之金陵》。江匯赴金陵緣由不詳。

是年六月,汾州大水。萬曆《汾州府志》卷十六《雜志類·災祥》:“二十三年六月,大水平地數尺。山河水漲,自西泡入,淹塌居民廬舍。城東田畝多災。”

嘉靖二十四年乙巳(1545),四十一歲

浙江任上。

是年,同年狀元林大欽卒。

正月辛巳,山西巡撫曾銑因防禦有功獲嘉靖帝褒奬。(《明世宗實録》卷三百七)

閏正月,世宗敕令續纂《大明會典》。總裁大學士嚴嵩、許讚、張璧,副總裁吏部左侍郎孫承恩。纂修官有:左春坊左諭德閔如霖,左中允郭希顔,右贊善吳山,司直郎吕懷、謝少南,翰林修撰茅瓚,檢討林庭機,編修李璣、趙貞吉、敖銑、郭朴、康太和、嵇世臣、袁煒、黄廷用、陳東光、王維楨、盧宗哲(《國榷》卷五十八)。其中閔如霖、郭希顔、吕懷、謝少南均爲孔天胤同年。

正月,浙江參政劉佐(號前溪)升雲南按察使,孔天胤作《送前溪先生劉公赴雲南按察使序》(《孔文谷集》卷二)。劉佐仕途偃蹇,從中進士到升任按察使歷經三十年。孔天胤又有書《與前溪劉大參》,文中有“連月數奉提

①皇甫涍《皇甫少玄集》卷四、卷五。

携”(《孔文谷集》卷十五)句,可知劉佐對孔大胤多有關照。按:劉佐,江西安福人。(小傳見附録)

正月,浙江按察司副使、同年歐陽清調任四川(《明世宗實録》卷二百九十四),作《送冲庵先生歐陽子參知蜀藩序》(《孔文谷集》卷三)。

是年,杭州大饑荒。萬曆《杭州府志》卷七《國朝郡事紀下》:“二十四年,杭州大饑。”

杭州知府陳一貫從富裕之家借米,由僧人于各寺觀設粥廠,賑濟灾民。許多人由于過度飢餓,食粥過多而喪命,陳一貫因此被劾罷官[1]。

乾隆《福清縣志》卷十四《循良》記載與此不同:“陳一貫,字邦通,號魯得,自號五山,福建福清人……時杭州大饑,一貫抗疏救荒,極陳饑饉狀,得減租,杭人賴以全活。時徽州亦饑,勢家求糧于杭,一貫答以‘徽民可生,杭民不可死’,寧棄官不開糶。坐此謫撫州同知。”

孔天胤行救荒法。萬曆《杭州府志》卷七《國朝郡事紀下》:“二十四年,杭州大饑。提學副使孔天胤行救荒法。天胤見荒甚,建議於巡台,略曰:‘今民間子弟欲肄業國子監者,類以不得由學校爲耻。議令願入學者入米五十石,許其三日即以附學各邑,起選納銀入監籍名,違者黜之。庶稍爲饑饉之一濟。’按史高懋報曰:‘兹議荒政、學政兩得之,亟舉行,勿緩。’天胤懲前食粥過多致疾,命僧於十門五鼓作薄糜,人給一大甌,不使飽啜,民頗被惠。”

二月,謝體升主持船廠完工,孔天胤作《浙江改建船廠記》。文中記“始事季冬之朔,而明年春仲落成”[2]。嘉靖《仁和縣志》有收,題下有“提學副使孔天胤撰”。

謝體升還任,作《送謝工部四首》送之[3]。邵經濟有《潮溪行爲謝監司賦(諱體升)》《潮溪謝監司過我茶話悵然有作》《江上簡潮溪謝監司考績》等

①萬曆《杭州府志》卷七《國朝郡事紀下》。

②孔天胤《孔文谷集》卷九,嘉靖《仁和縣志》卷十四《紀遺》。雍正《浙江通志》卷二百五十五:“《改建船廠記》,《仁和縣志》,孔天寅(胤)撰。”

③本年度所引孔天胤詩如無特別説明,均出自《孔文谷詩集》卷二《澤鳴稿》。

詩[1]。

是年春，另有詩《席上觀牡丹》等。

三月，江西左布政使盧蕙升都察院右僉都御史巡撫遼東[2]，有詩《送盧公巡撫遼陽二首》賀之。

四月，浙江右參政林雲同升湖廣按察使(《明世宗實録》卷二百九十八)，有詩《贈退齋先生林公陟湖廣按察使序》(《孔文谷集》卷二)，又有詩《贈别林退齋赴湖廣廉使》。(林雲同小傳見附録)

孔天胤與林雲同多有交集。孔天胤嘉靖十五年(1536)任河南按察司僉事、潁州兵備道，十七年(1538)林雲同繼任[3]。嘉靖十二年(1533)林雲同任浙江提學僉事，二十二年(1543)孔天胤任提學副使，所司職責相同。二十五年(1546)孔天胤丁母憂，林雲同已從湖廣調至浙江任右布政使，並主持了當年的浙江鄉試[4]。林雲同任内因善得士、崇正學，被祭祀爲杭州名宦。

宴于許應元宅，有詩《夕宴許太守宅》，中有"莫將春草戀田園"句，可知爲春天。許應元赴夔州任，有詩《贈許茗山赴夔州》。施峻也有詩《寄許夔州茗山》(《璉川詩集》卷六)。蔡汝楠集中有《寄夔州許使君子春》(《自知堂集》卷五)。

在杭州東岡寺訪楊撫與李鶴鳴，有詩《東岡寺訪楊二檀、李潛厓作》。按：楊撫，字安世，號二檀，浙江餘姚人；李鶴鳴，字九皋，號潛厓，浙江義烏人。

在布政司衙門看到春燕再回，作《省堂春燕》詩，並贈同年王廷幹。王廷幹作《和孔文谷省堂春宴贈篇》詩和之(《巖潭詩集》卷七)。

是年春，又有詩《春日山中行呈南衡》贈童漢臣。

春暮，黄光昇晉浙江布政司參議，爲之作《贈葵峰黄先生晉浙藩少參

---

①分别見邵經濟《西浙泉厓邵先生詩集》卷三、卷十。

②雷禮《國朝列卿紀》卷一百十九，《巡撫遼東》："盧蕙，直隸山陽人，嘉靖癸未進士。二十四年推右副都御史，未任，病卒。"

③乾隆《潁州府志》卷五《秩官》。

④《嘉靖二十五年浙江鄉試録》。

序》，云："葵峰子果拜表還京，自夏徂冬，方始來晤。晤未幾，復東行郡縣去，是爲乙巳。今春盡，夏且復闌。"(《孔文谷集》卷二)二人均在按察司任職，孔天胤曾向黄光昇請教"修取友之學"。黄光昇長于《易經》，孔天胤認爲黄光昇對于《易經》有獨到的見解，非墨守成規之人："葵峰子之談《易》也，比於今所傳章句爲有發揮，守墨之士所不得而喻也。"黄光昇在浙江政績卓著，亦源于對《易》的精到見解與應用："葵峰子之爲政也，亦一本之心極，而能體時而率物，因地而施理，遏惡而揚善，損過而就中。"文末提到昔日同僚如柯相、歐陽必進等也都逐漸陞遷，只剩下自己與石南(江匯)、白石(連鑛)、盤峰[1]，故"聚散之際，能無感懷"。(黄光昇、連鑛小傳見附録)

黄光昇在浙江任内，修築海塘，治湖蓄水，疏浚山陰會稽、蕭山、諸暨四縣水利工程，提倡興學。在擔任刑部尚書任内，處理楊選、嚴世蕃、海瑞三獄，"委曲平停，得從寬減"(《明神宗實録》卷一百八十一)。

是年春，河南按察使謝蘭任浙江右布政使。(《明世宗實録》卷二百九十四)謝蘭，山西振武衛(代州)人(小傳見附録)。孔天胤《送浙江右使畹溪謝公赴河南左轄序》寫道："公初以監察御史按部浙中，光闡風猷，吏民懷畏。"即言此。

是年春，刊刻《資治通鑒》二百九十四卷、《資治通鑒考異》三十卷。該書刊刻始于嘉靖甲辰(1544)，乙巳(1545)春完工，杭州知府陳一貫總其成，仁和知縣程良等分任校理。孔天胤《刻司馬温公〈資治通鑒〉題辭》(《孔文谷集》卷十三)開篇寫道："有宋司馬温公，患遷、固以來，文字繁多，學者不能遍綜，乃删削冗長，舉撮機要，取關國家興衰，系生民休戚，善可爲法，惡可爲戒者，上自戰國，下訖五代，爲編年一書。積之歲月之久，成之任理之專，治道弘備，觀覽不煩。故英宗親賜名爲《資治通鑒》。"文末，孔天胤寫道："余謬領提調，與諸生修《大學》之道，居經史之業，遂私以前説，質諸有道，僉謂不愆。乃從事雕繕，用佈學官，弟子擇善而多識之。"孔

①盤峰，或爲孫應奎，字文宿，號東谷，洛陽人。曾貶至高平縣爲縣丞，有政聲，後終户部尚書。時任浙江參政。

天胤曾把該書送給浙江學者鄭曉,《與鄭淡泉先生》信中寫道:“夫道之顯者,莫著于文;文之顯者,莫著于經史。經史者,教典之隆也。”孔天胤認爲經史仍然是教育之根本, 刊印該書的目的是希望讀書士子能融通經史,有助于科舉。(鄭曉小傳見附録)

該書今國家圖書館藏有多部,其中兩種無題跋,有一種卷末有東莞莫伯驥號天一藏鈐印,並有清藏書大家周星詒跋。跋中寫道:“嘉靖甲辰浙江刻本《資治通鑒》世推善本,蓋出自唐太史家宋版文字。”

四月十一日,汾州現罕見天象。乾隆《汾州府志》卷二十五《事考》:“二十四年四月十一日午時,汾州五色見日邊,長二丈餘,廣二三尺,移時方散。”

春末,孔天胤第三次循行,幾乎走遍了整個浙江。按察司同僚爲孔天胤送行,孔天胤作有《春盡將循永嘉,早發錢塘,回寄憲府諸公》詩。吳鼎有詩《柳州亭同蕭兩湖餞孔文谷温州校士遇雨晚霽》(《過庭私録·泉亭外集》)。蕭兩湖,指蕭一中。柳州亭,在杭州西湖南路。

船過富春江,有詩《富春山下泊一首》。在桐廬,寫有《經桐廬七里瀨至嚴陵瀨》詩[1]。全詩如下:

桐溪泛清淺,並是滄江流。進舟漸陵緬,本湍渺喧啾。觸峭響逾駛,蕩磷紋友稠。岩險信驚急,潭暉且淹留。帶山窮水泊,梯石訪雲丘。尚傳嚴子釣,方見古人修。客心何由弭,此理猶未謀。

明末清初人熊文舉有和詩《孟夏坐雨用孔文谷經桐廬七里瀨韻》[2]。按:熊文舉,江西新建人。

在嚴州會晤即將赴任國子監祭酒的程文德。一路追趕,“行至嚴州果遇”。二人在富春驛相會,程文德寫有《會孔文谷喜述》(《程文恭公遺稿》卷二十八)。孔天胤陪程文德游嚴陵釣臺,登上釣臺最高處,臨風覽勝,有感于入世與出世的矛盾,寫下懷古詩《登釣臺最高頂用宋人張紫岩韻二首》。其一

---

①東漢嚴光隱居垂釣之處。嚴光字子陵,省稱嚴陵。後人稱他所居游之地爲嚴陵山、嚴陵瀨、嚴陵釣臺等。參見范曄《後漢書》卷八三,列傳第七三《逸民》。

②熊文舉《雪堂先生集選》卷一,又見《雪堂先生文集》卷十七。

云：

釣臺高出絶雲空，無怪垂綸向此中。當時若建策南陽，今日應將鄧禹同。

孔天胤認爲嚴光如果獻策輔助光武帝的話，也會取得與大樹將軍鄧禹一樣的功績。按：紫岩，宋代名臣張浚（1097—1164），生平見《宋史》卷三六一。張浚原詩《過嚴子陵釣臺二首》其一：

古木籠煙半鎖空，高臺隱隱翠微中。身安不羨三公貴，寧與漁樵卒歲同。①

孔天胤送程文德至桐廬縣鸕鷀門。鸕鷀門，在浙江桐廬縣。程文德寫有《鸕鷀門别孔文谷督學》：

惜别釣臺渚，還過鸕鷀門。林木敷嘉蔭，人家静石垣。對此牽離緒，把袂盡無言。相逢便三日，依依憶寶山（甲辰送别寶山亦三日）。（《程文恭公遺稿》卷二十四）

别後，程文德有書信《與孔文谷督學書》（《程文恭公遺稿》卷十五）。孔天胤則有《與程松谿先生》（《孔文谷集》卷十五）。

停駐嚴州期間，孔天胤主持當地名人徐懷入鄉賢祠，並令其孫徐鋟負責奉祀之事。史載："（徐懷）爲人耿介，冰蘗自將。居官勤慎，所至洗澤，民人咸德之。歷任三十餘年，無錙銖之積以遺子孫。清白之操，無愧古人。"②按：徐懷，建德人。（小傳見附録）

赴金華途中，曾修書《與陳石陽》，信中寫道："僕孟夏之間可及金華，吾兄可能一登梁日太守高樓否？"（《孔文谷集》卷十五）按：陳德文，號石陽山人，江西泰和人，曾任福建政和知縣，有《孤竹賓談》四卷。

到達金華，拜訪隱士方太古，有《訪方隱君金華山中》詩記其事。冬季再次拜訪方太古，有詩《訪方隱君金華山中》《冬日再訪寒谿》《用韻答寒谿留别之作》。别後又修書《與寒谿方隱君》（《孔文谷集》卷十五）。按：方太古，浙江金華府蘭溪縣人。（小傳見附録）

---

①張浚《張魏公集》卷一。

②萬曆《續修嚴州府志》卷十三《人物志一》。

方太古一生不仕，負氣傲岸，視名利爲無物。嘉慶《蘭溪縣志》記載，方太古與唐龍係同門生，唐龍晚年復召太古，太谷贈以詩云："世態輕秋葉，浮名下瀨船。"[1]瀨船，指行于淺水急流中的平底快船。唐龍曾任兵部尚書，以勛業知名，太古卻以"浮名下瀨船"貽之，令唐龍爲之悵然，可見其高傲。

《蘭溪縣志》卷十八《雜事》記載其與孔天胤結交經過：

方太古家居，孔督學天允者，耳其名，數欲見之，輒引避。一日孔屏車，徒閑行，入其室，願結布衣交，即歡若平生矣。

孔天胤《冬日再訪寒谿》詩云：

歲晏高林再一登，白雲紅葉曉層層。難摩病久身無恙，女踽年長道豈增。開徑只應來仲氏，灌園那復數于陵。嗟予亦有垂天翼，未脱樊籠愧爾能。

詩中感慨未能如寒谿子一樣擺脱樊籠。

在去往武義縣途中，得知林雲同與趙維垣將至，于是在菱道驛等候，卻遲遲不見二人到來，寫有《行菱道中聞退齋、龍岩當至，遲久不來，攬景抽志》詩。句云："望久終南萃，蓄念撫蒼崖。悵伊良辰阻，跂予獨往乖。"（《孔方伯集》）

經處州府青田縣，寫有《雨中眺青田石門洞》詩。

到温州永嘉時已是初夏，寫有《夏夜永嘉館》詩：

下馬送春色，端居延夏陰。流光坐自嘆，日暮不成吟。客路連滄海，歸心滿舊林。宵憂何所似，波涌大江深。

詩中有思歸之意。

南朝謝靈運曾任永嘉令，多有政績。孔天胤有《覽〈永嘉志〉載謝公在郡日〈命學士講書〉及〈白石徑爲民行田〉等篇，三復其詞，睠然緬懷其人。因與賢良文學紬繹此旨，伸之于言》詩。

課士之餘，游江心嶼，寫有《江心寺是康樂所云孤嶼，予校文久疲，尋景暫適舟，泝舟從登，含毫存覽》詩。江心嶼位于温州府北甌江中，因謝靈

①嘉慶《蘭溪縣志》卷十八《雜事》。又見清陳田《明詩紀事·丁簽》卷十五第1358頁，上海古籍出版社，1993。

運在此游玩題詩，故名。上建謝公亭、江心寺，素有甌江蓬萊之稱，爲温州名勝[①]。

有書《再與蔡白石年丈》致同年蔡汝楠，提到時間允許的話想倣傚蔡汝楠游武夷山事，游天台、雁蕩諸山，但恐才力不濟，無法寫出上乘詩篇，以報山靈（《孔文谷集》卷十五）。

在温州境内尚知孔天胤游覽過雁蕩山龍湫、能仁寺、靈峰洞、謝公嶺、石門潭等地。孔天胤友人趙廷松、侯一元、黄綰、皇甫汸、薛應旂等人也都曾到訪雁蕩。雁蕩山有大小龍湫，一東一西，尤以大龍湫著稱。大龍湫在西谷能仁寺五里許，薛應旂曾寫道："大龍湫自石頭壁絶頂泄下，高五千尺。"[②]

游雁蕩山，寫有《能仁寺宿》詩。有范惟一《次文谷》、卞錫《宿能仁寺》、陳洪濛《宿能仁寺》、陳錫《宿能仁寺》、葉世德《宿能仁寺次文谷韻》等和詩[③]。又有《雁山觀龍湫，雁山峰洞，巒壑之勝、水石之奇、雲物之美多在靈岩，予往臨眺，述景散懷》《上靈峰洞》《渡謝公嶺觀石門潭，因緬懷伊人，作此短章》等詩。民國《雁蕩山志》收録有孔天胤《入雲峰》詩，係石刻詩碑，行草書，落款爲"管涔山人孔天胤"。《志》言其"筆意似董其昌"[④]。

離開温州，途經嶺店驛，有《出山至嶺店驛自嘲》詩。句云："及見督郵還束帶，婆娑誰比一微官。"嶺店驛，即嶺店馬驛。楊增泰《明代驛站考》："嶺店馬驛，屬温州府樂清縣，明初改大荆驛置。在今浙江黄岩縣南店頭。"[⑤]一説在今浙江樂清市大荆鎮。

在台州課士，有《校文台郡，命諸文學賦"赤城霞起而建標，瀑布飛流以界道"，予亦倡言，有歸來之意》詩。

訪王隱士，有《贈天台王隱君》詩。

---

①參看《明一統志》卷四十八，雍正《浙江通志》卷二百三十四。

②嘉慶《廣雁蕩山志》卷四《山水》。薛應旂曾任浙江提學副使，于嘉靖三十年辛亥曾課士温州。

③朱諫《雁山志》卷四。

④蔣叔南重修，盧禮陽、詹王美校注《雁蕩山志》，綫裝書局，2009。

⑤楊增泰《明代驛站考》增訂本，第16頁，上海古籍出版社，2006。

在台州臨海等地，與陳堯、張鈇、黄綰、項喬、張一厚等人多有往來。孔天胤寫有《臨海署後山密比松柏，向夕從軒中望如緑霧焉，感而賦懷，題寄梧岡刺史》《臨海署酬趙憲使蘭溪夜發見貽十二韻》二詩。（張鈇、張一厚小傳見附録）

臨海有東湖，因家鄉黄岩酷熱，黄綰曾多次在此避暑。張一厚時任巡海副使。期間孔天胤有書信《與岱野張憲副》，就緝捕海盜事向張一厚提出建議，並對其爲老母祝壽表示感謝。（《孔文谷集》卷十五）黄綰寫有《于東湖柬孔文谷提學用張岱野兵備韻》[①]。孔天胤曾修書黄綰，就“俗學支離，學者不知道德仁藝爲何物”論述己見[②]。（《與黄久庵先生》）

天台山是台州勝景，有《天台路流眺》《國清寺》《桐柏宫憩眺》《登雙闕》《石梁》《天姥岑登望》等詩。《桐柏宫憩眺》詩云：

改轍升桐柏，息陰清夏雲。懷仙王子晉，駕鶴去氤氳。觀表金庭舊，芝藏玉洞芬。信兹永可托，將此謝人群。

桐柏宫原名桐柏觀、桐柏崇道觀，在桐柏山上，爲道教主流全真派南宗祖庭。王子晉即王子喬，傳説中的仙人[③]。雁蕩山仙橋景區也有傳説是仙人王子晉騎鶴飛臨之地。

張鈇有和詩：

陟降仙洲上，霓旌拂曉雲。觀瀾窮浩蕩，芰道履氤氳。杯吸三芝影，歌揚八桂芬。相看孤鶴駕，矯矯自難群。

路經桐岩嶺，看到墻上有前任學政張鏊等人的題壁詩，作《雨中上桐岩望天台晴霽次韻》詩和之。蘇茂相、張延登、田維嘉等人均有和詩[④]。

孔天胤“自天台、石梁逾天姥”，到達紹興府新昌縣。本次循行即將結

---

①黄綰《黄綰集》卷四，《陽明後學文獻叢書》，上海古籍出版社，2014。

②孔天胤《孔文谷集》卷十五。又見于萬曆《新昌縣志》卷七。

③漢劉向《列仙傳·王子喬》：“王子喬者，周靈王太子晉也。好吹笙，作鳳凰鳴。游伊洛之間，道士浮丘公接以上嵩高山。三十餘年後，求之于山上，見桓良曰：‘告我家：七月七日待我于緱氏山巔。’至時，果乘白鶴駐山頭，望之不得到，舉手謝時人，數日而去。”

④崇禎《寧海縣志》卷十一《藝文》。

束，有詩《循行還述所覽懷呈憲府諸同僚》。

至新昌縣，逢縣令曹天憲主持修建孔子廟，“肇緒於是歲十月之朔，落成於明年閏正月之望”，“緣諸生之請爲之記”，並以禮樂之事“以告多士”。作《新昌縣重建先師孔子廟庭記》（《孔文谷集》卷九）。

考新昌人徐志文遺文，推祀鄉賢。按：徐志文，字大華，天順八年（1464）進士，授南京工部主事，升員外郎、屯田郎中（萬曆《新昌縣志》卷十一）。

爲新昌人吕世東撰寫墓誌銘（萬曆《新昌縣志》卷十一）。今未見。

在紹興府諸暨，與錢德洪于紫山書院論學。紫山書院，嘉靖十四年（1535）紹興府推官陳讓創建，錢德洪主講，並作有學記①。

應錢德洪所請，爲紹興知縣蘇術《起俗膚言》作序（《孔文谷集》卷三）。同年王畿作有《起俗膚言後序》（《王龍溪先生全集》卷十三）。孔天胤《與錢緒山年丈》中曾提及此事（《孔文谷集》卷十五）。按：蘇術，陽朔人。（小傳見附録）

在《與錢緒山年丈》中，孔天胤指出治學必須學有所本，不能只從文字表面求之。“學術不明，古聖人所深憂也，而今奈何。”治學須從“仁”字着手，“只理會一‘仁’字，覺春意在眼前矣”，“但恐風雨飛花，更成剥落爾”（《孔文谷集》卷十五）。

《叙語》一文或作于是年。文中有“吾視學之日久”，又有“肆探東循，所策六首，爰命梓人遍告黌舍”（《孔文谷集》卷十三）。可知該文晚于《策秀才講學正心文六首》。

《祭王陽明先生文》或作于是年（《孔文谷集》卷十六）。

夏五月，同年皇甫涍先以不職論黜，旋解憲，抑鬱而病，自浙歸吴。時孔天胤正在循行途中。《與皇甫少玄年丈》：“初出天姥，忽聞此惡信，便急渡江欲送臨風之發，然至則行矣，悵惘可知。”並説：“高賢臨浙，鄙人正幸得有所依……不謂天道近垂，人事多謬，遂使規矩改錯，星辰失行。”（《孔文谷集》卷十五）孔天胤後至永嘉縣，又作《别懷送少玄》詩，有“方謂時相

①馮曉霞編《浙東藏書史》，浙江工商大學出版社，2013。另參乾隆《諸暨縣志》卷十二《學校》。

扣，兹懷得宴如。如何捨之去，茫茫向煙霧”之句，並因不得與之同游爲憾。孔天胤循行期間，皇甫涍曾寫有《寄孔學憲同年》一詩，已經流露出對仕途的厭倦：

風波行已倦，日月方向除。如何淹客舍，復此嘆離居。送爾揚帆下江閣，錢塘驛邊暮潮落。不見黄花映酒尊，徒對青山滿城郭。雲天何處望行旌，萬壑千岩度赤城。幾向飛霞摛賦藻，只憑流水寄琴聲。霜猿寂寂人初到，蘿月悠悠思轉生。不愁天路莓苔限，願接浮丘羽翼成。（《皇甫少玄集》卷十九）

是年七月，浙江左布政使蕭一中升四川巡撫。（《明世宗實録》卷三百一）林雲同繼任浙江左布政使。蕭一中未任卒[①]。孔天胤爲之作《祭兩湖簫（蕭）方伯文》（《孔文谷集》卷十六）。

杭州災荒。萬曆《杭州府志》卷七《國朝郡事紀下》：“（嘉靖）二十四年，杭州大饑。”“秋七月丁卯，杭州大雨雹。”

中秋不見月，作《浙中三載中秋俱不見月》詩。句云：“客鬢正宜昏鏡裏，鄉心無奈大刀頭。”抒思鄉之情。

是年秋，與萬表相識，有《贈鹿園萬居士四首》。萬表有《九月四日同孔文谷、童南衡、周虚岩、陳海樵湖上山樓宴集》。前四句爲：“秋興近佳節，何必需其時。登高成野集，舉目皆可詩。”（《玩鹿亭稿》卷一）

八月，浙江右布政使謝蘭升河南左布政使。（《明世宗實録》卷三百二）作《送浙江右使畹溪謝公赴河南左轄序》，述其治浙之功（《孔文谷續集》卷二）。

是年秋又有《湖閣宴眺》詩。

十月，貴州苗裔叛亂，調浙江都司署都指揮僉事楊欽任貴州清浪軍參將。（《明世宗實録》卷三百四）楊欽曾從湛若水游學，最終歸依于陽明致良知學説[②]。孔天胤認爲楊欽能“用文事以濟武備”，楊欽以陽明之學，一定能“宣威障塞，遏逖鬼方，用戒不虞，以綏南服”（《孔文谷集》卷三）。

楊欽能文，與孔天胤、萬表、陳鶴、季本及邵經濟等有往來。孔天胤寫

---

①乾隆《岳州府志》卷二十二《人物志》：“召拜右副都御史巡撫四川，未聞命卒。”
②季本《贈月山楊君擢清浪參將序》，《季彭山先生文集》卷一。

有《送月山楊君赴清浪軍參戎序》(《孔文谷集》卷三)，陳鶴有《節壽篇爲楊月山太母賦》《送楊月山參將之湖南》，邵經濟有《丙午元日和楊月山參戎紀顧龍川閫帥佳夢》。孔天胤又有《與楊月山總戎》書(《孔文谷集》卷十五)。萬表歸隱，孔天胤、楊欽等人送行。衆人聚于金波園，萬表《玩鹿亭稿》附録收有衆人所作詩，孔天胤、譚棨、周詩、王績、錢德洪、王畿、楊欽詩各一首。

是年，刻王陽明所輯朱熹晚年文章，並作《刻朱子晚年定論序》。序中寫道："朱子晚年，既反約於詳説之餘，則盡悔其未詳之説之非。至以爲自誑誑人，罪不勝贖。斯學有所至，論有定奪。朱子已非自誑，而學人之自誑者，於今猶烈也，可勝痛哉！適見陽明王子略取其言，稱其爲定論也。"(《孔文谷集》卷三)

是年冬，薛應旂由南京考功司郎中任上因事被貶，過錢塘，孔天胤贈所刻《朱子晚年定論》。薛應旂後有文寫到此事："曩歲乙巳冬，余以謫官赴盱江，道出武林，值文谷孔君董浙學政，送余浙江驛下，携所刻《朱子晚年定論》見示，蓋陽明先生所輯。"(《方山先生文録》卷九)又有《與孔文谷提學》書："數年未獲一睹顔色，昨過錢塘，重辱高誼，追餞驛亭，從容尊俎，沃領教言，且辱惠書刻數種，于路讀之，益見執事學究本源，不遺末藝……兩浙諸生何幸得師如此。" 讚揚孔天胤："公之成己成物之功用，豈在古人下哉？"(《方山先生文録》卷五)後又寫《與孔文谷書》："乙巳雪中，公顧我於錢塘江上，且携觴痛飲，意氣慷慨。別後途中作一詩，書于赤壁卷尾寄上，竟不得達。"(《方山先生文録》卷四)可知此次相遇給薛應旂留下了深刻印象。

是年，爲時任浙江按察司副使的同年謝九儀母親祝壽，作《謝母太宜人壽序》(《孔文谷續集》卷二)。(謝九儀小傳見附録)

是年，錢塘教諭張鳴鶴升容城知縣，向孔天胤請教治縣之道。作《贈錢塘學諭張鳴鶴升容城知縣序》(《孔文谷集》卷三)，提出應採取"政教爲一"的策略，以教育輔助政治，並提出爲政八條：

> 廣大可以兼容，精明可以普照，敬簡可以弘馭，强敏可以廣業。執我見者偏，徇他物者暗，泥陳故者迂，惑綱領者亂。

按：張鳴鶴，廣東海門人。嘉靖十九年舉人，大約五十歲時任錢塘教諭，後任容城知縣。曾參與《集録真西山文章正宗》的刊刻。

是年，錢塘洪楩（字子美）刻宋計有功《唐詩紀事》，孔天胤作《重刻唐詩紀事序》，提出了“在事爲詩”“情事合一”的詩學觀[①]。落款爲“中憲大夫浙江提刑按察司副使敕理學政汾陽孔天胤汝錫甫撰”。

是年秋，刻《越絶書》十五卷（漢袁康撰）。該書今臺灣“國立故宫博物院”有藏。田汝成序云：“文谷孔子提學兩浙，得是書而悦之，曰：‘入其疆而不習其故，非學也。’校其訛舛而梓焉。”

是年，刻《明道先生語略》並作序（《孔文谷集》卷三）。

或在該年參加了西湖八社之前身“西湖書社”。

或在該年結交周詩（字以言，號虚岩）。錢謙益《列朝詩集》丁集卷四：

> （周詩）蔽衣匿僧寺中，提學孔天胤自翰林出，雅負知詩，閱岳鄂王廟曰：‘何事疥吾壁也！’命隸人彗墨掃之。至以言詩，乃大驚。立命駕往謁，與定交。武林人争延致以言，以言不懌，辭歸。

與孔天胤、周詩相交者還有李元昭，字用晦，杭州人，世襲千户，也是西湖書社成員之一，有《峋嶁山房集》。有《送周虚岩歸吳》詩[②]。

田汝成收集周詩在杭詩，編爲《邂逅集》，並爲之作序，序中寫道：

> 去歲周子引邁武林，聲聞台省，乃有文谷孔公、龍岩趙公、古冲李公，皆藩臬重臣，倒屣延款，款待以上賓。周子以韋步頡頏期間，相得歡甚。文谷公贈之詩云：“幽討形骸失，貧交意氣齊。”龍岩公贈之詩云：“衣染煙霞氣，心將鷗鳥知。”其所推獎又何如也。[③]

按：古冲李公，指李默（1494—1556），福建甌寧縣人，官至吏部尚書，有《群玉樓集》。曾任浙江布政使。周詩與皇甫涍昆仲友善，皇甫冲《虚岩山人周君墓志銘》云：“蓋子少與仲弟子安與陳與善，因可與交於虚岩者四十餘季矣。”[④]又云：

---

①孔天胤《孔文谷集》卷三無落款。

②朱彝尊《明詩綜》卷五十四。

③田汝成《邂逅集序》，《田叔和小集》卷七。孔天胤詩不見于其集中。

④乾隆《江南通志》卷一百六十八，同治《蘇州府志》卷五十。

虛巖性慷慨倜儻，重然諾，有軼才，好立名行。其議論常依義節，奮心激氣，使聽者皆悚。人有善稱賞之，數數不能已；聞人過，掩耳而走。與人言爲善，皆求于道，發于至誠，諄諄欲獎成之，其排難解紛，甚于己私：畢力竭智，不避于艱難，論古人是非得失，或有所賞鑒，務歸于至當。人或曲爲之説，必面折之不暇，有不合則拂衣去不顧，雖勢利不能回。

周詩晚年依常熟孫氏（孫取益），孫氏亦爲其刊刻詩集。

是年，孔天胤爲周詩《虛岩山人集》作序，序中交代二人相識過程曰：

山人歸吴門，自浙歸也。歸有送，將别離款也。初山人送友來至浙江，望見山水，憺而忘歸，盡歷九秋，日展游眺。每發一詞，輒歸隱逸之宗，有諧麗則之義。時鹿園、南衡先得其《吊鄂》一篇："將軍埋骨處，過客式英風。北伐生前烈，南枝死後忠。山河戎馬異，涕淚古今同。凄斷封邱草，蒼蒼落照中。"余與龍岩、少嵋同觀，以爲絶唱。遂訪山人而識之。①

與錢謙益所記略有不同。現存《虛巖山人集》六卷爲嘉靖三十五年（1556）孫取益刊本，江蘇省圖書館有藏本，未見孔天胤序。

周詩集中有《文谷孔憲副留宴竹房》《江樓餞别文谷孔憲副山人賦詩送之》《留别西湖兼柬孔文谷、萬鹿園、趙龍岩、田豫陽、童南衡諸君》詩②。

是年，有書《與郭瓮山》。文中有"元城之别，三逾歲時矣"句，可知二人曾于三年前在元城相遇，並"朝游夕悟"（《孔文谷集》卷十五）。郭瓮山，其人不詳，曾任御史，出使宣大。

是年，修書蔡克廉，寫道："僕苦心三年，惟是此意枘鑿之喻、蜀日之評，誠亦有之，而其道則可自信也。"（《與蔡可泉提學》，《孔文谷集》卷十五）表明其對培養人才的苦心孤詣。（蔡克廉小傳見附録，時任江西提學，《明世宗實録》卷二百八十七）

是年，修書張瓁。張瓁時已致仕，二人曾相約聚會未果，又提及"此中

①范邦甸《天一閣書目》卷四之一《集部》。

②錢謙益《列朝詩集》丁集卷四，《御選宋金元明四朝詩·御選明詩》卷二十九。

三載，皆因循所謂明學正心，竟如枘鑿耳”（《與張南溪先生》，《孔文谷集》卷十五）。

是年，譚棨刻楊慎《升庵南中集》于涪州，孔天胤作序①。序中寫道：“吾友少嵋譚子，先生之邦彦也。取而刻之……告予曰：‘吾刻，子序也。’”孔天胤與楊慎神交已久，“然先生余不得見。往余行縣亳州，見薛西原，言先生卓絶之才，弘博之學，其詩唐四傑不能過也。”②

薛應旂寫有《錢塘遇雪，少嵋以新刊〈升庵集〉示覽，上有孔文谷序，因憶往年任五岳嘗以〈升庵丹鉛録〉見寄，悵惘今夕，感慨世途，遂成短章》七律一首（《方山薛先生全集》卷六十四），所言《升庵集》即《升庵南中集》。

孔天胤同年游居敬所寫楊慎墓誌銘云：“又工書法，片紙只字，相傳摹搨，殆遍宇内。名碩諭德，任君少海、方伯孔君文谷輩率千里神交，郵書相訊。”③按：任少海，即任瀚（小傳見附録）。由此可知，楊慎與孔天胤或有書信往來，然二人現存文集中均未發現。

是年，有《與劉柏山》書給汾州好友劉尚義。信中寫道：“已而兄西入關，僕以斗米之故復出大河至浙上，中間别日遂歷辛、壬、癸、甲四載。”（《孔文谷集》卷十五）可知此信寫于是年。劉尚義嘉靖二十年（1541）任朝邑知縣，二十一年（1542）調鳳翔府通判④，不久升松江府同知⑤。可知寫此文時，劉尚義已調離陜西。（劉尚義小傳見附録）

---

①該書刊本有多種，前北平圖書館藏有明嘉靖二十年刊本《南中集鈔》，爲三卷本。國圖又有嘉靖十四年王廷七卷本、嘉靖十六年南充王氏六卷本、嘉靖二十九年續刻本等。國圖有《楊升庵詩》五卷，亦爲譚棨嘉靖二十四年刻本，有孔天胤序。

②孔天胤《刻升庵南中集叙》，見王文才、萬光治主編《楊升庵叢書四》第277頁，天地出版社，2002。又見《升庵著述序跋》，楊慎著，王文才、張錫厚輯，第304頁，雲南人民出版社，1985。

③黄宗羲《明文海》卷四百三十四《墓文》。

④萬曆《續朝邑縣志》卷五《官師》。

⑤嘉慶《松江府志》卷四十一《名宦傳》。

嘉靖二十五年丙午(1546),四十二歲

浙江任上。

元宵節,有《元夕述懷奉呈龍岩兄丈,前歲此夕龍岩在金華》詩[1]。再次課士至湖州,孔天胤修書趙維垣,談及世上"種種煩勞,儘是世習","吾輩今日學問,只要收放心耳","性命道德,更無物事,可把捉者,即心便是矣,未有心不逮仁而性命道德之不經管者也"(《與趙龍岩年丈》,《孔文谷集》卷十五)。顯然深受陽明心學影響。

譚棨爲祖父母、父母作壽,孔天胤作《賀憲使譚子家慶四壽序》(《孔文谷集》卷三)。在《與趙龍岩年丈》中也提到:"爲少嵋兄作四壽文,亦是今夜漫筆而成,亦頗似楊子雲也,幸覽裁轉。致少嵋詩二紙亦是轉制。少嵋、鳳岡二兄湖州事訖,或仍過杭也,面近不悉。"(《孔文谷集》卷十五)按:鳳岡,指何天啓。項喬亦作有《重慶四壽卷序》(《項喬集》卷二)。邵經濟有《重慶四壽頌有序》(《西浙泉厓邵先生文集》卷一)。

是年春,作《春懷書報同志》詩。江匯邀游,作《答江石南春游見招》。又與趙維垣游雲居寺,作《雲居與龍岩、虚齋同賦》。虚齋,指王積。(小傳見附録)

是年,趙維垣"當進表上皇帝壽",孔天胤作《别序》,憶及二人之交往,並就趙維垣號"龍岩"作闡釋,時爲"嘉靖丙午"(《孔文谷集》卷三)。

萬表《寄酬孔學使諸公春宴韻》一詩或作于該年春(《玩鹿亭稿》卷一)。

是年春,孔天胤再次循行嘉興、湖州、寧波、紹興四府。《别叙》:"前月孟陬,閲嘉、湖。丙午仲月,余來自嘉、湖,閲寧、紹,三月二日也。余行二日,到於會稽。"

循行途中,修書浙江名士劉麟(小傳見附録),信中提及:"從事已來,一官已歷四春,三歲兩到湖郡,俱爲俗牽,不能此身一至門下恭上起居,一奉顔誨,耿耿之懷,如緬邈星漢而無梁也,則身不至而心可知矣。"不久再次寄書劉麟,對送"教札四件,道義大書二件"表示感謝。(《與大司空劉坦翁先生》《再與劉坦翁》,《孔文谷集》卷十五)

---

[1] 本年度所引孔天胤詩如無特别注明,均出自《孔文谷詩集》卷二《澤鳴稿》。

據劉麟記載，孔天胤爲吴山書院聘請了一位教師浦海濱。劉麟《送浦海濱擢國子助教序》："督學文谷孔公以文稱雄海内，拔浦子於儔人之中。庭論移日，各詫相見之晚，以禮聘校書吴山書院。"(《劉清惠集》卷七)

二月六日，婁志德卒①。

三月二日，孔天胤到達寧波。期間曾對節婦蔡氏予以表彰②。

三月九日，皇甫涍病卒。文徵明《浙江按察司僉事皇甫君墓誌銘》："僉事皇甫君子安既解浙臬還長洲，未及赴調而母夫人卒，摧毀得疾，甫三月亦卒……卒於嘉靖丙午三月九日，享年五十。配劉氏，後君一月卒。"(《甫田集》卷三十三)王世貞《弇州續稿》卷一百四十九："其卒也，同舍郎蔡子木哭之曰：'五字沉吟詩品絶，一官憔悴世途難。'人頗惜之。"蔡子木即蔡汝楠，詩題爲《哭皇甫子安》③。周詩也有悼詩《哭皇甫少玄二首》(《虚岩山人詩集》卷四)。王兆雲言："(皇甫涍)爲言路所訾，外謫浮沉。久之，始以南刑部郎分臬浙東，復坐計吏謫，待次里中，鬱鬱不樂，病卒。先生視其叔氏，更飭廉隅，然自矜重負氣，矻矻不肯下人，故宦屢躓不達。"④指出其仕途偃蹇之因。

三月二十七日，爲所刻《越藝正詮》作《題辭》："謹與太守議下書坊雕行，夫物甚微細，然實風猷所關，故又批此語於卷端。丙午三月廿七日。"指出文章的宗旨在于"明暢典則"(《孔文谷集》卷十三)。

六月，杭州蝗灾。《杭州府志》卷七《國朝郡事紀下》："(嘉靖)二十五年夏六月，杭州大蝗。《武林紀事》：'蝗飛蔽天，自西北來，幾二日，所過田禾草木俱盡。秋九月，杭州屬縣多虎患。'《七修類稿》：'杭州屬縣諸山虎聚成群，白日入民家傷人，道路無獨行者，死傷不可勝紀，且不可獵。餘杭尤甚。'"⑤

---

①俞時《通議大夫巡撫山東右都御史婁公志德行狀》，焦竑《國朝獻徵録》卷六十二。

②嘉靖《寧波府志》卷四十《列女》。

③蔡汝楠《自知堂集》卷五。又見于陳田《明詩紀事》戊籤卷十八、錢謙益《列朝詩集》丁集卷四。

④王兆雲《皇明詞林人物考》卷八《皇甫子安、皇甫子約》。

⑤萬曆《杭州府志》卷七《國朝郡事紀下》。今郎瑛《七修類稿·續稿》未見記載。

是年，刻皇甫涍《東覽篇》，作《東覽篇題辭》："東覽篇者，憲使皇甫子安巡觀千東而作也……乃取次雕繕，都爲一册云。"（《孔文谷集》卷十三）田汝成亦爲之作序《東覽篇序》（《田叔和小集》卷一）。

是年，刻同年林春《林東城集》二卷。杜信孚《明代版刻綜録》："《林東城集》二卷（明林春撰），明嘉靖二十五年孔天胤刊。"[①]是書有民國《海陵叢刻》版。有王畿叙、馮良昌跋、張淳跋、林曉暉跋，但並無孔天胤序跋。據夏荃言，是書係其同里張淳輯。按：張淳，字此庵，嘉靖丙午舉人，官松滋知縣，係林春弟子。[②]王畿序云："因出以謀諸督學孔文谷子。文谷子毅然圖所以刻之，而以校讎之事托諸荆川。"荆川，唐順之。

《林東城文集》中收録有兩篇寫給孔天胤的書信，分别爲《寄孔文谷》和《再簡孔文谷》。前信中林春提出："詩人之上更有聖人，願學之心當不以此易。"過去孔孟並不以詩聞名，而後世之人認爲孔孟如果寫詩，也一定可以達到李白、杜甫、陶淵明、謝靈運等人的水平。又提到同榜狀元林大欽（字敬夫）曾與其談及："李太白天才也，然學一詩人，入山八年然後成，吾輩今日聖學工夫若如此草草，恐虚過一生。"顯然林大欽並不是説李白詩不好，而是認爲花大量時間用于作詩無補于世，經世致用或才是正道。

是年，集臨按台州等地時所著詩編爲《霞海篇》。林大春《孔文谷先生詩集序》："始先生仕浙中，嘗著《霞海篇》二千餘言。"此書"傳之已久，爲詞林所宗"[③]。據《四庫全書總目提要》，詩集僅一卷，"凡詩三十四首"。今未見傳本。《提要》指出孔天胤浙江任内詩多模倣三謝（謝靈運、謝朓、謝惠連），但没有學到其精髓。且好用古字，如《望司成程公詩》起句云："瞻塗朐來旌，邂逅欣遽斯。"認爲"以朐字爲引領而望之意，是不止札闥鴻休矣"[④]。"札闥鴻休"是出自宋代歐陽修和宋祁之間的一則典故。二人曾同修唐史，宋祁喜歡用古奥的字，歐陽修不好直接説，便在其門上寫："宵寐匪禎，札

---

①杜信孚《明代版刻綜録》第一卷，江蘇廣陵古籍刻印社，1983。

②夏荃《退廬筆記》第18頁，《近代中國史料叢刊》第965種。

③林大春《刻孔文谷先生詩集序》，見《孔文谷詩集》，又見《井丹先生集》卷七。

④紀昀《欽定四庫全書總目》卷一百七十七，《霞海篇》條。

闥鴻休。"宋祁説不就是"夜夢不祥,書門大吉"嗎?何必要寫成這樣呢?後世常用該典形容某人好作艱深古奧的詞句①。

俞憲所編《孔方伯集》中收有該詩,惟"脰"字作"逗"。"脰"本意爲"脖子、頸",罕用,不易理解。類似的罕字、僻字在孔天胤這一時期所寫詩中隨處可見,如《登釣臺最高頂用宋人張紫岩韻二首》中有"釣臺高出絶雲空,無恠垂綸向此中"句,《江心寺是康樂所云孤嶼,予校文久疲,尋景暫適舟,泝舟從登,含毫存覽》有"珍木藹葱攢,雕甍郁危抗"句,與其後期退居林下詩相比,模倣六朝的痕迹十分明顯。

陳鶴曾爲《霞海篇》寫有後序。該序也是一篇關于詩體演變的文章,陳鶴指出:"宋元之季,新聲四起,而古調遂忘。"明朝建立,因襲其弊端,文壇以三楊(楊士奇、楊榮、楊溥)爲代表,在形式上追求曲雅工麗,在内容上歌功頌德、粉飾太平的"台閣體"文風瀰漫一時。弘治、正德年間,李夢陽、何景明等人倡導"復古"文學運動,提出了"文必秦漢,詩必盛唐"的主張,反對虚浮、萎弱的"台閣體"。故陳鶴云:"近惟聖化風行,人文雲變,四方擅藻之士始循舊軌,鬱鬱洋洋,錦張玉響,可謂千載復見漢唐之世,嗚呼盛矣!"陳鶴也認爲單純的模倣復古容易走向另一個極端,"但事雕者則失氣,崇意者則淪音,遵體者則寡思,綜理者則近質"。陳鶴認爲,孔天胤詩文與唐宋派不同,强調聲律和對偶,且具有"簡淡温厚"的特點,"簡淡之思可以養情,温平之調可以敦政,寬厚之氣可以善俗",從而實現宣示教化的目的②。抑或正因爲如此,孔天胤的《霞海篇》才得到當時部分人的推崇。

據俞憲所輯《盛明百家詩·孔方伯集》前小序云:"公先予歸數年,予歸後欲得其詩,僅得《霞海篇》數十首,蓋亦鼎中一臠耳。"故《孔方伯集》中詩主要來自《霞海篇》,但《甲午冬十二月赴祁州經宿榆次縣一首》及其後詩均不作于浙江。

①潘永因《宋稗類鈔》卷五《文苑》:宋景文修唐史,好以艱深之辭,文淺易之説,歐公思所以諷之。一日大書其壁曰:"宵寐非禎,札闥洪休。"宋見之曰:"非夜夢不祥,題門大吉耶?何必求異如此?"歐公曰:"《李靖傳》云:'震霆無暇掩聰,亦是類也。'"宋慚而退。

②陳鶴《霞海篇後序》,《海樵先生全集》卷十五。

顧起綸《國雅品》中“孔方伯汝錫、包侍御元達”條有如下評論：

余識二公，殆忠謇偉流，未竟其才，輒以文抒其抑鬱，方之玉琢鼎夷，材良器重，款識工致，特乏弘綽耳。孔云：“窗暝垂岩樹，庭昏帶野煙。”“石室排雲上，松門閃霧重。”“蘿幌晴峰色，花鍾夜壑空。”又：“一室盡攢雲里樹，空園全繞石中溪。”包云：“坐淹十日飲，興洽五陵豪。”“雁歸砧響急，烽至角聲多。”“蔡琰降胡日，王嬙出塞時。”“徑仄才通鳥，山深秖嘯猿。”“瀑瀉《漁陽操》，鶯調陌上弦。”“竹簡灘聲駛，燕支石磴危。”又：“岸柳藏鶯侵坐密，園花隱麝隔溪分。”“石洞經秋龍不起，松枝將暝鶴初歸。”“當筵解語調鸚鵡，鄰院吹笙寫鳳凰。”二家意象都新，融煉並工，令人傾炫心目，斯江、鮑之流歟？

包元達，孔天胤同年包節。以上所引孔天胤詩均出自《孔方伯集》，也即《霞海篇》中詩。顧起綸認爲孔、包二人詩風直追南朝江淹、鮑照。而朱彝尊《静志居詩話》以爲其詩“如新調鸚鵡，雖復多言，舌音終是木彊”，後人多以此作爲孔天胤詩歌風格之定論，實屬以偏概全。

是年三月十四日，母新鄭縣君病逝，急回汾州奔喪。（《墓碑》《墓表》）

田汝成《西湖游覽志序》：“學使文谷孔公嘗覽而嘉之曰：‘殆郡史也，美刺並陳。’欲爲鋟傳，而以憂去。”（《田叔禾小集》卷一）按：田汝成，浙江錢塘人。

同年錢薇有《奠孔母夫人新鄭君》：“哀音忽僕，督學登途。大教孺慕，出涕滂沱。士子群奔，莫攀素車。”

同僚熊過有《祭新鄭縣君文》：“維嘉靖二十五年歲次丙午月日，浙江按察司提學副使文谷孔公以母郡主之喪，瞻云靡及，戴星而奔，其友等睠言陰教，哀此棘人，杼忱致奠，申之辭曰……”（《南沙先生文集》卷七）熊過曾被貶爲湖州府通判，是文即作于此間①。按：熊過，四川叙州府富順縣人。

施經有詩《挽孔文谷母郡主》：

①趙用賢《熊南沙先生墓誌銘》，《松石齋集》卷十七。文中有“劾先生才力不堪，復調湖州府通判”句。

柏臺思養日，蘭殿受恩時。月度龍池寂，雲凝鳳管悲。遺容金節擁，訃命玉音馳。兩浙文宗去，令人淚益垂。(《虎泉漫稿》卷二)

兩浙，即兩浙。

是年八月，葛守禮升山西左參政，駐汾州。(《明世宗實録》卷三百二)李濂有《贈山西參政葛公之任序》(《嵩渚文集》卷六十二)。萬曆《汾州府志》卷七《官職類·部使》："葛守禮，山東德平人，嘉靖乙丑進士，由郎中歷升左參政，嘉靖二十五年駐扎。端凝簡默，清介性成，雅負當世之望。累官都御史，贈太子少保，謚端敏。"朱新堤有詩《上廉憲葛與川》，頷聯云："金泥書出鳳池頭，銅虎符分秉憲籌。"(《奕善堂集》下卷)按：葛守禮，山東德平人。

是年山西鄉試，葛守禮任提調官，並作《山西丙午鄉試同年齒録序》(《葛端肅公文集》卷六)。

是年，葛守禮寫有《祭孔母文》(《葛端肅公文集》卷六)。

是年，浙江鄉試，參加士子經孔天胤和連鑛選拔，共三千餘人。孔天胤因母故未參加，其他與考人員如下：

監臨官爲巡按浙江監察御史楊九澤，提調官爲左布政使姚文炤、右布政使林雲同，監試官爲按察使江匯、副使謝九儀，考試官爲學正馮世昌、教諭胡寧。同考官爲教授潘松，學正鄒世元，教諭趙子伯、成印、陳露、張岱、楊秉和。其他參與人員還有：參政胡仲謨、廖希顔、任轍，參議鄭世威、黄光昇，副使周南、夏浚，僉事譚棨、何天啓、王積、趙維垣等①。

是科共録取舉人九十名，後來中進士者三十七人。其中如趙鏜做到了僉都御史，顧言與陸綸做到了布政使。高鶴有《可也居集》，又曾修《定遠縣志》。有孫大學者，山陰人，後復王姓，爲王大學，曾任山西澤州知州。

是年，同年廖希顔卒于浙江任内。

十月孟冬，趙訥父趙思商出任清苑縣主簿，孔天胤寫有《贈岐山趙公拜官清苑主簿序》(《孔文谷集》卷六)，文中有"嘉靖丙午孟冬，岐山趙公拜官清苑縣簿，專管馬政"句。按：趙思商，字尚質，號岐山，祀清苑名宦，乾隆

①《嘉靖二十五年浙江鄉試録》，《中國科舉録彙編》第五册，全國圖書館文獻縮微復製中心，2010。

《汾州府志》卷十五有傳。趙廷松寫有《送清苑少尹趙岐山先生還治》一首（《趙廷松集》第46頁）。孔天胤評價趙思商："趙公，忠信人也。居業狐岐之山，服行先王之道，常有志于大行。"但因屢試不第，常有志不得伸之嘆。

作于該年的詩還有《窗下看飛塵二首》《平望道中二首》。

浙江任内又刻有《學政事宜》，流傳情况不詳。[1]

是年四月，兵部侍郎、山西巡撫曾銑調任三邊總督，原陝西左參政楊守謙繼任山西巡撫[2]。

是年，趙廷松任四川按察司僉事。（《趙廷松集》附録《年譜》）

是年，爲監察御史齊宗道（號雲汀）讀書室作《雲汀圖序》，文中有"嘉靖丙午，公按部到汾，諮外史氏爲表厥圖"句[3]。按：齊宗道，山東日照籍，廣寧右衛人。（小傳見附録）

是年，曹忭巡鹽浙江，與御史楊九澤一起刻印了夏言詩文集《桂洲詩集》《賜閑堂稿》。又曾計劃刊刻《西湖游覽志》。田汝成《西湖游覽志序》提到，該書提學副使孔天胤曾擬刊刻，因丁憂未果；曹忭繼之，亦擬刊刻，也因丁憂未果。曹忭後與孔天胤交往頗多。

嘉靖二十六年丁未（1547），四十三歲

丁母憂。

是年，廖道南卒。皇甫汸路過蒲圻，有詩《過蒲圻吊廖學士》（《皇甫司勛集》卷二十）。

是年，方太古卒。

正月，陝西左布政使孫繼魯升山西巡撫。

二月庚戌會試，取胡正蒙等三百名。（《明世宗實録》卷三百二十）

三月，李春芳、張春、胡正蒙等三百零一人進士及第，出身有差。（《明世

---

①《與中川陳宗師》，《孔文谷集》卷十五。

②吴廷燮《明督撫年表》卷二《山西》。

③《孔文谷集》卷六。據墓誌銘，任命時間爲嘉靖二十四年，二十五年爲到任時間。

宗實録》卷三百二十一，另參《嘉靖二十六年進士登科録》）

是科著名者或與孔天胤有交集者有：李春芳（直隸揚州興化人）、張居正（湖廣荆州衛人）、楊繼盛（直隸容城人）、凌雲翼（直隸太倉人）、王世貞（直隸太倉人）、劉涇（河南懷慶衛人）、李幼滋（湖廣應城縣人）、林燫（福建閩縣人）、殷士儋（山東歷城人）、汪道昆（直隸徽州府歙縣人）、李如桂（山西長治人）、張天復（浙江山陰人）、陸光祖（浙江平湖人）、殷正茂（直隸徽州府歙縣人）、馬三才（浙江仁和人）、李敏（山西榆次人）、亢思謙（山西平陽人）、梁明翰（山西孝義人）等。

四月初一，命所居爲"清陰軒"。有《清陰軒記》云："吾所居，左有槐而右有竹，青天白雲蓋其上，合而觀之，有清陰焉。而吾於是得以蔭息于其間……而聊以名吾軒之曰'清陰'云爾。"時"嘉靖丁未孟夏一日"（《孔文谷集》卷十）。

四月，孫繼魯因邊事與三邊總督翁萬達相争，翁萬達奏其沮排成議，上以其挾制總督，阻壞成事，遣官逮辦①。保定巡撫蘇祐繼任②。蘇祐任職期間，朱新堤有《上大中丞蘇舜澤威震三鸞圖》《上舜澤扇》等詩（《奕善堂集》上卷）。沈王朱允栘也多有唱和詩，如《懷蘇舜澤中丞》等（《沈國勉學書院集》卷四《保和齋稿》）。

是年，葛守禮升山西按察使，孔天胤作《贈與川葛公總憲山西序》："與川葛公分守冀南之明年，是爲嘉靖丁未。其年，本省臬司長闕，執政者薦公補之。"③臬司，按察司之别稱。文中記葛守禮在汾州宦迹頗詳。

是年，潘九齡駐汾。萬曆《汾州府志》卷七《官職類·部使》："潘九齡，陝西寧夏衛人。舉人，由户科左給事中歷升左參政，嘉靖二十六年駐扎。累官四川右布政使。"雍正《山西通志》作浙江遂昌人，遂昌應爲其祖籍。

是年，有書致同年謝少南，信中寫道："寒岩别後，遂聞先太君之訃矣，茹苦奔歸，不及辭謝。山中四載，復出徇禄。"（《與謝與槐少參》，《孔文谷集》卷

①事見萬曆《山西通志》卷二十五《武備下》。

②吳廷燮《明督撫年表》卷二《山西》。

③據孔天胤《孔文谷集》卷六。《明實録》未記載。

十五)謝少南時任河南布政司參議。

是年,李維楨生[1]。按:李維楨,湖廣京山人。(小傳見附録)

冬十月,葛守禮升陝西右布政使。

是年,趙廷松任河南布政司參議[2]。

嘉靖二十七年戊申(1548),四十四歲

丁母憂。

正月,兵部尚書王以旂代曾銑。(《明世宗實録》卷三百三十二)王以旂《過小鹽池述懷》詩前小序云:"予自嘉靖戊申春奉使邊陲,今已四載。辛亥十月二日回自花馬池,感而賦之。"(《王襄敏公集》卷二)小鹽池、花馬池均在今寧夏,爲邊防要地。按:王以旂,江寧人。(小傳見附録)

正月,劉儲秀繼任兵部尚書,未上任即被免[3]。

三月,兵部侍郎曾銑力主收復河套,受嚴嵩誣陷,被殺,仇鸞出獄[4]。趙時春有詩《唁曾總督》哀之,語極沉痛:"經濟渾無策,英豪半旅囚。可憐曾氏子,血刃想封侯。"(《趙浚谷詩集》卷四)

二月,同年左中允李本(吕本)爲南京國子祭酒。(《明世宗實録》卷三百三十三)

三邊總督翁萬達思父翁玉(梅齋)[5],命工繪《海居圖》。衆屬官"乃各綴一篇,圖次原本",孔天胤作《海居叙贊》(《孔文谷集》卷七)。翁萬達父于嘉靖

---

①錢謙益《南京禮部尚書贈太子少保李公墓誌銘》,《牧齋初學集》卷五十一。生卒月日墓誌銘未載。

②侯一元撰《明通奉大夫山西布政使司左布政使侯齋趙公墓誌銘》,《趙廷松集》附録一。

③張廷玉《明史》卷一一二,表第一三七,卿年表二。《明世宗實録》卷三百三十二,嘉靖二十七年正月"癸未"條。

④參張廷玉《明史》卷二〇四《曾銑傳》、卷三〇八《嚴嵩傳》。

⑤翁玉(1474—1549),字可累,號梅齋。生平見嚴嵩《明封資政大夫兵部尚書翁公神道碑》,《鈐山堂集》卷三十八。

二十八年卒。按:翁萬達,廣東揭陽人。(小傳見附録)

是年七月，工部右侍郎王崇慶改禮部，南京國子祭酒李本改北京。(《國榷》卷五十九)

十月,前華蓋殿大學士夏言棄市。陝西總督曾銑請復河套事,夏言贊同,奪職放歸。嚴嵩復爲仇鸞草奏,訐夏言受銑金,交通爲奸利,卒坐棄市,年六十七[1]。趙時春有《吊夏閣老三首》(《趙浚谷詩集》卷四)。

是年,生女。嘉靖三十六年書《再與端溪翁》:"小兒七歲,小女十歲,足娱目前。"則孔階生于嘉靖三十年(1551),其女生于是年。

是年,爲官道村郭家祠堂作碑記《重修郭家祠堂碑記》[2],落款爲"大明嘉靖戊申穀旦荷月"。

是年初,葛守禮有書《與孔文谷》:"頃以序遷進秩陝右,關河隔越,言念爲勞,不須數月而鄙吝猶昨矣,奈何奈何!初意過汾,程滯期迫,滿擬特遣豚兒造謝,可庶幾萬一。乃今家累種種,非此兒莫托,復不終能遣也,如何如何!"(《葛端肅公文集》卷十三)

是年,趙廷松遷山東按察使副使(《趙廷松集》附録《年譜》)。

嘉靖二十八年己酉(1549),四十五歲

丁母憂。

三月,介休地震。乾隆《汾州府志》卷二十五《事考》:"(嘉靖)二十八年春三月,介休地震。"

汾州知州李當刻王崇慶《五經心義》,孔天胤作《刻王端溪先生所著經義序》:"是故我端溪先生讀經體道,著《易》《書》《詩》《春秋》《禮記》心義各一卷,以余亦竊有志焉,而未之逮也,因悉寄示。時汾州守李君見而悦之,

①參張廷玉《明史》卷三〇八《嚴嵩傳》,卷一九六《夏言傳》。

②官道村,清屬兩仁里,今屬杏花村鎮。參見李應傑《官道村》,王愷仁、劉瑞祥主編《汾州滄桑》第二卷,北嶽文藝出版社,2000。

則梓之郡齋以明學也,余故表其義云。”[①]清朱彝尊在《經義考》中曾引用,同時引用的還有鄭曉、林雲同、王崇、薛應旂、王維楨、皇甫汸等人的觀點[②]。乾隆《汾州府志》卷八《職官·知州》:“李當,河南嵩縣人。舉人,嘉靖二十八年以真定府推官升任。”

三月,傅鳳翱升陝西巡撫,督理糧餉。(《明世宗實録》卷三百四十六)傅鳳翱與孔天胤共事陝西。(小傳見附録)

五月,山西巡撫蘇祐升刑部右侍郎,四川左布政使石遷高繼任。是年,石遷高卒于官。十二月,山東巡撫應檟繼任[③]。(石遷高、應檟小傳見附録)

五月甲戌,總督宣大兵部尚書翁萬達還部,郭宗皋繼任[④]。(郭宗皋小傳見附録)

七月,倭寇浙東。

八月,兩京及各布政司舉行鄉試。右春坊右贊善兼翰林院檢討、榆次人、同年閻樸(小傳見附録)任順天鄉試主考官(《弇山堂别集》卷八十三《科試考三》)。

是年,海瑞考中舉人。

九月,爲汾州雲林庵作《雲林庵記》。文中有“其經營在嘉靖二十三年秋七月,明年冬十月落成,後四年秋九月作記”句(《孔文谷集》卷十)。雲林庵,在今北關村,不存。

六月十七日,爲某人生日作《壽辭贊述》,開篇云:“歲維己酉,月令甲戌,火流飈而既盡,金肅氣以彌深。”又有“有鴻臚李子,魁然巨室,翩然雄采”句(《孔文谷集》卷十四)。月令甲戌爲該年六月十七日。又,李廷儒生日爲成化二十一年閏四月十二日,故當不是爲李廷儒生日作,亦或記載有出入。

---

①《孔文谷集》卷二。《春秋斷義》黄洪毗序中曾提及李當刊刻該書及從孔天胤處獲觀《五經心義》。

②朱彝尊《經義考》卷二百九十七《通説》。

③吴廷燮《明督撫年表》卷二《山西》。

④吴廷燮《明督撫年表》卷二《宣大》。

是年,本邑糾首任廷佐等施財修靈岩寺長廊及藥師多寶佛塔,孔天胤作《靈巖寺增修記》[1]。文中有“落成時鴻臚西岩李公亦施飾金像,遂謀勒石記其事”句。順治《汾陽縣志》卷一《土地志·寺觀》:“靈巖寺,在城東北二十五里小相西。隋唐以來代爲修飾,弘麗壯觀,近建石塔,有方伯孔天胤題記。”按:靈岩寺,又名靈巖院,俗稱大寺,位于今汾陽小相村西北隅,曾是汾州有名的古刹。今遺址及藥師多寶塔尚存。1934年,梁思成與林徽因曾考察該寺。

《文話叙記》或作于該年,是作者關于文章的一些看法和意見。《文話》今集中未見。文云:“夫文,六經尚矣。傳記之文,其六經之枝流乎?……余測海之餘,每有著之話言者,出四氏各如干條。”(《孔文谷集》卷十)

《蘭雪齋散録記》或作于該年(《孔文谷集》卷十)。

是年,平陽府知府張松(洛陽人)刊印《藝文類聚》。書前除歐陽詢原序外,又有山西巡撫蘇祐序。蘇序交代該書原係巡按御史黄洪毗(翠岩)得之于王湛泉(王與齡)。其後又有鄭光溥(曾督學山西)《山西新刻〈藝文類聚〉序》,提及:“明年己酉,莆田黄公翠岩以大巡按歷于兹,政惟肅義,綱紀益張,乃出所得于汾陽文谷處《藝文類聚》一部,凡十二册,計若干卷,遂因授平陽府事前溪張子松,命公校刻,以廣其傳。”鄭序後有黄洪毗序,也稱該書得自王湛泉處,但又指出王湛泉得自吴地,書末又有張松序[2]。葉德輝《郎園讀書志》卷六也談及該書,未確定是否來源于胡纘宗刻本。文中提及:“按:文谷者,汾陽孔天胤,字孔當,時刻有《文獻通考》《資治通鑒》《三輔黄圖》等書,蓋亦藏書家之好刻書者。”瞿冕良或據此認爲孔天胤也曾刊刻該書與《文獻通考》。該書上海圖書館、故宫博物院、吉林大學、天一閣等單位有藏。“字孔當”不詳出處。

①王愷仁、劉瑞祥主編《汾州滄桑》第二卷,第162頁,北嶽文藝出版社,2000。
②孫麒《〈藝文類聚〉版本研究》,復旦大學博士論文,2008。

嘉靖二十九年庚戌(1550),四十六歲

陝西任上。

起復,任陝西布政使司左參政。王崇慶有《與孔文谷督學再之三秦》詩,第一首有"大雅文章稱獨步""傳經心學吾嘗愧"句(《端溪先生集》卷七)。蘇祐也有《送孔文谷督學再入關西》,首聯云:"龍章迢遞入咸秦,講席重開滿座春。"(《穀原詩集》卷四下)時陝西情況,孔天胤在文中描述:"邇來西北多事,而關陝之爲殷;四方災饉,而關陝之爲甚。天下民力凋劾,奸宄萌滋,吏治之弗勝也,而關陝之爲尤。"①

時陝西左布政使爲葛守禮,陝西三邊總督爲王以旂,陝西巡撫爲傅鳳翱②。

正月,起用服闋南京國子監祭酒程文德原職。(《明世宗實録》卷三百五十七)

二月,張治、歐陽德任會試主考,尹臺、王維楨等任同考試官,以權臣重臣發策。(《明世宗實録》卷三百五十七)

三月,唐汝楫、吕調陽、姜金和等三百二十人進士及第,出身有差③。

是科著名者或與孔天胤有交集者有:宗臣(直隸揚州府興化縣人)、徐學詩(直隸蘇州府嘉定縣人)、梁有譽(廣東番禺人)、王道行(山西陽曲人)、徐中行(浙江長興人)、章懋(四川瀘州衛人)、王叔杲(浙江永嘉人)、范大儒(山東霑化人)、黄正色(河南光山人)、潘季馴(浙江歸安人)、劉效祖(武驤左衛籍人)、張佳胤(四川銅梁人)、王好問(直隸樂亭人)等。

四月,汾州有風霾。乾隆《汾州府志》卷二十五《事考》:"二十九年夏四月,汾州風霾晝晦。"

是年,俺答大舉入侵中原,史稱"庚戌之變"。

是年,有書致同年包節云:"同年客游秦者十有三人,四在省城而九在

---

①孔天胤《贈中丞印臺傅公進少司空還朝序》,《孔文谷集》卷四。

②吳廷燮《明督撫年表》卷三《陝西三邊·陝西》。有文獻作傅鳳翔,誤。

③《嘉靖二十九年進士登科録》。

諸郡陲，合併亦已難矣。”（《與包蒙泉先生》，《孔文谷集》卷十五）包節時謫湟中，得孔天胤《霞海篇》詩集，作《讀〈霞海篇〉》詩，把孔天胤比作建安七子中的孔融：“孔融詞藻擅東京，攬轡登高賦赤城。”[①]

是年春，林大春授行人司行人，出使陝甘。據光緒《潮陽縣志》卷十七《林大春傳》，林大春中進士時，逢嚴嵩“執文柄，凡後進有文名者皆招致門下”，令其子與門客前往游説林大春爲嚴嵩司奏記，林大春斷然“以疾辭”；其後嚴嵩又派人暗示林大春，説“吏部選新進士入中書直閣”，已首列林大春之名，林大春“再辭不就”。結果僅授行人司行人，令出使陝甘。

林大春于咸陽晤會孔天胤，二人一見如故，結爲忘年之交。林大春還潮陽，孔天胤以詩相贈：

使節從天上，還車自日邊。新知方自慰，忽别轉悽然。灞館花如霰，關程柳似煙。相看春正暮，何以報離筵。[②]

由詩中“相看春正暮”句可知時爲暮春。孔天胤送林大春《霞海篇》一册，林大春携至塞上，讀之而深爲所動，“每三復其言，慨然悲之”[③]，並作《塞上讀〈霞海篇〉寄管涔子》長篇五言古詩[④]。評價其人其詩：“當代推詞伯，如公思獨玄……奇文振岩穴，麗藻發林泉。玉鐸驚回首，金聲失比肩。”

是年，敕令兵部尚書王以旂節制全陝三邊四鎮，孔天胤爲之作《贈總督大司馬石岡王公進錫序》（《孔文谷集》卷二）。文中有“我大司馬兵部尚書石岡王公實承上簡命，授畀全陝三邊四鎮而節制之，是爲嘉靖戊申”“蓋自公命之，於今三年”“左參政天胤時與執事之末”之句。

六月，蒙古軍入犯大同，總兵張達等戰死。總督郭宗皋、大同巡撫陳燿被逮至京，陳燿死杖下，郭宗皋謫戍[⑤]。詔起翁萬達代郭宗皋，萬達方丁憂，

---

①俞憲《盛明百家詩·包侍御集》。

②光緒《潮陽縣志》卷二十二《藝文》，詩題作《送林行人西使還潮陽》。

③林大春《刻孔文谷先生詩集序》，此文見于《孔文谷詩集》，也見于林大春《井丹林先生文集》及梁有譽《山曉閣選明文全集》。

④林大春《塞上讀〈霞海篇〉寄管涔子》，《全粤詩》第357卷，嶺南美術出版社，2010。

⑤《明世宗實録》卷三百六十二嘉靖二十九年閏六月“乙丑”條。參見《明史》卷二〇〇《郭宗皋傳》。

兵部尚書丁汝夔得罪，令翁萬達繼任。萬達家嶺南，距京師八千里，倍道行四十日抵近京。嚴嵩不悦，詔王廷瑞于兵部[1]。命蘇祐繼任總督[2]。（參《劍橋中國明代史》第八章）

七月，葛守禮升河南巡撫。（《明世宗實録》卷三百六十三）孔天胤有《送與川葛公巡撫河南序》（《孔文谷集》卷四）。賈應春繼任左布政使。

八月，葛守禮作後堂名曰“誠心”，孔天胤作《誠心堂銘》。篇首有“嘉靖二十九年辛亥秋八月，左使與川葛公守禮作後堂成，題曰‘誠心’。時余爲左參政而問義焉”句。雍正《陝西通志·公署》：“嘉靖二十九年，左布政葛守禮建後堂曰‘誠心堂’，右布政孔天胤記。”該處“右布政”應爲“左參政”，時孔天胤尚未升至布政使。

八月，以分守參政視察咸陽，適咸陽周文王、武王陵寢及周公、太公墓落成，爲作《重修周文王武王陵寢及周公太公墓祠記》，文中記云：“時分巡副使張渙方督視厥成，及分守參政天胤咸以執事得附拜瞻，郡縣吏民、學官弟子咸從樂嘉觀。”（《孔文谷集》卷九）乾隆《咸陽縣志》卷十八《藝文三》文末有時間：“嘉靖二十九年庚戌秋八月建。”

九月，陝西巡撫傅鳳翱升工部右侍郎，陝西左布政使鮑象賢繼任[3]。孔天胤作《贈中丞印台傅公進少司空還朝序》，文中有“印臺公拊循全陝之明年，是爲嘉靖庚戌”句（《孔文谷集》卷四）。

十二月初一，爲劉儲秀《劉西陂集》作序。文末落款：“嘉靖二十九年冬十二月上日，賜進士及第大中大夫陝西承宣布政使司左參政門人河汾孔天胤撰。”（《西陂先生集序》，《孔文谷集》卷四無落款）該集共有徐階、廖道南、孔天胤、張治道、傅鳳翱五篇序文。據傅鳳翱《刊大司馬西陂先生文集序》：“方欲板行漢中，劉守夢元至，嘗爲户部司屬，特請捐俸入梓，西安李守文昇亦樂助之。工成别爲序。”可知是集刊刻于嘉靖三十年。按：劉夢元，北直安州人，嘉靖二十年（1541）辛丑科進士，時任漢中府知府。李文昇

①張廷玉《明史》卷一九八《翁萬達傳》。

②吳廷燮《明督撫年表》卷二《宣大》。

③吳廷燮《明督撫年表》卷三《陝西三邊·陝西》。

(1502—?),直隸寧山衛,軍籍,濬縣人,時任西安知府。

同年、右布政使徐守義(號鳳岡)因微恙上疏辭歸,作《右方伯鳳岡徐公請告東還三司贈别序》(《孔文谷續集》卷二)。許宗魯有《送徐鳳岡右轄病歸大梁》(《少華山人詩集》卷四)。按:徐守義,河南杞縣人。(小傳見附録)

是年八月,山西參政艾希淳升都察院右僉都御史。(《明世宗實録》卷三百六十四)

十二月,山西巡撫應檟升兵部右侍郎,督漕運,撫治鳳陽。許論繼任[1]。按:許論,河南靈寶人。(小傳見附録)

嘉靖三十年辛亥(1551),四十七歲

陝西任上。

三月,汾州火灾。萬曆《汾州府志》卷十六《雜志類·灾祥》:"三十年三月,東關大火,延及數百家,關民廬舍减半。"乾隆《汾州府志》卷二十五《事考》:"三十年,汾州火。"

約是年春,有詩《寄張永石兵憲肅州》[2],有"莫將楊柳次羌笛,帶得春風滿肅州"句。永石,指山西石州人張玭,時任肅州兵備副使。(小傳見附録)

是年春,齊宗道任陝西按察司副使。(《明世宗實録》卷三百六十九)孔天胤有《贈雲汀齊公應召還京序》,開篇云:"雲汀齊公,名御史也。今歲之春,出補陝臬憲副,飭兵關南……期月而已,即已改弦易聽。"(《孔文谷集》卷四)

是年,致信南京國子監祭酒王維楨。二人相識當在孔天胤初仕陝西任提學時。王維楨雖然職掌文墨,卻志在經世,喜"與士大夫講方略、論戰守",且"諳知九邊要害,扼腕時事,慷慨悲壯"[3]。孔天胤原信已佚,王維楨回信寫道:"今胡騎侵軼明明知强,我兵倒戈明明知弱,强斯推之,弱斯振之,何議之爲?師涓即善聽,然瑟竽並奏,不辨其指;慶忌即善捷,然途徑多

①吴廷燮《明督撫年表》卷二《山西》。

②趙瑾《晉風選》卷十。後有評點:"婉惆。"

③雍正《陝西通志》卷六十三《人物》。

岐，不審其適。”[①]

是年，孔天胤由參政升陝西按察使。《明世宗實録》、雍正《陝西通志》卷二十二《職官·按察使》無具體任職時間記載。

是年，張鐸任陝西布政司參議。張鐸《刻胡蒙谿先生續集序》：“嘉靖辛亥，予備役藩參。”[②]

陝西右參政同年李乘雲將“拜表京師”，順路回家爲母親過六十五壽，三司大夫爲李母寫文祝壽，孔天胤作《送荆陽李公便道上母氏太宜人壽序》（《孔文谷續集》卷二）。並述其一門六兄弟三人高中進士之事：“歲壬辰、乙未、戊戌，三遇皇上闈運登賢，而太宜人六子之内，科進一人，今三人者皆有周之鳴鳳也。夫麟鳳龜龍，《書》記以爲四靈。四靈得一，即表國楨，乃一門而有三焉。”三進士指李乘雲、李凌雲、李登雲。參見道光《禹州志》及民國《禹縣志》[③]。（小傳見附録）

六月，陝西巡撫鮑象賢改巡撫雲南，陝西左布政使賈應春（號樵村）升陝西巡撫[④]。孔天胤作《賀大中丞樵村賈公巡撫陝西序》（《孔文谷續集》卷二）。按：賈應春，直隸真定人。（小傳見附録）

六月二十九日，兵部左侍郎傅鳳翺卒[⑤]。

是年，陝西提學副使靳學顔父七十二、母六十九壽，孔天胤爲之作《馳頌太封君鳳灣靳公壽序》（孔文谷續集》卷二）。按：靳學顔，山東濟寧州人。

是年，陳秉忠升汾州知州。按：陳秉忠，北直隸遵化人。乾隆《汾州府志》卷八《職官·知州》：“陳秉忠，北直遵化（人）。舉人，嘉靖三十年（任）。”

是年，齊宗道以分守左參政駐汾。萬曆《汾州府志》卷七《官職類·部使》：“齊宗道，遼東廣寧衛人。嘉靖戊戌進士，由監察御史歷升左參政，嘉靖三十年駐扎，累官四川右布政使。”朱新堤有《上大參齊雲汀扇》《寫扇寄

---

①王維楨《答孔文谷大參書》，《王槐野先生存笥稿續》卷二十二，又見《王氏存笥稿》卷十五。

②張鐸《刻胡蒙谿先生續集序》，見胡侍《胡蒙谿續集》附録。

③道光《禹州志》卷五《選舉》、卷十九《列傳三》；民國《禹縣志》卷十九《列傳下》。

④吳廷燮《明督撫年表》卷三《陝西三邊·陝西》。

⑤何遷《贈右都御史兵侍應臺傅公鳳翺墓誌銘》，焦竑《國朝獻徵録》卷四十一。

雲汀》《贈雲汀公子折桂圖》等詩(《奕善堂集》上卷)。

十月二十八日,許宗魯任遼東巡撫。(《明世宗實録》卷三百七十八)

是年,汾州南善廂人李綸去世,澤州裴宇爲之作《明雲谷鄉先生李公暨配姚氏馮氏合葬墓誌銘》,孔天胤篆額,劉尚義書。孔天胤落款作"賜進士及第嘉議大夫陜西按察司按察使郡人文谷孔天胤篆"[①]。(李綸、李翰、裴宇、陳天祐小傳見附録)

是年秋,刑部郎中陳棐巡行陜西[②]。過華州少華山,有詩《少華山潭用文谷、風泉二公韻》(《陳文岡先生文集》卷八)。按:陳棐,河南鄢陵人。風泉,又作鳳泉,指王邦瑞(1495—1561),字惟賢,河南宜陽人,歷官兵部侍郎,有《王襄毅公文集》。

同年左參政蘇志皋寫有《白雪陽春》卷,孔天胤作《白雪陽春卷序》,從兩個角度解釋"白雪陽春":一是"文岡公奉天子璽書,宣欽恤之,今於全陜,而全陜之獄冤焉賴以昭雪,幽焉賴以嘘煦者,無弗然也。取象于物,有白雪陽春之事焉";二是"公循行西土,在嘉靖辛亥而畢事還京,在冬春之交,又政白雪陽春之景會也"(《孔文谷續集》卷二)。按:蘇志皋,直隸固安人。

是年,劉儲秀夫人吕氏卒,爲之作《祭劉母吕氏太老夫人文》(《孔文谷集》卷十六)。張肖雲《劉儲秀年譜》:"世宗嘉靖三十年辛亥,劉公儲秀原配吕夫人卒。"

是年歲末,孔階生。據萬曆四年(1576)所作詩《兒階生日詩以勉之》"年當五五學何如"句,可推知孔階生于是年,時孔天胤已四十七歲。陜西副使張瀚有詩《賀孔右使誕子》五律二首,第二首曰:

清夜夢熊羆,嘉辰弄掌珠。渥窪龍是種,丹穴鳳爲雛。在篋經堪授,懸壺志不孤。遲余具湯餅,莫惜倒銀壺。[③]

①該碑于嘉靖三十年(1551)十一月刊。1998年徵集于汾陽市南關村,現存汾陽市博物館。

②巡行時間據《明世宗實録》卷三百六十八嘉靖二十九年十二月"丁丑"條。

③張瀚《奚囊蠹餘》卷六。隆慶三年張佳胤刻本有該詩,隆慶六年與萬曆元年刻本無。

同年蘇志皋有《自畫古桂雙喜圖爲同年孔文谷天胤題》，詩云：

古桂花重發，雲蓀蔓女蘿。靈禽相對語，佳氣晚來多。（《寒村集》卷一）

“古桂花發”“蓀蔓女蘿”“靈禽對語”都是吉祥意象，“佳氣晚來”暗喻孔天胤四十七歲方得子。

是年，王九思卒①。

嘉靖三十一年壬子（1552），四十八歲

陝西任上。

約是年春，孔天胤升陝西右布政使。孔天胤在《白雪陽春卷序》中記述，陳棐“循行西土在嘉靖辛亥，而畢事還京在冬春之交”，且記録了自己當時的官職，“時余謬從陝之廉使移布政右使”。廉使，按察使之别稱。繼孔天胤任按察使者爲李冕。王維楨《與孔方伯文谷書》：“去臘曾修牘申侯並答貺訊，能徹之不？今公晉右轄階秩，嵬然峻矣。”②（《王槐野先生存笥稿續》）按：李冕，山東章丘人。（小傳見附録）

孔天胤被朝廷賞銀。《明世宗實録》嘉靖三十一年正月：“以延寧馬市成，賞原任陝西巡撫鮑象賢、巡撫賈應春、布政孔天胤銀幣有差，通事猛忽兒等升一級。”

是年，有詩《新理右轄書齋》：

一室蓋庭陰，聊將吏隱心。芝蘭香欲化，書史義還尋。月幌籠虚白，薇垣瑣静深。猶如結茅地，未遠此山岑。③

薇垣，此處指布政使司衙門。

是年春，參議張鐸（號秋渠）即將出巡，作詩《送秋渠出巡》：

方此驚春駛，如何動使車。惠風流草際，新雨到田家。緑蔭

①李開先《渼陂王檢討傳》，《閑居集》卷十。

②王維楨《王槐野先生存笥稿續》卷六。

③趙瑾《晉風選》卷五。後有評點：“機息神恬。”

垂堤葉，紅牽鸍①水花。可因吏事迴，不爲惜年華。②

張鐸分守慶陽，有贈詩《送張秋渠分守慶陽》：

北地天爲險，清時人作城。惠風花鳥待，春草吏民迎。塞静還催餉，庭閑但省耕。須知省中舊，樽酒憶平生。③

是年，提學副使同年謝少南創陝西學田，孔天胤作《陝西創置正學書院學田記》（《孔文谷集》卷九）。謝少南由廣西提學僉事調任陝西，具體時間不詳。喬世寧有《送謝副使督學關中序》云："先生爲御史時，嘗視學京畿。已，又以僉事視學廣西，乃今復推擇關中。"④

正學書院在西安府府治西南。據雍正《陝西通志》卷二十七："正學書院，在府治西南，蓋宋横渠張子倡道之地，門人吕大鈞等皆得其傳。元許魯齋主學事，亦多造就，後省臣建議爲書院，合祀横渠、魯齋及其鄉賢楊元甫，而聚徒講學其間。入明百餘年，遺址無存。至弘治九年，提學副使楊一清卜地重建（大學士李東陽記）。弘治中，提學王雲鳳建書樓于正學書院，廣收書籍，以資諸生誦覽。嘉靖中唐龍督學時，士學趨詭異，乃新正學書院。選士群肄之，剗其奇靡而約諸理，其所登進者悉爲名臣。"横渠張子，指張載。許魯齋，指許衡，金末元初理學家、教育家。王雲鳳，山西和順人，亦爲一代名臣⑤。

孔天胤修書李紳（號少泉），寫道："與槐至，再辱五言見懷。"與槐即謝少南。又言："曩某自梁徂越，辱明公教言見贈，情在惠好……"（《與李少泉》《孔文谷集》卷十五）梁指大梁，即開封。按：李紳，河南祥符人。（小傳見附録）

是年春，同年靳學顔有詩《憶弟用文谷韻》（《靳兩城先生集》卷五），又有

---

①趙瑾《晉風選》卷五作"颭"。

②錢謙益《列朝詩集》丁集《孔榜眼天胤八首》。趙瑾《晉風選》後有評點："雲静草閑，饒有幽況。"

③趙瑾《晉風選》卷五。後有評點："筆氣愛婉。"

④雍正《陝西通志》卷九十三。

⑤王雲鳳（1465—1517），字應韶，號虎谷，山西和順人。成化二十年（1484）進士，官至宣府巡撫，有《博趣齋稿》。生平見吕柟《僉都御史前國子監祭酒虎谷先生王公雲鳳墓誌銘》，焦竑《國朝獻徵録》卷六十三，又見《涇野先生文集》卷二十四。

詩《次文谷》：

香臺寂寂世緣微，芝蓋春過乍啓扉。客以陶嘉投迹遠，僧因習静出林稀。風含群籟琳琅應，雨溢回塘雁鶩飛。亦向雙松知嘆道，可能初地遂初衣。（《新兩城先生集》卷十）

二詩均作于春天，孔天胤原作今皆佚失。

四月初一，孔天胤作《刻西京雜記序》云："余携有舊本在巾笥中，因聽左使百川張公談西京故事，多後學所不聞，云本《西京雜記》。余遂出其書，百川公即取而刻之，以廣其傳。"（《孔文谷集》卷四）據此則《西京雜記》爲時任陝西左布政使張臬所刻。而在《西京雜記》刻本中，序言有所不同："余携有舊本在巾笥中，會左使百川張公下車，宣條敦修古藝憲之事，余因出其書商之，遂命工鋟梓。"文末有落款"嘉靖壬子夏四月上日河汾孔天胤識"[①]，據此後人多將該本著録爲孔天胤刻本。孔本被公認爲是《西京雜記》較好的版本，《四部叢刊》本即據此影印。

五月，刻張治道《嘉靖集》並爲之序。《嘉靖集》前劉儲秀序："今歲壬子，方伯孔文谷又索其舊作，捐俸入梓。仍自叙焉，且發前人所未發，已盡見其平生矣。"孔天胤序寫道："嘉靖壬辰，余始以督學入關，見太微子，祈著作序乎盛焉。然余實不解文，獨心往好懿，故每過太微，必式之已。"落款爲"嘉靖壬子仲夏□日，文谷山人孔天胤叙"。

關于該書，清范邦甸《天一閣書目》卷四之二《集部》記載如下：

《嘉靖集》八卷，刊本，明關中太微山人張治道著，明關中太門生中南李汝蘭校。西陂劉儲秀序稱："嘉靖辛卯，《太微詩集》若干卷，巡撫劉松石命工刊。對山康翰林稱其上薄風騷，下追漢魏。越庚子，郡伯魏少穎續刻後集，檢討王渼陂序，俱傳海内矣。今歲壬子，方伯孔文谷又索其近作入梓，卷首文谷孔天胤、海虞

---

①孔天胤《刻〈西京雜記〉序》，見《西京雜記》。是本《西京雜記》又稱孔本，十一行二十字。清代由江安傅氏雙鑒樓所收藏，晚清之際上海涵芬樓曾從雙鑒樓借印刊行于世，民國張元濟編撰《四部叢刊》，據之影印出版。中華書局1961年版、羅根澤注《西京雜記》也以孔本爲底本。

張鐸並太微自序。卷首附《眈詩論》一首。"

按:劉松石,指劉天和(1479—1545),字養和,號松石,湖廣麻城人。正德三年(1508)進士,歷兵部尚書,贈少保,謚莊襄,有《問水集》。生平見《明史》本傳,參見王世貞《光禄大夫太子太保兵部尚書贈少保劉莊襄公墓誌銘》[1]。魏少穎,當爲魏廷萱,河南許州人[2]。

《嘉靖集》中收有張治道記二人交游的詩歌多篇,如《同文谷西陂莊賞花》《和答孔文谷方伯同張秋渠少參挾酒杜過留飲之作》《孔文谷方伯、張秋渠少參携酒杜過留飲索賦》《賞文谷席上和西陂自壽韻》等。由這些詩題可知,孔天胤常與張治道同聚劉儲秀宅,也常與張鐸一起去拜訪張治道(《嘉靖集》卷五)。

是年夏,與謝少南、胡侍等宴集于郭西園,胡侍有詩《夏日孔方伯汝錫、謝學憲應午招燕郭西園二首,次謝公韻》(《胡蒙谿續集》卷一)。

是年四月,編王崇慶《端溪先生集》八卷並爲之作序跋,題作"門人汾陽孔天胤編次,建業張蘊校刊"。另有龍溪謝彬、建業張蘊、晉江趙恒跋。張蘊爲王崇慶門生,王崇慶任職南京時,又爲其屬吏。《孔文谷集》中有《端溪先生集序》,稱"余誦覽端溪先生文集而編次之"[3]。《端溪先生文集》卷末有該文,文末有"嘉靖壬子孟夏上日",可知作于四月初一。時王崇慶在南京禮部尚書任上。文末,孔天胤又將王崇慶文集與其前之《五經心義》作對比:"夫文章根本乎六經,先生所著有《六經心義》(當爲《五經心義》)若干卷,刻在家塾,試取而並參,則是集也,特樹葉之扶疏者焉。"

是年秋,與謝少南、胡侍等于許宗魯宅宴集,胡侍有《借菊亭詩》咏其事。詩前小序寫道:"孔右丞、謝學憲偕余集於許中丞之新亭,乃借鄰圃盆菊置諸亭中,金葩粲然,益增佳致,就以'借菊'命名兹亭。良夜厭厭,清歡不盡,將期雪日再集于斯。群公有詩,余仰和焉。"(《胡蒙谿續集》卷六)許宗魯

①張廷玉《明史》卷二〇〇,列傳第八八;王世貞《弇州四部稿》卷八十六《文部》。焦竑《國朝獻徵録》卷三十九題作《光禄大夫太子太保兵部尚書贈少保劉莊襄公天和墓誌銘》。

②乾隆《西安府志》卷二十四《職官》。

③孔天胤《孔文谷集》卷四。《端溪先生集》卷末文題作"端溪先生集叙"。

有《借菊詩同孔、謝諸君子賦》,又有《奉和右使相公文谷先生草堂小集之作》《答文谷使相見貽用前韻》①。冬有《小苑臘梅初放,辱孔文谷右使、謝與槐道宗、孟衛原台憲携酒過賞,孟公即席有作》《家園偕孔右使、何憲長、謝學憲、劉司馬賞雪同賦》等詩作②。孟衛原,孟淮;何憲長,何其高;謝學憲,謝少南;劉司馬,劉儲秀。可知許宗魯、謝少南、孔天胤、劉儲秀等人曾多次宴集,諸人均有詩作,惜多佚失不存。

七月,與張鐸(秋渠)一起編選胡侍詩文刻之,並各寫序一篇。胡侍中進士後初授刑部雲南司主事,與張治道、薛蕙、劉儲秀等"約爲詩會,並以詩名都下,都下稱'四翰林'"③。與何景明、薛蕙齊名。後任鴻臚寺少卿,因大禮議被貶爲山西潞州同知;嘉靖四年(1525)因山西宗室撼攻而入獄,被奪官編民。此前胡侍已有《胡蒙谿集》,全集均爲文,無詩,有中書舍人雍州張才序,序末所注時間爲"嘉靖二十五年冬十月"④。孔天胤與張鐸所編選的,是胡侍嘉靖二十五年至嘉靖三十一年之間的詩文。孔天胤《蒙谿集序》序末寫有"嘉靖三十一年七月上日"⑤。文中寫道:"時余與秋渠張子共愛希有,同期廣録,雖琱琰之未能,庶鋟梓之可就。將命匠作,各叙其旨。"張鐸序云:"省署燕閑,爰與文谷右使寔檢續篇,類綜成帙,列兹文梓,用示同好焉爾。"表述略異而其旨相同。序末落款爲:"嘉靖壬子孟秋望日海虞山人張鐸叔鳴甫撰。"⑥張鐸,字叔鳴,一作世鳴,號秋渠。據此文可知又號海虞山人,時任陝西布政使司左參議。

八月,仇鸞罷。病死,戮屍。

---

①許宗魯《少華山人詩集》卷四。

②許宗魯《少華山人詩集》卷四。該卷詩基本按照寫作時間排序,可知前二首分别寫于春夏,後二首寫于冬季。

③喬世寧《刑部主事太微張公治道墓碑》,《丘隅集》卷十四。又見焦竑《國朝獻徵録》卷四七、胡侍《珍珠船》卷八。

④張才《胡蒙谿集序》,見胡侍《胡蒙谿集》。

⑤孔天胤《孔文谷集》卷四、胡侍《胡蒙谿續集》附録。作序時間見《胡蒙谿集》孔天胤序。

⑥張鐸《刻胡蒙谿先生續集序》,見胡侍《胡蒙谿續集》附録。

八月，兩京及各布政司舉行鄉試。郭樸、秦鳴雷任順天鄉試主考。孔天胤主持陝西壬子鄉試，作《陝西壬子科鄉試録序》[1]。此科與考或爲此作出貢獻的官員有：太子少保兵部尚書兼都察院右僉都御史王以旂，總督軍務都察院右副都御史賈應春，都察院右副都御史張珩，右僉都御史張鎬、王誥、沈良才，前巡按御史王本固、蔡揚金，今巡按御史孫永思、尚維持，巡行陝西户部郎中張子順，刑部郎中陳棐。

該科監臨官爲：監察御史姚一元。

提調官爲：左布政使張臬，左參議張鐸。

監試官爲：按察使李冕，副使殷學。

考試官有：山東濟南府肥城縣儒學教諭楊舉，四川成都府温江縣儒學教諭袁延椿。

司考試官有：廬江縣儒學教諭周以魯，雲夢縣儒學教諭孫繼武，上蔡縣儒學教諭賈拱禄，蕭縣儒學教諭王納議，安平縣儒學教諭孫國隆，確山縣儒學教諭王納賓。

印卷官有：布政司理問崔瀛洲，按察司經歷談崇文。

收掌試卷官有：西安府知府李文昇，漢中府知府劉夢元，慶陽府知府汪來，臨洮府知府方啓參。

受卷官有：延安府同知李華魯，鳳翔府推官宋繼先，西安府咸寧縣知縣王用賢，西安府乾州武功縣知縣朱褒，西安府商州商南縣知縣李鴻漸，西安府臨潼縣知縣盧奎。

彌封官有：西安府同知李應庚等。

謄録官有：鞏昌府通知焦希程等。

對讀官有：延安府同知何尚賢等。

巡綽官有：西安左衛指揮使楊餘慶等。

搜檢官有：西安右護衛指揮同知王化等。

供給官有：陝西布政司經歷司經歷韓禄等。

①孔天胤《孔文谷集》卷五，又見《嘉靖三十一年壬子科陝西鄉試録》。此序爲代山東濟南府肥城縣儒學教諭楊舉作。

選拔生員官員有：御史劉世魁，提學副使謝少南。

其他當地各級官員有：右布政使孔天胤，左參政蘇志皋，右參政李乘雲、何其高、石永、吕時中，右參議劉光文、楊濂，副使朱用、張玭、榮愷、張渙、范瑟、楊賢、劉世用、錢泮、張松等，僉事陳其學、王光宇、薛尚義、趙彦章、崔峩、潘璵，太僕寺卿王朝賢，少卿李檠，苑馬寺少卿王教，都指揮使王延鶴、畢文，副使茅鑾，右參議李延康，都指揮僉事潘康。

其中多人與孔天胤爲同年，如何其高、劉世用、李延康、茅鑾、李乘雲等。而一些人如陳其學、張玭、方啓參、焦希程等此後又與孔天胤有交往。

該科舉人名録如下：

周鑾、楊柟、寇靖、段邦寵、邢子深、吕師顔、張汝修、朱擢、王墀、趙守憲、劉欽、王大任、張敬、趙邦奇、紀會、盛訥、周詔、薛承范、廖大位、康樸、李世達、張崇德、李大觀、王鶴、寇來庭、王來賓、任朝臣、吴朝、葛舜臣、崔鏞、馮乾、張車、忽鳴、胡嘉謨、曹鑒、任仕、師古、張稽古、仵坤、王學謨、劉好生、黄策、劉家相、郭泙、魏學思、梁棟、周斯美、朱璉、陳葵、蕭文璧、毛雲翔、賈崇儒、段補、楊守信、陳識、常廷圭、雍鎬、孫光祖、王學古、孫丕揚、張九錫、郭浹、王之弼、李茂春等，共計六十五人①。

其中朱擢、王大任、盛訥、李世達、崔鏞、胡嘉謨、任仕、王學謨、黄策、梁棟、王學古、孫丕揚十二人後陸續中進士。十二位進士中，不乏後來貢獻卓著的一代名臣。在此略舉幾例。

王學謨，字子楊，號河汀，朝邑人。嘉靖三十二年連第進士。初爲山西太谷知縣，廉潔奉公，明辨是非，關懷百姓疾苦，力除污吏陋習。其他縣長久不能決斷的疑案，即移送太谷訊問，一時稱爲能吏。後任岢嵐兵備道，山西左參議分守河東，聲譽更爲昭著。雍正《山西通志》卷八十八《名宦》：“王學謨，朝邑人，進士。隆慶間岢嵐兵備道，方正執法，不避恩怨，嚴飭武備，議築河墻老營諸堡。尋升山東參政。”

①據《嘉靖三十一年壬子科陝西鄉試録》。雍正《陝西通志》卷三十一《選舉二》名單與此多有不同。

孫丕揚(1532—1614),字叔孝,號立山,陝西富平人。嘉靖三十五年(1556)丙辰科進士,歷任應天府尹、南京都察院右僉都御史,大理寺卿、户部右侍郎、刑部尚書、吏部尚書等職。贈太保,謚恭介。著《應時草》《巡按約束》《論學篇》等,編撰《富平縣志》。生平見《明史》本傳。史載其任刑部尚書時,“理案迅捷,囚無淹繫”。萬曆二十二年(1594)出任吏部尚書,創“掣簽法”,以抽簽決定官職,杜絶權貴請謁之弊。

胡嘉謨(1531—?),字子忠,號進庵、止吾,涇陽人。嘉靖四十一年(1562)進士,由章丘縣令歷吏部主事、大理寺卿,刑、户二部侍郎,終南京都察院右都御史。生平參見温純《御史大夫胡公傳》(《温恭毅公文集》卷十二)。

没有考中進士的人員中,也不乏卓有政績的名宦,如曾任山西平遥知縣的張稽古。光緒《平遥縣志》:“張稽古,陝西蒲城人,操履清嚴。”雍正《山西通志》卷八《城池·平遥縣》:“嘉靖四十一年,知縣張稽古磚甃女墻。”萬曆《汾州府志》卷七《官職類·平遥知縣》:“張稽古,陝西蒲城縣人。舉人,嘉靖三十九年任。神情朗傲,操履清嚴,歷升參議。”嘉靖四十四年(1565),張稽古由平遥知縣升岢嵐州知州,當時已致仕歸汾的孔天胤作《贈平遥令張君擢守岢嵐一首》以贈。雍正《山西通志》記其在岢嵐知州任上,“戇直不畏强御,嘗按都御史楊順誣殺沈練事,卒擬以法,順繫獄死”。後由岢嵐知州升山西按察使,“晉藩常侍欲以事干之,固請游别墅,終弗許。次日以盛饌來饋,悉委棄溝壑中,還其器。其剛介如此,祀名宦”①。

《陝西通志》記載該科有名吕恕者,“富平人,順天中式,王府教授”②。可知吕恕雖爲陝西人,卻並未在陝西參加科考。萬曆《順天府志》卷四《選舉》與光緒《富平縣志》卷六《科目表》僅有吕恕中舉記載,無更詳細信息。隆慶、萬曆年間,吕恕任汾陽慶成王府教授,與孔天胤多有交游,孔天胤文集中有《教授吕磻溪先生以賢膺奬序》《壽王相吕磻溪先生》等詩文。詳見後述。

①雍正《山西通志》卷八十八《名宦》。

②雍正《陝西通志》卷三十一《選舉二》。

九月初九，重陽節，與參政何其高（白坡）、按察使李冕（脈泉）及副使茅鑿（海門）、靳學顔（兩城）、崔峩（芹溪）等人同訪劉儲秀，劉儲秀有詩《九日方岳孔文谷，參伯何白坡，總憲李脈泉，憲伯茅海門、靳兩城、崔芹溪，都閫崔友葵、郭東山過訪有作》記其事。（李冕、何其高、崔峩小傳見附録）

冬，孔天胤與左布政使張臬（百川），參政何其高、李乘雲（荆陽），參議張鐸（秋渠）再次拜訪劉儲秀，劉儲秀有詩《雪中方岳張百川、孔文谷，參伯何白坡、李荆陽、張秋渠過訪有作》（《劉西陂集》卷三）。

是年，與同年蔡汝楠有書信往來。蔡汝楠《致孔文谷方伯》云："姚侍御自陝還吴，得聞公風采，甚慰。兼閲録文，教益殊多。比至蜀，臬憲長路公亟道關中之會。"（《自知堂集》卷二十）巡按御史姚公，指姚一元，浙江長興人。（小傳見附録）路公，指路天亨，時任四川按察使。路天亨赴任四川按察使途中曾經過陝西。

是年，包節有五言詩《寄贈何白坡、謝與槐、孔文谷、李荆陽四君子》四首。内有"未若四子交，一體視無忤"句（《包侍御集》卷三）。因李乘雲嘉靖三十二年（1553）去世，故該詩應作于是年或稍前。

是年，蘇志皋有詩《初春登華山遠眺懷同年孔文谷》（《寒村集》卷一）。

是年，陝西布政司刊刻《武經七書》，孔天胤與焉，並作《武經七書序》，闡述武備之重要性。（《孔文谷集》卷四）

十月，爲韓邦奇《苑洛集》作《苑洛先生文集序》，是書爲賈應春（樵村）刻，篇末有"嘉靖三十一年冬十月河汾孔天胤謹叙"①。對于刻書的原因，孔天胤序中記云："巡撫大中丞樵村賈公取付省中刻之，以表憲一方，若曰文獻爲可傳耳，於是外史胤推叙其略。"《四庫全書總目提要》："臣等謹案，《苑洛集》二十二卷，明韓邦奇撰。邦奇有《易學啓蒙意見》已著録。是集凡序二卷，記一卷，誌銘三卷，表一卷，傳一卷，策問一卷，詩一卷，詞一卷，奏議五卷，見聞考隨録五卷，乃嘉靖末所刊，汾陽孔天允（胤）爲之序。"

①孔天胤《孔文谷集》卷四。《苑洛集》，《原國立北平大学甲庫善本叢書》第744册。哈佛燕京圖書館藏本封面有"翰林院底本，總校潘有爲"字様。潘有爲（1744—1764），乾隆年間進士，官至内閣中書，參與《四庫全書》的編訂。據此可知四庫本基于該刻本，但其中無孔天胤序，且《提要》中未提及潘有爲之名。

是年，許宗魯任職遼東。期間，孔天胤曾寫信問候，許宗魯回信云："淡吏來，遠承手札，别公再罹寒暑，仰公德教，彌久彌真。"(《答孔文谷書》，《少華山人續集》卷十五)孔天胤原信佚失。由許宗魯回信可知，孔天胤在信中表達了歸隱的想法，許宗魯勸他："方今時事多端，用世之才如公者幾何？且公屬在宗親，均同休戚，非他人比。兹故取適自逸，或者古人貴戚之臣誼不若是。公乃心王室，暫袪遐想，使西土終焉怙冒，是實天生我公之意，而正吾徒傾望之誠也。公其念之。"許宗魯也在信中交代了自己當時的處境："僕只役海東，奉職無狀，近者虜騎凌犯，防禦無功，時且囚首待命。若得由是罷歸，僕當執業左右，以淑晚暮，何如何如？"此信當寫于是年四月之後，《明世宗實録》嘉靖三十一年四月，"總兵趙國忠、巡撫許宗魯各停俸，令戴罪自效，俟秋防畢奏聞"，許宗魯所指當即其事。

十月，遼東巡撫都御史許宗魯致仕。(《明世宗實録》卷三百九十)六十三歲的許宗魯從此結束了仕途，回到關中。

是年，趙廷松出任山西右布政使，尋轉左①。朱新堤有《上方伯趙傒齋扇代父作》《次方伯趙傒齋韻》等詩(分别見《奕善堂集》卷上、卷下)。

王維楨《與孔文谷督學》或寫于該年。信中提及謝少南與張鐸，並寄詩向孔天胤請教。由于張鐸任陝西參議時間爲嘉靖三十一年，王維楨于嘉靖三十年十二月升右春坊右諭德，署掌南京翰林院事，旋歸里，接其母至南京②，據此，此信或寫于是年。然題目稱孔天胤爲督學，原因待考③。

約是年，游藍田輞川王維别墅，有詩《藍田輞川寺是右丞别業》：

> 輞水高人去，藍莊舊迹沉。煙霞疑畫障，松桂儼詞林。竹館彈琴斷，花宫照月深。應知不滅意，惟有玉山岑。④

---

①據侯一元《明通奉大夫山西布政使司左布政使傒齋趙公墓誌銘》，趙廷松《趙廷松集》附録一。

②《明世宗實録》卷三百八十嘉靖三十年十二月，"癸未，升翰林院修撰王維禎爲右春坊右諭德掌南京翰林院事"。

③王維楨《司成遺翰》卷二。夏明媚《王維楨生平及其〈存笥稿〉版本研究》(西北大學碩士論文，2010)歸入嘉靖三十一年。

④趙瑾《晉風選》卷五。後有評點："聽視超聲邑外。"

是年，汾州知州陳秉忠鑒于火灾，在東關北門外創建火神廟，孔天胤有記，今不存。順治《汾陽縣志》卷一《土地志》："火神廟，在東關北門外。明嘉靖三十一年因有火灾，知州陳秉忠創建，有孔文谷碑記。後因寇亂毁拆，改建東關舊驛西側。"

嘉靖三十二年癸丑（1553），四十九歲

陝西右布政使任上。

兵部武選司員外郎楊繼盛彈劾嚴嵩十大罪、五奸，繫刑部獄①。

二月，許論升兵部右侍郎，協理京營。趙時春任山西巡撫②。趙時春有詩《二月二十一日奉命升右僉都御史提督雁門等關巡撫山西》（《趙浚谷詩集》卷四）。

許宗魯罷官西歸，有詩贈孔天胤，孔天胤有和詩《和許中丞遼海西歸草堂留韻》，首聯云："坐聽黄鸝唤好春，行看碧草藉歸輪。"③

是年春，孔天胤上《乞休疏》云："臣見年四十九歲……嘉靖三十一年，忽得陰虚火動病症，痰喘怔忡，幾于委頓……勉强視事，延至今春。甫病又復舉……迎醫疹療，僉謂此疾非旦夕可瘳……伏望敕下吏部，准令致仕，退歸調理。"（《孔文谷集》卷十五）又寄書葛守禮：

> 某不才，辱明公知遇之日久矣。兹陳疾乞休，乃區區引分知止之行，故朝上疏，暮離省，絶無逗留顧望之私。惟覬得蒙題核准行耳，不然得爲齊民，亦返自然也。山間林下，啜菽飲水，覽卷看雲，以淹餘歲，無步兵痛哭之譏，而有淵亮賦歸之樂，則明公之賜及鄙人者遠矣。（《與葛與川吏部》，《孔文谷集》卷十五）

請求葛守禮核准允休。葛守禮時任吏部右侍郎。

二月，會試，少保大學士徐階、侍講學士敖銑主禮闈，取曹大章等四百名。（《明世宗實録》卷三百九十四）

---

①徐階《明故兵部武選員外郎贈太常少卿謚忠愍楊公墓誌銘》，《世經堂集》卷十八。

②吴廷燮《明督撫年表》卷二《山西》。

③范鄗鼎《三晉詩選》卷一。

海瑞謁選，授福建南平縣教諭[1]。

三月，陕西巡撫賈應春升兵部右侍郎，河南左布政使謝九儀繼任[2]。

三月，殿試，陳謹、曹大章、温應禄等四百零三人進士及第，出身有差。(《明世宗實録》卷三百九十五)

該科重要人物或與孔天胤有交集者有：梁夢龍(直隸真定人)、趙祖朝(浙江東陽人)、張四維(山西蒲州人)、馬自强(陕西同州人)、周斯盛(陕西寧州人)、董堯封(河南洛陽人)、姜子羔(浙江餘姚人)、路王道(山西屯留人)等。趙祖朝、姜子羔係孔天胤浙江所取舉人。

閏三月，總督陕西三邊軍務、兵部尚書兼都察院右僉都御史王以旂卒。(《明世宗實録》卷三百九十六)謝少南撰《行狀》："癸丑春，病劇，巡撫賈公、巡按姚公代爲具奏，業得旨致仕，竟不及聞，閏三月三日卒於固原督府。"[3]孔天胤作《祭總督王石岡文》，對王以旂一生作了回顧(《孔文谷集》卷十六)。

是年春，浙江提學副使薛應旂解任歸。

六月，陕西右參議、同年劉世用母親七十七歲壽，孔天胤爲寫《南山獻壽圖序》，云："嘉靖癸丑六月之望，劉母太夫人程氏，壽登七十有七，厥嗣少參君方握符搴帷，撫治漢南，不得展稱觴之奉，但爲圖史遥寄，獻北堂耳。時右使胤於劉君有同榜之誼，乃贈之言。"(《孔文谷續集》卷二)

六月，俺答部犯大同，趨紫荆關，蘇祐破之，斬首四百餘，受到嘉獎，其孫蘇德啓蔭錦衣衛千户。李先芳《賀蘇德啓功蔭錦衣衛千户序》："先是，嘉靖壬寅，虜犯山右。庚戌，再犯京輔，古北口一帶往往失事。兹歲癸丑六月，虜酋俺答……"[4]

九月初四，陕西參政李乘雲卒[5]。孔天胤作祭文《祭李荆陽大參文》。高拱另有《李荆陽祭文》。

或是年冬，謝少南升浙江參政。胡侍有《吴山謡送謝學憲應午參浙藩

---

①梁雲龍《海忠介公行狀》，《海瑞集》下冊，第542頁。

②吴廷燮《明督撫年表》卷三《陕西三邊·陕西》。

③焦竑《國朝獻徵録》卷五十七。

④李先芳《賀蘇德啓功蔭錦衣衛千户序》，《李氏山房集·序類》。

⑤高拱《高拱集·詩文雜著》卷三。

政》,詩云:“北風颯颯驪駒鳴,揚旌卻向東南行。”(《胡蒙谿續集》續集卷六)故知爲冬季。

十月,修書延綏巡撫張珩(《與督撫張南川先生》,《孔文谷集》卷十五)。是年十月,張珩升南京兵部右侍郎(《明世宗實録》卷四百三)。按:張珩,山西石州人。(小傳見附録)

十一月十三日,翁萬達卒。據王錫爵《翁襄敏公神道碑》:“公時方約客武夷,道趨三河,去鄉百里。公愛其山川,卜樂丘。至閩之清流,疾作,亟歸,卒于上杭舟中。時壬子十一月十三日也。”①

是年冬,爲許宗魯《陵海二集》作《題辭》,文云“刊自癸丑之夏,秋乃告成,及冬而叙之云爾”(《孔文谷集》卷十三)。按照孔天胤的記載,《陵海二集》當是許宗魯鎮守昌平、巡撫遼東期間所作,包括《陵下編》與《遼海編》:“嘉靖辛亥之秋,先生以舊德鴻資,詔起東山,爰授節鉞,始開府昌平,則上陵之曲以抒,於是有《陵下》之帙;嗣移鎮遼陽,則登海之篇攸綴,於是有《遼海》之編。”該集今不存。孔天胤記載的許宗魯起復時間在嘉靖三十年(1551)秋,或有誤,喬世寧《墓誌》所記嘉靖二十九年(1550)較爲可信,這從許宗魯給孔天胤的信中所言“别公再罹寒暑”也可佐證。

是年,爲劉儲秀父母補寫墓表《封通奉大夫浙江布政使司右布政使健庵劉公配贈夫人李氏墓表》,文中記劉檜卒于“嘉靖辛丑十一月念日”,葬于“癸卯十二月三日”。嘉靖癸卯爲二十二年(1543)。文中又有“公葬後十年,門生胤來,忝岳牧司馬,公特命述詞貞石,以表玄閟”句(《孔文谷續集》卷四)。後十年,則爲是年。

是年,爲謝少南《謫台稿》作序。序云:“闢日多暇,停雲遠思,因與秋渠太史共閲同嘆,各矢叙辭。”(《孔文谷集》卷四)《謫台稿》爲謝少南被謫台州判官時詩作,許應元有《聞謝應午司直謫官台州》詩(《陭堂摘稿》卷四)。

是年秋,謝少南爲《三輔黄圖》作序,稱該書原本得自許宗魯處,孔天胤與其一同校正,並由霽軒唐氏刻之②。葉德輝曾先後購買該書與《西京雜

①朱仲玉、吳奎信點校《翁萬達集》,上海古籍出版社,1992。

②《三輔黄圖》嘉靖三十二年刻本。

記》，指出二書本稀見，且版式、行字相同，“蓋一時分任，各刻其一故也”①。按：霽軒唐氏，即唐時英，雲南曲靖人。（小傳見附録）

是年，山西左布政使趙廷松托義男趙訥上《乞骸疏》，請求致仕（《趙廷松集》卷九）。山西巡撫趙時春爲之送行，作《送趙左使謝病歸浙》詩（《趙浚谷詩集》卷四）。

是年十二月，趙時春被免，回籍聽勘。有詩《罷督軍西歸癸丑臘望奉恩旨回籍聽調，以兵科論其忠勇委可嘉而沉機或不足也。二十一日去太原，正月十日至平涼》（《趙浚谷詩集》卷四）。山西左布政使王崇升都察院右副都御史巡撫山西（《明世宗實録》卷四百五），此前九月尚爲右布政使②。按：王崇，浙江永康人。（小傳見附録）

十二月初四，胡侍卒，年六十有二③。

十二月二十四日，張岳卒，年六十有一④。

是年，布政司理問宋子南歸，作《送理問宋子南歸序》（《孔文谷集》卷四）。

是年，張居正以翰林編修三年秩滿，例得貤封其父張文明⑤。

是年，兩廣總督，前山西巡撫應檟卒⑥。

嘉靖三十三年甲寅（1554），五十歲

河南左布政使任上。

正月，河南左布政使鄒守愚（小傳見附録）升河南巡撫。（《明世宗實録》卷

---

①葉德輝《〈西京雜記〉題跋》，《湖南近現代藏書家題跋選》第300頁，湖湘文庫，嶽麓書社，2011。

②吳廷燮《明督撫年表》卷二《山西》。

③許宗魯《明故奉政大夫鴻臚寺右少卿蒙谿胡公墓誌銘》，《胡蒙谿集》續集附録。

④徐階《明故資政大夫總督湖廣川貴軍務都察院右都御史贈太子少保謚襄惠淨峰張公墓誌銘》，《世經堂集》卷十七。

⑤張居正《先考觀瀾公行略》，《張太岳集》卷十七。

⑥唐汝輯《明故兵部右侍郎兼都察院右僉都御史贈兵部尚書警庵應公墓誌銘》，《小漁先生遺稿》卷十。

四百六)

是年春,孔天胤由陕西右布政使繼任河南左布政使;陕西右布政使一職由何其高接任。雍正《河南通志》卷三十一《職官·左布政使》:"孔天蔭(胤),山西汾州人,進士。"張瀚有七言送別詩《關中送孔左使之河南》,句云:"猶聞于越注行思,瓊瑶貽我桐江上。新豐斗酒青門樓,十年笑共三秦游。"(《奚囊蠹餘》卷四)桐江,富春江的上游,即錢塘江流經桐廬的一段。又張瀚集中有《入天台境》《宿天姥山房》等詩(《奚囊蠹餘》卷二),故可知約嘉靖二十三年(1544)二人相識于浙江。又有"潼津河畔柳新青,太華峰山日雲晚……水底鯉魚應唯唯,敕書傳來是晤言"(《奚囊蠹餘》卷四)句,可知孔天胤于是年春上任。張瀚時任陕西副使,潼關兵備道。

此後孔天胤作品中自稱"河南左布政"或"河南左轄"等。

是年春,有別詩《送黄翠岩憲副出曹門》贈河南布政司參議黄洪毗,時升江西副使。黄洪毗曾任巡按山西監察御史(小傳見附録)。該詩《孔文谷詩集》未收,是目前發現的孔天胤任河南左布政使期間唯一一首詩,全詩如下:

曹門東望水如煙,畫舫連天勢欲仙。材睹豫章應目信,人離叔度果誰賢。詩情一付蒹葭里,劍氣遥瞻牛斗邊。君到江南憶江北,可堪春草緑芊眠。①

曹門,在開封,始建于唐朝。時名仁和門,俗稱大東門,因通往曹州,故稱曹門。

三月,陕西左布政使唐時英升陕西巡撫,孔天胤同年范欽由雲南右布政使繼任②。(《明世宗實録》卷四百八)

---

①趙瑾編《晉風選》卷七。後有評點:"清歷遠暢,氣格在盛唐達夫處看來。"黄洪毗任職時間未知,但其前有俞惟屏、謝少南、許天倫、翟鎬、侯寧、趙廷松。趙廷松任職時間爲嘉靖二十六年至二十七年,期間孔天胤丁憂。其後爲曹忭,曹忭《東涯文集序》文末落款爲"歲丙辰孟夏之吉,賜進士出身河南布政司左參議江陵後學曹忭撰",故該詩作于孔天胤任河南左布政使期間。

②范欽任陕西左布政使時間未知,唐時英離任時間有明確記載。

范欽《天一閣集》卷十四《送李澄城》詩前小序云:“余嘉靖甲寅左轄陝西,戊午(嘉靖三十七年)復補河南。”是年即丁憂歸里[1]。據雍正《陝西通志》卷二十二《職官三》,繼任者爲同年山東東阿人殷學。(小傳見附録)

三月,山西右布政使蘇志皋升遼東巡撫。(《明世宗實録》卷四百八)

四月,宣大總督蘇祐罷,兵部右侍郎賈應春升左侍郎兼都察院右僉都御史,繼任[2]。

五月,賈應春仍督陝西,兵部左侍郎許論繼任宣大總督,仍兼右僉都御史[3]。

五月十一日,陳棐母七十歲壽,爲寫《蟠桃獻壽序》,文中有“陳母太恭人趙氏……甲寅之歲庚午之月十有一日,厥維誕辰,厥壽七十”句(《孔文谷集》卷五)。庚午之月即陰曆五月。

七月,程文德所撰青詞有所規諷,世宗銜之,事見《明史·程文德傳》[4]。青詞,齋醮道場所用疏文名稱。齋醮法事中上達三清、玉帝的表文,一般以青紙朱書爲宜,故稱青詞。明代道教盛行,詞臣争以青詞邀寵,如顧鼎臣、嚴訥、嚴嵩、袁煒、李春芳等,曾皆以青詞得寵,至有“青詞宰相”之譏。

七月,爲宗室朱新堤詩集《奕善堂集》作序,落款爲“嘉靖甲寅秋七月,河南行省左丞孔天胤撰”。是書今存甘肅省圖書館,爲海内孤本。卷端題“慶成七代小溪著”,卷前又有劉尚義《奕善堂集叙》,作于該年正月,時劉尚義任四川按察司僉事。卷後有王文翰序,作于該年十月,時王文翰知山東壽光縣。(朱新堤小傳見附録)

劉尚義在《奕善堂集叙》中評價朱新堤:“夙穎悟聰敏,與衆不類。及長,耽詩書,博子史,漢唐而下名人詩集尤鋭意焉。故其爲詩奇異,每出一二篇,敝邑之人往往傳誦。”

孔天胤《奕善堂集序》云:“《奕善堂集》二册,睿思淵澄,奇藻霞布,振

①參見謝莉《范欽年譜》,蘭州大學碩士論文,2007。

②吴廷燮《明督撫年表》卷二《宣大》。

③吴廷燮《明督撫年表》卷二《宣大》。

④張廷玉《明史》卷二八三。

春榮於詞圃，響秋籟於藝壇，實曹、劉絶景之餘，沈、宋稀聲之後，而有此大觀矣。"對其評價極高，稱其才堪比漢之曹植、劉楨，唐之沈佺期、宋之問。孔天胤認爲，朱新堤生在王府，"英資瑞哲，聿承帝鑄之殷；冲養宏深，式配天潢之巨"，因此其著作"沛乎郁乎而其妙可覽也"。劉尚義記其内容："或燕樂，或登眺，或賦物，或餞别，或贈答，或馳慮邊戍，或留心乘御。雖分類異情，憂喜别態，感慨隨意，然據理因物，引古指事，隱而顯，明而微，婉而古，清新而俊逸，温柔而敦厚，于古人何讓焉。"王文翰則認爲："漢唐以來，帝王家宗人負藝能名世，熙烈鴻紀者，有數不偶。"可見朱新堤是宗室中文學造詣較高的一位。

孔天胤還記朱新堤"孝隆兩宫，儀正四國。問安寢門之外，視膳東廂之側。動而足法，舉必可書"。

九月初四，黄綰卒。（據張宏敏編校《黄綰集》之編校説明）

十月，梁有譽卒①。

有客向孔天胤展示爲張䎖所作《南溪小隱》圖，孔天胤爲之作《南溪小隱圖序》。文中有"然矢以善言，著之表經，則有鹿泉王右丞焉"句（《孔文谷集》卷十）。鹿泉，一作麓泉，即山西右布政使王崇。時王崇已升山西巡撫。

十一月，山西巡撫王崇因防秋事竣，叙功，蔭一子。（《明世宗實録》卷四百十六）

十二月，孔天胤被誣貪污，令"閑住"。《明世宗實録》嘉靖三十三年十二月庚午："令浙江按察司副使陳宗夔、陝西左布政使孔天胤、右布政使何其高閑住，各坐貪污，爲巡按御史孫慎、吉登所糾也。"孫慎彈劾的應爲陳宗夔，而吉澄彈劾的應爲孔天胤與何其高。（孫慎、吉澄小傳見附録）

《陝西通志》及現有資料無證據表明其曾任陝西左布政使，故《明實録》中關于吉澄彈劾孔天胤應該是就陝西任内事追責。疑爲"陝西前右布政使孔天胤、右布政使何其高"之誤。

鄭綗接替孔天胤任河南左布政使。鄭綗曾爲翁萬達文集作序，落款爲

---

①王世貞撰《承直郎刑部山西司主事梁公有譽墓表》及歐大任撰《梁比部傳》，焦竑《國朝獻徵録》卷四十七，未交代卒日。

“嘉靖丙辰暮春，河南左布政使前進士莆陽鄭綱謹書”[1]。

是年馬九德駐汾。萬曆《汾州府志》卷七《官職類·部使》：“馬九德，山東德州人，嘉靖乙未進士。由郎中歷升左參政，嘉靖三十三年駐扎。累官巡撫順天都御史。”山西宗室多且横，馬九德曾予以彈壓。(馬九德小傳見附録)

是年，知州陳秉忠與州人王緯創修《汾州志》。光緒《汾陽縣志·卷首例言》：“縣之名汾陽起自明萬曆中，升汾州爲府，而州所治之境改置倚郭縣。前此州省倚郭縣也起於洪武中，其前爲西河縣，起於唐上元初；又其前爲隰城縣，起於晉；又其前爲太原郡之兹氏縣，則沿於秦。若夫作志，所起創於嘉靖三十三年甲寅知州陳秉忠、州人王緯，是爲《汾州志》。”參見王緯序[2]。(王緯小傳見附録)

知州陳秉忠母九十歲壽，無法回家祝壽，孔天胤爲之寫《壽陳母太孺人九十序》，述陳公治汾之功(《孔文谷續集》卷二)。

《贈月空上人功德圓滿序》或作于是年(《孔文谷續集》卷二)。

書信《與童南衡先生》或作于是年，文中有“一别八載，□(原缺)地通書，只將魂夢依依左右耳”句(《孔文谷集》卷十五)。童南衡即童漢臣。

嘉靖三十四年乙卯(1555)，五十一歲

致仕，在汾州。

二月，有詩《仲春始農》[3]。

是年春，又有詩《行路難二首》《答日者二首》。日者，占候卜筮之人。

與潘高之間有和詩《閑居和答潘子抑》。

寫有《春林即事》詩，總結了自己二十餘年的仕宦生涯：

> 廿年塵土客中春，今歲春才屬隱淪。攲枕杖藜隨處得，野花

①朱仲玉、吳奎信點校《翁萬達集》附録，上海古籍出版社，1992。

②各版《汾州府志》《汾陽縣志》均有收録。

③本年度所引孔天胤詩如無特别注明，均出自《孔文谷詩集》卷三《漁嬉稿》。

啼鳥認來真。

隱淪，隱士。唐祖咏《清明宴司勋劉郎中别業》："何必桃源里，深居作隱淪。"

二月，山西巡撫王崇升兵部左侍郎兼右副都御史。(《明世宗實録》卷四百十九)孔天胤寫有《贈司馬大中丞麓泉王公榮進序》。篇首云："上之三十二年，以大中丞麓泉王公督撫吾晉之疆邑。一年平其政，弘闡厥猷，虜不敢向雁門……進公兵部右侍郎……又進公兵部左侍郎兼右副都御史，督撫之如故。"(《孔文谷集》卷五)

三月，同年王廷(號南岷)任山西右參政。(《明世宗實録》卷四百二十)雍正《山西通志》卷七十九："王廷，進士，嘉靖時任右參政，四川南充人。"(小傳見附録)。王廷到任後曾修書問候，孔天胤作有《與王南岷年丈》書。書云："僕緝學三十載，不敢自謂善人，然實不爲惡，此心誰可欺者。誠不意横被疵賤一至於此"，"僕始以吉山泉爲君子路上人也，乃今我不知彼焉，能令彼之知我耶？若彼以我離任不辭之故，輒肆策誣，是大無忌憚者也。"(《孔文谷集》卷十五)對被吉澄無故彈劾表示極度憤慨。按慣例，官員離職需要完成與後任的交接手續，孔天胤或未完成便離任而去。

孔天胤認爲能證明其清白的人還有張瀚(元洲)與閔熙(水東)。信中寫道："水東公相處不多，然于僕之心迹未必無睹，兄試一訪問，有不然者乎？張元洲亦惠書唁慰，痛僕受無情之謗，僕報以惡言滿紙，皆平生夢念所不到。吾誰欺，欺天乎？元洲乃固信之，此足爲知己矣，僕死復何恨哉！"按：閔熙，北直隸任邱人(小傳見附録)。時閔熙任右副都御史巡撫山西。此前閔熙曾任山西提學副使，亢思謙有詩《送太史閔水東視學河汾》(《慎修堂集》卷一)，閔如霖有《送閔水東憲副提學山西》(《午塘先生集》卷六)。

是年，汾州修金龍四大王祠成，作《金龍四大王祠記》，文中有"經之癸丑，成之甲寅，而記之乙卯之歲焉"句。按孔天胤的記載，汾州金龍四大王祠是除江南之外，北方最早的金龍四大王祠，"大王舊不祠于汾……江南之祠金龍也，或亦猶是也，而他所之亦祠之也，則自今始也"(《孔文谷續集》卷四)。今檢山西地方志及明人文集，關于金龍四大王的記載多見于萬曆、崇禎年間。博愛清化鎮金龍四大王廟創建于嘉靖辛酉年(1561)，亦爲晉商與其他商人所建[1]。萬曆三十一年(1603)山西襄陵縣建金龍四大王廟一座[2]。

金龍四大王信仰是明清時期盛行于運河流域及黄河下游一帶以“捍禦河患、通濟漕運”爲中心的民衆信仰。最早在兖州、徐州、淮安三府的運河及黄河一帶形成中心祭祀區,以此爲中心擴展至河南、山西、陝西等地。也有人認爲不僅僅與漕運有關。

金龍四大王,一説名謝緒,南宋諸生,杭州錢塘縣北孝女里(今浙江杭州市餘杭區)人,因其排行第四,讀書于金龍山,故稱“金龍四大王”。南宋亡,赴水死。明太祖徵戰吕梁洪時,傳説謝緒曾顯靈,騎白馬率潮水助陣,遂被封爲水神。因其具有護漕、捍患的功能,故不斷得到明清官方的加封。但也有不同的説法,比如金龍四大王也被認爲是黄河神[3]。

是年,河東分巡道僉事(後升副使)趙祖元教民以水車之法如江南,河東造水車以援水。應太平縣(今山西襄汾)知縣鄒學書(陝西咸寧人)所請,孔天胤作《太平縣肇興水利記》,記其“置水車裁七具,已灌田二千餘畝”。文中有“憲使東陽趙公分巡河東之明年,是爲嘉靖乙卯”句(《孔文谷集》卷九)。趙祖元爲孔天胤任職浙江時所取舉人,而鄒學書爲孔天胤任職陝西時所取舉人。按:趙祖元,浙江東陽人。(小傳見附録)

後水車灌溉法也被推廣到了汾陽。雍正《山西通志》卷三十一《水利·汾州府·汾陽縣》:“嘉靖間副使趙祖元,疏渠造江浙水車,教民引水灌注,民甚利之。”

五月,山西提學副使陳棐請自領冀北道試士。初,大同寇警,失試士,遂奏以冀北分巡道攝之。至是從棐請。(《明世宗實録》卷四百二十二)

是年夏六月,有詩《仲夏北泉精舍書感》:

三十年前文會游,此中花鳥羡同流。今來風景渾如昨,獨是

---

①程峰《博愛清化鎮金龍四大王廟及其戲樓碑刻考述》,《焦作大學學報》2012,(3)52—57。

②民國《襄陵縣志》卷二〇《廟祀》。

③褚福樓《明清時期金龍四大王信仰地理研究》,暨南大學碩士學位論文,2010。

少年成白頭。

文會,即其家鄉文會里。

又有《栽竹》一詩。

八月,兩京及各布政司舉行鄉試。

九月二十七日,上黨才子同年李延康卒。孔天胤作《中憲大夫湖廣按察司副使前監察御史黄崖李公墓誌銘》,記曰:“乙卯九月二十七日,以疾終于正寢,得年五十有六。生於弘治庚申九月十有二日。”又稱“杖淚而爲之銘”(《孔文谷集》卷十一)。李延康曾與孔天胤同官陝西,任右參議。

是年秋,作詩《九日端居四首》《承小村宗尉分惠萊菔,兼高咏數十篇,愧不能報,聊戲答短章四首》《謝小村孟冬雨中送菊》。萊菔,即蘿卜。小村宗尉,北村先生朱奇湎之子朱表杷。

秋,有書《與潘春谷年丈》致同年潘高(《孔文谷集》卷十五)。

十一月二十二日,同年吴岳(小傳見附録)升山西右布政使。(《明世宗實録》卷四百二十八)

閏十一月二十一日,山西右布政使吴岳任保定巡撫,在山西僅任職一月。(《明世宗實録》卷四百二十九)

十二月,關中大地震。南京光禄寺卿馬理、南京兵部尚書韓邦奇、南京國子監祭酒王維楨等以大地震卒①。

汾州亦地震。乾隆《汾州府志》卷二十五《事考》:“三十四年十二月,汾州地震。”

十二月,馬九德升山西按察使,孔天胤作《代諸生贈分守馬公總憲山西序》,記曰:“嘉靖乙卯之冬十二月,德陽馬公小東先生,由分守冀南左參

---

①《明世宗實録》卷四百三十嘉靖三十四年十二月:“壬寅。是日,山西、陝西、河南同時地震,聲如雷,鷄犬鳴吠。陝西渭南、華州、朝邑三源等處,山西蒲州等處尤甚。或地裂泉涌,中有魚物;或城郭房屋陷入池中;或平地突成山阜;或一日連震數次;或城郭房屋陷河,謂泛張華兵,終南山鳴,河清數日。壓死官吏軍民奏報有名者八十三萬有奇。時致仕南京兵部尚書韓邦奇、南京光禄寺卿馬理、南京國子祭酒王維禎同日死焉。其不知名未經奏報者復不可數計。”

政升按察使，式總全晉之憲。”並記述其在汾州教化諸生之功（《孔文谷續集》卷二）。

是歲冬，有詩《歸僦城隅之園，聊以避俗。頃趙孟敏有愛於竹形之雅作，輒走筆賡和且見志焉，凡五首》。孟敏，即趙訥。又，汾州知州陳秉忠向孔天胤談及其兄小泉品德高尚，作詩《郡守陳蘆山言其兄小泉户侯之高尚，率爾寄贈》。小泉，或爲陳秉政，康熙《遵化州志》卷九《選舉·舉人》：“丁酉科，陳秉政，解州知州。”陳秉政曾任河南葉縣知縣。

是年，鄉寧王與齡（號湛泉）作湛泉書院，孔天胤作《湛泉書院記》（《孔文谷集》卷九）。據張四維《湛泉王公墓誌銘》，王與齡于嘉靖二十二年（1543）辭官歸里，鄉居二十年（《條麓堂集》卷二十八）。故該文約作于是年。（王與齡小傳見附録）

是年，爲二十年前去世的好友王行仁作《明經王桐庵先生誄》（《孔文谷集》卷十六）。按：王行仁（1493—1535），字愛之，號桐庵，卒年四十三歲[1]。

是年，臨漳知縣路王道任滿三年，赴京考績，作《贈坦齋路公考績之京序》（《孔文谷集》卷六）。光緒《臨漳縣志》卷七《名宦》：“路王道，屯留人，進士。秉性方正，人不敢干以私。修文廟，量祭器，立射圃，增學田，建二賢大夫祠，皆其遺績也。”（路王道小傳見附録）

嘉靖三十五年丙辰（1556），五十二歲

鄉居。

正月，宣大總督許論回部，江東繼任[2]。按：江東，山東東昌府朝城人。（小傳見附録）

是年元宵節，有詩《元夕篇》[3]。詩人極力渲染元宵節燈會的繁盛與熱鬧：“天上星河泛彩雲，人間花燭紛瑶席”；“何處歌歡緑雲第，何人笑語碧

①原文作卒于“嘉靖十三年乙未”，誤，乙未爲嘉靖十四年（1535）。

②吳廷燮《明督撫年表》卷二《宣大》。

③本年度所引孔天胤詩如無特別注明，均出自《孔文谷詩集》卷三《漁嬉稿》。

煙窗。”而自己卻是“山人自翦北山菜，形如槁木心死灰”。可見還未從無辜被彈劾的陰影中恢復。

正月十六日，澤州鍾錫七十壽，作《陽城鍾三谷翁七十壽序》。文中有“嘉靖丙辰之歲春正月十又六日”句(《孔文谷續集》卷二)。鍾三谷即鍾錫，與弟鍾鑒(鍾錫、鍾鑒小傳見附録)均爲進士。陽城隸屬澤州，但二人爲澤州人，非陽城人，孔天胤記載有誤。王道行有詩《贈澤州鍾氏二兄弟兼挽子一年友》(《王明甫先生桂子園集》卷二)。

正月二十六日，萬表卒①。

二月，吏科給事中楊巍升山西按察司僉事。(《明世宗實録》卷四百三十二)按：楊巍，山東海豐人。

二月，胡宗憲總督軍務，討倭。

二月，大學士李本、少詹事尹臺主會試，取金達等三百人。(《明世宗實録》卷四百三十二)

三月，殿試。諸大綬、陶大臨、金達等二百九十六人進士及第，出身有差。是科未考選庶吉士(《明世宗實録》卷四百三十三，另參《嘉靖三十五年進士登科録》)。諸大綬爲孔天胤浙江任上所取舉人。

皇甫冲最後一次應進士試，仍不第②。

是科重要人物或與孔天胤有交集者有：孫鑨(浙江餘姚人)、勞堪(江西德化人)、馮謙(浙江慈溪人)、曾省吾(湖廣承天衛人)、陳所學(浙江海鹽人)、孫丕揚(陝西富平人)、張士佩(陝西韓城人)。

是年春，周倫入太學，有《送周以明援例入太學》詩，又有《送周以明就例游太學詩序》。

是年春暮，臨漳故人李九河不遠千里來訪，有詩《喜李書記千里見訪四首》，句云：“春盡深山草木長，更無人語到茅堂。”可知李九河來時爲春暮。另有《與李書記談諧》《喜雨同李書記》《園中和李書記》等詩。李九河于

---

①焦竑《明驃騎將軍南京中軍都督府都督僉事前奉敕提督漕運鎮守淮安地方總兵官鹿園萬公墓誌銘》，萬表《玩鹿亭稿》附録。

②皇甫汸《華陽長公行狀》，《皇甫司勳集》卷六十七。

秋天回臨漳。李開先集中有《初夏江上送李九河携借書還鄴三首》《李九河由汴梁歸趙府》等詩（分見《李中麓閑居集》詩卷二與卷四）。

春夏之交，有《宗賓西泉折紅藥見貽，其花一莖五朵，便以供佛二首》詩。

是年夏，徐溝三渠在山西按察司僉事楊胤賢（號小竹）的主持下修復完工，爲作《徐溝縣修復三渠記》，文中有“以嘉靖三十五年二月十五日……興作，至四月初五日告成”句（《孔文谷集》卷十）。按：楊胤賢，山東壽張人。（小傳見附録）

楊胤賢過訪，並“兼遺米肉”，修書表示感謝。（《與楊小竹少參》《再與楊小竹少參》，《孔文谷集》卷十五）

盛夏，宗賓槐泉生日，有《宗賓槐泉生日漫書》詩，句云“豈不知苦炎熱”，可知爲盛夏。

是年夏，與南洲上人談起自己的仕宦生涯，作《南洲上人叙歸二首》：

> 一官廿載苦伶俜，好似玄奘去取經。萬怪千魔俱歷盡，剛剛存得本來形。

仕途險惡，就好像西天取經，感慨自己能够平安脱身，未嘗不是幸事。

作于該年夏天的詩還有《西泉莊游眺次韻》。

是年夏，汾州人徐之屏任甘泉知縣，作送行詩《送徐汝戢之甘泉》。汝戢爲其字或號。“賦困田多廢，兵頻屋屢移。高低烽火報，赤白羽書馳”，寫出了甘泉所處環境之艱難。“盤根别利器，推本見仁施”，希望其以仁心治縣。乾隆《汾州府志》卷十八《選舉·科目下》：“嘉靖二十二年癸卯舉人：徐之屏，汾州人，洛川知縣。”即此人。嘉慶《洛川縣志》卷十六《宦績》：“徐之屏，剛毅不撓，自甘泉調任，數月以艱去。”

是年，平遥發大水，汾州豐收。乾隆《汾州府志》卷二十五《事考》：“（嘉靖）三十五年，平遥大水。汾州大有年。”

六月，山西巡撫王崇回部，山西左布政使閔煦接任①。

六月二十八日，包節卒于戍所②。

---

①吴廷燮《明督撫年表》卷二《山西》；《明世宗實録》卷四百三十六。

②徐階《明故前監察御史蒙泉包君墓誌銘》，《世經堂集》卷十七。

是年夏，應河南臨漳知縣路王道所請，作《創建鄴二大夫祠記》。記此役"經始於是歲三月五日，落成于四月二十八日"。又有"路君王道以名進士來……使人寓書于余……公舊岳牧，又嘗分守玆郡，其記言以表之碑"（《孔文谷集》卷九）。

六月上旬，石州人張湘爲李廷儒讀書處作《西巖别墅記》①。孔天胤書並篆額，落款爲"賜進士及第通奉大夫河南布政司使左前奉敕提督學校副使陝西按察使文谷孔天胤書並篆"。據該文，於敖曾題此别墅曰"西巖别墅"，憲副某題曰"逸樂園"，孔天胤任副使時曾題"西巖樂處"，又曾題其軒曰"四宜"。西巖别墅舊址，在今汾陽市馮家莊。

按：李廷儒（1485—1567），字文臣，號西岩。國子生，嘉靖九年授鴻臚寺序班。有《李氏家藏集》②。大寧都司斷事李渤即其子，前爲山東武定州判，故文中記云武定君。石爲李渤立，文爲其戚石州張湘撰③。咸豐《武定府志》卷十六《職官·判官》："李渤，汾州人，監生。"乾隆《汾州府志》卷十九《選舉·科目下》："李渤，大寧都司斷事。"

七月二十日，李延康下葬，作祭文《祭李黄崖憲使文》，贊其"有才有猷，有文有辭。明粹廣博，沉毅肅寧"（《孔文谷集》卷十六）。

八月，順德知府李攀龍爲陝西提學副使④。

秋，李九河回鄉，作《送别李書記》。首聯云："九河李君天下奇，千里訪我山中爲。"故知李書記爲李九河。詩中有"秋水茫茫暗天地，問津策馬欲焉之"句，故可知作于秋天。

是年秋，有詩《贈琴士葉友桐》，頷聯云："九月霜寒木葉下，曲終無語天沉沉。"可知作于秋天。

諸生田俊民等爲訓導楊光先繪製青氈獨坐圖卷，爲作《青氈獨坐卷序》。序云："我前源先生楊公實具是道，于誦服之餘，思以贊先生之德者，

---

①王堉昌《汾陽縣金石類編·補遺·叢刻類》。

②孔天胤《鴻臚寺序班西岩李公暨元配孺人武氏合葬墓誌銘》，《孔文谷集》卷十二。

③王堉昌《汾陽縣金石類編》卷一。

④殷士儋《明故嘉議大夫河南按察司按察使李公墓誌銘》，《金輿山房稿》卷一。實爲沈一貫代作，見《喙鳴文集》卷十四，題作《按察使李于鱗墓誌銘》。

特繪青氈獨坐圖卷，以聲詩之。”（《孔文谷集》卷四）前源先生，即楊光先。乾隆《汾州府志》卷八《職官·訓導》：“楊光先，北直鷄澤（人），歲貢，嘉靖三十五年（任）。”

約夏秋之際，程軏（號古川）任山西左參政，駐汾。萬曆《汾州府志》卷七《官職類·部使》：“程軏，山東臨清州人，嘉靖戊戌進士。由監察御史歷升左參政，嘉靖三十五年駐扎。累官總督三邊都御史、兵部侍郎。”程軏能詩，但不多見。（小傳見附録）

是年秋，有詩《述懷呈程古川舊巡四首》，“舊巡”指程軏曾任巡按宣大監察御史。是年冬，有詩《山中答古川二首》。程軏游河東，有詩《和古川登攬龍門》《和古川游王官谷》。王官谷在蒲州東中條山麓。楊巍《晉祠次程古川韻》《送程大參入賀》《秋日同程、張二丈登太原西城樓得天字》（《存家詩稿》卷五）、陳棐《人日喜雪，和程古川柬曹紀山韻》《再游天龍洞用古川程大參韻二首》（《陳文岡先生文集》卷五）均作于這一時期。

是年秋冬，有詩寄許宗魯，詩題分别爲《和酬許少華中丞秋日見懷》《對雪寄懷少華》。句云：“一封遥肯問荷衣，未是人間知己稀。吏隱向來舟不繫，山臞近與蕨同肥。”

是年冬，李渤任山東武定判官，孔天胤有詩《送李判官之武定》，句云：“寒日照郊館，朔風擺離旌。”可知在冬季。

約是年冬，陳棐升陝西按察使，曹忭任山西提學副使①。孔天胤與曹忭早在浙江即相識。據《四庫全書總目提要·存家詩稿》：“（楊巍）幼習舉子業，不知詩。至嘉靖乙卯外補晉臬，提學曹忭始導之爲詩。”可知曹忭任提學副使約在該年。

是年，曹忭刊刻翁萬達《翁東涯集》。

是年冬，與曹忭之間交往頗多，有《奉和紀山見懷山中》《對雪寄懷紀山學憲二首》。

①曹忭任山西提學副使時間《明實録》未記載。《明世宗實録》卷四百四十八嘉靖三十六年六月：“壬午朔，升刑部左侍郎蔡雲程爲南京都察院右都御史，陝西按察使陳棐爲都察院右僉都御史巡撫甘肅。”結合孔天胤所作詩，可知到任時間爲是年冬。

作于該年冬的詩還有《山齋咏雪用鄭廣文韻二首》。鄭廣文，或爲鄭柏齡。詳見後述。

是年，爲霍州知州褚相《四書膚解》作序（《孔文谷集》卷五）。道光《直隸霍州志》卷十九《職官》："褚相，浙江海寧人，嘉靖三十五年由進士任。"褚相爲孔天胤浙江所取舉人。（小傳見附録）

是年，汾州知州陳秉忠受御史台旌獎，爲作《蘆山陳公受御史台旌獎序》（《孔文谷續集》卷二）。

是年，張治道卒①。

約是年，周詩卒。

嘉靖三十六年丁巳（1557），五十三歲

鄉居。

正月，宣大總督江東升兵部左侍郎，四月升南京兵部尚書。三月，大同巡撫楊順升宣大總督。按：楊順，山東德州衛人，嘉靖辛丑進士②。

正月八日，潘高卒，年僅四十四歲③。作有《祭潘春谷年丈》，云："才高一世，心雄萬夫……同榜之生，合道之友。奚能爲情，寄調隴首。"（《孔文谷集》卷十六）潘氏爲寧武望族，潘高弟潘文爲萬曆二十三年（1595）進士，歷官陝西漢中知府、大理寺卿。子潘雲翔，隆慶五年（1571）進士，任兵部員外郎；潘雲翼，萬曆四十一年（1613）進士，官太僕寺少卿④。

是年正月，爲舉人楊萼父壽官楊天翔（楊天翔、楊萼小傳見附録）作墓誌銘，文云："嘉靖三十六年正月初七日，西橋公以墜馬卒于延安之安塞縣……以正月十有九日葬廓南祖塋。"⑤時楊萼尚未出仕。隆慶六年（1572），

---

①喬世寧《刑部主事太微張公治道墓碑》，《丘隅集》卷十四。

②吳廷燮《明督撫年表》卷二《宣大》。

③徐階《明故陝西參議春谷潘君墓誌銘》，《世經堂集》卷十六。

④參見乾隆《寧武府志》卷七、卷八。

⑤1998年5月，汾陽市西河鄉西關村徵集，現存汾陽市博物館。該文孔天胤文集中未收。

孔天胤又爲其母田氏作墓誌。文云:“西橋公,諱天翔,字君瑞,拜壽官,以嘉靖三十六年正月初七日終于安塞客舍,余嘗撰辭以銘其墓。”(《孔文谷續集》卷四)

清明前後,有詩《哭李黄巖憲副》:

我欲紫團來結社,君胡白日去昇天。舊僚詩酒俱陳迹,同榜聲名亦惘然。不憤煙生楊柳上,惟憐雪散梨花邊。此時回首淚沾臆,春色斷腸誰爲妍。

二月二十六日,平遥地震。乾隆《汾州府志》卷二十五《事考》:“(嘉靖)三十六年二月二十六日,平遥地震。”

是年春,爲慶成王府奉國將軍朱奇涵寫墓誌銘《皇明誥封奉國將軍北村公墓誌銘》(《孔文谷集》卷十二)。文中記述朱奇涵“于書無所不通”,“其德大雅”,好游山水,如古先哲,且稱“余固諸生而承誨愛者”,可知北村先生對孔天胤青年時代的讀書學習有過影響。朱奇涵卒于嘉靖十九年(1540),銘中有“公薨未葬,以嘉靖三十六年三月十八日卜葬峪里之鮮原”之語。(朱奇涵小傳見附録)

五月,作《喜雨》詩,體現了對民間疾苦的關心:

自春不雨,迨于仲夏。田之弗苗,亦胡以稼?匪歲伊兇,維時我謝。我行弗逵,我旋弗菑。我求弗飽,曷甚我飢。上天有湌,忽其有祁。我疇晚植,以需口食。望秋且遥,枵腹中昃。衆厭膏粱,我免溝洫。①

是年夏,作《自題山巖屋壁》述懷詩:

畎畝余夫,山澤臞父。略覽詩書,粗窮鄒魯。厠足雲逵,濫名天府。一命敷文,再命守土。三命如前,五教斯溥。既典藩憲,式昭王矩。名位攸崇,不能傴僂。衆口鑠金,大人解組。復厥初衣,保我衡宇。夢醒從伊,習習詡詡。泠吹滿窗,月華在户。人謂我今,亦已太古。我欲求之,蔑無所取。

五月,甘肅巡撫魏謙吉任山西巡撫。(《明世宗實録》卷四百四十七)按:魏

①本年度所引孔天胤詩如無特别注明,均出自《孔文谷詩集》卷三《漁嬉稿》。

謙吉（1509—1560），字子惠，號槐川，直隸柏鄉人，嘉靖戊戌進士，終兵部右侍郎、三邊總督①。

是年夏，山西按察司僉事趙祖元升江西參議，爲作《贈僉憲南庵趙公陟參江藩序》，篇首有“嘉靖三十六年夏”句（《孔文谷集》卷五）。又有詩《贈别趙南庵二首》。

六月，張時到山西募兵，有詩送之，兼懷林大春，詩題爲《贈張職方募軍北還兼寄懷林石洲户部》：

赤心報國奇男子，白面談兵老丈人。帷幄早收西塞士，貔貅新擁北門軍。銜枝六月逢時雨，決策三秋净遠塵。遥想清風誰作誦，司徒瓊海一儒紳。

是年夏末，有詩《夜坐偶然二首》及《戲答南公見惠絲瓜二首》。

七月初七，趙訥來訪，作詩《七月七日答趙孟敏見訪》。

是年秋，提學副使曹忭課士汾州，作《喜紀山至郡校文》《九日對菊呈紀山》《承紀山枉駕丘園率爾賦訓》《贈紀山校士》《送别紀山》，另有《和紀山國寧寺小集》《和紀山自國寧寺訪白雲庵輿中望卜山》《送紀山至白雲庵夜坐觴咏》《奉和紀山公白雲庵留别》等②。惜曹忭文集不存。

八月十六日生日，有詩《生日就輝上人飯僧》，句云：“好攬佛氏書，因與釋子群。”可知其致仕後喜讀佛家書，常與僧人往來。

八月，許相卿卒③。孔天胤《送勿齋婁公赴福建布政左使序》中曾提及：“今蔡司馬侯官人經，前許給事海寧人相卿，皆公正不阿，明理達世，而樂爲民撰碑，述公之盛德，甚稱名實。此豈今之仕宦所易得哉！”（《孔文谷集》卷二）

八月，工部尚書趙文華罷官，刑部尚書歐陽必進代之。（《明世宗實録》卷四百五十）九月，趙文華免官。（《明世宗實録》卷四百五十一）

①吴廷燮《明督撫年表》卷二《山西》。

②順治《汾陽縣志》卷一《寺觀》：“國寧寺，在城東北二十五里盡善村，元至正十年建，明洪武二十四年重修。”“白雲庵，在城西五里許，舉人常祐撰碑文。”康熙《汾陽縣志》卷二《寺觀》類此。

③許相卿《雲村老人墓誌銘》，《雲村集》卷十三。

九月，洪洞劉廷相、劉廷臣生母林氏七十四壽，爲之作壽序《劉母太夫人七旬序》（《孔文谷集》卷五）。篇首有“嘉靖三十六載，菊有黄華之月，霜來青女之辰，劉母太夫人林氏壽登七十有四……太夫人元子介石君宰西平，遥以西平之俸致甘旨來。仲子白石君任都御史，在告，乃親以台省之儀致燕樂。元孫中齋君太守真定，亦遥以真定之奉致甘旨如西平。”洪洞劉氏爲明清大家族。介石，劉廷相。白石，劉廷臣。中齋，劉應時（小傳見附録）。“季秋之月，菊有黄花”出自《禮記·月令》。蘇祐也寫有《蟠桃圖歌壽劉白石太夫人，時白石録囚畿内》。（《穀原詩集》卷六）

九月九日重陽節，有詩《重九將近，招我友生二首》《九日對菊呈紀山》。

十月二十二日，前山西左布政使趙廷松卒。侯一元《明通奉大夫山西布政使司左布政使俟齋趙公墓誌銘》：“嘉靖癸丑，山西布政趙公上書，致其仕而歸。居五載，歲在丁巳十月二十二日，以疾卒。”①

十一月，胡宗憲誘擒海盗王直（或作汪直），徐渭預其謀。明代海寇前期主要爲日本人，後期則大多爲沿海居民。（參見《明史紀事本末》卷五十五）

十二月某日，分守河東山西右參議王之誥母親壽，爲之作《王母太老夫人壽序》，篇首有“嘉靖三十有六載，厥惟嘉平之月，十有某日，爲王母太夫人令誕之辰”句（《孔文谷集》卷五）。徐霈有《贈西石王先生擢山西參議序》（《東溪先生文集》卷四）。楊巍有《答王少參見懷惟寧關中人》《同王少參游清虚觀四首》《九日寄王少參》等詩（《存家詩稿》卷三）。嘉平月，指陰曆十二月。按：王之誥，湖廣石首人。（小傳見附録）

是年冬，有詩《喜翟山人至二首》。

是年，汾州知州來賀任代州知州，作《贈碧澗來公移守代州序》，文中有“嘉靖三十五年之冬，碧澗來公由太原府通判擢守汾州，視事數月，而事有紀焉……乃巡撫大中丞上疏薦言代州”句（《孔文谷續集》卷三）。光緒《代州志》卷一《職官表·知州》：“來賀，三原人，舉人。（嘉靖）三十六年任。”任至嘉靖四十年（1561）。（小傳見附録）

---

①侯一元《明通奉大夫山西布政使司左布政使俟齋趙公墓誌銘》，《趙廷松集》附録一。

是年，張朝憲由代州知州調任汾州，並獲嘉奬，爲作《贈郡守龍嵎張公受撫台旌奬序》(《孔文谷集》卷五)。乾隆《汾州府志》卷八《職官·知州》："張朝憲，雲南景東人。舉人，嘉靖三十六年任。"光緒《代州志》卷一《職官表·知州》："張朝憲，雲南人。舉人，(嘉靖)三十五年任。"

有書《再與端溪翁》致王崇慶，提及"小兒七歲，小女十歲，足娱目前"，可知作于嘉靖三十六年(《孔文谷集》卷十五)。文中提及請陳環山捎書。陳環山，指陳以直。乾隆《汾州府志》卷八《職官·判官》："陳以直，北直開州人。"據光緒《開州志》卷六《選舉》，陳以直爲嘉靖己酉科(1549)貢生。

是年，陳珪任山西右參政，分守冀南道，駐汾。萬曆《汾州府志》卷七《官職類·部使》："陳珪，廣東化州人，嘉靖乙丑進士。由郎中歷升左參政，嘉靖三十六年駐扎。升浙江左布政使。"(小傳見附録)

是年冬，曹忭刊刻《弘正詩鈔》，有自序，落款爲"嘉靖丁巳之冬吉，南郡黄鵠居士曹忭書于晉之畫舫齋"。

嘉靖三十七年戊午(1558)，五十四歲

鄉居。

是年春，有詩《寄題子夏石室》①。

翟山人還山，有送别詩《送别翟汾涯山中》。汾涯，或爲山人號。

與王之誥之間有和詩《答王西石使君見訊》。

與曹忭之間有詩《奉和紀山公春晚齋居見答》②。

是年，有《寄拙園叙志二首》《蓬蒿園用韻二首》③，叙述歸隱之趣。

參加參政陳珪宴席，逢雨，有詩《羅江公席上喜雨二首》。

三月，宣大總督楊順被逮，江東暫理其政。五月，兵部尚書楊博留鎮視

①雍正《山西通志》卷五十八："卜子石室，西北四十里謁泉山上有石室，相傳子夏居此。舊志云'石室去地五十丈，層松飾岩，列栢綺壁'，惟西崖得歷級升。"

②以上詩均見《孔文谷詩集》卷三《漁嬉稿》。

③本年度所引孔天胤詩如無特别注明，均出自《孔文谷詩集》卷四《漁嬉稿》。

事，十月加太子太保，兼右副都御史[1]。

三月，皇甫冲卒，年六十有九[2]。

四月八日，作《寄拙園記》，文末云“四月八日記”（《孔文谷集》卷十）。“寄拙園”爲孔天胤所營建，在今北關園村[3]。

是年夏，曹忭至平陽、潞安等地課士，孔天胤有《聞紀山先生訖試平陽，東巡駐上黨萃考五郡諸生寄懷》詩。

五月，馮惟訥輯《詩紀》竣稿，前後歷十四年之久，張四維爲作《詩紀序》。序云：“右《詩紀前集》十卷，《詩紀》百三十卷，《外集》四卷，詩話及拾遺爲《別集》十二卷，北海少洲馮先生所纂輯也。先生以雋才大雅，高步一時……故謂先生是編之集，大有功于雅道云。嘉靖戊午夏五月癸丑，賜進士出身翰林院國史編修承事郎河中張四維。”（《條麓堂集》卷十六）

是年夏，宗室柳川先生送杏子，有《答柳川山中送杏》詩。又有《和柳川宗尉屋泉茶竈之作二首》詩。

苦夏，有《夏日北窗偶書》詩。

九月，山西巡撫魏謙吉升兵部侍郎總督三邊，山西按察使葛縉繼任。（《明世宗實録》卷四百六十四）按：葛縉，山東昌邑人，嘉靖乙未（1535）進士，後任兵部侍郎。

是年秋，有《西齋秋思二首》《西齋寄復齋二首》《秋夜》《移菊》等詩。復齋，姓趙，其人不詳。

十月六日，詩社宴集，有《孟冬六日宴集社中諸公》詩。

初雪，有《初雪宴柳川西園分韻得淹字》詩。

十月，汾州知州張朝憲母壽，爲作《具慶贈言序》，序云：“今年孟冬，值太封君樂庵翁與太夫人魏同辰共壽。”（《孔文谷集》卷五）後又作《椿萱並茂圖引》，文中有“我龍嵎公之治汾也”句[4]。

---

①吳廷燮《明督撫年表》卷二《宣大》。

②皇甫汸《華陽長公行狀》，《皇甫司勛集》卷六十七。

③參見劉瑞祥《孔天胤》，王愷仁、劉瑞祥主編《汾州滄桑》第三卷，北嶽文藝出版社，2004。

④孔天胤《孔文谷集》卷十三。具體寫作時間不詳。

十一月三日，冬至，山西右參政陳珪升江西按察使。有詩《全後承羅江公夜宴留别》《奉送羅江公總憲之江西》。又作《贈羅江陳公總憲江西序》，有“三十七年，上擢公總憲，爲江西按察使”句（《孔文谷集》卷三）。

是年冬，張朝憲入京朝覲，孔天胤有詩《送張龍堣（嵎）太守入覲》。

是年冬，有《自叙耕田讀書圖意奉謝紀山公見寄題咏二首》《奉和紀山公歲暮見懷二首》等詩致曹忭。

歲末，趙訥赴京參加會試，孔天胤有詩《送趙孟敏會試二首》。

是年十二月初六，劉儲秀卒①。

十二月二十三日，顧夢圭卒②。皇甫汸有《祭顧方伯夢圭文》（《皇甫司勛集》卷五十九）。

是年，汾州衛經歷楊得金主持爲曾任平遥知縣的韓廷學立去思碑，孔天胤作《平遥縣知縣韓侯去思碑》，述其爲政八事：興理學校，繕城濬河，寬省里甲，明悉聽斷，表揚節義，屏抑豪强，寓兵保甲，勸粟賑饑。此時據韓廷學離開平遥已逾三十四年（《孔文谷集》卷十一）。民國《續醴泉縣志》卷七《人物志一》：“（韓）廷學，字邦用，正德八年（1513）舉人，授平遥縣知縣。政有三異，曰禱雨輒應，曰穀秀兩岐，曰道不匿金。邑人以魯恭比之。”

是年，汾州訓導許義任慶成王府教授，作《贈葛陂許先生移職慶成王府教授序》，序云：“葛陂許公，司訓于汾之學五年，而有慶成王府教授之擢。”（《孔文谷集》卷五）乾隆《汾州府志》卷八《職官·訓導》：“許義，河南汝寧（人）。歲貢，嘉靖三十三年（任）。”同治《汝寧府志》卷十六《選舉》僅有許義任汾州訓導的記載。

是年，洪朝選（號芳洲）任山西布政司左參政（《洪芳洲公年譜》第28頁）。王宗沐有書《與洪方洲大參》（《敬所王先生文集》卷十）。按：洪朝選，福建同安人，與孔天胤多有交往，但其現存文集中未見相關記載。（小傳見附録）

《鄉耆趙翁七十壽序》或作于是年（《孔文谷集》卷三）。趙翁，舉人趙鳳梧（號文岡）父。按：趙鳳梧，嘉靖二十二年（1543）癸卯科舉人，陝西臨潼知

①參見張肖雲《劉儲秀年譜》，西北大學碩士論文，2013。

②歸有光《中奉大夫江西右布政使致仕雍里顧公權厝志》，《震川先生集》卷二十二。潘恩撰墓誌銘記載同。

縣,補兩當縣。參見乾隆《汾州府志》卷十八《科舉》。

《贈臨津王公由汾州同知升任南京東城兵馬指揮序》或作于該年[①]。繼任者爲黄宬。

《與雪山焦提學》或作于該年。雪山指焦希程。文云:“婢僕得從賞百泉之流,追和蘇門之嘯,是大願也。然自度泛舟之役,恐不能來。”(《孔文谷集》卷十五)焦希程任貴州提學副使時間爲嘉靖三十五年(1556)至三十六年(1557),該文應作于焦希程致仕後不久。按:焦希程,河南泌陽人,曾參加嘉靖三十一年陝西鄉試。(小傳見附録)

是年,抗倭名將任環卒,年僅四十[②]。

嘉靖三十八年己未(1559),五十五歲

鄉居。

正月初八,李舜臣卒[③]。

二月,署詹事府事吏部右侍郎李璣、翰林學士嚴訥主會試,取蔡茂春等三百人。(《明世宗實録》卷四百六十九)

三月,殿試。丁士美、毛惇元、林士章等三百零三人進士及第,出身有差。是科未考選庶吉士。(《明世宗實録》卷四百七十)

該科重要人物或與孔天胤有交集者有:孫枝(浙江仁和人)、張鹵(河南儀封人)、部光先(山西長治人)、石星(直隸大名府東明縣人)、陳于陛(直隸廣平府曲周人)、沈人種(直隸蘇州府嘉定縣人)、王世懋(直隸蘇州府太倉州人)、王緝(山西汾州衛人)、趙訥(山西孝義人)等。

該科中王緝爲孔天胤摯友,趙訥爲孔天胤弟子。趙訥中進士,孔天胤

---

①孔天胤《孔文谷集》卷五。嘉靖三十七年前汾州王姓同知有二:王希賢,陝西金州人,後仕至河南府通判;王達,湖北麻城人,亦任同知。不詳何人。

②徐階《整飭蘇松兵備山東布政司右參政兼副使贈光禄寺卿任公環墓誌銘》,焦竑《國朝獻徵録》卷九十五,《世經堂集》卷十七。

③李開先《大中大夫太僕寺卿愚谷李公合葬墓誌銘》,《李中麓閑居集》卷八。

有《寄贈趙生登第》詩[1]。

是年春，孟淮由浙江按察使升山西右布政使，許應元有詩《送孟衛源赴山西右轄》（《陭堂摘稿》卷三）。孔天胤有《奉酬孟衛源右轄晉陽春初見懷》《喜衛源公移晉右轄作此叙懷》等詩。雍正《山西通志》卷八十八："孟淮，進士。嘉靖時任右布政使，遷左布政使，爲巡撫山西都御史。河南祥符人。"楊巍亦有詩《松林寺留别諸公和衛源方伯韻》《雪夜晉邸賞紅梅和孟衛源方伯韻》[2]。（孟淮小傳見附録）

是年，提學副使曹忭約孔天胤、孟淮同游冷泉關，因兵變未能成行，有詩《與孟右丞衛源約訪孔文谷同游冷泉關，過河東，登龍門，以阻兵變不果，寄褚兄元泉太守》：

四海論交心賞稀，他鄉分手悵多違。向來人事元無定，别後相逢未可期。小子山前白日闇，韓侯嶺上赤雲飛。好懷好友都可隔，太息歸嘆問釣幾。[3]

冷泉關，在山西靈石縣。

是年春，山西右參政李凌雲來訪，孔天胤有詩《山中答李湫南大參見訪》，頷聯云："憩舍緑棠春雨細，下車五柳夕陽微。"可知二人相見于春天。

春夏之際，有詩《送客回漫書二首》。

是年夏，有詩《柳川園息陰》。

四月初夏，提學副使曹忭升江西參政，爲作《贈督學紀山曹公陟參江藩序》，序云："乃先生誕膺簡命，參政江藩，駕言行邁，委講輟論。"又作《雲山别意詩五首》，第二首頸聯云："孟夏山氣好，草木緑成煙。"故知作于四月。宋大勺繼任提學副使。

五月，逮薊遼總督右都御史王忬（王世貞父）下獄。（事見《明史》卷二〇四《王忬傳》）

五月，宣大總督楊博任薊遼總督，保定巡撫張松繼任[4]。是月，山西按

---

①本年度所引孔天胤詩如無特别注明，均出自《孔文谷詩集》卷四《漁嬉稿》。

②楊巍《存家詩稿》卷二、卷五。

③嘉靖《霍州志》卷八《藝文志》。

④吴廷燮《明督撫年表》卷二《宣大》。

察使靳學顔任右布政使(《明世宗實録》卷四百七十二),任按察使時間不詳。

六月,山西按察知事維揚卞芷母史氏壽,爲作《晉陽獻壽圖序》,有"今六月二十一日,爲母初度之辰"(《孔文谷續集》卷三)句。按察知事爲正八品,因官職卑微,一般記載較少。

七月,楊慎卒①。

七月十七日,王慎中卒②。

初秋,王文翰任江西按察司僉事,孔天胤有詩《送王西瀛之任江西僉憲》。有"是時秋始序,雲樹生新凉"句,可知作于初秋。曾托王文翰捎書給曹忭,《與曹紀山先生》中有"往王西瀛行時,專附一書"之語(《孔文谷集》卷十五)。

是年秋,谷中虛由潞安兵備副使升浙江參政,孔天胤有詩《贈谷近滄自潞安兵憲擢參浙藩》。頸聯云"正是河陽資寇日,那堪秋水送王程",可知調任時間爲秋天。三年後,谷中虛有書《與孔文谷》曰:"往歲馳騁冀南,每過汾陽,即親炙道範、竊聆玄旨。睽違以來,忽已三載餘。"(《少司馬谷公文集》之前集)睽違,分離,别離。按:谷中虛,山東海豐人。

八月,升翰林院侍講學士秦鳴雷爲南京國子監祭酒。(《明世宗實録》卷四百七十五)

九月初九,石州張珩來訪,孔天胤有《九日喜張南川公至汾晤言奉呈四首》《奉和張南川公宴集見贈之作》詩。張珩時丁憂在鄉。

九月,爲聞喜楊勗肖作《承直郎洛川縣知縣小亭先生楊君墓誌銘》,記云:"已未九月十七日,當葬城西忠惠公塋次。"(《孔文谷續集》卷四)按:楊勗肖,號小亭,曾任洛川縣知縣,民國《洛川縣志》卷十一《吏治志》:"楊勗肖,聞喜人,舉人。居官清謹有幹才,政餘即鳴琴自適,召諸生論文,尤樂爲詩。以忤時,棄官歸。有《野蟬唆嘯集》行于世。"

九月二十三日, 汾州訓導楊光先母七十歲壽, 爲之作《望雲祝壽圖

①張廷玉《明史》卷一九二《楊慎傳》。楊慎卒年采通行説法。另有1562年、1568年二説,參見豐家驊《楊慎評傳》。

②雷禮《河南參政王遵巖墓表》,黄宗羲《明文海》卷四百三十七。

序》，序云："嘉靖己未九月廿有三日，爲楊母太夫人連氏七十誕辰。時其子前原君司訓汾學。"（《孔文谷續集》卷三）

是年秋，副將錢東溪建鈴閣，孔天胤有《題東溪公新建鈴閣》詩。又爲其畫像作《東溪圖説》（《孔文谷集》卷十三）。

是年秋，爲安邑張良知作《寄題張都官招隱園二首》詩。張良知曾任中都監儲部曹使。（小傳見附録）

是年冬，與宗室小村及柳川有贈答詩《臘日小村館宴集和酬》《磬室篇贈柳川》。

十一月二十八日，程文德卒。據姜寶《松溪程先生年譜》："三十八年己未冬十一月二十有八日，先生終，時年六十三歲。"[①]羅洪先撰墓誌銘云："公生丁巳九月三日，年六十三。病經年卒，是爲嘉靖己未十一月二十八日。"[②]

十二月，山西巡撫葛縉調任保定巡撫，山西左布政使孟淮繼任[③]。

十二月，同年蔣信卒[④]。按：蔣信，湖廣常德人。（小傳見附録）檢《蔣道林先生文粹》，未發現與孔天胤交游的記載。

九月，彭范由刑科給事中任山西左參政，駐汾。（《明世宗實録》四百六十四）萬曆《汾州府志》卷七《職官·部使》："彭范，河南靈寶縣人。嘉靖丁未進士，由刑科都給事中歷升左參政，嘉靖三十八年駐扎。"[⑤]民國《靈寶縣志》卷七《人物》稱其"立朝忠廉正直，居鄉淡泊高尚"。（小傳見附録）

彭范主持刊刻分守冀南道題名碑，孔天胤作《分守冀南道題名記》，記云："今年己未，東溪彭公以刑科都給事中，擢守是道。"（《孔文谷集》卷十）

是年仲秋，彭范誕子，孔天胤作《祚胤慶言序》，序云："今己未仲秋，適公誕育良嗣，則祚胤徵至之祥也。"（《孔文谷集》卷五）

---

①程文德著，程朱昌、程育全編《程文德集》附録二，第605頁，上海古籍出版社，2012。

②《程文德集》附録三，第619頁，又見徐儒宗編校整理《羅洪先集》卷二十二。

③吳廷燮《明督撫年表》卷二《山西》。又見《明世宗實録》卷四百七十九。

④黄宗羲《明儒學案》卷二十八。

⑤康熙《汾陽縣志》卷五《憲司》："請孔文谷修州志。"

是年，增修《汾州志》八卷，彭范主持，孔天胤主纂。二人均有序[①]。光緒《汾陽縣志》"卷首例言"："越六年己未，冀南道彭范、州人孔天胤增成之。"陳光貽《稀見地方志提要》："汾陽有《志》，始嘉靖三十三年，知州陳秉忠、州人王緯爲《汾州志》。越六年，冀南道彭范、州人孔天胤增成之。"孔天胤序云："余廢著嘿塞，杜門絶省問，分守東溪彭公，約州守龍喁（嵎）張公、别駕少陂黄公下問焉，曰：'古之閉户者率著書，今君安得嘿然而已乎？幸勉爲修志。'"彭范序亦提及此事[②]。孔天胤序又言："余於是取郡《志》修之。定爲八卷，曰《地理》，曰《建置》，曰《藩封》，曰《祠祀》，曰《田賦》，曰《官師》，曰《人物》，曰《選舉》。合而觀之，則一郡之事聊可概而半。"[③]光緒《汾陽縣志》文末有"嘉靖己未九月始，庚申正月鋟梓"句，可知該版《汾州志》刊刻于是年九月。

是年，漢劉向《新序》《説苑》三十卷刻于汾州。據傅增湘言："是書十一行十八字。有嘉靖己未山西監察御史楊美益序，山西布政左參議彭范後序，言檄汾守張朝憲、同知黄宸刊二書于汾，俾舉子誦習。"[④]後有孔天胤跋。孔天胤指出《新序》與《説苑》往往單刻，對于"好古綴文之士言，病于支離"，故合刻之，稱《劉氏二書》[⑤]。此書國圖及臺灣有藏。按：楊美益，浙江鄞縣人，孔天胤浙江任内所取舉人。（小傳見附録）

是年，汾州城内同節坊建"方伯文宗坊"。康熙《汾陽縣志》卷四《坊牌》："方伯文宗坊，在同節坊，嘉靖三十八年爲河南左布政使、前陝西、浙江提學孔天胤立，康熙二十六年孔衍泗重修。"汾州城内舊有爲宋狀元王嗣宗與元狀元張益所建的狀元坊，知州張朝憲修繕，附孔天胤，稱爲"狀元榜眼坊"[⑥]。

①張廷玉《明史》卷九七，志第七三，藝文二作"孔天允《汾州府志》八卷"。按：汾州萬曆二十三年始升爲府。

②見順治《汾陽縣志》附録《汾州舊志序略》、咸豐《汾陽縣志》舊序、光緒《汾陽縣志》舊序。

③乾隆《汾州府志》舊序、光緒《汾陽縣志》舊序。

④傅增湘《藏園群書經眼録》第540頁。彭范官職誤，"左參議"當爲"左參政"。

⑤劉向《劉氏二書》，嘉靖三十八年楊美益汾州刻本。

⑥順治《汾陽縣志》卷一《土地志》"楯越"。

霍州知州褚相受撫台嘉獎，作《贈霍州守元泉褚君受撫台旌獎序》（《孔文谷集》卷五）。後褚相陞職，霍州爲之立生祠，孔天胤作《郡守褚君生祠記》（《孔文谷續集》卷四）。道光《直隸霍州志》："（褚相）申除徐溝、蒲縣等處助差銀，審定輪編夫役，歲省郡費不貲。著《四書膚解》《尚書題義》。創建霍山正學書院，集庠彥相與講明心學，士民立祠祀之。"①

是年，河東鹽運使方啓參（號少岳）入覲，爲作《贈都運少岳方公入覲序》（《孔文谷續集》卷二）。文中有"今嘉靖三十有八祀，適列闢入覲之期，都運少岳方公當以其預冬往"句。雍正《山西通志》卷八十六："方啓參，字少岳，湖南巴陵人，舉人。"（小傳見附録）方啓參任臨洮知府期間曾參與嘉靖三十一年陝西鄉試。河東任上，張四維曾爲其族譜作序。（《巴陵方氏族譜序》，《條麓堂集》卷二十）

是年，洪朝選曾回鄉省親②。

是年，許宗魯卒③。

約是年，應靈石知縣董大經所請，爲平陽知府王良貴生日作《靈石令壽王龍門太守》（《孔文谷續集》卷三）。按：董大經，陝西臨潼縣人，舉人，嘉靖三十五年（1556）至三十八年（1559）任靈石知縣④。王良貴，直隸寧津人，進士，嘉靖三十七年（1558）至四十年（1561）任平陽知府⑤。

約是年，平遥主簿陳玉泉升順天府經歷，爲之作《贈玉泉陳君擢順天府經歷序》（《孔文谷續集》卷三）。

約是年，宗室朱奇灝（南村）五世同堂，作《五葉重光册序》（《孔文谷續集》卷三）。南村有子東皋，東皋有子七泉，皆與孔天胤有交往。

---

①道光《直隸霍州志》卷二十《宦績》。

②《洪芳洲公年譜》第29頁，洪朝選研究會編。

③喬世寧《都察院右副都御史許公宗魯墓誌銘》，焦竑《國朝獻徵録》卷六十二，又見《丘隅集》卷十四。

④民國《靈石縣志》卷七《職官》。

⑤雍正《平陽府志》卷十九《職官上》。

嘉靖三十九年庚申(1560),五十六歲

鄉居。

是年,陳鶴卒。後六年方下葬[①]。

二月,袁宗道生[②]。

二月,宗臣卒,年僅三十六歲[③]。

是年春,晉中饑荒。孔天胤曾修書彭范,提及晉中大饑荒,即使自己也糧食無多:“晉中屬歲大侵,民窮盜起,孳者既與世長絶,而苟延旦夕者方未知所止,雖胤亦瓶鮮儲粟矣。”又提及自己一生的不遇源于出生宗親:“如不肖者,自我生之處已不遇也,向來正鬱鬱抱憒汾中,大小貴賤,靡不同之。”(《與彭東溪先生》,《孔文谷集》卷十五)

是年春,汾州同知黄扆升汝州知州,爲作《贈少陂黄公擢守汝州序》,序云:“比汝州守缺,銓部推少陂黄公往。汾守龍隅(嵎)張公俾野史某叙所以贈言。”(《孔文谷續集》卷三)又有詩《送黄少陂移守汝州》[④]。乾隆《汾州府志》卷八《職官·同知》:“黄扆,陝西咸寧(人)。進士,嘉靖三十七年(任)。”(黄扆小傳見附録)

是年春,山西巡撫孟淮來訪,有詩《酬衛源中丞見訪》《喜雨呈衛源公》。前詩首聯:“春草蔓墻東,誰知引上公。”可知寫作時間爲春天。

約是年春,彭范父樸庵翁(彭儀)將刻吕純陽《玄覽編》,孔天胤爲之作《玄覽編序》[⑤]。賀賁《壽官彭樸庵翁行狀》曾提及:“每自謂有得,尤篤愛純陽文集,曰‘此玄學宗的也’。以授東溪公梓行。大方伯孔文谷爲校正,序簡端。改題《玄覽》篇,以廣其志。”[⑥]

---

①徐渭《陳山人鶴墓表》,《徐文長文集》卷二十七,焦竑《國朝獻徵録》卷一百十五。

②袁中道《石浦先生傳》,《珂雪齋集》前集卷十六,《珂雪齋近集》卷七。

③王世貞《明中憲大夫福建提刑按察司提學副使方城宗君墓誌銘》,《弇州四部稿》卷八十六《文部》。

④本年度所引孔天胤詩如無特别注明,均出自《孔文谷詩集》卷四《漁嬉稿》。

⑤孔天胤《孔文谷集》卷五。

⑥賀賁《壽官彭樸庵翁行狀》,民國《靈寶縣志》卷九《藝文下·行狀一》。

是年春，彭范因父喪丁憂[1]，陳洪濛繼任。萬曆《汾州府志》卷七《職官·部使》："陳洪濛，浙江仁和縣人，嘉靖己丑進士。由郎中歷升左參政，嘉靖三十九年駐扎。累官巡撫貴州都御史。"康熙《汾陽縣志》卷五《憲司》"陳洪濛"條："擒偵奸細，又捕白蓮教諸賊，累官貴州巡撫兼督湖北四川軍務，致仕。"孔天胤《贈抑亭陳公擢湖廣廉使序》中也有"嘉靖戊申，抑亭陳公……守冀南而來也"句（《孔文谷集》卷四）。戊申當爲庚申，嘉靖朝無戊申年。另有詩《喜分守抑亭公入汾而雨奉贈》及《與陳抑亭先生》書（《孔文谷集》卷十五）。

三月二十三日，石州張珩卒，孔天胤作《明通議大夫兵部左侍郎贈工部尚書襄敏張公墓誌銘》。文云："嘉靖三十九年庚申三月二十三日，通議大夫兵部左侍郎南川先生張公卒于家。"[2]又有祭文《祭張襄敏公南川先生文》（《孔文谷集》卷十六）。張四維也有《祭張南川翁文》（《條麓堂集》卷三十一）。此前張珩因繼母馮氏去世，在家丁憂，孔天胤曾爲之作《祭張母馮氏太老夫人文》（《孔文谷集》卷十六）。

《明史》雖未爲張珩立傳，但《明世宗實録》對其評價較高："己丑，原任兵部左侍郎張珩卒，賜祭葬如例，贈工部尚書，謚襄敏。珩，山西石州人，正德辛巳進士。授監察御史，累升大理寺少卿、僉都御史，巡撫延綏。尋遷南京都察院右副都御史，提督操江。未幾，召入協理院事，進左副都御史。會宣大總督罷，廷議屬珩，珩以卿（鄉）曲辭，爲言者所指，落職。久之，以原職起巡撫寧夏，進兵部右侍郎兼右僉都御史，總督陝西三邊。前後獲首功甚衆。上數賜璽書、金幣勞之，進右都御史。居數歲，拜户部尚書，督理太倉米。至，值寇虜延綏，坐失事，被逮，謫戍慶陽。已，復起爲副都御史，巡撫延綏，遷前職。丁母憂歸，卒于家，年七十餘。珩履修潔，器識弘遠，尤博綜群籍。爲御史時，會講官缺，輔臣有謂珩才行可充侍從者，欲轂推入翰林，珩三疏力辭不就，時論高之。"（《明世宗實録》卷四百八十二）

---

①賀賁《壽官彭樸庵翁行狀》，民國《靈寶縣志》卷九《藝文下·行狀一》。

②孔天胤《孔文谷集》卷十一。又見雍正《山西通志》卷一百九十八，乾隆《汾州府志》卷三十。

四月，湛若水卒，年九十五[①]。湛若水集中有兩封寫給孔天胤的信。

四月，宣大總督張松罷，巡撫保定右僉都御史葛縉爲左副都御史繼任。十月，葛縉回部，大同巡撫李文進繼任[②]。按：李文進，四川巴縣人，嘉靖乙未(1535)進士。

四月一日，唐順之卒，年五十四[③]。

是年五月仲夏，有詩《仲夏田居》。

偶遇從江西來的使者，有詩《偶逢江使寄懷曹紀山先生》懷念曹忭。又有詩《贈張大行》。張大行，其人不詳。

中秋，趙訥自京城寄詩，作和詩《寄和趙孟敏京邸中秋見憶之韻》。

八月十六生日，宗室柳川有詩賀壽，作《生日奉酬柳川》奉和。

是年，有詩《寄懷玉岑詩社次抑亭韻》寄杭州舊社友：

蓮社千年變詩社，江山文藻别爲春。卷中朱玉傳高咏，圖里冠裳見偉人。望極瓊峰樹若薺，夢回瑶圃草如茵。游魚亦有聲音趣，欲往從之溯廣鈞。[④]

玉岑詩社爲西湖八社之一。西湖八社成立于嘉靖四十一年(1562)，其前身爲西湖書社，孔天胤任職浙江時或主盟該社。

西湖八社成員祝時泰、高應冕、王寅、劉子伯、童漢臣、方九叙均有和詩，題爲《答孔文谷見寄之作》[⑤]。

高應冕詩云：

三晉風流老憲臣，十年閉閣謝絲綸。雲山曾結同心社，桃李猶含異地春。憶别忽驚容鬢改，感時空負歲華新。憐君緑野高秋興，還念西湖舊主人。[⑥]

---

①無名氏作《南京兵部尚書湛公若水傳》，焦竑《國朝獻徵録》卷四十二。

②吳廷燮《明督撫年表》卷二《山西》。

③李開先《荆川唐都御史傳》，《李中麓閑居集》卷十。

④該詩亦見于《西湖八社詩帖》，《武林掌故叢書》第五集。

⑤《西湖八社詩帖》，《武林掌故叢書》第五集。

⑥又見于俞憲《盛明百家詩·高光州集》。

言“曾結同心社”，又云孔天胤爲“西湖舊主人”，可知孔天胤在杭州期間曾參與詩社活動。

祝時泰詩云：

千里登龍未有期，遠緘猶喜見新詩。九苞羨爾爲儀早，五斗憐予入社遲。湖上每懷人别後，花間常憶客來時。吴山晉水天南北，已約春鴻寄所思。

提及自己入社遲，受教不多，是爲憾事。吴山晉水相隔，但隔不斷對師友的思念。

王寅詩云：

使君攬轡臨安暇，社結林逋廢宅傍。别去湖山遺麗藻，後來觴詠覺荒凉。風流恨未逢文舉，便訊歡今寄晉陽。因笑盡多朱紱貴，白蓮新入薜蘿裳。

劉子伯詩云：

激烈當年侍我師，於今卧壑更無爲。鷦鷯曾忝雲霄譽，蟠木今慚匠斧遺。芳訊别來追舊日，瑶篇删後見新詩。汾陽萬里同明月，獨立空庭系所思。

方九叙詩云：

年來曾寄數封書，每向書中嘆索居。薇省自從分陝後，星軺猶憶使吴初。篋中共寶陳遵牘，門外空傳叙夜車。已打荆扉朝夕望，汾陽消息竟何如。

可知孔天胤曾多次有書信寄往杭州。

童漢臣詩云：

勞君千里擲瑶瓊，雲樹迢迢隔社盟。汾水月明來雁夢，吴峰秋晚插萸情。雖分遠地成離索，同向青山學耦耕。何日西湖一樽酒，倒騎白鹿過山城。

希望孔天胤再到杭州，杯酒叙舊。

作于該年秋的詩還有《西齋秋夕》《東谷樓九日再眺呈龍嵎太守》。

九月三日，胡纘宗卒，年八十一①。

十月，王忬以邊將陷城，律斬于西市。(《國榷》卷六十三)

秋，有《霜降日昨(作)》《園中刈蔬》《夜憶吳山人寺宿二首》《愚公園答諸公見訪二首》《答吳山人嘯庵》等詩。

是年冬，汾州知州張朝憲招宴，有《酬龍嵎冬日招宴》詩。又有詩《抑亭公惠燕柳川莊之竹林夜歸賦謝》贈陳洪濛。

是年，寧鄉、石州發生瘟疫。乾隆《汾州府志》卷二十五《事考》："三十九年，寧鄉、石州疫。"

是年，爲汾州重修石佛寺作《修建石佛寺記》，文中有"嘉靖戊午年，里人任敬等合謀修復"句。"計其前功起戊迄庚，不三載而告成。"(《孔文谷集》卷十)石佛寺建成于庚申年，即嘉靖三十九年(1560)。康熙《汾陽縣志》卷二《寺觀》："石佛寺，在城東北四里米家莊，唐大順二年(891)建，嘉靖戊午重修，有孔天胤記。"

是年作《愚公園記》，自述"六愚"。關于"愚公園"的緣起，文中寫道："余于嘉靖三十三年甲寅典南堧屋址一區，至三十八年己未貼買之，明年庚寅六月築爲園。""庚寅"當爲"庚申"(《孔文谷集》卷十)。

《祭土地神文》或作于該年，文云："今修壽樂園成，敢忘神惠。特造室選辰，奉神爲司……俾林下放臣，得享清平之福，得以朔望時節，長奉香火。"(《孔文谷集》卷十六)

大宗正朱奇灦(南村)在城北有園，與其子東皋及其孫七泉游樂其中，孔天胤名之曰長樂園，並作《長樂園序》(《孔文谷集》卷五)。

是年，范惟一重刊《集録真西山文章正宗》，有江曉序，范惟一跋。

嘉靖四十年辛酉(1561)，五十七歲

鄉居。

①何棟《通議大夫都察院右副都御史可泉胡公纘宗墓誌銘》；焦竑《國朝獻徵録》卷六十一，無名氏作，實即何棟撰，見《太華山人集》卷二。

春節，慶成王府設宴，作《謝東府春宴二首》①。

正月初七，作《人日咏懷一首》。

元宵節燈會爲汾州重要節日，據康熙《汾陽縣志》卷四《風俗》："正月望爲上元日，是夜爲元宵節，設鰲山，火樹銀花，雜放花爆，酒宴歡會，歌呼達旦。自十四起，三日不絶。"宗室柳川善製燈，孔天胤有《柳川翁自製天香玉兔燈，巧奪天工，畫入神品，余喜而賦之》《中和堂燈宴作》等詩。

二月十五日，有詩《二月十五日偶然作》。

是年春，有詩《在原山竹林戲題》《題條岩圖》《奉和小村郊園見贈三首》《頃辱小村見咏荒園，輒已賡韻，仍專賦奉酬》。條岩，張良知。

二月十一日，汾州人王儼（小傳見附録）卒，爲之撰《中憲大夫陝西平凉府知府北泉王公墓誌銘》，有"以嘉靖四十年二月十有一日，終于正寢"句（《孔文谷續集》卷四）。

四月，劉麟卒，年八十八②。

五月，少傅兼太子太傅、禮部尚書、武英殿大學士李本以憂去職。（《國榷》卷六十三）

閏五月初一，有詩《閏月一日宴集郡守諸公喜雨》。

閏五月，山西巡撫孟淮調南京，山西右布政使楊宗氣任山西巡撫③。按：楊宗氣，陝西延安衛人。（小傳見附録）

閏五月二十二日，施峻卒，年五十七④。

是月，尚有詩《贈羽客崔樸庵南游二首》《北園雨後會鄭平川》等。

是年，陳洪濛子返浙應試，有《送陳公子歸浙應試》詩。

是年初夏，有《首夏背郭園即事》《北愚草堂謝諸公過訪二首》《憂旱》《自立春至四月終旬始見微雨》《北園有樹名沙棗焉，紺膚紫莖，銀葉金花，

---

①本年度所引孔天胤詩如無特别注明，均出自《文谷漁嬉稿·辛酉卷》。

②顧應祥《大司空南坦劉麟公墓銘》，《劉清惠集》卷十二附録。

③吴廷燮《明督撫年表》卷二《山西》。

④徐獻忠《青州府知府施公配沈安人行狀》，《長谷集》卷十五，又見焦竑《國朝獻徵録》卷九十六。另見徐中行《明故中順大夫青州府知府璉川施公暨配安人沈氏合葬墓誌銘》，《長谷集》卷十五，徐中行《天目先生集》卷十六。

復有香氣，頗似木犀。首夏浹旬，遂已芬敷，余遠望而目恍，近攬而神忺。搦管記言，以徵創見云爾。時歲次辛酉》《奉壽楊溪兄六旬》等詩。

仲夏，有《仲夏二日賞王孫園芍藥賦》《閑居五日》《奉和柳川見咏背郭園之韻》《咏小院榴花二首》《見榴花落地而賦之二首》等詩。

是年，汾州學正任瑶因病辭官歸鄉，爲作《贈郡博愛山先生西歸序》。序云："愛山任公由保定府學訓導，移學正汾州。凡三載，道行而士服。乃今歲之春偶感微恙，尋已勿藥矣。輒喟然有歸歟之懷，諸生二百餘人泣留弗從。郡太守龍嵎張公，別駕蕭公、康公，幕史寇公，教授許公，司訓楊公、高公及士大夫咸共勉留，亦弗從。"(《孔文谷續集》卷三)又有詩《送任學正歸田一首》，又代訓導許義作《前題代葛陂作》。龍嵎張公，張朝憲。別駕蕭公，蕭相，嘉靖三十九年任。康公，康溾，浙江永嘉人，乾隆《汾州府志》卷八《職官·判官》："康溾，浙江永嘉(人)，嘉靖三十九年(任)。"幕史寇公，寇仲哲。教授許公，或爲許義。司訓楊公，楊光先。高公，高岡，乾隆《汾州府志》卷八《職官·訓導》："高岡，陝西合水(人)。歲貢，嘉靖三十八年(任)。"

乾隆《汾州府志》卷八《職官·學正》："任瑶，陝西臨潼(人)，歲貢。"乾隆《臨潼縣志》卷六《選舉·貢生》："任瑶，郭下里人，保定訓導。"

山西右參政洪朝選過訪。二十年後再會，大喜，有詩《山中喜洪方洲大參見訪，廿年之别，獲此良晤，有形斯咏，情溢乎辭》。别後又有書《與洪芳洲先生》，寫道："别日漸深，後晤遂不可度。前兩承教書，知勗我良厚。"(《孔文谷集》卷十五)二十年爲約指。嘉靖二十二年(1543)浙江鄉試，洪朝選作爲南京户部主事曾有參與。

同年趙世禄(號西田)卒，作《哭西田少參二首》。(趙世禄小傳見附録)

是年，汾州自春至夏無雨。孔天胤詩中多有反映，如《憂旱》《自立春至四月終旬始見微雨》詩。分守參政陳洪濛"憂省祈恤，靡不周至。乃瀕行而雨施，群生以蘇……時汾人送公行者，作《喜雨朝天圖》卷"。孔天胤有《喜雨朝天圖序》(《孔文谷集》卷四)，又有詩《題抑亭公喜雨朝天圖》《送抑亭公入賀一首》。

是年秋，有詩《齋居早秋二首》《和小村玉泉寺游眺一首》《秋晚山莊即事一首》。

好友張紳結廬名曰“雲溪”，爲作《雲溪圖卷引》（《孔文谷集》卷十三）。

是年秋，社友宴集，有詩《辛酉九日草堂菊宴社中諸公偕集雲溪首倡斯韻》《九日菊宴再用張雲溪韻》。

九月十五日，邀汾州判官康溯，前任訓導許義、楊光先與高岡賞菊，有詩《九月十五日邀康蒙泉節判，許葛陂、楊前源、高雲峰廣文對菊二首》。另有詩《秋日送康節判于役河東》。

九月二十一日，初雪，與諸友宴集，有詩《九月廿一日石村揮使置酒小園，宴集龍嵎太守、清泉别駕、蒙泉節判、西瀛憲使、柳川宗尉、葛陂長史。適初雪載零，柳川倡爲五言，群公咸和，山人亦擬作一章》。石村揮使，其人不詳。清泉别駕，蕭相。乾隆《汾州府志》卷八《職官·同知》：“蕭相，湖廣靖州人，嘉靖三十九年（任）。”西瀛，王文翰，疑王文翰時丁憂。

九月二十二日，有詩《廿二日葛陂復邀對雪，仍用前韻》。

九月二十六日，于張朝憲居所宴集，有詩《九月廿六日龍嵎館對雪》。

九月二十八日，于東谷樓宴集，有詩《九月廿八日東谷樓燕集》。

《春江行》詩作于是年秋。

是年三月，王宗沐由江西右布政使調任山西左布政使，十月到任。孔天胤有書信《與王敬所方伯》：“明公道德文章、政事兼隆並茂，海内顒顒争先睹之爲快，晉鄙之人，何幸遂得被蒙保釐之惠耶！”又有《再與王敬所方伯》（俱見《孔文谷集》卷十五）。王宗沐次年即被免職。

針對山西荒情，王宗沐上疏請求緩徵逋賦。《明史·王宗沐傳》載其上疏略曰：“山西列郡俱荒，太原尤甚。三年于兹，百餘里不聞鷄聲。父子夫婦互易一飽，命曰‘人市’。宗禄八十五萬，累歲缺支，飢疫死者幾二百人。夫山西，京師右掖，自故關出真定，自忻、代出紫荆，皆不過三日。宣、大之糧雖派各郡，而運本色者皆在太原。飢民一聚，蹂踐劫奪，歲供宣、大兩鎮六十七萬餉，誰爲之辦？”（全文見《敬所王先生文集》卷二十一《山西災荒疏》）

是年冬，趙訥出任直隸江都知縣，有詩《山中送趙陽谿之任江都》。是年冬又有詩《奉和柳川與湛上人圍爐之作》。

冬，汾州知州張朝憲入覲，爲作《贈郡伯龍嵎張公入覲序》，文中稱“乃龍嵎公處之逮六載矣”（《孔文谷集》卷四）。又有詩《題龍嵎太守入覲卷》。

十二月,作《分守右参政芳洲洪公德政碑》,記洪朝選緝兇捕盗事。文云:"于時嘉靖四十年,歲在昭陽,作噩嘉平之月,汾州知州張朝憲,同知蕭相,判官康漵,吏目寇仲哲,儒學訓道楊光先、高岡,諸生張雲翔等三百人,僉歌頌德政,爰紀貞珉,垂法後世,傳之罔極。"(《孔文谷集》卷十一)

是年,爲前巡按監察御史吴過作《遺愛祠記》。吴過駐河東三年,去而爲民所思:"河東人爲吴公建祠,勒石以表遺愛,乃千載再見之爾。"(《孔文谷集》卷九)按:吴過(1514—?),字檢之,號容堂,河南汝陽縣人,嘉靖三十二年(1553)癸丑科進士。

是年七月,山西按察使陳其學升都察院右僉都御史巡撫大同。(《明世宗實録》卷四百九十九)陳其學寄其父陳鼎(字大竹)文集請孔天胤寫序,孔天胤作《大竹文集序》,篇首稱"御史大夫行庵陳公,寄其先公《大竹文集》四編"(《孔文谷集》卷八)。據黄仁生《日本現藏稀見元明文集考證與提要》,此書日本東京尊經閣文庫有藏,爲嘉靖四十四年(1565)刊本①。(陳鼎、陳其學小傳見附録)

是年,爲嘉靖十年(1531)辛卯科同舉鄉試的郭忻作《鄉貢進士郭龍石先生暨配牛氏合葬墓誌銘》(《孔文谷集》卷十二)。郭忻舉鄉試後,從嘉靖十一年(1532)到三十五年(1556),八試不第,曾用十年救父于獄。孔天胤"泣而爲之銘"。郭忻卒于嘉靖三十九年(1560),下葬時間爲四十年(1561)。按:郭忻(1513—1560),字汝學,號龍石,山西壺關人。文中提到其子"乃持其堂伯恬狀來索銘"。恬,指郭恬,號壺山,嘉靖丁酉舉人,曾任兗州推官。

是年,陳洪濛調任湖廣按察使,爲作《贈抑亭陳公擢湖廣廉使序》。序云:"嘉靖戊申,抑亭陳公以純厚廣淵之德,濬敏達識之才,清謹正直之操,愷悌精明之運,守冀南而來也……車未及,旋擢湖廣按察使。"(《孔文谷集》卷四)"戊申"應爲"庚申"。又有書《與陳抑亭大参》,書云:"喜雨朝天之後,萬望復來,究竟洪澤,乃移鎮楚邦矣。"(《孔文谷集》卷十五)後刻與陳洪濛唱和詩爲《含育堂集》並序,云"我分守相公抑亭先生再鎮九江之日"(《孔文谷續集》卷三)。所謂"再鎮九江",指其曾任江西副使。

①黄仁生《日本現藏稀見元明文集考證與提要》,嶽麓書社,2004。

王顯忠接替陳洪濛，以分守參政駐汾。萬曆《汾州府志》卷七《官職類·部使》：“王顯忠，順天府保定縣人，嘉靖辛丑進士。由翰林院庶吉士、户科給事中歷升左參政，嘉靖四十年駐扎。”

汪道昆父汪守彬（1504—1581）受封爲中憲大夫湖廣襄陽府知府，母胡氏（1504—1578）受封爲恭人，孔天胤受人之請，爲作《錫命贈言序》（《孔文谷集》卷四）。汪道昆于嘉靖三十七年（1558）任襄陽知府，後調任福建副使，孔天胤與襄陽同知毛棠（平湖人，三十七年任）、趙與治（山陰人，四十二年任）、推官蘇烈（太原人，三十七年任）相識，此文即受其所托而寫。按：汪道昆，歙縣人。（小傳見附録）

約是年三月，江西參政曹忭升江西按察使。孔天胤有書《與曹紀山先生》，稱“自公之南，山人無復被省記者”，又言“孟老此一過汾，頗酌酒詩”（《孔文谷集》卷十五）。孟老指孟淮，時任山西巡撫①。

約九月，曹忭升任江西左布政使，並參與了該年的江西鄉試②。

是年，弟孔天民出任直隸南宫縣教諭。民國《南宫縣志》卷二十二《文獻志》：“孔天民，嘉靖四十年任。汾州（人），舉人。”

約是年，奉國大將軍峒山生日，爲作《峒山君壽圖序》（《孔文谷集》卷五）。

是年刻《文谷漁嬉稿》一卷。

嘉靖四十一年壬戌（1562），五十八歲

鄉居。

正月初二，廣西左布政使陳堯（梧岡）升都察院右副都御史，巡撫四川。（《明世宗實録》卷五百五）孔天胤有《與陳梧岡都憲》賀之，文云：“惟緬仰

---

①據今人裘樟松《王宗沐年譜考辯》引《章安王氏宗譜》可知，王宗沐嘉靖三十九年升江西按察使，嘉靖四十年三月升江西布政使。雍正《江西通志》“按察使”曹忭位于王宗沐之後，故可推曹忭于嘉靖四十年三月任江西按察使。

②《嘉靖四十年江西鄉試録》。

隆德，重望撫綏全蜀吏民，鼓舞化光，行且調元台鼎而大被海隅也。"（《孔文谷集》卷十五）孔天胤與陳堯相識于浙江。

正月，有詩《奉謝慶國春燕喜雪一首》[1]。

是年正月，有詩《題楊司訓青氈獨坐圖》，稱讚訓導楊光先勤于課士。春，楊光先東歸回鄉，有詩《送楊司訓東還》。

是年正月，有祝壽詩《壽田柏冬》。田柏冬，其人不詳。稱其"結綬不辭爲邑宰"，似做過縣令之類的官。乾隆《汾州府志》卷十八《選舉·科目下》："嘉靖二十五年丙午舉人：田大壯，汾州人，棗强知縣。"似即此人。

正月十五元宵節，集于宗室西谷與柳川館賞燈。柳川善製燈，將所製作窗燈送給孔階等人，孔天胤有詩《元夕集西谷館燈宴，復移柳川館，觀所畫窗燈，蒙各分賜小兒，叙事二首》。

正月二十日，有詩《正月廿日小堂春宴》。

正月二十四日，平定人李應奎卒，爲之作《晉府右長史潭水先生李公暨配董氏穆氏吕氏三壹（宜）人合葬墓誌銘》，言其"以嘉靖壬戌正月二十四日，終于正寢"（《孔文谷集》卷十二）。李應奎爲當時大儒，文中言其"三莅學官，功令弟子俱見思；兩輔大藩，兩王俱敬禮不衰"，曾與關中理學家吕柟有交。孔天胤自稱爲"年家生"。（李應奎小傳見附録）

是年春，送別僧人湛上人，有詩《送湛師歸台山》。

是年春，汾州同知蕭相被免職將歸，爲作《送別駕蕭公序》，言其"距仕之日，才二載耳"（《孔文谷集》卷六）。乾隆《汾州府志》卷八《職官·同知》記其"嘉靖三十九年任"。孔天胤又有《送蕭清泉別駕南還》詩，首聯云："歸去田園及蠶春，可能沽酒會親鄰。"可知蕭相罷官返鄉時間爲春天。"二年飲水囊如洗"言其清廉。又代許義作《前題代許葛陂作》，尾聯"只恐奚囊蕭索甚，兒孫休問買山錢"，亦指蕭相爲官清貧。

是年春，東莊宗正壽，有詩《春日壽東莊宗正》。

是年春，張朝憲入覲返汾州，代理汾州知州按察知事卞芷還任省城，分別作《送卞知事署汾事竣還省》《贈張龍嵎太守入覲榮旋一首》。

①本年度所引孔天胤詩如無特別注明，均出自《文谷漁嬉稿·壬戌卷》。

二月會試，袁煒、董份爲會試考試官，王錫爵等三百名中式。（《明世宗實録》卷五百六）

三月殿試，申時行、王錫爵、余有丁等二百九十九人進士及第，出身有差。是科重要人物或與孔天胤有交集者有：楊俊民（山西蒲州人）、林烴（福建閩縣人）、蔡可賢（直隸成安人）、孫應元（湖廣承天衛人）、崔鏞（陝西綏德衛人）、辛應乾（山東安丘縣人）、郜永春（直隸大名府長垣縣人）、王篆（湖廣荆州府夷陵州人）、蕭大亨（山東泰安人）、王叔杲（浙江永嘉人）、穆文熙（直隸大名府東明人）等。

三月一日，江西左布政使曹忭升雲南巡撫。（《明世宗實録》卷五百七）《實録》中"忭"誤爲"汴"。

三月，宣大總督李文進卒，江東以太子太保、兵部尚書繼任[1]。

三月十日，洪朝選調任南京太僕寺少卿。（《明世宗實録》卷五百七）該年其母葉氏病逝，未任即丁憂[2]。孔天胤後有書《與洪芳洲先生》（《孔文谷集》卷十五）。

三月七日，宗室朱新堤壽，孔天胤有詩《三月七日壽小溪殿下作》。孔天胤《慶成王長子小溪君墓誌銘》中未交代出生月日，據此可知朱新堤生于嘉靖三年（1524）三月七日。

暮春，宗室西谷過訪，孔天胤有詩《新理小園承西谷諸公見枉酌言謝之一首》。

三月十九日，宗室西谷公生日，有詩《三月十九日壽西谷翁》。

三月二十六日，趙訥父趙思商七十壽，爲作《贈太封君岐山趙公七十壽序》。篇首云："嘉靖四十一年三月二十六日禮有賀焉，爲封君前清苑縣簿岐山趙公七旬舉也。"（《孔文谷集》卷六）

是年春，有題畫詩《題周氏五老圖》。周氏五老，不詳何人。

是年春，王文翰北上候選，有送行詩《送西瀛丈北上》[3]。

---

①吳廷燮《明督撫年表》卷二《山西》。

②洪朝選研究會編《洪芳洲公年譜》，第32頁。

③北上原因不詳，或丁憂服除赴京候選。

是年春，尚有詩《春日樂壽園即事一首》《春日樂壽園晏坐一首》《山居一首》等。

是年春，周斯盛任山西提學副使，與時任山西左布政使吴三樂商議修《山西通志》。該《通志》基于閻樸（榆次人）與潘高初稿，因潘高去世未修成。聘學正林大槐（號虛溪）主纂，凡七月書成（楊宗氣《山西通志序》）。按：周斯盛，陝西慶陽府寧州人。（小傳見附録）

乾隆《汾州府志》卷八《職官·學正》：“林大槐，福建莆田人。舉人，嘉靖四十一年任。”（小傳見附録）

四月初夏，宴柳川園，有詩《壬戌五日宴柳川園賦和》。張朝憲爲小園題匾額，孔天胤有詩《謝龍嵎太守見題小園爲樂壽松之亭爲伴鶴梧之所爲棲鳳一首》。

四月八日雨，有《仲夏八日慶雲莊喜雨》詩。

四月，與宗室朱新堤之間有和詩《奉和小溪閑居一首》。

王府教授許義因揭發宗黨不法者，被洪朝選盡行收治，受嘉獎，孔天胤爲作《賀葛陂許公膺獎序》（《孔文谷集》卷六）。又有詩《賀許教授膺獎用韻》。

閏四月十二日，李廷儒生日，有《壽西岩翁》詩。據《鴻臚寺序班西岩李公暨元配孺人武氏合葬墓誌銘》，李廷儒“生於成化二十一年閏四月十有二日，卒于隆慶元年二月十有六日”（《孔文谷集》卷十二）。

五月，嚴嵩以罪被罷免，其子世蕃戍雷州衛。徐階秉政。

五月二十日，朱知爊受封爲慶成王（安穆王），受委派至汾州册封的官員爲左給事中王治。孔天胤有《篤行貞節》詩表彰其母檀氏，並作有《篤行貞節詩序》（《孔文谷集》卷八）。序云：“嘉靖四十一年日長至之後十日，皇帝册封慶成恭裕王子爲慶成王，以左給事中心庵王公爲制使，貴懿親之命……是不可以贈乎？於是作《篤行貞節》之詩以表之，王子小溪及宗室之能文者咸屬和焉。夫使臣上不辱君，内不負親，身不失道，以順移忠之道昭矣，立身揚名之義彰矣。詩成，共爲一册，王徵外史胤爲叙述之。”長至日爲夏至。該年夏至爲五月十日，後十日則爲五月二十日。按：朱知爊（1496—1569），别號竹溪，朱元璋七世孫，謚安穆。王治，山西忻州人。（小

傳見附録）

是年夏，張朝憲被免職將歸，爲作《贈邦伯龍嵎張公南還序》（《孔文谷集》卷六）。又有送别詩《贈别張龍嵎一首》《題張龍嵎送别卷二首》。後詩句云："功成身退好，遺愛自堪傳。任久才逾練，官貧操益堅。"又有《代許葛陂送張龍嵎南還一首》。

是年，吴道南繼任汾州知州。乾隆《汾州府志》卷八《職官·知州》："吴道南，山東濮州（人）。舉人，嘉靖四十一年（任）。"按：吴道南，字勉學，嘉靖甲午（1534）科舉人。嘉靖四十年（1561）任河南新蔡知縣，四十一年升汾州知州①。

是年夏，汾州人徐之屏由甘泉知縣調任陝西洛川知縣，有詩《送徐洛川北上一首》。民國《洛川縣志》卷十一《吏治志》："徐之屏，剛毅不撓，自甘泉調任。數月，以艱去。"

三伏日，有詩《伏日蘭雪齋睡起忽憶柳川翁别業》《避暑小堂漫句同劉生》。劉生，其人不詳。

是年夏秋之際，有詩《承小村牧雲洞及谷中立秋之作輒依韻各賦一首》，共三首，詩題分别爲《牧雲洞夏日》《谷中立秋》《七夕六言二首》。

六月，福建布政使司右參政張瀚升山西按察使。（《明世宗實録》卷五百十）

七月，有詩《橘泉圖贈陳醫士》《對梧桐作》《聞暮砧作》。

七月十四日，爲宗室柳川六十歲生日作祝壽詩《七月十四日壽柳川六十》。據此可知柳川生于弘治十六年（1503）。

七月十七日，爲宗室小村生日作祝壽詩《七月十七日壽小村》，首聯云："北翁之後復賢君，儒雅風流自不群。"據此可知小村爲北村翁朱奇湎之子。朱奇湎僅有一子朱表杞，封鎮國中尉。

七月二十七日，于嘉靖三十九年（1560）去世的揚州府同知李翰②下

---

①康熙《濮州志》卷二《科第表》及乾隆《新蔡縣志》卷四《官師志》。其人與曾任大學士的吴道南非一人。

②又寫作瀚，誤。

葬，爲之作《明故奉政大夫揚州府同知卜溪李公墓誌銘》。有“嘉靖三十九年庚申正月二十有三日，奉政大夫、揚州同知李公以疾卒于官舍，年五十有四”句。葬于“壬戌七月二十七日”，墓誌銘寫作時間略前。河南按察司僉事王文翰篆，國子監助教王緝書。墓碑現存于汾陽市博物館。

是年秋，汾州始設題名碑，孔天胤作《汾州題名記》：“官府之有題名尚矣，顧汾州獨缺焉久之。嘉靖壬戌之秋，同知宋君嘉猷始取新志所載守貳題石刻之。”(《孔文谷集》卷十)乾隆《汾州府志》卷八《職官·同知》：“宋嘉猷，陝西耀州(人)。歲貢，嘉靖四十一年任。”

是年，山西右參政洪朝選刊刻孔天胤詩集，並寄趙訥校訂。趙訥時任揚州府江都縣知縣。趙訥《孔文谷先生詩集序》：“始訥自范陽移廣陵，遇汾上校吾師文谷先生之集以行，將捐俸刊佈。會温陵芳洲洪公過，則語訥已刻置晉省……是秋，先生以刻本寄示，訥得讀而叙之……嘉靖四十一年壬戌九月既往，門人趙訥頓首撰書于江都之體信軒。”范陽，指趙訥曾任定興知縣，爲古范陽地。孔天胤作《紀言》交代此事甚詳。又有《再與趙陽谿》書，亦提及洪朝選刻詩集四卷事(《孔文谷集》卷十五)。

應孔天民之請，爲南宫知縣王中孚詩集作序(《王西野詩集序》，《孔文谷集》卷六)。民國《南宫縣志》卷十二《職官·教諭》：“孔天民，汾州(人)。舉人，嘉靖四十年任。”四十三年(1564)，内鄉人李鄂繼任。按：王中孚，字化遠，嘉靖三十四年舉人，揚州興化人，嘉靖四十一年(1562)至四十五年(1566)任南宫知縣，後任東昌知府。曾刊沈霈《沈山人續集》。

是年七月，高攀龍生①。

八月十六日生日，王府宗相裕庵兄弟携酒來訪，有詩《賤日承裕庵昆玉携酌見枉，率爾賦酬，用來篇新字》，“賤日”指生日。首聯云：“五十八回犬馬辰，頭毛赢得皓如銀。”趙訥寄賀壽詩，有答謝詩《奉答趙陽谿自江都見寄壽意一首》。

八月二十四日，有詩《雨夕懷林虚溪學正二首，八月廿四日》懷念林大槐。

①錢謙益《資德大夫正治上卿都察院左都御史贈太子少保兵部尚書謚忠憲高公神道碑銘》，《牧齋初學集》卷六十二。

八月二十六日，爲宗室柳川新開道場，有詩《題柳川新開道場八月廿六日作》。

八月末，有詩《秋堂夜雨》。

九月，劉涇（號次山）任山西按察司副使，兵備潞安，分巡冀南。按節汾州，孔天胤作《奉謝次山公按節汾陽見訪一首》。按：劉涇，河南懷慶衛人。（小傳見附録）

九月九日，爲劉涇所編何瑭文集作《何柏齋先生文集序》[①]。序云："近次山劉君始廣師門之傳，録其所述，又列系理學名臣之書，令潛德之光與薛文清等後先相望。"文末云："嘉靖壬戌之秋九日，會次山公按節汾郡，因出此語，就正且奉命焉。"落款爲"河汾後學孔天胤撰"。（何瑭小傳見附録）

九月九日重陽節，有詩《九日呈次山憲使》贈劉涇，次日有詩《九月十日慶成館菊宴呈次山憲使》，又有詩《奉和次山公寄拙園惠音》《贈别次山憲使還鎮》。還鎮，指還駐地潞安府。

是年秋，有詩《寄和杭州張南屏侍史》。張南屏，其人不詳。邵經濟有詩《張南屏道長飲予清凉寺，登虎踞山，坐翠微亭，時風雨驟至，而江山形勝一覽在目，真大觀也》《明日偕張南屏道長飲居然亭，有懷南泉倒前韻》《南屏張道長陟憲遷居兼簡子復葉子致期望》（《西浙泉厓邵先生詩集》卷十）。

學正林大槐，訓導高岡、李應科邀宴飲，有詩《雨日承虚溪學正及雲峰、鳳山二司訓文燕即席奉酬》。乾隆《汾州府志》卷八《職官·訓導》："李應科，河南涉縣（人）。歲貢，嘉靖四十一年（任）。"鳳山，即李應科。

是年冬，有詩《醉起雪中號》《和小村游禪咏雪之韻》。

是年臘月，高拱爲山西右參政李凌雲作祭文："惟嘉靖四十一年臘月三日，禮部左侍郎兼翰林院學士眷生高拱，謹以牲帛庶品之儀，致祭于亞中大夫山西布政司右參政湫南親家李公之靈曰……"[②]

是年十一月，總督兵部尚書胡宗憲被逮，旋釋，令閑住[③]。

---

①孔天胤《孔文谷集》卷四。又見王永寬點校《柏齋集》附録。

②高拱《李湫南祭文》，《高拱全集詩文雜著》卷三。

③張廷玉《明史》卷二〇五《胡宗憲傳》。

④羅洪先《明故南京國子監祭酒致仕東廓鄒公墓誌銘》，《石蓮洞羅先生文集》卷二十二；又見徐儒宗編校整理《羅洪先集》卷二十。

十一月十日，鄒守益卒[4]。鄒守益，曾任南京國子監祭酒，理學家，傳王陽明之學，詩文皆闡發心性之語。

除夕有《壬戌除夕四首》。第三首云：

守歲今年勝昔年，笑看兒女共燈前。女能刺綉兒能讀，便覺春光似火然。

有兒女相伴，心情是閑適且愉快的。

是年，爲趙訥所刻石屋禪師《雲林清籟》作序。序云："疇昔管涔子爲學官功令之司，好石屋禪師《山居頌》，迨其歸老，好之彌篤。常以拈示學人，人或持去，陽谿君聞之，爲抄補一册。因恐再失，乃摘其所珍六十餘篇存之，鉛槧而號之曰《雲林清籟》。"（《孔文谷集》卷八）石屋禪師（1272—1352），元代高僧，有《石屋山居詩》行世。

是年，西湖八社成立。所謂八社，即紫陽詩社、湖心詩社、玉岑詩社、月岩詩社、南屏詩社、紫雲詩社、洞霄詩社[1]。孔天胤因不在杭州，無法參與。西湖八社成員如下：

户曹員外祝時泰，字汝亨，號九山，閩人。有《九山集》。

光州太守高應冕，字文中，號穎湖，仁和人。有《高光州集》。

庠士王寅，字仲房，號十岳，新安人。有《十岳山人詩集》四卷、《王十岳樂府》一卷。

庠士劉子伯，字安元，號望陽，仁和人。

承天太守方九叙，字禹績，號十洲，錢塘人。有《方承天遺稿》。

江西憲副童漢臣，字仲良，號南衡，錢塘人。

隱君沈仕，字懋學，號青門，仁和人。有《沈青門詩集》。

所謂八社，實際主盟者爲七人。有學者認爲孔天胤未參加西湖八社，也有學者認爲孔天胤是八社成員。[2]

---

①祝時泰等《西湖八社詩帖》，《武林掌故叢書》本。

②王文榮《關于西湖八社的幾個問題考辯》，《山西師範大學學報》，2015，42（1）：70—74。何宗美《明末清初文人結社研究》，南開大學出版社，2003。另參《明末清初人文結社研究續編》，中華書局，2006。

是年，李僑（號仙臺）任山西左參政[1]。關于李僑之任職，《汾州府志》漏載。按：李僑，山東長清人。（小傳見附録）

是年，同年兵部侍郎殷學卒。道光《東阿縣志》卷十三《人物志下》："殷學者，字時敏，號虚川。世爲邑人……奪爲民，歸一年，卒。壽五十九。"

是年刻《文谷漁嬉稿》一卷。

嘉靖四十二年癸亥（1563），五十九歲

鄉居。

春節，有詩《元日寫懷一首》[2]。

元宵節，在宗尉西谷公館宴集，有詩《西谷館燈宴一首》。

是年春，有《文室盆梅始開漫興二首》《新雨田家》《閑齋對雨作》《題軒下碧桃一首》等詩。

是年春，趙姓官員調任絳縣，有詩《贈趙二尹之任絳縣》。趙二尹，其人不詳，乾隆《絳縣志》卷六《職官》中該年前後無趙姓官員。民國《新絳縣志》卷七《官師表》及康熙《直隸絳州志》亦無。

是年春，與王府宗相裕庵有酬答詩《和裕庵雨後村居之作》《和裕庵端居寫懷之作》。

是年春，又有詩《春日愚公園一首》《春晚背郭園賦》《神女詞二首》《與野老酌花下二首》《舊認串條紅爲碧桃，近得真品，始覺前誤，因喜而賦之》《莫春賢齋作》《雨中栽菊一首》《聽鳥林間悵然感懷一首》《卧病高齋作》等。

是年春，爲同年趙世禄作《故朝列大夫山東布政使司右參議西田趙公墓誌銘》（《孔文谷集》卷十二）。文云："嘉靖辛卯之歲，郡文士舉于鄉者五人，余與焉。其年少而才美，則推西田公。"趙世禄卒于嘉靖四十年（1561），四十二年（1563）歸葬汾州田村。該碑立于嘉靖四十二年三月十八日，民國二

---

①于慎行《明故通奉大夫山西左布政使仙臺李公暨配安人張氏合葬墓誌銘》，《谷城山館文集》卷十九。

②本年度所引孔天胤詩如無特别説明，均出自《文谷漁嬉稿·癸亥卷》。

十三年(1934)出土,原存汾陽郭家莊村趙氏本塋。有"賜進士及第通議大夫河南布政左使前三奉敕命提督關浙學校同郡年生文谷孔天胤撰，賜進士第參政大夫河南提刑按察司僉事奉敕整飭兵備兼理鹽法年生蒙莊王文翰敬書,賜進士第修職郎國子監助教龍洲王緝篆額"字樣。僉事爲正五品，"參政大夫"當爲"奉政大夫"。

是年春,知州吳道南主持創建泮宫亭橋,爲作《創建泮宫亭橋記》(《孔文谷集》卷九)。參與人有同知宋嘉猷、判官馬宗儒、學正林大槐、訓導高岡與李應科。該碑于2011年復刻,後有"明嘉靖四十一年,邑人明嘉靖十一年榜眼河南左布政使孔天胤撰"字樣。

汾州知州吳道南受御史王公嘉獎，爲作《贈太守一川吳公榮膺薦獎序》。稱"我郡守一川吳公,修身以立其位,循理以治其民者也"(《孔文谷集》卷六)。

是年夏四月八日,有詩《四月八日背郭園宴集諸友生,夕雨時至,挑燈夜留一首》《酬裕庵四月八日宴集桐竹山房對雨之作用韻》。

四月十日,有詩《高西泉行年六十,詩以侑觴,時癸亥四月十日》。高西泉,宗賓,其名不詳。詩集中多處提及此人。

四月,戚繼光、俞大猷等破倭于福建。(《明史》卷二一二)

四月十九日,山西按察司副使楊巍升都察院右僉都御史,巡撫宣府。(《明世宗實録》卷五百二十)

五月,爲太原崇善寺重修寫《重修崇善寺記》,碑今立崇善寺内,碑首有"賜進士及第通奉大夫河南布政使司左布政河汾山人孔天胤撰"字樣,碑末記立碑時間爲"嘉靖四十二年五月吉日立"。雍正《山西通志》卷一百六十八:"崇善寺,在城東南隅,舊名白馬寺,後掘地得石碣,復改名延壽。明洪武初拓築新城于寺外。十四年,晉恭王薦母高皇后,即故址除闢。南北袤三百四十四步,東西廣一百七十六步。建大雄殿九間,高十餘仞,周以石欄迴廊一百四楹。後建大悲殿七間,東西迴廊,前門三楹,重門五楹。經閣、法堂、方丈僧舍、廚房、禪室、井亭、藏輪具備。南陰有贍寺地四十頃。洪武間置僧綱司,成化十六年增葺,晉莊王撰記。正德丁丑僧繼然重修,郝本記。嘉靖三十九年重修,題曰'白馬存延壽故址',孔天孕(胤)記。内供大士、文殊二畫像，出自晉藩，相傳吴道了筆。西井樓南有大古碑，高一丈，廣七尺，螭首五尺，卧土中。初名宗善寺，僧不能久居，堪輿家增‘山’字，遂名崇善。土人名新寺。”

是年夏，有懷其弟孔天民詩《夏日端居有懷南宫弟二首》。

是年夏，有詩《林間宴坐偶書》《夏日與友生飲花下》《客有賣花而過小園者，余愛而買之，輒已罄囊，正釋氏所謂障也。乃作此自嘲》《贈别雲樓畫史》《賦得幽人在空谷》《齋居憶大輝上人》《和裕庵落日登樓之作》《覽鏡戲題》《偶書背郭園壁》《寄贈張半山二首。半山善草書，又久不拜官》《在柳川山莊作》。

是年夏，林大槐赴省城修《山西通志》，有詩《送林先生赴省修志一首》。

是年夏，爲卞芷作題畫詩《題卞知事〈萱花榮茂卷〉》《題卞知事〈風木余悲卷〉》。卞芷曾代理汾州知州。

六月二日，聞喜王澄卒，應其子南京湖廣道監察御史王宗舜所請，作《清河縣學訓導封文林郎衛輝府推官西塢先生王公墓誌銘》（《孔文谷集》卷十二）。開篇云：“嘉靖癸亥六月二日，西塢先生王公以疾終于正寢，享年八十有一。”乾隆《聞喜縣志》卷九《古迹·坊表寺觀墳墓附》：“明訓導贈御史王澄墓，在城西五里許張祁斜，布政孔天孕（胤）志銘。子郎中宗堯、御史宗舜祔。”按：王澄（1483—1563），字志清，號西塢先生，貢生，曾任清河訓導。

是年秋，有詩《奉酬西瀛翁見賞園菊之作用來韻》贈王文翰。

是年秋，有詩《林間早秋即事一首》《題庭前黄蜀葵》《題剪春羅花》《古意》《秋日蘭竹館偶書》《再用蒙字奉懷柳川翁一首》《小園籬菊始開，裕庵便携酒見賞，漫此叙酬》《今年園植盡爲風雹所催，獨籬下之叢不減郁馥，霜辰玩之，率爾成句》《自笑一首》《和柳川岩洞之作》等。

是年七月初五，郡人好友張紳卒，爲作《張雲溪先生墓誌銘》（《孔文谷集》卷十二）。文中記載，張紳少年舉業不就，曾游京師、秦府、晉府，後歸汾。與其有交往，“余秀才時見禮于宗老北村翁，時先生在北村翁社中，因相識焉。即余解方伯之印，遂與先生爲方外交。蓋文酒追隨，風雨晦暝而不輟者十年。余情在避喧，先生心亦遠俗，故交也”，“嘉靖四十二年七月初五日，以微恙終，享年六十九歲”。按：張紳（1469—1563），字佩之，號雲溪。其先浙江仁和人，高祖某從王而家汾陽。張紳善畫，康熙《汾陽縣志》卷三《方技》："張紳，善畫，有《八景圖》。各題詩，紀其績。詩載《景致》下。孔文谷《志》八景，有山人張紳畫題，瀟灑不俗。"[①]孔文谷《志》當指孔天胤所修《汾州志》。

七月十九日，小村宗尉生日，有詩《壽小村作時七月十九日》。

中秋節，逢雨，有詩《中秋無月用小村韻一首》。知州吳道南宴集，有詩《酬吳一川太守中秋雨中見枉宴集之作一首》，又有詩《和一川太守中秋雨中行祀馬跑泉祠一首》。

八月十六日生日，宗尉西谷公等爲之作壽宴，有詩《生日承西谷諸公惠宴即席賦酬一首》。王文翰及弟孔天民作詩賀之，有酬答詩《生日寄答南宫弟見壽之作一首用來韻》《和西瀛年丈中秋見壽之作一首》。

是年秋，爲業師馮思翊河底山莊作《題馮師河底山莊一首》。

是年秋，何瑭夫人卒，劉涇爲之作行狀，又因何瑭子何光祖與孔天民同官南宫，任訓導，孔天胤爲之寫《何母周孺人墓誌銘》。文云："而孺人以老疾終。時爲嘉靖癸亥七月八日，享年八十有八。"其中對何瑭生平有較詳細的記述（《孔文谷集》卷十一）。

是年秋，刻劉涇《晉陽稿》，並作《次山晉陽稿序》（《孔文谷集》卷六）。序云："次山先生劉公，自御史按部太守，褰帷以至，移鎮我冀南。有所歷覽，必興感賦詩。雖篇章殊制，要之皆温厚平達、中正和樂之言。由其言以觀其志，亦因以徵其材智，則材足以濟一世，智足以周萬物。固皆已試之效，而攸言之踐矣。"劉涇《晉陽稿》今不存。

是年秋，平陽劉廷臣母七十壽，有詩《壽平陽劉進士母氏七十一首》[②]。

是年秋，户部右侍郎霍冀赴任南京，有詩《送霍思齋侍郎之留都》。是年三月，户部右侍郎霍冀曾被彈劾。（《明世宗實録》卷五百十九）

冬十月，劉涇被彈劾罷官，將南歸懷慶，孔天胤有詩《送次山劉公南

---

①又見順治《汾陽縣志》卷一《土地志·景致》。所謂八景，即鶴鳴古洞、馬跑神泉、卜山書院、汾水行宫、煙籠賢閣、雨漬石碑、文湖漁唱、彪嶺樵歌。卷四有張紳題八景詩。

②嘉靖三十六年，劉廷臣母親林氏七十四大壽，此處又七十大壽，或爲其嫡母吉氏。

還》。頸聯云："兩郡分符同吏治，五州開府盡民安。"其中"兩郡"指劉涇曾任陝西鳳翔和山東登州知府。劉涇曾任山西按察司副使，整飭潞安兵備，分巡冀南。順治《潞安府志》卷三《建置二》："明初以州治，未設節鎮。嘉靖初，青羊變後，用諫臣議，升州爲府，始設冀南兵巡道，以本省按察司官領之，統本府及澤、沁、遼、汾四州，故稱五州。"究其被彈劾原因，《明世宗實録》卷五百二十六嘉靖四十二年十月："丁巳，吏科都給事中趙灼等奉旨糾劾貪肆藩臬有司山西右布政耿隨朝、行太僕寺卿焦璉、副使劉涇、沁州知州宋玿、河東鹽運副使王秩……"墓表中所述落職原因與之不同："朝議方擬公可屬大事，言者不察，誤以公前保沐國公事疵之，公殊不辯，遂落職歸。"①"沐國公事"指劉涇任貴州道監察御史時，曾巡按雲南，參與沐國公繼承人選之事。謝榛也有詩《送劉兵憲叔清歸覃懷》②。

是年冬，有詩《冬日入室》。收到弟天民從南宮寄書，有詩《喜南宮弟書至因便寄答二首》。

故人李九河來訪，距上次嘉靖三十五年(1556)相見已隔八年，有詩《喜李山人見訪一首》《相見行贈李山人》《寒夜憶李山人齋居》《除夕共李山人作二首》。《相見行贈李山人》中有"憶有關中初見君，驚看野鶴超鷄群。大梁城裏再相見，恍如玉琰昆山片"句，可知二人相識于陝西，又曾在河南相遇。

是年冬，王文翰再次赴京候選，有詩《送西瀛丈北上》。尾聯云："吳公最著河南治，莫説馮唐鬢已斑。"指王文翰在河南僉事任内力抑强藩，政績卓著，今雖已五十八歲，鬢髮斑白，但仍有馮唐之志。吳公，語出《史記》卷八四《賈誼傳》。

是年冬，收到謝榛寄詩，有酬答詩《寄答謝四溟見懷一首用來韻》。二人神交已久，至此方相互往來。

是年冬，與柳川宗尉及汾村大宗正之間有詩《柳川小洞夜宴用韻》《謝汾村大宗正西園高會韻》。孔天胤曾爲汾村公所建甲第作《甲第贈言》，或

①瞿景淳《山西按察司副使次山劉公墓表》，《瞿文懿公集》卷十二。

②謝榛著、李慶立校箋《謝榛全集校箋》卷三，第172頁，江蘇古籍出版社，2003。

即爲西園(《孔文谷集》卷十三)。

是年，兵部侍郎總督薊遼副都御史楊選詩集成，應太原知府李應元請，爲之作《楊東江詩集序》(《孔文谷集》卷四)。文中有“太原太守祥符李君，廉正不阿，過汾咨余，言此時作者，有督府楊東江公焉，自御史按部畿内，以至兵憲易水，及兩撫雲中，總督遼薊，咸感物而造端，情融而理會”句，可知楊東江爲楊選。李開先有《賀總督薊遼保定大司馬兼大中丞東江楊公五十壽序》(《李中麓閑居集》卷五)。楊選後被殺，孔天胤評謝榛詩《北望五首》第四首云：“時王、楊二總制相繼被殺，觀頷聯，抑謂此歟？”[①]王，指王忬。(楊選小傳見附録)

是年，山西提學副使周斯盛刻《崇正録》，爲作《崇正録序》，篇首云：“學憲際崖周公，校晉之藝，取其文之正者，得如干篇，録爲一書，刊佈以示承學。”(《孔文谷集》卷六)“際崖”應爲“際巖”。

是年，汾州訓導高岡升屯留教諭，爲作《贈雲峰高子掌教屯留序》(《孔文谷集》卷六)。篇首云：“雲峰高子司訓于汾之學也，五年擢屯留縣學教諭。”光緒《屯留縣志》卷四《職官·教諭》：“高岡，安塞人。”

是年，汾州學正林大槐獲嘉奬，爲作《贈學正虚溪林君以賢薦奬序》(《孔文谷集》卷七)。

是年，高陵教諭鄭輅歸汾，爲作《書鄭平川榮歸贈言卷》(《孔文谷集》卷十三)。按：鄭輅(1481—1568)，字宗殷，號平川，曾任韓城、高陵教諭。文中提到鄭輅與馬理、吕東華友善。朱新堤有詩《贈平川鄭先生歸隱》，首聯云：“雲林好鳥飛來倦，老卧隆中意不驕。”(《奕善堂集》下)

爲鄭輅父鄭儀補寫《詩樵先生鄭公墓表》(《孔文谷續集》卷四)。康熙《汾陽縣志》卷三《寓賢》：“鄭儀，吴人，爲端順王師，遂家焉。不干勢利，以詩酒自娱，號詩樵先生。”[②]孔天胤文中也記曰：“先生姓鄭氏，諱儀，字時范，性好吟咏，而樂林丘，因别號詩樵，人稱詩樵先生云。其先吴郡嘉定人也。”

---

①《北望五首》其四：“鼓角昏黄過，關山太白高。往來驕虜數，賞罰聖心勞。俠士惟龍劍，材官幾豹韜。城雲自寒色，時擁漢旌旄。”《謝榛全集校箋》卷五，第238頁。

②順治《汾陽縣志》卷四《隱逸》記載相同。

十月十三日，石州張德化卒。應其從叔、時任順天巡撫的張玭所請，爲作《鄉貢進士吕梁張君墓誌銘》(《孔文谷集》卷十二)。

十一月四日，聶豹卒。聶豹曾任平陽知府。按：聶豹(1487—1563)，字文蔚，號雙江，江西永豐人，有《雙江集》。生平見《明史》本傳。

十一月十五日，郡人劉尚義(號柏山)下葬，爲作《中憲大夫河南按察司副使柏山劉公墓誌銘》，言“余與公等有金蘭之誼”。劉尚義于嘉靖三十五年（1556）卒于官舍，“以嘉靖四十二年十一月十五日葬于南舍之塋”(《孔文谷集》卷十一)。

十二月二十六日，爲參政宋岳生日寫《宴壽贈言序》，題下有注“壽分守宋承山先生”(《孔文谷集》卷六)。序云：“惟時左參政承山宋公，適當其任，亦慶成王襲位之初年，公至。”慶成王襲位之初年爲嘉靖四十一年(1562)，文中又有“蓋一年而風振焉”句，故該文作于是年。文中寫到分守冀南道設于汾陽之原因：“聖天子垂意封疆之臣，簡迪鴻俊，俾守冀南，開府于汾之陽，以虞宗黨之汰愎也，用坐鎮而彈壓之，是以有專駐之役。”含彈壓宗室之意。

是年，李延康夫人牛孺人卒，爲作《中憲大夫湖廣按察司副使黄岩李公暨配孺人牛氏合葬墓誌銘》(《孔文谷集》卷十二)。李延康于嘉靖三十四年卒。文中有“四十二年癸亥，而元配牛孺人卒”句。

是年，代王好問(號西塘)作《山西通志序》①。開篇云：“晉志之闕久矣。余按部之初，蓋申理之，暨余事竣，而其書二十篇成，是爲山西之通志。”嘉靖《山西通志》刻本後有落款“嘉靖癸亥秋，賜進士第巡按山西監察御史樂亭王好問”。又有《與王西塘侍御》書，提及《山西通志》篇目：“奉聞志目，道中原開十九，今聞林廣文仍撰《帝王》一篇，則其書乃二十篇矣。”(《孔文谷集》卷十五)林廣文，指林大槐，時參與《山西通志》編纂。(王好問小傳見附録)

是年，馮惟訥任山西右參政。據余繼登《明通奉大夫光禄寺卿少洲馮公墓誌銘》：“癸亥，升山西右參政，即自其省爲按察使。公既秉憲，一以强明裁之，吏民見者語次尋繹，皆得其陰伏，凛然無所受私。三晉號曰神君。”

①《孔文谷集》卷四。又見于嘉靖《山西通志》及雍正《山西通志》卷二百一十三。

(《淡然軒集》卷六)雍正《山西通志》卷七十九:“馮惟訥,進士,嘉靖時任右參政,遷按察使,山東臨朐人。”

嘉靖四十三年甲子(1564),六十歲

鄉居。

是年正月，南宫知縣王中孚主持修建南宫縣學，時孔天民任南宫學諭,來信請孔天胤撰述記之。爲作《修南宫縣學記》(《孔文谷集》卷九)。文中有“乃嘉靖甲子正月,知縣王君中孚議所以修正”句。

是年春,與舊友李九河之間有詩《春林即事同李九河作》《和九河春游韻,時予宴坐林間》《閑齋即事呈九河、裕庵》①。

與王北野之間有詩《謝王北野送玫瑰栽》《謝王北野見惠竹栽二首》。王北野,其人待考。

二月,有詩《春寒》《負暄篇》。

謝榛寄詩,有酬答詩《寄酬謝四溟用來韻》:

春深無奈獨臨流,一望天涯生遠愁。芳草殢人還異縣,青山爲客幾同游?賦成修竹梁王苑,詩滿高雲謝朓樓。何日扶邛定相問,楊花撩亂水悠悠。

二月,南京工部右侍郎霍冀任南京兵部右侍郎。(《明世宗實録》卷五百三十)孔天胤有書《與霍思齋兵部》,稱賀其“鴻才駿德,爲世鼎臣”②。

是年二月,山西按察使王繼洛升右布政使。(《明世宗實録》卷五百三十)

二月初六,林大槐誕子,爲作《毓嗣發祥序》。序云:“虚溪先生以嘉靖壬戌,自京師隨牒來署學于汾。其年寇犯興化,先生之妻子突重圍出無恙……明年甲子二月六日,誕生男子之祥。”(《孔文谷集》卷七)

林大槐作《勖勤篇》,孔天胤寫《書勖勤篇後》。文云:“余讀是篇,而知虚溪先生闡求心之要,開入德之門,以誘啓我多士者至肯綮也。”(《孔文谷

①本年度所引孔天胤詩如無特别説明,均出自《文谷漁嬉稿·甲子卷》。

②《孔文谷集》卷十五。又見雍正《山西通志》卷二百一十。

集》卷十三）

清明節後，有詩《清明後邀廣文諸公游憩北溪，時廬溪先生有作，乃率爾奉酬》。廬溪或爲虛溪之誤，林大槐號虛溪。

與參政李僑等郊游，有詩《贈仙臺相公春日郊行宴集一首》。

宗相裕庵與秀才小田來訪，有詩《謝裕庵宗相、小田茂才林中見訪》。又與裕庵之間有詩《含育堂奉和裕庵》。

暮春，有詩《春晚林居呈九河》。

是年春，于東莊夜宴，觀舞，有詩《東莊宅夜宴觀舞四絶》。又有藝人表演繩技，有詩《觀繩戲一首》。

是年暮春，又有《出園中書感二首》《暮春與李逸人、薛茂才行視田園望雨，時小雨適至，戲爲五韻》等詩。

暮春，與宗室西谷之間有詩《春暮背郭園奉酬大宗尉西谷諸公携酒見過》。

三月十九日，西谷生日，有詩《壽西谷賦席上玉蕊花》。

汾州廟會，有《社會二首呈一川太守》詩，述及吳道南之賢。

是年春，陳洪濛升四川右布政使，有詩《寄懷陳抑亭蜀相》[①]。

四月六日，許義生日，有詩《四月六日壽王相葛陂翁賦》。

是年初夏，江都知縣趙訥三年任滿，赴京考績，有詩《陽谿自江都考績過家北上賦贈》。

五月一日，文苑清居落成，有《五月一日清居落成用九河韻》詩。文苑清居在汾陽城北。孔天胤有《園中雜咏十二首》《題文苑清居十二咏》《園約二首》《解嘲一首》《園中賞花賦詩事宜》等詩文，闡釋園主人之志趣（《孔文谷集》卷十三）。文苑清居内列十二景：平霞館、讀書臺、雙樹軒、杏花亭、桐竹山房、長春洞、春草茵、果庵、槐井、藥欄、魚鏡、菊柴。上述景點多次出現于其詩文中。

所謂園約，類似于現在的接待規定。約定如下：

---

①余有丁《都察院右副都御史抑庵陳公洪蒙（濛）墓誌銘》："壬戌春，擢右布政四川，逾年轉左。"焦竑《國朝獻徵録》卷六十二。

主人到園,先上茶一杯,便刈蔬作雜菹一盤,而菹美如前。有酒則傾一二磁同盞,無則啜茶而已。有客到園,必皆賞我趣者,亦先上茶一杯,便刈蔬作菹,共爲四楪。作羹各爲一盂,加肉一品。飯則炊稻,仍加一品麵食也。愚公近戒殺生,故爲黍面而不殺鷄,若市有湯鷄則買之,果酒隨設。果不必備,酒不令空。

《園中賞花賦詩事宜》首先談到了客人來園中賞花宴飲須自付酒菜錢,但原則是"盡歡":

連歲客見過賞花,人持酒金率滿一錢,似太重。自今春賞牡丹、秋賞菊花之時,主人具蒸豚白飯候花下,客過賞者,計人只出金五分,量買果餅酒津貼。務在盡歡,不復有八楪四碗蒸粉湯之俗氣也。

第二段體現作者的詩學觀點:

詩以達性,然須清遠爲尚。西原薛子論詩,獨有取于謝康樂、王摩詰、孟浩然、韋應物,言"'白雲抱幽石,緑篠媚清漣'①,清也;'表靈物莫賞,藴真誰爲傳'②,遠也;'非必絲與竹,山水有清音'③,'景昃鳴禽集,水木湛清華'④,清遠兼之也"。總其妙在神韻矣。愚公志。

薛蕙詩説見《西原先生遺書》卷下《論詩》:

曰清曰遠,乃詩之至美者也。靈運以之,王、孟、韋、柳抑其次也。"白雲抱幽石,緑篠媚清漣",清也;"表靈物莫賞,藴真誰爲傳",遠也;"豈必絲與竹,山水有清音","景昃鳴禽集,水木湛清華",可謂清遠兼之矣。

---

①句出謝靈運《過始寧墅》,見顧紹柏校注《謝靈運集校注》第41頁,中州古籍出版社,1987。

②句出謝靈運《登江中孤嶼》,《謝靈運集校注》第83頁。

③句出左思《招隱二首之一》,《古詩鏡》卷三。薛蕙《論詩》,"非"作"豈",見《西原先生遺書》卷下。

④句出謝混《游西池》,沈德潛《古詩源》卷九。

清代王士禛（漁洋）倡導"神韻説"，發現孔天胤比他提出更早。《池北偶談》卷十八：

> 汾陽孔文谷云："詩以達性，然須清遠爲尚。薛西原論詩……清遠兼之也。總其妙在神韻也。""神韻"二字，予向論詩，首爲學人拈出，不知先見于此。

又在文苑清居東邊增置"東樹園"，作《增置苑東樹園記》。寫有《園中録語》（《孔文谷集》卷十三）。

是年夏，有詩《理園廬作》，又有詩《小園集景一律與畫史郝近山》及《贈郝畫史》。郝近山，山東定陶人，曾爲文苑清居作畫。

李九河將往弘農（今陝西潼關境内），有詩《送九河游弘農謁其先人舊治》。由孔天胤詩《相見行贈李山人》首聯"憶有關中初見君，驚看野鶴超鷄群"，可知李九河先人曾在弘農任職。

山西右參政馮惟訥過蒲州，曾寫詩《柬孔文谷二首》①，孔天胤一直未回，至此方作《馮少洲參知往過蒲坂寄詩見懷，今始奉和呈省中》。另《與馮少洲大參》信中亦提及此事："往車駕度蒲坂，承寄懷鄙人。"（《孔文谷集》卷十五）

五月十六日，慶成王長子朱新堤（小溪）卒，年僅四十一歲，孔天胤作《慶成王長子小溪君墓誌銘》。哀其早逝："擲金聲于地下，埋玉樹于土中。惜天下之寶沉淪，嘆人間之世短促。"（《孔文谷集》卷十二）

是年夏，生病，有詩《連日不嗛于口戲成短言》，句云："食麵如嚼木，食米如啖沙。"宗室西谷、柳川、小村送玉李，有詩《謝西谷柳川小村見惠玉李》謝之。又有《合藥一首》。

三伏天，有詩《伏日林間二首》《睡起即事一首》。

六月二十日，静川宗尉生日，有詩《六月廿日壽静川宗尉作》。

六月二十一日，立秋，有詩《立秋日偶書二首》。

是月，天氣炎熱，有詩《苦熱行二首》。

六月，山西巡撫楊宗氣升南京户部右侍郎，總督南京糧儲。毛鵬繼任。

---

①俞憲《盛明百家詩·馮少洲集》。

十月，毛鵬罷，萬恭繼任[1]。按：毛鵬，直隸棗强人，嘉靖丁未進士。萬恭，江西南昌人，嘉靖甲辰進士。

是年秋闈，林大槐典試浙江，孔天胤有詩《送林先生典試浙江一首》。又有《與林虚溪先生》書，提及文集"小刻完矣，全仗珠玉之光，乃先印十册，及題扇一柄呈覽"（《孔文谷集》卷十五）。

是年秋，尚有《塞上曲二首》《秋氣篇二首》《蓬蒿園即事二首》《秋意二首呈南公》《東籬行》等詩。

七夕，有詩《七夕詞四首》。

七月十四日、七月十九日爲柳川與小村生日，有詩《七月十四爲柳川誕日，十九爲小村誕日，詩焉共壽》。

友人應鄉試，有詩《送友人入試》。

是年，弟天民升山東東明縣知縣。乾隆《東明縣志》卷四《職官》："孔天民，山西汾州人，由舉人嘉靖四十三年任。"

趙訥升刑部主事，有《送趙孟敏由江都宰擢刑部主事》詩。

是年秋，與小村宗室在下莊寺游賞，有《和小村下莊寺游覽見寄一首》，首聯云："人已紛紛較短長，何如静裏覓空王。"空王，指空王崇拜。據康熙《汾陽縣志》卷四《仙釋》："空王佛，陝之馮翊人，其先出太原榆次，俗名田志超。生時異香滿室，方孩即喜禮佛。年十七，父母爲擇娶，不納。披剃游天下，退而修煉石室山後。……倏爾霧開，恍見金字牌，云'空王古佛'，太宗乃詔賜空王佛號。"

七月，由山西巡撫楊宗氣、山西提學副使周斯盛主修的嘉靖版《山西通志》刊行，楊宗氣《山西通志序》中寫道："嘉靖辛酉，予奉命來撫是邦，首詢及之，喟然嗟咨，欲成兹盛舉，以戎事孔棘未遑也。壬戌春，憲副周君斯盛以督學至，遂以屬之。而周君時從左使吴君三樂胥與商訂，於是立例以正義，提綱以表巨，咨逖以搜遺，召學正林大槐任編纂，而二君手爲之删潤焉。凡歷七月而書成。"又提到"近有修者，歷二十年所未克就編"，即指潘高等人所修《通志》。文末題："嘉靖四十三年，歲在甲子，秋七月吉，賜進士

①吴廷燮《明督撫年表》卷二《山西》。

奉敕提督雁門等關兼巡撫山西地方都察院右都御史關西延州楊宗氣書。”

是年，林大槐因參與纂寫《山西通志》受嘉獎，爲作《旌賢叙語》云：“明晉志之闕者，百年比修之而無效者，復十有餘年。經先生總攬獨運，搜遺補漏，考異定同，注記編纂，簡贍閎該，不半載而成一家之言，垂三晉之信。”（《孔文谷集》卷七）

八月，兩京及各布政司舉行鄉試。

八月十五日，羅洪先卒，年六十一[①]。按：羅洪先（1504—1564），字達夫，號念庵，江西吉水人。嘉靖八年（1529）進士第一。有《念庵羅先生文集》，今人徐儒宗編校爲《羅洪先集》。生平見《明史》本傳。

八月十六日，弟孔天民寄來祝壽詩，有《乾石弟寄詩見壽漫此寄答》詩，又有詩《奉辭諸公舉酒見壽二首》。

九月，皇甫濂卒，年五十有七[②]。

是年冬，汾州知州吳道南入覲，爲作《贈太守一川吳公入覲序》，序云：“嘉靖甲子之冬，一川吳公當以例入覲大廷，僚吏設祖帳拜送，徵外史氏爲文以叙。”（《孔文谷續集》卷一）

是年冬，王文翰任山東按察司僉事，分巡海道，駐萊州，孔天胤有《送西瀛丈分巡海道》詩。

十月十日，王北野生日，有詩《壽王北野隱居》。

是年冬，與宗室柳川等人之間有詩《歲暮憶柳川丈山居二首》《葛陂静川石村見過文苑清君對雪》《寄題柳川翁幕草山房用原韻》。

是年冬，參政李僑升任四川按察使，作《贈參知仙臺李公擢四川按察使序》（《孔文谷集》卷六）。又有詩《贈廉憲仙臺公之蜀》。

是年，應給事中忻州王治所請，爲其父母寫《篤行貞節傳》，文云：“公歿後，若干年有子曰治，登進士，上第給事。”（《孔文谷集》卷十三）王治父王鎧

①徐階《明故左春坊左贊善兼翰林院修撰贈奉議大夫光禄寺少卿謚文恭念庵羅公墓誌銘》，《世經堂集》卷十八；又見徐儒宗編校整理《羅洪先集》附録一。

②皇甫汸《水部君墓誌銘》，《皇甫司勳集》卷五十七。

(1502—1538),字文濟,號守拙。母檀氏。事見張四維撰墓誌銘[1]。王治曾于嘉靖四十一年(1562)受命册封慶成安穆王。孔天胤又有書信《與王心庵掌科》云:“然于先公幽光,太夫人之貞淑,實不能寫其萬一。”(《孔文谷集》卷十五)

七月二十三日,趙訥父卒,十二月二十七日葬。爲之作《敕封文林郎江都縣知縣前清苑縣主簿致仕恭孝先生岐山趙公墓誌銘》,詳述其生平(《孔文谷集》卷十二)。

是年九月十七日,好友王緯、王緝母親卒于廣平,爲之撰《王母太安人張氏墓誌銘》。文云:“太安人乃就養廣平,到廣平三日而卒。時嘉靖四十三年九月十七日也,享年七十有九。生於成化二十二年五月二十八日。”(《孔文谷集》卷十二)其中對王緯、王緝生平記述較詳,並詳述王母功績:“初,王氏以武略興,歷世但守轄而已。至以科第起家,而光大之,實自太安人始也。”另寫有《祭王母太安人張氏文》(《孔文谷集》卷十六)。

寧武關都督府修題名碑,作《寧武關督府題名記》。文云:“今都督董公,謂自移鎮以來,大將名氏不可無記。乃琢石作題名碑于庭,因徵記于外史氏。”(《孔文谷續集》卷四)乾隆《寧武府志》提及嘉靖間有宣府前衛人總兵董一奎者,即都督董公。董一奎作戰勇敢,萬曆《山西通志》卷二十七《野史》有一則《西門大戰》,即講董一奎與蒙古軍隊大戰之事。

十一月二十三日,鄉寧王與齡卒,年五十七[2]。

是年歲暮,林大槐赴京參加來年春會試,群弟子相送,孔天胤代寫序言《贈虚溪林先生會試序》,開篇云:“嘉靖四十三年天開甲子,皇上維新景運,丕闡文明,以明年乙丑會試,詔禮闈于取士焉,徵之。”(《孔文谷集》卷七)又有詩《送林虚溪學正會試》。

是年刻《文谷漁嬉稿》一卷。

---

①張四維《贈文林郎吏科都給事中王公暨配封太孺人檀氏墓誌銘》,《條麓堂集》卷二十七。

②張四維《湛泉王公墓誌銘》,《條麓堂集》卷二十八。

嘉靖四十四年乙丑(1565),六十一歲

鄉居。

趙訥丁憂。王緯、王緝兄弟丁憂。

春節,有詩《元日試筆》[1]。

二月,高拱、胡正蒙主會試,取陳棟等四百人。(《明世宗實録》卷五百四十三)

林大槐會試落第。

三月,范應期、李自華、陳棟等三百九十四人進士及第,出身有差。(参見《嘉靖四十四年進士登科録》)

是科知名人物及山西中進士者有:歸有光(直隸蘇州府昆山人)、韓楫(山西蒲州人)、沈鯉(河南歸德衛人)、温純(陜西三原人)、陳文燭(湖廣沔陽州人)、許國(直隸徽州府歙縣人)、賀一桂(江西廬陵縣人)、成憲(直隸薊州衛人)、張學顔(廣東瓊山人)、查鐸(直隸寧國府涇縣人)、張更化(山西汾州人)、褚鈇(山西榆次人)等。

三月,嚴世蕃伏誅。(《明世宗實録》卷五百四十四)

是年寒食節,謝榛過汾拜訪[2]。孔天胤作《寒食喜謝四溟至率爾賦呈》,句云:"上黨隔年期,西河今日果。欣忘喜倒迎,幸顧席虚坐。"謝榛《至汾州會孔方伯汝錫園亭同賦》云:"神交太宇間,萬里猶咫尺。道在無貴賤,杖黎隨所適。天風吹高雲,關山詎相隔? 良晤慜平生,論心在松柏。"馮惟訥評點此詩:"二君勝會可待,况詞格古健,足標矣。"此前二人已經有詩唱和。

該年二人有唱和詩各數十首,從春天一直持續到秋天。孔天胤詩春有《清明日西園同賦》《清明後一日園亭雨集呈四溟得分韻文字二首》《奉和四溟園亭對雪一首》《奉和四溟暮春北園六韻》《三月三日邀四溟徵君宴背郭園賦》《家有老驥伏櫪蒙諸公咏嘆和此一篇奉答》《三月初九日壽四溟

①本年度所引孔天胤詩如無特别説明,均出自《文谷漁嬉稿·乙丑卷》。

②光緒《汾陽縣志》卷五《流寓》:明謝榛,字茂秦,臨清人。與汾州孔文谷方伯天允善。嘉靖四十四年來汾州,有會方伯園亭詩所謂"辛苦塞上來,留兹孔融宅"也,載《四溟山人集》。《文谷集·寒食喜四溟至》詩云:"上黨隔年期,西河今日果。"

賦》《三月十有一日園植始芳適枉四溟諸公小集分韻得陽字》《三月辛酉夜大風有感同四溟老賦》《同四溟吊望郭有道墓公舊宅在郡,今爲天寧寺,而墓在介山》《贈健庵使君參藩兩浙同四溟賦》《庭樹有花與四溟對酌同賦分得來林二韻》《同四溟對梨花桃花有感各一首》《和四溟原倡二首》《春日郊行觀社呈四溟二首》《奉和四溟雨中送春》等,夏有《奉和四溟雨夜感懷次日立夏》《四月一日同四溟對薔薇作》《瓶中牡丹同賦唐人以牡丹爲木芍藥》《和四溟觀種菊一首》《初夏園集分得郊明二韻》《首夏七日與四溟游覽峪中宴于柳川池亭用小村韻》《折園中牡丹送謝四溟》《林亭同賦在柳川園》《折園中牡丹送謝四溟》《折園中芍藥送四溟館》《奉答上黨大宗正雲峰達軒寄四溟兼見懷之作用韻》《奉和四溟端陽懷古一首》《夏日端居呈四溟四首》《郊游篇附溟老百花歡》《沈園壽詩同謝山人賦》《奉和德平王兼寄壽同謝山人賦》[1]《喜承山公莅鎮十一韻同謝徵君賦》《伏日會四溟諸公作》《冗中漫書呈四溟一首》,秋有《六月廿三日雨雹作同四溟》《四溟以詩嘲不送酒漫答解之》《送酒篇答客居也》《和四溟七夕感懷三首》《積雨憶四溟丈》《七月十七日登龍岡龍洲西樓四溟首倡秋字各得二首》《秋風歌和四溟作》《陰騭篇爲四溟作》《憶昔行贈别四溟先生》等。由《三月初九日壽四溟賦》,可知謝榛生于三月初九。

謝榛有《賦得姑射仙人歌呈孔汝錫詞丈》《柳川園亭宴集同孔老賦》《寄孔方伯汝錫》《游水竹園孔丈同賦》《孔宅賞榴花得清字》《北園同孔老賦得風字》《初伏孔宅招飲，坐有五客》《中秋宿來遠店無月懷孔老》《虜後懷孔方伯汝錫》《次汝錫夏口宴社友之韻》《次孔丈冗巾漫書之韻》《清明游西園有感》《清明後一日愚公同對雪，賦得微字》《北園春集同孔汝錫賦得花字》《寄孔方伯汝錫》《寒食背郭園宴集同孔丈賦》《次孔丈對花二韻》《孔宅賞牡丹同賦》《三月三日集北園孔老同賦》《和孔老登萬佛樓》《留别孔丈汝錫長歌行》《吊郭有道墓》等[2]。

---

①德平王,名朱允梃,沈惠王第二子,謚榮順。有《集書樓稿》,不存。參見乾隆《潞安府志》卷十二、光緒《長治縣志》卷四。

②上述詩俱見謝榛著、李慶立校箋《謝榛全集校箋》。

謝榛《寄孔方伯汝錫》詩尾聯："應憐玉堂月，游宦老方城。"自注："楊方城于狀元督學，止于左轄；文谷以探花（當爲榜眼）外宦，相類。"孔天胤評點此詩："詩自好詩，人則不敢當。"

謝榛游歷山西期間詩歌編爲《適晉稿》，孔天胤與馮惟訥共同批點。陳允衡《適晉稿跋》云："《適晉稿》六卷，謝山人癸亥至乙丑客山右所作，北海馮少洲大參惟訥、河汾孔方伯天胤批點校梓。"①

王世貞詩《得謝茂秦寄新集，時孔汝錫、馮汝言二公爲刊定》：

十載蘭心托路岐，凌雲彩筆健誰知。還尋玄晏先生序，共表邯鄲幼婦辭。不盡交游天並老，重來作者世應遲。君看黨錮中興解，可忘龍門御李時。②

據明人王兆雲所輯《皇明詞林人物考》"謝榛"條，謝榛在山西時，與孔天胤的唱和詩曾編爲一集："舊在山西時，汾州孔天胤賡和曰《同聲集》，其風益下，不如孔也。"（《皇明詞林人物考》卷九）王兆雲認爲謝榛在汾州期間所作詩歌，不但不及其前期作品，甚至不及孔天胤。

謝榛離去後，孔天胤寫有《與詩人謝四溟》書（《孔文谷集》卷十五）。

《答宗老雲峰翁》或作于該年（《孔文谷集》卷十五）。雲峰，上黨沈王府大宗正。

是年春，與宗室静川之間有詩《暮春北園宴坐用韻》。

有詩《寄曹紀山中丞》懷念曹忭。時曹忭已革職閑住（《明世宗實録》卷五百十九）。河東薛生帶來曹忭書，有《贈薛生》詩。詩題自注："薛生，河東人，自荆門持紀山書來。"薛生善書畫，曹忭命其號曰"筆鋒"，孔天胤有《書筆峰册》文（《孔文谷集》卷十三）。

三月，分巡道按察司副使張柱（號健庵）升浙江右參政，有詩《贈健庵使君參藩兩浙同四溟賦》。按：張柱，山東壽光人。（小傳見附録）

三月十九日，宗室西谷生日，有詩《三月十九日壽西谷》。

是年春，又有詩《寄懷慶雲上人》。按：謝榛有《慶雲上人歌》，題下自

①《謝榛全集校箋》卷二十五，第1362頁。

②王世貞《弇州四部稿》卷三十九《詩部》。

注:“上人姓王氏,兩淮運副之子,慶成王府儀賓。夙好佛,縣君早卒,遂棲隱卦山之西,有宗風焉。”①

四月七日,有詩《四月七日贈王相葛陂翁》贈許義。

四月八日,有詩《四月八日水竹園同賦》。

四月十二日,李廷儒八十歲壽,有詩《四月十二日壽鴻臚李公》。李廷儒曾任鴻臚寺序班。

四月,爲南京工部右侍郎陳堯紫薇園題詩《寄題陳梧岡侍郎紫薇園》,陳堯有答詩《酬前二首》,今見于孔天胤詩集。陳堯現存文集無詩,據此可補其不足。

四月二十四日,集李氏園,有《四月廿四日集李氏園遇雨忽晴分韻得青山》《賞李氏白芍藥》等詩。李氏,當爲李廷儒。

平遥知縣張稽古升岢嵐知州,有詩《贈平遥令張君擢守岢嵐一首》。光緒《平遥縣志》卷七《職官》:“張稽古,蒲城人,舉人。升山西參議。”雍正《山西通志》卷八十八:“張稽古,陝西蒲城人。嘉靖間以舉人任岢嵐州知州,戇直不畏强御。嘗按都御史楊順誣殺沈練事,卒擬以法,順繫獄死。後歷本省按察使,晉藩常侍欲以事干之,固請游别墅,終弗許。次日以盛饌來饋,悉委棄溝壑中,還其器,其剛介如此。祀名宦。”

四月二十九日,有詩《四月晦日宴社中諸公作》。晦日,農曆每月最後一天。

四月,吏部尚書嚴訥、禮部尚書李春芳並兼武英殿大學士,預機務。

是月,致仕大學士袁煒卒②。

汾州同知趙宗儒(南岡)受巡撫萬恭嘉獎,爲作《贈别駕南岡趙公賢能膺獎序》(《孔文谷集》卷六)。開篇有“嘉靖乙丑之春……南岡趙公來補同知”句。乾隆《汾州府志》卷八《職官·同知》:“趙宗儒,陝西耀州人,嘉靖四十三年任。”

①《謝榛全集校箋》卷二,第65頁。

②吕本《光禄大夫柱國少傅兼太子太傅户部尚書建極殿大學士贈少師謚文榮袁公煒墓誌銘》,《期齋吕先生集》卷十一,焦竑《國朝獻徵録》卷十六。

五月，林大槐擢南直隸懷遠縣令，有《贈學正林虚溪先生擢任懷遠序》，文云：“嘉靖四十四年乙丑五月，汾學正虚溪先生林公擢懷遠縣令。”（《孔文谷集》卷七）林大槐赴任，有詩《贈别虚溪先生之任懷遠二首》。謝榛亦有詩《送林廣文茂德宰懷遠》①。

端午節，有詩《五日邀諸公宴叙一首》《奉和四溟端陽懷古一首》。

五月二十六日，汾村宗正生日，孔天胤有詩《五月廿六日壽汾村宗正》。

是年五月，尚有詩《咏榴花分得秋字》《題劉魯峰壽萱圖》《裁衣行戲作》《青樓曲二首》《宫詞二首》《伏日登萬佛樓》《避暑春谷庵輝上人便留宴坐》《仙槐觀訪王全真道士》《游長春觀登鶴鳴古洞聽鶴》等。萬佛樓，在天寧寺内，光緒《汾陽縣志》卷九《古迹》：“長春觀，在縣西十里田村之鶴鳴洞。游人拍手，洞中應聲若鶴唳，因以名焉。元初張真一號丹華子居此，中統中增建殿閣。”今長春觀僅存遺址（參見《汾州滄桑》）②。

是年五月，左參政宋岳駐汾。萬曆《汾州府志》卷七《官職類·部使》：“宋岳，浙江餘姚縣人，嘉靖辛丑進士，由郎中歷升左參政，嘉靖四十四年駐扎。”二人唱和詩頗多，孔天胤有《喜承山公莅鎮十一韻同謝徵君賦》《奉咏承山館清宴用韻》《奉和承山相公枉駕王龍岡西園即景論心之作》《奉和承山翁秋堂夜雨暢然有作之章並序》《奉酬承山相公題扁城下小園爲汾上行窩兼枉駕咏言》《奉和承山相公枉駕北園即事二律》《奉和承山公中秋北溪之作》等。宋岳五十九歲生日，有詩《壽承山相公二十韻》。宋岳無詩文集傳世，孔天胤詩集中存有部分酬答詩，可補其研究文獻之不足。

宋岳築樓曰“瞻遠”，爲作《瞻遠樓詩序》云：“啓窗西望，有皇祖中丞公，皇考督府府君之封樹焉。”（《孔文谷集》卷七）皇祖中丞公指宋冕，鄖陽巡撫。

六月十五日，爲詩集《漁嬉稿》寫《自叙》。交代詩集名稱來歷：“張平子《歸田賦》曰：‘追漁父以同嬉。’嬉者樂也，樂則生矣，生於心而宣于言也。

①《謝榛全集校箋》卷十六，第748頁。

②李應傑《田村長春觀》，王愷仁、劉瑞祥主編《汾州滄桑》第二卷，北嶽文藝出版社，2000。

屬言于草，則有稿存焉耳。”又作《漁父説》云：“愚公歸釣大陵之西、涝浦之南，爲汾汀漁父……其野莽蒼，其濱寂寞，鳥獸之過我者，日數百而不驚，除罔兩問景，絶無與晤談者，而後嗟斯人之孤也，於是作《漁父》篇以自表焉。”

六月二十日静川宗尉生日，有詩《壽静川宗尉十韻》。嘉靖四十三年(1564)有詩《六月廿日壽静川宗尉作》(《文谷漁嬉稿·甲子卷》)。

六月，四川左布政使陳洪濛升貴州巡撫。(《明世宗實録》卷五百四十七)實録中“蒙”當爲“濛”。孔天胤有《與陳抑亭中丞》書(《孔文谷集》卷十五)。

是年，爲鎮康王白鹿原題詩《題鎮康王白鹿園》。按：鎮康王，朱恬焯，號西岩。乾隆《潞安府志》卷十二：“鎮康王恬焯，沈憲王第五子。隆慶二年，穆宗敕褒曰‘孝義純良’，謚恭恪。”有《西岩漫稿》。時人對其詩評價甚高，穆文熙云：“王詩調高意永，自是盛唐風味。”謝榛云：“西岩題瞻永樓詩：‘江樓懸樹杪，山色到窗中。’精拔有骨。”[1]

作于是年夏秋間的詩還有《題友人書畫册》《贈西齋養疾西寺平安回府》《三喜篇》《懷山中一首》。《三喜篇》詩題自注：“三喜者，司徒大夫劉公進階受封生子，一時而三事可喜。”司徒大夫劉公，其人不詳。

七月二日立秋，有詩《乙丑七月二日立秋在林間作》。

七月十五日，有詩《七月十五日邀諸公北園雨中宴會得園字》。

七月十七日，有詩《七月十七日登龍岡龍洲西樓，四溟首倡秋字，各得二首》。

七月二十日，慶成安穆王七十歲壽辰，有詩《東王令旦七十祝辭》。

七月三十日，蔡汝楠卒[2]。

七月仲秋，趙康王《居敬堂集》刻成，受其子成皋王之請，作《居敬堂集序》，落款爲“嘉靖歲次乙丑仲秋吉旦，賜進士及第通奉大夫前河南布政左使河汾孔天胤撰”。文云：“維康王在位如千年，日以著述爲事，逮其上賓，

①曹溶《孤本明代人物小傳一》。“西岩題瞻永樓詩”，當爲《題宋參政瞻遠樓》，見謝榛《四溟詩話》卷四。宋參政，即宋岳。

②董份《明通議大夫南京刑部右侍郎白石蔡公墓誌銘》，《董學士泌園集》卷三十六。

篇什累十數萬言……以山愚者岳牧河省，于邦國文獻嘗睹記焉。”①

按：趙康王朱厚煜（1498—1560），號枕易道人，朱高燧家族在彰德（今河南安陽）最具盛名的第六代王。正德十六年（1521）嗣位，嘉靖三十九年（1560）薨。《居敬堂集》由成臯王（朱載埦，號傳易道人）編。穆文熙云：“康王詩雄渾，迥出時作。”錢謙益云：“王性和厚，嗜學博古，文藻弘麗。折節愛賓客，户履恒滿，文酒宴游。有淮南梁苑之風。”②

是年七月，同年廣西右布政使許應元卒③。

八月十六日，六十一歲生日，趙訥寫詩賀壽，有《和答趙陽谿比部自京邸見壽》和之。比部，刑部别稱，時趙訥任刑部主事。沁州張鶴來訪，晚到，有詩《和張鳴遠八月十七日再壽之作》《送張鳴遠見别還沁》。按：張鶴，字鳴遠，號清源。沁州人，張鵬弟。貢生，曾任泰州同知④。

林大槐在懷遠任上頗有政績，不久即卒于任，爲之作《故汾州學正虚溪先生林公誄》（《孔文谷集》卷十六）。

八月，户部侍郎霍冀任山東巡撫（《明世宗實録》卷五百四十九），作《送霍思齋户侍巡撫山東》詩贈之。頷聯云：“司徒執法冠峨豸，督府行營軾畫熊。”對霍冀寄予厚望。

九月九日，慶成王朱慎鍾壽，有詩《九日奉壽宗川》。

九月十六日，有詩《九月十六日視獲西莊對菊小飲》。

是年秋，尚有詩《霜辰書感》《和東臯邊報有感》等。

是年秋，姜子羔（號對陽）任職陝西按察司副使，赴任途中路經汾州，孔天胤有詩《奉贈姜對陽憲副》。句云：“今來明月林中意，卻是故人千里心。”姜子羔係孔天胤浙江任内所取舉人，故稱“故人”。楊博有贈詩《送姜

①此書現藏國家圖書館、上海圖書館及山西博物院，被列入《第三批國家珍貴古籍名録》。又見《孔文谷集》卷六，無落款。

②曹溶《孤本明代人物小傳一》。

③侯一元《明中奉大夫廣西右布政使許公墓誌銘》，侯一元著，陳瑞贊編校《侯一元集·中》，《二谷山人集·近稿》卷五，黄山書社，2011。又見焦竑《國朝獻徵録》卷一百一。

④參見道光《泰州志》卷十三《秩官表上》。

對陽憲副陝西》,張四維也有《送對陽姜大夫提刑陝西序》[1]。(姜子羔小傳見附録)

是年秋,分守參政宋岳鑒于汾州學宫金人王庭筠詩碣漫漶,令重刻。汾州知州王大經、同知趙崇儒請儒生程木模勒,判官楊守公經理摹刻而成[2]。碑爲青石質,長方形。共四通,每通高一百六十三厘米,寬六十八厘米,厚十五厘米。碑文草書,每通共四行,滿行八字,四塊共一百一十二字。現存汾陽市博物館。順治《汾陽縣志》記載詩碑在府學二門外泮池黄華亭[3]。(王庭筠小傳見附録)

九月,前南京刑部尚書顧應祥卒。(《明世宗實録》卷五百五十)

九月,宣大總督江東卒于懷來。

十月,兵部尚書趙炳然總督宣大[4]。

是年冬,有詩《贈别程竺陽》。按:程竺陽,名木,歙縣人,客居汾州。

冬至前,又有詩《乙丑長至之前夕,同龍洲户部及竺陽諸君宴集小田新居,夜深酒闌,歌咏樂甚,因相與賦詩》。

十月,訪王緯、王緝兄弟,有詩《孟冬訪龍岡、龍洲二翁,便留賞雪,即席賦呈》。

十月十日,王北野生日,有詩《壽王北野》。

是年冬,有詩《寄答東明弟》,天民時任山東東明知縣。頸聯云:"陶令思離督郵去,王陽欲戒險途旋。"含勸天民及早歸隱之意。

十一月,臨漳成皋王建遵道書院,受敕封。(《明世宗實録》五百五十二)應成皋王所請,作《敕賜遵道書院記》(《孔文谷集》卷九)。

十二月,山西右布政使王繼洛繼任山西巡撫。(《明世宗實録》卷五百五十三)

作于該年冬的詩還有《壽東谷一首》《送侄受業龍洲,因宴集館下用西皋韻》《閉關一首》《壽東皋翁》等。

年終,有詩《歲暮一首》。

---

①楊博《大椿堂詩選》卷下,張四維《條麓堂集》卷二十二。

②《汾州金石志》。

③順治《汾陽縣志》卷一《土地志》"古迹"。

④吴廷燮《明督撫年表》卷二《宣大》。

是年冬，太原官員爲曾任太原知府的於惟一樹去思碑，時於惟一已離去四年。在傅震、潘雲祥所寫的事迹基礎之上，孔天胤作《太原府知府於公去思碑》，述其八事：定危虞，禱雨澤，急賑濟，修城池，省里甲，興學校，復堂宇，裁行户。且云："是爲嘉靖乙丑之冬，距公去時四閲歲矣。"[①]於惟一之事迹，也見于雍正《山西通志》卷八十八《名宦六》："於惟一，懷寧人，嘉靖間以進士任太原府知府。初下車，會歲比不登，民多流亡，即爲繪圖上請。不待報可，徑發倉廩賑之。後擢陝西副使，去之日，送者塞路。祀名宦。"按：於惟一，字德夫，直隸安慶人，嘉靖癸丑進士。先後任工部郎中、太原府知府、陝西按察副使。傅震，傅山叔祖父。孔天胤文中記其爲進士，誤，傅震僅中舉人，未中進士。潘雲祥，潘高之子。

是年，知州王大經受巡撫萬恭嘉獎，爲作《贈郡守雲石王公賢能膺獎序》(《孔文谷集》卷六)。乾隆《汾州府志》卷八《職官·知州》："王大經，河南南召人，舉人，嘉靖四十四年任。"王大經先後任隴州學正[②]、永寧知縣，是年任汾州知州。

是年，工部右侍郎張玭卒。乾隆《汾州府志》卷十五《人物》："召爲兵部右侍郎，中途疾作，至延津卒。縣令發其行裝，止俸銀十有七兩。"又據《明世宗實録》卷五百四十九嘉靖四十四年八月："庚午，改南京户部右侍郎張玭爲工部右侍郎。"可知卒于該年。張四維有《祭永石張公文》(《條麓堂集》卷三十一)。

是年，王崇慶卒[③]。吉澄爲其撰墓表。

是年刻《文谷漁嬉稿》卷一。

嘉靖四十五年丙寅(1566)，六十二歲

鄉居。

---

①孔天胤《孔文谷集》卷十一。康熙《陽曲縣志》卷十四、道光《陽曲縣志》卷十五作《太原知府於公去思碑記》。

②康熙《隴州志》卷四《職官》。

③瞿景淳《明故資政大夫南京吏部尚書端溪王公墓表》，《瞿文懿公集》卷十二。

王緯、王緝兄弟丁憂。

是年元宵節，有詩《丙寅元夕燈宴呈座上諸公》[1]。

是年春，有詩《丙寅春日》《山居懷古》。

是年春，沁州張鶴贈詩與酒，有詩《寄答張清源詩酒見寄》，又爲張鶴詩集作《清源先生詩集序》(《孔文谷集》卷七)。序中提到的任復庵指任元，嘉靖三十一年(1552)舉人，曾任山東曹縣知縣。又有書信《與沁州張清源》，談及該序言[2]。文中云："先生之兄，起家御史，至廷尉。廷尉之子，能世其業，起翰林吉士、御史、太守、憲副，至僕卿，蓋炳靈有奕者已。"張鶴兄張鵬，字鳴南，號繼源。嘉靖五年(1526)進士，江西道御史，巡按陝西、山東，升大理寺丞。廷尉之子指張鵬子張九功(1528—1565)，字惟叙，號少源，嘉靖三十二年(1553)進士，選庶吉士，授監察御史，歷湖廣副使，晉陝西行太僕寺卿，未任卒[3]。

是年春，業師馮思翊生日，有詩《壽西野翁》。據此詩可知馮思翊生于春季。

是年春，行人穆文熙(號少春)因事過汾州，有詩《奉贈穆少春大行過汾見訪》。(穆文熙小傳見附録)

二月二十日，有詩《二月廿日北園和裕庵見題之作》。

二月二十四日，有詩《二月廿四日壽劉玉泉大尹》。劉玉泉，其人待考。

是年春，宋岳招飲，有詩《奉謝承山公春日惠宴》。是年與宋岳相關的詩有《奉和承山相公同文峰學憲宴集山亭之韻二首》《奉和承翁臨況小堂之韻》《奉和承山相公中秋後四日雨中臨況東谷樓宴之賦》《奉和承山相公宴集龍洲户部西城别館之賦》《奉和承山相公九日登臨太虚勝覽樓宴更移席禪堂悠然有作》等。文峰學憲，指時任山西提學副使陳瑞，任職時間爲嘉靖四十四年(1565)二月，與郭斗同時任山西副使。(《明世宗實録》卷五百四十三)(小傳見附録)陳瑞曾校正嘉靖《山西通志》。

---

①本年度所引孔天胤詩如無特别注明，均出自《文谷漁嬉稿·丙寅卷》。

②《孔文谷集》卷十五，又見雍正《山西通志》卷二百一十。

③張四維《陝西行太僕寺卿少源張公墓誌銘》，《條麓堂集》卷二十六。

三月初　，作《重修天寧寺萬佛閣記》。云："嘉靖甲子之歲，卿老某等始摹化工資，悉心興理。廣殿、長廊、門墻等項皆易朽爲新，焕然改觀。寺後萬佛閣别爲一園，潔爽静深，雕臺秀樹，曲檻回廊。踏閣遐觀，世界寥廓；憑欄俯眺，山水蒼茫。雖處寰中，實居塵外……乙丑秋落成，適分守大參知東越承山宋公登覽稱善，題'太虚勝覽'四字扁其閣，又集黄華老人書爲五言一絶，以紀其游。"（《孔文谷集》卷十）據王堉昌《汾陽縣金石類編》，此碑民國時仍存，文末落款爲"嘉靖四十五年春三月上日，退默顧侗、懷玄履素、玉涔樵隱、金庭羽客、前河南左布政孔天胤撰"。據記文可知，天寧寺建造始于嘉靖四十三年（1564），四十四年（1565）秋修成，是年方立碑。

按：天寧寺，傳爲郭泰舊宅。順治《汾陽縣志》卷一《寺觀》："在東郭西之北隅……參政宋公岳重修之，扁題'太虚勝覽'，郡人王緝代書，孔天胤爲之記。"康熙《汾陽縣志》卷四《仙釋》："善昭禪師，住太子院，即今天寧寺。"雍正《山西通志》卷五十八："郭林宗宅，東郭天寧寺有遺址。有道先生嘗設教于汾，天寧寺即其地。"雍正《山西通志》卷一百六十九："天寧寺，在東郭西北隅，相傳郭林宗故宅。唐始建寺，名大中，宋名太子院。嘉靖八年修……内有萬佛樓，參政宋岳重修，郡人王緝書，孔天孕記。"乾隆《汾州府志》卷二十四記載類此。孔天胤有詩《同四溟吊望郭有道墓，公舊宅在郡，今爲天寧寺，而墓在介山》①。裴邦奇游汾，有詩《登天寧寺萬佛樓》（《巢雲詩集》卷四）。天寧寺原位于今汾陽東關舊城北隅之木橋街、寺巷街相交的丁字口之北，是明代以來汾州重要的寺廟，今已不存②。

三月初五，王緝生日，有詩《三月初五日壽王龍洲親家》。王緝女許配于孔天胤子孔階。

三月初九，爲謝榛生日，作《寄壽謝四溟》詩。是年秋又有詩《寄酬謝四溟暮秋見懷》。《與詩人謝四溟》書或作于是年（《孔文谷集》卷十五）。

三月十一日，有詩《三月十一日宴北野山莊題于小洞》。

---

①孔天胤《文谷漁嬉稿·乙丑卷》。

②參見李應傑《東關天寧寺》，王愷仁、劉瑞祥主編《汾州滄桑》第二卷，北嶽文藝出版社，2000。

三月十九日，宗室西谷生日，有詩《壽西谷大宗尉》。

是年春，弟天民由山東東明知縣任上寄詩，作《寄東明弟見春日之懷》。不久天民卸任，又有詩《喜東明弟還山詩十首》[1]。

是年，趙訥丁憂，孔天胤與趙訥唱和詩頗多，春有詩《答陽谿見寄介山游覽之作》，本年還有《喜陽谿見訪同二王丈作》《謝陽谿見壽林間》《寄題陽谿郭西草堂用韻》《和趙陽谿樂壽園即事之作》。後三首作于是年秋。

是年春，巡按御史陳旌過汾州，孔天胤有詩《贈陳瀛南侍御行部至汾》。雍正《故城縣志》卷二："陳旌，更名桂，嘉靖丙辰科進士，任山西平陽府推官，升監察御史，終江西饒州知府。"

是年春，有詩《效胡青厓方外之作》。王緯生子，有詩《題王龍岡喜生貴子圖》。

三月，吏部尚書郭朴兼武英殿大學士，禮部尚書高拱兼文淵閣大學士，預機務。按：高拱(1512—1578)，字肅卿，號中玄，河南新鄭人。嘉靖二十年(1541)進士，歷官中極殿大學士。神宗即位，以"專權擅政"罪，斥逐"回籍閑住"。著有《高文襄公集》，生平見《明史》本傳。

張居正爲翰林院侍讀學士(《明世宗實録》卷五百五十七)。

四月十九日，抗倭名將張鈇卒[2]。

四月二十七日，有詩《四月廿七日山泉宗尉邀賞西園紅藥偶然二首》。

四月末五月初，有感于石榴花盛開，有詩《庭許榴花盛開，酌言玩之，率爾成句》。

是年五月，洪朝選任山東巡撫。(《明世宗實録》卷五百五十八)孔天胤有書《與洪芳洲中丞》(《孔文谷集》卷十五)。

五月，汾州舉人楊萼累試不第，出任陝西麟游知縣，孔天胤有《送楊古峰之任麟游》詩。

---

①乾隆《東明縣志》卷四《職官》："孔天民，山西汾州人，由舉人嘉靖四十三年任。朱文科，福建蒲田人，由舉人嘉靖四十五年任。"可知孔天民卸任在是年。

②蔡雲程《明浙江參將劍崖張公墓誌銘》，見馬曙明、任林豪主編《臨海墓誌集録》，宗教文化出版社，2002。

約六月底或七月初，李渤（號澗南）六十壽，孔天胤有詩《贈李澗南斷事六十》。此後集中常見爲其祝壽詩。李渤七十歲生日時，爲作《澗南李公七十序》。序云："澗南李公，實有謙德，弱冠嘗與余同學。見其孝友著于家庭，忠信篤于朋友，非義不敢爲，非禮不敢動，簡默而清修者也。及游太學，貳武定，司斷大寧，志行一無所移，確乎其有守也。"（《孔文谷續集》卷三）據此可知李澗南即爲李渤。

約六七月間，王緯生日，有詩《王龍岡生日席間賦》。

竹軒宗尉納妾，有詩《竹軒宗尉納雙寵用韻戲贈四首》。

七月十四日，柳川宗尉生日，有詩《寄柳川生日七月十四日》。該詩後一首爲《贈小村宗尉華誕六旬》。據此可知小村生于正德二年（1507）七月十九日。另有和小村詩《聽美人彈琵琶和小村》《和小村山居南字韻》。

七月十五日有詩《七月十五日夜望月》。

汾州人張更化（號玉岡）出任南陽推官，有詩《送張玉岡節推之南陽》。（張更化小傳見附録）

是年秋，有詩《林間宴坐五首》，句云："今日林中影，他年陌上塵。""寥寥空宇内，勝有一閒人。"

七月二十日，爲慶成王生日作《慶成王誕日奉壽》詩。據《慶成安穆王神道碑》："王以嘉靖四十一年襲爵……生於弘治九年七月二十日。"據此可知該詩寫作年月。

作于該年秋的詩還有《秋晚園居酬郡守諸公見枉》《喜徐君謝官王門漫贈口號》《和東皋題竹軒喪寵之作》《病起四首》《對北園芙蓉作》《題高貞婦陳氏册》《答程竺陽暮秋咏懷》《别駕南岡谷峰過訪對菊率爾咏酬》《秋懷詩二十首》等。

八月九日，爲周倫生日作《壽周兑川上舍》詩。據孔天胤《國子監生兑川周君墓誌銘》："（周倫）生於正德九年八月九日。"（《孔文谷續集》卷四）

八月十六日生日，有詩《謝陽谿見壽林間》。

是年九月，西北城樓修成，參政宋岳邀請孔天胤、王緯、王緝、孔天民等人觀覽。孔天胤有詩《承山相公新作西北城樓，召宴郡中文士，左史胤與焉，因敬賦詩以紀其事》，宋岳有《乾樓成，奉邀郡中四君子眺叙》詩，王緯、王緝、孔天民均有和詩。另有時任刑部主事的趙訥所寄詩一首。詩碑石高一尺二寸五分，寬三尺一寸，共三十四行，行各十七字，正書，字徑六分。今在汾陽縣財政局，落款爲“嘉靖丙寅秋九月吉日立石。石匠□□□刻”。

九月十六日，林大春爲洪朝選所刻《孔文谷詩集》作序。序云：“今大中丞芳洲洪公，復取前後諸集，合而刻之。譬如連珠累璧，見者靡不寶矣。大春辱交先生於十年之前，而公之刻是集也，特遺書于千里之外，是以得具論之如此……嘉靖四十五年，歲在丙寅，秋九月既望，潮陽林大春撰。”

此前，孔天胤曾有書《與王西瀛年丈》《再與洪芳洲中丞》，分别致山東按察司僉事王文翰與山東巡撫洪朝選，提及洪朝選曾許諾爲其作序，又述及已得到林大春所作序言：“芳洲公許賜叙未遑，又云已得石洲之作，未知何時可並發來？”（《孔文谷集》卷十五）

約是年，王文翰任山東按察司僉事，楊博有詩《送王西瀛僉憲山東》，首聯云：“王粲才名滿晉陽，霜含新節更輝光。”（《大椿堂詩選》卷下）

晚秋，宴弟天民園中，有詩《晚秋宴弟園中》。

閏十月，宣大總督趙炳然回部，王之誥以兵部左侍郎總督宣大[1]。

十月二十二日，胡松卒[2]。《明世宗實録》卷五百六十三嘉靖四十五年十月：“乙卯，吏部尚書胡松卒。松，直隸滁州人，嘉靖乙丑進士。初知東平州，歷禮部郎中，出爲湖廣參議，尋升山西提學副使。會北虜入寇，疏陳邊情十二事，進山西參政。無何褫職歸，家居近二十年……謚莊肅，賜祭葬如例。”胡松有功于山西，崇祀名宦。

臘月二十四日，爲弟天民生日作《壽乾石弟》[3]。

是年冬，有詩《入冬多雨夜坐有作二首》《雨雪歡十月廿日作》《冬夜吟》《山窗夜雪》《宴坐偶書》。

是年冬，蔣勸能出使南陽，經汾州，孔天胤有詩《贈蔣雲龍大行奉使南

---

①吴廷燮《明督撫年表》卷二《宣大》。

②李春芳《吏部尚書贈太子少保謚莊肅胡公松墓誌銘》，《李文定公怡安堂集》卷九；焦竑《國朝獻徵録》卷二十五。

③孔天胤《文谷漁嬉稿·丁卯卷》。按，孔天民生于臘月二十四日，故該詩應該歸于嘉靖四十五年丙寅。

陽經臨汾郡》。按:蔣勸能,字汝才,號雲龍,浙江餘姚人。嘉靖四十四年(1565)乙丑科進士。宋岳外甥。

十二月十六日,立春,有詩《和宗川立春後一日雪》。

除夕守歲,有詩《除夕一首》,尾聯云:"白頭仍守歲,笑殺青春人。"

是年秋,鄭曉卒①。

大約該年前後,有作《與杭州劉望陽》寄劉子伯,書云:"山人與君時之相别二十餘年……南衡、十洲相次上賓,遂使友朋零落,痛當奈何!"(《孔文谷集》卷十五)南衡爲童漢臣,十洲爲方九叙。上賓,指故去。劉子伯,字安元,號望陽,庠士,浙江仁和人,西湖詩社成員之一。文中提及曾寄懷玉岑詩社,得到衆友人賞識並唱和事:"向有寄懷詩社一篇,輒蒙諸公賞和。"(《孔文谷集》卷十五)

是年,寫有《園中録語》,文末云:"游兆攝提格之歲,餘年六十有二……游兆攝提格爲丙寅也。"(《孔文谷集》卷十三)文中作者自稱愚公。

是年,齊宗堯任汾州知州。乾隆《汾州府志》卷八《職官·知州》:"齊宗堯,北直昌黎選貢,嘉靖四十五年任。"康熙《汾陽縣志》卷五《州郡》:"齊宗堯,北直昌黎選貢,嘉靖四十五年任。慷慨有膽略,隆慶丁卯秋,兵忽入寇抵汾,躬率士庶捍禦保全。加銜河東運司同知,仍管州事。尋調忻州。"(齊宗堯小傳見附録)齊宗堯汾州任内以施酷刑著稱,葛守禮《禁酷刑以全民命疏》:"汾州知州齊宗堯三年致死五十人,榮河知縣吳朝一年致死十七人。"②

約是年,孔天胤有書《與薛方山先生》致薛應旂(《孔文谷文集》卷十五)。薛應旂《寄孔文谷》:

不見文谷久矣。西晉東吳山川悠邈,我懷如何。交游滿目,豈曰無朋?而意氣相期,古來可數。矧兹海内幾何人哉!屈指故交九原者不可作矣。即今公與廣州泰泉、平凉浚谷星散天涯,動

①戚元佐《刑部尚書端簡公曉傳》,焦竑《國朝獻徵録》卷四十五。

②孫旬《皇明疏鈔》卷六十五《刑獄二》,又見萬曆《山西通志》卷二十八《藝文上》。

各萬里，倏忽百年，會晤尚有期乎？登山臨水，嘯月歌風，每一思之，恍見顔色，而對談真切則不易得矣。某獨匪人，能無感愴！貴徒高郡公來，再三致公盛情，備聞起居，佳勝無任慰浣，但欲近來著述，愧無以答。僕僻居荒寂，無以永日，雖或有言直寫胸臆，總不成章。先附一二請教。憶公督學浙中時，嘗刻司馬《通鑒》以示諸生，而自宋以下則尚未至續，雖有李燾、陳桱之編，冗雜未稱，僕不自量，邇數年來翻閲宋元遼金諸史，兼採名人記録，已略成書，方就鋟梓。秋冬或可訖事，當呈覽就正也。匆匆不盡，有便，不惜見示，以慰注想。(《方山薛先生全集》卷九)

信中提及《宋元通鑒》即將付梓，現存該書即刊刻于是年。

是年，與馮惟訥共同批點謝榛《適晉稿》。

十二月十四日，嘉靖帝崩，廟號世宗，葬永陵。

十二月二十四日，孔天民生日，孔天胤有詩《壽乾石弟》。

十二月二十六日壬子，裕王朱載垕嗣位，是爲穆宗。(《弇山堂别集》卷三十一《帝系》)大赦天下，釋户部主事海瑞于獄，免明年天下田賦之半及嘉靖四十三年(1564)以前逋賦。

是年刻《文谷漁嬉稿》一卷。

隆慶元年丁卯(1567)，六十三歲

鄉居。

趙訥丁憂。

正月，有詩《鼎湖曲二首》《元會詞二首》①。

正月二十三日，王府書記官潘存禮卒于旅舍，爲之作《故王官叙庵潘

①元會，帝王于陰曆元旦的朝會。《宋書》卷十四《禮志一》："晉武帝咸寧三年、四年，並以正旦合朔卻元會，改魏故事也。"本年度所引孔天胤詩如無特别注明，均出自《文谷漁嬉稿·丁卯卷》。

公墓誌銘》。文云："以隆慶元年丁卯二月十六日，葬中千里祖塋，先事以其師憲使西瀛王公所列行狀來索銘。"潘"以事被逮，聽理于省中，因郁抑疾作，死旅舍"，孔天胤贊其重然諾、慎交游，嘆其"白璧有冤"（《孔文谷集》卷十二）。

是年，宋岳購置學田立石，孔天胤作《創置汾州學田記》，記文云："明年爲隆慶元年丁卯，立石于黌序。"（《孔文谷集》卷九）

是年春，王緯、王緝服除北上補官，有詩《送别駕王龍岡先生北上》《送地卿王龍洲先生服闋還京》。地卿，户部别稱。

二月二十六日，李廷儒卒，爲之作《鴻臚寺序班西岩李公暨元配孺人武氏合葬墓誌銘》。文云："生於成化二十一年閏四月十有二日，卒于隆慶元年二月十有六日，葬于大相山之新塋。"（《孔文谷集》卷十二）又爲李廷儒遺像作《李公像贊》（《孔文谷集》卷十三）。

是年春，有詩《奉和憲長静泉翁寄懷十六韻》。句云："陽春竟難和，搦管意茫然。"故知作于春天。静泉，爲時任山西按察使程珤號，孔天胤同年。孔天胤又有《與程静泉憲長》書云："高卧汾陽客，知名四十年。雄文驚四海，弱冠領群仙。"又有"荏苒逾三十載"及"客歲聞公當移總憲司"之句（《孔文谷集》卷十五）。自二人中進士，至今已過三十年，故云。程珤《燭花記》文末提及嘉靖四十五年（1566）任山西按察使，隆慶元年（1567）任江西布政使，二年（1568）春致仕（《右丞稿》卷六）。

是年春，尚有詩《移疾高齋作》《中和堂宴壽》《謝宗川積翠亭宴用承翁韻》《寄和楊溪坐桃花軒二首》《天宫寺作》《春日行》等。承翁指宋岳。

是年春，有詩《寄壽河内謝竹亭上舍》。謝榛有《寄贈謝竹亭公子》，句云："同宗自何代，安石越中家。"①李慶立注："謝竹亭，越中人，餘未詳。"誤，謝竹亭爲河内人，所謂越中，指與謝安同宗。

二月，以吏部侍郎陳以勤爲禮部尚書兼文淵閣大學士，以禮部侍郎張居正爲吏部左侍郎兼東閣大學士，預機務。（《明穆宗實録》卷四）

三月，修《世宗實録》。（《國榷》卷六十五）

---

①《謝榛全集校箋》卷十六，第743頁。

三月三日,與程竺陽之間有詩《和竺陽三月三日北園宴集之韻》。

是年與趙訥唱和詩頗多,趙訥時丁憂在鄉。春有《和答趙陽谿登樓之作》,夏有《逃暑園中趙陽谿適至便留小酌二首》,秋有《中秋行生日答陽谿》《月夜坐樹下同陽谿作》《同趙陽谿題苑内蓮池》。九月十五日趙訥母田氏壽,有詩《奉壽趙母太老夫人令旦》。冬有《秋卿趙陽谿先生服竟見過,因贈言二首》。

四月,敕太師成國公朱希忠,少師大學士徐階知經筵事。少保大學士李春芳、郭朴、高拱,大學士陳以勤、張居正同知經筵。(《國榷》卷六十五)

是月,重録《永樂大典》成。(《明穆宗實録》卷七)

是年夏四月,有詩《看榴花作》《喜雲上人見訪》《與雲坡四首》等。雲坡,其人不詳。

四月二十七日,程竺陽子生日,有詩《四月廿七日爲竺陽子壽》。

五月,汾州火災,傷亡慘重。萬曆《汾州府志》卷十六《雜志類·灾祥》:"隆慶元年五月,城隍廟灾。適值市會,燒死人幾百。"

五月,高拱罷歸。(《國榷》卷六十五)

五月十二日,有詩《五月十有二日大參承山宋公、湖山劉公、憲副麓池郭公見賁背郭之園兼垂題藻,輒此奉酬》。湖山劉公指劉曰材,麓池郭公指郭斗。(二人小傳見附録)郭斗由兵科給事中任山西副使時間爲嘉靖四十四年(1565)二月。(《明世宗實録》卷五百四十三)楊博有詩《送郭給諫麓池憲副晉陽》,首句云:"聖皇特重觀察使,青瑣青臣下晉陽。"(《大椿堂詩選》卷下)

是年六月,尚有詩《季夏園中晚眺二絶》《謝東皋惠李》等。

是年夏,與宋岳之間有詩《承山公枉駕丘園兼有詩見贈輒倚和奉酬》《積翠亭夏日宴集用承翁韻》。

是年爲鄉試年,有詩《送諸子入試》。

是年秋,與宋岳之間有詩《奉和承山公枉駕園中兼題藻見贈》《七月五日謝承山相公載酒丘園》《奉和承山相公園中見會之作》。

七月十五日,有詩《中元節作玉京山會》。中元,即農曆七月十五日。康熙《汾陽縣志》卷四《風俗》:"十五日中元節,佛家做盂蘭大會,目連遵佛言以百味果肴著盆中,供養十方大德,而後母得食也。汾俗以是日祀祖先,薦蔴穀。亦有備香楮赴墳祭奠者，先一日挂紙馬于田間，以祈秋收。”

八月十六日生日，有詩《中秋行生日答陽谿》《奉酬承山相公見壽之篇用韻》。

是年秋，尚有詩《齋居秋夕》《秋日登樓作》《壽經衛石莊君》《月夜聽琵琶行》。

是年秋，有詩《汾上贈銀卿郭艮山先生》。銀卿，通政别稱。艮山指郭秉聰。（小傳見附録）又有《與郭艮山通政》書（《孔文谷集》卷十五）。

九月，宋岳主持營建汾州廟學完工，爲作《弘修汾州廟學記》（《孔文谷集》卷九）。工始于三月，完成于九月。

九月初八，歐陽必進卒①。

九月九日重陽節，有詩《九日有懷》《雨中對菊作》。

九月十三日，致仕同年南京國子監祭酒閻樸卒②。因閻樸文集散佚，未知是否與孔天胤有交往。

九月中旬及下旬，蒙古軍隊寇汾。入雁門時間在八月，宋儀望有《八月七日聞虜入雁門述懷二首因寄趙浚谷中丞》詩（《華陽館詩集》卷五）。萬曆《汾州府志》卷十六《雜志類·灾祥》：“是年九月，北入寇，大掠而去，殺死數萬人。”宋岳卻之，孔天胤有詩《丁卯九月望日，北虜寇汾，凡八日始回，感而賦之》《乾樓獻俘一律贈承山相公》記其事。

九月二十七日，立冬，有《虜寇殺掠焚燒之餘，風雨大作，走回人口仍多凍死及被官軍遮殺詐充首功，因成口號四首以代七哀。時九月廿七爲立冬之日》等詩。“死者縱横生怨哀，疾風寒雨更相摧”，“丁男被虜暫存生，皮帽皮衣護虜營”，生動描繪了戰亂下汾州百姓的慘况以及軍隊之亂象。

九月，俺答犯石州，右都御史王之誥令山西總兵官申維岳，參將劉寶、尤月、黑雲龍四營兵尾之南下，而檄大同總兵官孫吳、山西副總兵田世威等出天門關，遏其東歸。巡撫王繼洛駐代州不出，維岳不敢前，石州遂陷。殺人數萬，所過無孑遺，大掠十有四日而去。事聞，申維岳、田世威、劉寶論

①劉陽《吏部尚書歐陽公必進行狀》，焦竑《國朝獻徵録》卷二十五。

②傅希摯《南京國子監祭酒閻樸墓誌》，雍正《山西通志》卷一百九十八。

死，王繼洛戍邊，孫吳落職。王之誥以還守南山，止貶二秩[1]。宣大總督王之誥回籍聽勘[2]。

乾隆《汾州府志》卷二十五《事考》："隆慶元年九月癸亥，俺答陷石州，殺知州王亮採，屠其民。遂由向陽峽分掠孝義、介休、平遥、隰州等處，男女死者數萬。遣間入汾州，分守冀南道宋岳獲之。遂移兵州城下，攻八晝夜不克，乃引去。"九月癸亥，九月十二日。

九月，杭州舊友沈仕(青門)寄信欲來汾拜訪，二人相别已二十四年，孔天胤有詩《寄答徵君沈青門先生。與徵君别二十四年矣，今年得濮上九月寄音，有千里見訪之意，因賦此寄答》。沈仕是否過訪不詳，但其曾北游，在濮州與蘇祐子蘇濬(子冲)等人結交，李先芳有《青門先生北游稿小引》《和答沈青門見訪》叙及該事[3]。

是年冬，有詩《寄贈祁侯岳省吾先生二首》贈祁縣知縣岳魯。光緒《祁縣志》卷五《職官》："岳魯，萬全懷安衛人，監生，(嘉靖)四十四年任。"

是年倣郭璞《游仙詩》作《效郭弘農游仙七首》。郭璞，東晉聞喜人，曾注《爾雅》，有《郭弘農集》。其《游仙詩》十九首因含有濃厚的出世思想，歷來爲人所稱。

十月十日，王北野生日，孔天胤有詩《北虜寇亂之後，逢北野王公生日，林山畫史以公善簫爲贈圖，余因題此二絶》。第二首句云："幾夜胡笳亂汾曲，想應聞不到青天。"

十月甲午，陝西巡撫楊巍調任山西巡撫[4]。

十月，升南京吏部右侍郎裴宇爲南京工部尚書，刑部左侍郎林雲同爲南京都察院右都御史，左春坊左諭德姜金和爲南京國子監祭酒。(《明穆宗實録》卷十三)

是年冬，與鄭柏齡之間有詩《鶴庵行題鄭子鶴庵圖也》。

是年臘月，朱慎鏐(號仲川)生日，孔天胤有詩《題調羹補衮圖奉壽仲

---

①張廷玉《明史》卷二二〇《王之誥傳》。又見于《明穆宗實録》卷十三。

②吳廷燮《明督撫年表》卷二《宣大》。

③李先芳《李氏山房集·序類》，《李氏山房詩選》。

④吳廷燮《明督撫年表》卷二《山西》。

川殿下》。

是年冬，有詩《贈桃林逸史》《齋中積雪》《與蜀之日者宋峨嵋》《石畫史歌》《閑言二首》《陰霾積四十日不解，端居寡悰，悵言獨酌》等。

是年，同年謝庭茝不就山西布政司左參議，孔天胤爲寫《送憲使右溪謝子拂衣歸里序》(《孔文谷集》卷六)。

是年，爲巡撫延綏都御史王遴作去思碑，記其在延綏拒敵、築城、通航路、修孔廟等事，文云："繼津王公以嘉靖丙寅之春，茂膺簡命，爰撫榆陲，惟幾惟敕，以匡以綏，經緯萬端，惠威一致。不二載去镇。"(《巡撫都御史繼津王公去思碑》,《孔文谷集》卷十一)《明史·王遴傳》云："四十五年擢右僉都御史，巡撫延綏。寇大入定邊、固原，總兵官郭江戰歿，總督陳其學、陝西巡撫戴才坐免，遴貶俸一秩。隆慶改元，寇六入塞，皆失利去，而御史温如玉論遴不已，解官候勘。"①

汾州司訓尹大志(曹州人)向孔天胤談及曹州知州孫守謙之賢，孔天胤作《曹守受齋孫侯德政序》，文中有"汾司訓蔣坡尹子曹人也，與余語曹守受齋孫侯之賢，且徵言以爲贈"句(《孔文谷集》卷六)。乾隆《曹州志》卷十一《名宦》："孫守謙，號受齋，蒲州人，由舉人隆慶間知曹州。性方，執法然，長厚不慘刻。勤勵政治，捐俸繕城垣，葺黌舍。俄值外艱，清貧不能作歸計，指周助金始得歸。"乾隆《汾州府志》卷八《職官·訓導》："尹大志，山東曹州(人)，歲貢，隆慶元年任。"蔣坡爲其字或號。

十一月，海瑞升南京通政司右通政使。本年内海瑞凡數遷：正月擢尚寶司司丞，四月擢大理寺右丞，七月轉左丞。(王國憲《海瑞年譜》)本月，起原僉都御史兼兵部右侍郎陳其學以原職總督宣大。

安邑張良知(號條岩)退隱後築園，名"招隱"，孔天胤爲作《招隱園記》(《孔文谷集》卷九，張良知小傳見附録)，此前曾作詩贈之。

是年，貴州巡撫陳洪濛致仕②。孔天胤《再與陳抑亭中丞》，提及宋岳事："承山公清德雅度，乃無故而有此行，誠世道艱危日甚一日也。"(《孔文

①張廷玉《明史》卷二二〇《王遴傳》。

②萬曆《貴州通志》卷二《秩官》，隆慶元年，豐城人杜拯繼任。

谷集》卷十五)爲宋岳有功卻遭譏表示憤慨。

十二月二十四日,弟孔天民生日,爲作《壽乾石弟一首》[1]。

十二月二十六日(二十七日立春),有詩《立春前一日奉壽承山相公二首》。

十二月二十七日,前山西巡撫趙時春卒[2]。

約是年,集與趙訥酬答詩爲《汾上講餘録》刊刻,並序之。(《汾上講餘録序》,《孔文谷集》卷七)

是年刻《文谷漁嬉稿》一卷。

隆慶二年戊辰(1568),六十四歲

鄉居。

趙訥丁憂在鄉。二人唱和詩較多,春有《新歲喜陽谿來晤》《和陽谿席上之作》。後詩句云:"可憐亂後還歡緒,柳色舒眉桃吐腮。"可見隆慶元年的"北虜入侵"對當地人民生活造成了巨大影響。趙訥服除,補户部主事,孔天胤有《送尚書郎趙陽谿北上》詩[3]。《文谷漁嬉稿》中也保存了部分趙訥和詩,如《陽谿作》《陽谿答》等。由于趙訥集已佚,這部分詩文就顯得極爲珍貴。

永和王府宗室蕙亭生日,有詩《壽蕙亭》。詩中有"都來西館壽王孫"句,可知蕙亭爲永和王府宗室。

正月初七(人日),有詩《人日宴竹軒館看美人歌舞》。

正月十九日,孫一正(號邦田)升左參政,駐汾。(《明穆宗實録》卷十六)萬曆《汾州府志》卷七《官職類·部使》:"孫一正,陝西渭南縣人,嘉靖癸丑進士。由郎中歷升左參政,隆慶二年駐扎。歷升順天府府尹。"乾隆《汾州府志》卷八《職官·分守冀南道》:"孫一正,陝西渭南人,嘉靖癸丑進士,郎中,隆慶二年任。"(孫一正小傳見附録)

---

①孔天胤《文谷漁嬉稿·戊辰卷》有《臘月廿四日壽乾石弟作》。

②徐階《明故巡撫山西都察院右僉都御史浚谷趙公墓誌銘》,《世經堂集》卷十八。

③本年度所引孔天胤詩如無特別注明,均出自《文谷漁嬉稿·戊辰卷》。

正月二十六日，鄭輅卒，爲作《高陵縣儒學教諭平川鄭公墓誌銘》。文云："享年八十有八，不疾而化，時隆慶二年正月二十六日也。生於成化十七年十一月二十七日。"（《孔文谷續集》卷四）

二月十五日，李開先卒，年六十八[①]。李開先年四十即罷歸，與王慎中、潘高等人友善。嘗自序《閑居集》云："年四十，罷官歸里，既無用世之心，又無名後之志。詩不必作，作不必工。"所著詞多于文，文多于詩。改定文人傳奇樂府數百卷，搜輯《市井艷詞》《詩禪》《對類》之屬，多流俗瑣碎，士大夫所不道者[②]。李開先與孔天胤雖無直接交集，但對孔天胤詩名卻有耳聞，其文云："若論精當雄渾，無如皇甫少玄、百泉兩兄弟，近多稱孔文谷、喬三石不亞栗紫團，惜予林居，不多見其作。"[③]喬三石指喬世寧，栗紫團指栗應宏。可知李開先認爲孔天胤詩屬雄渾一派。

二月，李春芳、殷士儋爲會試主試，取田一俊等四百名。（《明穆宗實録》卷十七）羅萬化、黄鳳翔、趙志皋等四百〇三人進士及第，出身有差。（《明穆宗實録》卷十八）

是科重要人物或與孔天胤有交集者有：王家屏（山西山陰人）、陳于陛（四川南充人）、沈一貫（浙江鄞縣人）、胡來貢（山東萊州人）、李維楨（湖廣京山人）、喬木（上海人）、顧顯仁（直隸武進人）、于慎行（山東東阿人）、沈懋孝（浙江平湖人）、侯世卿（直隸武强人）、賈三近（山東嶧縣人）、沈思孝（浙江嘉興人）、李戴（河南延津人）等。

三月丙辰，升刑部右侍郎洪朝選爲本部左侍郎，提督操江通政使司右通政姜寶爲南京國子監祭酒。（《明穆宗實録》卷十八）

四明趙山人來訪，有詩《喜趙山人見訪作》。趙工書善畫。

作于是年春的詩還有《憶同野君寺中二首》《漫興二首》。

是年春，有《上督撫相公楊夢翁二首》贈山西巡撫楊巍。楊巍有《汾州

①殷士儋《翰林院提督四夷館太常少卿李開先墓誌銘》，焦竑《國朝獻徵録》卷七十。

②錢謙益《列朝詩集小傳》丁集。

③李開先《李中麓閑居集》文卷六。李開先著，路工輯校《李開先集》序三，中華書局，1959。

贈孔文谷先生二首》，句云："才非時所用，心與道相符。"①

是年春，謝榛行年七十，有《壽謝四溟行年七十》詩。云：

一片野雲閑素心，懶將詩卷易朝簪。床頭酒有仙人送，門外車多長者尋。到處東山且携妓，揭來梁父獨行吟。今年七十身逾健，笑酌桃花春滿林。

三月三日，偕弟天民與王府書記等人聚會，有《三月三日偕乾石弟與袁、張、鄭三書記，程、王二子爲流觴之會同賦》詩。

三月十九日，西谷宗尉六十歲壽，爲寫祝壽文《壽宗尉西谷公六十壽》，有"戊辰三月十有九日，實惟誕辰"句（《孔文谷集》卷五）。本年又有詩《壽宗尉西谷翁七十》《題西谷壽圖卷》。"六十""七十"必有一誤。

三月，舉人賈敦任陝西鄜縣知縣，有詩《送賈卜山先生之任鄜縣》。卜山爲其字或號。乾隆《汾州府志》卷十八："（嘉靖）十九年庚子舉人：賈敦，汾州人，鄜縣知縣。"萬曆《汾州府志》卷九《選舉類·舉人》："庚子科：賈敦，經魁，授山東陽谷知縣，補陝西鄜縣知縣，致仕。爲人廉直樸謹，莅任居鄉，士民咸慕。"宣統《鄜縣志》卷五《政録第三·職官》："賈敦，汾州人，隆慶初任。愎拗，削官。"

三月二十九日，有詩《三月晦日作》。

是年春暮，有詩《答竺陽阻雨看花不果之作二首》。

初夏有詩《程竺陽生日書贈》，詩題下有小注"時年五十"，故可知程竺陽生于正德十四年（1519）。時已客居汾州三年。

四月四日，于慶成王府西園宴集，有詩《四月四日宴慶國西園》。

四月五日，慶成王朱知㸅因年老且長子朱新堤早逝，上疏請長孫朱慎鍾管理府事。（《明穆宗實録》卷十九）

是年春來甚晚，且多風沙，詩《孟夏即事五首》多有述及。

夏，趙山人離汾，有詩《贈别趙山人》。

夏，南洲上人到龍堂别院。該院在山西交城縣北，爲其弟子慶雲所建。孔天胤有《送南洲上人經胡寇亂後往龍堂别院》詩。

①楊巍《存家詩稿》卷二，該詩列于《石州陷後作四首》之後，故約作于是年。

是年夏，尚有詩《題味泉老人卷》《看園中芍藥有懷》《招隱一首》《丘中偶書》《林間習静二首》《白雲康老詞二首》《鄭子移居二絶》《贈監胄周小湖奉使隰川王府過汾一會而别》等。隰川王，屬代藩系，封地在澤州。周小湖，其人待考。

五月初五端午節，有詩《五日山中即事》。首聯云："林間亦有端陽節，卻是炎涼杳不分。"

五月初五，宋岳致仕，孔天胤作《送承山宋公南還序》，内有"參知政事承山宋公守晉之鄙三年"句（《孔文谷集》卷六）。《明穆宗實録》卷二十隆慶二年五月："甲寅，升原任山西布政使司左參政宋岳爲山西按察司按察使，致仕。先是，岳任參政時，虜攻汾州，有守禦功。尋以考察閑住，至是以例請，故有是命。"五月甲寅爲五月初五日。另有詩《贈别承山相公》，首聯云："相看一笑宦游身，去國傷讒最愴神。"宋岳和詩《承山答》首聯云："天機自信盈虚理，世路誰分黑白人？"對有功卻遭讒毁表示憤懣無奈。二詩作于是年春，五月爲宋岳正式被免時間。謝榛有詩《汾州以來分守參政如胡世甫、葛與立、馬予懋、程信夫、彭克憲、陳元卿、李子高、宋伯鎮、孫格卿、張時芳、紀恒甫諸公，皆舊識也。宋有禦虜之功，不見知當道，解官歸越，嗟哉》亦提及該事①。

五月，戚繼光以都督同知總理薊州、保定、昌平三鎮練兵事，總兵官以下悉受節制②。自是在鎮長達十六年，邊境賴以晏然。

六月，有《棣華軒即事兩首》。首聯云："兄住東頭弟住西，一壺新熟往來携。"可見兄弟情深。

六月二十日，静川宗尉生日，有詩《壽静川言懷一首》。嘉靖四十三年（1564）曾有詩《六月廿日壽静川宗尉作》（《文谷漁嬉稿·甲子卷》）。

七月七日七夕，有詩《七夕詞兩首》。

七月十九日，徐階引疾求退，許之。（《明穆宗實録》卷二十二）

---

①《謝榛全集校箋》卷二，第 84 頁。胡世甫，胡纘宗；葛與立，葛守禮；馬予懋，馬九德；程信夫，程軏；彭克憲，彭范；陳元卿，陳洪濛；李子高，李僑；宋伯鎮，宋岳；孫格卿，孫一正；張時芳，張蕙；紀恒甫，紀公巡。

②張廷玉《明史》卷二一二《戚繼光傳》。

七月十四日與十九日，分别爲宗室柳川、小村生日，作《孟秋即柳川、小村壽筵作，是日天現彩雲，瓶插紅白蓮花，斯賦之云爾》詩。

是年七月，臨縣知縣吴朝主持修建臨縣城完工，孔天胤受邀作《臨縣修城記》，内有“以二年戊辰四月起工，至七月竣事”句(《孔文谷集》卷九)。乾隆《汾州府志》卷八《職官》:“吴朝，陜西渭南舉人，嘉靖四十五年任。”隆慶二年北直滑縣監生王士欽繼任。萬曆《汾州府志》卷七《職官·臨縣知縣》:“吴朝，陜西渭南縣人，舉人，嘉靖四十五年任。法紀森嚴，丰威難犯。功多于城池。《建置志》:‘有砌城碑竪于戟門右。’”

八月十六日，時任户部主事的趙訥由京城寄詩祝壽，有《和趙陽谿户曹京邸寄壽》詩。好友王緯(時任德州知州)祝壽，有《奉和龍岡青州寄壽之作》和之[1]。

是年秋，孫一正生日，有詩《奉壽邽田相公》。

是年秋，尚有詩《題絳客隱庵卷》《鶴林園題壁一首》《夜坐一首》《遥賀陳母太老夫人壽登九十》《卜居一首》《題石假山用韻二首》《長嘯一首》。

有書致王緯，提到石州城破與汾州被燒殺搶掠的慘狀:“北虜破石，至汾八日方退，淫燒殺掠，慘不可言。”又對平庸膽小無能的撫臣和將士深表憤慨:“庸闇撫臣，奸頑將士，先事既不能哨探提防，臨事又不能堵截援救，坐視危亡，漠不休戚。”又對鄉民的劣根性表示無奈:“鄉民平日好勇鬥恨，不勝杯酒片言之憤，及聞虜至，骨軟魂消，至有一堡千數百人死于六七賊之手者，其無義氣如此。豈天知所廢不可支耶？”(《與王龍岡太守》,《孔文谷集》卷十五)

九月初，汾州舉人趙鳳梧(號文岡)出任臨潼縣令，爲作《送趙文岡試宰臨潼》詩。萬曆《汾州府志》卷九《選舉類·舉人》:“癸卯科:趙鳳梧，授陜西臨潼知縣，補兩當縣。”[2]趙鳳梧嘉靖二十二年(1543)中舉，直至是年才出仕。乾隆《臨潼縣志》卷五《職官·知縣》作隆慶六年(1572)任。

九月九日，朱慎鍾生日，孔天胤有詩《九日奉壽宗川》。是日與弟天民

---

①王緯時任德州知州。

②府志誤作趙梧鳳。乾隆《汾州府志》卷十八《科目下》未記載曾任兩當知縣。

游樂壽園，平霞館前有書臺，可以遠眺，有詩《九日同乾石弟書臺登眺九首》，朱慎鍾有和詩《奉和孔師九日樂壽園書臺登眺韻八首》（《寶善堂稿》卷下）。孔天胤又有詩《雨中對菊同東明弟》。

是年秋，與宗室西谷、柳川、小村、静川之間唱和，有詩《奉和見賞芙蓉五首》。社中集會，有詩《秋晚西園社會一律》。

九月二十九日，有詩《九月廿九日壽趙小田作》。趙小田，其人不詳。

九月，寧夏巡撫王崇古升兵部右侍郎兼都察院右僉都御史。（《明穆宗實録》卷十二）

十月初九，因修城池堡寨有功，總督陳其學，巡撫楊巍，参政劉曰材、孫一正以及多地官員受嘉獎。據《明穆宗實録》卷四十三隆慶二年十月："癸未，山西督撫官陳其學、楊巍等奏報：'三晉士民各捐財力修築城池堡寨六百餘座，省公費不貲；而蒲州、孝義、襄陵、洪洞、榆次、臨汾等縣，東關頭、馬營堡城垣工尤倍之。乞録官吏效勞及士民助役者以次給賞。'事下兵部覆議，從之。因賞總督陳其學，巡撫楊巍，守巡参政劉曰材、孫一正，参議歐陽谷，副使鄭啓、楊綵、范大儒，僉事沈人種、吴一本、劉時秋等府州縣官、同知靖四方等各銀幣有差。"

十月十日，有詩《壽北野翁七十》。下有小注："時十月初十日。"

是年冬，汾州判官楊守公調任陝西合水知縣，孔天胤有詩《贈節判轂峰楊公擢合水縣令》，轂峰爲楊守公之字或號。乾隆《汾州府志》卷八《職官·汾州判官》："楊守公，北直興州中屯衛（人）。歲貢，嘉靖四十五年任。"民國《良鄉縣志》卷八《人物志》："楊守公，名宦秦之子。至性孝友，嘉靖三十一年守公應試，薦時兄守正爲副。守公曰：'學院阮鶚讓兄應薦。'守正固辭，守公固讓，誠懇甚切，阮爲之動容，檄邑旌其閭曰'孝友之門'。"

是年冬，汾州學正崔朝升太原府學教授，爲作《書多士贈言卷》，文云："陽谷先生崔公，主盟于汾之學也，蓋一年而士敬，二年而士愛，其三年而化矣乎？"（《孔文谷集》卷十三）另有詩《贈暘谷崔先生教授太原》。乾隆《汾州府志》卷八《職官·學正》："崔朝，山東益都（人）。歲貢，嘉靖四十四年（任）。"乾隆《太原府志》無記載。

是年冬，有詩《擣衣曲》《和東皋悼馬二首》《贈孔以英赴朔邊》《志感題樂壽園壁四首》。孔以英，其人待考。

十一月，業師馮思翊卒，爲寫《隱居教授貞毅先生西野馮公暨元配孺人李氏合葬墓誌銘》，文云："隆慶二年十一月某日，吾師西野先生，年七十有八，以寢疾終，次月二十日葬。門人胤述其行而銘之。"文中談到先生的教育方式："先生立教，必矯輕警惰，正容謹節，以禮爲先。自是游師門者，少長爲有序焉。先生齒德益劭，弟子益多，乃令高弟轉相傳受，以是有德有造，彬彬如也。"稱自己"今登甲乙之選，居藩臬之尊，綰郡邑之章，列師儒之秩，儲菁莪之養，與子姓之昭，訓于家庭，策名于天府者，皆先生佑啓之也"（《孔文谷集》卷十二）。據其文可知，馮思翊有四子：長伯奇，監生；次仲奇，廪膳生；次叔奇，舉人；次季奇，儀賓。又有《哭業師西野先生》詩：

吾師歸化白雲鄉，七十八年夷且康。無位盡教師道重，有才不作吏途忙。南窗傲寄松筠節，西野耕韜畎畝光。虛館來來哭遺愛，桂蘭桃李各成行。

另有祭文《祭貞毅先生馮公文》（《孔文谷集》卷十六）。

十二月初六，文學家袁宏道生[①]。按：袁宏道（1569—1610），字中郎，號石公，湖廣公安人，有《袁中郎集》《瓶花齋集》《瀟碧堂集》等。《明史》入《文苑》[②]。

十二月二十四日，有《臘月廿四日壽乾石弟作》詩。

十二月，朱慎鏐生日，有詩《壽仲川宗正》。

十二月，山西巡撫楊巍乞歸，靳學顔由光禄寺卿任山西巡撫[③]。

歲末，有詩《息機一首》：

説道忘機未息機，一場閑氣好乖違。與民救苦知誰是，爲國驅殘計已非。周處合憐身幸免，黄公那曉力衰微。桑榆尚自存餘照，猶恐浮雲亂夕暉。

是年，山西參政劉曰材父七十、母六十九壽，爲作《雲天遥祝序》（《孔文

①袁中道《吏部驗封司郎中中郎先生行狀》，《珂雪齋前集》卷十七。

②張廷玉《明史》卷二八八《文苑四》。

③吳廷燮《明督撫年表》卷二《山西》。

谷集》卷六)。

是年,爲兵部尚書霍冀祖父霍鳳撰寫碑文《誥贈資政大夫兵部尚書霍公墓碑》,述其生平家世(《孔文谷集》卷十一)。

是年,孝義知縣陳情受嘉獎,爲作《贈邑侯斗垣陳公膺撫台旌獎序》(《孔文谷集》卷七)。後陳情調任南城兵馬指揮,孔天胤代兵部尚書霍冀作《贈邑侯陳斗垣陟南城兵馬指揮序》(《孔文谷續集》卷三)。乾隆《汾州府志》卷十一《宦績下》:“陳情,深州人,嘉靖四十五年以舉人知孝義縣。操守甚堅,有邊警,竭力捍禦,卒無虞。”乾隆《孝義縣志·人物事迹》卷一:“陳情,深州人。明嘉靖時知縣,操守甚堅。暨隆慶丁卯有邊警,虜逼城下,情竭力捍禦,卒保無虞。修繕磚城,百世永賴。祀邑名宦。”光緒《永平府志》卷五十六《列傳八·仕迹一》:“陳情,字子孝,灤州人。嘉靖丙午舉人。天性孝友,見事明決。隆慶元年,令孝義,有捍禦保城功。”檢光緒《灤州志》,卷五《選舉》舉人有丙午科陳情,卷十五《人物列傳·仕迹》有長文傳記,述其事迹甚詳。雖未提及其曾任南城兵馬指揮,但事迹與孔天胤文中相合,故《汾州府志》《孝義縣志》“深州”誤,當爲灤州。

是年,寧策任汾州知州。乾隆《汾州府志》卷八《職官·知州》:“寧策,河南河内舉人。隆慶二年(任)。”順治《汾陽縣志》卷三《政事志·知州》:“寧策,河内舉人。隆慶二年忻州調任,升同知。”乾隆《懷慶府志》卷十七《選舉·舉人》:“(嘉靖)丁酉科:寧策,河内人。舊志云:‘仕大寧知縣。’縣志云:‘仕同知。’”據此可以梳理寧策小傳,補舊志之不足。按:寧策,河南河内人,舉人,歷任大寧知縣、冀州知州、忻州知州、汾州知州①。

《贈汾幕趙君升順天府庫使序》《贈直古老人李公登年上壽序》或作于該年(《孔文谷集》卷七)。趙君與李直古,皆待考。

是年,陳講卒②。

是年刻《文谷漁嬉稿》一卷。

---

①民國《冀縣志》卷十三《職官》,記載寧策于嘉靖四十五年(1566)任冀州知州。

②《明穆宗實録》卷二十六隆慶二年十一月“庚申”條:“復故閑住兵部尚書金獻民……都察院右副都御史陳講……原職,獻民、講仍賜祭葬。”據此可以推知卒年約爲隆慶二年。

山西文華·著述編

孔天胤全集

第六册

明　孔天胤◎著
張勇耀　趙桂溟
韓兵强　常佩雨◎點校

《山西文華》編纂委員會　編

山西出版傳媒集團
三晋出版社

山西文華

附録一　孔天胤研究資料彙編

韓兵强　張勇耀　輯録

一　傳記類

（一）

孔天胤，貫山西汾州，軍籍，州學生，治《詩經》。字汝錫，行一，年二十八，八月十六日生。曾祖表。祖大褫，巡檢。父孔麟，儀賓。母新鄭縣君。

（明《嘉靖十一年進士登科録》）

（二）

榜眼孔天胤，山西汾州人，字汝錫，號文谷，辛卯鄉試第六名，年二十八。以王親例補外任，爲陝西提學僉事，累官布政。祖大褫，巡檢。父孔麟，儀賓。母新鄭縣君。

（明張弘道《皇明三元考》卷十）

（三）

孔汝錫。孔公名天胤，字汝錫，又號管涔山人。嘉靖壬辰進士第二，今籍山西之汾州。先聖文宣王裔也，詩文俱可傳。其與謝茂秦倡和，詩尤優於謝，蓋謝入晉而江淹才盡，孔反掩出其上矣。

（明王兆雲《皇明詞林人物考》卷八）

（四）

孔天胤，汾州人。嘉靖間榜眼。以王親補陝西僉事督學，歷河南左布政。雅好讀書，詩文高古，海内重之。所著有《文谷詩集》，祀鄉賢。

（明萬曆《山西通志》卷二十《人物下》）

（五）

孔天允，字汝錫，汾陽人。嘉靖壬辰一甲二名進士，官翰林，以宗親外補陝西僉事，提督學政。降祁州知州，遷河南僉事，備兵潁州。復以布政司參議提督浙江學政，歷陝西按察使、右布政使，遷河南左布政使，謝政歸。天允好讀書，詩文高古，晚年寄興山水園林間，與王明甫、吕仲和、裴庸甫諸人相倡和。所著《文谷集》若干卷，行於世。

（清光緒《山西通志》卷一百五十五《文學録·中》）

（六）

孔天胤，榜眼及第，歷官河南左布政使。萬曆庚子，督學陳公行入祀鄉賢。

（明萬曆《汾州府志》卷九《選舉類·進士》）

（七）

孔方伯文谷與予同仕籍幾二十年，出入相左，不及一晤，止于聲聞而已。公先予歸數年，予歸後欲得其詩，僅得《霞海篇》數十首，蓋亦鼎中一臠耳。俟後有得，當再刻之。公名天胤，字汝錫，又號管涔山人，嘉靖壬辰進士第二。今籍山西之汾州，先聖文宣王裔。無錫俞憲識。

（明俞憲《盛明百家詩·孔方伯集》前小傳）

（八）

孔天胤汝錫，號文谷。先聖之裔，山西汾州人。嘉靖壬辰榜眼，以王戚外任，官至布政。著有《霞海篇》，鳴於時。

（明朱之蕃《盛明百家詩》卷首《姓氏爵里考》）

（九）

孔天胤，榜眼及第。以王親例外補按察僉事，提督學政。尋調知州，歷僉事、兵備、左參議，復督學政，左參政，官至左右布政使。爲人雅好讀書，文駕軌唐漢，所著有《文谷集》十六卷，《續集》四卷，《詩集》十卷。督學陳公所學會檄本府，從祀鄉賢。

（清順治《汾陽縣志》卷四《文獻志·列傳·鄉賢》）

（一〇）

孔天孕，汾州人，嘉靖壬辰進士第二人。以宗姻例不得授京職，外補陝西提學，進浙江。兩省人材，多所成就，升河南布政。文章政事，卓冠當時。歸西河，與王明輔、吕仲和、裴庸甫結詩社，有《文谷集》傳世。其裔先聖，嘗與謝茂榛倡和，謝不及焉。

（清康熙《山西通志》卷二十《人物下·前》）

（一一）

孔天胤，见《科甲》《乡贤》。好讀書，詩文高古，直逼漢唐，海内名公咸重之。通訊不遠數千里，贈答往復無虚日。與王明甫、吕仲和、裴庸甫等結詩社，謝茂榛亦多唱和。所著有《文谷集》十六卷，

《續集》四卷,《詩集》十卷。修《汾州志》。

(清康熙《汾陽縣志》卷三《人物·文行》)

(一二)

孔天胤,先聖裔,榜眼及第。以王親例不得授京職,補陝西按察司僉事,提督學政。左遷祁州知州,升河南按察司僉事,兵備潁州布政司左參議,復提督浙江學政。兩省人才,多所成就。歷升陝西按察使、右布政使,河南左布政使,謝政歸里。氣節軒昂,胸襟浩落,晚年寄興山水園圃間,益無繁累,翛然自適。崇祀。

(清康熙《汾陽縣志》卷三《鄉賢》)

(一三)

榜眼坊,在同節坊,嘉靖十一年爲孔天胤立。康熙二十六年孔衍泗重修。

方伯文宗坊,在同節坊,嘉靖三十八年爲河南左布政使,前陝西、浙江提學孔天胤立。康熙二十六年孔衍泗重修。

(清康熙《汾陽縣志》卷四《坊牌》)

(一四)

孔天孕,字汝錫,汾陽縣人。嘉靖壬辰賜榜眼及第,例官翰林,以宗親外補陝西按察司僉事,提督學政。降祁州知州,遷河南按察司僉事，備兵潁州。復以布政司參議提督浙江學政，歷陝西按察使、右布政使，遷河南左布政使，謝政歸。天孕好讀書，詩文高古，晚年寄興山水園林間，與王明甫、吕仲和、裴庸甫諸人相倡和。所著《文谷集》若干卷，行於世。

（清雍正《山西通志》卷一百三十七《人物·文苑》）

（一五）

孔天允，字汝锡，汾州人，嘉靖壬辰赐进士第二。以王府亲外补陕西提学佥事，歷浙江右布政使〔一〕，有《文谷集》。管涔山人如新調鸚鵡，雖復多言，舌音終是木彊。

（清朱彝尊《静志居詩話》卷十二）

【校記】

〔一〕“歷浙江右布政使”誤。後文多有从此说者，不另出校。

（一六）

孔天胤汝錫，號管岑山人。嘉靖壬辰进士第二，汾州籍。先聖文宣王裔，有《霞海篇》。

（清赵瑾《晉風選》卷一）

（一七）

孔天胤。天胤，字汝錫，汾州人，嘉靖壬辰賜進士第二。以王府親外補陝西提學僉事，歷浙江右布政使，有《文谷集》。《詩話》："管涔山人如新調鸚鵡，雖復多言，舌音終是木彊。"

（清曹溶《孤本明代人物小傳二》）

（一八）

孔天胤，字汝錫，汾州人。嘉靖壬辰殿試第二。以宗親例不得授京職，外補陝西按察司僉事，提督學政，降知祁州。遷河南按察司僉事，兵備潁州，復以布政司參議提督浙江學政。歷陝西按察使、右布政使，遷河南左布政使，致仕歸。天胤好讀書，善詩文，著有《文谷集》若干卷。

（清乾隆《汾州府志》卷二十《仕賢》）

（一九）

孔天胤，字汝錫，汾州人，嘉靖壬辰進士。知祁州，遷潁壽兵備。以文章飭政事，有詩名。精藻鑒，簡易澹泊，與寒素同。民戴其仁，士樂其教。後官河南參議。

（清乾隆《潁州府志》卷六《名宦志》）

（二〇）

孔天胤，山西汾州進士，歷任左布政，見《宦迹志》。（《職官志》）

孔天胤，山西汾州進士，嘉靖間知祁州，文學優長，政事卓異，歷任左布政。（《宦迹志》）

（清乾隆《祁州志》卷四《官師》）

（二一）

孔天胤，字汝錫，汾州人。嘉靖壬辰殿試第二。以宗親例不得授京職，外補陝西按察司僉事，提督學政，降知祁州。遷河南按察司僉事，兵備潁州。復以布政司參議提督浙江學政。歷陝西按察使、右布政使，遷河南左布政使，致仕歸。天胤好讀書，善詩文，著有《文谷集》若干卷。

（清乾隆《汾陽縣志》卷八《文苑》，清咸豐《汾陽縣志》卷八《文苑》，清光緒《汾陽縣志》卷八《文苑》）

（二二）

孔天胤，字汝錫，嘉靖壬辰進士第二人。太和橋街舊有榜眼坊。以宗姻例不得授京職，外補陝西、浙江提學，歷至河南布政司左使。文章政事，卓冠當時。與王明甫道行、吕仲和、裴庸甫邦奇結詩社，有《文谷詩文集》《履霜》《澤鳴》《漁嬉》等詩集傳世。公裔先聖，造育人材，倡明學術，隱然有道統之續。

（民國王堉昌《汾陽縣金石類編》）

（二三）

孔天允，遵用代字，字汝錫，汾州人。嘉靖壬辰進士，十五年任兵備僉事。以文章飭政事，有詩名。精藻鑒，簡易澹泊，與寒素同。民戴其仁，士樂其教，後官河南參議。

（清道光《阜陽縣志》卷十《名宦》）

（二四）

天胤，字汝錫，汾州人，嘉靖壬辰進士，廷試第二人。以王府親例，不得在内，補陝西提學僉事，任止浙江右布政使。有《文谷集》行世。

（清錢謙益《列朝詩集小傳·孔榜眼天胤》）

（二五）

天胤，字汝錫，汾州人，嘉靖壬辰第二人及第。授陝西提學僉事，歷浙江布政使 。有《文谷集》四十四卷。

（清陈田《明詩紀事》卷十八）

（二六）

孔天胤，字汝錫，汾州人。嘉靖壬辰賜進士第二，以王府親，外補陝西提學僉事。歷浙江右布政使 。有《文谷集》。

（《御選明詩·姓名爵里三》）

（二七）

孔天胤，字汝錫，山西汾州人。進士及第，以王親改授陝西提學僉事，調祁州知州，復任今職。嘉靖十五年季冬至。

（明嘉靖《潁州志》卷十三《命使》）

（二八）《明世宗實録》孔天胤事迹輯録

嘉靖十一年三月

○乙亥。先是，上御殿傳臚，諸進士皆集闕門。一序班謬傳令儒服，首名林大欽及諸進士不服進士巾袍者百餘人。次名孔天胤以更服止掖門外。詔問狀，鴻臚卿王道中以爲禮部失於曉諭。上切責部臣，奪司官俸一月。禮部言："已嘗先期揭示，實以序班妄傳，遂致錯誤。道中乃欲曲庇屬官，厚誣本部，非朝廷設官相臨之體。"詔道中對狀，切責而宥之。序班孫士約等下法司逮問，大欽、天胤等俱免究。

○丁丑。授一甲進士林大欽爲翰林院修撰，高節爲翰林院編修，第二名孔天胤以王親例不得官於朝。吏部言："二甲進士外授則知州，從五品；今天胤一甲，宜正五品。"乃授陝西按察司僉事。

（卷一百三十六）

嘉靖十一年七月

○癸亥。調江西按察司副使劉夔於河南，改陝西按察司僉事孔天胤俱提調學校。

（卷一百四十）

嘉靖十三年八月

○戊申。下福建提學副使潘潢巡按御史逹問，降陝西提學僉事孔天錫爲直隸祁州知州。以廷試歲貢生員，潢所考上者黜落三人，天胤上者黜落六人故也。

（卷一百六十六）

嘉靖十七年四月

○戊午。命鎮遠侯顧寰挂印充總兵官，提督漕運，鎮守淮安地方。鳳陽修理祖陵、皇陵及皇城，工成，升巡撫右都御史周金爲左都御史，賞銀四十兩、紵衣四襲。升巡按御史蘇叢俸二級，賞銀二十兩、衣二襲。兵備副使張臬、僉事李宗樞、孔天胤各升一級，賞銀十五兩、衣二襲。鳳陽府知府劉安等二十七人各升俸及服色二級。留守司副留守李藩等十九人各升俸一級，餘皆賞賚有差。

（卷二百十一）

嘉靖十七年五月

〇庚辰。升河南布政使司參議李宗樞爲本省按察司副使，河南按察司僉事孔天胤爲陝西布政使司右參議，山東按察司副使張臬爲本布政使司右參政。

（卷二百十二）

嘉靖三十一年春正月

〇戊戌。以延寧馬市成，賞原任陝西巡撫鮑象賢、巡撫賈應春、布政孔天胤銀幣有差，通事猛忽兒等升一級。

（卷三百八十）

嘉靖三十三年十二月

〇庚午。令浙江按察司副使陳宗夔、陝西右布政使孔天胤、右布政使何其高閑住。各坐貪污，爲巡按御史孫慎、吉登[一]所糾也。

（卷三百八十一）

【校記】

〔一〕吉登，误，應爲吉澄。

二　墓誌、壽序、祭文

賜進士及第、通奉大夫、河南布政司左使、前奉欽命提督陝西、浙江學政、河汾文谷子文靖先生孔公墓碑

趙　訥

文靖先生，是文谷夫子卒時，其門人輩誄而稱之者也。先生當前在館閣□有時□乃格於例，位於外藩，□以此易名□者也。訥業已承乏銘其墓，今且十年。□□位□□□□而無子，□故弟有三子，得以訟争餘産，護持其所立孤從嗣，以存祖考之祀。又因以分己餘産，立買石，請龍洲王公文其祀堂碑，而訥銘其墓。□□□使先生之道表於世□先之無□世不可缺。

訥□□□□自堯舜兩朝，義學之秘爲道學之塞，惟晉爲三大聖人建都之地，勝迹昭垂，而稷、契、皋、益諸碩輔，實風雲從於兹。自是湯、文、武王、周公，傳之孔子，孔子不□□□□道，而子夏則以文學傳於西河。□□□□□□□其學，田子方、段干木在吾汾有故迹也。夏殷之間，傅説始以學之義陳於高宗，後之言學者歸之説。説，平陸人，於晉之先□亦與有繼開之功，故周公、唐叔於晉之先，人才有彬彬□□□□□□□□□□□□□如司馬子長、柳子厚、事□霍子孟、裴中立、司馬君實。而王文中子繼司馬子長崛起龍門，道學爲河汾一脉□堯、舜、禹之傳於孔子者，初自子夏入晉，至是爲再傳矣。明興，元靖薛敬軒先生亦産於龍門，承有宋濂洛關閩之遺，超出俗儒文學之習，其道德品行之□□，爲一代理學首倡，不但以其《讀書

録》之文，□□□□□。

□□□□□□□裔〔一〕□□□□□□帝室之甥，繼子夏起於西河，蓋文學足以繼而傳之。其起家待詔金門，世宗方以敬一之學示天下，而特以農桑王業之本賜問，先生敬陳王道，實稱上意，賜進士及第。以□□〔二〕例，外補陝西督學按察僉事。即初□□□□而身遺館閣，始既不得文學效論思□又不得以□□□□□□□其□□孝友，與人忠信，□□□□□□□□□□□□其學老而篤實。□督學秦越，特尚古雅，□息□□本□抑序□諸《策秀才講學正心文》等篇，於德藝本末之際，三致意焉。方服□之□□致以林□□□年，名其□堂曰"善信"。故善信□□□□□□□□□□□□□□□郡王新□，嘗厭俗麗靡之習，僞儒誇詐之□，敦厚抱抑，反觀内省，其耻效時學黨同伐異之風。□□身□□□之篤行，而大爲門户標榜之習□□。訥約戒□語草書自監，□□□□□□□□□□□□□已壽矣。而於先生□禮造盧就學，譚者以爲再見魏文侯之師子夏□，況年且□厭其文思之煩，□□之勞，□□□□□□□□定□大義，悟言外之旨，□□□□假□□其道德之□□□□可□□□□□□自德。□〔三〕麟，經文學選儀賓，造道之志，尚未盡酬也。昔衛武公年九十五，猶示國人以交戒也，豈自知其壽而貪有年，誠心於道也，愚於先生亦云。

先生諱天胤，字汝錫，世汾文同里百金堡人。□□□□□□□自號。□〔四〕麟，封奉訓大夫。母新鄭縣□〔五〕，生於弘治十八年八月十六日，卒於萬曆九年十一月十一日。中式辛卯第六人，明年連第。自初督學陝西，左遷祁州守，起河南□□□□□□□□□□守河南道，督學浙江副使，□陝西，擢參政，尋升按察使、布政右使，轉河南布政左使，致仕。善政□□□，具《志》中。娶王氏，繼王氏，側室趙氏。生子階，國子生。後十一年，子娶王氏，少司徒王龍洲之女，生孫男,後同殤。孫女適奉國將軍敏淌,慶成王弟鎮國將軍利川之子也,亦先階卒。□王氏□無子,以其叔父之第三子□之□從□爲嗣。女一,適常至剛,早卒。天民,中丁酉鄉試,爲東明縣知縣。□□□□□□□年日聚□於棣華軒中。子曰陽,曰陟,曰陞。先生自少出處隨長少願,□爲□友□□□越尤多,而里中門生科貢□望已不□□□先生以不忍見麾□乎。諸子皆先卒,訥雖存,而不能□□□□□□□□□。幸賴龍洲公爲主治其後事,俾三侄得護奉祀事。訥忝爲先生弟子,且階之□□□□□□□□不能越禮周旋,姑以此虛文□□□解吾□汾後學之源流,以光先生之大,□於墓銘之詞。□□□□□訓語,初隨履歷爲名,晚年先生自叙意,總題曰《漁嬉集》,凡五十卷,卷刻□□□□《文章正宗》諸書、《文選》、唐諸詩,論者率以爲有□□□文。其編纂有《汾州志》《左國禮記》,□其遠近諸名公倡和□□□□□□□□□□顏□□集所□。士流得其聯扁卷册箋邃所題,無不珍藏之者。嗚呼,以先生之道之學如是,而無後□□□,爲族所□□□遺書。予亦謹取拾其殘者,以待孤嗣及諸侄之後。然其存古之道,□□□□□□□□□□□生□□□□□□□積書何爲哉。嗚呼,凡我士類,觀此可深長思矣!

賜同進士出身、户部山東清吏司署郎中事、四川保寧府知府、孝義趙訥謹撰

陝西中部縣知縣雷啟東、郡學生雷象乾、雷象坤敬書

萬曆二十二年歲次甲午七月吉立

大學生故男階、嗣孫從嗣奉祀

【校記】

〔一〕據趙訥《請刻孔子文谷先生全稿書》,此句當爲“宣圣之裔”。

〔二〕據地方志中孔天胤小傳,所缺二字當爲“王親”或“宗親”。

〔三〕〔四〕據王崇慶孔麟、新鄭縣君《墓表》,所缺一字當爲“父”。

〔五〕所缺一字當爲“君”。

祭孔汝錫先生

王道行①

嗚呼哀哉，士有曠世道符，千里神契，譬彼芝蘭，異生同類。人貴論心迹，略交臂，苟東家之無知，處西鄰亦奚貴。先生夙梃孤標，博綜六藝，文蔽班揚，才陵漢魏。弱冠登朝，魁掄大對。兩浙三秦，柄文造士。彬彬乎及門入室之徒，濟濟然華國名家之輩。四教修而民行興，片言出而群音廢。既譽洽於黿沙，亦毁生於龍陛。望西河兮歸老，返初服兮荷製。開北海之尊，招東山之妓。客有彈蒯緱、曳敝履以見者，莫不延入如歸，望門若企。投少分於金蘭，擲千緡於箸七。既鼓瑟而承筐，亦解衣而推食。類郗超之授館，如田文之好士。

嗚呼！先生以鼎甲高賢，久塵外吏，起家王甥，梏于旹制。斂大烹元氣之調，狹廣厦萬間之庇。以其餘年發爲藻繢，文以質高，詩貴情至，每對客而揮毫，如川湧而川逝。儼危坐以竟夕，吐霏談之妙義，故聞風者景赴，覿德者心醉。時授簡於雪宫，競樂善而忘勢。追兔苑之遺風，尋雀臺之高會。悼深仁如欒武，豈一傳而遂匱。慨澤畔兮生蛇，拊松根兮枯卉。悵别館兮芳菲，承楄柎兮翦刈。草青青兮鹿游，乘胥濤兮忍視。慨典籍兮云亡，無仲宣兮誰寄。斯闔闢之相禪，固達觀所不諱。

嗟余小子，生而甫晬，劍負旁嬉，公方上第。束髪有知，思存膺御。薄游天雄，鴻書載至。誘進循循，貯之心肺。逮賦歸來，聞問相

① 王道行（1531—1590?），字明甫，又作明輔，號龍池。陽曲人。嘉靖二十九年進士，歷蘇州知府，官至四川布政使。有《奕世增光録》《王明甫先生桂子園集》。

慰。許以同盟，言多感遇。謂伯夷貪兮跖硏義，干將鈍兮鉛刀利。或飛毛而蔽天，或割鮮而滿地。騁駑蹇兮康莊，服鹽車兮騏驥。隔一水兮盈盈，把千言兮字字。欲擔簦兮未遑，竟参辰兮異世。

嗚呼哀哉！先生之德豐於位，先生之材重於世。余小子兮何人，欲往從之中廢。傷交臂兮相失，庶道符兮神契。寫哀些兮傷春，望西郊兮灑淚。沛靈爽兮雲霓，庶顧歆兮柳桂。

（明王道行《王明甫先生桂子園集》卷十九《祭文》）

誥封奉訓大夫、宗人府儀賓暨配新鄭縣君墓表

王崇慶①

賜進士出身、資善大夫、南京户部尚書、前禮部左侍郎、開州王崇慶撰

西河之上，三賢故閭之間，有遺佚之老曰：孔公賢不希譽，貴不取榮，雍容中□之儀，磐折宿儒之矩。□塵泥而不滓，在俗和而有光。絢不易其操，隱顯無惡。於□蓄德，砥行崇冠。先儔善積慶流，篤生後嗣，惟□之良，式弘丕緒，克紹厥家。追思深恩，原闡休烈。

□□□麟，字應經，國中以公有殷人尚質之象，敦號質庵。先生汾州文同里人也，其先出自殷宋孔父，在魯則仲尼其宗也。其裔之裔汾□□□□孔氏云。公遠祖弘正，當宋室衰微，寇賊蜂起，嘗以義氣率衆遏紅軍，一鄉賴以保全，不求功賞。弘正而及有信甫，信甫生

---

① 王崇慶（1484—1565），字德徵，號端谿。開州（今河南濮陽）人。正德三年進士。授户部主事，以建言獲罪，下錦衣衛獄，謫廣東肇慶府壽康驛丞。歷沁州推官、登州同知，累遷山西按察副使。嘉靖八年任河南按察使，尋改遼東苑馬卿。官至南京户部、禮部尚書。著有《周易議卦》《五經心義》《海樵子》《端溪先生集》《開州志》等。

克仁，克仁生友端，友端生表，表生大褫。表以上遭罹世難，皆不樂仕進。及世平，□重畏法，但孝弟力田而已。至表，□兖州禄，授岷州倉□，調巡檢肥城。取和氏，生二子。繼張氏，生四子，公其第二子也。資性純粹，簡遠篤誠。嗜讀書屬文，十五通《詩》《書》二經，文搦管成篇，弘□□中。學憲南陽王公品藻諸生，第公茂才異等，進學充增廣員。無何，詔選宗姻，署司故以其名上。遵例，赴京朝敬皇帝，誥封奉訓大夫，宗人府儀賓，配新鄭縣君，歲食禄米四佰石。然非其志也。故雖厠迹□邸，猶□□神□門。既以志不得遂，□□文至《參同契》，則飄飄然有淩雲之想焉。曰書俞琰，所注三篇，久之成帙，楷法遒美。家世積有田□□□□□□，諸弟寡營，漸□□有分在鬻中，不争也。曰："吾既賴有禄矣。"後禄不繼給，而公亦貧，不憂也，曰："吾幸有子矣。"其退讓如是。

比及縣君，出輔國將軍，□□□□□慶成恭僖王之孫也。静正莊嚴，淑清淵澈。嘉善嫉邪，敬長慈幼。居泰不驕，□困如豫。先錦衣珍食，□□□□藜，晏如也。言動則夫□□□□□，相待如賓，家人敬憚，雖兒女至戚亦懔懔不敢犯。《詩》稱："女士何以加之。"

質庵公以嘉靖十七年十二月二十日□□□□□終，享年五十有九。縣君以嘉靖二十五年三月十四日戌時終，享年六十有三。有子男二，長曰天胤，登嘉靖壬辰科一甲進士。初授翰林，□□□□用例補陜西提督學校僉事，歷任至河南左布政使。文章道德，知名當世。次曰天民，中嘉靖十六年丁酉舉人，歷任南宫縣學教諭，□□□□□，□於東明縣，卓然以文行廉直著名。女二，長適輔國將軍表檀，次適州學生侯君召。孫男四，曰陽，曰階，曰陟，曰陞，俱幼學。曾孫二，曾孫女一。墳在城西尉陵里萬户山之陽，合縣君葬也，別有誌。□酉之歲，余守秩宗提學，君之□□□，次以金□□□□□□石之。明年守南京户部，再明年而修辭成。其辭曰：

天造草昧，人文閉藏。嚴韜管樂，澤隱蕭張。公家歷世，不藏其荒。謂力田好，謂豐年康。豈無干城，貞士□□。時否吏□，爰始封疆。待公脱穎，茂選黌庠。既而改服，嘉止用光。錫爵祚禄，邦侯比行。昭登如□，□□□□。殷有□□，無列不長。克□□□，□□溥將。瓜瓞惟蔓，股肱惟良。爲黼爲黻，爲珪爲璋。如曦之赫，如渤之□。源源本本，□□射斯。□□表隧，德音不忘。□□其孔，固□□□。

萬曆二年，歲在甲戌，春三月戊辰初六日清明上石

男通奉大夫河南布政使司左布政使孔天胤、文林郎直隸東明縣知縣孔天民

孫儒學生員孔陽、儒學生員孔阶、幼學孔陟、幼學孔陞

（録自原碑，今存汾陽市孔氏祖塋）

誥封奉訓大夫、宗人府儀賓質庵孔公合葬新鄭縣君墓表

王崇慶

陝西右方伯孔汝錫天胤氏，予昔駐汾問課所品題者。先是，厥考奉訓大夫棄背，山西巡撫陳公講既志其墓而銘之，乃二十七年三月初九日合葬厥妣新鄭縣君於萬户山之陽。生事喪葬，已極榮哀，仁孝之情，始終備矣，尚復何言？顧汝錫之請方勤，而予以司徒南部，相去數千里，追惟往事，義安可辭？

按狀，大夫諱麟，字應經，别號質庵，世爲汾陽右族。曾祖友端，祖表，皆畜德未仕。父大褫，官巡檢。母和，早卒。大夫六歲鞠於繼母張，即以孝聞。年十五，通《詩》《書》兩經，能文章。督學王君鴻儒

試而嘉之,自童生超補增廪員。郡博某嘗過飲其家,見古鼎,索之母張,固弗許,因以銜公。雖極窘辱之,而質庵誦習如故。比年十七,有司爲宗室女新鄭縣君擇婚,强以質庵姓名上敬皇帝,帝可其奏,誥封奉訓大夫,歲食禄米四百石。質庵盡以歸諸父母兄弟。後分産。亦聽兄弟取以爲有,曰:"但使親心慰悦可也。"汾多王孫,習於豪俠,動呼鷹犬,衝侈路衢,質庵厭之,日惟杜門讀書作字,且妙契玄理,至手書《參同契》,端好弗苟然,不營家人生産。未幾,公禄鮮繼,與縣君蔬食布衣,宴如也。

是時,汝錫生而巍然頭角,殊有奇氣,大夫每鼓掌曰:"大吾家而恢吾未造之業,其斯子乎?"遂躬自教焉。並立四戒,如所謂粗心、妄語、欹坐、逸游云者。至季子天民,亦苦心嗜學,旋復踵捷於鄉。初,大夫迎養入關中也,見汝錫學政過嚴而憂之,示以弘度,後果不理於口,謫守祁州。尋迎大夫於祁,一日觀於野,而見民和焉,則又喜動顔色。部使交薦,遷潁之兵備僉事。大夫西歸,復寓書,戒其敕法毋撓。既逾年,而一道果治,再擢陝之少參。當路多薦其賢者,其得之大夫,不既章章矣乎?

先是,質庵在祁,寢牧鶴亭。夜半亭壞,物盡摧而大夫熟寐無恙,邑人神之。嘉靖戊戌,忽病卧,汝錫之陜,猶及過省受遺命。卒之日,十二月二十日未時也。配新鄭縣君,姓朱氏,太祖高皇帝之後也。曾大父慶成恭僖王,大父鎮國將軍諱美埬。(父)輔國將軍諱鍾鐺,母夫人謝氏。以成化二十年七月初九日已時生。縣君享年六十有三, 而終時嘉靖二十五年三月十四日戌時也。縣君生而莊嚴修嫮,望凛即温,剛潔慈良,嫉邪嗜善,雅有識量。與大夫處相待如賓。家人事之,親則如母,畏則如神。其始也,本出富貴,遭家中耗,艱窘困蹙,人莫堪其苦,縣君怡然若固有之。歎息炎凉,謝絶戚里,焚軿杜扉,無諂無屈。及汝錫督學浙江,而縣君奄逝矣。謂曰:數非與?雖然,大夫之亡也,汝錫得侍湯藥屬纊,孝非有加焉,其不得侍藥與纊於縣君,孝非有損焉。要之,王事、私養不可强而同者,時也;所可合而一者,心也。汝錫亦盡其心而已矣,然亦何害其孝之同哉!

子男二,長即天胤,壬辰進士及第,歷官陝西右布政使,有學行大名於時。次天民,舉丁酉鄉試,古所謂難兄弟者。女二人,長歸某,次歸某。男孫某某。往年庚戌佐春卿,時會汝錫免縣君喪如京師,踵予,乞表諸墓,顧冗奪未遑也。乃今如狀,撰次碣立夜堂,庶大夫、縣君德匹生前,光垂身後,汝錫兄弟之用心,顧不宏且遠哉?嗚呼!繼自今孔氏云仍可以踵而述矣。

(明王崇慶《端溪先生集》卷六)

祭孔母文

葛守禮①

曰:於維尊靈,天孫降淑。婺宿鍾姿,于歸名閥。内則攸毗,聿敦婦德。懋建母儀,鴻祥誕發。燕翼偕貽,桂樹在庭。式穀似之,維兄及弟。曰龍與夔,奮迹金馬。馳譽清時,矯矯文宗。夙勤我思,爰因式廬。慶彼有慈,徽音知嗣。戚里師資,克昌厥後。宜壽維期,云胡禄養。方渥而風,木遽凄也。嗚呼!玉縝則折,蘭薰而虧。母不憖遺,子胡不悲?千里奔訃,可奈懸帷。知生者吊,陳淑其辭。藻莫薄修,靈其有知。

(明葛守禮《葛端肅公文集》卷十一)

① 葛守禮(1505—1578),字與立,號與川,山東德平人。嘉靖八年進士,官禮部郎中,累遷户部尚書。時徐階、高拱、張居正更用事,交相傾軋,守禮周旋其間,正色獨立,人以爲難。歷刑部尚書,官至左都御史,卒謚端肅。有《葛端肅公文集》。

新鄭君孔母壽序

錢　薇[1]

大哉壽乎！基於德，萃於福，而隆於遇者也，顧孰有如孔母新鄭君者乎？夫世之言壽，固以徵德，然止其身而已；縱承先世顯懿神明之緒，亦不過名士德閥而已；縱能啟佑後賢，福享攸鍾，亦不過登薦書、列縉紳而已；縱遭時遇，幸亦不過淵源顯融而已。乃孔母親者，泒出晉潢，登馨玉牒，遇所從來，既尊異莫匹矣。誕育吾文谷丈，鼎甲上第，臚傳帝廷，一日而名震天下，非僅僅策名之福已也。

況令子亹亹聖學，祖述洙泗，承前休，稱善繼，豈徒尋常一行一能之樹德者乎？是孔母之生，翕帝胄之精英，肇光融之令望，衍濟美之家聲，舉自其身，備之吾聞。吸精多者壽，況天地之完精會於帝室，而得爲帝裔者乎？集福厚者壽，況朝野之聲名歸於臚唱，而得於其列者乎？德修邃者壽，況尼丘衣缽，繼緒尤隆而克紹其傳者乎？故屈指當世，疇與孔母比隆，更疇與媲壽也！且文谷丈避例玉堂，兩秉文鐸，律身造士，和不近同，剛不取戾，汪然河海之度，瑩然日月之明，昭然景星卿雲之瑞。凡被其鼓舞者，各循矩矱，應規繩而沛然興起，士習丕變，是所以衍母壽益廣且裕矣。

吾知純嘏綏而遐祉集，自今以後，寧可籌竟乎哉？又文谷弟登名賢書，藏晦家食以事母，故門以外不累母；文谷内子不隨宦游，日奉起居以侍母，故門以内不累母。合内外以承歡，心當益暢，是爲得

① 錢薇（1502—1554），字懋垣，號海石，浙江海鹽人。嘉靖十一年進士，由行人擢禮科給事中。因星變極言主失，世宗深銜之。已又疏諫南巡，斥爲民。既歸，務講學，足迹不及公府，卒年五十三。隆慶時贈太常少卿。有《海石先生文集》（一名《承啟堂稿》）。

家壽。聞之文谷丈云，母之姨好修濟貧，破產弗靳。一日，麻姑化襤褸婦人，僵於雪，姨迎歸，燠之，衣食之，相處數旬，盡得仙指。今母迎姨師事之，是爲得仙壽。孔母壽源淵哉懿哉，而壽道亦至矣備矣。吾意並駕瑶池，參鸞王母，行有所待，豈止於人間所稱期頤遐算而已者哉。

（明錢薇《海石先生文集》卷二十）

奠孔母夫人新鄭君

錢　薇

猗與夫人，泒衍天衢。秀鍾坤淳，出自椒塗。濱於河汾，質庵大夫。茂樸而敦，惟鳳惟凰。雝雝偕鳴，如甘受和。齊眉耀采，以助陽剛。克諧斯在，懿德發祥。二難並美，伯也先翔。帝廷臚傳，特邁班行。文衡是司，正學丕揚。披之春風，曝以秋暘。多士在冶，太阿干將。仲氏計偕，豹變是章。將趾伯懿，呈耀圭璋。母氏聖善，兩澤用長。湘妃麻姑，氣類之符。脱然蜕委，仙踪自如。哀音忽訃，督學登途。大孝孺慕，出涕滂沱。士子群奔，莫攀素車。通家奠卮。情逐雲馳。聊展予衷，絮酒炙鷄。

（明錢薇《海石先生文集》卷二十五）

祭新鄭縣君文

熊　過[1]

維嘉靖二十五年歲次丙午（某）月（某）日，浙江按察司提學副使文谷孔公以母郡主之喪，瞻雲靡及，戴星而奔。其友（某）等睠言陰教，哀此棘人，杼忱致奠，申之辭曰：

嗚呼哀哉！益書比次，爰列二經。管涔之山，其首枕汾。稚水蒙流，清碧亦銀。鹵盧不毛，發祥在人。矧惟王室，用物取精。

嗚呼哀哉！晉陽啟祚，汾陰疏土。鍾美邦媛，實惟郡主。婉孌姝静，窈窕修嫭。亭虚田菌，衣襞萬舞。沁水上驕，平陽侈怙。

嗚呼哀哉！於穆館甥，靈胄神啟。歸適夭桃，肅雝穠李。鳳樓吹簫，鵲巢委羽。津下天孫，渚峰帝子。室牖有齋，公宫洵美。

嗚呼哀哉！金銀抗寵，銅絲承秩。内顧翟茀，左辟象揥。地生官府，光連雲日。琴瑟宛符，松蘿葉契。無非無儀，宜家宜室。

嗚呼哀哉！震索得男，坤道資生。男子之祥，汾王之孫。甥教存胎，蒙養以真。大廷射策，太史占雲。韓琦瑞應，劉沆夢徵。

嗚呼哀哉！唐之觀察，寔有景讓。晉之公族，傅有叔向。二母俱賢，兩宗競亢。令子晉才，鬱爲粤望。母儀是因，子猷克壯。

嗚呼哀哉！靈章金母，赤書玉妃。筵鑄金簡，臺焕紫微。何彼遐壽，哀此喪威。蘭室陰森，虹缺晝輝。寶婺失耀，常儀掩暉。

嗚呼哀哉！東斗算殘，北堂諼槁。青靈鍊魂，王孫悲草。素冠樂

---

[1] 熊過（1505—1579），字叔仁，號南沙，一號南墩。四川叙州府富順縣人，嘉靖八年己丑科進士。選翰林庶吉士、禮部郎中。有《南沙先生文集》八卷、《周易象旨決録》七卷。《明史》入《文苑》。

樂，家人熇熇。徽懿靡式，聖善莫保。陟屺思瞻，治昊用懤。

嗚呼哀哉！恤典既重，展親不遺。春相誼切，信吊孔時。言念伯仲，孔儀塤篪。題奏既合，登拜靡期。望彼芻靈，奠此絮鷄。

嗚呼哀哉！尚享！

（明熊過《南沙先生文集》卷七）

先考乃璜公與先妣鄭、王、鄭三夫人合葬志

孔昭來

我國著姓，以孔氏爲最，而皆系籍曲阜。吾汾陽之孔爲旁支，譜牒甚明。相傳宋世有游宦此方者，遂卜居焉。至明世，有雄駿君子曰天胤〔一〕，登嘉靖壬辰科貢士榜，殿試一甲第二人及第。以祖父爲晉府儀賓〔二〕，按國制不得大用，僅以參政終〔三〕，未竟所學。然蓄道德而能文章，士大夫因已推重，世所稱管涔山人是也。乾隆中葉，譜牒淪亡，故自山人以後，明清三百年間本支先世事迹失所考證，莫得而詳云。

昭來曾祖考諱世詳，妣氏李。祖考諱繼升，妣氏張。生先考兄弟二人。長先伯諱廣宏，無嗣。先考其次，諱廣運，字乃璜。生於道光二十七年二月初二日。幼孤，家計不給，萬里行商，遠至俄羅斯。膽智器識錚錚然，尤能重義輕財，篤於古道，同時儕輩之存者，至今稱道勿衰。光緒三十年甲辰六月十八日，疾終恰克圖旅寓，春秋五十有八。是時，昭來年十二，家境艱窘，猶先考失怙時也。及民國五年丙辰，昭來始奉先考之柩回籍，葬於花枝村祖塋，先妣鄭氏、王氏祔焉。先考凡三娶，前妣氏鄭，繼妣氏王，皆先早卒，無所出。先妣氏鄭，即前妣鄭氏之妹也，所生僅昭來一人。先考既卒，撫孤訓子，支

柱門户，茹苦含辛，有功於吾門不小。昭來方期長依膝下，少盡烏私，乃竟於甲戌春初奄然長逝。嗚呼痛哉！先妣生於清咸豐七年五月十一日，卒於民國二十三年夏曆正月初七日，享壽七十有八歲。兹卜於本年三月十九日癸酉，奉先妣之柩合葬於先考乃璜公之壙。昭來供職山西清鄉督辦公署秘書長，妻侯氏。子憲濟、憲洙，讀書中學；憲泗、憲汶，讀書小學。憲濟妻劉氏蕙芬，小學卒業。嗚呼！先考妣所以教誨昭來，而期其成立者，自省生平未就萬分之一。是總總芸芸者，又可必其有以下慰九原也耶？惟念少承庭訓，勵志向學，四十無聞，深孤慈望；文史荒落，不足以闡述先德。然郟子之對，固愧未能；藉氏之忘，又所不敢。爰昉唐世衡州家，誠父祖銘志毋得假手他氏之義，摭拾生平行誼，泐石埋幽，虚美自誣，庶其免矣。若皋魚長痛，寧可抑風樹之悲思哉！

男昭來敬撰並書丹篆蓋

世愚侄馮鈺敬填諱

（録自靳學强主編《汾陽書法篆刻選集》，京華出版社 2010 年版，第 79—80 頁）

【校記】

〔一〕《山西通志·人物志》等多稱孔天胤父“名雄駿”，蓋即源於對此句之誤讀。

〔二〕“祖父爲晉府仪賓”誤，孔天胤之父孔麟爲仪賓，祖父孔大褫爲肥城巡檢。

〔三〕“僅以參政終”誤，孔天胤官至左布政使。

三　事迹、軼事

重修廟學記

廖道南①

維皇懋建皇極，丕敷文命，釐正祀典，肇禋先師孔子於文華殿，載臨辟雍，垂裳講道，以風示天下。於時幾甸熙化，彬彬爾矣。歲甲子，孔侯汝錫自秦督學遷牧於州，乃喟然歎曰："弗崇厥構，胡以永觀？弗惇厥教，胡以祇命？厥咎在予，予曷敢後！"

越明年春二月哉生明，乃闢厥基，吉土惟剛；乃遴厥材，隆棟惟良；乃鳩厥工，爰采其長；乃諏厥土，僉謀永臧。其中爲先師廟，廟之東北爲啟聖祠，廟之左右爲先賢廡，廡之左右爲鄉賢、名宦祠。祠廟之後爲明倫堂，堂之左右爲四齋，爲諸舍，爲虹橋，外爲櫺星門，門之南爲泮池。越七月，工告成，又明年春二月，朏伻來告諸内史氏曰："願紀厥成。"内史道南曰：

於乎！我聞在昔皇之世，厥化沕沕爾，厥風渾渾爾，是故人皆若其元命，蠉飛蠕動，跂行喙息，時則無事於學，罔非學也，道其始矣乎？帝之世，厥化穆穆爾，厥風灝灝爾，是故士皆率其彝性，寬栗愿恭，簡廉剛塞。時則有事於學，罔弗學也，道其中矣乎？王之世，厥化皞皞爾，厥風噩噩爾，是故官師始修其彝教，鄉塾術序，黨庠國均。

---

① 廖道南（？—1547），字鳴吾，湖廣蒲圻人。正德十六年進士，改庶吉士，授翰林院編修。嘉靖四年纂修《明倫大典》，擢中允，充日講官，累官至侍講學士。嘉靖十五年八月憂歸，嘉靖二十六年卒於家。家居期間，爲世宗作《楚紀》六十卷。又有《殿閣詞林記》及《藝苑》《詞垣》《講幄》《拱極》《玄素子》諸集。

時則學始遍天下，而罔弗事於學也，道其終矣乎？矧茲孔侯始而悟道，其中而敏學，終而惇教爾。祁士莅茲學也，被茲教也，其知道乎？夫知道之始，而求之天之命也；知道之中，而求之命之性也；知道之終，而求之性之教也。由立命而之焉，其皇之化之風乎？由率性而之焉，其帝之化之風乎？由立教而之焉，其王之化之風乎？孔子，集群聖大成者也。故曰："大道之行，與三代之英，丘未之逮也，而有志焉爾。"祁士志於希賢，賢以作聖，王化其興矣；志於希聖，聖以同天，帝教其興矣；志於希天，天以入神，皇教其興矣。是故立命必本諸性，率性必本諸教，立教必本諸志。於乎！以合觀諸古人，立命道之始也立教道之終也；以合告諸多士，立志學之始也，立命學之終也。繼自今其求也，孔子之"時中"乎？故曰：始條理者，聖孔子之道，貫始終而一之者也。

孔侯聞之，則又喟然歎曰："是予志也，亦多士志也。請書以爲祁學記。"

（清乾隆《祁州志》卷七《藝文》）

貞文書院碑記

廖道南

貞文書院者，祁州孔侯之所建也。建之也何？崇祀也。厥祀唯何？祀宋法曹張明公，元狀元董君章、李公平也。夫祀明公何爲者也？崇道德也。祀君章、公平何爲者也？表宅里也。

何爲乎崇道德也？昔者明公篤志聖學，鋭情王道，淵乎神明與居，浩乎造化與游，是故我觀諸《正蒙》之篇，其篤足徵也；我觀諸《理窟》之篇，其鋭足徵也；我觀諸"訂頑""砭愚"之銘，其淵其浩足徵也。徵之,斯祀之矣。何爲乎表宅里也?昔者君章夙抱雋才,公平雅負奇氣,歘乎蛟龍斯躍,煒乎鸞鳳斯翔也。是故我觀諸至治之對,其雋足徵也;我觀諸至順之對,其奇足徵也;我觀諸牧長奉常之績,其躍其翔足徵也。徵之,斯祀之矣。《詩》有之:"高山仰止,景行行止。"其諸祀明公之意爾矣乎?《書》有之:"表厥宅里,樹之風聲。"其諸祀君章、公平之意爾矣乎?

是役也,經始於己未之九月,越十月祠宇成,十一月大雅堂成,十二月齋舍成。明年正月諸工畢成。先是,壬辰孔侯登一甲進士第二人,乃督學於秦,既而左遷於祁,於是建貞文書院,以淑邦人士云。内史氏既叙次其事,乃撰侑神之歌三章。

其一章曰:維祁有山兮鼓峰,西太行兮嶕嶫,北恒岳兮巃嵸。山祇毓祥兮靈氣鍾,谷隱霧兮藏豹。石觸雲兮從龍,明明兹烈兮山之崇。

其二章曰:維祁有水兮黽漳,源唐谷兮沙土,瀆滋流兮澤鄉。川精薦祉兮水若翔,星聯珠兮奎偉。月合璧兮雲章同,淵淵兹澤兮川之長。

其三章曰:維祁有哲兮横渠,宗鄒魯兮聖源,溯濂洛兮德腴。歲月云徂兮日居諸,君章起兮疇與。公平紹兮爲徒,穆穆兹祀兮吾道不孤。

(清乾隆《祁州志》卷七《藝文》)

安州語

朱彝尊[1]

蘇州張寅仲，明中正德辛巳進士。知安州，浚牙家港，築堤，暇則與士子講學。時孔天胤知祁州，亦以才見重，時人語曰："有所疑，問安祁。莫憂竦，有張孔。"

（清朱彝尊《明詩綜》卷一百）

孔天胤行救荒法

（嘉靖）二十四年，杭州大饑。提學副使孔天胤行救荒法。

天胤見荒甚，建議於巡台，略曰："今民間子弟，欲肄業國子監者，類以不得由學校爲耻。議令願入學者，入米五十石，許其三日即以附學各邑。起送納銀，入監籍名，違者黜之。庶稍爲饑饉之一濟。"按史高懋報曰："茲議荒政、學政兩得之，亟舉行，勿緩。"天胤懲前食粥過多致疾，命僧於十門五鼓作薄糜，人給一大甌，不使飽啜，民頗被惠。

善曰：夫以學校衣冠易米爲賑，此與鬻爵無異，似非懿法矣。然不忍民死，而急爲圖之，蓋亦有萬不得已之意焉，范文正宴游興作之事可諒也。夫孔公爲學使，無民社之責，而曲謀賑恤如此。然則一當兇歲，在守令則議發官廩，或割己俸人，且懇誠勸相，俾民間自相賑助，皆不可□詳講而力行之。乃吾黨目擊鄉閭之困，亦各隨力惠

---

① 朱彝尊（1629—1709），字錫鬯，號竹垞，浙江秀水（今嘉興）人。康熙十八年以布衣應博學鴻儒試，任翰林院檢討，後入直南書房。博通經史，兼善古文詩詞。著有《經義考》《日下舊聞》及詩文集《曝書亭集》等。

施，斯或□□有濟云。

（明萬曆《杭州府志》卷七《國朝郡事紀·下》）

潁上《蘭亭》碑

邢　侗[①]

嘉靖八年，潁上村民耕得此石，送縣治，縣官都不省視。送之學宮，學官亦不復省視。齋夫移置鄰壁磨房，凡來磑者俱坐其上，真如明妃嫁呼韓，有餘辱矣。逮丁酉清明，孔文谷先生莅憲此邦，聞而索之，亟屬姜尹龕諸明倫堂中。《黄庭》另一石龕，左右列。此本搨法，不減周藩東書禊序初搨，墨光如漆，何必李廷珪、潘谷乎？

（明邢侗《題潁上脩禊序初搨本》，《來禽館集》卷二十一）

孔天胤論程嬰、公孫杵臼

李　樂[②]

程嬰、公孫杵臼立孤死難，人皆相傳爲一時事。孔文谷先生天胤，陝西[一]人，嘉靖乙巳丙午間浙江學憲，作文《文山黄冠歸故鄉》，論獨曰："二公者，一死於五十年之前，一死於五十年之後，萬世而下，皆不失爲趙氏忠臣。"先生之言必有考據，余故存之。

---

① 邢侗（1551—1612），字子愿，號知吾，别號來禽主人，山東臨清人。萬曆二年進士，官至行太僕寺少卿。工書法，與董其昌、米萬鍾、張瑞圖並稱"邢張米董"。亦能繪畫，取法元人，風格秀逸。尤善文石，傳世作品有《文石圖》等。又有文集《來禽館集》。

② 李樂，字彦和，號臨川，浙江歸安人。隆慶二年進士。官至福建按察司僉事。

（明李樂《見聞雜記》卷十）

【校記】

〔一〕陝西誤，當作“山西”。

題西亭家藏孔文谷赤牘卷

王道行

嗚呼！此孔汝錫先生與灌甫宗侯牘也。先生當代名人，雅善灌甫，箋答往返，久之成帙。灌甫裝行卷以爲永好，因劉元善寄汾上索題，而先生卒，王子覽數過，泫然淚下。諸牘多赫蹏細書，見前輩簡易之風。筆法宛秀，猶可玩也。當灌甫盛年，所交一時名士，亦雅習。余計今七十許，方擁師席，爲諸王孫講五經同異，茲致宜少減，余所寄灌甫書，得無削牘乎？元善試爲我問之。

（王道行《王明甫先生桂子園集》卷二十三）

孔文谷詩話

謝　榛①

孔文谷曰：陳子昂之古風尚矣！其含光飛文，懷幽吐奇，廊廟而

① 謝榛（1499？—1575？），字茂秦，自號四溟山人，又號脱屣山人，山東臨清人。刻意爲歌詩，有聞於時。西游彰德，趙康王賓禮之。嘉靖間游京師，脱昌黎盧柟於獄，朝士多其誼。時李攀龍、王世貞等結社燕市，榛以布衣爲之長，稱五子。秦、晉諸王争延致之，河南北皆稱謝先生。有《四溟山人全集》傳世。

有江山之致，烟霞而兼黼黻之裁。著色成文，吹氣從律，則燕公曲江高矣，美矣，擅其宗矣。杜子美稱李太白詩清新俊逸，然却太快；太白謂子美詩苦，然却沉鬱。緣其性褊躁婞直，而多憂愁憤厲之氣；其用字之法，則老將之用兵也。王摩詰、孟浩然、韋應物，典雅冲穆，入妙通玄，觀寶玉於東序，聽廣樂於鈞天，三家其選也。過此以往，不能遍觀而盡識矣。

又曰：長篇是賦之變體，而去一兮字。近體則研鍊精切，隱括諧儷，如文錦之有尺幅。絶句皆樂府也。長篇當以李嶠《汾陰行》爲第一，近體當以張説《待宴隆慶池應制》爲第一。杜甫《秋興》則"聞道長安似弈棋"一篇尤勝。絶句如王摩詰"廣武城邊逢暮春，汶陽歸客淚沾巾。落花寂寂啼山鳥，楊柳青青渡水人"與"渭城朝雨"一篇，韋應物"雨中禁火空齋冷，江上流鶯獨坐聽。把酒看花想諸弟，杜陵寒食草青青"，皆風人之絶響也。

（明謝榛《四溟詩話》卷四）

孔方伯汝錫、包侍御元達

顧起綸[1]

余識二公，殆忠謇偉流，未竟其才，輒以文抒其抑鬱。方之玉琢鼎夷，材良器重，款識工緻，特乏弘綽耳。孔云："窗暝垂巖樹，庭昏帶野烟。""石室排雲上，松門閃霧重。""蘿幌晴峰色，花鐘夜壑空。"又："一室盡攢雲裏樹，空園全繞石中溪。"包云："坐淹十日飲，興洽

① 顧起綸（1517—1587），字更生，號元名，江蘇無錫人。以國子生累官郁林州同知，以罪罢歸。著有《句漏集》四卷、《赤城集》三卷、《國雅品》六十卷。

五陵豪。”“雁歸砧響急，烽至角聲多。”“蔡琰降胡日，王嬙出塞時。”“徑仄才通鳥，山深只嘯猿。”“瀑瀉漁陽操，鶯調陌上弦。”“竹箭灘聲駛，燕支石磴危。”又：“岸柳藏鶯侵坐密，園花隱麝隔溪分。”“石洞經秋龍不起，松枝將暝鶴初歸。”“當筵解語調鸚鵡，鄰院吹笙寫鳳凰。”二家意象都新，融煉並工，令人傾炫心目，斯江、鮑之流歟？

（顧起綸《國雅品·士品四》）

吉士閣試詩

沈德符[①]

嘉靖壬辰科庶常王梅，吾郡之平湖人。是年選改後，初進館赴閣試，《長安新秋感興》七言律詩云：“鳷鵲樓高灝氣橫，堯蓂商律又敷榮。六龍扶日明華衮，五鳳褰雲薄太清。西北烽烟新入警，東南民力未忘情。青袍際遇渾無補，退食遲遲愧友生。”當時以爲第一。後授官止得主事，少年雋才，乞假歸里。未幾夭，無子，其名遂無傳，並問其邑人無知者。是年館選凡兩度，以後選者改入，梅前後皆預焉，凡二十一人。館元爲吕懷，拜給事。蓋用前二科袁袠、唐順之例。末名兩度俱郭希顔，反留爲史館。時留者七人，而主事至九人，皆首揆永嘉意也。首甲狀元林大欽，年二十二授官，尋以酒色亡。第二孔天

① 沈德符（1578—1642），字景倩、虎臣，浙江嘉興人。神宗萬曆朝舉人，此後屢試不第。精通音律，熟諳掌故。仿《集古録》撰《野獲編》（即《萬曆野獲編》），記萬曆前歷代朝章典故、里巷瑣語及仕人故實，極爲詳備，該書使其名垂後世。又著《飛鳧語略》《敝帚軒剩語》《秦璽始末》《清權堂集》。所作《顧曲雜言》，論證雜劇及南北曲區別，考訂精確，是研究中國古代戲曲的重要資料。論詩推崇陸游、陸龜蒙。浙江古籍出版社出版有《沈德符集》。

胤，以王親出爲提學僉事，終於外僚。第三高節授編修，而不免遣戍。其吉士中受極刑者二人，一爲胡守中，其一即郭希颜。

（明沈德符《萬曆野獲編補遺》卷二）

傳臚之謬

朱國楨[1]

嘉靖十一年，上御殿傳臚，諸進士皆集闕門。一序班謬傳，令儒服以進，首名林大欽及諸進士巾袍者百餘人，次名孔天胤以更服止掖門外。詔問狀，鴻臚卿王道中以爲禮部失於曉諭，上切責部臣，奪司官俸一月。禮部言："已嘗先期揭示，實以序班妄傳，遂致錯誤。道中乃欲曲庇屬官，厚誣本部，非朝廷設官相臨之體。"詔道中對狀，切責而宥之。序班孫士約等下法司逮問，大欽、天胤等俱免究。

（明朱國楨《湧幢小品》卷七）

---

① 朱國楨（1558—1632），字文寧、平涵，號文宣，浙江烏程人。萬曆十七年進士，天啟初任禮部尚書，兼文淵閣大學士，累加太子太保，謚文肅。著有《湧幢小品》《皇明大事記》《皇明大政記》《朱文肅公集》《朱文肅公詩集》等。

《毛傳》如紀事

王士禛[1]

孔文谷序《唐詩紀事》云："《詩》三百篇，《毛傳》蓋其紀事，今爲考亭所絀，欲究遺經，當必考之"云云，實名通之論。宋王得臣《麈史》云："《關雎》，后妃之德也；《葛覃》，后妃之本也。此一句，孔子所題，其下乃毛公發明之言耳。"其以爲子夏所傳，必有授受之自，惜世遠莫得而見也。升庵引朱子《白鹿洞賦》，有曰："廣青衿之遺問，樂菁莪之長育。"或舉以爲問，先生曰："舊説亦不可廢。"然則考亭之盡去小序，終亦有不自安於心者乎？歐陽子作《詩本義》，其《序問》篇云："《毛詩》諸序，與孟子説詩多合。故吾於詩，常以序爲證。惟《周南》《召南》，失者類多，隨而正之。"歐陽子所見，豈出朱子下也？

（清王士禛《池北偶談》卷十四《談藝四》）

神　韻

王士禛

汾陽孔文谷天胤云："詩以達性，然須清遠爲尚。薛西原論詩，獨取謝康樂、王摩詰、孟浩然、韋應物。言'白雲抱幽石，緑篠媚清漣'，

[1] 王士禛（1634—1711），因避雍正帝諱又寫作王士正、王士禎。字貽上，號阮亭，别號漁洋山人。山東新城人。順治十五年進士，官至刑部尚書，著有《帶經堂全集》《漁洋詩話》《池北偶談》《香祖筆記》《分甘餘話》《居易録》等。

清也;‘表靈物莫賞,藴真誰爲傳’,遠也;‘何必絲與竹,山水有清音’‘景昃鳴禽集,水木湛清華’,清遠兼之也。總其妙在神韻矣。”“神韻”二字,予向論詩,首爲學人拈出,不知先見於此。

(清王士禛《池北偶談》卷十八《談藝八》)

莊一俊

莊一俊,字君斐,號石山,又號八石。晉江青陽人,嘉靖乙酉舉人。己丑進士,授户部主事。會有北郊之役,身先版築。有一男子逐於繼母,因而操築。其父自關中至,相持泣,憫而資遣之,爲賦《秋霜行》。辛卯,典試山西,得士獨盛,孔天允其著也。先於闈中得一卷,多秦漢語,謂同典試趙文華曰:“此角丱士。”趙以其文蒼然,未之信。已入見,爲趙繼孟,穉而貧,趙乃大服。調吏部,擢驗封司員外,與唐荆川、任忠齋、王西室諸君頡頏,文辭稱同調。精强其職,於人才時有推進,獨斤斤功令,罔敢少骫。

(節録自清乾隆《泉州府志》卷五十四《文苑》)

王大慶

王大慶,字埜林,太和縣人。游於方外,遇異人,授導引之術。壽潁兵備道孔天允延之入署,值元夜,言及金陵燈火之盛,令孔閉目同往。須臾至三山街,入館小酌,戲以孔衣爲質。比還,夜始五鼓。次日,遣人贖衣,往返凡半月。著有《混元肇判集》二卷及《樂道兩歌》,

傳於世。

（清光緒《重修安徽通志》卷三百四十八《仙釋》）

吕世東

（世東）少事舉子業，以伯仲二兄俱績學種文弗售，乃絶意功名。讀古書，工詩文，善各體行草書。年及壯，以家務盡屬諸子，出游台、温名山。適三吴，探三泖虎丘之勝，大嘯狂歌而還。即閉户静養，足迹不履城市。郡守、邑令多就山房訪之，或留飲玄談。賓行，即拜辭曰"山人不敢入公門報禮"云。所著有《三吕集》，詳見督學孔天胤所撰墓誌（或已佚，今未見）。

（明萬曆《新昌縣志》卷七《鄉賢志》）

王宗元

王宗元，字子春，號西軒，天台人，奇之子。究心濂洛書，精理數之學，屢舉不第。郡守顧璘榜其行以勸世，陳堯名其里曰"旌賢"。提學孔天胤親造其廬，題曰"園林貞素"。嘗受業邵寶之門，寶有《簡端録》十二卷，宗元所輯也。著有《定性書》《洪範數》《西軒稿》。

（民國《台州府志》卷一百二十二《人物傳》二十三）

雙松孟公傳

公諱逵，字惟漸，雙松其别號。自亞聖以後，至宋太尉德載公，世有令德，勒文金石者，歷歷右考。公自亂卯時雅有志概，比長，豐貌美髯。嘉靖癸卯，偕其侄孫國賢，携家乘邑志並故宋錫命璽書，白邑令徐公履祥、郡守張公明道，轉之督學張公鏊。張公核其爲亞聖世系，畀之巾服，奉祀事焉。居無何，督學文谷孔公奇公狀貌，喜曰："子真足稱泰山後人也。"擬建祀廟，議於監司。監司曰可，移文郡邑處分。

（《暨阳孟氏宗譜》卷八《列傳録》）

蔡　氏

蔡氏，定海人。年十六，歸董相，相卒，蔡方二十歲。父母憐其少寡且無嗣，誘之他適，蔡飲泣誓死。茹荼攻苦，昕夕緝女紅以養舅姑，艱辛萬狀。督學副使孔天胤表其門。

（明嘉靖《寧波府志》卷四十《列女》）

徐　懷

（徐）懷，字明德，建德人。登天順四年進士第，歷刑（部）主事、員外郎，出爲江西按察司僉事。九載，遷廣東按察司副使，奉敕整飭瓊州等處兵備，改湖廣按察司副使，升本司按察使。尋升江西右布政使，轉左布政使。入爲都察院右副都御史，奉敕整飭薊州、永平、山海、密雲、居庸、白羊等處邊備，並巡撫順天、永平地方，升南京刑部右侍郎。弘治六年卒於官，遺官祭葬。廕子璋入監，後授（無）極知縣。懷爲人耿介，冰蘗自將，居官勤慎，所至洗冤澤民，人咸德之。歷任三十餘年，無錙銖之積以遺子孫，清白之操，無愧古人。入鄉賢祠。嘉靖間提學副使孔天胤爲之立祠，給其孫徐鋟衣巾以奉祀事。

（明萬曆《續修嚴州府志》卷之十三《人物志一》）

先賢祠

先賢祠，在斯如里。嘉靖二十三年，提學副使孔天胤、郡守陳一貫建，祀先賢曾子。三十九年，巡按御史周斯盛修葺。萬曆十一年，巡按御史張文熙重修，郡守張振之肖像肅堂中。振之告文曰："於惟宗聖，孔門高賢。二經羽翼，萬世真傳。有祠虎林，俾胤仰止。惠文治修，祀典隆起。命我邦守，肅貌於堂。奉安如禮，永歆洋洋。"十三年燬，巡按御史王世揚、傅好禮下檄郡縣復建。十五年，巡撫都御史温純新額，提學副使范惟一、劉東星相繼録其後守之。

（明萬曆《杭州府志》卷四十六《祠廟上·杭州府·仁錢二縣》）

揚清祠

揚清祠，在忠清里，改凝真觀，爲之祀國朝四川按察僉事王琦、刑部郎中項麒。二公,里人也。正德十六年,巡按御史唐鳳儀始附祀於褚僕射祠,改祠曰"忠清"。嘉靖二十年,知府陳仕賢別建一祠,隘陋不稱。二十三年,提學副使孔天胤、知府陳一貫改祀今祠,春秋致祭。一貫爲記。

(明萬曆《杭州府志》卷四十七《祠廟中·杭州府·仁錢二縣》)

周 詩

周詩,字以言,崑山人,進士復俊之兄。雅好虞山山水,曰:"吾將老焉。"與孫艾父子善,又與長洲皇甫汸兄弟善,往來游迹甚密。且死,孫氏携舟迎之,卒葬祖塋吾谷之南,歲時祭之。詩性慷慨,重然諾,有俊才,好立名行。爲詩苦吟窮索,一字未愜,忘寢與食。嘗游武林,題詩岳王廟,學使孔天胤自詞林出,素負知詩,除去岳廟千餘詩。至以言,乃大賞,如香山、巫山、神女廟故事,立命駕往謁,遂與定交。又精究醫理,人以爲仲景不過也。詩名噪甚,士大夫皆折節下之。有《虚巖集》傳世。

(清康熙《常熟縣志》卷二十二《流寓》)

靈石縣儒學

學在縣治西,元大德十一年,邑令韓敦武建。明洪武十六年,知縣李尚文修。景泰間,知縣范寧增修。正德間,寇燬,知縣孫璲重修。萬曆三年復圮於水,知縣白夏大修之,孔天孕記。崇禎九年,知縣趙一龍復修。

（清道光《直隸霍州志》卷十三《學校》）

石　河

石河，在縣東五里，通鷩鷟泉、西河，潛達泮池。明嘉靖間淤塞，知縣董宗魯濬之，汾陽觀察使孔天允撰記。詳《藝文》。

（清嘉慶《介休縣志》卷二《山川》）

王澄墓

明訓導贈御史王澄墓，在城西五里許張祁斜，布政孔天孕志銘，子郎中宗堯、御史宗舜祔。

（清乾隆《聞喜縣志》卷九《古迹·坊表寺觀·墳墓附》）

崇善寺

崇善寺，在城東南隅，舊名白馬寺，后掘地得石碣，復改名延壽。明洪武初，拓築新城於寺外。十四年，晉恭王薦母高皇后，即故址除闢。南北袤三百四十四步，東西廣一百七十六步。建大雄殿九間，高十餘仞，周以石欄回廊一百四楹。後建大悲殿七間，東西回廊。前門三楹，重門五楹。經閣、法堂、方丈僧舍、厨房、禪室、井亭、藏輪具備。南陰有贍寺地四十頃。洪武間，置僧綱司。成化十六年增葺，晉莊王撰記。正德丁丑，僧繼然重修，郝本記。嘉靖三十九年重修，題曰“白馬存延壽故址”，孔天孕記。内供大士、文殊二畫像，出自晉藩，相傳吴道子筆。西井樓南有大古碑，高一丈，廣七尺，螭首五尺，卧土中。初名宗善寺，僧不能久居，堪輿家增“山”字，遂名崇善，土人名新寺。

（清雍正《山西通志》卷一百六十八《寺觀一》，清道光《陽曲縣志》卷一《輿地圖上》）

李　壁

李壁，字少白，庠生。有文名，與茅見倉瓚輩爲雲居十才子之一。後以事下獄，茅屬提學孔文谷出之。惜無遺文可傳。其死節李斷女，即壁之侄女也。

（清光緒《平湖縣志》卷十七《文苑》）

嚴從簡

嚴從簡，字仲可，嘉靖己未進士。初游郡庠，每試輒優，督學孔文谷有“瑚璉明堂”之稱。既登第，初仕行人，有事樂安，王府以金幣饋，悉却不受。上敕以“素有風力”，轉工科給事中，管盔甲廠。稍覈嚴密，閹豎以是銜之，令人密割牙牌，疏請另置。時代藩與縣官告訐，奉旨勘伸朝廷法，後發其失牙牌事，謫補揚州同知。時瓜鎮民間失盗，因江陵峻法，即解綬歸。今士民思之，立碑頌德。爲人坦率淳粹，渾厚真誠。生平嗜書不釋卷，郡守王公請修郡志，業已就藁，未及梓行。有《殊域周咨録》二十卷行世。然素不事家産，殁之後，僅以清白貽子孫，今議祀鄉賢。

（明萬曆《嘉興府志》卷十八《鄉賢》）

孔文谷事迹考

曹樹穀[1]

按，文谷名天允，與同懷弟天民友愛綦篤。天民嘉靖十六年丁酉舉於鄉，宰東明，急流勇退，天允有《壽東明》詩云："年過知命輕軒冕，道不逢時合草萊。"《棣華即事》詩云："兄解微官弟亦辭，到家俱是黑頭時。"難兄難弟，棄簪紱而樂林泉，出自宗藩貴戚，尤不易得。

天允自秦藩解組歸，僦居城隅園避囂，有詩云："歸來未有買山錢，僦得東鄰屋數椽。"既而作寄拙園於宅東偏。又有《背郭》《愚公》《蓬蒿》等名詩云："背郭柴門懶自開，蓬蒿盈望不須栽。無階那得翻紅藥，少砌何由長緑苔？"文苑清居成，内列十二景，曰平霞館、讀書臺、雙樹軒、杏花亭、桐竹山房、長春洞、春草茵、果庵、槐井、藥欄、魚鏡、菊柴。作雜咏十二首。又集景一律《與郝近山》，有"上得王維好畫圖"句，蓋倩其作畫也。畫本詩簡，焜耀一時，極林居之樂事。别見《文苑門》。

（清光緒《汾陽縣志》卷之十《事考》）

[1] 曹樹穀，字藝五，山西汾阳人。少承家學，科举不利，遂棄舉子業，肆志考據。書有《汾州府志考證》《卜子年譜》《卜子傳經考》《卜子言行録》《卜子弟子考》《傅徵君談苑》《晴佳亭筆記》《汾陽詩鈔》《汾陽曹氏詩鈔》等。但多未刊刻。

論孔文谷詩集

徐兆瑋

二月九日,丁巳正月十八日,晴。

與君瀓箋云:書六種粗閲一過,《斛山遺稿》乃楊斛山,非楊椒山。卷五有椒山祭文,稱同門侍生,則與椒山同時人也。《孔文谷詩集》刻本甚佳,惜其人與楊斛山同一疏闊耳。《絶妙好詞箋》印本最上,《黎氏三家詩詞》次之。《絶妙詞》以鄙見十六元昂矣,乃加倍焉,可見精本之不易得也。

（清徐兆瑋著,李向東、包岐峰、蘇醒等標點《徐兆瑋日記三》,黄山書社2013年版,第1754頁）

金王庭筠詩

帝遣名山莅此邦,千家瑟瑟嵌西窗。山僧乞與山前地,招客先開四十雙。

挂鏡臺西挂玉龍,半山飛雪舞天風。寒雲直上三千尺,人道高歡避暑宫。

王母祠東古佛堂,人傳棟宇自隋唐。年深寺廢無僧住,滿谷西風栗葉黄。

手拄一條青玉杖,真成日挂百錢游。夕陽欲下山更好,深林無人不可留。

右在汾州府學宫,凡四通,其末云"黄華老人王庭筠行草四詩",刻石於汾之學宫者殆五百年矣。歲久石泐,字畫漫漶。嘉靖乙丑之秋，分守左參政餘姚宋公岳省覽咨惜，令州守王大經、同知趙崇儒别礱石四面，以新安儒生程本模勒，判官楊守公經理刻成，仍增置一庭貯之。庭筠書號稱墨妙，幾廢之。余逢此翻繕，焕若神明，頓還舊觀矣。郡人孔天允記。

志云：黄華老人王庭筠，字子瑞，金大定十六年進士，官至翰林修撰。嘗買田林慮，讀書黄華山寺，因自號焉。父遵古爲汾州觀察使判官。省親至此，行書詩石二面，史稱書法學米元章，端雅過之。

（明顧炎武《求古録》）

謝茂秦

謝榛，字茂秦，山東臨清人。貧無以衣食，單身旅游。趙王謙洨好文，招引四方曉文義者處彰德，時與晏賞，借其筆札，酬遠近士大夫，於是榛亦至。初教制小令，奸邑顯人因得見王，王稍資給之。然榛一目眇，體貌庸鄙，而口又澀遲不便快，王不甚禮。每因吴客顧天臣、鄭若庸輩白事，時有陳乞，王達意爾已。已而學爲詩，冥搜苦索，至徹日夜不寐。抵面見客，語倀倀若騃人，終席不自客所謂何。或偶觸堅壁，跌足下坑塹不覺也。以是詩益工，自號四溟旅人。久之，濟南李攀龍、吴下王世貞輩結詩社，高自標置，攀龍以鄉里故，間操其詩示同社曰："有布衣人若此！"衆大駭曰："若布衣邪，大是行家中人！"因拉入社。尋携之京師，力爲延譽，一時都下喧喧，傾睹四溟矣。

然榛少不學，爲詩患少故寔，每見一字一事，則識以俟之，歷年不虚置，至必得佳對，乃構成聯。故近體絶句，多可頡頏名流；而至大篇古調，則猥露本末，終莫自覆也。榛既以詩重諸公間，而又能平白盧桷獄,聞之者亦義榛;而榛亦扼腕,時時爲人説之。攀龍以刑部郎出知順德,榛以故人往,攀龍適有他故,不得極視故人。故人坐市樓,望日昳無所見,大怒,聲言故人欲去。攀龍令吏先趨奉十金賮,曰:"太守且至。"榛缺金少,投之地罵。攀龍隨公幹完,出省故人,而榛颜詞轉惡,剌剌不已。攀龍不得已,上輿還,猶遣吏持向金賮之,榛竟取金去。

榛至京師,頗爲人道攀龍治順德無狀,不任爲守。諸社中人廉其故,移書四遠誚讓榛,榛名頓減,而攀龍作絶眇榛文云。當是時,榛實負不直,無所自解。而趙王亦薨,王所招諸賓客各散去。榛老益窮,有子五人,無生計,事事悉仰榛,榛日伺謁諸宦游門,少所顧者。已而走大名。大名守,鄉人也,頗爲假借。有妓兒與交,夜挾之逸去,其家憚太守,不敢追。乃詣潞安,諸王孫當或有好事者,而竟寥落也。後藩臬官一致之,則榛與妓乘破轎敝帷前後道上行,道上人送目傳笑之。日作詩投人,迄無佳語而名益衰。榛初刻集曰《四溟旅人集》,已曰《游燕集》。顧性善疑多變,歲有改異,板字剜徙過半,而所更反不逮舊。在山西時,汾州孔天胤與賡和,曰《同聲集》,然其風益下,不如孔也。

(明王兆雲《皇明詞林人物考》卷九)

四　書信

與門人汾州孔進士汝錫書

王崇慶

汾陽之别，行且數年，於茲念。自歸養後，再起中州，未幾叨轉馬卿於遼，旋復以老母多病，具(疏)辭官，良切自慰。嘗得三晉鄉書，始知吾子魁捷消息，不勝雀躍。今復得京師試録，又知吾子連捷殿元，欣忭當復如何也？實事實事。夫泥蟠而天飛，龍之神也；積久而流光，聖之學也。乃今吾子有地矣。行且相天子如堯舜，莫之難也，敢不爲天下賀？區區投老以來，養親教子，杜門藏拙，耕田省愆，自以爲其樂莫之可奪。吾子故人也，且知我爲最，因復及之。此後風便，勿吝爾音可也。不盡意。

（明王崇慶《端溪先生集》卷四）

與孔汝錫

王崇慶

舊歲河州守吉子西入秦，嘗托奉訊，想已達之矣。近聞有大故，望汾驚悼，何可爲言？聞之君子哀而不毁，唯而不對，王制也。讀《禮》之餘，當自爲四方訓也，珍重珍重！粗帛一端充賻，亦幸麾入。草草不盡。

（明王崇慶《端溪先生集》卷四）

與孔文谷書

王崇慶

百泉、小灘兩荷書問，兼領佳貺，比聞督學南征，又失走賀。然而得人之慶，想戀之私，因自惓惓也。竊惜士風方患競靡，殊鮮古意，蓋不獨論卑氣弱與溺心文藝而已。振而起之，待其來復，是在執事者，不審鄙見如何耳？昨邢北岡入賀過開，備述化行多士，殊爲驚喜。僭著《五經心義》，嘗托訂確，不知課士之暇，曾及此否？至論老夫進而圖報，則又自揣多病，暮年與時不合，終恐未能也。真切真切！北岡還任，匆匆聊此。

（明王崇慶《端溪先生集》卷四）

與孔文谷督學書

程文德[1]

富春之會，釣臺之登，鸕門之别，視松谿之訪、實山之留，風景益奇，情興益劇。别來追想，恍若絶奇神游圖画，每爲人誦，輒亦絶倒，何況當時身履之也。此真可爲平生佩憶。過武林，遂悄無况致，

① 程文德（1497—1559），字舜敷。登嘉靖己丑進士，廷試擢第一甲第二人，授翰林院編修。謫信宜典史，升安福知縣，授兵部車駕司郎中，擢南京國子祭酒。母喪服除，起爲禮部左侍郎，尋改吏部左侍郎。卒贈禮部尚書，謚文恭。著有《松谿集》《程文恭遺稿》等。

保叔竟孤。地以人勝，益信斯言。邇聞文轅已歸自台，赤城、雁蕩亦復如何？某承乏於兹，深慚師道，尚賴知己，願言我規。無靳無靳，偶便勒此，布候。今夏溽暑殊劇，千萬善調，慰此倚仰。

（明程文德《程文恭公遺稿》卷十五）

答孔文谷書

許宗魯[①]

別公再罹寒暑，仰公德教，彌久彌真。淡吏來，遠承手劄，若有厭棄簪組，遵尚巖阿之志，下懷良用，惕然何也？方今時事多端，用世之才如公者幾何？且公屬在宗親，均同休戚，非他人比。兹顧取適自逸，或者古人貴戚之臣誼不若是？願公乃心王室，暫袪遐想，使西土終焉怙冒，是實天生我公之意，而正吾徒傾望之誠也，公其念之！僕祗役海東，奉職無狀。近者虜騎凌犯，防禦無功，時且囚首待命，若得由是罷歸，僕當執業左右，以淑晚暮，何如何如？軍書旁午，條報不虔，通爲台照。

（明許宗魯《少華先生文集·續集》卷十五）

① 許宗魯（1490—1559），字東侯，又字伯誠，號少華。陝西咸寧人。正德十二年丁丑舉進士，選翰林庶吉士。歷任雲南道御史、宣大巡按、湖廣提學、山東按察司副使兵備霸州、太僕少卿、大理少卿，官至副都御史，巡撫遼東。有《少華山人文集》十五卷、前集十三卷、後集九卷。

答孔文谷子提學書

樊　鵬[1]

鵬頓首，頓首。文谷先生門下。

不孝憂居間不勝鬱病，近感暑濕，病更甚，月餘矣。有懷君子，此中益切。忽遠使到門，惠我芳物，教我佳文。執事造詣玄妙，識見超凡，可謂秉龍鳳遨游天宇者矣。顧鵬鄙子，至教何堪？昔颜氏得孔子而名斯彰，後王充遇蔡邕書遂行於天下，鳳驥自附，乃今幸矣。及讀朋友道亡，又爲之於邑而長歎。鵬嘗言人有五倫，今已一倫，朋友是也。今世之爲朋友，富貴貧賤，生死存亡，吾所不知，又敢論哉？至其文章道義之徒，衆皆嗤之。老杜云："世人皆欲殺，吾意獨憐才。"今世之人誰復不爾？此寧可對人一齒及之者哉？病不敢多談，又聞西轉，益起新愁。天衢寥廓，鴻雁難逢，金蘭之好，永以爲心爾。

鵬再拜。

（明樊鵬《樊氏集》卷一）

與孔文谷書

高叔嗣[2]

頃過邑，伏蒙臨幸，頻日宴語，闌宵投分，實深報德良薄，感愧

---

① 樊鵬，字少南，號南溟，信陽人。嘉靖五年進士。授安州知州，遷南京户部員外，歷升陝西按察僉事。以母憂歸，服闋，卒。著《樊氏集》。

② 高叔嗣（1502—1537），字子業，號蘇門山人，河南祥符人。嘉靖二年進士。歷官工部、吏部主事，晉員外郎、郎中，出爲山西左參政，升湖廣按察使，卒於官。有《蘇門集》。

何如？叔嗣揭來江關，尋亡王之陳迹，探仙靈之奇踪。況值仲宣作賦之樓，交甫解佩之浦，登高送目，懷古愁心，所恨不得攄情於良知，聆音於大雅耳。乍抵此，諸務卒卒，先此布問。薛西原先生竟不受召，殊爲邑邑。未審會見否？頃有何篇章不惜示及？鄙作栗生點定者一册附請教，兼新刻，願乞大序。倘肯惠及數言，即十朋之賜射虎。高作更望録至，不一一。

（明高叔嗣《蘇門集》卷六）

寄孔文谷

林　春①

往者人來京，承書絹並及佳章，感激感激！《履霜》之作，其出自然，唐人不盡風致，於執事發之，敬服敬服！但鄙人願獻於左右者，不敢以此爲執事極則也。詩人之上更有聖人，願學之心當不以此易。彼昔孔孟未嘗以詩名，而後世言聖賢者歸之。其工詩若李、杜、陶、謝，真能脱去常格，而功名富貴皆不足以動心，信人豪矣。然較之孔孟，或未之及。執事之心，亦恐願學孔孟，而志未能。至於執事之下教鄙人者，終身不能及其一二。然教愛之深，不忍以己之未能而遽諒，執事之未見信也。吾榜一甲三人，敬夫可謂通道篤而力行真，嘗謂鄙人曰："李太白，天才也，然學一詩人，入山八年然後成。吾輩今日聖學工夫若如此草草，恐虚過一生。"鄙人聞之，感激

① 林春（1498—1541），字子仁，號東城，泰州人。天性温醇，少孤貧，好學問，受業州人王艮，聞良知之學。嘉靖十一年會試第一，歷司封員外郎，尋以母病乞歸。家居三載，未嘗干州郡，饋遺非禮者弗受。起補吏部文選郎中，卒年四十四。有《林東城文集》。

悚息。

恭念執事今日之擢,不過故物高才,久淹民牧。鄙人不安,久無相應之缺及倍點者,故遲遲耳。雖具書奉,復想徹左右。鄙人因老母病風,得告歸省,九月十七日出京,今幸粗安,右手足已不仁矣。湯藥日須,精神日弱,不知嗣後何如。懸歉懸歉!聞竹所年丈轉南郡主政,尋已守制,知否?家居尤當操行可也。有書慰之,略致此意,亦年家之情之不容已者。即日想已履遷,許時不久恐有文柄之轉,乃分之宜,不知居此亦有出位之思否?便中所示教。

再柬孔文谷

林　春

久别教範,西望依依。每接考來貢士,宛如誨澤所及,但中心耿耿者,無語時彼語也。拘例當道者,議及執事轉官祁州,蓋此以慎文柄者之心,欲求貢之得人耳。然材有不可求,豈能一一如人意哉?亦救時之計也。恭念執事以道自尊,以義自守,外物之來,信能直受,無纖毫養帶於中者,謝語言局而臨簿書,明德新民之實,學行將見諸行矣。祁民何福,而得執事之一往耶!度不久淹,終當大用。況或煩或簡,則士觀民化,當自得於綰符之時矣,何樂如之!鄙人竊貪職業,奚禅敬夫送母南歸,甚有向道意。思竹所轉判河間,尚未到任,便中均乞教言及之,亦同年之雅意也,何如何如?

奉孔文谷少參

項　喬[1]

某碌碌無以逾人，性資自覺近厚，平生非有不共戴天之仇，轉盼之間，恍若夢寐；至有一飯之德者，直没齒不能忘之，况老先生於某排滔天之難，雪鑠金之毁，所謂生當殞首、死當結草者耶？歲底季冬出京邸，春間忽聞榮補河南，時正在邊關勘事，不及差人迎候，至今闕然。近辱手教，愧汗交並，料豪傑相與，或亦不拘拘於形迹間也。適陳同年過汴，附此煩豐公轉致起居，伏惟亮察。某於劇郡本非所堪，惟藉庇宿恙盡除，足耐勞苦而已，何以教之？

（明項喬《項喬集初編》卷五）

致孔文谷方伯

蔡汝楠[2]

我公校文兩浙，時極承道誼之厚，令人感鏤心骨。自後踪迹相違，不勝翹仰。己酉入都之日，適公戒發之時，恨不追攀，遂使離别

---

① 項喬（1493—1552），字遷之，温州府永嘉縣七甲人。晚居郡城南門九曲巷，號九曲山人。明萬曆《温州府志》列諸理學名宦。嘉靖八年進士，歷任撫州、廬州、河間三郡太守，升湖廣按察副使、河南按察司副使、廣東左參政等。所著有《甌東文録》《甌東私録》《政録》數十卷。

② 蔡汝楠（1516—1565），字子木，號白石，浙江德清人。嘉靖十一年壬辰科進士。始好爲詩，有重名，中年乃究心經學。知衡州，日聚諸生講經於石鼓書院。及參政江西，與鄒守益、羅洪先游，學益進。歷官都察院右副都御史，巡撫河南，召爲兵部侍郎，典戎政，又至南京工部右侍郎，卒。著有《自知堂集》二十四卷等。

冉冉至今。姚侍御自陜還吴,得聞公風采,甚慰。兼閲録文,教益殊多。比至蜀,臬憲長路公亟道關中之會,公且上書,高尚威鳳,置鴻意何遠也!弟牽纏一官,未遂菽園養老之志,方且圖之,無緣侍公對談衷素,此懷只自耿耿。

(明蔡汝楠《自知堂集》卷二十)

與孔文谷提學

薛應旂[1]

數年未獲一睹顔色,昨過錢塘,重辱高誼,追餞驛亭,從容尊俎,沃領教言。且辱惠書刻數種,於路讀之,益見執事學究本源,不遺末藝,其視世之墮於腐俗、過於玄虚者,真不侔矣。兩浙諸生,何幸得師如此!但近來子弟聰明英俊者固多,而汩没沉溺者亦不爲少,尚賴執事提命緊切,三令五申,務期涇渭俱清,驥駑同奮,則人才咸得造就。而公之成己成物之功用,豈在古人下哉?

某殘臘至建昌,山郡閒僻,杜門省咎,岑寂中每於記室,寔勤想念。向作詩一章,過草莽時,曾附修路道人,恐未得達。茲偶有《赤壁》卷,謹附書楮末呈覽,少見謝私耳。餘惟爲道珍重。

---

① 薛應旂(1501—1575),字仲常,號方山,直隸武進人。嘉靖十四年進士,授慈谿知縣,屢遷南京考功郎中。忤嚴嵩,嘉靖二十四年謫建昌通判。後歷官禮部祠祭員外郎、精膳司郎中。二十九年升浙江提學副使、陜西鄜州兵備副使等。早年師從王守仁,黄宗羲《明儒學案》將其歸入王陽明學派,對東林學派有導源之功。著有《宋元資治通鑑》《考亭淵源録》《甲子會紀》《四書人物考》《高士傳》《薛方山紀述》《憲章録》《方山先生文録》《浙江通志》等。

（明薛應旂《方山先生文録》卷五、《方山薛先生全集》卷五）

與孔文谷

薛應旂

乙巳雪中，公顧我於錢塘江上，且携觴痛飲，意氣慷慨。别後途中作一詩，書於《赤壁》卷尾寄上，竟不得達。昨在浙，仍索而得之。即因谿田使者之便，附呈記室，庶以遂初心也。公近來著作必多，且關中山川雄壯，西京風氣猶有存者，爲助不少。有便，幸勿靳示教。生迂疏淺促，再出再逐，無足爲公言者。兹得歸卧蓬蒿，竊自慶幸。而平生貴游，亦不敢一字相通，唯公往日之高誼，則寔有不能忘者，故復有此，亮之！

（明薛應旂《方山先生文録》卷四、《方山薛先生全集》卷六）

寄孔文谷

薛應旂

不見文谷久矣。西晉東吴，山川悠邈，我懷如何！交游滿目，豈曰無朋？而意氣相期，古來可數。矧兹海内，幾何人哉！屈指故交，九原者不可作矣，即今公與廣州泰泉、平凉浚谷，星散天涯，動各萬里，倏忽百年，會晤尚有期乎？登山臨水，嘯月歌風，每一思之，恍見颜色，而對談真切，則不易得矣。某獨匪人，能無感愴！

貴徒高郡公來，再三致公盛情，備聞起居佳勝，無任慰涜！但欲近來著述，愧無以答。僕僻居荒寂，無以永日，雖或有言，直寫胸臆，總不成章。先附一二請教。

憶公督學浙中時，嘗刻司馬《通鑒》以示諸生，而自宋以下則尚未之續，雖有李燾、陳桱之編，冗雜未稱。僕不自量，邇數年來翻閲宋、元、遼、金諸史，兼采名人記録，已略成書，方就鋟梓，秋冬或可訖事，當呈覽就正也。匆匆不盡，有便，不惜見示，以慰注想。

（明薛應旂《方山薛先生全集》卷八）

寄孔文谷

薛應旂

昨王州判回，辱華劄珍篇見寄，道里三千，如覩顔采，不勝慰忭。因思海内交游，何啻什伯，而同志者蓋不數數見也，求如公之真切相孚者益又難矣。浙中一晤，旋相別去，迄今垂三十年。各居林下。而冀北、江東瞻望無際，猶承繫念，若共一堂。此其中心之固結者，豈在燕游一朝之好哉！誠所謂可與知者道也。公道義文章，窮探逼古，與世殊趨，固鄙人之所欲盡見者。前寄三册，不過如大庖一臠而已。自後有便，願盡出示教。四五年前曾托貴門人延安高捷呈上《浙江通志》《宋元通鑒》，未知達否？即因貴鄉王桂山學諭行謹托起居，附謝前辱。鄙人今年七十三，老矣！賴茈此志如昔，嗣圖續寄不次。

（明薛應旂《方山薛先生全集》卷九）

與孔文谷

葛守禮

王生來，辱垂教惠，珍感諭旨。逸則放，戒則收，有心之守，固然抱一之常，豈其須此？孟子之論不動心，自大舜以下，則亦聖人之所不廢事也。《詩》謂“他山之石，可以攻玉”，孔子之蒸豚謝陽貨而微服避桓司馬，非絶不用情，終不以忿疾亂吾常者爾。此亦可以觀其竅、觀其妙矣。别後頗學正心定志，敲樸訣喧囂，不勝橑欆。則亦委順之未嘗，而應物之輒迷爾，幸高明有以授我！王生還，敬此復謝。

（明葛守禮《葛端肅公文集》卷十三）

與孔文谷

葛守禮

自從四方賢者傳語，有道海内意氣，恒勤夢思。乃天假之逢，得執役汾壖，實當闕里。以我公歸，隨諧良晤，直指心法。晚受純學，親炙之益，難語俗人，啞人食蜜，亦善喻爾。更小兒許執經席前，雖江河之飲，淺深未知。然於語言文字之間，非復阿蒙，則亦受嘉惠不淺矣。參乎點也，共出陶甑，其能自昧乎？

離晉陽來，已失芝蘭之化。然斗山在目，瞻仰靡逖，矧玉屑在緘，即言提其耳爾。頃以序遷進秩陝右，關河隔越，言念爲勞，不須數月而鄙吝猶昨矣，奈何奈何！初意過汾，程滯期迫，滿擬特遣豚兒造謝，可庶幾萬一。乃今家累種種，非此兒莫托，復不終能遣也，如何如何？不得已專遣使上候，近承至教，盛儀併附謝，萬萬不備。

（明葛守禮《葛端肅公文集》卷十三）

與孔文谷督學論《通鑒》書

錢　薇

承枉駕秦溪，既荷殊愛，又晤侍崇江之濱。秉燭宵語，飫領玄奥，使孤陋之見頓廓，如游天階十二，披我以清風，泠我以瓊漿也。分手後，復走送右溪丈於苕川。三宿劇談，不遑寢息。蓋遇心朋，不覺忘情世外，安知勞倦也？既别，乃成委頓，知衰弱之軀大不逮前矣。但數日春風，正如冰霜之梅，癯然瘦骨而神思頗逸，要之有春在也。

近荷批箋，慰甚慰甚！論及道心之旨，創自虞庭，周公禮樂，孔子删述，皆發其藴，而後世以度數言語失之，確哉斯論也！夫人受天之衷，惟此一心，此心渾然如義暉，炳烺無所受點，但聖得其純，人得其雜，故不可無精一之功。虞庭非爲聖言，爲萬世人心立則耳。周孔繼作，以此演之，爲禮樂詩書，闡揚宗旨，範圍矩矱，正如日星中天，權衡有定，後世能據迹求心，則千古之秘在我矣。奈漢訓詁，唐詩賦，宋詞章，惟棼是騖，而於今沿之愈馳愈遠。是猶玩花不培其根，乃摘置瓶罌，雖復沃之以水，而原本既失，恐不崇朝萎敗矣，孰有索花於根者哉！得花之本則無花，而花在吾目；執道之樞則忘言，而道在吾心。非振古之豪若吾丈，胡以當此！

又知將刻温公《通鑒》，吾猶子昕得預磨校之列，是以千三百年典故俾廣其聞，而先正誠身之學且因以入，甚盛惠也！是書某未能得其梗概，竊有窺焉，欲就有道一正之。温公受命開局，領編纂之役，適新法變亂，忠憤所激，説者謂其意不能無所指，而言或不能無所激。且公以兩漢屬劉攽，三國、南北朝屬劉恕，唐三百年屬范祖禹，獨五代無所分托。既而有利餐錢之謗，急於成書，故五代之際，叙述或不雅馴，胡致堂嘗言之矣。雖温公亦自謂失之太詳，故晚年作《舉要録》，亦於五代未就，爲不完之書。且概其大體，周亡即繫以秦，秦亡即繫以漢，漢亡即繫以魏，唐亡即繫以梁，是奪漢太亟，與魏太遽。晉、宋、齊、梁相接，不設分注。又大紀武氏之元，朱考亭嘗言之矣，雖范太史《唐鑒》，議論亦時相左。吾丈加意《通鑒》，誠千載一時，不審此誤可加追正否？五代之疏略可加參核否？倘爲世教計，不僅翻録原文，猶爲盛舉。意者本文公《綱目》以正其經，採歐陽《五代史》以參其緯，博之諸家指論以集其公。庶令舉要未終之卷，遂爲完書，吾丈固温公之劉范也。使是書脈絡分明，枝幹彪列，爲天地間全璧，豈不快哉！

若其釋文，有史炤本，有公休本，有廣都費氏本。温公之子康、其孫伋各有注釋，今太學版獨傳胡三省本。三省搜羅放失，意誠勤矣，但援引或蔓而注釋或煩，見於《綱目》《集覽》者，正誤亦嘗辨之矣，不審可略删潤否？夫温公以誠一勿妄之心，加十九年博綜之力，聚一時瞻雅之英，括十六代興衰之故，超詣遠識，昭布千載，豈迂愚可臆測！顧甕牖之見，不欲自封，幸賜之指示焉！某生平頗有意國朝典實，但既鮮潛詣，又乏勁筆，且搜訪不博，挂漏爲虞。聞吾丈此舉，爲之躍然。俟他日畢工，當摳侍堂所舉故典以式時宜，願相與抵掌一究論之。

（明錢薇《海石先生文集》卷十三）

與孔方伯文谷書

王維楨[1]

去臘曾修牘申候並答貺訊，能徹之不？今公晉右轄階秩，嵬然峻矣。少選且晉左，乃執事君子，欽公雅望，念其淹濡而不圖後事，本以伸賢者之屈，適窮其往。故善游川者不盡興，善縻才者不竭榮，以謂冀可久也。公既扼於制，不得横厲而上，薦紳之徒，無論識與不識，咸計所爲維頓者不可得，誠慮其榮竭興盡而回舟掉臂也。乃茲顧數數遷之，若行隘巷且促步焉，鮮不返矣。

僕既居京師，不以告執事者，徒私竊歎悵，則固有畏忌之懷矣，愧之愧之！世路恢恢，不以限僕，而僕程能量力，自怯邁往，乃知造物小兒，或前之而頓足，或後之而引鼻，安謂其無偏頗哉！乖絶彌久，兼之近感，乃述之於紙，明所爲篤好者如此也。

（明王維楨《王槐野先生存笥稿續集》卷六）

答孔文谷大參書

王維楨

《語》曰：“白頭若新，傾蓋如故。”昔誦其言，乃今信之矣。僕鄙野譾末人也，於時輩爲下陳，乃公一見，遂引與同游解頤，示膽披肝

---

① 王維楨（1507—1555），字允寧，號槐野，陝西華州（今華縣）人。嘉靖十四年進士，選授翰林院庶吉士，累任翰林院檢討、翰林院修撰、署南京翰林院事、南京國子監祭酒。以博學强識著稱，曾多次擔任考官，號稱得士多人。著有《槐野先生存笥稿》《司成遺翰》。

見悰,僕實依戀歎伏之焉。且僕于公何嘗有夙昔之緣、半面之舊哉!乃接遇若是,意其中必有投者。而僕自省牛驥殊才,鐘缶不同量,固莫有能券合者,則復吟吟愧訟之矣。

世俗所尚,咸競競尺寸之間,最下者瓦合。公高標闊步,去流俗何啻千尋,每與沃洲吕氏言,以爲文谷公瑰奇,設若不困于例令,得大振而盡其能,蕭、曹、丙、魏之業何足道哉!漢唐以來柄政暨勛,每多椒房之戚,誠念其才不欲厄塞也。國家監於梁霍,著令世守,莫之敢變,而才豪之士間亦坐此頓矣。

歷秋及臘,有抱鬱鬱而不得舒,思見君侯一披豁之又不可得,且虜薄郊畿而莫之能挫,諉之猝變猶似也。既去,而議所爲挫,乃遞相甲乙,各持白黑,未有抗身奮舌、息衆囂而定國是者。前事已然,後事奈何?此僕拊膺痛腸,弗能少寧者也。且議者疑也,國有舉措,可者半,不可者半,則議之,謂議之則是非决矣。今胡騎侵軼,明明知强;我兵倒戈,明明知弱。强斯推之,弱斯振之,何議之爲?師涓即善聽,然瑟竽並奏,不辨其指;慶忌即善捷,然途徑多岐,不審其適。今天子方鋭情戎略,圖以大挫虜鋒,而謀議者若是,此僕拊膺痛腸,弗能少寧者也。夫國有危急而衆共憂之,是何忠者之盛也;比及任事,而復相推轂,又何讓者之多也!此觸目激衷,至廢眠食,引紙摇筆,不覺煩贅,諒公不以爲誕謾也。

計吏將翰劄至,臨去取報屬卒,卒不能即予,適便,具謝附之。愚悃春歸鴻順,幸惠德音。

(明王維楨《王槐野先生存笥稿續集》卷二十二,又見於《王氏存笥稿》卷十五)

與孔文谷督學

王維楨

往與槐公入關而次華陰也，雨中望岳，貽詩見懷，僕旋和答之。而與槐又令有司具軸，索僕手登焉，是欲暴醜而著我駁耳。僕以玉不掩瑕，君子見所短，謂造物鮮完理也，遂捉筆書之。五月間虛川殷公、秋渠張公同寓華下，要僕集城南園亭，而張公有詩，詞指雅妙。和人著句誠難，乃張公固請和之，僕不得已和焉。今二詩並登一紙，呈請覽削。誠知嫫母之陋，天定弗可易矣；然以施粉黛、飾裳衣，令盖一二，必如何而可。自抵里中，日坐塵溷，藝業棄如遺簪，二詩皆督逋就之也，以故益陋若此耳。南圖待一雨洗暑，乃發炎江湯沸，望者却步，僕安輒往乎？

（明王維楨《司成遺翰》卷二）

與孔文谷方伯〔一〕

谷中虛①

往歲馳騁冀南，每過汾陽，即親炙道範，竊聆玄旨。睽違以來，忽已三載餘，然佩至言、懷明德，今猶昔也。緬惟公道心精一，悟徹無生，諒不倒識業，或自得出世法。小子年來篤志斯道，顧纏絆塵網，欲脱未能，何時漏盡結解，從吾所好？

---

① 谷中虛（1525—1585），字子聲，號近滄，山東海豐人。嘉靖二十三年甲辰科進士。授高陽縣令，歷潞安兵備、浙江右参政、湖廣左参政、浙江按察使、湖廣布政使、四川巡撫、浙江巡撫等職，終兵部侍郎。有《少司馬谷公文集》。

邇者東陽胡清虚子性命之學，真有師授，遠近士大夫多從之游，迨異人也。淘沙見金，乃其所口傳者，敬寄一本奉覽。江郎先生遂謝世矣，然向時見其絶粒幾二十日而神氣如常，逝之日静定不亂，具書謝藩臬諸公，囑後事，乃坐而化。隔日斂，手足尚和柔，颜色若生，亦甚異矣，不知公亦曾聞否？

兹因先臺赴任之便，謹此奉候。臨楮馳神，欲言不盡。

（明谷中虚《少司馬谷公文集》卷三）

【校記】

〔一〕此文有批語。眉批："言從前見之意，受益良多，今雖睽違三載，回思猶如一日，此出一段。""小子年來篤志斯道"後批："想系好道。"當爲後人所加。谷中虚《與侍御鄭範谿》："小子學道十年，尚沾泥帶水。乃高明頓悟若此，蓋根器閎厚，是以觸處洞然。"

與孔文谷方伯書

胡　松①

向承惠問，每懷不忘。跧伏羈栖，不能以時裁訊，引領華雲，徒切依依。比日與槐見過，益諗精詣深造之學，夢寐勉旃。僕山林之日雖久且長，學問之功益疏，以陋自視，面目醜然可憎矣。世局時幾，士風民俗日卑以甚，轉近而迫，奈何奈何！安得幡然削規劃格，登我

① 胡松（1503—1566），字汝茂，號柏泉，直隸滁州人。嘉靖八年進士，知東平州。嘉靖二十年任山西提學副使，升山西參政。上邊務十二事，爲當道所陷，斥爲民。後以薦累官至吏部尚書。嘉靖四十五年卒於官，年六十四，謚莊肅。有《滁州志》《唐宋元名表》《胡莊肅公文集》等。

雋傑英偉之特，一挽回救藥之耶？然又恐睨之而□且泣，逃且避矣。近日陽羨之麓，浸成畏壘，鉄甕石頭殆且岌岌。惜道遠，不敢深言之也，何當瞻奉一罄？區區西望，不勝向往。

（明胡松《胡莊肅公文集》卷五）

答孔憲僉兵備啓

湛若水①

寓金陵友末湛某拜啟憲伯孔内翰大人備戎執事。

奉别曠年，企懷孔亟，忽承華翰書儀，動人遠睨，感慰可量。夫以人言殽亂之時，衆皆忌諱，且將有反戈而入其室者矣。而執事超出常情，不惟不鄙，而且樂談而下問焉，豈尋常區區者所可望也！蓋"天理"二字，人人固有，不爲堯存，不爲桀亡，顛樸不破故也。不賴這些秉彝，斯人將爲魑魅矣。幸執事勇勵所志，而奮發獨往焉，此盛德大業，無可致之者矣。使還，捉筆草草布謝，兼絹帕，鄙説附奉左右覽訂。如同席也，不宣。丁酉十月初七日。

（明湛若水《泉翁大全》卷之十）

① 湛若水(1466—1560)，初名雨，字元明，號甘泉，廣東增城人。弘治十八年進士，授編修。母喪，廬墓三年。嘉靖時歷南京兵部尚書。年九十五卒，謚文簡。有《甘泉先生文集》《甘泉先生續編大全》《春秋正傳》等。

再與孔内翰

湛若水

前月啟復，想徹左右矣。執事之志尚矣，篤矣。學者立志如弩，初釋有千鈞之力，如軔之發，趨萬里之途，其勢不可遏者可也。不宜悠悠，有或作輟也。又如苗之初生，油然雨露之滋，灌溉之不息，則秀而實也，有不可遏。若雨露之不及，灌溉之不時，則苗老而生意索靡，求秀而實也難矣。執事以爲何如？讀問辯而有所疑者，幸有以教訂乎我，我聞樂焉。茲以良便，復進此。執事誠可與適萬里之道，而勵千鈞之弩者也。誠爲種之美者也，故不辭説之贅焉，幸亮究之！謹啟，丁酉。

（明湛若水《泉翁大全》卷之十）

賀孔汝錫先生初度

王道行

節届中秋，慶臨初度。肅肅岡陵之祝，珠履盈門；洋洋雅頌之音，瑶函滿架。金波桂影，平分三五之精英；鶴髮童颜，永注百千之景命。道行未親丈席，久側霏談。思欲荷蓧而過孔氏之門，猶以戴盆而立孫山之外。菖蒲妙咏，郢調難酬。玉樹奇姿，巴謡自愧。菲具雖云不腆，鄙枕久欲先將。聽瓦缶之亂鳴，豈堪清廟；博鳳鸞之響答，如夢鈞天。敢百拜上記典藏，祝萬年茂膺圖録。

（明王道行《王明甫先生桂子園集》卷二十二）

五　贈文、序跋

贈文谷子行

樊　鵬

文谷子弱冠擅名三晉之墟，入京上萬言書，論天下事。天子奇其文，賜及第，供奉翰林，謂子與藩王親，有成例，不可居近侍，奏拜陝西提學事。居頃之，所貢士弗式於庭，用是絀其官。樊子曰："得失之於人，豈不遠哉？"方報下時，文谷子與余聯轡長安衢中，余觀其色欣欣，其言侃侃，其竟充充然，略與常日無異。歎曰：

嗟乎，是所以爲文谷子也！夫居有良田則樂農，積厚貲則樂賈。文谷子盡讀古人之書，尚履往行，如有求而弗獲。夫河汾之間，固其讀書講道處也。即仕宦尊顯，佩金印紫綬若寄客，非所以閑情適性者也。彼營營仕路，惴然恐失尺寸，厥中何如哉？或曰："屈宋見廢起哀怨，董賈被黜乃憂忿，賢者豈不樂仕進，好黜謫耶？"樊子曰："非也。古人曰：'君子得志則大行，不得志則蛇龍。'僻士遠世，衆人貪權，均乎失也。"

文谷子筮仕于秦，士尚氣而文驃，曰："是在我耳。"則敦禮明義，勤教先身，爬梳蕪穢，與之更新，今彬彬可觀矣。豈溺於止逃乎世？與聖人殊軌哉？及其行違於時，意外坎坷，則自信不疑，無破釜失聲之患，其所養行出乎古人矣。彼蟭螟者乂焉，足以語鯤鵬之變化哉！君子曰："憂樂之際可以觀情，得失之際可以觀德。"余於文谷子信焉。

（明樊鵬《樊氏集》卷九）

送提學孔文谷先生序

張治道[1]

嘉靖甲午，陝西提學孔文谷先生以今年陝之貢考弗中者七人，例應左遷，今雖未知其官與處，而繼之者已傳諸邸報，則其謫也信矣。三學教官張玠等暨諸生不忍先生去，徵余言以贈，謂余知先生者。余曰：有是哉？議之過也。往歲謫我東穀矣，謫我鳳泉矣，今又及我文谷，有是哉？議之過也。余聞時有常變，勢有輕重，權有低昂。時也者，所以成乎□者也；勢也者，所以審乎時者也；權也者，所以准乎勢者也。無時以因人則俗敗，無勢以審時則政紊，播權以准勢則亂作，自三代以來，未有能外者也。

我明有天下以來，取士之法，惟科、貢二途而已。余聞國初嘗重貢，百十年來只重科，而科又以進士爲重。故聰明豪俊之士皆歸科，而騖凝困滯之人皆歸貢。若是者，豈上之人故爲此輊重，而下之人自爲之低昂哉？蓋草昧之初，干戈始定，詩書之化未興，百萬取人猶病其寡，科目雖設而應之無人，貢弗得弗重，官之弗得弗顯。自宣、正以來，教化大行，人文丕顯，懷才抱德之人，雖科之弗盡而官之有餘，所謂貢者自弗能出科之右。或是者，惟非時與勢使之哉？謂非上

---

① 張治道（1487—1556），字時濟、孟獨，一字時撤，號太微。陝西長安人。正德九年進士，知長垣縣，官至刑部四川清吏司主事。與部僚薛蕙、胡侍爲詩社，都下稱"西翰林"。以病乞歸。有《太微前集》《太微後集》《嘉靖集》《少陵志》《長垣志》等。

之人權其輕重而爲之轉移哉？自今上即位，廷臣始議以三途並用，科、貢同官，貢不如試者罪提學，而提學之左遷者始前後相繼矣。余故曰："有是哉？議之過也。"

况陝西八府三邊，學校之設亦廣矣。人才之産，西安當十之五，七府當十之四，而三邊不能當十之二。所謂貢者，必得其真才如所謂科目者而用之，是三邊無一可貢，而七府不能掄其半。學校之設，遂廢詩書之化，不興審勢達極者如是乎？今年有以此告文谷先生者曰："貢士之例甚嚴也，今三邊可弗貢，七府可半貢，西安益當拔其尤，如是可免其謫矣。"文谷曰："人材，學校之出也。學校，風化之本也。弗貢，是無人材矣。無人材，是無學校矣。無學校，是無風化矣。如是，俗敗，政紊，亂作，吾弗忍爲也。"言者服而退，遂皆貢，貢果謫我文谷也。而文谷弗怨也，怨且弗有，何暇計官之升沉哉！何暇計官之升沉哉！

（明張治道《太微後集》卷三）

送提學孔文谷先生序

張治道

備率履之德者，開道化之源；值頹靡之運者，獲俄頃之助。故人材之興，繫提學；教化之助，在運會。此非其至難者與？我明百六十年，天下科目凡五十有幾，運會之隆替，人材之消長，監司提學之得失，不止於近，雖遠亦可說。自嘉靖以來，輔臣奏以京官有文名者出主各省鄉試，凡校文取士，一任專之，自是校閱不通乎監司，聲名不採於提學。及入院，而日以試録爲急，編輯補奏之難，日不暇食，其於多士文章之優劣高下，漫不知省；甚者一委之内簾，而御史藩臬諸君曾不得有所干與。若爾無才者得以幸進，而豪俊知名之士多遺棄弗録，其試録又獨出己見，不兼衆長，體制破碎，詞義乖僻，而一時傳誦模仿，遂以成風，幾不能變，此非一運會之厄哉？

嘉靖癸巳，關中提學缺，朝命乃以我文谷孔先生來。以次年甲午時值開科，深慮士習之占佢，科目取士之苟且，敦崇教化，嚴制科條，淑士必先根本，爲文必法秦漢，删蘗薙稊，剗異歸同，變近時嶮澀乖盭之習以復成化、弘治博雅渾厚之氣，士彬彬然盛矣，乃又一運會也。無何，朝廷復罷京考，仍以監司主試，文谷聞而喜曰："是科也，必得士，而士之穎拔者必盡録。"及期，乃以所得士薦之巡按御史范君子仁。子仁曰："有士若此，何有於科目哉？"乃以傳諸藩臬諸君。諸君曰："有士若此，何有於科目哉？"而西安守夏君又因其優續試之，無不一當百者。比試，遵制得六十五，案首三十六，優等二十八，遺材一，皆盡先生之選。此固運會之難，而先生提學之得教化之隆，轉移造旋之妙，超絶前後矣，夫豈尋常者所能及哉？

八月癸巳，先生以例貢左遷歸，門生舉人張文卿率諸舉人謂余曰："余宗師孔先生將行矣，余不忍别，請先生言。"而余遂應之若此。至於先生德行文章，節義操履，有非凡近所可企及。他日立廟堂以風動天下士，樹勛表績爲一代偉人，又非諸士子所能識，而余言者亦末矣。嗚呼！盡得一方之材以事君，乃以衰庸之七貢貶削焉，君子行道之難有如此哉？可慨也夫！可慨也夫！

（明張治道《太微後集》卷三，《明文海》卷二百九十一）

送文谷先生序

康　海①

予以壬辰冬再詣長安，文谷子來訪。予睹其人，聽其言，有孚之君子也。當時諸君子相訪者，顧無能如文谷子，於是定交焉。凡予所論説於文谷子者，他人莫能解，獨文谷子迎刃解焉。曰："今之士大夫，率以文章口耳之細，能命一辭、滕一説，即小視萬物，皆莫己若，是蓋未嘗反而求之於心，故馳騖如彼耳。然於辭説之末，亦未之領略也。《左氏》《國語》一時之言，其精粗雖異，而大指無謬於事實，故或微有出入，亦不害其有物之言也。今之士大夫竊取其語似，而未通其大指，故泛焉，蕩焉，不能自得所依，蓋好古之過也。"於乎！斯言也，豈尋常所能識哉？孔子曰："巧言令色，鮮矣仁。"仁者，心之德也。學不求諸其心，徒以言語文字之細貿貿焉終日，以爲道在是矣，亦不遠乎？

予今歲凡四會文谷子矣，其所啓迪士類，一皆因之於心而求諸理，故士子沛然興焉。諸以言語文字相勝者，方退然若無也，豈非文谷子之化哉？聞文谷子以考貢不合於條例，左遷治郡。今天子勵精求治，廟堂諸公方虚心以求天下之賢，翊贊弘化，安有純儒如文谷子者？肯使之待年於郡，而不亟登於朝哉？於予是深有望於文谷子矣。關中諸君咸有詩贈文谷子，僉事南溟子以予爲序，故予以所得

① 康海（1475—1540），字德涵，號對山，又號滸西山人、滸西子、沜東漁父、太白山人。陝西武功人。自幼穎悟過人，於弘治十五年擢進士第一，授翰林院修撰。武宗時宦官劉瑾敗，因名列瑾黨而免官。以詩文名列"前七子"之一。著有詩文集《對山集》，雜劇《中山狼》，散曲集《沜東樂府》等。

於文谷子者引諸其首。甲午八月戊午序。

（明康海《對山集》卷四）

送文谷孔君序

顧夢圭①

《書》曰："天工，人其代之。"天生萬民矣，而正德厚生之工。惟人是寄，故作之君師，建官分職，將以代其工也。唐虞命九官皆爲民計，而九官之奮庸熙載者，亦惟孳孳爲民，詎知有所謂内外勞逸乎哉？九官皆有齊聖廣淵、宣慈惠和之德，舉世以爲才子。而使之平水土，播百穀，焚山澤，胼手胝足，勞心焦思，不以爲病，何者？所重在民也。有《周官》屬寢廣，體貌寢殊。上之待其臣者，已置意於内外勞逸之間；而士之處其身者，遂不能無簡擇較量之情、皇華四牡之勞。遠役也，語温而意懇。北山以居，息風議爲企慕，經營鞅掌爲怨咨，可以觀世變矣。故董生去漢廷，賦其不遇；汲黯出守淮陽，眷戀禁闥。漢去古未遠，董、汲賢者且以是嬰情，况後世乎？清華禁近，其擬瀛洲鳳池而錢穀簿書之司，則曰枳棘栖鸞、鹽車絆驥，亦淺之爲見矣乎？

今制，用人重進士科。進士登一甲，及遴選爲庶吉士，試入高等，例授館職，則終其身居清地，薦至宰執，得以可否天下事。即不

① 顧夢圭（1500—1559），字武祥，號雍里，直隸昆山人。嘉靖二年進士，歷官刑部浙江司主事、南京吏部稽勛司主事、驗封司郎中、廣東布政司參議、江西左參議、山東按察司副使、福建布政司左參政、福建按察使、江西右布政使等。因病乞致仕。有《就正編》《疣贅録》等。

登一甲，不預吉士選，則終其身居他曹，不得踐館閣，曰法當然也。嗚呼，祖宗立法之意，豈如是哉？天下事雖智慧穎達，未有不睹記而知、不涉歷而精者。館閣所從事，不越乎編摩講讀，未嘗親民馭吏，悉其情僞變故，驟致之天子左右，可否天下事，譬則金不淬礪遽爲干將，驥不調習遽使鳴和鑾、導玉輅，烏睹其銛利馴良之用哉？

皇上御極，燭照斯理，鋭情更化，而或行或寢，奉法之公與否，存乎有司。乃壬辰歲臨軒策天下士，文谷孔君對揚清問，上親擢一甲第二人及第，顧以藩府姻也，出爲陝西督學。未幾，復守祁州，董戎潁上，兹稍遷陝西藩参。以君之才局地望，所領皆簿書錢穀淺之爲，見者皆爲君惜。而君無幾微不平意，所至效職，思以惠澤及民，其賢於人遠矣。本朝文學之士，有明練治體、代天之工並美古人者，必孔君也。於其行，書以祝之。

（明顧夢圭《疣贅録》卷四）

《霞海篇》後序

陳　鶴①

陳鶴曰：詩自周篇三百而下，迨及漢風，皆能陶咏性情，陳喻政教，平紛而反俗，蓋有以興邦國之化，揚世時之風也。故詞貴蓄意，非以章妍；體尚含元，非以示藻；聲求叶律，非以宣言。言勝聲，則塞

① 陳鶴（？—1560），字九皋，一字鳴野，號海樵，浙江山陰人。嘉靖乙酉舉人，陳家故武胄，年十七襲廕紹興衛百户，然非其志，遂棄官稱山人。肆志詩歌，與楊慎、萬表、何良俊等多倡和。又善畫水墨山水。有《海樵先生全集》《越海亭詩集》等。

而無味;藻過體,則媚而近時;妍奪詞,則淫而忘正。此世之觀風者不可不察也。

魏晉之士傷亂防禍,故聲多凄憒,而意在適寓。六朝淳風不還,綺麗日振,國祚漸短,人情乖違,不足取也。盛唐聲律務本去華,故能建旨超逸,承音宣暢,小可以悦情,大則能諧樂。然雖振響於一時,實追芳於上代也。宋元之季,新聲四起,而古調遂忘。雖我國初,言猶襲弊。近惟聖化風行,人文雲變,四方擅藻之士始循舊軌,鬱鬱洋洋,錦張玉響,可謂千載復見漢唐之世,嗚呼!盛矣!但事雕者則失氣,崇意者則淪音,遵體者則寡思,綜理者則近質。間有齊梁混流,鉛素交眩,使同聲之流未免因疵以惜才,求全而增歎也。

今讀文谷孔公《霞海篇》,簡淡温厚,其得風人之旨哉!且格不逾古,詞皆契道。遠及夫天下國家,近取之性靈物理。慕神仙於恍惚,探山川於杳冥,托迹雲霞,忘機魚鳥,是雖公之曠踪遐興所致,而亦物緣仙分有在也。鶴竊論其詩曰:簡淡之思可以養情,温平之調可以敦政,寬厚之氣可以善俗,故知合甌之士,得以永執其範,而吴浙之俗不有化於斯乎?

嘗聞謝康樂治永嘉,既美文詞,又多善政,於今人傳其言而懷其惠。千載以來,而公實爲之後焉。他日流風八埏,垂休後祀,當使通者新民,處者樂善,頑則易其趨,愚則釋其惑。爲臣則懷忠,奉親則盡孝,而閭閻之間,雖婦人小子,亦莫不感心懲行,以慕其義也。如此,則吾所謂咏情敷政,平紛反俗以興邦國之化、揚世時之風者,否耶?

(明陳鶴《海樵先生全集》卷十五)

論四十不惑贈督學孔文谷

錢　薇

吾夫子嘗自謂“四十而不惑”，夫子天縱聖也，生而知者也，其於不惑，猶尚有待耶？考之史，夫子四十在魯，季桓子穿井得土缶石羊，使人誑夫子得他物，夫子曰：“以丘所聞，羊也。”吴伐越得骨，其大專車，使人問夫子，則又知爲防風氏也。倘指此爲不惑耶？然此爲物怪，非道也，惑弗惑，無足辯也。夫子十五志大人之學，期止至善。至善也者，天之命也，人之性也。萬事萬物之準，皇王聖喆之源也。是可以意悟，不可以形求者也。夫子在志學時，其趨向瞭然，寧以迷而求明，乃明而猶恐其涉於迷也。故磨礲省驗，積日累月，必至四十始自信焉。蓋聖心之虚，常不敢忽易，參考紬繹之功，與衆人有加，其不自爲能之心也。推不自爲能，能乃真能，得此真能，遂欲推之同進天下於能，而不忍自私，故傾傾洙泗之上，弦歌講誦，不惑之藴，昭示無餘。千百世之下至今，如日中天，則夫子之四十，非四十也，千百世之冥迷所由指南也。晦明晝夜皆真機也，元會運世皆泰宇也，寧如汶汶之徒，與日同朗，與夕同冥而已者耶！

吾同年丈孔文谷，汾人也，其誦法夫子與人同，而其得諸心、體諸身、發揮其藴藉，每與人異。方未四十，已能攄露所有。登明庭，奉大對，天子擢居一甲，旋受命而來督學吾兩浙。夫未四十之時，已潛窺不惑之藴而獻之當宁。今自四十而往，所以淑吾髦士，由浙而暨海内，其教無窮，其澤無盡矣。

汾晉之間，高山大岑，不異泰岱，英賢時起。時有王文中氏，以王道陳闕下，退而續經，以繼聖緒。我明有薛文清氏，以聖學入贊密勿，救正爲多。文谷繼之而興，顯名當代。而且年届四十，自今以往，皆入聖之基也。吾願有請於文谷丈：其以二子爲規耶？抑惟夫子爲的耶？其視四十爲强仕期耶？抑爲勤修景耶？將謂不惑，可自多耶？抑歉然於不逾矩之未逮耶？吾年今四十加三矣，自省懵如，幸一教我，期相交勗，以無負方來之日。

（明錢薇《海石先生文集》卷十二）

《大學》説贈孔文谷編修

薛　甲①

明德親民止至善，既良知良能之全體也。道以器寓，故雖良知良能，童子之所本，有亦必假灑掃應對之具以養之。養之雖以其具，而所以養之者，固在全其知能之良，不在習其事也。養之而久，知能已全，而無待乎其外，既爲明德親民止至善，即爲大學。大學者，既存乎幼小所學之中，以習其事而言，謂之小學；以悟其理而言，謂之大學。小學之外無大學，小學之熟即大學。道器合一，離器則無道。灑掃應對，與精義入神一理也。何以知灑掃應對之通於性命也？灑掃應對雖事，而所以灑掃應對者以心，由心而灑掃，而應對，則所以爲之者，將以習其心也。既出於心，既以習其心，則良知不蔽處，既明德也；良能不奪處，既親民也。明德親民，非性命之理而何信

① 薛甲（1499—1572），字應登，號畏齋。直隸常州府江陰縣（今江蘇江陰）人。嘉靖八年進士，授兵科給事中、江西副使。著有《畏齋薛先生藝文類稿》《畏齋薛先生緒言》《易象大旨》等。

乎？

小學之事，既大學之功，非有二也。若曰學有大小，工有精粗，小學乃粗淺之迹，而非精微之理，則心迹有二矣。離迹於心，則其迹也僞。既習於僞，豈復有大學之可求、本心之可得乎？其所謂進於大學云者，乃德至此而漸進，學自此而漸成。如志学以至而立，乃自得之妙，以其大於道者言耳。世之學者膠滯口耳，不知精粗本末合一之功。明德親民止至善，爲不落口耳、不涉擬議之地，而於小學之外别立大學之法，以爲某項工課，童子所習也，通曉其事而已，此爲小學。某項工課大人所習也，講明其理而已，此爲大學。而於事心之功一無所求，則不惟失小學之旨，並所謂大學者而失之矣。以此窮理，是乃求之事物而不求之本心；以此致知，是乃習之聞見而不習之本心，寧不兩失之哉！

昔者顔子之論學也，自謂求之於事，而有高堅前後之疑；求之於心，始有卓爾之妙。豈高堅前後之外，别有所謂卓爾乎？學之而熟，並高堅前後者而忘之，既卓爾之境也，然則所謂大學者可知矣。此顔子之學所以爲見道也。曾子之爲此書，其在唯一貫之後乎？忠恕是小學，一貫是大學，支離者失之固，頓悟者失之虚，皆非也。

孔君文谷與予相遇於上谷，論及大學，辱以予言爲信。臨别索贈書，予説以貽之。時嘉靖丙申八月日也。

（明薛甲《藝文類稿》卷一《雜文》）

重刻《朱子晚年定論》序

薛應旂

曩歲乙巳冬，余以謫官赴盱江，道出武林，值文谷孔君董浙學政，送余浙江驛下，携所刻《朱子晚年定論》見示，蓋陽明先生所輯，謂將以撤蒙障也。越七年，余亦以視學至浙，進諸生而問焉，乃蒙障猶若未盡撤者，而文谷所刻則既散逸矣。余爲之慨悼者久之！檢諸故篋，向所示原本則固宛然在也，因命工翻刻之。

夫朱子，豪傑之才，聖賢之學，其論何至晚年而定哉？特以蚤歲亟於進人，不容忘言，解經釋傳，遂涉訓詁而以言求者，於是多蹊徑矣。唯是晚年深自懊悔，屢形翰牘，亦冀學者之反求自得耳。觀其嘗自咏曰："獨抱瑶琴過玉谿，琅然清夜月明時。只今已是無心久，却怕山前荷蕢知。"又曰："琴到無弦聽者希，古今唯有一鍾期。幾回擬鼓陽春曲，月滿虚堂下指遲。"噫！朱子之心胸可想矣。學者三復而質諸定論，當自有得矣。不然，則陽明之輯是，而吾黨之刻之也，不將爲贅厖也乎？

（明薛應旂《方山薛先生全集》卷十）

《市井豔詞》又序

李開先

學詩者，初則恐其不古，久則恐其不淡；學文者，初則恐其不奇，久則恐其不平；學書、學詞者，初則恐其不勁、不文，久則恐其不軟、不俗。唐荊川之於詩，王南江之於文，方兩江之於書，予之於詞，其事異而理同，致百而慮一者乎！荊川始登仕籍，究心漢魏，繼則四子、二張，後酷愛劉隨州，而晚唐亦多取焉。南江文非漢不目，其在留都寄聲云："韓文乃爾佳，予猶笑其拘乎爾，直至喜蘇，學乃進。昨得閩中書，僕之於文，出入乎曾、王之間，蘇氏兄弟，猶以爲過於豪而失之放，蓋已喜而又過之矣。"兩江近寄字數紙，渾融無亢硬之病，聞因朱射陂字軟爲難之説，有以激成之耳。

予詞散見者勿論，已行世者，辛卯春有《贈對山》，秋有《卧病江皋》，甲辰有《南吕小令》《登壇》及《寶劍記》，脱稿於丁未夏，皆俗以漸加，而文隨俗遠。至於《市井豔詞》，鄙俚甚矣，而予安之，遠近傳之。米南宫嘗謂東坡："世皆以某爲狂，請質之。"東坡笑曰："吾從衆。"予之狂於詞，其亦從衆者歟？然孟渭泉詩，首陳後岡，而荊川貳焉，要之薛西原、高蘇門、徐昌穀均不可少者。常樓居、吴皖山雖云小才，亦可附五子後。若論精當雄渾，無如皇甫少玄、百泉兩兄弟，近多稱孔文谷、喬三石不亞栗紫團，惜予林居，不多見其作。崔後渠自謂："文無間語，同已者惟蘇門。"李愚谷亦謂："同者惟熊南沙。"短崛精細其長也，宏博則推趙浚谷。

南江平正通達，尤爲善鳴之士，書以蘇雪簑爲冠，能大小，能剛柔，而方書則人人易識。陸儼山、文衡山、楊升庵、王子新、許龍石、翟青石、張雲谷、羅念庵、吕江峰、曹晴峰、張蒙溪、羅海岳、馬竹湖叔侄，俱可稱名筆。豐南禹《集帖序》似過刻，然實自况也。馬谿田之隸，林翔之之篆，此外予未之及見矣。但荊川不獨長於詩，南江不獨長於文。餘數家梗概，二篇設六要括諸家所長，分四病指摘所短。三篇搜羅尺寸之長，俾令無遺。四篇類次其比肩雁行，無甚高下，渾爲一途可也。五篇述各家所從來之原。此據其所見者如此，其間遺逸者,借曰有之,亦不多矣。

(明李開先《李中麓閑居集》卷六)

奉王座師

陸可教

世稱仕途爲蛇蝎聚會之地,良非虚語。老師超然事外,當付之一笑也。臨别承垂許老父壽章,老父自垂髫知名於時邑,先達唐文襄公、督學孔文谷公皆一見咤歎,稱爲奇才大器。自文谷公以下十九首薦,不以常科待之。

(節録自明陸可教《陸學士遺稿》卷十六書)

《西湖游覽志》序

田汝成[①]

海上之士,往往談蓬萊三島之勝,恍惚渺茫,莫可踪迹。豈若西湖,重青淺碧,抱麗城闉,陸走水浮,咸可涉覽?况帝都之餘,藻飾華富,即海上之士所稱珠宫貝闕,琪樹瓊花,當不過此,宜乎勝甲寰中聲聞遐服也。然海内名山,率皆有志,而西湖獨無,詎非闕典?曩歲,

① 田汝成(1501—?),字叔禾,錢塘人。嘉靖五年進士,授南京刑部主事,累升廣西右參議,分守右江,政績甚著,終福建提學副使。博學工古文,尤善叙述,歷官西南,諳曉先朝遺事,撰《炎徼紀聞》。歸田後盤桓湖山,窮游浙西諸勝,著《西湖游覽志》。又有《田叔禾小集》《遼記》。

五岳山人黄勉之嘗謂余曰："西湖無志，猶西子不寫照，霓裳不按譜也，子盍圖之？"時予敬諾。而五六年前，宦游無暇，迨乎宅憂除服，聊寓目焉，風景不殊，良朋就世，言猶在耳。負約已長，因念古人逾祥援琴，將以舒其菀結，聞篴作賦，用以感於幽防。予不敏，竊比山水於笙歌，擬呫嗶以酬諾，一物二義，爰契我心。於是防集見聞，再證履討，輯撰此書。叙列山川，附以勝迹，揭綱統目爲卷者二十有四，題曰《西湖游覽志》。裁剪之遺，兼收並蓄，分門彙種，爲卷者二十有六，題曰《西湖游覽志》。

客有病予：此書多述游冶之事、歌舞之談，導欲宣奢，非以長化也。予則以爲：志者，史家之一體也。史不實録，則觀者何稽焉？故太華、終南，守國者恃爲金湯之固；武夷、雁蕩，栖真者隱爲解化之區；岳麓、鵝湖，講學者辟爲都授之所。西湖，三者無一居焉。而欲諱游冶之事、歌舞之談，假借雄觀，衹益浮僞爾，史家不爲也。客又病予：此書名系西湖，而傍及城市，核實不符。予則以爲：西湖者，南北兩山之秀液也。南北兩山者，西湖之護沙也。滋靈釀淑，條貫同之，若非探本山川，因原别委，則西湖之全體不章，故旁及城市，正以爲摹寫西湖也。

學使文谷孔公嘗覽而嘉之曰："殆郡史也，美刺並陳。"欲爲鋟傳，而以憂去；侍御紀山曹公亦欲鋟傳，而復以憂去。至是，侍御劍泉鄢公按部兩浙，政肅風清，博雅崇文，垂情藝苑。布憲之暇，訪及此書，覽而嘉之，謂郡守嚴公曰："是誠郡史可以傳矣。"嚴公敬諾，屬貳守丘公綜理之，而民部秋軒薛公、水部洪宇王公咸榷税於杭，聞兹盛舉，亦捐貲焉。未浹四旬，勒梓已竟。竊愧才綿識昧，筆削無方，符篆詅癡，虚上官之雅意；楮宜覆瓿，貽大方之哂言。若肯苴其闕略，弼其訛謬，裒爲别集，被我寵光，是大願也。

（明田汝成《西湖游覽志》）

汾州舊志序略

彭　範

郡有志，猶國有史也。第崇文者鮮實要，稽事者失雅馴，好古綴文之士每以爲恨。余往閲《武功志》，文簡事該，心竊慕之。及分鎮西河，暇覽郡乘，繁略互失，乃造文谷孔公而問焉，曰："郡有善志則邦多聞人，汾志未修，非缺典乎？"公遂慨諾，旁搜博採，按舊擇新，實則據事而直書，文則删繁以就簡。《地理志》而圖籍可察矣，《建置志》而興廢可稽矣，《藩封志》而茅胙有徵矣，《祠祀志》而秩宗不廢矣，《田賦志》而惟正可供矣，《官師志》而賢才可辨矣，《人物志》而尚友有資矣，《選舉志》而賢能不蔽矣。志取既精於抉擇，發論不謬於是非，較《武功》而藻飾過之矣，雖謂汾史可也。

（清光緒《汾陽縣志》）

六　酬贈題咏

齋中檢舊集因呈孔文谷學憲

高叔嗣

寒城朔吹動,庭樹曉霜繁。省齋稍無事,馳情念舊園。發篋理塵帙,展玩不知煩。往事盈篇章,幽居多苦言。郡中盛儒彦,暇日遂討論。敢爲矜文譽,要識夙所敦。廣堂宴晴暉,旨酒湛芳尊。言笑一相投,適遥窮朝昏。心賞不易值,素交世罕存。疏簡本吾性,牽拘守兹藩。高車數來往,無爲厭公門。

(明高叔嗣《蘇門集》卷之三)

宴別文谷先生赴祁州

高叔嗣

擾擾時相見,悠悠遽遠辭。離居不可道,行役且焉之?歲晏冰霜厲,天寒鼓角悲。軍城數杯酒,官舍滿篇詩。感激多新調,飄零最苦思。才高世總棄,名在衆方推。暫識風塵色,行霑雨露私。郡齋暇北眺,猶接帝京陲。

(明高叔嗣《蘇門集》卷之三)

量移湖南用文谷韻

高叔嗣

歲暮邊隅客，歸來見此身。馬蹄穿欲盡，虎穴到爲鄰。漳水經塗舊，湘潭去路新。我生豈斷梗，逐處任飄淪。

（明高叔嗣《蘇門集》卷之四）

還次陽武與孔文谷飲，和其韻二首　時冬至後

高叔嗣

客子多苦辛，塵滿征衣裳。旦下太行坂，車輪摧羊腸。邊戍久不歸，馬毛變繁霜。安知平生親，合並此中堂？廣筵羅絲竹，寒日懸晴光。陳觴未及飲，感往各自傷。歲晏客如何，欣願履初陽。

我心鬱不樂，豈乏禦冬裳？馳情多所懷，無以布私腸。山川行不竟，飄颻冒風霜。感彼瑚璉珍，胡不置明堂？時俗難與謀，神寶秘其光。每用攬古昔，惄焉心自傷。驅車復辭去，陟馬大河陽。

（明高叔嗣《蘇門集》卷之四）

送孔文谷督學再之三秦

王崇慶

大雅文章稱獨步，中行人物睹清標。傳經心學吾嘗愧，拔萃才名誰復豪。化雨已沾鹿苑地，和風仍到灞陵橋。憂時正賴經綸出，覯德終令鄙吝消。宦海仕游驅野馬，旅窗寒夜試春瓢。襟期飽愜談王

道，勛業何孤翊聖朝。别況未應愁錦瑟，相思翻笑濕紅銷。坐忘意味今猶昔，漫説雲山秦晉遥。

（明王崇慶《端溪先生集》卷七）

贈孔文谷

樊　鵬

東晉車應發，西秦節復催。人憐瓊玉樹，酒惜夜光杯。桃李多空種，琴書只自回。天朝恩不已，肯負濟時才？

（明樊鵬《樊氏集》卷六）

中秋同少華宴别孔文谷督學二首

劉儲秀①

陰雲薄暮淡還濃，坐久當筵月影重。颯颯凉飆吟蟀蟋，團團零露浥芙蓉。一生愧抱山林癖，二妙欣傳翰墨踪。劇飲莫辭通夕醉，明年何地又相逢？

浮雲萬里净長空，明日今宵定不同。銀漢迢遥秋色外，金枝荏苒漏聲中。不辭伏枕如公幹，但惜開樽别孔融。醉後何須論去住，人生自是類飛蓬。

（明劉儲秀《劉西陂集》卷三）

---

① 劉儲秀（1483—1558），字士奇，號西陂。陝西咸寧人。正德九年甲戌科進士，初授刑部主事，歷郎中，與張治道、薛蕙多有唱和。曾任山西按察司副使，提督學校，官至兵部尚書。有《劉西陂集》四卷。

九日方岳孔文谷，參伯何白坡，總憲李脈泉，憲伯茅海門、靳兩〔一〕城、崔芹溪，都閫崔友葵、郭東山過訪有作

劉儲秀

閒居不覺又重陽，豈料群公到草堂？且喜衣冠成雅會，頓令丘壑有餘光。九邊況報烽烟息，三徑何嫌松菊荒？自是故人情繾綣，夜深猶共泛壺觴。

（明劉儲秀《劉西陂集》卷三）

【校記】

〔一〕兩，原刻本作"雨"，誤。靳學顔，號兩城。

雪中方岳張百川、孔文谷，參伯何白坡、李荊陽、張秋渠過訪有作

劉儲秀

雪中忽報五侯來，白屋寒多尚未開。雪擁柴扉騶從入，烟生茶竈鶴驚回。興高寧返山陰棹，情洽還勝何朔杯。便可當筵頌酒德，抽毫愧乏伯倫才。

（明劉儲秀《劉西陂集》卷三）

永壽西園餞別提學孔文谷先生作

劉儲秀

共惜金閨彦，遥違王筍班。只今仍蹋翼，曾不動愁顔。祖帳開梁苑，征軺指漢關。敢論明主棄，但别故人邦。價長專城外，香凝燕寢間。懸知民吏喜，佇見召書還。

（明劉儲秀《劉西陂集》卷四）

題陸、魏、孔三君子空同觀鶴卷

張治道

空同秘靈洞，中有玄鶴栖。千載不常見，一見稱其奇。我聞三君子，其登空同巔。正值玄鶴出，睹之神飄然。鶴飛去不返，悵望羅浮遠。白日下林谷，蒼雲遍秋巘。

（明張治道《太微後集》卷二）

十月十五日孔文谷過，留飲觀詩，至晚移菊下見月作

張治道

朝聞車馬過柴廬，更有新詩以啟余。貰酒敢扱深夜飲，開緘真見古人書。搴裳爲月行風苑，改席因花坐露除。醉後高歌一回首，不知天地復何如。

（明張治道《太微後集》卷二）

孔文谷邀過興善寺閣二首

張治道

峻閣倚晴空，春游此望同。塵緣離世外，色象入雲中。塔擁香花地，山圍日月宫。鏡光千佛現，燈影四天紅。鷲嶺盤金藏，龍橋駕彩虹。美人張夜宴，太史駐行驄。把酒看林杪，尋詩坐石叢。一時留翰墨，萬古振英風。不忘提携興，常陪問遠公。

芳郊春日暖相依，才子追游坐群微。登閣十年懷舊侣，開窗千里眺王畿。經潭花雨時時落，佛頂毫光夜夜飛。霞景留人淹寶地，天風吹月到禪扉。

（明張治道《太微後集》卷二）

雨中同孔文谷宿金聖寺

張治道

梵宇謁金仙，逍遥離世緣。香風吹寶地，法雨濕青蓮。辨覺開三藏，神游闢四禪。光明如何照，同仰大羅天。

（明張治道《太微後集》卷二）

寺中送孔文谷之涇陽

張治道

東林鼓吹莫喧呼，春日樓臺且共吾。清渭濁涇那忍渡，南山北斗亦堪娱。尊前野興連朝發，别後相思兩地俱。登眺何妨風雨晝，懶將行色問車徒。

（明張治道《太微後集》卷二）

得孔文谷書，情極綢繆，讀之焉有，賦此隨答

張治道

知爾臨空界，逢人寄好音。開緘讀未半，回首涕沾襟。宦况飛騰遠，交情契闊深。誰言一書札，珍重萬黄金。

（明張治道《太微後集》卷二）

八月十五夜劉西陂邀孔文谷、許少華並余對月，余以病不赴。次日相遇文谷館中，西陂出所作詩一首，余遂賦此答西陂，兼别文谷云

張治道

聞君開宴值中秋，月滿雲飛影漸浮。對酒無緣空悵望，看詩欲和若爲酬？文章海内誰能及，離别天涯淚暗流。今夕相逢須痛飲，秋風回首謝家樓。

（明張治道《太微後集》卷二）

永壽西關飲餞孔文谷

張治道

鳳皇不世出，一出衆鳥驚。騕褭不常見，一見千金輕。不獨鳳與馬，高賢亦與並。諸孫仲尼後，日月敵聲名。落筆滄海流，舉足青雲生。揚旆來關中，駕言造我廬。討論千古事，却掩孟子與。文章探元始，六經爲襟裾。而我得吾子，朝暮常相依。今復舍我去，去亦傷我神。分離兩龍劍，何時會平津？因拉二才人，飲餞緑水濱。此時秋正中，木落高城下。白雲忽成葉，黄花未堪把。悽惻不忍别，臨風淚暗灑。作詩欲贈君，舍情詎能瀉？

（明張治道《太微後集》卷二）

王石谷莊候孔文谷

張治道

王子早挂冠，栖息朱博里。門當太乙峰，窗流素浰水。鑿洞開雲房，種竹學辟疆。心在素琴上，身寄滄浪旁。招我二山人，吟弄秋水濱。不有文舉賢，誰稱席上珍？

（明張治道《太微後集》卷二）

同文谷西陂莊賞花

張治道

金華别業百花開，挾酒看花遠道來。芍藥牡丹俱爛熳，吟詩對酒共徘徊。岸回花萼還流水，地接沉香尚有臺。今日東園春色蚤，當年羯鼓謾相催。

（明張治道《嘉靖集》卷五）

和答孔文谷方伯同張秋渠少參挾酒枉過留飲之作韻

張治道

忽報軒車過草堂，頓令門巷有輝光。篇詩况領百朋惠，松菊從教五畝荒。老去尚看書滿架，客來全仗酒盈觴。獨憐江海十年卧，敢謂雲霄萬里翔。

（明張治道《嘉靖集》卷五）

孔文谷方伯、張秋渠少參攜酒枉過，留飲索賦

張治道

文舉文章伯，張衡詞賦才。同來駐車轍，並坐把尊罍。白璧連城價，朱弦清廟才。世情雙眼淚，懷抱一時開。氣岸憐中散，文章逼上台。聲名猶翰苑，簿領且塵埃。豈是高人室，能煩二妙來。開堂留下榻，攜酒復登臺。邂逅情偏切，提携詩可裁。領言真絶倒，落日尚追

陪。倚玉慚葭莩，揮金似草萊。論文成雅會，憂國有餘哀。翰墨元同調，形神安可猜？重來真想像，欲去尚徘徊。從此數來往，無勞首重回。

（明張治道《嘉靖集》卷五）

賞文谷席上和西陂自壽韻

張治道

莫道還家樂事稀，雲霄萬里一鴻飛。人間勛業先敘價，天上征書未許歸。蓬島於今開壽域，江湖投老逐初衣。千鍾得酒攀長晝，九十華筵對曉暉。

（明張治道《嘉靖集》卷五）

西園宴别孔提學天胤

許宗魯

相知不用早，傾蓋逾素交。蘭芝固齊臭，塤篪本同調。揆余肆延納，四海屢招邀。升堂總時彦，倒屣皆人豪。夫子特翹秀，恒類鮮能超。在木爲松桂，在玉爲瑛瑶。末契投有終，矢言漆與膠。何期一反掌，聚散如風猋？逝將舍我邁，離别在昏朝。媚茲西園地，嘉木鬱以喬。展燕臨夕池，泛酒拾秋苕。觴來不成歡，歌闋心孔摇。仰悲浮雲馳，俯歎征蓬飄。縶駒徒殷懷，豈乏場中苗？惻惻眷岐路，戚戚奏苦謡。顧言弭遐心，用以敦久要。

（明許宗魯《少華山人集》後集第一）

中秋劉士奇宅宴别孔文谷

許宗魯

遥空月滿長安夜，别圃筵開庾亮樓。座上高人逢北海，天涯離思屬中秋。杯深風露同君醉，曲度關山動我愁。未許玄亭耽著述，早聞宣室會徵求。

（明許宗魯《少華山人集》後集卷六）

送孔文谷提學歸汾陽

張光宇①

吾嗟孔夫子，倏忽歸汾涘。西風吹我心，遠逐汾陽水。此情不可道，此念何時已？泮宫池上花，寂寞桃與李。良賓穢塵沙，鳳凰栖荆枳。

（明張光宇《太乙山人游蜀詩》卷三）

---

① 張光宇，生卒年不詳，字道夫，號太乙山人，河南杞縣人。武將。今人所編《中州文獻總録》記其"以軍功官松藩總兵，吐番東侵，却之。因讒罷去。嘉靖十二年春復入蜀，有《太乙山人游蜀詩》十卷"。

贈孔汝錫

薛　蕙①

河清非難俟，鳴鳥亦易聞。傷哉獨立者，異代無同群！調鍾欲誰須，獻玉只自勤。士爲知己死，古人豈徒云？我生信多幸，激賞遇夫君。清襟似淵徹，妙論若蘭薰。寂滅契玄理，英華包藝文。方欣暫晤對，遽愴遠乖分。迢迢長安日，杳杳大梁雲。預愁夢中路，舉目空氤氳。

（明薛蕙《考功集》卷三）

南園對月與孔汝錫

薛　蕙

避俗每郭外，養屙亦園中。索居無與娱，君子欣來同。孟夏日猶短，初筵俄景終。幸兹三五夕，可令詩酒空。移席陟亭榭，緩帶弄絲桐。落霞稍西没，朗月已升東。湛湛竹上露，泠泠松下風。眺聽盡昭曠，懷抱轉冲融。詎厭緑觴滿，但愁良夜窮。留連非荒樂，悵别方匆匆。

（明薛蕙《考功集》卷三）

① 薛蕙（1489—1541），字君采，號西原，學者尊其爲西原先生。直隸亳州人。正德九年進士，官吏部考功司郎中。著有《西原集》《補遺》《五經雜録》《大寧齋日録》《老子集解》《莊子注》《考功集》《約言》《西原遺書》等。

次韻酬孔汝錫

薛　蕙

多君金馬客,就我竹林間。對酒頻移席,論文一解顔。詞臣翻補外,野老合投閑。潁亳殊相近,詩筒約往還。

(明薛蕙《考功集》卷五)

余有洮溪硯,乃孔汝錫所贈者,每懷其人,因成斯咏

薛　蕙

閒居無一事,雅好獨斯文。每拂洮溪硯,因懷闕里君。題詩情款曲,揮翰思繽紛。憑寄闗西使,何時到隴雲?

(明薛蕙《考功集》卷五)

對雪懷孔汝錫

薛　蕙

美人一爲别,勝日輒相思。獨對山齋雪,遥懷瓊樹枝。置書常滿袖,枉駕竟愆期。寂寞罷琴酌,空吟招隱詩。

(明薛蕙《考功集》卷五)

孔汝錫得陜右少參邸報，臺中舊養一鶴，俄鳴舞而去，汝錫感而賦詩，因同作一首

薛　蕙

使君擁傳西征日，孤鶴依依戀主鳴。階下起爲垂翅舞，雲間去作斷腸聲。幾年枉沐乘軒寵，五里能忘返顧情。潁水今朝應暫別，緱山他日會相迎。

（明薛蕙《考功集》卷七）

蘇允吉侍御、孔汝錫僉憲同觴小園，薄暮值雨驟，作四韻奉呈二公

薛　蕙

内臺兼約行臺使，南郭相會負郭翁。行徑追隨雙蓋並，草堂灑掃一樽同。飲中倦侶逢蘇晉，座上嘉賓接孔融。正喜淹留乘暮雨，莫辭顛倒醉秋風。

（明薛蕙《考功集》卷七）

送孔文谷督學再入關西

蘇　祐①

龍章迢遞入咸秦，講席重開滿座春。紫氣遠浮關樹杳，青陽晴捲岳雲新。三千弟子今髦士，百二山河古要津。摛藻久聞傳大雅，履台終想慰斯人。

（明蘇祐《穀源詩集》卷四下）

贈學憲孔文谷

王廷榦②

道脈承先聖，親枝重帝宫。名高三殿上，望滿五雲中。關右儒生化，潁川節制雄。育才端士習，敷教贊天工。吴越聲先著，台甌學更崇。文章程體範，禮樂盡陶融。雁水知迎節，霞山解避驄。詩書歸魯國，將相出王通。桃李依師表，弦歌咏國風。瀛洲聞講習，仰止意無窮。

（明王廷榦《巖潭詩集》卷七）

---

① 蘇祐（1492—1571），字允吉，初號舜澤，穀原其更號也。山東濮州人。嘉靖五年丙戌科進士。知吴縣，改束鹿，皆有惠政。遷廣東道監察御史，巡按宣大，平大同亂軍。屢遷至兵部侍郎總督宣大，進兵部尚書。有《穀原詩集》《穀原文草》等。

② 王廷榦（1516—？），字維楨，號巖潭。曾任台州府同知，有《巖潭詩集》。

和孔文谷省堂春宴贈篇

王廷榦

律轉朔風厲，時將淑氣春。詞翰宗學士，江海見情人。置酒臨飛閣，留歡皆上賓。八珍雕俎列，七樂廣庭陳。妙響淵魚起，清音宿鳥振。游陪真遠俗，酬勤豈言巡。平圃寒梅盛，芳郊緑草新。雪飄疑染蓋，日暮不回輪。道泰以文會，心同惟德鄰。冲襟垂至教，高誼念羈臣。服義真云久，抽辭殊未伸。感歎論往昔，宴慰及良辰。

（明王廷榦《巖潭詩集》卷七）

和皇甫少玄贈孔文谷讀經昭慶寺之作

王廷榦

久勤詞府掌名藩，每度禪林窺華源。鳳宇香烟籠寶塔，龍宫日月傍祇園。五津梵學心能悟，入藏經書手自翻。色象從來俱不染，空虚到此復何言？

（明王廷榦《巖潭詩集》卷七）

於東湖東孔文谷提學用張岱野兵備韻

黄　綰①

去歲東湖上，同君坐夕陽。清談時看劍，雄飲不停觴。逝水郵偏遠[illegible]雲豈自藏？悲歌飛鳥盡，月白水烟鄉。

（明黄綰《黄綰集》卷四）

雨夜孔文谷見過

皇甫涍②

浪迹寡[illegible]，逢君慰所思。升堂慚座客，入室羡文辭。木葉城秋[illegible]窗燈夜雨[illegible]敦交值茲晤，寧止樂新知？

（明皇甫[illegible]《皇甫少玄集》卷五）

---

① 黄綰（1480—1554），字宗賢，號石龍，别號久庵，學者尊稱久庵先生。台州府黄巖縣人，官至禮部尚書兼翰林院學士。晚年創立了以"艮止""執中"爲核心範疇的哲學體系。著有《石龍集》《久庵先生文選》《知罪録》等。

② 皇甫涍（1497—1546），字子安，號少玄，長洲人。與兄弟皇甫沖、皇甫汸、皇甫濂並好學工詩，人稱"皇甫四傑"。嘉靖十一年壬辰科進士，歷工部虞衡主事、禮部祠祭郎中、右春坊右司直郎兼翰林檢討、廣平通判、南京刑部署員外郎，官至浙江按察使僉事。著有《皇甫少玄集》《皇甫少玄集外集》《續高士傳》《春秋書法紀原》等。

昭慶寺翠�禪房同孔學憲

皇甫涍

城樓隔深竹,龍象宛湖隄。況復蒼蹊暮,閒聞幽鳥啼。情知多惠好,靈境數招携。惆悵寒山路,雲關處處迷。

(明皇甫涍《皇甫少玄集》卷五)

孔學憲讀經昭慶寺,予過贈此

皇甫涍

何辭延閣事於藩,謝却林仙了法源。湖上游踪迷赤水,郭前心賞戀緇園。一燈自愛蓮花吐,千部憑將貝葉翻。信是支公酬道難,能令許掾解忘言。

(明皇甫涍《皇甫少玄集》卷十)

發郡城之天台道中,述所經覽,寄孔謝二憲副、趙何二僉憲同年二首

皇甫涍

委羽周遐討,飛流更幽悰。林蘿踐已深,巖巒去彌重。緑雲回崇溪,紫烟蔚奇峰。霞摛金潭藻,雨濯春山容。但聞松泉音,惟見鸞鶴踪。當同羽化客,海上期游從。

（明皇甫涍《皇甫少玄集》卷十九）

寄孔學憲同年

皇甫涍

風波行已倦，日月方向除。如何淹客舍，復此歎離居？送爾揚帆下江閣，錢塘驛邊暮潮落。不見黄花映酒尊，徒對青山滿城郭。雲天何處望行旌，萬壑千巖度赤城。幾向飛霞摛賦藻，祇憑流水寄琴聲。霜猿寂寂人初到，蘿月悠悠思轉生。不愁天路莓苔限，願接浮丘羽翼成。

（明皇甫涍《皇甫少玄集》卷十九）

除夕與孔學憲

皇甫涍

掩閣機乍息，馳陰念所滋。眷兹不遑寧，平易浩無施。趨曹薄季冬，去國復迨期。俯仰一世間，松喬誰能爲？漫目靄湖陽，雲山有餘悲。之子惠同襟，委化開予思。諶爾綢繆故，聊以忘歲時。

（明皇甫涍《皇甫少玄集》卷四）

寄孔督學

皇甫汸[1]

憲府新開越水東，瀛州似與海門通。談經直采先秦上，文學多陪後乘中。一自西京辭宿衛，遂今南國奉餘風。幾人修剌懷衣袖，猶恨無從謁孔融。

（明皇甫汸《皇甫司勛集》卷二十六）

郊外奉寄孔文谷憲副

陳　鶴

一涉園丘想，久違君子顔。徘徊步南畝，恍惚見東山。風急亂雲出，樹深鳴鳥閒。相期越溪路，追笑萬峰間。

（明陳鶴《海樵先生全集》卷七）

九月三日同孔文谷憲副、萬鹿園總兵、童南衡侍御湖上分韻得飛字

陳　鶴

旅游江國正思歸，又入山樓坐翠微。勝會未傾黄菊酒，閒心先

① 皇甫汸（1504—1583），字子循，號百泉，長洲人，皇甫涍弟。嘉靖八年進士，以吏部郎中左遷大名通判，政餘不廢吟咏，尤工書法。有《長洲藝文志》《百泉子緒論》《解頤新語》《皇甫司勛集》等。

赴白鷗磯。池荷浥露花初落，堤柳含霜葉半飛。四海泮逢古難得，與君延賞醉斜暉。

（明陳鶴《海樵先生全集》卷九）

爲孔文谷學宗寫聽風圖

陳　鶴

山畔道人秋思清，竹樓八月傍溪成。西原日暮海風至，幾樹亂雲殘葉鳴。

（明陳鶴《海樵先生全集》卷十二）

題畫寄孔文谷學宗

陳　鶴

歲晚柴門松竹幽，期人終日坐山樓。北風夜半飛寒雪，一望前溪凍不流。

（明陳鶴《海樵先生全集》卷十四）

孔文谷丈廷試及第，以太縣君例不得内仕，出督陜浙學政，詔許迎養，寄贈一首

施　峻[1]

學士何年下直廬，西湖太華寄圖書。雀屏佳氣浮銀漢，雁塔高名重石渠。詞賦郢人歌白雪，丰神秋水出紅蕖。壯游樂事猶堪羡，時得稱觴導錦車。

（明施峻《璉川詩集》卷七）

鸕鷀門别孔文谷督學

程文德

惜别釣臺渚，還過鸕鷀門。林木敷嘉廕，人家静石垣。對此牽離緒，把袂盡無言。相逢便三日，依依憶寶山。甲辰送别寶山寺亦三日。

（明程文德《程文恭公遺稿》卷二十四）

① 施峻（1505—1561），字平叔，號璉川，浙江歸安人。嘉靖十一年乙未科進士，授南刑部廣西司主事，遷本部員外至郎中，升知山東青州府。有《璉川詩集》八卷。

嘉靖甲辰仲冬朔，與孔文谷督學同過寶山寺，論學契懷，遂成十律

程文德

方丈

喬木山門古，疏鐘晚閣初。文轅此同憩，客興欲全舒。酒共燈花落，詩還貝葉書。百年吾道在，谿谷松谿、文谷任盈虚。

投館山齋夕，依歸願不違。歲寒原有約，吾道本無機。漏水蒲團静，窗虚霜葉飛。劇談真不寐，耿耿待明暉。

毗盧閣

高閣欣鳴鳥，清尊對落楓。雲開朝雨後，日散午烟中。坐久地逾寂，心虚山更空。菊殘猶見爾，歲暮與君同。

維摩室

偶坐維摩室，真看色相空。悠然忘爾我，何用到鴻濛？夜静一燈燦，鐘鳴萬籟通。冥心都了了，珍重此時同。

對　雨

梵閣垂珠箔，虚堂坐玉壺。霏微寒總至，岑寂興難孤。楓濕丹新染，苔沉緑重鋪。相將意無限，誰繪寶山圖？

酬　菊

木落歲當晏，感兹孤樹芳。桃李豈不美，松竹故難忘。雲室托高潔，霜林失紫黄。一枝欣采采，泛酒對君嘗。

聽　雨

禪房晤語罷，風雨一宵繁。山氣直侵榻，葉聲兼到門。回峰看豹澤，深洞想龍蹲。反側添幽思，明朝石上論。

環翠樓

樓上一憑望，谿山正鬱紆。喬林丹翠合，流水管弦俱。暝色還佳興，新歡異舊娱。不緣三日雨，幾失此蓬壺。

登臨興不盡，倚徙更高歌。瑟瑟清風發，詵詵爽籟多。窗含新霽景，座看遠溪波。無限空林意，風塵竟若何？

惜　别

寶山三日晤，萍水百年緣。聽鳥危闌外，看雲古木邊。晨談及秉燭，宵坐待明烟。道誼真兄弟，相思未别前。

（明程文德《程文恭公遺稿》卷二十六）

會孔文谷喜述

程文德

暮春偶共富春泊，江上真同沂上看。尊酒相逢無宿約，風雩佳興有青巒。驛亭移席嵐光暝，村屋藏林燈影寒。最是他年堪憶處，孤城月出倚闌干。

（明程文德《程文恭公遺稿》卷二十八）

《松鶴篇》壽新鄭縣君孔文谷母太夫人六十

邵經濟①

君不見太行之山西來幾千里，勢如千騎萬驟奮鬣屯雲起。又不見黄河之源直倒崑崙巔，汾河文水浩浩淼淼相通連。山高水長天地久，鍾靈産異理或有。大海蛟龍煞有神，高岡鳳鳥元非偶。帝座微垣照晉陽，金精炯炯流輝光。丹霄爲下青鸞使，來獻長生白玉觴。初秋凉月净如拭，寶婺芒寒射南極。銀潢一泜天爲通，珠樹三花燦無色。長松駕鶴千百年，海上蟠桃核已仙。蓬萊宫闕忽在眼，滄桑今古非茫然。梁園此日笙歌發，沁水恩波流不歇。雲環霞帔朝太清，駕鳳驂鸞此超忽。郎君載筆東海頭，聲華北斗誰爲儔，文模道範成淹留。我歌《松鶴篇》，爲君寫胸臆。安得膝前鍾釜醻君懷，無使瑶緘遠附飛鴻翼？

（明邵經濟《泉厓先生詩集》卷三）

苦旱和孔文谷學憲韻 諱天胤

邵經濟

桔槔聲斷田父苦，長夏高天不作雨。齋誠奔走郡大夫，川瀆之神靡不舉。安得敕龍三日霖，一日三尺醻人心？開襟對雨凉雲侵，尊

---

① 邵經濟（1493—1558），字仲才，别號泉厓，浙江仁和人。與兄邵經邦同中正德十六年進士，時人名其里曰雙鳳坊。以工部主事出任成都府知府，政績卓越。丁父憂，後不仕，祀爲成都名宦。著有《泉厓先生文集》《泉厓先生詩集》。

前席上時一吟。

（明邵經濟《泉厓先生詩集》卷三）

得雨和孔文谷宗工韻

邵經濟

愁絶春來十日霖，而今一雨愜愁心。齋居夜半燈花發，爲報先生喜雨吟。

湖上瞻心禱雨祠，江雲如幕忽垂垂。楊枝竹葉如來水，灑向郊源慰我私。

（明邵經濟《泉厓先生詩集》卷六）

有懷龍巖趙監司和文谷孔宗工留别韻

邵經濟

東風花鳥近蹉跎，買醉湖山日幾何？獻壽忽傳雙節遠，懸情長望五雲多。尊前雨過開新草，浦口春深長緑波。此去詞垣應簡重，明良千古一賡歌。

（明邵經濟《泉厓先生詩集》卷十）

和近山五雲山韻簡文谷學憲

邵經濟

我昨延陵悵遠行，歸來春晚盻文旌。此時禹穴風烟會，想見雲門魚鳥情。道在六經元自重，心傳千聖繫非輕。先生上谷遭逢日，造士從前大有聲。

（明邵經濟《泉厓先生詩集》卷十）

九日〔一〕同孔文谷、童南衡、周虛巖、陳海樵湖上山樓宴集

萬　表①

秋興近佳節，何必需其時？登高成野集，舉目皆可詩。獨問東籬菊，纍纍未盈枝。永齡豈假是，幻住本無期。大化融延促，貪生虛自迷。傾懷同一醉，日莫宿湖湄。浮生但如此，玄造欲何爲？

（明萬表《玩鹿亭稿》卷一）

【校記】

〔一〕九日，另有版本作“九月四日”。

---

① 萬表（1498—1556），字民望，號九沙山人，晚號鹿園，定遠人。因祖上萬鍾備倭寇寧波有功賜第，在寧波安家，故又稱鄞縣人。正德十五年庚辰武會試及第，仕至漕運總兵，僉書南京中軍都督府。長期在鹽城、蘇州、揚州一帶抗倭，多有斬獲。通曉經術，熟悉先朝典故。著有《海寇議》《玩鹿亭稿》《萬氏家鈔濟世良方》《灼艾集》《皇明經世文録》等。

寄酬孔學使諸公春宴韻

萬　表

閒居終日卧丘園，老去詩書不復敦。每掬澄潭知月影，還將至道會禽言。鏡中客鬢霜華變，窗下僧心貝葉翻。遥憶群公春宴樂，獨憐幽寂倚林昏。

（明萬表《玩鹿亭稿》卷一）

孔學使過積善毓慶堂賞牡丹

田汝成

天香國色擅雙奇，日暖香濃色更滋。一似素娥開寶靨，何須銀甲弄朱絲？憑欄曉露重樓玉，入手春風四座卮。高蓋暫留臨夜發，還看艷影月中垂。名天胤，汾州人，嘉靖壬辰進士。

（明田汝成《田叔禾小集》卷十二）

留别西湖兼柬孔文谷、萬鹿園、趙龍巖、田豫陽、童南衡諸君〔一〕

周　詩[1]

淹薄武林游，重輪忽四望。興諧謝客幽，迹類向長放。崇嶺遵逶

① 周詩（？—1556），字以言，號虚巖。崑山人，一説常熟人，一説太倉人。爲人倜儻，精醫理，自謂張仲景以下不能過，少試方藥皆神驗。有司因其尚醫賜之官，拂袖而去。一生不仕，"游武林（杭州），寓僧寺中"。有《虚巖山人集》。

訏，澄湖泛滉瀁。蓮刹詣諸天，香臺遍昭曠。聊因杯度慈，一遣迷津妄。泉挹氣冽清，洞歷石攢障。側足凌層梯，迴與丹霞傍。烟綿百雉聯，巀嵲兩峰向。矖越〔二〕吴山巔，觀濤海門上。衰莽吊遺墟，懷往情亦愴。攀踐匪一途，靈異信多狀。景物無遁形，微尚自兹暢。會心既以玄〔三〕，感來寧弗亮〔四〕。結侣得應劉，調逸每相抗。傾座激懸河，芳飆企予仰。綢繆林中娱，萬事等飄坱。發咏互酬答，真賞繇郢唱。凄其徂歲陰，曰歸介徵榜。踟躕行復留，念此意彌廣。斷梗惜臨流，撫膺吐深悵。

（明周詩《虛巖山人集》卷一）

【校記】

〔一〕本詩又見於《西湖志》卷三十三《藝文三》。

〔二〕越，《西湖志》作“月”。

〔三〕玄，《西湖志》作“遠”。

〔四〕亮，《西湖志》作“諒”。

文谷孔憲副奮留宴竹房

周　詩

通才政多暇，數與野人期。解帶竹房肉，开襟兰瓮遲。林巒將落日，談笑復移時。誰識山公輩，風塵不受羈？

（明周詩《虛巖山人集》卷四）

王虛齋、趙龍巖、譚少嵋諸公置酒映江樓餞別文谷孔憲副，山人賦詩送之

周　詩

群公祖餞映江樓，萬壑霜來夜色浮。佇立錢塘一片月，心隨流水送行舟。

（明周詩《虛巖山人集》卷六）

答孔文谷督學

趙廷松①

湖上樓臺入暮雲，六堤烟雨坐紛紛。竹西僧舍扃山色，蘆外漁舟動水紋。千里憑欄聊盡醉，十年多病未離群。對君擬抱瑶琴奏，明月梅花欲斷魂。

（明趙廷松《趙廷松集》卷五，綫裝書局2009年版，第164頁）

---

① 趙廷松（1495—1557），字子后，號俟齋，別號鶴山，又號徂徠山人，温州府樂清縣人。嘉靖二年進士，官至山西左布政使。有《敝帚集》，嘉靖四十一年趙訥江都刻本，現藏於日本國會圖書館。今人據此整理有《趙廷松集》，收入《温州文獻叢書》。

湖上次孔文谷韻

趙廷松

湖上入座影離離，雪意窺梅向北枝。往事河陽同病日，高懷汾館劇吟時。野橋風雨歸朝舫，江浦烟波動夕炊。乘興剡溪真有待，不妨尊酒共襟期。

（明趙廷松《趙廷松集》卷五，綫裝書局 2009 年版，第 167頁）

同張岱野、孔文谷登萬松嶺

趙廷松

越海西來第一峰，勢吞江水出芙蓉。中天樓觀開千障，落日帆檣入萬松。對酒有人歌白雪，談虚無術變飛龍。夜深燈火嶢岹上，分得藜輝下碧空。

（明趙廷松《趙廷松集》卷五，綫裝書局 2009 年版，第 168頁）

孔文谷過訪因評薛西原詩

趙廷松

過訪相逢孔文谷，評詩共訝薛西原。江湖絶唱誰同調，今古名家各異門。野寺夜深星月墜，汾河朝往雪霜繁。不堪俗駕催東發，空憶清壇聞至言。

（明趙廷松《趙廷松集》卷五，綫裝書局2009年版，第200頁）

雲居寺用孔文谷韻

侯一元①

浮生役役我何存，試總禪機向法門。空界獨迷秋草色，閒心翻覺鳥鳴喧。湖開遠鏡元無象，樹匝芳蹊了不言。借問尋僧來竹院，何殊漁父入花源？

（明侯一元《二谷山人集·大名稿》卷十四）

夏日孔方伯汝錫、謝學憲應午招宴郭西原二首，次謝公韻

胡　侍②

勝絶疑瑶水，招携有玉人。鈎簾進落毳，鼓瑟出潛鱗。竹粉題詩遍，荷箭送酒頻。此中自可樂，莫問武陵津。

頗厭城中熱，偕游西郭西。逶迤水竹抱，合沓衣冠齊。壷蟻時時泛，林鳥稍稍栖。晚來不可駐，凉月引歸蹊。

---

① 侯一元（1511—1585），字舜舉，號二谷山人，晚年又號谷樗。浙江樂清人。嘉靖十七年進士，官至江西左布政使。著有《二谷山人集》二十四卷。

② 胡侍（1492—1553），字承之，號蒙谿、蒙谿山人。原籍溧陽，祖上謫寧夏衛，故爲寧夏人；父賜葬陝西咸寧，故又爲咸寧人。正德十二年丁丑進士，官鴻臚寺少卿，謫潞州同知。有《珍珠船》八卷、《胡蒙谿詩集》十一卷、《胡蒙谿文集》四卷、《胡蒙谿續集》六卷、《附録》一卷、《墅談》六卷。

（明胡侍《胡蒙谿續集》卷一）

借菊亭詩　有序

胡　侍

孔右丞、謝學憲携余集於許中丞之新亭，乃借鄰圃盆菊置諸亭中，金葩粲然，益增佳致，就以"借菊"命名茲亭。良夜厭厭，清歡不盡，將期雪日再集於斯。群公有詩，余仰和焉。

勝地高朋不易逢，况增鄰菊助秋容。新亭正與新名協，花氣偏和酒氣濃。詎待王弘方盡醉，幸與玄度數相從。群公極有山陰興，棹雪還來莫厭重。

（明胡侍《胡蒙谿續集》卷六）

初春登華山遠眺懷同年孔文谷

蘇志皋[①]

雪晴登華岳，物候兩相宜。試柳春雖淺，烘桃日已遲。草香麋自戀，雲暖鶴偏知。欲訪文仙谷，從旁覓紫芝。

（明蘇志皋《寒村集》卷一）

---

① 蘇志皋（1497—1569），字德明，號寒村，直隸固安（今屬河北）人。嘉靖十一年進士，曾任陝西左參政，山西按察使、右布政使等職，官至遼東巡撫。有《寒村集》《巡撫奏議》《戰守圖法》《譯語》《恒言》《畫跋》等，修《固安縣志》。

自畫《古桂雙喜圖》爲同年孔文谷天胤題

蘇志皋

古桂花重發，雲蓀蔓女蘿。靈禽相對語，佳氣晚來多。

（明蘇志皋《寒村集》卷一）

少華山潭用文谷、風泉二公韻

陳　棐①

澄潭遠際山爲岸，山接天光當面青。月映蟾霄開兩鏡，漢通牛渚抱孤亭。浸涵地軸疑無底，化轉天機豈有停？萬斛玻璃同盞色，馮夷出水獻仙醽。

（明陳棐《陳文岡先生文集》卷八）

① 陳棐（1498—1570？），字汝忠，號文岡，河南鄢陵縣人。任禮科給事中，升刑部郎中，直諫敢言，不避權貴。因忤旨謫大名長垣縣丞，升知縣。約嘉靖三十四年任山西提學副使，升山西右參政、陝西按察使，三十六年任甘肅巡撫。有《陳文岡先生文集》。

寄贈何白坡、謝與槐、孔文谷、李荊陽四君子

包　節①

其一

關河佳氣浮，分曹集勝素。夙稱稷下游，既美蘭臺聚。未若四子交，一體視無忤。披襟共蕙茝，晤語協韶濩。乖左閲歲年，和鳴復天路。

其二

何晏正始音，安石江東彦。北海富瑶華，龍門懸竹箭。博古恣冥搜，問奇擬清宴。麈握互宗盟，蕈徹那奔殿。散彩蓮花峰，蜚英滿秦甸。

其三

玄詣匪空寂，賞悟匪誕迂。省牒寡暇豫，誓師尤瘁瘏。紛綸吐碩畫，煒燁奏明謨。乃知相觀益，矢心翊黄虞。存輓弭荊役，徹樽回晉圖。堂階握成算，所以催强胡。朔方烽火息，秋杪靖邊隅。惠及負戈者，蘧然卧于于。

其四

庇庥已多幸，音息詎爲期？萬里限河漢，數載客燕支。久與世路别，緬邈歎支離。芻狗一以棄，木偶隨所之。不謂影電日，猶敦風雨思。折麻致遠道，髣髴奉光儀。涸鱗潤餘沫，窮鳥翼層飈。梁生華陰咏，平子漢陽詩。大雅久絶響，諸君寔繼兹。

① 包節（1506—1556），字元達，號蒙泉。嘉靖十一年壬辰科進士，嘗爲侍御，謫湟中。弟包孝亦爲進士，兄弟平生以孝聞。有《包侍御集》。

（明包節《包侍御集》卷三）

讀《霞海篇》

包　節

孔融詞藻擅東京，攬轡登高賦赤城。喻海總如秋水辯，争霞誰並蜀山盟？望中羽服非虚遠，夢裏靈葩本夙成。從此天台增氣色，當年應已愧金聲。

（明包節《包侍御集》卷四）

塞上讀《霞海篇》寄管涔子

林大春[1]

當代推詞伯，如公思獨玄。明霞歸遠渚，孤月出高天。魯壁存經舊，漢宫作賦先。蒼茫辭闕下，灑落向江邊。興引赤城愜，情憐碧海偏。奇文振巖穴，麗藻發林泉。玉鐸驚回首，金聲失比肩。草書潛逼聖，載酒細論賢。門比孫登重，山因謝朓傳。游秦膺舜岳，思越感堯年。夜夢抽簪侣，秋懷倚劍篇。登臨嗟遠矣，風物轉悠然。好静能齊俗，端居或問禪。賓僚盡傾倒，騷雅幸周旋。重望歸安石，幽期合稚川。曹劉時並蓋，李郭或同船。賤子暫持節，長途許執鞭。青門逢騰

① 林大春（1523—1588），字井丹、邦陽，號石洲，潮州府潮陽縣人。嘉靖二十九年庚戌科進士。歷任行人司行人、户部主事、浙江提學。著有《井丹集》，修《潮陽縣志》。

集，紫省列群仙。忝竊分徐榻，光輝入孔筵。終南巧舞外，長樂婉歌前。忽奏陽春曲，兼聆流水弦。疑游洞庭浦，如陟華山巔。縹緲飛千里，空濛俯八埏。别來餘臘雪，吟處起春烟。朝傍黑河宿，暮從青戍眠。寶刀增意氣，彩筆愧塵緣。塞晚愁聞雁，谿清想釣鱣。何時隨汗漫，白日共聯翩？醉訪燒丹地，閒行種藥田。枕書仍寤寐，驛傳若留連。沙隱朔雲暗，峰回羌樹圓。關西悵修阻，空復望飛箋。

（明林大春《井丹先生集》卷三，《全粵詩》卷三五七，嶺南美術出版社 2013 年版）

賀孔右使誕子

張　瀚①

乍傳生玉樹，喜劇漫題麞。世衍尼山澤，人鍾華岳祥。鶴群開兆應，鳳翮看翺翔。英物元非偶，聞啼信異常。

清夜夢熊羆，嘉辰弄掌珠。渥窪龍是種，舟穴鳳鳥雛。在篋經堪授，懸壺志不孤。遲餘具湯餅，莫惜倒銀壺。

（明張瀚《奚囊蠹餘》卷六）

① 張瀚（1511—1593），字子文，號元洲，浙江仁和人。嘉靖十四年乙未科進士。歷大名知府，累遷右副都御史。萬曆初擢吏部尚書，因張居正奪情事罷官。卒謚恭懿。著有《奚囊蠹餘》《松窗夢語》《臺省疏稿》《明疏議輯略》等。

關中送孔左使之河南

張　瀚

憶昔星臨浙水湄，開閣殷勤坐翠虚。撲人桃李盈欄檻，四壁輝光圖與書。相逢詎意投心賞，謦欬紛紛振清響。猶聞於越注行思，瓊瑶貽我桐江上。新豐斗酒清門樓，十年笑共三秦游。傳經未遂關尹願，驪歌已促離人憂。悵離憂兮駐仙幰，悠悠我思隨君遠。潼津河畔柳新青，太華峰山日云晚。黄河東去出三門，縈回伊洛到梁園。水底鯉魚應唯唯，尺素傳來是晤言。

（明張瀚《奚囊蠹餘》卷四）

柬孔文谷二首

馮惟訥①

迢遥絳帳隔春風，魯國諸生望孔融。汾水悠悠不可渡，獨將離思付冥鴻。

仙人常近玉宸居，姑射山邊小結廬。却笑浮生馮季子，五年不寄一行書。

（《盛明百家詩·馮少洲集》，《馮光禄詩集》卷十）

---

① 馮惟訥（1513—1572），字汝言，號少洲，山東臨朐人。歷官浙江提學副使，山西右參政、按察使，陝西右布政使、江西左布政使，以光禄寺卿致仕。著有《風雅》《廣逸》《楚辭旁注選》《詩約注》《文獻通考纂要》《唐音翼》《杜律删注》《馮光禄詩集》《古詩紀》等。

汾州贈孔文谷先生二首

楊　巍[①]

愧我栖栖客，得升賢者堂。早聞經濟志，今見鬢毛蒼。兩漢看文體，終年入醉鄉。田園開背郭，人擬輞川莊。

早上萬言書，曾傳玉殿廬。才非時所用，心與道相符。注易山名卜，爲農谷似愚。不因賓帝胄，事業詎能無？

（明楊巍《存家詩稿》卷二）

次孔師三月三日燕集王龍岡洪西别業二首

朱慎鍾[②]

翠竹環亭盛，青流繞徑斜。鶯聲嬌轉柳，蝶影亂翻花。席展芳堂静，杯浮淑景嘉。詩豪修禊事，光彩燦雲霞。

芳辰詩彦集，禊會自今修。徑碧因苔合，花繁助客游。風回泉溜細，烟匝柳拖柔。更擬蘭亭賞，傳杯曲水流。

（明朱慎鍾《寶善堂稿》卷上）

---

① 楊巍（1517—1608），字伯謙，號夢山，山東海豐人。嘉靖二十六年進士。歷任陝西巡撫、山西巡撫等職，萬曆時累官吏部尚書。著有《存家詩稿》。

② 朱慎鍾，第八代慶成王，隆慶六年册封。萬曆《汾州府志》記其爲人“敦倫盡孝，樂善親賢，且嗜經史，長詩文”。著有《寶善堂稿》。

次孔師園居清夏二首

朱慎鍾

紅霏芳徑盡,緑暗小亭餘。雨細苔生滑,風微窗應虚。繁聲憐夏鳥,香氣襲春裾。物理催時迫,韶光恐漸疏。

文園開福地,槐柳匝重陰。水泛新荷小,苔迷芳草深。林亭團野色,臺沼杜塵侵。散興真仙樂,何人識隱心?

(明朱慎鍾《寶善堂稿》卷上)

和宗正西皋夏日於孔師園館宴集韻

朱慎鍾

朱炎六月暑難禁,詩侣招游避緑陰。松竹繞臺依座密,葵榴接砌映堂深。一渠水引清凉潤,五柳烟籠翠靄沉。傍沼携樽無限興,夕陽晴影下層林。

(明朱慎鍾《寶善堂稿》卷下)

敬和孔師春林即事

朱慎鍾

園木芬芳翠靄深,移雲避日匝重陰。消閑每就玄文室,樂志多憑緑綺琴。花酒應時留客賞,詩詞勉力效師吟。清幽欲與名賢共,豈道桃源無處尋?

（明朱慎鍾《寶善堂稿》卷下）

次孔師開池種白蓮

朱慎鍾

吾師高興祛塵俗，自愛林園信有緣。栽竹成叢持雅節，引泉爲沼種新蓮。紛妝水面浮香細，金飾花心界色鮮。靈品惟堪君子玩，素容不讓牡丹前。

（明朱慎鍾《寶善堂稿》卷下）

元夕寶善堂燈宴次文翁孔師韻

朱慎鍾

淑景榮恩天上來，喜逢元夕宴燈開。鰲山巧結蓬萊島，龍燭高燒翡翠臺。火柳枝繁星彩合，金蓮花焰月華催。歌清舞媚奇雲雪，迎得文光燦玉杯。

（明朱慎鍾《寶善堂稿》卷下）

次文翁孔師仲春郊行

朱慎鍾

曉踏芳郊草正萋，琴書尋樂與朋携。白蘋夾水長渠繞，緑柳生烟遠岸迷。雨霽翠含林木秀，杏繁紅映酒旗低。醉來且向溪橋玩，燕逐飛花亂掠泥。

（明朱慎鍾《寶善堂稿》卷下）

次文翁孔師春曉山中獨酌

朱慎鍾

浮名薄利自成群，獨酌山中共白雲。陰暗茂林依屋布，光飛瀑布與泉分。午窗枕夢村鷄覺，夜榻鐘聲野寺聞。正是隱居閑習静，那關塵世亂氤氲？

（明朱慎鍾《寶善堂稿》卷下）

和文翁孔師寄懷陳抑亭中丞

朱慎鍾

新盟浙水烟霞社，舊德汾川化育春。書札遥通隨去雁，關山遠阻冀來賓。玉堂麟閣聲名壯，麗藻奇葩詩思新。更喜君家多逸興，愧余無路訪桃津。

（明朱慎鍾《寶善堂稿》卷下）

和文翁孔師讀湖南社稿緬懷抑翁

朱慎鍾

社起湖南四海知，陽春白雪羨天姿。才高名盛蘇韓並，興雅詞雄李杜期。惟喜金蘭摛麗藻，何言玉液養丹芝？竹林並著賢聲遠，今古流芳際泰時。

（明朱慎鍾《寶善堂稿》卷下）

和文翁孔師四月八日即事

朱慎鍾

朱明佛節俗轉嬉，載酒携朋古北祠。一曲清溪環緑柳，半村紅樹閃青旗。鶯歌求友依晴旭，蝶板尋香趁嫩枝。藉草簪花隨處樂，重陰深醉就疏籬。

（明朱慎鍾《寶善堂稿》卷下）

奉和孔師九日樂壽園書臺登眺韻八首

朱慎鍾

書臺高疊背山城，九日登臨興自清。喜我師翁酬令節，仍將詞翰寫鸞笙。

秋園書臺聳且平，霜寒露冷水澄澄。平霞飲罷登高望，籬下黄花助我情。

林頭木落復鴉栖，雨過雲扃菊徑迷。緩步重登還遠眺，爽風凉月任天倪。

平霞書館接書臺，遥見長空雁影回。正是重陽佳麗處，新詩酬賞菊花開。

暮秋雲外度雙鴻，籬下黄花香散風。不遇白衣將酒至，登臺疑步碧雲中。

菊放重陽桂吐華，携壺吟咏賽陶家。風吹香氣襲衣帶，莫把萸囊佩碧紗。

登罷書臺謾寫詩，門迎黄菊正開時。莫言陶老東籬醉，采采烏紗插一枝。

數仞高臺映碧虚，参差桐竹接書廬。師翁雅興登臨後，八韻新成先誨余。

（明朱慎鍾《寶善堂稿》卷下）

《仙客篇》壽汾陽孔文谷〔一〕

朱恬烄①

天潢溶漾九秋裏，素女凌波仙態美。蓮舟玉笈浮中流，散綺晴霞縈桂蘂。珠珮明璫摇步聲，同心縷帶結歡情。昔年金榜耀春日，浪暖垂堂□俊英〔二〕。久知少有謫仙興，風度泠然才亦稱。岳牧九禩起瘡痍，蒼生喜拜謝公乘。一旦抽簪掛朝冠，三台八座心詎安？清虚志在囂塵外，好服姮娥却老丹。戲舞蓬前赤尾鳳，九苞韻響笙簧弄。春游仙館夏風松，朝賞龜臺暮雲洞。人生得意未足饒，忽傳露釀送鸞簫。金膏已注紅颜少，名列長生絳節朝。

（明朱恬烄《緑筠軒吟帙》卷一）

① 朱恬烄，潘宣王，嘉靖三十一年册封。萬曆《潞安府志》記其"天資聰穎""懿德卓行，冠於諸藩"，雍正《山西通志》記其"好學，工古文詞"。有詩集《緑筠軒吟帙》二卷。

【校記】

〔一〕本詩又見於《瀋國勉學書院集》卷九。題目“仙客篇”後有“中秋後一日壽汾陽孔文谷方伯”。

〔二〕浪暖垂堂□俊英,《瀋國勉學書院集》作“浪暖桃花選俊英”。

送吕二山人游汾,訪孫大参邽田、孔方伯文谷,和重陽後雪晴來謝詞韻

朱恬烄

冒雪堪珍菊,寒雲漠漠來。酒餘柳館宴,詩擬柏梁臺。感客投三賦,憐時咏七哀。驅車仍訪戴,西去識英才。

(明朱恬烄《緑筠軒吟帙》卷二)

寄懷孔方伯文谷〔一〕

朱恬烄

閬苑今朝鶴使還,爲君德業益童顔。卜居種柳過彭澤〔二〕,歸遁焚魚向碧山。卓犖襟懷〔三〕塵想外,孤高聲聞〔四〕薦紳間。况精二酉虚無訣,定悟三乘妙有關。

(明朱恬烄《緑筠軒吟帙》卷二)

【校記】

〔一〕本詩又見於《瀋國勉學書院集》卷八,題作“寄壽孔文谷鄉丈”

〔二〕過彭澤,《瀋國勉學書院集》作“猶彭澤”。

〔三〕卓犖襟懷,《濬國勉學書院集》作“樗散已超”。
〔四〕聲聞,《濬國勉學書院集》作“尤著”。

與孟右丞衛原約訪孔文谷,同游冷泉關,過河東,登龍門,以阻兵變不果,寄褚元泉太守

曹忭①

四海論交心賞稀,他鄉分手悵多違。向來人事元無定,別後相逢未可期。小子山前白日闇,韓侯嶺上赤雲飛。好懷好友都可隔,太息歸歟問釣磯。

(明嘉靖《霍州志》卷八《藝文志》)

贈仲川宗將、文谷先生社友

王道行

車騎翩翩叩薜蘿,喜逢清客到巖阿。義懸寶劍千金重,人服才名八斗多。經術如雲從北海,文星此日聚西河。孔庭靈檜高如許,便欲因君借一柯。

(明王道行《王明甫先生桂子園集》卷一)

① 曹忭(1512—?),字子誠,號紀山,湖廣江陵人。嘉靖二十年辛丑科進士,曾任巡按御史,山西副使,江西按察使、布政使,終雲南巡撫。有《翰林集》。

《明月篇》壽孔文谷先生

裴邦奇[1]

雨餘萬里秋光净，銀漢昭回珠斗映。碧空無際緑烟消，海風吹月飛天鏡。鏡中長夜金波流，彩徹五城十二樓。凴虚一望無纖翳，露華湛湛風颼颼。不知今夕爲何夕，素娥乘鸞振鸞翮。萬古青天碧海心，獨愛當年攀桂客。攀桂客爲元宫孫，學海詞源在吐吞。腹飽琅玕焕星彩，手擎日月排天閽。憶昔蜚英纔弱冠，步躡長虹渡河漢。直上瓊樓玉宇間，笑折天香夜將半。帶雲折得一枝黄，歸來射策獻明光。天上臚傳第一甲，緑袍白馬出長楊。一旦聲華冠時傑，河東瑞鳳鳴丹穴。文衡造士秉三秦，絳帳傳經開兩浙。正踏仙人掌上游，復躋雁蕩觀龍湫。褰帷少室三花樹，擊楫淮陰泗水流。詩囊收盡寰中景，方岳馴登紫薇省。自甘勇退乞還山，何事中年宦情冷？黑髪歸來築隱居，風灑蘭雪開玄廬。高梧作蓋引青鳳，嘉樹屯雲護翠虚。即此幽栖清興發，北窗無夢飛丹闕。管涔山下著奇書，汾水灘頭釣明月。月將清影蘸清波，我欲置之金叵羅。把向尊前爲公壽，更倚高寒呼素娥。素娥對面宛如昨，相期輒贈長生藥。年年人與月同清，歲歲月邀人共酌。今年兩度送清輝，况復裴航住不歸。玉缸好釀丹霞酒，同醉花前舞羽衣。

（明裴邦奇《巢雲詩集》卷二）

---

① 裴邦奇，字庸甫，號巢雲，山西聞喜縣人。雍正《山西通志》卷一百四十記其“學問綜博，不事舉子業，以詩名，與汾陽孔探花（應爲榜眼）天胤、謝山人榛相唱和，爲所推重。有《巢雲詩集》四卷”。今存本爲八卷。

《醉歌行》奉和文谷先生《閏中秋誕日宴仲川寄興圖》

裴邦奇

兔苑池亭秋日曦，高張雲幕香風吹。霓旌羽蓋紛相擁，愛客梁王不告疲。元宫上仙鳴環珮，乘風來自雲霄間。盱衡手弄珊瑚柄，入門笑破芙蓉顔。洋洋盈耳歡聲起，共采瓊英在芳沚。芳沚波連弱水青，平臺氣接函關紫。此中避俗亦避喧，白鶴朱鳳隨翩翩。乘興揮毫灑醉墨，美哉篇什成璵璠。當筵簫鼓雜前陳，客情不厭主情申。拕乘相從鄴下士，倚蘭重對月中人。衣冠不讓商山叟，長歌紫芝搔白首。丹爐大藥鍊長生，石洞清虚題小有。婆娑雙袖舞天香，滿傾玉碗吞清光。百年此樂樂未央，還期慶祚日靈長。

（明裴邦奇《巢雲詩集》卷二）

奉和孔丈賦小田種菊盈園招飲菊花酒歌

裴邦奇

憶昔陶公宰彭澤，折腰懶向督郵前。拂衣解印賦歸去，嘯傲東軒信有緣。高趣潯陽結爲隱，清風晉室推其賢。種秫僅能供濁酒，種菊端爲制頹年。獨愛此菊有佳色，采之宛若黄金飭。百慮不從醉裏袪，九華空負籬邊植。今有貴公子，系出平原家。人自清真興自賒，釀酒爲延中岳史。闢園祇種東蘺花，史也逸氣逼清湘。税駕歸來二十霜，披風偏作羲皇夢，灑翰能令松菊香。此時公子頻邀酌，悠然不減陶公樂。常得青尊泛菊英，也應勝煉丹爐藥。

（明裴邦奇《巢雲詩集》卷二）

重游汾上孔園登高二首

裴邦奇

復值重陽日，還登百尺臺。人同前歲健，花似故園開。主客歡無極，風塵倦未回。况逢新酒熟，何待白衣來？

莫擬登樓賦，惟應對酒歌。黄花如舊好，白髪竟誰多？掃榻延鶏黍，尋盟到薜蘿。獨憐重九日，兩度客中過。

（明裴邦奇《巢雲詩集》卷三）

孔文谷先生與鄭鶴庵雨中見過

裴邦奇

寄迹金蘭館，重門掩碧苔。驚回孤枕夢，幸有二龍來。烏角迎風折，青尊對雨開。西窗堪秉燭，車馬且遲回。

（明裴邦奇《巢雲詩集》卷三）

社中諸君見招，同文谷宴集南原别業

裴邦奇

地僻炎氛净，林深晝景遲。問花嬌不語，題竹雅相宜。白鳥隨供帳，清風倒接籬。况同山簡醉，何謝習家池。

（明裴邦奇《巢雲詩集》卷三）

孔齋同蘭軒宴集

裴邦奇

同游虚白館，高咏豁襟期。莫厭杯行促，偏宜漏下遲。酒籘春熟候，梅放雪晴時。忘却他鄉念，相逢盡故知。

（明裴邦奇《巢雲詩集》卷三）

月洲來汾上，持孔丈書復過却歸蒲坂

裴邦奇

君歸寒食候，烟樹雨晴初。爲次汾陽道，遥傳闕里書。桃花紛送酒，芳草復牽裾。更約春湖上，扁舟夜打魚。

（明裴邦奇《巢雲詩集》卷三）

得孔文谷先生書

裴邦奇

霞館曾分袂，雲林自索居。忽聞千里雁，遥致八行書。遠道勞相憶，春盟定不虚。待將蚤梅發，先寄卧龍廬。

（明裴邦奇《巢雲詩诗集》卷三）

登平霞閣望汾水得閑字

裴邦奇

霞閣聯高會，相逢共解顔。馮虚一以眺，汾水自潺湲。練色秋雲外，波聲夕照間。却慚長做客，何似野鷗閑？

（明裴邦奇《巢云詩集》卷三）

五日有懷汾上舊游

裴邦奇

往歲栖汾上，西園共舉觴。菖蒲浮酒緑，荷芰染衣香。節序還今日，風烟各一方。離情縮不住，空置彩絲長。

（明裴邦奇《巢云詩集》卷三）

慶成西園午日招宴，同蘭社諸君應教二首

裴邦奇

客里逢佳節，西園拕乘來。熏風蘭殿起，醴酒桂宫開。黍角陳雕俎，蒲香瀉玉杯。夜深猶度曲，不放彩雲回。

西園佳麗地，何憚曳裾來。海燕穿簾度，宫花倚檻開。沉湘誰吊古，激楚自銜杯。况接應劉輩，安能不醉回？

（明裴邦奇《巢云詩集》卷三）

綿上懷古次孔丈韻

裴邦奇

白雲深鎖介山空，千載孤高見此公。田墓獨存綿上業，荊榛誰識晉家宫？清明高禁三春火，赤日常懸一寸忠。我來不盡懷賢意，愁對秋林返照紅。

（明裴邦奇《巢雲詩集》卷四）

再過嘉樹園謁孔文谷

裴邦奇

園開嘉樹緑雲屯，山色青連背郭村。竹徑再逢前地主，桃花仍發舊仙源。碧筒注酒香猶在，翠壁分題墨尚存。忽漫相逢幾經歲，還同鷄黍對床言。

（明裴邦奇《巢雲詩集》卷四）

鶴林園避暑作社會，柳川翁爲之主，文谷翁陰字命作

裴邦奇

綺園長夏晝沉沉，杖舄追凉過鶴林。碧草不除芳徑合，緑雲長護曲房深。誰期姑射山中客，同向耆英社裏吟。更愛主人移席處，月華清轉棣棠陰。

（明裴邦奇《巢雲詩集》卷四）

至日集文谷虛白齋，聽劉元善作歌

裴邦奇

天開晴日破重陰，地擁紅爐共盍簪。賓館又逢長至節，客居偏動故鄉心。數經霜雪貂裘敝，一望關河雁帛沉。此際未應論去住，銜杯且聽楚狂吟。

（明裴邦奇《巢雲詩集》卷四）

壽文谷先生

裴邦奇

北望汾陽紫氣流，仙人龍卧在滄洲。薇垣蚤返山中駕，桂父長從海上游。世仰文星垂大鹵，天開華月照清秋。年年好泛金波飲，醉倚高寒十二樓。

（明裴邦奇《巢雲詩集》卷四）

寄孔文谷先生

裴邦奇

自歸平水弄漁竿，幾度停雲憶舊歡。散帙簾垂清晝静，開尊亭敞翠虛寒。經年却恨違鷗社，對使應勞問鶡冠。此際鶯花供樂事，不妨游咏日加餐。

（明裴邦奇《巢雲詩集》卷四）

文翁見招與月洲同酌翠虛亭

裴邦奇

一畝幽宮静可依，花香縹緲樹烟微。鶴知客至能先報，鷗信機忘竟不飛。菊影落杯紅漾酒，嵐光入座翠霑衣。接茵自愧非連壁，實借君家白雪輝。公出新聲見示，故及之。

（明裴邦奇《巢雲詩集》卷四）

仲川宗君持孔丈書自汾上相迎

裴邦奇

抡乘微賢雅誼存，相逢重話舊寒温。清輝自映金蘭社，小隱元非錦里村。幽谷白雲隨野客，春堤芳草戀王孫。願從左騎歸汾上，傾倒還同北海尊。

（明裴邦奇《巢雲詩集》卷四）

酬文谷先生雪中見過

裴邦奇

春風忽動旅顔開，况復行厨載緑醅。杏館日留元吉住，荀家星聚太丘來。鈎簾遠眺千山雪，搦管長吟萬樹梅。笑殺子猷元興淺，扁舟空自夜深回。

(明裴邦奇《巢雲詩集》卷四)

答孔文谷先生桐庵山房之招

裴邦奇

萍踪栖泊旅情微,蘭社相留未忍歸。自放江湖垂白髮,每依山斗接清輝。床連夜雨情如舊,座受春風願不違。况復人龍汾上卧,攀鱗終擬赤霄飛。

(明裴邦奇《巢雲詩集》卷四)

與文谷先生話别

裴邦奇

十年汾上挹清輝,此日天邊見少微。客館遲留同皓月,奚囊滿載得明璣。青尊北海連宵醉,紅葉西風遠道歸。來歲定尋鷄黍約,重春谷口白雲飛。公有"後期鷄黍寸心然"之句。

(明裴邦奇《巢雲詩集》卷四)

文苑清居

裴邦奇

文苑何其勝,紅塵自不侵。地開青嶂遠,門掩紫苔深。空翠凌修竹,晴烟出茂林。草香麋鹿柴,雲冷薜蘿襟。鐘磬流清響,池塘蘸緑蔭。懸車足高蹈,載酒任幽尋。錦里先生社,碧山學士心。采芝容鶴伴，坐石聽猿吟。策許山靈振，杯令木客斟。醉呼明月上，嘯發鳳鸞音。

（明裴邦奇《巢雲詩集》卷五）

題東皋別業次孔丈韻

裴邦奇

地卜河汾勝，天開紫翠居。且堪學鳳吹，自是卧龍廬。木石繞三徑，烟霞傍四陡。徵賢過魏鄴，授簡及應徐。花檻春携酒，藜燈夜校書。看花拕玉杖，聽雨卧瓊疏。山色凌空碧，池光蘸月虚。同游俱白髮，大雅逼黄初。淇行裁吟管，張梨當飲儲。倚筵曾命賦，獨愧漢相如。

（明裴邦奇《巢雲詩集》卷五）

壽孔文谷先生

裴邦奇

全晉元鍾秀，河汾乃降申。家聲蜚玉牒，世美繼朱輪。丹穴騫靈鳳，清時見瑞麟。風馳山斗望，自負廟廊珍。策獻三千字，臚傳第二人。鴻才餘八斗，鳳藻麗三辰。彩筆能干帝，青雲早致身。不求金馬貴，厭惹玉京塵。憲府曾開浙，文旌復駐秦。修明周禮樂，啟迪漢儒紳。聖代旬宣使，堯庭岳牧臣。官拘紫薇省，夢繞碧山春。北闕陳歸疏，西河理釣綸。青蘿裁野服，白首戀漁巾。華構飛蘭雪，幽栖藉草茵。雲應隨懶漫，鶴亦愛清真。身繫邦家重，恩霑雨露均。金聲聞闕里，紫氣徹汾津。景屬中秋候，花開上古椿。貝官雲葉浄，仙掌露華新。外史逢初度，耆英結近鄰。孔鸞當座舞，簫鼓雜前陳。皓月依人近，嫦娥送酒頻。東山時選伎，北海夜留賓。緑野公爲主，斑衣子悦親。雅懷同謝傅，豪興過陳遵。出處三高並，春秋五福臻。餐霞增氣色，漱石壯精神。放鴿知無算，登龍幸有因。惟期仁者壽，中岳並嶙峋。

（明裴邦奇《巢雲詩集》卷五）

題鄭鶴庵、林皋清尚卷次孔丈韻

裴邦奇

梁苑辭榮日，汾亭抱道年。賦成枚叔右，歸在季鷹先。獨佔狎鷗渚，躬耕養鶴田。門垂彭澤柳，池種漢陽鯿。不計山中曆，常逃醉裏禪。風流蘭社長，曠達竹林賢。鴝硯臨流洗，龍香帶露研。夙欽三絶筆，爲贈五雲箋。顧我非裴迪，多君即鄭玄。他時覓高蹈，谷口自便便。

（明裴邦奇《巢雲詩集》卷五）

曉渡汾水橋有懷孔丈

裴邦奇

曉雲紅映萬山遥，汾水秋風渡石橋。回首西河增悵惘，蒹葭白露冷瀟瀟。

（明裴邦奇《巢雲詩集》卷八）

至汾州會孔方伯汝錫園亭同賦

謝　榛

神交太宇間，萬里猶咫尺。道在無貴賤，杖黎隨所適。天風吹高雲，關山詎相隔？良晤愜平生，論心在松柏。著述誰更勞，各爲殘年惜。嗟哉齊孟嘗，兼有不文客。命酒催我賦，佳辰肯虚擲？候鳥鳴閒園，幽芳亦可摘。中懷頓披豁，勝游寧知夕？辛苦塞門來，留茲孔融宅。

（明謝榛《四溟山人全集》卷一）

寄拙園有感

謝　榛

吾生巧與拙，兩端不俱存。老有至拙處，對人莫能言。守拙懶爲主，况復居此園。奚奴亦習懶，中庭蕪穢繁。皎月照我床，清風吹我軒。貴心不貴迹，達人方可論。

（明謝榛《四溟山人全集》卷一）

賦得姑射仙人歌呈孔汝錫詞丈

謝　榛

姑射山頭騰紫氣，石床危坐一仙人。洞門前擁千松�，佩環步曳朝蒼旻。赤霞可裁，緑蘿可紉。明珠長照不壞身，每談黄老關經綸。手揮玉如意，遥指蓬萊是東鄰。披心捧出天上月，吐氣散作人間春。丹書寶訣當自珍，秖恐陰崖魑魅嗔。我憶安期噉巽棗，换此仙骨寧無因？相逢約予驂雙鳳，共尋金母登崑崙。案傍小童何笑頻，倏忽蘭茝變荊榛。古來有激鵬力振，海天欲盡仍馳神。攬勝羅浮窮百越，探奇河岳經三秦。滄溟舉爲杯，鄧林伐爲薪。龍性叵測誰能馴，子牙終辭渭水濱，莫言志士空綸巾。醉來謔浪把君袂，道我醒時狂是真。松花酒熟葵菜新，几杖相依舊主賓，大家傾倒殊相親。試看浮雲去無迹，好山依舊青嶙峋。

（明謝榛《謝榛全集校箋》卷二，《四溟山人全集》卷二）

柳川園亭宴集同孔老賦

謝　榛

郭北林園開洞府，王孫又是青山主。一杯雲影座中天，半壁泉聲厨内雨。掬水清心猶易醒，竹陰聊爾話丹經。西河自有名家賦，龍在深潭見地靈。

（明謝榛《謝榛全集校箋》卷三，《四溟山人全集》卷三）

客居篇呈孔丈〔一〕

謝　榛

客居寥落天積陰，其奈二毛愁復侵？東籬有花白衣至，菊花恨不栽成林。糟床雨聲夜徹耳，醅甕春色時關心。昨夢長江變緑酒，茫茫不知幾許深。倒吞明月蕩豪興，下有蛟龍那敢吟？屈原李白莫相笑，肯與爾輩俱浮沉。醒者醉者懷不同，我狂獨在醒醉中。百年形骸匪金石，詎可一日無春風？燕臺梁園舊游處，好客邇來唯孔融。太行山頭共俯仰，人間誰識真英雄？幾醉良宵感秋别，大火自西人自東。

（明謝榛《謝榛全集校箋》卷三，《四溟山人全集》卷三）

【校記】

〔一〕丈，《四溟山人全集》作“方伯汝錫”。

秋風歌呈孔方伯汝錫

謝　榛

對秋風，感懷不與故鄉同。來自西極動萬里，焉得吹我太行東？孤城木葉正摇落，金河蕭颯催征鴻。客居汾陽久不返，天涯惆悵飛枯蓬。古來道氣出浮俗，主人高誼今英雄。昔逢春雨百花發，凉露又垂蘭桂叢。小窗起坐不盥櫛，荒庭灑掃呼兒童。老無閒日求詩工，苦中生死一蓼蟲。兵厨多酒且復醉，嗣宗何必悲途窮？野夫憂樂各有謂，莫嗔狂態成衰翁。昨夜登臺獨舒嘯，秋聲不斷關山空。

（明謝榛《四溟山人全集》卷三）

寄孔方伯汝錫

謝　榛

事有關天地，誰當著述名？山林一身重，鐘鼎幾人輕？芳樹杯中色，流泉枕畔聲。應憐玉堂月，游宦老方城。楊方成於狀元督學，止於左轄；文谷以探花外宦，相類。

（明謝榛《四溟山人全集》卷三）

游水竹園，孔丈同賦

謝　榛

移得南山竹，冰霜見苦根。春流觸自響，清影幂何繁？色蘸杯中緑，凉沾雨後痕。鄒枚此同賦，勝事即梁園。

（明謝榛《四溟山人全集》卷五）

孔宅賞榴花得清字

謝　榛

西域來茲種，先從漢苑榮。燃枝有定焰，壓葉更垂明。能奪珊瑚色，偏含造物情。夜深窺不見，風露暗中清。

（明謝榛《四溟山人全集》卷七）

北園同孔老賦得風字

謝　榛

悠然雲在空，此意許誰同？身出勛名外，心歸恬澹中。高樓偏夕照，深竹自凉風。試問今秋興，還添菊幾叢？

（明謝榛《四溟山人全集》卷七）

初伏孔宅招飲，坐有五客

謝　榛

老病汾陽客，妻孥鄴下居。聊成七子會，又見一庚初。雨歇清深院，苔沿緑廣除。秋來下梧葉，風景重愁予。

（明謝榛《四溟山人全集》卷七）

中秋宿來遠店無月，懷孔老

謝　榛

雨隔團圓夜，天違浩渺秋。關山增客感，烏鵲向人愁。堠館誰同賦，匡床此獨留。知君待華月，秉燭在高樓。

（明謝榛《四溟山人全集》卷七）

寄孔方伯汝錫

林園幽鳥日相依，勛業知君久息機。才合玉堂青史缺，官拘薇省黑頭歸。數峰雲氣含秋雨，萬穀河流動夕暉。好客共聞今北海，何時乘月扣山扉？

（明謝榛《四溟山人全集》卷十一）

虜後寄懷孔方伯汝錫

謝　榛

君看羽檄走神州，黠虜攻城當暮秋。幽事暫虚寒菊圃，悲歌獨倚夕陽樓。雁將殺氣俱深入，河捲胡風自倒流。天上文星照孔宅，餘輝仍解萬家愁。

（明謝榛《謝榛全集校箋》卷十二，《四溟山人全集》卷十二）

次汝錫夏日宴社友之韻

謝　榛

緑陰庭院好留賓，賓主情高久駐輪。興劇還期平樂酒，調同亦是建安人。且停絲管孤城夕，共賦雲霞五色新。醉折榴花插吾鬢，寧知老病異鄉身？

（明謝榛《四溟山人全集》卷十二）

七夕寄拙園憶弟

謝　榛

平生守拙老依然，寄拙園亭七夕天。兒女巧心非我事，弟兄僻性有誰憐？花間絲管輕風度，樹杪樓臺細月懸。不見女牛通一水，半空秋影落樽前。

（明謝榛《四溟山人全集》卷十二）

次孔丈冗中漫書之韻

謝　榛

欲求滿意幾時閒，偃仰誰甘寂寞間？老去數椽依亂草，興來片石即名山。慰懷自有樽中緑，鑷鬢翻多鏡里斑。朋好經過問奇字，莫教稚子閉柴關。

（明謝榛《四溟山人全集》卷十二）

清明游西園有感

謝　榛

客轉汾陽時禁烟，太行雲渺故鄉天。齊中一弟悲西壠，鄴下諸兒走北阡。桃李未花春氣晚，河山獨賦老懷偏。重來只恐芳菲盡，啼殺黄鸝空自憐。

（明謝榛《四溟山人全集》卷十三）

清明後一日愚公園對雪賦得微字

謝　榛

今朝滕六來何許？雨雪非關青帝威。幸不積陰妨節序，仍將寒色妬芳菲。好山盡隔雲何迴，黄鳥相期春有違。向夕開樽更留戀，出門恐濕謝莊衣。

（明謝榛《四溟山人全集》卷十三）

北園春集同孔汝錫賦得花字

謝　榛

園中幽僻仍三徑，海内風騷自一家。勝日重招羽觴度，老狂隨意角巾斜。片雲作暝横山色，數鳥喧春在杏花。賓主同懷見冲澹，還期松月話丹砂。

（明謝榛《四溟山人全集》卷十三）

寄孔方伯汝錫

謝　榛

每憶汾陽約，何爲代北游？神交太行迴，調合建安流。高步雲隨杖，窮邊雪照樓。虜驕輕出入，吾老重淹留。厚禄誰思報？嚴兵只禦秋。材官幾人在？國士百年憂。上古元無戰，中丞自有謀。冰清閒鶴渚，潭冷閉龍湫。舊社獨來去，春醪那唱酬？相逢話時事，感慨望神州。

（明謝榛《四溟山人全集》卷十六）

寒食背郭園宴集同孔丈賦

謝　榛

招携多勝事，幽僻斷囂塵。水學蘭亭轉，園開金谷新。山川昭代賦，令節異鄉人。傾蓋相知定，當杯各見真。鴉啼樓角暝，花隱洞庭春。正欲摽〔一〕奇絶，從教客過頻。

（明謝榛《四溟山人全集》卷十六）

【校記】

〔一〕摽，《四溟山人詩》作“標”。

三月三日集北園孔老同賦

謝　榛

北園探勝絶，花竹密相連。淑景堪留賦，斜陽復改筵。坐當春色裏，興逼古人前。梓澤吾聊爾，蘭亭此宛然。文猶元狩日，俗豈永和年？款客連朝席，流觴幾曲泉。從教中散醉，況值右軍賢。何處妨佳節，愁人風雨天。

（明謝榛《四溟山人全集》卷十六）

愚公園春酌賦得名、歸二韻

謝　榛

共醉春風且放情，白雲無定若浮名。好花開落尋常事，遮莫黄鸝不住聲。

絳桃一簇映斜暉，白首尋芳幾醉歸。更有多情雙蛺蝶，春來還傍菜花飛。

（明謝榛《四溟山人全集》卷二十）

次孔丈對花二韻

謝　榛

桃樹有花春可憐,醉歸猶望洞門前。美人不得分明見,咫尺空濛隔暮烟。

題詩醉墨濺梨花,玉蕚叢中遽有瑕。還見素心今夜雨,蝶飛應不過鄰家。

（明謝榛《四溟山人全集》卷二十）

孔宅賞牡丹同賦

謝　榛

折取名花春幾枝,共看國色尚含滋。玉瓶錦席多珍愛,寧似園亭帶雨時?

（明謝榛《四溟山人全集》卷二十）

孔宅賞牡丹同賦

謝　榛

芳筵高捧百花尊。青帝應偏雨露恩。金谷園中曾植否? 千春猶寄緑珠魂。

（《適晉稿》卷五）

留别孔丈汝錫長歌行

謝　榛

古來曠士何所求，世情滿眼仍遠游。放歌行處自適意，骯髒風塵惟敝裘。孔鸞使不遇文鳳，其如鳥雀群啁啾。十載神交幾書札，明時大雅非凡儔。却笑相如曾賣賦，千金未解長門愁。中懷披豁共取醉，當筵直欲堆糟丘。參差花竹抱亭館，芳晨詎惜徵名謳？酒催興劇斗牛近，詩到氣長江漢流。人生聚散等落葉，不堪悵望關山秋。且將寶匣藏吴鈎，壯心一掣靈光浮。蛟龍胡爲暗相忌，夜深風雨來床頭。賴君慰予莫悲歎，萬事好向生前休。此别西河去上黨，相知兩地隨淹留。可憐南北對明月，雁聲凄斷時登樓。

（《適晉稿》卷六）

和孔老登萬佛樓

謝　榛

玆樓當勝境，登眺有青山。身恍諸天上，心通萬佛間。須彌芥子大，世界石頭閒。禪侶話深夕，從教步月還。

（明謝榛《谢榛全集校笺》卷二十一）

寄同年孔方伯汝錫

范　欽①

天涯消息苦難聞，歲久心情倍憶君。文宿迴當三晉野，亂峰晴結五臺雲。高居不學嵇生鍛，發憤真成遷史文。此日山中新釀熟，欲因遥壽慰離群。

（《天一阁集》卷十三）

仲春藩邸同文谷

靳學颜②

清曹多暇逸，勝地此招尋。蘭氣薰緗帙，松聲寫素琴。徵歌三晉妙，留客五陵深。更擬淮山上，同游桂樹陰。

（明靳學颜《靳兩城先生集》卷九）

---

① 范欽（1506—1585），字堯卿，號東明，浙江鄞縣人。嘉靖十一年進士。所建藏書樓天一閣是我國現存最古老的藏書樓。光緒《鄞縣志·人物》，稱范欽致仕歸鄉後，“性喜藏書，起天一閣，購海内異本，列爲四部，尤善收説經諸書及先輩詩文集未傳世者。浙東藏書家以天一閣爲第一，有功文獻甚大”。有《天一閣集》。

② 靳學颜（1514—1571），字子愚，號兩城，山東濟寧州人。嘉靖十四年進士。嘉靖前後任山西按察使、右布政使。有《間存集》《靳兩城先生集》。

憶弟用文谷韻

靳學顔

端居不自怡,晨起縱游日。相思蕙草長,南山意中緑。逖矣穎陽音,懷哉泗上築。何當展芳訊,槭題命雲鵠?

(《靳兩城先生集》卷五)

次文谷

靳學顔

香臺寂寂世緣微,芝蓋春過乍啟扉。客以陶嘉投迹遠,僧因習静出林稀。風含群籟琳琅應,雨溢回塘雁鶩飛。亦向雙松知歎道,可能初地遂初衣。

(《靳兩城先生集》卷十)

答孔文谷見寄之作[①]

祝時泰

千里登龍未有期,遠緘猶喜見新詩。九苞羨爾爲儀早,五斗憐

① 西湖八社,嘉靖時期杭州著名詩社。《四庫全書總目提要》:"明嘉靖壬戌,閩人祝時泰游於杭州,與其友結詩社西湖上,凡會吟者八:曰紫陽社,曰湖心社,曰玉岑社,曰飛來社,曰月巖社,曰南屏社,曰紫雲社,曰洞霄社。時泰與光州知州仁和高應冕、承天府知府錢塘方九叙、江西副使錢塘童漢臣、諸生徽州王寅、仁和劉子伯、布衣仁和沈仕等分主之。"孔天胤寫有《寄懷玉岑詩社》(《孔文谷詩集》卷四,題目作《寄懷玉岑詩社次抑亭韻》)詩,以下爲衆人應和之作。

予入社遲。湖上每懷人别後，花間常憶客來時。吴山曾水天南北，已約春鴻寄所思。

高應冕

三晉風流老憲臣，十年閉閣謝絲綸。雲山曾結同心社，桃李猶含異地春。憶别忽驚容鬢改，感時空負歲華新。憐君緑野高秋興，還念西湖舊主人。

王　寅

使君攬轡臨安暇，社結林逋廢宅傍。别去湖山遺麗藻，後來觴咏覺荒凉。風流恨未逢文舉，便訊歡今寄晉陽。因笑盡多朱紱貴，白蓮新入薜蘿裳。

劉子伯

激烈當年侍我師，於今卧壑更無爲。鶺鴒曾忝雲霄譽，蟠木今慚匠斧遺。芳訊别來追舊日，瑶篇删後見新詩。汾陽萬里同明月，獨立空庭系所思。

方九叙

年來曾寄數封書，每向書中歎索居。薇省自從分陝後，星軺猶憶使吴初。篋中共寶陳遵牘，門外空傳叔夜車。已掃荆扉朝夕望，汾陽消息竟何如？

童漢臣

勞君千里擲瑶瓊，雲樹迢迢隔社盟。汾水月明來雁夢，吴峰秋晚插萸情。雖分遠地成離索，同向青山學耦耕。何日西湖一樽酒，倒騎白鹿過山城？

（《西湖八社詩帖》）

行行歎志别汾陽諸公

呂　時①

汾水已三向，主人仍款留。莎鷄一振羽，客子重悲秋。蹇予訣烈性，漢魏無人收。化作清夜氣，勃勃鳴吴鈎。既不能屠龍，又不能解牛。笑殺五陵兒，彈鋏誇壯游。去年蝕二齒，今年秃半頭。禰衡死鸚鵡，仲連没半丘。我本木石人，天何忌沉浮？慕藺不可得，攀嵇竟無由。寫此千劫意，翻爲片時憂。去去復去去，天命何所求！青天或可墜，黄河倘不流。心欲吞孤月，梦已飛滄洲。從此謝同好，日月良悠悠。

（明呂時《甬東山人稿》卷一）

庚午汾陽元旦試筆呈孔方伯五首

呂　時

老來索性愛幽探，枕上孤舟月一函。飛向光溪青湛湛，梅花猶唱舊江南。

春入臺駘雲氣屯，鬭鷄走馬晉王孫。不知誰作河東賦，一客西河未出門。

煬帝行宫没草烟，星辰仍是漢山川。真稽玄象多魚鳥，明歲重

---

① 呂時（1518—1591），一名時臣，字中甫（又寫作中父、仲父），别號甬東山人、四明山人，浙江鄞縣人。早歲有詩名，以避仇遠游，歷齊、梁、燕、趙間，寄食衡王、瀋王諸邸。爲人貞介廉潔，爲諸王所重。衡莊王尤愛其詩，爲刻其集。有《甬東山人稿》七卷。

來製釣舡。

南北霜烟折素裾，白頭何意感君初？山陽倘遇汾陰雁，叫截春雲定寄書。

泠泠枕簟寄何方，猶聽潮聲起望洋。夜半西巖星斗熱，社兒拷鼓賽空王。

（明吕時《甬東山人稿》卷四）

文谷孔師七十壽章三十韻

馬三才①

南極騰輝日，東山屬望身。四朝黄髪老，三晉紫薇臣。汾水原鍾秀，華山夙降神。賢生當間氣，時際邁群倫。鶚薦登霄漢，臚傳引鳳麟。渥恩陪史局，特詔領儒紳。詞賦追風雅，文章邁漢秦。三關揚藻鑒，兩浙荷陶甄。揚歷風猷著，勛勞屏翰匀。間山馳譽望，桃李競紛繽。峻秩藩垣極，慈幃沁水親。章程昭國典，劍履阻楓宸。慷慨辭榮疏，逍遥避寵人。禊修童子谷，社締少陽賓。嘉樹閒情適，高吟樂意真。恍然塵世隔，不覺古稀臻。昨醉中秋宴，今逢初度辰。壽星方見丙，皓月未虧輪。酒獻山中聖，殽陳物外珍。幔亭祥靄集，緑野瑞光新。佳氣清商協，文筵舞袖彬。蓂舒十六葉，椿頌八千春。庭畔芝蘭茂，階前鹿雀馴。齡高聳喬岳，節晚抱松筠。樗散慚微品，裁成荷大鈞。龍登雖竊幸，魚得敢忘因？往事渾疑夢，文衡枉效臏。瞻雲空有願，涉海渺無津。道在心徒切，恩私報詎伸？臨風歌短曲，萬里附雙鱗。

---

① 馬三才（1516—1580），字思參，號松里，浙江仁和人。嘉靖二十六年進士，改庶吉士。授山東道監察御史，巡按真順廣大，督學直隸。擢太僕寺卿，南京通政司右通政，因疏救茅坤並劾嚴嵩，坐外謫，遂罷歸。有《松里集》《自由堂稿》。

（明馬三才《自由堂稿》甲戌卷）

得謝茂秦寄新集，時孔汝錫、馮汝言二公爲刊定

王世貞[1]

十載蘭心托路岐，淩雲彩筆健誰知？還尋玄晏先生序，共表邯鄲幼婦辭。不盡交游天並老，重來作者世應遲。君看黨錮中興解，可忘龍門御李時？

（明王世貞《弇州山人四部稿》卷三十九《詩部》）

得孔文谷書兼惠諸作因以寄之

王　格[2]

河渚初歸春日雁，濠梁近報孔融書。清淮路隔應憐汝，明月珠生更寄余。烏臯十年猶舊秩，鳳栖三策見平居。幸從鴛序論心素，獨恨藜燈夜雨疏。

（明王格《少泉詩集》卷七）

---

① 王世貞（1526—1590），字元美，號鳳洲，又號弇州山人，蘇州府太倉州人。先後任職大理寺左寺，刑部員外郎、郎中，山東按察副使青州兵備使，浙江左參政，山西按察使等，累官至南京刑部尚書，卒贈太子少保。與謝榛同爲“後七子”成員。著有《弇州山人四部稿》《弇山堂別集》《嘉靖以來首輔傳》《觚不觚録》等。

② 王格（1502—1595），字汝化，號少泉，京山人。嘉靖丙戌進士，改庶吉士，出爲分巡河北道按察司使僉事。世宗南巡，坐行宫火，杖黜。隆慶初，授太僕寺少卿，致仕。有《少泉詩集》。

寄壽孔文谷先生

屠　隆[1]

八斗才華驚海上，歸來三晉老西河。素王劍履雲孫在，大國山川烟樹多。風度霓裳秋縹渺，夜涼銀漢碧嵯峨。山人萬里行爲壽，黄鶴凌空發浩歌。

（明屠隆《由拳集》卷九）

夏日孔先生汝錫招飲，移酌海榴花下，時余愁病未捐，久失占謝，偶以登樓餘興漫呈此詩

朱孟震[2]

風輕簾竹漾湘波，不飲其如此會何？座上賓朋元北海，寰中經術有西河。花迎彩筆偏能媚，月傍金尊轉自多。楚客病來那復興，却緣心賞一狂歌。

（明朱孟震《朱秉器詩集》卷二）

---

① 屠隆(1541—1605)，字長卿，又字緯真，號赤水，别號由拳山人等。浙江鄞縣人。萬曆五年進士，曾任潁上知縣，轉青浦令，後遷禮部主事、郎中。著有《栖真館集》《由拳集》《採真集》《南游集》《鴻苞集》等。

② 朱孟震，字秉器，新淦人。隆慶戊辰進士，除南京刑部主事，歷郎中，出知重慶府。升河南按察副使，補陝西副使，兵備潼關，萬曆九年升山西左參政。累官通政使，萬曆十九年以右副都御史巡撫山西。著有《河上楮談》《汾上續談》《浣水續談》《游宦餘談》《玉笥詩談》《朱秉器詩集》《朱秉器文集》等。

孔汝錫先生卒十年矣，余來晉陽，聞其子客死，詩以哀之

朱孟震

提携鳩杖話沉綿，猶記西河永决年。俎豆無人供麥飯，園亭有客泣朱弦。荒榛狐兔秋迷雨，古木龍蛇暮鎖烟。絮酒未酬千載誼，秋風延首淚空懸。

（明朱孟震《朱秉器詩集》卷二）

秋日哭孔汝錫先生墓二首〔一〕

朱孟震

殘歲龍蛇逼，新阡雉兔過。露隨朝槿盡，風入暮蟬多。坐失千鍾酒，情傷九辯歌。夜臺無白日，一慟欲如何？

好客名千古，悲秋賦幾篇。卜山無舊業，綿上有新田。菊暗寒城雨，鴻沉野水烟。分違如昨夢，愁斷白雲天。

（明朱孟震《朱秉器詩集》卷二）

【校記】

〔一〕《明詩綜》作《哭孔汝錫先生墓》，僅收第一首。

孟夏坐雨用孔文谷《經桐廬七里瀨》韻

熊文舉①

滄江望不極,歲月駛如流。孟夏草木繁,好鳥來喧啾。既謝交游累,兼無書帙稠。開軒有明月,獨酌且淹留。仙人王子晉,跨鶴上丹丘。我非翀漢骨,俯仰但清修。陋彼營營者,終日稻粱謀。

(明熊文舉《雪堂先生文集》卷十七,《雪堂先生集選》卷一)

夏日雨中督學孔文谷出奉化有作見示奉次

徐獻忠②

憲節光南極,文星動遠天。道華行處有,藻識鏡中懸。路繞青林雨,山迷紫邏烟。爲傳滄海使,報爾赤城仙。

(明徐獻忠《長谷集》卷三)

---

① 熊文舉(?—1669),字公遠,號雪堂,江西新建人。明崇禎四年進士,官至吏部郎中。崇禎末降李自成,順治元年降清。仍原官,累擢至兵部左侍郎,康熙二年辭官返里。自少有才名,工詩,有《熊雪堂遺集》《雪堂先生文集》。

② 徐獻忠(1483—1559),字伯臣,號長谷,松江華亭人。嘉靖四年舉人,二十年任奉化縣令,有政績。尋棄官寓居吴興,與何良俊、董宜陽、張之象俱以文章氣節名,時稱四賢。及卒,門人私謚貞憲先生。有《吴興掌故集》《水品》《樂府産》《金石文》《六朝聲偶》《長谷集》等。

雨後度山隍嶺，再用韻奉呈

徐獻忠

復嶺回前嶂，空林見午天。迎風百鳥笑，宿雨一花懸。露幰瞻青海，摇旌散紫烟。扶桑空處是，玄覽只飛仙。

（明徐獻忠《長谷集》卷三）

酬趙孟敏太守惠文谷全刻兼寄孔汝錫方伯

陳文燭[①]

何意江天下雁鴻，閬州拂袖暮雲空。從來歸去原高士，况有師承自國工。南省作人誰更似，西河得爾早稱雄。趙爲孔門人。高文直探先秦上，絶調誰陪後乘中？白社放歌烟月細，青山飛夢海門通。夜深玄草批尋罷，此日因君問孔融。

（明陳文燭《二酉園詩集》卷十）

① 陳文燭（1525—？），字玉叔，號五岳山人，直隸沔陽（今湖北仙桃）人。嘉靖四十四年進士，歷任淮安知府、四川提學副使、山東左參政、四川左參政、福建按察使、南京大理寺卿等。有《二酉園詩文集》。

寄孔公文谷 有引

程應登[1]

前荒言托甬東寄上，聊以旌平日景仰之情耳，不意大方寵賜收録，翻增惶赧。蒙惠新詩二册，啟讀再三，芬芳齒頰，誠希世之寶，非近代可多見者。甬東在門下，深被款接，下士之誠，亦不易睹，併爲謝之。負笈之游，未審何日？徒切耿耿。

君卧横汾曲，我家太行巔。渺邈風烟各殊隔，斗山仰止神相懸。丁年射策當傳臚，天顔喜動名親呼。五色瑞雲爛丹闕，一時聲價傾皇都。文星一日提風教，關西士子興忠孝。藩臬勛勞更卓然，三台誰靳登廟廊？拂衣歸去西河涘，烟渚沙鷗風日美。我知諸葛隆中心，不是巢由水邊耳。夜半壽席笙歌列，七衮中秋雨奇絶。寶鏡高籠蟾兔精，金盤飛灑瓊瑶屑。霓裳仙子翩然來，手將寶籙對君開。分明滿眼蓬萊事，知君身是偓佺胎。越上吕客清如雪，憑寄新詩意超忽。何能載酒到君前，深宵共醉金樽月。

（《路安詩钞前编》卷二，程應登《程刺史栖霞集》不分卷）

寄答孔文谷先生

程應登

白髮悠游度歲華，美人遥望隔天涯。汾陽仙洞迷青草，潞曲山房淡晚霞。君自林逋偏愛鶴，我慚陸羽只耽茶。宵來有夢通顔色，月

---

① 程應登（1517—1593），字孟山，又字司晉，號存齋，又號存軒，山西長治人。嘉靖庚子科舉人，先後任睢州、延慶知州，有治績。有《栖霞集》《程存齋文集》。

墮西峰幽思賒。

（明程應登《程刺史栖霞集》不分卷）

壽孔文谷

程應登

先生清世老烟霞，天與修齡詎有涯？興逸登樓身更健，睡餘覽鏡鬢初華。幾裁白雪添試卷，不惜黄金付酒家。昨夜河汾秋月滿，安期獻棗大於瓜。

（明程應登《程刺史栖霞集》不分卷）

送孔文谷之河南

廖希颜[①]

鳷鵲寒疑春雪繁，孔融簪筆向梁園。參藩新屬提衡手，辭闕仍銜次第恩。白馬高談還遠去，青山相對欲何言？龍翔鳳翥自寥廓，不學陸沉金馬門。

（明廖希颜《東雩集》，曹學佺《石倉十二代詩選·明詩四集》卷三十七）

---

① 廖希顔（1509—？），字叔愚，别號東雩，湖南茶陵人。嘉靖十一年壬辰科進士，初授高安令，升工部主事，尋進郎中。時傳帝欲南巡，上疏請罷行宫。嘉靖二十年九月任山西按察司副使，二十四年八月任浙江右參政，升按察使，尋卒，年三十九。有《東雩存稿》《三關志》《思復堂遺集》。

寄壽孔丈，先客有遺孔《漁嬉集》者，詩及之

李尚實[1]

吾鄉有耆耈，巾舄西河麓。青雲抗早名，白髮返初服。功業累朝身，百歲康寧福。朝涉閬風游，暮向瑶池宿。呼龍耕玄圃，芝禾秀如肉。揮手謝群仙，五岳寄靈牘。客從汾并來，寄我詩一幅。力開混茫初，手弄鮫海袖。丹穴叫孤鳳，衆噪噤以伏。大雅久沉聲，夜光雜魚目。借君屹砥柱，九地盤鰲軸。臭腐盡刊落，纖碎變渲樸。我昔負奇節，頗亦厭局蹙。蚊蟲撼天樞，構厦豈樸樕？蒼蠅思附驥，女蘿依喬木。徒抱纏綿意，風烟渺川陸。河廣濟無梁，歲暮卧空谷。邀月徹秋宵，賓筵連海屋。老句七十詩，新酒黍初熟。修髯覆方瞳，蘭芽香成簇。弱水隔蓬萊，千里詹兔腹。寄音托晨風，長吟寫私淑。

（明李尚實《李裕州蕭然亭集》卷一）

奉酬汾陽孔丈汝錫

李尚實

古苔翠壁隔停雲，紫電宵寒劍氣分。海岱極天蟠闕里，樓船昨夜夢横汾。醉留島月漁還卧，説到朝鐘老倦聞。我欲買舟下烟水，釣竿共把傲斜曛。

（明李尚實《李裕州蕭然亭集》卷四）

---

① 李尚實，字子虚，號養虚，山西潞州人。嘉靖三十一年壬子科舉人，知河南輝縣，調淇縣，秩滿遷裕州知州。有《李裕州蕭然亭集》。

送吕二之汾陽訪孔使君，時胡荆父客孔館並訊

李尚實

客子逼晨發，秋深白雁天。去程分片雨，野聚邈孤烟。古迹横汾歇，鄉心越絶懸。一樽茅店夜，愁對草蟲眠。

長路旅人心，楓林下夕陰。社前村落鼓，何處月明碪？吕駕中秋約，孔樽計日斟。應逢淮海客，道我有詩吟。

（《路安詩鈔前編》卷三，李尚實《李裕州蕭然亭集》卷二）

壽孔文谷提學

吴　鼎①

覽古慕汾陽，凌風望文谷。檻泉若龍鱗，伊人美如玉。頓足千仞崗，濯纓萬河曲。朱門安足榮，所志在華國。義高卜子夏，何論段干木？道爲王者師，西河有遺馥。感激平生懷，因之策高足。三十奏長楊，四十典文學。曩觀秦漢風，今問延陵俗。秋宵三五餘，月盈魄始復。大火正西流，庭草萋已緑。兹辰憶懸弧，百年如瞬目。永言樹修名，千齡介景福。

（明吴鼎《過庭私録·泉亭外集》）

① 吴鼎（1493—1545），字維新，號泉亭，又號支離子，浙江錢塘（今杭州）人。正德十二年進士，歷臨淮知縣、布政司司參議。有《過庭私録》。

雨中西樓赴孔文谷督學招飲

吴 鼎

朝來爽氣滿西山，乘興登臨杳靄間。風雨危樓迷遠望，川原秋色對衰颜。雄談庾老難重作，麗藻王郎去不還。却喜多才孔文舉，清尊留客意尤閑。

（明吴鼎《過庭私録·泉亭外集》）

柳洲亭同蕭兩湖餞孔文谷温州校士，遇雨晚霽

吴 鼎

晴光林壑動幽期，急雨郊原興亦奇。草樹烟深人去後，海天雲散酒闌時。絶憐返照金波麗，共坐清宵玉漏遲。好去乘槎向甌粤，滄浪一曲寄離思。

（明吴鼎《過庭私録·泉亭外集》）

送孔提學之浙江

李 濂

振鐸巡南國，褰帷屬上才。風謡隨地得，桃李向陽開。帝遣文星去，人歌化雨來。平生懷古意，灑翰越王臺。

（明李濂《嵩渚文集》卷十九）

泊錢塘，孔文谷偕趙艮山、譚少嵋、王虚齋、何鳳岡追餞驛亭，鳳岡偶以疾不果，至席上賦别

薛應旂

錢塘雪深夜潮漲，縹緲孤舟繫江上。隔江遥起竹枝歌，童子垂頭黯相向。五更撾鼓行將發，落月迢迢限吴越。使者衝寒苦欲留，臺中載酒江之郵。無論太史占星聚，想看海内俱名流。河汾獻策擢上第，玉堂應掌絲綸製。上書自避椒房親，遂作師儒範當世。永寧元是詞林器，播遷再轉觀風使。海上循行遍赤城，搜奇獵盡神仙秘。涪州骨秀神宇清，當年廷尉俱稱平。浙西載播風霜頌，江左還馳翰墨聲。太倉早作青雲客，吴下才華真籍籍。文章切直不容時，飄然復向西陵謫。貴溪先年名諫官，殿前借劍毛骨寒。一時偶作相如渴，致辭遣使情盤桓。嗟余菲薄何足論，十年通籍猶沉淪。承乏留都考功部，迂疏不解識平津。一朝斥去西江上，歲暮途窮唯此身。近來時事多馳逐，争尚豪華羞賤貧。諸君意氣何慷慨，獨在江頭送逐臣。

（明薛應旂《方山薛先生全集》卷六十）

錢塘遇雪，少嵋以新刊《升庵集》示覽，上有孔文谷序。因憶往年任五岳嘗以升庵《丹鉛録》見寄，悵惘今夕，感慨世途，遂成短賦

薛應旂

楊子從軍在古滇，錢塘江上見新編。懷沙正擬清湘賦，對雪俄驚黄竹篇。十載丹鉛曾漫録，一生玄造竟流傳。少嵋文谷真殊品，海内憐才讓獨賢。

（明薛應旂《方山薛先生全集》卷六十四）

金波園集送鹿園先生入山

孔文谷先生

鹿園先生内懸智鏡，外艤仁航。鏡則普照而弗留，航則周流而無滯，乃仁智之雙眢，非宣斂之一隅。故居然域中之務，復倏爾方外之游，此魯叟歎其猶龍，軒皇摽其罔象者也。予與虛齋王子、龍巖趙子、少嵋譚子、月山楊子及吴門周山人時樂與游。正數晨夕，忽聞適彼，無何翩然散澹，而緒山錢子、龍溪王子顚度江來送，予等共寫寒壺，並勤夕款。龍巖又賦《留行》，而公方吟《招隱》，蓋如白雲在天，終無定迹者已，但各咏一詩而别。

送君已在湖山上，君去湖山何處游？游到不知人我處，歸來還見故山秋。

虛齋王績

君去青山何處深，石雲蘿月杳沉沉。故人相憶書難寄，只有長宵一片心。

文谷孔天胤

天寒筇杖遠相將，君向青山問藥王。害馬予心是奚病，願貽靈草救膏肓。

龍巖趙維垣

滄江十月雲淒淒，道人西去欲何之？青山是處有黄獨，莫道不如他山奇。

少嵋譚棨

誰能湖海薄公侯，隨處青山是舊游。朔雪彤雲千里夢，也應回首繫先憂。

月山楊欽

幾回湖上共論文，忽謾湖邊又送君。不斷青山憐獨遠，願携孤策訪重雲。

虚巖周詩

朝出湖上游，暮宿烟霞寺。與君結初心，日辦山行事。君懷五岳姿，遺我意如棄。振錫駕長虹，白露横秋氣。窮探會有時，萬里豈無際？收拾杖頭春，爲我發幽滯。

緒山錢德洪

憐君久抱烟霞癖，莽莽長林卧緑陰。孤棹又將千里别，九華山色入雲深。

龍谿王畿

君獨胡爲遠别離，片帆江上朔風吹。西谿若厭人來往，常日閉關誰扣之？

（趙）維垣

（明萬表《玩鹿亭稿》附録）

送孔文谷赴關中

顧夢圭

世人戀酣湑，之子懷獨醒。徽音曠寰宇，珍羽貢王庭。清真遺衆累，朗悟在群經。殊軌紛所投，詎能淆性靈？山川瘁行役，郡國瞻儀刑。中土識麟趾，西旻耀文星。拙劣誠寡諧，傾蓋遽忘形。願言托交籍，佩此蕙蘭馨。吹臺孤月圓，艮岳三峰青。離筵不忍御，繁奏難爲聽。相期意無涯，臨路車且停。慰余唯尺素，跂望隴雲冥。

（明顧夢圭《疣贅録》卷六）

能　仁〔一〕

孔天胤(號文谷,提學,山西人)

夕陽下山坂,旅宿山門禪。窗暝垂巖樹,庭昏帶雨烟。力疲甘宴處,氣熱喜凉泉。時有玄猿嘯,空帷復不眠。

(明朱諫《雁山志》卷四)

【校記】

〔一〕本詩又見於《孔方伯集》,字句略有不同。以下五首皆爲和詩。

次文谷

范惟一(號中方,提學,直隸人)

一入能仁寺,如參不二禪。法輪流落日,梵語和鳴泉。石抱雲邊海,窗含樹杪烟。偶來幽意愜,詎是故留連?

(明朱諫《雁山志》卷四)

宿能仁寺

卞錫(號豹山,進士,直隸人)

梵宇停征蓋,鐘聲入暮禪。閑雲歸古岫,巉石枕清泉。塵慮消幽境,高懷薄紫烟。鈎簾回首處,山色與天連。

(明朱諫《雁山志》卷四)

宿能仁寺

陳洪濛

已攬靈峰秀,還來謁四禪。亂山齊捧日,幽谷静含烟。瀑布晴飛蜃,林端夜嘯鳶。未從覓歸路,下榻可忘年。

(明朱諫《雁山志》卷四)

宿能仁寺

陳錫(號南衡,進士,台州人)

山迴寒侵夜,松疏月近禪。短橋回落馬,細石漱流泉。霜葉濃催酒,秋衣薄逗烟。祥雲峰外望,飛雁與天連。

(明朱諫《雁山志》卷四)

宿能仁寺次文谷韻

葉世德(號文溪,舉人,樂清人)

勝地逢佳節, 空林一問禪。偕行無俗侶,滌慮有清泉。古岫藏丹室,奇峰吐白烟。莫言兹境外,更有十洲連。

(明朱諫《雁山志》卷四)

桐巖雨中口號[1]

張鏊（號蒙溪）

石磴盤盤歷翠微，谷風吹雨晻朝暉。雲生繡幙千重捲，泉似銀虹百道飛。田鳥勸耕鳴已劇，野梅霑濕子先肥。王程盡在春山裏，敢惜衝泥着豸衣。

（明崇禎《寧海縣志》卷十一）

桐巖嶺遇雨次張蒙溪韻

蘇茂相

蘿薜蒙茸鳥徑微，忽逢過雨洗炎暉。山如螺髻峰峰綰，雲學龍鱗片片飛。問俗還驅驄馭濕，栖幽遥羡紫芝肥。王程跋涉何須計，薊北於今尚銕衣。

（明崇禎《寧海縣志》卷十一）

九日白崙驛

田維嘉

客路逢重九，天然景物宜。飛流逐爽籟，落葉亂征旗。驛舘黄花地，閒亭濁酒卮。只因過峻嶺，忽動望鄉思。

① 孔天胤有和詩《雨中上桐巖望天台晴霽次韻 》，見本書第七部分《孔天胤佚詩輯録》。

（明崇禎《寧海縣志》卷十一）

九日宿桐巖次蒙溪韻

田維嘉

極目桐巖入路微，周圍山色映斜暉。秋催野菊叢叢綻，風送浮雲片片飛。磽地孤村民更瘦，荒山疲驛馬難肥。倚欄懶酌茱萸酒，一任輕寒透客衣。

（明崇禎《寧海縣志》卷十一）

雨夜宿桐巖次韻

張延登（濟南人）

面面危峰鳥道微，雨中驛火亂星暉。眼前樹色千林暗，澗裏泉聲百曲飛。仙去古巖桐已老，樽開小酌筍猶肥。明朝幾向山靈祝，暫借紅輪晒客衣。

（明崇禎《寧海縣志》卷十一）

奉和孔文谷韻[1]

張鈇（字寵之，號劍厓，武探花）

陟降僊洲上，霓旌拂曉雲。觀瀾窮浩蕩，芟道履氤氳。杯吸三芝影，歌揚八桂芬。相看孤鶴駕，矯矯自難群。

（明嘉靖《天台勝迹録》卷三）

贈文谷使君督學兩浙

李宗樞[2]

離析苦愁思，歡晤在須臾。須臾展嬿婉，中更思煩紆。朔風飄官閣，寒日照城隅。念子東南行，行行徂越區。兹邦富才彦，往哲馳高衢。譬彼溟渤廣，木難開珊瑚。明哉聖人朝，求賢資訏謨。所冀鑒珍異，祇獻應時須。雝雝清廟奏，遺響沉榛蕪。子其揚希音，弘敷被烝徒。

（明李宗樞《李石疊集》卷一）

---

① 孔天胤《桐柏宫憩眺》見本書第五部分《孔方伯集》，又見明顧起綸輯《國雅》卷十二。

② 李宗樞（1497—1544），字子西，號石疊，陝西富平人。嘉靖二年進士，授諸城令，擢御史。升河南按察司僉事、布政司參議、按察司副使、參政、按察使，終都察院右僉都御史巡撫河南。有《李石疊集》。

宜溝驛懷文谷使君

李宗樞

西日停荒館,懷哉念所欽。如何春樹望,猶隔水雲潯。冉冉渝玄鬢,區區拂素心。空聞馳驛使,長遲北來音。

(明李宗樞《李石疊集》卷二)

寄孔文谷年丈十六韻並序

程　珤[①]

孔,汾州人,嘉靖壬辰及第。授翰林編修,以王親例出爲提學僉事,官至布政使。

高卧汾陽客,知名四十年。雄文驚四海,弱冠領群仙。通籍金鑾秘,榮姻玉牒連。夔龍元帝佐,申甫暫藩宣。厭世辭朱紱,抽身向紫烟。名園三晉選,佳句四方傳。雅趣歸山水,高情寄簡編。看君誠脱灑,而我獨迍邅。失位時人厭,非材匠石捐。已知成廢物,自昔忤權奸。嚴氏也。晚歲纔叨憲,新朝始叙遷。隆慶改元。衣冠空獬豸,搏擊豈鷹鸇?法紀焉能振,瘡痍未得痊。民貧慚授俸,身老欲歸田。廊廟原無意,山林夙有緣。思君不可見,一望一潸然!

---

① 程珤(1512—1597),字子彬,號静泉,山東德州左衛人,其先本掖縣人。嘉靖十一年壬辰科進士,授懷慶府推官,遷兵部武庫司主事,歷升尚寶卿,左遷户部主事,歷四川副使、陝西臨鞏兵備道、廣東右參政、浙江右參政、湖廣按察使、山西按察使,終江西右布政使。有《程右丞集》。

（明程珤《程右丞集》卷三）

河汾攬勝送十弟游晉兼懷文谷孔左丞

蘇　潢①

阿弟言游晉，聯床初解携。明宵春草夢，擬隔太行西。書劍添形色，河山壯品題。汾陽夫子席，許爾一攀躋。

（明蘇潢《清華軒集》之五律）

挽孔文谷母郡主

施　經②

柏臺思養日，蘭殿受恩時。月度龍池寂，雲凝鳳管悲。遺容金節擁，訃命玉音馳。兩制文宗去，令人淚益垂。

（明施經《虎泉漫稿》卷二）

---

① 蘇潢，字叔子，又字子長，號杏石，直隸濮州人，兵部尚書蘇祐之子。官德王府審理，河南布政司都事。著有《清華軒集》。

② 施經，字引之，號虎泉，杭州人。武舉，曾任總兵俞大猷之贊畫。少以詩名，與童漢臣、方九叙等結西湖詩社。有《虎泉漫稿》《虎泉詩選》。

偕孔文谷提學餞石涇廉訪於崆峒見鶴

魏　綸[1]

崆峒閟靈異，塵海遥相望。傳聞問道宫，縹緲雲中藏。洞天三皂鶴，親曾覿軒皇。呼吸太和氣，那復憂稻粱？仙踪至今秘，一出如鳳凰。朅來石涇子，陟鈞垂金章。越江將遠邁，祖帳擇仙方。孔侯玉堂彦，星斗焕文章。嗟我支離人，素隱恒如狂。乃尋方外交，共舉雲霞觴。攀蘿躋鳥道，捫蘚繞羊腸。十步四五折，壯士喘且僵。俯視無底壑，烟嵐幕群芳。幽鳥隱灌木，但聞笙與簧。咫尺疑晝晦，仰天愁望洋。險竟陟絶頂，雲錦森開張。滃蕩四溟濶，迤邐千峰長。琪花照瑶席，貝闕翻迴光。舉杯招洞鶴，俄頃來翱翔。九霄落清影，六翮翩仙裳。長唳入紫清，凡羽難頡頏。在昔丁令威，千年歸故鄉。瀟灑華表月，人語清琅琅。乃知此胎仙，神化詎有常？一去幾千里，回期那可量？恐赴王母召，醉飲瑶池漿。我欲伺其返，叩之不死方。醉倒卧石徑，萬里雲蒼茫。

（《武定詩續鈔》卷一）

① 魏綸，字利（理）之，號东溟，山東利津人。正德二年（1507）丁卯科舉人。歷官南京刑部主事、署貴州司事、南京禮部郎中、山西布政司參議、陝西副使，終浙江副使。有《東溟詩集》。生平參見康熙《利津縣志》卷八。魏綸嘉靖十一年任陝西副使，故該詩當作於孔天胤初任陝西僉事時期。

贈李君湘山人，山人出詩卷索題，見孔文谷先生詩，潸然有感

王道行

二十年前北海客，醉裏張顛留勝迹。紛輪不斷蒼梧雲，綽約如棹山陰雪。二十年後來汾陽，不見楊雄草玄宅。滄桑只在須臾間，没入公家無半席。空有陳遵投轄井，無復平泉醒酒石。君買扁舟泛五湖，相逢不少高陽徒。到處公卿常倒屣，得錢便付黄公壚。眼前世事只如此，身後之名何足擬，共君飲酒而已矣。

（明王道行《桂子園集近稿》）

七　存目〔一〕

《奉和右使相公文谷先生草堂小集之作》　許宗魯

《答文谷使相見貽用前韻》　許宗魯

《借菊詩同孔謝諸君子賦》　許宗魯

《小苑臘梅初放,辱孔文谷右使、謝與槐道宗、孟衛原臺憲攜酒過賞,孟公即席有作》　許宗魯

《家園偕孔右使、何憲長、謝學憲、劉司馬賞雪同賦》　許宗魯

【校記】

〔一〕以下詩題見《少華山人詩集》卷四,詩集待訪。

附録二　孔天胤著作及流傳情況

1.《霞海篇》一卷

《欽定四庫全書總目》卷一百七十七,《霞海篇》一卷(浙江巡撫採進本):明孔天允撰。是編乃其督學浙江時,案臨台州所作,故以《霞海》爲名,凡詩三十四首,力摹三謝而未成。如《望司成程公詩》起句曰:"瞻塗脰來旌,邂逅欣遽斯。"以"脰"字爲"引領而望"之意,"是不止劄闥鴻休矣"。清范邦甸《天一閣書目》卷一之一、清嵇璜《續通志》卷一百六十二《藝文略》、清嵇璜《續文獻通考》卷一百九十二《經籍考》著録。今未見傳本。

2.《孔文谷詩集》四卷

嘉靖四十一年由山西參政洪朝選選編刊刻，並寄時任江都知縣的趙訥校並序。孔天胤作《紀言》交代該事甚詳。孔天胤有《再與趙陽谿》文,亦提及洪朝選刻詩集四卷事。含《履霜集》《澤鳴稿》各一卷,《漁嬉稿》二卷。北京大學圖書館、中國國家圖書館等有藏,《四庫全書存目叢書》所收録即爲該本。卷前另有林大春嘉靖四十五年序,當爲補刻。

3.《孔文谷文集》十六卷

隆慶五年趙訥刻,萬曆二年續刻。清黄虞稷《千頃堂書目》卷二十三、清徐乾學《傳是樓書目》及《四庫全書總目提要》著録。中國國家圖書館另有抄本。中國社會科學院文學所、美國哥倫比亞大學圖書館、山西省祁縣圖書館等有藏,《四庫全書存目叢書》所收録即爲該本。清張廷玉《明史》卷九九,志七五作"《孔汝錫文集》十六卷"。清萬斯同《明史》卷一百三十七,志一百十一作:"孔汝錫《孔文谷集》十六卷,又《詩集》十四卷。"

4.《孔文谷續集》四卷

萬曆年間續刻。集中《分守冀南道左參政濠濱張公創開田渠碑》作於萬曆四年,故續集刻成不早於萬曆四年。《四庫全書總目提要》著録。清嵇璜《續文獻通考》卷一百九十二《經籍考》著録。普林斯頓大學東亞圖書館、中國國家圖書館、中國社會科學院文學所、美國哥倫比亞大學圖書館、山西省祁縣圖書館等有藏,《四庫全書存目叢書》所收録即爲該本。

5.《孔方伯集》一卷

俞憲《盛明百家詩》本,刻於嘉靖、隆慶間,《四庫全書存目叢書》收録。

6.《孔文谷詩集》二十四卷(浙江巡撫採進本)

《四庫全書總目提要》著録:"而詩則惟有《履霜集》《漁嬉稿》,闕《澤鳴稿》一卷,所作《霞海篇》亦不在其中。相其詩集版式,蓋隨作隨刻,故傳本多少不定也。焦竑《國史經籍志》載《天允集》僅三卷,是即多所續增之明驗矣。"清嵇璜《續文獻通考》卷一百九十二《經籍考》著録。中國國家圖書館另有二十四卷本,爲《詩集》四卷,《漁嬉稿》二十卷,但有缺頁,含《澤鳴稿》,當與此本不全同。

7.《孔天胤集》三卷

焦竑《國史經籍志》卷五著録。

8.《孔文谷詩集》十四卷

《四庫全書總目提要》著録(山西巡撫採進本):“明孔天允撰。天允字汝錫,號文谷,又號管涔山人,汾州人。嘉靖壬辰進士第二,於故事當授編修,以藩戚外補陜西提學僉事,官至浙江布政司參政。朱彝尊《静志居詩話》云:‘管涔山人如新調鸜鵒,雖復多言,舌音終彊,蓋深不取之。’此集爲同安洪朝選所刻,内《履霜集》一卷,《澤鳴稿》一卷,《漁嬉稿》以編年爲次,自隆慶丁卯至萬曆戊寅十二年所作,分十二卷,校以浙江採進之本,佚闕尚多,非其完帙。考《千頃堂書目》,亦載《天允詩集》十四卷;則黄虞稷所見,即此本矣。”嵇璜《續文獻通考》卷一百九十二《經籍考》著録、徐乾學《傳是樓書目》著録。張廷玉《明史》卷九九,志七五作“《詩集》十四卷”。萬斯同《明史》著録。

9.《孔文谷詩集》十卷

康熙《汾陽縣志》卷三《文行》:“孔天胤,見《科甲》《鄉賢》。好讀書,詩文高古,直逼漢唐。海内名公咸重之。通訊不遠數千里,贈答復無虚日,與王明輔、吕仲和、裴庸甫結詩社,謝茂秦亦多唱和。所著有《文谷集》十六卷、《續集》四卷、《詩集》十卷,修《汾州志》。”

10.《文谷漁嬉稿》二十卷

是書所收詩始於嘉靖四十年辛酉,終於萬曆八年庚辰,每年一卷。北京大學圖書館有藏,《四庫全書存目叢書》收録。

11.《文谷漁嬉稿》

德國巴伐利亞邦立圖書館有藏,不詳卷數。

12.《文谷漁嬉稿》一卷

明萬曆間刊本,故宫博物院圖書館、臺灣“國家圖書館”等有藏。係二十卷本中一卷。

13.嘉靖版《汾州志》八卷

該書今不存,乾隆《汾州府志》保留序。該書著録情况:焦竑《國史經籍志》卷三《史類》、黄虞稷《千頃堂書目》卷七、張廷玉《明史》卷九十七,志第七十三。

14.《孔文谷詩文集》抄本二種

係中陽温德端抄本。該抄本詩集、文集十六卷,續集四卷。中國國家圖書館收藏,《中國古籍總目》著録,無詩集。

《孔文谷詩集》四卷、《文谷漁嬉稿》二十卷。亦爲温德端抄本,山西大學圖書館收藏。著録時間爲清乾隆三十九年。

15.《管涔集》

係曹學佺《石倉十二代詩選》之《明詩四集》選本,第四十七卷,所選内容略少于《孔方伯集》。

16.《左》《國》《禮記》

《左》,當爲《左傳》;《國》,當爲《國語》。應爲對三書的評論或札記(據趙訥所撰碑文)。

17.《霞海篇》

爲孔天胤按臨台州時所著。林大春記載:"始先生仕浙中,嘗著《霞海篇》二千餘言。自其敘天台、雁蕩之勝,以爲不讓華、嵩。"《四庫全書》孔天胤詩文集浙江巡撫採進本稱"所作《霞海篇》亦不在其中",然該書被多種書目著録,可知清代中期尚存。錢仲聯等《中國文學大辭典》云有萬曆間刻本及舊抄本。

18.《汾上講餘録》

是集爲孔天胤與趙訥酬答詩集(據《孔文谷集》卷七),今不存。

19.《含育堂詩録》

是集爲孔天胤與陳洪濛等唱和詩集(據《孔文谷續集》卷三),今不存。

20.《同聲集》

是集爲孔天胤與謝榛的唱和詩集。王兆雲《皇明詞林人物考》"謝榛"條:"(謝榛)舊在山西時,汾州孔天胤賡和曰《同聲集》,其風益下,不如孔也。"今不存。

山西文華·著述編

孔天胤全集

第四册

明 孔天胤◎著
張勇耀 趙桂溟
韓兵强 常佩雨◎點校

《山西文華》編纂委員會 編

山西出版傳媒集團
三晋出版社

山西文華

文谷漁嬉稿卷五　乙丑(嘉靖四十四年)

元日試筆

愚公六十一年初，晨起焚香謝太虚。拙劣遠慚傴僂丈，廢弛大類支離疏。又經陽氣浮灰琯，還得春風到草廬。老景婆娑竟何事？看雲聽鳥幸生餘。

寒食喜謝四溟至率爾賦呈

上黨隔年期，西河今日果。欣忘屣倒迎，幸顧席虚左。春岸柳和烟，山城厨禁火。歡顔浮酹醅，喜氣明花朵。大雅久糠粃，多君獨揚簸。精華遂見收，本實未曾墮。擊玉寫冲融，垂琅秀婀娜。清言神理熙，高步塵物瑣。邈矣爾超群，嗒然吾喪我。朱軒安足榮？素位無不可。即事且淹留，娛心方帖妥。

清明日西園同賦

寂寂山城當禁烟，陰陰雲鎖杏花天。斜陽郭外逢嘉客，獨樹村邊横古阡。冷節已過春尚欠，寒風不斷地真偏。與君沽酒消愁思，莫歎故鄉生可憐。

清明後一日園亭雨集呈四溟，得分韻文字二首

望美挹清芬，真成見所聞。佳辰酬邂逅，淑景化氤氲。興劇催花雨，情繁觸石雲。無爲淹逸駕，蓄意良已勤。

中林留上客，輕雨度閒雲。氣入蘭襟爽，香沾蕙帶薰。餘寒風色變，薄晚雪花紛。宴坐饒清興，停觴復討文。

奉和四溟園亭對雪一首

山齋看雨俄成雪，可是東皇播惠威。不怕春陰多黯慘，只愁時景缺芳菲。世間冷暖誠難料，雪裏招尋幸不違。酌醴焚枯無限意，呼僮且典鷫鸘衣。

奉和四溟暮春北園六韻

一枉丘園酌，言銷客路塵。紅嫣花雨潤，青路草烟新。北海慚非類，東山允若人。高文合風雅，冲度滿天真。加飯隨寒節，縫衣换暮春。無將光景易，不向此中頻。

暮春北園宴坐，用静川韻

何處消春緒？城隅曲沼濱。鳥聲猶帶澀，花蕊競含新。藻思雲林客，萍踪江海人。天清意俱暢，空水縱游鱗。

三月三日邀四溟徵君宴背郭園賦

昔人修禊事,引水溯華觴。地以群賢勝,時因上巳良。江山寓陳迹,金石表遺章。是處草堪藉,何年蘭不芳?清塵竟誰嗣,孤景莫能賞。有美中林彦,陶嘉干木鄉。依然惠風暢,藐彼白雲翔。羽泛雙渠裏,襟披五柳傍。春疑越分布,詩比晉裁將。蕩濁隨朝霽,含和到夕陽。天機吾尚淺,神理子偏强。齊契今猶古,玄同隱亦光。興言遂成賦,感慨焉可忘!

家有老驥伏櫪,蒙諸公咏歎,和此一篇奉答

鹽車時自頓,金馬信空傳。霜雪摧毛縮,泥沙損足圓。悲鳴猶代北,疲老向誰先?識道其如遠,黄臺落日邊。

三月初九日壽四溟賦

碧桃黄柳翠霞巵,旅館春深獻壽爲。詩似少陵天寶日,人如康樂敬亭時。烟流鳥語諧歌咏,雲寫山光媚羽儀。瑶草拾將難致贈,君家玄圃正葳蕤。

三月十有一日園植始芳,適枉四溟諸公小集,分韻得陽字

春寒三月園始芳,春酒正熟君當嘗。五岳行游片雲度,百年寄寓高鳥翔。陰晴蕩日嵐移彩,紅翠襲人衣滿香。坐對幽蘭自成調,不

能冶容矜艷陽。

三月辛酉夜大風有感,同四溟老賦

曾聞吹萬群方悦,忽聽頹飈魂屢驚。萬壑疑奔洪水沸,九天如掣洊雷轟。豈容少女傳花信?儘與於菟嘯谷聲。秀木芳蘭無恙否?徹宵徙倚不勝情。

同四溟吊望郭有道墓

公舊宅在郡,今爲天寧寺,而墓在介山

舊宅化空林,高墳存大邑。洪中水折旋,綿上山環立。樵牧姓名知,莓苔碑板濕。自非聖人徒,明保誰能及?

贈健庵使君參藩兩浙

同四溟賦

山頭高館結旌行,江上通津畫舫迎。蕙轉光風吹草偃,雲隨甘雨潤花明。文章軒冕歸雄鎮,烟景樓臺擁屬城。麗地更逢康濟日,當知瀕海頌廉平。

庭樹有花與四溟對酌同賦,分得來、林二韻

嘉樹春深花正開,喜逢文侣拂衣來。相逢恨不早傾蓋,須對芳菲數舉杯。

沓翠霏紅春色深,都來城角小園林。高人過此非因竹,多是同聲黄鳥音。

同四溟對梨花、桃花有感各一首

烟消露静看梨花，萬玉枝頭絶點瑕。更待月明溪上看，清光别是野人家。

春著桃花紅可憐，正嬌千朵緑樽前。東風莫作尋常妒，摇蕩亦如楊柳烟。

和四溟原倡二首

莫道春來風日遲，且抛樽酒易佳期。開芳最是梨花後，香雪未飄能幾枝？

駘蕩韶光望眼迷，桃林紅泛竹林西。此中欲繫春長住，却惱花間百舌啼。

寄曹紀山中丞

不見中丞今七年，知從滇海亦歸田。寄聲賴有南飛雁，還到荆門郢樹邊。

贈薛生

薛生，河東人，自荆門持紀山書來

舊鄉春草緑菲菲，贏得王孫萬里歸。久處荆門富沙市，多游湘浦貴荷衣。岳圖畫出看皆美，郢曲傳來和總稀。恰爲幽人破孤悶，一樽款語共斜暉。

三月十九日壽西谷

聖朝宗衮紹文謨，鶴髪雍容似老儒。宇泰日閑詩思好，天空時養谷神娱。壽筵香雨桃花送，春酒寒霞竹葉敷。欲進一籌投海屋，知君名已勒真圖。

寄懷慶雲上人

上人初紆中散珮，一旦投簪學身退。髪落金刀煩惱除，手提錫杖虚空碎。踏窮滄海復還山，巖曲結茅三五間。挑水每收澗脣涸，種田多斫石頭頑。一龕古佛燃燈語，大藏塵言皆故楮。頂上千峰要見君，水雲深處須逢汝。

春日郊行觀社呈四溟二首

打鼓吹笙看社回，雨餘光景畫圖開。雲峰百疊黛妝染，水樹千重緑剪裁。

社雨初晴飛絮繁，送神歌管雜風喧。少年争放青絲騎，笑入花邊楊柳村。

奉和四溟雨中送春

昨日看花歸，今朝花亂飛。此中春欲去，何以慰歔欷？紛紛花瓣難爲數，邀客高樓誰是主？悵望緑陰紅盡銷，無端一夜枝頭雨。

奉和四溟雨夜感懷,次日立夏

暝色生庭樹,空齋一愴神。連天不斷雨,徹夜未眠人。雲亂已迎夏,花殘寧復春?若非詩酒意,那可度閒身?

四月一日同四溟對薔薇作

氣候變清和,轉來嘉樹多。薔薇一何麗,使我心婆娑。
當庭秀一叢,露濕曉香濃。並蔕復連刺,防人摘滿籠。

看瓶中牡丹同賦

唐人以牡丹爲木芍藥

繞欄看木藥,復向寶瓶中。却訝春王侈,偏教化毋工。風條多委翠,露朵獨堆紅。香草雖堪佩,騷人怨未窮。

和四溟觀種菊一首

種菊方乘夏,開花要及秋。芬榮久已謝,衰晚復何游?碧葉看林盡,金英採徑稠。歲寒誰□酒,應向此中求。

初夏園集分得郊、明二韻

綠樹滿烟郊,將令炎景敲。殘花鋪水面,嬌鳥撲林梢。貰酒邀山客,烹葵薦野庖。遁栖如有意,來共此編茅。

幾許百花明,俄看緑抹平。水流春雨駛,山閣夏雲輕。彩翠通斜照,清和澹遠晴。晤言無俗韻,良已謝塵纓。

首夏七日與四溟遊覽峪中,宴於柳川池亭,用小村韻

勝地招游喜乍晴,隔林花鳥亦相迎。衣沾翠靄嵐光濕,面灑紅霏夏氣清。池上欲將蓮結社,沙邊已與鷺爲盟。挂冠自謂身無累,今日閒身更覺輕。

四月七日贈王相葛陂翁

瘦骨崚嶒似鶴形,巍冠巀嶪楚王庭。樸忠自歎雲遮日,淡泊誰憐浪打萍?貧計淹留五斗白,高齋偃仰一氈青。幾歷鐘鼎豪華歇,争得清和醉緑醽。

折園中牡丹送謝四溟

國色殿春芳,天香流曉光。韻宜仙翰灑,用李翰林《清平調》意。標絶冶容妝。拂檻嗟吾圃,分瓶贈客堂。君家紅藥句,應對此裁將。

林亭同賦在柳川園

谷口晴光泛嘉樹,沿源忽到栖閒處。竹林前館緑苔階,蓮浦東溪白沙路。路入山房花木深,泠泠碧磵瀉鳴琴。荆扉時許松枝拂,石徑惟容鳥迹侵。宗尉當朝貴金紫,奈何喜作空林士?鶴情自在九皋中,龍性由來大澤裏。王舍朱門晝不開,翠虚笙鶴幾徘徊。相知但謂

耽幽寂，説是神仙那可猜？

四月八日水竹園同賦

北溪風景好，水竹此園林。宿雨添新漲，初晴放密陰。石邊幽草徑，樹裏白雲岑。相向遺塵物，淡然生遠心。

四月十二日壽鴻臚李公

太平身世占來多，八十餘年笑裏過。記得玉宸參委珮，説將金闕聽鳴珂。兒孫戲綵心常樂，兄弟邀歡氣更和。聞道遇賢傳秘訣，至今雙鬢不曾皤。

寄題陳梧岡侍郎紫薇園

海陵仙館托名園，天府文昌奉至尊。聖世由來登築釣，道心真已佐羲軒。分庭八樹參雲直，出圃三花麗日繁。莫是功成休暇處，緑書早著丘中言。

酬前二首　梧岡（陳堯）[一]

早辭榮禄返丘園，賢達高風世所尊。薇省何知飄赤綬？蓬門應喜挂朱軒。家從孔壁藏書遠，地似陶籬種菊繁。常怪汾陰多紫氣，聞君日誦五千言。

散髪行歌學灌園，不知身是大夫尊。遭時曾獻明堂賦，去國聊乘下澤軒。世上風塵人事改，墟中花鳥客愁繁。採蘭汾水遥相望，何日從君得晤言？

【校記】

〔一〕本詩爲集中所附陳堯和詩。陳堯號梧岡。

四月廿四日集李氏園，遇雨忽晴，分韻得青、山

雷雨生陰壑，村林當晝冥。須臾變晴旭，添得滿園青。

田舍邀還去，芳樽對雨閒。夕陽如有意，開出□溪山。

賞李氏白芍藥 用韻

長安競青紫，著眼故偏多。白芍裁江練，朱欄照雪羅。飄香雲葉度，送影月華過。好共人如玉，春殘奈若何？

折園中芍藥送四溟館

一室香堪共，何偏芝與蘭？我分紅藥贈，君向寶瓶看。逞艷霞初剪，凝姿露尚漙。應將意氣勝，無作槿花殘。

奉答上黨大宗正雲峰、達軒寄四溟兼見懷之作 用韻

石徑紫團斜，高雲帝子家。丹梯攀不到，翠嶺望仍遮。庭老棠梨樹，階空芍藥花。此時同謝客，惟有歎天涯。

贈平遥令張君擢守岢嵐一首

朱絲之繩玉壺冰，劇縣分符衆所稱。訟理欲欺民不忍，政平無擾賦偏登。麓臺春啓千巖秀，嬰澗秋生萬壑澄。一望樓煩懷舊德，可堪雲樹渺層層？

四月晦日宴社中諸公作

滔滔孟夏落蕤賓，冉冉韶華劇轉輪。坐惜詎堪垂白老，行歌還共踏青人。杯傳紅袖榴花淺，饌出冷淘槐葉新。殘照滿庭須盡醉，太平林壑好閒身。

咏榴花分得秋字

槐陰方逐夏，麥氣已迎秋。謾踏王孫草，還看漢使榴。渥丹從瀉鍊，剪絳出纖柔。若可浣顔色，誰能歎白頭？

五日邀諸公宴叙一首

節序屬端陽，土風安可忘？蒲葵列紅翠，鶩黍薦馨香。絲作延年縷，符傳辟惡方。幽人翻勝事，熱客幾相將。

奉和四溟端陽懷古一首

開樽今日事，沉浦昔人行。但保孤心退，寧須衆口傾？江魚成一往，菰米竟空情。何似逃名飲，翻然解達生？

夏日端居呈四溟四首

暑氣亦已煩，如何晝兼永？無人不苦炎，獨習山中静。石樹偃重陰，巖雲蓋層嶺。車塵隔路衢，清吹生涼景。濯髪西澗濱，瑩心寒泉井。回思虐焰餘，金鑠還能整。

皎皎青雲姿，誤落紅塵道。當其毒熱時，暴露同野草。焦卷鬢與鬚，顔容悉枯槁。摧頹鼎盛年，一旦成醜老。陶令去官遲，平子歸田早。赤日謝炎氛，清虚以爲寶。

蒼鷹化爲鳩，朱橘變爲枳。人生失意時，翻覆亦如此。丹桂插雲端，幽蘭生谷裏。托根高且深，氛雜何由滓？首路落汙泥，中道游清沚。九夏絶炎埃，方見空林士。

烏鳶愁欲墮，炎天不肯飛。驅車行薄薄，鼎鼎觸炎威。平生畏朝露，揮汗沾我衣。自無商丘術，火錦焉能希？路逢漢陰老，憬然抱甕歸。拙哉一愚叟，言採北山薇。

郊游篇附溟老百花歡

春草歇東郊，晴峰饒北谷。垂巖無惡枝，照水有深緑。好鳥識時光，群飛擇雲木。秀色滿烟嵐，流音散絲竹。山中人不聞，争藝黍與菽。陌上亦何知？競取舟行陸。舉世覓丹丘，終朝只喧黷。得偕静者游，新詩賦華牘。仍作步虚聲，劃然林響肅。汗漫非所期，依稀到王屋。

瀋園壽詩同謝山人賦

時謝山人獻頌,余感昔文教,亦附和此篇。"又玄"出《老子》"玄之又玄,衆妙之門"

聖皇冲漠上同天,宗國時能體又玄。廣座虚涵修竹裏,高窗净瑩白雲邊。凝旒得一三才正,托乘仍多七子賢。好向令辰占福德,萬年稱獻滿華筵。

奉和德平王兼寄壽

同謝山人賦

近得高人謝惠連,逍遥池草適餘年。長風吹落郢中調,明月思存鄴下賢。緬想坐花臨王樹,何能嚼蕊嗽珠泉?殷勤共有無疆祝,欲假青鸞寄向前。

題劉魯峰壽萱圖

萱草爲圖瑞,仙郎獻壽慈。文兼萊采焕,事比朔桃奇。南岳人何老? 北堂春自遲。應同九華殿,婀娜萬年枝。

喜承山公莅鎮十一韻,同謝徵君賦

褰帷行楚甸,改服康晉疆。事類河陽借,名由渤海揚。兒童迎美稷,人吏待甘棠。開府山川壯,宣條日月光。熊軒瞻貴重,露冕見徇良。堎野蒙咨俗,疲黎荷省方。地偏餘固陋,聖遠益微茫。始是章逢侣,思從文翰翔。晴雲拂高閣,時雨散修篁。宴坐凝静理,端居擁清香。還將保釐意，上以佐巖廊。

奉咏承山館清宴用韻

高館入雲天，端居望是仙。延賢清暇日，化俗盛明年。文酒淹虚席，薰琴韻古弦。應知醉歸處，神想尚泠然。

伏日會四溟諸公作

端居换時節，伏日早已臨。詩社人偕至，田家酒共斟。不嫌雲觸石，生怕火流金。嘉樹應須憩，微風好夕陰。

裁衣行戲作

廿年去作折腰官，青袍前短後須寬。十載歸閒竪鐵脊，前幅展長餘一尺。山間林下好雍容，半似迂儒半老農。社會家筵無外飾，多穿短褐少章縫。有時接籬花下倒，平鋪襏襫眠芳草。督郵到郡不敢問，白雲和月懷中抱。近得江南細葛黄，相看絶勝紫羅裳。命工裁成水田様，要向東林披遠凉。

冗中漫書呈四溟一首

形役相尋苦未閒，誰言隱處得林間？悲看朝槿明初日，羞對歸雲白滿山。藥裹可回精力耗，酒杯無補鬢毛斑。須知大塊安吾老，合理茅齋去閉關。

青樓曲二首

綠窗開看曉妝遲,水冷銀瓶怪侍兒。却是畫眉人去後,夜來花雨落胭脂。

花撲簾櫳朝日暉,美人猶自宿羅幃。情知不是陽臺伴,却向誰家夢裏歸?

宫詞二首

雲母窗前花陸離,影娥池畔草參差。更堪黄鳥相催迫,又是青春欲老時。

長門秋鎖夜鐘闌,不羨嫦娥住廣寒。桂露湛將珠箔冷,月波澄得翠衾單。

伏日登萬佛樓

四時冥火宅,六月却憎炎。風想凌霄御,樓期永日淹。虹霓栖畫棟,牛斗宿雕檐。下見西山盡,朝來爽氣添。

避暑春谷庵輝上人便留宴坐

浮世炎埃裏,應知内熱多。步回芳草徑,言訪白雲窩。香品厨中飯,清陰庭際柯。微鐘坐銷歇,華月滿烟羅。

仙槐觀訪王全真道士

搶榆猶不至，容與道林翔。庭儼更生樹，人修不死方。詩瓢逢隱逸，茗碗酌清香。無限青霞意，偏令此地長。

游長春觀登鶴鳴古洞聽鶴〔一〕

仙人騎鶴去，洞口白雲封。何事遺清唳，猶聞在古松。山藏燒藥竈，門掩上堂鍾。羽化〔二〕嗟如此，空林一駐筇。

【校記】

〔一〕聽鶴，乾隆《汾州府志》卷三十三、《汾陽縣志》卷十四、咸豐《汾陽縣志》俱作“聽鶴鳴”。

〔二〕羽化，乾隆《汾州府志》《汾陽縣志》、咸豐《汾陽縣志》俱作“宇化”。

壽静川宗尉十韻

世禄承家遠，天資積學深。綜文成藝圃，灑翰作詞林。客至仙棋著，朋來聖酒斟。逍遥游舜日，淡簡契堯心。玉府藏名器，金門謝陸沉。貴將無位視，壽以大年任。祥旦貞中伏，華堂滿盍簪。挹清琪樹影，散暑白雲陰。三比封人祝，千稱園令金。思移楚南樹，植于澗西岑。

五月廿六日壽汾村宗正

清如皎潔銀河水，秀即蓬萊玉樹枝。禁闥不教勞使從，明時應負展論思。静調元氣臨丹鼎，泊守玄文傍墨池。却喜令辰多富盛，黄金稱壽萬年期。

六月廿三日雨雹作 同四溟

忽訝雨成雹，方知陰脅陽。墮階驚玉碎，擊羽畏弓傷。圃作整鹽甕，田爲土石場。所嗟平盛世，氛祲亦災祥。

四溟以詩嘲不送酒，漫答解之

一瓶將去一瓶回，知是仙翁索酒來。兩日空瓶缺音耗，只言花底尚餘杯。

送酒篇答客居也

山人嗜酒無酒量，祇緣好客山中釀。依稀玉友與蘭生，白墮翠濤芬鬱鬯。小賢收取貯瓶罌，大聖珍藏盈甕盎。霜雪澄清湛月波，東風泛濫翻桃浪。步兵厨裏不勝春，北海能淹座上人。自笑鄙生千載後，追攀聊可躡奔塵。四時光景值嘉日，四海兄弟來嘉賓。上堂叙禮啜茶畢，列筵整饍一杯陳。命此非關達生事，解道寓形須適意。入唇先好潤枯乾，注腑還當滌貪忮。曾得餐霞却老方，澹乎猶使朱顔悴。奚似酣歌百不憂，泰和真宰傳靈祕？古來豪士皋夔行，變格往往游醉鄉。醉鄉日月何如者？抹殺古今成混茫。富貴功名等飛鳥，死生得喪如亡羊。伯倫荷鍤已齊物，元亮棄官幾葆光。鄴下謝公詩酒客，杖藜肯訪茅齋僻。羽翰翩翩陸地仙，才章炳炳詞林伯。長浮渤澥略扶桑，高跨琅琊凌楚澤。酒渴思吞朝夕池，詩狂欲掃之罘石。此時裝載滿鴟夷，絡繹與君觴巨卮。君但豪飲賦新詩，白衣不讓酒家姬。

和答趙陽谿比部自京邸見壽

得向高林度小年，真成倦鳥克飛還。卜居人遠三間後，背郭堂依五柳邊。安土到來無擇地，浮雲消盡獨觀天。仙郎尚復憐遺佚，又枉瑶華照壽筵。

題友人書畫册

飲水還内熱，永日心不怡。耳目暫消遣，圖書聊拂披。丹青開地軸，文翰灑天池。掩卷寂無事，凉氛生座陲。

贈西齋養疾西寺平安回府

移疾蕭齋就白雲，日依雙樹滿清芬。尋方欲廣仙人術，擇藥應窮《本草》文。室裏匡床渾是幻，門前問客若爲群。喜今脱灑回王舍，仍把名香坐静焚。匡床問疾，出《維摩經》。

奉和承山相公枉駕王龍岡西園即景論心之作

昔老亭汾處，仍開背郭園。朝來山氣爽，雨後木陰繁。上客傾華蓋，幽人共緑樽。干旄寂已久，今見古風存。昔王文中自秦歸晋，宅居汾陽，有汾上亭。

題鎮康王白鹿圖

聞道列仙儔，長驂白鹿游。和聲徹玄圃，素質凌丹丘。芝草頻銜得，蟠桃幾見偷。王將畜靈囿，宜準畫圖收。

三喜篇

三喜者，司徒大夫魯峰劉公進階、受封、生子，一時而三事可喜

上天垂慶篤仁賢，親顯名揚似續連。三事悦心誰總致？百生遭世幾兼全？使君銜命司中餉，策府徵能第上遷。章綬共看朝服重，簡書仍爲朔方延。惠如蘭谷春風轉，清似冰壺皎月懸。起草筆端吟雁塞，鳴珂馬首躍龍淵。飲河日飽千軍腹，增竈時騰萬旅烟。老將用師文德濟，大農經國武功宣。安邊節苦風霜勵，報主心誠霄漢懸。譽在紫宸應眷注，貺施元吉好周旋。貤封孟母當眉壽，錫類隨珠映掌圓。瑞氣遥通東峙岳，恩輝下照北流川。高衙合沓蹄輪擁，華署鏗鞫金鼓駢。介胄争持寶刀賀，縉紳競獻《南山》篇。管涔隱者復奚贈，豈少束帛與弓旃？

懷山中一首

欲把山杯就白雲，不勝烟道鎖氤氳。樓臺乍似中林見，鷄犬翻疑隔嶺聞。裳集芙蓉抛錦組，食甘沆瀣棄羶薰。上皇身世翛然别，短羽何緣更索群？

贈别虚溪先生之任懷遠二首

方來正師席，復去宰王畿。軒蓋分秋色，河梁帳夕暉。道高猶位下，禄仕與心違。塗嶺參金舄，荆巖駐翠微。彈琴適多暇，馴雉喜群飛。淮浦焉能滯？承明遽見歸。

杏壇千載絶微言，芸閣三年綴道論。弟子受經多入室，先生發

憤幾窺園。久期東觀行當至,試宰中都兆已存。離思鬱陶那可見?白雲秋水接天繁。

東王令旦七十祝辭

八世桐珪到嗣王,千秋金鏡藹重光。庭儀鳳舞南山曲,宮宴霞飛西海觴。翊亮帝圖承眷佑,保明邦典奉靈長。現逢聖主隆天壽,定是心傳不老方。

奉和承山翁《秋堂夜雨暢然有作》之章並序

時雨載零,有秋呈瑞。我翁和德之感,暢然興咏,書史可記。猶有取於山人夜雨之吟,何其興之遠也!輒附和一章,比之投礫然。酬言之義,聊復爾耳。

上公威惠格重玄,甘雨蘇民總霈然。畎畝欲將呈合穎,桔槔何許汲飛泉?清歸薇省觀書夜,緑滿棠陰問俗年。餘潤猶能邀翰墨,蘭章分灑到林邊。

乙丑七月二日立秋在林間作

衰翁畏及秋,偏速火星流。是物皆將老,何情獨不愁?梧飄風葉駛,蟬響露枝稠。坐見林疏索,青山笑白頭。

和四溟七夕感懷三首

庭空月澹風泠然,悵望星期横遠天。暫詣奈何憑鵲度,長違依舊使人憐。青絲籠絡終年繫,翠錦機梭盡日懸。却是自謀猶太拙,乞靈翻更滿樓前。

向夕猶稀鳥雀音，澹然獨坐閒此心。應知乞巧吾無分，一任綺羅占繡針。

長因離合損朱顔，争似無情任往還。不信仙媛缺神契，含愁恨隔水雲間。

積雨憶四溟丈

雨深泥斷道，室邇嗟人遥。獨坐擁蕭瑟，誰來問寂寥？歌聲子桑苦，愁思景陽饒。裹飯吾將往，聊充回也瓢。昔子桑子阻雨十日，飢寒，鼓琴而歌，其友子與裹飯而往，食之。張景陽《愁霖》。

七月十五日邀諸公北園雨中宴會得園字

金行水雲盛，蘭節風雨繁。淅瀝響山閣，蕭條澄樹園。暑隨流潦散，凉逐墮梧翻。一室美清景，非君誰晤言？是日爲中元之日，道家作《玄都大獻》於玉京山，釋氏作《盂蘭盆》供佛，故云蘭節也。楊炯有《盂蘭盆賦》。

七月十七日登龍岡、龍洲西樓，四溟首倡秋字，各得二首

宿雨初回雲澹流，翛然凉氣滿西樓。登臨莫惜壺觴盡，翠嶺華秋是勝游。

雲白山青池上樓，窗含奇樹樹含秋。知君好此凌空意，不減王喬控鶴游。好此凌空意，本仙人好樓居。

秋風歌和四溟作

對秋風，秋風感懷殊不同。我愁霜毫增領上，君悲羸馬走西東。人生少壯老當至，不見來往飛天鴻。丈夫四海等一席，豈比捲地孤沙蓬？羨君詩入杜陵細，羨君才出陳思雄。羨君偃蹇行己意，羨君耿介超人叢。北林春草見臨況，芳樹時憑白玉童。妙句常如命鬼工，笑看唧唧草間蟲。六虛周流迴無礙，八極遠覽方無窮。晤言使我釋玭吝，北面頓忘爲老翁。願撫泠然發高嘯，夕陽携手涼雲空。

陰騭篇 爲四溟作

有鳥哀鳴求匹儔，謂逢鴟鳥相啁啾。決胸欲使錦文碎，顧影痛絶零山丘。竊聞仁人肯弘濟，急難如此胡不周？莫言羽蟲甚微眇，靈性可以媲姱修。鷄鳴起居奉巾櫛，小星當户供余裯。願比女蘿附松柏，枝枝葉葉終綢繆。東山逸老聽言訖，心惻手援遽見收。貯之管城逾金屋，飲以學海過瓊流。奚但爪嘴縮昏夜，遂令窈窕登河洲。盟將老丹穴，誓不吟白頭。感君陰騭厚，報應非所謀。黄雀銜環向君側，福壽圓轉應無休。

和張鳴遠八月十七日再壽之作

瑶天飛下步虚詞，碧落仙人見訪時。爲取野心清似水，不嫌衰鬢白如絲。風前玉樹連歌扇，月裏金波漾酒卮。好景更逢花甲後，歡顔却老自應知。

送張鳴遠見别還沁

殘年一别會無期，今日重逢慰所思。下榻敬承千里駕，開囊莊誦百篇詩。天摇秋水浮杯上，樹引晴嵐到座陲。更欲留君卧霞閣，待開黄菊采東籬。

奉酬承山相公題扁城下小園爲“汾上行窩”兼枉駕咏言

行窩題向白雲窩，生不逢知奈老何？身累一官能解脱，情塵小隱得消磨。垂天麗藻回幽勝，特地良辰具美多。時菊在籬聊可獻，落英還效楚人歌。

奉壽宗川

天上玲瓏玉樹枝，人間重九誕生時。家傳世胄神明遠，國保儲君聖哲宜。漢武紫萸初綴實，魏文黄菊已敷蕤。他年競作求仙用，今日端爲獻壽持。

憶昔行贈别四溟先生

憶昔未見君子時，渺如天上攀瓊枝。今日相逢復相析，相看終作長相思。春草如茵當瑶席，紅藥滿欄熙岸幘。把酒題詩思欲飛，秋閣晚霞神更適。準開籬菊要君看，無奈歸心急羽翰。汾水白雲遮去路，太行黄葉灑征鞍。世間何事最爲樂？獨有新知愈歌咢。世間何事最堪悲？獨有生離在路岐。山中無所有，贈君池畔柳。來歲輕絲流亂時，可能其下一杯酒？

奉和承山相公枉駕北園即事二律

傳呼使君至，童稚競讙譁。園幸金章賁，門榮翠幰遮。開籬呈野菊，汲澗煮山茶。知爲幽人款，何曾厭阮家？

白雲看不極，秋水望無垠。澹默誰關意？孤清獨愴神。聞車偏倒屣，掃石亂揚巾。正有黄花醞，應憐色味醇。

九月十六日視穫西莊對菊小飲

桑葉辭枝露欲霜，山田登隴粟盈箱。謀生家食三時足，給餉邊需萬旅强。雲度雁行回極浦，風吹蛩響入西堂。老農亦有功成樂，坐對黄花酌晚香。

霜辰書感

白露秋將改，青霜更若何？花疏悵園菊，葉盡眄庭柯。送目天鴻遠，驚心塞馬多。計時當北伐，嚴凛助雕戈。

和東皋《邊報》有感

城鴉啼落日，邊馬送愁時。不意重關險，仍令黠虜窺。總戎皆報主，三捷竟稱誰？獨愧馮唐老，空歌北伐詩。

送霍思齋户侍巡撫山東

正色當朝羡畢公,東郊端付保釐中。司徒執法冠峨豸,督府行營軾畫熊。地出泰山符鎮静,天輪滄海像涵融。共知懋〔一〕德登三事,勛業應爲報主隆。

【校記】

〔一〕共知懋,底本漫漶不清,據萬曆本補。

奉贈姜對陽憲副

門巷蕭條落木深,幾逢車馬爲招尋。今來明月中林意,却是故人千里心。鷄黍味單充列鼎,芰荷香冷對華簪。獨慚西上無堪贈,欲借白雲仙掌岑。

奉和承山公中秋北溪之作

北山涵水竹,略似輞川莊。不有丘園賁,誰憐松桂香?亭雲團紫蓋,滿月溯華觴。獨灑高天興,相看色正蒼。

贈别程竺陽

金竺巖前舊結廬,伯英池畔好臨書。彎弓欲挂扶桑上,説劍思存莊叟餘。黄鳥春林欣晤語,白雲秋水悵離居。梁王賓客今零散,君去還應著《子虚》。

乙丑長至之前夕，同龍洲户部及竺陽諸君宴集小田新居，夜深酒闌，歌咏樂甚，因相與賦詩

小至歲將闌，新居集舊歡。家敦奕世講，人羡肯堂觀。延景華燈錯，崇情玉斝寬。更聞歌古調，白雲滿林端。

孟冬訪龍岡、龍洲二翁，便留賞雪，即席賦呈

之子端憂日，曰余一款扉。孟冬寒寂歷，初雪晚霏微。樽俎開瑶席，宫墻即粉闈。素心昭色象，清表見容輝。嵩室思爲侍，梁園賦已歸。何能玩書册？只有對麻衣。興接山陰棹，文參河渚機。坐深忘慘栗，飲滿破巖威。秉燭欣蘭繼，燃爐懼桂稀。茶烟隨雅淡，羔錦屬輕肥。玉樹方攀附，回車意頗違。

壽王北野

羡君平世一閑人，住過青山七十春。屋有數間惟鑿石，田無百畝足資身。情耽阮籍兵厨醉，意得王褒洞管新。説道避喧吾獨信，白雲深谷滿天真。

壽東谷一首

世緣多半冷如灰，獨有交情澹不回。雪夜尚尋林叟去，花辰還引社朋來。酒因合道常斟酌，詩欲忘言廢剪裁。喫緊爲君稱壽處，南山借侑白雲杯。

送侄受業龍洲，因宴集館下用西皋韻

摧頽白首未逢時，偃蹇山中世莫知。久愧蠹魚埋舊卷，惟耽緑蟻泛新卮。王通曠古能談道，匡鼎當朝善説詩。老計尚存兒子輩，門墻都遣學趨隨。

閉關一首

老去蹉跎百不宜，冬來惟欲掩柴籬。宵長剩有安眠候，晝短剛餘喫飯時。怯冷炭爐渾是伴，扶衰藥裹鎮相隨。寥寥三徑空山裏，除却白雲知對誰。

寄答東明弟

歲晏懷君正黯然，喜逢蒼首尺書傳。迹言五載關河别，情道一官萍梗偏。陶令思離督郵去，王陽欲戒險途旋。鶺鴒原上迢迢望，鴻雁何時共渚田？

壽東皋翁

宗風樂善類能敦，夙德惟君衆所尊。翰墨作林垂實燦，詩書爲□結華繁。窗中白日羲皇世，郭外青山水竹村。歲歲誕辰偏勝事，奉觴稱壽滿兒孫。

壽承山相公二十韻

有美生人傑，惟良表代工。純資鐘禹會，明稟毓周嵩。特達珪璋比，登庸瑚璉同。含香龍衮近，視草鳳池通。省署推寅亮，藩垣借朗融。循良綏渤海，文武憲天雄。鎮徙五州日，條宣三后風。仁恩覃隱伏，義問徹愚蒙。閭井康和裏，河山奠麗中。酬言思欲竭，報德意奚窮？壽域千年啓，祥辰此地逢。時欣祈歲盛，世喜得賢隆。小雅期綿邈，南星現鬱葱。金章猶未艾，玉貌已還童。柏葉斟寒翠，青陽遞曉紅。嘉平高宴叶，樂愷妙顔充。群吏森門下，諸儒儼閣東。諧聲歌大吕，正色挹層空。祚慶乘春豫，勛榮共德崇。佇看調鼎弦，百禄盡來叢。

歲暮一首

歲暮坐惆悵，微生亦已然。不堪齒髮敝，那可學神仙？結念屬老圃，種蔬春雨前。或持一杯酒，酣枕白雲眠。有月相對飲，無時亦不憐。悠悠隨化耳，何敢問青天？

文谷漁嬉稿卷六 丙寅(嘉靖四十五年)

丙寅元夕燈宴呈座上諸公

今夕華燈錯,兼之火樹紅。文霞流月宇,香霧結烟籠。簪盍欣同照,樽傾畏屢空。春來多樂事,先起上元中。

丙寅春日

依然窮谷裏,又值太平春。月令欣貞孟,農祥美建寅。曆無耆舊紀,世有遁栖人。獨歎青陽轉,逾增白髮新。

寄答張清源詩酒見寄

平子能西望,題詩寄所思。殷勤别後意,鄭重到來時。淡緑消冰片,新黄上柳枝。林塘不共賞,春酒坐空持。

山居懷古

卜居無選勝,聊以托幽閑。地即林宗里,樓通子夏山。田園從邵仲,書史尚楊班。古老雖離逖,神情獨往還。

壽西野翁

吾師抱道樂青林，白首窮經住世深。俗裏幻名飛不到，區中塵景斷難侵。暖烟芳草文筵藉，和氣朝霞壽酒斟。看戲綵衣還勝事，門墻桃李欲成陰。

奉贈穆少春大行過汾見訪

春城共迓皇華使，天宇争攀玉樹枝。秀色照人清馥郁，光風偃草緑難披。幽居過訪留能暫，野館分携去欲遲。知到帝鄉多勝事，紫雲青瑣拜恩時。

二月廿二日北園和裕庵見題之作

芳月過逾半，蕪園尚不知。東皇寧故外？北鄙自堪遲。杏澀榮先蕊，楊慳槁後荑。茂無十步草，誰定踏青期？

二月廿四日壽劉玉泉大尹

早同文會復同官，歸老還將共歲寒。晚節每看庭際柏，幽香常邇室中蘭。長年學士頭全黑，行地神仙面更丹。好向佳辰醉春色，翠紅相媚滿林端。

奉謝承山公春日惠宴

二月山城尚不春，喜沾文酒見天真。泰和聲轉朱弦迭，清淑光生玉燭頻。杏蕊詎須墻外早？柳條儘綏陌頭新。合知黄鳥潛幽谷，鳴向高筵自有因。

寄壽謝四溟

《南山》篇有之，樂只壽無期。今我興斯咏，非君屬阿誰？僑居潞子國，高步惠連詩。授簡參梁宴，觀書下董帷。消摇鷗鷺渚，笑傲鳳凰池。秉德鄰皆應，敦仁福所綏。長庚符令誕，彩筆助神思。楊柳褰文席，桃花送羽卮。瑶緘小雅意，一寄白雲陲。

三月十一日宴北野山莊題于小洞

何處巖居好？林邊小洞幽。荆扉長晝閉，柳堰伴春游。坐石依山足，分溪到水頭。飛紅寒食盡，積翠暖烟稠。友意存黄鳥，閑心共白鷗。浮杯要淹客，怕帶夕陽流。

壽西谷大宗尉

張筵把酒笑春風，多歷偏能識化工。柳色抽回千古緑，桃花開出萬年紅。揚塵任自田爲海，聞道還當老復童。個裏真常渾是壽，莫言人境缺仙翁。

寄東明弟見春日之懷

閑看棠棣滿庭華，諦聽歸鴻集暖沙。同氣遥爲百里宰，相思各繫一天涯。荆樓日暮難孤眺，姜被春寒奈自嗟。世路舊游多按劍，不知何處可移家。

答陽谿見寄介山遊覽之作

一覽山中作，知閑塵外踪。文茵藉芳草，羽蓋廕長松。浮世舟難繫，空林杖可容。自微仙客到，誰啓白雲封？

贈陳瀛南侍御行部至汾

行來郡邑皆時雨，到處山川總出雲。攬轡信然森法象，宣條真已焕人文。官迎繡豸欣承德，將凛花驄願樹勛。堯舜故都風俗儉，大觀應表聖明君。

喜陽谿見訪同二王丈作

巾車到愚谷，喜鵲繞檐飛。孰是見君子，而不欣所依？憶日緬中里，如隔山之巍。暮雲屢銷散，春草徒芳菲。兹言携手好，不謂會面稀。清和呈夏氣，烟彩絢晴暉。花香灑文翰，鳥語戀音徽。同懷儼雙駕，一觴來共揮。歡緒若河决，湍湧無停機。方將久維縶，極宴庶忘歸。回旋在倏忽，此意良已違。出谷惋相送，悵然空翠微。

三月初五日壽王龍洲親家

曾説蒹葭依玉樹，更聞松柏俯絲蘿。感君高美誠如是，顧我攀援奈若何？北海頗饒文酒興，南山宜向壽筵歌。譬諸好鳥懷春旭，不覺清音宛轉多。

效胡青厓方外之作

一條竹杖挂青鞋，不躡長安市上街。栗里自存松菊徑，輞川誰看木蘭柴？白雲修嶺憑虚眺，黄鶴高樓帶醉排。世味備嘗渾謝却，旋收沆瀣有餘齋。

題王龍岡喜生貴子圖

泰和吐祥天毓奇，大海產珠山秀芝。鳳凰將雛龍導子，閥門喜見麒麟兒。麒麟本爲王者瑞，要將名世偶昌期。英物自然聲氣好，骨相已表青雲姿。青雲器業自昭代，乃祖策勛開國時。至今列侯佩銀印，帶礪河岳功永垂。邇來奕葉更全盛，金昆玉友振鴻儀。桂子香生月中樹，蘭芽美茁庭前枝。家藏萬卷會應讀，籯有千金奚足爲？蓂莢向階彌晦朔，清和呈景迓炎曦。菖蒲挺節紅藥滋，花下列筵湯餅隨。賀客騈闐車馬馳，争看慶霄五色增門楣。

四月廿七日山泉宗尉邀賞西園紅藥偶然二首

背郭芳園披翠微，名花拂檻亂紅霏。含章未覺靈根異，品藻方知艷質稀。茉莉撲簾還撲扇，胭脂匀面復匀衣。若教移植觀書地，愛護當施絳帳圍。

西園風景又朱明，身世何曾有定程？老去水流三峽駛，賤來山比一毛輕。花邊潦倒惟拼醉，樹底婆娑未達生。猶恐紅香易銷落，夕陽疏雨不勝情。

庭許榴花盛開，酌言玩之，率爾成句

綠裁翡翠千枝出，紅琢珊瑚萬朵開。爲荷昊天多雨露，故教炎月滿庭臺。桐花小扇争妍集，茜草長裙負妬回。却笑野夫還世態，愛渠能送紫霞杯。

送楊古峰之任麟游

大才從小邑，幸是宰明時。美錦勞先製，青雲歎後期。到岐看鳳樹，登隴見麟陂。祥瑞今當别，仁賢作羽儀。

奉和承山相公同文峰學憲宴集山亭之韻二首

紫薇推亮采，驄馬羨皇華。命駕同看竹，登筵共坐花。郢歌卑下里，魯俗賤東家。今日重光照，雲窗滿碧紗。

誰知霄漢侣，亦愛野鷗盟。高蓋凌空下，雙騶入谷鳴。行邊綠樹翳，座裏白雲生。已作仙游處，兹山定得名。

奉和承翁臨況小堂之韻

一杯何事寄情深，鼓舞南薰在竹林。碧簟我便回夏氣，朱弦人阜返虞音。禽魚締聽皆歡趣，童冠參承滿道心。明日還陪郭西宴，適來嘉樂可重尋。

贈李澗南斷事六十

束髪同門者,今皆謝政歸。問年周六甲,養性愜初衣。日向歌筵永,雲當舞席飛。看君開壽域,添得好容輝。

王龍岡生日席間賦

青歲鄉書薦紫宸,賈生英俊更無倫。蹉跎華髪猶爲郡,荏苒金章未在身。天上九關疑夢幻,人間萬事等灰塵。且將美酒酎嘉旦,收得壺中不老春。

竹軒宗尉納雙寵用韻戲贈四首

金剪雙裁繫臂紗,香車迎得兩名娃。春風貯向紅綃幄,笑對桃花映臉霞。

文彩鴛鴦刺合歡,芙蕖錦帳繡團圞。要令二美知人意,更爇薰籠滿麝蘭。

臨池折得並頭花,不説雙鴛戲暖沙。似是東風欲相媚,送將春色與侯家。

楚館高唐夢寂寥,漢宮金屋草蕭蕭。誰家絲管雙調弄?除却周郎有二喬。

寄柳川生日七月十四日

烟霞之痼何其深,不肯閭里相浮沉。引水作池清見底,開山種竹緑成陰。春風花鳥飛雙去,夜雨蛟龍坐獨吟。舊客罷携爲壽酒,知君久矣斷招尋。

贈小村宗尉華誕六句

憶昔先公傾蓋時,與君桃李共春姿。詩中意氣雲天渺,琴裏心聲山水知。今日壽辰周甲子,百年祥旦有瓜期。通家載酒殷勤祝,欲學清寧配兩儀。

七月十五日夜望月

明月向中元,清輝遍廣軒。冰壺懸皎夜,水鏡失黄昏。樹鵲依凉静,風蟬褪暑煩。惟應砧杵婦,愁絶塞西垣。

聽美人彈琵琶和小村

佳人捲羅袖,爲我撥鵾弦。幽怨花含霧,離傷澗吐泉。疾徐檐馬上,斷續塞鴻邊。曲罷還留聽,江州思宛然。

和小村山居南字韻

丘壑中分我在南,君家北面好清潭。烟消定是荷衣冷,日落應同漁父談。陶令去官翻自樂,嵇生出仕不能堪。浮名頓覺都參破,只有鴟夷意尚貪。

送張玉岡節推之南陽

梓里郊筵悵别深,蒹葭秋水不堪吟。切雲飛蓋河梁轉,計日遄車郡館臨。好使憲章貞似玉，遂令王度式如金。武侯岡隴依然在，忠益須求千載心。

林間宴坐五首

今日林中影，他年陌上塵。柳悽摇落歎，蓬轉倦游身。涉惹波侯怒，登逢山鬼嗔。迷途猶未遠，回首見吾真。

回首見吾真，纔然理静因。深居緣水石，茂苑得松筠。漸復琴書好，翻將魚鳥親。役形猶爾耳，未到絶埃塵。

未到絶埃塵，只應悲此身。虚華非我有，實相可誰因？踏破浮雲岫，掀翻苦海津。維摩無伎倆，宴坐第淹旬。

宴坐第淹旬，從他秋復春。花開紅處滿，葉墜冷邊頻。問疾猶凡想，端憂自本因。寥寥空宇内，賸有一閑人。

賸有一閑人，甘爲賤與貧。如椎還魯鈍，似梗合飄淪。松桂成三友，烟蘿足四鄰。休將歎離索，大塊本同春。

慶成王誕日奉壽

華辰清曉拜宸居，遥望紅雲護紫虚。開國緒長分土後，承家光遠祚茅初。丹深漸熟金砂鼎，道杳恒參玉佩書。天酒酌花須累進，杯杯期引萬年餘。

秋晚園居酬郡守諸公見枉

老圃秋深漸復荒，郡公紆駕轉輝光。神熙鏡寫寒潭碧，吹爽旗翻落木黄。殘菊帶籬還正色，濁醪浮甕有新香。高懷對此應饒笑，殊勝邀樽栗里傍。

晚秋宴弟園中

君欣初服返柴門，我歎高秋入槿園。碧樹階前黄葉聚，紫巖窗裏白雲屯。耳傾蟬響成蛇蜕，目送鴻飛急馬奔。即物詎堪人速老，會須開口菊花樽。

喜徐君謝官王門漫贈口號

我愛浙泉子，辭却宰官榮。朱門不再踐，緑樹有餘清。未睹先賢隱逸傳，解道無官一身輕。我愛浙泉子，飲酒有酒禄。醉卧草堂雲，無榮亦無辱。早晚生男尚不遲，還當有子萬事足。

和東皋題竹軒喪寵之作

蘭摧不可道，玉折豈堪聞！窈窕恩中絶，綢繆夢裏分。團悲班扇月，斷憶楚臺雲。怪底瑶箏咽，新來雁失群。

壽周兑川上舍

仲秋水雲净，湛澹天宇清。時哲美初度，潛龍兆元禎。取《易》初九之意。含光稟純粹，變化韜至精。蚤觀辟雍禮，再試京闈衡。吾謀適不用，羽翼終當升。自從家食來，亮懷余所程。和稀白雪調，室近紫蘭英。爲壽一杯酒，安能不滿傾？南山鬱佳氣，碧樹藹新晴。歡宴在兹會，萬事良已輕。

病起四首

垂帷永日卧匡床，童子渾能檢藥方。只道火雲猶帶熱，不知園緑已蒼蒼。

疾餘拄杖看浮雲，説是蒼梧那得分？總爲太虚難住著，隨風吹雨過清汾。

嗒然一笑笑何如？方技頻謀老病除。别有無生稱上藥，《神農本草》不曾書。

識取浮生大患因，何慚一疾動經旬？有誰還是臺山客，來訪林間宴坐人？

謝陽谿見壽林間

道義情親自不同，隔溪來壽白頭翁。詎嫌疲老成今日，直叙交游到古風。林鳥欣飛秋色裏，籬花欲吐笑顔中。此時何用悲明鏡，一酌丹霞面已紅。

寄題陽谿郭西草堂用韻

有美郭西隈，吾廬向此開。案書多古禮，園植每深培。守道心無間，思君腸幾回？惟應悦慈母，花外板輿來。

和趙陽谿樂壽園即事之作

荆扉無客見招尋，一晤高賢喜不禁。下榻幽蘭當谷映，開窗涼樹滿庭陰。巢居自合人群遠，宴坐誰憐歲序深？欲款緒風驚别鶴，孤雲冉冉又空林。

奉和承山相公中秋後四日雨中臨况東谷樓宴之賦

踏閤攀援處,隨車霈灑時。歲華秋半好,烟景望中奇。地足雙禾穗,天低萬木枝。宴言逢化雨,欣喜共農師。

奉和承山相公宴集龍洲户部西城别館之賦

樂地豈遐藉,幽園却背城。池將心共湛,蓋與意俱傾。霽色斜陽閃,凉風高樹生。幸陪清宴末,塵想介然輕。

對北園芙蓉作

小園亦有秋江色,開出芙蓉滿樹花。葉葉翠綃澄皓露,枝枝香粉暈彤霞。耽奇欲製衣裳美,贈遠愁看道路賒。多少芳菲競春去,西風流落野人家。

奉和承山相公九日登臨太虚勝覽樓宴,更移席禪堂,悠然有作

古寺高甍披翠微,重陽開宴與心怡。召公分陜文軒莅,漢使横汾畫舫移。雨洗烟宵迎盛節,露催寒菊款佳期。河山望美凌晨得,鐘磬留歡落晚宜。戲馬臺荒名尚在,登龍人遠興非隨。年華奄冉誰能挈,世界清平此共知。哲匠賦成遠倚檻,彩毫相對法輪熙。

題高貞婦陳氏册 其弟爲刑部郎中〔一〕

東方有賢淑，少小稱未亡。内牽慈母恩，上以奉姑嫜。茹荼三十載，掩鏡減鉛妝。一心抱貞孝，皎潔團冰霜。朔風起當晝，白日含精光。孤鴻叫玄夜〔二〕，落木響空堂。是時悲且勵，單情誰爲詳？昊天毓靈秀，賦之綱與常。丈夫翻改玉，奸諛代成行。視此純白姿，豈不恧蒼黄？衆草委秋色，幽蘭揚其香。我貴在從一，柏舟胡感傷？德立而不朽，垂聲以無疆。

【校記】

〔一〕乾隆《汾州府志》卷三十三、《汾陽縣志》卷十四詩題無"其弟爲刑部郎中"。

〔二〕此句乾隆《汾州府志》《汾陽縣志》作"孤鶴叫元夜"。

答程竺陽暮秋咏懷

天涯長作客，汾館莫論秋。報國心逾壯，平戎志未酬。星霜朝鏡改，風雨夜燈愁。到處皆吾土，王孫好自留。

别駕南岡、穀峰過訪，對菊率爾咏酬

獨擁寒雲歎歲華，蕭條誰念野人家？連鑣肯訪重陽後，倒屣還開一徑斜。庭草不堪承墜露，籬花猶可伴流霞。題輿更復傳呼去，愁對空林只晚鴉。

屋傍隙地作一小室名虚白齋

隙地餘方丈，安居止一間。户樞從不蠹，門設好長關。夜景虚生白，朝光静是閑。自慚非絶學，投老解希顔。

奉和承山相公宴雷明府新第

雕符玉麟後，畫棟彩虹連。上客紆文組，高楹啓繡筵。列陪慚郡彦，傍睹羨神仙。東道應深抃，嘉光詎偶然？

秋懷詩二十首

吾觀萬物化，榮瘁相轉折。衆芳歇有時，胡爲怨鶗鴂？鳴鳥久寂寥，斯螽何屑屑。白露本無心，一灑玄蟬咽。林葉稍已疏，静聽得幽絶。始知大聖言，真能息邪説。

其二

夏氣爲鬱蒸，群有得充盛。密葉翳庭柯，繁草塞階徑。蟲禽亂其間，晝夜不肯静。舉翣風逾温，揮汗如雨迸。極宴在朱樓，方爲永日競。我本姑射人，冷淡夙成性。何以處心神？寒泉聊可瑩。

其三

郭外二頃田，城中五畝宅。黍稷幸見登，桑棗已屢摘。鷄鳴風雨朝，犬吠牛羊夕。井税無後輸，家食有餘積。山客訪柴荆，村醪時正碧。

其四

吾道本淳穆，今古一真常。僞妄與斷滅，多岐故亡羊。山木乃自冠（寇），石火難爲光。玄珠獨何隕？宛在水中央。軒黄莽罔象，須臾繫我裳。終日寓無始，蚩蚩仰洪荒。

其五

盈盈靚妝女，皎月希令顔。遠嫁長獨栖，風霜摧以殘。不及桃李春，好鳥鳴間關。又不弄機杼，錦綺雙鴛鴦。幽蘭棄空谷，桂樹委寒山。猶蒙鄰女惡，薄命良苦艱。

其六

我觀功名士，桓赫良可爲。往往垂成日，禍至毁亦隨。豈乏憂與讓，雖信猶見疑。唐虞殷周間，四哲古所推。禹稷萬事賴，夷齊百代師。濟物畏天命，求仁保民彝。

其七

遐想列國士，亦有三代英。子産與叔向，孰愈齊晏嬰？文能表邦憲，義以强國楨。滔滔詐力間，明允兼篤誠。生不逢揖讓，奚不爲保衡？仲尼泣遺愛，歎息有餘情。

其八

孟軻既淪亡，道喪復千載。卓哉河汾公，束髮探滄海。揚瀾疏其源，周孔未之改。修史名續經，叙説大中在。開繼須斯文，立言足模楷。編書尚體裁，傳記皆可采。雅志屬宣尼，步趨惟恐怠。豈屑後世賢，覆用爲罪悔。

其九

蚤歲讀毛詩,晚通六義旨。心聲本自然,宣叶貴神理。感物斯造端,緣情遂綺靡。廷廟簡宗工,邦國掄小史。哲匠與庸師,命名良有以。末學昧參同,起予者誰子?今古競雌黄,上中紛比擬。功虧築室迂,技窮畫虎耻。自非天縱資,微言勿輕矢。

其十

吾聞大仙者,托迹金銀宫。彩雲開户牖,靈草結簾櫳。坐邀廣成子,行引浮丘公。温泉淋雪白,寒火煉鉛紅。處夏不炎燠,居冬反和融。冲氣四澄澈,湛然秋水同。十洲蓮葉上,三山鶴羽中。妙化誠叵測,神理終當窮。誓將凌倒景,一與斯人通。

其十一

金氣化爲飈,玉光凝爲露。肅肅掃谿堂,泠泠湛庭樹。天籟生此中,雲山得韶濩。神朗敵昏冥,慮澹啓超悟。憶落塵網時,清居隔烟霧。自出迷津來,今夕游太素。

其十二

凉露滌氛埃,天高月波穆。夜静耿蘭膏,青熒在東屋。心景共虚明,蕭蕭對修竹。谷傳書有聲,情知是兒讀。

其十三

列國禮英賢,魏文實冠冕。首師洙泗儒,段生從偃蹇。田子亦矯抗,君侯意逾腆。章逢非技擊,氣概自陵緬。坐策藩國功,明因軾間闌。驕吝破崇高,謙恭得尊顯。勍敵罷東圖,弘聲亘西衍。方愧坎中蛙,矜持一何淺!

其十四

弘景歌白雲,淵明傳五柳。寄意一何深,遺安在林藪。余亦遂初衣,築室托崇阜。泉石乃臺隍,松羅爲户牖。鳥獸非同群,駭怖都無有。昔云草莽臣,今作山林守。

其十五

山居四時好,秋序尤所欣。平生耻喧濁,而不愛炎熏。到來天宇净,青溪無垢氛。廕庭兩碧樹,出嶺多白雲。昭曠符遠心,潔爽清見聞。仙君倘可接,當共爾爲群。

其十六

纍纍園内棗,離離野間禾。田家無遠略,隨分保巖阿。歲華秋有實,所得良已多。老至不願餘,苟可衰顔酡。夜來酒新熟,取醉還復歌。壹意聊爾耳,捨此將如何?

其十七

儒生守章句,信傳不信經。執經猶外望,况乃隔嚴扃。上古製文字,一爲寫心靈。默識神所契,盡性而踐形。

其十八

少年有膽略,遇事輒含弘。朅來衰復甚,處己猶不勝。語言覺無味,面目慚可憎。驚禽願孤宿,駭獸思遠騰。空谷白雲裏,深秋莽層層。

其十九

陶潛任天真,不獨在飲酒。薄宦竟遺榮,歸田惟五柳。屢空常宴如,縱化從白首。知命故不疑,素履往無咎。觀其飲酒詩,頗亦盡幽剖。自昔原思亡,此義日已否。樂道安貧人,疇能出其右?

其二十

歲暮懷百憂,不悟老已至。冉冉桑榆暉,□□蒙汜次。往化難可追,來日知誰是?有酒且一歡,勿復獨多意。

喜東明弟還山詩十首

微官易得罪,方信古人言。肝膽知誰見,平生頗自敦。萬物各有寄,世事多飛翻。解綬詎疵賤?所貴還丘樊。

其二

啥客勿多歡,歸心久已然。因事遂云邁,得果丘中緣。窮達自有分,華纓非所懸。但令存我貴,奚曰愚與賢?

其三

迢迢五載别,空此郊園扉。春草秋更碧,仰視征鴻飛。撫景心欲絶,涕下不可揮。今日破爲笑,覯子遂初衣。

其四

天地有界畫,畫出百官圖。爾我在圈外,差得爲野夫。簦笠而簪冕,失步邯鄲趨。歸來復歸來,薄田口可糊。

其五

芳草雖滯歸,碧雲還果諾。日暮見猶疑,明燈耿華錯。顔鬢稍已蒼,心情固如昨。何以寫深歡?蘭槳差可托。

其六

緑綺裝君囊，蒼龍系君帶。下以款心知，上焉除國害。此意適無成，去來何足慨。拂拭置床頭，摩莎倚天外。

其七

大塊載我形，小大各有辨。當其盡性時，安知鵬與鷃？容與碧林園，遨游翠山澗。即此是消揺，自餘非所眄。

其八

東鄰招我飲，綺席置華館。水陸羅珍羞，歌舞雜奇玩。飛爵亂縱横，昏星映河漢。僕夫前致詞，雖樂會當散。

其九

西山多爽氣，翠彩雜烟嵐。流光冷虛牖，落影净寒潭。兄弟時既翕，和樂誠且湛。喧客但飲酒，勿復語諵諵。

其十

庭樹幾開落，客久當自知。今日税歸駕，寧復悲别離。在家貧亦好，帝鄉不可期。斯言爲我設，何憂復何疑？

入冬多雨夜坐有作二首

涉冬猶積雨，闌夜響空階。風急吹難斷，雲深黯莫排。人愁薄寒中，時礙小春諧。總有盈樽緑，其如歲暮懷。

衰翁無志意，歲晏仍苦心。朝雨觀猶細，宵霖聽轉深。飄蕭碧樹静，寂歷紫苔沉。却憶子輿友，哀歌十日陰。

雨雪歎十月廿日作

五日曾無一日晴,北風吹雪曉盈盈。疏林曲沼皆含凍,小苑空齋太放清。竈冷獨愁燃桂盡,褐寬猶恨著綿輕。不知馳逐名場者,内熱還能此際生?

冬夜吟

玄冥撫節行夜長,不令早舒白日光。蘭膏見跋銅龍强,麗譙鼓冷聲不揚。岑岑寂寂擁匡床,蕭蕭寥寥空草堂。六夢影滅三彭亡,耳目黯黮心清凉。恍疑身在無何鄉,混沌不死仍洪荒。鶡鷄戢羽猿狖藏,玉兔斂足烏罷翔。復有志士晞東方,商歌一曲斷人腸。我亦攬衣起彷徨,河宿爛爛殊未央。

寄酬謝四溟暮秋見懷

憶昨春風杖屨過,論文兼得醉顔酡。方將瑶席清塵滿,復遣鴻天别思多。攀向桂枝偏潞國,斷看雲影隔漳河。惟存袖裏三年字,時對孤樽宛轉歌。

山窗夜雪

今夜月應遲,疏櫺胡皎潔。如水復如烟,冷光凝泱泱。純白如粉塗,向虚生不滅。惚恍冰壺懸,依稀玉版列。侵曉益分明,真知是瑶雪。

宴坐偶書

衰頹乘暮序,遒緊復嚴風。昔願修名立,今知妄想空。老還青鏡裏,悶撥緑杯中。木葉飛寒盡,何慚禿髮翁。

承山相公新作西北城樓,召宴郡中文士,左史胤與焉,因敬賦詩以紀其事〔一〕

河山昔美封疆固,樓雉今開坐鎮雄。絶塞西臨三戍静,神京北望五雲叢。天邊樽俎延高會,郡裏衣冠荷上公。文采軍容互〔二〕輝映,鐃歌笳吹滿晴空。

【校記】

〔一〕本詩另見於王堉昌《汾陽縣金石類編》,山西古籍出版社 2000 年版。詩爲一組,共六首,總題爲《新作西北城樓召宴詩碣》,本詩爲第一首,落款爲"文谷孔天胤,郡人,河南左布政使"。其餘五首分别爲宋岳、王緯、王緝、孔天民、趙訥所作。詩後有"嘉靖丙寅秋九月吉日立石,石匠□□□刻"字樣。王堉昌注:"石高一尺二寸五分,寬三尺一寸,共三十四行,行各十七字,正書,字徑六分。今在汾陽縣財政局。"

〔二〕互,《汾陽縣金石類編》作"聯"。

奉壽承山相公

嘉辰開府宴蓬瀛,野老躋堂有頌聲。申毓帝靈蕃翰著,畢敷文命保釐成。擎春梅柳當軒映,獻歲雲霞滿席生。須信物華隨道泰,好調元鼎格熙平。

贈蔣雲龍大行奉使南陽經臨汾郡

自儼驂騑出帝畿，經臨處處有榮輝。皇華鳳彩銜丹詔，嘉客龍光映紫薇。時其外舅承翁開府在汾。賦向漢都平子再，歌來郢曲和人稀。玉堂青瑣須鴻俊，旋及烟花滿禁闈。

和宗川立春後一日雪

東風律始調，和澤上飄蕭。奏節梅花合，占年柳絮饒。摛辭梁苑夜，發藻灞陵朝。争及陽春裏，仍將白雲摽。

除夕一首

四序功成退，三陽道轉新。將迎交此夕，否泰遞兹辰。盤裏椒花馥，杯中柏葉醇。白頭仍守歲，笑殺青春人。

文谷漁嬉稿卷七 丁卯 （隆慶元年）

鼎湖曲二首

鑄鼎騎龍賓萬靈，白雲玄極杳冥冥。誰知草野傷心處，亦似抱弓號紫庭。

紫殿前頭對制臣，太平流落有閑身。可憐不得隨龍馭，空煉丹砂學隱淪。

元會詞二首

中和建極三陽泰，曆數承乾萬祀初。九野光華瞻日月，八埏文軌奉車書。

聰明聖武復神文，大寶重華五色雲。鳳紀早看隆道泰，鴻威先表净邊氛。

壽乾石弟

斟取南山翠一杯，青春家慶好顔開。年過知命揮纓冕，道不逢時合草萊。看破浮雲爲幻相，從將散木當非材。林間淑景誰消得，晴日烟沙二鳥回。

送别駕王龍岡先生北上

陽春扇清淑,群品欣向榮。子有經濟略,行當謁承明。嚴車即長路,文采彰華纓。奕奕此邦彦,表表振賢聲。久凝延閣望,况值泰階平。遵鴻我所伫,奮翅起高征。親友百壺餞,酌言俱遠情。東風一何好,吹子青雲程。

奉和憲長静泉翁寄懷十六韻

解薛登金日,爲葭倚玉年。下移余補吏,高步子登仙。篷羽文鴛接,鳴珂曉騎連。宸居依肅穆,天語聽傳宣。辭賦凌青漢,衣冠帶紫烟。鵬溟圖九萬,桃海度三千。詎見紅塵侶,空持黄石編。有腰唯曲折,無路不屯邅。我貴人猶賤,時違道可捐。自從初服遂,常恐百邪奸。忽仰臺綱振,新承憲使遷。惠慈烏附柏,嚴凛雀回鸇。郡邑因之理,閭閻疾者痊。殷勤存故舊,温款向園田。寒谷生融吹,窮途起福緣。陽春竟難和,搦管意茫然。

移疾高齋作

移疾高齋獨掩扉,不知春事已多違。暖烟融緑朝陰暗,芳樹燃紅夕雨稀。止酒故虚池上酌,耽書聊復枕邊揮。隔窗幽鳥諳吾意,軟語空林話息機。

寄壽河内謝竹亭上舍

無日不思清化里,何時能訪竹亭君?每逢嘉客傳高咏,更得華緘寄好文。桃水羽觴春泛灧，石嵐烟樹曉氛氲。須知野老遥爲壽，一借天壇萬古雲。

和答趙陽谿登樓之作

羡子登樓作，高懷何亮哉！天游冥泰宇，人境謝春臺。伏檻虚無合，當窗紫翠來。莫由伸短羽，一往共徘徊。

和竺陽三月三日北園宴集之韻

茂苑流杯地，芳辰曲水筵。霏紅花若霧，杳翠草如烟。澡雪非塵事，香蘭有咏篇。何慚晉中勝，今亦滿群賢。

中和堂宴壽

淑氣盈三月，嘉辰占此時。老人星獨現，仁者壽偏宜。樹色分瑶席，花香點玉卮。仙家好風景，最是日舒遲。

謝宗川積翠亭宴用承翁韻

春風滿嘉樹，高宴及時開。席展流黄簟，亭虚積翠臺。河間勤漢道，洛浦逸仙才。野老還叨醉，休光被草萊。

送地卿王龍洲先生服闋還京

讀《禮》三年易及期，王程春草緑離離。臨高目喜飛鴻送，望遠心違立馬辭。雲杳曙鐘趨闕處，日長華省到官時。太平天子登賢俊，阿閣須君振羽儀。

寄和陽谿《坐桃花軒二首》

花軒邈何許，宛在郭門西。潤雨桃初灼，芳烟草正齊。浮雲一點過，幽鳥數聲啼。坐愛春林晚，從他落日低。

默坐閑軒裏，應觀春静深。紫蘭猶藴藻，黄柳未垂陰。有美桃源意，無窮避世心。風花時變幻，真想自彌襟。

天宫寺作

聞道天宫好，纔因送客過。雕甍籠石樹，畫壁幌烟蘿。袍惹空香細，厨分素味多。車塵劃然斷，雲淡晚鐘和。

春日行

莫惜樽前倒接籬，莫慳花底笑蛾眉。棠梨一樹堆香雪，便是青春欲老時。

看榴花作

夏雲堆裏石榴叢，絢采矜榮翠夾紅。老眼不堪如薄霧，多情還似酒杯濃。

喜雲上人見訪

深山怕見虎行踪，大澤龍蛇不可從。卜築故依垂郭柳，端居惟對拂檐松。尋思荷蓧能嘉遁，珍重樊遲學老農。何事林僧解相訊，披雲時下紫團峰？

與雲坡四首

策杖西來是净因，日中樹下少風塵。吾廬别館蓬蒿地，肯息悠悠雲水身。

一段家風寂不分，何須傾蓋始逢君？應知兩地經行處，俱倚青山看白雲。

山僧舊住文殊台，瘦骨怯寒仍下來。一憩樹園誰悟語，碧空香影自徘徊。

蒼蒼園樹夕陽邊，坐到夜深心悄然。欲問《楞嚴》字中義，月明如畫老僧眠。

四月廿七日爲竺陽子壽

人生一歲一華辰，四十九回如轉輪。君但飲酒莫辭醉，百年到頭能幾巡？槐陰展緑鋪芳席，榴火驕紅當美人。解道及時行樂耳，誰識天涯游子身？

五月十有二日，大參承山宋公、湖山劉公、憲副麓池郭公見賁背郭之園兼垂題藻，輒此奉酬

神仙來往五雲車，背郭肯度幽人廬。童子望塵雙躍雀，中厨釃酒一焚魚。浣花香雨晴光膩，偃草清風鬱景除。未道離群耽寂寞，總欣華衮照林虚。

承山公枉駕丘園兼有詩見贈，輒倚和奉酬

比來佳事落城陰，開府能憐隱者心。曲沼芳花頻載酒，小樓高樹數行吟。逃虚那有朱軒照？投老惟應白髮侵。欲和陽春謝知遇，不堪徙倚没弦琴。

積翠亭夏日宴集用承翁韻

夏氣蒸雲鬱不流，槐陰垂緑廣堂幽。筵開賸有華林興，入座渾無熱客愁。蕉葉飄成五明扇，瑶華散出萬書樓。丹霞夾月尤堪愛，共待還邀池水頭。

季夏園中晚眺二絶

米殼花殘石竹稀，水葒含穎菊苗肥。物華已自關秋事，更復蟬聲滿夕暉。

輕雷曳雨過林西，一片斜陽壓柳低。晴色轉來深似黛，滿園芳草碧萋萋。

逃暑園中，趙陽谿適至，便留小酌二首

言避日中暑，來乘早旦凉。雲邊鋪枕簟，樹表挂衣裳。心以寒泉瑩，神唯空谷將。冥然見秋意，蟬響木蒼蒼。

逃暑有同心，來乘嘉樹陰。話言陳在昔，疲老歎如今。賴與田廬接，聊無世網侵。日斜清吹好，盡此一壺斟。

謝東皋惠李

谷中諸李玉爲珍，分惠年年到野人。本是高情存故舊，頓令渴吻得時新。堆盤潤潔香沾露，沉水甘寒味絶塵。不用學仙求服食，由來聖果即通神。

齋居秋夕

蟬風扇金節，荷露傾火旻。暑較池亭淺，凉驚河漢新。

庭枝稍已瘦，月影怪來疏。黄落年年盡，寒雲抱室虚。

奉和承山公枉駕園中兼題藻見贈

林園地僻背城陰，取寄聊將適遠心。更得山公頻載酒，那能梁父獨行吟？投閑自覺形骸放，破老寧知歲序侵？此意不堪還湊拍，石雲蘿月與清琴。

七月五日謝承山相公載酒丘園

秋氣漸流冉，涼風生樹林。蕭條新雨已，寂歷池亭陰。淹旬倦炎鬱，幽居苦沉沉。兹晨始森爽，結念我所欽。熊軒適來況，鳳采儀華簪。携榼百芬暢，挈壺行屢斟。清言灑瓊蕙，公度挹崇深。魚樂依藻游，鳥呈悦木吟。在物猶且感，矧余空谷心。款悰非外飾，真想自彌襟。零露泫叢薄，歸雲冒層岑。燕娱易終極，孤景復難任。

奉和承山相公園中見會之作

巖壑朝來氣爽然，郊墟小苑入涼天。相依形影藜堪杖，共棄身名車早懸。一任瓜期成代序，幾叨蘭醴列高筵。廣平大雅兼弘濟，酩酊山公未足賢。

送諸子入試

聖皇御極之元年，文運乾坤一轉旋。藝上省闈專典雅，名登天府必才賢。青雲襯馬平於地，丹桂撩人香滿筵。此日奮揚誰不願，要令精采應奎躔。

汾上贈銀卿郭艮山先生

兩朝嘉際樂昌辰，翰苑銀臺並寵珍。覲請雖辭丹鳳闕，聲華猶重紫薇臣。名儒授講還洙泗，高第傳經滿縉紳。歷覽西河定相笑，碧潭秋樹有垂綸。

秋日登樓作

星火催成碧樹秋，湛然清況滿西樓。雲連野水含窗盡，露濕晴烟拂檻流。眺遠頓令心目曠，憑虛無限海天游。因知弘景高栖處，不學班生老一丘。陶弘景隱居，構二層樓，己居最上一層。班彪云："栖遲於一丘，天下不能易其樂。"

中元節作玉京山會

淵凝參四令，泛濫觀九流。中元理玄醮，厥旨齊聖猷。肆赦聆册府，在宥聞莊周。明王務救世，所軫悉遐陬。孰是委災厲，而不興殷憂？大火迅西邁，倏然開首秋。泠氛變蕭索，冥旅滯幽囚。枵腹墮冰炭，壞形淪馬牛。重昏非朗炬，覆照竟奚求？所以上真道，極意靈壇修。結攬時物芳，登揚萬寶休。諸香百和暢，雜花五彩繆。雲璬鏗緑簡，霞帳擁丹丘。心虔玉京奏，神肅清都游。大帝倘昭覞，苦海一航浮。何縛不可解，何網不可收？生平重仁術，萬户非我侯。聊因蘭月寄，豈曰黄冠謀？

中秋行生日答陽谿

屈指六十三中秋，回思往事良悠悠。少年學文守章句，佔畢漫然窮魯鄒。晝粥聊能飫朝夕，結衣不肯干王侯。中歲登名猥隨牒，關河江海無奇烈。四方糊口異爲匏，萬里傷心成佩玦。騏驥哀鳴九坂深，鸞皇鎩羽層霄絶。中秋好景悵如斯，幾處陰晴使我悲。照徹關山嫌短夢，驚飛烏鵲阻安枝。銷魂最是臨觴夜，歎老偏當皎鏡時。歸來始見家山月，補我清光慰離闕。載酒恒斟金水平，裁詩每助瑶華發。

水邊花底倍相親,稚子老妻歡不歇。人生那有大椿年?月裏金杯自可憐。富貴崇高果身外,豪雄往往皆塵烟。秦皇漢武怕朝露,入海乞仙如上天。輸他住世隨緣者,但得逍遥即仙也。

奉酬承山相公見壽之篇用韻

槐穗飄黄桂吐英,夜闌樽酒對長庚。月華可奈圓仍缺,露質那能老復丁?南極授書垂玉佩,小堂延景進瑶笙。因風更欲祈仙訣,九轉何當學得成?《仙録》有《金鐺玉佩》之書。

壽經衛石莊君

一官如水食無魚,圖史蕭條俗計疏。軍事數聞資幕府,軒光時喜照林閭。庭前桂樹開紅際,階下蘭芽茁紫初。家慶不妨千里外,露華仙掌獻晴虚。

月夜聽《琵琶行》

白苧生凉丹桂華,美人坐月彈琵琶。纖羅皓腕輕推却,安弦撫節揮横斜。初疑瑶林戛冰雪,少選玉壺敲列缺。單于射雕群馬騰,公主怨鶴層雲結。的的歷歷珠溜盤,喞喞啾啾人倚欄。窅杳青霄戲鸞鵠,低徊鷺啄漁浦灣。緊緩卑高斷仍續,幽咽出塞入塞曲。絶漠窮秋夢豈聞,曲短更長淚如燭。

同趙陽谿題苑内蓮池

甃碧方投種,開紅遂及時。妙香池面水,芳意藕中絲。

月夜坐樹下同陽谿作

月光流樹上，樹影落庭邊。坐久虚華滅，依然一老禪。

九日有懷

陶公樂天真，自號無懷偶。泛彼忘憂物，憂於爾何有？四序本無偏，偏爲愛重九。寄言雖短章，深衷固難剖。曰余當此時，亦復不空酒。澈底鑒寒潭，高天净氛垢。紅葉灑西風，黄花照虚牖。摘露瀉朝霞，含嚅適我口。清靈俗不干，淡泊神所受。争如鴟與鳶，啄羶吞腐朽？

恭遇宗川儲君令旦賦《賢善篇》

古之賢王，好善而忘勢；後之驕主，惟知富貴而不知有德惠。譬如良田無茂草，高山無美木，空空一片土石無所濟。德惠者云何？仁義禮樂而愷悌。衆善之靈根，百祥之信諦。漢興三十有二，王獨有河間稱聖睿。其餘習驕逞傲，背却丹書盟，不肯河山同帶礪。汾川帝子希古王，懋昭聖學弘且麗。朝登秘閣窺《典》《墳》，夕啓縹囊綜詞藝。尊賢每羨楚元醴，敬士不嫌魏侯篲。忠厚拳拳魯訓遵，肅雝勉勉文謨勵。聖主崇儒重道時，賢藩謹節承風際。信然宗祀有光輝，允矣邦家得屏蔽。元年重九慶華辰，盛日丹顔開朗霽。雍容金舄趨兩宫，遥望紫薇朝玉帝。仙桃特進大椿嘗，珍羞首爲慈萱製。便應孝道通神明，且喜歡榮洽常棣。廣博由來地德符，謙恭自與天心契。冲齡妙善已如斯，禄位名壽萬載注延寧有替！

奉壽趙母太老夫人令旦

秩秩婦規，閑閑母儀。克孝克敬，乃惠乃慈。作配大儒，姑章以尊。治内助外，承乾體坤。厥德動天，錫祚有延。篤生才嗣，齊聖廣淵。伯也先登，熙功奏能。江邑再試，巖廊允升。帝策爾庸，言貤其封。位以子貴，福由善重。仲氏姱修，仕學孔優。以善養志，慈顔輯柔。猗歟壽母，其樂詡詡。逢吉而康，受天之祜。季秋之月，蟾兔匪闕。白露呈霜，黄花表節。阿母誕祥，儐筵舉觴。有禮有樂，有文有章。家慶雍容，雲歸鳥從。孰是不宣，而遺管彤。

雨中對菊作

中秋無月重陽雨，佳節林間没景光。露冷楚蘭沉浚谷，泥深邛竹阻崇岡。凌高已負當年健，守黑寧嗟此夜長？未必天公渾忘却，酒邊留與菊花黄。

丁卯九月望日北虜寇汾，凡八日始回，感而賦之

生當明盛時，老作山林叟。自幸保餘齡，晏然終白首。何知異患干，狂胡入郊藪。憑陵復虔劉，見辱良可醜。主將兵不援，耰耡亦何有？飽滿去仍遲，騎縱來還陡。無地可安居，誰能善其後？恨不叫天閽，申嚴四夷守。

乾樓獻俘一律贈承山相公

始作雉樓憑鎮遠，今爲虎帳坐臨戎。運籌神鬼森嚴裏，涣號風

雷指點中。壁有獻俘知算勝，虜因清野怨回空。怪來督府援兵絶，望見胡塵已向東。

虜寇殺掠焚燒之餘，風雨大作，走回人口仍多凍死，及被官軍遮殺詐充首功，因成口號四首以代七哀。時九月廿七，爲立冬之日

死者縱横生怨哀，疾風寒雨更相摧。可憐鈴柝孤城夜，却恐仍吹胡騎來。

殘喘顛連脱縶歸，口無含糗體無衣。天將殺氣摧還盡，劫數真成不可違。

高衙大纛是何人？擁衆摇摇避虜塵。烽火在汾軍去代，詢津覓路與金銀。

丁男被虜暫存生，皮帽皮衣護虜營。間道得歸仍是禍，官軍遮取作功名。

贈桃林逸史

關中信多士，樗散亦奇才。華岳供文筆，瑶池當酒杯。雲横山水障，樹匝金銀臺。甲第丹青裏，争看玉軸開。

齋中積雪

積雪門前三尺强，來年豐稔現年荒。爨清不憒樵蘇窘，糴貴生憎鳥雀忙。晦迹此身惟白屋，迷途何地有康莊？玉壺沽酒難尋問，愁逐朱絲縷縷長。

北虜寇亂之後，逢北野王公生日，林山畫史以公善簫，爲贈圖，余因題此二絶

緑壑野翁閑洞簫，一聲和月響山椒。世人不解此中意，只説吹笙王子喬。

大羅光景絶塵烟，吹斷碧簫情杳然。幾夜胡笳亂汾曲，想應聞不到青天。

寄答徵君沈青門先生

與徵君别二十四年矣，今年得濮上九月寄音，有千里見訪之意，因賦此寄答

山川久隔休文信，蘭芷長牽公子思。多道夜酣淮市酒，何期秋枉濮陽詩。盡游天海舟難繫，若就姑汾步可移。勿謂索居徒草木，石雲香雨秀華芝。

與蜀之日者宋峨嵋

蜀嚴高謝已千春，還有成都賣卜人。新雨幾逢嘉客過，好星多爲達官陳。皆知李廣無封拜，誰信宣尼作隱淪？我命造成非世器，清時林野一遺民。

寄贈祁侯岳省吾先生二首

祁侯大岳後，鴻羽合天衢。旁里沾河潤，清暉照海隅。身留報國

劍，人仰薦賢書。聞道開東閣，琴堂尚自如。

下位沉英俊，因君歎此言。櫪嘶千里驥，池寓九霄鯤。諫草傳家乘，陰符逢世屯。平胡今日事，誰與叫天門？

石畫史歌

石子胸中富丘壑，援翰寫我平霞閣。高閣分明入杳冥，何由落紙爲丹青？餐霞老仙人不識，何由徙倚青天側？澗花巖樹幾千春，疊石迸泉如有神。著色鋪形物各賦，含情顯性成天真。山雪新晴纔一玩，瑶光彩翠交零亂。帝堯黄屋此時輕，弘景白雲何處斷？俗工往往畫蛾眉，變亂醜好邀賂遺。不見漢宫窈窕流絶域，至今青草縈傷悲。羡子深心托毫素，貌得空林烟水姿。空林無世態，子亦無所私。貝葉書中亦評畫，單道此心爲畫師。三山五岳真圖秘，妙悟還當一掃之。

鶴庵行　題鄭子《鶴庵圖》也

帝家宗衮紹桐封，賓客梁園亦景從。就裹曳裾誰最盛？姑蘇鄭子來雍容。姑蘇舊苑臨官閣，太湖淼淼青天落。鄭子愛學浮丘公，拂雲籠取松江鶴。自從野服登王門，文學朝朝事討論。心在白雲君不見，朱冠不肯乘華軒。退息何所依？結茅成隱僻。上有懸蘿偃蓋之深松，下有瀉月横琴之巨石。等閑不敢對鶴發長嘯，只恐引起飛鳴破空碧。世人知白不知玄，大隱小隱俱茫然。賴得丹青爲爾傳，江鄉老手謝樗仙。

閑言二首

墨池淺於學海，石鼎勝似燒銀。讓與伯英草聖，傳將元亮茶神。

渴吻能消五斗，枯腸原没一篇。不知誰爲詩聖，自稱臣是酒仙。

陰霾積四十日不解，端居寡悰，悵言獨酌

亂後人烟少，庭無鳥雀喧。一杯誰與晤？愁對雪花繁。

秋卿趙陽谿先生服竟見過，因贈言二首

我緘歲暮心，君子適來晤。菌閣纔一開，荊扉誠久沍。白雲參往篇，華月照幽素。别此夢前期，恐迷芳草路。

太朴藴天真，高文炳德純。狂瀾漲浮世，砥柱矻斯人。服竟歸朝省，車停訪隱淪。歲寒聊可贈，瑶雪滿松筠。

題《調羹補衮圖》奉壽仲川殿下

金鼎調元氣，衮衣伸闕文。得賢保靈祚，奕世垂清汾。商家傳説周仲甫，載在《詩》《書》今可睹。黼黻皇猷代有人，本朝不許到宗臣。分茅食邑豈不偉？貴而無位高無民。比聞聖主闢賢路，天上九關仍自錮。文學雖多玉牒流，侍從誰展金門步？有美王孫，海岳之英奇，其才八斗似曹植，其書五車如惠施。誕日御賓觴紫卮，願永盤石邦家基。太羹不和知者誰？古錦無象窗前摛。世間何物可比瓊林玉樹姿？蓬萊宫裏萬年枝。

效郭弘農游仙七首

惕時艱虞，思遠世踪。辭不逮古，意頗折衷

仙人調六氣，變化爲六龍。含精寂無間，吐景大莫容。駕言斡玄

運，藹藹祥雲從。欲停不可頓，環轉何能終？

澹然無嗜欲，輕體游太清。周流遍六虚，寂歷過五城。路逢赤松子，携手若平生。話言漢庭叟，握樞朝玉京。道書言張子房爲天樞上相。

仙家在寥廓，宫館皆金銀。昭朗失晝夜，晏温無冬春。澡身玄淵裏，策步飛羽輪。下視世淫濁，莽莽堆紅塵。

挹溜嗽丹液，掇華咀紫芝。金沙和五内，千歲永不飢。鴟鳶挾腐鼠，顑頷嚇長離。不見琅玕碧，磊磊瑶崑涯。長離鳳也。

被服文采裳，環珮極清響。裁剪五雲華，貫穿七星朗。振袂凌紫霄，纓霞赤城上。衆仙美天章，人繡非所仰。

萬靈明庭居，亦有宦情事。衆善等尋常，一眚即顛墜。太上容散仙，不令行作吏。白鶴盤彩雲，高謝回谿翅。

弭節西南隅，傾蓋逢盍簪。羲農淳以朴，黄老静而深。王母粲玉齒，姮娥揚妙音。浮光蕩空盡，漠然冥此心。

壽乾石弟一首

窮通原自命安排，憂喜浮生浪拍懷。未到漆園齊物地，且從顔巷學心齋。梅花雪裏情無限，荆樹春前意獨諧。酌酒壽君能不醉？白頭相守共茅柴。

立春前一日奉壽承山相公二首

百福隨嘉慶，千祥擁誕辰。德符天有合，道在日方新。黄紙傳優詔，青旗挹早春。《崧高》爲公奏，誠已再生申。

壽以南山介，文將北斗高。安期何必棗，方朔未須桃。穆穆持台弦，桓桓擁節旄。詎殊驂白鹿？五色雲中遨。

文谷漁嬉稿卷八　戊辰(隆慶二年)

新歲喜陽谿來晤

野館春醪第一杯,殷勤端爲好懷開。門前積雪和冰解,天上光風轉惠來。獨鶴不辭玄夜舞,高鴻欲向紫霄回。可憐亂後還歡緒,柳色舒眉桃吐腮。

和陽谿席上之作

薄酒斟來味却甘,歲寒欣得友爲三。只言草野無傾蓋,誰信山林有盍簪?喜氣欲浮鳴鳥樹,惠風先起戲魚潭。佳期又恐成離析,滿眼青雲正結驂。

陽谿作　趙　訥〔一〕

春風座上酒偏甘,温語仍催須待三。欲向白雲從野服,羞將華髪結朝簪。草知迎暖滋芳地,魚不驚人起碧潭。秖以飲醇增眷戀,幾回擬去不停驂。

【校記】

〔一〕本詩爲集中所附趙訥原作。作者名爲點校者所加。

壽蕙亭

留得椒盤柏葉樽，都來西館壽王孫。青春又是一年盛，白髮今還幾客存？喚起桃腮供玉案，倩將柳眼媚朱軒。此情未許倉庚覺，催促百花飛滿園。

贈别承山相公

相看一笑宦游身，去國傷讒最愴神。只有青天能信我，更無明月可投人。廣平自合登王佐，方叔還當靖虜塵。坐見盛時蹉跌盡，啾啾群鳥亂啼春。

承山答　宋　岳〔一〕

落落乾坤萬里身，懷讒去國奈傷神。天機自信盈虚理，世路誰分黑白人？强引孤樽消旅興，敢言一劍净妖塵？從今拂袖歸青塢，海上蓬壺别有春。

【校記】

〔一〕本詩爲集中所附宋岳的和答之作，作者名爲點校者所加。

人日宴竹軒館看美人歌舞

亂後苦無悰，春杯尚不空。方知瑶雪館，依舊綺羅叢。舞態流銀燭，歌聲散彩虹。美人今日勝，應笑白頭翁。

送尚書郎趙陽谿北上

十里亭前春正芳，杏花紅夾柳枝黄。雲飛高嶺辭親合，日轉熙辰上帝鄉。鵷鷺趨朝還接武，夔龍補衮共成行。心旌馬首多回戀，自是榮輝滿北堂。

陽谿答　趙　訥〔一〕

正好春山攬衆芳，無端出處又蒼黄。清時不敢終丘壑，游子其如悲故鄉？眼見浮雲忽相掩，心驚旅雁未成行。適來花里宜春服，何日尋師一上堂？

【校記】

〔一〕本詩爲集中所附趙訥的和答之作，作者名爲點校者所加。

上督撫相公楊夢翁二首

授符新徙鎮，决策早平戎。岳峙貞文德，淵渟亮武功。黄塵秋塞斷，白羽夜垣空。充國經全勝，知將漢道隆。

雁塞鞏皇基，熊軒借寵綏。廷推元老望，轂轉丈人師。義氣横金鉞，仁風泛羽旗。坐看洪業建，何止靖疆陲？

喜趙山人見訪作　趙，四明人，工書善畫

荆扉鎮日閉荒苔，蘭友何期自還來？萬里光摇霞海氣，一枝秀出桂林材。池邊翰藻春雲映，障裏烟嵐夕照回。却喜野人同逸調，杏

花瑶草坐銜杯。

憶同野君寺中二首

旅館蕭條二月中，春光一半水流東。遥知獨枕眠難著，吹入小窗花信風。

早晚聽鐘向白雲，香床閑宇思紛紛。有時掃素僧能乞，却少山陰鵝一群。

漫興二首

小隱荒山絶四鄰，不堪猛虎漸窺人。春來欲作移家計，滿眼榆錢未濟貧。

陶潛三徑苦無資，獨向東林尋遠師。半道有人邀一醉，江州深趣古今奇。

壽謝四溟行年七十

一片野雲閑素心，懶將詩卷易朝簪。床頭酒有仙人送，門外車多長者尋。到處東山且携妓，揭來梁父獨行吟。今年七十身逾健，笑酌桃花春滿林。

三月三日偕乾石弟與袁、張、鄭三書記，程、王二子爲流觴之會同賦

兹辰莫虚擲，春序行已深。故事美元巳，達人偕賞心。風花澹紅采，水木含翠陰。揚泠滌氛垢，泛羽遺陸沉。萬物本齊契，真樂良可

尋。富貴非我有,浮世慳黄金。節往不知惜,樽空寧肯斟?適與二三子,陶嘉曲澗林。鄒枚雖曳裾,廣受已投簪。悟言同在昔,文感興自今。奚必佇蘭涘,青霞滿瑶岑?咏歸無俗韻,漁父滄浪吟。

送賈卜山先生之任郿縣

吾道乃西適,再爲百里遷。循良無異術,安静委前賢。問俗横渠野,看耕渭渚田。還將《出師》意,參彼《訂頑》篇。

壽宗尉西谷翁七十

奕世金章寵,洪宗玉牒華。守文忠翊國,秉禮孝承家。善與皇風穆,齡同帝道遐。列仙齊獻壽,門集五雲車。

題西谷壽圖卷

天將韶景媚華辰,翠竹紅桃絢采新。竹葉瀉深瑶席暮,桃花開滿玉顔春。

金昆玉友宴瓊霞,何樂能如此會嘉?好似聯輝樓畔樹,枝枝連理萬年花。

三月晦日作

青春亂後失舒遲,一片陰寒淑景移。苦霧不開含凍蕊,凄風長鎖向榮枝。齋空晝閉厨烟薄,室邇人遥徑草滋。豈道暄妍無著處?適當幽鄙未逢時。

答竺陽阻雨看花不果之作二首

杏樹壇邊幾牡丹,莫教風雨浪摧殘。明朝貰酒邀君看,共酌晴霞滿赤欄。

盡道豪華逞牡丹,誰知野老惜春殘?殷勤夜雨花神祝,生怕紅霏墮曉欄。

四月四日宴慶國西園

芳園別館挾清和,瑶席金尊耀綺羅。宣子喜承嘉樹宴,穆王能記白雲歌。花交紅翠晴光滿,鳥哢宫商逸響多。歸去更便池上酌,夕陽林影共婆娑。

孟夏即事五首

黠胡亂後陰陽錯,老圃空林日月昏。四月土床猶近火,一春柴酒只關門。

土雨沙風日日狂,一春埋没好時光。即今尚在陰埃裏,那有清和到草堂?

四月八日佛誕祥,家家焚禮浴蘭湯。有誰掬取菩提露,一灑昏氛泰宇光?

夏令已行天不開,疾風飄山波倒回。愁來我欲乘之去,避地海上金銀臺。

揚沙折木晝長昏,飄瓦捲茆山下村。欲作雷聲起中夜,迸流甘澍洗乾坤。

題味泉老人卷

渴飲飢餐日不離，個中真味果誰知？洪鈞賦予無偏向，元鼎調和有妙宜。沆瀣滿酣玄酒夜，葆光充飫太羹時。甜酸苦淡應難説，却憶慈湖老趙師。

贈别趙山人

雲壑喜逢江海賓，丹青草隸俱通神。芝蘭入室美三益，風雨對床便一春。芳樹不將遮别路，輕帆偏起趁離津。送歸無限登臨意，可有長綃畫得真？

看園中芍藥有懷

牡丹連種不成葩，知我元非富貴家。却喜藥欄清夏氣，肯垂花朵艷晴霞。香流小苑風難斷，影轉空階日易斜。草有性靈能對酒，客無心賞爲誰誇？

送南洲上人經胡寇亂後往龍堂别院

院在交城縣北，是其弟子慶雲创建，拈用棕、櫚二語，聞其地形如此

墟里烟中大相村，静居堪比給孤園。去秋狂胡逞陵踐，一片白雲爲掩門。弟子開山得巖選，丹崖緑壑含空蒨。棕櫚葉卷夜叉頭，芍藥花開菩薩面。下界攀緣百尺梯，鐵鎖不垂猿夜啼。上方香床展空碧，要請老師移去栖。老師便此策飛錫，松際草庵凉寂歷。啜茗與君詮會期，青天有月長相覿。

招隱一首

風霾一以散，林景復依然。雖少濯枝雨，已多籠水烟。鳥聲流樹上，花氣撲簾前。寄與山中客，知予掃徑延。

程竺陽生日書贈 時年五十

不鄙西河近朔邊，蕭然行李客三年。林間野景皆圖畫，酒後狂歌即管弦。染翰欲令池水黑，談文真到古人玄。華辰勿謂官當服，却是無官好醉眠。

丘中偶書

蹋翼九霄人，冥心一丘老。文章不經國，著述安用道。有酒歡自斟，無詩閑亦好。落霞嵐嶺曛，滴翠空林曉。

贈監胄周小湖奉使隰川王府，過汾一會而別

江南塞北本無期，樽酒俄逢又別離。垂柳萬條遮去岸，飛花千點罥游絲。韓宣嘉樹儀鴻日，越石長松繫馬時。回首可能懷故舊，贈携惟有竹林枝。

五日山中即事

林間亦有端陽節，却是炎涼杳不分。坐樹翠摇雲母扇，酌花紅

近石榴裙。五方綵縷縈珠貫，六甲靈符篆寶文。免俗未能聊爾耳，詎知龍舸鬥江濆？

林間習静二首

爲厭塵囂耳目煩，稍從清净碧林園。却嫌形影相争辯，邀致白雲康老言。

金光明滅鏡中泉，翠色依微墟里烟。坐對夜深寥落盡，一連抛却子雲玄。

壽静川言懷一首

求仙不耐海雲深，服散難回白髮侵。且把醉鄉爲玉洞，更將老圃作瑶林。生辰歲展南山席，夢曉時投北闕簪。自許閑身得清静，滄浪歌罷有餘音。

白雲康老詞二首

夜吸月華朝日華，泠然五内生金沙。瑶林一抹青天外，何處白雲康老家？

陌上起烟塵盡紅，人間無地追凉風。白雲康老在姑射，冰雪戛林旻火空。

棣華軒即事二首

兄住東頭弟住西，一壺新熟往來携。非關好飲相徵逐，共對花林聽鳥啼。

兄解微官弟亦辭，到家俱是黑頭時。如今尚覺容顔好，長有春風面上吹。

鄭子移居二絶

偃閣蘧廬只數椽，雖居人里不通廛。要令車馬音塵絶，贏取北窗清晝眠。

帝家高館插雲紅，長夏珠簾蕩遠風。應笑書生結茆地，等閑一畒便爲宫。

七夕詞二首

巧節年年届，祈靈處處同。神光下燭地，終不到愚公。

拙者有明效，才疏世寡諧。天孫莫相笑，亦是命安排。

題絳客隱庵卷

長安青紫匝塵緇，若個英雄不詭隨。何似五湖烟浪裏，逃名只數范鴟夷？

海東藥草無人識，天上星槎有客通。解道隱心能晦迹，跳身長往一壺中。

鶴林園題壁一首

園囿何須廣，幽閑褊亦宜。三間崇小架，一径勝多岐。窗几饒文事，花林費酒資。性成無俗調，頤解在言詩。

孟秋即柳川、小村壽筵作,是日天現彩雲,瓶插紅白蓮花,斯賦之云爾

七月天風吹彩雲,瑶空幾片落晴曛。照君酒盞爲君壽,好把秋光醉十分。

紅白蓮開香滿池,壽筵長插兩三枝。歲來權作看花伴,一十二回無改移。

夜坐一首

説道無爲却有爲,此情惟許自家知。軒黄赤水求珠日,樂廣青天撥霧時。

遥賀陳母太老夫人壽登九十

八座太君膺寶籙,三台元老侍斑衣。人間福壽齊溟岳,天下孝慈兼寵威。曲度玉霄青鳥語,杯承瑶水白雲暉。緬知家慶酬恩意,並捧南山獻紫微。

卜居一首

背郭閑園小結廬,避喧聊學古僧居。池中水引澆花後,窗裏雲分桂樹餘。一枕邯鄲知是夢,幾場傀儡看非虚。只愁豺虎縱横甚,何處深山可晏如?

題石假山用韻二首

有時踏雲去,挑得雲根還。奇峭龍撑角,華嚴豹炳斑。日光每穿漏,人意重翻攀。織女支機處,真成杳渺間。

混沌分開後,乾坤此削成。入山移玉潤,植館帶雲明。幾卧從風虎,長栖出谷鶯。猶疑補天剩,不斷彩毫生。

和趙陽谿户曹京邸寄壽

紫璚仙醴寄盈卮,更有南山見壽辭。文露香溥秋草處,惠風光泛月華時。居來鄭圃生涯寂,歸向陶園老景遲。身世久拚人棄盡,問遺驚喜尚如斯。

送趙文岡試宰臨潼

驪山温谷朝元處,霸上新豐定鼎餘。湯沐千年留舊邑,弦歌百里得新除。幾經震蕩民無屋,數事將迎傳有車。聽訟應爲第二義,惠風先向野田噓。

九日奉壽宗川

西山氣爽帶瑶空,南極光熒入紫宫。金序九陽時最盛,玉人千載道斯隆。庭中燕喜歌延露,臺上雄威賦遠風。更有菊芳和桂醑,助顔殊勝海霞紅。

九日同乾石弟書臺登眺九首 臺在平霞館前

莫怪重陽雨滿城，風吹雨回開太清。我家兄弟乘時興，聯步紫霞調玉笙。

書臺高處與霞平，霞外清光萬里澄。説道吾心不相似，林園那有世間情？

韶年拙宦只卑栖，老景高臺路不迷。翠巔華秋雲净盡，冷烟空水和天倪。

千山紅樹半狼當，一徑黄花堆晚香。不負幽人舊來意，高高折取醉斜陽。

九日晴登九仞臺，洗天風雨昨宵回。高心欲賦言難盡，坐對鍾期笑口開。

上有書臺接翠虛，下邊松菊繞蓬廬。今朝添得登高事，却爲嘉辰一起予。

遐征我亦羡飛鴻，輕舉人皆想御風。不見高臺在平地，振衣往往白雲中。

一自陶潛服九華，至今傳到隱淪家。寒香會裏無邪祟，不用紫萸囊絳紗。

登高佳日賦新詩，五柳先生會意時。此意亦應人會得，醉吟寒菊兩三枝。

奉和見賞芙蓉五首

和西谷韻一首

林居疏艷陽，却有好秋光。冷蕊偏葱蒨，佳人稍頡頏。粉脂匀皓露，羅綺護玄霜。相對須成醉，清於錦瑟傍。

和柳川韻一首 《楚辭》:“搴芙蓉兮木末。”

移到纔三尺,長來高一尋。蒙君看木末,知我惜花深。不改秋江色,還傷暮渚心。明分數枝去,幽藻結同林。

和小村韻二首

任他桃杏角春風,保取秋容自在紅。今日看來何等好,碧天雲净水烟空。

香紅膩粉出團團,莫向長門惹恨端。正是娉婷怯羅扇,可堪花老被生寒。

和静川韻一首

君愛芙蓉似美人,露華清曉看來頻。須知冷艷無心緒,不是江頭楊柳春。

奉和龍岡青州寄壽之作

知君道妙合軒羲,龍馬千年應聖期。翠幰將迎尊别駕,青丘循省惠前綏。松邊蘿蔦猶存記,海上雲山盡表儀。三復玄言來玉軸,九霞光采翳華芝。

秋晚西園社會一律

“逸我以老”,出《莊子》

歲華摇落仍嘉會,始識乾坤大有容。紅樹千頭黄菊現,青山一帶白雲封。淡中風味鷄和黍,閑裏光陰鶴伴松。老去不蒙天與逸,誰將此景付龍鍾?

長嘯一首

庭前奇樹葉將飛，籬下黄花耀翠微。酒興半隨秋興展，詩情全與世情違。我歌《碩鼠》招尤衆，誰道虚舟觸怒稀？回首可憐驚歲暮，仰天長嘯月明歸。

雨中對菊同東明弟

時九月廿七日

山雨蕭蕭迫孟冬，菊花猶帶好秋容。東明令尹多情思，來對寒籬濁酒鍾。

乾坤正氣九華存，落木之時香滿園。苦節不勞青女妒，冥心惟共白頭論。

九月廿九日壽趙小田作

趙璧由來天下奇，明堂終有見徵時。乾坤未必疏賢俊，詩禮方當保訓遺。菊展好花黄壓帽，蘭開新酒緑融卮。爲君初度承嘉慶，一矢南山燕樂詞。

搗衣曲

嚴霜未降，白露始零。金飈流碧樹，蔓草失其青。此時空閨婦，偏念客衣單。笥裹敝藏湔浣出，機中寸縷落成端。尺幅裁新忌生硬，横斜改舊煩鋪叙。新舊皆須熨帖平，殷勤幾處行砧杵。亂杵調砧積漸多，燭短杵長將奈何？紛紛碎却關山月，滚滚翻成瀚海波。聲疾激，玉女投壺飛霹靂。聲悠揚，啼猿感傷人斷腸。復作斷續聲，千思萬恨情。還因響哀怨，可以摧長城。寒雲捲空河漢微，力盡夜闌人語稀。寧知紅粉凄凉意，化得寒鄉温暖衣？歌擣衣，胡鬉遨？北里南鄰富華屋。娥眉晚妝饒袨服，綈錦文綃袖手穿，厭聽擣衣驚寤宿。

和東皋悼馬二首

自出黄泥阪，騎來衆所看。長鳴逢主識，却走爲時安。芳草乘春樂，垂楊踏月歡。昂藏思致遠，夭矯欲勝殘。遽謝支公櫪，空留越石鞍。仁哉敝帷意，惻愴北風寒。

骨相越驪黄，和柔乃獨良。貴之青玉勒，文以紫絲韁。足弭雲中寇，能追月下亡。一朝形委化，千里志難償。老棄猶堪惜，生捐詎可忘？知當廄焚日，不止問人傷。

奉壽邽田相公

帝簡高賢奠冀方，恒陽開府復汾陽。英威地轉山河氣，亮德天垂星斗光。城起戍臺森畫戟，郊安氓里遍甘棠。輿情共效華封祝，敬以嘉辰一獻將。

贈孔以英赴朔邊

敝袍羸馬薄長川，儒行宗風自藹然。去魯幾經芳草地，來汾正值白雲天。好陪松菊淹吾土，又倚弓旃赴朔邊。先聖未周秦晉轍，羨君今且踏祁連。

贈暘谷崔先生教授太原

世人多笑儒官冷，我道青氈亦不寒。座上春風遍桃李，室中香氣滿芝蘭。洪鐘絶響需頻扣，藻鑑長輝具大觀。若見督郵俱束帶，先生書卷獨盤桓。

壽北野翁七十 時十月初十日

愛汝高年閑素心，茅柴縮酒壽筵斟。形如野鶴與雲遠，節比寒松耐雪深。倚仗看山無一事，吹簫弄月有餘音。將同榮啓生平樂，帶索垂垂自鼓琴。

贈節判穀峰楊公擢合水縣令

佐郡三年猶一日，堅清如玉復如冰。文章飾吏施爲别，德禮先民感化興。北地喜迎明茂宰，西河愁送短長亭。古來道在無卑位，謾擬郎官是列星。

哭業師西野先生

吾師歸化白雲鄉，七十八年夷且康。無位盡教師道重，有才不作吏途忙。南窗傲寄松筠節，西野耕韜畎畝光。虚館來來哭遺愛，桂蘭桃李各成行。

壽仲川宗正

宗盟帶礪綿長日，王子春秋鼎盛時。食邑浩恩連鳳沼，免朝殊寵隔龍墀。杯傾翠醴南山入，卷展珠文北斗垂。爲壽争看道德麗，冰桃雪藕未多奇。

臘月廿四日壽乾石弟作

壽筵莫惜杯行滿，臘日俄驚歲序周。往事笑吾如畫虎，强名呼我任爲牛。山林淡簡心無累，兄弟安和道與謀。共對華燈觀氣象，春光早已上眉頭。

志感題樂壽園壁四首

谷雲長自白，庭樹本來青。縱有風塵色，何曾損性靈？
自言心累盡，空谷保田廬。獄吏猶相問，方知公也愚。
積玩生陵辱，稀知絶比鄰。如何談世務？原是避時人。
何事受侵誣？當觀百一書。下流不可處，君子慎厥初。

息機一首 黄公事出《西京雜記》

説道忘機未息機，一場閑氣好乖違。與民救苦知誰是？爲國驅殘計已非。周處合憐身幸免，黄公那曉力衰微？桑榆尚自存餘照，猶恐浮雲亂夕暉。

文谷漁嬉稿卷九　己巳(隆慶三年)

春日林間有懷趙陽谿使君

新年光景不曾新,自判鴻蒙有此春。唤雨催耕少昊鳥,含哺擊壤帝堯人。林花但簇當初錦,野草還鋪太古茵。酒泛東風思共御,龍門老友性情真。

正月十日小堂春宴和西臯宗正

喜逢青帝送韶光,更得朱軒賁小堂。酒碗舊香今日共,菜盤真味幾人嘗?凍回園草生將緑,老至頭毛變已黄。好景不應閑放過,只愁花鳥笑空囊。

聞　雁

陽鳥通春信,歸飛紫塞雲。銜蘆方尚武,擺字復成文。海闊愁單緒,沙平愜乘群。流音雜歡怨,情感思紛紛。

寒食西岡二首

山後山前丘壟,村南村北人家。烟火蕭條時候,紙錢飛共楊花。

萬户尉陵西里,墓田丙舍東家。门外青垂柳色,窗前红映桃花。

二月十五日口號

美錦如春一段,誰將刀尺中分?岸柳愁遲著綫,園花欲早穿裙。不分花間宿雨,生憎水上浮雲。是彼流將春去,教人錯怨東君。

和西皋春日登城之作用韻

高城獨上[illegible]寥寥,廣野春晴入望遥。雁字寫雲江樹暖,羽書沉月塞烽消。酒家[illegible]向東林閣,詩社平臨北渚橋。此地見之能下否?同歌擊壤聖明朝。

贈程一山[illegible]戎始建牙汾郡一首

北闕授符推轂後,西河分[illegible][illegible]牙初。弘修軍禮昭文幕,遠闡兵威到朔廬。戍静關山和月唱,氓安[illegible][illegible]帶經鋤。方知上將收全勝,頓令邊庭絶羽書。

春寒一首

造物原無我,春光此地難。已逢三月暮,猶作一冬寒。雨雪[illegible][illegible]雜,風沙日幾摶。下帷疏講頌,寂默按愁端。

贈孝義葉丞膺獎,代人作

儒紳佐邑最稱賢,見獎中丞問俗年。日對古松閑政理,時思長劍掃風烟。旌書花鳥韶光焕,賀客衣冠喜氣偏。試向雉樓同極目,滿犁膏雨潤郊田。

三月十有二日,王生允承行年四十。允承,吾先友桐庵先生之遺孤也,蓋及髫而游吾門,今亦長焉如是,因感而賦之

少年頭角好凌雲,今日昂藏未策勛。學久可能明似聖,功深應自老於文。風前烟柳朝無賴,月裏天香晚更芬。四十古來名强仕,通家迂叟望彌勤。

晚春與康老共酌

桃花隨雨逐東流,楊柳牽風繞指柔。坐惜芳春三月晏,行招野老一杯酬。偶因藉草依山足,不爲看雲到水頭。身世似將無繫吝,信歸渾比泛虚舟。

立夏日偶書

未展春游春遽殘,夏陰早已拂林端。禽言翻出玫瑰朵,花氣飄來芍藥欄。天外數峰雲突兀,池邊孤館竹檀欒。流光荏苒乾坤事,栖息長遺野老安。

四月五日宴小田宅

思親隆執友,念舊款通家。水翠斟名酒,泉珠瀹好茶。坐深花困

蝶,歸晚樹栖鴉。自賞清和節,無如此會嘉。

贈侯露泉宗相一首

宗相才猷卓犖,意氣慷慨,超出時人遠甚。宜其高賢貴客樂與之游,余愛其英俊,特贈以言。

我愛露泉子,雅宜宗國賓。聘祥充里選,服寵荷恩綸。玉畹纔通籍,金章已在身。乘龍推上客,跨鳳美斯人。晉代奇中散,周家重懿親。悦文敦禮樂,耽隱尚松筠。義氣干霄漢,仁風洽比鄰。長希藺相節,每望魯連塵。門外多車馬,堂中滿縉紳。同懷欽令德,嘉會引芳辰。交態誰能古?朋情爾獨醇。荆扉朝夕對,蘭室往來頻。書劍應無用,琴樽自可因。贈言非外奬,辭鄙意彌真。

仲夏同程參戎游李氏園亭

近郭園林百畝賒,高原陸地俯平沙。穿渠引水紅泉細,疊石爲山翠領斜。樹裏樓臺淹落日,花邊羅綺艷晴霞。上公冠蓋登臨盡,何似橋西野老家?

己巳端陽日偶書

時光冉冉劇飛埃,過去端陽今又來。鏡裏詎堪愁鬢改,樽前惟許笑顔開。符牌畫虎元虚謬,書帶成蒲孰剪裁?不是鄙夫情累盡,夜深雷雨湛靈臺。

贈郭公子西歸 舊守石橋公有遺愛在汾

去日西河守,遺風四紀存。口碑傳父老,家乘表兒孫。投刺稱門閥,飄蓬歎世屯。故交零落盡,微我復誰論?

五月八日園中再宴

重午過三日,良游喜再同。景延流俗愒,心賞及時隆。爽吹風翻緑,妍華露滴紅。真成宴嘉樹,可使玉壺空。

看東家牡丹

牡丹庭館閟芳蕤,正是春深著色奇。青紫向人從拾芥,輕盈拂檻罥游絲。香風羅扇歌殘處,麗日金尊醉倒時。何似幽蘭老空谷,燕儔鶯侶不曾知。

仲夏庭榴開盛,對酌咏言

庭前有奇樹,對此青玉樽。芳宴啓炎節,流觀適晴暾。葱蘢碧如染,的歷丹若焚。色映珊瑚水,光奪櫻桃園。羅紈摇葉亂,茜袖擽花繁。霞綺正成絢,露珠稍已翻。幻質委陽焰,餘英匝苔痕。焉知垂碩果,而不美靈根?華實豈俱敝,榮枯勿復喧。自從植欄檻,亦是産河昆。神理若微滅,吾生寧久存?今日當極飲,獨醒非所論。

夏日齋居

空宇獨依依,柴門人迹稀。日凝槐夏永,風送麥秋微。榴火丹無焰,茶烟緑有暉。食餘分鳥雀,稍已落禪機。

刈麥復無所獲,笑而賦之

自笑身爲田舍翁,麥收曾遇幾年豐?計當十斛成烏有,力盡三時獲屢空。雨露豈私磽確處,風雲不在坎坷中。若教窶者無荒儉,沮溺當時總未窮。

和西皋宗尉見訪北園兼有高咏

長夏端居悶不禁,委懷猶自惜余陰。舊行種柳垂門密,新學栽蓮覆水深。物化轉頭驚老大,時流携手笑幽沉。憐君避熱還相問,一灑瑶華振夕林。

奉和西園宴集之製

瑶林别是洞天幽,不似班生老一丘。大地鏡光融作沼,半空霞彩結成樓。流風絲管傾凡聽,過雨烟嵐净遠眸。怪底世塵都隔斷,只應仙侣占高頭。

和東皋宗尉盛夏登北城新樓贈太守寧公之作一首

高樓一上絶氛炎,更覺凌空翠靄添。棟彩虹蜺如欲奮,劍華菡萏不勝拈。示威逾表重關隘,設伏應教萬弩潛。合是守臣多大略,百年安攘力能兼。

夏日山莊六言

老病不識人間,幽栖一片地閑。炎飈夜歇高樹,爽氣朝起西山。麥飯炊來香熟,石田斫去堅頑。巖扉只有雲到,村徑通無往還。

伏日看文苑蓮花

炎暉無可避,聊作看蓮游。翠蓋圓逾展,紅衣净欲收。露傾河女汞,風動水仙舟。只恐池中影,翻成一片秋。

和答趙陽谿使君四月廿七在徐州見夢之寄

六國時,張敏與高惠善,每相思,便于夢中往尋,行至半道即迷,不知路而回。

别離無想應無夢,有夢還愁路不明。雲樹可遮千里面,江河能禦百年情。形神静夜龍山合,意氣遥天珠斗横。一笑漆園蘧栩處,漫將塵物等浮生。

陽谿寄　趙　訥〔一〕

終日思君不見君，清宵夢裏轉分明。關河寧阻來時路？江海遥憐去國情。北極風雲方際會，西山豺虎且縱横。何當回我邯鄲道，灑掃門墻盡此生。

【校記】

〔一〕本詩爲集中所附趙訥的原詩，作者名爲點校者所加。

贈張圖南由臨漳司訓掌教甘泉

漳河桃李下成蹊，文館甘泉道復西。理士受經聆達旨，詞人操管待分題。槐風帶掃邊沙静，杏雨連沾塞草萋。莫是一官真冷落，門墻終日有攀躋。

和小村山中立秋見寄

脈脈驚秋早，沉沉苦晝長。回飈聞葉墜，片雨覺天凉。遥憶山中侶，孤踪雲外翔。題詩寄問社，落晚愛榆桑。

秋日書感二首

噫氣一以秋，卉木無精光。萎黄何足歎，貞脆具見傷。丈夫懷耿介，陰賊相摧戕。毒螫滿蜂蠆，反面皆豺狼。天道倘可滅，聖世容民殃。

秋氣何慘慄，白日無光華。陰蟲附宵火，豺虎亂如麻。蛟龍碭失水，受困蟻與蛇。貞士見誣辱，群小方自誇。或矜巧文墨，或矜利齒牙。悲風在珍樹，孰知我所嗟！

中元令節壽柳川、小村二翁同誕

暑就西流火，凉生高樹陰。露光和月泛，蟬響帶風沉。雲葉天張綺，槐花地布金。瑶堂通碧落，朱館對青岑。令節中元啓，南星此際臨。弟兄嘉旦合，德齒慶源深。面有丹顔潤，頭無縞髮侵。盈門來鶴馭，四座儼蘭襟。寶鏡將秋獻，銀河當酒斟。籙傳千歲紀，冠插九華簪。竹奏蒼龍管，絲調紫鳳琴。清懷逾白社，歡笑灑空林。即已登仙道，方壺何用尋？

覽鏡二首

面有慘淡色，孰知情寡悰？言慚成困悔，動省作貞凶。只恐人謀險，難爲天道容。將因學浮海，漭沆竟誰從？

端居意不釋，焉有好顔容？鏡裹人先老，窗前樹尚濃。急飈凌夕鳥，繁雨亂秋蛩。政自獨多緒，寧堪觸景重？

短歌行 在文苑清居作，呈郡博張十洲先生

置酒清居，我歌以噓。天道幽渺，人事齟齬。善惡云報，禍福每愆。淑慝雲别，彰癉則偏。翼虎在邑，枝蛇在野。鴟鳶爲鸞，麢麕爲馬。誇毗變戾，鬼神莫貞。凶頑回惑，賢聖靡程。文王明明，慍于群小。仲尼遑遑，阨于周道。胡寧我躬，閔侮不臻？怨固叢敵，德奚寡鄰？曷維其忘，不如飲酒。積憤成痗，亦復何有？我思在昔，爰契我心。作者七人，于彼竹林。

十洲和　張三畏〔一〕

世事何居，閑念起嘘。薰蕕品錯，飴薺齒齬。顔回盜飯，簧口之愆。不疑竊金，貝錦之偏。爲龍爲鳳，率彼荒野。如鬼如蜮，蕃成錫馬。所賴君子，素履以貞。其惟先哲，大猷是程。泰宇爲大，滄溟爲小。感遇付時，責成付道。面唾自乾，衆妙攸臻。狂生不忤，聖徒斯鄰。太白之詩，淵明之酒。得也非無，失也非有。緬我文師，妙契此心。尚友古人，傲寄平林。

【校記】

〔一〕本詩爲集中所附張三畏的和答之作。作者名爲點校者所加。

七月十五日清醮呈郡博張十洲先生

佛氏袛盂蘭，道家虔玉京。共以中元令，同持上善情。土風沿宿昔，撫景肅齋明。萬寶證華實，兩儀澄濁清。金繩界壇道，瑶席展精誠。妙香瓜果外，奇味海山并。羅列允珍麗，祼將何屏營？仙盤玄露湛，神鼎紫烟升。伏蒲陳所願，未言悽已怦。四靈寂郊藪，群猛浩縱横。禍福久茫昧，善良胥圮傾。冥冥倘終鑒，拯苦達寃生。

十洲和　張三畏〔一〕

射策首仙侶，鳴珂游帝京。應此緣中果，閲盡世間情。急流心勇退，爽氣眼偏明。幸際太平世，矧值節序清。佛説盂蘭會，道薦紫霄誠。式將斯理味，元與吾儒并。参玄探實際，奏假濯俗營。智劍劈煩惱，慧燈照悟升。慈航岸克到，苦海波自怦。山鬼窮伎倆，豺虎任縱横。丹衷已披瀝，蒼冥諒可傾。大道通三教，高人達此生。

【校記】

〔一〕本詩爲集中所附張三畏的和答之作。作者名爲點校者所加。

驚秋一首

一片新秋何處生？露團雲白暑氛澄。鏡中空碧川光映，畫裏曉嵐山氣明。木葉漸隨流籟響，草蟲齊傍搗衣聲。此時坐卧誰能定？除却無心盡有情。

月蝕後書感

門種先生柳，家藏太史書。將爲君子遁，不學小人儒。朱鳥還傷尅，蒼天定有無。夜來看月蝕，暫似暗投珠。

林居即事一首

戰勝有餘樂，自惟良已多。池蛙喧鼓吹，林鳥疊笙歌。飯客聊鷄黍，帷門滿薜蘿。少無經世用，垂老幸閑過。

理北園作

心累何時盡？閑居亦有營。看山移閣就，引水鑿池成。花裏參榮悴，酒中研濁清。無爲一邊事，深謝古先生。

汾上贈孝廉何竹窗先生

故禮部尚書文定公子也，文定公以清德儒臣著名當世

伯起清風後，玄成素業餘。遭時猶廓落，抱道且踟躇。洛下誇新進，河陽守舊廬。相逢無可贈，一段白雲裾。

答南老惠絲瓜白豆

成粒美白豆，蔓絲嘉緑瓜。山中好秋實，世上玩春華。老缺牙堪粥，沉煩肺慊茶。得蒙清意味，歡喜啖烟霞。

贈安上人　舍侄謂借其蘭若誦書，故有此贈

我家秀士修文去，借與香林一片閑。鏡影每從看定水，嵐光便自得晴山。蓮花藏裏資開悟，貝葉書中取訂頑。若向青雲策高步，不忘天宇幸躋攀。

中秋月一首和七泉宗尉見壽

一年美景私籌筭，最是中秋月滿天。簾箔漾輝珠彩亂，池潢含影鏡華圓。庭團玉樹清非淺，人照金波老更妍。世界未應終缺陷，歡盈稍已到璃筵。

和十洲見贈美際中秋喜逢華旦之作

學道無聞已白頭，月華秋水尚登樓。團團玉樹齊書案，穆穆金

波泛酒籌。嘉節生憎晴霽少，拙緣私喜退藏優。今年瓜熟同君玩，莫説東陵是故侯。

答南陽長老持山果見壽

山僧不厭人間世，還把庵羅饋賤辰。俗眼每看成外道，禪心久許契吾真。稍留香飯嘗新黍，共對秋雲笑此身。歸去莫令時節换，菊花猶待往來頻。

題贈清溪宗尉石洪山莊二首

湛湛石洪水，平平綿上田。耦耕非吾事，高謝古人賢。屋繞扶疏樹，池籠縹緲烟。漁樵相問罷，閑拱夕陽邊。

豈無北里好，獨守東皋耕。默眇紫芝想，蕭疏白雲情。結茅倚山静，坐石臨水清。哲代韜時略，只應閑此生。

積雨背郭園居二首

連陰迷晦朔，積雨亂昏明。樹染深秋色，蛩悲薄暮聲。布衾寒自擁，苔徑滑難行。焉用憂成老，將因達此生。

今雨復誰來？荒庭滿緑苔。楊朱興浩歎，墨翟動長哀。南北徒爲爾，蒼黄何有哉！惟應抱幽獨，坐對不然灰。

謝東府宴一首

西園秋色裏，剩有好筵開。玉樹懸金葉，冰壺瀉露杯。鄴中飛綺蓋，梁苑集文才。往事俱陳矣，兹游復茂哉！

喜陽谿户部分曹事竣過家省覲，因贈五言二律

司計足公期，到家安母慈。皇華瞻使節，彩服見光儀。義用丹誠盡，仁由素履推。那同濮陽騎，盛向汝南馳？

孝德邦惟懋，文思國有華。神明通善行，詩賦藹名家。仕意榮三釜，歸心戀九霞。寧知金鉉待，將爲草黄麻？

酬陽谿先生以詩見壽，用原韻四首

時俗眇衰賤，生辰愧酒筵。況當多難日，猶阻太平年。故舊還憐此，存期尚宛然。一丸銷積疢，恍已遇神仙。

喜到龍山駕，忙開鷄黍筵。清言淹永夕，重感别經年。菊圃留花看，茶爐掃葉然。已如方外侶，只是未成仙。

一語破苦惱，俄登歡喜筵。壺中瀉甘露，鏡裏换衰年。神火得長照，心灰豈復然？登山謝魍魎，平地有真仙。

荆扉衰柳徑，霞館菊花筵。冷落悲前歲，歡娱復此年。秖緣千里駕，相對一燈然。太息人間險，將因去學仙。

喜陽谿員外以九月一日過汾見訪

别經二載遥相憶，歸近重陽若有期。見面並先庭樹老，冥心都破海鷗疑。晴暉翠領開桑落，佳色黄花折槿籬。借問故園携手好，何如戲馬望鄉時？

次韻九日登北城新樓呈邦田相公

雉樓苕蒂此雄州，嘉節登臨是勝游。萬隊旌旗寒色動，千家砧杵夕陽浮。黄花有酒舒長嘯，紫塞無烟豁遠眸。樽俎折衝人静定，滿城車馬自如流。

奉壽趙母太老夫人，時令嗣陽谿君省覲

阿母高堂喜氣新，慶餘光景悉來臻。身登壽域儕金婺，兒轉仙班侍玉宸。禄養膳羞歌潔白，淑儀州里頌慈仁。萬年梓捧南山祝，共羨萊衣悦老親。

九月十九日培菊，因憶雲溪老人嘗餞菊歸籬，創意殊絶，斯及之焉

皇天有意人間世，四序平平分與之。物各賦其物，隨事還順施。春物駘蕩夏富繁，緑岸青郊紅采園。貴游熟客，車如流水馬如龍，欻來騁望相攀翻。我當居苦空，編籬種菊廬其中。種早開復遲，木落水波霜露濛。雷收其聲火藏烈，炎炎者熄夷隆隆。據槁焚枯閟欲絶，的歷皎然開一叢。此花真可貴，皇天以補幽人窮。吾聞天地閉塞賢人隱，貞卉可令荒草并。盆移案列謹呵護，恐被村童悍婢殘始英。又聞老子言，歸根曰静静復命。即因刊落守靈根，仍以栽培厚真性。托土欲深封欲嚴，涵水欲濡安欲定。爲何珍重出尋常？精和禀純三正光。金玉爲苞翠爲葉，瓊碧引枝凝妙香。發藻乾坤殿清節，斂形龍虎潛黄房。記得雲溪叟，臨風起高趣。云當玩賞餘，合有餞歸酺。今日舉觴嗟共誰？只應九華開謝，不爽歲寒期。

暮雨蓬蒿園作

一室蓬蒿掩，栖遲笑屢空。詩書堆案上，山水落琴中。今雨心無限，寒雲迹稍同。群陰方剥落，幸自保微躬。

喜四明吕徵君自上黨來汾見訪

有美東南彦，無期西北游。潞郊芳草晚，汾水白雲秋。倒屣迎三徑，開林坐一丘。清言時領略，江左舊風流。

邀吕徵君次園中二首

庭前落木亂成堆，徑裏蓬蒿掃不開。獨有寒松帶空碧，孤雲遠影鶴飛來。

堂名背郭巷稱窮，路絶人稀是此中。不合臨空起書閣，賺來霞海杖藜翁。

再贈吕二山人

四明狂叟昔稱賢，再出逸人今儼然。瑶草沃洲書著處，赤霞臨海杖游邊。琴中山水音常絶，壺裏乾坤趣獨玄。我守空林歲云暮，喜逢傾倒菊花天。

比神不旺，數夢見鬼物，就於夢中紀夢，爲六言者六，寤而思之，亦怪矣。常惑王文考《鬼賦》，今乃信之

醒怕貪狼猘犬，夢遭封豕長蛇。幾處飛沙吐氣，一群吮血摩牙。
一念羞人僝僽，終宵夢鬼嘍囉。若使東方不曙，將無魘殺維摩。
曾見鬼王圖相，非如夢裏搊颼。舞爪張牙鐵面，提刀把筆銅頭。
清晝木人持杖，黄昏山鬼嘯梁。在昔嘗聞有此，今宵夢在我傍。
虀臼原無借杵，鼠窠那有乘車？近日世情顛倒，夢中栩栩蘧蘧。
檄文可驅瘧鬼，夢賦能掃非祥。不若九天爲正，萬里誅妖電光。

謝甬東題園景十二咏二首

小園分景太參差，一寓閑心任所之。恰似月明隨處著，萬山千水不曾離。

此景被君題得破，何曾清意少人知？天寒潤筆無它物，只有庭前柏樹枝。

邽田相公誕辰，適當奏凱，賦以爲贈

上公行省慰民思，荒歲兵連撫且綏。蕩滌煩苛存本實，調停征繕有機宜。嚴城利建增高日，祥旦欣逢奏凱時。野老報稱歌樂壽，南山詩裏萬年期。

卜亭行

憶昔先師道不行，七十二賢皆守經。大者散爲侯國師，小者宰

邑餘飄萍。當時魏文頗重道，其師卜商抱道西河老。玉韞自然山有暉，至今山以卜爲寶。此山崒嵂横地維，綿亘百里深委蛇。中有石室似天造，要令文儒隱在兹。文儒化去二千載，空山只有白雲在。隱隱書帷挂薜蘿，茫茫古道來樵採。王官張子振遺躅，結草爲亭傍山曲。命名取義象先賢，思義顧命美可續。學禮攻詩早貫穿，摛篇灑翰復殫研。奮飛有時適不遇，退藏猶得保林泉。林泉一片好閑地，高卧不減羲皇世。聖門師弟且遑遑，咄嗟我輩成何濟？緑壑丹巖無垢氛，碧樹珠泉風雨聞。醉來大嘯叫猿鶴，静後一心窺《典》《墳》。温飽亦不缺，朝霞可餐蘭可結。鍾鼎萬户食，銀黄三組榮，回首可憐要領絶。我觀張子毛骨奇，頭圓耳闊神仙姿。不礙曳裾爲吏隱，大隱小隱誰能知？留侯辟穀從赤松，果老下山騎雪龍。二翁風流，遐哉邈矣隔霄漢；子爲苗裔，可能夭矯躡華宗。

初寒擁爐酌吕二山人並竺陽諸公在虚白齋作

青霜塗瓦上，白雪帶林邊。與客圍爐坐，呼童掃葉然。芋煨三昧火，茶煮陸家泉。復有杯中物，流温酌暖烟。

齋中再集擁爐，酒不殫興，戲用前韻

歲華摇落盡，深雪冷無邊。虚室生雲白，窮薪抵桂然。欣逢人似玉，愧乏酒如泉。第學求似侣，丹爐守絳烟。

答人問疾

高齋卧疾疾非虚，試把吾生説向渠。草木變衰春意盡，齒毛垂朽世情疏。腰纏索帶疼何得？脚躧芒鞋痛不除。自是化工頻作弄，老牛牽扯破柴車。

咏　史

建元事招選，平津亦延賢。正直皆遠斥，所延誰復然？引用刻薄吏，文法輔威權。誅殺枉天道，禍機不踵旋。舉措業已爾，經術有其愆。徒將矯情儉，豈救阿世偏？

病中偶成

纔占百年多一半，已分諸疾兩三停。不嫌帽底頭增白，秖恐窗前樹失青。久識小兒爲造化，常疑老子鍊精形。流沙一去無消息，何得人間有壽星？

三次擁爐疊用前韻

天寒初雪後，人語夕陽邊。落葉風皆盡，空齋火獨然。揚巾掃塵榻，持綆汲華泉。同病來同隱，蕭條遠市烟。

酬吕徵君數來問疾

空齋卧疾餘，復此苦寒日。賴有山中人，每從林下逸。圍爐意轉温，對酒情逾密。方藥間討論，因知達生術。

喜陽谿再過見訪

歲晏荒山下，蕭條只草萊。形如將夕照，心比不然灰。古道冰霜斷,寒檐鳥雀回。故人還問訊,驚喜一銜杯。

至前宴集趙陽谿户部用甬東韻

終日柴門掩,今朝草閣開。秖緣千里駕,端爲故人來。舊雨憐簪盍,新陽動琯灰。省郎多道氣,詞客盛仙材。調古朱絲直,宵深絳蠟陪。方當笑前輩,興短勒舟回。

冬日宴趙陽谿復移小齋,夜坐得六言四句二首

白首相逢素交,玄冬盡醉醇醪。坐嫌西堂日短,移就東齋月高。

爛熳夜游秉燭,綢繆晝短携樽。目前偶爾自適,身外都無可言。

至日二首

老去逢長至,猶能學謹微。天心存默眇,吾意在幾希。關路行當閉,齋居坐豈違?明窗何朕兆?野馬作塵飛。

動物重淵起,知幾子夜存。象先開玉籥,妙有達玄門。出地冰霜凛,迎陽鳥雀喧。下帷多日影,一綫未須論。

咏吕山人酒瓢

似向箕山拾得,疑從顔巷分來。青天邀月引滿,碧海凌風醉回。

玉液溶溶小勺,金波穆穆盈斟。飲知浮世清濁,量見滄溟淺深。

壽王北野

人間無處可同群，獨有深山住近君。容髮漸隨蒲柳敗，襟期常惹蕙蘭薰。來尋一徑兒童喜，去隔前村鷄犬聞。每到壽辰偏鄭重，盡教潦倒醉寒雲。

和吕二山人夜吟一首

向夕空園裏，幽懷一種平。霜飄寒宇白，月灑凍林清。愛景披衣立，緘情踏葉行。從來抛寵辱，獨影自無驚。

宿陽谿西郭草堂 时己巳仲冬十有六日

望美兹堂久，何緣遂宿之？星文羅洞牖，月彩散疏帷。暖席春疑早，延宵曙欲遲。將因一晤重，投老百年期。

阻雪懷吕山人兼索詩

俱對山齋雪，應同歲暮心。猶憐一城阻，空望兩相尋。玉樹生蘭席，瑶華惹蕙襟。無爲慚下里，不作郢中吟。

送大參知邽田孫公入賀

仙曹晝省出名藩，十載深銜紫禁恩。嵩祝今趨雙鳳闕，日華重覲九天門。喜逢堯曆開昌運，會見虞庭舉納言。祖道飛鴻時極目，春風倚馬立郊原。

叙舊呈馬北崖先生

相知二十載，心密形影疏。非自一歡阻，良由兩索居。索居日已老，離愁不可道。缺月挂空林，東風泛芳草。芳草歇多時，寒雲滿故籬。方當憐歲晏，之子忽來兹。來兹遂來晤，携手悦情愫。無遽返東山，依然隔烟霧。

臘月廿日與吕山人、程逸士迎春霞館

青陽獻歲新，白髮增年老。時物兩驚心，臨觴一抒抱。少壯已蹉跎，胡今不潦倒？猶遵擊壤餘，倚杖東郊道。卉木吐林榮，嚶鳴變谷鳥。雖牽耳目營，不爲心志擾。海客來瀛洲，談玄肆幽眇。柔颸倏起予，翻然在霞表。衰賤匪吾玭，盛貴非我寶。

臘月廿四日壽乾石弟

一官坎壈道成非，五畝栖遲志不違。樹種青皋桑葉暗，田開白水稻苗肥。詩書侵曉聽兒讀，蓑笠斜陽看牧歸。歲杪天倫還樂事，南山春酒宴晴暉。

題梅竹圖爲壽二首

生日不逢桃李時，雪梅冰竹兩三枝。暗香苦節無人會，畫出歲寒君始知。

今年春早在嘉平，似是東皇却有情。竹葉放將寒醖緑，梅花開出冷齋清。

立春後六日壽吕山人　时十二月廿七日

紫氣來仙日,青陽獻歲時。大年超鳳紀,高世戢鴻儀。桐竹書留著,雲山酒共持。冲襟諧谷羽,芳翰藻林枝。禮展光華旦,詩申杞李詞。義因然諾重,道在久要期。壽命逾金石,蜉蝣安可知?

和吕二山人除夕寫懷

山閣題詩幽思清,不勝今夜獨多情。燭華然臘杯前盡,雲色催年座裏更。結社將留空谷住,懷鄉欲瀉大江行。朝來寄語東風道,慢著天涯緑草生。

文谷漁嬉稿卷十　庚午(隆慶四年)

正月八日杏花亭與吕、程二山人觀梅，吕有“百年情在此杯中”之句，因足成一絶

東風吹酒晤言同，笑對黄梅開滿叢。莫把寒香流玉笛，百年情在此杯中。

林間元夕

林下逢元夕，兒童學世緣。銀花雙樹燦，金爐九枝然。皎鏡同遥漢，韶顔憶往年。傍人疑佛火，將謂此逃禪。

贈别吕山人

足音纔喜落虚堂，行色那堪動曉裝？去住久諳形不定，悲歡新起緒偏長。碧烟垂柳空南陌，丹嶠浮雲隔兩鄉。幸付心期與明月，遥山極浦見容光。

和吕山人留别

寒松雪際幸逢君，弱柳風前遽惜分。萬里烟波回越絶，半天嵐嶺隔姑汾。江花解點詞人賦，皋鳥知迎羽客群。應笑楊雲老無用，泊然空守《太玄》文。

寄答素愚上人

空理談不極，稍從文翰游。緬懷碧雲意，嘉藻淩惠休。一札枉芳訊，投好在滄洲。歲交冰雪散，微緑生遠疇。烟暖蒙蘢室，人閑窈窕丘。山僧或來往，共此谷中幽。

送别陽谿户部，在香林寺作

初旭遠烟含碧岑，柔荑新柳别香林。天邊畫省行應到，谷裏柴門閉復深。出處兩當明聖世，悲歡一繫友朋心。誰堪妍景空琴酌，伐木時聞山鳥音。

陽谿和　趙　訥〔一〕

家山回望是遥岑，何苦驚飛又過林？客路空憐芳草遠，洞中應愛白雲深。久知奔走非吾事，無奈風塵違此心。試問相思何以遣，還憑早晚惠佳音。

【校記】

〔一〕本詩爲集中所附趙訥的和答之作。作者名爲點校者所加。

喜西瀛丈歸田三首

方將隆位望，亦是返田園。舊渚魚欣適，高雲鳥倦翻。自然無俗韻，偶爾謝塵喧。但逐經鉏老，能令夙好敦。

未遑暅失位，翻爲喜歸園。農事春將及，村烟晝不喧。瀑花烹石鼎，山翠閃柴門。興味應全別，蕭騷吏局煩。

少年同筆硯，投老接田園。瓜蔓相鈎帶，農書互討論。琴將流水淡，酒比落花繁。誰謂不嘉遁？已無車馬喧。

送　別

杏花時節草青青，流亂春陰緑滿庭。欲緩别愁惟是醉，不堪黄鳥喚偏醒。

春林即事

翠沓紅霏乍淺深，淡烟濃靄忽晴陰。齋中隱几過寒食，天外停雲寄遠心。止酒不勝花會勸，耽詩無奈鳥能吟。却憐此景消沉易，何事幽人廢討尋？

看園中牡丹

衆藻多先露，名花獨殿春。總收烟月盛，偏照水雲頻。經宿含香異，妝晨出色新。有神能不笑，臨眺白頭人。

戲題康老

白雲康老人難識，似是沉冥一腐儒。天地自將芻狗待，姓名應作馬牛呼。落花微雨看朝槿，啼鳥東風聽畫胡。童冠比來疏問對，多因我已喪其吾。

製衣歎

欲製春衣下剪遲，只因疲老故然疑。平生志意無温飽，耆舊山林有禮儀。儒行自傳逢掖古，騷人空語芰荷奇。幾多華衮同朝露，不得衰翁挂一絲。

首夏齋居

流水將春帶落花，密陰侵曉樹交加。時光轉眼衣成葛，世事無情飯煮沙。策杖不驚籠外鳥，停杯方斷酒中蛇。誰知老境吾廬適，山翠林紅夾彩霞。

卧疾虚白齋二首

虚室本生白，匡床留病夫。又經春草歇，還枕夏雲孤。開眼群書在，記心一字無。惟應窗裏月，慣照澤中臞。

經年疾不退，去日良已多。扶老聊相藉，沉憂竟若何？山春青入樹，溪晚淡成波。獨偃空空室，無人問薜蘿。

送郝虞官應貢北上

長歎爲儒老一經，豈期招選向彤庭？遷鶯自合升喬木，呦鹿原從食野苹。劍發土花宵氣紫，袍迎春草禁烟青。君王正闡臨雍義，何惜先生鬢有星？

園中行藥二首

園廬入初夏,卉木稍已繁。藤蔓交蘿石,柳條垂竹門。杖藜行藥性,插槿護苔痕。卧疾豐暇豫,方當向此論。

服散疾仍在,玩芳心稍夷。雨餘花藥徑,烟裏薜蘿帷。永日謝喧雜,端居成委蛇。白雲豈予念?到門如有期。

新理茅齋

聊因雙樹舊,試理一齋新。虚牖納蒼翠,獨居成隱淪。樽空貧亦貫,書懶疾須陳。形役應無盡,勞生尚此身。

贈介休李學諭之芮城令 李,岐周人

愷悌牧民非俗套,文章飾吏豈言筌?遺賢近出岐周里,新政還平虞芮田。晉鄙好山迎翠幰,洪溪佳水媚青氈。督郵使者須珍重,馴雉方嬉麥隴邊。

初夏看榴花作

榴花歲歲過端午,今日花開一月前。時至合教遲未得,人生何用强争先?露珠叢裏鷄冠聚,霞綺園中翠葆懸。只恐榮枯還不定,與誰呼酒問青天?

壽程竺陽作

酒逢嘉旦莫停杯，客抱今年要好開。屈指光陰如夢寐，無頭學問等塵灰。一番又見紅葵展，六度雙瞻紫燕來。交久敬深渾不厭，朝朝携手北溪隈。

北園茅室新成，輒謾題壁二首

休道當年楊子居，且從初地學逃虚。山肴只好烹蒼术，野服惟當製碧蕖。時溯蕙風懷柳下，每臨桃水憶秦餘。邇來剛會不思議，閑却床頭數卷書。

菟裘營得一茅庵，怡老如同坐佛龕。暑氣撲人門向北，晨光開卷牖朝南。白鷗來往無猜忌，紅藥枯榮少競貪。但令此中長自在，不知何處有瞿曇。

贈王琴史

舉世尚箏笛，獨君閑古琴。幽蘭曾不採，綠水意何深！一鼓雲生壑，再彈風灑林。須臾天宇静，萬籟此消沉。歎息知音少，相看淚滿襟。

送王心涯别駕拂衣還里

本自西南翰墨儒，却教憔悴守邊隅。懷鉛未必無操割，佩玉終難利走趨。元亮委心投印綬，季鷹何意美蓴鱸？高情只許幽人會，一葉扁舟萬頃湖。

酬西皋到山房見留之韻

貧家邀客竹林西，小飲猶能具黍鷄。雨後草深迷舊徑，雲邊樹密蓋清溪。幽栖自覺逢人少，莊叟何勞要物齊？細算此生無計達，形骸如土一壺携。

寄壽陽谿户部

去歲賤辰君面壽，壽君今歲隔天涯。文抒畫省應華國，夢繞萱闈自憶家。賀客共傾千日酒，仙曹多駐五雲車。寧知故老南山曲，獨對青松獻紫霞？

陽谿寄和　趙　訥〔一〕

微官潦倒寄京華，千里神游汾水涯。遥想社中頻念遠，應知客裏苦思家。雪溪久艤王生棹，花節誰攀邵子車？一字萬金珍壽意，晉山西望映高霞。

【校記】

〔一〕本詩爲集中所附趙訥的和答之作。作者名爲點校者所加。

贈春谷上人

古殿檐阿三十年，春雷秋雨只如然。不知安穩緣何事，坐得蒲團幾個穿。

移疾蘭雪軒四首

火宅若爲勝,風軒幸可乘。偶然當夕坐,尋已失炎蒸。看破三分鼎,分開兩合繩。輕身如有漸,衰疢故相仍。

抱瘵嗟永日,幽林無一喧。紅香和露氣,翠色落苔痕。隔轍誰相問?掩扉吾獨存。不知清静理,翻以病夫敦。

閑居將廿載,幽事稍以貞。福過灾還及,賤來老亦並。説詩猶不廢,服餌竟何營?芝朮了無補,桑榆空復情。

仰觀神宇曠,頓覺此身微。鬼物乘虚敢,人天問疾稀。書空從草聖,據槁倦塵機。委運榆枋裏,卑卑一鳥飛。

和宗川雨後西園漫興

宿霧連朝一雨收,晴光瑶圃作仙游。魚旃翠彩花間出,鸞輅黄暉草際浮。水現圓荷迎笑傲,山環高柳助清幽。更從樓觀褰珠箔,極浦呈秋到遠眸。

和小村題取經僧送茶

印經兼得採茶來,貝葉雲芽一迸開。活火試烹金作鼎,新泉欲注玉爲杯。黴君嗜酒饒清味,仙客題詩有逸才。從此北林添勝事,法華香露兩奇哉!昔陸羽善茶,惟陶淵明買之,時號茶仙。吕祖有《大雲寺茶詩》。

和西臯答人送果

火旻團露熟檀園,朱果遺人到竹門。滿捧異香供太媪,平分甘味與諸孫。天漿玉粉浣顔色，仙苑瓊林共本根。何必千年算花實？每逢秋早對芳樽。

初秋夜坐

新凉如洗一燈青，獨坐閑園孤草亭。書癖尚抽殘册看，睡魔翻逐遠鍾醒。碧梧井上三飛鵲，白豆棚邊數點螢。似爲驚秋栖不定，我心何許落沉冥？

雲川宗尉賦中秋月見壽，輒倚和奉酬

看月中秋空碧盡，光華全與酒杯分。庭中木葉稀堪數，鏡里頭毛短更紛。露濕青苔明壁繡，風回緑沼見波紋。玉人此夜吹笙處，蘭室盈盈桂采薰。

西樓坐月

老來情狀似深秋，黄葉公然比白頭。壯志盡銷成底事，歸身雖晚得餘休。筆床尚自陪書卷，茗碗還將配酒甌。月在碧潭寧有意，等閑流影到西樓。

謝雲川惠菊兼有高咏

暮山摇落總芸黄，獨羡寒籬菊有芳。一束贈來存古意，九華參處見真香。未酬佳節臨丹嶠，先與新醅玩緑堂。多謝助將彭祖術，正愁難遣鬢眉霜。一束助彭祖之術，見魏文帝《與鍾繇送菊書》。

中秋無月和吕傅

久雨結秋陰，隱居如獨深。寒流門自對，落葉徑誰尋？月滿光猶秘，林衰響易沈。佳期不可夢，空繞歲蘭心。

酬王龍岡太守自德州寄壽

老年生日詎成歡？學道無聞百感攢。雲裹中秋恒秘月，雨中衰草不分蘭。昔時樽俎今寥落，同社章縫半朽殘。三服使君情獨盛，八行遥與寄平安。

承雲川就菊小園爲登高之會用韻

南山對酒菊時開，千載人思隱逸才。佳色尚然明小圃，亮懷那可負高臺？詞林宗衮游龍至，記室文簪躍馬來。何事秋風茂陵客，横汾簫鼓興情哀？

和雲川看菊韻

花神殿秋菊，郁此凝露芳。濯色摽中理，采英聞妙香。朋來三徑益，客有四明狂。奚必龍山上，丘中自可觴。中理者，取《易》云"黄中通理"也。

俠客篇

馬上誰家子？里中亡命兒。二氣降乖戾，化爲梟與鴟。慧辯捷連環，觜爪铦利錐。噉人徹其骨，摧物如腐糜。攖金日中市，司隸不敢持。吐霧昏曜靈，昭昭良可欺。黔首暨黄髪，亦莫何我爲。擊筑飲長夜，肝膽知是誰？達曙駕風去，縱博驅九逵。

喜王龍岡使君拂衣還里

纓紱本非有，解之方若無。灌園仍仲子，著論只潛夫。陰息影須定，道同德豈孤？君休問麋鹿，老圃尚存吾。

背郭吾廬好，中多嘉樹陰。冥觀涵水鏡，泛覽出雲岑。門寂人稀扣，林閑鳥自吟。喜君來問舍，倘此共幽尋。

龍岡和　王　緯〔一〕

白髪投簪滿，黄金歸橐無。欲尋吟澤叟，還問灌園夫。東海浮雲散，西山倦鳥孤。敝廬汾水上，栖止可容吾。

歸山多氣色，每日幾晴陰。流水還深谷，飛雲度遠岑。青牛隨草卧，黄鳥隔林吟。野老閑居地，忘機方可尋。

【校記】

〔一〕本詩爲集中所附王緯的和答之作。作者名爲點校者所加。

和雲川初雪韻

大有從三白，開冬始兆之。玉林千葉綴，瑶圃萬花滋。城上飢烏粟，閨中寒女絲。無爲怨空獨，豐暖易爲期。

宗尉東皋翁令旦　庚午臘月十日

不求聞達不修仙，贏得清平老歲年。恩受四朝逢世治，道參千古合心傳。壺觴未減陶公逸，詩賦當過楊子玄。我欲移將楚南樹，置君東館玉堂前。

夜坐即事呈龍岡丈

爲惜暮光成短晷，不嫌宵永坐遲遲。闗心柏葉床頭酒，過眼燈花註脚詩。世路舊踪都不是，空林閑影略相宜。此情却恐人稀會，説向平原太守知。

龍岡和　王　緯〔一〕

華巔逐客欲何之？廬在西河歸未遲。滿座接歡將進酒，隱堂感興可言詩。賞心晚景閑居好，散步高踪初服宜。世事浮雲徙倚變，百年能有幾相知？

【校記】

〔一〕本詩爲王緯對上詩的和答之作。作者名爲點校者所加。

臘八日作香糜供佛

喜逢白帝嘉平節，正是金仙報滿時。燈放寶花融旭照，粥和香米作晨炊。瑠璨捧鉢三天獻，瑪瑙珠穿半偈持。願化飯山彌法界，更垂甘露灑慈悲。

臘月廿四日壽乾石弟

我家醇醴熟寒醅，稱壽年年爲爾開。瑶席喜攀瓊樹合，金尊笑指玉山頹。流澌帶臘行將盡，宿靄浮春送欲來。荏苒此中能不老，直須驅轉燭龍回。

歲暮行

歲云暮矣吾何爲？山空無人獨掩扉。金壺漏涷滴長夜，日出景寒俄夕暉。眼看庭樹雪中老，頓覺婆娑生意少。我生衰薾復何殊？髮秃齒摇行欲倒。自度寓形能幾時，憂思枉作千年馳。黄河之清不可俟，碧海之仙難與期。不如春秋釀美酒，不如打柴煮爛糜。藏書萬卷漫磅礴，著文千篇徒隱約。教兒收取採精華，莫學迂儒守糟粕。鯤鶡彭殤自不齊，漆園先生多品題。浮生欲盡便須盡，一片白雲隨所携。白雲無情亦無緒，與之奚懼復奚疑？物華春早易零落，歲云暮矣吾何爲！

夜聽王生讀書二首

寒夜迢迢星斗稀，讀書聲繞竹林扉。王生幼學勤如許，漸覺燈烟滿布幃。

强懦昏明四等分，不知勤學可超群。吴生渴睡王生醒，夜半然燈誦古文。

答問一首

問酒有何好，卿家恒滿缸。答云憂速老，難以力相降。獨有思柔部，可爲戰勝邦。折衝在樽俎，飛幔逾葆幢。平樂陶西圃，歸休偃北窗。頗欣龍嶺孟，不省鹿門龐。惟願一杯小，演之成大江。

燕喜得孫

中歲幸生子，晚年仍抱孫。接芳雙玉樹，燕喜一金尊。華國文須廣，弘家慶始繁。于公陰德厚，曾已建高門。

壽弟叙懷二首

藩觸智難進，谷栖愚稍安。弟兄嗟若此，冰雪歲將闌。社臘且高會，生辰詎寡歡？應須仰天笑，盡醉白雲端。

薄游疏世態，投老得天真。茅結觀書室，朋來好酒人。百錢挑拄杖，七里坐垂綸。争似壺中隱，公然遠市塵？

壽西瀛丈

青雲路滑步行難，回首空林事事安。柏葉翠浮生日酒，胡麻香足野人餐。社中老圃談三白，洞裏明窗伏九丹。若問壽徵何處是，南山長拱一峰寒。

掃舍一首

此室本來净,流塵何事生?一經等微細,諸受皆滿盈。巾帚發朝翳,窗櫳含夕清。因知磨鏡客,併此得空明。

文谷漁嬉稿卷十一　辛未(隆慶五年)

初春游長春觀六首

觀在田村西巖,是張真人羽化處。張,元時人

步入澗西道,山阿如有人。谷傳孤鶴唳,柯眄老龍鱗。初旭啓幽昧,衆芳回委陳。願言招隱士,併此度長春。

西北有巖龕,空蒙紫翠含。烟窗融霽旭,石磴閃昏嵐。舊迹仙人隱,遺言老氏談。妙門應不二,殊路可同參。

青牛何處去?黄鶴此曾來。羽化惟空谷,春登只古臺。栖雲茅再結,賣藥杏仍栽。却是逃虚者,新從鳥道回。

三山尋妙有,五岳訪真圖。不識人之世,亦爲仙所都。林巒帶城邑,巖洞隱蓬壺。夢想丹華子,何時返故吾?

西山鳴鶴地,是昔羽人丘。幸自接塵境,依然栖道流。壑雲飛作幕,巖樹結爲樓。火宅窮薰習,何如此退休?

緬想天皇上,遥緘玉珮書。期將駕烟道,恨不乘羽車。人境得丹壑,山堂朝紫虚。雖無騰化術,於世稍已疏。

題平泉館畫燈二首

玉山瑶水隔烟霏,王母春池滿翠微。要識上元來獻壽,毫光浮動錦燈圍。上元者,上元夫人也。

烟嵐彩翠冠輕霞,花鳥聯翩落絳紗。試點金膏窺妙象,慶霄蓬島月生華。

元夕篇

漢家祠祀燈徹宵,古佛燃燈十里饒。至今妝點上元節,金燼蘭膏明不滅。長安豪貴矜紫騮,颯沓真成秉燭游。道逢司隸不敢問,踏破胡姬之酒樓。復有高門齊衛霍,大燕極歡鐘鼎錯。只要銅壺漏水長,翻喜紅輪向西落。此時谷中人,尚不知有春。束緼請火焚析薪,煮飯作糜沾釜塵。東皇太乙無私親,黄面老子不救貧。欲乞銀花與火樹,霧冷烟消不知處。

元夕懷社中諸公

上元佳景刻千金,高閣燃燈憶賞心。户外却嫌車迹杳,座中空閃漏聲深。笑談白首春猶及,悵惘朱顔老自沉。一語社翁如破夢,但逢歡好即相尋。

春日感懷用前韻

世人争解惜黄金,不省春陰繫宿心。雪盡冷枝青欲壯,烟生弱草翠將深。馮唐老景空消受,方朔明時總陸沉。獨有阮公能曠達,酒家時挑百錢尋。

酬諸公看燈用來韻

金膏焰暖絳籠紗,寶樹燃紅爛綺霞。未踏王孫游處草,先披天女散來花。彩雲香輦群仙下,華月春城小徑斜。只恐夜蘭笙鶴去,空齋依舊野人家。

仲春涉園，了無春事，因題二絶解之

花信今年又較遲，峭寒深鎖帶春枝。憑誰寄語東皇道，借取和風一夜吹。

青春過半酒盈卮，欲傍好花開尚遲。悟得花須未開賞，花開又是落花時。

春分行

全春能幾何？俄頃割其半。來朝寧復留，今日已代换。荏苒此中行白頭，胡不及時歡酒樓？豪家酒樓高百尺，就近且從芳樹適。芳樹滿園花亦芳，清露曉烟紅翠香。池開弱藻雙魚戲，林泛柔風百鳥翔。魚鳥無情却耽趣，戲藻翔風散還聚。離人輕往逐游絲，生不成名韶景去。復有蟲蛄性弗靈，不識凝冰與飛絮。大夢茫茫覺者誰，多廢賞心縈俗慮。含華公子燭幾先，玄晏先生真解玄。蘭葉題詩灑葱蒨，杏花釃酒藉芊眠。世上紛紜了無取，利害斷根煩惱蠲。顧兔潛收玉壺裏，奔龍巧落朱繩邊。泰鈞鎔品授嘉令，順軌陶嘉爲樂聖。氣和神逸好容顔，豈把流年歎青鏡！

春日登讀書臺二首

自覺春林好，書臺日日登。馮高逾澹蕩，視險尚凌兢。香草花霏合，文霞樹藹升。少年青紫意，與此隔千層。

登臨日日閑，稍已出人間。隔樹青雲去，銜花翠鳥還。舍周流到水，春擁看來山。怡老事全别，面無塵土顔。

招隱一首

宿莽回春細纈紅，東皇造物此爲工。寒巖石屋烟霏暖，窮巷柴門旭靄通。避俗久堪蟲網户，凌風却訝鳥開籠。寄言同隱來同醉，莫著鶯花笑苦空。

有所思二首

暄風吹雨入烟條，點染丹青樹樹嬌。腸斷玉壺君不見，伯勞飛過落花朝。

桃花紅間梨花白，零亂清光拂鳥飛。記得東山人未老，香風吹上越羅衣。

馬員外送酒歌

祁褫宫樹滿宫緑，都官郎家春酒熟。夕念劉伶未解酲，朝寄一壺來野谷。野谷氛氳生紫烟，村南村北杏花天。朱絲提酒亦成醉，不及君家好醴泉。君舊爲醴泉令。色湛金莖露，香浮玉井蓮。瓊液三漿纔是聖，菊花九醖只如賢。怪底仙郎富鬒髪，天與靈丹鑄仙骨。一日能使百觴空，三萬六千安可窮？我幸酌餘波，頌德起舞徂顔酡。人生有酒便須醉，况值花前金叵羅。

春日過天寧寺賦贈謝丈

春風巾卷落東林，空水閑雲澹遠心。徑草踏殘多問訊，天花飛下每沈吟。香籠翠柏晴軒滿，光閃紅燈夜坐深。衲子亦知留謝朓，幾回擁帚玉山岑。

贈大參知董公

洛陽鴻俊廣川儒，綱紀天人世絶殊。正色立朝輝柱下，英威移鎮凜邊隅。雨隨熊軾新恩溥，春轉薇堂舊德敷。只恐借恂遲不得，調元還奉紫宸樞。

三月三日與龍岡諸公天寧寺宴集

嘉會本無期，東林泛羽巵。依然上巳節，還似永和時。佛樹垂烟縷，天花散雨蕤。坐深饒藻思，逾喜惠風吹。

和龍岡招宴洪西隱居之作

懸解得清修，天真自在游。春陰從我憩，雲影爲誰浮？亭館依丹壑，琴樽向緑洲。時多魯城趣，歸咏不能收。

古　意

山下種紅藍，華滋蔚猗狔。美人時摘拾，珠翠奚能比？皓腕淪烟支，妝成合歡綺。裁剪爲誰新？所期隔千里。何日大刀頭，音書石沉水。

壽西谷宗尉

誕辰誰不啓高筵？争比宗英帝室賢。禮樂新承明主眷，河山共睹壽星懸。青開蘭葉金樽裏，紅泛桃花綺席前。最是長春美嘉慶，雁行麟趾蔚連翩。

挽宗川王夫人

素帳香猶薫，空階色映苔。鸞飛花鏡去，鶴斷寶琴來。短晷疏春枕，深扃隱夜臺。君王憶珊珮，欲向杳冥回。昔漢武帝思李夫人，用道者術遥見之，曰："是邪？非邪？翩何珊珊其來遲！"

侯露泉賓相修竹園

中散好清芬，清芬何最清？世間凡卉不足數，獨有淇澳之種瀟湘英。自從天開毓靈秀，聖人葆元純粹精。在物得之爲此君，虚心偉節凌天雲。一竿晴掃太空碧，萬葉玲瓏風雨聞。有時變化入神品，却就化工登斧斤。秦女鳳簫吹窈窕，葛陂龍杖起氤氲。玉清光景只仙都，金帝高標塵境無。中散恨不移嶰峪，拂素寫成修竹圖。看圖得意在行樂，滿堂秋月涵冰壺。茂林雅歌貴同調，突梯猥瑣非達模。賞心須添七賢士，陪德還描五大夫。

四月六日宴端謹堂看牡丹用韻

春深紅紫艷瓊巵，看到清和樂豈遲？羅綺帶香浮欲動，文章延景坐相推。緩催絲管翻高興，亂入烟雲更好詩。猶是西園愛賓客，露華留待月華移。

四月八日周兑川昆玉邀謝徵君、王平原與余同宴峪中園亭，即席有作二首

山中知佛日，林表步仙風。過雨洗天碧，落花飄澗紅。清和人景混，簡遠性塵空。後會客須滿，賞心應莫同。

碧桃芳月盡，坐闕流杯賞。紅藥艷陽初，欣同茂林往。紋波溜石堤，秀木森蘿幌。對此愜幽襟，自心非外獎。

送張中丞拊循寧夏

中丞節鉞事專征，雄鎮韜鈐屬老成。靈武高臺依日近，賀蘭修嶺接雲平。笑談應遣胡沙静，射獵惟當野火明。不負策勛酬聖主，久懸華衮待時英。

書五世恩貤卷

洪宗開奕葉，累世洽恩華。督府能匡國，勛階更起家。紫泥文綴露，丹錦字縈霞。耀德高陽里，昭哉詎有涯！

四月九日園中宴坐

看盡郊園花漸稀，坐看雲鳥獨依依。雲飄遠浦空難住，鳥悦平林倦有歸。傴僂累丸還用志，桔槔抽水漫成機。應嫌野老疏慵甚，竟日長關白板扉。

開池種白蓮呈柳川主人

自笑野人如出世，稍於花草結同緣。已邊曲徑栽紅藥，又著方池種白蓮。水翠欲擎瑶朵秀，金晶須吐玉英鮮。香風吹空火雲散，看我觀心古佛前。

高西泉小樓行爲壽

環堵蕭然一小樓，不知經歷幾春秋。記得建時髮正黑，今來雪刺已蒙頭。六十八年荏苒到，登樓且作蘇門嘯。乾坤惟有酒杯寬，身世何曾老還少？但説神仙俱渺茫，請看漢武與秦皇。富貴功名本朝露，高智莫如張子房。花放鳥鳴樓四傍，君醉此中樂未央。我家棠棣東明君，拋解印綬同浮雲。與君結社離世紛，星闌舉觴窮夕曛。豈限百年三萬六？樓上好山高突兀。

壽程山人

孟夏年年草木長，與君高宴及時光。只緣北海能延客，自把并州是故鄉。借宅每連詩酒社，臨池多畫水雲莊。誰知野鶴無塵夢，醉舞千回獻壽觴。

夏日與同懷諸子賞芍藥行

楊花飛盡百花闌，紅藥當階獨可看。欣逢三五少年輩，不棄老耀來締歡。越羅單衫秦女扇，文采翩翻坐葱蒨。舉杯爲我施朱顏，杯裹流霞碧如靛。我將此酒酹花神，殷勤莫負賞心人。上哲見花如見德，名花逢賞即逢辰。憶昔名花遘灾阨，天怒人嫌兩相迫。幾番風雨肆飄揚，幾次兒童來躪籍。賴得靈根托九淵，保藏元氣行周旋。變幻滅亡神理定，結芳挺秀還依然。國色天香真可憐，與君傾倒玉樽前。不見當年李謫仙，自稱大隱金門賢。半醉忽承天子宣，揮毫立進清平篇。一支穠艷露凝妍，新聲宛轉龍池邊。玻璃滿酌蒲萄煎，珊瑚回策錦連錢。如此安榮百無慮，那知潛隱夜郎天？與君酣歌復起舞，世事紛紛難縷數。日暮花間生紫烟，正是仙人踏瑶圃。

贈郡博張十洲先生遷德王府紀善

文昌送客九龍灘，曾羨王門最好官。今日送君復何羨，小山叢桂青雲端。屈指鴻儒在黌序，六年不改一氈寒。西河生徒蒙點化，時雨杏花春滿壇。董子天人未得試，淮王且接嘉賓歡。文茵廣厦出蓬蓽，换却款段乘銀鞍。談宴知惟道術訓，不應别有秋石丹。白榆本爲天上樹，國香自是谷中蘭。丈夫適意隨所托，吏而隱者心胸寬。不然張籍攻討論，好官何獨稱王門？

五日對榴花作

五日江南競渡喧，北山愚叟寂無言。鰲頭戴浪吴天湧，魚腹吞波楚水昏。梅落有人吹玉笛，雲深何處寫蘭樽？婆娑老我安榴下，却是園林宿好敦。

築關城後作室嘉樹園因自寫懷

重城乍起青山郭，小館新開緑樹園。豈羨玉堂臨禁苑，何慚薇省在雄藩？安門待有樵漁扣，隔轍知無車馬喧。片地乞閑天不吝，許同仙老住瑶昆。

壽橘泉六旬

生長太平世，優游閭里間。讀書不求達，養志在幽閑。兼抱濟物性，願爲盧扁班。心明古方契，手到疾隨删。户外屨常滿，囊中藥不慳。修持偶仙道，服食均九還。渴飲上池水，飢茹紫芝山。歷世周甲子，面有好容顔。我欲回大夢，因君訪玄關。酌霞壽三獻，珠樹倘可攀。

夏日承同隱諸公林亭宴集得青字

潛夫谷裏真成隱，處士天邊合有星。巾舄翠來城北圃，琴樽移轉竹西亭。鴨頭新浣池華緑，鸞尾亂飄蕉葉青。此境會心誰解道，光風吹徹紫霄冥。

慰趙陽谿生日 時宅憂

緘情頻取折疏麻，覿面翻令愴物華。半夜烏啼丹樹冷，北堂人去白雲賒。愁顔霧鎖萊衣暗，悲淚河傾孝水斜。生日知君不爲樂，惠時蔬粥且須加。

贈友人生日

老來光景重朋簪，最是華辰感我心。半世已過多蹙額，百年都在幾開襟。海山圖裏家筵具，鼓笛聲中社酒斟。共道駐齡無别藥，醉鄉深處紫霞深。

大暑卧痾，西谷翁見惠玉李，走筆奉謝

名園珍李綴圓香，不羡羅浮荔子芳。滿饋翠籠黄玉冷，遥通青鳥碧雲翔。相如未賜金莖露，叔夜無緣石髓漿。却訝病夫愁肺熱，偶從仙果得清凉。

秋夕篇

七月七日古老傳，安公飛升王子仙。我聽白帝吹靈籟，坐向碧梧金井邊。金井沉沉鏡波止，碧梧蕭蕭玉聲起。風動漢斜生彩雲，半籠弦月下澄氛。月光雲影互凌亂，烟霏露氣相氤氲。幽蘭幽篠凉初見，驚鵲驚蟬秋始聞。乞巧樓前應未覺，搗衣閨裏乍能分。世人亦解苦炎熱，往往褦襶還成群。遂令神宇落昏焰，竊欲仰愬天皇君。願將紫府三清詔，來洗紅塵五濁熏。素商流空滿空白，涵虚湛淡歸營魄。恍疑西母授金砂，退火還精練淫僻。又似文殊携五臺，遺我清凉一片石。道在皓華聊此夕，龍鶴飄飖已陳迹。

酬陽谿、龍岡二使君見壽二首

出去半生成底事，歸來稍已得閑身。學書無用猶看字，枕谷何心但養神。修竹夾池鳴玉珮，孤松偃蓋結龍鱗。不應種樹人先老，空負丹丘屬隱淪。

甲子重過又七年，校量身世轉凄然。鷽斯蒿外渾無地，方士壺中却有天。舊卷蠹魚應識字，濁醪浮蟻亦稱賢。不堪疲老空林下，疏影婆娑意自憐。

陽谿見壽　趙　訥〔一〕

蚤歲金門待制麻，及今宦海永恩華。歸來佩有幽蘭在，興至傳將白雪賒。艤棹空臨汾水曲，停雲悵望卜山斜。神游遠擬觀濤氣，多壽多籌海上加。

【校記】

〔一〕本詩爲趙訥祝孔天胤生日所作。作者名爲點校者所加。

龍岡見壽　王　緯〔一〕

中秋闕里慶長生，喜氣文光滿座清。遥捧玉杯玄露湛，高懸金鏡紫雲明。蘭抽九畹菊翻徑，桂發三花芝吐英。每歲笑顔行樂處，壽翁天酒醉仙瀛。

【校記】

〔一〕本詩爲王緯祝孔天胤生日所作。作者名爲點校者所加。

雨中對庭樹二首

雨深寒露後，葉卷碧林初。此日人先老，他時客更疏。齒因摇廢嚼，髮以脱捐梳。只有孤心在，蕭條守敝廬。

碧樹渾無賴，西風一夕黄。白頭誰不感？青鏡自堪傷。怯冷衣須厚，妨眠夜始長。空聞除老病，那可駐流光？

龍岡和　王　緯〔一〕

雨色松經久，蒼然節勝初。金庭仙有象，喬岳壽方如。日霽龍鱗結，雲盤鶴髪梳。相邀天外客，始許入吾廬。

坐閣雨初霽，開籬花欲黄。有詩吟是興，無酒坐何傷？飲水神逾爽，餐英壽可長。重陽金氣勝，幽徑亦含光。

【校記】

〔一〕本詩爲集中所附王緯的和答之作。作者名爲點校者所加。

送安穆靈至西山新兆

紫府朝元竟不歸，白雲回望與心違。樹聲寒擁高天吹，山色晴收細雨霏。城闕規模開分野，樓臺光彩動郊圻。萬年松櫝禎祥地，佳氣浮來滿翠微。

積雨秋林四首

衰年病苦益侵尋，况是秋高百感臨。缺齒漸因成拙訥，降心久已倦浮沉。曾經噬犬兒童嗾，慣作離龍風雨吟。自是道窮惟待盡，冷雲堆裏閉門深。

一變成秋氣爽然，豈堪繁雨復連綿？山泉倍逐驚波往，木葉渾妨伏枕眠。慚愧治身除害馬，依稀緘口學寒蟬。古儒楊子仍多事，門巷蕭條獨草玄。

積雨陰陰暮序催，病餘空欲强登臺。兼葭帶野山城背，鴻雁連天水國回。衣白杳無曾送酒，竈清剛有不然灰。應門童子愚堪咤，猶把荆扉半壁開。

維摩大士常稱疾，宴坐林間却灑然。樹不作聲風葉散，雲無留影月華圓。我因疏蹇違清世，誰謂空虚乏好緣？貧子此時還鄭重，破衣藍縷一珠懸。

秋雨歎

麥苗欲槁穀未布，正是田家望雨時。穀穗垂黄黍頭黑，場面不乾禾耳滋。造化戲人每如此，怪底狂生呼小兒？自我身爲田舍翁，十望收成九脱空。亦曾騎馬向西去，西風倒吹馬首東。一生不得造化力，若學棹船還阻風。鐵樹幾時花得開，石火幾時然冷灰？黄河之清不可俟，白日之去不可回。眼看得意人皆老，苦死怨天天豈哀！

題《大司馬王公靖邊五圖》

其一　單于款塞

匡國歌周雅，安邊倚夏卿。聖文弘廟略，神武振天聲。革面獸來舞，懷音鳥向鳴。款關何代虜？今奉一王程。

其二　三秋晏然

頻年塞草秋，堠火不曾休。今歲關山月，交河自在流。羽書馳漢捷，笳吹落邊愁。誰展平胡略？惟應萬里侯。

其三　萬里鷹揚

桓桓老尚父，奕世讚鷹揚。赫赫大司馬，遠猷平朔方。弓閑青海月，甲卷黑山霜。我旅非無事，開耕古戰場。

其四　鈴閣蕭閑

絶徼塵烟滅，嚴城鼓角閑。未須登瀚海，早已定天山。職貢通殊俗，明威耀兩間。戍樓時北□，遥喜慰龍顔。

其五　功垂帶礪

和戎非上策，柔遠自殊勛。義動名王禮，威成聖代文。銘功嘉鼎勒，報德重圭分。華衮河山字，垂輝焕五雲。

酒熟一首

青女下時桑葉落，竹林新酒醱寒香。霞溶玉乳蒲萄艶，月泛金波琥珀光。何必眺高酣九日，只須浮滿對斜陽。逢人盡道憂成老，誰向樽前學楚狂？

壽王相吕磻溪先生

看破皺眉多少事，不如開口笑佳辰。山高月小晚容淡，雲白水寒秋意真。殿上書仙新曳屨，閣中漁父舊垂綸。慚無朱果爲君壽，幸托黄花送酒頻。

自咤

只因泛愛和鷗狎，便有無窮沙鳥來。鏡裏採花能得意，水中撈月第成猜。葉飛秋雨嫌枯木，雲靄寒山象死灰。坐久嗒然渾自咤，前生應上捨身臺。

合　藥

持將桂斧劈枯桑，爛煮斑龍頂上霜。雲碓千春火毒盡，素娥丸出紫霞光。

霜　夜

一夜高寒入被池，新霜屋瓦玉琉璃。思君有夢忽零亂，月落遥鍾厲響時。

西岡草堂自題

結茅編槿白雲隅，憔悴人呼山澤臞。玉舄朱旛久淪棄，更誰知是列仙儒？

自　寬

深悲髮齒今摇脱，一望林秋正解顔。落葉滿空成代謝，東流幾許得回還？避人蔣詡翻開徑，中酒劉伶善閉關。臞叟只應隨幻化，那能問影白雲間？

十月九日初雪

木葉霜全脱，天花雪始霏。光妍小春暈，色亂夕陽暉。虚室人烟冷，空階鳥迹稀。讀書久無緒，見景復依微。

山齋積雪二首

積日阻陰霰，瞑寒偏易生。爐空燒桂盡，硯凍著書成。白首知何極？青山願已盈。無人問岑寂，猶有怨離情。

門對千峰雪，山圍一室寒。人踪疏户外，雀響亂檐端。絮擁何慚敗，衾重尚覺單。將尋樵採去，自畫路行難。

臘月二十四日壽乾石

吾弟介然守，青松不改柯。一官遲獨冷，兩鬢早成皤。退步翻如進，寡營猶若多。深衷聊可見，有酒願如河。

喜東谷生子

蘭葉重開九畹秀，桂林新吐一枝芳。英聲預洩珪璋美，勝事争欣餅餌香。寶鼎龍文看氣象，琅玕鳳彩見輝光。仙人摩頂將何記？禄壽金錢鑄永長。

題《雪夜幸普圖》用原韻

一從真主定河山，頓覺風雲意氣閑。曉御萬幾垂拱罷，夕咨元宰退朝還。行沾白雪宵衣裏，坐對黄金樽酒間。江北江南渾卧榻，鶴扃魚鎖詎須關？

七泉宗尉五十

嗣君文雅自天成，知命華年萬美并。慶仰二親垂白健，歡看諸子戲㛹榮。鳳毛騰彩開詞翰，螭首含恩待聖明。獻壽碧霞人盡醉，滿堂歌管太平聲。

守歲慶雲山房，兒階侍焉

守歲兒供酌，相將戀舊年。惜分情愛老，進寸事稱賢。燭彩歡顔結，香氛曙色連。應知開泰處，不遠善門邊。

附蘭雪堂落成調《沁園春》一閲

嘉樹爲林，緑構爲堂，載游載躋。見朝巖氣爽，凉生户牖；夕天雲净，清惹亭溪。冷坐誰同，閑身自許，一片空香惟鳥啼。回頭處，塵緣漸褪，好景纔携。

城邊舊辟蒿藜，苟美矣，平軒拂柳低。笑晚蠶縈緒，還成大繭；春鳩寄拙，不肯卑栖。白雪關情，幽蘭本性，二字標堂手自題。幽居裏，有蓬萊玉宇，豈用丹梯？

陽谿和　趙　訥〔一〕

聞説芳園，見成廣厦，何日攀躋？想彪嶺嵯峨，列爲翠障；文湖漣漪，引作清溪。堂下三槐，門前五柳，嘉樹濃陰鳥亂啼。興來處，室中有酒，幼子堪携。

登臨謾策青藜，有具眼，天邊雲乍低。喜未老抽身，早抛塵鞅；

老來身健,永遂高栖。室滿蘭香,詞傳雪調,心事平生自品題。人間世,眼看仙境,不用丹梯。

【校記】

〔一〕本詞爲集中所附趙訥的和答之作。作者名爲點校者所加。

文谷漁嬉稿卷十二　壬申(隆慶六年)

開歲五日涉園　俗云此日爲五窮日

舊隱時方適,焉知日五窮?詩書從嗣世,田舍自爲翁。旭沼冰將緑,陽條杏欲紅。陶嘉豈孤緒?魚鳥漸來同。

人日蘭雪堂宴坐

大隱金門客,當年號謫仙。今日無名隱,虚堂坐紫烟。蘭將表幽馥,雪以喻清妍。知我應希絶,獨抛區裏緣。

贈平原太守王公西林清醮二首

掃地西林裏,安壇北斗前。齋心澄石瀨,朝禮肅香烟。真氣看成紫,靈文聽啓玄。彩雲盤白鶴,紛舞下瓊筵。

雲山起韶濩,清醮奉瑶壇。皂擁真人蓋,黄分道士冠。四儀終日具,五彩落霞團。祈請應如願,善緣神所歡。

和燈韻二首

蓬廬春每遲,兹夕早光泰。玉鏁碧�籠,金泥紫綃帶。懸燈泛月華，燃火拂烟靄。結駟枉嘉觀，照微誠有賴。

宵燈明不歇，春漏滴猶長。燦席金花勝，浮杯柏葉芳。雲車來上客，月幌挂西堂。文采增香焰，人間别景光。

酬陽谿春初見枉之作用韻

望洋宜讓海，説法愧登壇。門掩蓬蒿徑，人來獬廌冠。柳塘冰破片，茗碗月開團。無自促歸駕，首春聊一歡。

寶善堂觀料絲燈作寶燈行

滇南寶絲金碧精，良工制器奇巧呈。先學媧皇煉五石，紫烟凌飇膏吐液。一鑷隨機萬縷縈，大片織綃如卷席。上元夫人傳古燈，良工剪裁各異能。方架玉屏截瑶水，圓簇冰輪挂彩繩。却嫌妍景不應素，更寫丹青入香霧。秦女鸞驂弄紫簫，宓妃羅襪矜微步。芳菲花鳥媚陽春，繡轂雕鞍羅綺新。翠蓋旒垂珠斗繫，緹幕影斜銀漢津。此玩世希有，春城帝子家。不將照乘騁明月，自著文華爛曉霞。帝子文華薄金馬，碧鷄閃鑠從空下。神燈佛火陌頭喧，何似蓬萊宫中妙觀者？

仲春小園獨酌

二月空園坐獨觀，依然烟景到林端。東皇量物施輕暖，北叟隨時奈薄寒。書帶緩抽蘭欲綻，酒錢先點杏成丹。鴟夷似海今浮去，可等飛花一片殘。

贈參戎程一山三首

且傾巵酒飯雕胡，身外何能定有無？笑口破除蕉裏鹿，愁心寄與月中烏。石田我擬栽紅稻，天路誰將種白榆？聞道平戎大司馬，羨君武勇足文謨。

霜蹄千里獨違遲，歎息人間路嶮巇。猛虎本無來市日，神龍暫有脱淵時。建牙威武今猶在，勒石勛名素所期。遥想玉堂敷辟命，好抒丹悃靖疆陲。

别離久阻瑶華信，飢渴長懷玉樹枝。今日到門良不意，早春携手若爲期？鶯邊緑醑還酤我，馬首紅塵是阿誰？莫道故鄉寒食過，此中芳草舊游時。

登趙陽谿書樓一首

仙人怪底好樓居，光景超然上翠虚。秘録琅函星斗剩，真圖玉軸海山餘。腐儒漫自誇芸閣，才子由來典石渠。我躡丹梯猶夢寐，宫墻睥睨獨何如？

春雪遣懷四首

北山氣候太偏枯，寒去依稀尚若無。三月雨來還是雪，幾時烟景到潛夫？

禁烟時節凍猶含，眼底應無三月三。昨夜狂風吹大雪，恍如破絮挂蓬庵。

春天園景爲誰誇？桃杏無花雪有花。燕子不來風掠去，畫梁何許謝公家?

兒童掃雪門含凍,却訝陽春過比鄰。未必東君無意緒,多應不勝阮家貧。

清明後前一日作

社前風雪與春違,社後清明春始歸。紅采入林天翠合,黛容生嶺日華晞。鳥知求友争啼樹,客斷尋幽自掩扉。却是澤腥無悶處,坐看桃水浴斜暉。

三月三日邀郡守鄭公峪中宴眺

水村山館豁晴暉,承引高軒駐翠微。雲到樹來依碧藹,鳥銜花起趁紅霏。永和遐賞春無别,上巳好懷天下違。最是惠風群品惕,家家蘭浦祓除歸。

暮春同陽谿、龍岡、乾石、竺陽、露泉至谷口,遇周兑川、峪川,邀坐樹下一餐,去看柳川竹林,不遇主人,竟觴咏而歸,用龍岡韻一首

聞説桃源無處尋,多應只在水雲深。周家谷口山爲障,柳老莊前竹作林。不問主人來下榻,自開空館對遥岑。昔賢觴咏稱陳迹,今日誰知萬古心?

陽谿和　趙　訥〔一〕

春山久擬往追尋,及到山中春已深。緑樹幾家依屋舍,鳴禽何

處變園林？行經石磵聞流水，坐對柴門見碧岑。暖氣醺人渾欲醉，好風時至一清心。

【校記】

〔一〕本詩爲集中所附趙訥的和答之作。作者名爲點校者所加。

喜陽谿見過二首

望美適來過，春林響玉珂。逢迎時態少，宴語道情多。灌木生葱翠，叢花代綺羅。孰云人闃寂，簪組在巖阿。

幽人邀上客，上客契幽人。匪自忘形迹，能誰不越秦？班荆一語款，修禊千齡春。即事今猶爾，在心良已真。

玩階前紅藥二首

紅藥謝家吟，真能得我心。烟支繁蕊艷，翠葆密叢陰。文耀天孫渚，香流翰墨林。芳辰恐回换，釃酒坐披襟。

天花不落身，時藻亦堪親。彩旭蒸紅萏，香風泛緑蘋。宜沾洛浦襪，好上華陽巾。空與幽人玩，無言若愴神。

陽谿和　趙　訥〔一〕

白髮每沉吟，紅花憐壯心。南風動香氣，午日轉清陰。知汝方新艷，陪予在舊林。當階獨對坐，寂寂抱冲襟。

兩地花同發，賞心違所親。嫩紅開艷蕊，濃緑轉晴蘋。縱有杯中酒，其如頭上巾？自知非美好，何敢問花神！

【校記】

〔一〕本詩爲集中所附趙訥的和答之作。作者名爲點校者所加。

閑　居

山澤老仙行貌臞,性情已復鴻蒙初。春風下掃蔣生徑,晚日上懸薛子車。庭樹圍成九華帳,園葵壓倒雙白魚。人言此景是圖畫,可有丹青畫得如?

壽西谷翁

南山彩翠合晴曛,石樹高筵擁夏雲。緑鬢地仙塵外賞,朱陵天宇座中分。花迎玉舄鸞雙下,月引瑶笙鶴一群。莫惜千金酬令節,九霄靈景盡輸君。

宗正諸公見訪林園賦此奉酬

轍迹門如掃,跫音徑始通。春歸芳草外,夏轉落花中。坐竹諧三益,觴蘭笑屢空。清和在嘉樹,巾卷襲微風。

朱茀蟬聯者,翻爲隱逸人。尋幽多暇日,延賞共芳辰。芍藥開紅滿,蒲陶蔓緑新。知非適俗韻,聊可侑杯巡。

棣華軒喜雨共酌和弟韻

春晚坐芳閣,緋英帶雨零。松帷全湛緑,嵐嶺半含青。方此一杯晤，杳然萬慮冥。世踪誠已遠，樹裏户常扃。

乾石作　孔天民〔一〕

難逢三月雨，春暮喜能零。潤染花間緑，光浮杯裏青。煩囂净淅瀝，澮爽豁沉冥。一與雲華暢，軒窗敞不扃。

【校記】

〔一〕本詩爲集中所附孔天民的和答之作。作者名爲點校者所加。

避　喧

喧燠衰年不自禁，獨携形影向空林。北窗時有凉風至，窮巷應稀熟客尋。徑轉碧烟當樹盡，箔摇青靄傍溪深。半生奔走嗟塵迹，垂老安知悟息陰？

陽谿和　趙　訥〔一〕

向來仕路熱難禁，凉意於今滿舊林。笑我閒心寒自在，愁他俗眼冷相尋。緑穠樹底風偏好，清淺溪邊水不深。欲往舞雩聞道妙，願操几杖坐松陰。

【校記】

〔一〕本詩爲集中所附趙訥的和答之作。作者名爲點校者所加。

謝鄭明府四月八日惠燕北谿草堂

風光歲歲有清和，人事無關可奈何？太守惠時弘燕樂，群情含景效謳歌。琴邊流水穿林細，車上亭雲在嶺多。莫羨梵筵酬佛節，豈勝文酒笑顏酡？

庭榴盛開酌言賞之

垂白猶能玩物華，安榴一任野庭遮。無心富貴朱丹滿，出世文章翠彩加。絳帳隔叢看是霧，金樽浮蕊嚼成霞。時人莫漫誇奇麗，不比初移入漢家。

和陽谿由雀鼠谷游綿山見寄之作

雀鼠通綿道，龍蛇隱晉賢。唐宗巡幸到，燕宰和歌旋。覽古君能上，生今我不前。終慚濟勝具，欣覿遠游篇。

陽谿作 趙 訥〔一〕

落日山川好，臨風披素襟。人家依樹合，野廟帶雲深。雀鼠思唐雅，唐玄宗嘗幸雀鼠谷，張燕公等有詩。龍蛇歎晉音。介子推從亡，晉文公歸，不與賞，賦《龍蛇》詩，後隱綿山。平生多感慨，懷古獨關心。

【校記】

〔一〕本詩爲集中所附趙訥原詩。作者名爲點校者所加。

和陽谿謁介子推祠

從亡將義盡，徇禄本無期。世網捐予挂，天功任爾爲。焚山恩矯害，誓水信成疑。自是君侯譎，長留古木悲。

陽谿作　趙　訥〔一〕

蒼蒼綿上遥，松柏滿山椒。古廟今猶在，遺魂不可招。乾坤留舊迹，陵谷變前朝。斜日西風起，林巒自寂寥。

【校記】

〔一〕本詩爲集中所附趙訥原詩。作者名爲點校者所加。

五日山中

端陽百忌古遺風，總與山家事不同。麥飯初嘗南畝熟，松醪獨撫舊游空。徑尋藥草無媒到，路絶桃源少信通。定是鬼兵嫌寂寞，可能干惹白雲中。

贈賓卿省齋劉公至慶邸册封

聖朝惇典樹藩屏，玉檢金書下闕庭。信節宵徵卿是月，文躔西指使爲星。河山快睹臻奇麗，衮冕欣承布寵靈。歸奏傳車還迅邁，望中雲繞路蹊青。

郡城新甓北樓，奉玄武像而下築臺建五丈旗，壬申夏陽谿君登眺有作，余倚韻和焉

樓雉山河信美哉，欝葱光采若浮來。地憑玄武摽爲閣，人道凌歊别有臺。守國已成千載固，當關寧許萬夫開？時清翰侣能吟眺，拂

檻晴雲競護陪。

夏日園居十首

田里無他累,惟應野務牽。荒開三畝廣,小結數椽偏。種翠庭前柏,栽紅沼上蓮。坐看芳意永,況是日如年。

宿世稟山緣,居今遂復然。城當半邊嶂,郭負一區田。得米如官俸,賣蔬充酒錢。生無富貴相,處此足餘年。

平子賦歸歟,貧居每晏如。憩陰憑屋樹,資養足園蔬。官號羞人説,醫方喜自書。猶多著述意,臨晚獨躊躇。

寂居消永夏,多是北窗眠。凉氣清全得,衰形懶更便。山林雲尚簡,性行視成偏。五柳先生在,吾當弟子員。

勞生不自意,垂老得安眠。習懶平生慣,栖幽野性便。衣思裁瀑布,杖擬挂苔錢。莫道曾爲吏,非才只散員。龍岡屢疊員字,因再綴此。

逃暑無餘地,乘涼有一枝。西山來爽氣,東沼送冷飔。意曠若懸解,境閑如網披。雖慚列禦術,已與鷃鶵期。

豈無園中葵?使我心不夷。居士蓮孤秀,先生柳静垂。嵯峨夏雲變,掩苒秋露滋。坐見憂成老,佳人不可期。

古今成獨往,多是背時人。蓬藋逃空寂,魚龍托隱淪。自寬行帶索,臨老坐垂緡。不遇知音者,當隨秋草湮。

安予蹇劣分,守此丘中園。端坐日方永,寡鄰時勿喧。新知鳥鳴樹,舊想羊觸藩。微尚果初諾,願言良已敦。

避喧且形役,止影方息陰。林竹藏蹊暗,巖雲蓋屋深。誓將玄處默,寧用陸嗟沉?怪是人踪滅,幽居自寡尋。

賀西皋新第

侯家高館傍高城，樓雉烟霄翠扆横。不信天宫移陸地，已教人里得蓬瀛。花攢玉樹分庭秀，石累瓊峰鎮宅清。怪底微風來燕雀，杏梁朝日好光榮。

壽龍岡翁六十

泰鈞鎔品百年身，好景先收六十春。書類賈生才最茂，民歌召父吏尤循。歸田見早緣知命，入谷嫌遲爲養神。奉壽却關明日事，歲華從起一元新。

立秋後九日壽趙陽谿

壽君巵酒莫辭推，勝日冲襟要好開。駐命可將彭祖並，交情欲挽晏嬰回。承明署裏三能入，背郭林間數肯來。信得道高隨處樂，碧天秋爽正登臺。

宗尉東皋釋禪，爲拈一語奉慰

思親信斷白雲鄉，讀禮空驚歲月忙。日落動摇風樹木，春深消卷雪衣裳。琴雖入響神猶淡，燭已成灰淚更長。自是孝情終不得，只從王制表皇綱。

坐笑一首

計返空林十八年，不言平地少神仙。寥天對影雲常白，静夜同心月好圓。萬卷付教兒子看，一杯留聽老翁傳。笑他腐鼠雄鴟腹，曾嚇鵷雛過耳邊。

喜雨二首呈鄭明府

兑郊雲疊幕，弦夜月彎弓。占望田家秧，神明束子通。土龍潛迸水，石燕亂翔風。九里奚爲潤？回枯萬有同。

旱延三伏盡，澤應一壇祈。天意嗟如此，民生尚可爲。苗稀看晚秀，雨已望重施。非賴昭明信，穹玄叩豈知？

擬古五首

富貴不可極，氣勢不可殫。苟不炯損益，必有異患干。天道惡高盈，人道惡險難。所以賢達士，惕兹倚伏端。時來固龍現，善守還閉關。結綬豈久牽？塵冠聊一彈。惻愴東門恨，凄戚華亭歎。懸車保餘榮，覆舟傷急湍。春風二三月，花樹滿長安。花樹豈無枝？珍此谷中蘭。谷蘭人不採，幽香長不改。

我有一端綺，華彩郁天章。中有雙飛龍，曜靈含景光。被服參兩儀，萬美羅中黄。我有一箱藥，軒岐遠傳將。烹鍊按文武，性度和陰陽。服之清五内，六腑凝馨香。揚芬群方悦，吐氣蠲不祥。百神來拱護，壽命永遐昌。二物世稀有，什襲而珍藏。思遺我所懷，曠野莽蒼蒼。烟霧截短翮，山海絶梯航。緘情以終老，横棄勿復道。

高槐揚遠條，垂陰君子堂。劃若翦空翠，而爲頂幕張。玲瓏逗華月，微漏皎日光。盛夏赫修晷，端坐此中央。好風自南來，瀟灑流清香。歊蒸一消散，神宇湛新凉。默眇紫霞想，振珮青琳琅。我思嘉樹德，不減召公棠。何以相報貽，保此萬年枝。

霜露一以溥，鴻雁東南飛。奈何遠游子，不來處重闈。孤白足禦冬，不爲游子衣。粱肉足饜腴，不令游子肥。短布適無絮，薄粥恒苦飢。豈無致身具？天命與我違。豈無平生交？視我如死灰。石田難爲耕，銅山亦易隤。清水難爲漁，鹺海亦易夷。人事有往復，神理疇能窺？生當異其遇，盡則同所歸。薑桂懷本性，辛苦終不回。我歌式微歎，以解我憂患。

西方有美人，窈窕遺世紛。何以喻顔面？丹霞和白雲。何以喻儀象？神雀五采文。揚聲諧玉律，吐氣栴檀薰。誓處瑶臺室，恧將巾粉群。肉眼不能視，俗耳徒相聞。詎知冰雪子，天地同絪緼？我欲倩青鳥，傳之聖明君。靚妝盈紫宫，遠道難爲通。

緩歌五言

秋氣著桐竹，果添林壑清。碧光流枕簟，朱火散欄楹。端坐語言默，緩歌心性平。學仙無早悟，歲晚或能成。

七夕二首

金飇起吹河漢津，夾岸相望空水銀。虹貫鵲梁通絳節，鸞飄蟾宇駐香輪。楚宫雨落瑶姬夢，洛浦烟銷羅襪塵。不似雙星長此夕，清容修渚歲相因。

山中無曆不知時，七夕俄傳尚有疑。遠戍豈嫌瓜節快？衰翁惟願火朝遲。鑿開混沌心猶懵，生長升平命越椎。欲向夜深求化術，攬衣顛倒拙言辭。

空谷篇招隱

少日故人今漸老，垂白尚能超物表。幾人蹋翼墜青雲，幾人走馬長安道？幾人賫志入重冥，幾人棄置如蒿草？君家住在玉山岑，我亦因家琪樹林。除却鳥飛人不到，夜來惟有月相尋。歲晏山空孰知己？與君交久識君深。幽興多耽水西寺，廣殿長廊時一至。七寶香床短麈揮，五銖文彩雙童侍。愛僧不愛紫衣僧，梵音單討蓮花字。平生著作數千篇，篇篇都帶紫霞烟。文章雖好命不達，坐見吹竽勝疏越。二十五弦彈向誰？曲盡天空心憯怛。流火蘭秋憶故知，卜居非遠亦傷離。何况迢遥隔南浦，雁書阻絶衡陽湄。我歌緑水要君和，我携鴻覽要君披。君獨何爲滯空谷？白日逾往西南馳。

贈别馮益川憲使東歸

朱絲之直玉壺清，白日誰能表至精？延閣却令董子去，懸車終保薛公榮。笑看止水無波浪，愁問高天有利名。仙嶠爲家山海隔，飛鴻杳渺不勝情。

雨中留陽谿二首

結軨欣君至,回策非我情。信宿良有待,淹留豈無成?空齋暝雨色,凉葉應秋聲。正此連床夜,仍當秉燭行。

纖羅畏朝露,况值秋雨繁。好戢尚書履,聊窺仲子園。厨人束濕爨,林鳥助歡喧。延賞獨多趣,無將負緑樽。

喜吕山人至

然諾心同金石期,海天無爽再逢時。域中岐路誰能定?方外神交自有知。白鶴下庭雲掩冉,青蛇出袖月離披。秋空一嘯生靈籟,還把江樓玉笛吹。

八月十五夜邀吕山人、吕太傅同弟東明令玩月

□如空水樹交加,中有仙人玩月華。共勒冰輪期緩轍,久凭文几當浮槎。凉光玉瀉千莖露,灝氣金生九鼎霞。看到纖埃無著處,喜傾珠斗醉横斜。

酬鄭明府見壽

一自遭逢太守賢,山林無事不安全。讀聞稺子青燈下,耕視農夫緑野前。柳巷樹深鷄犬静,荆扉人悄薜蘿延。今朝又見敦耆舊,垂問丘中草木年。

生日酬親知作

坐驚凉露灑庭枝，又是中秋月缺時。六十八年嗟短夢，百千萬里悵佳期。面容黧涷冠簪懶，筋力衰微拜起遲。不負上天逸老意，玉樽猶款對親知。

酬郡博宋伴蘆先生見壽

黌宫新拜我師賢，經治蘇湖道始全。美錦製成花縣後，青氈鋪向杏壇前。諸生聽講洪鐘扣，東閣知名束帛延。猶念老儒同氣味，摘將瑶草慰殘年。

從吕山人處觀東巖唐公所贈詩，因憶公之雅致，有古人風

爲官不過二千石，歸向高巖冥古心。每把浮雲看幻化，多將啼鳥伴閑吟。國君憑軾門長閉，山客栖禪步屢尋。近得赤霞人信息，知君遠響寄孤琴。

題瀋國《好學敦倫册》

桐圭光日月，帶礪誓河山。匪自貞文德，何由慰聖顔？恩覃九族外，書下十行間。華衮榮增倍，褒綸禁裏頒。

殷宗勤典學，唐帝篤恩倫。百代皆時憲，今王總日新。令聞賢掩

貴，嘉奬義先親。陪德情何許？遥遥捧玉宸。

雨懷呈吕逸人二首

歲晏人逾老，秋深草木知。擁階黄葉盡，滑屐緑苔滋。永漏仍兼雨，窮愁未廢詩。宣言總悽斷，况是雁歸時。

昨雨復今雨，佳人期不來。無車泥斷道，空門酒盈杯。默眇飛鴻影，蕭疏槁葉堆。自非三楚秀，誰此賦悲哉！

九日奉壽慶成王

册府重申帶礪盟，岳宗真啓聖賢生。修文五緯光天德，秉禮三綱樹國楨。壽域喜當佳節莅，福庭欣與泰階平。黄金采采花無數，總有千秋萬葉情。

九日登北城樓呈鄭明府二首用韻

九日相期何處臺？高天渾可白雲杯。三湘舊説登樓客，五馬今逢作賦才。露菊冷香當席放，烟嵐晴彩傍城開。邇來不奈塵容蹙，廖廓披襟遂爽哉！

登高不用羡南溟，酌菊簪萸也自馨。山積暮霞横遠靄，潭明秋水湛虚靈。飛樓半閃牙旗赤，伏檻平臨望眼青。勝事更宜闌夕待，真人聚處有華星。

九月十日與吕山人小樓續眺

自憐佳節每蹉跎，喜子今來共笑歌。三徑就荒花未減，重陽雖過酒還多。樓居小隱壺公狎，水寫長空木葉波。欲倩白雲留鶴馭，與參黄老住巖阿。

和吕山人山房話别三首

逃禄遥同仲子廉，無愁贏得黑鬚髯。近居霞海玄踪别，歷覽雲山逸思添。渭水韜鈴嫺自秘，漢庭詞賦力能兼。我家苦竹寒松徑，歲晚重來意不嫌。

雁鴻飛盡滿霜嵐，江客懷歸勢欲南。在館白雲猶自戀，離庭紅樹可誰堪？長裾厭向王門曳，秘檢思登禹穴探。莫是故鄉成獨醒，也應回首竹林酣。

白葛方巾紫領衫，五湖烟水一輕帆。清酣竹葉同蘇晉，妙悟蓮花似苑咸。雲路懶登慚執戟，石田歸種樂持鑱。相逢忽漫相離别，知向南明第幾巖？

猛虎行

南山多猛虎，北山多豺狼。昏夜呼號出深莽，白日恣睢大道傍。同生往往葬其腹，脣吻爪牙逾奮張。勸君得坐且高坐，惡蟲行處不可過。往年帶劍還入山，比來市中常取禍。不聞枯柳嘯寒鴟，正是陰魔弄火時。憑誰蕩掃妖氛滅？借取周郎箭頭鐵。

壽呂磻溪先生 效張文昌

清時吏隱在王門，邸舍猶看松菊存。菊蕊製齡千片掇，松英搗藥大丸吞。陪鸞月上承華蓋，設醴霞流獻壽尊。試看此中饒宴樂，何慚彼美客梁園。

題老僧衣菊用呂山人韻

花神亦愛水田衣，披向寒籬澹晚暉。淺紺乍經玄露浣，深黃猶惹碧霞霏。三天静影閑襟度，五蘊空香繫帶圍。怪底柴桑忒珍重，多因古錦世間稀。

枯魚過河泣

朽索貫枯魚，枯魚銜索朽。始知貪釣絲，誤落漁人手。

春江引

江水碧如靛，郎舟疾如箭。看盡渡江人，妾心君不见。

估客樂

前船載蜀錦，後船裝廣葛。中船有莫愁，不畏風波惡。

夜聽落葉，思吕山人旅桐竹山房二首

空階聞墜葉，寂歷如有人。出户曠無覿，掩扉還自親。怯寒思擁絮，燃火念窮薪。老病誰知己，閑宵獨愴神。

木葉下庭盡，蕭條秋已闌。高齋守空夕，獨寤生微歎。鄰杵月華淡，野鐘霜韻寒。無令望鄉客，併此結愁端。

聞達泉公將去郡，悵然有作

太行官路總摧輪，白日浮雲更愴神。襲石豈明懷玉士，吞羶焉辨飲冰人？卜居身外從詹尹，歸去山中問許詢。宦不遇時功在郡，德碑留取對蒼旻。

和甬東嘉樹園留別

相期共度紫芝歌，忽賦驪駒奈若何？客路曉霜孤劍盡，家鄉春水片帆過。鴻離絶嶠書應少，鶴暝遥天夢定多。誰謂逃虚能不悶？悄無心賞在烟蘿。

贈吕山人自汾之潞

横汾一歡宴，歸緒遄寒流。匹馬臨高岳，群龍滿名州。好賓梁苑盛，作賦楚才優。春草應留滯，王孫此舊游。

姚江陳生隨其師吕公見訪，以詩留别，依韻和酬

負笈從師自德鄰，遥天空谷且相親。霜深踏葉通樵徑，水冷衝烟過釣濱。五字瑶華投分定，一燈蘭彩晤言頻。淹留願借陪幽寂，其奈青雲路裏人。

題蘭軒太霞閒宇

層城翳華構，窈窕居蓬山。几閣横林際，琴書滿窗間。情涯秋水遠，神宇太霞閒。叢桂攀援處，幽人得往還。

齋居與甬東

野鶴本閑適，深松處處宜。蹇予投老地，要子歲寒期。鄰舍分薪火，家童煮粥糜。淡中應有味，静裏復奚爲？地閉征蓬覺，天巖宿鳥知。龍蛇保貞固，蒲柳任先衰。窮巷扃扉早，空齋擁被遲。曝榮雙鶴褫，祛慮一鴟夷。談世已捫舌，説詩惟解頤。昔人招隱士，所隱寧若斯？

雜詩二首

歲華一變颯成冬，落木高巖吼白龍。劍客不知天地閉，欲窮山鬼試寒鋒。

陰風吹起白茫茫，無數亂雲生冷光。最是水深人莫度，惡溪窮處滿豺狼。

送歸客五首

清如哀玉直如弦,置在荆門古道邊。白日曬光渾不見,竟誰知有後車賢?

酒中丸劍不成歡,倍覺離憂別有端。去國傷讒誰不痛?登山臨水淚闌干。

結綬牽纏脱却閑,竹冠臬履步雲還。青山自没緇塵到,只擁烟霞坐樹間。

去位正無慚柳下,入山應不愧孫登。世間荏苒知誰是?且喜霜刀斷葛藤。

郊園春酒襲芳菲,正是陶公解印歸。笑看無心雲出岫,盡教籠鳥拂林飛。

壽伴蘆宋先生

世路難將玉珮趨,雍容還學魯中儒。傳經心與先師印,講德身爲達士模。石室舊山横道岸,杏壇新雨點寒蕪。華辰藹藹天文應,南極垂輝滿座隅。

壽柳川宗尉七十

東海記籌登七袠,南山釃酒壽千金。無疆德與年俱邵,不老身將世共深。松下瘦容瞻鶴立,竹間清響聽龍吟。分明谷口仙人住,門帶天潢一水潯。

雲翁壽日

前身應是大羅仙，妙解圜中玄又玄。神室坐盤金鼎氣，天風吹徹紫霄烟。麻姑書信潮能達，王子音塵鶴與傳。南極一星同壽域，耿垂光彩到瓊筵。

壽仲川宗正

蓬萊宮裏萬年枝，瓊雪皎然姑射姿。九曜翠螭回薄處，三天青鳥下來時。光摇玉軸圖書府，香灑銀潢翰墨池。世上但聞仙葉貴，不知兼美在文思。

題鄭君《秋香玉兔圖》因以爲壽

世間何物長青青？獨有月中之桂顧兔搗藥和精靈。邇來十萬八千歲，丹砂金粟玉英璀璨華天庭。康成之俊儒門彦，弱冠思游廣寒殿。巨斧雖懸百鍊鋼，高枝竟阻三秋願。却剪生綃畫得成，意匠巧妙能經營。麗藻紛紛綴凝碧，奇香冉冉流空明。兔亦迷離不忍去，蟾亦連蜷不肯傾。静玩瓊樓隔瑶水，動觀景落冰壺裏。一段清光説向誰，無始以來只如此。羨君五十顔鬌蒼，見圖猶欲天衢翔。我持大蜡一杯酒，勸取日月高奔方。日即金烏月即兔，弄月豈愁攀桂樹？試濯雙丸丹井西，應哂嫦娥偷藥處。

立春日偶書

門前枯柳凍初消，便有和烟四五條。何事世間還冷眼，陽春應不上眉梢。

立春次日爲東明弟壽辰，得詩二首，時嘉平廿四日也

同生太平世，俱作背時藏。比翼青雲短，連枝紫樹長。歡延臘月釀，夢發早春塘。更得南山翠，來添野席光。

日月光華旦，家庭宴喜時。兄誇能擊壤，弟逞善彈棋。舊臘銷詩帳，新春櫟酒卮。只應除老病，無樂更如斯。

題東皋翁隱居

選地桂宫餘，結成蘭圃居。仙裁象蓬闕，野製學田廬。樓榭丹霄入，房櫳翠筱陆。廣堂凭几正，曲檻步櫚徐。玉女調香篆，青童侍寶書。塵微九緹慢，氣朗八瑶疏。人俗喧中斷，天光静裏虚。德幾形妙有，神檢秘玄初。汾水紆堯駕，緱山繫帝儲。安知户庭内，宛已得真如？

文谷漁嬉稿卷十三　癸酉（萬曆元年）

元夕寶善堂燈宴二首

海上三山縮地來，金銀宮闕倚雲開。玉繩光轉燃燈夜，寶鼎香籠玩月臺。花樹萬枝春冶秀，笙歌一派漏壺催。仰觀河漢長無極，欲與君王注壽杯。

新年佳景屬賢藩，玉燭調和映上元。天樂夜懸雲彩度，文杯春寫月華翻。王同在鎬歌《魚藻》，客比游梁賦《兔園》。共道《國風》流化美，紛紛燈火未須論。

小堂燈集用韻二首

春燈一歡宴，使我生酡顔。龍騎來霄漢，鸞車轉珮環。賞真情不極，照寂意逾閑。孰是向隅者？同嬉泰宇間。

上天垂淑景，元夕盛燈筵。綃晃鮫人織，珠聯龍女懸。烟花噴作柳，火錦簇成蓮。玩此無迷〔一〕眩，惟應玉洞仙。

【校記】

〔一〕迷，底本漫漶不清，據萬曆本補。

仲春郊行

芳草東林二月萋，百錢酤酒杖頭携。杏花村館遥堪問，桃水人家近不迷。青靄暖升群木上，翠微晴閃半天低。此中寧惜山頽玉？已許春風醉作泥。

題竺陽館畫壁

客路悠悠何處歸，不堪塵土敝征衣。蕭條舊館餘空壁，悶寫寒松黛一圍。

懷　古

嚴君賣卜城都市，太守憐之勸作官。笑道達生貧自足，莫將危險換平安。

敕律歌二首

老余馬兮虺隤，蹇余駒兮邅回。心鬱陶兮白日晚，野茫茫兮安歸？

我馬老兮玄黄，我駒駑兮不行。日已晚兮心鬱陶，長太息兮野茫茫。

兒階入學，陽谿君有詩見教，倚韻奉酬

喜看一脈綴斯文，却恐趨庭學未勤。放犬豈知慚白日？懶龍終餒奮青雲。中陽令範西河接，三署英聲四海聞。願借光風作時雨，灑開桃李遍吾汾。

三月三日宴集王龍岡洪西别墅二首

小築依岡半，長林帶浦斜。翠浮魚戲藻，紅亂鳥銜花。會以群賢盛，辰因上巳嘉。引流還列坐，併此醉烟霞。

晉日山陰賞，芳辰禊事修。遺文陳迹在，興感後時游。細雨花含潤，微風鳥哢柔。命觴西澗曲，歡趣滿春流。

三月十有二日宴集慶國〔一〕西園，爲參知紀公喜雨即席賦謝二首

東第移高宴，西園就茂林。雨餘花氣散，池上竹光深。飛蓋霞如落，吹笙月漸臨。陳思不可見，清響盛於今。

名園邀客處，花對紫薇郎。樹染丹青色，雲霏翰墨香。流杯追上巳，改席送斜陽。但覺情文好，銅龍漏自長。

【校記】

〔一〕國，底本漫漶不清，據萬曆本補。

暮春山中一首

住山道士習離群，問影扶筇秪白雲。豹隱已教人共得，龍鍾真與竹平分。槿花卉彩朝來看，蕙草含香静裏聞。獨酌更堪微醉後，石頭高枕夢氤氳。

落　花

花開花謝本無心，春到春歸恨轉深。不見青□惜芳樹，紛紛紅雨濕羅襟。

和陽谿春游二首

樹下有微徑，幽人時一行。浮雲真外事，好鳥若多情。春氣蒸紅濕，嵐光積翠平。却疑仙分少，神境不勝清。

微雲澹晴色，飛絮捲梨花。藥圃留春住，蘭階坐日斜。輕身便野服，爽口信胡麻。貧里殊無狀，依稀似阮家。

維暮之春，陽谿君過訪藥園，便留賞酌

爲訪白頭人，兼看紅藥新。當驚漢陰老，亦富洛陽春。彩艷生花筆，香霏漉酒巾。無然輕賞會，流水帶芳辰。

立夏後二日約柳川、東皋磻溪園賞會

園林忽已夏，緑陰生晝長。幽居感時序，復恐變炎凉。念當遁成老，奚用空名揚？是日天宇閑，觸目滿嘉光。花藥紛葱蒨，禽魚得咏翔。筠簾蕩嵐旭，玉水瀉方塘。獨游引孤緒，情想多彷徨。投書速同調，來此對華觴。

孟夏李磻谿園游宴同柳川、水南

平田北繞青山郭，別圃西連緑樹村。插槿列墉花〔一〕藥散，植援激澗果蔬繁。蓑雲侵曉籠芝閣，片雨斜陽映竹門。杖策可能招隱士，桂枝誰不愛攀翻？

【校記】

〔一〕列墉花，底本漫漶不清，據萬曆本補。

蘭軒游河東回奉贈二首

春草猶未歇，夏雲已嵯峨。齊心漢壽罷，游目禹門多。嶺疊南來路，谿奔東逝波。晤言懷物表，飛思灑烟蘿。

回此金門步，觀餘實鼎祠。汾陰存漢舊，晉鄙識堯遺。水樹參文幄，烟嵐擁畫帷。獨游應不倦，歷覽故多奇。

贈西泉七十

厭將風露數豪雄，且喜君爲七十翁。頭髮尚存多半黑，面容常帶九分紅。貧能樂道心無累，學不名儒義每通。日暮會仙樓上醉，獨聞鷄犬白雲中。

贈紀省吾參知擢陝西廉使

舊德留棠樹，新恩陟柏臺。皇華從冀轉，法曜向秦開。正色調綱紀，光風拂草萊。《吕刑》中是折，漢典恤攸裁。物睹通盆日，人蘇起蟄雷。大川行櫂桂，九鼎伫和梅。引領情何極，時時望上台。

四月念七酌程山人生日，山人寓此十度

一自旅汾陽，十回春草芳。詎云歲月易？且喜長相將。天地爲傳舍，而我俱行商。孰是丹丘翁？不死留舊鄉。念子善淹泊，嬉游及時光。孟夏扇熙景，初度屬佳祥。茂苑坐葱翠，鳥弄餘花香。清和韻天籟，絶出絲與簧。生無燕頷食，豈有鸞驂翔？若問駐顔術，委己緑樽傍。

五日即事呈郡守鳳池公

五日沿風俗，千門趁宴嬉。纖羅裁碧霧，皓腕約紅絲。苜蓿驕金勒，菖蒲灧玉卮。偏來承夏令，露冕出郊時。

端居感時序，蕤景入烟沙。蕙裊光風菓，榴團麗日花。折葵香帶露，浮醴暈成霞。似是滄洲趣，平分小隱家。

仲夏小村招飲

有美園中酌，言携谷裏人。連枝參玉樹，列坐滿清塵。叙意在歡宴，肴觴嘉履陳。息陰就繁緑，盛夏凉景新。弟兄皆翰侶，愧我非文賓。廬舍喜相接，蹇予非善鄰。惟然含款曲，掃徑期載申。

清夏嘉樹園二首

投老遂忘年，兼忘區裏緣。力疲南畝藝，時借北窗眠。樹影雲添重，池光月抱圓。嗒然吾笑我，所守一虚玄。

息陰清永夏，稍已愜幽園。鏡寫圓塘潔，帷褰直木繁。倚窗成寄傲，抛卷似忘言。身世何其曠，空林獨掩門。

題西齋新宫及園林二首

廣夏肅高明，長廊嚴序清。調銀題榜正，琢石砌階平。賓榻華榱廕，庭柯寶樹榮。惜無文考筆，來賦魯宫成。

林園多逶迤，臺榭復參差。種竹開三徑，栽蓮鑿二池。緑槐邀對酒，紅毯坐敲棋。觸景皆成樂，惟應費好詩。

嘉樹園自題

白榆天上樹，移植此庭中。茂對三槐表，綢繆緑玉叢。瑰材得所處，豈復希棟隆。清華結虛翠，湛淡神宇空。映日文成采，含采散烟虹。炎景薄不入，氛埃安可通。自從息陰來，形影歸鴻蒙。堅貞謝先伐，朽老依鬱葱。樹與人俱隱，誓當保玄同。是以名吾園，署余曰園公。

觀書蘭雪堂作

湛湛嘉樹陰，肅此幽蘭居。坐愛緑光轉，清氣滿庭虛。心目淡成洗，稍覽逍遥書。陳言久牽綴，疑網當見除。卑高群品序，安用矜鵬鷽。野性好閑適，幸自返林廬。無欲以觀妙，俯仰真晏如。

新葺南隅書舍，題以示階

宅邊亦有塾，别復尋避喧。草屋資南里，喜臨高樹垣。廛蕪久荒翳，可以象蒙昏。即新聊化腐，就簡特删繁。居此豈燕息，束心攻討論。文華日芬絢，理解暢靈根。賢路自天啓，青雲開九門。良才無窘步，遐舉成願言。卓爾廣川生，二年不窺園。陰岑下帷地，大業早已敦。

睡起即事二首

六龍誰遣繫長繩？修晷沉沉睡不勝。起對南窗更多暇，拈將拂子獵飛蠅。

鶴避茶烟松徑斜，竹爐往往廢烹茶。炎天病渴無金露，自挈冰壺汲井華。

逃暑嘉樹園 有序

園門晝扉，日影交樹，緑陰下布，若積水之方澄；清氣空涵，相流颸之始泛。白雲康老，容與婆娑。啜龍井之茶，甘於中聖；卧虎丘之席，適以游仙。即事興懷，咏言賦志云爾。

大熱猥難禦，偃余嘉樹陰。霏微定光轉，寂歷煩景沉。展簟適游夢，瀹茶成洗心。清言無與晤，獨此抱閑襟。

宗老南川翁八十

生長太平世，優游八十年。守文承五主，秉禮冠多賢。玉珮疏朝請，金章少拜遷。食饒封邑賦，用足水衡錢。好植淮南桂，欣耕綿上田。門前車滿駟，座裏客常千。祝慶移山岳，邀歡沸管弦。無論白日晚，達曙壽星懸。

癸酉大比送諸生入試

青雲有路待君行，策馬須開第一程。莫道杏壇疏舉業，且看桂苑擢文英。隋珠可是投人暗，秦鏡方當比日明。秋水接天成目送，望中高遠不勝情。

壽柳川、小村、静川

三十年前舊盍簪，而今俱被老相侵。白雲秋水心無事，碧樹閑庭月有陰。南極光遥連桂席，西山氣爽入蘭襟。邀歡且共淹遲暮，莫作芭蕉帶雪深。

與舊游酌池上

結交三十載，閭里羨豪雄。老去心猶壯，閑來興故同。蒲萄漾杯緑，菡萏襯衣紅。炎溽紛銷散，清微得遠風。

謝慶成見惠水晶蒲萄

漢苑蟠根厚，梁園引蔓長。芬榮張翠幄，津潤灑銀潢。結實成珠綴，含滋醖玉漿。龍鬚風裊細，馬乳露凝香。百果推前列，三花避後行。玄猿争獻得，青鳥獨銜將。布德枉瑶札，分情下筠筐。捧盤驚的礫，收籠重琳琅。瓊蕊回顔悴，金莖灌頂凉。何如一咀此，五内生靈光。

觀　蓮

在塵離染著，獨此池中蓮。翠蓋承香露，紅衣蕩彩烟。負文還自斂，濯質向誰妍。幸以拈花會，持將一法傳。

對紫薇

瑶光布其彩,燦爛華紫薇。秋圃見栖托,曉齋成廕依。人殊省閣對,事别山林揮。第共青霞賞,井隨碧草腓。

觀　魚

圓塘開皎鏡,鏡裏看魚游。空與色相映,天將水共浮。濠梁非結網,嚴瀨且垂鈎。愛爾恬生事,偕予樂行休。

看芭蕉

舒卷恒如智,芭蕉信有之。含章初曲折,展采漸離披。風動青鸞扇,雲飄翠鳳旗。空林無册簡,幽悄借題詩。

咏　蟬

蕭蕭流響夕陽邊,露濕寒光思悄然。自解冠裳挂高樹,潔身應已絶塵烟。

雨夜聞蛙

鼓吹池塘秋夜長,不勝和雨鬧蒼茫。林居只道避喧好,對此何殊在市傍?

癸酉生日書懷，時六十九

或時一往成頹波，來日已衰將奈何？月滿遽看蟾兔缺，林疏苦傷風露多。家筵見壽紛起舞，社會舉酬還放歌。荏苒世間各岐路，稍便遺佚青山阿。

林間秋意二首

雨餘殘暑驀然收，老圃平霞處處幽。何事芭蕉緑偏重？只應添得許多秋。

露滴翠盤水銀爛，紅蕖掩映羅衣新。秋光冥冥火烟盡，一似洛浦無纖塵。

秋日下帷偶書

一簾白日挂庭前，静影寒空思爽然。誰謂韶華老無分，只消此景足餘年。

霜　月

霜月休百工，丘中閑有餘。身絀是非遣，境幽昏悶除。山童收脱葉，然火作茶蔬。茹淡復散步，逍遥繞林廬。英雲冒層嶺，華菊明修渠。蒼苔積門徑，鳥雀依人居。吾亦安所止，豈曰不晏如？

九日宴餞鳳池太守

佳辰萸席款心期,却是臨高送遠時。菊若有情妍正色,酒偏無力蕩離思。題輿異表山城到,别駕英聲海嶠馳。極目曉天清萬里,何人不喜見鴻儀!

九日登高四首

平霞高館嵌高臺,四面華秋翠嶺開。拄杖一條凌浩蕩,振衣千仞絶塵埃。柳飄殘緑人將老,菊吐新黄雁獨哀。目送歲闌無可奈,只應瑶水白雲杯。

望望高天積翠氛,野烟秋水共氤氲。登臺俗應九華節,把酒人欣半夕曛。真逸可同陶處士,善酣仍減孟參軍。獨憐歲晏空林下,一片寒峰滿白雲。

卑栖不解攀緣事,今日登高與素違。梯滑詎能安穿步?樓岑猶恐墮危機。流飈凄緊驚黄葉,落日凌競下翠微。回想龍山宴來客,豪華俱已付斜暉。

碧海青天霜氣横,節當重九愛嘉名。樓臺歷歷携壺眺,丘壑層層躡屐行。黄菊紫萸簪秀色,奔泉落木帶寒聲。脱冠揮手人間事,幽賞應非逐世情。

懷龍池公閑居,用見題文苑清居韻

穆穆王文子,寥寥汾上園。雲山開竹室,烟嵐入蓬門。帷下潛爲董,臺中嘯是孫。功高身不宰,時詘道彌尊。心密稀形迹,書回抵悟言。兼葭聊可望,夢寐詎堪論?老態君知否,黄綿借日暄。

龍池題文苑清居圖　王道行〔一〕

三賢佳遁處，山水載名園。沓嶂分王屋，飛泉割禹門。雄材真國史，瑞命老王孫。未就東山詔，重開北海尊。弦歌俱入律，桃李總忘言。自惜芳辰阻，誰將幽意論。思君不可見，燕雁共寒暄。

【校記】

〔一〕本诗爲集中所附王道行原詩。作者名爲點校者所加。

雪中遣悶二首

歲暮嬰情獨多慮，不勝寒雪槿園西。青光漢簡臨眸眩，黛色好山當面迷。作麯幸成消悶酒，爲鹽喜和禦冬虀。柴門怪底疏形迹，天地閉藏人解携。

拂林瑶雪灑寒梅，一片清光失草萊。恨不賦從梁客授，思將曲和郢人裁。樓臺鮫幕層層展，山水銀屏面面開。又似粉霜篩月窟，亂飄餘〔一〕屑滿塵埃。

【校記】

〔一〕飄餘，底本漫漶不清，據萬曆本補。

送趙陽谿起復

彈琴適成聲，改服情淡然。報國有嚴程，墟中寧久延。晨裝袂將判，戒途旌已懸。密交多懇款，離緒方見牽。何以申餞贈，願言保貞堅。昔參省闈彦，今漸上台躔。鳴玉思比德，整冠期進賢。文華廣經論,出入備時銓。利用在金鉉,曰余朐末愲。

贈王老

空林疏往來,誰與數晨夕?賴有山中人,葉深投履迹。一壺時共傾,醉就寒齋息。曉起還復留,煮飯作糜食。世難心已灰,年高髮俱白。獨憐霜下松,不改青青色。

贈郭醫士視疾有效

初基學書史,改轍攻岐黄。金匱抽玄略,珠囊出寶方。開山看種杏,飲水遇長桑。仁術多兼濟,醫師信已良。

大宗正東皋翁登年七十

恭孝温文事事真,德符天瑞兩相因。丹心報國榮千石,白首傳經富七旬。誕日嘉平仙節應,及時歡賞慶筵申。庭森玉樹尤堪羡,葉葉枝枝擁大椿。

西瀛年丈登年七十

榮期遐景在君邊,且喜今登七十年。閉閣白雲辭俗客,挂冠青瑣托神仙。清光臘送瑶林雪,瑞氣春生寶鼎烟。總是令辰嘉樂處,南山歌吹繞華筵。

東明弟行年六十，宴於棣華，效成相語

孝弟力田，卒不逢豐年。被褐懷玉，藴真誰爲傳？出門遇雨踔泥旋。入山愁虎豹，和光混迹依人烟。熱不投曲木下，渴不臨潦水邊。頂禮白雲希神仙，神仙憐我苦，探懷取藥授二圓。一圓與兄噉，一圓與弟充壽筵。云此是上藥，炎黄搗治日月煎。醇滋入五内，嘉生滿盈害氣蠲。後天而老，崑岱比肩。弟花甲之一周，兄多弟之十年。自今服之倘收效，當令棣華左軒、棣華右軒，媲美茅君朱陵之洞天。

歲晏感懷一首

鬱鬱苦無悰，沉沉自傷意。庭昏積霰凝，鐘曉榮噉閟。觸物少光輝，抱形獨多累。于役始蹉跎，歸耕復憔悴。稍停波上舟，寧弭隙中駟。山澤日益臞，桑榆豈遐寄？寢興違往規，食飲背常次。恃粥屏葷羶，厭酒罷觴觶。晝短方困眠，宵長覆忘寐。久知老境臨，不謂颯焉至。大壑笑藏舟，洪流惜川逝。推遷理固然，徂景奚足喟？默眇向無生，凋榮兩捐棄。

文谷漁嬉稿卷十四　甲戌(萬曆二年)

歲初拈筆

甲子周來又十年,老夫幾已是神仙。世間荏苒渾無著,方外逍遥略有緣。海運鯤魚壺腹裹,山生芝草钁頭邊。爲漁爲圃非爲學,剛曉《南華》第二篇。

元　夕

銀漢寫天空,玉繩牽夜永。庭虚華月流,輻凑春燈耿。徙倚澤中臛,婆娑照孤影。歡游事如昨,衰健今難併。聞樂忽成悲,臨觴自爲哽。含心烟紛紛,達曙誰能整。

雲川和〔一〕

青玉五枝燈,曲瓊懸夜永。高堂邃宇間,一刻千金景。火樹泛光華,銀蟾流素影。燕歌宛轉齊,楚舞聯翩併。長笛韻悠悠,洞簫聲哽哽。上公非賞心,此夕其誰整?

【校記】

〔一〕雲川,不詳其人。孔天胤又有詩稱其爲“雲川宗尉”,可知其爲王府宗親。

喜雨十韻呈華山公

省歲春維暮，含生化欲時。言興憂旱惻，載始望靈祈。明信無煩禮，幽玄有洞知。石雲占寸合，膏雨應全滋。野色浮新绿，埃容净故緇。雉群嬉隴上，鳩羽拂林垂。豚酒奚堪祝？軒幡自可隨。菑畬盡南畝，簑笠滿東陂。溥矣承君貺，俄然及我私。歡心眇難寄，只咏大田詩。

寄懷陳抑庵中丞用見憶韻

德星移度東南永，政日留棠此地春。愛樹共思民社主，傳書多倚雁鴻賓。碧鷄金馬敷文遍，翠水瑶山結社新。我欲往從槎在壑，太霄何處可通津。

抑庵寄　陳洪濛〔一〕

含育堂前桑已挺，桃花洞口日增春。閉門幾著潛夫草，下榻常留孺子賓。醴酒殷勤君念舊，鱸魚興感我懷新。冀天浙水相惆悵，何日驅車再問津？

【校記】

〔一〕本诗爲集中所附陳洪濛的和答詩。作者名爲點校者所加。

讀湖南社稿緬懷抑翁

湖山佳處可誰知？獨有仙群玉洞姿。白社向來蓮作偶，高林今與竹爲期。留侯老子耽黄石，角里先生愛紫芝。曾是德潛光愈奮，許教明主借康時。

春暮聽西皋談游武擔之勝

覲岳南還春較過，猶言佳賞憶仙阿。琅霄玉磬流丹壑，絳館瑶笙散碧蘿。柳葉金垂魚口綫，江華緑泛鴨頭波。我家寒雪消纔盡，曲水無觴泝永和。

園居清夏二首

芳草没行徑，薜園新雨餘。紅香散烟薄，翠色含晚虚。踏閣疑嵐嶺，凌風寄蕙裾。息陰聊爾耳，捨此復焉如？

嬌青映階色，繁緑展庭陰。花下春餘幾？鶯邊夏漸深。疾夷群品暢，老盡二毛侵。空谷無人采，幽蘭時一吟。

清和曲

春衣换盡百花飛，越羅錦帶飄晴暉。晴暉散作清和節，梨雲柳浪融香雪。清氣墮天濛雨絶，和光撲面烟霏熱。玉勒驕嘶匹練曳，娥眉巧笑千金折。日輪西輾紅塵滅，醉偃流黄月華裂。

四月八日即事

風土相沿佛日嬉，北谿山社古叢祠。棠梨作雪籠香案，楊柳和烟颺酒旗。藉草兢分如錦地，攀花争向最紅枝。太平野老奚能默？小飲低垂白接罹。

題崇文書院

瑶天玉樹總成行,文苑金枝更結芳。開閣星瑩書葉燦,臨池露浥翰花香。鄭玄析理宣儒術,劉向修辭表漢章。宗主丁寧上乘義,親題銀榜重琳琅。

四月廿四作天真會於嘉樹園,分韻才字二首

徂顔久予蹙,今日爲誰開?喜動門前柳,榮增庭上槐。陶嘉在三徑,望美得同來。若道無名欲,天真任散才。

銷憂事伊始,沈抱忽已開。香雨生紅藥,柔飈轉緑槐。宴憑嘉樹下,盟合素心來。白首無夭伐,何慚處不才?

送李西渠通府署汾畢事還路

五龍高郡出浮雲,一鶴清風借與汾。月在冰壺同亮采,雨隨芝蓋下晴曛。舊疆還守車仍邁,新館留行袂竟分。東望迢遥盡烟樹,可勝嵐嶺復氤氲?

病起看榴花

抱瘵已空桃李月,開顔尚及石榴華。衰年定得餘生幾,芳緒猶期一日加。艷采凝杯丹是液,繁英簇帳絳爲紗。婆娑白髮慚珍樹,莫作仙翁弄晚霞。

五日宴王相呂公二首

去日冰未泮，來時花已紅。奄觀時節換，猶喜宴言同。佳辰適重午，歸筵列芳樹。相勸倒金尊，相歡贈綵縷。去住得官閒，恬兹散淡班。君王愛文學，叢桂方追攀。

驚心大化速推遷，又見端陽一縷牽。朱畫鬼符兵劫後，青懸病草藥王前。愁聞鶗鴂吟斜日，笑酌菖蒲助小年。何事三閭厭人醉，定應漁父識其偏。

咏山房紫竹簾一首

雀網久當敝，筠簾今乍垂。文驕青瑣纈，質勝紫絲帷。避熱篩朝旭，延清逗夕吹。瀟湘秋一片，惟許月明知。

仲川輔國見訪樹園

槐風泛綠帶新涼，榴火燃紅艷曉光。遂見列筵紆組練，還隨飛蓋繞林塘。谿雲乍喜游龍駐，山月仍愁別鶴翔。豈是孔融能好客？從來載酒説淮王。

翠虚亭

群木滿韶夏，孤亭積翠芬。色緣空自映，香以静成薰。簟展青瑶織，書翻碧落文。琉璃曉光混，無處著浮雲。

六月社會

嘉月催教作會頻，那能撫景不陶真？平生轉眼皆行路，何處同心有比鄰。止影樹園青簟穩，怡顔華沼碧筒新。相看盡帶烟霜氣，似是喬松隊裹人。

觀謝樗仙山水畫障

謝仙圖海嶠，神理浩無涯。石壁表天翠，霞標逗日華。浦長烟是岸，村杳樹爲家。絶頂千巖小，虹梁一徑斜。

答方君見訪

久知窮巷無車馬，誰信空林有足音。好客如從雲外至，幽人却訪谷中深。相留麥飯慚鷄黍，自哂荷衣對紱簪。問爲先皇求道日，幾逢青鳥玉山岑？

雨後與鄭鶴庵酌亭上

客坐亭中好，風來雨後清。垂檐凉葉振，出沼净花明。家食隨村野，鄰酤寄性情。論交詎云薄，終以淡然成。

七夕自解

巧節胡爲爾？愚公拙復媸。多應天上事，不與世間期。烟道驕靈匹，泥塗老鈍姿。鵲橋風未耐，鳩室雨翻宜。真幻能誰辨，仙凡可自知。蕙樓紛玉案，芸圃暗松帷。曙色催行速，凉光助寢遲。琴瑟長在御，鷄犬亦相隨。河漢原無望，何曾苦別離？

西岡草堂

西岡草堂西澗邊，窮僻無如此地偏。村語夜高傳谷響，鄰炊家少淡墟烟。傷心古木形容老，過眼浮雲歲序遷。大是野僧聊寄泊，休猜蔣詡默林泉。

題先壟碑後

琢取青珉一片雲，勒銘争得九泉聞。山川有意牛眠壟，日月應閑馬鬣墳。呵護總憑翁仲氏，歸來時想令威君。蔡趺螭首蟠松路，佳氣長留紫翠氛。

贈李劍州磻溪於生日作

半刺三年坐劍州，一封初服返林丘。巴山昔雨西窗夜，蜀國高弦小洞秋。名勒潼君青玉案，身閑漁父白蘋洲。地仙難老分明覺，緑酒酡顔映黑頭。

壽柳川、小村二翁

生長升平代，皤然鶴髮翁。宗磐良比石，奕葉自分桐。珪組閑朝謁，圖書美會通。買山藏窈窕，蓋屋結蒙蘢。學隱真成遁，参玄遂解空。卧游黄竹外，坐嘯白雲中。顔駐曦和日，身輕禦寇風。傳經續劉向,作賦擬楊雄。岳秀文兼質,天扶老復童。華秋屬初度,高宴集群公。青鳥銜芝碧,朱霞映酒紅。卜年椿共大,延景桂多叢。今我將何祝,南山正鬱葱。

玉李時熟,親知多所見貽,賦此奉答

名園佳李冠時新,百顆争傳席上珍。帶露摘來空碧樹,含漿分得冷瑶津。金門漫羡偷桃客,葱嶺還推證果人。欲報却慚無一物,擬收瓊蕊雪中春。

宴李别駕澗南於生日作

華筵不是等閑開,要寫南山壽一杯。題軾方驂五馬去,投簪早就白雲回。明農歲取芝田熟,課子時看桂苑材。只此百年平地好,無將高起望仙臺。

田園秋意社會作

萬木呈秋一葉先,物華老圃覺澄妍。芝英亂點金花秀,瓜蔓平鋪翠彩圓。玄露正堪中夜飲,白雲能得幾人憐?社翁來款長松下,共對西山氣爽然。

采蓮曲

江南采蓮女,緑水芙蓉衣。玉腕黄金約,蘭橈冷翠圍。攀花恨紅淺,愛葉怕珠微。共蒂者誰子?薄游方未歸。

奉酬静川諸公見枉

祥飈吹下緑雲車，却枉山人背郭廬。琪樹綵毫連夕照，鈞天韶響落晴虚。盤收火棗花開後，杯寫金莖露滴初。大是道緣嘉此會，歡榮覺與世間殊。

玩池荷作

鏡光秋水灔紅蕖，無限清華入草廬。多露獨知殘暑退，微風尤覺早凉虚。玉壺澈骨銷塵夢，金筲開心諷道書。孤景自將成絶俗，寂寥誰問子雲居。

龍洲公惠宴，用韻奉酬

高筵華組拂林開，秋氣凉雲薦爽來。碧葉芬敷雙玉樹，紅漿流轉百瓊杯。堂中畫錦森長戟，座裏星文映上台。只恐鴻飛宴闌後，天功久已佇鴻才。

北野談老病多愁作此解之

老來多病復多愁，自是浮生下落頭。秋到有林皆墜葉，雨中無水不浮漚。孔顔樂處三光並，堯舜心田萬古留。細説與君君未信，直須歸卧酒家樓。

寄贈張蘭池二尹

哦松大邑政優閑，飲水三年帶笑顔。道骨未升從吏隱，聖功將滿列仙班。故人在野能相問，高義凌霄迥莫攀。何日移車向州郡，面談秋水白雲間。

吕山人來自上黨，瀋國諸王俱見存記，賦謝一首

高雲龍嶺護雄藩，東望岧嶤不可援。好客每開叢桂苑，題詩多在緑筠軒。南金擲地聲全振，秋水連天氣欲吞。本自聖皇隆大雅，最宜文德滿王門。

上鎮康王

西瑶玄館布瓊章，散作卿雲五色光。寂歷暮山渾照澈，蕭條疏樹總含將。鶴諧亮節笙邊舞，魚樂希音鏡裏翔。獨是七襄無可報，太霄頂禮意徬徨。

八月十五日喜甬東至二首

中秋今夜月，萬里故人同。遠駕心如許，前言事豈空。暗枝翻喜鵲，明水下遵鴻。促羽金波駛，高林聞曙鐘。

中庭華月滿，左界銀潢斜。下馬南州客，開尊北海家。青囊迸璚藻，玉齒噴金砂。賞會歡應别，攀留思更賒。

八月十六日和甬東見壽之韻

既望生辰七十年，停杯自笑月明前。容輝漸是今宵耗，營魄剛存昨夜圓。絳縣山人林下老，赤城霞侶座中仙。相將且作陶然計，誰把盈虛更問天？

壽西谷翁

朱門先達道爲尊，白首論交夙好敦。祥旦欣逢三月麗，芳筵茂對百花繁。盤中果薦瑤池熟，袖裏書傳玉洞言。帝胄有仙誰得似？只應王子在蓬崑。

西皋宅陪宴，節使龍洲公賦得“中厨出豐膳”

中厨出豐膳，延此文翰賓。露氣潔高天，日華明珮紳。諸生咸列坐，藹藹席上珍。秀藻布芬絢，光香凝翠茵。金尊數斟酌，絲竹催轉頻。俄景見卿月，垂輝荆與榛。嘉招具今夕，歡樂難縷陳。

社會分題得中秋對月　用高字

盈盈皎鏡晰秋毫，自是孤懸碧落高。映樹滿階流玉藻，横河一水抹銀濤。明光白地衣裳冷，遠影空闌夢寐勞。寄語社中來共對，皓華堆里絶塵囂。

和甬東《園中偶步》韻

凉葉灑天籟，惟應静裏聞。幽人在空谷，誰復眼中青。散步巡叢桂，浮踪笑聚萍。知君素心者，無恧此山靈。

酬吕山人見題蘭雪堂二首

幽蘭空谷秀，白雪陰岡屯。湛宇攬香潔，清魂欲飛翻。懷人隔瑶島，有酒閒玉尊。終日坐沉默，朅來方與論。

一丘聊寄泊，歲月稍已深。漸少適俗韻，猶多求友心。土花沈屐迹，風葉滿庭陰。不有同懷侣，寂寥方自今。

貞節詩爲林皋姊太君作

名與節相因，蓋棺評始真。神霜冽孤操，娥月皎同倫。桃落車猶肅，鸞飛鏡豈塵。寓形誰不朽？只有柏舟人。

答林皋、蘭軒雨中見過

昨雨復今雨，蕭條秋氣深。半黄生冷樹，輕黛抹孤岑。老盡王孫草，單栖野雀林。微君好幽素，應負歲寒心。

答甬東見喜生子

老蚌生珠日，原蠶結繭時。夜光猶可照，寒服尚堪被。兄喜添新弟,翁憐有二兒。太鈞良有意,世事本無期。

贈林皋宗尉一首

威鳳來碧林,華彩何離離。丹霞照秋水,野草蒙光輝。雉鳥鳴澤中,臞儒多委遲。虞淵獲希遺,神秀與我期。翩翩王子晉,控鶴下庭陲。對月吹玉笙,臨風遺紫芝。高音絶繁響,大藥回衰姿。奇氣凌九秋,異香紛微微。豈曰耳目爽,天地亦清夷。暫憩若干載,再晤知何時。恨不化爲鶴,與爾長相隨。

沁太妃令誕

帝子承顔奉淑慈,彤闈宴喜學瑶池。曾來青鳥下庭際,正熟蟠桃出海時。舞綵衮衣千乘貴,助齡天酒萬年宜。封人亦有南山祝,曠望金華寄紫芝。

壽王相吕磻溪

秋深朱邸逢初度,人與黄花笑獨妍。極目水波寒葉外,放形鴻影夕陽邊。登臺酌醴崇今宴,授簡陳詩抗昔賢。鞅掌局中多速老,寧知閒散足延年?

九日偕諸公登平霞館用臺字

翠宇凌空雙樹臺,青霞成綺絶氛埃。谷中幽賞佳辰應,天外晴登好客來。萸紫代簪從落帽,菊黄浮醴任盈杯。悲歡古往俱陳迹,今日何慚笑口開？

九月廿三日同甬東、竺陽、少山、禹麓郊行至一僧舍少憩

散步出林間，逍遥信所如。數家山郭外，一處野僧居。茅結懸霜磬，蒲團坐露除。菊花惟欠酒，貝葉故多書。茶帶樵蘇氣，齋分鳥雀餘。佛香流冷淡，梵唄繞空虛。繕性翻成妄，冥心倒復初。看他閑寂寂，慚我困蘧蘧。把袖咨同調，將何遂起予？

西齋玉華園觀菊

霜壓槿籬白，風梢槲葉聲。衆青隨見悴，微緑轉抽榮。孰是觀無始？聊因解達生。賢人當閉塞，幽卉表堅貞。素質比雕玉，紫英如鏤璃。黄溥金粉澤，紅抱火齊精。正色寒光互，妙香玄氣并。開軒悦叢秀，置酒延列英。張組露臺静，濯纓秋水清。飛文灑葱蒨，逸思浩縱横。滿插頭應重，加餐身可輕。細参知我相，高賞識君情。已過九華節，猶申卒歲盟。看花那不有，春日路傍行。

和胡山人留别一首

寒雲兼落葉，老景並侵尋。非復草廬意，寧爲《梁父吟》？瓮醅新秫酒，床挂没弦琴。薜圃迷三徑，荆扉閃一岑。獨行方念侣，高士適投林。塵榻乃雙拂，冰壺遂屢斟。芝蘭敷秀藻，水月湛靈心。不曳虚堂履，安知空谷音？宵譚曉星墜，朝宴夕陽沈。只擬長携手，那堪促

别襟。暫離傷歲晏，重款遲春深。種得庭前竹，來時緑正森。

金蘭詩社宴集

茂苑依靈囿，崇基闢雅堂。名因斷金利，義取沐蘭芳。瓊樹標時哲，瑶華炳日章。二南麟趾應，五彩鳳毛翔。多暇延耆舊，同聲奉睿王。寒香霜葉重，清繞月枝長。朱芾多歆向，青袍老段商。良由機在範，遂使化彌光。本自圖書府，分爲翰墨場。當知正四國，題此記宫墻。

咏《甕頭春》四首同吕山人

驅憂每恨無長策，得句常疑别有神。却是黄花解人意，等閑釀出甕頭春。

暮雨空林落木愁，夢魂飛上酒家樓。東皇似管人顛頟，早遣風光到甕頭。

甕頭春泛海波紅，無數桃花落曉風。三十六宫何處是？大家同跳一壺中。

大家嘗取甕頭春，百味無如此味真。若使生當阮公世，竹林奚止七賢人。

十月東皋館會

孟冬文酒社，半雨夕陰園。氣爽聞天籟，心閑净俗喧。籬疏黄菊淡，樹挂白雲繁。晚節佳如此，何慚我所敦？

贈楚鶴

疏樹半黄落,寒蕪方緑沈。空山逢旅逸,僻徑見招尋。濁酒開新甕,高歌聞素琴。論交定傾蓋,栖止期共林。游子念歸路,他鄉多苦吟。無何袂就判,翻長一離心。

送吕山人東歸

悵别休看陌上蓬,翻飛不定與心同。條堪縶馬憎偏短,雁好傳書畏落空。界道白雲千疊樹,連天青翰一帆風。玉龍錦帶寒光結,挂向丹霄牛斗中。

送陳生伯梓

翩翩公子桂林枝,再别西河使我悲。染翰每看心正處,論文多坐夜分時。仲容天與青雲器,子禮人稱黄絹辭。歸到鄉園憶今日,霜前留飲菊花遲。

山房憶吕逸人

海隅人去竹房空,庭樹銷殘一夜風。摇落豈堪離析後,徘徊偏向寂寥中。久知大塊爲傳舍,何惜浮生似轉蓬。争是有情除未得,百年鼎鼎意無窮。

送龍洲公還京

銜命桐封建國楨，奏旋星駕守嚴程。經臨頓改山川色，咨訪兼知郡邑情。鳴珮入朝光九列，揚庭展寀動群英。自天殊寵君宜奉，延咏康哉贊世平。

水南公登年六十

高才仕州郡，芳譽廣前修。薦剡屢不報，一往歸林丘。吾道適當隱，知命復何憂。振衣白雲表，長嘯青山頭。回首顧埃壒，華簪誠足投。雍容多歲月，六甲俄已周。先師稱耳順，心聲相與謀。看君湛神理，真乃聖之流。旨酒發嘉旦，朱弦揚妙謳。客獻靈椿頌，海進萬年籌。匣内三尺水，盈盈涵斗牛。庭中叢桂樹，勃勃月宫秋。持此運天壤，曷言公與侯。

東谷翁令誕五袠

大齡今半百，懿行已三千。鴻寶成書日，龍文鑄鼎年。冰桃形似斗，雪鶴勢如仙。我奏南山曲，都來向壽筵。

仲冬巢雲館圍爐

嚴月虚堂積霰微，高年社會樂晴暉。暖烟紅桂金爐爇，文綺青樽玉案圍。野鶴在群離世網，閑雲何處起塵機。宴闌踏暝分燈去，猶似蓮華寶炬歸。

贈趙陽谿出守保寧

十年仙署遠分麾,正是文翁出守時。疊嶂映帷生彩翠,空江隨纜湛清漪。岷梁積阻専城重,蜀漢連塍沃野滋。安阜自將成禮俗,德風流衍頌聲馳。

九日西園宴壽

丹霞夾月照西園,翠蓋延賓惠好敦。座上吹笙鸞猗狔,階前起舞鶴翩翻。夜闌移款紅萸席,樂闋催添縹玉尊。獻壽九華無近計,萬年茅土胙名藩。

謝蘭軒携酒見訪

離居歲當晏,朔氣良已深。夕吹響乾葉,朝暾變成陰。掩扉悟言絶,隱几方沈沈。不有青霞侶,一尊誰見斟?

林間冬日二首

西日淡餘暉,空林獨掩扉。采薪雲處有,送炭雪中稀。雀網成疏箔,牛衣賽暖幃。誰知結茅地,亦具首山薇。

冰色已凝凋,巖雲凍不浮。林深滿空静,歲晚足淹留。倚樹高千尺,編茅小一丘。向時猶覽卷,今與筆俱投。

對　雪

同雲鬱不開，密雪灑輕埃。龍井方燒液，羊羔正醱醅。絮沾門外柳，花度嶺南梅。寄語招尋客，無然戢興回。

蘭玉堂稱壽有圖有詩

發祥高岳秀，濟美大邦楨。德劭河間禮，才兼鄴下名。金昆聯玉友，璧采焕珠英。初度臨長至，一陽光太清。壽徵占道泰，福應叶時亨。庭啓瓊瑶席，山開紫翠楹。西池朱果獻，南斗緑書呈。綽約陽阿舞，霏微子晉笙。麻姑新釀熟，借取百杯傾。

冬日謝蘭社諸公枉駕

冬緒誰爲款？惟應松桂心。清成一室悟，静入四檐深。破暝焚蘭上，延宵坐漏沉。相將意無限，所保歲寒陰。

贈鄭鶴庵、林皋清尚

方當曳裾日，遽是拂衣年。清尚何其遠，知幾固已先。撥雲開舊隱，斫石種新田。庵放巢松鶴，溪收上水鯿。飲中參草聖，静裏作枯禪。筆湧山河氣，門高商段賢。道存争健羡，學古尚覃研。宴襲元王醴，經傳鄭氏箋。蔣生猶有徑，楊子獨成玄。世事誠難料，惟應此計便。

西皋壽日咏言用韻二首

朱筵高舉玉杯三，碧海冰漿味正甘。頌魯詩中看壽母，祝堯語裏見多男。人間美福渾兼致，世上浮名眇不貪。五十年來附仙籍，大羅今日好清酣。

芝房神草秀來三，天酒榴花分外甘。假我壽杯歌萬壽，羨君男子是奇男。雄才倚馬高能賦，麗句雕龍老更貪。遺落世氛須盡醉，等閑參破竹林酣。

寄馮孚溪試宰香河

終知瑚璉當登薦，符竹先將試理人。花露近天千樹好，麥秋盈甸兩岐新。朝回吏肅鳧初下，野闊童嬉雉正馴。才羨詎須論褊邑？行看小往大來伸。

宴坐一首

夏氣晝方永，鳥飛人迹稀。花林結芳郁，香色滿晴暉。寢瘵忽無悶，開心獨依依。篇章久蕪廢，樽酌與我違。今日復思整，誰能空掩扉。揚巾拂瑶席，延賞坐霏微。

蘭軒君乃堂壽

祝釐北堂上，獻壽南山前。六甲周星紀，九華成洞仙。元符重啓運，昌曆再承乾。紫府登神筴，彤闈列寶筵。旅珍來桂海，張樂下鈞天。光溢芙蓉鏡，香籠翡翠烟。大慈參聖諦，衆善讚靈篇。麟趾昭家瑞，鴻文表國賢。曾參侍饌日，萊子舞衣年。金母桃如斗，麻姑酒似泉。端爲仁孝助，遐祉萬聯綿。

汾西先生華誕六旬

莫道青雲志未酬，盡餘佳景在林丘。塵沙脱屣三千界，烟月行吟六十秋。静影古松長似鶴，閑心空水不驚鷗。避人野老西鄰住，獨喜和君歲暮游。

謝劉汝清見訪

余雪滿荒徑，林藏背郭幽。足音過苦竹，心賞得同游。温款然爐共，清言緩帶留。柴桑居止近，無事數相求。

正月十一日雪二首

種石編茅特地荒，不知何處有春光。今年似荷東風力，吹送雪花聞雨香。

歲交冰泮雨猶遲，白雪陽春信有之。昔日少年今老去，小窗還似映書時。

題輝上人壁室二首

古廟檐阿一片閑，高僧借取作禪關。真成樹下能消宿，正是巢由不買山。

三十年來面壁身，也無歡喜也無嗔。傍人不解何清静，只道幽居少客塵。

田家留客二首

身爲野田叟，尚自好留賓。莫若茅柴薄，山中只此春。

鷄黍無兼味，村醪近可酤。緑烟黄柳處，好鳥叫提壺。

輓歌詞四首送兑川君葬

厭世消摇離垢氛，重淵杳眇隔層雲。多情泣盡惟沾臆，總有悲聲怕不聞。

懷君萬恨結孤墳，玉箸縱横馬鬛文。生死到頭原共路，不應早已見離分。

心期欲達命期愆，朝露珠沉雨落天。埋玉未應成寂滅，青袍青草共生烟。

梨花柳絮亂離春，苦雨凄風愁殺人。君到夜臺如夢覺，也應回首重沾巾。

題王龍池園圖十六首

成趣園

初由趣攝園,已乃園成趣。有待猶爲煩,冥觀無待處。

遂初堂

揚帆吴楚甸,總轄岷梁墟。信美非吾土,茅堂成遂初。

點易臺

韋編三絶後,神理六虚前。多少羲農意,都從一筆圈。

百花壘

春城艷綺紈,處處與花攢。野老渾閑事,風前一笑看。

巢鶴山房

吾廬白雲裏,人迹故應稀。賴有松千尺,廖天一鶴歸。

婆娑亭

嘗聞漆園叟,倚樹閑婆娑。今日青林下,息陰當更多。

清泠軒

青天落層檻,下壓清泠淵。静夜月華滿,珠游神女邊。

抱甕處

朝從抱甕去,薄暮抱甕歸。機事誠已少,畦苗當獨肥。

長春洞

玉洞開天後，含將太古春。桃花長貼水，瑶草歲成茵。

丹藥圃

荏苒異暄燠，夾花銜玉卮。國香隨處好，休道洛陽時。

君子居

修篁靡空曲，青翠鎖庭深。自是仙人館，瑶天帶玉林。

仙　陬

羽客住丹丘，福庭能久留。誰知姑射墅，大是列仙陬。

流觴處

藉草席瑶青，臨觴寫酥醽。非由蹈陳迹，自有一蘭亭。

涵靈池

湛澮靈池水，有龍當自深。共看雲起處，去作敷天霖。

餐英飲露

幽人愛蘭菊，挹露啜其英。怪底顔容好，多應世味輕。

鄧林一枝

棄杖猶不朽，虞淵尚可追。至今凌倒景，還是鄧林枝。

一泉宗尉山莊四首

龍蛇藏大澤，雀鼠帶前川。芳草王孫道，來耕綿上田。

洪山總蒼翠，石樹凌超忽。中有玉笙仙，吹墮瑶臺月。

湛湛石桐水，泠泠似我心。虚亭坐相瑩，凉竹鎖清深。

林宗不可見，卜築愛遺閭。霞表清風至，滿堂生翠虚。

山西文華·著述編

孔天胤全集

第五册

明 孔天胤◎著

張勇耀 趙桂溟
韓兵强 常佩雨◎點校

《山西文華》編纂委員會 編

山西出版傳媒集團
三晋出版社

山西文华

文谷漁嬉稿卷十五　萬曆乙亥三年

元日與吕山人聽黄生彈琴歌

我從元日探陽春，欲春不春如隱淪。黄生一揮五弦出，雷斧剖冰波躍鱗。颸轉紫淵驅緑壑，鐵幹老梅花迸〔一〕落。招邀神鳥啄琅玕，掣曳九苞巢阿閣。澹蕩悠揚流太清，霞綺烟綃歷亂明。曼衍冲融拂平地，陳根宿莽紛回榮。貫珠仍裊裊，餘聲散幽悄。壯士解鋏羞從軍，寒女斷機期鬥草。坐中吕子工玉笛，緬想江樓心怵惕。東家孔生知猗蘭，對之不覺起長歎。賴有春醪百餘斛，共醉且和陽春曲。

【校記】

〔一〕迸，底本漫漶不清，據萬曆本補。

贈杭太守抗疏還山

使君明經致高位，五馬雙旌列侯貴。到官首夏同清和，忽感秋風遽思退。乞陳亹亹遂連章，印綬纍纍不可縶。當塗留勉惠元元，使君必欲果歸言。吏民擁門復遮道，使君不肯停征軒。只耽江上蓴〔一〕鱸美，詎戀横〔二〕汾簫鼓喧？横汾簫鼓聲嗚咽，寒雲一片傷心絶。塞北江南此地分，水遠山長夢難閱。摇摇玉雁曉離披，冉冉金烏夕明滅。昔時名重孝廉船，殊勝青雲著早鞭。今日扁舟羨張翰，孤棹何慚李郭仙？紅蓼灘頭罷吹笛，曠放太湖情渺然。看君骨相冰壺裏，朱絲之繩直堪比。卜居偏鄰善卷洞，辭榮獨慕延陵子。五岳尋真非浪游，定得無生亦無〔三〕死。神鼎丹砂爛九霞，王陽黄芽滋萬蕊。將追二老芥六合，何怪棄官如敝屣？

【校記】

〔一〕蓴，乾隆《汾州府志》卷三十三、《汾陽縣志》卷十四作“蒓”。

〔二〕横，底本漫漶不清，據萬曆本、府縣志補。

〔三〕無，咸豐《汾陽縣志》卷十四作“有”。

贈奕客吴少山

海客談秋奕，山城一見過。迹留幽薊遍，名在朔雲多。百戰堪懸印，千年枉爛柯。晉陽游樂地，賭酒醉紅羅。

校奕烏皮几，分明似用師。雁行参鳥陣，馬首辨魚麗。始事勞千筭，成功落一麾。子房天下手，只有謝安知。

壽東皋翁

占得人間五福先，看來惟有上公然。承天澤共黄河繞，捧日心隨紫極懸。老學争爲門下士，玄文新著枕中篇。誰知臘酒南山獻，樂只遥含壽萬年。

酌黄琴士與吕山人同之

山谷希声不可沉，支流雅善絲桐音。去年为我弹秋竹，今灑白雪寒松深。松竹萧萧复何有，因君生辰且酤酒。相邀共醉海天人，袖出冰桃大如斗。

和柳川小洞避冬

深洞長松老此身,清朝朱邸一閑人。性單總有烟霞癖,機息偏令魚鳥親。破凍滿爐燒槲葉,加餐成碗飯麻仁。尋常温飽山中足,何必秋風江上蓴?

咏迎春花

有雪無梅地,盆芳迓早春。一叢抽緑嫩,五出綻黄新。東閣還偏興,孤山合比鄰。誰知寒谷裏,先有看花人。

寄酬林皋君見訊

歡來無物比新知,愁轉何方慰别思。翠嶺高霞登閣處,黄花香酒傍籬時。萍踪已遠事如昨,梅信早通春未遲。可道東軒成兀坐,停雲靄靄獨題詩。

雪徑草芽青

白裏早分青,東皇爲炳靈。輕霏點芳意,潛穎兆初形。鋪砌茵纔織,尋春屐未經。金光含異采,秀出别成馨。

壽霍大司馬六十

青陽正律岳生神,紫府高筵慶上真。國有老成忠報主,家多殊錫孝榮親。銘勛已在麒麟閣，論道還須黼黻臣。南斗即今添壽籙，東山誰不望蒲輪？

壽雲川君

穀日頻申柏葉觴，壽星遥映九霞光。聽歌青鳥碧空下，看舞瑶姬素面妝。發藻偏工梁苑賦，談玄妙解漆園章。緱山一徑無人到，獨許王喬控鶴翔。

壽吕山人二首

紫氣接真人，青陽應誕辰。松帷開帳宴，柏酒縱杯巡。地主能延客，天涯信比鄰。願持今日意，同保百年身。

宴言攀逸駕，開美及元辰。臺是熙春陟，觴爲獻壽申。歌山翻案舊，告海進籌新。欲弭羲和轡，因君駐日輪。

燈夕宴集二首

美夜繡輪張，然花艷寶光。珠驕瓊浦珮，鏡轉玉臺妝。坐月分瑶席，飛星急羽觴。胡能踏塵去，清境足翱翔？

夕宇華燈錯，金支映璧璫。薄寒銷暖焰，闇影落毫光。四美人方集，三更漏正央。春城真不夜，併此醉爲鄉。

早春園中即事

東風曉色澹晴暉，野館幽林變翠微。蕚緑小梅披雪暈，芽黄初柳帶烟霏。宜春正美華觴酌，負曝何慚錦帳圍。獨怪結廬人境外，踏青車馬過門稀。

題《壽萱圖》爲李環洲太君作

稟訓弘家緒，移忠奉國恩。還持南岳壽，遥獻北堂萱。天翠榮輝合，日華喜氣翻。善門方萬慶，斑彩詎須論？

春風扇微和二首

惠風一何暢，吹我西雉園。草樹匀華澤，亭皋美植援。禽魚含意態，林沼競飛翻。對此情何極，端令宿好敦。

大塊嘘青氣，蓝菖轉緑烟。蕙襟稍可襲，珍樹欲成然。西第操觚館，東樓秉燭筵。芳辰不相負，觴咏上皇天。

紀夢 有序

余夢與過去人薛考功君采 高廉使子業 張方伯子魚行到一處，林淵映帶，迥異城域。有半面磨崖，議題詩其上。余先題“廣澤生明月，蒼山夾亂流”，筆落而寤。明，以告空樓子吕山人，山人意奇之，因取賦詩送郡守杭公。時杭拂衣歸海嶠，笑曰：“此其不死之舊鄉者乎？”余因足成一篇以紀之。

夢與數君子，逍遥一處游。巖泉相映帶，草樹復綢繆。烟嵐互明滅，深静可淹留。石壁如有待，題詩向上頭。五言章未就，二句文頗遒。廣澤生明月，蒼山夾亂流。不知此何許，稍已驚莊周。適有空樓子，來從霞海陬。問之笑不答，但取付長謳。慷慨臨風發，因之送杭侯。杭侯五馬貴，棄去若雲浮。言過赤松里，爲訪羽人丘。

贈喬二府玄洲署州還郡

山城春早見鴻儀，已有江春到北陲。幽谷盡然回旭藹，群蒙何不啓華滋？題輿翠幰高雲〔一〕上，露冕虹旌曉甸馳。自是甘棠遺愛永，吏人争寫去思碑。

【校記】

〔一〕高雲，底本原缺，據萬曆本補。

春日集金蘭詩社二首

茂苑芳菲地，晴曛澹蕩朝。烟華紛藻思，空影散塵囂。蘭室人如玉，金塘草是瑶。樂游應未艾，嘉月今始陶。

已感青霞意，復聞黄鳥音。溯風追勝業，諏日款華簪。興洽嫌春淺，情遥愛夕深。問渠何得爾，齊契在蘭金。

風晨感懷呈吕徵君，時同宿嘉樹園

條風布青氣，林藹逗朝暉。芳月始成趣，佳人何處歸？相留過寒食，相共换春衣。莫作南枝鳥，心心向越飛。

喜雨邀吕公共酌

耕父有餘樂，田園春雨中。地文青野映，天瑞緑疇通。勝鳥來桑際，鳴鳩過屋東。可令紅濕處，不共浣花翁。

寄酬李環洲別駕

翠蓋紅旌下北林,不知窮巷有招尋。堂開背郭虚無盡,座下光風宛轉深。山鳥杏花催送酒,池烟竹樹澹成陰。怪來顔彩增春色,時倚青天散鬱沉。

寄謝張東沙、范東溟、吕南渠、陳抑庵、馬松里諸老見壽

覽冀人從鶴上來,碧華璚檢向予開。文章北極調元老,霖雨東山濟世才。一字真成萬金布,三光如掣九霄回。遥天何許堪酬寄,只擬崑崙作壽杯。

寄謝沈句章、范閬峰、劉望洋三隱君見壽

歸向深山歲月深,懶隨閭里學浮沉。冥鴻已矯冲天翼,斥鷃寧辭惡木陰?夢裏紫陽終不到,書中瑶草自堪吟。可憐遠影空留滯,一望高雲寄此心。

寄酬沈青門以詩畫見壽

遥憶江門老謫仙,高踪偃蹇思悠然。心空上竺聞鐘地,目回西湖看月天。五岳舊游移入畫,六文精藻韻成篇。前秋遺我雙鱗素,懷袖時時發彩烟。

小樓春望同吕山人

與君適端暇，携手一登樓。上躡尋春步，虚憑寓目游。雜花明秀野，層樹繞芳洲。好景渾相媚，能無永日留？

輝上人禪室

檐隅一室嵌，清似鷲峰巖。雨洗曇花席，風翻貝葉函。坐觀無影樹，身挂没邊衫。修到不空處，諸天盡落凡。

喜兒階游成均回，詩以勉之

觀國覲明主，還家慰老親。春衫青草色，舊卷緑窗塵。宇泰天光發，齋虚夜氣新。肯因潛大業，行可對天人。

桐竹山房聽伯梓彈琴率然有贈

閑來桐竹舍，聽子泛清弦。雲度遠山磬，檐飛幽澗泉。參差龍管上，婀娜鳳池邊。詎曰冥所感，使予心淡然。

花朝涉嘉樹園

陰晴不定朝來雨，紅白先開樹裏花。園采亂浮青閣上，郊霏紛湧緑村斜。倦游還擬循蘭〔一〕步，止飲猶思問酒家。總是一春中斷處，偏立〔二〕野老惜年華。

【校記】

〔一〕循蘭,底本原缺,據萬曆本補。
〔二〕偏立,底本原缺,據萬曆本補。

仙人好樓居,題扇作

仙人真是好樓居,疊閣層城滿翠虛。山琰玉屏移閬苑,水磨金鏡攝蓬廬。馮陵倒景神霄上,結攬玄文聖諦初。下視世間長太息,積蘇累壤不堪除。

題陳生牡丹畫扇

鮫人織成,冰藺之絲。作雲母扇,裁月半規。天女欣悅,帖花一枝。丹霞掩冉,香風紛披。文素凌亂,纖羅陸離。翩其神秀,縹此玉儀。

送别劉霞山二守謝秩東歸

高賢適不遇,晚路仍蹉跎。去國風塵少,還山樂事多。樹深春浦緑,沙曠野烟和。沃壤收紅稻,閑門縻碧羅。兒孫滿弦誦,鄰里數經過。談笑終日夕,優游此巖阿。魚飛千道網,鳥弄百尋柯。已自參廖廓,澤虞將奈何?

過北溪草堂,是兑川君讀書處

谿上人何在?林堂事宛然。承家還令子,留客尚高筵。對樹悲黄鳥,看花愁杜鵑。誰云宿草長,不使淚如泉?

賦得遠别離送吕甬東

勸君且勿馳，聽我歌别離。越江視汾水，悠悠四千里。晉嶺望明山，岧嶤不可攀。吕安昔訪嵇生廬，命駕不遠東平居。嵇生極目送飛鴻，深心杳然彌太空。人生貴在心相知，地北天南非兩岐。山亦不能爲之隔，水亦不能爲之移。憶君贈我錦繡段，日華五彩相凌亂。我亦贈君白地明，光錦一片素波中隱隱。君本黄金臺上人，笑殺黄金不濟貧。應慚丹桂高頭客，等閑丹桂摧爲薪。却羨竹林狂，頌酒矜短章。自處大人先生行，眇視二豪之在傍。又哂湘潭老，懷仙思遠游。奈何甘爲泛泛之浮漚，而不仍羽于丹丘？窄途險巇何所事，除惟别有人間世。相携飲美酒，相伴學神仙。君向霞溟掇瓊蕊，我耕谷口種芝田。華芝紫瓊紛馥郁，相貽相報不相捐。借問結交時近遠，帶去帶來今九年。去日翠茵滿芳甸，來時玉鏡挂霜天。年年遲此作憑信，遮莫丹成更不旋。

三月三日修禊事于峪中

禊辰佳事在巖巒，石裏流泉漾碧湍。引泛玉觴沿澗竹，坐班瑶草就溪蘭。服鮮霞漂緇塵盡，眺迥烟銷玉界寬。豈道會稽成獨往，同春同賞合同觀。

西林雅會

僦宇黄金地，因依碧樹林。遠塵耽静習，近道愜幽尋。磬繞春窗誦，鐘閑夜榻吟。直須參水月，象外一冥心。

喜胡山人見訪

我欣嘉客到空林，無怪莊生喜足音。小隱詎能忘寂寞，大方真可破幽沉。仙人白鹿烟霞影，居士青蓮水月心。洞裏玉漿春正熟，好班瑶草一壺斟。

花下一壺酒

對花慳酒材，花落豈重開？惜景慚虛度，懷人喜共來。紅霏香裏徑，青靄樹中臺。就此朝朝醉，一春能幾回。

空林積雨

不堪農節盛連陰，小苑芳叢雨亂侵。倚杖愁生紅藥徑，當窗悶對碧山岑。空齋東濕蒸藜晚，獨樹臨湍響澗深。莫道曉晴猶未定，只疑晴賞缺同心。

暮春文會觀初唐四子詩

隋季委文命，唐初振典彝。群才迎運出，四氏得時推。斧藻暉丹臒，雕龍焕陸離。深春紫蘭徑，遲日緑筠陲。點檢遺編絶，窺臨間代奇。不誣開卷益，怳已得新知。

咏“孟夏草木長,繞屋樹扶疏”

晨宇一消散,叢芳夏氣初。獨欣蘭徑繞,尤愛竹櫺虚。幽馥凝閑幔,輕陰澹緑渠。文華正高會,佳色滿清居。塵物稍已謝,神情方晏如。五柳有遺訓,時還讀我書。

江上行

錦纜牽青翰,烟江泛緑波。岸移芳草斷,風遞落花多。桂舫摇吴棹,蘭窗映越羅。所歡人不見,春晚奈愁何。

孟夏柳川園看竹

昔聞梁苑竹,萬個夾蓬池。今見仙人館,千竿壓衛淇。龍含丹壑氣,鳳展碧霄儀〔一〕。玉宇何其寂,清陰盡日垂。

【校記】

〔一〕儀,底本漫漶不清,據萬曆本補。

咏出水新荷

華沼澹晨烟,新荷帖水圓。鏡光鸞始合,扇影雉初聯。仙露凝珠綴,靈薰散綺錢。緇埃無處斷,獨此自澄鮮。

送胡山人游北岳

徂歲霜月，山人楚鶴子來自燕山，訪予汾上之亭。其人少年逸氣而遒於詩，尤善清言。因留浹旬，去游嵩洛，洛下諸公視如瓊樹。今再過汾，告余以北岳之游，爲萬曆三年初夏。夫北岳恒山，惟并之鎮，阻邊臨代，氣勢高寒，南客罕登，乃楚鶴子慨〔一〕然思躋其巔，何其壯也。昔尚平誓斷敕家事，翱翔五岳，其仙矣乎！山澤之儒，形容甚臞，無濟勝之具而有其心，亦比於列仙。

余少之時，臨高而躧步，望遠而退飛，遂臞焉老山澤耳。然矯矯霞外，實神往而迹留，是楚鶴真鶴，余豈列仙之流耶？因述懷作五言送之，且以嗣洛下之音，冀同雅和之。山人家居廣陵，姓胡氏，荆父其字，懷玉其名，楚鶴則其自號云。其詩曰：

逝將游北岳，還復旅西河。喜見情愈舊，惜分意轉多。烟峰造千仞，花澗繞層阿。拾得金光草，緘書寄薜蘿。

【校記】

〔一〕慨，底本漫漶不清，據萬曆本補。

自　述

龍鍾〔一〕大似庭前竹，潦倒還如樹下藤。舊卷有時披霧閲，小樓無力杖藜登。門閑流水斜陽送，谷隱春雷半夜升。説與少年應不會，嗒然一笑白雲層。

【校記】

〔一〕龍鍾，四庫本漫漶不清，據萬曆本補。

酌胡山人用華翁韻

照人千里夜光殊，自覺衣中有寶珠。旅宿橫汾三月暮，舟移上洛一帆孤。緑楊委地如留客，青草連天似泛湖。吾土只應隨處是，步厨新酒百千壺。

程竺陽生日

客舍西河十二年，每逢嘉旦必開筵。安居頓少還家夢，久處應多宿世緣。芍藥侑杯紅泛艷，薔薇張組緑纏綿。浮生情景難兼適，樂事在今良已便。

送程氏其章迎父回家

學步青雲志未酬，且將生計寄扁舟。陶朱曠有千金策，定遠終當萬里侯。别路尋親春草暮，還家壽祖月華秋。送君南浦情無限，何處新江江水頭？

贈明府石舟公二首

高賢守山郡，自覺訟庭虚。永夏清枕簟，孤懷澹琴書。鐘鳴夕陰滿，吏散晚衙初。案牘豈留滯，優閒時晏如。

補吏第隨牒，服官惟守程。雄州精行理，列辟讓文名。發藻陽春布，揮弦夏氣盈。高齋一回眺，山水盡含清。

喜保寧太守趙公還山

羨君解印還東山，鴻飛冥冥不可攀。昔去寒齋掩松徑，今來夏閣開雲關。回看蜀道青天遠，高卧涼風白日閑。未必土梗二千石，仙標故自出人間。

訪趙陽谿孝義道中作

款段頻嘶苜蓿花，前村過盡日初斜。碧山學士家何在，白石巖扉護紫霞。

寄謝彭東溪自靈寶見訊

去日棠陰滿舍春，廿年滋長色逾新。召公遺澤海同潤，彭祖延齡道合真。彩鳳稽遲丹闕詔，白雲留住紫薇臣。山中有仙人不識，却笑〔一〕無官只隱淪。

【校記】

〔一〕笑，底本漫漶不清，據萬曆本補。

夏日林居

仲夏一陰轉，新涼萬葉含。方丈舒竹簟，圓蓋啓雲龕。同隱邀皆集，清言坐共談。炎氛暗消去，佳色滿晴嵐。

東皋社會賦詩得槐陰避暑

自笑三槐在庭際，看來不過野人家。月明剛有安枝鵲，露濕惟多集木鴉。花發少時窗下映，葉深老歲屋頭遮。婆娑未是無生意，獨倚凉陰到日斜。

和陽谿歸田三首

到處逢人説達生，幾當榮悴不心驚？浮雲野馬須臾事，流水虚舟自在行。傲吏漆園聊寄迹，故侯瓜隴只閑情。羨君老圃歸來後，飽滿青精緑芋羹。

一覷浮名一愴神，退居端自保吾真。語言無味泉聲答，面目可憎山色親。柱脚障流歸大海，竿頭進步得全身。却憐春草邯鄲道，泥殺黄粱夢裏人。

首路登朝中路嗔，刀頭截斷陌頭春。不堪楊柳迷行客，聊爲烟霞作主人。抱甕何慚漢老拙，曬褌應笑阮家貧。知君松下清齋處，日暮惟令鳥雀親。

詩社高齋望文昌祠、廣惠寺並峙北隅

閑齋眺鄰宇，雙構一何高。碧殿籠丹氣，紅樓放白毫。竹聲虚自籟，松影翠成濤。隔壁巢鳥過，連天院鶴翺。道同思結社，業廣計分曹。頓悟慚非早，空虚始欲逃。

李磻溪席上作

飲君卮酒壽筵中，自笑衰顔鏡裏紅。住色定非真我相，隨緣聊復與人同。遇來旦暮成千古，老去榮枯盡一空。光景現前猶錯過，更從何許論英雄。

送別駕陳石舟致政還山

題輿初下五雲輝，返棹俄從六鷁飛。秋圃飯香紅稻熟，凉筵膾美白魚肥。桂標童子高千尺，松記先人大十圍。此外世氛應不到，海翁鷗鳥共忘機。

伏暑登郡城北樓

逃炎携酒得同游，共上高城一倚樓。窗閃樹光涵遠岸，檐飛旗影像虚舟。科頭白日冠皆挂，揮手紅塵劍獨留。向夕須收阮公嘯，露華瓊宇不勝秋。

七月七日送别石舟先生二首

星夕方娱會，人今愴别離。列筵依枉渚，解組割長帷。鵲繞回橋處，駒鳴入谷時。平觀河漢表，緬念滄溟涯。一水非難越，三山豈易追。丹霞夾銀闕，碧樹裊瓊枝。金籥隱玄記，玉璬流妙詞。名存太丘長，道合洪崖期。匿景虚無館，葆光朝夕池。神將天共杳，身與世俱遺。尺鷃望寥廓，丈人真瑋琦。誰能不晞者，我欲往從之。疲馬跼修軌，奔龍頓末垂。茫茫夢中路，脉脉阻光儀。

朅來心不夷，忽忽如有失。出門惘所之，仰視霧中日。掩此夏氏璜，坐昧連城逸。之子文翰賓，伊人罕儔匹。藻掞天庭摛，業廣聖門述。制作参典謨，宫商叶韶律。胡不登明堂，揚暉東觀室？别駕豈不祟，高才第恒秩。新沐正彈冠，鳴珮豈趨疾？長嘯歸海隅，耕雲種芝木。著書列名山，立言炳丹漆。泠然契吹萬，澹乎冥得一。矯首睇川塗，何時弗回遹？自余覿仁賢，疑義每請質。迹爲公府疏，心由道緣密。瓊樹方追攀，離聲變瑶瑟。别鶴安可招，遵鴻遺惕怵。咏言雖委懷，辭殫竟難悉。庶保黄髮期，觀頤玩貞吉。

柳川翁製青篛蠅拂見貽兼有題識，輒歌以奉酬

金錯横裁碧玉枝，條分縷解百千絲。棕櫚奄棄麈尾歇，妙製且看篛拂奇。皓腕香羅爲君起，寒聲淅瀝瀟湘水。飛蠅散失繁暑銷，冰簟紗窗净如洗。飲旨酒，登華筵。陳寶鼎，彈朱弦。座有人如雪，門無俗客填。還將揮灑作談柄，破竹之處心悄然。

七月十二日看柳川莊池荷花盛開，輒擬四絶

田田圓葉緑池平，朵朵高花翠葆擎。大似梵天鋪法座，彩毫丹錦萬霞明。

珠翠輕盈試靚妝，紅衣相間緑羅裳。似隨織女回銀漢，拂曙香籠水榭□。

一片池塘萬柳斜，芙蓉如錦復如霞。玉晨清磬飄風露，疑有諸天誦《法華》。

本來清净是真如，妙有誰知映翠虚。塵色滿前侵不得，香華自在水雲居。

壽柳川、小村二翁

我采南山第一篇,爲君起舞玉堂前。殷勤獨是平生意,歡喜多應宿世緣。海果摘來瓜似棗,岳蓮收得藕如椽。却嫌鼎俎非靈味,轉使仙芳助大年。

秋夕憶陽谿

谿頭谷口閉門深,暮去朝來詎遠尋?老鶴有情憐自舞,白龍無語向誰吟。當窗秋起蕭蕭樹,傍舍涼生款款砧。已遣家僮釀新秫,未醅先望小車臨。

社中以七月十五日爲瓜果之會

金蘭翰侶結清緣,學取瑶京會玉筵。七夕不堪星易散,中元共愛月當圓。果登碧海千年實,瓜摘青門五色鮮。無數彩雲麾不去,天風吹到鳳笙邊。

贈吕皤師納門人小子輩受經

河山朱邸挹光儀,宿德宏文是我師。匡鼎説詩頤共解,楊雲摛藻字多奇。互鄉童子容投學,達巷黨人從問疑。佇看一門桃李盛,東風肯爲及時吹。

自壽二首

截斷諸緣證本因，空林懶散一閑人。不應老擅中秋事，把酒青天醉月頻。

吾道雖窮未是窮，生辰杯酒不曾空。壺中日月真堪駐，儘把衰翁作醉翁。

生日奉酬諸公見贈二首

身世悠悠七十强，真成賤與老相將。蓼蟲事業從前苦，芻狗文章到底荒。秋水自縈川上歎，夜舟誰保壑中藏？餘生尚復隨華月，定是西樓醉幾場。

山澤老人形貌臞，遁栖那比列仙儒？坐逢帝里金閨彦，來訪天皇玉珮圖。留飲旋收松葉露，延宵同玩水晶珠。傍觀莫作尋常事，此事區中或有無。

秋林宴坐

取位無三術，栖身有一丘。年非聞道長，迹以避人幽。雲白水容淡，山蒼樹色秋。坐深餘老病，默眇竟難收。

雁門早秋

商飈動北邊，一望冷沙烟。馬噴長城水，鴻驚高闕天。枕戈悽結露，擣練急聞蟬。誰念緘愁者，迢迢夜不眠？

和小村宗尉七夕山居即事

天淡銀河静不流，星媛何許詣牽牛？雲情乍似高唐夢，風景終如長信秋。烟潤鳥驚弦畔月，粉筵人拜畫中樓。山空此夜聞仙籟，王子吹笙在上頭。

齋中和裴山人宴集同蘭軒君

相憶神交久，相逢義諦真。山林予謬主，江海子誠賓。對酒薰蘭氣，裁詩挹玉塵。更憐今夜月，閑影共三身。

釋子慶雲見訪茅齋有作，率爾和酬

歸休猶自未休心，慚愧空栖野雀林。何似開山千嶂曲，獨觀定水一源深。天香盡是青蓮藹，佛性都成翠柏森。疲病却憐攀不得，蕭條風雨學龍吟。

和裴山人見題文苑清居十韻

園廬久栖息，名迹詎見侵？世事稍已淡，野情良自深。蒿萊没荒徑，几閣依平林。有美在幽岫，無期款鬱襟。停雲曉天際，倚樹夕池陰。但恨一方阻，安知千里尋？英英芝蘭氣，耿耿金石心。共寫丘中好，同行澤畔吟。畦蔬獻秋摘，家醞勤夜斟。始信逃空者，跫然喜足音。

秋林與裴山人話别

萬曆三年八月之望，巢雲裴君自河東來，往余數請君會不果，今始果其諾云。蓋兩人神交者，神物終當必合耳。靖節有言："相知何必舊，傾蓋定前言。"謂一見若平生也。若神交千里而晤言一室者，何以謂耶？時皓月當空，皎余心鏡，玉壺有酒，其清若空。喜極而寓之醉，醉極而咏之言，言則左史書之，且以贈别。

逍遥與子白雲邊，似是天公借好緣。秋色晴分廣寒樹，夜光泠浸瓊華筵。面談千里俄今夕，夢想十年空暮烟。傾蓋定交還别去，後期鷄黍寸心然。

秋堂夜坐，風雨凄清，用燈字爲韻二絶

秋風秋雨暮相仍，隱几蕭條思不勝。童子敲門社西寺，一篝分取佛前燈。

朝看西山爽氣凝，翠華金水樹層層。陰晴忽變誰能測，風雨滿天寒夜燈。

謝郡侯張公禱雨輒應

使君閔雨愜靈心，一請垂天三日霖。笙鼓水龍喧社處，兒童竹馬躍城陰。青山閣眺晴光滿，翠野帷褰秀色深。歲有何人不稱慶，老農先奉萬年吟。《晉書》："束先生，通神明，請天三日甘雨零。我黍以育，我稷以生。何以疇之？報束長生。"故曰萬年吟也。

題《彩鳳銜書圖》爲交城令齊公

家弘開世慶，國表濟時英。玉璽昭文誥，金甌著姓名。排雲雙闕曙，振珮九天清。試比銜書鳳，方當應太平。

九日壽慶園

大椿爲壽八千秋，碧海今添幾度籌。日月自長桐葉第，河山偏壯棣華樓。耽文斧藻皇猷盛，賓善鈞玄聖諦幽。時菊有情開令節，英香紛共紫霞浮。

采菊送龍池翁

葭菼蒼蒼白露寒，望中人在水雲端。著書玄閣成千卷，揮手青天謝一官。佳節遥臨誰與眺，濁醪孤撫自無歡。寄心惟有籬間物，束取朝英奉夕餐。

龍池答　王道行〔一〕

寒花十品錦雲裁，分取靈根鬬草萊。佳節尚餘呼月興，素心長憶補天才。東籬勝事詩千首，北海高尊酒百杯。珍重璚瑶何以報，思君不見罷登臺。

【校記】

〔一〕本詩爲集中所附王道行的和答詩。作者名爲點校者所加。

謝西齋君惠菊

仙人館裏分佳色,野老籬邊借逸光。承露掃開黄葉徑,護霜安向翠微房。惜花其奈悲秋晚,對酒還當引興長。只恐自家翻冷淡,可能來此醉重陽?

落葉二首

樹裏秋聲不耐聞,落黄那忍更紛紛。若言對此無蕭瑟,除是寒峰古白雲。

秋來樹是春前樹,落葉還當似落花。萬片繞溪留不得,一天空水送殘霞。

壽呂磻溪先生

與君稱壽白雲秋,六度黄花送酒甌。節晚寒香同氣味,才高小隱亦風流。傳經道洽龍門里,授簡文飛兔苑樓。借問游梁賓客盛,爲儒誰似廣川優?

滿庭詩景飄紅葉

秋氣稍已勁,寥寥天宇空。樹銷晨露碧,葉帶晚霜紅。亂下紛如雨,平鋪定似蓬。墻陰疏薜荔,檐影净梧桐。有美耽詩客,多賢嗜酒翁。燃爐温緑蟻,搦管篆雕蟲。短帚收三徑,長廊貯幾籠。只緣情會景,翻愛滿林風。

初冬辱蘭社諸公過訪即席賦酬

落木掩行徑，夕陰生始寒。同懷一相訪，悶緒稍已歡。村酒黄花酌，家蔬緑芋餐。淡然無世味，翻喜坐宵闌。

夜長秉燭游

志士惜日短，起爲長夜吟。迢迢望遥漢，烟道不可尋。惆悵平生懷，跼蹐非所任。還顧念白髮，霜霰日以侵。何用達吾生，前言得我心。秉燭至天曙，美酒時自斟。

小春集畫苑觀妓

舒嘯翁筵向夕披，竹林寒月有幽期。圍屏曲几生春色，洞管佳人學鳳吹。珠珮順風愁解去，錦衾臨水欲相遺。却憐文字東山飲，盡與華燈照翠眉。

暮懷一首

弱冠秉微志，暮年多苦懷。時哉不我與，萬事寡所諧。栖遲野雉澤，憔悴寒猿厓。猿啼腸斷絶，雉鳴少喈喈。前修豈不偉，天道常好乖。清晨蹈霜雪，短褐足無鞋。飢麟不呑噬，見笑虎與豺。寶劍挂東壁，寥寥星斗排。著書委窗間，卷卷空塵埋。今我復何爲，斯人邈難儕。謂余非土木，久矣爲形骸。

雪夜懷陽谿君

門對長川少客過，可堪孤館閉巖阿。白雲三舍人何遠，黄葉一階愁更多。解愠只須連榻話，怡顔未必在庭柯。知君亦有山陰棹，雪夜不乘如我何？

鍾琴士送余兩琴作雙玉篇

有客銅臺來，遺我雙玉琴。琱琢自上古，含蓄咸池音。神物久呵護，精理弗銷沉。一彈孤雲起，再鼓離鸞吟。須臾變緑水，滅没巫山岑。安得晉子野，聽曲識其深。曰余委窮岫，頹景遂見侵。枯槎爲我形，寒灰爲我心。忽然聆逸響，怳已豁初襟。始知作者聖，至寶徽黄金。詩人感木瓜，見報瓊華簪。我今亦何與，緬在龍門陰。皎皎霜雪幹，亭亭高十尋。

贈平定朱博父見訪

月樹之標崑玉姿，鴻都高論紫庭儀。辟雍暫假垂天翼，金馬初從待詔時。北海宴談霞是酒，西樓浩唱雪爲詞。不應便話明朝別，一片碧雲千里思。

古泉王公自汾州守戎陟山西都閫

虎符三載鎮雄州，儒術兼資上將籌。萬户曉山威並立，西河春水惠同流。冰操久已居廉吏，石畫多應學武侯。分閫只今臨雁塞，笑談樽俎戰塵收。

再集畫苑呈柳川翁

徘徊高館意如何？爲倚清真在薜蘿。招隱桂叢寒更茂，伴閑雲影晝常多。醉餘直欲騎黄鶴，書罷還思换白鵝。不厭社朋頻擊聒，後期携酒復來過。

寒林宴坐呈社中三老

四海茫茫六合塵，不知餘得幾閑人。多君神宇超千劫，老我空林寄一身。慣學鏡師磨水月，懶從漁父問烟津。向來隱者都參破，獨是陶潛任本真。

山中與王老

陶公故自出風塵，塵網何能誤得身？不見拂衣田里後，交情日與柴桑親。我亦還山得山客，盤桓雲松淹水石。至今忘却歲華深，笑指斜陽頭雪白。

社中至後宴集聽鍾小雅彈琴

玉壺冰凍滿寒烟，早有陽春動七弦。梅氣暗浮江信裏，雪聲疑度郢人邊。飲逢仙侶方歡甚，坐對知音復悄然。林下豈期還勝事，蕭條琴酒白雲天。

蘭玉堂稱壽

白鶴青天盤彩雲，南山佳氣結祥氛。金庭正啓瓊華宴，玉籙新成珠斗文。發藻鳳條翹帝業，表儀麟趾冠人群。九霞仙侶前爲壽，一啜冰桃滿座曛。

壽東皋宗尉西瀛少參

嘉平卮酒薦璚筵，高宴蓬萊洞府仙。松下茯苓蒸琥珀，月中環珮舞嬋娟。半酣面湧朱霞氣，一笑塵飛碧海烟。朝菌自憐時借問，可從聞道學長年？

乾石弟生日

流年共度百餘春，兄七旬來弟六旬。盛世托生同草木，微官過眼落沙塵。歸從謝氏池邊夢，老向茅君洞裏身。豈道列筵無陸海，壽高酒滿不爲貧。

冀陽生日

柏葉樽開獻壽初，梅花香繞讀殘書。青萍氣湧寒霄上，彩筆文驕秋水餘。暫比蛟龍蟠大壑，多逢車馬近高閭。應知歲久才逾劭，會向承明賦子虛。

雪　樵

大雪群山閉，丁丁響一樵。空聲流邃壑，獨影度回橋。村飯人烟少，城酤酒望遥。玄猿啼日暮，辛苦抱寒條。

書堂對雪

寒光浩無際，豈辨青山阿。食淡鹽空撒，衣單絮漫多。閑庭生鳥篆，傍舍罷漁蓑〔一〕。花想瑶臺樹，紛紛定若何。

【校記】

〔一〕傍、蓑，底本原缺，據萬曆本補。

冬夕宴集張卜亭宅觀諸老奕

晚空晴碧四檐清，邀客小堂敲玉枰。絳蠟光摇雲毋帳，竹爐火沸璚漿鐺。寒星縱横渾在手，天旦星離復何有。勝負從來是戲場，相逢且酌東家酒。

西寺迎春

莫道春無象，絪緼繞佛香。目華曇點碧，心樹柏回蒼。鸚䳇翻珠綴，醍醐倒玉漿。詎須游上苑，早已證三陽。

立春日分題,得“香烟接瑞雲”

招摇東指歲華新,拂曉焚香拜玉晨。烟上翠虚飄作蓋,雲和青靄結成輪。紀官遥識千年瑞,占象今知萬有春。蘭館柳塘先意緒,雕盤文酒樂同人。

歲暮咏懷呈同社三老翁

冉冉歲云暮,吾衰久矣夫。詩書既委退,田圃亦荒蕪。白石終難煮,黄金不可圖。賴從霞表逸,斗酒聊共娱。

文谷漁嬉稿卷十六　萬曆丙子四年，時七十二

首春文會

玉燭調青律，文明啓泰元。日章君子道，時憲聖人言。妙義三經析，希聲五字翻。翰華凌彩勝，春象滿東軒。

正月六日喜陽谿過訪二首

適枉乘春駕，言申隔歲期。北山吾是我，南郭子爲誰？獨往凌瑶雪，同懷覓紫芝。平生鷄黍意，猿鳥或能知。

冒雪猶能訪，空山合有人。足音誰不喜，心賞自相親。飯煮瓶中粟，柴焚澗底薪。淡然無世味，却是野田春。

穀日壽雲川君

獻歲争傳柏葉杯，如何王子宴春臺。祥逢穀旦梅迎雪，慶衍燈宵雪映梅。三鳥拂雲將果至，群龍流水駕車來。洞天光景應無限，桃海看花定幾回。

寄懷呂徵君，時在潞安

昨年惜别桃花春，今日傷離柳色新。仙嶠遥通滄海夢，僧房慣住白雲身。郭東遺佚中林老，江左名流大國賓。相憶却憐汾潞近，寄

聲猶得往來頻。

寄懷上黨程存齋先生

束帛無因贈子華，緘書聊且溯情涯。遥憐海客同雙樹，自笑山人隔九霞。秀藻千章抒斗酒，清言幾段落杯茶。經春碧草遮行徑，桃水烟洲路更賒。

寄懷上黨李養虚先生

何事高才李裕州，清時早已卧林丘？逃禪五馬雙旌貴，草聖千金一字遒。憶昔彩毫能見枉，慚今秃筆若爲酬。東軒藹藹停雲意，只向龍門漳水頭。

元夕贈楚峒上人用來韻

香床宴坐一禪清，詩卷行吟萬里情。月寫冰壺空是色，雲和玉磬静成聲。寒山古寺繙經遍，深竹閑園駐錫輕。五夜燃燈供繡佛，蓮花時轉大光明。

寶善堂燈宴

春城元夜萬家燈，别有蓬萊最上層。璧月吐華蘘火樹，珠星結彩挂金繩。屏圍翠水鮫光濕，樓薄紅嵐蜃氣凝。福地好春人不見，驂驔争睹路傍乘。

瓊筵朱邸上元燈，七寶妝成五色層。酒稔冬醅斟翠柏，饌香春餅襯紅綾。烟花萬朵金枝秀，火錦千章玉軸凝。極宴詎嫌宫漏永？鶴笙時繞曙光升。

釋子楚峒年少嗜詩，來自京國，訪余汾上之亭，屬嘉藻見貽。尋别去，將游彼中條，因贈酬二首

游于方之外，貌釋而趣文。不逐紫衣侶，寧同白社群。清言對庭樹，麗藻發身雲。南泛中條去，與誰凌翠氛。

霞散文成綺，花生錦上春。五言超半偈，近體攝全身。古寺參無業，空林若有人。誰知珠在繫，未是野僧貧。

再贈楚峒北還

春草行應歇，夏條歸已繁。流暉杯裏度，歷景拂邊論。貝葉移詩卷，榴花當酒尊。知將碧雲思，齎向竹林園。

題柳川館鏤花紙燈

光采玉繩牽，文華金錯妍。人將燈碗視，我愛月輪懸。羃歷垂珠網，玲瓏結綺錢。誰知一尺素，澄徹九霄烟。

晦日西園雅集

初月俄成晦，明朝已仲春。列筵將急景，敦賞愜同人。邊雪迎鴻盡，城烟上柳新。風光和酒力，應向百年身。

崑山館聽南洲説法

仙人騎白鹿,下聽演三車。支果小童學,宗門大士家。香風吹海水,法雨灑天花。回向清都去,長空有斷霞。

登杏花村酒樓

春來何許豁吟眸?村路逶迤芳草洲。馬繫短楊遥問酒,鶯啼修竹近登樓。偏憐半醉游三日,不分孤生老一丘。叮囑杏花徐點綴,莫隨桃水向東流。

春分日感懷

微雨灑青烟漠漠,柔風生緑草萋萋。暗機已剖春中斷,餘景剛成月半携。猶恐落暉還促迫,亟從芳苑共攀躋。多情獨是畫胡鳥,偏向杏花村裹啼。

春至林木變

旭日照山楹,前陂烟水生。空林何澹蕩,衆木總芬榮。微緑工初染,深紅畫未成。勾萌皆變態,翔咏亦含情。戲鏡魚吹沫,調簧鳥弄聲。二三隱君子,安可廢瓶罍?

參知華山公陟憲台長

薇省霜臺望並隆,百城觀感萬心同。明如玉鏡開雲净,清比冰壺湛月空。思召豈惟耽茂樹，戀周聊假賦《遵鴻》。泰階此日何宣朗，賢路方當進上公。

贈吕磻谿教授北歸

蹉跎江國早懸車，笑傲何慚宴里閭。元亮不貪五斗米，子雲自愛一床書。花潭酒衍新詩出，香閣鐘聞舊講餘。回首西園明月夜，恍然塵夢落清虚。

和陽谿山中見懷二首

晨興獨多意，啼鳥落花中。勝水谿頭屋，盤山谷口宫。窗含杏壇雨，簾捲竹林風。望裏仙源近，沿洄路轉窮。

緬子樂南田，愁予渺北川。澗花紅欲染，池柳緑堪牽。踏閣阻芳月，停杯悵夕天。將心托瓊樹，時繞碧溪邊。

内省軒新葺池塘

内省軒前一片地，等閑開作種蓮池。葉含圓景金田合，花發靈根玉井移。風細落霞憑檻處，月明清露捲簾時。香光撲面羅衣冷，不著紅塵始自知。

南洲上人王莊蘭若

色相不離塵，還將證本因。人烟資一鉢，佛火寄雙輪。窮岫雲爲友，空齋樹作鄰。誰知古橋畔，見住法王身。

三月三日侍太霞亭曲水宴

上巳屬時熙,嵇亭樂在兹。華杯追往事,嘉客萃來思。汲綆寒泉井,流杯曲水池。穿花浮落蕊,繞樹櫟低枝。順湧方連絡,回飄復逶迤。酌蘭渾是醉,吟草忽成詩。九轉天潢派,千春帝子期。丹霞隔城市,遥聽彩鸞吹。

王司馬巡視朔方

邊城楊柳緑依依,上相行春别有暉。節鉞省臺新法象,樓船淮海舊聲威。平胡更講安危略,定國尤嚴戰守機。元老到來猷自壯,我歌周雅贈旋歸。

碧桃花下聽吹笙

玉笙吹紫烟,時向碧桃邊。縹緲九霄奏,悠揚三月天。耳和聞鳳曲,心愜對花筵。不是洛賓侶,飄飄願學仙。

春晚杏花亭小集

杏花春幾許?流水去閑閑。草徑臨城斷,柴門隔樹關。多愁催白首,一笑返紅顏。吾意真堪適,自餘非所攀。

暮春過子夏祠

舊迹陶山表,荒祠相里存。土花閑雨繡,石樹斷雲屯。聖遠傳經術,時危輟道論。寥寥竟千載,誰與奠芳蓀?

暮春宴金蘭館賦酬

崇蘭幽谷裏,叢桂小山邊。招隱非無地,陶嘉剩有天。舞花頻送酒,歌鳥競調弦。適意芥塵物,惟餘藻思牽。

落花二首

三杯賞花酒,一片惜花心。何待紅芳歇,臨開念已深。

宿酒侵晨散,林堂小徑斜。滿階紅撲蔌,却是夜來花。

感遇四首

積思能令神鬼通,定知此語決非空。打開太極從前竅,恰是先天一老翁。

獨掩荆扉歎日斜,更無人問野人家。夜來却有風雷至,鐵樹新開幾朵花。

盤龍寶鏡絶塵埃,妙有都從一照開。只爲色空非見解,智人拈出暗人猜。

緱氏山頭逢子喬,玉笙吹起鶴飄颻。曲終騎鶴杳然去,獨立有人愁慶霄。

山中答李使君見枉用韻

旌棨遥臨背郭堂，薜蘿生采蕙生香。巢林事業一枝小，補衮文章萬丈長。竹裏掃雲安几席，花邊汲井漱壺觴。十年關尹無奇遇，今日青山禮伯陽。

壽王龍池先生

勝日長懷玉樹枝，榴花天酒慶生時。門迎多是大羅客，山祝惟應小雅詩。仙籍紀年南極注，儒林遁世少微知。無能學得馮虚子，一策泠風副所期。

讚王龍池先生小像

温潤而栗，純粹以精。維金之鑑，維玉之衡。維岳之重，維辰之明。文命之表，德充之符。國之楨幹，庭之典謨。懿厥宏規，咏此瑞圖。

謝查毅庵、王秋溪二使君見枉丘園

蓬蒿不辨野人廬，邂逅何期長者車。紫氣忽浮雙翠蓋，玄言時映九霄書。香生古柏含風遠，光轉孤桐上月初。坐對夜深渾默默，恍然空水一舟虚。

雜　言

燕雙雙，薄幸郎。尾涎涎，巢君梁。銜泥濺文杏，落穢庭中央。群生八九子，亂點千金白玉床。主人憐汝特呵護，保汝出入無憂惶。夕扉恒晚閉，朝户闢晨光。丁寧戒兒女，莫作打鴨驚鴛鴦。主人恩甚厚，胡爲却相忘？去不辭謝，來不參詳。賴道去時壘好墻，不知若個是渠房。啁啁唽唽逞口强，自焚其巢，先笑後號咷。

西園牡丹亭侍宴作

仙苑名花拂檻新，東皇留與十分春。丹蕤合是園林主，翠葆渾如侍從人。光映水簾摇畫障，影飄羅袖入香塵。喜將供奉清平曲，爲勸金樽滿百巡。

紅藥欄邊飲酒賦詩

觴咏陶嘉處，林園芍藥圍。樹光流緑暈，花氣灑紅霏。游目炎朝永，傷心春事微。繞欄看未足，移簟坐相依。絶代愁空老，穠香畏易晞。有懷人不見，無復贈將歸。

題鄭溪園

階翻紅藥盡，簾捲翠微來。鳥趁嵐光下，魚吹荷氣開。林香縈宿靄，泉潔澹炎埃。樹裏仙人館，雲邊帝子臺。扶筇愜登眺，岸幘重徘徊。緑篠紛瑶席，青蒲泛玉杯。自然淹客醉，况復鳳笙催。

首夏猶清和社中作

不堪芳草歇，况復妍花飛。稍喜身猶健，高歌事不違。園苗暢和澤，林館澹清暉。及此邀吾老，携壺坐翠微。

清和文會同賦西苑池亭

高園憺情景，陶咏嘉宴娱。道與朝心契，文因夏氣敷。清暉蕩喧濁，和吹轉虚無。亭上瓊爲席，池邊錦作鋪。啼禽偏向竹，戲鯉或依蒲。風雅開詩譜，烟霞染畫圖。淮山鴻寶地，汾水白雲都。豈羡沉冥子，潛身跳一壺。

夏日承蘭社諸公招飲崇文書院賦酬

文園清夏氣，秀樹滿凉陰。美酒榴花席，佳人蘭葉襟。鸞歌白日永，鳳吹紫烟深。試問傍觀者，寧知世外心？

五日對榴花作

朱英嵌碧樹交加，天與端陽潤物華。如畫采章明向日，隔簾文綺散成霞。芳連薜荔清無限，珍比珊瑚富不奢。對酒頓令顔色好，白頭何許煉丹砂？

五月既望，蔭修竹之林，漱清流之渚，南風時至，宴言咏懷

炎景倏已遒，大運迅回斡。潛哲苦埃蒸，高旻思遣撥。臨流携友生，爰展素心闊。竹氣灑庭陰，南薰飄木末。緑條時可攀，朱果適堪掇〔一〕。翔〔二〕鳥亦翩翩，游魚何潑潑！揮軫命飛觴，瓊枝慰飢渴。輕舉雖未然，拘方庶滋豁。

【校記】

〔一〕掇，底本漫漶不清，據萬曆本補。

〔二〕翔，底本漫漶不清，據萬曆本補。

送郭文山守備柴溝

本自濡翰希鳳舉，今當射策事鷹揚。登壇好佩黄金印，釋褐焉知紫繡裳。大樹入雲閑幕府，高山壓海待銘章。由來我武貞文略，叔甫真堪奠朔方。

伏暑高齋静坐

逃暑西林一片陰，高齋徑入白雲深。長松箕倨方紋簟，短葛襹披小領衿。御氣能令六月息，空心不受萬緣侵。坐來自覺清凉滿，何用臺山頂上尋？

題蔡使君獻壽北堂册

維皇肇造，陶世埴埏。俾弘而家，輔我帝躔。無幽不暢，有啓必先。篤佑淑媛，誕生偉賢。

淑媛雍容，柔嘉静恭。既勤既孝，克順克從。慈惠周恤，睦黨敬宗。身其康强，元吉其逢。

嗣賢翃翃，維國之楨。爲天子使，東南于征。持斧衣繡，執規秉衡。于藩于臬，令儀令名。

子以母令，帝錫之慶。榮榮服章，光光寵命。遐〔一〕祉是膺，克綏保定。鼎養在陳，鐘歌斯咏。

歲八十春，維母元辰。子爲憲翰，堂有鴻賓。祝釐昭貺，茹和飲醇。神之聽之，莫不景臻。

在昔尼父，綜文于魯。正魯之詩，特崇壽母。君有庭闈，我有黻黼。秩秩德音，綿綿思祜。

【校記】

〔一〕遐，底本原缺，據萬曆本補。

李潤南七十

休道人生須滿百，得來七十已如仙。兒孫置酒南山對，賓客陳詩北斗懸。憶昔曾爲萊子舞，看今又見彩衣傳。知君福德渺無極，合與靈椿較大年。

畫苑看粉紅榴花

玩美若榴傍,盈盈紅粉妝。純丹疑太絢,半素見孤芳。簾晃玻璃色,杯摇瑪瑙光。惟應多結子,玉樹共成行。

咏白榴花

榴火千紅沓,安知一白奇?吴王憐皓齒,楚女嫉蛾眉。篆玉瑶分蒨,調鉛粉結蕤。最宜何處玩?清露捲簾時。

咏東陵侯種瓜青門

不遠灞城邊,栖遲避世賢。平生列鼎食,一旦耦瓜田。偶自滅名迹,聊因寄歲年。山河百戰後,故國幾家全?

晨起涉園二首

山氣朝來爽,炎氛帶雨消。天青映池草,水翠瀝巖條。竹密徑幽仄,鳥稀人寂寥。白雲如有意,孤景共誰招?

拙訥自疏世,遁栖奚所求?有書惟種樹,無壑可藏舟。龜用支床足,鳩將刻杖頭。守吾先子訓,卒歲且優游。

六月平霞館會

榆光荏苒數招邀,霞館炎天慰寂寥。雲度遠山渾帶雨,樹摇空水忽成飈。登高尚欲翻詩案，茹淡無能棄酒瓢。百事老來擔不得，只應閑境静塵囂。

懷王龍岡先生

三年不出意如何，生日猶然謝客過。聞道夕當同女偊，卧痾時復效維摩。青山倦眺閑雙屐，白首怡顔眄一柯。我亦逃虚虚未得，羡君真已遂巖阿。

雨後看山

炎霧千峰隱，凉飈一雨分。始清開混沌，太乙共氤氲。石黛烟虹彩，蓮華水翠文。真圖人不識，只解看浮雲。

濮陽蘇皤石見訪，兼遺令兄杏石訊，用韻贈酬二首

金昆居濟北，玉友過汾西。葉縣雙鳬引，蘇耽一鶴携。白雲將雨至，幽鳥向人啼。契闊期闌暑，無嗟塞草萋。

許國青雲世，相逢喜復悽。弓裘麟閣里，書劍雁門西。蒿徑稀人迹，柴扉有鳳題。詎知瓊玉樹，使我得攀躋？

初秋凉氣發

端居玩玄化，闌暑遽將稀。一帶曉林色，都含秋日暉。水華如鏡是，雲采似烟非。爽氣平分者，偏多在翠微。

宗老小村翁七十

青春結社本無期，白首逢君七十時。却喜古稀今易得，因知仁與壽相隨。華觴滿酌瓊筵醴，茂苑争攀桂樹枝。白鶴彩雲秋一片，玉笙清響賽瑶池。

雨中玩木芙蓉

玩芳微雨裏，秋色乍燃紅。水彙名相似，木華原不同。群英羅户牖，獨秀映簾櫳。可待成摇落，坐令心賞空。

贈山僧三首

自笑無聞枉歲年，得公提起思悠然。琅琅大鼓初鍧後，寂寂洪鐘未扣前。忍草亂藤聊混俗，覺花啼鳥亦通玄。想應宿世曾參侍，今日重修傍老仙。

康節能收宇宙春，莊生秋水湛精神。羡君身世千年遠，古老家風一樣新。虚室坐深惟潔白，玄言開朗盡清真。將因洗鉢從師去，可是龍華會裏人？

白頭偃蹇世交疏，惟向青山守敝廬。何得遠公聞姓字，多因楊子好玄虚。攀緣直欲開蓮社，問難遥同講石渠。静坐月明還憶否，竹林高館誦經餘。

丙子秋送諸生赴試

秋灑新黄上緑槐，曉乘青靄餞高臺。周興選舉鄉閭薦，漢辟賢良册府開。千載六經爲大業，幾人三對擢宏才？仰觀天路平如砥，直任扶摇萬里來。

丙子生日自寬，時年七十有二

好作歸人尚不歸，婆娑秋影對斜暉。有何陰騭天增筭，每到生辰客款扉。具席淡香鶵黍薄，摘園丹翠果蔬肥。自寬也學榮期老，羞睹黄金舊帶圍。

廣庭流月華，高閣凝餘霞。中秋夜集西園賦

中秋玩月興連天，拈出蘇州句一聯。高閣霞凝殘雨後，廣庭華滿薄霜前。行同鄴圃游飛蓋，坐即梁園宴細旃。藻思夜光相混合，不知身是大羅仙。

和謝龍池翁見壽

喜見魚書寄八行，未云葭水隔蒼茫。青天夢落東山墅，白髮顔開北海堂。俱寡世營成脱略，獨存吾道有張皇。遥知著述盈金櫃，何日參同草閣傍？

鳳尾竹

鳴鳳化爲竹，托根北園陬。紛披九苞羽，摇蕩白雲秋。泠吹清吟滿，朝陽異采浮。自然巢阿閣，安事此淹留？

秋日郊園眺望

蕭然身世槿園西，平楚蒼蒼望不迷。黄葉露零高樹老，白雲風卷四檐低。頹齡欲制還餐菊，逸侶相尋共杖藜。餘興却隨秋浩蕩，玉壺新醁好頻携。

九日登碧海青天樓

佳辰廣宇肅高寒，作賦興懷信有端。畫閣朱樓千樹繞，青天碧海一壺看。花干毫彩金英簇，酒衍杯光玉露漙。自古登臨誰不健？只應文賞性情寬。

寄壽吕磻溪先生

梁園别後定何依，知掩黄金臺畔扉。節遇誕祥遥記憶，名高耆舊有光輝。寒花擬酌千杯獻，朔雁空傳一札歸。所羨達生能不老，烟霞久已息塵機。

九日賦白衣送酒於陶公

徑草已蕪没，黄花笑獨存。蕭條佳節度，淡泊遠人村。能使江州守，來將栗里樽。風流遥可憶，身約道彌敦。

哭王龍岡先生

不謂黄鳥時,俄乘白雲去。論心少一人,顧影獨多慮。惻愴山陽懷,欷歔屋梁語。繐帷飄冷香,空是平生處。

社日咏歸燕

社燕知霜信,歸先旅雁翔。雲山望明滅,烟海憶微茫。言鳥羞籠繫,舞禽愁鏡妝。何如自來去,華屋有高梁?

采菊東籬下

陶令憐秋色,東籬采落英。豈無五斗俸,自有一簞情。茹淡欲多遺,守愚身寡營。濁醪倘然至,聊爲歲寒傾。

九日奉酬蓮社諸公見訪

下里欣逢上客來,一尊同向九華開。霜邊時序驚秋往,雲裏登臨傍夕回。木葉水波澄洞壑,巖嵐空翠寫庭臺。大夫已老猶能賦,却是文人藻思催。

秋　思

半夜寒生青綺衾,新霜蝕透紅樓瓦。迢迢金漏滴〔一〕更長,添得啼痕數行下。

【校記】

〔一〕漏滴,底本漫漶不清,據萬曆本補。

太霞亭上壽詞

壽星秋殷桐葉里,寶鼎河山鬱金紫。公子貞符晉日文,漢皇登睨汾陰畤。太霞真人當盛時,慶旦合天承景禧。黄菊進齡朱果侑,千秋萬歲以爲期。

贈趙小田生日

濯濯桂林枝,亭亭英胄姿。青山干木里,緑圃仲舒帷。篇藻蘭瑶似,丹青竹石宜。老夫慚父友,之子視余師。鄰曲每相顧,平生遂見知。寒花標晚節,祥旦應佳時。我有一杯酒,非君誰爲持?

起菜北郭圃,九月社會分題

蓴食安隴畝,野中方見容。露凋林葉盡,霜壓圃蔬重。薄采先葵藿,兼收及菲葑。亦知多苦淡,珍此御寒冬。

丙子之秋再叨東府菊宴,申寫頌言

去年觀菊宴,一濫紫霞觴。今歲看花賞,重登白玉堂。天澄霜後碧,樹颯雨餘黄。應節偏佳色,開籬滿異香。金童來捧出,青女競裁將。錦綉新爲段,芙蓉舊作裳。竹冠峨靡采,蘭珮藹依光。用表祈齡頌，千秋此郁芳。

九月廿九日承蘭社諸公見訪二首

孤雲常獨往，結駟詎來茲？不謂離居日，還成對客時。濕薪焚冷竈，殘菊耀疏枝。總爲談詩好，蕭條亦解頤。

門外已車馬，庭中方掃除。自憐慵拙慣，不覺應酬疏。家食慚多菲，鄰酤幸未虛。坐深留更住，日短意恒餘。

東籬苫菊

歲闌風始厲，群彙見擢成。卧聞寒葉響，起視競飄揚。園菊貞晚節，順時胡不藏？東籬結根地，況在南山傍。埋采類幽晦，旋復當輝光。日月儻余待，長奉九華觴。

木葉既脱，爰整書齋

群木解已盡，歲功方畢陳。敝廬穿積雨，荒徑没叢榛。一展修平略，始諧清净因。下帷猶故事，神理日應新。

送舉子會試一首

帝城烟柳萬家春，文物咸熙雨露新。案琰玉青酬錦繡，臺横金紫迓麒麟。才鍾間氣生非偶，道合昌期進有因。何獨廣川能大對，羨君今已冠天人。

書堂冬日

夕吹一何凜，朝曦還復暄。定光從泰宇，文曜滿東軒。剩有黃綿富，寧要絳帳温。此時楊子宅，玄理正堪論。

夜　長

群動悄然息，獨成今夜長。匡床坐迢遞，還寢夢微茫。省己翻多慮，懷人自不忘。初昏期早曙，及曙尚蒼蒼。

北野老人生日賦此招飲

夜長夢短坐待晨，展轉忽憶山中人。雲在石門寒幾片，定應裁作白綸巾。山人今年七十七，手杖紫藤長八尺。康老莊前有酒沽，不來訪我茆齋夕。

壽雷水南先生

愛君皎然冰玉姿，相對宛若攀瓊枝。有客登龍纔下榻，無人放鶴獨支頤。華辰十月明春宴，綺里南山定壽基。借問昔時霄漢侶，抵今誰〔一〕老鳳凰池？

【校記】

〔一〕今誰，底本漫漶不清，據萬曆本補。

吊西齋奉國君

看破浮生更莫疑，出頭便是盡頭時。雲消大海從龍去，月滿長空任鶴之。慣戰衹憑三尺劍，能贏不過一盤棋。漢朝何等麒麟閣，落日黄埃蔓草滋。

咏蘇子十月之望步自雪堂

赤壁從前紀勝游，獨憐蘇子寓黄州。霸圖慷慨名空在，逆旅登臨興未休。斷岸雪堂乘月啓，寒波烟舫載雲浮。劃然長嘯有誰答？除却玄裳會點頭。

對酒短歌行 在東皋社會作

眷言會止，三歲載周。日月其邁，我處其休。德不孤立，孰云寡儔？久而敬之，景仰前修。世道交喪，惟僞是謀。允矣君子，視民匪偷。賢而幽放，貴而散投。樂其天年，于此林丘。嘉肴在御，旨酒思柔。以飲以食，式衎式留。疑義與析，清言用酬。目牛無全，意馬已收。悠悠自信，平浦虚舟。載其大化，天回地游。以永今夕，翌非所求。

吕祖像贊

玉京瑶島高玄，萬劫真常老仙。劍氣青蛇袖裏，笛聲黄鶴樓前。

贈任司訓掌教深澤

西河舊範卜商儒,文學今師有令模。道在却移汾席講,經傳更與澤宫徒。堂前冬日寒生愛,座上春風涑藻敷。若向《漢書》觀禮樂,五篇應取頌皇都。

疾夜四首

長夜如年病不支,晨鐘欲動曙光遲。呼童試撥寒爐火,倘有星星待煮糜。

鳴葉階前片片飛,焚蘭窗下冷烟紅。何言此夜獨無夢? 七十年來盡夢中。

記得丁年坐夜深,聞鷄每作扶風吟。如今槁木無靈氣,只有寒灰是寸心。

愁來一夜猶嫌永,何事常懷千歲憂? 聞道司空在王谷,雙雙款語教人休。

哭西齋君

瑶崑一峰倒,琪樹一枝摧。柱下青牛去,遼東白鶴回。竹荒三徑種,蓮罷二池栽。壁字土花繡,齋書雲葉堆。履綦難再得,簪盍詎重來? 月落猿偏斷,霜深雁獨哀。有情悲自至,臨感不知裁。

和小村看南洲説法兼贈南洲

錦囊詩草爛朝霞,寒日扶筇野寺斜。爲愛高僧持貝葉,因聽小品悟蓮花。雲來却度講餘磬，烟起還燒飯後茶。珍重長廊留一語，門人應已學籠紗。

高僧不愛著袈裟，破衲猶雲好自遮。榾挨火傍銷冷病，瑠璃鉢里飯胡麻。迹深蘭若千峰葉，心轉蓮函一院花。何事學人來問取，殷勤只與趙州茶。

比夜長少寐，思想平生，謾成一律，申社長三翁

逐世無能但轉蓬，飄飖回向野田中。放魚尚怖鈎成月，傷鳥猶疑箭落風。舊業赧顔渾作夢，老緣隨意且談空。百年已過三之二，幸把餘生伴社翁。

望介山緬懷郭有道先生

鴻飛白雲中，衆鳥徒營營。達士一何遠，杳然凌太清。内藴保身哲，外無絶俗貞。横波順仙棹，角巾偶華纓。誓將斷巨鰲，支彼天柱傾。時哉不我與，高嶺獨含情。

雙樹軒茶會

雙樹結龍鱗，同人向此臻。手持青玉杖，頭帶白綸巾。住近雲邊宅，消閑霞外身。圍爐啜香茗，聊用寫心神。

白雲曲二首蘭玉堂稱壽

醽醁如霞灧縹瓷，南山前捧萬年卮。主人何處動仙樂，盡是高

天白雲詞。

一派高歌白雪寒，四筵傾聽和皆難。醉歸餘響挂心曲，回首蓬萊樹上看。

寄題陽谿新理書齋

聞道新齋建宅西，移將舊巷復深栖。辭榮不餌千鍾禄，茹淡寧甘一甕齏。陋巷客稀門總閉，閑階兒戲手頻携。尋常莫作茅檐看，天際白雲聊與齊。

壽蘭軒君

龍華高會慶生時，獸炭烘堂酒暖巵。白雪唱中人寡和，南山詩裏壽多期。蒼蒼松桂森顔色，歷歷星辰粲羽儀。説道是仙君不信，冰桃爲底摘瑶池。

壽東皋翁

大塊逸君老，焉知老更强。紅顔賽桃灼，白髮比松長。燈下看箋字，枕中藏秘方。喜筵仍戒酒，静室但焚香。身際四朝盛，家觀五葉光。南星當户牖，北斗挂門堂。洪福由天授，浮生安可量。

壽乾石

亭亭連枝樹，矯矯薄暮年。勁幹保霜雪，榮條春復然。雖無蕣華姿，頗類古老仙。塵物日以遠，天親樂無邊。舉俗愛生辰，况乃同生緣。同生何所願，惟願永貞堅。大椿爲我友，喬松我師焉。寄興在醽酴,取笑南山前。

兒階生日詩以勉之

年當五五學何如,可是趨庭效伯魚。門子未能恢舊業,里人空想建高閭。青天玉宇三條路,緑閣芸窗萬卷書。今日發心良自勉,後期猶恐更成虚。

臘月八日醮佛讚

維臘之吉,供養和南,于我世尊,報厥恩覃。法門不二,風幡豈三? 非空非色,即心是參。

社會分韻得歲寒松柏

我觀貞樹林,松柏得其深。葉葉冰霜保,枝枝蘿鳥尋。神方收絳液,仙騎舞玄陰。不省丘中事,焉知歲暮心?

玉樹篇贈山泉宗尉四旬

桂苑亭亭玉樹枝,蓬宫表表列仙儀。延齡定管三千歲,聞道欣當四十時。柏葉翠樽酬令節,梅花彩杖報春期。爲歡正及朱顔好,試聽南山小雅詩。

小堂觀妓

寒堂春欲到，座客笑顔多。翠黛驕銀燭，紅香撲綺羅。吴歈翻子夜，楚舞學陽阿。却恐迎風去，頻看襪上波。

青蓮精舍守歲

殘年此遒盡，暮緒益蒼茫。下上樊籠鳥，東西岐路羊。都令憂速老，轉使聖成狂。諸法原空相，回頭禮定光。

文谷漁嬉稿卷十七　丁丑，萬曆五年，時七十三

立春日覽鏡

齒牙脱落鬢毛稀，半似當人半已非。臨鏡不堪增醜老，逢春翻更減容輝。莊生野馬觀空盡，簡子微禽歎世違。寄泊此身渾似鶴，寒松疏影獨依依。

早春陽谿君見過有贈，率爾賦酬四首

窮巷春還到，高軒亦見過。此身同草木，今日被陽和。酒寫連醅酤，琴彈帶索歌。生年君莫問，但看老巖阿。

晚歲學逃禪，方知蘇晉賢。秖令吾道在，不受世情憐。美夜燈同看，宜春酒共傳。羨君摇彩筆，飄渺散花天。

獻歲省吾私，徂顏自不怡。隨陽慚北雁，發藻讓南枝。絳老年誰問，維摩病獨知。惟應看冰緑，脉脉守東陂。

背郭東風澀，扃扉冷尚餘。若人嗟已爾，君子念何如？伯玉朋松桂，東平宴里閭。遂令岑寂地，時見五雲車。

贈王近暘比部

幽栖未必盡離群，亦有高賢問白雲。晝省行旌天上見，青郊導騎谷中聞。條宣惠藻三陽達，節正瑶光北斗分。恤讞至公兼恤隱，口碑誰不載洪勛？

壽李南原

北闕辭榮早,南山住歲深。耕雲芝滿谷,種月桂成林。尚子游仙意,陶公避俗心。隨緣還結社,感興亦平吟。酒客頻相問,詩人亦見尋。壺中新甲子,洛下舊冠簪。白髮將回緑,丹砂欲化金。三花識祥旦,開遍紫霞岑。

贈毅庵查使君移鎮廣西

移鎮行當莅粤鄉,即知聲教起南荒。炎風桂水迎來棹,朝雨蒲關送别觴。記取耳提心學後,依稀身在聖人傍。雖然我道無離合,其奈相思萬里長。

送　葬

大塊賦形器,度齡能幾何。曾無金石固,奄忽歸山阿。山阿亦何好,歸者如逝波。云誰爲鬼雄,當路揭虞羅。我聞《薤露》唱,復聞《蒿里》歌。豈非蒿里君,竊柄恣煩苛。君土亦已廣,君卒亦已多。胡爲斂不休,貴賤同消磨?古塚湮草間,新墳鬱嵯峨。白楊含悲風,生死不相過。心隨死别盡,淚爲生離沱。

月洲咏

黄河遠灔銀潢流,桂苑中涵明月洲。王子吹笙在上頭,羽人跨鶴來丹丘。玉兔擣藥玄霜秋,服之壽與天齊休。華胥有夢非真游,浮世等閑如泛漚。不老之鄉任君住,我期歲暮同淹留。

贈張濠濱使君總憲山東

東方山海帝王都，法曜重臨象緯殊。綱紀六條凝正色，文章五典焕洪謨。逢時早勝磻溪老，淑世遥同闕里儒。却念晉人攀憶處，野棠含露緑芬敷。

四月八日峪中觀賽

水神祠畔夏陰繁，打皷吹笙隔樹喧。社宰向人分肉後，紙錢飛上繡花幡。

神媪龕前歌吹喧，女郎連袂競花繁。不知拜禱緣何事，炷炷名香悄悄言。

前有樽酒行

我有美酒君幸過，風花引觴紅玉波。三千六百觴豈多，十載幾回顔面酡？君今不飲將奈何，坐令白首成蹉跎。月之朝，日之夕。抵死惜費不惜陰，黄金北斗應無益。

園木初榮偶然對酌

艶裔何從起？都來嘉樹林。菭葍含霧色，猗狔藉雲陰。微緑枝猶短，疏紅葉漸深。陶公將老至，所感正如今。

和濮陽李北翁寄懷一首

忽枉瑶華訊,嘉光滿薜蘿。高雲晞遠岫,一葦限洪河。情似無群翼,形如不廕柯。懷人空有酒,淡淡緑生波。

李北山寄

聖主徵先達,胡然久薜蘿。盛名超北海,高義滿西河。世種王孫草,人如玉樹柯。焉知汾上水,不自魯陽波?

背郭園列蒔花藥及開寡顔題以解嘲

木藥有常姿,當春故自披。如何嬌艶色,不似洛陽時?斂媚疑嫌我,含悽欲恨誰。方知背郭地,百物總難宜。

皤溪園第十次賞牡丹作

拄杖看花花笑頻,多因厭見白頭人。香含曉露渾增韻,力怯東風似損神。開落幾回形問影,榮枯一向客同塵。壺公不敢貪天禄,歲得名園五斗春。

再到清華園用題壁韻

樹裏陰陰青霧屯,仙家隱隱緑蘿村。看山屋對千尋嶺,弄水溪流百丈源。鷗鳥向人機事息,苔花上壁舊題存。無弦得寫重游興,却是意深難與言。

喜裴徵君見枉兼枉蘭章，輒倚韻奉酬以寫我心

袖裏瑶華三歲存，前言今喜得尋温。草長烟水洲邊路，花暗雲山谷口村。松桂有緣來隱逸，詩書無計强兒孫。與君長嘯清風下，一片閑陰緑滿樽。

雨中過裴山人館，鄭鶴庵在焉，山人有作，因共和之

户外泥深轍，階前步滑苔。不緣今雨過，誰爲故人來？流水心同在，停雲抱獨開。酌言欣有酒，不自荷蓑回。

灑掃桐竹山房迎巢雲先生館之

桐竹陰陰房翠微，丹山文鳥一來歸。雝鳴野谷聞韶律，肅羽空林見德輝。魯父退藏時不至，楚狂歌咏意多違。獨憐黄雀知趨向，争自銜花傍爾飛。

偶得名酒携訪巢雲，撫景清言，不覺造夕

偶荷杯中物，言尋客裏仙。四鄰咸寂若，一室自悠然。羽扇摇薰至，冰壺坐日延。窗流青竹韻，門網碧蘿烟。談笑絶塵想，淹留果道緣。梵垣雙樹接，文綺百花聯。不見金蘭侣，斜陽何處邊？

承蓮社諸公見賞小園芍藥,依韻奉酬

種藥忽成叢,焉知老圃空?階分曉天翠,欄聚夕霞紅。不逐蛾眉女,寧從鶴發翁。莫云清富貴,吾道本來窮。

謝澗南翁招賞名花

已賞名花過十年,今年又向赤欄邊。盡饒白髮還詩債,未化丹砂作酒錢。舊會杏園成雨落,散村樗野得天全。多君長是山林主,不道蓬萊别有仙。

仲川君新園落成見招游宴,即席贈酬

帝子經綸别業開,三山分取一蓬萊。金銀界道雲間屋,丹碧成帷樹裏臺。靡席華榱明組練,炎梅藻夏鬱樽罍。夕陽清吹凌空起,笙鶴盤桓未擬回。

五日宴蓮社宗英

閑居觀四序,全盛屬端陽。修晷導淵穆,微薰蕩幽香。不將心賞寄,焉用惜流光。我又數斗酒,嘉賓一來翔。班荆坐葱蒨,倚樹弄琳琅。朱火殷若榴,團花羅縠裳。池青九節草,石秀三珠芳。含章托毫素,雅歌行玉觴。面顔同美好,壽命當靈長。無謂苦炎熱,廣庭生夏凉。

五日西園宴集用裴徵君韻

亭皋清夏氣,簪履及時來。水翠菖陽出,烟紅榴火開。情長延命縷,興洽駐年杯。此會須珍重,浮生定幾回。

鶴林園避暑作社會,柳川翁爲之主,裴徵君爲之賓

仙翁選地集朋簪,共就王孫秀木林。白社静緣回夏氣,緑堂閑影落城陰。挫廉秖爲逃名久,避俗多因涉世深。不遇清人裴叔則,離居何處有同心?

山居寫懷呈裴山人

山居三十載,慚沮非山人。塵物雖稍棄,俗緣猶薦臻。酒中邀每去,詩裏覓時新。東帶揖邦牧,焚香拜玉晨。雲霞非實相,松柏有元因。所保在貞素,終期弗緇磷。斯言向誰語,無著與天親。

宿趙陽谿西郭園

青山背郭扣雲居,童子開門會款予。借榻往年多繾綣,解鞍今雨復躊躇。宅邊芳廕先生柳,窗裏玄文老氏書。便欲向君留十日,呼盧不遣玉樽虚。

咏茶粥

乘凉高樹下,驅暑若爲平。省己蕩喧濁,齋心調静清。晚知茶粥意,真偶菜羹情。寄謂熱中者,醲鮮當見輕。

賦裴山人椰瓢

吴鈎錦帶日南瓢,萬古愁心向此消。我愛梁園好花月,與君釃酒坐相邀。吴鈎如水號神器,不及鉛刀有所置。世上達生惟葆光,笑他野老風前棄。

寄壽龍洲光禄

望望緑洲老,遥遥紫禁中。爲龍作甘澍,是鳳鳴高桐。神鼎調元氣,台階接上公。岳生王佐日,人仰帝臣風。詩比南山咏,文將北斗崇。惜無縮地術,矯首倩飛鴻。

夏日登西山最高頂

西山鬱鬱上岧嶤,絶頂峩峩混泬寥。六月火雲翻爽氣,九天凉露奪炎飈。馮空鶴立黄金界,眺迥虹飛白石橋。欲訪高仙乞瓊雪,此生埃滓盡然銷。

李南原館宴集

野性任平生,同人喜合并。杯承花下馥,簟展竹間清。興是披襟灑，懷因岸幘傾。方知形迹外，可以定交情。

伏日有懷

大暑蒸紅瞥道塵，多應車馬騖亭津。青谿背日無氛垢，碧樹藂雲有隱淪。洞口九靈芝草長，峰頭十丈藕花新。儵然卧對形神别，便是義皇以上人。

李磻溪六十

榮宦三年遽息機，周游六甲宴閑扉。披霞石上丹成幔，種樹雲邊黛作圍。兄弟樂天延淑景，兒孫愛日戲晴暉。借觀車馬盈門客，全福於君似者稀。

贈滄江宗尉見訪

昔人每愛滄江月，今日欣逢江上仙。璚樹真令飢渴解，龍光端共斗牛懸。舟移北渚汾秋棹，琴轉南薰舜日弦。願得興同河朔飲，不辭酤酒杖頭錢。

和巢雲先生喜遇滄江君倩寄家信

高歌旅邸勿躊躇，且喜家園信不疏。稍别風輕六月御，相逢仙降五雲車。論心宛在陶唐里，留款何嫌班氏廬？待灑新秋向姑射，殷勤借鶴爲傳書。

涉江采芙蓉

芙蓉一何好，熚熚江之湄。窈窕事攀折，水深零露滋。羅裳濺珠溜，木蘭組漣漪。豈不畏沾滯？將因貽所思。所思曠修阻，曷由爰致之？芳意嗟徒爾，暮顔忽已衰。

壽圖篇

蘭秋水雲湛，桂宇宴清華。上客仙人彦，高門帝子家。著書參玉訣，燒藥變黄芽。鬢緑瑶崑草，顔紅句漏砂。珥貂遺富貴，牧鶴足烟霞。壽以敦仁積，名由邁德加。西梨甘似藕，東棗大如瓜。二物應難老，行當駐日車。

雲川新居社會

殘暑雖猶溽，新秋已自清。槐疏流火影，蟬急搗砧聲。洞館疑王屋，宫墻似洛城。宴言此暇豫，真境獨含情。

秋日寫懷呈巢雲先生

世事生平百不能，無何面目轉堪憎。休官却任山林守，帶髮翻爲水月僧。蘭醑遣懷心淡泊，荷衣遮體骨崚嶒。良緣晚節蒙天授，霞表人來話上乘。

高齋閑望言懷

淅淅西山爽，盈盈大火流。啓齋聊一望，即事稍已幽。樹態變蒼色，雲暉含素秋。玄蟬厲高響，白鳥馴下浮。歲候感遐況，吾生慚遠籌。何能奮丹嶠，躡景洪崖游？

生日奉酬見壽諸親舊二首

年紀蹉跎筋力衰，宴言猶復荷親知。瓊蘇恨不勝杯酌，桃竹應須作拄持。月缺瘦多蟾兔影，風高凄緊桂蘭姿。也知酬藻詩人義，無奈毛君鈍若椎。

天風吹下九華仙，佳節奇逢詎偶然？翠嶺三秋登稼日，銀河八月泛槎年。扇摇金粟飄歌右，觴落瓊漿到舞前。感遇便將酬好李，看來終不似桃圓。

齋居偶然二首

茅齋全背郭，蔬圃半臨陂。活計聊安我，生涯更問誰？鳥憎如箭木，魚畏似鈎池。只有寬閑地，堪爲僻寂資。

豪豨不可牧，走狗不可爲。功大過無補，名高毁亦隨。魯生蹈東海，李父遁西陲。何事楊朱子，猶然泣路岐？

題鄭鶴庵魚甕

鄭公陶巨甕，貯水蓄游魚。圜轉江户闊，中涵天地虚。星羅珠作網，花撲錦爲菓。賸有濠梁趣，憑觀常晏如。

壽宗正一山公五旬

魏數先登五十籌，瓊筵高啓宴華秋。王孫自是山中宰，仙客都來海上洲。杯捧玉漿玄露湛，盤堆火棗赤霞浮。大羅光景塵寰隔，盡與天真控鶴游。

和酬龍池翁見壽

一承德意深，頓覺塵心淺。德意等鴻鈞，垂光徹幽顯。塵心秖輕埃，胡力禪崇巘。濯濯間世英，明明泰階轉。群倫肅表儀，百辟推冠冕。歲旱皇澤敷，載熙聖謨闡。大壑避龍蛇，中林狎鷄犬。杏開耕石田，桑落收原繭。顧我省非曾，蒙公交是晏。年憐絳縣生，詩賚玄珠選。報李志徒勤，折麻私莫展。拜嘉頂名香，走謝疲駑蹇。願見陟虞庭，聿觀弘漢典。天從倘不違，積念斯可遣。

龍池先生寄壽　王道行〔一〕

八月寒暑平，河漢清且淺。望舒二八時，圓影如畫顯。何處有高人？仿佛山之巘。二首六如身，千周甲子轉。萬言貯錦腹，一瞬空塵冕。淵微至理冥，述作大猷闡。偏呼鶴上人，時吠雲中犬。英風海外揚，奇士來重繭。問字過王侯，北海常歡晏。斗酒詩百篇，德音不可選。緊余懷素心，良覿未雲展。欲往龍門游，景行愧駑蹇。願君壽千春，永作邦家典。終得趨庭隅，晤言欣累遣。

【校記】

〔一〕本詩爲集中所附王道行的寄壽原詩。作者名爲點校者所加。

積雨初晴秋林宴坐

雨洗晴光玉露溥，林間疏影見巖巒。倚梧長嘯身無累，掩卷微吟意自寬。炊黍不離黄葉裏，聞鷄只在白雲端。最憐社老生能達，同斂秋容玩歲闌。

聞吕徵君六旬，將自潞還越，寄言贈之

塞北江南萬里游，春來秋往六旬周。儒生自爲青袍誤，詞客誰將白璧酬？緑壑丹崖留屐齒，金箱玉笈載床頭。還家君好吾傷别，恨不追隨似海鷗。

寄贈伯梓同甬師自潞還越

有美月枝秀，飄然霞表人。少年甘隱逸，清世托沉淪。愛踏連天草，羞詢要路津。緑琴焦鳳尾，寶劍繡龍鱗。冀覽欣王屋，燕游望玉晨。棹移漳水曲，家向越江瀕。正及秋林好，黄花赤葉新。

苦雨行

積氣氤氲迷北渚，歸鴉墮葉紛鳴舞。長空閣住萬山雲，大地灘平十日雨。高齋愁偃思悠悠，目極蒼葭白露秋。只恐增波作川漲，併將韶景促東流。

苦雨懷裴巢雲兼貽元善

憫雨初欣三日霖，安知七日更浸淫。頹垣漏屋書猶濕，乞米求薪竈已沉。有客寥寥鄭家圃，黄污斷道相思苦。云誰裹飯往從之，莫作琴歌似桑户。

楚客吟贈雲谷山人

楚客禁秋異鄉縣，不殊鄂渚閒游衍。支離頤者悦同心，傴僂丈人欣識面。坐撫龍門三尺桐，行披中散竹林風。秦斯湮沉姬籀邈，問君雕篆何其工。酷愛昌黎《石鼓歌》，葛天飛起朱弦和。木葉下庭汾水波，索居寡群愁正多。床頭酒香金叵羅，晤言使我蒼顔酡。不然已謂心苦傷，况復漫漫秋夜長。

須以一袍贈巢雲先生，特表《緇衣》之好云耳，輒蒙藻答，爰用矢音

自昔緇衣表好賢，見賢今日豈徒然？已知論道超三語，更得陳詩授五篇。始信幽貞獨修姱，紉蘭被荷帶芳杜。青雲貼天當爲誰，往往書生詑平布。金剪吾裁作一袍，贈君取著凌秋高。華月寫空香霧饒，泠風捲地樹微銷。洪崖拍手姮娥謡，翩翻兩袖雙鴻飄。閶闔曉排朝玉晨，琅玕吐輝毫素伸。玉晨憐是謫仙人，奇服聊爲江海賓。好把明珠照玄夜，還將朗筏度迷津。竭來貽我錦繡段，愧我報無青玉案。文綺珍藏奈若何，心精彩艷紛流亂。

閏月中秋辱玉牒賢宗、金庭文彦招飲於仲府之寄興園，再爲朽生壽也。即事寫心，作醉歌行

芙蓉池上玩朝曦，蟋蟀堂前溯晚吹。唐叔恩康樂恐遲，陳王歡宴不知疲。百代風流如轉環，至今媲美宗英間。文章華衮瑩秋色，簪組綺羅開笑顔。茂苑高臺鄴園起，方塘白水佳汾沚。叢菊未舒九月黄，流霞先酌千山紫。南榮劍丸笙鼓喧，楚舞結風吴歈翻。興劇曲終仍奏雅，清謡朗咏鏗璵璠。此時歡樂難具陳，日短酒多銀燭申。醉裏公然得中聖，獨醒豈解沉湘人？座隅自哂婆娑叟，生長五朝成白首。遇飲希逢莫逆交，飛觥吸月欣纔有。金波穆穆桂零香，披拂真爲君子光。徹底虚明殊未央，仰天載歌歌且長。

奉懷吕岫雲中舍兼酬惠問

鳳池鳴珮切青雲，龍衮香烟襲紫氛。司馬翻爲茂陵卧，孫弘虚枉辟賢文。雄裁五色自垂藻，盛世三朝誰策勛？却念北山饒隱逸，遥緘赤牘慰離群。

留雲洞

無心出岫口，却向洞中留。石潤靈根引，龍蟠瑞靄浮。微風香篆裊，片雨夕陰收。莫去蒼梧野，遥遥江漢秋。

洞壁梅

寒梅晝壁間，明對小孤山。瘦影月中桂，淡香風裏來。月華長不

落，風韻杳難裁。只許雲仙共，書郵莫浪猜。

桂子山莊引爲龍池翁賦

夙世青天種白榆，白榆歷歷表星都。今來紫省栽丹桂，丹桂叢叢森羽衛。天上人間非渺茫，人間玉宇涵天香。子晉求仙謝城闕，王陽歸隱成山莊。莊前莊後通月道，秋去秋來身不老。顧兔擣藥霓裳丸，明窗之塵盡爲寶。金華争自慕軒轅，安見黄芽桂杪存？我欲投林叩真訣，仙凡迥隔難攀翻。緬想婆娑最高處，凌空積翠超烟霧。開花結子子還孫，永保靈根得貞固。鏡水屏巖嘉月陶，手提萬象恣游遨。實際芥子納須彌，浮名岱岳等秋毫。赤城霞起照瓊臺，朱陵洞天雲往來。廣庭月華臨静夜，冰壺寒露絶纖埃。勝境徒聞不能見，稍喜良工繢葱蒨。大册高文互品題，個裏真人合須辨。真人生憎冷暖眸，每把紅羅扇遮面。

秋晚蔡明軒、賀淡庵二使君見枉丘園，咏言奉謝

漢使行風俗，汾隅及隱淪。蒿藜仲蔚宅，木土伯倫身。積雨蕪三徑，孤雲絶四鄰。守玄惟寂寞，知白尚逡巡。鶴蓋垂雙幰，熊軒儼並臻。爇爐迎紫氣，倒屣肅清塵。禮數原寬厚，情涯自切真。寒花披夕秀，衰草冒陽春。不有丘園賁，安知天地仁？欲宣心所感，觚楮曷能申？

送月洲還蒲

金素光寒月滿洲，喜逢仙侶再來游。瑶華灑翰過詩社，玉笛飛聲向酒樓。共羡洛儲能控鶴，不嫌野老會騎牛。送歸河上知吾否？遥望紫雲天際頭。

奉答林皋見寄

千里書存日暮雲，幾時簫鼓濟横汾？蘆花月白和誰玩，菊蕊霜黄悵獨芬。離緒絲棼空繚繞，夢途天遠竟氤氲。近來稍假杯中物，懷抱微開半已醺。

秋杪翠虚亭留飲月洲王孫、巢雲隱君。巢雲有作，用韻和酬

山亭幽悄足音稀，野水寒烟澹翠微。却喜素心雙顧步，頓令窮巷滿光輝。芙蓉索共籬花笑，蟋蟀愁隨塞草腓。解道歲闌人易老，及時强飲莫相違。

柳川園菊會

園卉具成腓，籬花獨可依。黄中標正色，白藏炳餘輝。吏隱同名傲，人看幾鑒微。智哉彭澤宰，把酒啜英歸。

九日蔡明軒、賀淡庵二使君平霞館宴集，即席賦酬

疏林荒館動光塵，登覽時逢翰憲賓。霞泛日華明紫蓋，巖飛嵐彩迓朱輪。蒼蒼平楚秋容肅，九九佳辰暮序新。高宴不遺彭澤侶，一籬幽藻燦霜旻。

裴徵君見示長夜客中述懷之作，時余在病，亦寫我心

休論寒夜客中心，我已閑居念更深。學道未聞慚白首，藏山無補負青岑。病增衾冷霜塗屋，愁厭葉乾風滿林。自是有情隨物化，不勝天籟起長吟。

仲川、鶴庵約巢雲君游覽介山，山中多王孫别墅，知有嘉客，率具酒邀會，余聞而美之二首

空山寒翠滿，俗駕幾登臨。獨有青霞客，能無紫陌心。行便松界道，息喜竹爲林。仙酒家家熟，邀同歲暮陰。

萬木脱蕭晨，青山見本真。含弘入窈窕，廉峻上嶙峋。五彩孤翔翼，一聲長嘯人。超然向空盡，何者是沉淪。

望綿山懷古

石桐水寒群木空，祠墓可憐綿上翁。狐兔伏藏山鬼宅，龍蛇抹殺亡人宫。刲股只看處己賤，輕心那表奉君忠？夕陽古道灰塵起，猶似燒天野火紅。

孟冬社會，賦得鶴來、松有伴二首

矯矯雲間鶴，依依松樹陰。傾枝如有待，擇木自相尋。瞻彼能投分，嗟余寡盍簪。殷勤賦招隱，一寄歲寒心。

竊羨九臯禽，冥冥萬里心。晨游超碧落，夕憩返青林。有伴偕貞素，無媒歎陸沉。向天鳴和好，並在歲寒心。

賦小田徵君種菊盈園,招飲菊花酒歌

東籬之下南山前,栗里先生敦雅緣。手把黄金若驕富,心醉濁醪成隱賢。祛慮能消五萬劫,制齡不止三千年。留得佳名復佳色,併向華秋正華飾。末俗蕭蘭總不分,清風松菊誰爲植? 紫薇仙省上卿家,公子翩翩逸思賒。有圃不貪鶯裏樹,有泉只溉雁邊花。白雲飛起遍瀟湘,青女飄來滿地霜。即景邀余共花醑,頓令六腑生寒香。我還借酒勸君酌,競爽蕊宫應自樂。盤龍寶鏡鑄朱顔,雙鳳羽觴收大藥。

咏雪二首

遥天凝太素,大地靄餘輝。烟水平鋪練,雲峰亂結衣。南枝花競發,北澗鳥停飛。漁父家何處? 寒蓑獨自歸。

對酒玉爲人,看花不待春。只消汾曲樹,莫問武陵津。筆灑雕龍屑,譚飛白馬塵。遥知梁苑夜,足共此心神。

雪後携樽蘭館看裴徵君二首

雪深晴亦冷,旅舍今何如? 言念蒲團結,應同草閣居。朋來聊貰酒,客散第觀書。賸有郢中曲,隨風一起予。

高人居雪館,宛在玉山岑。道阻人稀問,扉扃我獨尋。冰清襟共澈,晷短坐逾深。不有寒壺酌,其如歲暮心?

對雪懷劉雲谷兼呈兑軒

北地梅花少,應將雪片看。不愁居隴上,如信寄江干。一曲聊歌郢，三杯第蕩寒。猶强洛陽舍，辛苦卧袁安。

寒日訪巢雲先生於金蘭社館

有美玉山隈，扃扉净俗埃。竈然薪帶葉，壺挈酒連醅。野雀呈書下，畸人問字回。笑予東郭履，何事踏冰來？

隱堂洞懷古

退老西河上，終然君子儒。道存人代改，名在歲華徂。古洞殘書寂，寒峰片石孤。白雲何意緒？長與碧嵐俱。

贈别巢雲先生

論交喜見玉山君，南北過從晉與汾。夕館清言常達曙，晨樽温款復迎曛。白雲幽岫原相偶，黄鳥春林自不分。縱使别踪無住著，此心道是〔一〕未離群。

【校記】

〔一〕道是，底本漫漶不清，據萬曆本補。

懷吕岫雲先生

金玉才章冰雪姿，岸冠姑嶺帶汾陂。至尊若見輕黄屋，内史何言舊鳳池。

自解樊籠學退藏，松苓服盡羽毛强。何時一借天風去，直到仙家緑井莊。

懷劉金溪先生

鳧舄飛回弄紫烟，黄金溪水蔚藍天。姓名已自登仙籍，何得區中世網牽？

公幹偏多里閈情，肯將瑶草問臞生。真成隻字千金重，不枉篇詩萬户輕。

蘭玉堂觀梅　醉太平

紅滿枝，白滿枝，繡户珠簾春到時，休言黄柳絲。淺妝宜，淡妝宜，水月精神瓊玉姿，東君知不知。

臘月一日壽巢雲君且送還山

嘉平一日古仙辰，初度榮君客裏身。塵世難逢好時節，天涯誰識醉鄉人。面如紅玉堆霞滿，詩似冰壺湛月新。計到堯城還作壽，又當姑射早梅春。

文谷漁嬉稿卷十八 戊寅，萬曆六年，時七十四

迎春詞二首

喧喧笙鼓動城闉，報道勾芒送早春。紅彩逢迎花杖簇，青旗摇拽柳條新。

寒巖幽谷不知春，陽律何吹到隱淪？似是東皇回世態，也教分與歲華新。

元宵前四日畫苑試燈

燃燈只三五，取樂殊未央。欲展宜春興，先開不夜光。金吾猶戒道，寶炬已烘堂。占得銅壺水，多添幾箭長。

魚　燈

冰綃出瑶水，收得錦江魚。五夜燈如晝，含光混太虚。

梅　燈

屏裏一枝梅，疑從江縣來。曉風吹不落，長向上元開。

正月十八日答陽谿君見訪

開歲無方慰寂岑，幸來空谷有招尋。黄衣架上雲堪曳，青草池邊句好吟。燈以意留過節放，酒因心賞及時斟。相看一對搶榆鳥，短羽低鳴不過林。

春酌寫懷壽露泉宗相

支離何處覓交親，晚境天開有善鄰。愛我能忘中散貴，知君亦是上皇人。延宵絳蠟然燈永，稱壽黄柑薦酒新。莫道山深無曆日，百年從此記長春。

陽春行

雪盡水融天氣青，日烘烟暖北山庭。嚶嚶一鳥試新哢，兀兀幾人回夢醒。茶褐園林春事早，鹿胎田地行春好。嫩黄飛上未垂楊，微緑點來初茁草。輕薄翻憐游俠兒，驄翩走馬東郊道。洛陽春滿利名交，利盡交疏春亦拋。何似長春洞中客，酒樓平接杏花梢。攀花小飲駐顔紅，倚樓大笑凌空翠。抖擻超然象外天，拳攣莞爾人間世。眼前茶蓼負韶華，身後橐囊成底事？

贈李南原生日

與君玄素交，削迹紅塵道。守拙甘沉冥，逃虚破煩惱。酒諳半醉佳，琴信無弦好。社鼓遞春秋，村鐘報昏曉。原蠶衣稍温，井税食餘飽。冰解縱游魚，條榮暢嚶鳥。芳辰華誕逢，上壽南山禱。丹轂有時傾,南山青未了。

送田汾南應選北上

賢良文學漢科名,辟命欣君並美行。解薜不曾焚芰製,爲龍何忝羨魚情?早從三禮開儒術,時就五詩和頌聲。計到帝城春色滿,萬條烟柳正啼鶯。

奉謝陳抑亭中丞寄懷

雁飛東去鯉西旋,尺素相傳意渺綿。海月四流偏晉野,山雲孤擁獨吴天。陳蕃塌繫下徐日,召伯棠存分陜年。每共蒼生顒舊德,早和台鼎玉宸前。

抑亭見寄 陳洪濛〔一〕

無論去住與回旋,只有音書日可綿。道契心知猶一地,吴南冀北不分天。草玄歸老旬宣後,問字慚予貧病年。莫道清朝猶戀舊,角巾共醉菊花前。

秋風颯颯雁西征,尺素聊將寄遠聲。汾甸月明開絳帳,吴山霜冷杜茅衡。聖朝有分容林叟,漁野無緣歎水萍。爲語故人應努力,白頭丹虚好修行。

【校記】

〔一〕本詩爲集中所附陳洪濛的原詩。作者名爲點校者所加。

春林適興社會作

春林洵景晏，垂柳復飛花。笙歌百舌鳥，鼓吹青池蛙。借問此何居？云是野人家。野人無外務，聊爾樂生涯。扶笻四老友，携興入烟霞。邂逅愜賓主，邀樽坐日斜。

贈龍洲公以光禄使晉，尋轉太僕還朝

舊鄉擁傳來三月，新命移官近五雲。行色又隨春草壯，離思空與夏條紛。清班日佇還朝節，紫禁天臨拜表文。豈道夔龍惟僕正，即應端揆贊虞勛。

贈周小川游太學

賢關一路九天開，昭代騈羅萬國才。化雨盡教滋棫樸，祥雲争起近蓬萊。宫墻高廣須攀詣，璧水澄泓好泝洄。知爾抱琦行不負，相看翻喜别離杯。

閑齋永日看王臨川、黄豫章詩，皆以竺乾之學發之乎杜調，而臨川隱約，豫章有譎諫意。因隨緣起興，欲擬之云爾。五日書懷

荏苒偏驚物候催，端陽争得好懷開。身栖絳邑年空老，家在青城首重回。插艾豈消防雀户？酌蒲猶恐冒蛇杯。榴花滿眼丹如渥，不上蒼然雨頻來。

夏日登白雲寺樓

夏不登樓還一登，畫檐時見白雲層。雲來就我原無意，我去排雲自未能。蛛網打開窗八面，貝函掀倒佛三乘。當空跳出塵沙劫，何處梅炎有鬱蒸？

畢宿壇道士祈雨

爲乞甘霖灑，言回虐焰熏。建壇臨坎位，望月次星文。甕蜴徒鞭柳，泥龍不逗雲。黄冠彭豕腹，正自結妖氛。

與南洲禪師坐談用柴定公韻

逐浪降心未易降，直須潮落水平江。今朝倚杖歸南畝，竟日扃扉卧北窗。學佛始知門不二，爲儒不羨士無雙。待渠雪裏芭蕉盡，撒手與君游净邦。

戲題黄菜會二絶

飯炊菰米菜團虀，一飽齋時到日西。社友也能忘肉味，莫非都想學菩提？

自作黄虀會二年，一回相與一歡然。却憐醲醴非膠漆，淡味翻成歡喜緣。

題寶經禪院二首　院是僧映天造

静地得郊墟，栖禪小結廬。佛龕金作像，經閣貝爲書。水月觀心後，風幡定性初。可還離却此，别去問真如。

印經行萬里，來結此招提。半偈方懸悟，千函更指迷。花飛香雨細，樹引法雲低。東土家緣足，無勞面向西。

會清河老人叙懷二首

老來無一事，何喜復何憂？在處隨渠在，休時便自休。夢蕉朝得鹿，藏壑夜移舟。説與人誰會？惟應石點頭。

晝永閑無奈，年衰老不知。座猶嫌少客，酒每厭空巵。錯認吾爲我，真看爾是誰。嗒然成一笑，酩酊復奚疑？

過雲谷新居二首

回望荆門隔楚江，安居汾水白雲邦。仲宣樓上三更月，萬里隨君卧北窗。

西北樓臺一徑過，茅齋小隱結巖阿。果然陶巷無車轍，只有閑雲到薜蘿。

題雲谷山人隱居

達人從所好，佳境即安栖。結屋倚城北，開窗面郭西。山青邀欲到，雲白望堪携。未是尋幽少，荆扉有杖藜。

伏日憩竹林西館，侯中散携酒見過

西館竹林隈，相將避俗埃。緑陰移碧簟，紅采亂蒼苔。客款同心酌，人因笑口開。片雲如有意，還送月華來。

贈王官夏南坪

看盡浮雲過太虚，王門真好曳長裾。身閑不道騎無馬，貌瘦非干食少魚。銅館舊台鋪苜蓿，金塘新水艷芙蕖。遥知帝子登臨暇，是爾高歌醉月初。

贈霍礪庵以恩廕拜官

司馬公家繼世英，早蒙天寵謁承明。抒文再襲金章采，步武重鏘玉佩聲。傑閣舊勛思博陸，高門餘慶在玄成。故人相贈無他技，耿耿懷親報國情。

柳川園六月社會

秋初瓜果熟園林，便得天真款盍簪。四座放教青竹近，一簾垂向白雲深。酒能適興方嘉醖，詩不落塵纔好音。却愧病來違宿諾，石榴花滿廢招尋。

秋亭宴坐看槿花

静觀秋有色，妝出槿花紅。仿佛葵傾日，招邀蝶戲風。榮枯朝夕裏，舒卷有無中。若與維摩看，應將證本空。

秋林社會呈二老共和

初秋良宴會，交久意逾親。住近青山郭，來同白社人。開軒雙樹對，延款一杯申。長袖爲君起，而無陌上塵。

孟秋多雨，弦望之交鬱不見月，十九日纔霽。四野榮觀，嘉禾豐茂，開府柴公登城周覽見招，鄙生從邁乾樓之上，共遲好月之升。乃二更，山吐出矣，因撫景暢懷，聯十一韻。翊日情感不既，輒嗣響復綴一篇。竊謂明公此行，庚武昌之淵興，謝宣城之雅裁，不是過也

旬陰遮月道，翳此皓華敷。澹澹長河没，蒼蒼平野無。西樓今夕望，東嶺半輪孤。依舊含文曜，從新映斗樞。熒煌開寶鏡，晃朗上靈珠。明暗原同軌，盈虛總合符。挈游招隱逸，登賞恣歡娱。對酒金波麗，裁詩桂藻紆。流輝蒨郊壟，分彩絢城隅。漏永增銀箭，杯深倒玉壺。興將開府並，文與敬亭俱。美度澄秋水，應知陋俗儒。

中元佳節爲柳川、小村二翁壽

少日論交老不移，幾人知是素心知？無波淡水投平仲，得意高

山付子期。名列玉京黄籙紀，顔開金井碧梧姿。年年燕洽中元節，屬我與翁爲壽時。

咏蟬鳴黄葉

野水夕陽隈，蟬聲樹樹哀。葉黄金欲碎，露白火全灰。輕翼驚寒重，纖緌怯冷摧。不勝蕭瑟苦，應悔噪秋來。

雨懷二首念裴徵君

雨深秋欲盡，頓覺暮寒多。黄灑向階葉，青收昔郭柯。吾衰嗟若此，人遠憶如何？有酒東軒寄，無然欠一過。

對床風雨慣，今雨却睽携。緬想空齋閉，多應在竹西。踏泥誰裹飯？燃火獨蒸藜。客抱當何遣？還來此共栖。

今日良宴會

晴暉下庭際，微雨散林端。席是瑶華展，人同玉樹攢。高言敷令德，逸響奮清彈。杯酒尋常事，無如今日歡。

裴山人憩蘭館月餘矣，會不數次，招屢愆期，嗟嗣晤之幾何，憐晚景之虚度，悵然成篇，亦《詩》之諷也

未見君子時，恨不往從之。及既見君子，猶復隔山陂。三旬無九會，良月忽已移。我病跬如棘，君閑蹇可馳。胡然坐自隘，室近人遠而。豈曰乏音信？亦多懷友詩。心顔復何似？所貴非説辭。伊余願瓊樹，以解長渴飢。曠焉今若此，安用芳香爲？

戊寅七十有四，謝開府柴定公見壽

百歲平鋪四段分，已收三段在人群。年年送酒中秋月，日日供詩小洞雲。尚欲末光垂晚照，終慚初景昧朝聞。紫薇開府通南極，假我丹華駐落曛。

柴定公見壽　柴　淶〔一〕

四分百歲已三分，愛狎漁樵麋鹿群。道在自宜冠早挂，顔留不藉酒微醺。就將山斗名多壽，長此春秋月共雲。老向西河傳孔脈，端令四海質疑文。

【校記】

〔一〕本詩爲集中所附柴淶賀壽原詩。作者名爲點校者所加。

奉擬贈燕一首

海燕雙栖對語頻，杏梁宛款意逾親。那堪近社生歸思，競爲辭巢戀主人？好去烟霜南土舊，還來花雨北堂新。紫薇開府甄微眇，看爾如同幕下賓。

園中秋夕四首

春草緑將蕪，夏條蒼以疏。芬榮能幾許？消歇在須臾。逐世垂三組，容身跳一壺。到頭誰得計？不數澤中臞。

數嫌更漏短，今夜覺長添。露氣凉生席，烟光月在簾。煩痾秋稍耐，疲老歲還淹。四序原平剖，潛夫任自潛。

梧桐高且修，遲彼鳳來游。未若琅玕好，空驚河漢秋。寒聲隨雨滴，凄響帶蟬流。在樹嗟猶此，何人不白頭？

商飈颯高樹，蕤景黯然收。砧杵千家夕，星河一派秋。梁空烏鵲渚，簫咽鳳凰樓。孰是無情極？蕭條獨不愁。

西園宴壽

筵開西圃集文裾，酒對南山獻壽初。青女點花争壓帽，黄衣化鶴會銜書。脩成鴻寶藏丹室，眺向玉樓凌紫虚。占却大羅天上事，風光偏在九秋餘。

謝柳川翁菊宴用思字

木脱山空誰共期？風流只有魏陳思。人招白社來高閣，手種黄花出短籬。佳節已過重九宴，餘香還續兩三巵。昔人悲處今翻樂，多是歲寒心所宜。

九月念日邀裴徵君小酌，得詩二首，一和其旅懷，一即事

采采菊方蒨，盈盈色已斑。感心驚歲月，回首憶鄉關。姑嶺寒流上，堯城落木間。吾廬應不遠，時向夢中還。

竭來幾携手，今始一娱心。杯酒呈新緑，篇詩出苦吟。悟言蘭是室，散步竹爲林。日暝紅燈繼，悠然坐夜深。

秋暮田家

登秋輸井賦,無事不平成。山坂牛羊迹,場樊鳥雀聲。黄粱炊細飯,緑芋煮香羹。怪底田家樂,迢迢沮溺情。

咏桑落酒

桑風吹葉落,菊露浥花芳。未啓花前甕,先開葉後觴。七賢淹暮緒,九醖盡寒香。借問求仙者,如何是玉漿?

送柴定宇參知總憲三秦

鴻天西指思無涯,柏府高臺駐使車。正色二陵風雨霽,英聲三輔震霆賖。權衡禮典弘邦憲,黻冕文章焕國華。回視舊疆遺愛滿,棠陰深處野人家。

贈成監吾太史二首

豈厭承明廬,言馳使者車。褰帷觀魏鄙,憑軾問唐墟。太史陳詩日,弘文飾吏初。高齋復多暇,還理石渠書。

攀援瓊樹枝,汾水白雲涯。正色比秋潔,高香含露滋。境隨文運轉,度與台躔移。爲底予懷望,相逢慰渴饑。

新作金蘭社門

書社始因陋，戟門今壯開。懸題承内史，崇奬飾群才。華衮榮三字，高文接上台。同盟利金斷，齊契等蘭栽。大雅堂斯陟，周行路不回。况當秉禮國，雲集好趨陪。

贈馮孚溪先生自香河擢貳平凉監管固鎮糧儲

出宰近畿安小邑，分麾西守駐雄陬。坐調軍食盈邦計，行理戎機贊幄籌。吹角紺樓邊月静，洗兵青海塞烟收。題輿使者由來重，莫向關河歎旅游。

銜書樓宴集同環洲、監吾、葛野三使君賦

樓爲書府藝爲林，羅綺高張宴列簪。發藻槧鉛篇什盛，談諧樽俎興情深。笙邊看鶴來松際，笛裏聞龍在竹陰。信是主賢賓意愜，泰光天宇豁同襟。

冬夜長

寒星如雨點疏帷，漏水成冰滴更遲。休説愁人怨長夜，便是短宵愁亦知。

小春集鄭隱君棲真洞，分韻得瓶字

子真栖谷口，洞館入林亭。書演三墳義，圖藏五岳形。窗雲虚自白，盆卉冷猶青。招隱來同醉，東床醥玉瓶。

寒夕款裴山人行

雪暈長空冰帖水，微吟苦竹寒聲裏。柴門小徑不逢人，孤緒擁懷愁欲死。薄暮倒裳迎扣門，却是舊游隱君子。獻策青雲竟白雲，南山之松北山杞。幾向天台度石梁，再從姑射來汾沚。自拄枯藤杖一條，不嫌槁葉埋雙履。問我奚爲老達生，歎謝不知其所止。交深欣戚最相關，不見思之見之喜。留宿平鋪龜殼床，晤言共據烏皮几。閑情只好泝金波，世事不勞開玉齒。夜半酒酣將奈何，舞袖龍鍾爲君起。

金蘭社宴集和李環洲韻

竹園芸館映華星，高蓋清輝溢滿城。道德親承周柱史，門墻寧乏魯諸生。春回十月心同向，酒對南山意轉傾。樂極夜闌仍秉燭，角吹寒響自嚴更。

冬日訪桂亭翁

幽人在空谷，日夕往從之。入户蔣生徑，升堂董子帷。停雲一杯酒，歌雪滿篇詩。聖代得閑放，只應方外知。

蓮社新理門堂

藉地竹西鄰,同倏蓮社因。遠心成寄泊,净理略蕪蓁。門對碧峰正,堂開銀榜新。當如鏡光佛,磨洗大千塵。

擬淮南王《招隱》之篇

南山多桂樹,鬱鬱廣且修。仙人好安宅,結托此爲樓。上干通五城,下蟠連十洲。九關不可處,虎豹非我儔。千仞不可覽,鴟鳶劇啉啾。寄言蕩游子,返轡來淹留。

鄭廣文新宅招飲,同宗老柳川、東皋二翁,山人巢雲子賦二首

嘉會一年幾?况當芳歲闌。多君延舊款,添我匝新歡。雪意撩梅白,風聲送竹寒。香籠淹夕坐,引滿復團圞。

鄭家亭子好,非獨澗之濱。一徑小山側,四邊叢桂鄰。天寒青綺帳,雲净白綸巾。不信是仙館,君看座上人。

仲冬逸老堂會

逸老堂中會,因知逸老情。閑消忙計較,拙背巧經營。黄髮延多紀,青山守舊盟。塵勞無處著,把酒盡平生。

寒齋雪霽得群賢見枉

積霰轉晴暉，晶瑩上竹扉。仙人被鶴至，詩叟跨驢歸。倚玉清無限，傾銀冷漸微。齋居亦嘉樂，奚必錦羔圍。

送西寺僧坐禪南山

身雲原不住，西轉復南參。説法生群聽，翻經第幾函？嶂懸燈是月，林灑雪爲曇。老病吾憐我，聞鐘空夕嵐。

憶慶雲上人説法南山道場二首

北山小隱住多年，今去南山飭講筵。門法到頭原不一，南山禪是北山禪。

深林古道一僧歸，兀兀山行雪滿衣。寶閣香床時入座，天花應繞法華飛。

過裴徵君留飲有作二首

懷君當積雪，稍喜數招尋。貌古唐虞意，歌清金石音。著書成有日，彈鋏澹無心。與子爲雙鶴，翩翻不異林。

僑館淹窮巷，同人獨屢尋。杯深緣取醉，弦絶爲知音。處世無多術，論交只此心。誰憐王山子，偃蹇在空林。

和裴徵君雪中感懷

寒深孤館雪仍催，三尺擁階門罷開。燃火可憐薪似桂，折花空見樹如梅。故人多落回溪舫，好事誰携濁酒杯？最是西林不堪聽，愁聲偏打暮鐘來。

喜蘭軒公寒日見訪

窮巷本無期，高軒忽問之。喜談留坐久，淹款許杯遲。鷄黍山空日，冰霜歲暮時。寥寥人境裏，能得幾相知？

巢雲生日

獨游三士里，半度百年生。見壽多瀛客，登堂有洛英。杯香臘月釀，笛韻早梅聲。大笑烏巾折，長謡彩筆横。天遺龍榜挂，地表鹿仙行。但得長如此，浮名奚足營？

雪後承李澗南招飲，即席叙懷

少日同游侣，多成異路塵。惟君尚堅白，與我不淄磷。雪地圍爐共，花天對酒頻。誰知忙世界，容得兩閑人。

壽泰衡丘明府

耆舊蹌蹌振羽儀，喜逢名岳誕申時。寬和潁水澄波迴，惠愛芍陂華澤滋。庭彩遥臻千石駕，春光豫動萬年巵。南山周雅關情切，歌向融峰仙老知。

和裴山人思歸四首

山人以舊游入汾，然頗有在陳之嗟，不樂久淹，慷慨悲歌，爲我心惻，故辭多激感云

謂是古西河，迢遥一再過。看碑魏侯廟，吊隱卜山阿。甲第新雲日，長筵盛綺羅。羈人歌石爛，聲短意逾多。

寒空嗟懸磬，匡床獨擁衣。二毛霜不辨，三友雪應稀。殘角孤城咽，飢烏半夜飛。只愁鄉路迴，不得夢中歸。

衰翁憐歲暮，復自怨宵長。默眇懷同病，蕭條滯一鄉。少薪黔墨突，無夢熟黄粱。却憶邯鄲道，平原客滿堂。

披褐子懷玉，賣綃吾泣珠。由來傾義氣，到底落虚無。蕙畝青山曲，雲房緑野隅。還從著書去，垂老學潛夫。

雜言四首

楊花飛御溝，溝水帶花流。無計攔春住，教人不白頭。

短褐風泠泠，寒瓢冰澀澀。無錢挂杖頭，椎碎青樓月。

趙女彈箜篌，吴姬唱鷓鴣。愁人不堪聽，塞耳雙明珠。

招摇東北指，白日西南馳。誇父死道傍，魯陽亦奚爲？

東皋翁令旦

祥辰歲歲樂嘉平，仙表峨峨骨相成。架上黄雲衣熨帖，胸中皓

月鏡圓明。梅傳春信南枝早，柏醖寒香北斗傾。四世兒孫鏘玉珮，大羅宫裏拜長生。

壽鄭鶴庵

汾上談經鄭廣文，真成孤鶴在人群。絳帷西館摳衣衆，朱邸高筵設醴勤。坐永樂天閑歲月，行深平地好風雲。華辰賀客輪如水，誰把寒松取贈君？

潮陽太守若泰公取道汾陽，上嚴尊紫薇翁壽，頃有詩答諸賀客，首余及之，輒擬贈謝

朱紱金章朝日輝，娱親殊勝老萊衣。楚南樹裏儀青鳳，冀北雲邊覲紫薇。五岳圖開瑶島獻，八瓊杯繞玳筵飛。還持起草明光筆，發藻陽春和益稀。

戊寅除夕兒階具觴守歲

驚心俄景駛，瞬目一年除。總有青春復，終於白髮疏。兒翩萊子袖，親老段生廬。笑劇燈前飲，婆娑還晏如。

文谷漁嬉稿卷十九 己卯，萬曆七年，時七十五

元日書懷呈攝守丘司理暨長君潮州太守

陽長陰消歲復新，可能新得背時人。風行硯水冰猶滯，雪盡庭柯柳尚蘡。自笑北愚空有谷，誰憐西老四無鄰。相存獨荷太丘長，並挹元方五馬塵。

咏春日春盤

歲事一番新，先從六膳陳。紅綾封餅薄，金錯鏤蔬勻。細脆勝煨芋，生香壓膾鱗。倚盤人共美，味得案頭春。

和丘若泰明府惠音平霞館

曲巷過逢長者車，尋幽端不厭蓬廬。呼童旋餾雕胡飯，束濕聊焚枯鯉魚。座滿春雲邀翰墨，談深野火照階除。漢庭詞客知多少，獨羨相如賦《子虛》。

群雅堂公宴

置酒禮時哲，晴暉溢廣堂。明明金閨彥，皎皎孤琳琅。謦欬陽春

曲,被服雲錦章。四座咸肅若,式依君子光。華星出霞際,纖草夾池芳。俯仰易觀聽,傾心悉徬徨。亮懷羅衆美,促羽命雙翔。宴會豈靡他？佳哉今日良。

栖真洞小集

坐深仍改席,斜日小堂幽。文練含窗白,香風卷幔柔。班〔一〕荆陳舊好,然竹款新游。不見墻東石,聞談亦點頭。

【校記】

〔一〕班,底本原缺,據萬曆本補。

留雲洞題壁

弘景先生多嶺上,自言無可贈人群。問君何得相留住,知把閑身當白雲。

席間會裴、鄭二山人

閑雲一片兩幽人,衣褐俱懷席上珍。獻賦早年猶未遇,讀書窮巷有誰親。褰帷忽枉朱軒使,下榻平分碧海春。豈道谷蘭終寂寞,光風今已泛池蘋。

趙陽谿借山人之館延款若泰先生，時正人日，分韻得人字

三陽看蓂莢，七葉喜同人。玉珮仙曹舊，金尊野館新。筆花紛彩勝，詩草蒨文茵。燕谷温何早，飛來郢曲春。

獻歲客來臻，欣逢日是人。平生青眼舊，笑殺白頭新。異地猶同室，遥天信比鄰。争教小隱處，不識大家春。

西園燈宴

帝子瑶台宴，仙郎綺閣凭。芳辰同佩勝，美夜復燃燈。萬頃琉璃布，千杯琥珀凝。勢分河九曲，光衍佛三乘。瓔珞圍周匝，蓬萊映幾層。銀花瓶綻柳，金爐鏡開菱。剪月懸珠綴，移星挂玉繩。橋虹通宛轉，殿雀上觚棱。采旄生江筆，靈華燦剡藤。此時烟火外，人比露壺冰。

青蓮歌

太華峰頭鷲嶺西，蓮花瑩水青玻瓈。古色澄涵碧空盡，露珠滿葉皆摩尼。昏沙捲風天海淪，此花不染纖毫塵。世間無物等芳潔，太白先生爲寫神。朝班供奉玉堂仙，口稱居士名青蓮。披香灑翰瀛洲裏，秀出芙蓉丹扆前。至今法界青蓮宇，仙客天仙猶記取。紫蓋真人疑後身，黄樓學士真儔侣。瑶草生庭池緑波，王孫稱觴金叵羅。請君振藻青蓮歌，湘靈鼓瑟雲璈和。衆聽起舞紛婆娑，蠟炬比蓮將奈何。歌聲飛入五雲去，雲遠天高不知處。

咏史四首

英英洛陽俊，穆穆廣川儒。抗志萬千載，立心雄萬夫。對策窮天人，上疏追典謨。方當盛隆世，可以斡元樞。坐令四海清，名與三光俱。奈何遇不遇，忠讜翻見迂。琮璧委道側，章衮墜池污。良時不再至，嘉會不可圖。古人有餘歎，斯言非我誣。所以拂衣士，長嘯東山廬。東山一何崇，魯叟昔歸與。大聖且如此，而我奚躊躇？

古人云寄傲，傲實不敢爲。南窗孤寂地，俯仰復奚疑？漆園本閑曠，吏隱婆娑枝。無競亦無惕，名迹非所羈。叔夜甘長傲，醉寫絶交詞。終已隨虞羅，反爲達者嗤。其餘傲睨者，偃蹇恣誇毗。先子有遺訓，天也吾誰欺？

至人不言夢，魯叟歎其衰。歎息有深意，小子焉能知？葳蕤挺春卉，夏木陰已垂。凉風吹槁葉，霜霰還見摧。萬物有榮悴，四序相轉移。三五斡玄運，疇克弗如斯？公旦一以往，周德胥陵夷。夫子誕厥生，周公復起時。奈何無一木，支彼大厦頹。無夢嗟已矣，有夢亦奚爲？春秋二三策，文隱而意悲。

上德貴無名，没世吾所疾。名立而道存，道存名乃實。奈何誇死權，貪與競俱畢。滔滔烈士間，鮮不墮回遹。黄屋固何慚？洗耳則矜逸。忠信憂可違，懷沙事爲室。魯連蹈東海，段干藩魏室。留侯辭萬户，柳下任三絀。利達苟無心，隱顯寧非一？悠悠此天壤，德音恒秩秩。

贈丘山人

天涯浩蕩獨游身，信步西河草色新。玉藴石頭知我貴，珠藏衣底覺誰貧？不言四望非吾土，頓悟三生總客塵。野鶴飛來復飛去，月明松影到爲鄰。

贈李環洲憲僉西上

晉陽五載題輿使，漢塞千重擁傳行。白草寒烟春色動，黄沙野水日華明。胡笳北捲龍堆曲，羌笛南吹猿夜聲。推轂幾賢堪將相，玉門新起一營平。

李南原壽日

多君解組身無累，會向東園樂有年。種樹高低三畝廕，栽花紅白一溪烟。同人對酒邀皆〔一〕去，孤興題詩句每傳。世上苦愁争日月，豈知閑散即神仙。

【校記】

〔一〕邀皆，底本漫漶不清，據萬曆本補。

磬室觀妓燈下戲題

銀燭爲誰新，蘭房百媚春。舞容回雪態，歌響顫梁塵。眉横青眼客，腸斷白頭人。不作雲邊夢，空餘夢裏身。

社中三老行

三人二百二十八，總把心期效洛南。柳谷翩翩來鶴駕，蘭皋冉冉下鸞驂。桃花流春自瑶水，小鳥三清致瓊蕊。我引朱絲白玉壺，沉酣大藥酡顔裏。

東郡田生善書，行當北上，予作《田生行》贈之

田生學書今幾年，頓令滿紙生雲烟。爲予掃素灑芳翰，銀爲鉤兮鐵爲幹。周宣石鼓傳籀文，嬴秦斯邈篆古分。漢言杜蔡和伯英，魏晉鍾王真草行。顔柳于唐實媲美，後來名家多比擬。崑山片玉足爲珍，看君之書亦如此。君家兄弟雙明珠，六義兼將詩禮趨。兄今展采鳳凰池，照乘安能滄海遺？即聞東閣延書史，知是南宫薦爾時。

南山篇寄壽龍洲〔一〕

南山巍巍高且尊，三十六峰連紫垣。松柏蓁茂，雲氣吐吞。八瓊之水，溉厥靈根，青葱彩華朝日暾。顒顒我公，敦德允元。克明克比，承乾效坤。逢福世，丁溢恩。勛烈盛，祚慶繁。帝里廣庭春瞧蝠，桃花飄筵簪組屯。白鷺振，朱鼓喧。壽旨酒，歌頌言。

【校記】

〔一〕本詩底本多處殘缺，據萬曆本補。不一一出校。

二月十五日感懷呈社友

春序忽平分，我心殊不欣。看花前渡水，聽鳥半空雲。翠袖柳容媚，紫杯蘭氣薰。及時猶未晚，且爾狎同群。

贈丘山人游華山〔一〕

逸如仙侣淡如僧，雅與文儒共一乘。歷半海天玄鶴對，住多山館白雲層。相逢好結桃源隱，便别仍從華岳登。谷口希夷原不滅，君行拍手叫還應。

【校記】

〔一〕本詩底本多處殘缺，據萬曆本補。不一一出校。

紫塞春鴻〔一〕

塞北春纔到，江南雁即歸。關山凌曉路，洲渚趁斜暉。借月懸弓影，銜蘆隱箭機。龍沙三十萬，都想换寒衣。

【校記】

〔一〕本詩底本多處殘缺，據萬曆本補。不一一出校。

贈别裴隱君還山

姑射山南鄉夢飛，汾陽橋北旅人歸。却慚紅杏空春色，不緩驪駒駐夕暉。天上客星原自隱，世間知己故應稀。行行且學桐江釣，龍渚鷗沙置一磯。

壽開府賈容翁

昔瞻北斗連青瑣，今見南山對紫薇。日觀中峰標正色，台躔華衮映祥暉。蓬仙獻壽九天至，桃水知春大壑歸。冀野何人不稱慶，同聲起舞鶴鳴飛。

送藩理丘泰衡攝郡代還

太丘高義古無倫，今見名流復此人。攝政一州三縣長，行風五馬萬家春。生憎楊柳分亭帳，稍喜桃花迓路津。畫省到來懷舊物，可能猶記老薇臣？

寄懷中丞陳抑翁二首

湖水春深長芰荷，湖山人美隔烟蘿。金堂碧巘行應遍，銅柱朱方夢已過。阮籍調同常倚嘯，張衡思遠忽成歌。奈何千里停雲目，不任東軒藹藹多。

望美東山閣，雲懸廣德車。功成旄節後，服返薜蘿初。築圃栽仙藥，垂帷理道書。鳳雛翔帝沼，鳩杖式鄉閭。水月心光似，烟霞面色如。上弦驚别鶴，尺素感雙魚。叙誼言應淺，懷恩思有餘。惟聞詔元老，鼎弦席方虚。

王允承行年五十

通家余閲世，知命爾爲年。冠帶還儒術，詩書且學田。臨池工翰墨,落紙滿雲烟。赤手遺丹桂,閑身種白蓮。桃花飛作錦,楊葉滚成綿。無限春光好,都來集壽筵。

穀雨日種瓜東園,值社中諸宗賢見訪

青門種瓜事,今轉郭東園。潤雨迎鳩唤,晴風下雀喧。野堂芳草徑,仙駕碧雲軒。捨耒挂虚壁,酌言春滿樽。

謝楊古峰招飲

荏苒春陰到十分,不堪隱几思絪緼。開尊喜就陶彭澤,問字忻過楊子雲。野鶴向人如有意,閑花鋪水亦成文。相逢興劇君知否,欲把乾坤付醉醺。

嘉樹園種蓮

移來仙掌秀,植向小池清。要使靈根固,如同法苑生。真香流夏氣,妙色暈朝榮。珠翠紅衣好,三山游玉京。

送别駕申半庵先生東歸

一官坎壈遽東歸,長嘯清時好拂衣。彭澤有園堪寄興,漢陰無圃亦忘機。身安要得逃名早,道在何論知己稀。坐向白雲閑盡日,秖應樵叟扣巖扉。

四月一日會詩嘉樹園

清和貞首夏,叙暢恊幽尋。秀木展芳廕,文禽揚妙音。物華隨序轉,理感得情深。一寫丘中曲,俱投象外心。

四月八日宴集仲川新園

十里青谿抱緑洲,重圍翠巘豁丹丘。仙家不遠人間世,方士徒勞海外求。蓮葉出波編作舫,雲花舒彩結爲樓。怪來神爽清和韻,王子吹笙在上頭。

李澗南園觀芍藥

歲歲看花有此身,誰知野老是仙人。酡顔雖比胭紅薄,素抱還强粉白新。檻外數峰來揖讓,枝頭群鳥話交親。勸君尋個丹青手,描寫蓬瀛一段真。

李劍州邀賞牡丹

名園花錦閂春叢,光景依稀似洛中。黄紫我看真絶色,古今誰賞是豪雄?飛觴賸有纖羅勸,發藻寧容彩筆空?回首多情不多見,可憐門掩背東風。

再賞李劍州芍藥同柳川諸公賦

曉風吹緑茱萸灣，夏氣蒸紅芍藥欄。一徑斜通十步入，千枝争映兩階看。花天只道廣陵有，錦地寧知别墅寬？共愛君家清富貴，玉缸香撲彩霞團。

玩庭榴二絶

五月閑庭嘉樹叢，輕沾明水淡含風。葉成翡翠葳蕤緑，花作珊瑚爛漫紅。

一幅湘簾小閣遮，半邊疏綺碧烟紗。盈枝丹翠日移影，看取猶如捏目華。

社中七子程藝西園，應教賦詩，得五言近體用枝字

茂苑文華地，洪镕麗澤資。五言稽正則，六義衍芳詞。花悦翻階笑，魚欣在沼嬉。即應諸有斐，敷藻秀金枝。

《崧高維岳圖》詩壽明府董伊公

中嵩概太清，積翠表皇京。窈窕仙靈托，絪緼聖哲生。於惟董夫子，所以通神明。文學光朝問，符章祗國程。義將風鼓動，仁作雨施行。河内官容借，汾陽政果平。歡騰九里潤，頌起萬家聲。圖籙標祥旦，山川現瑞禎。《崧高》千載意，寫我慶申情。

清夏宴李南原園

青山郭外仲長園,緑水橋頭栗里門。春盡尚留花半落,林深惟覺鳥餘喧。有朋看我栖蘭谷,無酒呼童向杏村。坐到日斜疏俗事,只將杞梓話中論。

蘭社新開魚沼

引流從玉折,成沼毓金鱗。映色曉天净,含暉華日新。鷺閑青草徑,人卷白蜺綸。試作濠間想,當知樂有真。

題畫扇玫瑰

窗前有奇卉,香色露華滋。摘露和金粉,强如插鬢垂。

感興二首

人生秋水寄浮萍,風急水波萍不停。到底轉流何處去?碧天無際杳冥冥。

芙蓉鏡里看衰形,衰甚何能老復丁?昨恨有星來點鬢,今朝無鬢可安星。

端陽即事

今日風景好,幽館共徘徊。榴艷然朱火,竹陰生緑苔。飯充九子粽,酒轉百年杯。莫道徇時物,良辰歲幾回?

石菖蒲吟壽龍池王公

蒲生水中石,冬夏長青青。寸餘紆九節,節節通仙靈。上藥《神農本草經》,至人服者登金庭。紫薇先生誕光岳,白鶴彩雲來洞冥。赤松手持紅伏苓,予亦玉箱呈翠馨。願同天酒榴花酌,一駐好顏超萬形。

謝兑軒宗尉惠千葉榴花

貴公嘉善與人同,遺我安榴一樹紅。霧障忽然開眼界,霞標早已建房櫳。自知蓬蓽宜張仲,誰料花樽向孔融。愧殺白頭渾潦倒,不成桃李謝東風。

和陽谿對芍藥見懷

花底金罍歲歲開,多因心賞及時來。今年掃巷稀人迹,盡日空瓶乏酒材。鏡轉白蘋生緑沼,簾飄紅雨下蒼苔。總爲寂寥增一況,不堪揮麈獨徘徊。

題王交城《化蒸甘露卷》

嘉樹葱蘢連翠雲,曉承甘露下絪緼。乍如玉藻凝霜潔,稍轉金莖帶日薫。園令愕傳千載瑞,堂官驚捧一香焚。謙恭不敢當仁政,願取丹霄獻聖君。

李萬川先生筮仕靈臺學訓，再轉靈丘學諭，又再轉靈州學正，拂衣還里

一官三轉遍三靈，長嘯家山舊草亭。名地表將人是傑，高天占取客爲星。時微乍合謀升斗，道大終難逐梗萍。始信達生能自得，不慚松梓色青青。

病　癯

瘦骨已成衰朽質，靈臺猶覺暑侵尋。聲聞流水思臨濯，影惱隨身要息陰。恰有鳥啼青樹在，更多風送白雲深。現前好景且消散，莫道澤癯懷苦心。

東皋翁作會 時五月二十四日

及時爲樂與誰同，社樹婆娑三兩翁。目擊風花帶春夏，心驚烏兔走西東。浮生有限青菱老，上智無涯綠蟻通。除却相逢一相笑，自餘何者不成空。

山莊綠陰清晝，聽鳥看雲

山下人家好，村邊綠樹林。盼兹塵外境，清此淡然心。牽葉窺雲幄，攀條坐鶴岑。相携琴酒伴，不謂少知音。

蘭雪軒與雲谷銷暑

言逃六月暑,一就小亭幽。雨色浮天淡,雲陰轉樹稠。蒲團宜傍晚,葵扇欲含秋。不到忘機處,池邊有白鷗。

贈曹書記孝行〔一〕

百行孝爲先,群生多惘然。羨君希穎叔,委己奉慈萱。養志當存日,追思及逝年。瞻闈頻涕淚,視塚數回旋。乞假停書記,端憂廢食眠。民彝非外飾,天理自中全。貞行孚邦國,旌門軾隱賢。

【校記】

〔一〕本詩底本多處殘缺,據萬曆本補。不一一出校。

六月會鄭鶴庵詩社得六言二絶

老去非無聊賴,閑中却有招尋。借得山亭箕倨,沽來村酒輪斟。

魚藻方塘交戲,松篁小院垂芬。卧處白鷗忘我,飛來野鶴尋君。

六月得吕甬東五言寄懷因用韻寫心

高士去予久,能將尺素傳。神交千里外,意在一封前。白首誰如故?黄金交可憐。相思復相望,携手更何年。

六字銘

僵卧不如隱几，空茶殊勝銜杯。清心只消省事，緘口奚用禳灾？

長日吟

志士由來愛日長，要圖功業與文章。衰翁處此忒無賴，卧不成眠坐又忘。

祈雨仙姑洞

瑶宫西石岑，有雨閣雲深。紛屢女巫進，旁皇田畯心。捧瓶承聖液，折柳布靈陰。詎若泥龍禱，空壇不作霖。

萬曆己卯秋七月十有二日，赴宗老柳川翁會，會于畫苑。入其園，見樹皆湛碧，池蓮半開半謝，明珠在葉而金粉紅霏，盈盈在水面浮。秋菊盈畦，夏果咸熟，令人結攬不遑。入其室，圖史與彝器錯陳。其最奇則盆石云，石有如支機者，如鵲印者，有圓光而如佛羽、立而如仙者，有如初平之羊、李廣之虎者，有如瓜如觚、如几如墪者，皆翁因形賦繢，刺以金青。駭目而疑此身在星都，撫摩歷歷之白榆也。其垣一方，作白堊九疊。

屏風畫五老峰，樹一小山，若瑶圃崑崙，而鎸余詩，號曰“萬寶詩山”。夫余詩非寶，主人之清高爲寶也。然以礫附玉，亦足以垂不朽矣。是時，東皋、東谷二宗老與劉雲谷逸史共會並觀，宴極而賦詩紀之。亦以見富貴之人而有此幽雅之況、山澤之臞，依稀乎神仙之儒矣，豈非宇宙間一大奇事哉

茂苑像瀛洲，招邀客共游。銀潢星是石，金宇樹爲樓。斗酒薄逾厚，篇詩老更遒。移山勒鴻寶，端可萬年留。

壽柳川、小村二宗翁

君將百歲四平攤，已得三分入手看。自是慶源通壽域，復多文藻綴吟壇。桂花溥露瑶樽滿，琪樹流飈碧簟寒。袖取紫笙吹月下，一天秋水散雲端。

蘭軒君携酒見過奉答二首

金粟瓊蘇滿玉壺，問君此酒爲誰酤。却邀碧海青天月，來醉乾坤一腐儒。

凉風高樹葉鱗鱗，添得西山爽氣新。坐對不知吾與汝，白雲秋裏上皇人。

八月六日承蓮社諸宗英見訪，便留小酌，即席謝陳

秋色遠微微，山容浄夕暉。班荆桂叢客，解帶竹林圍。浮世知誰是？交情似此稀。頓令黄髪叟，興繞白雲飛。

卜亭携酒見壽即席賦酬

故人零落盡，之子獨超然。散澹金門隱，消摇陸地仙。東籬開菊徑，南畝種芝田。尚憶烟霞叟，相期松柏年。登樓嘯明月，把酒問青天。秋水澄吾慮，無心歎逝川。

己卯生日寫懷

吾生七十五中秋，看月盈虚只點頭。賤與老隨偏易至，榮將壯去獨難留。酕醄寄向杯中物，憔悴吟從澤畔游。縱浪自寬聊爾耳，此身原是不維舟。

贈總制大司馬吴公應詔還朝

聖皇思理詔元功，玉節還京寵數隆。絶塞草長無牧馬，高天雲浄有飛鴻。銘勛大册燕然上，補衮清朝仲甫同。爲底内寧由外輯，十年辛苦建平戎。

中秋寫懷奉答巢雲先生，惠而好我，寄以瑶華

蒼蒼葭水露華秋，穆穆金波月滿樓。倚檻獨憐空遠攬，停杯偏愴缺同游。單栖兔影知誰顧，三匝烏飛爲若愁。縱有好音流赤牘，其如人隔海中洲。

慶國廣殿新成宴集二首

桐封開廣築，桂宇創新宫。萬卷丹樓並，三山玉館通。檐秋天漢碧，窗曙海霞紅。未擬靈光賦，先歌大國風。

經始殷星候，居方正日衡。承天安八柱，壯國表千楹。河岳形皆拱，丹青畫不成。銀題昭景福，永與太階平。

雙壽篇奉贊部司馬獻二親壽

福德徵雙壽，祥辰咏萬年。家崇高世老，朝重篤生賢。錫命金章焕，貤封錦誥聯。榮暉增矍鑠，華澤裕綿延。司馬三城鎮，飛鴻上黨天。稱觴北斗下，獻席南山前。衮繡瞻雲舞，精誠對日懸。轅門張組練，幕府集圖篇。尊養忠爲孝，康彊人是仙。勛名方震曜，烈訓始宣傳。菊秀披黄嶺，萸香湛紫淵。助齡良若此，介景有同然。青鳥啣芝到，玄猿進果旋。絳鄉扶杖者，頂禮一爐烟。

秋日訪兑軒宗尉一首

門掩雀羅重，孰知予寡悰？惟承君子惠，獨得野人從。策竹遵長

皁，團蒲坐茂松。清平無俗氣，綽約有仙容。數會情偏愜，纔離意已憧。今持一杯酒，秋館對晴峰。

寄酬謝竹亭遠見問遺

神交良積歲，面晤尚愆期。往復雖書疏，遲回總別離。今君捐珮日，亦我挂冠時。氣味芝蘭性，形骸土木姿。結廬連北皁，種豆滿東菑。詩癖多關酒，兵機但奕棋。水清石自見，樹静鳥應知。萬竹孟渚野，九華綿上陂。登高徒極目，憶美重支頤。葭靡寒蕪盡，何由慰所思？

贈李恒齋登第

舊德名家慶緒長，超然奕世發賢良。庭傳詩禮身爲度，策抱天人國有章。御扆臨軒推上第，公車待詔入明光。知君盛際今如此，先起高鴻第一行。

集池上亭分賦水雲二首

静觀亭上雲，彩碧相絪緼。大似明光錦，新鋪五色文。

湛湛秋池水，盈盈絶餘滓。暝陰風雨消，朝鏡還如此。

柳川園看菊寫懷呈同社諸老

庭樹全銷歇，籬花獨滿枝。人將黄髮對，酒偕白衣持。歲序嗟如此，神仙不可期。但逢開口笑，就是落便宜。

西園花瑞

木藥榮春春轉來，迫冬杪秋還一開。始訝延紅塞西至，俄驚魏紫洛東回。希奇變化屬禎祥，應在主人和德光。和氣薰蒸希不有，肆令寒圃出暄芳。碧海闌干冰作水，蟠桃開花花累累。即看天藻綴金枝，信是仙宮燁珠蕊。艷陽開好只三朝，十日染霜渾不凋。文學表靈摛妙翰，丹青圖景上輕綃。啓靈篇兮披瑞圖，軋朱草兮儀赤鳥。帝子葆真生粹腴，百福有徵千壽符。

小田誕日書贈

通家貴公子，宅里接吾廬。出入每相顧，歲時良不虚。談諧多載酒，問字或携書。敬老忘衰賤，持謙中疾徐。維馨蘭蕙若，厥美璵璠如。青女迎初度，黄花襲滿裾。九秋神宇湛，百福壽源舒。紹爾先公德，弘承慶有餘。

歲寒松柏

松柏有本性，四時常不移。離離山上苗，蔚蔚園中枝。豈不更榮茂，凉風先已萎。惟自度霜雪，青青君始知。

咏古人秉燭夜游

晦息有常期，宵游胡若斯？秖緣憂速老，是用樂當時。絳蠟燒金燼，黄梅點玉卮。談諧猶未劇，早已曙光移。

題景福堂東燠室二首

華屋帶瑶林,寒光迥莫侵。綺疏榮旭重,緹幕暖烟深。隱几如温玉,燃爐欲化金。陽春方在唱,白雪且停吟。

香爐借廬岳,寶鼎入汾陰。紫氣從中起,青烟豈外尋。薰空檐雪盡,却冷洞雲深。探取春消息,誰知静後心。

冬日宴李劍州宅

林下有真趣,等閑多不知。雍容劍門守,返服能自怡。收黍釀土窖,宰鷄如折葵。招邀二三老,言款歲寒期。晝日嫌杯短,夜闌還補之。挑燈復燃桂,屋暖更垂帷。俗事口絶談,嚴風天外吹。我爲歌蟋蟀,美子樂當時。

仲冬逸老堂會呈社長翁

招隱幸同人,未行眉已伸。非干耽厭飫,聊此慰沉淪。虚白風烟古,寒青竹柏真。市酤空不得,庭雪可銷銀。

十八日夜夢鄭鶴庵自定襄來,余寫詩贈問

定襄古邊邑,流水朔雲屯。一月收王税,寒鴉幾處村。

石溪先生新居

不遠三賢地,宫墻一畝余。賀新來燕雀,携舊有琴書。席滿傳經士,門横待詔車。薦文誰似者? 應在子雲廬。

皇宗仙老牧雲翁壽登八袠

蓬萊仙老出人間,妙有高遐世莫攀。鴻寶秘文超浩劫,鳳笙遺響徹玄關。敲棋緑墅山河静,把酒青天日月閑。又是一陽開壽域,正當九九大丹還。

文谷漁嬉稿卷二十　庚辰，萬曆八年，時年七十六

仲春理北園作

園圃荒殘更一新，要令安息老來身。天空印出清平野，市遠裁成寂寞濱。初柳不寒花早綉，薄苔無恙草齊茵。風光若此誰能負？斗酒逍遥會四鄰。

自題丈室

背城低結小茅堂，丈許依稀似上方。近樹鳥聲和細雨，臨窗榆影帶斜陽。同人載酒三杯足，静夜焚香一縷長。休笑老愚無上事，到頭只此是行藏。

春陰二首

風雨澹韶光，陰寒阻艷陽。江南花已霰，塞北草猶霜。破闇然薪火，遮臛擁絮裳。豈須論物態，天道有暄凉。

少日了無悶，老來殊不然。復當聽雨夜，迷却看花天。門掩虚無盡，庭昏寂寞偏。薄寒何意緒，專肯到愁邊。

雨中悶坐喜露泉、小田、月山携酒見過

貧居不耐連陰雨，瘦骨何堪料峭風？喜見良朋貽飯裹，憎聞稚

子説瓶空。寒沙漠漠千村暗,春水茫茫幾路通?門柳欲黄猶未得,園花可有舊時紅?

小園栽樹作

園廬果木舊成行,竹樹清芬亦頗揚。何事害氛陰抹殺?頓令老境春蒼茫。重栽可保十年待,百補難酬一旦傷。慚愧惜花空早起,幾枝猶想乞東皇。

開　池

寒來野雪蓋蒙籠,春起晴光漾太空。真個水深魚極樂,方塘那不海天通?

種　樹

嘉樹園收大冶春,栽培時雨及農辰。今生爲底耽松竹,前是朋松友竹人。

雨中謝鄰翁見訪

長空黯黯雨連陰,擁絮團蒲宿冷侵。傖父自知春不及,鄰翁何肯夕相尋?杯酣魯酒情非淡,琴樂陶弦意轉深。始信鬱懷容易遣,只消開口向同心。

春陰書感

連天風雨暗春城,十日曾無一日晴。倚杖出門愁道斷,被衣還寢怯寒生。衰多却恐兒孫覺,悶絶惟聞鳥雀聲。因憶社翁存記否,去年花裏結詩盟。

清明日野望

出郭望南隴,陳人墓草屯。埋名何歲月,留世幾兒孫?樹慘黄泉隔,風凄白日昏。榮華銷歇盡,坏土復奚論?

王雲渚生日題扇以贈

太微開府位崇高,奕世昂霄有鳳毛。雅爲治平彰聖瑞,頓令吾黨重賢豪。紅顔美度桃花酌,白晳英年宫錦袍。定是有仙來宴壽,曉天槐宇下雲璈。

四月一日寫懷

十旬寒雨消春盡,四月初晴始象春。衣擁舊綿宜瘦骨,盆埋微火繼窮薪。背時老圃花無信,隔轍柴門柳漫顰。大塊與吾爲逆旅,榮枯何敢問洪鈞?

寄懷陳抑庵翁

東山白雲不可見,高卧清風天下聞。神蘊精和南極老,人倫儀表太丘君。石光金草足靈藥,樹秀珠花非俗芬。何日澤癯生羽翰,百年萬里共氤氲?

李劍州園丹藥盛開,時余年七十有六,仍與賞會,即席賦酬

名園歲歲花相似,勝賞年年酒不空。好看只宜飛蓋客,高情猶喜杖藜翁。風香緑野野心契,霧散青天天眼通。後會我當無退轉,期君長主道之東。

和趙陽谿看花見懷

當階紅藥知時節,每到清和便有花。空酒一尊希道侣,孤吟半偈似禪家。生憎小雨飄欄外,更惜東流去水涯。遥想高人看天末,定將閑影對飛霞。

購取盆榴置庭際

壯日輕榮老惜花,情緣顛倒思無涯。盆榴小品成何益,茅屋三楹取次遮。緑净夜沾玄圃露,丹鮮晨起赤城霞。若教證果金仙側,定許菩提共一家。

小園芍藥初開承締觀有作

玄都春去老羞看,緑野堂邀醉亦觀。萬葉總標紅芍藥,群公都擁碧欄杆。已將樽俎收香艷,更把文章壓綉團。聞道鄭陂相贈好,何

如君子罄交歡?

宴李南原林居

誰謂索居無所親,與君俱是狎鷗人。携家住近青山谷,築圃行邊緑樹津。筆彩每傳詩裏聖,杯光常映酒中神。平生學古官難入,學得歸來任本真。

李澗南園觀芍藥

今年花是去年紅,去年人覺今年老。多君情分不曾輸,奈我精神還自好。塵網難加横海魚,雲羅豈挂冲天鳥。莫將凡卉惱仙翁,金樽一笑浮榮掃。

齋居稍事植援坐而有省二首

投老得閑居,形塵尚未虚。露花栽後院,石樹擁前除。有酒醉如醒,無詩拙似愚。回身從宴坐,掩卷净明書。

心累未能蠲,情因逐景遷。惜花兼愛樹,取石復邀泉。稍與矜名别,終成著物偏。何如閉關子,耳目則無牽。

夏日宴馮孚溪西園

挂冠神武好,逐世竟何爲?幸有先人業,安然西澗陲。前庭廕嘉樹,後圃植華芝。静理一空義,閑吟十畝詩。朋來常染翰,客至或彈棋。嶺上烟霞變,溪中歲月馳。直躬從緩帶,高視笑低眉。即此是天逸，物情非所疑。

頌王龍池先生華誕五旬

喜君祥旦當維岳，是我先師知命年。道義合天隨處樂，功名望月幾回圓？徒聞北闕徵時俊，誰識南山有隱賢？廣路三條中路杳，不妨公輔作儒仙。

題雷水南風雩精舍

元龍田舍遂初心，儒雅高標盛自今。種樹已成雙月桂，振衣獨往南山岑。浮雲過眼身無累，流水希聲意却深。門巷謝回車馬客，惟容野老一相尋。

答山僧饋杏

山僧種樹熟朱明，持贈白雲香滿籯。顆顆煉金成色相，莖莖承露得甘平。喜將聖果參龍樹，願借醫林謝董生。多病比來思絶粒，茹兹真可配黄精。

畏　熱

夫子當年歎衰甚，衰翁已老不興嗟。蚊聲夜聽雷驚枕，槿樹朝看露泣花。齒盡自憐長顑頷，頭童惟欠一袈裟。平生畏熱今尤劇，襲取凉陰北澗斜。

五月旦作

已謂人逾老,如何歲復中?流觀諸品類,升長木榮豐。星鳥翔烟術,風蟬響熾空。化遷誰不感,偏此悵悲翁?

滿眼蕤賓意,主人應自知。時來會當盛,節往寧弗衰?傷彼蘼蕪化,感兹鶗鴂悲。奈何憂速老?有酒不須辭。

避暑登南薰樓

長夏暑煩不易裁,高樓侵曉八窗開。未須揮羽青天上,已有微凉面面來。

樹頂高樓百尺開,綺疏珠網思徘徊。南風久與古弦絶,似向羲皇卧裹來。

夏日游園中感懷二首

覽卷竟無用,何園不可窺?惻心下帷子,發憤空爾爲。方當春夏交,百卉挺葳蕤。雨露既云溥,朽株胡獨遺?矜榮衆皆悦,集枯情所悲。上山采薇藿,以解薄暮饑。

佳芳得時茂,鬱鬱我園中。青紫足矜帶,香光揺翠紅。憶昨阻蕭晨,風凋霜野空。小人窮欲死,君子思固窮。仲理歸大澤,於陵在濟東。漠焉從所好,時與道污隆。

虚白齋過夏

却暑無他術,惟應掃室虚。北窗生白後,高枕納凉初。比迹羲皇似，論心水月如。誰知炎焰業，不惹自銷除。

五月廿二日酬鶴庵、仲川、兑軒在雅堂招飲二首

西林高館數招尋，春不須臾夏已深。芳草自多留客意，浮雲那改故人心？蓮華浥露和新醖，竹樹迎風上古琴。朽老近來誇寸進，會於佳境惜分陰。

不邇文華地，春回夏復深。承君招隱意，知我悵離心。豈少東軒酌，何如西樹林？緑繁晨幄布，清迴暮烟沉。顧影疾隨步，省躬期息陰。抗言誠在昔，携手遂如今。一寫丘中奏，再移池上吟。圓荷標湛澹，煩暑罷侵尋。坐久生靈照，皎然明素襟。

林間早秋

星紀無淹度，時哉不我留。卧痾親几席，行藥到林丘。露濕蒼苔重，花開赤槿稠。不堪秋一片，早已上眉頭。

雨後看榴花

雨色凝餘黛，日華團正丹。無將金谷詫，只向石榴看。翡翠驕鸂鶒，珊瑚間木難。同心坐雕檻，詎忍夏空闌？

背郭園即事

閑園何所有？樹裏結茅堂。蒼野城分斷，白雲天送將。虚光摇竹翠，净色映蓮香。獨坐無蹬喜，西看一鳥翔。

古意五首

出門逢大車,丹轂空九衢。前雲擁雙蓋,從者數百餘。六馬氣如龍,噴滕成電掃。勢欲淩天行,天上没條道。

人生有大歡,陽春會高宴。笙歌咽綺羅,珍芳及時薦。連夕樂未央,再朝恐失常。肥醲藏鴆毒,得無爲内傷?

雀困黑乾山,魚危惡溪水。人生失意時,艱哉亦如此!左肘長垂楊,背後生芒刺。曠士泣途回,饑人蒙袂死。

志士行采荼,荼苦不能餐。踟躕黄檗樹,逶迤紅蓼灣。饒他苦復苦,不離西山阻。稻粱豈不甘?所産非吾土。

棄婦采蘼蕪,朝朝上山去。山下草離離,迷却來時路。路迷不可歸,含啼怨落暉。處處車如水,胡然獨我違?

壽李澗南

青青碧澗林,朱夏滿庭陰。有彼厖眉叟,於兹抱膝吟。服官聊別駕,知命早投簪。天與丘中逸,人將塵外欽。莊嚴壽者相,純朴古之心。日月光華旦,雲山韶濩音。衣冠來紫翠,瓜李獻浮沉。家綵榮千石,身安抵萬金。新賓應不少,舊友幾相臨。硯席情偏重,桑榆景共深。祝祈何所取?但看南山岑。

贈周峪川新居

舊里厭塵囂,新居得弘敞。雕甍匝綺疏,畫構連珠幌。夕宇月華間，朝樓雲氣上。檐飛燕雀高，户閱蹄輪廣。山水送屏圍，琴書入涵養。玄談詩酒多，茂育兒孫長。俯仰一清寧，悠悠此天壤。

夢一老僧與余説偈多品而記其半

秦火燒書六籍烟，漢篇唐藻一回天。宋人套子蛛絲密，無限飛蟲被攬纏。

低結采椽堆亂蓬，蕭條株守只頑空。淡雲勾引誰來往，烏有先生無是公。

剟火鍊魔君莫嗔，伏牛山深萬鬼鄰。紛紛青臉紅頭髮，裂眥張牙嚇殺人。

邪魔鍊罷至如今，萬里長空自在吟。無上一宫邀我到，夜明簾捲月華深。

壽李磻溪

逍遥浮世裏，漸覺舊游稀。獨愛西州守，新從初服歸。傍巖看昔樹，臨浦坐前磯。緑竹添多個，青松大幾圍。紫鱗銜芰躍，白鳥帶雲飛。氣比庭柯茂，顏如海月輝。華辰當夏盛，高宴敵炎威。門摘瓜方熟，園收果正肥。持吾一杯酒，爲子百年祈。長嘯生清吹，斜陽滿翠微。願言崇體素，齒德兼巍巍。

寄酬李環洲憲使自安西見訊

萬里瑶緘寄八行，情深天遠不相忘。亭亭君感汾雲白，脈脈我思秦草芳。經國計成清絶塞，安邊書早報明光。聖皇垂拱還推轂，可擁旌麾下晉陽。

階讀書北園

少年文采學清修,選地莫如吾圃幽。樹色生庭雲葉晚,花香入户月枝秋。石能攻玉青山削,沙可陶金碧澗流。千載聖門詩禮意,趨承今喜向林丘。

聽黄生彈琴

黄生鼓琴多古音,原來此音不在琴。心似冰壺懸寶月,音如秋水湛瑶林。鳳尾不騫空琢玉,龍唇無語浪徽金。方知千載牙期意,别有江山一段深。

獨坐有懷二首

午槐銷夏色,朝槿放秋姿。氣動物偏覺,晷移人不知。猶慳壺裏笑,詎惜鏡中悲?若個千金子,喬松與等期。

不見社朋久,寥寥多苦顔。露深庭葉下,人散酒杯閑。室邇猶離合,山空誰往還。題詩愬幽怨,叢桂幾時攀?

趙陽谿太守登年六十,余舉酒而賦玄露

古來爲壽重千金,要是金多交始深。今我與君無勢利,只須杯酒罄交心。時當六甲增齡日,賸引九霄玄露斟。玄露朝霞夜沆瀣,天漿玉乳香漓淋。小飲清溪坐碧樹,長嘯白雲登紫岑。新秋協律啓君聽,靈籟同聲代我吟。極樂界中惟此樂,揚州有鶴應難尋。向子深明

畫前易，陶公絶彈弦上音。胸癃背痀失俯仰，池魚籠鳥遂飛沉。眼前壹意聊爾耳，身外萬端非所任。

六月柳川園會

高林徂暑會，清賞却炎氛。檐牖入虚翠，簟簾涵水紋。杯承荷上露，帶緩竹西曛。誰見紅塵裏，消摇有白雲？

壽守府胡繼山先生

少年英選擅才雄，分領西河要隩中。設險舊疆今在德，建牙新令古同功。明威夜静營門月，廉節秋清塞國風。看擁旌麾人拜壽，南山如酒氣如虹。

喜白鹿山人卜築西澗，不遠吾廬

君騎白鹿過青谿，種樹結茅吾圃西。人愛柴桑通栗里，地便村疃傍招提。草深幽澗詩同賦，花壓寒籬酒共携。風雨縱能迷旦暮，不妨燈火聽鳴鷄。

慰周小川服中生日

與子通家三十秋，歲時風雨不曾休。可憐讀禮逢華旦，正是思親欲白頭。烏鳥夜啼孤月冷，黄雲朝起一天愁。故人携茗來相慰，庭樹蕭蕭共倚樓。

秋日題侄謂讀書處

書屋遠山空翠屏，秋風秋雨不勝情。一編懶取燈前讀，三尺驚聞匣裏鳴。可是鐵逢時有氣，未應金擲地無聲。我家原有干霄樹，會見大材當晚成。

題素扇

手持金錯刀，裁此齊紈素。皎皎霜雪姿，團團月明度。纖指動瑶光，輕飈流玉樹。羅袖半須藏，恐蒙青女妬。

暮齒得孫，承牧雲、柳川、東皋、小村、東谷五宗老並鶴庵徵君持湯餅道喜，輒倚歌聲謝

七十六歲老人纔抱孫，焚香頂禮玉宸尊。群仙聞之爲予喜，車駕五雲下來平霞之館竹素園，見遺琅玕青虆虆，兼錫瑶琨紫瓊蕊，飼彩苞之鳳雛于碧梧之枝裏。金輪摩頂授長生，緑字書齡鑄遐祉。逡巡頂禮叩群仙，衰晚何由荷帝憐？謂憐爾生多缺陷，富貴功名俱寡緣。補爾河東三瑞應，池上一毛先眼前。願更延年一百二，完却媧皇煉石事。

寄贈趙陽泉

趙氏連城振古聞，高賢媲美正如君。觀光賦擬三雍獻，展宷官

宜九德分。暫住東山依紫樹，尋當北極附青雲。岳祥喜與兄同月，齊體天倫更出群。

立秋日喜雨納涼

新秋送晨雨，少選散餘霏。葉響銀床樹，窗含石壁暉。方當驅酷烈，稍已到清微。却恐江籬罷，芙蓉不可衣。

述懷呈馮孚溪先生，余有園廬在城北郭，比孚溪公卜築亦于西郭門，兩家相去僅二里間。余既欣鄰曲之交，復雅通家之誼，爰因初度，叙意侑觴

林園背郭地仍偏，人道幽栖得兩賢。拙似長公應避世，智如平子亦歸田。校量風雨青山外，淘汰烟沙白水邊。喜見歲華春有酒，百年心境在壺天。

秋夜長

秋夜逾長晝逾短，眠食蕭疏衣帶緩。非關天肯送人愁，人自關情天不管。迢迢一水限横河，望望千山不可過。亂葉驚波燈影淡，寒蟬凄響夕陰多。幽閨此際腸堪結，逐客委懷揮玉玦。巖扉深掩病衰翁，坐卧如僧車馬絶。誰家砧杵若無聞，樂酒西樓歌吹紛。窈窕開簾放明月，月明白露沾羅裙。

村田俚語四言

三家村裏，十畝田西。編竹爲户，結茅以栖。無人獨往，有客雙携。敲石烘酒，入雲捕鷄。䁔瓜振棗，炊黍蒸藜。俗事緘口，清言懶題。蓬頭稚子，垢面老妻。隨分供具，亦略整齊。大化驅我，何高可躋？鳥鳴幽澗，龍卷在泥。守此一壑，爲天下谿。

撫蘭菊而懷佳人

幽蘭在空谷，寒菊長籬陬。秀藻夾芳華，輝輝白雲秋。白雲空在眼，情賞缺前儔。伊人美如玉，室邇清芬留。望之不可見，贈遺安所投？雲飛蒼野去，夢想還悠悠。

和兑軒山居見贈

朝來爽氣滿西山，獨有幽人杖策還。坐向丹崖看木落，行過緑壑羨雲閑。逍遥鯤鵬大觀外，笑傲蓬壺小隱間。我卧東林荷嘉眄，每逢相訪即開顔。

再集水南園

再倚陳蕃榻，重游長統園。笑談秋葉爽，絲管夕雲繁。東岫屏松牖，南泓帶薜門。不緣情境勝，尊酒復誰論？

秋日承蘭軒見訪

舉世棄衰賤,高情獨不然。樹憐黄葉後,人念白頭先。載酒娱今夕,談詩憶往年。即兹存舊雅,何讓魯公賢。

擣衣曲

西風吹雲雲若霜,落葉下庭庭草黄。鴻雁連翩歸故鄉,征夫坎壈繫窮荒。飛狐有嶺客無裳,啼猿擁心人斷腸。空房擣衣孤燭傍,急杵驚砧魂蕩揚。當夜剪裁殊未央,裝綴苦愁誰寄將。天蒼蒼兮野茫茫,霧鎖千山淚萬行。夫君莫是薄情郎,賤妾羞看陌上桑。蘇氏錦文凡幾章,頓令白日回精光。

寄懷趙陽谿生日

庭樹發西氣,火旻朝露溥。汀葭漸靡靡,野坂被幽蘭。企晤我所欽,咫尺千里難。嘉旦弗獲展,况當風雨寒。偃痾留北牖,飛夢繞南端。夢則等虚幻,真想何由殫?申藻代顔面,長謡抒肺肝。

林間四時行樂詞

笑入桃花洞口春,却疑身是避秦人。殷勤寄語打魚客,莫把仙源當路津。

一園紅紫競芳菲,錯認艷妝金縷衣。爲底東山謝安石,傍花携酒踏花歸。

山水清暉白露秋,園林森爽翠亭幽。居塵不著塵中事,坐地懶看雲葉流。

竹林西館雪花深，溗浦寒橋斷客尋。隱几有懷聊撥遣，微醺低作郢中吟。

中秋生日樓飲對月

我愛月華臨静夜，月華憐我放中秋。九霄風露壺光湛，大地山河鏡影浮。何處朗吟袁客舫，此時真賞謝家樓。無將四五論圓缺，已分百年長與游。

積雨無聊欣小田見訪

積雨卧空林，蕭條難處心。泥深苔徑没，火冷篆烟沉。遁樹鳥無語，題門客有尋。倒迎方一笑，稍已謝愁陰。

中秋對月有懷

秋水兼葭時泝洄，美人修阻奈何哉！裁詩獨倚西樓月，舉酒誰同北海杯？白首怨離真速老，青谿招隱尚重來。山房舊館還虚静，雨洗苔花石壁開。

中秋生日謝見壽諸公三首

少年忘却青春好，暮齒知悲黄葉秋。縱有夕陽遲返照，其如寒水汎東流？窮愁悔落虞卿卷，拙計欣投叔夜甌。何獨慶生才醉月？九華閒宇更堪游。

天枝宗老大羅仙，宿世與予同善緣。東海摘桃三度熟，西樓玩月十分圓。何當太室生靈氣，但説清朝有隱賢。醉殺金波不歸去，盡鋪瑤草卧瓊筵。

雲出無心鳥倦歸，薄游投老遂巖扉。蔣生徑裏偏秋色，班氏丘中饒晚輝。栽竹舊滋千萬個，種松新長二三圍。年年玩月兼觴壽，引滿天香露未晞。

中秋望月呈張健庵參知

月到中秋夜，天開萬里明。臺高森法象，河廣湛泓澄。玉燭調如此，蒼生望已平。還令黄葉樹，垂影帶餘榮。

健庵次　張　柱〔一〕

獨坐中秋夜，雲開月倍明。風同瘦骨冷，露共素心澄。拱北情何極，圖南氣已平。幸登北海坐，衰白有餘榮。

【校記】

〔一〕本詩爲集中所附張柱的和詩。作者名爲點校者所加。

贈張健庵參知

昔仰熊軒重，今瞻薇省尊。四瀛誠傳舍，萬里復雄藩。過眼塵沙盡，根心堅白存。不知咨岳牧，疇可贊調元。

健庵次　張　柱〔一〕

昔仰聲華茂，今瞻齒德尊。雄文留秘閣，豊烈重名藩。山斗身彌健，林泉道益存。古來不朽士，豈必盡調元。

【校[illegible]】

〔一〕本詩爲集中所附張柱的和詩。作者名爲點校者所加。

奉答龍池翁寄懷

兼葭帶寒渚，咫尺千里思。賴有好音信，聊將慰渴饑。瑶華袖裏字，瓊樹夢中枝。每届中秋夕，孤吟皎月詩。清暉比君子，良晤曠佳期。酒減金波穆，衣沾玉露垂。愁隨[illegible]草蔓，意與白雲馳。目擊道斯在，神交俗豈知。達人貴誠信，所[illegible]不疑。

奉謝賈春[illegible]相公見壽

開府當朝傑，褰帷顧野[illegible]。仁存生日賤，禮向耄年推。天酒朋尊下，霜袍束帛隨。顏華[illegible]縣，波潤灑瑶池。報德慚無地，酬言竊有詩。願還清切[illegible]聖明時。回視舊疆叟，長攀召樹枝。

秋懷二首

霜氣催寒早，時光逼歲闌。裝綿衣欲厚，燒葉火愁殘。髮短千莖白，心孤一寸丹。疏籬落英在，留取社翁看。

數斗濁醪成，幾枝殘菊英。風吹香不斷。霜染色逾明。晚節當誰與，高天空復情。不堪聞木葉，流水迸寒聲。

夕雨微晴見林間返照

凌雨散東城，西暉映晚晴。半輪山已抱，一面樹皆明。寶炬松帷徹，烟虹石壁縈。多應竺天聖，光湧大千平。

汾亭秋望

白雲飛不盡，簫鼓斷中流。代往山河舊，時同草木秋。疏林横極浦，平楚帶寒洲。寂寂當摇落，捲簾增暮愁。

九日懷古

西氣寒飄玉女霜，東籬花展鏤金妝。人因彭澤標清節，天假江州作醉鄉。太守殷勤蒼野外，長官酩酊緑樽傍。起來揮手斜陽去，猶是凉風傲上皇。

和柳川翁園看菊夜游

東籬西館興難收，把酒看花障緑油。九日自天垂好景，七人隨地起真游。寒香泛蕊清中聖，正色摇燈晝裏秋。夜半白雲林際出，宛然身倚一重樓。

咏蘇子瞻雪堂夜夢

蘇公雪堂夜，無與對床眠。棹定千山月，江空萬里天。朱冠衣縞客，墨綬佩蒼賢。弄影杳然去，安知非列仙？

夜窗松月

松月臨窗夜，冥筌不可排。翠華縈皓練，玉洞合瑶齋。坐久動成寂，眠遲静與諧。遇君清禁者，何苦怨長懷？

懷善書李山人宿觀音堂

楚旅涉清汾，長空泠片雲。榻依觀世宅，人偶出家群。貝葉參奇字，蓮花證妙文。蟲好篆香處，應已襲餘芬。

故人李九河孫脉千里見候，臨感酸欣，形之言句

吾與九河子，昔爲山林交。其人仙已久，松柏不曾凋。家世宅漳水，子孫甘負樵。踏霜尋故舊，不遠汾陽橋。問姓名亦隨，因根識其苗。情投山薯蕷，義重芳瓊瑶。信宿遽旋踵，使予心内焦。脱衣以相贈，庶復存久要。

壽王老於山中

憐君栖隱在寒峰，形貌蒼然似古松。壽域漸高餘七紀，生辰增長又初冬。豳風散久羔羊缺，沈老釀新琥珀濃。可是道窮人迹斷？白雲深處有過從。

壽水南公

歷盡塵波見此身，方知無假即成真。榆枋小隱吾安宅，松柏大年君比鄰。壽日家傳蓬海宴，朝霞酒美洞庭春。醉思芳草同游客，得到歲寒能幾人。

歲晏寂居有懷朋舊

游好十年餘，結蘭同野裾。心神雖尚密，形迹稍已疏。賤老君無亦，欽賢我自如。長松標後落，短晷照前除。屋瓦喧寒雀，池盆放涸魚。厨聞新釀酒，門聽故人車。萎草没行徑，斷雲低里閭。蕭條復何事，中散一篇書。

寒宵不寐二首

昏黑焚香三炷餘，鐘聲纔起定更初。衰年未倦團蒲坐，半夜猶掀《本草》書。出户攬衣聊抖擻，回房欹枕復躊躇。鄰鷄不肯催殘月，且引斜光貼牖虚。

歲序催人不暫停，幾時還得鬢毛青？風驚曠野枯桑覺，雪蔽長空老眼醒。失路豈無雙阮籍，閉關剛有一劉靈。可憐心事寒爐對，撥盡沉灰夜杳冥。

至日招友人圍爐賦詩

今日天心復，初陽在隱微。九關閑夜氣，一綫衍晨輝。酒暖丹爐浴,人同玉洞園。題詩抽秀藻,花雪散寒霏。

再題燠室二首

嚴冬興燠室,妙理運天能。掩閃陰陽合,精華日月乘。烟分軒后鼎,光轉竺乾燈。隔斷寒山下,雪雲堆幾層。

大地冰霜結,壺天别有春。東皇留日氣,四美合暄塵。細草空青潤,孤花蕚緑新。長生一邊事,不與世中人。

贈麓庵宗尉村居

郭外青山里,城中朱户家。數椽依草樹,一徑入烟霞。子晉能調鶴,東陵學種瓜。我將乘興往,於此煉丹砂。

咏　雪

樵子荷薪歸,山行雪滿衣。都門嫌價重,市井念貧稀。世理知誰是,生涯與我違。罄擔拚一醉,猶勝首陽薇。

明妃辭二首

皛皛黄金屋,盈盈白玉人。君王抱秦鏡,奄忽生胡塵。

逆耳明妃怨,傷心石季倫。不知金谷裏,已有墜樓人。

戲贈丹客

先生不知何許人，自言爐火妙通神。我將丹砂試君煉，白日黑烟飛水銀。瘦如幹柴貧若洗，破帽蒙頭脚無履。鷄肋雙懸怯老拳，馬肝一片文成死。

野老負暄

負暄茅檐下，坐與日相隨。温煦生寒際，榮暉被野時。綿黄應自足，狐白匪吾思。獨念林巢冷，風摇鳥雀悲。

送八溪洪川行香武當二首

聞持三日齋，將適千里道。南望武山雲，精誠徹窮昊。太霄金闕紫霞宫，玄聖高居香火紅。除却至心人上謁，下方舉首空濛濛。

丹嶠躋崇觀，清都覲上玄。千峰羅羽衛，萬壑貯香烟。有禱神皆徹，無私福自偏。留春待歸騎，柳弹杏花燃。

庚辰除夕兒階奉予守歲

臘盡春回此代遷，一杯迎送小堂前。呼僮吹笛鼓頻和，慶我身康兒復賢。

五、孔方伯集一卷
（録自《盛明百家詩》）

〔明〕俞　宪　輯録

小　序

孔方伯文谷，與予同仕籍幾二十年，出入相左，不及一晤，止于聲聞而已。公先予歸數年，予歸後欲傳其詩，僅得《霞海篇》數十首，蓋亦鼎中一臠耳。俟後有得，當再刻之。公名天胤，字汝錫，又號管涔山人，嘉靖壬辰進士第二，今籍山西之汾州，先聖文宣王裔也。

無錫俞憲識。

春盡將循永嘉，早發錢塘，回寄憲府諸公〔一〕

方此軫離居，復當春候改。落英空曉霏，垂條謝暄靄。牽迹阻澄江，流筏縱滄海。回緬武林雲，知子片心在。

【校記】

〔一〕本詩又見於明曹學佺編選《石倉十二代詩選·管涔集》（以下簡稱《管涔集》）、清錢謙益編選《列朝詩集》丁集《孔榜眼天胤八首》（以下簡稱《列朝詩集》）、清趙瑾編選《晉風選》卷一。

富春山下泊一首

夕鶩逗方舟,沿洄富春嶺。疊障阻坻平,層湍泛江猛。激石起潺湲,沄霞駭光景。弭纜結山阿,息駕依林境。觸情經險愕,存期得遐省。本自澤中癯,旋裝曷無整。

經桐廬七里瀨至嚴陵瀨〔一〕

桐溪泛清淺,並是滄江流。進舟漸陵緬,奔湍渺喧啾。觸峭響逾駛,蕩磷紋反稠。巖險信驚急,潭暉且淹留。帶山窮水泊,梯石訪雲丘。尚傳嚴子釣,方見古人修。客心何由弭,此理猶未謀。

【校記】

〔一〕《管涔集》中題作"經桐廬七里瀨至嚴瀨"。

予一路望司成程公,行至嚴州果遇,便請宴富春驛亭,展眺北峰,候月南岸久之,歸次換舟作

瞻塗逗來旌,邂逅欣遽斯。眷言從鑣邁,嘉此振鷺儀。遂投緇衣好,兼懌黄鳥思。顧乏珍品御,何以款心期。賴有旅亭燕,聯寫春山巵。陟榭倚奇蔚,眄圃藉芳蕤。北巘上騁望,南坻下逶迤。日没烟嵐坂,月湧雲濤湄。金波誓將判,木蘭與子維。扣枻復離緒,臨流牽此辭。

登釣臺最高頂用宋人張紫巖韻二首

釣臺高出絶雲空，無怪垂綸向此中。當時若建南陽策，今日應將鄧禹同。

龍興白水非無主，鳳附清雲别有臣。隱者何須論高尚，棲巖端亦本吾真。

訪方隱君金華山中

春山深曲訪巖栖，且喜桃源路不迷。一室盡攢雲里樹，空園全繞石中溪。川觀魚鳥心無累，磵束荆薪手自携。酒性更能如五柳，花林相許抱琴蹫。

行菱道山中，聞退齋、龍巖當至，遲久不來，攬景抽志

紛埃頗淪迹，幽曠偏委懷。山靚巘層篩，林深渚重埋。石淙聆雨墮，峰嵐矚雲排。氣草先夏秀，時禽戀春喈。促節易爲感，孤景孰與諧。徒紓賞心緬，但闕携手偕。既道弭雙蓋，胡云復兩涯。望久終難萃，蓄念撫蒼崖。悵伊良辰阻，跂予獨往乖。

雨中眺青田石門洞

緣溪逗回壑，玩此石門幽。冪岫雲始渫，膏林雨已稠。絪緼眺空水，髣髴似烟流。絶壁垂纓組，蒼冥戲玉虬。游氛蕩炎夏，餘冽飄凛

秋。夙悰愛昭洗，微尚敦淵丘。如何舍之去，紀載及兹陬。情事易爲感，世營難可謀。迹隨迷津往，心以谷神留。

夏夜永嘉館〔一〕

下馬送春色，端居延夏陰。流光坐自歎，日暮不成吟。客路連滄海，歸心滿舊林。宵憂何所似，波湧大江深。

【校記】

〔一〕本詩又見於《管涔集》《列朝詩集》。

覽《永嘉志》，載謝公《在郡日》《命學士講書》及《白石徑爲民行田》〔一〕等篇，三復其詞，睠然緬懷其人，因與賢良文學紬繹此旨，伸之於言

掌志慚小史，披圖緬伊人。才爲高世守，名猶遠迹振。改服莅邦牧，宣條屬明親。峰觀臨海溢，樓雉俯江津。寄傲聊永日，陶嘉詎淹旬。淮陽理清静，武城道熙淳。講訓發譽髦，經疇授甿民。康公邈希嗣，懿德時見陳。簿領懷以促，喧雜誠所嗔。微自耿昭曠，能不傷緇磷。齋閣豐休暇，山水媚光塵。題藻間斯作，存篇及兹辰。余生百代後，上馳千載神。雲瑟非凡柱，飈車靡當輪。末俗讒蔽明，澆風僞淆真。美政竟誰辯，善邀徒子狺。遭期羽仍戢，失路步焉伸。賴此徵文獻，無令往牒湮。

【校記】

〔一〕詩題一作“白石巖下徑行田”。

江心寺是康樂所云“孤嶼”，予校文久疲，尋景暫適，泝舟從登，含毫存覽〔一〕

瀛洲信伊阻，江嶼跂予望。中砥帶澄瀠，孤高納泓漾。流止不易方，艮坎居然狀。清暉映日餘，空景摇天上。珍木藹葱攢，雕甍欝危抗。昔從藻客探，今爲釋門傍。具摽塵外踪，都存霞表尚。豈羡姑紛流，可略箕潁讓。藴真難賞心，絶境自離障。省已湎沉迷，淹時謝昭曠。梅公尚吏拘，屈子非臣放。忽是撫靈峰，爰兹迨策杖。庶免文義牽，而歸達生諒。

【校記】

〔一〕《管涔集》中題目作“江心寺”。

能仁寺宿

夕陽下山坂，旅宿山門禪。窗暝垂巖樹，庭昏帶野烟。力疲甘宴處，氣欝喜凉泉。獨有清猿嘯，空帷復不眠。

雁山觀龍湫〔一〕

石壁睨龍湫，崑池下瑶水。曳素瀉烟長，散瑺垂佩委。乘吹勢漸空，觸曜景多美。升氣潤慶宵，沉質融滄沚。灌木昭洗間，層阿湛涵裹。夙憶緬靈淙，今游信諧此。上善本至清，絶流無纖滓。蹈吕咏聖言，觀濠測名理。虚澄豈外沿，皎鑒自中止。瑩心良靡窮，濯纓豈云已。

【校記】

〔一〕本詩又見於《管涔集》及《晉風選》卷一。

雁山峰洞，巒壑之勝，水石之奇，雲物之美，多在靈巖。予往臨眺，述景散懷〔一〕

紆轡誠委塗，回策亦尋壑。過澗厲潺湲，攀崖陵峭崿。滑步苔已沉，援手葛猶弱。磴竟造幽禪，山平臨化閣。超覽宴榮觀，榮觀悉來酢。列峰非一奇，芳林紛沃若。空水望如烟，絶巖驚欲落。深洞海冥冥，曾城天漠漠。雲物倏然改，霞氣時間作。景與玄關並，迹乃靈仙托。曰予〔二〕討常心，本自存遠略。委羽罥塵羅，愆期違拙諾。兹游稍徘徊，此理遂測度。舊鄉難久睽，丹丘可仍約。將乘琴高鯉，或馭王喬鶴。

【校記】

〔一〕《管涔集》中本詩爲《雁山觀龍湫》第二首，無題。

〔二〕予，《管涔集》作“余”。

上靈峰洞

靈峰隱高洞，高洞發靈峰。石室排雲上，松門閃霧重。躡歆追鳥道，探秘絶人踪。必有羽化術，空僊方可從。

渡謝公嶺，觀石門潭，因緬懷伊人，作此短章

巖巖兹嶺，由謝乃名。睠焉登緬，遵其景行。嘉藻在目，遥塵倚衡。喬木隮秀，卿雲吐英。既隮其高，亦覽于深。悠悠清潭，湛湛我心。帶門百仞，寫樹千尋。瑩無隱礫，游無匿鱗。清潭悠悠，不顯其流。無受非壑，無資靡疇。南華葆光，柱下善桑。我之懷矣，願言好仇。

出山至嶺店驛自嘲

凌峰尚謝雲間鶴，在澤聊同谷裏蘭。及見督郵還束帶，婆娑誰比一微官。

校文台郡，命諸文學賦"赤城霞起而建標，瀑布飛流以界道"，予亦倡言，有歸來之意

兹郡負天文，高山挺神秀。標城實赤霞，界道信珠溜。雲漢下爲章，璚臺上如構。靈越迹伊陳，妙有理誰扣。試矚二三子，亮懷躬宇宙。玄聖必幽憑，空僊無眇就。冲嘿道自因，囂滓德非厚。控鶴游始真，采藥行終繆。吾已識吾廬，歸來可拂袖。

贈天台王隱君

僊嶠訪遺賢，知君卧紫烟。窗中上皇夢，袖裏太玄篇。姓是王喬

世，身同女偶年。惠風還勸誘，非止昔人然。

臨海署後山密比松柏，向夕從軒中望，如緑霧焉，感而賦懷，題寄梧岡刺史

坐拘文案何其迫，步啓閑軒暫一臨。映眼青山堆作雉，高頭翠木結成林。嵐交落日偏晴色，霞卷微風漸夕陰。望望緑蒙如海霧，依依光景似仙岑。仙岑欲去猶難測，樂地看來無遠尋。會意便玆欣所遇，違心復此歎彌襟。愁聽啼鴂荃芬化，愧比流苹浪迹深。豈是東方傲旅逸，却嫌梅福未抽簪。從宦曷言非宦侶，混世誰明避世心。曾學山人餌松柏，歸歟好奏丘中琴。郡齋明牧知予者，必審南枝戢羽音。

臨海署酬趙憲使蘭溪夜發見貽十二韻

漢使循風俗，江鄉奉德威。城臨瀫泉渚，路出富春碕。蠵月揚卿采，法星連婺輝。津燈屬吏待，岸火候人依。夕濟大川涉，宵征四牡騑。勞歌仍藻思，惠同及音徽。此日予方緬，停雲子不違。蘭章貽夏室，霞綺落天機。字内珍情愫，懷中葆滅微。無能瓊玖報，蓄意掩空扉。

天台路流眺

孰謂天路遥，而吾踐斯境。猶溪始直進，丹嶠寢凌騁。璇玉表殊流，雲霞絢層嶺。登頓躡仙踪，沿洄鑒塵影。複徑來轉幽，連巖去彌永。石翠琰銅精，潭華鑠金景。鶴笙時仿佛，琪樹乍森冷。飯麻人莫從，茹芝懷徒耿。福庭倘果留，羽化在俄頃。

國清寺〔一〕

寥寥人境外，别有一林中。蘿幌晴峰色，花鐘夜壑空。凉泉漱初月，幽木寫遥風。雖未成永托，淹留足微躬。

【校記】

〔一〕本詩又見於《管涔集》《列朝詩集》。

桐柏宫憩眺

改轍升桐柏，息陰清夏雲。懷仙王子晉，駕鶴去氤氲。觀表金庭舊，芝藏玉洞芬。信兹永可托，將此謝人群。

登雙闕

弱水緬方壺，蓬萊夢員嶠。豈若升丹丘，一展凌雲眺。雙闕連曾城，中霄列回徼。瓊室隱非烟，金庭迷返照。芝揚泠吹芬，鸞度空音嘯。碧樹睇若流，彤霞望如燒。流目渺大荒，矯首希〔一〕玄廖。明滅區裏緑，忽恍象中妙。尋境既聿來，通真豈難劭。凝思在幽巖，洛濱可同調。

【校記】

〔一〕希，《管涔集》作“布”。

石　梁〔一〕

神嶺劃如闢，亘空橫一梁。虹衢玉京路，烟道羽人鄉。迸水藏金澗，懸蘿暗紫房。尚遲飄錫度，臨眺佇斜陽。

【校記】

〔一〕本詩又見於《管涔集》《列朝詩集》。

天姥岑登望

天姥朝登象外幽，赤城華頂一霞流。長懷紫鳳凌霄客，共駕青鸞越海游。

循行還述所覽懷呈憲府諸同僚

別來方兩月，行盡萬重山。疾長烟霞痼，愁增鬢髮斑。丹砂尋海上，芝草覓雲間。欲贈猶難致，虛從首路還。

甲午冬十二月赴祁州，經宿榆次縣一首〔一〕

寒飈轉玄陸，隆陰集廣塗。歲年此沉宴，駕言辭故都。嗟予抱重譴，投荒式餘辜。國恩浩無際，海岳容垢污。且試股肱郡，而分銅虎符。銜命不遑安，行行中踟躕。晉雲鬱晚凍，榆石含霜蕪。疲馬戀鄉邑，日夕憩城隅。顧眄二庭近，仰跂雙闕疏。退思有嚴程，進勉缺良圖。交兹起心戰,時哉安所須。

【校記】

〔一〕本詩又見於《孔文谷詩集》卷一《履霜集》(以下簡稱《履霜集》)及《管涔集》。内容與後者相同,與前者字句略有不同。詳見《履霜集》"校記"。

行役宿保安寺〔一〕

落日收村照,禪鐙生定光。客來假此地,夜静卧寒房。近磬初聞梵,空花暗送香。繹思清妙理,深欲整初裳。

【校記】

〔一〕《履霜集》中有《行役宿保安寺》,詩題相同而内容完全不同,詳見《履霜集》"校記"。

寄高竹所年兄

金門同獻賦,鳳閣子登仙。念我西征客,曾貽驄馬篇。相看各蓬轉,聚首春風前。始信兩龍劍,交分不偶然。

夜　坐〔一〕

寥寥郡齋夕,悄悄客心幽。露氣因風發,花陰帶月流。城高聞鼓角,地爽識邊州。去國懷多曠,兼兹永夜愁。

【校記】

〔一〕本詩又見於《管涔集》《列朝詩集》。

秋　思〔一〕

白露沾野草，商風吹前林。容華忽以改，寒凉時見侵。四運有承謝，平生多苦辛。豈不念時命，積鬱終難任。

【校記】

〔一〕本詩又見於《履霜集》中的《秋思八首》其二。詳見《履霜集》“校記”。

秋　懷〔一〕

木落雁南渡，天高秋色深。白雲垂夕露，疏雨散朝陰。水冷魚龍息，山空猿鶴吟。將因理歸駕，貞此歲寒心。

【校記】

〔一〕本詩又見於《列朝詩集》《晉風選》。《晉風選》點評此詩：“氣骨勁直，不似鮑照徒工寫物。”

宿永寧禪房

孤征踐霜野，旅宿投寒房。日暮禪逾静，林深葉盡黄。鐙分千鏡影，花墜四天香。辨覺生塵夢，空心感夜長。

野望

一望空林斜日陰，蕭條不盡歲寒心。風翻蓬草荒塗急，雲擁關門亂雪深。代馬自憐饒北思，商弦誰復理南音。卜居即欲捐長珮，何處青山碧樹岑。

歲暮深澤縣作二首〔一〕

理郡缺良圖，驅馳且終歲。朔雲變昏霰，雄風颯朝厲。疲馬長悲鳴，狐裘復凋綴。日夕指孤城，殘鐙〔二〕獨留滯。中宵吟苦寒，愁心鬱難製。

朔吹動寒館，明暉生薄幃。天空城柝散，夜久客鐙〔三〕微。處世能誰是，孤心乃獨非。長思澤畔侶，捐珮直言歸。

【校記】

〔一〕本詩又見於《管涔集》《晉風選》。《管涔集》僅選第一首，詩題作"歲暮深澤縣作"。

〔二〕〔三〕鐙，《管涔集》作"燈"。

寒食放吏齋居悄然三首〔一〕

龍忌殊鄉國，鷄栖感歲時。雲天沉旅況，風日倍離思。杏雨春城暗，蘭烟晚徑遲。搴芳欲有贈，淹蹇意空持。

庭肅春陰澹，齋空人吏稀。風香生草樹，日影挂軒扉。柳葉金英綴，桃花錦片飛。涉心宛成趣，嘿嘿但思歸。

自出逢寒食,依然兩度春。鶯花紆淑景,風雨泥佳辰。貧愧榆錢薄,愁縈草帶新。還思里中舊,相遇出城闉。

【校記】

〔一〕《履霜集》中有《寒食放吏齋居悄然五首》,此三首爲原五首中的第二、三、四首。詳見《履霜集》"校記"。

六、孔天胤佚文輯録

韓兵强　張勇耀　輯録

（一）嘉靖十年山西鄉試答卷

于萬斯年，受天之祜

詩人擬後王永承乎天休，見聖孝有以裕之也，蓋昭哉嗣服武王之孝也。後王嗣之而永承天休，其孝不益光哉！何則？武王之道，固三后之道也。創業垂統，其謀之也周矣；積功累仁，其植之也深矣。後王之嗣之也，吾固知其宏休之滋至矣。

蓋後之視今，猶今之視昔也。今也以三后之道而克配于京，則所以格祖考之心而膺緝熙之嘏者在是矣，而後獨不然乎？今也以世德求而下式于土，則所以昭繼述之服而孚媚應之心者在是矣，而後豈有異哉？

吾知神者，天之理也，理得則元吉，隨之而穰穰之福久而不替，蓋萬年承有周之道，則萬年承其禄也，而何必他有所爲哉？民者天之心也，心得則百祥降之，而簡簡之福遠而彌長，蓋萬年協武王之德，則萬年協其休也，而何必他有所更哉？於吁！此見武王孝思之道爲益光矣！雖然，武王之道固在也，而周亦不至今存者，何也？蓋夏之典刑未恙也，而桀自亡；商之成憲無愆也，而紂自廢。彼其面稽天,若以爲子孫計者,何嘗不善哉?而以爲昔之人無間知也,則聖人亦莫如之何矣。故曰:夫孝者,善繼志述事者也。

(録自《明代進士登科録彙編》,屈萬里主編,學生書局1969年版)

附一:嘉靖十年鄉試題·《詩》

瞻彼淇奥,緑竹如簀。有匪君子,如金如錫,如圭如璧。寬兮綽兮,猗重較兮。善戲謔兮,不爲虐兮。

既見君子,爲龍爲光。

于萬斯年,受天之祜。

無此疆爾界,陳常于時夏。

附二:孔天胤試卷考官批語

同考試官教諭王(時進)批:“講繩武處便是受祜處,甚善。”

同考試官學正倪(鎧)批:“不言其受祜而言其所以受祜,知本之論也。”

考試官主事趙(文華)批:“全不類時作。”

考試官主事莊(一俊)批:“融會詩意成文,可取。”

（二）序

刻《樊氏集》序

詩變而至陳隋極矣。唐初諸君子乘運躍鱗，回風涣藻，則約彼靡諧，俾就律格，淫纖始删，聲音肇興。若拾遺尋源，燕許導流，一時嚮著風雅攸敦。故其蓄意命言，藴精表靈，淵然蒼然，莫可究量。天寶之間，作者又稱盛備，然增冰積水，有所自來。譬猶創樂，方其初始，雖未驟極大成，然鍾石畢陳，條理具在，因而集之，其變不可勝用矣。自宋人推説盛唐，而學者遂多厭薄其初，然亦罕有溯王孟之緒風、被高岑之末照者崛起其間，是爲拾鍾石而求樂之成，雖摯曠無益也。故詩律雖一藝，要亦原其始爾。此義甚非隱晦，然自五代以來，至秦極者鮮，豈惟曲高而寡和？抑亦擇術之不審焉。明興，士彬彬多鴻茂，然道勝藝微，儒者或顓詩書而陋篇翰，即有爲之，斯超然遠攬，式登彼岸者已。

信陽樊南溟子著詩四卷。嘉靖甲午，余方提學關中，其年，南溟以民部員外郎升僉憲至，與余語甚契。因授四卷之詩，余乃讀而歎曰："是非唐詩稱正始者耶？"其詞雄，其調古，其風流邈矣。而其天才俊異，神思英欝，其孰能當之？夫大雅不作，吾衰誰陳？太白有憂，然人能弘道，非道弘人，述而作者，其在南溟子。若此編者，刻之以傳可也。

文谷孔天胤序。

（録自明樊鵬《樊氏集》，孔天胤嘉靖十三年刻，嘉靖二十三年吴九經續刻本）

刻《海樵子》序

海樵子者，海樵先生著也。先生鴻偉博達，莊敏嚴毅，亮節古心，會精履實，究道德之廣微，探性命之淵懿，達古今之大觀，洞出處之時義。爲政有叔向、子産之才，而純良加之，著爲文詞，宏響大雅，唐韓愈、柳宗元不能過也。《詩》《書》言"德乂□哲"，其先生歟？

嘉靖甲申，先生持憲山西，行冀北、冀南，考澤、潞、遼、沁、汾。汾且劇，故先生駐汾日多。一時剔蠹作明，闢邪恢正，章采樹風，昭道啓學之功，皆百年所未有焉。是時，學宫諸弟子員始相遜勵嚮風，日以成章，而予小子乃得舉進士上第，服官明時，夫德施化光，教弘士興，信哉！其年先生以母老乞歸田園，尋徵拜大卿，復三上疏請告歸養。退耕澶淵之野，築室講道，著《海樵子》七篇，論説道器、相臣、化醇、知理、潛孚、交際、執中之理，皆闡揚幽眇，極際廣崇，豈前聖之精藴、後賢所未宣者，待先生發抒乃爾邪？

夫道以神會，神以心一，一以静凝，是固可以悟學，可以觀道，可以達天，不謂之訓典矣乎？古之君子乘明亮采，則德惟樹勛；道大莫容，則著書立言以垂世。亦有委世遺榮，甘心丘壑而不悔者，道固無弗存焉。不然，以先生之道，陳之而垂訓世之言，建之而茂匡時之業，固天下爲公也。乃今不樂於仕，而爲之言何哉？余讀是書，輒有感云。

書得之行人史文直，予刻之祁州郡齋中，成之嘉靖乙未六月望日。

賜進士及第、知祁州、前陜西按察司提督學校僉事、汾州門人孔天胤序。

（録自明王崇慶《海樵子》，嘉靖十七年吕景蒙刻本）

《太平經國之書》序

唐賈公彦叙周禮廢興，言《周禮》起于成帝、劉歆，而成于鄭元〔一〕，附麗之者大半。故林孝存以爲武帝知《周官》末世瀆亂不驗之書，唯有鄭元〔二〕遍覽群經，知《周禮》者乃周公致太平之迹，故能答林碩之論難，使《周禮》義得條通。《易》曰："神而明之，存乎其人。"此之謂也。是言禮貴明義，而神化在人。夫三代之法，至周則稱盛備焉。今觀《周禮》載，惟王建國，辨方正位，體國經野，設官分職，以爲民極，是所謂法誠甚盛備。然自文、武、成、康既没，治亦漸陵夷於舊。當是時，道未墜地，政布在方策，即其變已如此。迨其衰微，秦悉更典造端，思垂萬世，然不二世而亡。漢興，多襲秦故，然文、景之間，黎民殷富，海宇向風，至與成、康比隆。此其治，蓋不專在于法。假使文、武爲君，周公爲相，雖不作《周禮》，天下其太平哉？世儒好古，謂不復《周禮》，終難以語先王之治。規模宏大，條理纖微，然其義止以爲民。民既和，則法制雖陳，而非有所恃。後世先不爲民，民既傷，猶曰法未之嚴；文已深，又從而繁之。由兹之治，雖品式盡仿《周禮》，天下其能太平哉？故治天下，審法度，正明其義而神化之，苟有爲民之實，奚而不可也？若《周禮》者，其爲民經慮詳矣。

永嘉鄭氏，著《太平經國之書》，推言周之爲民，而義益大著。然余嘗見嘉靖丙申，大梁高使君初刻山西布政司〔三〕，余乃遍觀焉。明年丁酉，余飭兵潁上，士多藻彦，因出其書，托縣尹姜子時習爲翻刻之，與諸士同觀。又明年戊戌五月而翻刻成。冀南孔天胤叙。

（録自清光緒《永嘉縣志》卷二十五《藝文志》。《太平經國之書》十一卷，宋鄭伯謙著，明嘉靖十七年冀南孔氏叙刊本）

【校記】

〔一〕〔二〕鄭元，當爲“鄭玄”。清代爲避康熙皇帝玄燁諱，“玄”寫作“元”。

〔三〕嘉靖十五年高叔嗣山西刻本今收於《原國立北平圖書館甲庫善本叢書》第十一册。

刻升庵《南中集》叙

升庵者，太史新都楊先生也。南中者，滇南也。集，著書也。先生既適去滇南，歲久留滯，端居覃省，發憤著書，神瑩理解，垂文表義而撰述弘，此編裁一而已。吾友少嵋譚子，先生之邦彦也，取而刻之，如古金石刻。爲告余焉，曰：“吾刻子叙。”然先生余不得見。往余行縣亳州，見薛西原，言先生卓絶之才，弘博之學，其詩唐四傑不能過也。余故知且好，欲盡見所著書，山川阻修，雲霧塞之。比得與譚子游也，因數問譚子，見此編多於薛處所見，又喜其刻之如古金石刻，爲故譚子告余焉，曰“吾刻子叙”也。

刻中有叙三篇，大抵皆褒美品式。自古文辭傳到于今，如《三百篇》及楚騷、漢賦，詎先注意品式哉？要之，情成文耳。情深文明，虚浮靡曼，深莫深于發憤，明莫明于感人。高言逸響，識曲聽真，三復此編，當自得之矣。智哉！司馬子長識已往之作，皆聖賢發憤之所爲也，何謂來賢而弗然哉？故先生發憤著書明矣。於是譚子以爲道其情也。

嘉靖二十四年十月，河汾孔天胤叙。

（録自明楊慎《南中集》，嘉靖二十四年刻本。見《原國立北平圖書館甲庫善本叢書》第七百四十六册）

《虚巖山人集》序

山人歸吴門，自浙歸也。歸有送將別離款也。初，山人送友來至浙江，望見山水，憺而忘歸。盡歷九秋，日展游眺，每發一詞，輒歸隱逸之宗，有諧麗則之義。時鹿園、南衡先得其《吊鄂》一篇："將軍埋骨處，過客式英風。北伐生前烈，南枝死後忠。山河戎馬異，涕淚古今同。淒斷封邱草，蒼蒼落照中。"余與龍巖、少嵋同觀，以爲絶唱，遂訪山人而識之。山人亦賦五言，以見志焉。乃山人《戒霜寒》《理回棹》，言從舊林別我新契，故登山臨水，送而將歸矣。送詩共若干首，一抽離緒，並寫兹情。

山人姓周氏，名詩，字以言，姑蘇人也。遁栖虚巖之下，故號虚巖。

（録自清范邦甸《天一閣書目》卷四之一集部"《虚巖山人集》六卷"條，前有"嘉靖乙巳孔天允序略云"十字）

刻太微《嘉靖集》序

嘉靖壬辰之歲，余始以督學入關，見太微子所著作，蔚乎盛焉！然余實不解文，獨心性好懿，故每過太微，必式之已。余復作遷客，別而之四方者凡十有七年。又復來作關吏，見太微子所著作益蔚乎其甚盛也。顧前集已爲知己者刊刻成書，後所集者若有待焉。余遂自買梓亦爲刊刻。書成，叙曰：

自有文籍以來，積而至今，文益瀚繁，書益棟隆矣。要之，皆爲作者存厥美善，所以表世垂法，蓋世教衰微，文命罕迪，忠信進德者希，而修辭立誠之事遂已難矣。故善言無斁於再三，博文必廣於多蓄。倘作者片言可以表現，孰有知而不録者乎？曩對山康先生語余，謂太微豪朗，俊軼卓然，不可當此。但品其才，余三復諦覽，其言多惜世嫉邪，源源本本，其淵志可睹識焉。至云篇翰之形，格力之致，上馳《騷》《選》，旁乾李、杜，此又但品其學焉爾。先師誦《詩》三百，一語概之而有餘，此以道乎《詩》之外也。故余以是附説之。

嘉靖壬子仲夏上日，文谷山人孔天胤叙。

（録自明張治道《嘉靖集》，嘉靖三十一年孔天胤刻本，國家圖書館有藏。又見於《原國立北平圖書館甲庫善本叢書》第七百五十册）

《奕善堂集》叙

夫碧落空明，珠星瑩彩，紫洞靈玄，瑶草抽秀，豈非藴弘真于未判，抒妙象于已披？乃若掞藻摛章，宣聲協律，參之則風雅同登，暢之則興感畢致。重增金簡之藏，焕若瑶華之總，即其抒於所藴則亦爾焉。故《易》稱“俯仰之觀”，《詩》云“左右之似”，實天地人文之情，例可睹而識也。

《奕善堂集》二册，睿思淵澄，奇藻霞布，振春榮於詞圃，響秋籟於藝壇，實曹、劉絶景之餘，沈、宋稀聲之後，而有此大觀矣。然其英資瑞哲，聿承帝鑄之殷；冲養宏深，式配天潢之巨。斯其著作，沛乎郁乎，而其妙可覽也。邇來綜翰之士，長懷修軌，欲令賈誼升堂、相如入室，然且及門之艱。若《奕善》之編，實翱天庭而溯雲漢，宜與夫蓬牖面壁者天壤殊也。文學雷啓東、晏公朝、徐之屏，咸莊誦敬服，咨余叙之卷端。

嘉靖甲寅秋七月，河南行省左丞孔天胤撰。

（録自明朱新堤《奕善堂稿》，嘉靖三十三年刻本，甘肅省圖書館有藏。張立新先生提供）

《汾州志》序

冀南五州，汾志獨無。郡守陳公三致意焉，敦求鄉進士龍岡王緯開館撰次。數月書成，存名物於故事寥絶之餘，創圖史於草藁莫屬之後，其有功於郡，豈不鉅哉？

余廢著嘿塞，杜門絶省問，分守東谿彭公約郡州守龍喁〔一〕張公、别駕少陂黄公下問焉，曰："古之閉户者率著書，今君安得嘿然而已乎？幸勉爲修志。"余於是取郡志修之。定爲八卷：曰地里〔二〕，曰建置，曰藩封，曰祠祀，曰田賦，曰官師，曰人物，曰選舉。合而觀之，則一郡之事聊可概而半。因於王君之所搜討，益信其爲國史，才不可没也。至於宏備精核，尚有望於博雅君子焉。

嘉靖己未九月始，庚申正月鋟梓。

（録自清光緒《汾陽縣志·舊志序略》，作者署名爲"邑人文谷孔公天胤"）

【校記】

〔一〕喁，據《孔文谷集》，當作"嵎"。

〔二〕里,当作“理”。

《裴巢雲詩集》序

萬曆丁丑仲夏,巢雲裴子來自河東,訪予背郭之園,出所爲詩四編以期訂證,予亦出吾所爲以求訂證於先生。先生莫予逆也,予因研覽其四編,則諸體咸備,言章章殊要,皆不出乎吾宗。不出乎宗,斯正也矣。宗之云何?昔吾夫子陳詩之教,曰“温柔敦厚”,夫是四德,蓋其宗也。故詩之微婉者,温德之徵也;詩之冲融者,柔德之徵也;詩之慷慨者,敦德之徵也;詩之惻怛者,厚德之徵也。以按其四編,則兼而有之。維其有之,是以似之。其藏之龍門乎,其表之東觀乎?天下之寶,必當爲天下重之。

彼有爲狂躁之詞者,瞽也;有爲憤激之詞者,詈也;有爲綺靡之詞者,蔓也;有爲頹墮之詞者,萎也。茫茫然自失其宗而不知,而方掉臂以自雄者,衆也。或燕石見珍於宋,荆璆抱泣於楚,亦豈少哉?客有善彈琴者,而人不識,予擊節歎曰:“琴德之愔愔,實勞我心。世無子期,孰辨伯牙之音?”巢雲子曰:“有是哉!吾不敢以輟其行也,請載此語於編之端。”

(録自清康熙《山西通志》卷三十二《藝文》。《巢雲詩集》明萬曆刻本今國家圖書館有藏,無孔天胤序)

《劉氏二書》跋

史稱劉向采傳記行事,著《新序》《説苑》凡五十篇奏之,是五十篇當合而觀之矣。後世述行其事，或一於《説苑》，而《新序》别出，至使好古綴文之士言病於支離，不亦偏哉！又稱其博物洽聞，通達古今，其言有補於世，豈非直諒多聞，古之益友與？是五十篇者，有裨教廣學之也。君子而無匡世之心、尚友之志，則已有是心志，將不有感於斯文乎？

受堂楊公按部正儀，兼總條貫，爲聖主贊中和之極、闡文獻之宗，於以迪教二明學，始取《新序》《説苑》二書，令有司並爲一部刻之，復敘論其旨歸，示觀法焉。讀其書者，亦有感於斯文也，方經表校刻。左參政彭公實董正之，知州張朝憲、同知黄宬實祗事之。胤，州之遺黎也，謹識其末簡。

嘉靖己未孟冬，河汾山人孔天胤撰。

（録自《劉氏二書》，今國家圖書館有藏）

（三）碑記

書廟學碑後

孔氏曰：余修廟學，蓋慎率余所職司。夫明王設教分治，禮教爲先，若廟圮弗葺，學宫荒爲茂草，即禮教弗修。夫禮教弗修而官職敝，余豈敢哉？余嘗視學，見所謂廟者多所頹壞，兹其故有四焉：俗吏慢之爾，庸吏棄之爾，貪吏吝之爾，驕吏避之爾。夫君子之心，苟可以裨教，曷敢慢也？苟可以靖職，何敢棄也？苟可以公世，何敢吝也？苟可以對天，何敢避也？是故余所修具，責諸官通，勸諸門義，籍民之力，不過一日，而樂工之成，僅逾三月。其經營董正，永觀厥成，鄧氏之功爲大焉。諸所勤力效貲，咸得書其姓名於是。後之君子，其知我也夫？其罪我也夫？

（録自《祁州志》卷七《藝文》，成文出版社《中國方志叢書》，據乾隆二十一年刊本影印）

貞文書院碑後

文谷子曰：卓哉兹州，鉅賢作之於前，鴻英産之於後，彬彬藹藹，代有其人，蓋文獻稱焉。明興，道化洋溢，聲光四流，海隅承風，畿内臻美。兹州或寥闊焉，豈地靈之中歇哉？抑亦人觀之未貞耳。予作書院，表先哲，萃諸生，蓋欲貞厥攸觀。昔者聖人觀天文，察地理，則人經，而道用文明，孔子真大成也。孟子大觀聖人之道，而推之日月之容光、流水之波瀾，極本原矣。其曰“君子之志於道，不成章不達”，示人以貞觀者，有序也。諸生其相與事於斯哉，將必有大成者也。

（録自《祁州志》卷七《藝文》，成文出版社《中國方志叢書》，據乾隆二十一年刊本影印。此事另記於《祁州志》卷二《建置》：“貞文書院，在學宫後。東西八丈，南北四十八丈，共六畝四分。嘉靖十四年知州孔天胤建，後圮。”）

衛輝府題名記

衛輝府當河北孔郡，歷自明興，建邦啓土，置守司牧，則官其郡者，受命而握符，守位而理人，蓋歷百八十餘載矣。然其人之賢否，政之得失，布之紀牒，傳之父老，咸可指而議焉，名存故也。因名故可以求實，知實故可以資理，是故治世修身之具，莫大乎名焉。然名之可托以永存，惟石之爲堅。故古之君子，揚休聲於既往，耀鴻烈於方來，未尝不勒石題字，受托貞珉。神禹祝融之文，周宣石鼓之雅，豈特後世哉！故官府多有題名，以紀官之姓氏、履歷，然衛輝獨闕焉。

嘉靖辛丑，合肥陳子以户部郎中出守兹郡，首節儉以先群吏，務寬簡以撫疲民。逾年之間，吏稱民安，乃稽諸文獻，慨此闕典，因咨守事於其郡者，自洪武某年至嘉靖某年，知府若干，同知若干，通判若干，推官若干人，伐石作碑，共紀其上。時余方分守河北，陳子乃請爲記其事，余既序述而重之言曰：“峨峨豐碑，於堂有嚴。夫指其名將議其政，即其政將議其人，豈不嚴哉！諸大夫之既往者，賢否得失具在民心，吾不得而追；而其後來者，賢否得失亦具在民心，吾亦不得而逆之。然其治世修身,則有可稽者焉。昔者衛武公之守邦也,其德有斐而民不喧,故切磋琢磨以致其勤,瑟僩赫咺以致其盛,寢興灑掃以謹其内,號令兵戎以謹其外,其純德之守而物不能違者乎?故其德爲有斐而其民爲不喧,故吾觀於《淇奥》而知所以修身焉,吾觀於《傳》《記》而知所以治世焉,一郡何有哉!"陳子曰:"敬聞命矣!民之則也,古之訓也,請表諸石端,以視後來。"遂書而刻之。

嘉靖癸卯春二月望日,太原孔天胤撰。

(録自清順治《衛輝府志》卷九《官師志下》,附於"題名記"條目下)

重修三賢閣記

郡東門外舊有三賢閣,頗壯麗。三賢,謂爲卜子夏、段干木、田子方三子者之賢。余於是繹思:作是閣者,其蓋欽古人之風,而表其地之重,且以章教焉者乎!惜也其人與時莫之考爾。然常見《通志》載金人魯志剛記重修文一首,則是閣之建遠矣。嗣是蓋間修之,斯不廢。然正德以來,摧落頗甚,爲識者所閔歎。

嘉靖癸未,鄉耆閣南賈完、劉玹,閣西姚進、田仲金,閣北李林,慨然議欲勸修,而身爲之倡,扣郡闕白其事。時郡守河間何君賢稍留心于古迹,遂嘉允之。而完等首金若干,衆鄉人各隨勸共出若干,乃購材鳩工,卜日施事,一相閣之宜制而修葺之。未幾,工用中輟者久之。後三年乙酉,關中郭君鏗來守是郡,亟咨衆爲完厥工。郭守又手書"三賢閣"三大字榜其上,則是閣之壯麗猶夫昔者。後十二年丙申,林之子儀賓李恕思其事之始末,與夫出金人姓名垂刻於石,始托余師馮西野先生與余友李體元子來,徵余爲之記。

外史氏曰：夫余謂作是閣者，知欽古人之風而表其地之重，且章教焉者，豈不信哉！古者太史陳《詩》以觀民風，《葛屨》《彼汾》，皆言魏風褊陋，若有傷於教，概其人文之未著。然是褊陋者，豈孔子所謂“固”與“野”者邪？而堯、舜、禹之流風固存也，廓而化之，存乎教焉爾。使由是而本之以忠信，文之以禮樂，則教立而風行，風行而俗變，俗變而美臻，豈不彬彬然君子也哉！周道既隱，儒術日絀，諸侯各以其奇邪器用其臣，而士亦各競以其奇邪進用當時。仲尼藴天地之德，撰帝王之表，而卒不用，是雖齊、魯近道之邦，其風亦已逾甚矣，况其他哉！何也？其教之弗彰也。子夏體聖人，粹文學，而老於西河之上，而干木、子方確然守其道而與之俱。其誰能知之者？魏文侯乃能於子夏則師尊之，於子木、子方則長敬之，三子者道不少屈而魏益重，故文侯不過一小國之諸侯，而其風聲采色震曜四國，雄藩鉅敵日夜睥睨而不敢動。及武侯浮中流而下西河，羨賞山河之美，而吴起以德對，則魏之風固已勃勃然變矣。使文侯有齊桓、晉文之才，而隆子夏以管仲、舅犯之任，則忠信禮樂之化可興也。惜文侯僅賢於時君，而三子者老焉而已矣。

三子之後，有郭有道豹炳於綿山，王文中龍隱於汾河。狄武鷹揚於宋室，而有良將之材；薛文清鳳鳴於皇朝，而得道學之旨；辛彦博蠖伸於草野，而有文潞之風。其他若宋之問、薛能以詩名家，王嗣宗、張益之甲科第一。珠聯璧耀，踵高躡芳，往往而盛。雖風氣之未大開，而人文亦已彬彬矣，其教焉可誣哉！夫古之人奮乎百世之上，百世之下聞其風莫不興起者，亦以有迹存焉。故睹《甘棠》之樹則思召伯矣，讀《峴山》之碑則思羊祜矣。今是閣也，亦有《甘棠》《峴山》之意哉！而三子之教固可思也。思之而有以化之，則是地之重，豈止公路之同而已耶？故余以爲作是閣者，知欽古人之風，而表其地之重，且章教焉者信也。不然，後世雖鄉耆野子，猶知懷古而修存之，可不信哉！

（録自萬曆《山西通志》卷二十八《藝文上·記》，中華書局2012年版，第938頁）

汾東關建城記

嘉靖庚子秋，匈奴寇邊，及我樓煩。由是，幅員蓋亦有輔車之戒、唇齒之虞焉。時巡撫大中丞中川陳公亟下令，言備於未然，斯無患其來。今郡縣外無河山之險，内寡藩垣之固，奈何用戒不虞哉！其議所以繕城郭、築堡寨毋緩。是時，左參政叠川於公方徙鎮冀南，埋輪汾上，式宏憲典，爰理化機，誅鋤奸穢，照察隱微，盜賊遠遁，流亡四歸，群生和植，百務允恢。得兹繕城之議，即慨然語吏民曰："是在我矣。夫汾編氓十萬，城中居者不及什一，而占東郭外者，殆十之三焉。其勢三面當郡孔道，其民市殷富，然曠屏蔽，何以示守焉？故專爲一城以保障之，宜莫先此矣。"遂檄州判馬君負圖等，迹久淹之故址，復强占之原基，定之表經，載以繩約，諭居民各以其力而修築之。而太守張侯又新政而善作，於是百姓欣然，以爲爲己防患，乃協心趨事，並力獻工，不閲月而厥城告完。延袤九里有奇，樓堞四望而森嚴，視内制蓋翼翼如也。由之諸鄉之堡，亦次第以考成焉。

初議築時，人或難之，謂非千金之費、全民之力、竟歲之期，弗克臻也。然備物則因之民用，力役則輸之本居，成功則假之旬日。是其舉事若甚鉅，而其營則甚省；其動衆若甚勞，而其情則甚悦；其就緒若甚難，而其效則甚速。昔人有築舍道傍，三年而不成者，志其涣也。今其築之以爲民也，故民心一焉；築之以自防也，故民力齊焉。

耆民雷景升等願刻石紀頌公德，予因陳公之遠猷，列於公之惠義，著張侯之勤始而善作，及馬君之董理而不煩，與夫管執工役分命視作之人，咸並録於後焉。工起於庚子九月之季，落成於仲冬之始,明年辛丑六月上日而刻石。

（録自清乾隆《汾州府志》卷三十《藝文》,另見於光緒《汾陽縣志》卷十二《藝文》）

靈巖寺增修記

靈巖爲郡東一大精舍，自隋唐以來莫之或衰，修葺代有人也。近數十年稍稍殘闕,居民任廷佐等捨財增修長廊若干間,又於大雄殿前增建多寶佛塔七級。落成時,鴻臚李西巖氏亦施飾金像,遂謀勒石紀其事,咨予爲文。

竊惟如來以蠢動含靈皆有佛性,捨惡趨善無非彼岸,故衆生咸願皈依,雖至頑傲,亦知頂禮。其善心感者,其塵情忘也。乃若真心不修而徒構麗觀,種種迹業都虚妄耳,又何利焉?《楞伽經》云:“心生即種種法生,心滅即種種法滅。”《佛名經》云:“罪從心生,還從心滅。”故知善惡,一切皆由於心也。寺於心等,寺壞知修,心壞不知所以修,不亦迷哉?

是工也,領其事者僧大璇,施財佽工,自廷佐而下,如孫賢、任成禮、任廷倉等,鐫其名於碑陰。

（録自清康熙《汾陽縣志》卷二《寺觀》,前記曰“方伯孔天胤爲寺增修紀略”。題目爲編者所加）

弘修三官祠記

前河南行省左丞郡人孔天胤記

光禄寺少卿、郡人王緝書

廣東道監察御史、郡人張更化篆

郡西郭舊有三官祠，坐郭之正西道口，建自正德乙亥，至丁丑功完。乃鄉耆孟子祺、成伯真捐己地四丈爲之。下甓瓮圈爲臺，而構祠三間。其上兩旁廂房，前面三門。鑄像三官四聖，皆作金像，郭人虔奉，相率爲善，且資憑靈鎮保障一方。隆慶元年，大虜入寇，近城村堡多罹其害，獨此中秋毫無犯，神之佑也。萬曆二年仲春，鄉耆石廷佑等議弘修之，一以報神之休，一以增嚴保障，乃移殿於後正中，兩廂增各三厦，三門如舊，左右各增一室附之，殿後復展接磚券。因左側地缺，復用價買孟廷佑地三分四厘八毫，接連前臺，創建轉角厦殿五間，内塑三藏金像，以本年二月初五日起工，至十月十五日工完。其祠增美於昔，其勢壯觀於今矣。

寇亂之後，有司大議□繕，東南北三郭俱築有關城，惟西郭地狹民少，力不能築城，且地之形北臨斷道，西南通一斜巷，正南二百餘步皆居民園屋大墻，東則密距大城，惟是西向一路車馬通行，今有高臺神祠雄據其上，其瓮圈既固且深，真有一夫守之，萬騎傍徨而不敢入之勢，則關城可以無築，亦用力少而成功多也。愚謂鄉俗好事神好佛，率不吝施財□助修蓋，然不若此舉爲有見焉。故特爲書此，以垂久遠。萬曆三年三月一日。

（録自王堉昌《汾陽縣金石類編》第493—494頁，山西古籍出版社2000年版。文後有王堉昌注："碑高四尺三寸，寬二尺二寸，共十八行，行各三十二字，字徑七分半。額篆'弘脩三宮祠記'兩行六字，徑寸半，額高七寸半，寬五寸半。今在汾陽縣西郭慶雲寺。"）

重刻金黄華老人詩碣

黄華老人王庭筠行草四詩，刻石於汾之學宫者，殆五百年矣〔一〕。歲久石泐，字畫漫漶。嘉靖乙丑之秋，分守左参政余姚宋公岳，省覽咨惜，令州守王大經、同知趙崇儒，别礱石四面以新安。儒生程木摸勒〔二〕，判官楊守公經理刻成，仍增置一亭貯之。庭筠書號稱墨妙，幾廢之餘，逢此翻繕，焕若神明，頓還舊觀矣。郡人孔天胤謹記。

（録自王堉昌《汾陽縣金石類編》第 243 頁，山西古籍出版社 2000 年版。本段文字附於王庭筠四塊詩碑之後，王堉昌注："今在汾陽縣舊府文廟，現設圖書館。"現存於汾陽市博物館，文字略有出入，據碑文改）

【校記】

〔一〕《汾陽縣金石類編》此句作"俗□寶□矣"，據原碑改。

〔二〕《汾陽縣金石類編》此句作"以新進儒生程木摸勒 "，據原碑改。

重修廟學記

學校爲治首務，是以先王重之，所以重天下之本也。靈石有縣，縣有學，未究厥始，歲久傾頹。再經水患，廟制既傾，學宫亦然，非所以崇明祀、育賢才也。潁川白侯萬曆甲戌尹靈石，比下車，莅學謁廟，登明倫堂，睹舍宇，大歉於懷，慨然欲一新之，遽未能。越明年，政通人和，節量儲積，乃集諸生而語之曰："廟廷，禮樂之宗；學校，風化之本。二者交敝，政焉出？誠有司責也。"

於是奉上德意，庀財經費，擇日鳩工，以有爲者董其役。凡殿廡宫墻，多方繪飾，啓聖祠、戟門、欞星、泮池、庖湢重加變易改觀，若明倫堂、敬一亭兩齋，則緣舊址新復，恢而拓之。芹宫旁復鼎建二祠，左曰“名宦”，右曰“鄉賢”。又以餘功制二樓於學宫東南隅，曰“文昌”，曰“魁星”，以爲諸生文明之助。皆大書華扁以聳奇觀，胥有裨於士類者也。且釐正器數，百物具備，難以枚舉。至於所需之物，隨用隨處，其間或拓舊基，或加新飾，或易棟梁，或施甃砌，高下有倫，廣狹相準，足侈前規而垂後規。金碧掩映，丹堊交輝，煥然炳然，而廟學之制爲之一新。由是師生相與周旋，雍容於道義之門。春秋報祀，亦將駿奔對越，聿起夫明禋之敬。每月朔望，掣講以驗勤惰，休日考課第文行，而上下之人材自此而興，科目以之而盛，風移俗易，士習以端，伊誰之功與？

是役也，甫再月餘，厥功就緒，民不知勞，財不告費，非才識卓犖，區畫有方，曷以臻兹？侯其知務者哉。時邑博桑君、李君命諸生裴郁、劉旸、田一成、王化、李楠走余請爲記。余素聞白侯之賢，且羨作邑之有道也，故不辭。

聞諸《禮》曰：“君子如欲化民成俗，其必由學乎？”又曰：“建國君民，教學爲先。”孟子論王道之成而曰：“謹庠序之教。”我太祖高皇帝以六事責有司，亦以學校次農桑，蓋教養二者雖切于民，教化尤重，俗吏不知而視如傳舍，此致治不足稱也已。白侯之令靈石，篤意愛民，處官如家，多卓異之績，受知上官，褒加之典，翕如矣。乃惓惓於興學校、明教化，以體先王重本之意，固其所也。嗟乎！爾多士知侯脩學之績，抑知侯脩學之心乎？蓋學也者，學爲聖賢而已。聖賢之學，心學也。道德以爲之地，忠信以爲之基，仁以爲宅，義以爲路，禮以爲門，廉耻以爲垣墻，六經以爲户牖。昔我文清公薛氏，奮迹堯舜之鄉，爲一代心學之最，以致知爲入門，以踐履爲實地，明經適用，學至樂地，爲今世真儒，配食廟廷〔一〕，是能游聖人之門而上繼堯舜之統於不絶者也。士惟自修其學，廣居吾居焉，正位吾立焉，大道吾行焉，則聖賢之堂奥可登，而宗廟之美、百官之富可睹，庶無負於國家建學之意、有司修學之心也。若徒以詞章絢吾心，以利禄媒吾志，覬覦於趙孟晉楚之門，是曠安宅而舍正路，圮基壞垣，依聖賢之門户以爲奸，是朝廷立之而爲士者傾之，有司修之而爲士者壞之，竊不爲多士取也。爾多士其蚤〔二〕辨之哉。

（録自清道光《霍州志》卷二十五《藝文上》，署名“河南左布政孔天允，汾州人”。又見於民國《靈石縣志》卷十《藝文》，署名“河南左布政孔天允，汾人”）

【校記】

〔一〕廷，民國《靈石縣志》作“庭”。
〔二〕蚤，民國《靈石縣志》作“早”。

重修崇善禪寺記

賜進士及第、通奉大夫、河南布政使司左布政、河汾山人孔天胤撰

嘉靖四十一年壬戌孟冬，太原釋子智澤托法侣興旺，介而頂禮曰：夫崇善寺者，乃全城第一叢林也。晉恭王開國之初肇建此寺，爲洪武十有四年，至成化十六年重修。歷歲，既大祲，見頹敝。嘉靖三十三年，住持僧性能遵師了宥遺語，貲所積衣資辦齋會，衆爲修葺計，因具啓今王。當蒙睿允，令承奉長史二司，省諭闔藩宗儀官屬，願輸助者聽。又令本寺擇僧募化，得若干金。於是鳩集□□十興理正殿、山門等處，上下裏外佛像、墻垣、供器等件，增置鐘鼓碑亭六座。工甫就緒，會諸承奉見大悲□殿尚多缺漏，乃具啓通葺。於是大加募化，復得若干金。令奉祀官員、書掾校役督同寺僧，興理天王、

大悲、左右佛殿、厨庫、方丈安樂雲堂及歷代靈殿、奉經室宇、大小僧寮。

此寺原系古白馬寺也，今掘地而獲石碣，復云“延壽寺”也，則斯地爲梵宫舊矣。因即其處題名“白馬存基，延壽故址”，而叢林之制，焕然一新矣。别有莊院，坐落徐溝縣之南嚴村，爲普昭寺。時推其所餘，一並修葺。以嘉靖三十九年告完。竊念勝迹荒芜，見者爲之嗟歎，一旦興修，聞之必當喜悦。願乞垂記，以勒貞珉。夫天垂象，聖則之；地萌文，人法之。是故廣邑大都之中，宜又有奇觀焉。以表其勝，如摽鷲嶺於山回，闢龍宫於海變。高原陸地，下映芙蓉之池；竹林果園，中秀菩提之樹是也。

太原，襟四塞之要衝，控五原之都邑。左有恒山之險，右有大河之固，南有石嶺之關，北有雲内之塞。而雄藩劇鎮列其中，高衙大縣臨其上，是宜仿中天積翠之臺，藏法苑大千之界。今珪組蟬聯，車馬雲奏，凡歲時祝慶，水旱祈禳，衣冠休沐，俎豆招延，胥兹攸藉，而超凡大士，得道高僧，凡扃扉清梵、會壇玄講、蘭盆花醮、蓮社香齋，悉此是憑。則弘開寶構，盛啟金鋪，豈惟壯山河之巨麗，實於大方廣法爲有替焉。

嘉靖四十二年五月吉日立。

（録自原碑，今存山西省太原市崇善寺内）

演易亭記

湯陰縣北九里相傳爲羑里城，舊文王廟在焉。蓋昔見拘於紂之日，演易之處也。國人因其地以存聖人之迹，故世世廟祀之。嘉靖己亥，皇帝南巡，以二牢祀廟下。後二年辛丑，都御史淺齋魏公有本奏命巡撫河南，敦崇化本，宣朗風猷，貞察吏治，紓理民憂；又表章文獻，開顯幽微，禮樂載興，人文有輝。時而觀風湯野，吊古文祠，慨廟貌之弗燦，惜演易之無稱。

乃召彰德知府鸞、知縣應吉及學官弟子而語之曰："是非文王之所以爲文者耶？'古者庖犧氏之王天下也，仰則觀象於天，俯則觀法於地，觀鳥獸之文與地宜，近取諸身，遠取諸物，於是始作八卦，以通神明之德，以類萬物之情。'蓋天之文命垂諸象，聖之人極纘諸天。垂諸象以設位也，纘諸天以成能也。故庖犧氏之没也，而神農黄帝堯舜之道咸取法焉。非明於天之道，而察於民之故，齋戒以神明其德，其孰能與於此？至紂則不然，狎侮五常，怠荒弗敬，自絶於天，結怨於民。斬朝涉之脛，剖賢人之心，作威殺戮，毒痛四海。崇信奸回，放黜師保，搾棄典則，囚奴正士，郊社不修，上帝不享。作奇技淫巧以悦婦人，上帝弗順，唯降時喪，是爲逆天之道，賊民之故，殘己之德，文命或幾乎有湮，人極於是乎毁裂。文王以帝懷之德，而啟丹書赤爵之符，當天鑒之時，而篤以服事殷之節。則其畏天悲人，闡文扶極，固已隱憂。及其被讒見囚，大難以蒙，蓋斯文不絶如綫也。故重易六爻，作上下篇，吉凶悔吝之理，炯進退存亡之道著焉。古之聖人開物成務，崇德廣業，以冒天下之道，以成天下之爲亹亹者盡於是矣。是爲紹古而統天，開世而立極。故孔子曰：'作易者其有憂患乎？'又曰：'文王既没，文不在兹乎？'蓋言乎此而已。太史談〔一〕言，西伯拘羑里演《周易》，孔子厄陳蔡作《春秋》，是聖賢發憤之所爲作，其淺乎？説憂患已若内文明而外柔順以蒙大難，蓋取諸明夷，故明而不傷，聖人何憤焉？詩人頌不顯之德，正言文命之在躬，故曰文王之所以爲文也。故讀《易繫》而知天道之有托，過羑里而知聖作之有由。夫羑里者，大聖人演易之所也，曷可以弗稱焉？"

於是知府鸞等咸拜首對曰："丕顯哉文，肇錫兹里，時俗相沿，但稱幽繫。某等固陋，不知所裁。幸明公彰述往序，昭視後來，誠甚盛德，敢不唯命。謹與應吉等議建亭署門，撤去'居幽'之號，更以

‘演易’之名。”公曰“可”,巡按御史蒙泉趙公繼本亦曰“可”,乃量發庫金,購材選石,建廟前演易亭五間,左右厢各三間,建石碑門外,署曰“演易坊”,紀其實也。後一年壬寅而作記勒碑。庖犧氏都於陳,余往歷陳州,蓋有畫卦臺焉。是時魏公亦建亭、樹石、篆卦贊,刻其上云。

(録自《羑里城志》,河南人民出版社 2007 年版)

【校記】

〔一〕當作“太史遷”,語出司馬遷《史記·太史公自序》及《報任安書》。

棠陰書院記

棠陰書院,祀召公也。昔商紂失道,文王爲西伯,行仁義,召公奭以同姓循行南國,宣布文王德政,兆民和悦。時或茇舍棠樹下,南人思之,爲賦《甘棠》。故曰:“《甘棠》,美召伯也。”武王滅紂,封召公北燕,易水、長城蓋其地云。後時社稷血食,歷八九百歲,仁烈遠矣。初,易州人有祠祀之,後或並其祠爲官舍,城中古迹所存,惟宋元間佛寺而已。

乙未春,上蔡蘆岡張惟恕以御史行兵備副使,下車問俗,謂:“召公聖人,封墟宛然,廟貌則隳,後世何觀焉?佛氏何爲?而其寺崇且久甚,斯緣俗累矣。”時興慶寺僧適以淫敗,公廉狀,悉刺其奸,並連佛像而揮之,放其徒歸之農,取幼慧者置社學中。得正殿五間,稍加損益,以奉召公,諸房悉爲號舍,羅郡彦弦誦其中,公暇日親爲講授,極際風雅,宏憲《典》《墳》,而先王之義、上哲之風燦然復明。《周禮》其有興乎?扁其門爲“棠陰書院”,言召公之流風遺思,於今爲熙也。保定通判王君九成、知州李君綸實理其事,判官衛綸以敦匠藝,而同知吴德、州判鄭文禄、吏目王紀與有功焉。孔生曰：

周之德至矣。以予觀於詩書所稱述，若周召何加焉！而存廟式閭，後世或且寡稀，劉向、高漸離未取於聖人遺墟。故居至今，系人物色，奚但浮圖氏之宫哉！撥邪道，反之正，敦古以樹風，振世以敭教，若張公可謂有志於三代之英者矣。乃紀事於石，以告後來。

祁州知州孔天胤撰。

（録自萬曆《保定府志》卷三十九《藝文》）

明故徵仕郎刑科給事中左川任公、孺人武氏合葬墓誌銘

賜進士及第、朝議大夫、陝西布政右參議文谷孔天胤撰

賜進士出身、奉訓大夫、知山東莒州事汾陽王儒狀

賜進士出身、從仕郎、中書舍人、文水陶峰郭廷冕書

賜進士出身、前户部員外郎、奉議大夫、河南按察司僉事、邑人勝溪張冕篆

嘉靖十八年己亥夏四月十有七日，給事中任公自代邸歸於家。聞意氣稍失常，明日忽墮樓而疾，又明日，乃奄逝。先是，其配武孺人亦卒於京，公方携柩計親葬，乃安知並委化也。其子瑛等將以閏月初二日合葬城西北之原，走乞公同年王文湖子撰狀而屬予銘。

按，公姓任氏，諱道充，字少虚，别號左川，世爲孝義人。曾大父毅、大父文幹，俱隱德不仕。父恕，中成化甲午鄉試，歷知西和、鄜陵二縣。所在有惠政，進階文林郎。配閻孺人，生三子。繼配張孺人，生公。公生而穎慧，方匍匐時，以手畫地，如草書狀。文林君異之，因口授古詩及《孝經》《小學》等書，日記數百言。七歲能屬文，十歲補

邑庠增廣生。時静齋陳先生視學,甚器重之,因命游學京師。文林君乃爲納貢入太學,師事司業林介立先生。深明易學,比卒業,中壬午鄉試,蓋始繼甲午之緒矣。其後四試禮闈不第,愈益淬勵,即不出户庭者三年。尋舉乙未進士,授行人,出使宣大,多所採納焉。戊戌冬選授刑科給事中,立朝議政,風裁凛然。有頃,患腳氣,久之乃瘥。適皇上命齎璽書於代,比自代歸,則巳矣。生於弘治十二年三月十四日,享年四十有一。

公沉静簡默,深識内融,居常退焉若訥;迨其論事,則慷慨中倫。初與物接,若落落難合;迨其投分定交,則久而愈親。此其德器深厚,使天假歲年,就詣詎能量耶!配武氏,同邑人文寬之女,封孺人,誠順端懿,閑於孝敬。初,義林君暨張孺人之喪俱,值左川赴試禮闈,而其醫藥棺殮之事,悉由孺人行治之,且合禮焉。居家則自節儉,雖夫君貴,不移也。以嘉靖十七年十一月十五日,卧疾官舍而終焉。距生弘治十一年正月初六日也,享年四十有一。生子男二,長瑛,邑庠生,配張氏。次瑋,未娶。生女一,適邑庠生張汝器。銘曰:

合璧之藏,鴻寶秘焉。誰邦究之,奕奕者賢。

嘉靖己亥閏七月初二日,邑庠廪膳生、東山吴道宗鐫。石匠田子雲。

(録自《三晉石刻大全·吕梁市孝義市卷》第32—33頁,三晉出版社2013年版)

明故張母岳氏墓誌銘

賜進士及第、朝議大夫、陝西布政右參議、汾州孔天胤撰

始余與岳孫勝溪子識也,蓋遂得聞其家世之賢,至岳而益盛

焉。其後余與勝溪同舉於鄉,又同舉進士,朝游夕叙,則益知岳之淑德。介壽茂祉於堂,封君子又善孝養,諸孫滿前,時時晏娱,邑人罕有焉。乃以嘉靖二十年十月初十日捐館舍,享年八十三歲。其子封君公將合窆于先君之墓,乃自爲狀屬銘。

按狀,大夫人姓岳氏,孝義義官文杰女也。以天順三年十一月初八日生。幼婉惠,稍長即善女紅,歸配義官張公翥。張公故邑世家,自夫人治内,則家業日駸駸富。事舅姑以敬,處妯娌以和,訓子孫以義,御奴婢以恩。義官公先逝,而夫人總家政益嚴。由是鄉黨宗族莫不賢哉其母矣!生子二,長大禄,任深澤縣丞,封户部河南司員外郎,即所謂封君者也。次大壽,國子監生。女二,長適任序,次適生員霍邦鎮。孫男五人,張冕登嘉靖壬辰進士,歷官户部主事、員外郎,補河南按察僉事,見升山東按察副使,整飭霸州兵備,勝溪其别號也,即封君之子。餘尚幼。孫女八人,七人適名族,一人尚幼。夫身履壽康,後裔顯章,既富既貴,臻美日長,在人亦已難矣。銘曰:

是爲賢母,合璧之處。薛頡之奥,狐岐之阻。如礪如帶,歸於其所。

（録自《三晉石刻大全·吕梁市孝義市卷》第 34 頁,三晉出版社 2013 年版）

明壽官西橋楊公墓誌銘

嘉靖三十六年正月初七日，西橋公以墜馬卒於延安之安塞縣。訃來,子萼號痛摧崩,絶而復甦者久之。即星夜往奔,哀怨道不絶聲,歷七晝夜而達焉。賴延郡别駕郭君、安塞令吴君共資給之,得扶櫬以歸。以正月十有九日葬廓南祖塋,先期用進士王緝狀,徵余銘。

按,公姓楊氏,諱天翔,字君瑞,汾之南廓里人,西橋其别號也。

家世以勤儉名。祖泰,父時芳,俱有德弗仕。公少嘗學問,然不耐卑卑爲舉子役,遂紹述先緒而商旅之於秦好。北地上郡爲關塞之衝、戎馬之會,故往往而邸安塞。公商名儒行,故所寓輒與士交,士亦愛之,因遣子蕁受學於其邑之聞人。學既成,公曰:“兒第歸矣,倘射策甲乙,吾遠游無復他慮。”蕁於是歸,小試而入學,大比而舉於鄉也。識者曰:“楊公之商,異乎人之商。他人商挾孔方,楊公商獲珪璋。”君子以爲知言焉。公質直好義,能爲人周急解紛,人尤以是推之。又稟厚善攝,而精力强盛,雖日之昳矣,猶據鞍上馬,鞭令迅疾以示矍鑠,然竟不免於殆,何哉?

公生於弘治六年十月二十六日,逮卒之夕,享年六十五矣,前是得以其齒德爲壽官云。配田氏,有子二人,長即蕁,娶李氏。次芹,配張氏。有女二人,長適李得民,次適劉維堂。有孫男三人,長四知,配李氏;次四教,俱業儒;次四端,尚幼。咸蕁出。銘曰:

樂西徂西,神亦不悽。逮葬於東,其生也同。載其營魄,以寄以歸。九野八埏,我户我扉。而况安其首丘,永處厥休。

賜進士及第、通奉大夫、河南布政使司左布政使文谷孔天胤撰
賜進士出身、奉政大夫、河南提刑按察司僉事西田趙世録篆
賜進士出身、奉政大夫、吏部稽勛司郎中及泉王國光書
石工成濟刊

(1998年5月,汾陽市西河鄉西關村徵集,碑現存汾陽市博物館。墓主楊天翔,汾州南廓里人。張立新先生提供)

明故楊母太孺人田氏墓誌銘

太孺人姓田氏,郡處士子敖女。生四歲,失所恃,能自植立。及笄,適楊西橋公。公家世樸素勤儉,孺人即不事靚華,躬摻井臼,精心織紝。奉舅姑以孝稱,相夫君爲儒。弗就,乃西游爲商,歲歲客延

榆，從乃翁行，姑所倚惟孺人。孺人爲善，養其姑而孝益著。

有子蕚，穎異，孺人覘其必大吾家，乃令隨夫君西去，求師授經。學數年歸，選郡學弟子員。無何應舉，舉嘉靖癸卯科高第。三會試不中，太孺人命之仕，因謁選。授陝西麟游縣令，民爲立生祠。調直隸無極縣，一年而大治。君子曰："母有慶澤而子有惠乎，如水有源而善利斯溥乎？"蕚在兩邑，俱迎養太孺人。太孺人喜曰："吾兒始以善養，今以禄養，雖未震曜吾家巷，吾所慰無已多矣！"尋以忤旨當道，下遷大名府學教授。乃遂講明道藝，躬率以淑多士，多士心服。時官雖左律，回視簿書倥偬、奔走期會之事，覺静躁之頓殊矣。

方計復迎太孺人就養上庠，而太孺人奄以疾終，時隆慶六年閏二月初三日也，享年七十有九。蕚奔赴，卜其歲四月十七日葬廓南祖塋，啓西橋公壙祔之。西橋公諱天翔，字君瑞，拜壽官，以嘉靖三十六年正月初七日終於安塞客舍，余嘗撰辭以銘其墓。兹德安太守龍岡王公撰狀，復以余爲銘。

按，太孺人生於弘治七年二月十有九日，淑質柔嘉，德性慈婉，孝敬勤儉，無愧古之賢媛。生男二，長即蕚，配李氏。次芹，配張氏，繼李氏。女二，長適李得民，次適劉維堂。孫男四，長四知，郡庠生，娶李氏，繼安氏。次四維，國子生，娶姚氏。次四科、四表，俱幼。孫女二，長適庠生武元，次尚幼。曾孫男三，長邦棟，次邦殿、邦堂，俱幼。曾孫女一，尚幼。銘曰：

維廓之南，原隰膴膴。邑大夫之尊，爰宅爰處。光岳潛靈，俾得爾所。以鬱以葱，淑媛攸同。于萬斯年，以考玄宫。

賜進士及第，通奉大夫，河南布政使司左布政使，前三奉敕命提督陝西、浙江學校副使，陝西提刑按察使，郡人孔天胤撰

賜進士第、前資政大夫、兵部尚書、侍經筵、孝義霍冀書

賜進士第、通議大夫、四川提刑按察司按察使、中陽年家晚生梁明翰篆

石工成登刊。

（2002 年 9 月，汾陽市南關村出土，現存汾陽市博物館。張立新先生提供）

明故奉政大夫揚州府同知卜谿李公墓誌銘

嘉靖三十九年庚申正月二十有三日，奉政大夫、揚州同知李公以疾卒於官舍，年五十有四。太守任公素重其賢，乃厚□〔一〕之，令吏護舁櫬以歸。歸之逾年，爲壬戌七月二十七日，葬於盧原之新兆，用馮相氏之卜也。將事之先，進士楊子以嘗受學於公，爲公列狀，且乞銘焉，謂公操寢於銘，法焉應也，余弗克辭。

按狀，公姓李氏，諱翰，字憲夫，道號卜谿，世爲汾之南善廂人。自高祖拳、曾祖貴、祖蕃至於考綸，俱蓄德弗耀。妣馮氏，以正德丁卯年四月十有三日生公。公童而習學，朴敏則見，稍長克選，大著才章焉，邑子之屬不能當也。辛卯科試，與余同在高等。下第補廩員，遂益下帷發憤，舉甲午科，然連失利於禮闈。庚戌謁選，授鎮安縣知縣。尋丁繼母姚氏憂。癸丑起復，除高陵縣知縣。政專詳謹，以故循理守法，六年如一日。戊午升慶陽府同知，攝理織造織室，人咸憚其精。尋裁減添設，改揚州府同知。時倭寇未息，郡中所講在戎，以公生長西北，又著能聲邊吏，故戎行率以屬公。公承事逾力，遂見勞瘁，居半載，疾不起矣。郡邑吏士咸傷吊公，無人不泫然泣下也。

公爲人朴訥簡淡，而內實腴穎，學有沉潛之趣，而不苟爲涉獵。每綴文一篇，必求典雅，不喜龐駁，以故五上而不第云。孝友恭讓，醇謹睦婣，恂恂闇闇，出於天性焉，故宗族鄉黨以至吏民咸見稱述。楊子萼曰："吾師木訥，近仁者也。"韙哉斯言矣。配魏氏，生男一人，曰桐，褎然黌之彦也，娶延安府同知雷公女。生女二，長適生員劉天

賜,次適生員周楠。孫男二人,曰長期明,次期遠,尚幼。孫女一,曰紅牛。係之銘曰:

古所謂彬彬篤行君子者,蓋渾厚之世則然,三季之後灕矣。汩汩滔滔,孰使之醇焉?斯人已夫,實殄厥賢。南善之里,俗多善信。土風秦惡,淮海輕揚。所處或磐,疇免謗愆。雍揚嘖嘖,閭塾顒顒。並心服公善,如水赴川。位豈在極,壽豈在年?德則無朽,視此茂阡。

賜進士及第、通訓大夫、河南布政使司左布政使、同郡孔天胤撰

賜進士第、奉政大夫、河南按察司僉事、同郡王文翰篆

賜進士第、國子監助教、同郡王緝書

(現存汾陽市博物館。張立新先生提供。)

【校記】

〔一〕據文意,"厚"下一字當爲"殮"。

明宗族知滑祖墓殘碑

(上缺)交友之誠,雍容揖遜,能梓□□□□□□

(上缺)清□之□及其□也,則懷保□□以□

(上缺)輒終於隆慶四年十二月二十四日□

(上缺)之女也,□有懿德,以端□□也,□充順

(上缺)四日,生於弘治三年十一月初三日,享

(上缺)享年五十有六。□□男三人,長曰欌

(上缺)石鄉君,選適儀賓吕華;次平頂□□□

(上缺)□知滑,配劉氏,封輔國中尉,所配封其

(上缺)□孫□大姐亦幼,碁所出也。有□□孫

（上缺）兆萬曆壬午夏四月初十日，與二淑

（上缺）二十三畝，每年夏秋糧一石四斗七

（上缺）四充學官弟子員，爲大夫至今□□

（上缺）□銘曰

（上缺）曷維其已

（上缺）前三奉

（上缺）外□甥郡人文谷孔天胤撰

（上缺）寺少卿郡人龍洲王緝書

（上缺）孝義趙訥篆

（録自王堉昌《汾陽縣金石類編》第451頁，山西古籍出版社2000年版。王堉昌注："碑連額高七尺八寸，寬二尺四寸，共二十一行，每行字數不等。字徑六分半，正書，碑額殘缺，碑面上半全缺，惟存下半截。每行十五六字，年號、月、日亦缺。今在汾陽縣西洪南社村西汽車道旁。"現存汾陽市博物館）

皇明奉國將軍合葬淑人高氏墓誌銘

將軍諱奇藹，好林丘，樂鄉居，別號北河云。乃太祖高皇帝之苗裔，慶成莊惠王之曾孫也。父輔國將軍鐘鈌，生公兄弟十二人，俱欽遵祖訓，恪守王章。汾陽宗派之賢者，斯其爲首稱焉。公行八，周氏大人所出，生於弘治七年八月二十八日子時，於嘉靖四十二年四月二十九日亥時無疾而終，享古稀壽。公秉心塞淵，性真仁孝。讀書不喜甚解，能領大義。居常服御飲食，未嘗自侈。創北原別業，庸力畎畝，未嘗自逸。帝室之胄，未嘗以貴驕人。儉素之標，勤勵之操，樸質之風，循循雅飭，有古儒者之氣象也。以至友愛兄弟，撫恤子侄，樂善蹈東平之轍，好禮踵河間之風，而又卓有令名焉。原配蔚氏，誥封淑人，無出，早逝。其繼配淑人高氏，温潤閒雅，慈明惠順，備從德之美，守中饋之吉，享壽七十八歲。生於弘治十六年五月初一日申時，終於萬曆八年二月初三日午時。

生子三人。長表琳，配劉氏；次表冞，配郝氏；三表桀，配王氏，俱封鎮國中尉，其配俱封恭人。生女二人，長大同鄉君，適儀賓謝廷胤；次柳溪鄉君，適儀賓魏邯。孫二人，長知羠，配吕氏；次知鮨，配王氏，俱封輔國中尉，其配俱封宜人。孫女二人，長朱氏，適儀賓韓謇齊；次朱氏，適儀賓嚴應陽。曾孫男一人，曾孫女一人，俱尚幼。其子卜兆於北原底，離城七里許。以萬曆十年九月十五日葬。先期，文學鄭柏齡持行狀，請予爲銘。余與公有外族舅甥之親，且素諳其德行者也，遂不辭而銘之。曰：

皇祖受命，貽裕後昆。肇封支子，晉國昌隆。

慶成簡在，藩派於汾。北河雅誼，惟善克敦。

慎言慎行，保禄完名。受祉實藩，聲利泊如。

天爵是尊，德全壽永。身没譽重，山峻水深。

佳城北原，奠乎厚坤。

賜進士及第、通奉大夫、河南布政左使、前三奉敕命提督三秦兩浙學校、陜西提刑按察使、郡人文谷孔天胤撰

慶成王府奉敕諭好善能文鎮國中尉表柄柳川書丹

慶成王府受都臺旌獎宗賢鎮國中尉表杷小村篆額

石工成漾德鐫

（碑今存汾陽王府。温學鵬先生提供）

（四）書　信

致周詩

侍生孔天胤頓首拜。

虛巖先生：

足下客中反送我耶？清真之意，正如蘭芷襲人，結不可解也。東歸之日，不得赴關河一送，甚耿耿以至宣春，聊此布謝，幸亮之。

胤再拜。

爲錢總督作一字，便人致之耳。

十一月十四日具

（據手稿原件録入，原無題）

七、孔天胤佚詩輯録

韓兵强　張勇耀　輯録

嘯　台

鳳鳥翔千仞，白駒在空谷。皎皎湛霞心，遠遠散雲躅。長嘯如有遺，流氛絶無人。倚彼阮康徒，觀公尚超忽。

（録自明萬曆《衛輝府志》卷十五《藝文志下》，署名"孔天胤，河北分守参議"）

襄城道早雪稍次裴村寺

初日隱空濛，層陰集霰濃。雰霏九野遍，絪緼二儀同。樹暗迷山盡，人行踏路通。前村望不極，杳杳到林鍾。

（録自明崇禎《鄖城縣志》卷九《題咏》。作者署名"孔天胤，河南僉事，號文谷"）

雨中上桐巖望天台晴霽次韻

初行深澗雨霏微，勝轉高林日乍暉。海氣宛流芝蓋上，巖光疑逐鳥旗飛。蒼蒼石樹桐枝老，燦燦雲英藥草肥。想過虹梁即天界，䞓霞都像羽人衣。

（録自明崇禎《寧海縣志》卷十一《題咏》）

喜蘇尚書侄漁至自濮陽見訪

世講青雲器，相送喜復凄。箕裘濮水上，書劍雁門西。蒿徑移人野，柴扉有風題。履聲不可聽，玉樹得攀躋。

（録自清康熙《濮州志》卷五，作者署名"布政孔天胤"）

送林行人西使還潮陽

使節從天上，還車自日邊。新知方自慰，忽别轉凄然。灞館花如霰，關程柳似烟。相看春正暮，何以報離筵。

（録自清光緒《潮陽縣志》卷二十二，作者署名"明陝西布政孔天允，河汾人"。詩後案語："林《志》云：'時予使關中，孔適爲右轄。'"林行人指林大春，"林《志》"指林大春所修《潮陽縣志》）

送秋渠出巡〔一〕

方此驚春駛，如何動使車。惠風流草際，新雨到田家。緑靨垂堤葉，紅牽鷁〔二〕水花。可因吏事回，不爲惜年華。

（録自清錢謙益《列朝詩集》丁集《孔榜眼天胤八首》，其一）

【校記】

〔一〕此詩又見於《晉風選》卷五。《晉風選》點評此詩:“雲静草閒,饒有幽况。”秋渠,名張鐸,曾與孔天胤同官陜西。

〔二〕鶺,《晉風選》作“颭”。

送張秋渠分守慶陽

北地天爲險,清時人作城。惠風花鳥待,春草吏民迎。塞静還催餉,庭閒但省耕。須知省中舊,樽酒憶平生。

(録自清趙瑾《晉風選》卷五。《晉風選》點評此詩:“筆氣愛婉。”)

新理右轄書齋

一室蓋庭陰,聊將吏隱心。芝蘭香欲化,書史義還尋。月幌籠虚白,薇垣瑣静深。猶如結茅地,未遠此山岑。

(録自清趙瑾《晉風選》卷五。《晉風選》點評此詩:“機息神恬。”)

藍田輞川寺是右丞别業

輞水高人去,藍莊舊迹沉。烟霞疑畫障,松桂儼詞林。竹館彈琴斷,花宫照月深。應知不滅意,惟有玉山岑。

（録自清趙瑾《晉風選》卷五。《晉風選》點評此詩："聽視超聲邑外。"）

送黄翠巖憲副出曹門

曹門東望水如烟，畫舫連天勢欲仙。材睹豫章應自信，人離叔度果誰賢。詩情一付蒹葭裏，劍氣遥瞻牛斗邊。君到江南憶江北，可堪春草緑芊眠。

（録自清趙瑾《晉風選》卷七。《晉風選》點評此詩："清歷遠暢氣格，在盛唐達夫處看來。"達夫，指高適）

寄張永石兵憲肅州

指點皇圖天盡頭，黑山紅水一登樓。莫將楊柳次羌笛，帶得春風滿肅州。

（録自清趙瑾《晉風選》卷十。《晉風選》點評此詩："婉惆。"）

入雲峰一首〔一〕

所稟幽石姿，因心愛白雲。欣姿探秀往，涉此連山雯。輝潤屢忽回，輪轉亘氤氳。似烟流非薄，觸石出逾殷。總與太虛沉，都無區里紛。芝蓋倏已翔，羽人其來群。帝鄉尚可至，豈羡雲中君。

（孔天胤石刻詩。録自《雁蕩山志》卷十一《金石卷二》，作者署名“管涔山人孔天胤”。原書注:“共十行,七十字。題一行,名字一行。行草書,筆意似董其昌。”)

【校記】

〔一〕《雁蕩四谷金石録》卷三著録,題作“入靈峰”。詩句出入較多。欣姿,作“欣兹”。屢忽回,作“忽屢回”。輪轉,作“輪困”。太虚沉,作“太虚濕”。尚,作“倘”。

奉酬少華許公見懷

門徑人稀到,求羊許共臨。悟言投一室,閑步繞初林。酒滿忘憂酌,詩多招隱吟。好山圖作障,嘉沼韻成琴。眺聽情非淺,淹留意獨深。塵沙悲白髮,爐火笑黄金。寄迹看魚鳥,冥心謝翕沈。何由報玄度,申此谷中音。

(録自明萬曆《山西通志》卷三十《藝文下》,中華書局 2012 年版,第 1061 頁)

宋名臣狄武襄公像贊

長材大器,崛起鴻蒙。龍額日角,岳峙淵融。威凝法象,秀表神雄。温恭而恪,果敢而冲。桓桓貞文,矯矯元戎。處善不伐,謙持有功。忠誠天篤,智勇並隆。人百其績,膚敏莫窮。

(轉録自《汾州滄桑》第一卷,北岳文藝出版社 1998 年版。见於《宋名臣狄武襄公功行録》)

卧雲岡

野闊常風雨，蘿深可挂衣。虬龍巖下憩，時見白雲飛。

又

開襟坐小亭，玉碗流佳釀。明月過東林，醉卧蒼苔上。

（録自明萬曆《山西通志》卷三十《藝文下》）

吴孝子〔一〕

思親遠似望雲時，日日看雲不盡思。萬古滄〔二〕溟空抱恨，百年風木有〔三〕餘悲。夢臨霖草秋天老，腸斷墳廬白晝遲。我亦思親親更永，感君和淚一題詩。

（録自清康熙《汾陽縣志》卷八《藝文下》）

【校記】

〔一〕本詩另見於明萬曆《山西通志》卷三十《藝文下》，題爲“贈吴孝子”；清雍正《定襄縣志》卷八《藝文》，作者署名“孔天胤，榜眼，汾人”。

〔二〕滄，《定襄縣志》作“蒼”。

〔三〕有，《定襄縣志》作“已”。

金波園集送鹿園先生入山〔一〕

鹿園先生，内懸智鏡，外艤仁航。鏡則普照而弗留，航則周流而無滯。乃仁智之雙營，非宣斂之一隅。故居然域中之務，復倏爾方外之游，此魯叟歎其猶龍，軒皇摽其罔象者也。予與虚齋王子、龍巖趙子、少嵋譚子、月山楊子及吴門周山人時樂與游，正數晨夕，忽聞適彼，無何翩然散澮。而緒山錢子、龍溪王子顚度江來送，予等共寫寒壺，並勤夕款。龍巖又賦《留行》，而公方吟《招隱》，蓋如白雲在天，終無定迹者已。但各咏一詩而别。

君去青山何處深，石雲蘿月杳沉沉。故人相憶書難寄，只有長宵一片心。

（録自萬表《玩鹿亭稿》附録）

【校記】

〔一〕詩題下原有作者"孔文谷先生"，詩後有"文谷孔天胤"落款。該詩有王績、趙維垣、譚棨、周詩等人和詩，見本書第六部分。

題三茅寧壽觀

果是同游者，言尋衆外幽。風林修竹静，雲檻大江流。身世遺空界，天人共羽丘。逍遥復何事，只有玉尊浮。

（録自明萬曆《杭州府志》卷九十七《寺觀一》，原無題）

題天然圖畫閣

歲晏山空誰共游，花宫香閣肯相求。斜陽坐落青峰外，片月看生碧海頭。

天鏡自懸湖水定，梵鐘虚逐野烟浮。凄娑最愛雙柢樹，傍飲能令散旅愁。

（録自明萬曆《杭州府志》卷四十四《宫室》，原無題）

聽琴篇〔一〕

美人横琴坐我堂，酒闌爲鼓三四行。燈孤月明客不發，弦悲調急秋夜長。吾家瑶琴久不拭，金徽玉軫無顔色。感君對此如有情，一彈使我三歎息。樵歌響答山澗幽，楚歌慷慨雲夜愁。瀟湘倚蘭稍平逸，四座但覺清商流。始聞白雲停翠竹，烈飆吹我溪上屋。忽然翻作廣寒游，知是霓裳羽衣曲。含宫移羽何春容，冷冷萬壑吟風松。烟岑一夕怨鳴鶴，江天何處驚蟠龍。我初好音惟好此，横笛短簫徒聒耳。平生頗抱鍾期懷，四海難逢伯牙子。今夕何夕願不違，爲君擊節淚沾衣。高歌雅和人世稀，河轉參横君莫歸。

（録自《增定國朝館課經世宏辭》卷十二）

【校記】

〔一〕作者署名“孔天胤，榜眼”。書眉有點評。“美人”句：“起得流麗。”“感君”句：“敘事得法。”“瀟湘”句：“八句點出許多曲名，絶無痕迹。”“我初”句：“一轉入神，須有此意方妙。”

八、孔天胤、馮惟訥評謝榛詩

韓兵强　輯録

這一部分録自《謝榛全集校箋》,源於《適晋稿》嘉靖四十五年馮惟訥、孔天胤評點本。參校《四溟山人全集》明萬曆二十四年趙府冰玉堂本。孔天胤未作評論之卷次未録。

卷一

佛光寺

舊游多凋殘,獨幸老無恙。西來窮勝迹,山色資幽況。林麓聞鐘聲,尋彼遠公行。殿前羅群松,殿後起疊嶂。闍黎指顧間,頓悟默相嚮。萬佛具一心,空然了無相。豈待入定時,而能斷諸妄? 須彌在咫尺,焉用飛錫杖? 明發勿復言,千崖從兹上。

【箋評】

孔天胤謂第十一、十二句:“殆爲佛光開出正相。”(《適晋稿》卷四)

馮惟訥曰:“名理入妙。”(同上)

哀老營堡

嚴冬胡馬來，不意破高壘。縱有飛將軍，倉皇那可恃？殺氣與人烟，相侵慘如此。樹寒啼老鴟，月黑亂新鬼。親戚一聞變，競走霜風裏。寧言積血腥，各認骸骨是。群號振山巔，萬淚迸湍水。俯身不回顧，忽復虜塵起。潛伏林谷中，狡黠殊無比。部落入空壁，屠戮甚羊豕。劫擄又北驅，哽咽苦千里。男女不兩存，去留見生死。生者詎得歸，死者長已矣。嗟哉仗鉞人，奮烈向朔鄙。

【箋評】

孔天胤曰："特爲老營堡作一畫圖，看之傷意。"（《適晉稿》卷四）

除夕過東林寺同曉公談禪

林磬何悠悠，庭雪復燦燦。冲寒過支公，相圍地爐炭。一談得真蘊，貝葉徒滿案。學禪若栽松，老有萬枝幹。誰能頓悟間，森然俱斬斷？見心是道侶，寂寂坐夜半。慧燈無際光，照破幾夢幻？生死譬朝夕，歲盡豈嗟歎？處世各有緣，焉得不聚散？明春杖錫行，孤雲渺天畔。

【箋評】

馮惟訥曰："世故空諦俱澈。"（《適晉稿》卷六）

孔天胤曰："公不談空而有禪悟，豈支頓是其前身乎？"（同上）

自拙歎

出門何所營，蕭條掩柴荊。中除不灑掃，積雨莓苔生。感時倚孤杖，屋角鳩正鳴。千拙養氣根，一巧喪心萌。巢由亦偶爾，焉知身後名？不盡太古色，天末青山横。

【箋評】

馮惟訥曰："辭冲意遠。"（《適晉稿》卷二）

孔天胤曰："古調新意。"（同上）

李郡丞叔東晚過

嗜味恒欲甘，染色每求茜。但趨人所同，信矣非名彦。片石久交心，千里夢中見。古來賢達者，曾不棄貧賤。對君猶鄰城，焉知客異縣？至言鏤肝膈，情豈在歡宴？高駕凌風雲，短褐冒霜霰。浮生各有勞，鬢髮易爲變。共話幾離合，促膝夜忘倦。舊好可復來，星河轉深院。

【箋評】

孔天胤謂前四句："横空硬語自勝。"（《適晉稿》卷三）

寄拙園有感

吾生巧與拙，兩端不俱存。老有至拙處，對人莫能言。守拙懶爲主，况復居此園。奚奴亦習懶，中庭蕪穢繁。皎月照我床，清風吹我軒。貴心不貴迹，達人方可論。

【箋評】

馮惟訥曰："能貴其貴，拙亦忘矣。"(《適晉稿》卷六)

孔天胤曰："拙而且懶，能道予之真處。"(同上)

卷二

寶劍篇贈王希元之遼陽

天開茨山鑄鐵英，七星上護蒼龍精。動拂寒光照朔野，三秋風雨匣中鳴。國士佩之增俠氣，詎學季子徒縱横？久藏靈異發浩歎，一逢知己快平生。憶昔神交寄雙鯉，中有尺書通姓名。邂逅天涯兩披豁，樽前不盡江湖情。古來放達在我輩，半醉相隨歌月明。虜騎憑陵忽深入，宿酒未消心魂驚。幾處材官死鋒鏑，千家妻子號柴荊。每談邊事自抵掌，於今北闕誰請纓？咫尺雁門不得到，探奇直向榆關行。雕西紫塞日慘澹，馬上青山雲送迎。有才未必竟淪没，鶯花莫憶廣陵城。歲暮别君正冰雪，滹沱暗咽東流聲。餞别代州城外，滹沱河之源出秦戲山。

【箋評】

孔天胤謂前四句："叙得精靈，正爲烈士張本。"謂十九、二十句："使放達者憂邊，則籌邊者作何狀也？"謂二十三、二十四句："言人稀也。"(《適晉稿》卷四)

馮惟訥曰："觀此篇則□王生壯懷奇□，非可泛交者。"(同上)

金閣寺夜同海公談禪

西來梵語自渾淪，譯出文章恐失真。從此諸宗轉岐路，超然獨見竟何人？金閣談禪坐永夕，魑魅竊聽傍松柏。慧燈不滅長照心，門掩空山萬籟寂。

【箋評】

馮惟訥於第四句後曰："超悟獨見。"(《適晉稿》卷四)

孔天胤於第四句後曰："當是高峰上堂語。"(同上)

示本海禪師

山僧相款正殘臘，一問無生數言答。潭水有天涵定心，澗雲不雨護禪榻。駐錫空林幾歲華，那知冰雪侵袈裟？詎待談經五六月，滿山湧出金蓮花？

【箋評】

孔天胤曰："正如蓮花秀妙。"(《適晉稿》卷四)

同李兵憲廷實、劉計部伯東宴集，因談五臺山之勝，遂賦長歌行

殘冬游五臺，幾步一徘徊。石罅松根出，雲端山勢來。地接龍荒莽無際，疏林但見冰花開。絶頂下連萬丈雪，陰崖長積千年苔。經過險巇有藜杖，天許詩人獨放曠。青山不斷馬頭前，紅日忽翻鴉背上。我來轉折無盡時，奇處復奇難形狀。焉得江南顧愷之，爲予寫成巖壑障？五臺山高齊插天，開闢有色同蒼然。平生想像勞夢寐，到時飄逸如登仙。躡屩越丹崖，揮手拂紫烟。化城金界未深入，遠公逝矣誰相延？靈脈永存功德水，仿佛徹耳來飛泉。令人心思浄於洗，不根突出紛青蓮。指點烟嵐動廣席，何當鷲嶺共攀緣？二君壯圖逢昭代，豈暇聯轡游山川？嚮予歎息且酌酒，日下圭峰重回首。

【箋評】

何當鷲嶺共攀緣,《適晉稿》作“仿佛鷲嶺相攀緣”。孔天胤於此句後曰:“正是談勝。”(《適晉稿》卷四)

馮惟訥曰:“此作詞氣超詣,逼真青蓮。”(同上)

慶雲上人歌

上人姓王氏,兩淮運副之子,慶成王府儀賓。夙好佛,縣君早卒,遂栖隱卦山之西,有宗風焉

十年城市斷行迹,秀拔峰巒暫登陟。錫杖今隨猿鳥群,錦衣昔變風塵色。滿窗松影一龕經,説法夜深山鬼聽。金界獨栖月皛皛,玉枝已折春冥冥。高眠石榻遠華屋,不復膏粱只盤蔌。心絶世緣涵太空,身當禪定倚枯木。東林誰識遠公流,薝卜花開幾度秋?自别王門歌舞地,白雲清磬共悠悠。

【箋評】

馮惟訥謂第七、八句:“空色雙玄,俯仰無限。”謂第十一、十二句:“寂寞悲慨。”(《適晉稿》卷五)

孔天胤曰:“禪語偏絶。”(同上)

擬裁衣行

天南越嶠欝蒼蒼,苧葛結陰巖壑傍。越女搴條共笑語,野風細吹脂粉香。曉星出門落日返,一家姑嫂時相將。千絲萬絲手中過,要織纖縞如許長。閨中咿呀鳴機杼,幾人力織纔盈箱?數匹較來一匹强,却爲野老裁衣裳。著身便有烟霞氣,青山何處非吾鄉?步虚好追

松喬輩,采芝更逐黄綺行。葛衣之輕當炎暑,狐裘之重禦雪霜。被服及時無輕重,人間萬事多參商。舞翻廣袖發浩唱,不羡接輿爲楚狂。且挂薜蘿坐傾酒,滿園月露澄秋光。每逢七夕仰河漢,天孫餘巧散下方。我欲登樓酹椒觴,擲梭一女兮使人嗟歎空徜徉,使人嗟歎空徜徉!

【箋評】

孔天胤曰:"前十二句得古樂府體。"(《適晉稿》卷六)

馮惟訥曰:"托興甚遠。"(同上)

卷三

歲杪行上德平、鎮康、安慶三王

陶潛昔日居柴桑，諸兒嬉戲時相將。吾生多累何感傷，况復離合殊無常。燭兒長成亦自强，解念衰頽來異鄉。敝裘風雪能禁當，心事未了向平忙。其如旅館惟空囊，空囊出暴懸斜陽。欲收元氣通詩腸，山林胡爲忌老狂？倏忽雲起天迷茫，似恐奪秀歸東方。憑高舉手酹一觴，千峰萬壑幽思長。豈獨杖藜經太行，更搜五岳成文章。奚奴竊笑立我傍，謂予晚節比松篁。却與片時閒商量，窮冬幾促典衣裳。只須擁衾不下床，梅花春信隔宫牆。終朝岑寂對冰霜，汝曹好爲掃中堂。垂簾几坐焚名香，神游四海同春光。春光顔色不淒凉，於今好客多淮王。

【箋評】

孔天胤於"更搜五岳成文章"後曰："復是謫仙揚芬吐琦。"於詩後曰："奇氣疏節可尚，不知者謂作寒酸語耳。"（《適晉稿》卷一）

馮惟訥曰："骨肉羈旅，委曲備盡。結氣岸不落，故佳。"（同上）

逐兔篇，因瀋國主賜程、單二生十兔，走筆賦此

少年慣是驅馳者，寒天逐兔青山下。饑鷹忽縱越高林，走狗如飛盡平野。須臾快意非壯圖，俯身那惜千金馬？連朝顔色豈常歡，往往收功見多寡。箸頭一臠亦太勞，更與何人薦玉斝？原來難易當在

心,慨然犒士君惠深。

【箋評】

孔天胤謂前四句:"善叙事理。"又於詩後曰:"收拾趣妙。"(《適晉稿》卷二)

春雪柬左溪子

王孫每招重詞賦,坐對山川秋欲暮。鵄背斜陽醉後天,馬頭凉雨歸時路。我去三關一寄情,今春又客太原城。積雪满庭人不到,卧看《説苑》憶更生。

【箋評】

孔天胤曰:"寫出炎凉,令人絶倒。"(《適晉稿》卷五)

蒲州百姓歌 爲張肖甫作

五馬從東來,云是銅梁彦。下車德政天有知,膏雨及時潤郊甸。我公之心堅於石,石在水中清自見。不欲父老稱,只恐黎民怨。兒童争出門,含笑識公面。何當加禄齊三公,百年守蒲長春風?

【箋評】

孔天胤謂前六句:"極是古調。"(《適晉稿》卷三)

登太原城樓送李郡丞叔東移任平陽

會晤何遲别太早，白首相逹感衰草。郭南咫尺望飛旌，况復青山之外紅塵道。渡汾水，向平陽，一官兩佐郡，究見君才長。兵散潢池盡赤子，能使人家悲又喜。是非定矣多薦書，蕭艾何曾混蘭芷？河東城上垂楊秋，河東城下滄波流。父老歡迎那更愁，仍是去年李霍州。從今姑射洞前或有夢，心清得與仙人游。

【箋評】

孔天胤謂倒第四、第三句："又見霍州循良，極是古人語。"（《適晉稿》卷三）

孟廉憲因談岷州邊事，遂贈雪山行

雪山高插西極天，上有積雪經千年。望中皛皛何凛然，清徹君心日夜懸。晝肅幕府明戈鋋，論兵識在破敵先。自能戰守見才全，岷山城外絶烽烟。黄榆幾落秋風前，健兒牧馬坡上眠。斜陽下嶺飛烏鳶，賴是君侯按龍泉。三軍瘡痍殊可憐，胡笳淒斷秦山川。朔雲低拂漢旌旃，安得長纓繫左賢。片石誰將功業鎸，君昔鎮静務屯田。運籌六載威名傳，洮河歲暮結冰堅。天王遥賦黄竹篇，中興此際同周宣。君談往事對廣筵，恍疑突出雪山顛。逼人寒色渺居延，且進一杯重留連。節鉞豈待春鶯遷，焉知不復臨西邊。

【箋評】

孔天胤謂首句："起得開門見山。"（《適晉稿》卷三）

題陳中貴園亭

去秋亭館曾招客，幾處張筵到深夕。花竹學成金谷園，池塘倒插錦川石。昨經春雪復來游，古木閒雲淡若秋。尚憶歌童唱新調，醉來拍手見風流。

【箋評】

孔天胤曰："俗態如畫。"（《適晉稿》卷五）

秋風歌呈孔方伯汝錫

對秋風，感懷不與故鄉同。來自西極動萬里，焉得吹我太行東。孤城木葉正摇落，金河蕭颯催征鴻。客居汾陽久不返，天涯惆悵飛枯蓬。古來道氣出浮俗，主人高誼今英雄。昔逢春雨百花發，凉露又垂蘭桂叢。小窗起坐不盥櫛，荒庭灑掃呼兒童。老無閒日求詩工，苦中生死一蓼蟲。兵厨多酒且復醉，嗣宗何必悲途窮。野夫憂樂各有謂，莫嗔狂態成衰翁。昨夜登臺獨舒嘯，秋聲不斷關山空。

【箋評】

孔天胤曰："無奈秋風，偏催别思。"（《適晉稿》卷六）

瞻遠樓爲宋大參伯鎮賦

古姚州，郭西别業開林丘。花石夾階小玄圃，極天形勝當高樓。况復三臺之峰最秀拔，嵐光直向空中浮。畫棟雕甍耀日月，倒瀉丹碧澄溪流。窗含滄海越東雨，檐接明河天上秋。啼鳥一聲重悲慨，凄風忽起蒹葭洲。君不見混茫萬古魚龍國，下通地軸深叵測。倏蕩烟霞曠望間，四時元氣浩無極。衆島波翻幾點青，日初隱見扶桑色。陰晴變幻入揮毫，不到冥搜未易得。神會動千里，豈獨窮目力。逝水與孝思，悠悠兩不息。更堪歲晚對冰霜，主人懷抱復誰識？

【箋評】

孔天胤曰："辭麗氣昌，善狀勝地與孝思者。"（《適晉稿》卷六）

寄謝車國醫元吉

西來苦詩思，力疾自河汾。訪爾園亭共幽事，疏籬擁菊當斜曛。能爲膏肓驅二豎，更談命脉經宵分。天應不忌徐陳輩，使我得遇長桑君。擬渡三江弄明月，漫游五岳披高雲。山川留得放歌叟，杖頭百錢且沽酒。有藥可扶垂老身，撿方已見回生手。相逢兩幸無重輕，詩與爾名同不朽。奚童驅馬一函書，人在高都幾翹首。所懷况值冰雪晨，去年傾蓋知予真。黄鳥鳴時好乘興，遥認門前楊柳新。恐君采藥山中去，悵望桃花各自春。

【箋評】

馮惟訥曰："題枯辭富，可見作手。車生得此亦幸矣。"（《適晉稿》卷六）

孔天胤曰："結更入妙。"（同上）

秋夜雲峰書齋餞别，賦得秋字

文夫平生何所求，百年與世同沉浮。枕上一思動萬里，黄金容易齊山丘。君家父子繼劉向，時振藻思多冥搜。著書堆案未滿意，眼前豈暇觀蜉蝣？君不見五龍山上千松稠，松枯石爛名應休。况今樂善存古道，日無俗擾軒庭幽。晚來有客自延款，呼童出典青綺裘。高燭結花照几席，西風吹動湘簾鈎。共談世務復文字，賓主相看俱白頭。笑我吟詩胡不飲，清時獨抱三閭愁。詎知醉客輕王侯，劍歌豪氣不能收。豪氣混茫隘江海，彎弓欲向扶桑游。巨濤欻騰在跬步，翻空不定風飈飈。萬蚌銜珠奪明月，鼇魚背上信宿留。儷侶相將踏紫霧，才窮三島仍十洲。肯學書生拘細論，寓言聊爾從莊周。人生大小各有志，豈徒衰老工雕鎪。龍蛇已藏地窟夜，鷹隼争擊天關秋。君還閉扉我行路，揚鞭西北指并州。故人相逢説曠達，空囊去住能自由。托乘山川隨處賦，姑射洞開石髓流。山靈爲喜標形勝，禁彼衆鳥無啁啾。翠華杳然吊漢武，白雲汾水空悠悠。英雄不遇生太晚，何時且遂田園謀。漳河之源自發鳩，因憶鄴中走馬經長楸。徐陳零落罷歡宴，不聞廣殿彈箜篌。驚心雨墮井梧葉，嗟哉太行何阻修。上黨有待幾朋儔，黄花正開酒新篘。定約登高醉重九，滿天秋色當西樓。

【箋評】

孔天胤於"才窮三島仍十洲"後曰："凌駕青蓮，是此一十八句。"（《適晉稿》卷三）

馮惟訥曰："此篇瑰麗之詞，豪宕之氣。其間地名疊出，讀者自不厭其繁。"（同上）

卷五

走筆酬王賓相世祥

積陰無好況，寥落度中秋。雨濕他鄉樹，雲昏昨夜樓。莓苔連砌滑，烏鵲抱枝愁。咫尺難乘興，因思王子猷。

【箋評】

孔天胤曰："全首温純。"(《適晉稿》卷一)

次張祜金山寺之韻

孤絶寒逾迥，蒼茫夜不分。僧歸依島月，龍定縮江雲。天漢窗前合，風濤枕上聞。好沽瓜步酒，詩思在微醺。

【箋評】

馮惟訥曰："想像格力，可追盛唐經涉人。"(《適晉稿》卷一)
孔天胤曰："使與公子對榻聯篇，未知孰勝。"(同上)

北望五首

近聞京國報，北望起遐思。世道龍堪隱，邊愁雁亦知。宫雲忽變色，御水漸流澌。上苑凉飆急，栖鳥不定枝。

戎馬何時定？愁雲直北看。朝廷殊見遠，將相各知難。風亂邊聲急，霜連兵氣寒。中天問明月，曾照漢家壇。

十月嘶胡馬，南來飲潞河。論功自有定，報國豈無多？霧擁宫門隔，星飛羽檄過。中興見神武，不許郅支和。

鼓角昏黄過，關山太白高。往來驕虜數，賞罰聖心勞。俠士惟龍劍，材官幾豹韜。城雲自寒色，時擁漢旌旄。

胡笳徹畿甸，御柳動蕭森。旰食三秋檄，宵衣九塞心。風霜偏氣慘，節鉞更憂深。近日天顔解，山河散積陰。

【箋評】

馮惟訥謂第三首："忠愛剴切。" 謂第五首第二聯："'旰食''宵衣'，對忒見成。"又謂五首詩曰："五詩悲感，得杜三昧。"（《適晉稿》卷一）

孔天胤謂第二首："四十字，廟謨之談，亦爲全勝。"謂第四首："時王、楊二總制相繼被殺，觀頷聯，抑謂此歟？"（同上）

季冬夜西池君見過

昔枉信陵車，侯生一敝廬。自甘昭代隱，擬著老農書。山暝登樓外，庭寒掃雪餘。相知在古道，寧復曳長裾？

【箋評】

孔天胤曰："典雅。"（《適晉稿》卷一）

除夕西巖君見過同酌

春光在何許？客裏只燈花。分却梅窗興，來尋草舍家。夜寒餘巷雪，暝色聚城鴉。明日誰同醉？應思舊歲華。

【箋評】

孔天胤曰："近體古調。"（《適晉稿》卷一）

悼懶雲上人

禪徑積莓苔，松風還自來。塔鈴空響徹，薝蔔但花開。燈失定時影，爐存身後灰。共知甘寂滅，林鳥不須哀。

【箋評】

馮惟訥謂第三聯："此擬錢仲文，青於藍矣。"（《適晉稿》卷二）

孔天胤曰："得挽僧體。"（同上）

憶廬山東林寺

上方閒日夜，下界有風波。徑石封蒼蘚，龕燈照碧蘿。心空不假悟，佛在亦應多。未攬匡廬勝，浮生奈老何！

【箋評】

孔天胤謂第三聯："熟讀禪家公案，方知此句底蘊。"（《適晉稿》卷二）

馮惟訥謂尾聯："妙。"(同上)

昭覺禪院同南泉、西巖二君賦得天字

相約多幽事,頻來有静緣。法雲高捧月,祇樹暗藏天。垂老堪投社,無心自會禪。誰爲息機者,默坐弈棋邊。

【箋評】

孔天胤曰："極是清言。"(《適晉稿》卷二)

寄孔方伯汝錫

事有關天地,誰當著述名。山林一身重,鐘鼎幾人輕?芳樹杯中色,流泉枕畔聲。應憐玉堂月,游宦老方城。楊方成以狀元督學,止於左轄;文谷以探花外宦,相類。

【箋評】

馮惟訥曰："此結爲二公並寫真矣。"(《適晉稿》卷二)
孔天胤曰："詩自好詩,人則不敢當。"(同上)

夜過雲洲翁,時有太原之行,賦此言别,得疏字

黄金無定物,何事系親疏?文字交能久,心期道有餘。坐中千里客,别後幾函書。感慨今何夕,梧桐落葉初。

【箋評】

孔天胤謂前二聯:“四句脱俗。”(《適晉稿》卷三)

聞李大参子高出送楊中丞過成晉驛,賦此寄懷

西河能鎮静,亦有送迎勞。山共夕陽迴,天連秋氣高。壯心應節鉞,行色且旌旄。回首顧寒雀,飛鳴傍野蒿。

【箋評】

孔天胤曰:“全篇温款。”(《適晉稿》卷三)

登東關寺浩然臺

老存浩然氣,今上浩然臺。世事成千古,商歌寄七哀。樹高山色斷,天迴雁聲來。更與休公約,秋花作意開。

【箋評】

孔天胤曰:“高懷雅調。”(《適晉稿》卷三)

九日感懷

樓上獨臨眺,悠然秋興長。妻孥遥念老,朋好更憐狂。地轉惟漳水,天連一太行。菊花慘無色,寂寞又重陽。

【箋評】

孔天胤謂第二聯:“他人有此,未必能言。”(《適晉稿》卷三)

郊送張肖甫

平子愁能賦,予愁更幾何?涙中心事盡,客裏世情多。青眼交仍好,黄花節又過。離亭獨悵望,車馬渡汾河。

【箋評】

馮惟訥曰:“黯然消魂。”(《適晉稿》卷三)

孔天胤曰:“辭婉思深,八句而一。”(同上)

秋　懷

東望太行路,巉巖幾斷崖。易歸千里夢,難遣九秋懷。夜色霜明樹,寒聲葉滿階。著書思趙邸,静掩舊茅齋。

【箋評】

馮惟訥謂第三聯:“蕭索可想。”(《適晉稿》卷三)

孔天胤曰:“險韻清言,如灑秋風戛瑶樹。”(同上)

李兵憲廷實遣使郊迎

夜盡驅車力,遥看曙色開。層城林杪出,一騎雪中來。道在交應遠,思深書復裁。亦知迎送意,使者亦徘徊。

【箋評】

馮惟訥謂第二聯:“可畫。”(《適晉稿》卷四)

孔天胤謂第二聯:“十字入畫。”(同上)

過忻州,西崦君郊餞,賦此志别

郊亭擁敝裘,寒色未全收。坐覺風塵倦,翻爲歌舞留。銀筝寫離思,玉斝寄鄉愁。隨處看春草,王孫不共游。

【箋評】

孔天胤曰:“尋常春草王孫,一翻便新。”(《適晉稿》卷五)

述　感

緑蓰混芳蕙,不語一心閒。高枕是非外,端居醒醉間。溪深多白鳥,地勝幾青山。更有清風伴,翛然時往還。

【箋評】

孔天胤謂第二聯:“高尚不凡。”(《適晉稿》卷五)

卷七

咏　雪

空闊明狐塞,微茫净鷺灘。關山望處别,杖屨步時難。風掃無全白,冰連更積寒。菟園成謝賦,並得早梅看。

【箋評】

孔天胤曰:“古淡勻圓。”(《適晉稿》卷四)

偶　成

鄉園尚隔越,寒暑又經過。晚計身無補,新交事轉多。閒時自天地,静處即烟蘿。白鳥忽飛去,悠然一浩歌。

【箋評】

孔天胤謂前四句:“旅況甚切。”(《適晉稿》卷四)

寄太和山何隱君二首

棄官依白岳,歲月此栖遲。道侣頻相過,丹經久自知。心閒虎嘯處,步緩鶴隨時。倚杖看晴色,前峰又采芝。

太乙壇前客,桃花十度紅。幽栖片石定,元氣四時通。古樹臨蒼壑,閒雲澹碧空。能談非静者,真意幾人同?

【箋評】

孔天胤曰:“大是真詮。”(《適晉稿》卷五)

中秋宿來遠店無月,懷孔老

雨隔團圓夜,天違浩渺秋。關山增客感,烏鵲向人愁。堠館誰同賦,匡床此獨留。知君待華月,秉燭在高樓。

【箋評】

孔天胤曰:“有情有文。”(《適晉稿》卷六)

馮惟訥謂第二聯曰:“曹公詩‘月明星稀,烏鵲南飛’。”(同上)

秋雨宿權店驛有感

驛燈分暝色,野館滯秋陰。已倦衰年事,偏馳故國心。夜凉槐雨滴,月暗草蟲吟。歸夢不知路,千山雲更深。

【箋評】

孔天胤曰:“意遠句新,結句之難得者。”(《適晉稿》卷六)

馮惟訥謂第三聯:“夜雨空階,情同於古。”(同上)

初冬十五夜雲洲丈招游東林,得僧字

皎皎東林月,初看法鏡升。殿沉中夜磬,松隱上方燈。興劇催銀斝,詩成轉玉繩。地非廬霍勝,天許著名僧。

【箋評】

孔天胤曰："辭氣渾成，不爲險韻所窘。"(《適晉稿》卷六)

寄鄴中李德佩二首

茫茫一人海，自古混魚龍。氣勁寫愁賦，春酣垂老容。池邊月明鶴，嶺上歲寒松。吟嘯誰爲侶，嗟予萍水踪。

西園帝子去，亭榭草萊深。登眺同懷古，悲歌獨至今。山高不隔夢，月皎更知心。鄴樹鳴春鳥，因風得好音。

【箋評】

馮惟訥曰："二作書懷、追述，著著不同。"(《適晉稿》卷六)

孔天胤謂首聯："慨賢者之寥落也。"(同上)

冬夜昭覺禪院示萬燈上人

舊衲燈前補，天寒霜滿庭。不眠中夜偈，早起半函經。慧力刬諸障，禪心通百靈。臘同祇樹老，春雨又青青。

【箋評】

馮惟訥曰："結口生意。"又謂第三聯："深得禪旨，句法似杜。"(《適晉稿》卷六)

孔天胤曰："□□□□。"(同上)

卷八

李汝純携文稿見過，率爾賦贈

懷袖出何書，飛霞燦不如。能文舉業外，振藻比圖餘。春動混茫氣，天開閭闔居。幾時逢狗監，爲爾一吹噓。

【箋評】

孔天胤曰："作常題能得雅健，非老手不能。"（《適晉稿》卷三）

馮惟訥於第四句後曰："初唐詩多合掌，此雖相類，意稍不同。"（同上）

卷十

過西池書齋賞菊

培養鄰三徑，移來殿萬芳。餘花自風景，幽意合柴桑。繡幕駐秋色，金杯浮晚香。主人益珍愛，詎敢傲飛霜？

【箋評】

孔天胤曰："菊景又別。"（《適晉稿》卷一）

聞馮大參汝言過長子寄懷

徵驂過長子，傳是小馮君。落月殊相憶，鳴鴻各自聞。人經兩春草，路隔幾山雲。昨有晉陽夢，焉知勞夜分。

【箋評】

孔天胤謂第二句："用馮君，妙。"（《適晉稿》卷二）

咏　史

言失有言後，事生無事中。至人餐沆瀣，教我隱蒿蓬。黄綺匡扶别，荀揚著述同。從來貴玄默，高枕聽松風。

【箋評】

馮惟訥謂首聯:“似老莊語。”謂全詩:“有感而發,言簡意多。”(《適晉稿》卷二)

孔天胤謂首聯:“至理名言。”(同上)

卷十一

秋夜即席爲南岑丈賦

絳燭含花照綺羅，瓊筵徹夜奏笙歌。醉來有興新詩健，交到知心勝會多。風度千門傳鼓角，雲開萬里出星河。甕頭再熟黄花酒，應待山人步月過。

【箋評】

孔天胤謂首聯："自是王門氣象。"(《適晉稿》卷一)

九日齊明府思欽見過

天涯節序酒樽空，扶杖登高索寞中。旅雁一聲辭朔塞，寒砧幾處亂西風。今嗟白首親朋隔，舊采黄花兒女同。慰我羈懷有陶令，非關秋色過籬東。

【箋評】

孔天胤曰："雅調凄清。"(《適晉稿》卷一)

寄孔方伯汝錫

林園幽鳥日相依，勛業知君久息機。才合玉堂青史缺，官拘薇省黑頭歸。數峰雲氣含秋雨，萬谷河流動夕暉。好客共聞今北海，何時乘月扣山扉？

【箋評】

孔天胤曰："孤生冉冉思依依，欲訪蓬瀛話息機。舟去只愁風倒引，路迷常苦夢空歸。馬卿才湧天雲氣，謝朓名流海日暉。何辜欲求相問訊，琅函先遣報巖扉。"(《寄懷謝四溟見懷一首用來韻》)

次瀋國主對菊韻用述鄙懷

長鋏無聲食有魚，門前倚杖雁來初。身違故國頻勞夢，力到衰年尚著書。客子欲傾天上酒，園丁還摘雨中蔬。因思寄傲陶彭澤，坐對秋花白露餘。

【箋評】

孔天胤曰："八句情景冲融俱盡。"(《適晉稿》卷一)

雪中感懷二首

客懷無定幾晴陰，晉俗那知半古今。孤館勁風翻積雪，千松寒色隱危岑。鏡垂鶴髮嗟年老，劍養龍精動夜深。昨向庭前驅鬥雀，解紛還似魯連心。

天教强健老年身，自覺詩成調轉新。三晉關河無旅雁，萬家風雪幾愁人。樽中醴酒堪懷古，笛裏梅花未是春。形勝肯淹青玉杖，乾坤何愧白綸巾。

【箋評】

馮惟訥謂第一首："細事自寄亦佳。"(《適晉稿》卷一)

孔天胤亦曰："何慕魯連之深。"(同上)

雪中柬南泉君

當年齊客劍歌雄，落落襟期誰復同？特地曉寒侵逆旅，極天春雪滯歸鴻。詩緣老後格逾健，酒到愁邊樽易空。豈待黄花秋寂寞，白衣方遣過籬東。

【箋評】

馮惟訥謂第二聯："壯！"謂第四聯："寂寞語，不寒儉。"(《適晉稿》卷二)

孔天胤謂第三聯："極是性情。"(同上)

三節爲郭生賦

三節相依度歲華，南村厚俗使人嗟。閨中亦解桑麻計，簾外慵看桃李花。衰白同心天意許，流黄共織月光斜。龍山不改千松色，長送清風到爾家。

【箋評】

孔天胤曰："題目簡淡，以古意涵詠，自然，穠縟。"又曰："寓穠鬱於簡淡。"(《適晉稿》卷二)

初春同南泉、西巖、西池諸丈夜過懶公禪院，賦得青字

獨吟風物初成草，共感交游此聚萍。今日壯懷輕客計，老年幽意在禪扃。松間月落床猶據，雪後春寒酒易醒。横笛不須吹折柳，市橋纔見幾條青。

【箋評】

馮惟訥曰："押好。"（《適晉稿》卷二）

孔天胤曰："翻案又別。"（同上）

次韻酬張召和見寄

危欄直傍白雲層，與客論詩向晚憑。澤國雲霞多變幻，海天風浪歘崩騰。渾雄自可追前代，古澹由來是上乘。横槊千年獨魏武，相期並馬吊西陵。

【箋評】

孔天胤曰："超然遠覽。"（《適晉稿》卷二）

憶茅山兼寄黄淳夫逸人

秣陵佳氣日氤氳，句曲逍遥鸞鶴群。諸洞藏真開石髓，三峰拔秀出江雲。松間月挂清秋影，天上星羅太古文。早晚黄生换仙骨，相期南去訪茅君。

【箋評】

孔天胤曰："字字欲仙。"（《適晉稿》卷三）

同王明甫登玉皇閣

共探勝迹訪玄都，閣上憑虚日欲晡。客路星霜嗟老病，聖朝風俗見唐虞。天横一鳥心何迥，地合群山興不孤。同是玉皇香案吏，君今廊廟我江湖。

【箋評】

孔天胤謂後二句："二句仙氣道骨，就閣上寫出。"（《適晉稿》卷三）

左溪君招飲浩然臺值雨，同王明甫賦得臨字

高臺置酒邀登臨，騎馬共游泥濘深。絶塞烟雲白雁没，亂松風雨蒼龍吟。閒中勝境幾人興，醉後狂歌千古心。世事從來變倉卒，出門誰預知晴陰。

【箋評】

孔天胤曰："此興此心，實不易語。"（《適晉稿》卷三）

過朱道甫留酌，分得秋字

爲愛君才王勃流，樽前相對賦高秋。關山回首偏多路，風雨驚心各一樓。老去自知能放達，古來誰不重交游。匣中寶劍藏靈異，莫

使龍光天外浮。

【箋評】

孔天胤謂第二、三聯："四句非老於世故，深於旅懷，斷不能及。"（《適晉稿》卷三）

送别張僉憲肖甫之潁州，兼憶徐太守子與

浮雲薊北歎相違，舊社詞人各是非。謫後兩遷心事定，醉中多賦宦情微。黄花含笑孤秋色，白雁離群幾夕暉。潁上有懷徐幹遠，建安風調邇來稀。

【箋評】

孔天胤謂前四句："四句道人意中事。"（《適晉稿》卷三）

送别吴景伯、李光卿、吴子哲三考官

太原城外感離群，消息從今不易聞。旅雁翩翩乘朔氣，秋花寂寞向斜曛。只緣俎豆他鄉合，漫賦山河别路分。楚客西歸渺相望，天連劍閣萬重雲。

【箋評】

孔天胤曰："賦别三人，語語皆盡。"（《適晉稿》卷三）

秋夜同吴方伯子有、孟廉憲存甫、馮大參汝言、周學憲子才游東寺

詞人薄暮集東林,碧殿風飄鐘磬音。游宦莫嗟閒日少,談禪聊坐法雲深。天回河漢餘秋興,月在松蘿清客心。聖代經綸罷蓮社,黄花相對且長吟。

【箋評】

孔天胤曰:"清新俊逸,松風蘿月,金鐘玉磬。"(《適晉稿》卷三)

卷十二

暮秋同馮汝言、周子才登浩然臺,賦得來字

只園杖屨踏莓苔,爲愛霜花最後开。當代風騷同把酒,極天形勝一登臺。蒼蒼樹擁夕陽盡,白白雲將秋色來。幾處名山問禪侶,只今誰有惠休才?

【箋評】

孔天胤謂第三聯:"天然秀句。"(《適晉稿》卷三)

卷十三

送李明府凌秋入覲

青雲舊侶别多時，北去鳴珂是會期。魏闕星辰連曉色，漢廷鵷鷺肅朝儀。九天春雪宫梅發，萬户晴烟御柳垂。當代掄才重台諫，晉陽賢令巨源知。

【箋評】

孔天胤曰："靈心秀句，故全勝矣。"(《適晉稿》卷四)

送蕭明府夏卿入覲

日觀峰高出半天，君才奪秀獨超然。飛霞逸思追丹鶴，流水清心在素弦。山縣坐令風俗美，王程遥見旆旗懸。趨朝氣色春雲轉，蕭史從來更幾仙？

【箋評】

馮惟訥曰："以上四律，皆典麗似盛唐。"(《適晉稿》卷四)
孔天胤謂首句："起得超絶。"(同上)

寄懷吴少吕，時寓鄴臺

君客梁園幾見秋，吾踪西轉路悠悠。著書未滿山林意，携劍何爲關塞游？明月一樽孤授簡，停雲兩地各登樓。雁門歲晚淹歸計，却向鄒陽問去留。

【箋評】

孔天胤曰："朋情旅况殆盡。"（《適晉稿》卷四）

久客志感

寄迹天涯久未歸，孤城霜日慘無輝。苦吟易老計何拙，濁酒驅愁功亦微。兵氣横關催走檄，仙雲繞闕護垂衣。自從河套停邊議，將相於今遠是非。

【箋評】

馮惟訥曰："畎畝之忠，一唱三歎。"（《適晉稿》卷四）
孔天胤曰："微言深計。"（同上）

題吴郎中温叔山房

早辭京國風塵倦，爲愛山房泉壑重。移榻夜深垂萬象，登臺秋迥出千峰。獨蹲斑虎雲邊石，半隱蒼龍雪後松。燈下思君見奇絶，忽驚春夢戍樓鐘。

【箋評】

馮惟訥曰："精緻類杜。"（《適晉稿》卷四）
孔天胤曰："奇偉。"（同上）

李廷實兵憲署中餞別

守鄴相逢見素心，西來邊郭感何深。胡鷹遠獵生愁思，代馬閒騎聽捷音。幾醉壺觴春浩瀚，一談戰伐氣蕭森。知君別後經綸著，白髮青山空自吟。

【箋評】

馮惟訥曰："邊愁別思可想。"（《適晉稿》卷五）

孔天胤曰："真有唐人邊塞意。"（同上）

北園春集，同孔汝錫賦得花字

園中幽僻仍三徑，海内風騷自一家。勝日重招羽觴度，老狂隨意角巾斜。片雲作暝橫山色，數鳥喧春在杏花。賓主同懷見冲澹，還期松月話丹砂。

【箋評】

孔天胤曰："實情實景。"（《適晉稿》卷五）

讀李兵憲允吉關中詩集

秦中形勝入詩篇，百代流風自謫仙。能擬黄鐘超瓦缶，還將白雪寫冰弦。江平雲澹秋相映，石峭松孤月自懸。太華峰頭如可到，浩歌聲徹混茫天。

【箋評】

孔天胤曰:“清雅。”(《適晉稿》卷六)

卷十六

自挽　居樓夜傾，與妾幾爲所覆，效陶作以寄意

形骸元土木，夜半返真時。氣盡陳登傲，天留王粲詩。人皆憐鶴髮，誰更惜蛾眉？還得素輀並，何如金谷悲？緑珠不同死，魂亦不相隨。

【箋評】

孔天胤謂第七、八句："幾於達生。"（《適晉稿》卷一）

馮惟訥謂後二句："悲愴婉約，死有餘興。"（同上）

有客談沈參軍事，感而賦此

寶劍作龍吼，我心胡不平。獨存燕趙氣，長嘯古今情。道喪由天地，才高繫死生。行藏雲共滅，淒慘月孤明。舊事嗟黄祖，多狂惜禰衡。文章歸土苴，踪迹斷邊城。自失眼前策，何求身後名？越東返骸骨，風雨咽江聲。

【箋評】

馮惟訥曰："苦思俠烈。"又謂第五句："太重。"（《適晉稿》卷四）

孔天胤曰："悲歌古調。"（同上）

冬夜劉伯東官署同謝侍郎、楊總制、吴郎中、王計部宴集

浩氣乾坤迥，孤懷歲月遲。龍荒天盡處，雁塞臘殘時。凍澀苺苔徑，寒凝冰雪池。雲山成慘澹，霧樹隱參差。醉後寧無感？歌中别有悲。雅交應道合，僻性復誰知？客久頻歸夢，年衰幾會期？相逢不披豁，何以重遐思？

【箋評】

馮惟訥曰："辭意微婉，其豪氣烈心見於言外。"(《適晉稿》卷四)

孔天胤曰："精雅。"(同上)

冬夜過順軒昆季，因述病懷，得峰字

病多違舊社，一訪正昏鐘。豈奈形骸苦，寧辭藥餌重？雅交隨去住，老計轉疏慵。寒夜惟殘月，霜天有勁松。逃名竟猿鶴，閱世且魚龍。昨夢尋真處，雲深太華峰。

【箋評】

馮惟訥曰："平順不凡。"(《適晉稿》卷六)

孔天胤曰："結語奇特。"(同上)

吴太守明卿自邵武入覲，過鄴，投書敝廬，因汪中丞玉卿招予盡室而南定居閩越間，予時客晉，賦此奉答

昔别都亭柳，垂條幾度新。獨辭燕趙路，相和楚陽春。老去轍魚涸，時來尺蠖伸。中丞遠意切，上黨故情親。延士堪爲主，移家豈在人？漁樵今自適，龍鳳古誰馴？地得知音侣，天留報德身。有期孤釣渭，多事負耕莘。西極連三晉，南雲望八閩。海霞疑振藻，江月恍交神。客阻關山暮，鴉啼風雨晨。鄴臺停五馬，空復訪綸巾。

【箋評】

馮惟訥曰："叙事得體，措辭精緻。"又謂"漁樵今自適，龍鳳古誰馴"："善喻。"（《適晉稿》卷六）

孔天胤謂"地得知音侣，天留報德身"："慷慨人，忠厚語。"（同上）

卷十七

同程子仁守歲有感

歲盡邊庭虜騎回，孤城秉燭旅顔開。亂離已過三關静，生死相違幾處哀。漸覺寒威今夜減，可憐春色異鄉來。老年結伴青藜杖，聖代逃名濁酒杯。淮浦南通吴客棹，漳河東繞魏王臺。身緣留滯常同感，書寄平安各自裁。憶昔京華更愁思，笛聲吹落漢宫梅。

【箋評】

馮惟訥曰："謝老除夕夜詩最多，此更悲感。"又謂第一句："史筆。"（《適晉稿》卷四）

孔天胤曰："旅邸殘年，復更悲壯。"（同上）

送李憲伯子高之成都

朝發汾陽金鼓催，攀轅父老重徘徊。風人别賦偏多感，星使傳書不易來。自信精誠同夢寐，幾經節序各樽罍。世逢有道歸勛業，官到全名見偉才。萬里行時秦塞轉，千峰盡處蜀天開。錦江明月中心迴，好看清光照憲台。

【箋評】

孔天胤謂倒第四、三句："十四字形勝。"（《適晉稿》卷四）

卷十八

雪後同王希元登代州城樓，時虜犯岢嵐五首

登城眺夕陽，慘澹群山色。何許最關心？愁雲在西北。
雪擁邊庭路，胡兒躍馬來。一功何重賞，萬死更堪哀。
睥睨胡天近，登臨邊樹迷。漢兵不到處，寒鳥向誰啼？
霽色分諸壘，寒空下一雕。幕南白草盡，胡馬亦何驕！
都門飛羽書，冰雪走胡騎。只見塞雲愁，那知塞垣事？

【箋評】

馮惟訥謂第三首："怨而不怒。"（《適晉稿》卷四）
孔天胤曰："邊亭感慨曲盡，讀之可諷。"（同上〕

古意四首

無日不秋聲，新故愁相接。何當一夕風，盡凋千樹葉？
満園皆鐵樹，不畏風摇落。槎枒忽有聲，愁人是雨雹。
雨雹朝満地，寒色動離顔。相思一灑淚，共結面前山。
青山無大小，總隔郎行路。遠近生寒雲，愁根不知數。

【箋評】

孔天胤謂第一首："只欲葉盡無聲，不復愁了。"謂第二首："鐵樹有聲，甚奇。"謂第三首："應是愁山。"（《適晉稿》卷四）

東園秋懷四首

花竹可消愁,秋來獨上樓。自古天涯客,誰禁老去秋?
地僻有長松,鶴閒非短翮。落落丈夫心,白頭幾人識?
一日幾登攀,小臺足遣興。獨鳥入浮雲,雲飛兩無定。
天寒聞落木,葉葉是鄉愁。敲窗作風雨,不減去年秋。

【箋評】

孔天胤曰:"短歌微吟,深心更别。"(《適晉稿》卷一)

登　樓

朝亦登此樓,暮亦登此樓。白雲千里色,不是故山秋。

【箋評】

孔天胤曰:"此並《聞雁》《秋閨》,皆是樂府絶出。"(《適晉稿》卷三)

秋閨六首

目極江天遠,秋霜下白蘋。可憐南去雁,不爲倚樓人。
堅哉此庭石,郎去限南北。傷心秋雨多,又老莓苔色。
月缺偏多感,月圓翻自悲。君看幾圓缺,不異在家時。
菊老泣寒露,來秋花復新。郎歸應一採,自惜鏡中人。
寒蛩兼夜雨,並作枕邊愁。天涯有苦樂,兩地一般秋。

無風落葉遲,有風落葉疾。秋聲時有無,寧同郎在日?

【箋評】

孔天胤謂第四首:“鏡中意深。”(《適晉稿》卷三)

卷二十

東李之茂

夢回仿佛甕頭香，猶憶君家醉玉觴。起向花庭吸清露，不知殘月笑人狂。

【箋評】

馮惟訥曰："似索白衣。"（見《適晉稿》卷一）

孔天胤曰："逸思可掬。"（同上）

過西巖君書齋醉賦六首

庭畔幽花秋不多，雲邊翠柏老如何？捲簾忽爾成佳句，日暮宫牆一鳥過。

醉眼看花倒角巾，弈棋多是醒心人。雲霞似有山林意，野鶴飛來識我真。

雁催寒色度城樓，席上誰爲楚賦流？客有關心向平事，白雲應負萬山秋。

身寄王門秋已分，閨中自識念夫君。滿城凉月鳴砧杵，不使天涯醉客聞。

燭花頻剪夜將殘，對酒裁詩憶建安。談到混茫能頓悟，海濤風色坐中寒。

幾度相期過遠公，夜深移榻坐松風。欲將衣鉢傳詩妙，一法歸心萬法同。

【箋評】

孔天胤曰："首首俱好，好尤絶出。"（《適晉稿》卷一）

次南岑丈雨中見懷韻四首

山妻常惜老年游，身滯他鄉感暮秋。曉起自憐霜滿鏡，一莖華髮一分愁。

燕趙長歌調自悲，山城摇落歎歸遲。夜深孤劍龍光動，風雨鳴窗不寐時。

萬木當秋葉自稀，王門禮遇暫忘歸。莫言旅館生寒色，多少征人霜滿衣？

客居自遣一樽開，門有疏楊地有苔。醉卧不知鄉國遠，雁聲忽入夢中來。

【箋評】

孔天胤謂第三首："旅館而及征人，可以風矣。"（《適晉稿》卷一）

瘸　馬

食盡場苗愧白駒，何曾緩急爲征夫？平原跛客如牽過，笑殺蛾眉可盡誅。

【箋評】

孔天胤曰："調笑亦奇。"（《適晉稿》卷一）

即席醉筆一韻十六首

春夜同德平、鎮康、安慶三王游昭覺寺禪院，偶成一絶，有“王者從來無戲言”之句，因次其韻以表雜感

梁王授簡昔多賢，無限春光醉菟園。詞客千年能振藻，至今傳世幾名言。

吟詩爲擬杜陵賢，罰酒寧辭金谷園？大役心神不如醉，從來静者自忘言。

寄興聊憑酒聖賢，春風幾醉百花園？巢由上古無文字，今日山林好立言。

放達因思晉七賢，青青修竹但林園。嗣宗豈是耽杯酒，長詠幽懷不盡言。

幽栖誰識漢陰賢？抱甕終朝只灌園。天地於今總機事，中庭倚杖獨無言。

閲世寧論愚與賢，且隨幽事給孤園。老僧手把竹如意，笑指浮雲無一言。

終南深處有高賢，幾欲相從别故園。紫氣横關見老子，還期授我五千言。

才力誰爲鳴世賢，歲寒冰雪卧閒園。梅花吟到清新處，獨有揚州何仲言。

銜杯焦遂世稱賢，月下神交花竹園。莫訝疏狂時復醉，老夫欲辯已忘言。

自古諸侯多下賢，幾人知遇宴名園。楚襄不見青山在，宋玉何須賦大言？

東閣曾招海内賢，何如狗監薦文園？沉淪多少相如輩，賦有凌雲只自言。

鸜鵒羈留見主賢，花間雨露擅芳園。月明忽作隴山夢，爲閲人情不肯言。

被褐曾交當代賢，西游却憶薜蘿園。春風黄鳥鳴何處？桃李向人殊不言。

八斗高才更禮賢，建安詩詠自西園。陳王飛蓋雲俱滅，王粲傷心不忍言。

陶令真成栗里賢，遠公結社又祇園。青山對酒多吟嘯，只有中懷不可言。

楚元曾重穆生賢，謝病翻栖半畝園。醴酒一杯成故事，笑看明月復何言？

【箋評】

孔天胤謂第四首："所謂百代之下，難以情測。"謂第十一首："一唱三歎。"(《適晉稿》卷二)

孔天胤曰："一韻十六篇，如層城疊閣，含景各盡。"(同上)

馮惟訥謂第十六首："末句似有意。"(同上)

細君以無酒見嘲　予因病戒酒

清時何苦學靈均？妾抱鄉愁翠黛顰。醒眼相看笑燈下，君今不是獨醒人。

【箋評】

馮惟訥曰："有風興。"(《適晉稿》卷二)

孔天胤曰："極是善嘲，口須一解。"(同上)

自上黨抵晉陽旅館柬馮大參汝言

中途老倦夕陽催，薇省傳書門正開。一騎走迎三十里，晉人知有布衣來。

【箋評】

孔天胤曰："古意。"(《適晉稿》卷三)

卧　佛

卧枕長輝八寶文，幢幡古色篆香薰。覺來濟度乾坤老，疲此津梁空白雲。

【箋評】

孔天胤曰："天生妙音。"(《適晉稿》卷四)

藏經殿

五祖自知圓寂夜，密傳衣鉢片言間。千函一理無人會，只合雲封二酉山。

【箋評】

孔天胤曰："禪宗語，妙。"(《適晉稿》卷四)

清涼石

登者五六十人至百餘人，皆能容之，不覺多寡

長鎮山庭苔蘚深，誰移此石壯禪林？上頭人聚知多少，四海慈航天地心。

【箋評】

馮惟訥曰："本色諦當。"（《適晉稿》卷四）

孔天胤曰："二句象外。"（同上）

暮冬過張汝任留酌

平子當年閱世難，四愁今日更多端。中堂留酌不辭醉，邊色西來生晝寒。

【箋評】

孔天胤曰："全章感慨，結更出塵。"（《適晉稿》卷四）

寄曹中丞

一自西河別孔融，楚天詩興復誰同？青荷漸長黄梅熟，人在江樓細雨中。

【箋評】

孔天胤曰："可被管弦。"（《適晉稿》卷五）

宮詞二首

自入長門空繡帷，玉顏非復鏡中時。梨花夜雨燈相對，燕子春寒君不知。

曉起慵妝眉黛殘，玉階芳草捲簾看。花間漫撲雙蝴蝶，宿露偏沾翠袖寒。

【箋評】

孔天胤曰："二作怨而不怒。"(《適晉稿》卷五)

馮惟訥曰："四詩(按，另二詩指本卷《青樓曲二首》)情致盡在言外。"(同上)

采蓮曲二首

湖上西風吹綺羅，靚妝越女照清波。折將蓮葉佯遮面，棹過前灘笑語多。

秋水萍開畫艇移，采蓮薄暮意何遲？阿郎不道儂心苦，苦在蓮心郎却知。

【箋評】

馮惟訥謂第一首："善狀采蓮者。"又於二詩後曰："二作風致宛然。"(《適晉稿》卷五)

孔天胤謂第一首："綺麗。"又於二詩後曰："清新。"(同上)

寄懷李尚寶伯承謫亳州二首

自古蛾眉妒豈長，蛾眉易老重堪傷。君子老健名逾著，回首浮雲空夕陽。

人忌才名名自傳，賈生吊屈酹湘川。應知異代同悲感，欲吊長沙問楚船。

【箋評】

馮惟訥謂第一首："翻出古語，意深於古。"謂第二首："自遠及近，不著形迹。"（《適晉稿》卷五）

孔天胤謂第二首："工於轉折。"（同上）

暮鴉有感

來時池草吐春芽，秋水驚心落藕花。空記三秋故鄉夢，夕陽衰柳看歸鴉。

【箋評】

馮惟訥曰："感物懷舊，寫得濃至。"（《適晉稿》卷六）

孔天胤曰："匀净。"（同上）

戲東許教授

有家兩地宦情羈，許老銜杯且歲時。丁卯橋邊舊風景，幾年歸夢月明知。

【箋評】

馮惟訥曰："謔而不虐。"(《適晉稿》卷六)

孔天胤曰："雅謔可誦。"(同上)

卷二十一

中秋雨霽上沈國主

□□蒼茫雨,天回冷澹秋。共看今夜月,獨□□□□。觴口騷人館,笙歌帝子樓。冰輪萬里□,□□□霄口。□□涵常動,銀口映不流。龍珠□□□,鶴侶隱江洲。邊士驚霜雪,宫娃辨女牛。人多缺處歎,誰自滿時憂?且復移樽賞,何須秉燭游?慚非謝莊賦,知遇尚淹留。

【箋評】

孔天胤謂首句:"好起。"(《適晉稿》卷一)

暮秋登樓有感寄上成皋王傳易

自别陳口月幾圓,地連三晉各風烟。只今白雁愁無侶,隨處黄花醉有緣。老病感恩秋雨露,悲歌回首故山川。想看飄泊登樓賦,更説荊門王仲宣。

【箋評】

孔天胤曰:"全首温厚。"(《適晉稿》卷一)

寄壽成皋王

臘月瓊筵佳氣臨,遥望笙鶴送仙音。建安古意應同感,王粲他鄉且獨吟。雪滿宫梅春色動,天連鄴樹暮雲深。發鳩山下漳河水,流到三臺見此心。

【箋評】

孔天胤曰:"首尾佳麗。"(《適晉稿》卷一)

過雲崖翁留酌,其子出見,喜而賦贈

幼學趨庭禮,當筵待夜分。天成龍種德,日養鳳雛文。院宇三春樹,河山五色雲。有才抅帝胄,詞賦是奇勛。

【箋評】

孔天胤曰:"字字典雅。"(《適晉稿》卷一)

人日雨雪,鎮康王同過昭覺禪院,賦得八韻

人日雙林静,王春四海同。勝招從子建,幽意對休公。亂雪明金界,濃雲失碧空。山容慘澹裏,日晷混茫中。寒逼西游客,天留北向鴻。共應憐國瑞,我更願年豐。心系陰晴色,詩分造化功。壽陽梅後發,莫遣逐回風。

【箋評】

孔天胤謂前六句:"三十字入境俱佳。"(《適晉稿》卷二)
馮惟訥曰:"此首意調完美。"(同上)

咏風箏

一借吹噓力，飄然起自東。撥雲無遠近，蕩日信虚空。稍抑牽提柳，才揚觸塞鴻。仰看微見影，側聽細鳴風。天外秦聲别，人間晉俗同。絲綸復幾許，含笑問兒童。

【箋評】

馮惟訥曰："描寫工細，但不似盛唐人口語。"（《適晉稿》卷二）

孔天胤曰："言言體物，字字著情。"（同上）

同裕軒、節軒昆季論詩

詩在杳冥處，從來不易尋。極天才是遠，入海更求深。字字排山力，篇篇造物心。光涵青玉案，聲寄紫瓊琴。阮籍懷能寫，陶潛醉復吟。野雲隨短杖，蘿月照幽襟。自守清時拙，相看白髮侵。與君話風雅，翦燭夜沉沉。

【箋評】

孔天胤謂前八句："此以文爲詩，却是拈花。"（《適晉稿》卷二）

西池君惠十香菜

灌溉園丁力，調和庖丁手。惠我盈盤蔬，聊適老夫口。鹽梅起何代？從兹味漸厚。素味出王門，山僧竟知否？肇自燧人氏，割烹無不有。共甘品亦多，寧如上古壽？延生啖松柏，誰見終南叟？客邸不乏餐，栖栖歲月久。澹中心肺清，萬事一杯酒。

【箋評】

馮惟訥曰："樸雅稱題。"(《適晉稿》卷二)

孔天胤曰："一菜何與文事，乃文之又文，所謂味道腴者。"(同上)

送單逸人携琴歸大梁

老夫寄迹洹水濆，能琴少年予亦聞。相隔黄河渺不見，况復太行之西今别君。下有險巇崖，上有慘澹雲。感懷俱是他鄉客，試理冰弦坐苔石。山泉忽送白雪聲，烟霞無異太古色。遽使松蘿當晝寒，天風不動萬鳥寂。老龍頓忘霖雨心，頭角半出春潭碧。游子且一樽，會晤殊難論。倉皇馬首向東去，故國衰顔時倚門。後夜應思賞音者，月明正照梁王園。

【箋評】

孔天胤謂"山泉"至"頭角"六句："六句琴中意，弦外音。"(《適晉稿》卷二)

馮惟訥曰："蒼老，得長句體。"(同上)

夜過西池君，乘月登樓，漫成長律

松月澹於秋，兼之叢桂幽。栽花學梁苑，鑿石類瀛洲。遥寄山川興，能延枚馬儔。歲時加客禮，樽俎失鄉愁。昭代惟耽賦，清宵共倚樓。淮南重服食，但與八公游。

【箋評】

孔天胤謂"歲時""樽俎"二句："雅重。"(《適晉稿》卷二)

宋鴻臚仁甫暨乃弟玉甫、堯甫、厚甫同酌山亭，賦得八韻

重巖起亭榭，形勝獨無鄰。瞰遠檐楹敞，交輝輪奂新。因依高氣色，指點得經綸。三鳳多於薛，群龍半若荀。荊花偏帶雨，棠萼更含春。目適逢樵牧，相忘任主賓。埍篪仍改席，鳥雀不驚人。共酌疑仙侶，松風吹角巾。

【箋評】

馮惟訥曰："風致清灑，情意藹然。"又謂"三鳳""群龍"二句："工於使事。"（《適晉稿》卷二）

孔天胤曰："宋氏門第之盛，讀此詩可知其人。"（同上）

避　暑

静室幾披閲，能閒暑自徂。庾家冰井賦，王子雪溪圖。日影淡雲外，松陰清座隅。虚心隨偃息，袒臂謝招呼。微露夜沾濕，明河時有無。龍荒朔氣勁，昨夢過伊吾。

【箋評】

馮惟訥曰："凡暑詩，乾□□著，罕見能遠想，故□。"又於"王子"句後曰："避暑寫至此，妙。"（《適晉稿》卷二）

孔天胤曰："脱落塵樊，襟度自別。"（同上）

孟爾復、陶季作二茂才過訪，登樓看西山同賦

落日蒼茫外，千山一色秋。淩雲同賦客，懷古異鄉樓。草白雁離塞，天寒龍在湫。且從陶令醉，莫擬孟郊愁。風物隨時感，功名與世浮。應知别後夢，乘月到并州。

【箋評】

孔天胤謂後六句："六句温雅。"(《適晉稿》卷三)

夜集張明府召和行署，兼慰李内翰子田，得書字

爲官各懷抱，樽酒夜何如？玉署青天遠，瑶琴白雪餘。聖明三代主，經濟萬言書。暫謫仙風在，多才身計疏。龍潛且毫髮，鵬振亦吹嘘。聊飲共真趣，相鄰皆客居。長河半隱見，片月有盈虚。早晚同廊廟，滄洲念老漁。

【箋評】

孔天胤謂"龍潛""鵬振"二句："用神龍、大鵬，妙。"(《適晉稿》卷三)

懷王兵憲元美

年少能爲吴會吟，棄官歸去老山林。懷同古樹成秋慘，愁與孤雲結暮陰。攀柏真傾偉元淚，著書寧效子長心。開樽北海多賓客，誰向江東一寄音。

【箋評】

孔天胤曰："想元美讀此作，一慟幾絶矣。"（《適晉稿》卷三）

張肖甫見過留酌，是日大風，得秋字

論舊聊樽酒，非緣秉燭游。藏名能自遣，往事復何求？迹斷金張第，交深嵇阮流。悲歌朔氣動，離合暮雲浮。節序仍多感，乾坤豈四愁？菊寒人共老，霜白雁同秋。欲使中懷盡，何當徹夜留。登高阻佳興，風色滿西樓。

【箋評】

孔天胤謂"乾坤"句："説破人間不止四愁。"（《適晉稿》卷三）

讀温監察純甫屯田碑感懷十韻

良晤偶然爾，相違空遠思。宦游殊未定，旅况亦何羈。片月楚江夢，三花嵩岳期。嘗約游離山、鄂渚，俱不果。登臨惟寄興，懷抱各成詩。芳草深行館，飛霜凛職司。山昏藏虎豹，水暖伏蛟螭。爲國憂多疏，屯田政有碑。年荒戰馬瘦，地薄老農知。郎廟心千里，風塵鬢幾絲。西來避驄者，猶自説當時。

【箋評】

馮惟訥曰："碑之紀政，能如是之悉耶？"又謂"年荒""地薄"二句："荒年事，老人語。"（《適晉稿》卷三）

孔天胤曰："叙事本色，而造語精拔，自是作家。"（同上）

寄吴太守明卿二首

憶昔燕京對酒時，每聞楚調不勝悲。相違南北孤懷迥，一謫星霜萬苦知。給事中謫江西。兵甲亂中能守郡，海天愁裏尚工詩。更看越俗今歸化，兩見秋風熟荔枝。

邵武城頭明月懸，郡齋馴雀共蕭然。七閩感慨兵間税，萬里艱虞江上船。青瑣自憐初謫日，紫宸應喜復朝天。陽春古調君家事，莫賦長安花鳥邊。

【箋評】

孔天胤曰："恐花鳥生妒。"（《適晉稿》卷四）

留别孔丈汝錫長歌行

古來曠士何所求，世情滿眼仍遠游。放歌行處自適意，骯髒風塵惟敝裘。孔鸞使不遇文鳳，其如鳥雀群啁啾。十載神交幾書札，明時大雅非凡儔。却笑相如曾賣賦，千金未解長門愁。中懷披豁共取醉，當筵直欲堆糟丘。参差花竹抱亭館，芳晨詎惜徵名謳。酒催興劇斗牛近，詩到氣長江漢流。人生聚散等落葉，不堪悵望關山秋。且將寶匣藏吴鈎，壯心一掣靈光浮。蛟龍胡爲暗相忌，夜深風雨來床頭。賴君慰予莫悲歎，萬事好向生前休。此别西河去上黨，相知兩地隨淹留。可憐南北對明月，雁聲凄斷時登樓。

【箋評】

孔天胤於"夜深"句後曰："前六句逸興飄然，後六句感慨悲壯，風人之情如此。"（《適晉稿》卷六）

馮惟訥曰:“老别知己,淒宛有情。”又於“夜深”句後曰:“警句。”(同上)

和孔老登萬佛樓

茲樓當勝境,登眺有青山。身恍諸天上,心通萬佛間。須彌芥子大,世界石頭閒。禪侣話深夕,從教步月還。

【箋評】

孔天胤謂“世界”句:“無心故閒。”(《適晉稿》卷六)

馮惟訥曰:“佛境界,語自别。”(同上)

聞蟬有感

三秋已過半,衹聽一蟬鳴。地有山川勝,天虚風露清。幾人塵外夢,百感客中情。静者柴扉掩,冥心不在聲。

【箋評】

馮惟訥於“天虚”句後曰:“晉中蟬響絶少。”(《適晉稿》卷六)

孔天胤曰:“非静者不能道。”(同上)

送玉峰禪師游少林

歲暮黄河千里人,渡杯自不問通津。錫飛二室雲邊路,榻傍三花雪後春。覆鉢許時龍自偃,翻經隨處鴿能馴。太空信矣無生法,枯木蕭然入定身。地有高僧助形勝，天教羈客老風塵。少林不作東林夢，門掩深山蘿月新。

【箋評】

馮惟訥曰："題不凡俗，語自超雋。"（《適晉稿》卷六）

孔天胤曰："中峰玉鏡之音，世上罕聞。"（同上）

山西文華·著述編

孔天胤全集

第三册

明　孔天胤◎著
張勇耀　趙桂溟
韓兵强　常佩雨◎點校

《山西文華》編纂委員會　編

山西出版傳媒集團
三晋出版社

山西文華

二、孔文谷續集四卷

孔文谷續集卷一　序

送鎮守省吾紀公升陝西憲長序

夫監司者，國之楨，守令之表也。守令之於民也親，監司之於守令也，異分而同情。故國以吏民之事付監司，監司以職業之修責守令，而守令者一以監司之心爲心。如是而守吾之職，如是而定民之業。持而循之，其軌易遵；信而行之，其沛莫禦。其初也，若畏其臨；其成也，若執左券而契之。何也？有以表之也。故表正則影直焉，理也，是以維國之楨也。爾其表我冀南者，惟省吾公乎？

公，天下之通才卓德也。視寇亂之後，則防禦之爲急；殘破之餘，則整葺之爲先。然防禦與征繕難兼，整葺與修養異致。公切於救民，審於濟物，勞逸之理，運用無方。是故甓我高城，堅於盤石；保我遺黎，慈於杜母。至於飭綱虔紀洪纖不渝，獎善疾邪舉措咸服，則正固剛明之烈也；識遠察微知幾其神，割劇剖紛游有餘刃，則弘敏睿哲之標也；笑談樽俎而朗照内閑，緩帶臨戎而宏機渙發，則又文武之裕也。是故二載之間，群吏相與勵其職，蒸民相與樂其生。噫嘻！不有以表之，孰從而範之？故曰：表冀南者，公也。

是年癸酉之夏，上擢公總憲陝西，將去汾。汾陽乃開府之地，抑亦猶南國之於召伯，東人之於周公也。彼於召伯則有《甘棠》之思，於周公则有《遵鸿》之咏。今公之行也，吏民能已於颂耶？斯爰设祖帳，而載與人之言焉。

送周鳳池太守升福州別駕序

萬曆元年癸酉夏四月，鳳池周公出守於汾，五閱月而貳於福。當其行也，贈之以言。夫贈言古也，然而無可言者，不如其默也；有不容默者，言之不可以已也。公於是有人不能知之德，人不能用之才，人不能行之道，而余卮言之，亦猶夫古之義也。

公海岳之英而公輔之器也，聰明正直而彊〔一〕固者也，醇謹潔白而愷悌者也。其蘊積也閎，其注錯也當，其治辨也精，其文理也密。其德有如此者，而守之乎朴諾，不求知，故人不能知也。大其授其華衮之司而黼黻文章乎？承明之從而論思獻納乎？其清廟之薦而珪璋乎？其才有如此者而居〔二〕之乎簿領，不求用，故人不能用也。公初由郎署移郡，人以爲循次之遷也，非所以處公，而公處之晏如。已而郡移之州，州復移之郡，人以爲補吏之遷也，非所以處公，而公處之晏如。其視下遷也曰："大塊假我以閱歷也。"視粵之南、冀之朔猶門庭也。其道有如此者，蓋不求利於行，而行無不可，故人不□行也。此三者與時俗殊矣。凡有求者，必趨時之□□，緣俗之工巧也。君子則不然，寧孤立無助，終不□□於時俗；寧跧伏偃蹇，終不妄求。雖然，天生賢俊，豈鬱之使終伏哉？凡物之將起者必伏，伏必大所起，故應龍泥蟠而天飛，而揚光沛澤於天下也。公之象以之。

公始至時，州人皆望見顔色而悦，頃承令而悦，又頃蒙化而大悦。乃今人人悵然有所失。君子曰：《緇衣》之言好賢也，《甘棠》之言去思也，千載一情也。余故卮言之，亦猶夫古之義也。群公時張組贈離，遂取以代車馬也。

【校記】

〔一〕彊，底本原作“疆”，據文意改。

〔二〕居，底本漫漶不清，據祁縣本補。

送杭玄洲太守致政還山序

萬曆二年甲戌之春，公以南康判府擢守西河。西河固古名郡，今爲汾州云。南康佳山水，文公講堂在焉。公正潔白之操，流愷悌之惠，用儒飾吏而治。然每挹匡廬，輒欲振衣其上，及莅於汾，遂果歸言焉。汾有山河之固，封建之雄，戎馬之重，控地數百里，帶三屬城，廣土衆民，又有監司開府，是毗是憑。俗負卜商之儒，人秉段干之節，其化易陶。以公之操之惠，誠足坐嘯而理。乃朝上而夕辭，凡三狀當道，乞轉聞於朝，即敦喻不可得留。計到官之日，自夏徂冬，裁八閲月耳。其淵尚所存，時人莫之測也。

昔邴蔓容爲官，不肯過六百石；陶淵明在官，八十餘日解綬賦歸。彼皆明止足之分，樂天命而不疑。公非若人之儔乎？抑公延陵人，先民季子弘退讓於前，公生千載之後而有其風歟？不然，何浮游塵埃之外，皭然泥而不滓也？公在郡平理，其去後之思猶足以勵貪懦，雖日月不加而遺休永矣。

藹藹之餞，塞塗盈亭，莫不攀翻慷慨，泣數行下。僚吏請余記言，因叙之以表寅清之徵，而著高世之介。

吕甬東《閏臘迎祥卷》序〔一〕

夫泰鈞毓靈，壇曼氤氳，爰發間氣，是生奇人。奇人之生，固與庸衆殊矣。夫其經世之奇，則調天紀，正皇綱，建功名，垂竹帛，和風雲之會，依日月之光；其嘉遁之奇，則玩道遺世，玄文處幽，水鏡萬慮，塵芥六合；其翰藻之奇，則脱略公卿，跌宕文史，下乘章句，高談名理，揭華群籍之苑，振芳百氏之林，成一家之言，定千古之事；其游觀之奇，則迫狹區中，恢廣方外，遍龍門之歷覽，畢尚子之周流，長嘯高巖，朗咏洪川，出宇宙，凌霄漢之上。夫是四奇，皆見鍾於扶輿之淑，受賦於融結之醇。故形貌與衆同，而實神檢之畛〔二〕别；隱顯於已異，而皆卓犖之寡仇。然世不恒出，代不數人，所謂應間氣而生者，故當稀有之耳。

山人吕中父〔三〕者，四明之幽秀也。中心粹質，簡遠清夷。賦窮麗則之義，詩殫綺靡之情，文炳道德之精，筆湧江山之氣。儷語珠連，妍譚玉振。翰藻既工，游觀兼嗜。爾乃翔千仞之高，旁覽德輝；測重溟之深，超登彼岸。轍迹之存幾滿天下，光塵攸屬快睹争先。故貴公倒屣而延上座，賢人傾蓋而定前言。謂其盡東南之美，極天人之際，必此人也。信余所謂奇人者矣。

山人覽冀之餘，蓋三眄余於汾上之亭。今年甲戌仲秋既望，余政七十，山人搴雲笈之章來，遂留以過臘。惟臘之閏，亦值其祥旦，山人乃自嘲曰："時來曷遲乎？吾生於正德丁丑閏臘之念七，其後臘而不閏，至嘉靖乙酉始一逢之，丙申再一逢之，今萬曆甲戌又一逢之。蓋吾生五十有七，而真生日者四焉。時來曷遲乎？"余笑焉解之："自丙申至今，蓋萬有千日，而爲初度，亦猶夫楚南之樹乎，以五百歲爲春秋。蟠桃乎？以三千歲爲春秋。大椿乎？以八千歲爲春秋。

靈異之材，豈與夫木槿較朝暮哉？且閏臘連春，是天道歸餘於終，人道履端於始。交泰之振，會昌之運，明間氣出，奇之一徵矣，而曷時之遲哉？”

時有薇省之良，柏臺之俊，與諸墨客子卿咸矢詩爲壽，山人亦自咏言。余乃著之於篇，標曰“閏臘迎祥”，謂纂言者紀群玉之珍也。

【校記】

〔一〕温抄本文題無“序”字。

〔二〕温抄本眉批：“昈，音户。注：‘赤出。’别無解，疑與‘互’字義同。”

〔三〕中父，俞憲《盛明百家詩》、楊巍《存家詩稿》作“中甫”。

送季北沙貳守升僉憲序

外臺分司惟兵憲爲最重，駐節之地惟薊鎮爲最重。薊左，翊地也，外控關塞，内屏翰京師，軍國之樞而戎紀之會，不最重與？其總統之爲經制，督撫之爲整綏，兵憲布其法；調度機宜，講畫大議，定疑决策，兵憲綜其實；閭閻之疾苦，行伍之艱虞，吏治之淑慝，兵憲釐其弊。是宣德達情，稽類考衷，惟兵憲之能，不最重與？銓司每爲地簡才，必兼資仁智，昭其果毅，而老於練閲。誠以仁智則能周，果毅則能立，練閲則能通，斯得人矣。

比薊鎮兵憲員缺，上用太原府同知北沙季公，以山西按察司僉事補之，循薦剡也。公始以才名。守隰，隰治；擢守太原，太原治。諸郡邑疆圉，利害之交，損益之致，盤錯之艱，幽隱之疑，撫按下監司，監司借公處之，經公所處，必無不達。車轍所臨，遂遍全省，於是上下遠近皆服。公有周知之哲，大觀之雅，循廉之概，慈惠之風，重鎮之陟，良有以也。夫鏡皆照而獨言秦者，以其萃九光之秘；夫劍皆斷而獨言越者，以其出百鍊之精。公今闡厥宏藴，神而明之，正如此矣。往醜虜跳梁，戎臣追鋒逐北者，一時之事；當黠酋内附，思患預防慎於苞桑者，千載之功。若其文經武緯，長筭遠猷，坐式帷中而清塞外，俾畿甸安和，流衍四域，乃主上仄席之懷、當寧之意，公其懋哉，盛哉！

同官李公、喬公、王公、張公，皆夙昔公義，贈言以重其行。余敬叙述之焉。

贈郡伯筠亭張公以賢膺奬序

初，州守員缺，撫臣鄭公請擇才補之。若曰："汾之爲州也，居冀南之要，帶三屬城，幅員幾五百里，土廣民衆，有藩服之封、戎馬之寄、賦役之會、簿領之叢，而又有監司臨之，部署委之，諸所事事，不一而足。倘析理不精則錯，爲義不勇則弛，持法不允則刻，秉度不弘則偏，即得循敏寬仁之吏一人於要地焉何有？"乃太宰用筠亭公。公尹鄉寧，終三年行此四德，誠自其已試之效而徵之。公到官，劑量宰割悉中肯綮，稱物順施，猶以輕車而踐熟路，纔五閲月而百務興矣。其最較著則府史肅其清裁，胥徒凛其切責，逋滯振於理繩，急緩濟於調瑟。撫臣聞而奬之，重得人也。

皋陶之謨曰："在知人，在安民。"夫能安民，則惟其人矣。因民之安以卜其人之賢，不曰知乎？知人者，君之道；安民者，臣之職。君子修身以俟時，惻其民之不獲以思乂，非有求於知也。然不見知則志不行，譬騏驥千里，遇良、樂則至，不遇則佚於策之不已，蹶於纆之太長。是故管、樂振采於桓、昭，董、賈潛光於弘、勃，何也？信於所知，詘於所不知也。今公故遇之矣，遇之則可以安其位，安之則可以利於用，故志得行也。

公守專城，正如大將統百萬之師，先按轡徐行，部署行伍，定之節制；又如醫師用藥，察其脉之病否，芝、术以養其元，烏、附以攻其弊；又如工師料木，令長短小大悉就繩墨，使其擁腫拳曲而不中者置之。吾驟見驕貴者戢以禮也，介騎者嬉以騰也，輸之均也，嚚之弭也，繁之約也，劇之易也，士修業，民恬生也。昔黄霸布寬和於潁川，龔遂昭恩信於渤海，亦如斯而已，故志得行也。

或曰："必若所云，大矣，美矣！奚貴一獎爲？"是又不然。蓋御才有獎薦，建功有初成；獎所以勵其初，薦所以表其成。公以其成功炳之閭閻之下，登之廟堂之上，豈誣也哉？臨當展禮，僚寀稱慶，野史氏記言以闡令猷。

贈邦伯順庵胡公上績序

先王建官惟賢，稽三年之政而賢益徵，第上績。如《漢史》稱河南守吴公治行爲天下第一云，今則有平陽守胡公。

公之守平陽也，端本正初以有成也。其郡三河之首，其屬城三十六，其視聽不殊，其精神流通。下車令曰："吾聞之賈生，牧民之道，安之而已。夫生有資也，居有業也，民奚而不安也？或擾之則不安，曷惟去其擾乎？錢穀、甲兵、獄訟之事，簿書期會之間，功令之司，非政之本也。我不敢多事，我不敢有疑貳。縣之於州，州之於府，一體也，其圖之。"於是列屬遵軌，較若畫一，蓋期月而可，三年而成焉。何也？安擾之辨明而舉錯當也。時事好奇立異，矜高刻深，輕改作而厭因循，多議論而少誠實。其勢若操危柱之瑟，小弦將必絶焉；若東野畢之御，良馬將必佚焉。夫使人汲汲乎，鰓鰓乎，其誰曰不擾？先王議事以制，不爲刑辟傷煩也。罔違道以干百姓之譽，罔咈百姓以從己之欲，惡矯也；風林無寧翼，端水無縱鱗，憂亂也。公所謂擾之者以此，誠推本乎其言之也。夫泰山之石，積溜可穿；龍門之砥柱，横流磨之而不磷。天道不以人之惡寒而輟其冬，君子不以時事之紛拏而易其守。我不擾而民自安，正其本、清其源而萬事理。公所謂安之者以此，非徒言之，實允蹈之矣。

汾州守張侯前尹鄉寧，爲我言公之賢曰："純禀懿衷，冲粹廣淵，包含豐美，孚尹圓融，其賢也；鋪揚紘紀，潤飾采章，昭回天經，舒廣國華，其賢也；惠疇平理，强教悦安，條風濯俗，敦敏廉清，其賢也；履道循性，樂善同人，言中典謨，行成儀矩，其賢也。"此目擊之言，故詳矣。皋陶陳"知人安民"之謨曰："亦行有九德，亦言其人有德。"比古絜今，公其以之。公出守先雲中，重攘外；及虜屈而擢河東，又爲安内重。其繫天下之望久矣。報績之行，群寀贈言，張侯屬余叙其事。夫問大夫之政於野，野史能言之；若其懋官以酬德，懋賞以崇有功，則大廷之典也。

玄洲喬公攝郡還府序

君子正民以經，議事以制，所以法天之明，因地之宜，本人之情，該物之理。是以上無逆施，下有順應，而政平焉。比總統方略之臣則不然。違經以干時之譽，拂民以從己之制，行貊道於□□之□，尚墨法於禮樂之邦，名爲寛民，而實道民以□；名爲節財，而實不省用財之費。於是公門□事有期而司存掣肘難運，至於輿騶僕從、祭祀軍賓無不减削，大户庫役改委别流。矜矯枉之能，滋過直之弊。遂使長吏無漢官之儀，明時失周禮之度，土守思去，民僞日繁，刻薄之風行，中和之頌息矣。蓋經制本自平壹，而好名喜事之人日起而紛之，譬木偶土型，朝刓夕剔，頻洗數刷，有不壞乎？閭閻之庶，冠帶之倫，望促柱之改弦，思亂繩之一理。得我玄洲喬公攝行郡事，期月而可。方將撥苦霧於青天，布陽春於白日，與民更始而代者，至吏民遑遑，懷戀遵鴻。

公實純心亮節，黼黻珪璋，匡時之俊良，輔世之名德。其去此而陟臺省之巍，膺經略之寄，庶燮諧樞宇，弘濟艱難，先及晉鄙之元元，復睹先王之經制。或人有所願，天必從之哉！汾同知𥡴等恭陳祖帳，申以贈言。

贈宋伴蘆先生通判黄州序

天子於大郡置守貳之臣，以奠邦國。若通判者，於郡事靡不關决也。必其人才有德焉，而後可以弘贊襄、廣忠益；學有文焉，而後可以美敷陳、光潤飾。蓋不徒解詁經訓、明習法令而已。昔者子游、子夏皆有大才德，獨以文學名聖人之門，誠學以廣才，文以經德。以故游之武城，尚弦誦而修禮樂；夏之莒父，略近小而圖遠大。非其道與？若二子之於天下可也。

比黄州府通判員缺，適調我學正宋伴蘆先生補之。先生有敏碩之才、愷悌之德，自起家賢科，通仕籍，出入文學之林、政事之司者十有餘年，則閱歷之甚深，操履之甚信，淹貫之甚詳，綜理之甚悉，其於判也何有？先生之教人也敬以寬，其與物也和以厚。敬以寬，故弟子日入其薰陶而其興也勃焉；和以厚，故僚宷皆愛，署邑皆見思，其於判也何有？除書既下，太守聞而迎之，喜其良佐之來也。夫題輿以待仲舉，解佩而贈休徵，兹非其時哉？漢世稱盛得人，及推儒雅則公孫弘。弘豈游、夏之匹乎？直亦遇其時耳。今先生當弘之時而有游、夏之實，其之大郡，猶駕輕車，就熟路，按轡徐行。第駸駸不已，必至天之衢也。

兹文旆將發，聘主考陝西鄉試，稱品藻得俊。十月還汾，始南邁,官僚及弟子送者藹藹依依,因請余爲紀其行。時余亦與供祖帳,斯序之如此。

教授吕磻溪先生以賢膺獎序

磻溪先生,文學直諒之君子也。昔者夫子之論友曰:"友直,友諒,友多聞,益矣。"多聞者,文學之謂也。班《史》載董仲舒、司馬相如、王褒、劉向、楊雄爲古之益友,以其直諒而多聞,豈非君子哉其若人乎?及觀當時如柳下惠爲最和矣,而猶見絀於魯;漢之五賢皆不甚達,獨以文學雍容述作侍從之間,其不能曲學以阿世明矣。是故董子下遷,劉生不調,天人之謨,山陵之戒,至今可表焉。是蓋文學强可以置身,直諒終難於取位勢也。屈於不知己而伸於知己,時也,君子一遜之而已。

磻溪先生吕公始以經術宏深策第京闈,尋以剛明强毅分符劇邑,一時稱彬彬文質君子,而先生爲之右。已而左官屬文司,故一主盟紹庠,再遷相王國。夫洪鍾發難,斧藻運轂,與考禮正刑、輔匡藩維,翊戴王室,其事當不減於治邑。而邑顧不容鄉校議評之所,宗黨怨瀆之叢;部使行縣,又往往蔑桓衮而輕曳裾。乃在庠則多士歸之,在國則王人服之,上官獎之,豈非直道難容、文學易與之一驗哉?先生居輔秩三載,能致主於道,飭左右,國人咸守憲不渝。臨利害之衝則侃侃如,處盤錯之交則井井如,是儒雅之操望美仲舒,而誠心直道可希長孺。蓋天授朴忠,不求聞達,其行與性成者矣。其文章藻翰,又與司馬等同風,於吾道豈小補哉?

比巡按御史賀公察知先生之賢,特隆旌典,是先生伸於知己之時也。闔府賢宗咸舉稱賀,假余宣叙之如此。

叙諸生贈言

君侯鳳池公之南邁也,郊褰祖帳,史紀贈言。諸生仲奇等請曰:"夫子之於諸生也,治之而教之。治之其義重,教之其恩深,則何以報之德而贈之行乎?"曰:"以善。"

夫君以忠望臣,則臣報之以忠;親以孝望子,則子報之以孝;師帥以善望諸生,則諸生亦以善報之而已矣。吾見公之治也,廉制而寬和,慈惠而恭儉,淑慝明,刑賞當,諸生觀是而有得乎!公之教也,陳之德藝,躬之表儀,牖之黼黻文章,諸生承是而有得乎!夫人不善,甚者率以其昏昧放逸,故先師語子貢爲仁之道曰"事其大夫之賢者"。誠有位以臨之,則肅之而收斂之心生焉,啓之而明覺之心生焉。收斂則可以袪放逸之習,明覺則可以消昏昧之氣,由是可以進於仁。今諸生事夫子之日多,其進於仁者幾也。有一於是,即可以報公之德而贈之行。况君子樂善,好取諸人以爲善,未有聞善言而不嘉納者。乃爲詩三章付諸生,令五六六七吹笙雅歌,奉爵上壽,九頓首祖道,庶神之聽之,介以景福。其詩曰:

太上立隆,以爲民極。我其受之,是爲懿德。

有淆則昏,有擾則惑。鮮克自由,鮮不爲慝。

不有天民,孰開我塞?使司牧之,惟帝之力。

文命覃敷,式和民則。明明司牧,淵允篤誠。

式綏我邦,爰啓我後生。根道核藝,運規正衡。

古訓是迪,大猷是程。月講時校,我邁而征。

庶幾夙夜,以廣國禎。帝惠南服,咨此俊賢。

爰莅海邦,于藩于宣。四牡既駕,則莫我延。

何以贈之?珊瑚玉鞭。何以望之?旭日載旋。

載旋載陟，鴻飛戾天。以佐天子，天子萬年。

贈别學正懿泉先生陳公西歸序

天授人以茂乂之能而格於用，是錫命有弗融也，惟善自寬者能處之。嘗觀“潛龍”之爻，時舍也；“衰鳳”之歎，時違也；“考槃”之寬，時止也。止而寬，則其視用舍行違，猶適然耳。

汾學正懿泉先生，關西之俊儒也。少負奇氣，藴鴻略，期射策甲乙，可拾芥致。顧終不遇於有司，乃俯就學職，得真定府學訓導。蠆蠒五載，挺然自以興禮教、貞士習爲己任，不若他師默塞糜廪而已。繇是多士皆丕丕中規，郡太守品藻郡屬，獨表先生賢於人遠，撫按監司並騰書嘉奬。因委署高密、無極、鄗城三邑，所到皆見振刷。蓋以儒飾吏，類非庸俗之所能爲者。繇是以才羡著名燕趙之間。尋遷蠡縣學教諭，乃任專而教益隆矣。嘗移以署縣，治益高。歷三載，爲萬曆元年，遷我汾州學正。汾士人得先生，如樗櫟之就斧斤，坏墁之就繩墨也。而先生興禮教，正士習，隨事而發，因材而施，未嘗不三致意焉。繇是頹靡者立，因循者作，廉耻之道彰，長幼之序秩，其諸廢墜，胥然漸而舉也。

郡縣咸欲得先生久任以成其化，撫按監司咸欲廣先生以民社之寄，而尚書省以考績報罷矣。報至，罔不駭愕。先生無戚戚容，即日策蹇西歸，曰：“青氈，我家故物也。登山臨水，坐卧卷舒，可以自由。誰知失意之時，是吾得志之日耶？”君子曰：先生信可謂善自寬矣！然名爲考績，實失一茂乂而不知也。即冷職可以輕棄，如禮樂教化何？蓋忽之也。忽之弊有二：以庠序爲老儒之鋪舍，惟其淹泊，不惟其拔擢，一也；旅進旅退，惟其歲月久近，不惟其賢否，二也。要之，亦賢者之命也，非自寬，其孰能遣之？

於時僚寀與諸生皆攀援顧戀而不忍釋，余敬爲叙述，以慰其行焉。

《五懷倡和集》序

夫高山景行，勤嚮往之思；蒼葭白露，切游洄之想。云其懷矣，豈伊異人？蓋理有感於深情，聲相應於同調，古之所謂好德之真者乎？故室邇人遥，則咫尺而銜千里之嗟；迹留神往，則遼邈而存一室之晤。或託夢以通精誠，或長謡以舒興寄，皆脱略形塵之外，齊契泰宇之間，"我思古人，實獲我心"。

有林皋君者，神明之胄而宗衮之華也。乃其睿哲冲融，粹精沈明；言鏗金石，道美珪璋。登彼岸而高觀，臨逝川而遐覽；歎知德之寡儔，慕同心而獨往。時有玉牒名流，桐封雅望，揆藻潞子之墟，振筆梁王之邸，潛光姑射之陽，焕章東海之濱，皆神交道合。走尺素於蒲東，訊丈人於河上。藹藹芝蘭之氣，盈盈雲漢之光。而林皋君作《五懷》詩，穆如清風矣。夫人未有有情而無懷者，懷居非美士之操，懷利多細人之臆，惟懷德則天之人也。天之人者，彝倫之冠冕，文章之領袖，踔埃壒而不滓，冥寥廓而無閡者也，林皋君以之。

一齋趙公壽登七袠序

夫壽者，天地之元氣也。人所稟元氣純固故多壽，然又在乎養之有道。余觀《洪範》"福徵"，言富、壽、康、寧皆福也，而壽爲大。康寧者，壽之致也，富者康寧之致也，豈非惟富可以養壽乎？且高年之人，非香美甘脆之食弗飽也，非純綿麗密之衣弗暖也，非一體至柔之氣不足以補其形，非同類至真之味不足以補其精。必一足於財，則四者可以兼遂。故愁苦不作於心，資用不缺於體，優游康寧而元氣純固矣。貧困之人，凍餒猶不能免，則戕其性命，不得以終其天年者衆也。故惟富可以致康寧，惟康寧可以致壽。

一齋趙公以今甲戌壽登七十，賀客皆登堂具羔酒相慶，而不知福、壽、康、寧爲天下之全福。公實得之，天下之全福人也。抑又有福中之福，則賢孝之嗣，一姻締椒房，一蜚英國學，皆醇謹温良。問安視膳，朝夕匪懈；承顏順志，一出言舉足而不敢忘。此其善事善養，益有以致其康寧，信哉其福中之福也！

余與公有松蘿之好，又同歲，至較其福，則遠不及公。蓋宦而不尊，禄而不富，有子而學未成，頭童齒豁，行用杖，拜用扶，體不勝衣，食不嗛〔一〕口，其所以充其飽暖與氣味者，十索而九空。雖殘喘之苟延，非康寧有福之人也，是爲遠不及公。今公第飲酒高會，以需萬年。

【校記】

〔一〕温抄本眉批："嗛音謙，又歉、銜二音。"

贈邦伯玄洲杭公高尚序

余觀古之君子難進而易退，今則不然，進易而退難。其甚也，知進而不知退。是以津濟多褰濡之夫，林谷罕高蹈之士。有能自拔於浮沉者，天下之智勇人也。今見其人，其玄洲公乎！

夫汾，大州也；太守，尊官也。諸問津者汲汲焉，恒苦不值。公特以明經異等見擢，其匡時之器、長人之略，固足以將之；而文德懿衷，精識雅裁，尤足以潤色鴻猷，揚厲偉績。乃劃然棄去如剖，長惟惟其潔身之志，思遠垢氛；違時之行，終難詭遇。斯一往奔詣，無少吝情，是能察幾於早見，決策於果行，其處智勇可謂兼之。亦有薦紳先生，抗志澡濯，雖身在魏闕，而神留巖阿。羡魯連芥千金而不睇，於陵仲子辭楚三公爲人灌園；及自爲之，或不免於低徊。其視公爲何如？至於澳泌污穢，賫咨涕洟於去留之間者，視公奚啻霄壤？公于是不可及矣。

臨當祖道，諸士大夫乞言以識其别，因略語之大，是語崑華者不能盡其高也。

贈太守一川吴公入覲序

嘉靖甲子之冬，一川吴公當以例入覲大廷，僚吏設祖帳拜送，徵外史氏爲文以叙。

夫今郡守入覲，即古之諸侯述職之禮也。孟子曰："諸侯朝於天子曰述職。"述職者，述所事也。事勝其任，則功令表而錫典彰，於是有明言之試、顯庸之擢，而不勝者别焉。於是朝廷有尊賢使能之明，列辟有賢者在位、能者在職之序。乃盛世由之以熙化，群乂以之而亮采。才生其時，厥遇隆矣。郡守剖符受事，出守專城，夙夜循省在，爲上爲德，爲下爲民，是則事之存也；朝夕宣序，政惟其平，訟惟其理，吏惟其稱職，民惟其安業，是則事之施也。以言乎述事，述乎此而已矣。

一川公之莅郡也，恭惠以存之，明允以施之，堂無敗度，階鮮諍詞。胥吏有神明之惕，田里皆父母之懷。至於盤錯之阻，苞孽之奸，催科之節，調停之宜，罔不制之有方，發而皆中。揆之職事，事勝其任蹕矣。今以其能事揚於大廷，高治行之等，崇選署之旌，慶元會之昌，期效萬年之華祝，與師師穆穆者相揖讓而光輝焉。俾環橋門而觀者舉首加額曰："是西河之賢守也。"其遇豈不甚隆也哉！

霍大司馬壽序

大司馬霍公自上疏乞還里第，頤素東山，今且六祼。乙亥春正廿九日爲公六十誕辰，朝野誼舊咸先期奏謁，爰展賀私。陝州判史某寔閥門懿親，首奉觴上壽，余綴之言曰：

昔有周盛時，明良相遇，洪演太和，融徹宇宙。人秉醇厚之德，天眷靈長之福。厚德所以奠邦，長福所以保躬。保躬則元首股肱共享靈長，奠邦則宗社神人永綏磐石。斯《南山》之《雅》曰"樂只君子，邦家之基"，言奠邦也；"樂只君子，萬壽無期"，言保躬也。奠邦所以頌德，保躬所以祈福。是故一德允孚，天壽平格。古今稱人之壽，多舉南山，自非若人之儔，亦奚取〔一〕哉！

維皇上帝，光闡聖朝，篤生鴻俊。維我司馬相公〔二〕，適〔三〕應運奮時，一若申甫佐周，毓神維岳。聰明正直，淵哲中和，經營四方，總統方略。典司政本，出納綸涣，皆爲國丕顯大猷，植援崇構。建元功於不拔，熙天載於罔極。衣冠榮舊德之序，竹帛紀名臣之烈。所謂國賴其德以奠邦，天福之壽以保躬者，維今日爲信然者矣！史子其舉《南山》之章，以爲頌云。

【校記】

〔一〕奚取，底本漫漶不清，據温抄本補。

〔二〕公，底本漫漶不清，據温抄本補。

〔三〕適，底本漫漶不清，據温抄本補。

贈别駕石舟陳公拂衣東歸序

余聞之韓子:“士之特立獨行,適於義,乃豪傑之士信道篤而自知明者也。”〔一〕今則見其人焉。郡别駕石舟陳公賦受精純,思度淵偉,東南之美而神秀之英也。積學邁德,紹世作儒,力追古文辭,卓然名家,若相如之入室、子雲之登堂焉。科舉之學號時文,曰:“卑之毋甚高論。”公其曲彌高,其和彌寡,以故連弗利於有司,終不緣俗以爲工。詔書招選茂乂,公則稱首。居太學數載,名益著。諸學士先生謂宜待詔金馬之門,著作承明之廬,墨守之吏所不能廓也。已而授汾州别駕,自以不堪吏職,投牒東歸。當道勉留,竟去。計到官至去之日,僅三閱月耳。

夫士之干禄,自子張氏至今,始求之惟恐其弗獲,既獲則以官爲家,惟恐其或去。是故貪競而有所不嫌也,澒涊而有所不恤也,冒忌諱之條、觸刑辟之網而有所不顧也。滔滔者天下皆是也,而誰以易之?公獨不然。蓋不以物之汶汶汩天正,不以身之皎皎而蒙世俗之塵埃。夫珮玉長裾不利走趨,高冠大劍不關傴僂,義固有所適也。夫義利之際甚微,而行止之幾難决,惟智者處此而不疑,去之而不惑。惟不疑不惑爲能特立而不以爲異,獨行而不以爲僻,故曰“豪傑之士信道篤而自知明者也”。太上立德,其次建功,垂綸鼓刀,皆能隨世以就功名,人間之世曰豪傑矣,抑安知玩道遺世而有斯人耶?故余斷以公爲豪傑之士,爲無所待而崛然起也。

公莅郡視政兩月,稱病一月。士人式瞻儀範,承聽音旨,如烏趨鳳;淑問平理,黎民飲和,如渴得泉。即行道已有端矣,豈不堪吏職者耶?駕言出郊,郡公祖餞,吏民遮擁,溯鳴鶴於九皋,悵白駒於空谷。用余宣言,以永去思云。

【校記】

〔一〕語出韓愈《伯夷頌》,原句爲:"士之特立獨行,適於義而已,不顧人之是非,皆豪傑之士道篤而自知明者也。"

《寶善堂稿》序〔一〕

王國文學書記鏤慶成王宗川所著詩二卷成,余叙之。

王幼孤,乃祖安穆王命之學,學於鄭氏。使就正於林下之老儒,老儒固禁足公府,每有咨質,率因鄭轉授,無不領略者。志好詩,故課詩爲多。王讀書有堂,余題曰"寶善",取《楚書》"惟善以爲寶"也。斯集詩稱《寶善堂稿》云。

王睿哲懿衷,觸理神瑩,和粹孚尹,垂條結華,雖玄詣有待,自其肇機已可覽焉。然事有關於諷勸,則片言炳於丹青;義有取於化裁,則一字重於金璧。此邦君夾輔王室,紹聖右文,緝熙帝載,首善敦族之事,固與持鉛摘槧者殊矣。王纂世十葉,族屬千門,雖麟趾之祥輩出,而鴟張之祟間亦有之。蓋禮衰於世禄之厚,性成於習染之污。然其明覺之心,可感而興也。自王好善,群宗亦勉而爲善;自王好學,群宗亦勉而爲學;自王琬琰其章,群宗有不藻飾其德者乎?夫茂苑長洲,閑房清夜,縱伐性之斧斤,耽迷心之鴆毒,孰愈廣厦之下、細旃之上,覃思道德,恬頤性命,咏歌先王之風,暢通經之遠旨哉?

方衆形仰鏡而依日月之光,百川學海而望洋向若,其興也勃矣。是詩之有補者一也。夫富貴與仁義背馳,故富貴之府略文儒,仁義之士亦藐王侯。假使河間王復出,則兩忘之矣。故觀於詩,可以知王之志。抽金版玉櫃之篇,探海上名山之旨。爰稽典則,弘廣著述,於以潤色皇猷，繇此其選。是詩之有補者二也。群宗嚮道，分理教敕，誠以一諭十，以十諭百，以百諭千，俾人人悦詩書而敦禮樂，出垢滓而濯清風，是詩之有補者三也。天下之事有一舉而三善者，《春秋》且必書之，是故可紀也。〔二〕

【校記】

〔一〕此序又見於《寶善堂稿》明萬曆三年刻本，《四庫全書存目叢書》集部别集一第 140 册。"序"作"叙"。

〔二〕底本及萬曆本文末有落款"萬曆三年季夏，賜進士及第通奉大夫河南布政左使前三奉旨提督關浙學校陜西提刑按察使孔天胤書"。

《太霞閒宇集》序

國家以經術養士而不及辭賦，以爵禄養宗室而不及文章，非固靳之，蓋欲羡於才者，因其所及而進乎其所不及。蘭軒君，金枝之秀華也，不猥隨時好，獨好儒。少從儒生學舉子業，業成，猶章甫而適越也，則改轍而爲詩。爲詩十年而篇什斐然，乃自虚以問山人。山人曰："可也。儒士尚經而少文，君尚文而本經，顧反卓於儒矣，况又以文章飾富貴乎？"因把弱管三寸爲點勘之。凡被圈點者，皆可膾炙人口。時國王稽古右文，群宗渢渢趨旨，欲鑿石索玉，剖蚌求珠；而蘭軒君已先得之，肆隨和之珍炳然在目矣，其才之羡可睹也。君讀書有堂，余嘗署曰"太霞閒宇"，兹亦以名其集云。

夫詩本乎心者也。在心爲志，發言爲聲，聲成爲文，文有音爲詩。故詩以道性情，性即心也，情即志也。情有喜怒哀樂，則詩有歡愉悲怨。情正則爲賦、爲比、爲興皆正，情僻則爲賦、爲比、爲興皆僻，故曰"思無邪"。然必以養其性情，察善惡之幾，存其善端，絀其不善。常使清明内湛,靈穎外敷,感物而動,實中其聲。是故作周詩者,本以綜文而見孝弟之性。優柔平中而發者,温厚之體也。錦上花開、長空雲起者,妙有之用也。妙之又妙者,玄之又玄也,惟涵養之深者能自得之,此性情之理也。滄浪嚴氏曰:“詩有别趣,非關理也。”蓋未識夫理生趣、趣含理乎?

《蘭玉堂詩集》序

萬曆三年,文學鄭柏齡等繕《寶善堂詩》成;明年丙子,《蘭玉堂詩》亦成。《寶善》紀賢王之製,《蘭玉》則以紀王弟仲川君之作云。周文公之詩曰:“常棣之華,鄂不韡韡。凡今之人,莫如兄弟。”允矣,其是之謂與!

昌黎氏有言:“文章之作,恒發於羈旅草野。至若王公貴人,氣滿志得,非性能而好之,則不暇以爲”。信斯言也,豈必以寒酸之語爲工乎?或有爲而發之。王公貴人功光禮樂,德洽黎庶,顧不暇爲,性能而好又不多有,如之何其文也?推言其弊,始於志氣之衰,流於習俗之蕩。是故鍾鼎之室少揖遜之儀,章句之門乏黼藻之致,燕趙之士慷慨悲歌,鄒魯之生雍容弦誦,豈非習之使然也哉?苟變而之道,則文矣。文者,道之華也;詩者,文之華也。余觀《蘭玉》之作,其華之不可掩乎!夫道隱於於昧,荒於怠,喪於傲,弊也久矣。仲川君明睿,又敏以求之,謙以受之,則合乎道。日閉户端居,覃研六籍,弘攬百家,亹亹若下帷之儒。其爲詩類苦吟,以其蓄德若淵,真所謂“性能而好之”者也。蓋天挺而濟之學,絶埃而天倪之和,行之必至其極矣。夫文之興,禮之所由舉也,表宗衮者,其不在兹乎?

初,君每有所著,輒請正於王。王稱善,乃録。録之成卷,以考厥成。柏齡氏請余爲叙,斯叙之云爾。

孔文谷續集卷二　序

送疊川於公按察湖廣序

疊川於公以布政左參政分守冀南道，三載，遷湖廣按察使。將發車於汾，南邁於楚，汾之吏民遮道泣留，如失所天。知州侰等備列公德政與吏民之思公者，授簡而屬之言。余亦遮留之人也，乃矢之言曰：

公之茲行，攬轡宣條，握符貞軌，惠流江漢之廣，德加衡霍之高，楚人誠甚幸矣。然而奪吾之愛也，如之何其弗思？夫吹煦寒谷者，然後知陽春之德深也；弘濟艱難者，然後知仁人之利溥也。公之德政，吾不能悉言之，吾舉其大有二焉，其安内、攘外者乎？夫三晉之敝甚矣，而汾爲最。汾之敝，莫大乎内有强宗而外臨驕虜。蓋苞孽强盛，豪惡肆興，威劫武斷，怙黨賊刑。當是時，百姓不能安其居，長吏不能盡其法，事勢洶洶，人心疑畏，蓋不知所止矣。自公守臨，威惠並布，治不數月而綱紀肅然，罰不數人而强慝衰弭。繇是郡中清宴，四境復安堵如故焉。此其安内之彰明者也。庚子秋高，胡馬南犯，辛壬相繼，益以跳梁。當是時，羽檄飛馳而朝〔一〕不暇筭，邊關失守而戰不及施，殺人如麻，擄掠載道，蓋不知所止矣。自公守臨，文武兼資，增城附廓，築堡郊遂，廣選兵戎，修備器械，帑無所費而民皆悦從。繇是匈奴三入而不敢近汾之境，追兵一出而尤多斬虜之功焉。此其攘外之彰明者也。夫内難倥偬〔二〕，昭輯允綏，盛德也；外憂猖獗，先備厚防，大才也。夫惟盛德爲能成天下之大業，惟大才爲能建天下之遠猷。今主上方畏天悲人，側席賢佐，必欲爲天下安攘，微公疇咨，吾土其曷能留哉？雖楚人於公亦不能久留也，秖以積人之思焉而已矣。初，臺諫交薦公之才德，宜處拊循之位，振疆防〔三〕之紀，宰衡猶遲之三年之餘，陟之外臺之長，豈欲益懋乎德而愈老乎才耶？願公崇植迓續，以永鴻禧。自古勛良，孰不俟明哲也？

公當啓節，余亦南徵。道出綿山，税車官舍，還顧仁人，繹思邈然。敬述美宣忱，略之簡册，雖不足彷公之盛烈，抑亦略布吏民之所懷云耳。

【校記】

〔一〕朝，底本漫漶不清，據温抄本補。

〔二〕温抄本此處有旁批："倥音空，又孔、困。傯，音總，又重。"

〔三〕防，底本漫漶不清，據温抄本補。

送浙江右使畹溪謝公赴河南左轄序〔一〕

畹溪謝公之甸宣於浙也，是爲嘉靖乙巳。公下車視事，以藩務殷巨，奸蠹蘙焉，郡縣旱極，千里流莩塞塗，守令坐空文不能恤，乃閔然憂懼，日夜靡寧。于是定令飭彝，删繁舉要，剔弊滯，整紛撓，節器用，順物宜，捄菑害，匡困窮，守儉而履恭，居敬而行簡。蓋再逾月，而政有象焉，綱紀章也。于是吏民大悦，咸願企其有成。忽復陟河南左轄去，吏民乃大惜之。公初以監察御史按部浙中，光闡風猷，吏民懷畏。其後東觀風齊魯之墟，西汾〔二〕陜而治，中總憲河南。距由河南而來兹也，蓋逾一紀矣。故人心思舊德、悦新理，而又惜其遄邁如此云。言邁之辰，白露初霜，寒氣總至，江潭送别，朋寀悲離。何以贈之？曰余有言。

夫先王代天弘化，列官資理，寄以風猷，屬其光闡。于是有宣條佈憲，育德厚生，専厥莅御，静以歲月。俾其下視聽審，固心志寧一，然後群吏仰式而蒸民遵軌，罔敢携貳而淑于化。是故官師有相乎天道，君上成享乎歲功，何也？久于其道而天下化成也。道之弗久，雖美弗宣。弗宣卯著，又奚化焉？故孔子曰："苟有用我者，朞月而已可也，三年有成"，"如有王者，必世而後仁"，蓋思大化而歎其用也。今上求治皇皇，端理化機，而官材辨治，雲從林立，然宰相擇賢而處恒若寡儔，拔德而任猶恐不速。而德賢之士又自惜其抱道屢遷，不得須其化于一方，而人心幸遭思化，卒亦不果于成。金帝〔三〕繹之而不得其故，兹于畹溪之行竊有睹焉。蓋緣督之理，可以守經，至求治緩急之際，則人才淹速繫之，乃聖人與世推移之達權也。今海内數菑，邊警薦臻，主上廑拊髀之想，執政體握髪之忠，雖人才彬彬，效用信匪虚乏，然求英傑于千萬之中，固已難矣。當是時，得一人焉亟而進之，龍淵、太阿惟上所急庸耳。

然則畹溪公之陟河藩也，亦猶浙之日乎？三河之間，中國之處而天下之樞也，近京邑，臨要害，即詔而任使，揆策建勛，如臂運指，其勢易備焉。假使公深鎮一方，令吏稱其職，民安其業，孰與亮鴻伐以綏遠耶？余肆竊有睹焉，而知求治之急，故用人之難也。《詩》曰："申伯之德，柔惠且直。揉此萬邦，聞于四國。"言謝公也，實繄大夫之世德焉。公其以之。

時大參孫公徵余此言，乃取而贈行。

【校記】

〔一〕本文部分語段竄入《孔文谷集》卷二《浙江鄉試録後序》，見該文校記。

〔二〕汾，《浙江鄉試録後序》作"分"，據上下文，"分"更合文意。

〔三〕金帝，《浙江鄉試録後序》作"余常"，據上下文，"余常"更合文意。

贈居麓艾公入覲拜河南布政右參議序

居麓子僉憲於浙三年，用法廉正，用威惠均，又明習吏治而達於民隱，吏以是畏之，民以是懷之，彬彬然執亮君子矣。是歲甲辰，當萬國朝政之期，例藩臬長吏當率郡縣守令以行，行而朝，朝而聽部院稽察群吏之治。吏治之賢否殿最，惟藩臬長言；而部院之黜陟幽明，亦惟藩臬長言。是爲國之大典。然必藩臬長惟其人，然後吏治之賢否殿最不差，部院之黜陟幽明亦不差。而吏之不能者去，能者勸焉；賢者用，不賢者遠焉。惟是之行也，故必藩臬長惟其人。當是時，浙臬長升去，代者未來，而予與二三大夫有專敕，又非其人不可行。乃共推居麓子率群吏以行。至邸，果勝其事。事訖，太宰以子果賢，不當復去卑濕，乃升授河南布政右參議。居麓子親拜命於朝，人盡榮之。是時，户部上書留居麓子，以其官住京邸，總部河省糧儲，計上乃還省中，於是居麓子留京師。初，居麓子入覲，當有贈言，覬其歸也而獻之。今遂遷且留，則當獻而歸之邸乎？二三大夫曰："夫行有贈而喜有慶，今將慶之矣。"文谷子于是述二三大夫之意而慶之，曰：

夫君子修德勉善，孳孳閔閔。晝日以學，蚤夜以思，惟恐不及。及其得也，惟恐不行；及其行也，惟恐不知；及其知也，惟恐不信；及其信也，惟恐不用。蓋信而不用，猶不見信也；知而不信，猶不見知也；行而不知，猶不能行也；得而不行，猶不能得也。是故君子疾没世而名不稱，憂終身而道不達，雖周公、孔孟不能無皇皇然。然則道之顯庸，誠亦難矣。今居麓子有行于浙也，而人知其賢；述職于朝也，而人用其能。夫觀于用，可以知吾之見信焉；觀于知，可以知吾之能行焉。夫君子患不能行與不能信，而子則行道而有得焉矣。由是而之焉，孔孟之德、周公之業可期也，何慶如之！《詩》曰："日就月將，學有緝熙于光明。"又曰："靖恭爾位，正直是與。神之聽之，式穀以女。"吾取以爲居麓慶焉。

謝母太宜人壽序

少溪謝子按部於浙之明年，是爲嘉靖乙巳。母氏太宜人在堂，壽周甲子七齡，某月某日寔其誕辰。少溪子乃端冕焚香，金章綵服，清旦北向載拜，蹈焉舞焉，觴焉祝焉，承家慶也，荷天祉也。於是三司大夫聞之咸賀，申以祝辭。藩大夫曰："吾典方岳，淑厚如吾會稽之山者壽。"憲大夫曰："吾象太微，執法太微之傍，有星曰婺，是爲金華之精光，恒而如此者壽。"閫大夫曰："吾提兵擐甲，鎮湛海澨，有如吾三神九玄靈秀而鴻烈者壽。"時文谷子從文學吏，又先世魯人，則取《魯頌》"令妻壽母，宜大夫庶士"以爲祝也。

夫少溪子，天錫祉，家承慶，而三大夫咸輔發其賀祝，諸吏共稽首賀，不謂之"宜大夫庶士"不信也。於是少溪子拜受善言者四，則抃而喜曰："昔我先齊桓公，嘗三受善言而拜之。史氏書册，到今以爲巨麗，而尚闕四之一也。今僕何幸，既荷天寵，綏錫老母康彊之日，而又辱公等善訓之光照耀古今，增助人子之孝。攬義思繇，誠不知所來自。"

文谷子曰："是人理樂天而頌聲起也。古之人有道舜之仁者，言盛夏之時萬物長遂，聖人緣天心，助天喜，樂萬物之長遂，故舜彈五弦之琴，歌《南風》之詩而天下治。當此之時，頌聲作，故知頌聲之事，樂天之理也。人者，物之靈也；壽者，長之盛也。保佑覆育，天心也；悠豫和泰，天喜也。天道普物而好生，人道體天而願壽。故《詩》《書》頌壽，《洪範》之陳，《南山》之咏，皆緣天心、助天喜而作也。聖同天也,故天心所喜,聖人亦喜之也,故聖人樂天。今少溪以太宜人之教,英明和毅,文雅端平,振俊甲科,敷教秉刑,爲天子法,從巡訪之臣。而太宜人安頤長年,高堂温晏,淑厚光靈,仁孝休穆,匪戕匪鬩,克順克諧。則既如物遂盛,當乎天心而喜之矣。錫祉承慶,蓋將三光齊而五岳媲也。然則緣助以爲頌者,其能已乎?故曰‘人理樂天而頌聲起也’。謂之樂天,則人心可知矣。”於是少溪子之學動以天也,馳其文報太宜人於章丘。

右方伯鳳岡徐公請告東還三司贈别序

夫朝廷之士入而不能出, 山林之士往而不能返, 是各執于一隅。若聖人則不然,可以仕則仕,可以止則止,可以久則久,可以速則速,惟其宜而已矣。宜則無執,執則有見於可而無見於不可。故進退之際可以觀智,出處之間可以觀仁。人情愛榮顯而厭幽約,故濡迹軒冕而甘心殆辱者滔滔而是, 濡迹丘壑而甘心窮餓者蓋仟伯一二焉。然而山林之士亦已難矣,有能不汲汲于必達、不戚戚於終隱者乎? 是聖人之徒也。

今右方伯鳳岡徐公,命世之才有鄰于孟子,而願學之志一祖乎聖人,爰用此學光舉製科。筮仕維揚,則讞獄平允;晉秩瑣闈,則忠讜著聞。既而宣條布憲,屏翰藩垣,綜維教化,匡美風俗,則英聲茂實,歷齊、魯、秦、晉而皆盛焉。夫古之君子,上不負天子,下不負所學,以是逋求,公其有之矣。公自莅右轄,位望益近尊寵,每有要缺,中外咸見推,蓋大官崇階可待而至。公乃偶以微恙,輒上疏乞移疾歸里。巡撫都御史傅公、巡按御史程公及我諸大夫僉共勉留,不從,竟浩然東歸。群公追而送之灞之滸,左方伯葛公俾某紀之而贈之行。

韓子有言："行而宜之。"夫宜者，有當于心，無歉於志，真見决行，我不能止、人不能援之謂也。今徐公之行也，果不宜而能若是乎？夫人無幽顯，道在則爲尊；道無方體，宜之則爲是。古人其上或以版築而致大位，或由釣耒而陟師衡，不以爲逾；其次或抗行首揚，或降志卑辱，或功成拂衣，或急流勇退，不以爲貶。何也？宜也。假使徐公守資積望，由方岳而公孤，白首巖廊之下、廟堂之上，信顯榮矣。或一旦嫉毁隱于位高，菑害萌于分過，則如之何？或有待而不來，或無求而不得，則又如之何？今公退而耕于梁宋之間，養痾丘園，栖神玄默，勿藥之暇，課禮兒孫。或與野老争席，或彈琴泉石以咏先王之風，信幽約矣。然寵辱不形，喜怖不作，得惇葆其天真而厚其壽命，則如之何？或道不世遁而賢不野遺，鶴書赴隴而鳴騶入谷，則又如之何？一惟宜之而已。公願學孔子而有得者，固將無所不可。故其乞而歸也，宜也；行且辟而仕也，亦宜也。

酒三行，爲歌《白駒》之篇，而爲之别書以紀之。

送荆陽李公便道上母氏太宜人壽序

夫純和之德，天所含也；祚胤之慶，天所扶也。天曷爲含乎純和哉？天主善，純和以當其源，沕而穆之，冲而淵之，日與灝灝者游也，而灝灝者與之無外也，故含之乎爾。含斯聽，聽斯和，和斯平，故曰"神之聽之，終和且平"，含之至也。天曷乎扶乎祚胤哉？天主福，祚胤以當其癊葢而葍之，欝而𢚩之，日與明明者熙也，而明明者與之無射也，故扶之乎爾。扶斯保，保斯右，右斯命，故曰"保右命之，自天申之"，扶之至也。含之至者，貞固之極者也；扶之至者，允植之常者也。而埃壒之物無所概焉，菑沴之莫從，闃闃之無入也。人間之世，孰不欲自固以頤泰化，自植以禔洪休？然而不得其含，則暴露偪側,而戾者室相比也。是以有淺狹之民、不長厚之俗。不得其扶,則悍鞠迍邅,而敝者室相比也。是以有愁苦之民、不得其所之俗。斯二者皆天之棄民也。亦有不棄於天,或德與福違,或福不劭德,或秉德未大惠,或戢福無罄宜,觀我同生,又豈少哉?是以屋有三瓦之遺,侯王有"孤""寡""不穀"之號,言事天也。

大參知荆陽李君,有母氏曰周太宜人,與其先君通參公實咸有恭和慈思之德,當乎天善,篤生六子,咸纂令德。歲壬辰、乙未、戊戌,三遇皇上闡運登賢,而太宜人六子之内,科進一人。今三人者,皆有周之鳴鳳也。夫麟鳳龜龍,《書》記以爲四靈,四靈得一,即表國楨。乃一門而有三焉,即太宜人祚胤之慶,當乎天福,爲邦家之光大矣遠矣。而三子者方奮庸明功,亮采敷懿,振珮臺省之間,雍容巖廊之上。既而伯氏甘棠分陝,仲氏銀台獻納,季子化蜀樂職,中和實又參賡,惠風競爽無二,即太宜人祚胤之慶當乎天福,爲邦家之光信矣明矣。太宜人既樹惇布福於外,猶内受三季子之甘旨,日觀諸孫之孝悌,則都無顧慮而有愉懌。而庠士子兩人與諸孫之舉於鄉者,又皆將振其羽毛,向朝陽而噰鳴也。而金吾子亦綰銀黄、紆朱紫,時時效萊綵而舞於庭,則太宜人之康豫益以倍滋。夫滋其康豫,匪福奚備焉?而祚之,胤之,引之,方勿替也。

今壽六十有五,季夏十八是其誕辰。荆陽君當拜表如京師,計其道路與其時日,則省覲太宜人而上之壽便。於是三司諸公因便送君,咸爲太宜人壽。余於君有年家之誼,於諸公法君舉之書,因抽所知聞,歸善於純和,表福於祚胤,而原本之於天。若曰"天所苞植"之云爾。倘人人可得此樂,何世稀有也?君至家躬拜家慶,親展終南華岳之圖矣。銀臺君目近紫清,必致天皇玉珮金璫之書;重慶君在金馬碧鷄之鄉,亦必致丹砂桃竹之獻。太宜人目快嘉事,耳娱好音,德和光泰,慶祚景臻,不曰天予善、帝錫福,吾不信也。作侑觴之詞三章，附麗諸孫歌之。其詞曰：

南山兮葱蘢，華岳兮三峰。中有不老之樹，九天秀出金芙蓉。

天皇兮寶文，元氣兮氤氳。中有不老之道，躡日景兮凌霞芬。

丹砂兮素芝，邛竹兮桃枝。中有不老之術，扶助玉體永不衰。

賀大中丞樵村賈公巡撫陝西序

惟皇誕敷嘉命，拊循兆民，乃緣俗畫方，簡畀元臣，俾總統化裁，用惠用威，而安之擾之，令方内外畢底于康，是《書》所謂"良哉康哉，以承明哉"之盛者也。然方服所維，固莫重於分陝矣。今歲拊循大中丞缺，皇上命我左布政使樵村賈公，則簡畀之良亦莫尚焉。故開府之日，内外咸悦，以爲民迄用康也。

惟陝之重，東抗河山之阻，南控鄖漢之巖，西闌巨羌，北堵彊〔一〕胡，中峙八郡間，樹大藩戎馬之會，屏翰之雄，而京邑之右臂也。然軌物之度取足田廬，繇是百姓之供邊者什之六，供藩府者什之四。邊多燧藩衍條，日有朘，月有削，繇是百姓之供邊者六而匱其三，供藩府者四而匱其二。而後民用凋㓟，吏治之艱難也久矣。縣之吏疲于奔命，不得整逋負，寡于循理，不得保惸黎。邊之吏困于資給，不得養壯士；習于畏縮，不得信遠略。而後陲腹之交敝，威惠之靡覃。然而通變其所宜，順其所樂，振刷其所汙，立其所隆，綜統條貫而經略之，則惟大中丞之爲專。

往公在監司之位，篤以惠和，宣其廉哲，守以恪恭，布其允惇，于前所謂吏民之不叙其業者，靡不究心如燭照，數計一切，思務保釐，爲之康之。猶患闕白懸于撫按，枘鑿起于異同。何也？綜統之不專而尊信殊也。今公得專之矣，行其所知，溥其所未竟。如神禹之行水也，而滔滔者安流也；如孔子之正樂也，而《雅》《頌》各得其所也。

其不在兹乎？

夫居弘體毅，君子所以任重而道遠；知明處當，君子所以贊化而參儀。公自對制，策名展寀，錯事揚歷中外迨三十載。所在惠威聲實詡詡，有以也哉！夫德心廣大，弘也；義用彊直，毅也；炯物達微，明也；稱物平施，當也。公寬而有容，廣以大也；僩而無競，彊以直也；察而不苛，炯以達也；恕而能喻，稱以平也。兼斯四者以溥化裁，惠流等春澤，威行並秋令。内蘇息疲敝，鼓舞元神；外式遏寇攘，大布震疊。至蕩瑕滌穢，鏡于太清。俾官樂其職，民叙其功，康彼西維，有始有卒。行且陟踐衡鼎，調燮化樞，以其重者遠者而成其贊參之能，真有所謂"良哉康哉，以承明哉"之盛者，固公所素蓄優爲，是故悦之。

開府之日，望之迄康之年，群情翕如也。三司誼在舊寅，禮嚴新屬，宜有贈言，以相賀于執事。某不敏，實久竽參侍，斯僭言叙之云爾。

【校記】

〔一〕彊，原刻本作"疆"，據文意改。

馳頌太封君鳳灣靳公壽序

兩城靳子膺簡命、奉璽書，董學官功令之明年，是爲嘉靖辛亥。其年十月二十七日，當太封君中憲大夫吉安知府鳳灣公壽登七十有二；二十五日，當太恭人田氏壽登六十有九。偕老協夫婦之和，同辰會日月之吉。考箕疇以演福先，咏《南山》而稱"樂只"，斯其盛矣。兩城子乃東望長懷，忻慕徙倚，爇香遥祝，舉壽巵加額以語客曰："皇天鑒佑，不遺下氓，用祚家大人齊壽駢祉，誕育我兄弟，恩斯勤斯，詎欲遠游離膝下哉？今我客秦，弟復綰符守潁，比且移駕臨汾矣。玆昭時令日，垂白高堂之上，屬念兒子各天一涯，亦必歎弧矢之爲妄設，臨觴之寡悰也。而後知《南陔》之眷戀實獲我心，《白華》之晨省悠邈莫致。是故余情之不勝矣。"

客解之曰："有是哉！俞俞，否否。夫具爾之樂，誠足順親，然取樂無方而爲順不一。大樂則大順，大順則大福。故父子姁姁，家人輯輯。當歲時伏臘，烹葵剝棗，割鮮宰肥，陳杯酒相笑歡，終老不離一室者，士庶人之樂也。然而安田里，悦家慶，不可謂不順，非所喻於福之大也。若卿大夫之行則不然，以公善爲樂，以顯親爲順，以致和爲福。故其所爲道必至歡忻玄通，鴻祉熙洽，仁壽泰和，物我同域，乃所以爲大。兩城子伯仲競爽，紆銀青，佩金紫，出庭闈之緒以表秦晉。一則陶淑人文，一則康叙民理，顯德揚聲，光惠流布，實用此三道兩所，峩峩元元，含和歸福，遐邇一致。即太華、終南可爲几席，藐姑射之山、汾水之陽在座隅矣，何謂各天一涯哉！夫太封君淵穆其居，廣餘慶以錫類，子大夫華國承家，斂時休祝以奉親大樂大順，厥福以之，孰愈閭里之沾沾也？"

兩城子於是容展意舒，集上頌詞以當萊〔一〕綵之娱。三司大夫聞而頌之，其詞曰："揚庭淑，顯國楨。穆二子，塤篪鳴。理洪皀，德醇精。贊《棫樸》，長《莪菁》。炯六事，保元蒸。職中和，來頌聲。介眉壽，册龜蒙。緝遐祜，歌魯公。"右丞某叙記，以爲馳頌之始也。

【校記】

〔一〕萊，底本漫漶不清，據祁縣本補。

《南山獻壽圖》序

嘉靖癸丑六月之望，劉母太夫人程氏壽登七十有七。厥嗣少參君方握符搴帷，撫治漢南，不得展稱觴之奉，但爲圖史遥寄獻北堂耳。時右使胤於劉君有同榜之誼，乃贈之言。

夫人生之福，惟壽而康寧之爲大。然壽繫於天，康寧則在人所以養之。即壽矣，而於身於子孫者有一之弗若，則焦勞困拂之不暇，如康寧何？即康且寧矣，而非眉壽以承之，亦與弗康弗寧者等乎！故兼全之爲難也。太夫人慈惠貞淑以飭其躬，忠肅恭懿以訓其子孫，家人嬉好以順其化，嗣子浚明以宣其教。即太夫人神安志定，無倚門之憂，有起居之適。少參君今歲招徠流徙，賑恤飢餓，漢南之民賴以全活者萬計。萬人讚福，咸歸太夫人。太夫人聚百順、飲人和於千里之外，而恬然泰然於一室之中，其所養之康寧可知矣。聞太夫人耳目聰明，顔色美好，望之如五六十人，則詩人所謂“眉壽保魯”，亶其然也。即如《魯頌》，正少參君懋魯公子之明德，而太夫人享壽母之令名，尤其福之全者。此亦太夫人教子以賢之心，少參君養母以禄之志歟？書之圖首，並表南山之獻云耳。

壽陳母太孺人九十序

蘆山陳公牧汾之明年爲嘉靖甲寅，其年十月六日爲賢母太孺人九十之辰。蘆山乃先期過余語曰：“老母慈惠康彊，今歲且九十，誠自幸甚。然游子不歸久之，奈何？蓋某自辭親筮趙，再調洧川之繁薦，被命守兹郡，倏十載餘矣，中間省覲之日纔二三次而已。老母但勉恪官，不令啓處於家，如人子之情何？人間之世，福老壽而禔子孫，今天錫老母高年，乃嘉辰吉日，弗見其子躬拜稱壽，何官之爲哉？古之人不以三公易一日之養，今則大謬不然耳。又弗得棄去，如人子之情何？"余於是解之：

夫親之愛子，與子之愛親一也。善愛子者，以教不以私溺；善愛親者，以道不以小養。故夙興夜寐，無忝爾所生者，孝之始；立身行道，揚名於後世以顯父母者，孝之終。夙夜所求，立行所存，親之所以爲教也；無忝而名揚，子之所以爲道也。故子之道修則親之教行，則親必悦。道修則可以悦親，皆非世之煦煦昵昵、禽犢口體之微而已焉者，故孔子以爲卿大夫之孝也。初，太孺人以恭懿惠和之教教公，公敬而服之，竟以賢舉鄉，以能莅秩，再命爲大夫。其在趙與洧者，民籍籍頌之。若行道於吾汾者有三善政，皆覃太孺人之仁。蓋以禮正憲而强宗戢焉，一也；以儉節庸而積冗捐焉，二也；以簡要御煩而百物叙焉，三也。今汾四境之内皆畏公如神明，親公如父母，願公久留吾土以福吾民，願太孺人眉壽不老以堅太守之心，咸舉手祝天，歌"令妻壽母，宜大夫庶士"之詩以相保也。即太孺人聞之，有不慰且悦乎？使公弗恪其官，不得其民和，雖捨而之膝下，太孺人將亦不滿於衷矣。何也？非所以爲教也。今公身雖在千里，而百順之休、諸福之應已合通萬感而萃之堂階，則名立而無忝，孝莫大焉。何也？道之所以行也。

太孺人姓李氏，性至淳厚，敬先大夫如賓，教其次子政與其庶子清者，愛維均也。今政彬彬有成，德清已納級指揮矣。夫仲季承顔以事其親，伯子養志以事其君，何弗可者？太夫人業已受洧川之封矣，况人之所欲，天之所從者乎？故天必眷孝慈以遐福永壽，方未已也。蘆山於是遣使獻太孺人壽，而以余言報之。

贈月空上人功德圓滿序

月空上人住持蘆芽山之乾元寺,遵其師奇山之業而光大之。而其徒從者雲集,遂创建二庵,在本山曰西照,在老營堡曰園對云。又念此山是古佛道場,歷劫奉法,代有其人,獨山居岑寂,遠臨邊徼,教典稀存,講誦多闕,非所以度皈依之衆,闡印度之宗,泛覺海之慈航,懸智天之朗曜。乃飛錫南都,告禮秩宗,印造《大藏經》二部,一留本山,一貯老營之庵。

由是巖龕滿貝葉之翻〔一〕,僧俗遍蓮花之睹,實上人心堅冰蘗,志邈烟雲,涉水登山,餐風味道,始於荒野之林,有此梵天之勝。又以如來妙法具載經函,五蘊迷心非兹莫啓,故前聖傳言而度世,後學因偈〔二〕以明初,不由見解,何補頑空?須資誦説,方成證果。乃敦求善識,延請高僧,閱覽玄文,搜尋奥旨,經六載而告周,總萬法而歸一。實覬因文闡教,藉顯明幽,庶講訓者不謬乎西來,諦聽者允協於東度。倘人人信受,得令諸苦消沉;處處修持,能使一真透露。惡緣不造,善風流行,非但空門向化,遂見比屋可封,實上人開山印經,扶教之功爲益弘多。

今年六月六日爲其功德圓滿之期,於時比丘等衆、檀越諸人咸共欣悦勝事,共往稱賀。有禪僧大輝與其徒定果道其事之大端,乞余爲之言也如此。月空諱真净,本姓楊氏,朔州人也。

【校記】

〔一〕翻,底本漫漶不清,據祁縣本補。

〔二〕偈,底本漫漶不清,據祁縣本補。

《白雪陽春》序

《白雪陽春》卷者，蘇寒村大參作之，以贈文岡陳公之行也。

文岡公奉天子璽書，宣欽恤之令於全陝，而全陝之獄冤焉賴以昭雪，幽焉賴以噓煦者，無弗然也。取象於物，有白雪陽春之事焉。又文岡公秉文懿之衷，擅綜纂之智，清讞之餘，褰開之暇，復感物造端，風雅著列。其鴻麗藻鑠，調高絶響，時人莫得而續之。取證於古，亦《白雪》《陽春》之歌乎郢中者也。斯一文而有二義在，文岡公兼體而互盛之，斯寒村贈之云爾。

時余謬從陝之廉使移布政右使，樂附諸大夫之後，相與贈公之行，共贊衍是義而離之。卷中大抵誦美之詞，即西人歌咏之餘，屬和之聲，直《下里》《巴人》之類而已。記公循行西土在嘉靖辛亥，而畢事還京在冬春之交，又政白雪陽春之景會也。

蘆山陳公受御史臺旌獎序

君子居職守道，志勤於愛民，事專乎報主，固非有慕乎外者。然有得安其位與不得安其位，有得行其志與不得行其志者，則又繫乎上之知與不知。故《易》稱"樂則行之，憂則違之"，豈非以樂行爲見知，以憂違爲遁世而不見知者哉？古之君也親臣，其臣也親民，故官無崇卑，天子咸一體之；民無遐邇，公卿大夫咸一體之。故民生之休戚，即吾一身之痛癢，無弗知也；百官之賢不肖，即吾四肢之好惡，無弗知也。猶天地之於萬物也，爲同仁也。後世君尊於天，臣卑於地，民僻左於泉，君門遠於萬里，公卿之門遠於千里，監司守令之門遠於百里，蓋勢分遞懸而情分亦沿之矣。故百姓之休戚有不能達之有司，庶官之賢否有不能達之大臣，六卿之賢否有不能達之九重者矣。是非今古異，宜亦勢之積累而然耳。於是天子用耳目之臣，行按部之令，察吏民之賢不肖，而徹之巖廊之上，以一其情。於是居職守道之賢雖不求人知，亦未始不以見知御史之爲遇焉。

蘆山陳公守吾郡三年矣，非爲民之志弗存也，非爲國之事弗行也。以正彊禦無惴也，以撫疲黎無擾也，而又聽斷之審、宣序之虔焉。故求志勤於愛民，事專乎報主者，宜莫公若也。而御史黄公實咨義而周知之，乃寅闡憲弦，懋旌有德，飾文誥之辭，介褒美之意，金幣以禮之，鐘鼓以樂之。而冠裳之會，車馬之同，彬彬以相賀者，爛公之堂也；三城之屬，四境之氓，蹌蹌而來觀者，闐公之門也。而公之循良之雅，中和之頌，雖未易窺述，然安位行志之遇，亦略可表見焉矣。郡僚王君等共徵文展慶，因敬矢其大端。

孟子有言："居下位不獲乎上，民不可得而治矣。獲乎上有道，不信乎朋友，不獲乎上矣。"今公一有喜慶，而賀客影響應之，其信乎朋友可知也。公有太夫人在堂，能以善道崇養其志，荷天之休，綏以眉壽，則公之所以誠身而悦親者又可知也。公勉兹勤，宜行且召公矣。昔黄霸、王嘉，皆治郡吏，尋踐司鼎鉉，文翁、吴公皆以治行照耀古今，即如公之賢，何往而不可屈哉？故必且召公矣。

陽城鍾三谷翁七十壽序〔一〕

嘉靖丙辰之歲春正月十又六日，爲前四川憲使三谷□□□□□□□□□□□□□□鄉耆國老，爲人所尊，□□□□□□□□□□□□□相慶者翕然遝然，莫之已也。蓋天與善人，錫之遐福，天固樂之矣。天固樂之，人其捨諸？乃宗□大將軍敬庵首隆禮稱慶焉。以余於鍾翁昔忝同寅，又厠鄉邦之後，義合有言以叙列其事，遂走介發書，不遠綿沁而徵之。余於是舉手祝天，知皇矣上帝篤佑鴻哲，至老而益明也。一時人事之參差，官途之流坎，皆夢幻泡影耳，非所以定於天也。

鍾翁有仁義之度，剛明之德，宏雅之學，經濟之才。舉進士，筮劇邑，三事之望，赫然有聲。寅亮之司，必爾能致。乃逡巡外臺，中遘讒□，□髮歸里，大業未究。當是時，爲天下惜者，以爲翁之不得於天也。及翁返服丘園，息擔塵鞅，樂志魚鳥之間，放情宇宙之外，寵辱不驚，炎凛不涉。忘其帝力，和其天倪，優優焉，休休焉，殆三十年矣。而神融氣和，康彊容與，尚無減於仕之時也。而兄弟怡怡，子姓秩秩，所以助公之樂康、適翁之暢朗者，又總至而時惠，是翁有得於天否耶？謂非天心篤佑，世如翁有幾人者？

因憶時輩，自余與翁目所睹記，有宦未登而齡早促者，有宦巧行乖而身名俱盡者，有宦之或顯而終之不令者，誠不知其幾也。知天之於彼何哉？夫天之福，莫美於清閒，莫大於康壽。富貴者塵芥之微，聲利者浮雲之細。貴與賤爲鄰，利與害爲徒，故聖人之所不求，達士之所不願也。然而履清閒之府，游康壽之林，安居而不危，周行而不殆。非自天錫之，而誰之能自爲也？假使翁勞悴一生之力，勉須極品之官，進退維谷，終始莫測，有千日之憂而無一日之樂，有貪怙待盡之苦而無優游卒歲之休，一天之敝民而已矣。以是而比清閒，律康壽，其所獲爲孰多也？故余必知天之於善人也，固獨加厚於尋常萬萬矣。

夫天之所厚不可渝也，翁之壽亦未可量也。敢書之以復敬庵，仍望敬庵爲我崇酒三觴，以祈天之永命，以永保善人之無疆。

【校記】

〔一〕按《鳳台縣志》卷八《人物》，鍾錫，號三谷，有《三谷集》，澤州人，非陽城人，當爲孔天胤記載之誤。鍾錫爲正德九年甲戌科進士，曾任陝西按察司僉事、四川按察司僉事、陝西按察司副使等職，與孔天胤文中記載相合。本文底本多處殘闕漫漶，核祁縣本，略可多識别六七字，徑補，不一一出校。

代諸生贈分守馬公總憲山西序

嘉靖乙卯之冬十二月，德陽馬公小東先生繇分守冀南左參政升按察使，式總全晉之憲。拜命之日，旌棨遂當去汾。惟汾爲先生駐節開府之地，乃吏民之承被教澤，比他所爲益親；而衣冠之侶，親炙淵懿，比他所爲益厚矣。於時舉人賈敦等僉謀贈言，以祖先生之行，因就山人而語之曰："先生端亮静默，示諸生沉潛之學。諸生微且寒，在尊官視之，略之而已；先生則優之，令諸生得進見請益，又周之惠之，令諸生可自資致。凡此皆先生錫類之仁，爲敦等所共感激而不能形容其萬一者。幸爲之一言以表之。"山人固不識道，惟以意應之。

君等不見昌黎韓子上宰相之書乎？其首書稱引《菁莪》，推廣長育成就賢才之旨美矣；次書復稱引周公飯吐哺、沐握髮，下賢禮士而弘功業，益又盛焉。然光範不能樂育如《小雅》，不能禮賢若公旦，則其書縷縷皆惜之之詞也。而韓子以賢才自居，以功業自待，一遜諸遇焉而已矣。今先生既示諸君以身教，而恩禮之施又復隆重，則諸君爲不遇乎？然感遇而不思奮，思奮而不圖所以報稱，則耻之。先生固《小雅》之望、公旦之儔也，其所以處諸君者，藹然樂育之懷，由然吐握之志。若曰加之乎賢才，以作其邁往之氣，期之乎功業，以濟其弼諧之謨焉爾。而諸君其信於知己也，其不詭於所遇也，則亦賢才自居、功業自待如韓子所云，斯無負矣。先生位望日躋，即旦夕陟宰相之衡，建周公之迹，當令天下之英，歌“菁菁者莪”而來也，何止一郡國之士哉？諸君其無徒羨德，惟孳孳以自勗，斯先生亦樂之矣。試呈之以請正乎！其言之不文，不敢謂之贈也。

贈都運少岳方公入覲序

入覲之行，序功能也。外之列辟始受天子之明命，以率職弘務，及三載會朝，則各以其職務奏。於時功有明滯，能有優劣，而持衡之府爲之考定其序而黜陟之。於是有殿最之等、賢否之科，如數甲乙、辨黑白，區以別矣。當是時，有卓然顯功異能，當厥高等，無愧天子之寵靈者，厥惟艱哉！

今嘉靖三十有八祀，適列辟入覲之期，都運少岳方公當以其預冬往，鄉縉紳大夫條巖張子等謀所以餞贈公者，乃托禮舍張紳以語山中人胤曰：“吾方公且入覲矣。距自公莅吾土，即惠吾土，其惠流汪濊，非尋常尺寸之間已也。蓋乙卯地震，河東之變極矣，諸所傾陷頽圮，自運城以至禁城六十里無弗然也，自官師之廨宇以至學宫書院無弗然也。諸所殘破，民之生者九死而一也，舍之空者十室而九也。當是萬有蕭條，群宄竊發，旁觀者束手，永歎者無措，蓋不知其所止矣。適公下車之始，目擊神愴，惻然存濟，毅然整修，不三閲月，即傾陷頽圮者復其崇堅，破殘者納之安輯。又隆教育以興士，寬出納以通商，厚賑貸以蘇困，亦不數月而乖沴之餘浸變而熙熙矣。其後培養休息，靡有寧日焉。故今四民完業，百務允釐，吾土雖百世賴之矣。即其惠流，豈尋常尺寸之間已耶？昔《遵鴻》之詩，言東人感周公之德，喜其留相王室而復惜其去，故托之詩以道其情。兹願爲我道之乎？”某於是作而言曰：

近海内多事，聖天子孳孳求治，務在得賢。然求功能於材藝之士常易，求顯功異能於俊乂之士則往往而難焉。何也？材藝之士，居常守故，效伎於一事，奮采於一途，足表見矣；俊乂之士則不然，德而不有，爲而不宰，居常守故，無以自别於衆，惟履屯難而康之，處事變而通之，則大猷鴻略方與衆殊絶焉，其正少岳公之謂乎？夫臣之職務，莫大於安上治民，然安生於危，轉危而爲安者，斯爲安矣；治生於亂，撥亂而爲治者，斯爲治矣。今公專政鹺秩理財，與郡縣民牧之體異，乃其志畏天悲人，康屯難，通事變，任大弘濟而不疑，而上下賴之，卒底於寧。所謂顯功異能，孰右之哉？兹當著之天子之庭，親見俊乂之擢也。鄉大夫既戀公去留，復幸願其峻陟，意有尚於《遵鴻》，競以元聖之德待公，則謂公爲俊乂之良，益可徵矣。敬述其事，以爲贈云。

孔文谷續集卷三　序

《泮宫獻壽文》序

於！奕哉！慶成之肇封也，自莊祖八傳而至今王。隆慶六年五月，王受聖天子策命，纘緒鴻盟，踐登寶位。告成宗廟之後，特選元辰，鳴玉而謁先師孔子，行釋奠如古王制。仍莅學開講，與師生相揖讓。又遍加物采，以彰古之養老乞言之義。於時師生咸共祗服，國人之聽觀而興起者渢如。神龍現而霧雨咸集，圖書出而人文丕應。以爲時王多自有天貴，不屑爲稽古右文、尊德樂道之事，是以盛位無赫赫之光，蓋貴自貴而賢自賢耳。今王仁孝聰明，温恭謙抑，毅然以古之賢王好善而忘勢者自居。故當嗣大歷服之初，覲廟視學，惇典厚文，禮樂之度，文章之選，焕乎一新。回曠世之缺典，建一代之雅儀，昭文祖之耿光，垂列辟之清憲，方春秋鼎盛而規謀閎遠矣。

閲九月九日爲王千秋令旦，師生相率獻壽，如《泮水》之頌魯也。《頌》之詞曰："思樂泮水，薄采其藻。魯侯戾止，其馬蹻蹻。其馬蹻蹻，其音昭昭。載色載笑，匪怒伊教。"言魯侯之幸學也。又曰："魯侯戾止，在泮飲酒。既飲旨酒，永錫難老。"言學人之祝壽也。又曰："穆穆魯侯，敬明其德。敬慎威儀，維民之則。允文允武，昭假烈祖。靡有不孝，自求伊祜。"則又於頌禱之中而寓規望之誠矣。今師生之於之也，言有盡而意無窮也。王之賢也固益懋於魯侯，則師生之所以爲壽者，亦取此而獻之禮也。外史氏爲之序。

靈石令壽王龍門太守序〔一〕

龍門王公守平陽之逾載而政孚，其屬吏靈石縣令董大經因公之令旦之辰而頌之，其辭曰："明明我侯，令德令儀。我吏我民，是馮是依。如茂鳥懌，如淵魚嬉。何以報之？弗知其涯。日光月華，山川吐氛。我侯誕只，郁其卿雲。辰良景清，和氣絪緼。介以遐福，而恒其德。"勛辭既修，又請余爲叙其意而獻之。

余因問董令曰："而府主政誠孚矣，其所謂吏畏其威，民懷其惠者耶？"令曰："似矣，而猶未是也。""其所謂吏稱其秩，民安其業者耶？"曰："是矣，而猶未至也。""其所謂敬之如神明，親之如父母者耶？"曰："至矣，而又欲其久也。"余問其"似"，曰："將無畏乎，而侯不作威；將無懷乎，而侯不示惠。"又問其"是"，曰："吏有常秩而循之，侯不拂；民有常業而居之，侯弗擾。"又問其"至"，曰："神明之於物也，福善禍淫而無所私也，故雖愚蠢之物，無不知敬其神也；父母之於子也，好好惡惡而無所僞也，故雖孩提之童，無不知愛其親也。今吏民之於我侯也，誠亦若是焉而已矣，故某以爲至也。乃侯之政一出於誠，吏民之服一以誠，侯不得而知，吏民亦不得而知也。"

余於是作而歎曰："是非孟子所謂至誠而動者乎？夫誠者，天理之真，人心之所同然也。故動以威者，取人之畏也，威盡而畏者讐矣；動以惠者，取人之懷也，惠竭而懷者怨矣，奚其誠？吏不自稱而惟惴惴焉，私畏之爲；民不自安而惟忳忳焉，私懷之爲，奚其誠？若善善而淫淫，好好而惡惡，出之不以爲威惠，承之不知其畏懷，其敬之也一；天理之惕然者也，其親之也一。天理之惻然者也，奚其不誠？古之人有行之者，堯、舜帥天下以仁，而民從之是也。仁者，誠也；從之者，親之也。龍門公今守堯、舜之故都矣，其服膺精一之訓，而以心會心於千載之上乎？斯人皆可以爲堯、舜也。”

余又問“久”，令曰：“《傳》不云乎？‘久則徵，徵則悠遠。’悠遠者，天地之所以長久也。堯、舜之所以久其道，而天下化成也，願我侯持是以相聖明，而域天下以仁壽，乃我侯之所以爲壽，吏民之所以壽我侯也。”余曰：“至則久，久則至乎矣。信矣，不可以有加矣！”於是叙述其語，以貽董子爲龍門公獻。龍門公必曰：“吾道其至是耶？吾方求其所未至者爾。其已至耶？吾懼吾之有息焉爾矣。”是又龍門公之所以教群吏也。

【校記】

〔一〕原題無“序”字，據底本目録補。

贈碧澗來公移守代州序

嘉靖三十五年之冬，碧澗來公由太原府通判擢守汾州。視事數月而事有紀焉，民欣欣焉戴之，而望其寖寖焉庇之也。乃巡撫大中丞上疏薦言：“代州當雁門孔道，防秋之臣歲駐，禦虜之務時飭，而所以共武之服取之而逢源，用之而合策。率資足於有司之能，故非才，有司不可也。來某前以通判主錢穀，署代，出納明允，攝理兵民悉有條貫，可經諸緩急，所委無不神解理順而應者。故較群吏之才，實有裨於邊，宜莫如某者矣。然今已擢汾，誠得許請移代，則安攘之幸。”於是上許可之。除書到門，遂整駕北行。當是時，百姓怛然謂其奪之庇也，僚吏悵然謂其奪之依歸也，羅而送之境上，而又索余言之以爲之贈。

夫公之行，其説有二。其一，公已去代，而上下思復請守代是矣。然汾實大郡，比代尤劇，乃借才去此而不恤，則當道之調停也猶未當也。或曰:“代,大門也;汾,堂室也。曾有門不之固而室安者乎?”故當道之意爲大門計耳,計其大者,則當矣。其二,公之兹行,信才矣。然孟子以人之不善不係乎才,而善未至爲不能盡其才,則才之信與不信,别有爲之主者矣。曷爲主?曰善是也。公天資樸茂,子諒易直,而又服膺先聖敬事而信、好謀而成之義而有得焉。斯善矣,斯可以達才矣。曾有用智自私而伎倆以爲能者,謂之才乎?先自踣矣,故公之才可以自信而信人,乃信才也。

間嘗聽公籌邊有六事,曰處芻糧以濟時艱,募土著以便清勾,買戰馬以備騎征,樹城堡以遏外患,劫賊巢以弭深入,夜襲虜營以驅速退,皆禦侮之良猷,濟時之切務。試以抒之帷幄,議之廟廊,夕舉而朝行之,則安攘之大幸也。當由是復移公以守四方,亦如斯而已。

贈郡博愛山先生西歸序

愛山任公繇保定府學訓導移學正汾州,幾三載,道行而士服。乃今歲之春偶感微恙,尋已勿藥矣,輒喟然有歸歟之懷。諸生二百餘人泣留,弗從;郡太守龍嵎張公,别駕蕭公、康公,幕史寇公,教授許公,司訓楊公、高公及士大夫咸共勉留,亦弗從。遂挾氈策蹇而行,將息陰温泉之渚,怡老驪山之陽。其棄一官若投瓦礫者然,豈非安貧樂道,守之終身而不易操者耶?

時僚友諸生徵余言以爲贈。余問之曰:“前師有行,或有弗留、弗贈者,今於師何懇懇哉?”曰:“先生之處心也厚,其行己也恭,其待僚友也讓,其訓育諸生也嚴以寬。連歲大侵,先生茹蔬飲水,衣弊袍,日臨講誦,聲若金石,氣如春風,無戚戚容,省躬飭志無少怠。舊俗,學僚多失意樽俎之間,芥懷升斗之際;先生輕利重義,遇事但雍容揖遜而已。以故三師者極寅以穆矣。諸生質異賦、志異趨者甚難以一端理也,先生因材而篤,量可而導,卒變其小異而歸之大同,蓋有油油然入乎其中,而不自知誰使之然者,以故諸生咸敬憚其嚴而鼓舞其寬焉。若是者,殆古之惠也,安得而不留耶?且人情好利達而惡貧賤,故官雖卑、禄雖薄,比之貧賤亦達也,人固不能捨矣;雖當捨時,猶復遲回濡滯而不肯就道。先生年力屬未當免,乃見定篤行,不復可留,其樂天知命之心,允有出於尋常萬萬者,又安得而不贈言以表之耶?"

山人曰:夫士類不能安貧,故無所不至。昔顏淵、子路獨克肖聖人,獨能安貧耳,然非樂道者不能。愛山子夙貧,能明經勵行,樂古聖人之道,及仕與止,坦然同歸而不易其操,此所以爲賢也。《漢策》耆艾有曰:"大夫其修身守道,以終高年。"余於愛山亦云。

贈邑侯陳斗垣陟南城兵馬指揮序　代霍思馬作

斗垣陳君尹吾邑之三載,政成能著,銓部用薦者,内遷君爲南城兵馬指揮。議者以君之才宜列臺諫省署之司,是殆不然。主上垂神化理,先首善之地,則輦轂之間不可以不肅,於是修古司隸徼巡之法,則兵馬之官始重於曩常而拔於才俊。今君之陟茲選也,良有以哉!

夫才足以周天下用者,無用而不宜也。故置之煩劇而宜,投之艱難而宜,授之重大而宜。不擇官而仕,不選地而居,惟其用之焉耳。是故以大舜之智而勤於歷試,孔子之聖而效於委職。君通才也,奮迹賢科之選,超家師儒之尊,偉矣其治吾邑也!思信以有體也,慈惠以有威也,恭毅以有勇也,廉節以有文也。當四郊多壘之時,安攘並修之日，廢者起也，作者明也，呻吟疾苦者有養也，不謂之通才矣乎？夫通才，自足以周天下之用，凡其所閱歷之處，則其造極之階也。譬登崑崙之山，苟不已於丘陵原隰之歷，則必至其巔矣；挹朝夕之池，苟不已於川谿匯瀆之歷，則必至其涘矣。以君之才，而又有德以基之，有道以弘之，其在邊縣與其在京邑也，亦歷之而已矣，亦安厥職、敬厥事而已矣。吾知其大用之繇此也，於其别也，書以贈之。

贈玉泉陳君擢順天經府序

夫賢才之處世也，亦猶珠之在淵、玉之在石乎？方其隱而莫之見也，曾碔砆魚目之不如。及精神充符，光彩振越，則求之者至矣，以天下之寶在是也。故賢才者，非有求於人，人自求之。求之者至，則達之徵也。

玉泉君，平原之秀也。平原多賢豪長者、薦紳先生，君起家監胄，端委而從諸公，博聞周覽，其言論風猷與之相上下，斯其中超然之識、卓然之守，有待而施，固自有不容掩者。比隨牒而簿平遥，平遥爲汾郡劇邑，其俗健訟而梗於化，又多逋負，君主賦而賦登，鞫訟而訟平，化亦不梗，邑人皆曰賢；郡以磚繕城，委君董視厥役，君經表部署，作勤節勞，不爽錙銖，以是事省而功倍，郡人皆曰賢；先委董視塞垣，垣獨堅，頃北虜求通關市，又委君綜理，君區畫調停，有機有宜，非但闡我威畫，而實中含控禦之略，邊人皆曰賢。時順天府經歷員缺，太宰特遷君補之。夫順天，大京兆也，尹丞位尊重，除大事表奏，凡經國理民、布行文書，於經歷無所不關。故其人必嫺於大體、明習法令而後可。君高明有治劇才，及歷委，咸效而能益彰。蓋郡邑邊鄙之稱徹之監司，監司之稱徹之撫按，撫按之稱徹之臺省，是以其來求君也，是以其有異擢也。即臺省之稱又漸徹之九重，則所以求君者，抑又至矣。夫時事重内輕外，自内而出之外易，由外而轉之内難。今君實内遷，非異擢而何？

夫珠之照乘也，玉之登明堂也，寶之達也。君秉文京兆之庭，朝禮承明之廬，蜚英三輔，大授遠圖，信乎其達之徵自此矣，君其勉作功名。公車就道，郡大夫咸祖帳爲贈，余因略叙其事以紀之。

贈少陂黄公擢守汝州序

比汝州守缺，銓部推少陂黄公往。汾守龍嵎張公俾野史某叙所以贈言，乃作而言曰：

皇上臨御三十有九載，威靖朔南，乃孳孳内治之修，務惠養元元，惟守令之慎。蓋籲俊簡良，惟厥德懋明，厥才膚敏，斯惟其人焉。我黄公之於汝也，洵是之選也。公初以俊良起家甲科，進司徒大夫，出守彰德，已高位崇職矣。值中路坎壈，復從左律用，徙别駕於汾。淹汾兩年而有斯擢，人皆以爲屈。君子以爲才德之大者無小用，無近功，閲歷之愈深則推引之愈遠，造履之愈精則致極之愈弘，斯古之俊良之所以崇廣其勛業，聖人之所謂大受也。何也？夷險臨之而處之一也，崇卑間之而處之一也。不易其德，不有其才焉。夫不易其德，是爲懋明；不有其才，是爲膚敏。既懋且膚，才德之所以大也。世未嘗無德，然往往見役于才，或能處利達而不能處幽微，如昔儒所謂血氣用事者，夫豈少哉？要之，不可以語其大者耳。公繇大吏下遷，無墮釜失聲之態；及莅厥職，若固有之。處僚友恭以遜也，理民物愛以周也，聽訟獄廉以平也。居不數月而上下允孚，士敬其學，民恬其業，奸慝者銷亡，彊禦者衰止也。非實有大才大德，而能若是乎？然固閲歷之矣，造履之矣，是故明敏之純備，而懋膚之克昭也。

行駕而之汝，亦舉此而加之，而彼之元元悉蒙其休可知也。

吾聞南郡之墟，有先王之遺風焉。士務學崇禮，可以施教；民務穡尚儉，可以施養。天生俊良，俾懷才抱德，如有甫田患不得耕，今則既備乃事矣。繇是而登之巖廊，庸之天下，其道一而已矣。皇上圖治用賢，自守令始，即且召公矣。《詩》曰："樂只君子，邦家之基。"公其以之。於時張公取斯言以爲贈也。

《晉陽獻壽圖》序

夫人子愛日之誠，莫不欲其親之壽也，然有不能必得者焉。其得之者，必其純善合天，若故予之。蓋"維天之命，於穆不已"，人受是命以生，其藴精深而冲粹，其發華美而光融，其積熙廣而豐隆，其至堅固而悠久。自百順而備之則爲福，自大年而保之則爲壽，皆其命之漠然本有，森然具足。太和涵演，流而不息，合同而化。天不已，人亦不已，無礙無閡於其間也。夫是之謂純善矣，夫是之謂予之壽矣。純善者，以人而合天也；予之壽者，以天而合人也。人間之世，不知復善所以立命，立命所以久生，而習習乎，詡詡乎，日礙閡其生之爲，斯不壽有由，雖至孝，其能祝乎？

維揚有卞氏之母曰史氏者，蓋天予之壽者也。其配小山公也，相其成貞毅之行，承五世共爨之饋勿攸，遂事祖姑與翁姑也孝，處妯娌也任，御卑幼也慈，訓子孫學也嚴，履尊高也勤，居富厚也儉。而其和淑恭惠，静瑩淵冲，雍如晏如，蓋於世之嫉妒頹靡一無介乎容儀，概乎思議以礙閡其所受之命者，其爲善也純矣。故其神檢莊嚴，膚理悦澤，聰明康彊，優游逢吉。當滿八之年，猶在巽之質，自非天錫難老，申之保佑，廣衆之中疇克爾者？即其符契，故若天予之矣。

母有子芷，出仕於晉，爲按察知事，然已奉命後伯氏野樂公矣。而心慕母不忘，居常祝天，惟願母多壽。每家信至，聞母健，輒叩首謝天。今六月二十一日爲母初度之辰，知事君益焚香遥拜，修所以獻壽奉上家慶，乃藉圖繪以表其情，托文言以達其志。余故原幕府愛日之心，本慈帷得天之慶以彰之。母既壽聖復多後，且賢子五人有爲兵馬使者能聲最著矣。而知事君玉潤金暉光臺省間，臺省大僚及郡邑吏士聞君壽母，咸贈致頌言。内外孫及曾孫殆三十人，其所觸目多琳琅云。則母之嚮用於是爲不窮，所謂積之熙豐而至之堅久也抑又允矣。且知事君一念愛慕，不以易地而遷，不以遠宦而廢，又能得人之歡心以事其親，蓋其志可以通神明矣。《詩》曰："神之聽之，終和且平。"

《望雲祝壽圖》序

嘉靖己未九月廿有三日，爲楊母太夫人連氏七十誕辰。時其子前原君司訓汾學，以不得親承膝下奉觴上壽爲歉意，忽忽如有所思而不自釋，色如不豫者然。諸生跽而請曰："人子之孝其親者，大率以承顔色、備甘旨爲善事之能者也。然而有進於是者，則順志之爲美，禄養之爲榮。古之人有行之者，曾子是也。孟子述其事而稱之曰：'事親若曾子可也。'昔者子游、子夏皆不離其親之側，而日以味頤，夫子皆弗與焉。曾子狥禄三釜，蓋涉遠游，而其孝顧卓絶如彼，豈非真有進於恒情之外者哉？太夫人貞惠慈宣，教吾師以明經勵行之學，其志實欲膺一命之寄，沾升斗之禄，外之則於物有濟，内之則於親有養也。吾師體太夫人之教，竟明經勵行，拜師儒之職，用迪我多士，端雅而敬敕，勤懇而善誘。我多士式遵允蹈，故趨步師門，實遠被太夫人之休澤，不可謂順志以爲美乎？雖官卑禄薄，然分而致養，猶愈於菽水之貧者也，不可謂禄養以爲榮乎？且嬉娱堂階，兒女畢集，四鄰斗酒，慶康祝禧，太夫人今豈少哉？又孰愈薦紳彬彬、衿珮濟濟，出仁義之言，彰禮樂之文，環橋門而頌之也？是大君子之孝固與衆庶異，吾師乃善學曾子而有得者。即其一念之誠，固已建諸天地而不悖矣，而何芥胸情於離合之間哉？"

前原君於是意平色怡，整衣冠，望青天白雲，百拜太夫人稱壽。諸生即取其事繪圖，乞余叙之，而使人馳獻太夫人。

《五葉重光册》序

觀人之仁視諸後，視後之盛且賢，而家祚之隆可知也。一家之祚，父傳子，子傳孫，孫又傳子，子又傳孫，斯盛矣，然亦似續之常耳。人生百年之内，五世之間，祖以見孫之賢，孫以見祖之壽，康彊逢吉，累洽重熙，斯可以爲盛也已。

皇宗奉國公南村翁，躬備純孝，履善敦仁，始傳一子曰東皋君。東皋君克纂仁孝，衍有多嗣，其長曰七泉君。七泉君亦温文而懿，衍有多嗣，子而又子焉。南村翁垂白看嬉，乃子乃孫，乃曾孫、玄孫，競爽森秀。歲時伏臘，綰銀黄，佩三組，奉觴獻壽，藹藹彬彬，樂且未央，乃天篤其祜而身萃其休矣。不然，世之言有後者，率自其身後，况寓形宇宙之中，受制造物之府，己之壽與子孫之多寡、蚤暮、賢不肖皆不可必，能令後先相見，五世一堂哉？是故視南村翁之後，可以觀其仁；視其後之盛且賢，可以知其家祚之隆也。

縉紳大夫共嘉美其事，作《五葉重光》之册，賦詩稱述焉。

《含育堂詩録》序

《含育堂詩録》者，録詩之關於堂者也。我分守相公抑亭先生再鎮九江之日，嘗夢至一園，曰"孔氏之園"也，園有桃有桑焉。已而開府於汾，而觀愚公之園也，謂夢與景符也，因題其堂曰"含育"，言此中包含化育乎？聯其門曰"桃李滿園春不老，桑榆覆院景無邊"，言所以含育者乎？而又足成七吉〔一〕一篇，以紀人生聚會非偶然也個。是則詩之關於堂者。夫善言必録，山人故録而藏之，嗣是而教言者咸録也。

公清明正直，有開必先，車轍將臨，淵然嚮應，信非偶然者矣。不知區區之園，何以入哲人之夢如此者？輒亦矢其音焉。公言得是夢時，竊以意自占：吾其保釐東郊乎？蓋將游曲阜之墟，覲所謂夫子之家園者，兹故神告之耳。山人占曰：孔園者，大園也。聖人以四海爲一園，萬象爲一體。公弘備聖道，業已登太山之高，觀滄海之深，超然遠覽，軒然遐詣。由是以揚洙泗之波，揭日月之光。功上孚澤，下被桃李之爲榮，而扶桑之爲耀。熙之巖廊之上，而徹之海隅也。道之將行，兆之先見，神之告之。意其在兹乎！意其在兹乎！

【校記】

〔一〕七吉，疑爲"七古"之誤。

文成公《學的》序

夫學之有的也，猶射之有正鵠也。正鵠者，的也。樹十尺之侯，畫四尺之鵠於其中，以立的於百步，射者發焉，必至於是而不遷焉。射其至矣，而况於學乎？學也者，以求至乎聖人之道也。聖人之道，至大而不可垠，至微而不可測，然其精切簡易之處則謂之的，乃吾靈明之心是已。冲漠無朕，而萬象森然已具；寂然不動，感而遂通天下之故。不物於物，物之所不能外也。不物於物，故通；物之所不能外，故具。所謂天地萬物爲一體者，此也。世儒論學，莫不祖二帝、宗三王、師先聖以爲的；然自格物致知之有補也，則求理於物，而遺其心之原具，待物而知，而外其心之本通。蓋似以格物爲學之的，其於帝王精一執中之旨、先聖一貫之道，不無毫釐千里之間。學者習而不察，則務外游，不務内觀。務内觀者察，務外游者蕩。蕩則馳騖日紛，岐路日多，而亡羊日衆矣。何也？失其的也。

文成公陽明先生，天啓神悟，特揭其精切簡易以匡之，曰"知〔一〕良知"也，即吾靈明之心也。一念靈明，便是致知；隨時隨物，不昧此一念靈明，便是格物。良知是虚，格物是實。虚實相生，天則乃見。千載之疑，一語道盡，真爲學者立的矣。學者發焉，必至於是而不遷焉，學其至矣。先生衛道憂世，闡説數千萬言，業已成書個。悟者信之，不悟者猶涉疑異。疑者明之端，異者同之漸，心學其有望乎！心學不明，則高者恣其用智自私以亂治，下者安於卑陋頹靡，至隳紀決防以敗俗。先生有憂焉，故無惜於辯，其載之整庵、東橋之問答，爲最詳矣。

先生既殁，龍溪子申演師門之訓三編，曰《學的》。毅庵查公方張皇斯道以扶世，適得此編，遂托汾守張君一敬鋟梓以正來學，並命余爲叙其意。胤不敏，仰而歎曰："衆言殽亂折諸聖，不有先覺，孰開我後哉！"

【校記】

〔一〕知，據王陽明《傳習録》，當作"致"。

贈參知相公華山孫老先生陟憲台長序

萬曆四年，我參知相公移鎮爲按察使。汾守一敬言於野史胤曰："相公之德厚，開鎮三載，實惠綏我吏民。由是吏得以奉其職，民得以安其業者，公之貺也。今總統憲章，實又貺我全晉而惠綏之。凡一命之吏、一鄽之民，孰不思以自遂？然不獲知遇，則有抑鬱而不暢，怵惕而靡寧者。或深文巧飾污暴之弊滋於郡邑，偷惰呰窳散亂之俗隱於閭閻。今遇之矣，相公之德厚，其道剛以明，其度仁以廉。剛以震之，無滯之積；明以燭之，無慝之隱；仁以宏之，體物而不遺；廉以貞之，正己而不求。蓋天有是四德也，而公以之。公在鎮興理皆秩秩大猷，可表金石。其最著則振旅之餘，年穀屢登，天應穰也；築堡之成，甘泉湧出，地應潤也。其諸人應之和，不可勝紀矣。昔公孫大夫之於鄭也，其恭敬惠義，亦猶行此四德也；諸葛武侯之於蜀也，其開誠布公，集思廣益，亦猶行此四德也。當時鄭人戴大夫惟父母，蜀人戴武侯惟神明，今我吏民之戴公也，豈不異世而同情哉？切思所以頌之矣。"

野史氏頌曰："夫謂監司與守令合一體者，信也。蓋朝廷以民牧之事付監司，監司布之守令而致之乎民，是監司心乎民，守令以監司之心爲心，奚而不一體也？若勢分限於相臨，疑畏起於緣飾，斯貳矣。觀州守言，相公真仁且知，真能任人以安民。進而憲百辟、康四海，功光格天，慶流奕世，其自今始矣。”於是州守取以爲頌。

李母太老夫人大年序

夫君子功裨邦家，德逮黎庶而頌聲作者，以歸德也。歸德莫大乎祝釐，祝釐莫大乎祈壽，祈壽莫大乎壽親。是故周人之頌而言“文母”也，魯人之頌而言“壽母”也，德之所及者遠，情之所感者深矣。今吾於環洲公見之。

公仁孝之哲而禮樂之英也。太夫人在堂，公奉厥慈訓，弱冠而登上第，歷顯庸。始教授蘇湖正經治，尋視草尚書振文雅。比出守陽城，進太原，極循良焉。陽城之俗浮，太原之俗鄙，公玉立冰操，平理正辭，斷敕群枉，滌除積滯，以潤澤生民。間横經論道，染翰抒文，以誘啓諸後生。委歷旁邑，動見整綏；野老遺文，悉蒙咨攬，紀綱風俗之調秩如也。值御史大夫朱公煩督捕之令，開告訐之門，判狀日數十下，公片言折之，貞詭立分，良善賴以保全。其他諛旨縱奸、深文構禍，殺人不可勝紀，朱去而得平反之讞，罷收拏之兵，解羅織之網，公之力也。凡此皆精白一心，爲國爲民。今百城畫像，萬口成碑，沐浴膏澤而歌咏盛德，頌聲所由起也。

今歲孟春，太夫人壽登七十，正衆甫祝釐之辰，以故馳心東海、獻頌南山者，雲之滃也。周生文蔚在門人小子之列，實虔斯舉，屬野史氏爲叙其義。乃再拜祝曰：“維皇上帝，將弘慶善門，必佑命賢母，篤生俊嗣，爲世楨臣，綿綿翼翼，永享多福。今太夫人以康彊膺大年，公以名大夫漸上台，信天錫純嘏也。”作侑辭三章：

南山有李，北堂有萱。青葱華澤，以保萬年。

萬壽無已，南山之李。萬壽無愆，北堂之萱。

瞻彼南山，十洲載環。猗彼北堂，三光互藏。

澗南李公七十序

夫壽何謂也？久道之稱也。人生以百年爲大期，三十年爲一世。三世爲期，過則四世，不及則二世。吾得歸餘焉，其七十乎，故古以爲中壽也。中壽而賀，何也？天道〔一〕惡盈而好謙，人道守謙而戒盈。當君子謙謙之時□且好之矣，而況於人乎？此賀之禮所由起也。

澗南李公，實有謙德。弱冠嘗與余同學，見其孝友著於家庭，忠信篤於朋友，非義不敢爲，非禮不敢動，簡默而清修者也。及游太學，貳武定，司斷大寧，志行一無所移，確乎其有守也。方仕有能聲，榮陟可待，以鴻臚翁老，遽乞養歸。親終盡禮，鄉邦稱孝。息陰田園，課子明農而已。今年壽政七十，慨然歎曰："吾先君福厚，得八十五齡，吾登七十足矣。"因自製誌，作玄宮與石槨。其謙損夕惕之懷，視往如歸之智，時人莫能測也。公克肖其先君，其福厚，其壽固隆。余長公二歲，覺前路轉逼，視公所圖，則爽然自失矣。

公有賢郎，具家慶爲賀。特賀客滿堂，故舊零落，雖有新知，或不若我知公之深。及今不述，後將誰考哉？因經紀其實，見壽之張本，特繪一圖以登之，約同好者賀焉。

【校記】

〔一〕道，底本原缺，據下文"人道"推知。

《北堂獻壽詩》序

憲使明軒蔡公迎養太夫人程氏之明年,爲萬曆乙亥。春正月既望,適太夫人登歲八十之辰,公乃九頓首上壽,同寀諸大夫咸矢詩以相慶也。太夫人融融然樂曰:"吾今日乃知吾樂。夫物之生有榮于朝而不保其夕者,吾得年滿八而望百焉;物有敷春華而乏秋實者,吾得有子而賢且貴焉。人有蒸藜炊黍而飢者,吾得禄養焉;人有縞布荊簪而寒者,吾得服其命服焉。婦人無丈夫之德,中饋而已,吾得黼黻文章之觀焉。天之於嫳也厚矣,安得而不樂耶?"

太夫人性勤順恭孝,宜厥家。侍祖姑疾三月,湯藥寢食之調,罔敢忽;侍夫君疾三年,辛勞萬狀,罔敢忽。視庶弟如己出,周宗族之貧病無少吝。居常誡兒女輩曰:"人生在世,常行好事於人,則禍不臨身。"及公入仕,常分俸以給庶弟,分田租以給諸父昆弟之貧且老者。太夫人喜曰:"人生除一息足用,皆是餘物。積而能散,又何患其不常足也?"凡是嘉言善行,皆達天之道,每旦必焚香拜天。

明軒公敭歷中外,一法天循理,天人合德,福壽乃基。諸大夫曰:"樂者,順也。順天者昌,故天壽平格;仁孝之至,通乎神明,故受天之福旨哉!"言乎詩凡若干篇,皆此旨也。野史氏叙而明之。

贈郡博任龍泉公升深澤學諭序

大道爲公之世,選賢與能,器使之宜而推舉之當,故朝無倖位,野不遺才。叔世有不然者,吾夫子傷之曰:"丘竊有志焉,而未之逮也。"明代以儒之賢爲學校師,至令白頭倚席。□即稍轉,不越黌舍,或曳裾王門，豈可師不可以爲大夫耶？今年吏部更始，用教職超補縣令，天下凡數十人。於是經行之賢人人有嚮用之心矣。

龍泉先生任公，關中之雅儒也。司訓於汾之學，卓然模範之端。以根本六經爲文章，以踐履五常爲德行，不責備束修，不足恭有司。諸生有善，若己有之；其有阨窮，捐己恤之。蕭〔一〕然一室，左史右書，朝虀暮鹽，有以自守，泊如也。逾三載，移深澤縣學諭。深澤爲畿輔文物之邑，邑子之屬多才俊，得先生主盟造育，吾道有不興乎？况值登明選公之時，則先生自此升矣。蓋先生聰明正直，愷悌慈祥。聰明則可以昭德，正直則可以塞違，愷悌則可以教安，慈祥則可以保和。乃藏器于身，待時而動，雖欲勿用，時其舍諸？吾固知不遠講堂之上，而銜魚之有徵也。

汾諸生素歸服先生，若吴下生之于安定。同寀二公服其道義，真異姓骨肉。臨當祖餞，戀惜莫知所裁！余林下之老儒也，曩督學秦中，與先生有一日之舊；及親賢三載，知厚益深。因即事以道其情，亦若古之贈言之義云爾。

【校記】

〔一〕温抄本批注："蕭，音稍宵。"

《成趣園詩》題辭

栖遲窮岫之人，無所與於世，而猶好世上之文章，蓋其性之使然者矣。不然，狉狉乎爾，瞥瞥乎猶之盲也，五采現前而莫之娱。乃若居深山之中，耽研泉石之英，結攬巖木之華，挹金膏之明光，斟水碧之流温，搜抵鵲之玉，括靈蛇之珠，是孰使之然哉？或啓靈篇，披瑞圖,理事雙彰,神景全會,則若登中天積翠之臺,而越三山五城,又孰使之然也?

我龍池先生,回軾紫薇之省,息駕白雲之園,日涉焉以成其趣。趣何趣也?蓋樂天而與天游。方伯董公咏言以發其微,雪樵主人同聲以反其和。余亦有言,效輞川、雲溪,政巴人下里耳。及觀雪樵之作,鈎玄暢奇,往往出驚人之句、天仙之辭。余莊誦四三,爽然自失,遂欲澡心振衣,摳攝大雅之堂,而後知余性之所好亦正矣。雪樵處仁桐宫之隩,斧藻叢桂之幽,潛底震而象紋圓,魄朗而犀蒨,故玄且奇矣。

余考古文辭,大氐皆聖賢發憤之所爲。文王明夷,仲尼旅人,淮南撰鴻寶於枕中,洛儲吹鳳笙於霞表,其異世而同神者歟?玄文處幽,若有人兮山之阿。特抒其所好,存睹記云。

郡史贈言

皇上進賢興理,惟端亮仁敏厚德之臣,天下推濠濱公矣。公以名德參知晉省,分道而守冀南。無何,陟按察山東。駕言斯邁,吏民允懷,汾州守一敬屬余紀去思之義曰:

天生蒸民,使司牧之君命之,監司宣之,守令承之,非有我之得私也。及監司以督責爲明,守令以緣飾爲慧,則用智自私之意多,而經國體民之實少矣。公則不然,以爲經國無二道,體民無兩心,興一利,除一害,必與守令慮同而後發,信及而始行,以合天道、順人情乎物理,無所自用其智,故令行禁止,偃草從風,吏易稱職而民業以安矣。開田渠通道二十五里,决壅滯之水疏之河,旱潦潦洩,利民名田四萬餘畝,惠而不費,悦而有功。小大之獄必以情,沈幽仰鏡,猶暗室而見日也。救閭閻疾苦,猶上醫察脈,洞見五藏癥結,處方發藥，應手其蘇。以鎮豪滑，威於九鼎，俾鬼物迹藏，神奸影滅。至陳文章禮樂以臨諸生，諸生灑然若被時雨。是枹鼓立軍門，使將士改觀易志，思厲矢石、奮封疆。接士大夫與群屬莊嚴粹和，使人望之而敬心生，即之而愛心生焉。指美非一，要之皆開誠布公之藴也。其進登三事，茂哉！茂哉！亦如斯而已矣。此天下稱公爲端亮仁敏、厚德君子乎？端亮以有孚也，仁敏以有弘也，厚德以有載也，君子哉若人！

在昔文、武受命，周、召佐時，周公以東人見思賦《遵鴻》，召公以南國見思賦《甘棠》。今公應運輔世，媲古名臣，其惠溥，其澤長，宜其歇歷之地，咸有《鴻》《棠》之思云，爰紀册書以代贈言〔一〕。

【校記】

〔一〕底本"爰"下七字缺，據温抄本補。

孔文谷續集卷四　碑記

浮山縣弘修廟學記

浮山縣文廟學宫，嘗毁於元季地震之災，時蓋聊且修復，規制甚陋。入本朝二百餘載，因之而已。廟則正殿五間，東廡七間，缺西廡，而戟門臨街。嘉靖辛卯，始補建西廡七間，學則明倫堂三間，在廟後西北隅，無臺基階序，有東西齋而圮也。庖宇藏室俱壞，凡祭祀賓宴、講學行禮，率藉草依壁，不蔽風雨，則陋且敝益甚。

隆慶壬申，密雲左君某來宰是邑，慨任舉修，議捐俸募工，佐貳某等亦捐俸從之。由是師生與士夫及鄉之義民胥起輸助。資用既足，乃請於監司修吾馮公、太守順庵胡公，並見許可，督委省祭官周某經紀其事。以萬曆甲戌之春，改建文廟五間，東西各七間；明倫堂五間，東西齋各五間。前建戟門五間，門前建欞星坊一座，中鑿泮池。舊有民居插廟之右，堂之前，兹則易買其地，遂得展修。蓋相其陰陽，審其向背，改偏而爲正，補缺而爲全，秩秩其有條，翼翼其有禮也。弘曠典於幾墜，隆軌物於方新。且費出於義而民不擾，力成於信而民不勞，實一舉而三善備焉。乙亥之秋，師生勒石考成，遥請余記。

余謂國之大事，在祀與教，朝廷以一邑付之令，誠欲其敬恭明神，宣序人紀，非徒簿書期會而已也。故善爲令者，惟是之慎以仰承之。今左君初政而舉其大，余何言哉！然亦有説以表其用心。昔周衰道塞，吾夫子定正六經，申明五典，以垂訓萬世。使萬世之下，知先王之大經大法，天理之所以不昧，人心之所以不死者，皆至聖之德也。是故作廟以崇其報，建學以闡其教。虔祀者，有司之事，有其舉之莫敢廢；由教而入者，章縫之業，其可廢乎？故宜窮經以證心學之源，篤倫以致良知之實。然而有不行者，智愚胥失之矣；有不明者，賢不肖胥失之矣。然賢者可梚而中，愚不肖可導而上也。其他岐者惑也，捨真而逐妄，徇物而喪心者，惑之甚也。盍亦反其本乎？反本，心學也。千聖一心，萬古一道也。堯舜之道，孝弟而已矣。孝弟，仁也。仁，吾心也。存之微乎其微，發之其丕顯也，故曰"人皆可以爲堯舜"。群情見頽垣傾楝則慘，見修則欣，見修之一新則大快，顧吾自有其身而不修與？修之而不反求諸心，以求日新之益，是之謂不知類矣。玆蓋賢有司之心，同志者之願朂云。因記及之，以告執維。

金龍四大王祠記

大王舊不祠於汾，嘉靖癸丑之歲，郡商王志鶴等始即黑龍廟右隙地爲之祠，蓋信焉由衷，禮以義起者云。祠既成，嚴氏九齡來乞記，且告之故曰："金龍之神蓋宣諸河久矣。河自大梁而東極乎漕，其舟利涉與不利涉，人有禱輒著靈應，故河滸之人隨地設祠焉，漕渠之官靡不拜禜〔一〕，凡以敬神之威也。四方行貨之旅，魚貫鳥集，咸頂禮乞靈冥曆。往來或巽坎交衝，變態叵測，神乃弘仁顯道，拯溺亨屯，令倏忽之間，釋危險之虞，獲安通之濟。當是時，艤〔二〕岸酹〔三〕焚者，殊面同感；仰空讚歎者，萬口齊聲。實神之靈通乎天下而不可垠矣。故即吾郡之商某也，某歲在某處嘗困於沍，時以禱神，則俄而水泉涌焉；某也某歲在某處嘗阻於濤，時以禱神，則俄而風浪息焉。至於痾札寇攘，亦莫不隨禱而應。如玆之異，蓋不可勝舉焉。而其功德之在人心，故必思有以報之，是祠之所以立也。惟公其記之，庶創始之事垂後而有徵，報祠之私緣情而匪瀆云。"

或曰：山川陂池之神，能演化興物，以利濟民用，則各祀於其土。稽古在昔，如允格、臺駘能宜汾、洮，障大澤，帝用嘉之，對諸汾川，肆汾人之祠臺駘也有繇然也，而江南之祠金龍也或亦猶是也，而他所之亦祠之也，則自今始也。以神言之，則無不之也；以禦設捍患則祀之，則無不可祠也。由衷之信可質也，義起之禮可有也。祠廟凡三間，經之癸丑，成之甲寅，而記之乙卯之歲焉。

【校記】

〔一〕温抄本眉批："禜音咏中，又子平切，禳風祭雨。"

〔二〕温抄本眉批："艬音擬。"

〔三〕酹，温抄本作"酻"，眉批："酻字無，有酹，音類，不知是否。"當爲抄寫之誤。

龍天廟重修記

城西二十里許，里曰開原，莊曰安睦，有龍天神廟峙焉。兩翼則牛王、馬王神祠，牌〔一〕板莫傳，不審建自何時。弘治九年重修，嘉靖十有四年又重修之。其廟閎明曠達，東隣卜山石室，子夏之所退老也；南屏綿上之山，文公之所封也；西連騶虞之嶺，原公之水出焉；北跨龍橋之巖，金宮石乳秘其中。故是神宇之藏，必得形勝矣。寇亂相仍，漸見頹圮，里人亦復凋尪，不易修營。

萬曆元年，歲在癸酉，王國人居士曹公大珮暨其子掌記君禄經過拜廟，輒起願心，首倡出錢，仗義興修。里中人同心響應，衆緣併力。居士親督其工，厥婿申守文分理其事，曾不數月而廟貌爲之一新。又添設鐘鼓各一，以享神也。落成而考之石，請余記焉。

余惟龍天，龍星也，蓋主乎農；或曰龍田，云牛馬之神，以主乎牧。里中人重農牧，故崇此三靈，祈年於斯，報成於斯。協氣布而風雨時，嘉生殖而藝畜繁，神之休，民之賴也。余聞之，神有所止則降康。自今伊始，歲其有乎？故知肇基之與修述之者，皆達神人之理者也，善人也，福人也，因記及之。

【校記】

〔一〕牌，據文意當作"碑"。

郡守褚君生祠記〔一〕

元泉褚君牧霍三載而政成焉。吏民兢兢翼翼，懼其擢且去也，於是名其所葺之橋曰"元泉橋"，以表君之德澤，如河之流斯而罔竭也；又建生祠於橋北，以表吏民之愛敬如神明之畏、父母之親而無已也。其屬靈石令王植具狀，走訓導張嵩、驛丞邵迎祥來，徵文以記之。余固知褚君者，其吏民所爲又曠古之勝〔二〕事，余何辭？

孟子有言曰："善政不如善教之得民也。善政，民畏之；善教，民愛之。"夫政教皆治〔三〕，畏愛壹民之心，然謂教大於政，畏淺於愛，豈其道有殊二？蓋自尚氣用智、言政而不及教者言之爾。若聖人以不忍人之心，行不忍人之政，而仁覆天下矣。孰政非教，孰教非政哉？孰畏非愛，孰愛非畏哉？褚君學聖人之道而德性純，其治郡一本於仁心。凡興利除害、輯綏康和，皆教也；凡講學行禮、法象話言，皆政也。無假借，無將迎，惟感以是心，斯人亦以是心應也，宜其敬而愛〔四〕矣。夫禮繇人心生者也，心含敬愛而俎豆之事形焉，理也。《漢書》載儒吏三人如董仲舒、公孫弘、倪寬，皆通於世務，明習文法，以經術潤飾吏事；循吏六人如文翁、王成、黄霸、朱邑、龔遂、召信臣，皆能政平訟理，令庶民安其田里，而亡歎息仇恨之心。至稱優被榮號，遠見祭〔五〕祀，則文、朱、召父之外無紀焉。漢庭風勵天下，詔祀百辟、卿士，有益於民。當是時，應詔立祠亦惟蜀郡與九江，豈非因民之心哉？

今褚君生見立祠矣，故余以爲曠古之勝〔六〕事也。乃樂叙其大端，付令尹勒金石焉。〔七〕

【校記】

〔一〕本文又見於萬曆《霍州志》卷八《藝文志》，同題，字句有多處不同。

〔二〕〔六〕勝，《霍州志》作“盛”。

〔三〕温抄本眉批：“夫政句疑有訛遺矣。”

〔四〕敬而愛，《霍州志》作“愛而敬”。

〔五〕祭，《霍州志》作“奉”。

〔七〕《霍州志》文末有以下内容：“詞肇造於嘉靖三十七年十月，落成于三十八年二月。官吏士庶合誠共理者，咸附列之，有舉必書也。褚君名相，字朝弼，别號元泉，浙之海寧縣人也。”

寧武關督府題名記

山西之關三，而寧武在雁門之西、偏頭之東。弘治七年設守禦千户所，正德九年添設守備，而副總兵駐禦偏頭。蓋是時，塞外有防，内險足據，所慮老營河岸之衝而已。至嘉靖二十一年，虜遂南犯，越重關，薄汾、沁矣。朝議始於寧武設大總兵，開府建牙，居中調度焉。所統參游六員，帶甲數萬。四十三年，復設副總兵，於老營堡駐箚，輔車之勢益以嚴矣。今都督董公謂自移鎮以來，大將名氏不可無記，乃琢石作題名碑於庭，因徵記於外史氏。記曰：

今京師以雲中、代郡爲右臂乎？雲中諸塞以扞蔽乎内，代郡三關以藉庇於外，内外慎固，則我臂康彊。乃其事不在於險，而在於守；不在於守，而在於人。是故聖天子以專閫之寄付元戎，元戎亦即以長城之任慰主上。勤誠則篤忠也，明允則孚信也，撫綏則恤仁也，果毅則宜義也，運籌則哲謀也，敵愾則克勇也。悦詩書，敦禮樂，義之府，德之則，利之本也。見可而進，知難而退，軍之善政也。兼弱攻昧，武之善經也；絶利一源，用師百倍也。或外寧則以守爲戰，或内經則以戰爲守。動中權略，舉合機宜也。先今所著，概桓桓虎臣，揚聲沙漠之陲，功光節鉞之表。然具體忠信仁義而兼資謀勇者幾人？履德義者幾人？諳政經者幾人？絀嗜利者幾人？審機權者幾人？君子覽貞珉，抒品藻，必有以别之矣。

聞董公負文武之鴻資，挺忠義之大節，務在提三軍以城萬里，則兹舉也，不已表帥之乎？

詩樵先生鄭公墓表

先生姓鄭氏，諱儀，字時範。性好吟咏而樂林丘，因别號詩樵，人稱詩樵先生云。其先吴郡嘉定人也。大父某，洪武初從晉恭王之國，家太原。父璽，後從慶成恭僖王分封，家汾陽。後以奏事蒙譴，移戍遼東，母高氏隨之，生先生。幼質穎悟，年十二爲學宫弟子員。居高之喪，哀毁盡孝。後會赦，先生奉其父及繼母黎氏得復歸汾。高墳墓在遼東焉，先生望思之不忘也，特構一軒，題曰"望東"，歲時輒東望而哭之。初肄[一]《毛氏詩》，擬射策甲乙。既益，博通群籍，究極典奥。作詩與文，爾雅不凡；彈琴寫畫，匠心獨妙。尤善書法，以行草名。

時端順王在儲貳之位，方敦好禮文，即延先生而師事之。先生朝夕謀迪，一以禮文，乃喟然歎曰："昔者穆生去楚，志有所不留；卜子居魏，心有所不去。亦各言其止焉而已。吾幸兹會遇，吾其止於此乎？"遂棄去科舉之業，不復求仕，亦不染指勢利焉。以故郡邸上下，無不以師道尊重先生者。先生亦惟以道自樂，不爲家，故一室蕭然，處之晏如。又善訓諸兒，各因其性之所近，如琴得其琴，冕、翰、輅得其儒，禄得其醫，寅得其畫，雖其術不同，其成章一也。其佑啓諸孫亦復如是。先生當高齡，見兒孫滿前，彬彬藹藹，文采逼人，則自以爲天樂之在兹也。日與耆舊飲酒賦詩，蓋舉區中之埃，無以概其中矣。

忽無疾而逝，時正德庚辰正月十九日也，享年八十有二。生於正統己未某月某日。配吴氏，繼金氏、温氏。有子男六人：長琴；次冕；次翰，淄川縣學訓導；次輅，高陵縣學教諭；次禄；次寅。孫男十有二人：長某，生員；次某。曾孫男五人：長某，生員；次某。初，先生望淄川與高陵登上第，取右職，然二君晚成，先生不能待矣。今年高陵君解印歸里，念先生有盛德高義，生兒未至顯揚，諸兄亦零落殆盡，即今不圖，何以見九淵耶？因買石，徵余爲文，勒之以表其墓。先生風儀峻整，望之儼然，端雅恭慎，行不易方。《易》稱："藏器於身，待時而動。"又曰："不事王侯，高尚其事。"若先生抱器而不競，處王門而不失其高尚，世誠稀有之矣。銘曰：

雍雍先生，睿質博明。懷玉不售，含章以貞。
玄菟曰歸，朱邸是依。詩書禮樂，鈎深闡微。
師以道隆，國由禮崇。藻綜梁苑，文叙鄴宫。
不裾而曳，匪厲匪揭。冠雲服芰，屢坦負潔。
辱寵不紆，守我户樞。彈琴咏詩，而呼俞俞。

有子若孫，如雲斯繁。衍厥慶祉，本本源源。

淄川其瀰，高陵有巖。庭承不爽，善誘不鑱。

天祚國耆，終始不移。壽考洪錫，令德永隨。

麗牲之珉，哲昆是陳。我言用章，以曉後人。

【校記】

〔一〕肆，温抄本作"肆"。眉批："肆似宜作肄。"當爲抄寫之誤。

封通奉大夫浙江布政使司右布政使健庵劉公配贈夫人李氏墓表

公秉醇淑之姿，履貞素之道，約不求仕，隱乃宗逸。仁族睦鄰，厚施樂與。庭嚴魯訓之規，門衍周楨之慶。親黨歸其德良，縉紳欽其雅度。以其嗣大司馬西陂公貴，先封承德郎、刑部廣東司主事，加封通奉大夫、浙江布政使司右布政使。省秩清華，親承寵命，岳臣尊顯，遠被恩榮。鼎頤鍾養，田里而有公侯之奉；垂白綰黄，芰荷而兼簪組之紆。一邦之人，所共健羡。公惟社會高年，歌怡擊壤，休休焉，熙熙焉，丘壑安之，草莽自如而已。故賀客加於封拜則以布衣謝，鄉飲延爲大賓則以筋力辭。至於野老話其桑麻，兒童獻其嬉戲，則掀髯與游，去留不吝。或跨馬出郊，據鞍示矍；行觴藉草，憺暮忘歸。《書》載"身其康彊"，《詩》云"永錫難老"，公必當之。乃嘉靖辛丑十一月念日，遘疾考終，得年八十有四。時西陂公以巡撫遼東都察院右副都御史晉户部右侍郎，訃聞京邸，爲位哭擗。公卿百官罔不臨吊奔喪，而行恤典，載頒敕文誄祭，命工視作。桓桓彰華衮之褒，鬱鬱藏佳城之兆。遂以癸卯十二月三日，葬於光大之里，龍首之原，啓夫人李氏〔一〕祔焉。

公姓劉氏，諱檜，字大用，别號健庵，世爲咸寧縣人。自始祖恭、高祖子實、曾祖廷玉，皆賢而隱約。祖清，壽官。父銘，贈官如公封。妣路氏，贈夫人，生公兄弟二人，長桂，早卒，公其次也。元配夫人李氏，同邑處士本之女，淑質幽閑，閫儀恭惠，授受嚴不親之禮，妯娌藹同胞之愛，人美孝哉，家曰宜其。德過其壽，天不假年，卒於成化丁未三月二十八日，得年二十有四。生子男一人，即西陂公儲秀。登正德甲戌進士，歷官刑部主事、員外郎、郎中鎮江府知府，山西提學副使，河南、湖廣參政，江西按察使，至户部尚書，轉兵部，辭歸。公葬後十年，門生胤來忝岳牧，司馬公特命述詞貞石，以表玄岡。惟封君公夫婦之懿比德乾坤，嗣世之良同光日月，高厚融朗，固難讚測，然金簡玉誥之刻藏之石室，誄行銘功之藻撰自史臣，則其緒略可抽攬焉。其詞曰：

於顯碩耆，含文抱質。冲志寡營，澹悟惟逸。
孝愷睦姻，温厚而栗。奕世載賢，惟帝之弼。
貴焉及之，崇錫爾秩。服寵則榮，守素弗失。
賓禮不居，賀客攸怵。取樂閭里，用陶嘉日。
康壽所臻，詩書是述。倏不久淹，惠化長畢。
吊者紛如，慕德非一。遣酹作塋，殊典薦恤。
生榮死哀，曾不回遹。龍首之宫，鬱其有佖。
追彼元配，歸於其室。淑媛之芳，修短齊匹。
樹石表高，終南太乙。受祉發祥，象其崒嵂。
百世不騫，以永貞吉。

【校記】

〔一〕據文意,“李氏”後似脱一“壙”字。

楊母太孺人田氏墓誌銘

太孺人姓田氏,郡處士子敖女。生四歲,失所依,能自植立。及笄,適楊西橋公。家世業素勤儉,孺人即不事靚華,躬操井臼,精心織紝,奉舅姑以孝稱。相夫君爲儒,弗就,乃西游爲商,歲歲客延、榆,從乃翁行。姑所倚孺人,孺人惟善養而孝益著。有子萼穎異,孺人覘其必大吾家,乃令隨夫君西去求師,授經學。數年歸,選郡學弟子員。無何應舉,舉嘉靖癸卯科高第。三會試不中,太孺人命之仕。因謁選授陝西麟游縣令,民爲立生祠。調直隸無極縣,一年而大治。君子曰:母有慶澤而子有惠乎,如水有源而善利斯溥乎!萼在兩邑俱迎養太孺人,太孺人喜曰:“吾兒始以善養,今以禄養。雖未震曜吾家衖,吾所慰亦已多矣。”尋以忤旨當道,下遷大名府學教授。乃遂講明道藝,躬率以淑多士,多士心服。時官雖左律,回視簿書倥傯、奔走期會之事,覺静躁之頓殊矣。

方計復迎太孺人就養上庠,而太孺人奄以疾終,時隆慶六年閏二月初二日也,享年七十有九。萼奔赴,卜其歲四月十七日葬廓南祖塋,啓西橋公壙祔之。西橋公諱天翔,字君瑞,拜壽官,以嘉靖三十六年正月初七日終於安塞客舍,余嘗撰辭以銘其墓。兹德安太守龍岡王公撰狀,復以余爲銘。按:太孺人生於弘治七年二月十有九日,淑質柔嘉,德性慈婉,孝敬勤儉,無愧古之賢媛。生男二:長即萼,配李氏;次芹,配張氏。女二。孫男六:長四知,郡庠生;次四維,國子生;次四喜、四樂、四科、四表。孫女二。曾孫男四。銘曰:

維廓之南，原隰膴膴。邑大夫之尊，爰宅爰處。
光岳潛靈，俾得爾所。以鬱以葱，淑媛攸同。
於萬斯年，以考玄宫。

承直郎洛川縣知縣小亭先生楊君墓誌銘

夫士有裕於修身而約於得天，君子所爲深痛也。文行本諸身，禄壽令諸天，盡其所本而聽其所令，韓子所謂“生而不淑，誰謂其壽？死而不朽，誰謂其夭”者也。斯可以銘小亭君矣。君姓楊氏，諱最肖，字象賢，别號小亭，世爲聞喜望族。始祖宗道，元末隱紫金山，被召不出。生子三人：長孟積，次仲克，次季敬。孟積洪武初舉明經，授聞喜縣學訓導。仲克生思恭，思恭生剛，以忠信亮直爲邑鄉賓。剛生璨，仕保定縣典史，稱廉惠焉。璨生謙，是爲君考。登弘治壬子鄉試，歷仕城武、諸城、單縣知縣，皆有大功德於社稷生靈，鄉閭式之，以故三邑及聞喜皆祠祀焉。大中大夫谿田馬公，不妄許可，誄公曰“忠惠”云。配劉孺人。

君生而端穎，六歲能誦古詩，八歲解屬文，十五充學官弟子員，弱冠復古文辭，勵行聖門之學。然輒弗利於有司，乃貢入太學，則文行益弘，竟舉嘉靖庚子鄉試，隨牒授洛川縣知縣。洛川邇邊一隅，政教缺，俗鮮興義，民健訟逋負，吏治稱厥艱。君至，則調瑟而理之。先務勸農講學，罰及頽墮；徐問民疾苦，與之休息。於是罷里甲供饋之私，省賦役繁難之弊。邑中歲派夫百名，協濟三川驛接遞，遇川漲阻涉，則鄜人代募而倍取其值。邑故貢柴胡，後移易郁李，價則重，君並申狀免之。又應付差遣廪餼之外，仍苦折乾。君白取支直銀依例分緘，請上印鈐發給，不許分外須索。撫按深以爲便，著令通行焉。

催科糧税，必酌量緩急，俟其收成；審編繇役，必視民消長之實而登降之。乃民困漸蘇，流亡者寖來復焉。

有撫臣令沿邊郡縣每地糧十石抽軍一名，百姓愁懼，不知所裁。君抗言不便，令竟不行。邑有奸俠號十龍九虎，與鉅寇蘇四者，吏不敢問。君召父老諭曰："吾爲若除害以妥良，如何？"父老咸叩首言願。於是悉捕治笞殺之，一邑快然。鄉野多盜，君立牌甲之法，盜遂息。俗婚娶論財，葬拘風水，因多暴其親與怨曠其男女者，君下令悉改正之。聽訟鞫獄，幽枉立辨，故案無留牘，囹寡繫囚。又教民引水溉仙宫、黄連、開撫等田，民始知藝稻矣。嘗中夜聞紡績聲，明旦知爲夫婦共織，老母坐觀，給綿花十觔勞之，於是民乃習勤。甲寅歲荒，君寡粟賑救，所全活甚衆。每仲冬差人掩骸，復時買藥以濟癘札，君子以爲仁也爲善。《書》載秦族賢而鄉祠未列，君舉而入之。至孤孀老死之貞，被虜不屈之烈，潛隱而莫彰者，咸見表識焉。

君廉平公敏，每承委公幹，輒明當蚤完。如清戎發武臣之私占，驗功昭旗軍之妄殺，是其一端已。邑有戍卒七十人，每臨遣代還，必厚加撫恤，仍作詩以諭親上死長之義，南川撫臣聞而歎服。君始至閲城，即葺其缺圮，令完固，仍布堅壁防虜之令，民悉奉令惟謹。故癸丑大虜深入，而邑中晏然。君憂勤視事，晨起坐衙，至日昃不遑食。邑中父老相率獻新米一升，叩頭上曰："使君勞悴若此，百姓享豐成之樂，願君進一匙粥。"君笑而留之。君方直，人不敢干以私，然待人御物，禮賢周乏，罔弗厚焉。杖斷罪人，必男女異處，曰："存彼之廉耻也。"至用箠朴，又視獄小大以爲輕重，曰："勿殘傷乎人爾。"

居六載，清慎惠慈，終始如一。當道三薦之於朝，數獎於邑，竟弗調。乃拂衣投牒，徑返田園，囊篋所携，惟圖書敝袍而已。里中有嘲其宦久而貧者，君解之曰："金帛無緣常罄橐，詩書有分且盈函。"

又曰："茅屋縱疏清□在，野羹饒淡虀鹽香。"又曰："花辰有句貧仍樂，聖世爲儒賤亦强。"其樂天知命如此。臨水登山，文朋社會，課子明農之外，無少世營，亦絶口不談世事，人望之若仙。偶以瘍疾告終，時嘉靖三十七年十一月七日也，得年五十有二。君疾將革，夢二童子邀至華山，被朱衣、紫衣、青衣三人延坐石幢，出珍異飲食之，要留君住，君固辭。三人各賦詩相留，有"玉簡金函上帝宣，衆中迎取列仙才"之語。然則君豈仙去耶？配王孺人，方伯濬齋公孫女。有子三人。

夫學術隱，文行衰，士往往以浮靡而取世資，貪競而獵高位。君遠覽博通，爲文與詩力追古作，又玄解聲律，兼美書畫。居身守官一以孝廉恭惠爲本，而真心實踐無愧古人，不可謂文行純備、彬彬君子矣乎？然位臻一邑，年逾五旬而止，大鈞於人何也？禄不稱器，壽不比德，但餘平生爲我心惻焉。然孰俾君有嘉文，令嗣必傳世而紹大之，真昌黎所謂"淑而不朽"者，安知非造物者之有托耶？所著有《野蟬畯嘯》三卷，《草屋雜談》一卷，《池蛙樂府》一卷。己未九月十七日，當葬城西忠惠公塋次，惟滋持父執李某狀、張汝敬書來乞銘。君宰洛之時，余亦分陝，固知君廉平。汝敬又亟稱君事太孺人顔旨曲盡，在太學夢太孺人，即星夜馳歸，定省無恙，纔往卒業。居喪哀毁骨立，則又益知其孝。爰著之銘，銘曰：

孝廉才章，忠惠之遺。辟有良田，耘而耔之。
弗逢其豐，弗覃厥施。授邑邑理，奚如弗宜。
季鷹勇往，淵明樂知。我思古人，弗愆我所期。
蓄德而種，令器令辭。必大其世，必傳勿疑。
孰榮孰修，厥銘靡欺。

中憲大夫陝西平凉府知府北泉王公墓誌銘

吾友北泉公之生也，位不竟能；其卒也，壽不滿德。其葬也，吾庶幾銘之，以表其幽。

公姓王氏，諱儼，字汝思，别號北泉，世爲汾州衛之茂族。高、曾祖俱慷慨有大略而不仕。父瑄，壽官。母党氏，生母劉氏。公少有異才，警穎絶倫，讀書日記千言，屬文好瓌瑰倔曲，見古人奇事奧旨，必欣尚之。在郡學以高等稱，顧應舉輒落落難合。嘉靖戊子之試，稍變格而就之，乃始中式。及試南宫，又屢北焉，因謁選授臨洮府推官。居六年，鞠訟用獄罔弗平慎，查盤邊計者四，一弗縱弗苛，當厥所委。部使者歲上其能，凡五上，遷漢中府同知。

居頃之，會褒斜盗起，鳳縣盗楊元時等聚衆號三千餘，略陽盗亦號千餘，皆乘饑饉相亂。時上下駭怖錯愕，莫知所圖，公受巡撫謝公、巡按徐公及兵備陳公委以便宜，付之兵卒，務相機剿撫。公掀髯唯唯曰："玆故易辨耳。略陽盗雖號千餘，實不過數百，乃流民烏合，勢難久存；鳳盗雖衆，脅從者約三之二，可以理解。"於是先往略陽，定戍守之宜，令十壯士詣敵壘，諭以禍福，盗心疑然者半。公乃專力鳳縣。時縣令逃去，公入，召居民無恐，自以單騎出諭群盗曰："爾等皆本土大族，雖有過失，豈可自云賊乎？略陽盗皆四方流民，爾等能破之，即將功贖罪，有何不可？"於是群盗皆俯伏告飢。公乃撤去民兵，出倉粟稍稍賑之，以安衆志。因密報謝公，令官軍但聲捕略盗，以怠其防，而實先破鳳壘耳。已而官軍奄至，公從中應之，斬首五十餘級，而楊元時在焉。官軍尚復追斫，公止之曰："只許活拏，勿亂殺爲。"於是生禽二百有奇，審釋商旅四十人，飢民三十人，餘問罪焉，而鳳境以寧。略陽盗聞之，盡以解散。仍捕獲渠魁，戮之以徇。初，民飢盜起，公且賑且捕，動合機宜，故於民多所全活，民亦家畫祀公矣。閩人馬谿田贈詩："濟活齊民無以報，只容懸像祝焚香。"又云："鳳凰樓處起埃塵，雲棧經年斷旅人。此日山川依舊好，王尊車過滅黃巾。"允矣。

平涼守缺，巡撫傅公特疏名上請，乃擢公爲平涼府知府，任其能也。公至，政教兼舉，威惠並行。諸所廢滯，崛然舉修，而强宗悍卒、神奸鬼滑遽見消沮。時上下顒顒，方謂是郡得人。而公以被言歸矣，輿論惜之。

公歸處園廬，遂寡應酬，但與數老儒爲社中會而已。然居常忽忽不自怡，以嘉靖四十年二月十有一日終於正寢。生於弘治十年十一月初五日，享年六十有五。葬中千里祖塋之西。公爲人俶儻有智略，故從政優，尤長於治劇。然遭時淪棄，抱志長往矣。使用究厥能，功名止此哉！林間有所著述，多自秘。然公博學精理，其篇章固必有傳之者。配李氏，封恭人。子二人，長順之，次勝之。女六人。銘曰：

豐其才，弗廓其用。縮其位，弗贏其年。

政有哺餓戡亂，起弊捄偏。畫像尸祝，遺愛允焉。

識其大者，孰曰弗賢？返我初服，脱彼徽纏。

深栖單緒，晏然鬱然。投璧於山，藏珠在淵。

孰掩其精，其光則延。我銘不爽，公後不愆。

國子監生兑川周君墓誌銘

君諱倫，字以明，號兑川。以講肆在郭之西，取《易》"貞和兑"、《書》"美濟川"之義。其先本浙江海寧縣人，自始祖賢以留守總旗，隨侍慶成莊惠王之國，遂家汾州。歷四世，至毅庵公永浩，皆以循謹見重於王。而毅始爲王官，掌書記，生四子，君其長也。九歲失母党氏，見撫育於繼母黄氏。黄愛護愈己出，公亦奉黄如所生，人故以慈孝歸之。垂髫慜穎，弱冠明茂，受經師門，志辨理解。遴材甍序，敬業樂群，實天衷淳懿，資秉淑靈。故其研精屋壁之藏，暢疏通之遠旨；綴藻科場之績，弘博雅之芳猷；毫翰擅臨池之工，篇章臻入室之漸。根本人倫，率由天性。孝弟稱於宗黨，敬遜著於鄉閭。仁義之言，藹如芝蘭；忠信之操，確於金石。每學使考德校藝，必見旌篤行之科，褎列高文之等。然連不遇於省闈，始以父命游學京師。會有詔入眥爲郎，遂用例充國子監生。覿鴻彝之攸叙，觀俊乂之所闢。已而從玉堂學士裴公游，蓋三年卒業，留邸舍待試京闈，復不第而歸。

時春秋未艾，始見二毛，因撫膺太息，有巖居川觀之思。遂理北谿之館，葺西郭之廬，將存衡門講誨之樂，收夕景桑榆之光。息慮青紫，安心玄白，優游容與，不知老之將至。乃命不副志，享年六十有一，以萬曆二年正月二十八日卒。生於正德九年八月九日，配謝氏。生男二：長文蔚，郡庠生；次文炳，亦業儒。女一，孫男一，孫女三，俱幼。君家盛時，毅庵公在堂，康彊豐裕，君兄弟四人，三在國學而一守家塾。及毅庵奄棄，兩弟胥亡，今此鞠凶，君又離之，痛哉！其天乎！其年四月二日，葬君上文里新塋，宜有銘。嗚呼！我老友也，我不銘之而誰爲？系之銘曰：

天畀民性，曰德與行。德有九，孰其守？行有百，孰其繹？

淑人君子，不爽其儀。不逢祚命，遘此大罹。

善則不朽，利誰能期？嗣其未艾，皇矣其有待。

我銘在幽，君其處休。

皇宗南村公暨配淑人戚氏合葬墓誌銘

公諱奇灝，封奉國將軍，道號南村。系出太祖高皇帝之後，慶成莊惠王之曾孫也。父輔國將軍諱鍾鏧，母夫人蘇氏，生五子，而公爲長。君頎長魁偉，洪度豁達，有倜儻之節；仁孝友于，好禮尚謙，有揖讓之風。當成、弘、正德之間，宗衮蕃盛，率驕貴自崇，或重厚少文，赫奕而已。至公，始折節讀書，取益師友，樂善而忘勢，以故縉紳先生肯與之游。太夫人寡居，公時時安膳，凡所以養志適躬，靡不周至。一弟早亡，公爲植其遺孤，請封娶室，悉出己貲。時郡守郭侯於他宗寡交，獨敬禮於公，以此也。公自處恒約，然往往急人之難。每歎貧者病不得醫，則買藥弘濟。獄有矯氏之冤，公仁心義氣，白當道得釋，亦以公言爲必可信耳。端居多暇，或出其天機，爲竹籠網燈、裝潢纂組之事，皆極其妙。然珪璋之德、黼黻之才有足占者，露之乎微而無所用於大，均之乎魏王之瓠，悲矣！天錫之慶，生一麟趾而衍有多嗣，群公相賀，作《五葉重光圖》。配戚氏，封淑人，克柔克慎，以孝以勤。凡公之善行、家之令猷，皆淑人助焉。淑人喜静修，一室清齋，皎然冰玉，慈惠貞嚴，白首不渝。

公以嘉靖四十一年三月二十五日逝，享年八十。生於成化二十年五月十有八日。淑人以隆慶四年三月十有八日終，享年八十有四。生於成化二十三年二月二十五日。生一子，曰表松，封鎮國中尉；配田氏，封恭人。孫男四：長知晢，次某。孫女三，曾孫男五，曾孫女十。玄孫男二，玄孫女一。公殯，蓋未之葬也。兹卜庚午五月十有七日與淑人合葬某原，乃中尉君用别駕水南雷公撰狀索銘，余謹據其概而銘之。銘曰：

親則貴之，愛則富之，有華其牒維罔功。

德則韜之，才則橐之，有延其慶維罔恫。

眉壽而臧，同室之藏，其永祥。

高陵縣儒學教諭平川鄭公墓誌銘

公姓鄭氏，諱輅，字宗殷，道號平川先生。其先蘇州人也。高祖諱文通，爲王國人，斯汾有茂族曰鄭矣。厥考諱儀，號詩樵先生，以端雅博約，爲端王師。篤生五子，皆治儒術。公與兄翰更自超絶，翰官至臨淄學訓，公由韓城學訓至高陵教諭。

公爲學官弟子時，病學寡師承，乃從師遠游，廣覽深造，文翰兼美，流聲晉陽。顧履舉不第，竟就冷職。其在兩庠，有彬彬君子之度，循循善誘之風，兩庠士子皆如七十子之服孔子焉。已而鑒止足之分，返田園之居，甘貧樂道，屢空晏如。性喜飲醇，作詩畫自娱。詩畫往往皆傳，而尤工於梅。書法則遒勁可師，風流文雅，大□晉人。雖藩體尊重，見公未嘗不抑。公亦淡然無染指之欲，人盡以是高之。

享年八十有八，不疾而化，時隆慶二年正月二十六日也。生於成化十七年十一月二十七日。元配王氏，早卒。繼何氏，有子一人，曰守身。女二人。嗚呼！國殞碩儒，鄉傾大老。位卑而道高，身隱而名著。凡百君子，靡不悼思。仲春廿二，歸窆中千里之祖塋。中岳外史作銘付石，以表幽玄。其辭曰：

穆穆元老，故里延陵。厥流淳古，季子之承。

家汾涘者，盛於樵翁。篤生群美，高陵有崇。

學有源委，行有步趨。抒文染翰，中軌合塗。

清言究萬，雅度鈎玄。虞庠再踐，黌序總虔。

知幾其神，拂衣還里。薄宦猶辭，厚禄寧靡？
于焉逍遥，雲松以巢。陶号五柳，回也一瓢。
丹青涣發，觴咏間之。詎曰玩物，天真委蛇。
載耄及期，優游爾休。乘化歸盡，不處不留。
古有康靖，非先生乎？我銘匪佞，惟德之符。

奉訓大夫乾州知州近山李公暨配安人曹氏合葬墓誌銘

古之君子，其生也淑，其死也哀，則誄之；其生也有爵，其死也不朽，則謚之。今則志而銘之，禮以義起也夫！亦猶行古之道也。是則邦伯公之亡也，宜有辭以掩諸幽。

按，公姓李氏，諱天錫，字德徵，道號近山，世爲汾州愛子里人。曾大父鎮，有隱德，好儒術，始卜居郡城之文林坊。大父景成，好義樂施，以齒德拜壽官。父麟，以明經宿儒貢上太學，授陝西鳳翔府知事，卒於官。然克紹先志，起家儒業，實自翁肇之。母任氏，生公兄弟三人，公其仲也。幼英姿秀朗，神哲内融，趨庭學《詩》，玄解六義，敷文析理，大雅不群。中嘉靖辛卯鄉試，後連上不第，至甲辰，授陝西乾州知州。公下車觀省，即得民休戚之故、利害之由，疏導宣通，蠲除補葺，之綱之紀，有惠有威。乃期月而已，風采頓殊；惟歲之周，民俗丕變。於時上官稱能，旁邑仰化，謂公有邵伯分陝之仁，黄霸守潁之知。方當奮庸高位，乃中道有違，遂退而耕於野焉。

公優游田廬殆三十載，課子明農之外，一塵不以芥其中。與田夫野老話桑麻之務，接文朋道侣，致杯酒殷勤之歡，洽如也。享年八十有二，以隆慶六年十二月十六日考終正寢。生於弘治四年十月初七日。配任氏，早卒。繼曹氏，温惠貞淑，内助有聲。卒於隆慶四年十月五日，生於弘治十二年二月十四日，享年七十有二。卜以萬曆元年三月二日合葬於社村里新塋。有子四，孫男五。銘曰：

桓桓邦伯，克長克明。期月而可，三年有成。

紹志作儒，光於家國。一命而傴，大夫是式。

中林閑閑，初服乃還。逸我以老，相彼南山。

壽爲福先，德居位右。孰是之遒，展兹耆舊。

新壟之阡，佳鬱有延。施於其後，永保萬年。

誥封太淑人梁母任氏墓誌銘〔一〕

太淑人姓任氏，孝義處士文祜之女，贈陝西行太僕卿梁公雷之妻，今四川提刑按察使明翰之母。淑人在家，幼多疾，其母張氏問卜，得壽而且貴之繇，已果疾愈。以聰惠温純，爲父母所鍾愛，擇配以適太僕公。公孝義巨族，父志福在堂，母褚氏卒。繼母高氏性嚴急，動多誶語，太淑人孝養益恭，竟得其歡心。公慷慨高義，嗜酒好客。有田三十畝，歲用恒歉，嘗顧人代修署之役，適殞於覆壓，法當給葬，因又鬻田之半以給之，則益貧。太淑人力勤紡績，躬操井臼，以補不逮，雖啖糠蔬無怨意。

生有賢嗣，按察君也。君鴻才雅造，兼通《尚書》《春秋》二經，名冠州邑。嘉靖丙申，詔嚴選俊乂，公褎然稱首，上太學，由太學生中癸卯鄉試。丁未，登進士第，授刑部浙江清吏司主事。辛亥，以考最封父本部主事，母爲安人。甲寅，出守慶陽，陟陝西按察副使，遷本省行太僕卿。值今上正位東宫，覃恩誥贈祖及父俱太僕卿，祖妣褚氏爲淑人，而太淑人則加封焉。按察君在刑曹時，分宜公執國柄，百官懔懔懼得禍。太淑人夫婦迎養邸舍，教君周慎，舍中人賢之。其守慶陽，化行邊郡，有古循良之風，太淑人之教爲多。副使以璽書兵備漢中，漢中深山多回夷遺種，時或反側，素稱難治。太淑人教君審機宜，重恩信，一道底寧。甲子，太僕公喪亡，太淑人哀毁骨立。訓育諸子及孫與伯兄子孫，有惠有儀。

按察君起復，仍補陝西太僕。入覲，晉本省參政，分守涼州。涼州介番虜之間，地險而責重。太淑人諭勉如漢中，君從事一如太淑人教，以故西人至今思也。當之涼，遇虜道中，相去里許，得避免焉，識者知有神護。西人有犯重辟，陰使人以數百金爲太淑人壽，太淑人斥去，即報君，令早決，以絶其覬覦，至今邊吏憚服。辛未，擢四川提刑按察使。蜀吏民方望其風采，偶被言，從老例歸，年僅五十餘矣。時論稱屈，太淑人聞之，喜曰："吾老矣，兒歸甚慰。"君到家，奉母歡顔，與三弟居，怡怡如也。萬曆紀元，太淑人年八十，君張組列筵，集車馬衣冠，文章歌頌，大合樂爲慶，鄉里榮之。以乙亥四月告終，享年八十有二。生子五人，長明翰，即按察君。銘曰：

有淑其媛，無美弗全。宜家則順，撫己則虔。
婦之道正，母之德淵。天篤其慶，生乃國賢。
作哲作乂，于蕃于宣。母以子貴，榮祚誕延。
没而不朽，媛其允旃。勒銘玄堂，以考萬年。

【校記】

〔一〕底本有十餘字漫漶不清，據温抄本補，不一一出校。

資政大夫兵部尚書思齋先生霍公誄[一]

維萬曆三年乙亥三月二十六日，大司馬思齋霍公卒於中陽里第，春秋六十。嗚呼哀哉！太微之精，帝佐之英。珪璋特達，文武兼資。奮興亨衢，跨騰風雲。自展寀策勛，御史廷尉，中丞上卿，暨掌戎柄，出將入相，天下倚以爲重殆三十年。雖緑野頤真之日，實蒼生望濟之時。奈何奄忽哲人其亡，乃朝傾隆棟，鄉失表儀。余仕承覆露之庥，歸襲清風之穆。當公花甲載周，余生七十有一，扶笻造門，舉酒祝釐，公亦謝之。顧余老矣，今强爲未老者出，得無僊乎？余曰："不然，政爲公壽日之長，老人稱壽之日短耳。"即欷歔而别。越兩月而訃至，誠不覺其涕之從也。乃誄以叙□，托之□□□。史臣紀事，朋友述德。我不誄公，而誰公之爲？其辭曰：

霍爰有周，胙武維服。奕世克延，著氏列族。
在漢式弘，顯允元僚。斤斤博陸，俣俣嫖姚。
濟美鴻逵，同熙炎曆。曠代毓靈，維皇時錫。
誕生明俊，厥維我公。翼亮紫極，通理黄中。
幼標神敏，弱冠濬融。味道洽聞，日躋廣崇。
履孝温純，仁心藹然。信義篤倫，弗忘弗愆。
根經核藝，綜旨敷篇。星□慶霄，波湧珠淵。
學以道優，才因德羨。應龍天飛，鳴鳥時見。
服寀京邦，聿司紘憲。矯枉若繩，燭微如鑒。
庶獄明慎，邦人以寧。越登臺表，端軌正經。
巡方攬轡，不激不頩。莫敢不惕，莫不震霆。
式遏寇亂，脅從罔治。渠魁授首，梁宋底綏。
兵荒荐臻，幾靡孑遺。多方救恤，發粟煮糜。

天子曰咨,體予南顧。於維良哉,表兹朝著。

大理其微,平刑貞度。于張之儔,臯吕之庶。

夏西雄鎮,敕公拊循。開府臨戎,百廢其振。

士嬉馬騰,一戰則伸。勸學興禮,侃侃誾誾。

畿輔薦瘥,移公徂東。多士繹思,勒銘黌宫。

亦既莅止,繄起屯蒙。祁祁膏雨,習習惠風。

大藩之國,祖帳寅清。百□□範,□□余老。

徵輸四鎮,朝虚暮盈。推轂卿佐,華□二京。

尋報節旄,總陝四域。乃武乃文,是匡是飭。

氐□來威,玁狁面革。民安其居,吏守其則。

陟纘禁戎,桓桓司馬。弘□□辭,肇修姬雅。

震耀遐荒,發抒華夏。位正樞機,望均朝野。

議事以制,公實不違。聚訟甲乙,抗表旋歸。

命葺菟裘,俯仰巖扉。内省無疚,大宅有暉。

子牟魏闕,安石東山。蒼生拭目,志士苦顔。

詔書將下,帝鄉已還。河清難俟,中歲阻艱。

誰謂不尊? 惇德允元。誰謂不榮? 弼諧謨明。

誰謂死息? 功存社稷。誰謂亡淪? 澤在生民。

我之懷矣,高賢愉愉。不朽者三,三光是俱。

繐帷空館,宿草高墳。庶幾如見,有感斯文。

嗚呼哀哉!

【校記】

〔一〕底本多處漫漶不清。核祁縣本,可多識别十餘字。温抄本未抄此文。可識别者徑補,不一一出校。

分守冀南道左參政濂濱張公創開田渠碑〔一〕

萬曆四年丙子，濂〔二〕濱公以布政左參政分守冀南，開府于汾。下車省方，問民疾苦，則得水之所以爲利害。義安里有潴水一區，曰豬城濼〔三〕，其濼西北受張堡河十八澗之流，東南隔汾河二十五里，滙不得輸，天雨暴漲則彌原淹野，敗壞民田凡七里十一村，旱則無補于溉。夫水善利萬物，不因其勢而利導之，則鬱而爲災耳，是豈水之過哉？公乃察河壖〔四〕之紆直，相水維之弦緩，畫方略，定準裁。乃下令鑿渠增堰，自濼頭起，徑通河口。渠長九千二百二百五十步，闊四丈，深五尺，堰高七尺。兩堰基各闊一丈，收頂各六尺，渠高連堰共深一丈二尺。渠有長，長有夫，其乃用里畝之民，其易買渠地與犒勞工役，用公府之粟。因民之利説以使之，五閱月而大工告成。繇是數百年淤滯之陂，一朝通理。委輸而會之川，若水有神，必歆其遇。渠以衍澇，堰以禦衝，計民得安好腴田二萬三千四百畝有畸。久之，渠水充積，猶足以資灌注，而退灘之餘又倍利秔麥。

《詩》不云乎？"自今伊始，歲其有。"夫建便宜，决壅閼，裕國足民，政之仁爲大。昔蜀守李冰鑿離堆之渠，避沫水之害，民饗其利；西門豹渠漳水溉鄴，河内富饒；鄭國鑿瓠口渠溉田，關中遂爲沃野。此三大夫皆有大功德於民，故至今頌之。今我公洪仁拯溺，淵哲康屯，兹出其一端，神運理解，不動聲色而開萬世之利。遂俾山澤宣而氣通，水土演而民用，其諸經世之備爲可知矣。媲美前修，休有烈光。惠我無疆，可無述乎？於時州之長吏僚屬、大夫庶士刊石立表，以紀元勛，並記渠堰制度，永爲後式焉。慶功之日，詔公總憲山東，遺令每歲東作將興，先事挑修一次，以便疏通，計益宏遠矣。

公，陝西韓城縣人。公名士佩，嘉靖丙辰科進士。

【校記】

〔一〕底本二十餘字漫漶不清，據温抄本補。不一一出校。

〔二〕温抄本眉批："澽音具。"

〔三〕温抄本眉批："濼音洛，今汾人俗呼鞍，不知何本。"

〔四〕温抄本眉批："壖音而宣切，又去聲。"

三、孔文谷詩集四卷

刻孔文谷先生詩集序〔一〕

夫士有迹在隱淪，以其沉冥之思，發之於山林澗谷之間，故其辭多豪宕冲逸，有輕世肆志之意。其原蓋繇于〔二〕《衡門》《考槃》之風也。若夫歷金門，上玉堂，以其博探玄覽，著之於頌美功德之際，故其辭多雍容爾雅，一唱三歎，而其體也本于《卷阿》《崧高》之遺。豈才情頓殊？亦所處之地固然爾。昔先正謂屈原不能從事《大雅》，而獨馳騁于變《風》變《雅》之末爲原惜，不知原之所處變《雅》之時也，雖欲效《大雅》之雍容，其可得乎？至如史遷稱《詩》三百篇爲聖賢發奮之作者，亦非通論。夫《文王》生民之什，《清廟》《明堂》之章，是何等氣象〔三〕也！而謂其發奮所爲，不已過乎？是故詩者發乎情，極乎禮義，順時而動，非强物也。乃今觀於〔四〕近時名公之作如孔文谷先生者，亦可云睹矣。

始先生仕浙中，嘗著《霞海篇》二千〔五〕餘言，其自叙天台、雁蕩之勝，以爲不讓華、嵩，顧獨怪其所托幽遐光靈不屬乎禋祀。余每三復其言〔六〕，慨然悲之。其後入關陝，游河洛，退居汾曲，於是復有《履霜》《澤鳴》《漁嬉》諸稿，爲別集若干卷。其中摛詞比義，大率與《霞海篇》類，而其興致益深遠矣。

夫先生起家進士上第，歷官爲方岳長，非隱者之流也，而其辭反多冲逸豪宕之致。入對之後，即以藩戚出爲外吏，貶徙栖遲且二十年，未嘗一日身在朝廷之上，非登歌應制之會也。而其調乃多叶乎巖廊鐘〔七〕鼎之音，蓋先生負《卷阿》《崧高》之具，生逢《大雅》之朝，而其迹乃似原之放，其意有"碩人之寬"。故其形之於詩也，在江湖而懷廟廊之憂，居京洛不忘山林之趣，是以性術兼該，而《騷》《雅》之道備也。假使當時弗爲制格所限，得以聯玉堂金馬之班，抽金匱石室之秘〔八〕，即房、杜、王、魏之業未足道〔九〕。然其凌雲吐鳳、飛商流徵者，不過敷陳盛德之形容而頌美之，欲求一言如《衡門》《考槃》固不可得矣。豈非天欲令其言必傳，不徒奏伎周衛之中，與文史並貴於世也？

先生始著《霞海篇》，傳之已久，爲詞林所宗。今大中丞芳洲洪公，復取前後諸集合而刻之，譬如連珠累璧，見者靡不寶矣。大春〔一〇〕辱交先生於十年之前，而公之刻是集也，特遺書於千里之外，是以得具論之如此。

嘉靖四十五年歲在丙寅，秋九月既望，潮陽林大春撰。〔一一〕

【校記】

〔一〕底本殘缺，據萬曆本補。本序又見於林大春《井丹林先生文集》及梁有譽《山曉閣選明文全集》。《山曉閣選明文全集》作者署名"潮陽林大春石州"。

〔二〕繇于，《井丹林先生文集》作"出於"。

〔三〕是何等氣象，《井丹林先生文集》作"其氣象何如也"。

〔四〕觀於，《井丹林先生文集》作"考諸"。

〔五〕二千，《井丹林先生文集》作"二十"，當爲刻寫之誤。

〔六〕三復其言，《山曉閣選明文全集》作"三反其言"。

〔七〕鐘，《井丹林先生文集》作"鍾"。

〔八〕秘，《井丹林先生文集》作"藏"。

〔九〕未足道，《井丹林先生文集》作"何足道"。

〔一〇〕大春，《井丹林先生文集》作"余"。

〔一一〕《井丹林先生文集》《山曉閣選明文全集》俱無落款。

紀　言

芳洲洪公之莅晉也，垂問俗之仁，廣敷文之義，乃移書山人曰："某頓首捧誦佳章，如商彝，如周鼎，不事雕鏤而古意宛然。且人情理路一齊迸出，透徹無遺，真希世之奇文，昭代之名家。誠珍之寶之，愛之藏之，不啻百朋已也。居嘗私謂我朝能詩者不過數家，近如何、李之作，皆□道也。公詩當傳於世，至今未頒布海宇者，誰責也？敢乞鉅篇發下，容一一校閲，旋登之梓，庶天下寶，古今寶，爲天下古今傳之。行李將東，佇俟來示，伏惟鑒其來意之誠，諒其蓄誠之久，不惜垂示，至仰至仰。"又曰："尊稿尚多，僅以一册見貽，豈非知其非入社之人而故靳之耶？尚容再請。貴處刻字匠不知孰工，若《汾志》，則運筆鋒皆刻削無存矣，殊不見佳也，併望賜教。俗冗尚未趨候，尚容，尚容！朝選頓首。"其移書山人如此。

竊念胤虚薄，奚足以語詩也？特心喜學詩耳。曩歲在甲辰，公嘗稱余感懷安定之作於浙上。今隔絶殆一十九載矣，尚親訪余詩，至欲梓之，其賞余之心哉！然余之詩則終於不能也已矣。念公賞心之言，何日忘之？謹用登記，庶斯字長不滅云。

嘉靖壬戌孟夏，山人天胤謹記。

孔文谷先生詩集序

始訥自范陽移廣陵,過汾上,校吾師文谷先生之集以行,將捐俸刊布。會温陵芳洲洪公過,則語訥已刻置晉省,蓋先生不欲以文示人,乃芳洲公請而得之者。是秋先生以刻本寄示,訥得讀而叙之。叙曰:

於戲!道德衰而文辭勝,世之薦紳先生莫不有集,集莫不有序,序莫不贊美其文辭,而其人之道德之實,曾弗論據焉。夫自達人視之,文辭已落第二義矣,而論者又不原其文辭之所緣起,吾恐作者之心不如是也。惟先生抱道於河汾之間,周流於秦越燕趙伊洛之表。講學以正心爲本,論文以躬行爲先。嚴教以約浮而不縱,敦仁以綏窮而不猛,節冗以理財而不濫,奮愾以飭武而不玩。雖當取忌左遷之際,尤從容以展其猷。即今歸老明農之時,適優游以頤其真;彼其文辭之間作者,乃游藝之緒餘也。

予嘗侍教於石室之中,即不睹其文辭,聽其言而鄙心降矣。豈惟聽言,即承顔之餘,盖神融而心領者,真春風不言而桃李成蹊也。孟子曰:"誦其詩,讀其書,不知其人,可乎?"愚於先生,竊亦有以知其人矣。知其人,可以知其文辭之所寄矣。載道之文,有德之言,誦讀之餘,其意藹如也。

先生起家壬辰及第進士,其對御問策已稱上意而傳之天下。諸所述作皆非其志,而況於集之以示人乎?又况於贊美之詞刻水鏤雲者之贅乎?訥蹉跎强仕,風塵愧容,回首西河,豈其徒耶?退食夜坐,讀其集而深長思焉,即不能探本其道德,亦不敢綴葉其文辭。兹集特其守祁州至浙中與今山中,訥爲之摘其極玄者,其詩之全集與文集尚當續請於先生,訥故不敢直以詩叙之。

嘉靖四十一年壬戌九月既望,門人趙訥頓首撰書於江都之體信軒。

《漁嬉稿》自叙

山人有稿名《漁嬉》焉，客問："此名義何居？"張平子《歸田賦》曰"追漁父以同嬉"，嬉者，樂也。樂則生矣，生於心而宣於言也。屬言於草，則有稿存焉耳。客又問："夫魚則有荃，而言則有稿，固矣。或猥瑣之不足存也，不足存則弁髦棄之，存之何居？"南郭子綦之表天籟也，曰"大言炎炎，小言詹詹"。詹詹者，小篇之貌也，夫有使之言而小者，政吹萬不同，而使其自已也，亦猶夫鷇之音也、蜩之響也，與龍之吟也、虎之嘯也、鳳凰之鳴也，其有辯也。語其使之然，不得不然，則無辯也。道惡乎往而不存？言惡乎存而不可？余是以存之。客聞此解，自謂得其言而言與不得其言而言，旦暮遇之也。遂不復起予矣。

嘉靖四十四年歲次乙丑六月十五日庚辰，管涔子叙記如此，而書於文苑清居。

孔文谷詩集卷一
履霜集

門人趙訥 校

甲午冬十二月赴祁州經宿榆次縣〔一〕

寒飈轉玄陸,窮陰〔二〕集廣塗。歲年此沉宴,駕言辭故都。嗟予抱重譴,投荒式餘辜。國恩浩無際,海岳容垢汚。且試股肱郡,而分銅虎符。銜命不遑安,行行中踟躕。晉雲郁晚凍,榆石含霜蕪。疲馬戀鄉邑,日夕憩城隅。退思有嚴程,進勉缺良圖。〔三〕交兹起心戰,時哉安所須!

【校記】

〔一〕本詩又見於明俞憲編選的《盛明百家詩·孔方伯集》,及明曹學佺編選的《石倉十二代詩選·明詩選》四集卷四十七《管涔集》,字句略有不同。

〔二〕窮陰,《孔方伯集》《管涔集》俱作"隆陰"。

〔三〕《孔方伯集》此句後有"顧眄二庭近,仰跂雙闕疏"句。眄,《管涔集》作"盼"。

過平定用蘇門韻

旅館風霜集,山程曉夕寒。復當將盡歲,且爾未休鞍。處世飄蓬是,容身直道難。紅顏與鬢鬢,應爲雪沾殘。

至　郡

解劍挂齋壁，忝兹銅綬加。登堂已民牧，回首即京華。水帶屬城近，山連舊里斜。疇予論遷謫，不是遣長沙。

行役宿保安寺〔一〕

驅策有時命，疲駑誰復論。畏途飛短景，孤寺寂黄昏。鬢改風塵色，衣殘雨雪痕。春烟俱著柳，應亦到蓬根。

【校記】

〔一〕《盛明百家詩·孔方伯集》有同題詩，内容完全不同。《孔方伯集·行役宿保安寺》："落日收村照，禪鐙生定光。客來假此地，夜静卧寒房。近盤初聞梵，空花暗送香。繹思清妙理，深欲整初裳。"或此題下詩有二首，此其一。

曉發望燕台

風幰栖晨霧，星軺載宿霜。嚴程動往役，曉路促懸裝。水帶天雲色，山披海日光。燕臺高樹隱，佇立客心傷。

除夕同弟酌郡齋中

梅柳參差逼歲除，風雲繚繞待年初。人離鄉國新趨郡，雁度關山遠憶書。柏葉秪憐同弟席，椒花還擬頌親廬。微臣更有嵩高祝，欲撫星河謁帝居。

仲春閑齋

坐覺春將半，閑看柳漸長。鳥鳴晨雨細，花落晚風香。聽訟因農[illegible]行春以病妨。齋中掩扉罷，心思益蒼茫。

春夜即事

牘紛[illegible]暇，容與步楹軒。月幌兼天霽，宵鐘罷夕喧。吏似閑爲隱，心應靜[illegible]。所嗟時暫爾，非復蔣生園。

午　睡

柳院春陰匝，蘭[illegible]影懸。風枝喧鳥雀，露幌澹雲烟。客思魂歸夢，鄉愁病入眠。佳期不[illegible]，還寢夢遥天。

病[illegible]懷

爲邦無異政，病俗且相因。卧似馬[illegible]渴，官同原憲貧。違時衰[illegible]是，處世覆蕉真。蓬累誠吾分，何辭不乞身[illegible]

春日路年兄淶水縣宅宴別二首

三歲別京華，相逢緑水斜。論交逾骨肉，離思惜天涯。顧我雙蓬鬢，憐君滿縣花。春風方殢酒，整旆復成嗟。

又

春風楊柳道,高館玉燈張。酒發離尊滿,情因別路長。堂琴和鳳侶,星劍映龍光。竊歎予飄泊,風雲倍感傷。

晚回至郡

旅竄對蓬飛,孤征餞落暉。山川非故國,道路是王畿。繞樹翔禽集,殘雲困馬歸。郡庭憑夕望,隱隱客星微。

宴別雷鳴春上京用杜韻

少年秉孤秀,神采映三台。天府青雲近,賢關白日開。應詔儀鳳見,含景伏龍來。知有《長楊賦》,行能結駟回。

又

獻賦趨金闕,龍光切上台。離堂饒夕醉,別騎向明開。知爾能登奮,無勞感去來。豈如機上女,望使玉關回?

餞別君衡二首

汾上舊談經,星間兩劍明。論交多意氣,懷古有餘情。尚抱匡時策,空聞高士名。茲歸且龍伏,日夕待雲生。

又

握瑾復西歸，天涯會面稀。離亭懸草色，别路重雲飛。望望龍門迥，依依鳳侣違。所期楊子宅，詞賦日光輝。

十六夜鄧司僕宅小坐望月

今夜月還滿，青天揚素暉。懸風歸羽扇，帶露濕羅衣。酒泛金波淺，花看玉樹微。客心應可照，流影到親帷。

晨　起

晨起髮不理，披衣撫前楹。露繁花氣重，雲斂木陰生。蟬響臨秋樹，禽喧空曉城。顧瞻林想協，悵望復餘情。

秋思八首

金井雙梧桐，葉葉辭枝飛。零落自兹始，孤鳳胡所依？人途廣荆榛，蒼茫悟言歸。將勵九穮羽，而覽千仞輝。

又〔一〕

白露沾野草，商風吹前林。容華忽以改，寒凉時見侵。四運有承謝，平生多苦辛。豈不念時命，積鬱終難任。

【校記】

〔一〕本詩又見於《盛明百家詩·孔方伯集》《石倉十二代詩選·管涔集》,及清人趙瑾編選的《晉風選》卷一。題爲《秋思》。

又

蟋蟀鳴西堂,促織吟東壁。凉風吹我衣,念彼北邊客。秉燭弄機杼,終夜不成尺。惻惻栖寒鷄,不能生遠翮。

又

西蟬鳴樹顛,蟪蛄擾階砌。庭蕪滋晚陰,日夕凉景霽。煩蒸幸少除,羈凄此方繼。人無百歲年,苦憂何可厲?

又

初月照我户,隱隱夜微光。中懷窘難燭,展轉内自傷。出户見河漢,三星麗其傍。水遠不能度,欲濟無舟梁。肝腸結不解,俯仰意何長? 商歌淚如霰,玄夜殊未央。

又

鬱鬱靈芝草,芬芬璚樹枝。不植瑶池圃,仙葩疇復知?凉風野草委,寒露日以滋。豈不惜馨香,托根難可移。欲以搴英秀,遺之我所思。所思在遠道,孤身不能之。願爲凌風羽,飛寄中言辭。身無青鳥姿,沉憂潦水泥。

又

晨風飄白日，日短夜以長。愁人不能寐，中宵起彷徨。修名難苟立，遐羽無卑翔。麒麟久不至，鳳鳥亦微茫。德衰乃來現，俯仰梧桐岡。凉秋枝葉零，草露晞朝陽。思乘萬里吹，返我崑崙鄉。

又

晚雲變朝露，西日揚東輝。萬事有轉易，玄命斡其機。達人探幽眇，去住無從違。太公欲西往，宣父思東歸。鳳鳥既不至，楚狂歌亦微。嗟哉飯牛侶，寒夜悲無衣。清商一以展，嚴霜見日晞。

秋日定州道中得故園諸君子訊

孟秋水雲盛，落日山川平。展跂望鄉縣，悠哉多苦情。何意雲中雁，銜書向我鳴？借問何方來，言是故園聲。念兹久離别，殷勤慰遠征。承之啓緘誦，温詞如風清。長吹入懷袖，以解心藴蒸。不如會面好，依然别思盈。

秋日郊行即事

野水接雲平，郊陰散曉晴。村烟林際出，蟬響樹中生。禾黍垂秋實，山川帶雨明。釣潭何處是，徒有羨魚情。

言懷寄王子拙庵

竄身履幽側，日夕坐窮陰。閉户罕交際，擁愁多苦心。幸子海天鳳，來栖碧樹岑。高音偶相賞，遂協芳蘭襟。陳洪非我鄙，幽居時見尋。聞顔肆墳典，灝懷超先今。邈哉山水想，所得亦兹深。始信一然諾，不假千黄金。秋澄風雨滿，羨子蛟龍吟。愁思龍變化，貽我空寒林。

九日登南城作

日景迅西曜，佳節開重陽。兹辰尚登衍，游子凄遠望。良朋信高賞，南樓促相將。携樽吐言笑，把袂凌空蒼。緒風吹我服，白雲如帷張。木葉落成雨，草枝垂清霜。飢鳥集水樹，鴻雁鳴悲翔。黄花折盈手，相對惜馨芳。歲事亦已爾，臨眺徒生傷。豈乏杯中醖，其如羇思長。聊持轉蓬迹，猗狔殘秋光。

古　意

西國佳人冰雪膚，芙蓉雙綴夜光珠。春風不住黄金屋，秋月空懸白玉壺。蕙草孤房愁望絶，龍沙萬里信音無。誰家笙鼓喧喧動，却爲封侯覓婿夫。

寒食放吏齋居悄然五首[一]

寒食曉霏微，鳴鐘放吏歸。庭閑如息訟，几隱似忘機。階樹含風緑，檐花傍鳥飛。芳春由此暮，撫景悵榮暉。

又

龍忌殊鄉國，鷄栖感歲時。雲天沉旅況，風日倍離思。杏雨春城暗，蘭烟晚徑遲。搴芳欲有贈，淹蹇意空持。

又

庭肅春陰澹，齋空人吏稀。風香生草樹，日影挂軒扉。柳葉金英綴，桃花錦片飛。涉心宛成趣，嘿嘿但思歸。

又

自出逢寒食，依然兩度春。鶯花紆淑景，風雨泥佳辰。貧愧榆錢薄，愁縈草帶新。還思里中舊，相遇出城闉。

又

抱病逾春暮，天涯食尚寒。高雲親舍近，芳草客愁寬。離陸憐星劍，崔嵬歎鶡冠。佳辰亦强飲，其奈不成歡？

【校記】

〔一〕《石倉十二代詩選·管涔集》收有本詩第二、第四首，題爲《寒食放吏齋居悄然》；《盛明百家詩·孔方伯集》《晉風選》收第二、第三、第四首，題爲《寒食放吏齋居悄然三首》；清人錢謙益編選的《列朝詩集》丁集《孔榜眼天胤八首》收有其中第二首。

春日郊行三首

公齋稍無事，驅馬出郊坰。問俗依村遍，看耕到隴停。攀緣垂柳陌，徙倚落花汀。始信長沮輩，爲農薄世榮。

又

乘春試省勸，弭蓋臨東菑。鋤笠參差在，田桑遠近滋。晴雲微帶雨，陽鳥亂鳴枝。好寄逃亡屋，今年勝别時。

又

宿雨春城散，晴滋野色賒。轻雲落水際，垂柳帶村斜。隱隱鳩鳴樹，喧喧雀啄花。窺游使心曠，緑草忘還家。

貞文書院諭諸生

大道易遵軌，多岐涉險艱。鴻英正皇覽，昏狂瞀窮年。茂明二三子，遐征緝古先。六籍炳天日，百氏紛雲烟。披紛極儀象，元化自我旋。文章乃餘緒，勛華達淵泉。雅頌夫豈亡？周孔道固然。願言廣德心，旃哉日乾乾！

送雷生歸汾上

郡閣春方暮，言歡君子來。坐參芳樹席，吟倚落花杯。離劍今初合，征車此復回。送君沙水上，流水思悠哉！

寄　弟

遷客沉時宴，離心屬暮雲。風塵鴻雁斷，原草鶺鴒分。慰子高堂侍，嗟予世網紛。南陔與唐棣，骿益肺腸熏。

贈高生世榮司訓饒陽

昔予謬典教，識子爲醇儒。薦藻辟雍渚，賓光日月都。簪裳果通籍，龍馬斯出圖。秉鐸振文響，操鍘貞道模。饒陽邇京縣，多士承化樞。言贈豈伊異，遐心察蘇湖。

將赴潁上與親愛别

戚戚攬衣帶，倉倉結征輪。童僕已在御，游子難興身。豈不畏簡書，高堂有老親。欲辭再三戀，强拜淚盈巾。昔人曾有言，言之傷我神。不行無可養，行去百憂新。切切委兄弟，依依托四隣。揮淚自兹去，驅車出城闉。都門楊柳陌，祖餞列朋賓。把酒不能飲，惻愴逾逡巡。隱忍登廣途，緘情各未申。日仄渡冰河，荒山石磷磷。不見所親愛，但見車行塵。

初祖庵觀留影石

青山横色界，碧硐轉袛園。石壁龍宫閬，蓮花鷲嶺翻。諸天寧有象？萬法了無言。却異當年事，浮踪片石存。

奉和翟青石中丞長沙寇平自湘江順流而下還軍武昌二首

烟塵時一掃，江漢遽旋兵。鷁舫浮佳氣，龍濤泛凱聲。三湘春草滿，七澤瑞雲平。已自功勛盛，猶謙不伐名。

又

節鉞開雄鎮，韜鈐擁善兵。寇淪卑濕氣，師捷洞波聲。陣裏風雷出，營邊草木平。壯猷人共羨，方叔好齊名。

阻雪偃城縣館書示萬宰二首〔一〕

歲晏方希澤，風雲此效靈。凝華〔二〕紛點綴，積素漫飄零。入樹潛回緑，沾田豫换青。省耕勞令尹，騎馬出〔三〕郊坰。

又

雲葉披檐重，風花繞樹深〔四〕。庭如月波湛，窗似曉光臨〔五〕。釣有江湖意，畊多畎畝心。勞歌無與晤〔六〕，誰念白龍吟？

【校記】

〔一〕本詩又見於明嘉靖《鄖城縣志》卷十一《藝文》，題爲《阻雪鄖城縣館寄萬宰》，作者署名“孔天胤　河南僉事　號文谷”。字句略有不同。

〔二〕華，《鄖城縣志》作“葉”。

〔三〕出，《鄖城縣志》作“越”。

〔四〕深，《鄖城縣志》作“溶”。

〔五〕《鄖城縣志》此聯作“客堂懸玉瓦，城閣俯瑶岑”。

〔六〕《鄖城縣志》此句作“晚陰留獨酌”。

登壽州寺塔

伏日淮南暑濕偏，偶從高敞一攀緣。觀空似覺諸天盡，證果纔看七級懸。行倚夕嵐雙樹遍，坐澄秋水白雲鮮。林僧不語安禪去，笑我腰間銅綬牽。

毗盧閣上同沈惟遠作二首

支離同極楚鄉愁，懶散還能作伴游。逃暑暫憑高閣霽，凌風聊假四天秋。斜陽坐落青山樹，片月看生緑水洲。朝市茫茫寧有此？謫來翻共爾淹留。

紺園高閣俯東城，一眺河山滿夕晴。清净自然分上界，空虚了爾是無生。鉥衣幾種蓮花秀，金字千函貝葉明。世難欲逃應此地，可能携手謝塵纓？

淮上會孫明軒水部二首

別後成飄泊，思君邈若龍。焉知今夕幸，遂與舊游逢？誼氣平生在，情文此地鍾。淮南故多麗，延攬第從容。

又

悵望無由見，欣逢有此時。江雲迎桂舫，水樹發瑶巵。申款離群思，尋盟隔歲期。槎回定予問，栖楚尚於兹。

題薛西原先生園中

解組一官後，開荒十畝間。著書探道德，時先生正注《老子》。栽藥養容顏。碧柳門常閉，浮雲意自閑。坐令鷗鳥下，日夕竟忘還。

上黄安厓中丞岷梁峻捷十三韻

烽火沙場静，驚飈葦澤生。簡書勤帝命，節鉞仗師貞。有美中丞烈，曰真絶代英。登壇紓妙計，提旅誓横行。虎豹盤軍壁，風雲起將營。關山雷鼓震，部壘電旂明。負險狐雛泣，搗虚草薙平。人因先義奮，事以好謀成。殺氣霜含陣，銷氛雨洗兵。露文摇漢闕，星劍挂秦京。塞静人烟出，川寧物象清。謳歌四土動，恩寵上方榮。吉甫今爲憲，非徒麟閣名。

廣陵贈范都運遷蜀藩参政

濠梁始傾蓋，淮海遽離舟。宦業隆江左，居人頌道周。風帆摇客思，雲樹起天愁。巫峽猿猴甚，巴陵烟雨稠。經塗湘浦夏，駐節錦城秋。政府延新譽，賓僚慰舊游。山川增氣象，閭井動歌謳。訪古楊雄宅，臨高白帝樓。安南金鼓震，塞北羽書流。共灑憂時淚，伊誰爲國謀？

四月望日舟中

楚水浮雲日夜流，扁舟如葉與悠悠。遥天念國身仍去，異地懷鄉迹且留。芳草自餘游子恨，幽蘭還共古人愁。江亭繫纜心無限，緑樹滄波月影稠。

淮南五日

建午貞時令，端陽表節辰。仙蓂五葉映，綵縷百條新。菰黍還遺俗，蕭蘭有逐臣。羈栖成感慨，况在楚江濱！

潁城秋思

宿雨微朝旭，凉雲澹夕岑。蕭森來暮景，寥唳起寒音。地擁紛紛葉，城飄處處砧。誰能乏鄉思，對此不霑襟？

從軍行四首

雁門北望白漫漫，狐嶺西驅漸漸寒。黑海岸邊焚虜帳，黄沙磧里破樓蘭。

少年學劍圖金印,今日飄蓬老玉關。但使朔方聞姓字,任教枯骨馬駝還。

漁陽戰罷陣初移,萬里連營出月支。相向莫言征戍苦,隴頭流水爲君悲。

黯黯陰風亂朔沙,沉沉孤月海邊斜。胡兒吹笛天山曙,回首何人不憶家?

塞下曲四首

朔草肥胡騎,雄風起漢兵。進軍玄菟郡,突陣白龍城。苦霧陰山合,寒雲大漠平。誓將驕虜破,不數衛青名。

又

漢月懸沙塞,胡霜掃玉門。分兵防北塞,出馬破西蕃。大將頭如虎,三軍臂似猿。封侯誰定是?李廣不須言。

又

轉戰皋蘭北,横行瀚海西。胡風吹月墮,朔霧使天迷。驃騎心成鐵,匈奴血作泥。捷書連夜去,侯印幾時携?

又

未斷烏孫臂,難辭青海頭。風沙攢劍戟,霜雪裹氈裘。陣苦胡笳落,軍悲漢節留。徒勞公主嫁,不使戰塵收。

山中懷秋山上人

谷口來栖二十年,無人知是上乘禪。還飛錫杖凌風去,却向浮雲何處邊?

贈西谷

方外尋丹壑,山中藝紫芝。意將流水遠,身與白雲期。夏葉裁書策,春條攬釣絲。柴門隔溪望,袅袅薜蘿垂。

《少年行》二首用俟齋韻

射雕回細柳,走馬向長楊。面帶胡姬酒,衣沾漢苑香。黄金捐舞館,白璧謝歌場。詎念閨中婦,織羅綉紫鴦?

又

吹笛青樓暮,珠簾滿落梅。鳴鞭何處去,走馬日邊回。乍怒猶懸劍,俄歡更舉杯。來朝灞陵戲,已有博徒催。

曬遺書作

亂簡殘書次第開,先人遺迹滿塵埃。徘徊空宇嗟何及,泣涕斜陽心已摧。

卜居白雲庵南答友人

樵隱非關絶世氛，退耕猶屬野人群。泉間樹色籠青霧，寺裏曇華耀白雲。暮雨尋僧花錫近，春風藉草蕙蘭薰。高情暇日如相問，一飯能烹澗底芹。

奉和劉石梁太守歸思

使君嘉惠滿汾濱，何事懷歸思轉頻？滄海未嫌歸棹晚，皇闈寧許乞書陳？榮名滿眼知誰是，淡朴無心任已真。坐嘯閒齋即仙吏，豈宜還作避時人？

九月十日出訪北村，便留酌逮暮，率爾賦酬

佳節忽已回，幽人在空谷。朝霞刈紫芝，夕露餐秋菊。服食引長年，俯仰自然足。猶懷方外踪，遠覽道書讀。披圖點芳翰，摛藻散幽馥。晴嵐生列岑，澗水湛逾緑。風葉卷高林，霜蕪映茅屋。此時携酒尋，相對柴門曲。把手話巖泉，委心同草木。坐來日景闌，星分未遑宿。冥契忘古今，寧能論昏旭？世緣非所知，從君謝羣束。

孟春宴文湖南園

孟月春林會，南園曉帳開。文霞飄翠蓋，華日瀉金杯。秀藹溪山入，柔滋草樹回。深栖復何似？暫賞遂悠哉！

仲春書懷

二月春逾半，高齋病獨眠。尋芳雖累日，服散詎延年？門柳和烟緑，園桃映雨然。佳期悵無晤，微感曷由宣？

秋日同弟西田

開秋徂西甸，微雨湛新晴。山疊蒼林翠，水紆素練明。蓐收秉金氣，豐隆揚玉英。皓露委圓葉，丹霞冒紫莖。陰蟲朝暮急，陽鳥東南征。節凉景多利，歲晚物咸貞。豐穎灌郊遂，佳蔬廕柴衡。蓬麻相弼直，蘭茝有餘清。耨食甘鼎俎，草衣華紱纓。雖非捨塵慮，亦已寡世營。胡爲百年内，誤馳千載情？既乖大知德，亦慚小隱名。却來悟所遣，逍遥學無生。

聞出師北伐二首

戍樓霜夜動胡笳，吹起陰風滿雪花。平世何人聞戰鬬，中原今日有塵沙。兵分幾路連旗出，陣合千重疊鼓斜。共道伐謀須上將，不愁驕虜亂如麻。

寒垣秋色滿寒烟，正是霜高急虜弦。飲馬漸看來近渡，射雕時見落平田。烽傳羽檄摇天上，轂轉金符下日邊。大將誰爲竇車騎，會當銘藻勒燕然。

次祁縣館

不能窮巷卧，仍作畏途行。殉禄終非志，居卑但此情。朔風流絶塞，寒日慘空城。何物愁堪寄，燈前白髮生。

保定道雪

玄陰抒積霰，白雲曉霏霏。風絮競春豫，天花蕩日微。浥塵緇稍素，染鬢黑逾稀。只可欣農望，那堪點客衣？

孔文谷詩集卷二

澤鳴稿 辛丑

門人趙訥 校

河南省堂公燕因呈省中諸僚長二首

春堂陳廣燕,登攝滿晴暉。雅樂朱弦奏,華觴翠羽飛。落霞淹已瞑,延露坐仍晞。誰謂厭厭醉,還能看紫薇。

又

不意窮途子,來參大國藩。岳瞻申伯在,棠睹召公存。陪德知無似,齊賢念有敦。稱觴拜明燭,倘肯鑒予昏。

大梁城樓雨中留别三司諸公,時出守河北

高城楊柳緑森森,正是天涯春草深。孤客不堪時眺望,群公端向此登臨。浮雲似蓋催行騎,密雨如絲散别襟。白首從軍誰復念,兹樓一寫仲宣心。

至輝縣分司作

受命忝藩僚,分疆適名縣。下車此何時,春和序將變。懷志未于

宣，驚時忽多念。吏民稍已親，山溪亦陵緬。百泉如有情，蘇門象回眷。茂樹結蒙蘢，芳華積葱蒨。喧鳥下嚶鳴，晴霞上暉絢。環顧眄皇辫，芸芸灌郊甸。窺攬悉幽閒，夤緣益清宴。余本嗜丘園，謀生厠纓弁。不意代躬耕，復得兼游衍。殉禄雖寡廉，微衷自兹見。斯民尚余安，都忘卑與賤。

芟道驛作

浮雲一出海，風雨萬山深。嶺道烟中失，泉聲樹杪沉。息車防險徑，投館對空林。借問巢居子，寧知行路心？

送盧方伯之任廣東

大江東泛綵雲秋，五嶺南看瘴霧收。自有霜威行海徼，更無塵色起邊州。烏啼薇省千花馥，月吐羅崖萬壑幽。莫是逍遥鵬海上，翻飛還向鳳池頭。

江樓送遠贈和峰大參

伐鼓通晨江練暉，登樓觴别與心違。明珠按劍誰知己，春水盟鷗自息機。玉節忽分臺裏樹，金章偏拂省中薇。馳情五老青天上，時繞懸泉一道飛。

與趙侯齋宴湖上閣

萬木寒山葉盡衰，青青惟有桂林枝。攀芳結思徒千里，聚梗論心忽此時。湖雪紛從琴裏散，閣鐙朗比杖頭炊。厭厭莫惜闌宵醉，明月海雲何處期？

石屋寺宴集

碧澗蒼松紆翠微，白雲幽石啓玄扉。龍盤寶藏千尋入，鷲舉靈峰百丈飛。若葉夜懸金色相，蓮花秋吐玉光輝。菩提更在諸天上，向夕同探聖果歸。

《憶蘭餘馥篇》爲郟少參題

幽蘭本是王者香，紫莖緑葉垂琳琅。姱質雖同瑶草茂，玄精别稟玉池芳。逶迤深谷秋風裏，比德寥寥無伴侶。放臣紉爲身上衣，縱聖操作琴中語。可憐奇物等茵陳，忠信神明道不伸。楚山失却連城璧，魯水難容横海鱗。伊人千載能相憶，抱潔含華處南國。讀書萬卷未成名，梦取一枝天上植。天上葳蕤奕葉芬，人間那數百花薰。趨朝獨佩青青色，行省平章采采文。巖梅自合調金鉉，誰道崇蘭不光顯？羞來清廟猥蘋蘩，薦在明堂賁瑚璉。香草美人多未逢，君家升長何丰容。積慶流芳有根蒂，詩人俱美憶蘭翁。

出湖州，童南衡送至謝村，賦酬二首

春水輕舟漾曉烟，美人相送坐同天。連堤柳色明衫袖，隔岸桃花映酒筵。客路雖非千里去，朋心其奈一帆懸？西湖嘉樹予懷望，最是嚶嚶黄鳥翩。

吏道驅人不慚[一]閑，春辰還此度江關。亭亭車盖浮雲外，落落征衣芳草間。澤旅自將顔色顇，河郎誰念鬢毛斑？高人載酒來相送，共寫愁心江上山。

【校記】

〔一〕慚，底本原作慙，疑爲“暫”之誤。

讀薛考功集感而賦之〔一〕

一覽西原作，闌干涕莫從。紛兹懷化鶴，憶昔見猶龍。耿耿對秋竹，青青倚春松。玉壺斟水月，瑶席整絲桐。聽嘯蘇門上，窺玄草閣中。著書躡二老，解綬辭三公。道即先天地，名誰究始終？希知占子貴，直指發予〔二〕蒙。義諦昭如日，言詮穆似風。洪河方飲鼠，岐路忽飛蓬。遠吊斯文喪，深悲吾道窮。流沙歸李叟，梁木萎尼翁。生死原相托，幽明遽不同。譙墳宿草長，苦縣暮雲重〔三〕。懸劍情何極，投芻理亦空。惟將千古意，潛向九淵通。

【校記】

〔一〕本詩又見於《孔文谷集》卷三《薛詩拾遺序》，字句略有不同。
〔二〕予，《薛詩拾遺序》作“余”。
〔三〕重，《薛詩拾遺序》作“叢”。

湖州夜坐感懷安定先生十首

微雨初收夜色清，下帷端默感懷生。當時教授胡安定，今日人間秖姓名。

濂洛關西未有名，泰山安定兩先生。蘇湖講治談經事，總與當時建法程。

宋初風俗還淳古，肯信儒官去討論。一自黨人刊石後，至今才子笑專門。

本朝學校彌寰宇，取士惟看十五篇。里選齋分即無用，儒官昏悶老青氈。

今人不似古人癡，纔會操觚便已知。假使儒官盡安定，未知若個肯來師？

兩齋並作非閑事，要使心通向此中。今日學堂都破壞，幾人經治幾人通？

分經分治事殊途，及到同歸一也無。只爲學人才各別，且應如此立規模。

莫道明經爲上乘，屯田水利亦高玄。假如三百篇俱誦，不會施爲只罔然。

大凡立教如營室，要使居身得所安。可憐安宅人稀住，盡向臨深絶嶺端。

皓首迷途好怨嗟，只緣童子路頭差。而今後路追前路，誰肯將車戒覆車？

清明後正晴，與賢良文學坐大觀堂同賦

積雨辭寒食，新晴上袷衣。熙辰蕩暄煦，韶景競芳菲。樹萃交天色，花紅捧日輝。躍鱗蓬海現，鳴羽杏園飛。階葉蟲雕細，檐風絮落微。蘭光照虚牖，竹影散閑扉。即事消塵慮，沿情長道機。開堂羅衆彦，列榻對高暉。矯矯貞鴻志，蹌蹌儼鳳威。舒文國華廣，奏曲人和稀。議政薄桑孔，談經邁董韋。席珍誠可聘，懷寶定何依？按劍知誰是，投珠莫盡非。嘗充赤水使，故諳黄金徽。頗學神巫術，能窺善者幾。流觴洛西浦，春服魯南沂。物理欣同賞，天真樂共祈。設心倘如是，攜手咏而歸。

寒食客中作

春城风雨颭花残，花裏看春漸復闌。傳食尚嫌今日冷，更衣还比去年寬。青郊百草摇鄉思，古塚长楊罷客歡。繫迹不違千里道，歸心秖湧大江湍。

宴歸雲庵，是孫太初隱處

林間處士去不返，山裏孤雲常自歸。石徑葳蕤蘭葉長，松門寂歷鶴群稀。函詩剩有天仙句，壁字還增佛日輝。今宴舊堂懷舊隱，歲華春酒悵微微。

晚登道場絶頂，烟雲變幻，兩儀混茫，曠然凝視，有若鴻荒

嵐領氤氳生夕烟，冥冥忽與太虚連。穿林暗度無千樹，到頂真登不二天。風籟乍疑仙樂渺，雲龕秖有佛燈懸。混成天地果何物，却似鴻荒上古前。

謝子佩乞休有作，用韻贈之

上書北闕緣何事？歸駕西山别有天。安石風流還見子，成都人物果誰賢？臨岐不惜千金劍，對酒惟歌《白雪》篇。去歲令兄先解印，今看鴻鵠兩悠然。

鐵佛寺送江大參之金陵

花宫酌醴送君行，南到金陵數日程。雲裏鍾山摽帝闕，天邊淮水帶王城。高臺鳳羽來儀處，豐芑龍光載見情。行省平章誰不羡，江淹文藻舊馳名。

夏日宴洪氏湖亭

湖邊高館絶氛埃，湖上青山送酒杯。改席暫依芳草岸，登舟還泛白雲隈。風生水藻看魚戲，日落烟嵐趁鳥回。此地信能便吏隱，終嫌塵網隔蓬萊。

江上奉送南石翁

湖亭方晤語，江路復言歸。永日舟難繫，高風席易飛。還山應自慰，臨水奈予違。此後懷思處，丹霞向夕暉。

夏日靈隱寺游宴用韻

長夏深林宴白雲，逍遥真與列仙群。臨池衣染蓮花色，傍石經參貝葉文。醉向醍醐僧語笑，凉乘薜荔鳥驚聞。歸途尚隔塵中市，九里松枝半夕曛。

訪緒山許氏莊上

終日茫茫烟霧間，兹晨裁一訪雲山。柴門夾竹驚秋早，石室邊松處夏閑。授講每看庭鱣進，爲漁常逐海鷗還。楊朱不必悲岐路，自有先生善閉關。

送譚少嵋西巡

銅符分憲後，玉節省方初。細雨吴山道，清風季子墟。威將秋令肅，恩作海雲舒。坐見褰帷處，康哉時宴如。

西溪莊宴與金近山同賦

湖館澹春陰，芳菲襲我襟。復逢文翰侣，言寫歲華心。望美雙峰合，歌清一水深。將隨招隱趣，於此遂投簪。

奉和李抑齋司勛歸自京師，游虎丘見詒五篇

本自北溟翼，垂彼南天雲。扶摇幾萬里，暫歷吴江濆。吴中故佳麗，留覽極氤氲。六合下塵芥，上摩星斗文。安能比鷽鳩，所搶榆與枌？

又

披瞰出閶門，排霧覽大荒。大荒不可覽，終古莽蒼蒼。瞻言太伯里，乃是句吴鄉。遐舉遜天位，至德安可量？烏虖延陵子，執亮期子臧。誇毗變傾奪，兹猷胥以亡。

又

秖役别彤墀，行行徂吴會。吴門懷古風，蘇臺稅征蓋。鷗陂蔓草蕤，虎丘松柏栊。霸圖不可尋，滄江尚如帶。舒嘯青林端，送目紫霞外。恨阻雙玉盤，齊食鱸魚膾。

又

虎丘何所有？璚樹植其巔。寶露滋華葉，慶雲輝以鮮。鬱鬱佇神鳥，道久不來翩。今子出丹穴，翻徂沅湘還。睠伊集爰羽，感彼朝陽篇。願言栖此樹，和鳴徹鈞天。

又

美人涉秋水，臨高倡吴歈。音響一何亮，慷慨思煩紆。所思在玄邈，丹霞白玉都。中有列仙侣，雙雙珮明珠。欲問阻烟霧，佇立野踟躕。危柱厲金節，凉風生坐隅。安得吹此曲，飛度瑶天衢？

昭慶寺承龍巖憲使招同諸寅丈宴集，席上偶成

一杯蘭若醉秋陰，共愛蕭蕭風滿林。出嶺高霞兼鳥度，沿溪密柳繫蟬吟。來頻不獨逢僧話，坐久還因長道心。未是達懷超吏局，幾人能向此開襟？

中秋無月

凉天三五夜，端合有明暉。詎識浮烟澹，翻含細雨微。暗窗孤燭映，幽草數螢飛。抱影難爲照，鄉心托夢歸。

十六夜玩月閑齋

昨夜未明月，今宵却朗懸。不緣雲暫蔽，安表鏡長圓？影落婆娑桂，光流皎潔蟾。金波一何麗，思取贈遐天。

觀潮映江樓二首

對酒臨江隩，登樓瞰海濤。氣噴雲葉亂，光湧浪花高。地即横三島，山疑駕六鰲。此時向若歎，秋水興俱豪。

又

渡口喧聲寂，樓頭望眼明。潮仍天外落，水自日邊平。餘泛緑侵岸，流氛白向城。遂令殘暑退，端覺海隅清。

映江樓雨中送蕭右丞、皇甫憲僉同出會稽循行一首，用壁間韻

看君風雨别江樓，却似神仙汗漫游。烟樹不離雙鷁首，雲山長繞片帆頭。逍遥信有莊生樂，寥泬應無宋玉憂。若到昔人修禊處，試將

樽酒溯寒流。

席上寫懷用前韻

江風吹雨散高樓,江草連天悵客游。荷芰正闌秋水面,雁鴻争返暮沙頭。摇摇歲物應須惜,滚滚波濤未足憂。醉傍雕軒極遐眺,長空不盡海烟流。

秋夜二首

秋夜方苦長,那堪復風雨?葉散滿林霜,蟲急千家杵。殘燭耿餘輝,單衾寂無語。還聞塞北鴻,愁絶江南旅。

又

海上秋風起,蕭然江夜凉。溪雲散疏雨,葉露點微霜。忽是歲芳宴,而餘宵晷長。此時偏不寐,端使坐懷鄉。

九日同省中諸公登北峰最高頂作

霜辰天宇湛然空,北上岧嶤翠嶺崇。杯引落霞延夕照,身隨高鳥御泠風。樓臺下見江城碧,洲島遥看海樹紅。却憶故林那可到,應知時菊委寒叢。

又用杜子藍田莊韻

秋宇寥寥無限寬，暮懷因對紫萸歡。霜飄孤旅芙蓉劍，風滿群公獬廌冠。三竺樹連湖色澹，二峰嵐接海光寒。醉來忘却鄉關道，直倚白雲深處看。

處州水心亭偶題二首

雨餘日初顯，亭上風稍寒。緩帶閉高閣，加衣坐方欄。池清出天表，蕉緑在檐端。淡默得所遣，忘其迹微官。

又

晨起坐亭幽，不異山林静。湛澹俯清池，紛緼望層嶺。雲飄雨後輝，竹散霜中影。即是可夷猶，心形猶未併。

永康縣訪松谿先生不果，至館頭懷寄並謝來篇二首

秋澗瀉雙溪，寒松冒層嶺。緑源阻洄洑，陟巘費陵騁。思攀璚樹枝，而猶隔塵境。牽迹且東游，還途或未併。一日比三歲，離悰曷繇整？

離悰不可窮，矯首視飛鴻。嘹唳響遠音，飄摇翔惠風。遺我一書札，云自赤松公。殷勤兩三語，言約意彌隆。上言思采藍，下言慰轉蓬。采藍亦易盈，轉蓬何時定？願托廣庭陰，息此塵中影。

别懷送少玄

薄宦不求達,佳人欣與俱。門通蔣生徑,宅近子雲居。方謂時相扣,玆懷得晏如。如何舍之去?茫茫向烟霧。烟霧朝凌漁浦潭,星霜晚泊富春樹。行到雙谿水陸分,雲嵐一路藹絪緼。丹楓驛裏行人少,括蒼嶺頭偏憶君。不得同來永嘉縣,深秋山水恣游衍。瀑布空垂雁蕩青,霞標遥倚天冥冥。

雨夜不眠漫成五首

江南冬日雨,江北雪連天。落葉空山木,飢烏噪野田。居閒三徑裏,迹繫五湖邊。縱有歸歟歎,泥塗那得旋?

又

積雨寒堂夕,蕭蕭點客心。凄凉成遠道,黯慘奈窮陰。海氣沾藜榻,山風冷布衾。擁懷獨不寐,抱膝自爲吟。

又

驚風吹海霧,飛雨夜逾繁。樹冷無留葉,齋空獨掩門。約情千卷廢,破暗一燈存。達曙惟成坐,朝光尚弗暾。

又

遵海守微禄，星霜忽兩移。淡心渾若水，衰鬢悉如絲。雨夜愁偏作，雲林夢不離。因知越鳥意，所以戀南枝。

又

平生雲鳥意，空往十年間。魚腹經過水，羊腸到處山。歸期慚緑草，零雨歎憔顔。賴有旅人訓，時時心自閒。

陪憲府諸公游宴天竺

籠鳥思林悵不還，偶逢幽賞得追攀。天邊竹樹摇尊緑，雲裏松枝廕室閑。坐久法燈燃静夜，步回仙錫響空山。歸途尚復携餘興，溯聽微鍾杳靄間。

夕宴許太守宅

郎官出守拜新恩，便道歸寧愜里門。戲綵偏承堂北樹，論文還敞日斜尊。坐中賓侶烏臺盛，琴裏歌聲白雲繁。却憶巴東人吏候，莫將春草戀田園。

塔燈二首

寶塔凌蒼蒼，金燈燦夜光。非緣虚自瑩，那使暗彌彰？照水蓮花秀，開山若木芳。還當見五藴，不滅是空王。

又

久在迷途裏，今來見佛燈。影垂香閣盡，光發寶輪層。是斗懸天象，爲龍燭地靈。化城元不夜，人世有沉冥。

翠筠山房同皇甫少玄三首

一眺蓮臺上，蕭然見竹林。因之步空翠，忽抵禪房深。窗冷寒霜葉，檐昏落日陰。生年安簡淡，此境遂投心。

又

檀欒修竹裏，一室有餘閒。携手罷勞慮，晤談消苦顔。林聲歸鳥處，嵐彩落霞間。方此契玄晏，坐深忘所還。

又

牽役歲仍晏，勞生客已疲。偶逢方外日，不異山中時。夕樹人同老，寒雲意共持。言觀東壁偈，總似北山移。

送南橋李公赴四川右轄

一望江頭楊柳烟，鳳城春色使人憐。方將驄馬游同日，誰遣驪駒唱别筵？黄鶴晴臨鄉樹外，碧雞新下省薇前。須知萬里懷君意，共向峨嵋皎月懸。

省堂春燕

浮海及茲歲，驚時俄再春。迅光長逝鳥，淹迹未歸人。有酒承君子，登筵合衆賓。華堂滿嬉笑，樂事悉敷陳。擊石雷將解，彈絲蠶欲振。魚龍呈水戲，爵馬侑杯巡。餘雪飄梅盡，生烟挾柳新。察雲披五采，揆日仰重輪。道泰應承象，春公詎有鄰？肆來癯澤叟，言共省方臣。攬木知鶯陟，窺淵耿蠖伸。胡然復惆悵，終是感熙辰。

東岡寺訪楊二檀、李潛厓作

爲愛春林雙樹華，依依來就野人家。崇蘭酌醴風香細，藉草談玄日影斜。海色游絲飄一院，經聲飛粟演三車。生年病在耽幽寂，得遇茲緣意已賒。

贈許茗山赴夔州

君厭承明侍從班，聊麾白帝綵雲間。得賢時有王褒出，喻蜀人傳司馬還。水到巴東情亦向，猿啼峽裏勢咸攀。應知虛館無争訟，端比淮陽卧治閑。

春日山中行呈南衡

春色蒼蒼春欲闌，春光尚向山中看。山中瑶草碧如帶，美人不游予寡歡。寡歡何所爲？行樂當及時。相彼夭桃逐長浦，那能一片還故枝？君今光展城隅宴，烟霞峰壑俱陵緬。青林歷歷討花宫，紫徑迢迢乘羽傳。雲裏流音兩鳳笙，日邊蔽影雙鸞扇。香采氤氳百和生，晴芬葱蒨五文明。背郭花顔隨兩絶，面河柳絮拂塵輕。奚似巖阿春不老，好鳥懷之嘉樹嚶。與君携手重然諾，與子齊心等寥廓。連翩不獨訪三山，結束仍期窮五岳。尚蒙符綬苦牽纏，其外則白其内玄。玉壺美酒朱絲懸，下山再酌山門前。夕陽嵐嶺猶堪晤，吏館夜還私自憐。

送謝工部四首

玉壺携美酒，持向水衡斟。且綰青絲騎，聊同碧樹林。山川一以間，江海若爲深。獨有斯須意，因之款别襟。

又

臨水難爲送，驚春復此時。雲光依碧岫，鳥語戀青枝。攬物猶如此，嗟人獨不斯。合將分手意，還比會心期。

又

亦知從此别，且復宴晴暉。春草依袍上，烟花傍酒飛。澄湖方可泛，畫省竟言歸。縱有西林餞，其如始願違？

又

終然難久滯，邈已發前旌。去去高雲闕，行行幾日程？文章推水部，尊酒散江城。玉珮焚香暇，應懷别者情。

席上觀牡丹

庭中芳卉本多奇，遲日華含麗景滋。拂檻紺雲翻倚蓋，飄筵香霧裊游絲。佳稱絶代應遺世，宴對餘春且滿巵。解道洛城真富貴，銀黄三組亦虚垂。

贈别林退齋赴湖廣廉使

文僚行楚憲，悵餞越坰陲。分手白雲意，同心黄鶴思。貞堅凌竹箭，芳潔比江蘺。實善邦風舊，還將此道推。

送盧公巡撫遼陽二首

中丞開府向遼陽，山海新承日月光。塞外不須防虜障，雲邊拱手盡夷王。

樓船東下海雲生，盡道龍江雨洗兵。秦築何煩亘遼水？漢家别有一長城。

浙中三載中秋俱不見月

江上三逢八月秋，望舒曾不顯西樓。踈燈螢火當窗映，亂杵蟬風帶葉流。客鬢正宜昏鏡裏，鄉心無奈大刀頭。憑欄繞繞看烏鵲，匝樹驚飛使我愁。

贈鹿園居士四首

背郭高樓連袂登，夕嵐秋樹彩層層。低頭下見湖沙盡，方曉平空是上乘。

常笑沙門乞食僧，黄金爲面有人曾。不知吾黨緣何事，懶與先師繼一燈。

雲裏青山更不移，月中明水任流之。道人住世心無事，世事悠悠何所爲？

金印纍纍棄若泥，葛巾麻履一青谿。人生行止原無定，説着避喧都是迷。

湖閣宴眺

秋水連山一面斜，城隅高閣野人家。淹留暮景因叢桂，剥啄寒籬有九華。托迹暫同如聚鳥，持心不住與飛霞。年來頗解浮名累，未遇登臨意已賒。

冬日再訪寒谿

歲晏高林再一登，白雲紅葉曉層層。維摩病久身無恙，女偶年長道豈增？開徑只應來仲氏，灌園那復數於陵？嗟予亦有垂天翼，未脱樊籠愧爾能。

用韻答寒谿留別之作

雲裏青谿鶴髮翁，送予薌水步如風。形容不意知漁〔一〕父，姓字何緣達遠公？惜別夜光星斗燦，醉憐燈影鬢〔二〕毛鬔。臨岐未必仙凡隔，天上人間會此逢。

【校記】

〔一〕知漁，底本漫漶不清，據萬曆本補。

〔二〕影鬢，底本漫漶不清，據萬曆本補。

春懷書報同志

春光纔上柳枝頭，便有同聲黄鳥求。始信太和能保合，可令吾道不相謀。吟行每愛寒巖樹，宴坐常隨緑水洲。莫是流連逐風景，忘言真意總悠悠。

雲居與龍巖、虚齋同賦

與君攜手竹林園，化閣春游宿好敦。牛馬一官還自笑，塵沙多劫好誰言？階前古柏寒僧對，天外浮雲夕鳥翻。解道達生忘去住，合持芳醴宴林昏。

答江石南春游見招

元僚春省踏春暉，攜手同官意不違。共喜晴湖淹客棹，却愁芳草照吾衣。青枝送酒憑黄鳥，上界尋僧見翠微。氣淑道和何處是？夜深燈火醉言歸。

元夕述懷奉呈龍巖兄丈，前歲此夕龍巖在金華

元夕懷君憶昨年，三溪東望水如烟。非無美酒乘春興，獨少同心共月圓。往事蹉跎成夢裏，兹宵荏苒復燈前。相離莫謂逢還易，猶恐萍踪益渺然。

窗下看飛塵二首

閑向春欞窺野馬，絪緼不定擾虚空。個中到底難安署，只好勞形去逐風。

纔明忽滅胡爲爾，似有如無更惘然。只以朝陽向窗看，絲毫都是碧紗烟。

平望道中二首

輕絲流亂鳥綿蠻，夾岸春深楊柳間。眺聽可能消客慮？低徊翻自長離顔。

雨餘烟水澹晴暉，早有風花數片飛。不惜花飛帶春去，春衣又换與心違。

孔文谷詩集卷三
漁嬉稿

門人趙訥校

漁　嬉

平子賦《歸田》，願同漁父嬉。我今歸已遂，捨此更焉之？言鼓滄浪枻，式歌濯纓辭。振衣高天吹，晞髮九陽曦。貪競非吾志，潔芳聊爾爲。怡顔豈憔悴？放迹良委蛇。明月乃游鯉，虹蜺其釣絲。虚無乏患害，堅白少磷緇。追服古人訓，所保今在兹。

仲春始農

久知行偃蹇，弗能自罷歸。籠鳥待人放，搶榆還獨飛。雖令羽毛鎩，豈與性情違？楊柳上春氣，鶬鶊鳴曙暉。田家土膏動，野老生計微。泉脈荷鋤覘，竹叢解帶圍。開荒服南畝，習静掩東扉。蘭葉廕階秀，豆苗鋪壠肥。緣源植荷芰，表我遂初衣。

行路難二首

飭余水陸具，青雀兼紫騮。坎坷不自意，迍邅以相繆。上山冰斷道，入海風引舟。改轍逢巨壑，乘桴阻崇丘。飢鴟噙鼠嚇，猛虎挾狐游。鑿齒候木末，含沙偵渡頭。天門一何曠，人宇故多愁。霜露戒朝厲,桑榆期晚收。自無偓佺術,行路安可謀?

人生大歡者,飲酒及從禽。桂宇羅廣宴,蘭堂沸繁音。韶歌送白日,上壽稱黃金。走馬向芳甸,放鷹起曾岑。疊雙成巧射,載滿縱高臨。自謂樂已極,孰虞憂見尋?沉酣損真氣,好殺傷本心。戈戟與俎豆,號呶化呻吟。此時思靜澹,潰敗不可任。

春林即事

廿年塵土客中春,今歲春纔屬隱淪。欹枕杖藜隨處得,野花啼鳥認來真。

答日者二首

即我令人猶未喻,知天於我更何如?茫茫只合隨緣住,不敢從君問卜居。

我命自來能自筭,送窮乞巧兩無因。若教握粟成都市,定惱當年賣卜人。

閑居和答潘子抑

自笑狂夫懶更閑,閉門不省窺園間。稀疏短髮違僧幾,減損凡心與道班。夢轉日長仍就寢,興來瓶罄亦開顔。鄰翁剩有幽蘭調,時送一篇聊啓關。

仲夏北泉精舍書感

三十年前文會游,此中花鳥羨同流。今來風景渾如昨,獨是少年成白頭。

栽竹

虛心直節者,比類合同群。地左池堪夾,園蕪徑可分。移叢俱酩酊,植本厚殷勤。南向道應長,深資德已薰。鳳條修廕石,龍種翠含雲。詎望伶倫采,惟存嶰谷芬。歲寒誰復見,形影獨憐君。

九日端居四首

雲净天空露始霜,山人歸隱及時光。瓮醅泛濫呈新緑,籬蕊峥嶸現舊黄。

重九嘉名俗共耽,插萸斟菊滿晴嵐。山人無意登高望,獨酌空齋亦已酣。

籬花燦燦迎杯出,門柳蕭蕭拂帽低。何似關河客中眺,不堪風雨暮凄凄。

佳節無人訪蓽門,徑荒惟有菊花存。折花盈手花邊坐,一段寒香孰與論?

承小村宗尉分惠萊菔兼高咏數十篇,愧不能報,聊戲答短章四首

仕宦無能學圃歸,那堪草盛菜苗稀?侯門囷載貽萊菔,茹美應教遁者肥。

嘉蔬滿領貯荆筐,分付山妻好護藏。榾柮火煨成熟後,何人知有菜根香?

肉食無如藿食安,胃腸已作菜園看。自今尤覺藩籬固,縱有羔

羊踏破難。

《本草圖經》載此蔬，導壅消穀勝薑蘇。只緣一種温平氣，遂令胸中渣滓無。

謝小村孟冬雨中送菊

重陽無酒復無花，偃仰蓬廬只自嗟。不謂過時淹暮雨，却逢疏蕊映寒霞。破除楚客悲秋興，妝點柴桑處士家。折取未遑羞短鬢，一枝先插帽欹斜。

歸僦城隅之園聊以避俗，頃趙孟敏有愛於竹，形之雅作，輒走筆賡和且見志焉，凡五首

歸來未有買山錢，僦得東鄰屋數椽。灌木夾亭無次第，個中惟取竹堪憐。

衆芳摇落及秋時，趁暖違寒若有知。不似此君淹暮景，無心一儘雪霜欺。

半畝荒園兩叢竹，一窗高枕上皇人。看破閑居有真相，門羅蛛網座生塵。

不作飄摇陌上蓬，園丁纔識主人翁。行吟只在修篁裏，坐卧長依小閣中。

洛陽才子氣如雲，能枉紫門坐夕曛。招隱何堪爲君賦，情知不是野人群。

郡守陳盧山言其兄小泉户侯之高尚，率爾寄贈

盧山云小泉，貌似馮唐老。壯略期收大漠塵，雄心欲薙祁連草。偶覺功名未易居，便將身世卷吾廬。即今養壽百年裏，何似封侯萬里餘？

元夕篇

風光新歲屬新春，時景元辰更元夕。天上星河泛綵雲，人間花燭紛瑶席。蘭膏金燼焰幢幢，絲竹嘈嘈疊鼓摐。何處歌歡緑雲第，何人笑語碧烟窗？翠蓋香車穠李華，銀鞍寶馬列侯家。火看燭龍噴作樹，鐙觀天女散成花。别有多情重游玩，徹曉紅妝惜零亂。還將明月抵今宵，未肯一刻千金换。山人自翦北山萊，形如槁木心死灰。不逐東城共南陌，布袍孤擁月明堆。

送周以明援例入太学

决戰文場日又曛，且循條例待青雲。辟雍流水春衫映，御苑疏鍾曉舍聞。六館授書崇博士，四方觀禮樂同群。玉淵金海興賢地，妙選旁求會到君。

喜李書記千里見訪四首

下車衣服滿塵埃，千里相期笑口開。門網經年雀不到，何因得有故人來？

春盡深山草木長，更無人語到茅堂。兒童見客疑天上，敲火烹

茶喜欲狂。

漳臺策馬過漳川，北及汾陽路已千。借問遠情誰得似，涓涓流水白雲邊。

我怕羊腸道路難，夢魂猶自苦躋攀。君過何得平如水？不是畏途途裏官。

宗賓西泉折紅藥見貽，其花一莖五朵，便以供佛二首

冉冉色香搏赬霞，短枝繁朵足仙葩。呼童汲水净瓶貯，持向佛前名獻花。

記取一花開五葉，應知此本不尋常。憑君乞與靈根種，日暖風恬好護將。

與李書記談諧

酌酒與君談道緣，不求安飽不求仙。邯鄲舍裏夢初破，傀儡場中戲可憐。赤水弄珠圓的的，青天邀月皓娟娟。街頭縱有兒童罵，只作流風過耳邊。

喜雨同李書記

問舍求田者，甘爲田舍翁。桑麻看隴上，鷄犬牧雲中。破塊惟需雨，抽條但信風。旱來欣灑潤，况與故人同。

宗賓槐泉生日漫書

日光成火雲作烟，鳥不敢飛樹欲然。呼童煮酒復烹鮮，與我友

生相周旋。豈不知苦炎熱,其如樂當年。九河李子平原客,槐泉趙君中散賢。岸幘偏袒百壺盡,眼花耳熱就地眠,此時混沌真老仙。

園中和李書記

夕陽下山好,滿園生緑烟。一杯陳契闊,三畝樂歸旋。聽鳥知求友,餐霞計學仙。近來迂懶甚,只想荷蓑眠。

與南洲上人叙歸二首

一官廿載苦伶俜,好似玄裝〔一〕去取經。萬怪千魔俱歷盡,剛剛存得本來形。

巨蟒伺人横作岸,含沙射影暗如塵。當時就合江中葬,不意歸來有此身。

【校記】

〔一〕裝,當爲"奘"之誤。

西泉莊游眺次韻

日長何事可消愁?携手聊從汗漫游。最愛西林帶雨净,還耽高館入雲幽。行揮炎暑葉爲蓋,坐汲清泠泉滿甌。莫道生涯太疏淡,山人元不擬封侯。

送徐汝戢之甘泉

年少筮邊邑,下車好爲之。賦困田多廢,兵頻屋屢移。高低烽火報，赤白羽書馳。大府催科急，遺閻奔命疲。調停策居上，經紀事從宜。韓范有先躅，弦歌誠我師。盤根別利器，推本見仁施。佇聽謡鴻雁，還看咏素絲。

述懷呈程古川舊巡四首

憶在關中備役時，得從群寀奉光儀。持心仰鏡青天上，點檢長憂負所知。

十載宦情如嚼蠟，不求聞達只求歸。形踪稍似鷄群鶴，得返雲松自在飛。

夜光明月終無改，道作魚砆可奈何？自是世緣多不遇，空令千載惜隨和。

一官偃蹇百無成，天放歸田有此生。報德竟然慚國士，矢詩聊爾見心情。

送別李書記

九河李君天下奇，千里訪我山中爲。絶有文章希李杜，豈徒方技溯黄岐？足音正喜慰岑寂，行色那堪轉別離？秋水茫茫暗天地，問津策馬欲焉之？

奉和紀山見懷山中

自覺歸山好，蕭條常晏如。行樵遵古道，作賦信閑居。陶令真思友，嵇康懶寄書。適來勞問訊，惟有報迂疏。

贈琴士葉友桐

友桐山人彈雅琴,果令山水生清音。九月霜寒木葉下,曲終無語天沉沉。此曲由來世寡和,幾回聽者識其深?山人抱琴入山去,且向白雲閑素心。

送李判官之武定

寒日照郊館,朔風擺離旌。時當一陽復,君作千里行。入國凍流解,到官春草榮。還攜琴鶴興,去訪濟南生。

山中答古川二首

古木高巖誰與鄰?杖藜携卷自逡巡。情踪好似脱籠鳥,不敢飛鳴更向人。

歲晚山寒萬木空,澗深樵響落巖風。閉門擁絮復何有?榾柮滿爐燒夜紅。

山齋咏雪用鄭廣文韻二首

何物乾坤一色明?紙窗疑是月妝成。梅間認取花無數,竹裏聽將葉有聲。啄粒鳥驚殘夢語,傍溪人著幾蓑行。常憎白髮欺吾老,及比寒華老更清。

塗却人間黄與蒼,只凝孤館薄梅香。窮陰始滿即消散,大地不平都掩藏。任俗看成輕絮舞,從時烹作苦茶嘗。憑誰唤起天公問,六出爲花孰主張?

對雪寄懷紀山學憲二首

盡日瑶空白雪飛,阿誰能合此清機?遥知郢客高歌處,其曲彌高和益稀。

乾坤誰使玉妝成?竹屋紙窗無限清。擁被聊同洛下卧,拏舟恨不剡中行。

和古川登覽龍門

振衣登天闕,俯瞰洪河勢。日日湧驚濤,時時復東逝。盈竭兩不形,流坎一奚係。升高即甘霖,潤下誠普濟。善利絶矜争,平成合天地。在昔洚警予,九載屬乖盤。載庸神禹謨,聿除穿鑿弊。理順破懷裹,决壅來厲揭。弼涉大川舟,漁鼓滄洲枻。君子觀其瀾,同條聖人智。

和古川游王官谷

昔栖欽表聖,今覽羨仙游。澗底拾瑶草,峰頭凌翠烟。雲璬連谷響,芝蓋與天圓。即是謝埃壒,真心滿虚玄。

和酬許少華中丞秋日見懷

一封遥肯問荷衣,未是人間知己稀。吏隱向來舟不繫,山臞近與蕨同肥。東軒静寄西雲靄,昔月良游今雨違。欲度關河無遠翰,夢魂惟作搶榆飛。

對雪寄懷少華

山齋對雪遥相憶,仙掌峰頭玉樹枝。在昔每容葭葭附,抵今誰賞歲寒期?花前酌醴登臨日,石上題篇笑語時。都作相思離別後,可堪愁里鬢成絲?

哭李黄巖憲副

我欲紫團來結社,君胡白日去升天?舊僚詩酒俱陳迹,同榜聲名亦惘然。不憤烟生楊柳上,惟憐雪散梨花邊。此時回首淚沾臆,春色斷腸誰爲妍?

喜　雨

自春不雨,迨于仲夏。田之弗苗,亦胡以稼?匪歲伊凶,維時我謝。我行弗逵,我旋弗菑。我求弗飽,曷甚我飢?上天有渰,忽其有祁。我疇晚植,以需口食。望秋且遥,枵腹中昃。衆厭膏粱,我免溝洫。

自題山巖屋壁

畎畝餘夫,山澤臞父。略覽詩書,粗窮鄒魯。厠足雲逵,濫名天府。一命敷文,再命守土。三命如前,五教斯溥。既典藩憲,式昭王矩。名位攸崇,不能傴僂。衆口鑠金,大人解組。復厭初衣,保我衡宇。夢醒從伊,習習詡詡。泠吹滿窗,月華在户。人謂我今,亦已太古。我欲求之,蔑無所取。

贈别趙南庵二首

聞道移官向江右，黄童白叟盡攀轅。分司使者嚴如雪，何得陽春滿谷暄？

豫章樓閣神仙府，解纜江城望是仙。金鼎調元要君看，香爐峰藝九霞烟。

贈張職方募軍北還，兼寄懷林石洲户部

赤心報國奇男子，白面談兵老丈人。帷幄早收西塞士，貔貅新擁北門軍。銜枚六月逢時雨，决策三秋净遠塵。遥想清風誰作誦，司徒瓊海一儒紳。

七月七日答趙孟敏見訪

火德迅西邁，金行生早凉。鴻驚上弦月，鵲起渡河梁。霞表邀靈駕，雲端辟洞房。會期天不短，泣路世偏長。離索吾方感，招尋爾不忘。虚檐坐蕉緑，大斗酌瑶光。夜久彌眷戀，明當復翱翔。庶持九秋節，無爲參與商。

夜坐偶然二首

牕際蠅鳴曉鼓，草間蚊響昏雷。不是市朝闤闠，如何亦有喧豗？

階面月光流水，庭心雲影敷花。驀地不堪掬弄，恍然看破虚華。

戲答南公見惠絲瓜二首

絲瓜在君果園裏,枝枝葉葉相綢繆。霜刀剪斷送山客,公然不挂一絲頭。

葫蘆架上蔓絲瓜,緑葉相扶黄白花。花落果成連果棄,如同秋水送寒霞。

喜紀山至郡校文

新秋宿雨夜來晴,星斗高懸分外明。怪底人間占德曜,適從天表迓文旌。緑槐風動魯中講,絳帳雲滃稷下生。幽谷鄙夫忘却老,欲充童子備將迎。

生日就輝上人飯僧

我生漸已老,于道蔑無聞。自從脱冠來,稍益厭塵紛。習懶晝多睡,睡起延夕曛。好覽佛氏書,因與釋子群。賤日適清暇,消散精廬雲。此時秋正中,天宇澹氤氲。煮飯約僧共,還容鳥雀分。食已各沉静,滿室香烟焚。即是理齋素,方爲滌羶葷。抱冲有餘蘊,百年非所欣。

重九將近招我友生二首

秋色凋零不暫停,蝶愁蜂慘惜餘青。人生潦倒知何事?莫遣黄花笑獨醒。

老至逢秋更不禁，葉飄風打暗庭陰。多情只有寒籬菊，把酒來同歲暮心。

九日對菊呈紀山

昔賢愛嘉名，誠謂今日好。高天無片雲，清川絶泥潦。澹泊藴貞素，澄瑩徹幽渺。緑葉吐霜莖，黄華絢金藻。衆芳委蕭晨，孤節方獨表。歲晏歸來翁，欣是合其道。與我鄉曲交，及時共傾倒。掇英而飲醇，祛慮以却老。兹焉景不殊，云何覆傷抱？爲缺賞心同，中懷惄如搗。

承紀山枉駕丘園，率爾賦酬

小圃緑蕪秋，能生宋玉愁。人群久相棄，歲序行已周。顔鬢先霜改，神情與谷幽。惟當慶雲惠，垂采到林丘。

贈紀山校士

金鑑自爲明，玉衡自爲平。高賢出延閣，復是蘭臺英。宏雅授文命，允中司道盟。憲天闡元化，本實末浮榮。九秋氣宣朗，八表氛澄清。淩旦莅廣堂，大觀臨諸生。析理發疑難，屬藻定章程。肅肅儼光儀，鏘鏘流正聲。群蒙仰熙耀，萬有會醇精。待公相王室，品題充國楨。

送别紀山

文思信神敏，功令早已竣。駕言還省署，旌旆颺術阡。諸生擁道周，列侯羅後先。鴻儀競瞻奉，至教圖勉旃。水流赴大壑，民懷屬高賢。曰余獨多戀，送遠不能旋。行行造野寺，擾擾申別筵。杯酒豈足珍？聊用寫勤悁。融暾被寒樹，英雲滿山川。相去逾百里，朅來殊一天。丈夫雖耿介，離析終黯然。

和紀山國寧寺小集

息駕休僕夫，振衣暫祇樹。良近今子華，清緣昔玄度。雲中野鶴歸，雲裏山僧住。吾道豈淹留？驅車還復去。

和紀山自國寧寺訪白雲庵輿中望卜山

東林蓋白雲，北嶺籠黛色。曾是聖門儒，于焉此栖息。其人雖已朽，其道常不忒。俗客幾經過，横棄塗路側。君獨何爲者？褰帷望還憶。

送紀山至白雲庵夜坐觴咏

爲憩林間室，枉此霞外驂。華月吐雙樹，清光凝一龕。鐘聲散白雲，萬籟虚空含。端居澄道心，清净和且耽。郡守遠見候，巖叟亦來參。泛愛携友生，抽藻締文談。達曙滿芳翰，彩翠成烟嵐。

奉和紀山公白雲庵留别

霜葉易分散，離人難久留。長廊一杯酒，成喜復成憂。會面偶前期，解携思舊游。所須心是月，流影到西樓。

喜翟山人至二首

誰謂故人老，猶能策馬來。到門僮僕喜，留榻酒尊開。瘦骨全如鶴，雄心半已灰。屏風時點染，輞水木蘭隈。

又

蕭索歲云暮，閉門人迹稀。寒檐鳥不下，空宇葉頻飛。棄學抛書卷，逃禪擁衲衣。栖遲君莫厭，久與世情違。

寄題子夏石室

道存身退老於斯，石室千年尚可窺。谷水寒流洙泗派，巖條春長杏壇枝。梯雲直上心猶壯，帶月空回力已疲。自歎爲儒還不遇，由來吾黨合栖遲。

送别翟汾涯

春風黄鳥泥人時，却把芳尊贈路岐。怨别况逢花落盡，惜分應見馬行遲。鏡中勛業看成老，筆裏丹青鑒者誰？知到舊林生計拙，小樓惟有獨吟詩。汾涯家有小樓，故云。

山中答王西石使君見訊

春晚草烟緑，晝閑山雨微。落花鳥聲散，閉閤客來稀。曷由天上字,來訊野中扉? 惠澤灑芳潤,蓬藿滿清輝。自慚缺世用,偃蹇與時違。朝隨麋鹿往,暮逐孤雲歸。習懶益成性,抱愚豈有機? 非君念幽側,誰不吝音徽?

奉和紀山公春晚齋居見答

獻歲感知己,當春事行役。欲往道無因,悵言空日夕。奚由掃徑延,觴翰來所益。庭樹華已繁,階草色逾碧。駘蕩撩我心,良期竟云隔。奉君金爵杯,兼以洮溪璧。杯爲酌南山,璧用鎮文席。亮懷豈殊況,流光坐相惜。

孔文谷詩集卷四
漁嬉稿

門人趙訥校

寄拙園叙志二首

罷官無一事，涉趣有斯園。半畝菊成徑，三間草作軒。窗前柱史册，厨裏步兵尊。山客頻相問，而非車馬喧。

又

不是能辭貴，無非只灌園。林光映疏牖，山色滿空軒。拙計畦邊甕，清緣樹底尊。看雲兼聽鳥，誰道迹離喧？

羅江公席上喜雨二首

和氣集端暇，油雲冒高城。陽飈滿葉振，陰鳥拂檐鳴。始至絲同散，稍深河共傾。已回緑野秀，遂復炎埃清。燕喜廓靈貺，惠康敷太平。方知霖大旱，可以潤群生。奚獨束夫子，卓然通神明？

麋鹿在山澤，野情常畏人。安知食萍意，還復比嘉賓？徂暑奉華宴，廣堂羅衆珍。樽酌如環轉，絲吹怡我神。好雨應期至，良苗育時新。庭樹滿芳色，終席無一塵。醉飽竟何德，嚅嚌清與真。臞非戰勝者，庶不爲緇磷。

蓬蒿園用韻二首

背郭柴門懶自開，盈園蒿草未須栽。無階那得翻紅藥，不砌何由長緑苔？僧舍相看如鹿苑，儒家取次似書臺。窮年輪鞅稀塵迹，鎮日孤雲任往來。

短垣荒圃帶孤城，容得墻東一朽生。苦李任天還結實，野蒿隨地亦抽莖。栖遲歲月殘書卷，混沌乾坤濁酒罌。仲蔚所居吾不讓，秖緣除却世間情。

答柳川山中送杏

北窗微雨旦來清，頓覺人間暑氣澄。更得山翁寄山杏，帶將仙露滿金莖。

聞紀山先生訖試平陽，東巡駐上黨，萃考五郡諸生寄懷

三聖大觀揮振德，五州總覽盡敷文。仲尼已度臨河轍，伯樂還空在冀群。簾卷翠微干彩筆，弦揮吹萬滿靈薰。詩人仰止吾同調，潞子高山正是君。

夏日北窗偶書

溽土炎風熱不支，北窗榴影緑參差。單衫禿袖蕭然卧，殊勝折腰束帶時。

和柳川宗尉屋泉茶竈之作二首

漠漠紫芝洞，蕭蕭修竹林。泉飛窗裏細，山隔世間深。茗碗消炎氣，香爐凝道心。思君若天上，雲路杳難尋。

又

早披塵網絶夤緣，獨秉真機事静專。石屋水寒西澗注，竹爐茶暖一甌傳。食蔬慣斫芝田種，衣草常收樹葉穿。可是世人尋不到，只應雲鳥過窗前。

西齋秋思二首

老與賤相仍，新來更自經。坐中常懶起，睡裏却勤醒。報主心徒赤，逢人眼不青。細思何足歎，身世本浮萍。

又

歲序行已周，役車方載休。凉風聽木落，秋水看雲流。楚客空歌鳳，莊生且任牛。穫田釀濁醑，聊可耐窮愁。

西齋寄復齋二首

結茅如斗大，即此是西齋。松菊尚無徑，木蘭豈有柴？隨緣希布置，率性少安排。三復《考槃》咏，願言與子偕。

又

偃仰一室中，蕭條如抱冲。方將是非遣，頓令人我空。暑氣散林薄，秋光上簾櫳。緑陰轉明瑩，華月欣與同。

秋　夜

庭柯生爽吹，今夕西齋秋。殘暑銷烟薄，新凉帶月浮。青熒燈始媚，滴瀝漏方遒。獨擁蒲團夜，真成不夢周。

移　菊

篤愛秋容好，併在菊花端。碧叢分紫翠，金英間玉丹。霜露方表節，風雨詎知寒？操當同隱士，氣復尚幽蘭。回回繞籬玩，采采帶霞餐。相親意無限，移向西齋看。

孟冬六日宴集社中諸公

野人當歲晏，斗酒會芳鄰。雞黍無兼味，琴書有宿因。情塵風落盡，鬢色雪沾新。取醉合相笑，清時總逸民。

初雪宴柳川西園，分韻得淹字

同雲作凍冬始嚴，雪片下庭飛滿簾。梨葉灼爐紅可擁，松枝拂牖翠堪拈。未愁謝館吟難就，生怕陶杯酒不添。剡棹載歸尋友興，何如今侶興方淹？

至後承羅江公夜宴留别

嚴車將邁更多情，旨酒方爲悵别傾。江海天連知道在，冰霜歲晚見陽生。簾前燈火烟華媚，院裏笙歌朔吹輕。醉飽無能勝德意，懸心秖恐逐離旌。

奉送羅江公總憲之江西

一陽乘取動征輪，行作江鄉萬里春。雪燕重憐官路永，星臨争睹法垣新。化參鐵柱流丹壑，望切香爐祝紫宸。合道豫章梁棟地，廟材先及老龍鱗。

送張龍嵎太守入覲

萬國同趨觀紫微，賢侯此去有光輝。一官儒雅才堪别，三德動宣世所稀。春色喜瞻龍衮近，恩波應繞鳳池歸。還將樂職中和頌，獻作賡歌滿禁闈。

送趙孟敏會試二首

弘文世方盛，抱道君且賢。知上南宫選，復當東閣延。雲羅收鳳日，天府漸鴻年。送者應如堵，登瀛望是仙。

又

目送者誰子？飛鴻凌紫烟。天人今擢第，鄉國早推賢。日射黄金榜，風生白玉鞭。長安多意氣，先遣報書旋。

自叙耕田讀書圖意奉謝紀山公見寄題咏二首

出身自畎畝，還復返郊原。回思一官繫，秪足叢世喧。適來耕且穫，聊慰釜與尊。學稼非有請，休猜姓是樊。

又

鯤海身難化，鷃籬手自編。非將藝作圃，聊以學爲田。萬卷焉能破，遺言冀可詮。先民亦曾是，所説聖人篇。

奉和紀山公歲暮見懷二首

仰止情千疊，離居阻一歡。寄書人不便，對酒獨成歎。荏苒春仍及，蹉跎歲已殘。循環竟何益？就裏是愁端。

又

歲月林中老，顔華鏡裏銷。那堪聞别賦，還復在玄宵。北斗文逾麗，南山興豈豪？偏能題尺牘，重與故人袍。

奉酬孟衛源右轄晉陽春初見懷

自歸無復逢人問，何得瑶華到草廬？幽谷信移陽吹裏，鄙生誠荷德薰餘。舊來高義還傾蓋，别後窮愁頗著書。面目語言時盡憎，報章臨遣更踟躕。

喜衛源公移晉右轄作此叙懷

海内馳心者，關中會面親。芳蘭同氣味，秋水異精神。省閣論文夜，河梁送别辰。篇章憐俊逸，岐路悵酸辛。道遠音塵隔，情深夢想頻。逢時君奮陟，安命我沉淪。薇省天工亮，棠陰野成春。久要平仲敬，不棄魯公仁。蕙轉光風淑，鶯鳴化日新。村墟無暴客，畎畝得閑身。已謂居成獨，誰知德尚鄰？停雲徒徙倚，適館竟逡巡。政府絶書信，今方爲子陳。

山中答李湫南大參見訪

神交十載悵多違，面覿今憐得所依。憩舍緑棠春雨細，下車五柳夕陽微。不知子夏歸來老，獨羨李膺攀者稀。谷口巖廊竟殊致，鷃栖還解看鵬飛。

送客回漫書二首

業已爲主人，依然還送客。日暮返柴荆，浮雲散巖碧。

又

野徑遇山僧，招邀坐幽石。一掬取泉凉，抗言談在昔。

柳川園息陰

清和入園趣，最是緑陰繁。藹藹翳三徑，森森周四垣。交疏人不到，坐静鳥餘喧。明月還相映，幽閑可自言。

雲山别意诗五首 有序

雲山别意者，贈紀山别也。孟浩然曰："君登青雲去，余望青山歸。雲山從此别，淚濕薜蘿衣。"大似爲余道者。斯取而題之卷端，作詩五篇。

游好方自此，榮名遽見遷。駕言徂南服，江帆摇遠天。孟夏山氣好，草木緑成烟。中有嚶鳴鳥，求友聲不愆。人獨不如斯，但感别經年。

驅車下太行，坦然即平路。荆門暫一過，王程不可住。桂舫御安流，江藩入雲樹。名省得新參，無人不瞻慕。文命久矣敷，仍當惠風布。

瞻依惟北斗，仰止惟泰山。高明孰不眷？攀攬良獨艱。軒車舍我去，望望天雲間。百壺酒方湛，首夏花復殷。縱有暫時晤，詎解别離顔？

野人曾一仕，無合其所如。孤雲還舊山，散木存朽株。昔日金蘭友，棄我若秋蕪。公獨奚爲者，惠好竟不殊。鵬鷃當遂判，臨風悵踟躕。何時復琴醑，重訪山中廬？

極目送飛鴻，冥冥上霄漢。我欲往隨之，天路與我判。短羽戢蓬蒿，聊從蟲鳥玩。高卑分已陳，寒暑易回换。所保金石期，一别非所歎。願言遺好音，報之青玉案。

寄贈趙生登第

久知嗟蠖屈，今却羨鵬騫。不有朝登俊，其如野伏賢。王褒獻頌日，董子策名年。運合風雲裏，身依霄漢邊。莫仍懷漆室，真已戴堯天。畫省纔分署，金門更佇仙。高文宜著作，異等貴招延。阿閣緣何事？應爲鳴鳥懸。

贈谷近滄自潞安兵憲擢參浙藩

坐鎮三年重國楨，建牙高岳與天平。褰帷問俗五州盡，草偃風行一道清。正是河陽資寇日，那堪秋水送王程？紫薇江省文華地，知復甘棠滿頌聲。

送王西瀛之任江西僉憲

别久纔一還，歡宴謂可長。奈何復言邁，飲餞心徬徨。是時秋始序，雲樹生新凉。晴嵐出彩翠，積水川澄光。子有大江行，旌旆金飈揚。銜命不寧處，豈得論私腸？東南屬多事，之紀馮肅將。况有經世器，弘濟在舟航。當令著明德，慰此遥相望。

九日喜張南川公至汾晤言奉呈四首

華秋翠渚看鴻飛,盡令東人識衮衣。授館豈徒留信宿,争持壽斝獻晴暉。

仙輿西下白雲層,山水高深信若增。何况清言是吹萬,不教狂簡一凌競。

後生白首竟無聞,羞睹黄花對暮雲。先達誨人還不倦,坐中玄解月紛紛。

山中歲月坐推遷,摇落秋深信可憐。看取自家何處是?冷雲堆裏菊叢邊。

題東谿公新建鈴閣

紫薇分署日,青瑣出藩年。鈴閣開雄鎮,牙旗建大川。四維端護國,八柱迴承天。畫戟排雲上,丹梯拂漢邊。朝披分氣象,夕攬辨風烟。形勢山河固,聲輝星斗懸。居高心每下,虚左士頻延。樽俎紆韜略,干城屬俊賢。威行民害去,惠洽主恩宣。道以經綸備,才將文武全。規模誠遠矣,事業信巍然。佇目台垣進,應從此地先。

寄題张都官招隐園二首

聞君栖隱處,山水護林園。雲幄滿空翠,松門隔世喧。投心應自得,撫景復誰言?不是逍遥者,能無足力煩?

又

辭榮復何好,幽曠從所如。果藥羅後圃,松筠列前除。窗移巖影翠,簾卷月華虛。借問招隱士,招得幾歸與?

奉和張南川公宴集見贈之作

車馬到門誰不訝?别無人盻子雲玄。歲華荏苒東溪上,木葉蕭疏小閣邊。坐對碧山看晚翠,笑臨黄菊認秋妍。一杯肯與幽人共,忘却尊高輩是前。

臘日小村館宴集和酬

欣兹社中會,駕言停我車。主人好文宴,珍筵列前除。玉壺傾美酒,金盤薦嘉魚。日闌情未厭,改席坐高廬。秉燭親茗果,展玩復圖書。雍容寒氣微,迢遞夜景虛。歲慕余寡悰,不意樂有餘。方知賞心同,能使俗慮祛。

《磬室篇》贈柳川

幽人曲房名磬室,問之方始得其一。賦情好静不好喧,禀志耽文亦耽質。昔有江南張建勛,嘗蓄玉磬泗濱雲。聞有俗人談俗務,起繫清耳息塵氛。此事遥遥隔千載,鏡花水月無人采。道通殊世會相因,機合取裁還不改。以室當磬閑更深,自然塵遠玉山岑。名在實存奚異調,今來古往總同心。横窗小户檐扉裏,茶竈酒爐成具美。蒲團一片啓鴻濛,鶴嶺終南居尺咫。冬寒不入夏氣清,竹露夜闌啼鳥聲。

幽人起看但空翠，自稱寵辱曰不驚。山客抱琴候門側，幽人始肯放顔色。琴罷酒酣各不言，三歎静緣題紙墨。

送黄少陂移守汝州

嘉會云可常，不謂遽别離。行邁欽剖符，飲餞悵臨岐。春氣敷百卉，野烟含緑滋。嚶其出谷鳥，翩彼上雲枝。君子抱鴻略，舉翼鳴熙時。方將策遐路，豈恤繾綣私？佐郡已久淹，專城猶量移。奮庸諒兹始，只役聊爾爲。當知惠邦國，嵩流滿田陂。昔日潁川守，振珮趨彤墀。

酬衛源中丞見訪

春草蔓墻東，誰知引上公？苔文迎幰翠，樹采媚旗紅。不畏門題鳳，惟欣軾畫熊。非由一存舊，幾與野人同。

喜雨呈衛源公

望霖方此日，應雨即來車。觸石靈何巧，隨風潤自餘。氛銷高闕外，麥秀兩岐初。和澤還無限，絪緼滿太虚。

喜分守抑亭公入汾而雨奉贈

美稷見童迎使君，即看車蓋起浮雲。山川有待爲霖溥，草木何私被澤殷。九派巨流曾惠楚，公曾兵備九江。三河餘潤又沾汾。公曾守鄴。應知民愠都消散，一鼓虞弦萬室薰。

仲夏田居

永日謝紛雜，惟當野老家。圃收諸葛菜，田長邵平瓜。細雨童吹笛，晴風鳥啄花。門前五柳樹，往往結飛霞。

偶逢江使寄懷曹紀山先生

淑人君子心如結，還使人心更結君。梁苑吟同深夜月，汾亭酌別晚春雲。江山夢蝶何能到，霜露驚鴻不忍聞。一寄書緘付南信，可堪葭水思紛紛？

贈張大行

彤闈拜命肅華旌，朱邸覃思耀寵榮。天上文星遥發使，國中雲采競歌卿。方當畫舸臨汾日，又是錦衣歸越程。覲省便應還闕下，好移鴻藻奉承明。

生日奉酬柳川

初度曾將弧矢懸，蹉跎今老一溪烟。開筵喜共邀明月，聞道慚多負長年。九局棋中甘我後，三條路裏讓人先。可能積得彭聃壽，傍柳隨花似葛天。

寄和趙孟敏京邸中秋見憶之韻

門巷秋深斷掃除，獨堪衰柳翳吾居。山林未是金張館，朝省應無故舊書。却老久知丹藥誤，銷憂常畏緑尊虚。月明千里勞懷咏，欲報瓊瑶愧不如。

寄怀玉岑诗社次抑亭韻〔一〕

蓮社千年變詩社，江山文藻别爲春。卷中珠玉傳高咏，圖裏冠裳見偉人。望極瓊峰樹若薺，夢回瑶圃草如茵。游魚亦有聲音趣，欲往從之溯廣鈞。

【校記】

〔一〕本詩另見於《西湖八社詩帖》（收於《西湖集覽》，清丁丙輯，光緒五至二十二年錢塘丁氏校刊本）。詩題作《寄懷玉岑詩社》，後有祝時泰、高應冕、王寅、劉子伯、方九叙、童漢臣的和詩，題爲《答孔文谷見寄之作》。

西齋秋夕

始信寂寥者，惟當楊子居。荆扉謝明盛，蓬鬢保玄虚。窗葉蟲雕遍，階塵鳥篆餘。秋聲復何處，蟋蟀響前除。

東谷樓九日再眺呈龍嵎太守

佳辰高蓋復高臨，野老還隨眺遠岑。帽插紫萸和露重，杯浮緑蟻帶霞深。弦端鴻影揮秋思，鏡裏潭光照暮心。叢菊何知酬勝事，的然開出滿籬金。

霜降日作

玉女飛霜似薄埃，流飈凄緊塞鴻哀。纔從黄葉林邊過，又向白頭人裏來。

園中刈蔬

饉歲菜苗稀，當令吾圃微。霜寒方薄擷，日暮未盈歸。饘粥聊相藉，齏鹽但不違。先師有餘樂，後輩良可依。

夜憶吴山人寺宿二首

今宵頓覺茅齋冷，古寺荒凉更若何？定是單衾眠不得，愁聽落葉打窗多。

雙樹蕭條獨掩扉，可堪燈火夜深微？此時歸夢不須作，幾客真從夢裏歸？

愚公園答諸公見訪二首

城隅結茅地，乃是愚公園。真水資苔井，假山借雉垣。草因無路長，樹以不材存。栖息除外想，土安仁亦敦。

又

天地始閉塞，園廬正荒凉。高車尚未覿，美酒還載將。嶺上雲多白,林間葉盡黄。不堪酬惠好,聊爾對斜陽。

答吴山人嘯庵

涉世一何淺,入林良已深。蕭條黄葉意,冷淡白雲心。歲歉猶釀酒,家貧未罷琴。惟應同病者,來此共幽沉。

抑亭公惠燕柳川莊之竹林,夜歸賦謝

巖扉谿館駐熊車,爲禮幽人向竹廬。下榻敢當徐孺後,開尊已過孟公初。夕陽嵐彩山增翠,落木泉聲谷轉虚。醉去不驚寒犬吠,村林燈火夜春餘。

酬龍嵎冬日招宴

劇郡一何暇,平理自雍容。嘉事洽樽俎,和聲倫鼓鐘。儒紳既延佇,野老亦過從。賓貌儼庠序,主儀肅夔龍。情深文益著,德茂禮逾恭。嚴吹生廣陌,晴暉散高舂。晤言歡未極,留款眷彌重。移席就蒼翠,傾壺竭醇醲。玉童歌宛轉,金燼粲玲瓏。磊磊霜下柏,亭亭雪餘松。當同君子操,顔好耐玄冬。

四、文谷漁嬉稿二十卷

文谷漁嬉稿卷一 辛酉(嘉靖四十年)

謝東府春宴二首

東第開春宴,先沾在野臣。和風隨喜氣,瑞日見豐神。設醴恩逾楚,謂楚元王。綜文義過陳。謂陳思王。會當滋福慶,欣睹應年新。

圖書燦東壁,賓客藹西園。姬聖温文萃,河王禮樂敦。玉杯香柏灩,金縷翠雲翻。要識千春樂,應看此日存。

人日咏懷一首

此日念吾生,徒慚大冶成。踐形衰未肖,繕性老奚明?窗北時高卧,墻東竟寡營。嘗爲抱關吏,蔑取棄繻名。忠信獨蒙毁,直方誰見貞?謂愚無一得,寄拙有餘情。靈貴争開歲,困蒙還守程。五窮揮不去,六極任相攖。綵勝將焉勝,清平自太平。若言人似我,庶類缺歡榮。

柳川翁自製天香玉兔燈巧奪天工，畫入神品，余喜而賦之

燈火上元時，君家特地奇。裁綃依月體，運轂象天儀。玉畫蟾宫兔，紅妝蕊殿枝。蘭膏一吐耀，流影遍庭帷。

中和堂燈宴作

今歲元宵宴，光華倍藹然。主賓無一缺，燈月有同圓。晬面宜春酒，明心不夜天。中和何處是？併在繡筵前。

二月十五日偶然作

三分春色古人云，今日平平兩半分。過去已看成幻化，未來猶恐作斜曛。雨中楊葉籠山氣，風裏桃花颭水紋。可縮游絲繫駒住，只憑啼鳥勸杯勤。

在原山竹林戲題

君家好翠竹，映廕碧溪邊。明月偏秋夜，清風滿夏天。有酒莫向此中飲，有枕莫向此中眠。若復沉酣更高卧，定成瀟灑竹林賢。

題《條巖圖》

碧樹雲爲葉，青山水作簾。俗中人不到，望想是條巖。

奉和小村郊園見贈三首

僻地稀三徑，離居絶四鄰。樹憐松竹舊，花笑槿葵新。山迴雲來少，階閒鳥下頻。坐深餘静定，良已愜沉淪。

北山看不足，西嶺望還青。夏木章章秀，春蘭葉葉馨。耽幽深作洞，結翠小爲亭。不是閉關者，隱居門自扃。

入山愁虎豹，卜築遂邊城。鷄犬墟中事，烟霞物外情。種桃看少好，集鳥聽嚶鳴。道侶如相問，留餐緑芋羹。

頃辱小村見咏荒園，輒已賡韻，仍專賦奉酬

面山無美宅，背郭有荒園。鷦羽易栖息，桂枝聊攀援。勞君白雲意，遺我清風言。税駕良已矣，世營非所存。

送陳公子歸浙應試

臨汾發英胄，鋭氣耿長虹。學以過庭正，文非沿俗工。賈生年最少，董子道兼隆。江省賢科待，天門廣路通。鳳來鳴盛日，鵬起趁遥風。丹桂榮之子，泥金喜若翁。太丘家自慶，定國閈宜崇。詎爽青雲的？腰懸明月弓。

首夏背郭園即事

結宇背城陰，聊無外物侵。形骸謝牽束，光景得窺臨。春事良已晚，樂生宜及今。幽蘭何馥郁，好鳥亦招尋。秀木清夏氣，輕飈澄夕襟。瑩心寒泉井，明眼北山岑。昭曠此中盡，冲閒揭來深。花前銜貫

酒，石上寫鳴琴。即是全野逸，誰爲嗟陸沉？

北愚草堂謝諸公過訪二首

故人念幽獨，載酒一相存。美話情當悦，深心迹不喧。雲峰開畫障，羅幌布空軒。離索還簪盍，拘方安可論？

徇此野人分，嘿然安我廬。覺心如夢後，定性似禪餘。雲裏多眠樹，日中纔飯蔬。足音誰不感？身世竟逃虚。《十七章經》云："樹下一宿，日中一飯。"

憂　旱

永夏抱孤緒，下帷坐復眠。省躬一何苦，蓄意乍若煎。爍石景逾燥，流金焰更然。已無彼黍事，孰有東菑田？瓜髮吾豈靳，風雲自爲愆。徒聞發棠日，未見煮粥烟。家食當屢乏，天災爲誰延？留侯善辟穀，不向飢人傳。

自立春至四月終旬始見微雨

終朝訟風伯，今日逢雨師。觸石且無寸，沾衣纔有絲。枯條希宿潤，燥壤覬含滋。儻遂成甘澍，薄田猶可爲。

北園有樹名沙棗焉，紺膚紫莖，銀葉金花，復有香氣，頗似木犀。首夏浹旬，遂已芬敷。余遠望而目恍，近攬而神忺。搦管記言，以徵創見云爾。時歲次辛酉

小園沙棗甚稀奇，銀葉金花壓滿枝。香似木犀開更早，清和時景正葳蕤。

奉壽楊溪兄六旬

世間甲子遞人生，一度相逢一眼明。算到十回才六伯，再加三轉是鏇鏗。知君壽域超千界，且喜天開第一程。花下玉罍須滿泛，南山詩句好同聲。

仲夏二日賞王孫園芍藥賦

老去看花倍惜花，藥欄千朵艷紅霞。綃紈撲取香無數，玉醴浮將色更嘉。菡萏鮮妍聊可並，荼蘼庵藹不須誇。搴芳欲贈人何許？目極瑶臺道路賒。

閒居五日

一春無雨不成春，微雨端陽較可人。芍藥開遲紅更好，菖蒲生早緑逾新。愁兵欲遣靈符避，怕老惟煩聖酒巡。爲報伯勞休擊聒，且留芳草伴閒身。

奉和柳川見咏背郭園之韻

退耕從所好，苟簡故隨緣。茅結觀書地，林開曬藥天。療飢瓶口粟，買醉杖頭錢。了此一生事，寧須二頃田？

咏小院榴花二首

珊瑚出水鏤成花，綴碧堆紅賽浣沙。潘岳閒居君是伴，何如僻在海西斜？

高齋一樹翠將紅，似向斜暉笑老翁。不見阿嬌還妒汝，茜裙脂口緑窗中。

送任學正歸田一首

儒官已自清如水，更托高林歸去清。地出華池供盥濯，天開繡嶺作檐楹。明農且喜饒秋事，課讀還欣滿夜聲。舊日社朋誰最厚？好傾桑落盡平生。

前題代葛陂作

清汾三載幸同簪，黄鳥芳蘭意氣深。三鱣欲看遷講席，一杯誰想動離襟？蒲津渺渺分長路，驪岳蒼蒼返舊林。石室《陰符》應獨玩，知君贘有白雲心。

見榴花落地而賦之二首

樹頭早起見開紅，一夜鋪階似錦叢。自是繁華要刊落，不須憎雨更嫌風。

雨散風回月上遲，夜深驚鳥動庭枝。卧聽葉葉相凌亂，知是石榴花落時。

閏月一日宴集，郡守諸公喜雨

十旬憂旱廢琴尊，一雨回枯始掃門。自奉郡侯成燕喜，非干野老事攀援。海榴似火催觴速，山鳥如簧賽樂繁。向夕長虹挂天外，欲將錦組繫歸軒。時輕雷送雨，俄而虹現。

送抑亭公入賀一首

昔日仙班玉佩臣，今還拜表賀昌辰。朱軒出宿鴻儀遠，紫禁趨朝鷺羽振。華祝誰先百官上，嵩呼親向九天伸。周南滯客空留歡，獨喜才賢遇聖人。

贈羽客崔樸庵南游二首

姑射山前是住居，白雲長自繞林廬。一從堯駕汾陽後，更有何人道接輿？

道人眉宇紫華芝，談吐風雲世莫知。今去江南勿惆悵，海中仙侶盡相期。

北園雨後會鄭平川

雨後荒園樹有陰，杖藜孤影静沉沉。不邀社會香山老，落盡碧桃誰賞心？

題抑亭公喜雨朝天圖

靈壇鶴立伫雲陰，俄頃真成大旱霖。愚叟石田還種却，誰人菑畝〔一〕不耕深？清塵故屬朝天路，瑞靄端孚獻壽心。徒旅亦皆歌召伯，黍苗膏雨正如今。

【校記】

〔一〕畝，底本漫漶不清，據萬曆本補。

山中喜洪方洲大參見訪，廿年之别，獲此良晤，有形斯咏，情溢乎辭

江蓋初傾日，汾驂嗣晤年。情文還麗密，寒暑自推遷。吾道知公在，浮生愧我延。山空無物贈，只有白雲然。

薄游無遠致，中返得深栖。風雨荒廬在，詩書廢簏携。猶勤長者轍，尚問愚公谿。誰謂斜陽裏，頽然獨杖藜？

哭西田少參二首

生從遼海去，死向薊門回。化鶴人誰見，藏〔一〕舟理自哀。危途邊

馬記，短晷隙駒催。繐帳香烟處〔二〕，魂招豈一來？

世人同委化，於子獨堪悲。衹道官如水，誰言命若絲？星看不老婺，雲想未登兒。舉目皆傷意，何能不涕垂？

【校記】

〔一〕藏，底本漫漶不清，據萬曆本補。

〔二〕烟處，底本漫漶不清，據萬曆本補。

齋居早秋一首

爽氣生庭樹，真成一葉秋。新凉從此得，殘暑黯然收。佩我蘭方秀，餐餘菊已抽。不知楚客意，何以獨多愁？

和小村玉泉寺游眺一首

北山事幽討，言得古招提。樹似祇園長，峰如鷲嶺低。雲中窺雪竇，霞表陟丹梯。望望金仙路，皈心正向西。

秋日送康節判于役河東

惠風嘉藻襲人裾，道論時時重起予。室裏芝蘭香自信，世間萍梗味何如？雲開野水清平後，木落寒山紫翠初。策馬此時雖暫別，可能分手不踟躕？

秋晚山莊即事一首

秋深田圃畢吾勤，寒意蕭條對野曛。下坂牛羊渾適性，傍人鷄犬不離群。林間樹色飛黄葉，窗裏山容逗白雲。春黍作醪看漸熟，太和真味滿氤氲。

辛酉九日草堂菊宴，社中諸公偕集，雲溪首倡斯韻

莫向蕭晨歎歲闌，社中無事可悲酸。黄花爲我明霜節，紅葉從他墮露寒。潦倒獨傾陶令酒，欹斜誰整孟公冠？詩人釋子還同調，携手柴籬盡日看。

九日菊宴再用張雲溪韻

萬木蕭蕭秋序闌，獨憐幽菊侣窮酸。深叢露湛千山夕，密朵霜披九日寒。折翠欲將更芰服，分黄争好插雲冠。柴桑風景依稀在，邀取同心一醉看。

九月十五日邀康蒙泉節判，許葛陂、楊前源、高雲峰廣文對菊二首

重陽未共菊花杯，移日還期笑口開。莫道登臨佳節過，寒芳猶自繞亭臺。

掇英泛酒向誰同？别駕廣文三四公。可是暮心能共契？變衰時景醉顔紅。

小堂盆菊闌殘，賓僚罷賞，當復埋根圃中。雲溪翁携酒賦詩，倡曰“餞菊歸籬，此事自古及今無道之者。但欣榮棄悴，未如霜露何耳”。余喜翁創意之高，輒附和二首

世情都賞菊花開，及至花殘那復來？收拾靈根歸舊圃，參承化母育群才。冷雲堆裏題詩餞，落木籬邊送酒陪。自古無人發斯興，殷勤只有渭城杯。

窮秋復得笑顔開，却喜幽人餞菊來。爲愛物生還返本，真成吾意獨憐才。傾壺擬作長亭送，策杖親將老圃陪。一段惜花情不淺，明年花好合同杯。

九月廿一日石村揮使置酒小園宴集龍嵎太守、清泉别駕、蒙泉節判、西瀛憲使、柳川宗尉、葛陂長史。適初雪載零，柳川倡爲五言，群公咸和。山人亦擬作一章

白雪滿高宴，宵光重迂回。方爲梁苑集，更逐郢歌來。瑞是同雲表，清如皓月開。此中心賞别，觀者曷能猜？

廿二日葛陂復邀對雪，仍用前韻

文裾饒雪興，大笑剡舟回。席藉瑶華展，人邀玉樹來。歲寒將意勝，野老亦顔開。不是希名飲，應無世俗猜。

九月廿六日龍嵎館對雪

秋杪三回與雪筵，瑞花紛自繞庭前。人心共喜豐年兆，天意遥符刺史賢。漏永蘭膏明不夜，杯深瓊醴醉皆仙。蹇余只好牛衣卧，一荷招携一惘然。

奉和小村秋日游顯慶之作

王子蕭齋寄興長，愛渠秋壑滿林霜。高僧頂禮争迎飯，童子知名競爇香。翰墨每留題曲几，威儀時整借方床。余家火宅心煩燥，聞説清緣内已凉。

春江行

兑峰將軍向余道，監胄王子春江賢。家當故國三賢里，門對青溪萬谷泉。有才能作《靈光賦》，有學能擬《春臺》篇。有志排雲叫閶闔，有心掞藻希卿淵。遭時不肯屈人下，用賓早著觀光鞭。明堂大樂見韶濩，辟雍五禮親周旋。歸來寶劍挂東壁，萬箱收取大陵田。乘春慣策五花馬，好客不惜沽酒錢。兑峰帝子金枝秀，與君結好忘形年。時節問遺喜有慶，德音不爽情兼全。今日春江開壽宴，兑峰躍馬如飛仙。金錯剖鱗呈席上，銀潢傾酒到樽前。欲唱南山萬年曲，酒酣舌掉不能宣。但剪蕭湘烟一幅，强余書此爲君傳。

九月廿八日東谷樓燕集

林間景宴雪消餘，滿眼清輝畫弗如。好客肯邀登閣望，留歡不遺笑尊虚。烟嵐淡抹青山郭,霜葉紅停翠幰車。又是昔年經過處,可堪回首重躊躇?

山中送趙陽溪之任江都

拂林瑶雪灑清塵,仙尹開程氣色新。海上飛鳧雙舄迴,山中勸酒一杯頻。古堤楊柳依來駕,東閣梅花應賞辰。寄語淮南人吏看,風光别是廣陵春。

奉和柳川與湛上人圍爐之作

寒風一夜起威稜,吹入林窗第幾層?貰酒未遑邀社客,烹茶且喜會巖僧。黄金地上流空葉,白玉壺中徹底冰。何是侯門好清净,想應三世佛身曾。

題龍嵎太守入覲卷

雙旌五馬再朝天,六載真成太守賢。高誼欲看惟晉岳,深仁何許是汾川。雪消疏柳紅亭外,日近長楊紫殿前。上第定當留密勿,可堪父老望車旋?

文谷漁嬉稿卷二　壬戌(嘉靖四十一年)

題楊司訓青氈獨坐圖

一寒獨坐廣文氈,多士同聲夫子賢。弦誦不愆周禮後,浴風如在魯城邊。超群野鶴非時調,徹底冰壺是道緣。閒向春風問消息,杏壇花發幾枝先?

壽田柏冬

憶昔紅顔美少年,筆花成彩氣凌烟。斗牛時許龍光射,姓字曾將虎榜懸。結綬不辭爲邑宰,抽簪還擬學神仙。青春半百何堪壽,壺裏丹砂萬載延。

奉謝慶國春燕喜雪一首

王國今年春到先,瑞霙釀出滿瓊筵。分飛晉野農皆發,點染梁園客共妍。花萼梅開龍笛裏,簪裾玉戛雁池邊。腐儒尚有觀書興,欲借清光向草玄。

元夕集西谷館燈宴，復移柳川館觀所畫窗燈，蒙各分賜小兒叙事二首

上元燈火足繁華，最是西園帝子家。匝樹銀蕤噴翠霧，重輪金燼焰紅霞。烟宮地縮蓬壺渺，月席杯傾珠斗斜。别館春情饒翰墨，鶴松魚藻畫窗紗。

正元三五鬪韶華，誰勝金昆玉友家？延客綺羅同坐月，徹宵燈火上蒸霞。寶華如雨千枝散，仙樂凌風一派斜。野老携童善嬉戲，當筵乞取絳籠紗。

正月廿日小堂春宴

絲繩玉壺春酒香，嘉客奉延嬉滿堂。蹀躞千金響驪騄，繽紛三組輝銀黄。歌雲促酌冰弦急，舞雪留歡羅袖長。宵漏滴殘都莫問，蘭膏吐焰華燈光。

送湛師歸臺山

與君半載結鷗盟，説道無情却有情。正好簞瓢同陋巷，可堪杖屨别春城？香臺古寺侵雲冷，嵐嶺高林帶雪清。弟子逢迎定相問，齋糧幾許濟群生？

送楊司訓東還

一官文行中無愧，命合栖遲豈怨嗟？生計且將田種石，世情其奈粥摶沙？榮期帶索寬如許，顔子簞瓢樂未涯。知是先生會心處，蕭

然環堵足烟霞。

送蕭清泉别駕南還

歸去田園及蚤春，可能沽酒會親鄰？二年飲水囊如洗，萬里凌霄翮未伸。奉母課兒非俗務，耕雲釣月是天真。茫茫世態君須驗，獨有青山不笑貧。

前題代許葛陂作

當官三事君無玷，去國一朝人共憐。任淺未能饒廪餼，途長應苦滯風烟。離懷春草難分袂，歸計晴林好種田。只恐奚囊蕭索甚，兒孫休問買山錢。

春日壽東莊宗正

寶善如金玉，愛賢似芝蘭。家傳磐石固，國與泰山安。禄坐千鍾享，珍充九鼎餐。瑶笙聽吹鳳，紈扇看乘鸞。曲度霓裳舞，歌移渌水彈。桃花紅欲染，楊柳碧成攢。向此留春住，當爲萬載歡。

送卞知事署汾事竣還省

會逢嘉客本無期，顧步柴門却有時。求友高深黄鳥解，惠民幽隱白雲知。春風正擬頻揮麈〔一〕，芳草那堪更唱驪？臨水送歸君不見，隔烟楊柳亂成絲。

【校記】

〔一〕麈，底本漫漶不清，據康熙《汾陽縣志》卷八《藝文下》補。

贈張龍嵎太守入覲榮旋一首

春日朝回守舊疆，萬家烟景襲餘光。桃花細雨隨車下，蘭葉香風引綬長。再見王君馳蜀道，重逢寇老借河陽。依然美稷兒童輩，竹馬紛紜迓路傍。

三月七日壽小溪殿下作

聖朝宗祀日光輝，帝子文華耀紫微。獻壽觥籌交海運，承歡花鳥雜霞飛。盟來磐石天長厚，分到桐珪命永祈。謾説東平賢漢室，賢藩今更有聲威。

新理小園承西谷諸公見枉酌言謝之一首

荒園無結構，春暮始爲之。疊石臺依樹，編茅室近池。瑩心清湛澹，止影緑參差。未必居成隱，高軒共賞期。

三月十九日壽西谷翁

自歸頻得款光儀，八度親持獻壽巵。桃李年年讓顔色，松筠歲歲與心期。求仙碧海何須藥？頌德南山故有詩。仍欲野人身似鶴，千回翔舞降申時。

題周氏五老圖

象先呈秘，五老受符。經持玉軸，緯運鴻樞。穆沕在御，熙矄以驅。四序遵軌，群有順塗。弗宰而茂，因應而虛。長永貞固，敦大博舒。後無畢竟，前靡厥初。壽考曷算，康樂豈渝？遐契之者，上德之徒。

送西瀛丈北上

橋頭緑水泛離巵，谷口青山擁畫旗。喜向帝城千里道，愁分鄉柳萬條絲。豫章材大遥難識，宣室恩新近始知。不似愚公作溝斷，終無寸補報明時。

春日樂壽園即事一首

莫笑山人缺世資，山中却有好風期。雲來常繞觀書屋，花落多黏鑒月帷。南畝婆娑桑緑處，東籬潦倒菊黄時。幽栖未必無同調，桀溺陶潛是我師。

春日樂壽園晏坐一首

才不通時性寡營，灌園聊復遣餘生。百年鼎鼎知誰是，十畝閒閒較獨成。鳥趁花飛忘去住，雲隨山吐作陰晴。揚巾掃石臨流坐，一笑嗒然歌水清。

山居一首

何處居塵不著塵，白雲空谷有幽人。編籬插槿將紅藥，泛水浮槎採緑蘋。坐嘯獨閒三徑事，行歌且喜百年身。分明擊壤陶唐世，莫擬桃源是避秦。

壬戌五日宴柳川園賦

身向西河老，情猶楚客深。感懷驚節序，承賞及光陰。香起芳華沐，朋邀翰墨臨。紅裙石榴讓，緑酒玉壺斟。永日歡成極，薰風醉欲沉。詎徒全四美，良是有同心。茂苑修文地，清池養道林。復能延妙趣，奚止滌煩襟？

和謝龍嵎太守見題小園爲“樂壽松之亭”，爲“伴鶴梧之所”，爲“棲鳳”一首

丘園一賁陋迴研，風景依稀小洞天。梧佇鳳鳴傾曉日，松間鶴舞伴長年。邊林汲井心無累，入室團蒲意豈遷？敢向師門論仁智，只將樗散學神仙。

仲夏八日慶雲莊喜雨

不怕驕陽旱薄田，只愁霖雨缺堯天。已看夏氣流金半，纔見朝雲觸石先。一灑歡顔群品動，再回生意幾分全。儘教野老迎神賽，好翦園葵辦社錢。

奉和小溪閒居一首

烟雨朝來散緑陂，晴林别館互標奇。文霞猗犯流高棟，修竹檀欒夾小池。懶草東阿《洛神賦》，愛吟西母穆王詩。應知濁路奔忙日，正是清都静樂時。

賀許教授膺奬用韻

曳裾高誼並枚鄒，贏得褒賢禮數優。導善國風成最樂，除奸邦典伐先謀。黄堂束帛敷文盛，朱邸摐金播德休。復有橋門聽觀者，歡聲齊逐彩雲流。

壽西巖翁

芍藥綺階槐幔窗，蘭堂鏗鞫金鼓撞。鶴客遥分靈壽杖，鸞姬亂開春酒缸。硬肉滿盤啖俱盡，蒸桃如斗食能雙。世間老叟莫誇健，若見此翁都退降。

贈别張龍嵎一首

方將行理濟時康，何事懷歸促曉裝？清似冰壺寒徹底，惠如温谷暖生傍。攀轅更欲三年住，别路那堪萬里長？寄語鶴籠山客道，退耕人是古賢良。

題張龍嵎送別卷二首

功成身退好,遺愛自堪傳。任久才逾練,官貧操益堅。純心尊五美,亮潔映三賢。俗吏無公是,誰將此道詮?

十年行役者,無日不思歸。得返王陽旆,應伸萊子衣。瀾滄印江閣,蒙樂罨山扉。總是怡真處,浮名信可揮。

代許葛陂送張龍嵎南還一首

惠風終日被寒氈,不覺深仁積五年。治郡恩威如召父,傳經學術似韋賢。只言吾道常堅白,誰料浮名有變遷?悵別詎堪南去遠,雙旌摇曳我心懸。

送徐洛川北上一首

緑槐夾道柳依城,仙令驅車向北行。酌別厭看人乍遠,衝炎欣見雨初晴。舊來邊節冰霜苦,今去朝聲星斗横。佇聽鸞栖復何處,翻飛應好到承明。

伏日蘭雪齋睡起忽憶柳川翁別業

睡起覺齋空,佳人獨未同。遐心閒谷口,清景落谿東。過雨留山黛,殘陽閃樹紅。應知納涼處,不遠北窗中。

避暑小堂漫句同劉生

伏日既熾，苦彼炎埃。與我友生，逍遥徘徊。于堂之中，于樹之隈。八窗齊啓，重户洞開。席地而坐，岸幘以陪。有瓜有李，是盤是杯。指揮玉麈，環轉金罍。囂雜不入，間以談詼。邪熱内斷，清吹遠來。如濯如振，匪池匪臺。得一之清，衆甫允該。純氣在守，孰予違哉？

承小村《牧雲洞》及《谷中立秋》之作，輒依韻各賦一首

牧雲洞夏日

静中添得日頭長，洞口微風花氣香。却笑熱行多褦襶，不知雲館較清凉。

谷中立秋

秋光纔轉梧桐上，高興憐君逐景賒。賦就白雲詞絢彩，池臨玄水筆生花。故人衰甚能懷寄，空谷凉新好静嘉。星火迅馳誰不念，蹇予愁縷獨如麻。

七夕六言二首

星彩盈盈銀漢，月華穆穆金波。佳期天上還有，空老人間奈何？

鵲渚雙星會處，蟬枝一葉飄時。不憤香筵乞巧，生憎團扇含悲。

《橘泉圖》贈陳醫士

區中有一士,被褐守清緣。道闡神農術,方窮《本草》編。活人心不二,市藥價無偏。病屨盈門側,酬尊滿席前。庭餘孤白鶴,囊剩幾青錢。橘樹垂霜實,銀床引玉泉。將同種杏老,欲比茹芝仙。髣髴成圖畫,要令識者傳。

七月十四日壽柳川六十

君向蓬山壽域開,我持瑶水白雲杯。還同瑞鹿銜花至,欲比祥鸞授籙來。修竹晴林瞻有斐,香蓮旭沼羡無埃。應知不老惟清净,一任寰區甲子催。

七月十七日壽小村

北翁之後復賢君,儒雅風流自不群。染翰盡玄池内水,觀書時秘枕中文。謝家樓榻多明月,陶老山居滿白雲。今向華辰復何祝?只延此景到無垠。

對梧桐作

梧桐朝影肅庭芬,還轉西窗映夕曛。總是碧天秋一段,送歸山侶到閒雲。

聞暮砧作

秋間月色凉如水，亂杵調砧向空起。恨不流風萬里長，將生吹入征人耳。

奉謝次山公按節汾陽見訪一首

明代栖遲百不逢，威儀今喜見康公。澄清汾水蒹葭日，采訪虞墟蟋蟀風。幽谷我猶勞問訊，窮檐誰不荷帡幪？應知鴻渚攀轅意，只恐熊軒遽邁東。

賤日承裕庵昆玉携酌見枉，率爾賦酬，用來篇新字

五十八回犬馬辰，頭毛贏得皓如銀。不嫌衰賤獨明月，肯訪荒凉惟故人。碧樹森庭撩意趣，彩雲籠席焕心神。荷君瑶華乏瓊報，秋色笑顔期永新。

奉答趙陽谿自江都見寄壽意一首

故人在江縣，憶我於汾隅。江汾幾千里，迹迥神不殊。箋綵致雲翼，芳辭若瓊敷。殷勤玉笈意，款曲金箱圖。野老自多暇，巖栖無一娱。灌園非寄傲，學周賤爲儒。道在聞猶後，時違歲屢逾。衰顔怯朝鏡，凉景愛秋蕪。望美廣陵郡，風舟隔蓬壺。臨觴豈歡緒，倚檻方煩紆。適此慰離寂，何能附雙鳧？

題柳川新開道場，八月廿六日作

前生慣習開山住，今世逢山故喜開。曲曲亂穿如玉洞，層層高起似花臺。窗含石樹齊巖末，門枕瓜田接澗隈。怪底林間帶仙氣，野雲堆裏即蓬萊。

雨夕懷林虛溪學正二首，八月廿四日

微雨澹秋烟，端居感易偏。抱冲餘獨緒，望美隔清緣。樹暝槐壇緑，燈明草閣玄。應知不成寐，默眇憶閫天。

門人散今雨，夫子定閒居。秋色滿芸閣，文華似石渠。下帷董公後，掩卷伏生餘。誰道官成冷，水壺湛玉虛。

秋堂夜雨

今夕一天雨，蕭條滿空堂。庭葉委如積，游氛生遠涼。耿自悵孤燭，同心適來翔。斗酒命歡叙，清言夜未央。東濕還煮茗，迹簡意彌長。秋氣轉可愛，誰復含悲傷？猶期待晴旦，續賞寒籬芳。

九日呈次山憲使

野老悲秋秋正深，使君佳節肯招尋。城隅曲徑朱旗繞，山下東籬畫戟臨。菊朶聊將浮緑醑，萸枝兼取奉華簪。夕嵐霞綺仍相媚，欲啓高天秀句吟。

九月十日慶成館菊宴呈次山憲使

屈指還山已八霜,多成風雨禁重陽。今年好景逢佳客,是日高臺得舉觴。帝子續開黄菊宴,仙人留佩紫萸囊。分明勝似陶彭澤,悶把寒英坐宅傍。

奉和次山公寄拙園惠音

褰帷問閭里,移榼款山扉。仁恩遍惸庶,禮意達幽微。是時霜始降,百卉成具腓。蕭條野無緑,羽書如月飛。方當肅明憲,兼復理戎機。奈何憂勤日,慈惠益蕤葳?迂庸屬溝斷,雕飾與時違。猶荷丘園寵,自慚人則非。寥寥碧天曠,皛皛華日暉。清光覿眉宇,仰止獲因依。還聆郢中唱,獨傷和者稀。籬菊欣可泛,愁送高鴻歸。

贈别次山憲使還鎮

汾陽按節盛威明,潞子旋車愴别情。伏虎盡教潛北渡,防胡無復敢南征。素波簫鼓中流送,紫嶺風雲夾道迎。望美可堪徒極目,建牙高岳與天平。

寄和杭州張南屏侍史

美人家在二峰前,寄我江雲日暮篇。伐木意涯超海闊,開緘眉宇覿芝鮮。緑蓑明代溪邊老,白簡清朝柱下賢。籬鶂欲從飛不去,遥心空繞玉松泉。

雨日承虛溪學正及雲峰、鳳山二司訓文燕，即席奉酬

累日沾清燕，方知飽德深。事當聞俎豆，道乃盍朋簪。入室渾書府，升堂總藝林。先生饌誠盛，樂處還可尋。

醉起雪中口號

一杯何許寄情深，早已交疏白髮侵。叔夜玉山曾潦倒，季倫金谷久消沉。支離世上形無累，傴僂林間道自任。纔日晝眠才是醉，不知朝雪滿庭陰。

和小村游禪咏雪之韻

説法天花墜，縈空復滿壇。似鹽厨欲借，如粒鳥欣攢。幻質應須化，浮生那不殘？惟當玉毫裏，認取一光寒。

壬戌除夕四首

掃壁糊窗帖勝餘，爇香煮茗坐吾廬。從頭點檢一年事，冷暖陰晴過隙駒。

老景蹉跎又除夕，了無功果在林間。形如懶衲人應笑，偷取韶光特地閒。

守歲今年勝昔年，笑看兒女共燈前。女能刺繡兒能讀，便覺春光似火然。

徘徊臘盡候春來，整點椒盤柏葉杯。欲向正元歌介壽，太和醺得好顔開。

文谷漁嬉稿卷三 癸亥（嘉靖四十二年）

元日寫懷一首

白髮催年又一回，何方醫得老懷開？情文綺靡閒詩卷，閭里浮沉濁酒杯。海燕漸當乘社至，江鴻早已踏春來。胡床玉笛休輕弄，怕送東風灑落梅。

西谷館燈宴一首

野老還將春令乘，年年來賞上元燈。香燃絳蠟丹霞擁，光薄銀花寶樹騰。陽焰崢嶸殘雪後，瑞烟縹緲淡雲層。仙家淑景宜長玩，欲把浮生繫玉繩。

文室盆梅始開漫興二首

盆裏江梅開向春，馥然香氣惹衣巾。東園桃李雖饒笑，未必孤清會我神。

階下寒蕪猶自荒，門前凍柳未抽黄。不知春色緣何事，先著孤山數朵香？

新雨田家

老農春早向西疇，磽确初開宿莽收。霈灑適來甘似露，沾濡真比貴如油。杏花村裏紅偏映，楊柳橋邊緑正浮。□是太平登歲事，不□豚酒祝甌窶。

閒齋對雨作

小雨閒庭春正中，杏花含萼草抽茸。細看紅碧生香意，却恐丹青畫不工。

贈趙二尹之任絳縣

攝幕汾人俱服義，栖鸞孝里盡懷仁。官微一命心無負，才屈三年道已伸。絳館哦松新暇日，清風偃草舊行春。唐堯山水依然在，民俗今看賴爾淳。

題軒下碧桃一首

紅梅開罷碧桃開，春色分明到草萊。俗客不知天浩大，只言幽隱是寒灰。

和裕庵雨後村居之作

雨餘烟水緑浮川，渺與青山互接連。芝閣平臨楊葉裏，槿籬斜繞杏花邊。香風送酒芳菲地，遲日留人澹蕩天。信是春林多自在，醉來從枕白雲眠。

和裕庵端居寫懷之作

高人仿佛嵇中散，俗事眼前無一歡。厭濁日將山术餌，耽玄時取道書觀。愛覘泉脈携笻杖，懶整朝簪戴鶡冠。蘭雪尚難争氣象，世間何物可能干？

春日愚公園一首

園涉自成趣，春風還起予。已妝花覆砌，更染柳含渠。翠逐鶯聲滿，紅翻蝶勢虚。厨中况有酒，不樂今何如？

春晚背郭園賦

巧智無能拙有餘，田園春晚獨躊躇。新醅未出酬花下，寒食仍過禁火初。細雨齋空衣尚厚，斜陽門掩榻常虚。蕭條不耐閒如許，欲學安仁賦所居。

神女詞二首

神女姣麗，陽臺之下。霧縠徐步，霓裳屢舞。朝行爲雲，暮行爲雨。忽而霽兮，草木莽莽。

艷逸洛妃，于洛之浦。游龍蟺蜒，驚鴻揚詡。左采明珠，右拾翠羽。忽而逝兮，不知何許。

與野老酌花下二首

老去光陰倍惜之，恬風香雨看花時。只愁花片沾庭砌，故悦鶯兒勸酒卮。

野老扶筇向藥欄，一壺留賞惜春殘。斜陽潦倒不歸去，更折紅香醉裏看。

舊認串條紅爲碧桃，近得真品，始覺前誤，因喜而賦之

碧桃原别種，錯認串條紅。仙苑新移植，山除第養蒙。妍姿香露潤，艷質暖烟烘。似有花神助，春深更不同。

莫春閒齋作

春草遮徑合，門無車馬喧。青錢榆上挂，白雪梨邊翻。沽酒應難遂，彈琴差可援。勿云虛薄甚，聊寄賞心存。

雨中栽菊一首

結根霜雪裏，分種夏春交。生意芽抽葉，化機莖奮梢。油雲應時育，靈澍解畦磽。節晚定須就，幽人在衡茅。

聽鳥林間悵然感懷一首

清和嬌鳥趁芳林，杏翠霏紅流好音。丘壑此中堪眺聽，烟霞何

處有招尋？周公《伐木》希同調，陶令《停雲》寄遠心。獨酌東軒予不豫，悵然還撫没弦琴。

卧病高齋作

口燥唇乾燕笑餘，由來悲樂有乘除。匡床自合維摩卧，閉户誰憐楊子居？茂樹陰籠高閣静，落花香趁小堂虚。却慚詩思依然在，時復浮雲共卷舒。

四月八日背郭園宴集諸友生，夕雨時至，挑燈夜留一首

夏氣始可愛，清風扇幽園。扶疏嘉樹列，鮮美落英繁。黄鳥咬窗前，華蟲雊隴上。有情皆命儔，孰誼不相向？掃徑集蘭友，披襟坐竹林。盤蔬無世味，壺醑不時斟。既醉延永日，還歌樂當年。行休吾已爾，賞會誰復然？密雨解留人，紛絲縶歸騎。方將秉燭游，達曙娱心意。

酬裕庵四月八日宴集桐竹山房對雨之作用韻

短垣垂緑徑堆紅，高閣褰帷招遠風。竹杖肯尋山郭外，桐花相對井欄東。不緣空谷無人問，應是天台有路通。坐愛清和變芳潤，夕嵐疏雨白雲中。

高西泉行年六十，詩以侑觴，時癸亥四月十日

三十年間莫逆交，酒杯無日不嘐嘐。近來形迹多疏曠，可是心

情竟擲抛？我與鷗盟嬉海岸，君如鴻侶住雲巢。却憐初度貧無宴，合訪仙人去煉茅。

林間宴坐偶書

茅堂廕緑夏行深，宴坐蕭條便隱心。出嶺白雲褰道服，當窗寒井瑩空林。扉扃或有高僧扣，徑寂應多細草侵。近愛净名居士傳，一編時啓向桐陰。

題下知事《萱花榮茂》卷

遥思白雲舍，一獻紫霞觴。壽祝南山永，心隨愛日長。淮王鴻寶地，晉使豸冠郎。望美堂中樹，花深玄圃芳。

題下知事《風木余悲》卷

由來風木意，偏感薄游人。祇役憐之子，孤生念所親。不聞歌處樂，詎美食前珍？誰道《南陔》廢，皋魚迹已陳。

夏日與友生飲花下

榴火朝來焰，槐風午復清。披襟意已曠，入坐眼逾明。猶恐丹蕤歇，兼將緑謈傾。因之命觴具，于以招友生。

送林先生赴省修志一首

晉乘闕無詮次久，編摩今喜屬才賢。三長自覺雕蟲陋，六善誰知司馬玄？花發杏壇明彩筆，草深芸館拂青氈。河汾弟子多歸向，挾策尋師到講筵。

客有賣花而過小園者，余愛而買之，輒已罄囊，正釋氏所謂障也，乃作此自嘲

租錢那作買花錢，一種能輪數畝田。乞食舊緣渾忘却，捏華新障苦纏綿。豈無非樹千紅藹，更有真香百和燃。笑殺支公愛巖選，讓他洗耳棄瓢賢。

夏日端居有懷南宫第二首

永日心不怡，端居還自持。豈無千金劍，亦有白玉卮。鴻羽分飛處，棣華連理時。相思杳難制，極目夏雲滋。

獨緒感芳物，携笻時一臨。華光明静院，香氣襲幽襟。原響玄鴒急，池生緑草深。不知惠連處，亦有悵離心。

贈别雲樓畫史

我愛高平老畫師，形如野鶴鬢如絲。司空宅裏題書送，招隱園中下榻期。適意丹青存古淡，隨緣冷暖識時宜。飄蓬更欲浮淮去，舊友相逢是阿誰？

賦得幽人在空谷

幽人在空谷，如鶴處寒松。頂有丹砂鍊，翎皆白雲鎔。遠心超海運，絶響徹霄重。仙路原無極，雕軒安可籠？

齋居憶大輝上人

不見高僧久,跏趺何處邊?火雲燒世界,甘露灑心田。獨轉蓮花梵,誰參柏樹禪?老懷逾寂寞,將共爾隨緣。

和裕庵落日登樓之作

憐居傑閣滿篇詩,落日危欄獨倚時。黛色層峰屏裏看,金光曲沼鏡中窺。僧鐘杳逐鴉群度,牧笛橫歸牛背騎。賞會盡成吾土趣,仲宣應作旅人悲。

覽鏡戲題

清晨鏡裏忽驚魂,芳樹窗前未敢論。學養丹砂瘝薄命,思覃玄草落空言。頭毛短脱稀疏甚,面色衰殘皯皺繁。聞道利名能速老,不應顛倒著丘園。

偶書背郭園壁

高城直北,小閣偏東。百花香裏,萬木陰中。蕭然茅屋,兀爾愚公。不怨遺佚,不憫阨窮。飢食渴飲,朝屯暮蒙。禽魚自適,葵藿以充。時人稀偶,世事闕通。書劍無用,身名可空。雖慚介石,差愈轉蓬。階前芍藥,井上梧桐。竹柏雙挺,蘭菊交叢。物而不累,神焉有融。徘徊容與,庶其古風。

寄贈張半山二首，半山善草書，又久不拜官

青雲世胄樂清真，時向山中作隱淪。望美若人誰得似？右軍瀟灑在風塵。

華宗草聖自張芝，後代流傳孰可追？今日羨君還獨步，滿庭池水墨淋漓。

在柳川山莊作

識破迷途有變通，初衣來訪祝鷄翁。到園瑶草連畦碧，入室銀砂滿鼎紅。山色晴流窗樹裏，泉香細出洞雲中。逃名結社君須信，非復吴江舊阿蒙。

林間早秋即事一首

秋光起庭際，流向碧烟窗。烟從何處碧，翠柏夾庭雙。復有竹間緑，鳳下與龍降。二物禀天粹，貞標凌石幢。結頂概金氣，托根瀠玉淙。相蕩吐靈秀，華景印澄江。對此悦清曠，炎埃盡椎控。徘徊上涼月，瑶采奪蘭缸。泠然谷神嘯，劃若余鼓摐。微生本耽寂，首路謬爲邦。歲晏始栖托，鴻林在崆峣。雖非鹿門隱，願學襄陽龐。

題庭前黄蜀葵

鳳瓜移爲葉，蛾黄帖作花。傾心向何處？留滯野人家。

題剪春羅花

絳羅時一剪，争看若耶春。艷色由來重，應知閨裏人。

古　意

楊花飛罷蘆花飛，溪上老人愁落暉。無奈蘆花秋色里，楊花端是送春歸。

壽小村作，時七月十九日

轉眼秋光又漸臻，凉雲鋪水白鱗鱗。筵開金鏡千年會，客擁銀潢一派人。滿座清浮仙氣象，南山翠合玉精神。愚生亦有銜花分，青雀西隨向此辰。

生日承西谷諸公惠宴，即席賦酬一首

清時早還誠達機，初度年年觴翠微。桂宇凉飄天上馥，蘭筵秋引日斜暉。長歌喜聽瑶池曲，緩舞争看金縷衣。幸是列仙扶野老，敢辭酩酊踏雲歸。

和西瀛年丈中秋見壽之作一首

世間何許是良辰，月裏中秋觴故人。念昔獨驚千里别，憐今同感二毛新。夢回烏鵲南飛夜，看破桃花東去春。只有杜康能却老，賴君呼取玉杯頻。

酬吴一川太守中秋雨中見枉宴集之作一首

小宴期華月，高天隔暮雲。清光還照我，明德自承君。濁酒呼廬勸，枯魚束濕焚。應知憐野老，不擬愬杯勤。

和一川太守中秋雨中行祀馬跑泉祠一首

聞道隨車雨，相將出谷雲。褰帷觀野俗，露冕見仁君。樹引雙旌濕，香迎夾路焚。川祇[一]方望幸，時享復精勤。

【校記】

〔一〕祇，乾隆《汾州府志》卷三十三、《汾陽縣志》卷十四作“原”。

生日寄答南宫弟見壽之作一首用來韻

山林多暇日，犬馬復餘年。展我中秋宴，傳君上壽篇。氣同連碧樹，心遠共長川。今夜雙鴻影，遥天一鏡懸。

題馮師河底山莊一首

界取青山一曲深，傍巖隨水結高林。雲間洞館流霞氣，樹裏池亭散竹陰。舊卷不忘携討論，幽人每許到招尋。聖朝亦有冥栖士，不向金門歎陸沉。

壽平陽劉進士母氏七十一首

積善門庭慶自隆,北堂真喜福攸同。華辰坐歷堯年永,壽酒持添舜岳崇。寶馬蘭孫姿若玉,青雲桂子氣如虹。相將戲綵慈顔下,不減西王鸞鶴叢。

送霍思齋侍郎之留都

上公清德重鄉評,敭歷真蜚朝野聲。按節三河川后順,提兵兩鎮虜魂驚。徵輪特藉司農計,留守還咨副相行。遥想金陵迓仙鷁,大江秋水貼天明。

秋日蘭竹館偶書

仕路不得意,歸園頗自寬。賴存三徑竹,復藝九畹蘭。竹以清風扇,蘭將香露溥。已便無世味,獨感歲華殘。

中秋無月用小村韻一首

我向西樓候月圓,夜深舉手問遥天。揚輝正好行時令,埋采何如遁世賢。庭葉珠沉風裏露,池波金散雨餘烟。冰壺欲貯無消息,獨有寒砧到耳邊。

再用蒙字奉懷柳川翁一首

谷口秋林葉漸空，栖遲誰識卧雲翁？澄潭積水摇天白，散綺餘霞帶日紅。龍性却馴蓮社裏，鶴形偏趁羽人中。何時杖策來齊物，一叩南華爲啓蒙。

小園籬菊始開，裕庵便携酒見賞，漫此叙酬

籬花纔吐清秋色，便得幽人共賞之。可是同心憐晚節，故教三徑有佳期。隨緣鷄黍慚無厚，適意壺觴醉豈辭？野老近來知盡興，不堪衰柳鬢如絲。

今年園植盡爲風雹所摧，獨籬下之叢不減郁馥。霜辰玩之，率爾成句

苦雨酸風作祟餘，短籬荒圃尚扶疏。金英擢秀看還勝，玉朵聯芳畫不如。白帝似教陪處士，青神應遣照幽居。一杯佳色誰能負？儘與南山共翠虚。

自笑一首

人言拙老固相隨，體向吾身信有之。藝黍石田逢雹打，種蔬鹵壤著霜披。奸饞僮僕如油滑，頑鈍妻孥似馬疲。自笑瘸僧能説法，不能行矣但支頤。

奉酬西瀛翁見賞園菊之作，用來韻

徑荒松冷菊猶花，妝點空林處士家。秀色不妨名酒對，幽香能取使君誇。車亭坐愛吟斜日，杖倚行看弄采霞。豈道寂居無勝事，歲寒心賞興逾賒。

和柳川巖洞之作

深巖卜築樹新栽，非復他年舊草萊。洞裏勝藏燒藥竈，林間高起讀書臺。白雲滿眼將誰贈？明月同心自我開。俗客欲尋應不到，丹丘惟見羽人來。

送次山劉公南還

滿眼風霜屬歲闌，傷心岐路結愁端。文章東觀璵璠美，法象西臺星斗寒。兩郡分符同吏治，五州開府盡民安。賢聲獨不聞霄漢，可是天門四達難？

冬日入室

兩儀閉塞群彙藏，不走岐路嗟亡羊。襏襫挂檐遮冷落，氍毹鋪地坐齋莊。灰中有火吹還爇，齏裏無鹽淡可嘗。身世此時成混沌，北窗何許較義皇？

喜李山人見訪一首

千里故人去,八年今復來。乍逢疑作夢,相對喜銜杯。淡水交心在,寒山笑口開。吾生君信否? 付與白雲隈。

相見行贈李山人

憶昔關中初見君,驚看野鶴超鷄群。大梁城裏再相見,恍如玉琰崑山片。别君初服返吾廬,千里君來問起居。白雲汾水留君住,把酒婆娑數株樹。日暮酒闌離緒生,拔劍起舞東南征。自從别後少書信,春草秋鴻空復情。至今八載離當合,匹馬衝寒扣山閤。開閤招延喜欲狂,鶴形無改玉仍光。五岳周游欠衡岳,大江直往到錢塘。自言囊中有靈藥,傳得仙人海上方。一丸服之老可却,與我共造無何鄉。

寒夜憶李山人齋居

今夜寒更多,重衾暖猶薄。伊人在山齋,得無逾冷落? 湛月流高窗,巖風響幽壑。短褐雖不充,敝貂還可著。默坐守玄虚,身應向寥廓。奚必羔酯儔,酣歌擁華閣? 此語道門緣,道心能領略。不聞楊子雲,閉户爰寂寞。

喜南宫弟書至,因便寄答二首

塞鴻飛盡朔風寒,北海常山道路難。書到未開心已定,封皮先寫報平安。

獨冷齋中寄寓身,青袍無改二毛新。由來儒行多難進,只合栖遲似魯人。

送西瀛丈北上

世路驅人不得閒，衝寒又復上重關。冰壺酒滿應須盡，雪柳條高未可攀。飛舄曉浮雙闕下，除書新拜五雲間。吴公最著河南治，莫説馮唐鬢已斑。

寄答謝四溟見懷一首，用來韻

孤生冉冉思依依，欲訪蓬瀛話息機。舟去只愁風倒引，路迷常苦夢空歸。馬卿才湧天雲氣，謝朓名流海日暉。何幸欲來相問訊，琅函先遣報巖扉。

柳川小洞夜宴用韻

小洞圍爐夜不寒，泰和薰取破冬殘。應門童子垂頭睡，閉户先生抱膝歡。石鼎香籠雲氣暗，紙窗明透月華圓。此中清意言難罄，須寫孤桐韻雪蘭。

謝汾村大宗正西園高會韻

嗣君命飲復綢繆，歡緒闌宵秉燭游。絲管沸庭天樂下，壺觴淹席海霞流。碧山學士焚魚袋，紫府仙人醉鶴樓。莫道西園明月夜，歌鍾却似五陵候。

除夕共李山人作二首

歲去如河决，寧無川上心？茅齋邀客共，柏酒命兒斟。聽漏嫌春早，挑燈戀夜深。獨憐殘臘盡，猶自雪盈簪。

山人應自老，又閲歲華歸。與世知誰是？謀生覺盡非。丹心灰更冷，白髪短仍稀。那有延年術，令予駐夕暉？

刊漁嬉稿　孔天民〔一〕

家兄文谷先生詩稿多矣，率散刊齋閣。民齋居獨冷，有所得癸亥《漁嬉稿》，亦書而壽諸梓云。時嘉靖甲子春，弟弟子孔天民記。

【校記】

〔一〕此爲集中所附孔天民所寫的刊刻手記。作者名爲點校者所加。

文谷漁嬉稿卷四　甲子(嘉靖四十三年)

春林即事同李九河作

今日覺林間,青春稍已還。人看花蓓蕾,流聽鳥綿蠻。渠瀉泉紋細,窗含岫影閑。餐霞期道舊,同此鍊朝顔。

謝王北野送玫瑰栽

玫瑰處山叢,珍寶蘊石中。謝君能採擇,遺我得尊崇。選地托膏潤,秉天接和融。涵濡濯纓水,嘘拂舞雩風。位置儕桐竹,班行篋蕙藭。坐看春物蕩,行睹化機充。垂棘抽條軟,懸璨照影空。葉栽羽葆翠,花綴火齊紅。曉露團香濕,佳人讓色同。飣糖逾枸醬,糅茗跨龜蒙。秀出摽瓊圃,妝成艷蕊宫。招邀三足鳥,笑傲九逵蓬。蘭谷傷孤茂,桃源恨靡通。誰知草木品,亦以遇時豐。

謝王北野見惠竹栽二首

連墻覆砌好清芬,却許人移種白雲。可是太繁禁不得,蕭騷風雨夜深聞。

烟梢雨葉不曾乾,認取南枝次第安。待到夾池圃萬個,邀君來賞緑檀欒。

和九河春游韻，時予宴坐林間

惠文珥貂無福冠，帶索鹿裘頗自寬。得處洪鈞爲大幸，行歌終日有深歡。杏花雨過酒方貴，柳葉風來食正寒。籍草觴波儂不與，喜聽春鳥啄林端。

春　寒

仲春天氣冷風埃，柳眼模糊不肯開。何處鞦韆得歡笑，佳人都著錦貂回。

負暄篇

太陽垂景耀，暴我屋南榮。冲融瀉天粹，盎然純以精。偃蹇受熨帖，鈷鉧誰爲營？初若浴温室，少焉肌粟平。薰蒸徹五内，靈府騰光明。歙艴啖金砂，咀霞噍瓊英。陰淫如霧釋，寒痾永不嬰。引鏡照顔色，澤理紅黄生。抽毫繹文思，錦組爛縱横。珍此欲持獻，徒抱區區誠。寄言短褐子，夜旦何哀鳴？

寄酬謝四溟用來韻

春深無奈獨臨流，一望天涯生遠愁。芳草殢人還異縣，青山爲客幾同游？賦成修竹梁王苑，詩滿高雲謝朓樓。何日扶邛定相問，楊花撩亂水悠悠。

園中雜咏十二首

平霞館

本自餐霞人,高居與霞接。要令天宇閒,了此道門業。

讀書臺

少年學書史,白首無聞知。猶自荒台上,開編時一窺。

雙樹軒

不是祇園樹,分庭翠亦雙。光華垂日月,扶影到軒窗。

杏花亭

山鳥悦春林,喓花流好音。焉知亭上老,不有惜花心?

桐竹山房

一室依桐竹,清陰拂地垂。愧非丹穴鳥,閑却朝陽枝。

長春洞

洞栖無結構,深静保玄虚。若問春何在,此中常晏如。

春草茵

林叢匝青翠,積草芳蒙茸。宴坐無餘物,文茵即此中。

果　庵

開花仍結實,種樹功乃成。退處茅庵内,澹然無復營。

槐井

山川雲不出，時雨望中稀。喜聽槐陰裏，泉聲一道飛。

藥欄

名花伍衆草，衆草獨繁滋。不有雕欄别，終慚園令知。

魚鏡

曲沼清流注，澄凝無急湍。要知魚所樂，只向鏡中觀。

菊柴

陶令存籬菊，曰余有菊柴。若添詩酒興，便好作同儕。

清明後邀廣文諸公游憩北谿，時虚溪先生有作，乃率爾奉酬

春至變林色，維暮益以滋。丹蕤耀陽崖，翠結臨清池。竹柏挺貞秀，桃柳弄柔颸。谷鳥一何好，嚶鳴群來嬉。同聲畹相應，妙機疇委之？昔人觀所感，長謡《伐木》詩。肆予招我友，銜觴不復疑。芳菲襲昭曠，暢叙閒且夷。達儒秉鴻諒，摛藻掞新辭。羅縷詎雕飾，茂對神理熙。雖非山陰禊，列賢俱在斯。方知咏歸趣，情景無外馳。

贈仙台相公春日郊行宴集一首

褰帷問俗萬花明，露冕乘春宿雨晴。鳥語樹頭知讚頌，雲飛谷口解逢迎。不嫌野老稱觴獻，真見天人捧日行。過後定當留氣象，高山增秀水增清。

春晚林居呈九河

春晚憺林居，暄研益可戀。惠風流晏温，和澤滋蕊蒨。深緑寫杯中，亂紅鋪水面。門無車馬過，門柳紛如綫。

謝裕庵宗相、小田茂才林中見訪

中散山林士，仲容雲漢儔。春來偕问訊，花裏一淹留。香草承衣帶，和烟媚酒甌。誰言離索久，但與鹿群游。

東莊宅夜宴觀舞四絶

蓮花旋出綉筵紅，鸚鵡杯前恍惚逢。香霧半消銀燭上，霓裳初度廣寒宫。

游龍夭矯帶浮雲，曳袖蜚纖眇不分。向夕更堪燈影亂，回風飄轉石榴裙。

凌波微步襪生塵，緩舞婆娑使有神。最是纖腰横意態，翠烟黄柳不勝春。

霧縠纖羅光陸離，閑庭起舞宴闌時。《陽阿》《激楚》無人會，除却行雲付與誰？

觀繩戲一首

繩戲本山戎，輕趫習此中。麗人期鬥巧，芳月競凌空。綉柱栽香桂，雕梁駕彩虹。攀登魚踔浪，奮迅鳥開籠。揚袂風逾送，垂鬌霧轉濃。仙妃時仿佛，神女乍過逢。駐馬情無限，游龍勢未窮。承回花歷亂，籍佇草蒙茸。豈若羅敷輩，倏桑自一叢？

含育堂奉和裕庵

君愛吾廬好，林華氣淑清。停車向垂柳，把酒對班荊。背郭平開圃，依村小結楹。嗒然成獨往，何意有同情？

出園中書感二首

宴坐終朝獨掩門，真成董子不窺園。梨花落盡無人報，應是陽春負酒尊。

春盡郊園乍一臨，青蘋緑蕙滿庭陰。可憐芳草空留眄，其奈佳人隔賞心？

暮春與李逸人、薛茂才行視田園望雨，時小雨適至，戲爲五韻

學圃爲農力不任，衹憑好雨一犁深。菜花憔悴榆錢小，桃葉焦卷麥浪沉。到處土龍無羲氣，揭來石燕有靈心。浮雲霈灑雖微細，已許蒼生望作霖。

春暮背郭園奉酬大宗尉西谷諸公携酒見過

三月芳園爛熳春，緑楊如蓋草如茵。飲中仙侶無期會，花裏相逢意自親。

銀鞍翠幰照芳園，追逐餘春倒酒尊。不分烟流楊柳亂，生憎雪散梨花繁。

壽西谷賦席上玉蕊花

剪璧栽桐出數枝，净瓶香水秀葳蕤。仙人獻壽應須别，不説千金侑紫巵。

閑齋即事呈九河、裕庵

比來疏拙較還多，花落春園更懶過。書卷任從風歷亂，酒杯聊取日消磨。耳邊啼鳥如仙妓，眼底浮雲似海波。門巷寂寥誰問訊？一簾閑影下烟蘿。

社會二首呈一川太守

今年社會勝常年，神悦民歡太守賢。壇樹拂雲依舞節，旗風招雨布桑田。

吹笛打鼓送神回，割牲盈案酒盈杯。長年三老誇閭巷，親宴仁明太守來。

四月六日壽王相葛陂翁賦

羨君長年六十餘，不肯作吏風塵驅。師席雍容談古書，王門偃蹇拖長裾。深知道存天壤俱，無用寵辱傷玄虚。世上學仙多遁世，未明大隱徒區區。先生内腴外若臞，緑鬢方瞳捷走趨。叢桂小山昔不殊，紫芝四老今堪如。梁園帝子親賜酺，五岳真人齊獻圖。天氣朗清花鳥媚，花間醉卧錦氍毹。

陽谿自江都考績過家北上賦贈

三年百里政俱成，楚水燕山滿頌聲。儒術本來資吏治，道心端已協民情。過門家慶椿萱壽，上計天瞻日月明。聞説平津開閣待，可能超擢廣川生？

理園廬作

近築小園成卜居，聊經一畝足吾廬。樹隨土性時宜植，花任天工自在舒。引水灌畦機事外，杖藜看竹賞心餘。終朝燮理無他技，却是逃空守静虚。

小園集景一律與畫史郝近山

果園霞館事應殊，上得王維好畫圖。槐井西邊丹洞合，杏亭東畔藥欄紆。清池玉鏡穿魚荇，虚室瑶窗鎖竹梧。藉草不離雙樹下，流杯還繞菊花隅。

寄懷陳抑亭蜀相

汾陽去後繫民思，西蜀方當藉保釐。陰德晉飢存濟日，神功漳寇剿平時。文翁舊館還吾道，杜子長橋更好詩。爲寄遥心明月裏，夜來應已到峨嵋。

五月一日清居落成用九河韻

榆邊棗下結廬成，場圃依然面小楹。知止壁蝸容我住，避喧野鶴向誰鳴？物華且喜蒲葵秀，人境還饒水竹清。合是老農消受得，傍巖時有白雲生。

送九河游弘農謁其先人舊治

愛汝方將共白雲，那堪復此別清汾？萬條堤柳生離緒，一片汀鷗起索群。沙澗渡頭過鄴客，桃村祠裏拜巖君。弘農父老多憐舊，鷄黍相邀到日曛。

贈郝畫史

喜君千里扣巖扉，與我空林意不違。家是廣文稱畫史，身從東魯服儒衣。圍屏雪裏回丹壑，團扇風中起翠微。更作敬亭山水障，清光長擁謝元暉。

馮少洲參知往過蒲坂寄詩見懷，今始奉和呈省中

文章清穆扇皇風，誰不傾心企朗融？今日西人迎竹馬，何如東土送飛鴻？

一自山中索莫居，世間真已隔吾廬。非蒙三歲瑶華字，何處青雲可報書？

送趙孟敏繇江都宰擢刑部主事

政成單父彈琴日，官擢明光起草年。道在何慚孝廉試，文雄不羨子虚傳。曾聞題柱輝三署，今見含香奉九天。林有素交還憶否？鴻飛應遣白雲篇。

連日不嗛於口戲成短言

食麵如嚼木，食米如啖砂。漸不喜肉味，無乃合餐霞？

伏日林間二首

山中伏日晝偏長，儘我閑眠枕簟凉。蝴蝶數番飛不盡，緑槐猶自閃殘陽。

禿袖單衫好避藏，白雲堆裹緑陰傍。炎天亦有清凉處，只説名場是火場。

謝西谷、柳川、小村見惠玉李

筠籠擎到露華香，知是仙園摘曉光。黄玉現前匀百顆，紫霞涵内勝千觴。方將淡泊驅心熱，恰得甘寒助膽凉。堪笑野人惟種菊，贈君須待滿籬霜。

合藥一首

清晨援古鏡，歎息此衰顏。靈草希三秀，仙方得小還。服之明水下，行以白雲間。倘見玄功著，應先染鬢斑。

睡起即事一首

閉門聊永日，睡起復餘閑。花徑堆風瓣，苔階積雨斑。緑消先老樹，青抹乍晴山。臨眺情何極，悠然杖策還。

立秋日偶書一首

端居信多暇，適與懶相宜。禿髮梳全廢，冥心坐屢馳。困眠忘化蝶，飢飯足蒸藜。不看梧桐落，秋來那得知？

六月廿日壽静川宗尉作

學得麻姑醞玉漿，敬來蘭館注霞觴。浣顏有此長生藥，延壽無他却老方。雲裊絲簧催既醉，冰涵瓜李薦新凉。八仙名飲今誰繼？宗哲多君似汝陽。

苦熱行二首

赤縣准庖龍配丁，祝融司鼎扇雷霆，浮歊隱溽熏冥冥。讒人尚可鑠金骨，酷烈如此誰能寧？

日光地下炎氛紅，流火焫炭山煮銅，高臺無處追凉風。玉瓶絲綆挈在手，汲取井華烟霧中。

送林先生典試浙江一首

學士稟靈昆玉姿，掞天摛藻桂林枝。青氈近屬高山仰，絳帳新將北斗移。晉水白雲分棹處，吴江華月到簾時。待君收取名材獻，更好同升上赤墀。

塞上曲二首

秋風蕭條起，何事偏苦辛？砧杵閨中婦，弓刀塞上人。心悲懸漢月，氣哽滅胡塵。老將長爲主，輪他雁作賓。

金飈尚餘暑，玉塞早已凉。鳴馬俱北向，驚鴻獨南翔。書瑶青海月，劍抹黑山霜。要掃祆氛浄，終須戰一場。

秋氣篇二首

清風戒將旦，爽氣明西山。珍木及瑶草，改緑成蒼顔。白雲起芝蓋，廕景到林間。短葛生新凉，繁暑忽已删。即是便隱逸，蕭條安且閒。獨驚玉衡駛，遷化不可攀。賴有樽中翠，臨水漱潺湲。喧濁蕩如洗，落霞相與還。

秋露瀉香蘭，翠羽雜明珠。芳菊捧朝霞，金玉間珊瑚。幽幽深谷裹，詎減隨侯都？冉冉東籬下，何慚和氏帑？不堪爲君贈，歲晏增踟躕。

蓬蒿園即事二首

門掩蕭條仲蔚居，伊人真已學玄虛。雨深蒿草生無數，遮却階前也不除。

莫把蓬蒿當是蒿，秋來顛倒比人高。闌風伏雨都經過，看著何曾損一毫？

乾石弟寄詩見壽漫此寄答

青鏡摩娑奈老何，白頭荏苒六旬多。聲聞那有先師順？遺佚聊同下惠和。爲壽一杯邀月樹，連枝千里隔烟蘿。瑶華寄我生顔笑，珍重南山醉裏歌。

七夕詞四首

烏鵲無聲河漢清，玉光隱隱射樓明。誰家花果香燈上，幾處蛛絲結網成？

人間伎倆似波瀾，日日風生滿急湍。我看星河寂無事，不知何巧降靈壇。

願祈天巧濟群豪，百伎千能轉六通。只恐幻華彌世界，更無人肯作愚公。

曬已庭書寄夕暉，銀河珠斗夜霏微。自知拙命如椎鈍，不望天孫惠巧機。

七月十四爲柳川誕日，十九爲小村誕日，詩焉共壽

清秋玉立見仙姿，不逐西風蒲柳衰。欲比大椿參八桂，慣收靈草茹三芝。華筵玳瑁開朝宴，緑酒瓊蘇漾夕池。共羨岳生雙國秀，爲歌申甫賀昌期。

送友人入試

緑槐秋早布新黄，丹桂天空流好香。勸駕登先時已際，揮戈戰勝日須長。可知陽子收神駿，定見隋侯保夜光。萬卷經書千首賦，誰人不羡錦心藏？

奉辭諸公舉酒見壽二首

先師耳順日，大聖心通年。發憤當無已，爲歡獨未然。困蒙人已老，陶寫事應偏。方恧隨秋草，何堪樽酒前？

白雲在我上，碧樹在我傍。仿佛成變化，或散或萎黄。人無仙聖略，疇復永真長？斷斥酒與肉，保此桑榆光。

秋意二首呈南公

紛紛碧樹雨中黄，頓覺西風似水凉。坐對高僧憐歲暮，心知一段好秋光。

雨後白雲和露清，落將黄葉與階平。方知老樹得清净，不惹狂風亂作聲。

和小村下莊寺遊覽見寄一首

人已紛紛較短長，何如静裏覓空王。卷阿古寺鐘鳴遠，曲突荒厨飯煮香。雲氣忽成山背紫，霜威全作樹頭黄。寄言火宅愁煩者，栖息應尋此地凉。

東籬行

吾廬東畔結東籬，插竹編荆聊爾爲。内控外閑清且夷，有如列栅巖疆陲。未能羽衛芙蓉池，那可勾欄芍藥陂？谷裏幽蘭人不知，宅邊冷菊應易欺。特然保此傲霜枝，不許中傷凝露姿。白朶相陪白髮宜，黄蕤好補黄金虧。衆芳蕭條百草衰，獨與天地留洪私。神鬼猶當默護持，矧吾三復樊圃詩。憶昔搶旃狂走馳，失路折腰鄉里兒。詰屈羊腸愁委蛇，虺頹馬足精魂疲。西風始高雁南之，潦水初盡鴉寒啼〔一〕。野曠國遥行者誰？山空木脱歸來遲。隔籬犬吠鷄亦隨，鄰曲省存僮稚嬉。掇英酌醴襟顔披，醉後放歌漁父詞。籬下婆娑心自嗤，搶榆真已慊鷽斯。人生安身立命竟有期，詎减陶令田園時？

【校記】

〔一〕寒啼，底本漫漶不清，據萬曆本補。

送西瀛丈分巡海道

一官坎壈向明時，忠信惟吾可仗之。龍劍自含星斗氣，豸冠還瑩雪霜姿。天涯絶險王尊過，世路多岐楊子悲。今日看君表東海，河南已起去思碑。

歲暮憶柳川丈山居二首

風獵獵兮號木，霜皚皚兮塗屋。冰斷道兮絶踪，猿苦寒兮夜哭。農人役休旋邑居，寒潭無情漁網束。獸炭噴紅羔酒緑，雕軒綺帳相徵逐，夫君獨何兮在空谷？

望美兮空谷，逍遥兮無欲。躬耕兮隴上，力食兮自足。竹林兮果園，千頭兮萬竿。芙蓉池兮廕嘉樹，復九畹兮崇芳蘭。好奇服兮製紉，光相麗兮鶡冠。牛羊歸兮日夕，鷄犬戲兮雲端。徇身世兮野務，樂天予兮林巒。

壽王北野隱居

聖代何曾闕隱淪，野翁真已得閑身。甕中有酒心常醒，囊里無錢道不貧。見訪每於風雪夜，相携多在水雲春。壽君一點殷勤意，且保清平過百旬。

葛陂、静川、石村見過文苑清居對雪

清居何事更添情？一夜寥空糁瑞英。皓采恍從虚牖得，靈華紛著冷枝生。蘭舟笑剡回橈去，兔苑誇梁撰賦成。不似素心能賞會，接籬顛倒玉壺傾。

寄題柳川翁幕草山房用原韻

望美雲峰處，其高不可攀。巢松青拂漢，幕草碧連山。日月流窗外，烟霞擁户間。惟應同道者，識得隱君賢。

贈廉憲仙臺公之蜀

滿川汾水接天清，一道行山與地平。途路盡能歸鎮静，閭閻誰不仰廉明？軺移錦里瞻星使，鏡轉峨巖見月卿。化蜀文翁今再得，詞臣應起頌賢聲。

送林虛溪學正會試

泮宫春早送鴻飛，直上天門覲紫微。雲裏玉堂文五色，日邊金榜姓重輝。名儒射策昌期遇，弟子横經始願違。若問去思何處繫，鳳城楊柳共依依。

山西文華·著述編

孔天胤全集

第二册

明　孔天胤◎著
張勇耀　趙桂溟
韓兵强　常佩雨◎點校

《山西文華》編纂委員會　編

山西出版傳媒集團
三晋出版社

山西文华

孔文谷集卷六　序

贈太封君岐山趙公七十壽序

嘉靖四十一年三月二十六日，禮有賀焉，爲封君前清苑縣簿岐山趙公七旬舉也。蓋七旬爲壽，寓形者之所稀有也。是故齒則尚之於鄉，老則優之於國，長生久視之術則求之於道家，壹惟壽之貴也。然鄉國龐眉之叟，什伯而二三；服食導引之輩，率更衰矣。是壽也者，必天所篤焉，人故稀有之也。人稀有之，而公矍然躋之，斯可賀也已。肆余賀之，衆人亦賀之；然天之篤公，公之所得於天，别有進於此者，衆人所不知也。在昔夫子嘗一表見之，曰："仁者壽。"言仁者固自壽，而齡之修短，不數數爾也。天下之仁莫尚乎唐虞，天下之壽亦莫尚乎唐虞，故曰："堯舜之心，至今在也。"後世有善言壽者，則曰不朽焉而已矣。不朽之事，亦惟仁者能爲之，如金之在鎔，惟冶者之所爲也。是故立德則壽焉，立功則壽焉，立言則壽焉。如山岳之峙，萬古其不可拔也；如江河之浸，萬古其不可涯也；如日星之麗，萬古其不可掩也。信斯言也，則顔淵處之而不爲短矣，原壤處之而不爲修矣，非其年之不殊，仁不同也。是故壽之云者，不專於年也。

正、嘉之間，邑子以德行文學著者兩人。其一爲文孝田君。田君終太學生，然太學傳其賢，爲不朽矣。其一爲公。公孝友忠信之行、精純博雅之學無愧田君，以故貢上太學，亦著名太學；筮仕清苑，輒惠乎清苑；及薄游還里，惟日以著述爲事，弗倦弗衰。夫是道也，豈世俗悠悠，苟且以延歲月而已者耶？其庶乎立德、立功與立言者，乃所以爲壽也。抑又有大進於此者，公以是傳之二嗣。其訥也，舉進士,連仕兩邑,割鷄於定興而展驥於江都也,非聖弗學也,非王弗憲也,非道弗辭也;其讚也,又褎然爲群儒首也。皆克纂公緒而光大之,以揚厲於前而鋪張於後。計其休烈,蓋無已已。是非所謂不朽之大者耶?乃所以爲壽也,而復兼有乎長年,壽之全也,天篤之至也,余以是賀之。

送憲使右溪謝子拂衣歸里序

《詩》之《衡門》,言賢者之不樂仕也;《白駒》,言賢者之去而不可留也。千載之下,猶可想見其人。誠有見幾而作,不俟終日,樂天知命而不憂者。自利達之趨勝,而止足之戒微;止足之戒微,而得失之患深;得失之患深,而義命之知淺矣。故得位而日隆也,隱居而日約也。所處殊遇而愛惡異情,於是富貴之門多徼徼之人,貧賤之途每〔一〕戚戚之士。而不知惡有終身而不能免,愛有千計而不可得者,徒以其徼徼戚戚爲桎梏,爲倒懸,誠異乎二詩之所風矣。吾三復厥詩,以求其繼,得右溪謝子焉。

謝子者,脱然有見於道,而不受役於塵物之累,皭然泥而不滓者也。貞睿潔白,履坦抱冲,繇舉進士,宰劇邑,稱古循良。及擢諫垣,數開口論天下事,遂蒙補吏,下遷郡縣者六年。稍轉浙臬僉事,分巡西道,下車問民疾苦,察吏治得失,宣典正例,敬簡寬栗。即其風猷,類非沿俗之吏所能望其萬一。時浙西吏民疲於奔命,慍於煩苛。久之,得公乃皆大悦。而當道者或不悦也,於是右溪子即解印綬西歸,朝省亟移書,勉留弗克。驅駒入谷,湛湛乎《衡門》之思焉,距到官裁四閲月耳。賓僚釃酒賦詩,以歌其行,文谷子爲賦二詩以表焉。

觀夫汲汲衒售,射寵獵華,卒一無所建著,與滔滔聲利之中入而不能出,必至汩没,並盡而後已者,視謝子爲何如耶?謝子才足經世，德可憲時，天下有志之士皆景仰其大用。乃鴻飛冥冥，視棄桓衮若敗絮然。自今汶嶺、峨眉若增而高，蜀嚴未足多也。夫所謂見幾而作，不俟終日，樂天知命而不憂，詩人以來，蓋惟謝子能知之；非徒知之，亦允蹈之矣。

謝公字子佩，庭茝其名也，四川富順縣人，與余舉嘉靖壬辰進士。至甲辰自浙西歸，部使者累薦其賢。隆慶改元，詔起山西布政司左參議，不就。〔二〕

【校記】

〔一〕每，底本漫漶不清，據温抄本補。

〔二〕温抄本未抄此段。按，此文寫於嘉靖二十三年（甲辰），謝庭茝於嘉靖二十二年出任浙江按察司僉事，分巡浙西道，嘉靖二十三年即辭官歸里。本文末段爲隆慶五年全集刊刻時孔天胤補記，故有“隆慶改元”一説。

贈坦齋路公考績之京序

考績之典，所以察吏治之精也。精則明，明則有功，有功則有陟焉。是故考課貴精，吏治亦貴精。《易》曰：“精義入神，以利用也。”〔一〕其精之謂乎？是故怠義者荒，忽義者忘，襲義者僞，失義者離，皆不可以致乎用矣。何也？義者，宜也。吾心之裁制，天理之當行者也。是故無不宜者謂之精，有不宜者謂之雜。唐虞“百工允釐，庶績咸熙”，實惟精之道，本本源源焉。是故三載之所考者，皆百工之所精也。邑令承天子之命，授百里之封，綱紀之盈縮，風俗之汙隆，生民之喜戚，皆總統繫屬，如我之一身。倘於義弗精，即攝理弗宜，將痛養之不知，奚補於治哉！漢代稱〔二〕賢令者多，然表表在人，則曰卓、魯云。卓茂爲密令，其治民舉善而教不能，待吏以恩信，卒使吏民愛而畏之；魯恭爲中牟令，導民以孝，推誠而治，仁行童孺，化及蟲禽，卒使上官敬而信之。斯二者，上下孚也，故稱精理行者莫賢於二君矣。

坦齋路公以明經甲科令臨漳，慕西門豹爲民問疾苦、禁邪巫，鑿渠利民，與史起增修水利之事，式弘厥施，仍立二大夫祠，以表見其志。而其政教恩信，推誠化導，吏民畏愛，上官敬信，又兼卓、魯之善而優爲之。吾意言今之精理行者宜亦莫如路公矣。蓋公蚤以精義之學發解三晉，尋揚於大庭，小試斯邑，其亮采惠疇，乃舉此而加彼耳。今歲已歷三載，當報績天子之庭，考第上上，以膺明陟。上官自撫按、藩臬、郡中，無不推獎勸駕，僚吏士民罔不遮道攀轅，斯非孚於上下之一驗乎？由之庸顯策勛，上而見孚於九重，下而見孚於四海，亦如斯而已。余素知公者，縣丞李洛等走狀徵余叙，贈以代車馬，遂以公能精義而達之吏治之精者言之。

【校記】

〔一〕《周易·繫辭下》此句作："精義入神，以致用也。"

〔二〕稱，底本漫漶不清，據祁縣本補。

贈岐山趙公拜官清苑主簿序

嘉靖丙午孟冬，岐山趙公拜官清苑縣簿，專管馬政，余聞而喜之。其子進士訥與余有一日之雅，問曰："家君得一小官，先生何喜爲？"余應之曰：

子不見孟子言"爲貧而仕者，辭尊而居卑"乎？又不見孔子爲乘田、爲委吏乎？官小事專，職易稱，道易行也。且以孔、孟之聖，遭顯時，攝樞位，何不可者？然而居卑處下，志無不得，豈非道有難行者哉？道非位不行，故裁成輔相，弘濟光明，必兼履大位。古之位人也，以天下之公；今之位人也，以一人之私。以天下公，則位待賢；以一人私，則賢待位。位待賢，則野不蔽賢，朝無竊柄；賢待位，則操縱據於當塗，予奪分於愛憎，而小人負乘之寇興，君子失志之賦作矣！由是聖人知位不可待，寧居卑處下而不求。即使得位，而日兢兢焉。投人之愛憎，受人之操縱予奪，吹嘘則九天之上，擠落則九淵之下，得失嬰其憂患，進退等之維谷，如乘巨航渡大海之中，魚龍作怪，駭以風濤，動静不定，出没不知所存，雖才足濟川，無能爲矣。如此而謂職之易稱，行道不難，然與？否乎？居卑處下則不然，操縱不重於當塗，予奪不急於愛憎，不望吹嘘，不畏擠落，惟以盡吾職而已矣，故其道爲易行。

趙公，忠信人也。居業狐岐之山，服行先王之道，常有志於大行。屢舉不第，晚拜此官，以一主簿比卿相之位，誠小矣；然以忠信之心，行仁義之事，推之馬政，如衛文公秉心塞淵而有騋牝之徵，使邑人愛之如衛人之愛文公，何職之不稱，道之不行也？假使岐山偶於科第，居卿相之位，稱職行道，返不得如主簿之專且易，寧不玷於心乎？故小官爲可喜也。程子有言："一命之士，苟存心於愛物，於人必有所濟。"正岐山今日之心矣。程子此語，蓋發自鄠簿之日，所謂體貼天理之真者也。岐山居身處物四十年，未嘗不在天理，獨於官有不體貼者乎！故余又喜其稱職行道之有本也。

趙子曰："然，敬聞命矣。請書之，以貽家君。"余不敢辭。

《雲汀圖》序

北海之濱有水土之平處，曰汀焉，今名御史齊公少築室讀書，養志其中。自以天降時雨，山川出雲。雲者，水土輕清之氣爲之，觸石膚寸，不終朝而雨，天下有君子行道濟時之象。又符景天瑞，爲裔爲慶；蕭索輪菌，如烟非烟；又放之彌漫，斂之無迹。有君子有道則現、爲而不有、功成而不居之象，則雲之爲義遠矣。於是取以名汀，而曰雲汀云。及登名珥筆，正色立朝，攬轡澄清，風行郡縣，猶不忘其始，而繪之圖以隨。是故左有圖，右有書也。

嘉靖丙午，公按部到汾，咨外史氏爲表厥圖。孟子曰："窮不失義，達不離道。"斯其以之。夫隱顯之迹異，而道義之心同，故君子窮養而達施。達之所施，即窮之所養。如伊尹格天，功光隴畝；顔淵隱居，德當平世。非心同而能若是乎？公名世二哲之後，而同心千載之前，心難點畫而寓之圖，圖難擬議而托之辭。因辭以求其義，亦曰精而已矣。《易》曰："精義入神，以利用〔一〕也。利用安身，以崇德也。"夫義非物事可持，精非意必可盡。一念之宜，百宜之府，利無不用，安無不處；一德之崇，萬有之祖，地平天成，不越庭户。無少庸智，無纖自私。氣壹之動，吾志反馳。於戲精哉！公之學蓋如此。

是故其汀之清平而止者，吾德之正而無礙也；其雲之舒卷而適者，吾德之動而無極也；其雲與汀之冥合而玄化者，又吾〔二〕之至盛而不知其所以然也。斯窮達一，萬物類，晝夜通，天地位，而後攬於圖者，知其義之精。得其精者，超於象之外也。

【校記】

〔一〕利用，《周易·繫辭下》原文作"致用"。

〔二〕温抄本批注："'吾'字下似宜有'德'字，存參。"

贈與川葛公總憲山西序

與川葛公分守冀南之明年，是爲嘉靖丁未。其年，本省臬司長闕，執政者薦公補之。上曰："俞哉！"於是有按察使之命。

初，分守之駐汾也，以汾劇也。其大者王，王子弟蕃衍殆千，而强者競恣匪彝，頑民投陷，因緣爲奸，吏不敢問；至受犯法者賕，挾迫守吏，撓一切法，吏不得行；盜賊平晝劫人，夜放火，明著踪迹，吏不敢捕。加邊警歲急，百姓困窮無所愬，吏民但仰天太息，未知何止。時議分守始顓駐汾,所以申鎮壓之威,布勞倈之惠。計使車所駐,至公而四;然其威惠之徹,則惟此時爲然。

其去汾而之臬也,吏民皆倀倀不忍捨去。州守寵語余曰:“昔者周公東征,四國是皇。迨其歸也,東人作詩思留,至今有《遵鴻》之歌。召伯循行南國,舍樹施惠。迨其去也,南人作詩愛慕,至今有《甘棠》之咏。今公匡捄不減於周公,惠綏有光於召伯,而吏民思愛之心故無改於詩人矣。夫子其曷言之?”

余問:“太守何言?”守曰:“寵何言?往時長蛇帶門,豺狼在野,風發車揭,莫審誰何。吏於其兹者,視事有掣肘之虞,退食無下咽之飫,閉閤多扣擊之驚,出道每遮闌之辱。《詩》云‘行邁靡靡,中心摇摇’,吏治可知已。而今則不然。長蛇去門,豺狼去野,四民新集,綱紀再陳。吏於其兹者,視事得展靖恭之職,退食得享清閒之燕,閉閤則得讀書而省愆,出道則得清塵而整轡。《詩》云‘式夷式已,無小人殆’,吏治又可知已。向微我公鎮壓於上,勞倈乎下,雖百小吏,居此能無憂乎?故吾吏民凡有一日之安者,皆公之賜也。寵何言!”

余曰:“禁奸止暴,類非法令之所能也,然别有大端。公實生民之秀,淵稟文德,廉直敏信,人不敢干以私。廉直故威,敏信故惠。其守吾土而奸慝化、吏民安者,大端以此。夫憲司總統教化,匡壹風俗,爲道甚大,近止簿書聽斷耳。公至,必弘闡惠威,康我全晉,俾民盡樂其業,吏盡稱其職矣,豈一道云然?夫出而經營,入而寅亮,我道蓋是也。周、召之盛亦如斯而已。肆余何以贈之?亦以歌《遵鴻》而咏《甘棠》乎?”于是守唯唯稱善,用紀册書。

送别駕蕭公序

昔孔子罕言命,而以道之行廢卜之。及孟子,言“莫之致而至者,命也”,而後樂天知命之理爲益明。清泉子之别駕於汾也,其持己也廉，其御事也慎，其聽訟也審，其保民也惠，宜無可以致廢者。乃今以察免歸，距仕之日纔二載耳，豈非“莫之致而至者”耶？

然清泉子之心固無怍矣。苟心之無怍也，奚所往而不自得也？臨當别去，士夫相與歎於郡，百姓相與歎於野，咸惜其澤之未究，志之未行，而徒遺去後之思也。乃以圖以詩，爰述其情焉。清泉子歸老舊林，課子明農，登高臨流，徜徉逍遥，無破釜失聲之患，庶乎“樂天知命故不憂”者。雖孔、孟之道，無以加兹矣。

贈邦伯龍嵎張公南還序

古人有言曰：“不求人知，而求天知；不求同俗，而求同理。”其君子義命之歸乎？夫人寓形宇内，與物爲伍，處利害之衝，居榮辱之阻，履得喪之路，由毁譽之門。其是非之相糾，倚伏之相尋，蓋茫茫乎其不可岸，淼淼乎其不可涯也。而君子於斯，或當利而得害，或宜榮而反辱；或當得而竟喪，或宜譽而毁隨，則如之何哉？亦曰：以義遜命而已矣。義存乎己，命存乎天。存乎己者，吾得而與焉，吾勉焉，吾無愧焉。存乎天者，吾不得而與焉，故利之可也，害之亦可也；榮之可也，辱之亦可也；得之可也，喪之亦可也；譽之可也，毁之亦可也。舉無損益乎吾之義也。苟吾弗義，雖大利極榮，無隕獲，無間言；反之於心，能自慊乎？是故不求知於人而求知於天，則樂天知命而不憂矣；不求同俗而求同理，則窮理盡性而不疑矣。不疑者，晰義之精；不憂者，遜命之至。亦奚所往而不自得哉？

龍嵎張公守汾郡五載，廉以律身，惠以子民，蓋無一事不循乎理，無一念不體乎天者。而吏民蒸蒸，僉謂子産在鄭，召父居漢，不遠孔邇矣。是故兩課最於述職之行，歷旌能於撫按之選，其視一時巧宦緣飾，詐吏僞增，朘削以爲奔競之資，封植而成温厚之計者，萬萬不侔也。乃讒佞興於嫉妒，敗毁加於即墨，輿情愕愕。方欲赴理闕庭，借寇河内，而我公遂拂衣南還矣。夫功成身退，天之道也。公有功於民，而無忝於義，其不理於口者，命也。然其人之不我知，俗之不我同也，奈之何哉？

祖道之先，别駕宋君詣余言曰："惜哉，龍嵎公之行也。能復靖共有位，同寅協恭如斯人哉？幸一叙辭，以慰其行。"余故述之云爾。

次山《晉陽稿》序

古有之曰："登高能賦，可以爲大夫。"夫大夫奚俟於賦哉？蓋賦者，敷也，敷在心之志而發之言也。大夫負經世之材，涵宰物之智，必也有是志乎？有是志而後有是言，方其含章淵默，則機緘莫窺；及其感物造端，則深美可見。是故即其言而知之：其言之温厚也，而知其可以教；其言之平達也，而知其可以政；其言之中正也，而知其可以位；其言之和樂也，而知其可以育。故曰可以與圖國政，故可列爲大夫也。孔子曰："不學《詩》，無以言。""誦《詩》三百，授之以政，不達；雖多，亦奚以爲？"其旨遠矣。然俗之賦詩，率流於綺靡而無益於用，是猶玉巵而無當也。

次山先生劉公，自御史按部太守，褰帷以至移鎮我冀南。有所歷覽，必興感賦詩，雖篇章殊製，要之皆温厚平達、中正和樂之言。由其言以觀其志，亦因以徵其材智，則材足以濟一世，智足以周萬物，固皆已試之效，而攸言之踐矣。三事大夫行且屬公，其起而賡歌於虞庭之上，而曰："古之良大夫也，其道如斯而已。"公有《行南詩》一卷，爲中丞孫公刻之以傳。余今刻《晉陽稿》焉，蓋頌言而忘味者蒙，愛美而弗傳者恪。余其免諸？

賀葛陂許公膺獎序

夫人無幽顯，道在則尊；秩無崇卑，義行則大。是故君子或幽或顯,或崇或卑,惟其道義焉而已矣。道也者,冠首天地,垂敷人物,兼統以爲宗,而紘野不能外;立隆以爲極,而林總不能加。是以如是之尊也。義則推行其道而宜之,當其可,則無爲而爲,沛然若江河之流;當其不可,則無爲而不爲,屹然如山岳之固,威之所不能怵,利之所不能回。是以如是之大也。君子不患其弗尊,而患所以致其尊者有未弘;不慮其弗大,而慮所以立其大者有未精。故苟有是焉,則雖野處卑栖而不以爲屈;若其無之,則高位厚禄焉耻也。昔子真耕於谷口而名聞朝廷之上,梅福隱於市門而聲流宇宙之間,長孺出守而淮南寢謀,仲舒遷相而驕主易習。奚必崇顯哉?今見其人,其葛陂許公矣。

公,道義人也。自司訓郡庠,日與諸生講明是學,然徒設空言於階序,未若見之行事之深切而著明也。及擢拜教授,曳裾王門,乃考禮正憲,以匡飭國人。時宗黨有不法者,陰聚徒爲奸,至暴横而無所忌,盤結而不可解,國君大夫俱莫敢何。公獨無所疑懼,一舉而發之,大參洪公因按捕之,奏狀,悉置之法。於是盗賊之害人者消,皇化清,國俗正,公之賜也。時洪公白其賢於撫按,曰:"教授仁根於心,義形於色者也。"撫按曰:"信也。"於是文言以獎之,盛儀以彰之。州守揚光於郡庭,師生歸美於黌舍,禮有慶也。夫公處閑散之地,居卑冷之官,而能爲此掀揭之事、桓赫之功,豈不誠尊且大哉!其視全軀保妻子之臣,徒躋通峻,竟碌碌庸庸無所建白者何如也?故知公道義之實偉矣。

是時,學師林公等徵余叙詞以歸美之,余不佞,第述其所見如此云。

宴壽贈言序　壽分守宋承山先生

聖天子垂意封疆之臣,簡迪鴻俊,俾守冀南,開府於汾之陽,以虞宗黨之汰愎也，用坐鎮而彈壓之，是以有專駐之役。惟時左參政承山宋公適當其任，亦慶成王襲位之初年。公至，告王宜以禮禁奸，曰："昔太原多晉公族，其流習以詐力相傾，驕恣横逆。漢興，號爲難化，乃擇守用嚴猛之將，任殺伐之威，亦矯枉過直矣。今王之族蓋駸駸乎是，日詛祝會盟以逞其詐力，數敗度干典而不悛艾，豈嚴憲尚弗究哉？古有之：'禮禁將然之前，法施已然之後。'執法者，有司之事也；秉禮者，后王君公之事也。祖宗以法付王，聖上以《敬一》之箴授王。王受而傳之，是爲訓典。訓典之謂禮。夫禮，以示之防焉，防其暴慢淫僻之行也；示之養焉，養其恭儉敬讓之心也；示之辨焉，辨善惡之歸，使好惡之不愆也。禮之功大矣。王實親睦不豫，以此導之，必俟其敗而請罰焉。其若之何？吾懼有司用法之日煩也。夫王親族，有司親民，若飭吏治，撫民生，節省以息凋䘮〔一〕，征繕以裨安攘，我不敢後。王慎典崇禮以正是國人，其疇曰不然？"王曰："信善哉！"於是始以禮禁奸。凡嚚訟在官，悉以報王，王按牒處分，不以爲偪；法無所貸，官按法施之，不以爲瀆。蓋一年而宗風振，即迷復罹咎，纔數人而已。王曰："人有心，邦有禮，公之功也。"

當是時，吏民無豪奪之辱、侵陵之憂，既得以修秩而安業，而國人之服禮者亦畏威懷德，與吏民同其情焉矣。王曰："《緇衣》之好賢也，吾於公乎以之。"乃因其誕辰，設賓禮，陳宴舉酒而爲之壽，賦《南山有臺》之首章。君子謂王於是乎知言。夫其詩曰："樂只君子，邦家之基。樂只君子，萬壽無期。"曷言之也？蓋悦諸心之謂樂焉。君子之德，備於我則我悦之，施於人則人悦之，通於神明則天悦之。是以其爲"樂只"也。持是德以安宗社，則宗社安；以安生民，則生民安。如建人屋，肇乃鴻基，棟隆之吉，終永藉之，是以其爲"邦家之基"也。基莫大於久安，久安莫大於長壽，是以其爲"萬壽無期"也。

今公文德懿衷，慈敏莊敬，容接所加，莫不夷懌，樂也；以禮殿邦，深厚正固，基也；篤祜純佑，永保茂明，壽也。王於是乎知言矣。夫禮主於敬，敬者德之輿也，信哉！公坐鎮，詰奸弭暴，不煩刑辟，一言禮於國，而國人皆飾輪轅，修轂輻，且歸惠而祝釐焉。行論道巖廊之上，贊聖主建中和之極，陪昊天之宴，奉萬年之觴，其樂壽奚有已也？《蒸民》曰："天監有周，昭假于下。保兹天子，生仲山甫。"公之謂歟？"吉甫作誦，穆如清風"，王其有焉。

【校記】

〔一〕温抄本此處有批注："尠音貴。"

贈郡守雲石王公賢能膺獎序

雲石公來守汾郡，逾三閱月而政有紀焉。乃其大者，則寅清以律己，惠直以理人，嚴以飭吏胥，儉以省里甲，寬以戢征科，明以折諍訟。如是而有紀也。乃監司狀其事於撫台，撫台萬公騰書獎焉，用憲典也。於時學官弟子當舉禮合樂，從事於公之庭，仍屬余爲文以表之。

夫公之德，其達矣乎？昔者夫子之論聞達也，曰："夫達也者，質直而好義，察言而觀色，慮以下人。在邦必達，在家必達。"言德孚於人而行無不得，與求聞達於人者異也。公初政，惟慎修之圖，其所宣叙，一本之誠心，由乎直道。所謂寅清惠直，嚴儉寬明，蓋亹亹焉，業業焉，惟日之弗遑。於百姓無干譽之私，於當道無希寵之術，然而稱道其賢者響赴，旌獎其能者景從，是非夫子之所謂"達"者乎？夫"鶴鳴于九皋，聲聞於天""桃李不言，下自成蹊"，正如此矣。

昔者子産之治鄭，晏子之治齊，百里奚之治秦也，與子路之治蒲、子賤之治單父也，其治功不相緣襲，要之，皆質直而好義。《易》曰："直方大，不習，無不利。"斯皆無間於達德者也。故五子之行，千載而下，人皆信之。公筮仕而師隴州，隴州人士信其經治之教；繼宰永寧，永寧人士信其愷悌之政。今守汾未久，汾上下皆信其賢能已爾。將竟其功效，視五子奚恧焉？夫鄉校者，議政之門，非至敬信，鮮有不非其大夫者。時師生實以頌公,余故代爲之言如此云。

贈别駕南岡趙公賢能膺獎序

嘉靖乙丑之春,當大朝考第百工,而郡長貳咸缺,郡務取他官攝守。既而南岡趙公來補同知,攝守者去,公總統厥猷。視事之初,自謂始脱鉛槧,於簿書期會之間未之能信,乃思而後行,審而後發。如大匠建屋,先定繩墨,運斧揮斤;如良醫治病,先胗視命脉,方藥乃施。於是視事數月,即撫惸嫠,抑豪右,察獄情,平賦理,省里甲,慎追呼。衆寡小大,無敢慢心;學校風俗,尤拳拳焉。於是郡中稱平,謂公所行皆合乎天理,當乎人情矣。邊馬不敷,撫院發帑金買補,郡縣吏或譸張處之,致價騰踴,往往賠鬻奔命,不免病民;公獨兩平,務不虧官損民而已,而馬顧獨好於他。臨當部解,吏白盤費當取諸繇役,公曰:"吾買馬不敢動一民,覆以解馬爲之乎?"乃出俸金資給竣事焉。巡撫萬公知此,即移文獎勞。尋復加幣帛之禮,令黌序將之,以旌其卓異也。師生于是屬余文爲叙其事。

余觀古公能之吏,以卓異見稱者非復一科,然所貴乎道者,則循理愛人之吏爲最賢已。是故有守法奉公之行,可以語循理;有慈祥愷悌之心,可以語愛人。子謂子産有君子之道四焉,子産之遺愛至今在也。漢代篤循良之選,如邵信臣、杜延年、朱邑、卓茂之爲郡邑,皆循理愛人,庶乎子産之遺愛者。公所秉温厚樸誠,其所措政,即期月而可如此,嗣假之歲月之久,得之諳練之深,於古人奚多讓哉!曩余視學,嘗第公茂才異等,今人品政略,復以卓異見推獎於時,抑奚羨於射策甲乙也?師生皆曰:"公悃愊無華,于下無表襮之術,於上無葭莩之援。微巡撫公善綜核名實,則卑位稀顯揚之日;微夫子善叙事理,則知德者鮮矣。"然亦賢者之遇矣乎?

贈太守一川吴公榮膺薦獎序

天子以司牧之官列在四方，相去百千萬里，其賢否未易聞也。即賢有茂異，未易殊擢顯庸也。於是命耳目之臣按部省觀，書疏别白，今御史之巡察是已。夫御史以民生之休戚，占吏治之得失；以吏治之得失，徵才格之高下。而又采之閭巷之謡，參之僚友之譽，定之監司之評。舉無忒焉，而後疏以上聞也。當是時，辨賢如淘沙之金，檢能如剖石之玉。録醇品於什一，甄高等於百二，有非尋常備員所能與者，故有司以得御史之薦爲難。

我郡守一川吴公，修身以立其位，循理以治其民者也。平旦整衣冠，披案終日而匪懈也。清堂階，肅吏胥，發程書，理亂繩而無紛也。饑饉薦臻之後，徭賦困極之餘，示之節儉，存以休息，而勞來〔一〕旋集者衆也。宗貴翕習或爲奸邪亂政，而悉衰止也〔二〕。追呼不濫，嚚訟不滋，盗賊不起，而閭閻安也。市安其處而農勸其業也，學士大夫得宴坐林間，奉禮教以率育其子弟也。是則公之賢，是則賢之茂且異者。去歲御史王公按部至郡，見其治如此，詢之百姓，百姓唯唯；咨之庶僚，庶僚唯唯；質之監司，監司唯唯。於是上疏薦之天子之庭，若曰"列九德之資，備三事之擢"云。御史又以疏揚於庭，禮獎於郡，皆憲典也。復崇之鐘鼓幣帛，令僚吏師生相與宣賀于莅政之堂，侈美乎橋門之觀，俾聞望其風采者有以興也。

夫全晉之地，爲州者二十，爲縣者八十有三，籌其所舉，則令之見薦者殆什之一，守之見薦如我公者誠百之二焉矣。孔子曰："不患無位，患所以立。"遷史稱："奉職循理，謂之循吏。"公身修則道立，循理則功著，有以也夫！時鄉大夫老於家者，皆欣睹鴻榮，垂白策扶而往賀之。其所感深，故其應丕哉！外史氏爲叙其略。

【校記】

〔一〕來，底本漫漶不清，據温抄本補。

〔二〕也，底本漫漶不清，據温抄本補。

《居敬堂集》序

維康王在位如干年，日以著述爲事。逮其上賓，篇什累十數萬言。睿嗣成皋王編次成帙，鋟梓以傳。命良醫李天賦徵序北山之愚，以山愚昔岳牧河省，於邦國文獻嘗睹記焉。乃作序曰：

篇什之興尚矣。綜其道妙，要主於麗則，蓋不獨詩人之賦云爾也。辭士綺靡固不足珍，學子牽拘亦非可貴，惟王公大人之作，稱大雅不群。雅者，正也，正斯麗以則矣。故《大雅》言王公大人而德逮黎庶，如康公謀父之譚，《公劉》《抑之》之咏，作者孰加焉？山中之人不能語蓬瀛，海上之客不能語崑華，而游觀廣覽者，掌視六合，論議若懸河焉。故以朝堂而陳古今之故、王霸之略、四方之風、萬物之紀則易，以逢掖之侶、雕蟲之技而望朝堂之兼總條貫則難。何也？見聞有通不通，而聰明之感殊也。王公大人居仁義之府，處禮樂之庭，搜《詩》《書》之苑，驅翰墨之場，非先王之法言弗宣，非往聖之精藴弗戢，非三光之靈曜弗形，非六籍之菁藻弗掇。極游觀廣覽之知而理解神會，故其建言矢音，如登昊天之臺，莅轇轕之宇，撞千石之鐘，擊靈鼉之鼓，而飛葛天氏之浩唱也，豈謏聞狹見有不絶塵者乎？夫其存之也粹，故其發之也華；其言之也文，故其行之也遠。乃今康王之作正如此矣。

三代以來，王公大人，漢有楚元、河獻。楚元以明詩聞，河獻以雅樂著，至其著作，罕所稽見；若著作累十數萬言，時則有康王云。王樂善悦賢，秉禮敦道，祗皇上《敬一》之訓，其學一主於敬，因自銘其讀書之堂爲“居敬”，則其篇什爾雅，又别有本源矣。成皋克紹厥猷，以廣孝思，懼穆穆者之弗彰也，故直讚其編，爲《居敬堂集》云。

《王西野詩集》序

西野君之宰南宫也，余弟民寔守學官功令之章以奉君。君儒賢也，其治壹以儒飾，故其文章政事，條理相宣，氣象雍容典雅，類非俗吏之所能爲者焉。初，弟寄余書曰：“邑侯，愷悌君子也。”再書曰：“邑侯，篤實光輝，文質彬彬君子也。”三書以其著作一編來，乃君自署之曰“齊東剩語”者，蓋謙之甚也。余讀之卒業，知其於性情之旨參矣。

夫性静而正，情動而和，物感而應，聲協而文，古之所以爲詩也。然中無所主，徒襲取成案，比附雕刻，揑目以爲華，蓬心以爲慧，則失之矣。是編標韻清遠，菁藻秀潤，天然之致，卓爾不群。自非正和之感真，聲文之諧妙，其曷克臻此者耶？故於性情之旨參矣。是故無心於文，而自無不文也。使其降聖門之學，專辭苑之工，則相如、子雲不足多，王維、孟浩然未肯讓矣。然君之所貴，固有鉅於朱丹其轂者，觀之於言語之外可也。昔夏侯湛作《周詩》成，以示潘岳曰：“此作非徒温雅，乃别見孝悌之性。”今謂君詩，非徒文質彬彬，乃愷悌見焉，庶明允哉！

弟署書尾曰：“兄覽吾邑侯之作，幸叙之。”余斯叙之云爾。

《崇正録》序

學憲際崖周公，校晉之藝，取其文之正者，得如干篇，録爲一書，刊布以示承學，命曰《崇正録》焉。胤以老生爲叙其義曰：

際崖公之主盟斯道也，既崇德以正多士之行矣，而曰德行本也,文藝末也,士貴先德行而後文藝也。玆又於文焉崇之,何耶?曰:是正所以崇德也。今夫文者,德之符也。默而存之之謂德,焕而章之之謂文。是故德成而上,而非無文也;藝成而下,而非無德也。特道之物有本末,學之序有先後焉耳。而其理則不之二也。夫士偏長一藝,而或不本於道德之意者有矣,未有有德而不兼善乎藝者也。孔子曰:“有德者必有言,有言者不必有德。”蓋有德之言,其辭正;不必有德之言,其辭偏。其辭正者,達;其辭偏者,蔽。故孔子曰:“辭達而已矣。”今惟正之録也,以示崇焉,實考德以觀其焕然,而非偏長一藝之作所能與也。君子於是知教之所以崇。知教之所以崇,則知學之所以崇矣。是以崇雅絀浮爲尚德之感,崇功事業爲敏德之應,其機豈淺淺哉?

惟晉稱鄙,學寡師資,士或拘陋而乏廣大之充,或疏略而鮮精微之究,至安於所習、毁其所不見者,往往而是也。自公表憲陳訓,儀矩式昭,士於是争先嚮道,皆律身乎孝弟忠信之壼、禮義廉耻之閑;熙志乎性命道德之府、文章禮樂之塲。猶雲蒸龍變,光景沸騰,其著而爲文,宜其精華之焕,卓雅不群如此夫!然學有淺深,則造詣有至不至焉。玆録蓋即其已至,其未至者望之而未之見,則亦諦審其所崇而躋之。捨卑闇之阻,進高明之極,斯於大宗師嘉惠後學之旨明矣。《詩》曰:“追琢其章,金玉其相。”言文之所以爲文也。“我日斯邁,而月斯征”,其學之謂乎?

贈參知仙臺李公擢四川按察使序

仙臺李公守我冀南之再年, 擢四川按察使以行。時開府在汾,汾人皆戀之不置。學之師生謀所以贈,言於外史氏曰:“槐聞諸孔子之教子貢也,曰‘事其大夫之賢者’。大夫者,政教之主而士民之望也。其賢者,則慎其樞機而淑其表儀,出言有章而作事可法者也。是故端肅以承之,嚴憚以勉之,則可以成吾仁焉。今夫執規司矩而爲方圓者資,持衡履繩而爲平直者資,而况於爲仁者乎?吾師生之事仙臺公也,於其賢之屹然淵然,不可跂而及也,然竊有以得其政焉。夫國俗奢,公曰:'若是之靡也,寧約焉。'於是先之以節儉,蓋瀚衣蔬食而無取其下之供。民敝於兵荒,公曰:'若是之困也,寧休息焉。'於是先之以撙愛,蓋除煩禁苛,在勿擾之。宗有圮族敗類,公曰:'若是之頑也,無忿疾焉。'於是徐而制之,卒自底於罰。吏有弗堪任事者,公曰:'若是之窳也,不如已焉。'於是牿而處之,使不得肆於民上。是則政之大者,是固可以贈乎?又竊有以得其教焉。自公莅學以臨吾師生,未嘗不惠之色笑,以示其涵育之機也;自吾師生進見,未嘗不蒙其延接,以領其誘獎之意也。不登壇講德而仁義之言藹如,不專門角藝而文章之美焕如。當是時,猶和氣之煦物,而物油油然化矣。是則教之大者,是固可以贈乎?"

外史氏曰:"有是哉,贈之宜也。夫節儉,廉也;撙愛,惠也;制頑,哲也;御吏,肅也;善教,恭且仁也。古所謂尊五美者,宜莫美乎此也。然公有此大美,每自含弘如太樸未雕,及當事遇物,剖析幽微,料理艱大,無不燭照數計而刃解者。乃其在中之實如此,故其光大發於事業矣。知公歷試敭歷,一用此道,兹由蜀憲以登,相天下可也。夫鄉校而議執政,在昔子産之時患之。今師〔一〕生方頌言以相贈也。非大夫真賢,不能得師生之贈;非師生真能事大夫之賢,亦不能知所以贈矣。"余於是紀之。

【校記】

〔一〕今師,底本漫漶不清,據温抄本補。

贈雲峰高子掌教屯留序

雲峰高子司訓於汾之學也五年，擢屯留縣學教諭去。去之日，其僚友與其群弟子也皆不能舍也。余問之何居，而曰："夫子之處僚友也敬，處群弟子也信，其自處也其中退然，惟恐先乎人也。其言吶吶然，如不出諸其口也。古所謂篤厚君子也者，蓋夫子其人也夫！惟篤厚也者，篤於親則民興仁焉，篤於友則民興義焉。如之何其能舍也？若夫官，則不可以不之也。"於是雲峰子去而之屯留，余於是知屯留之教興也。

夫師，以掌教模範之謂也。惟木有模，則方圓因之矣；惟竹有範，則曲直因之矣。惟師有篤厚之教，而多士有不因之者乎？古之士也淳，今之士也漓；古之士也修，今之士也飾。蓋文習之趨，而江河之下流也，滔滔然皆是而不可回也。當是時，天下之爲師者，亦莫不以文習之趨趨之矣。師以綜文教，弟子有善爲摛藻者，方自以爲青於藍也；師以講學教，弟子有善爲華説者，方自以爲寒於水也。於是有枘鑿之不相入者，是以其教之否也。誠得師之篤厚者，而身教之日凝然屹然，曰孝弟而已矣，曰忠信而已矣，曰禮義而已矣，曰廉耻而已矣。由乎此者謂之學，不由乎此者謂之判。由乎此者，雖木訥少文，貧賤而可貴；不由乎此者，雖摛藻掞天，華説驚世，紆銀黄，取青紫，而莫與也。有不感發其良心而興起其善行者乎？夫是八者，非由外鑠我也，我固有之也。是故聖門之設教也，孝弟忠信之外無餘旨也；管子之言治也，禮義廉耻之外無餘術也。皆篤厚其所固有者，神而明之，存乎其人焉耳。

今雲峰以篤厚之道行，余是以知屯之教興也。屯學固多文彦，兹其相與丕變，文質彬彬，儼有先王之遺風焉，固其所矣。祖帳郊筵，咸有言以相贈也，余公言之云爾。雲峰子再拜而别。

孔文谷集卷七　序

《海居叙》讚

大司馬東崖翁公，抱天人之鉅策，該文武之鴻資，承上簡命，專閫朔方。總統經制，規遠謀明，運籌决勝，帷幄千里。綏邇遏遐，不勞餘力。其最大者，更累年退步之防，申王制在夷之守，修築塞垣，扃鑰大門，崇墉亘野，轒轒相望。蓋百夫守之而萬虜莫前，稍稍出奇，則所向無敵矣。當是時，軍士留田而養鋭，將領待勝而蓄威，聖上免西顧之虞，疆土獲内安之庇。公於是方興懷四牡，縣望白雲，以尊君梅齋翁遥在海上，而我身在朔方，又世世居海村，而梅齋翁實紹大其德，而我時繹思，乃命工繪《海居圖》，庶一披覽之而猶庭之趨也，而猶遑將也。其天理人情之至，而忠孝之純備云。

惟時三軍之士，官寮之屬，莫不聞而感之。乃按察使楊、左參政耀、右參政壐、僉事徵相與議於庭事曰："自北虜跳梁，越過雲中高闕，至晋内境，劉劫視若無人，元元逃死不暇，三河震驚，畿輔互動，山東之民不得安枕而卧，蓋歷庚、辛、壬、癸，無寧歲焉。皇上憫然惻然，簡材推轂，得我大司馬翁公。自公臨戎，今六年矣，匈奴遠迹，甽壤晏如。何治前後殊也？實惟訏展廟謨，弘振天聲，策力群湊，忠益廣孚，是用安攘胥效，皇心以寧。乃若建大防，蕆修垣，省血戰，便留田，爲生靈立命，爲社稷設長利矣。至夫財不費而績鉅，役不省而人悦，兵有不戰而勝，虜有不殺而威，則公之器使之明妙，節制之玄微焉。夫古之稱名臣碩輔，崇德懋勛，必本之忠孝，如《小雅》所云南仲、方叔、尹吉甫是已。今公所樹立,固昭昭如是。則修之家者,用之天子之庭,所謂事親孝,故忠可移於君也,二者宜莫尚焉,可弗稱乎?夫遇明盛而不述者,鄙也;感神志而不宣者,忘也。吾等幸奉命承教於公久,感遇也隆,可弗稱乎?"乃各綴一篇圖次,原本德業,歸美世家,以慰公永懷之心,而竊附《小雅》之義,仍命外史胤列之云爾。夫大海蕩蕩水所歸,高賢愉愉民所懷,胤何人斯,而獨不懷?况賴公之靈,得爲縣解之民者也。爰作讚一篇,其辭曰:

淵淵浩浩,有碩其居。篤生鴻俊,乃將乃儒。天子命之,臨彼朔方。總統經略,式遏寇攘。桓桓司馬,握策運籌。出其家緒,以闡王猷。王猷赫赫,我武自天。崇墉有屹,醜虜是虔。力省績繁,源絶師倍。丈人之貞,如决斯沛。天子是懌,曰公之故。公曰聖明,亦或予父。藹藹藩良,肅肅憲使。表孝揭忠,賦圖稱志。曰予不敏,奚能一辭?鶴鳴在陰,其子和之。

贈學正虚溪林君以賢薦奬序

皇上右文熙理,特重儒臣之選,而部使之所察舉,率以是爲重。然黌師以老,故備職弦誦,無卓絶之能,其間克膺厥舉者難矣。故御史每歲薦奬,率多郡縣之乂,師儒而見與者,概省不過二三;求其文行之具優,學識之兼邃,益又難矣。

今其人則有莆田虚溪林君焉。君以八閩名才,舉進士於鄉,乞疏願就學職,以待臨軒之策,於是署學正於汾之學也。君署學有古雅純正之文,謙静莊敏之行,閎深博大之學,精通廣遠之識。以之爲訓,寛和而有嚴,循循而善誘,成人有德,小子有造焉。綜其名實,可謂具優兼邃之賢者矣。去歲巡按御史王公薦之,一省以爲得人。今巡鹽御史熊公亦薦奬之如例,於是郡太守一川吴公、别駕宋公偕僚吏親展賀於學宫,以崇奬其賢禮也。太守又以兹事美大,宜有文叙

焉以紀之,余于是有言紀曰:

師嚴然後道尊,道尊然後民知敬學,夫固師之道也。然必上之人有以重之,而後得成其尊嚴而起其敬信。故窮鄉下邑之師,雖嚴弗威矣。弗威民弗愓,雖尊弗顯矣。弗顯民弗從,弗愓弗從則弗敬,弗敬則弗學焉。即禮教有不興之處,賢才有不出之隅,其故可以明矣。今林君之賢,既見薦獎於御史,又見禮厚於郡大夫。語曰:"何以興?衆所扶。何以起?衆所舉。"當是時,雖欲不嚴不尊,其可得乎?雖欲民弗敬學,其可得乎?故汾之學於是乎興矣。禮教勃焉,賢才蔚焉,爲有繇矣。第君當策試大廷,又用薦者,當大見詔擢,則《遵鴻》之思不能不預啓多士之皇皇耳。

是時太守並被獎薦。夫一時卓異之舉,太守拔郡縣之萃,師儒表學校之良,皆不外吾郡而得之,何其盛哉!於是乎紀之,以彰其美大云。

《毓嗣發祥》序

虚溪先生以嘉靖壬戌,自京師隨牒來署學於汾。其年寇犯興化,先生之妻子突重圍出,無恙。及次於福,適與迎者會,乃逾海涉江,浮淮度河,歷羊腸九折而抵廨舍,是爲癸亥之夏。計發福至汾,行萬里,閲數月,眷屬小大,舉無風露之虞,君子以先生素行通於神明,得鬼神呵護如此。明年甲子二月六日,誕生男子之祥,諸生進餅果金錢,具退讓不受。經生俊民等,議師完璧之後,復天眷産珠,宜圖篇焉贈之。余曰:"謂之《毓嗣發祥》則可。"

夫祥,天福也,《易》稱"自天佑之,吉無不利"是已。以言其致,則信順以載之,思履以成之。漢儒明《易》,嘗對天子以和德,言"心和則氣和,氣和則形和,形和則天地之和應,而諸福之物、可致之祥莫不畢至"。揆《易》所謂履信思順,承佑之旨明矣。然以景星慶雲、朱草醴泉、麟鳳龜龍侈其祥者，其猶取物也遠，惟《鳧鷖》之詩嘉祚胤以表其錫類。《抑》之詩言：“惠於朋友，則子孫繩繩。”以取諸身，於信順最近焉。

先生天質純敏，文德懿衷，鴻雅博通，温恭睿哲，明於天人之統，合於聖賢之度。其爲教也，康色以容其進，惠心以平其施，迎機以啓其化，量材以作其能，奮其不及而約其有餘，恤憫其阨窮而劘拂其顛瞑。其所以爲道，則執規而居，持矩而處，珪璋之爲質而黼黻之爲文。蓋非信弗履，非順弗思如此。考之於《詩》，則錫類之善，惠友之仁，先生以之；徵之於《易》，則天佑之祥，現乎祚胤，兆乎繩繩，焉可誣也？是故諸生之以圖以篇也，謂之《毓嗣發祥》則可。

先生道大行，且對制殿庭，採漢儒和德之議，闡信順之符，揚錫福之盛，策鴻名，稱善對，爲天下第一，則自其所有者而致之，是又發祥之一大端也。

《清源先生詩集》序

惟沁陽之郡爲古銅鞮之域，山川融會，毓挺奇人，則有我清源先生云。先生之兄起家御史，至廷尉；廷尉之子能世其業，起翰林吉士、御史、太守、憲副至僕卿，蓋炳靈有奕者已。獨先生別駕海陵，不樂居職，退保玄虚，大放厥辭，含英吐華，落紙成帙。爰有《蟬林晚噪》《梧桂鶵鳴》之編，乃謙已，自名復自叙之。其悲歌慷慨之致，恒識所不能概也。徂歲，承先生命駕論心，開卷玩目，因托使校定，仍叙卷端。

嗟夫！鄙人離群索居，譬諸盲聵，無以與乎宫商之聽、黼黻之觀久矣。乃今瑩然霍然，應之而不暇，挹之而不窮也。奚但發蒙，實以愈痌，而乃稍稍識其爲奇作焉。蓋其注意不主於故常，降格不落於卑近，斯險韻譎辭，詰曲聱牙，如野馬像輪，絪縕繽紛，不可捉搦，誠亦奇矣！唐興，詩人有李賀怪、盧仝險，今也語筆墨於畦徑之表，論文心於雕龍之中。以此方彼，疑弗劣焉。夫事物之形，人飫聞而厭見，則無奇矣；謂之奇者，必出於聞見之所希有。是故水火禽蟲本不足奇；若温泉寒火，火鼠冰蠶，則人皆奇之矣。何也？希有故也。夫盗驪騄耳，固與汧渭殊迹；飆車羽輪，抑豈合轍於城門之軌哉？先生有奇才而無奇遇，上視李廣、馮唐，則可以無我；著書立言，奇藻紛敷，藏之山巖，布之海隅，曜潛德之耿光，纂斯文之鴻烈，則可以無物。無我，則樂天知命而不憂；無物，則窅然喪其天下而敝屣黄屋。夫蜉蝣之榮，焉足以點廖廓之光也？故覽於琬琰者，有以知先生之奇。

初，先生過汾，復庵任子館而通焉。兹訖事，謹就正於任子而歸之先生。

《汾上講餘録》序

夫達觀物之理者，道有小而必存；樂取人之善者，言無微而可略。是故農圃鄙陋，不見遺於文學之賢；蒭蕘淺俗，獨見採于先民之聽。粤陽谿子之從吾游也，以吾一日之長也；而吾與陽谿子游，則以其生乎吾後，其聞道也先乎吾。

當是時，道之上者，吾不得而語也，亦非吾之所能語也；乃陽谿子默而識之，不言而信，其有語者，特其最下者耳。律之道門，宜弁髦棄之，顧陽谿子則蓄之，懷袖之餘又鏤之，以期不忘。若曰平生之言，可以久要者乃爾也。抑亦以托辭喻志，無六義之備，而有一得之愚乎？是故其觀之不藐，而取之無吝矣。夫輕塵無補於岳，而泰山不外，乃所以成其高；墜露無增於水，而滄海不别，乃所以就其深。舉此以例，則陽谿子之所以爲大也，庶可仿佛其萬一哉！要之，由道義之衷。夫道義者，隱於無形，必有事以章之；垂於不朽，必有物以紀之。余於是書君之舉，亦衷之不可以已也。

余兩人詩，自嘉靖庚子至隆慶丁卯，皆贈答寄憶而作，各如干篇。後倘有作，則續之云。

旌賢敘語

虛溪先生林公之守吾郡學也，蓋主張斯道以爲教焉。其先曰孝弟忠信、禮義廉耻，其次曰經史淹詳、篇翰典則；其入曰精思實踐，其究曰廣大高明。教既立，群弟子志有定趨，功有循次，而日漸被於薰涵，長就於化育。則上者德而成焉而游於藝也，下者藝而成焉而據於德也，於是稱先生之道明。晉志之闕者百年，比修之而無效者復十有餘年。經先生總攬獨運，蒐遺補漏，考異定同，注記編纂，簡贍閎該，不半載而成一家之言，垂三晉之信。於是稱先生之道，文質彬彬焉。温恭愷悌，周行不殆；弘雅博綜，旁燭無疆。而作人修史，有經有綸，蓋德才學識、文章政事全也。於是稱先生之道爲純備焉。

時有薦先生於廷而加奬於學者，前有監察御史西塘王公，今則有南墩熊公云。符至禮行，則僚友諸生以爲賀也，先生又固不受。余舉觶而進曰："先生自此升矣。夫古之君子抱道於身，或大而莫容，或瑰而難識，或賢而隱於下位者，夫豈少哉？在聖人則目之曰遯，而歎其不成乎名也。而明揚側陋，是必有稱道薦舉焉，此十六相所以升有虞之庭。今御史以薦賢爲職，先生道尊而位卑，道尊則不求人知，位卑則易爲時所略，而御史固特薦之，則是真以賢見揚矣。先生始舉進士於鄉，褎然推大儒，猶未諧上第，乃就師資而修相略，增其彌高而益其彌深。斯其所彪炳於黌序之間者，固已彰彰如是。所謂龍翔而景雲浮，虎變而谷風振，非其機哉？行且衡文大江之南，歸而上南宫之選，最大廷之對，天子臨軒而賜，顧曰：'予知汝名，有司顧數以聞矣。予其汝庸，汝勿替。'當是時，出其純備，抒文而廣國華，論道而調天紀,實自致之極焉耳。然揆其泰階之符,則自今兆之,故曰先生自此升矣!”於是受賀以成禮也,仍書其叙語於軸。

雲天遥祝序

雲天遥祝者, 言大參知湖山劉公介壽於親之心也。公仁孝誠敬,於親無斯須之忘。兹銜命守晉,其封君鑑塘翁七十之辰,與太安人何氏六十九辰俱在豫章,諸子姓侍焉,而公不獲躬家慶之拜,奉南山之觴,寧能已於心乎?是以望雲天而祝之,若曰天錫公純嘏,亦右文母云爾。外史胤聞而言曰:

夫公亦猶行古之道也。昔者狄梁公之行役於外也,望太行之雲而思,而曰:“吾親舍其下也。”古之公卿大夫之孝其親也,與士庶異。士庶服勞於家,故燕昵於親之側,則有其事而無遐慕之心;公卿大夫委質於國,固不得燕昵於親之側,則無其事而有其心。御鼎俎而有菽水之懷,膺紱冕而有斑襴之羨,策四牡而興不遑之嗟,循廣野而起《南陔》之咏。蓋仕則慕君,而慕親之心不可移也。故未有忠臣而不孝子,亦未有孝子而不忠臣者。夫公亦猶行古之道也,而何以言介壽乎?

夫真常之謂壽也。壽之在人,有不可必,有可必;有不能得,有不能不得。則定於孔子之一言,曰“仁者壽”。蓋仁,天道也;仁之者,人道也。天道主仁,故有常;人道合天,故亦有常。《詩》曰“維天之命,於穆不已。於乎不顯,文王之德之純”,言天而徵之人也;“倬彼雲漢,爲章於天。周王壽考,遐不作人”,言人而徵之天也。鑑塘翁温良愷悌,廉孝貞固,守約而不污,樂善而不倦,不曰仁乎?太安人勤儉慈惠,淑慎柔嘉,合陰陽之德,理健順之宜,不可不謂之仁也。湖山公紹庭光訓,克廣聖猷,解薜登朝,爲大雅宗。自詳刑韶陽,秉禮秩宗,敷文黔南,保釐三晉。行且正衡紀之序,調泰鈞之元,皆弘衍家風以康國祚，又何莫而非仁之敦耶？是則必得之壽不介而已臻，真常之道全體而不匱。是故身其康彊而無窮之景福萃焉，子孫其逢吉而不世之鴻休引焉。

《老子》曰："復命曰常，知常曰明。"明於此者，古之真人而無極也，安得以心迹之間，而芥一室千里哉？"我心不遐，雲天匪遥"，太安人誕在中秋十日，鑒塘翁誕在嘉平廿日，公馳使上起居爲壽，以寄其屬屬之心。乃外史氏綴此叙辭，作圖録獻焉。夫"他人有心，予忖度之"，"仲山甫永懷，以慰其心"，其斯之謂矣。

贈林虚溪先生會試序

嘉靖四十三年，天開甲子，皇上維新景運，丕闡文明，以明年乙丑會試，詔禮闈於取士焉徵之。於是天下之士盡偕計而集京師，乃虚溪先生以學正行，其同寀與群弟子送焉。外史氏代之言曰：

先生遇矣。先生純敏端亮，博學而深造，遐覽而玄識，著爲文辭，典雅精贍，大者無垠，小者無内。要之，與六經之旨同歸也。其操履應酬之間，周旋折旋，壹禮義恭讓而信以成之，孔子所謂君子也。諸生被其薰涵而長養成就，彬彬如也。先生蓋才德兼、學識具，而文之不可掩乎！前小就學職，蓋有待焉。今皇上恭默思道，外則思守封疆之臣與安郡邑之吏，内則欲得文學侍從之臣，日月論思，朝夕獻納，以調元化、佐太平。詔旨招延如此其盛，乃鴻藻之才進，龍德之侶升，珪璋之品達，黼黻之彦登。應元會之運，承泰階之符，如龍現文而祥雲景附，虎布武而會風飈合。千載一時之遇，莫奇乎兹也。顧以先生之才、之德、之學、之識、之文，有不褎然爲舉首乎？故吾知其遇矣！《易》曰："公用射隼於高墉之上，獲之，無不利。"子曰："隼者，禽也；弓矢者，器也；射之者，人也。君子藏器於身，待時而動，何不利之有？動而不括，是以出而有獲，語成器而動也。"今信乎先生之器成，故吾知其遇矣。夫器之用匪一，而利於論思獻納之用者，是先生之器也。故吾知其遇矣，登金門、步玉堂爲有日矣。

攝提貞孟，祖帳青郊，同寀二人，弟子蓋三百人，藩郡之餞與環橋，而觀者蓋如堵焉。僉以外史之言爲然，遂書之以爲贈云。

《瞻遠樓詩》序

夫樓居者，資其勝概，以寄其情適焉而已矣。傍山臨水，復檻層檐，碧疏玲瓏，虚中洞達，其概也。端坐而有抱冲之適，憑高而有寥廓之適，眺遠而有蒼莽之適，俯視而有離塵之適，舒嘯而有放懷之適，歌咏而有感物之適，燕娱而有延景之適，其情也。君子則不然，發乎情，止乎禮義；動以天，不間以人。

承山公家起一樓，大江環流，四巖拱翠，固足以縱逍遥之游，窮極意之樂。而曰："啓窗西望，有皇祖中丞公、皇考督府府君之封樹焉。觀鬱葱之氣，以攬予愴慕之心。"則取其字號之文以名其樓，曰"瞻遠"也。當是時，將顧名思義，處高慮危。矚濬潭以溯源，睇長松而追本；對越乎聲容之掩藹，游衍於神化之流通；淵默而有雷聲之應，泰定而有天光之發。雖樓居則同，而情之所適固與世殊矣。嗟夫！古之君子，一出言舉足不敢忘其親也，乃觀承山公，豈不信然也哉！

公以端揆之望，方受命敭歷，固不遑百尺之栖，而左圖右書，實惓惓焉。文史披玩，往往咏言，因托野史氏叙之，以表群玉云。

送承山宋公南還序

參知政事承山宋公守晉之鄙三年，撫按交上疏薦，言其賢可大用。乃禦虜功著，督府與巡按御史又特上疏請顯擢。事下兵部，大司馬服其明允，特舉賞不逾時之例，請加藩轄職銜，仍借守舊疆。上曰："可。"計前後事，宜俱屬銓司掌覆，俱不果行，已而用一言之毀，廢千人之譽。時公方申畫兵防，撫綏殘破，蚤作夜思，靡不勤毖。百姓賴之，如出窞穽而就衽席。及聞此意外之報，則遠近大小，惻心隕魄，欲攀援信宿而不可得。

郡博士弟子咨嗟言曰："某聞之：'明明在上，穆穆在下。'明良之所以相濟也。是故賢者在位，能者在職，則朝無棄德，野無棄才。今聖天子圖治之初，賢宰相寅亮之日，而賢才之進退其輕如此，不已棄乎？夫中外展寀之臣誠多布列矣，其純潔端平、愷悌明睿如公者幾？文德懿衷、武以威敵如公者幾？議事以制、不爲刑辟如公者幾？不侮矜寡、不畏彊禦如公者幾？處煩以簡、濟變以通如公者幾？禮檢宗藩、道興學校如公者幾？使布列而皆若人，則小賢而避大賢可也。或方兹而有一劣，則倖位之慚，獨免於胡顔之誚乎？何言聽之皆易也？夫公譽之而不用，私毁之而不察，竊恐貞人智士將望望而皆隱矣。"

外史氏因曉之曰："夫官者，非吾本有之也。倘來寄之，而信其去耳。孔子曰：'道之將行也與，命也；道之將廢也與，命也。公伯寮其如命何？'言吾道當廢，天適使讒人毁之，雖讒人亦受制於命矣，彼焉能廢我哉？故君子或仕或止，無入而不自得也。公生平以道爲體，其視去位若浮雲之散太虚，了無得失之患。概於其中，所謂樂天知命而不憂者，公以之矣。顧區區外物，奚足爲公益損哉！然諸君之意，則憤世嫉邪，傷大道閉塞，賢人中隱，篤《緇衣》之好而惡《巷伯》之深也。"於時博士弟子卒咨嗟不能已已，二三士夫皆臨岐泣數行下。乃共持此語追送，以張本去後《甘棠》之思云。

贈學正林虚溪先生擢任懷遠序

嘉靖四十四年乙丑五月，汾學正虚溪先生林公擢懷遠縣令。初，先生以純雅博通、孝悌潔白之儒，上壬戌第未遇，乃暫署學。當是時，學子之屬失匠石之資也，久視其宫有茂草焉；及得先生，如渴得飲，如闇得炬。先生垂法之楷，陳義之高，析理之精，綜文之典，勤有獎，惰有懲，貧有問，患有恤，如沛江河之潤，揭日月之光，斯靡槁不濡，無幽不燭者矣。如是者三年，學以大興。復上第乙丑，祖餞之辰，自郡大夫以下至門第子，僉以先生之德藝卜之，謂必遇於時。乃復不見遇，尋亦以賢見擢云。先生莅學之年，鴻藻甚著，省中因以《晉乘》屬之。先生執觚詮纂，不數月而成書，今稱信史矣。已而聘衡江試，弘採國楨，又稱匠師之良焉。先生雖以賢見擢，群情猶不釋然，乃先生慷慨就道，無戚戚容。祖餞之辰，自郡大夫以下至門弟子，又僉以先生之德藝卜之，謂必遇於時，必行其志，自一邑始也。

孔生曰："自古聖人賢士之生，天固畀之以用世之具矣。用之教以明其道，用之政以達其德。則君師之事，公旦、仲尼之選也。以先生之蘊抒之，奚時而不遇，奚志而不行哉？抑又有命之説焉。造物者之爲令也，或予或奪，或困或亨，或桃李之華而先榮，或松柏之心而後茂；或淵潛而龍現，或漁釣而鷹揚。察物之變，揆人之紀，雖蚤暮不同，要亦俾之遇矣，俾之行矣。《志》稱懷遠爲我太祖高皇帝豐沛之邑，其湛恩汪濊，神化消融，至今寖遠寖明。其形勝，對峙兩山，先生左挹荆山，笑卞和之泣；右攬塗山，思大禹之功。撫湯沐之遺氓，存可封之比屋。條其紀綱，文之禮樂，興修利益，黜遠暴害，壹澤之以江河之潤，照之以日月之光，誠始於一邑，將施之天下而無窮也。夫觀水於瀾，觀象於隙，言有本者如是，是之取爾。若自竭其潤，自蔽虧其光，將比蹄涔熠燿之弗如，而能以治一邑耶？乃今而湯湯，而赫赫，而曷其有極？”

言畢酒闌，愠先生之蠖屈者咸悦。先生遂再拜結旌，脂德車以行。

曹守受齋孫侯德政序

汾司訓蔣坡尹子，曹人也，與余語曹守受齋孫侯之賢，且徵言以爲贈。其賢之大者，曰蠹蔽之釐也，賦税之平也，徭役之均也，聽斷之審也，刑罰之中也。夫蠹以傷民，蔽以罔上，皆緣飾以爲奸，多出于府史胥徒之流、左右近習之輩，侯深察而處之，是以謂之釐也；夫賦税者，正之供，而豪强兼并，里書飛詭，有田連阡陌而逋負獨多，産僅中人，田無百畝，往往累其陪納，於是乎貧且病者夥矣，侯深察而處之，是以謂之平也；夫徭役者，力之宜，而高門多例免之私，茅屋有獨勞之歎，亂其等則之常，加之影射之幻，於是乎劬且亡者夥矣，侯深察而處之，是以謂之均也；夫訟者，所以求理，侯小大之獄必以情，是以謂之審也；夫刑罰，所以禁奸，侯善無微而不勸，惡有小而必懲，是以謂之中也。始曹人之困也，以五者之失其度也；今則吏稱其職，民安其業，而行旅者歡，游宦者悦志也。有宗族在田里，有子弟在學校而蒙教養之休，有老夫坐卧青氈而無内顧之憂，皆侯之賜也。是以謂之賢焉，而不能盡其大，願有述焉，庶以矢其德乎！

余應之曰："善哉！受齋侯之政有如此者。夫自世道末趨而吏治外獎，則密於事上而略於保民，急於邀名而緩於務實。於是上交諂而下交瀆，能聲雖著而仁聲罕聞。即子産之愛，叔向之直，何武、朱邑之思不可復見矣。乃受齋侯秉天理之純心，揚愷悌之洪化，故能行是五者，皆保民務實而無一毫希世取寵、用智自私之念，豈非無所爲而爲善之君子耶？昔子路治蒲三年，孔子過之，入其疆而知其恭敬以信也，入其邑而知其忠信而寬也，至其庭而知其明察以斷也。皆睹其政而知其德，雖三稱其善，猶以爲未足也。今敬聞侯五政之規，當不止乎三德之頌矣。夫國家以進賢爲治世之經，然進百能吏，未若進一循吏可以移風而嚮道。蓋能吏凡資之警敏者皆可辦，而循吏非德性用事者不能爲也。倘當塗之臣爲世道計，則當先進受齋，以風百執事焉。"

於是尹子再拜，斯言以爲贈也。

贈〔一〕邑侯斗垣陳公膺撫台旌獎序

君子之道，以自信爲本實，以見信於人爲徵應。無本實弗立，無徵應弗行，故必能自信而後可以言立，能見信於人而後可以言行。以德心敷德政，施溥而不拂乎民，内省而無歉於志，是之謂自信；我善是，人亦稱是，與之非諂辭，受之無愧色，是之謂見信於人。余讀〔二〕《孟子》，見其言獲上治民，若居官守職，猶有假於外，及推本明善，誠身而極於感人動物，則所以自信以見信於人者，乃履信之道，順應之常，而非有所假也明矣。故曰："不患無位，患所以立；不患莫己知，求爲可知也。"昧者爲之，或恃才不免於凌忽，負氣不免於愎直，用智不免於自私，好名不免於緣飾。或暴得虚譽而敗不旋踵，則不信之過也。故君子於本實之端也，非以求信於人而徵應之來，適以考吾自信之誠。

孝義當丁卯寇亂之餘，加之征繕之役，民命不絶如縷。其勞者之欲休息，傷者之欲植援，真赤子之慕慈母也。得斗垣陳公，爲之拯其阽危，修其墮壞，補其偏枯，集其逋負，雪其煩苛，雨之康惠，蓋數月而元氣藹焉。即其惻怛之心，與其中和之政，皆其自信。而巡撫楊公舉憲典旌，非見信於人之一驗乎？夫自朝省以至撫按監司，俱以知人安民爲事。惟撫臣之經略也，則錢穀甲兵、禮樂刑政無不總統。

其安撫也，則問民疾苦，培養命脉尤爲切要，然皆責效於有司而旌别其賢。撫臣曰賢，則無所不賢矣。故旌書皆重，而出於撫臣爲尤重焉。然公之心固主於信道，不以是爲重輕。至安位行至，持之歲月之久，馴之漸漬之深，以大惠斯邑，則閭閻之幸，庠序之幸，縉紳之幸也。

鄉賢礪庵霍子，以其尊翁大司馬相公之意慶之，而徵余言以表之，因又知公之賢見信於巖廊之上，弘矣，遠矣。

【校記】

〔一〕贈，底本作“增”，誤。據温抄本改。

〔二〕讀，底本漫漶不清，據温抄本補。

贈汾幕趙君升順天府庫使序

“夫一命之寄，苟存心於愛物，於人必有所濟。”信哉，斯言也！天地以好生爲德，而人得之曰愛，所謂先王以仁心行仁政，不過推其愛而已矣。今有受命於君而司牧乎民，捨是心焉，則無所用職矣。故位無崇卑，能利人濟物，則爲慈爲良爲愷悌；不能，則爲貪爲暴爲奸邪。君子小人之所以分也，而階資不與焉。假如據高官大爵，一以勢利汩其中，私臆横於外，殘民害物，無所不至，與官卑禄薄、循循守已、惻惻愛民者較，其孰得而孰失哉？此守位之所以貴仁，自天子以至一命之臣，其心一也。

北台趙君以華陽史陟汾幕，到官之日，值北虜擁衆薄汾。君倉卒守城，多計略，虜竟遁去。殘破之民，呻吟愁痛，賴君撫摩噓煦，如慈母之於赤子也。時長吏以苛虐立威，群寀多附；君獨持寬厚，不詭隨。及苛虐事敗，而君賢益彰。主掌徼巡，奸盜屏息，閭井焚蕩之餘，得稍稍寧輯，皆歸惠於君焉。君明法令，凡用文主斷，宜慘刻少恩；

而哀矜明恕，往往如《詩》《書》之所稱。至其忠信篤敬，若太樸未雕，習俗所不能移者，蓋天與鑄其善歟？其慈良愷悌，藹然著於一時，真所謂存心愛物而有濟於人者也。其賢於蔑心之仁而尸位自雄遠矣，不可同條而語矣。

居歲餘，陟順天府庫使去。夫百官以京職爲榮，君以賢徵榮，當復有不次之遷。而郡掾等實惓惓焉，欲借留之而不可得，因乞余言以贈之如此。

贈直古老人李公登年上壽序

人壽以百歲爲期，其大域也，有能至其域者，全其天年之人也。夫自然之數，謂之天年，天無窮而數有限。如四時焉，春而夏，夏而秋，秋而冬，順而叙之，而無所虧缺，一歲之數周矣；過此而退進、進退，則莫之能窮也。人生形而生，生而逸，逸而息，順而受之，而無所夭閼，百歲之數周矣；過此而死生、生死，則莫之能窮也。無窮者不可知，有限者吾委順焉。夫人有少不至壯，壯不至老，而與草木同朽腐者，皆自戕其天年者也。蓋神者，形之主也；形者，神之載也。神太牢則竭，形太勞則罷，形神俱弊而能全其天年者，鮮矣。今人趨利嗜慾，内思慮之營以竭其神，外奔競之役以罷其形，日夜相代乎吾前而弊弊焉之不休，豈不痛哉！當堯之時，百姓日出而作，日入而息，鑿井而飲，耕田而食，含哺而嬉，鼓腹而游，而形無所役。"不識不知，順帝之則"，而神無所營。是以擊壤之老，皆躋大年；華封之祝，壹以多壽。蓋全其天年之人，皆陶唐氏之遺也。《老子》曰："全汝形，抱汝生，無使汝思慮營營。"豈有假於金書玉籙，服食導引哉？抑亦以自然者之爲貴耳。

孝義有直古老人李翁，生澆漓之俗，而其純若握而固也；長雕琢之時，而其樸若渾而堅也。宅衕廨之衢而目不省官吏，處桑田之野而口不言市肆。鄉飲之行也，縣宰聞其賢而賓之，則望望然逾垣而避之，曰："奈何取野老而縶之也？豈以我爲是拘拘者耶？"居常收視斂聽，静淡恬愉。粟充腹，布揜膚，坐不欹，寢無夢。無老氏之學而有其事，無堯民之歌而有其情。今歷歲且百而益康彊，其以爲全其天年之人也，信也。

邑中士大夫相率而禮於其廬，以敬老也。其子世榮欲文言以記之，陽泉君徵之，余樂爲之叙焉。翁姓李氏，名某，字〔一〕某，號之爲直古老人云。

【校記】

〔一〕字，底本作"宇"，誤，據温抄本改。

《介休縣志》序

夫志，史也，以史官爲之書也。古者列國皆有史官，故皆有書以紀其事。自郡縣之異制，則有守令而無史官。而守令之務，又有急於史者，則將先其所急而後其所緩。文書盈於几閣，車馬靡於道路，掾吏委於刀筆，功課析於米鹽。歲月無久住之時，載乘無世家之統，斯於稽古禮文之事，闕矣。〔一〕夫文武之政不墜於方策，秦漢之形有考於圖籍，則志之徵也。故觀躔次之所考，陰陽風雨之所交，則可以敬順天功；觀山陵川澤原隰之阻，樹藝灌注之宜，則可以祖識地德；觀王公大人之所經綸，賢人貞士之所挺伏，方物之陳，宅里之表，則可以序宣人紀。執三極之矩，弘萬類之綱，纂一邑之事，繫四方之風。道有污隆，政有登降，俗有沿革，事有損增。酌古以準今，彰往而察來，因故以求利，考衷以度中，備是物也，其可闕乎？

介休爲晉名邑，顧獨無志。二百年來，令尹興國劉公始蒐輯而草創之，而以學諭關西李君事編次，不三月而其書成焉。君子以爲文獻之興，自公肇之。時李君來屬叙，余往述郡志，欲兼總三邑故事不能得，今乃獲睹其成書。昔孔子慕夏、商之禮，而傷文獻之不足，蓋有意乎其興之也。卒垂《禹書》，定《商頌》，於是二代之迹爲信而有徵，而聖人之志行焉。夫邑之不可無志，猶人之一身不可無視聽之資、言動之具。采色之不昭，聲音之不越，蓍龜之不兆，衡鑑之不懸，則棖棖乎貿矣。然道不終泯，待人而行。公有珪璋之材，愷悌之德，博物如子産，好賢如子賤，猷必成憲，法必古則，充其心也，三立而不朽者也。宜其隆墜緒於久湮，伸闕典於幾絶如此。夫邑之先民，有介之推之亢節，郭林宗之貞固，文彦博之忠勛，皆毓靈於光岳，垂耀於士風，而遺黎薰習，往往襲其餘韻。或群生康沃壤而失憂儉，繇是因其篤行而文之以禮樂，導其富庶而申之以孝弟，公之教也，志之大也。敬叙之簡端。〔二〕

【校記】

〔一〕本段另見於咸豐《新鄉縣志·藝文志》舊志序，爲萬曆二十二年梁問孟修《新鄉縣志》時所引，字句略有不同："嘗聞之汾陽孔氏云：邑令之務，有急於史者。文書盈於几閣，則應務之難；車馬填於道路，則奔走之難；掾史委於刀筆，則檢閱之難；功課析於米鹽，則催辦之難。且歲月無久任之時，載乘無世家之系，欲以博咨精究，昭垂不朽，可易言哉？"

〔二〕本文末段"墜緒""闕""貞固""毓"數字，底本漫漶不清，據温抄本補。

贈别駕丹峰夏公入覲序

隆慶五年爲聖朝元會之期，方服之臣罔不畢詣。時汾州守以邊例留，丹峰夏公職在别駕，當於庚午仲冬祇行，於是邦人大夫諸士贈之言曰：

古之諸侯朝於天子曰述職，述職者，述所事也。今之郡守重於古諸侯，循入覲之典而述職於天子之庭，於是乎考言明功而以升以絀，則古今一而已矣。然古者專重民事，而後世以簿書期會、奔走承順爲能，則悃愊無華與守己愛民之吏，往往不得意於上官，是則司紀者之過也。而此心則可以對天地，報朝廷，陳於百官，表於庶民焉。夫誠此心無愧，則述所職也，可以爲邦家之光矣。善乎，孟子之言民牧也，猶受人之牛羊而爲之牧之也。牛羊肥字則可以見主人，百姓安阜則可以見天子。惟汾荐罹罰割，初罹於醜虜之虔劉，再罹於屠伯之貪暴，蓋困敝極矣。比得我君侯，實惟矜其疾苦，惻其隱幽，憫其偏廢，除其蠹害，平其枉曲，無一念不在於民者。蓋其聰睿之資，通敏之裁，廉正之守，慈祥愷悌之心，無一事不中民之理者。由是當道信之，僚長敬之，士民服之。事無巨細，獄有小大，率委集於公矣。公八面應酬，咸井井有僚〔一〕，惟明惟允。若城我北廓，三月而成，特其一端耳。蓋使一郡之民，得以安其餘業、保其殘生者，皆歸惠於公也。

吾想百辟之行，軒冕柱塵，銀黄青紫，焜煌照耀，誠足榮矣。然或但把趨時之能，而鮮愛民之實，於心獨無恧乎？公於民也惠，及隻車羸馬出郊，士民祖道，皆嘖嘖歎戀仁恩，願端旋舊疆，用終惠我元元，是公之心實無忝民牧，可以對揚天子之耿光矣。

【校記】

〔一〕井井有僚，當爲“井井有條”之誤寫。

南山獻壽序

夫國有元老，其天下之福乎？故《詩》之言曰：“樂只君子，邦家之基。樂只君子，萬壽無期。”夫以樂壽奠邦，邦其永綏矣；邦其永綏，而天下皆蒙其福矣。古之君臣，交相儆戒頌期，公卿大夫之相告語祝願，言保守名位必以德，言受天之禄必以壽。豈曰自身有餘而已也？誠以國之司命在保合太和，長永貞固之含，所以成博大悠久之化，敦龐渾厚之裕；所以衍優游康豫之休，而究中和之極，躋天下於仁壽。非聖人在上，元臣穆穆，大老皤皤，其疇克以臻之？昔二帝之世有皋陶，三王之世有伊尹、萊朱、太公望、散宜生，皆以元老而執化樞，秉道醇洌，御世遠綿，令和氣絪緼，嘉生茂育。上有清穆之宴，下無災害之虞。是以堯、舜、禹、湯、文、武之盛，邦其永綏，而天下皆蒙其福也。至於今幾千百載，誦其福而歸德之不衰，故謂元老爲天下之福明矣！

少司空浴泉徐公，今之元老也。以調元贊化於聖人之朝而天下望之，以爲福焉者也。公將以已之福庇天下，則天下之祝公者，萬有千歲而不止也。介邑令劉君於公爲後進，實望美先達而能愷悌其政。比來郡，言將以清和之節遥爲公壽，歌《南山有臺》焉，且屬之叙。某竊喜上公之致，視《詩》之樂壽而有加，斯稱之云爾。語曰："高山仰止，景行行止。身雖不至，心則嚮往之矣。"心嚮往之，則言之不可以已夫！

孔文谷集卷八　序

《大竹文集》序

御史大夫行庵陳公，寄其先公《大竹文集》四編。余讀之卒業，其疏議則忠讜切直，疏通知遠之敷也；其文則典雅温厚，修辭立誠之彰也；其書啓則情文悃款，仁義之言藹如也；其詩詞則才章巨麗，性情之理昭如也；其史論則本隱以之顯，撥亂世反之正，《春秋》之旨微矣。其《遺考》一編，則載廟堂清議之所歸，縉紳頌誄之所萃焉。野史氏竊謂，鴻哲之生，朝野皆述，於是叙焉，曰：

夫觀象緯之精芒，而知天之積也；察草木之華實，而知地之凝也；睹文章之璀璨，不知其人之存，可乎？天之積也清淳，故其縣著如彼其盛也；地之凝也和厚，故其發生如彼其備也；人之存也，剛健中正而文明，斯必然矣。先民之言曰："文自《西京》以前爲三代之遺，《詩》自删後則稱無。"豈文絶於歷代，而《詩》斷於三百？蓋亦有爲乎其言之也。夫經生曲學，牽拘於章句；詞人小技，雕飾乎斧藻。奇詭華抗，大而無稽，其於道也遠矣。是故有爲乎其言之也。以余睹大竹翁之作，不有以見三代之緒論乎？不有以見三百篇之遺響乎？夫象緯華實，天下所共見也。觀天地者，但謂某象某緯曰天乎，某華某實曰地乎，非所以覽於形色之外也。大竹翁禀海岳之純靈，粹惟皇之衷懿，修孔孟之正學，志伊周之遐軌。是其存也時，其所發特其正感之應，旁通之情，亦猶象緯華實，爲天地之散殊焉耳。《易》曰："君子黄中通理，正位居體，美在其中；而暢於四支，發於事業，美之至也。”夫豈有意於具美哉？子貢曰：“文武之道未墜，在人，賢者識其大者。”翁力扶世道，夷險不渝，往往多畏天悲人之詞。其所識豈小小〔一〕哉？

余少聽舊登州守嚴老談東海巨公大竹翁之賢，及與行庵公並命分陝，竊見身翁之度，聲翁之律，爲翁展經綸之藴，竟黼黻之章，猶河漢而無極也。夫漢帝訪茂陵之書，妻將札應；唐宗求右丞之撰，弟以編呈。豈若翁肇嗣隆，將以家乘之藏登之國史，忠貞之烈表之彝常云。

【校記】

〔一〕疑衍一“小”字。

《愚谷集》序

齊魯之間爲文學之淵源也久矣。方二國建，時當周道之盛；及周之衰，禮自諸侯出，故《韶樂》在齊，《周禮》在魯。孔子以至聖之德詘於季世，則修六藝之文，明百王之法。故曰：“文王既没，文不在兹乎？”孔子之後，微言稱絶，有孟軻氏出焉，游於齊，退而序《詩》《書》，述仲尼之意，作《孟子》七篇，仁義之言藹如也，故曰“孟氏醇乎醇”。遭秦滅學，斯道缺數十載。漢興，諸儒復纂戎先緒，潤色鴻業。言《易》則淄川田生，言《書》則濟南伏生，言《詩》則魯申培公、齊轅固生，言《禮》則魯高堂生，言《春秋》則齊胡毋生，其後公孫弘爲最著矣。皆齊魯之英也，可不謂淵源之所自乎？要之，以粹然一出於正者，爲孔、孟之宗焉。

經數百載，有樂安李公云。李公爲詩文，並爾雅温純，無一字不根本六經而振掉古風。唐人尚詩，而燕、許妙其匠心；宋人尚理，而周、程優於聖域。明興，合藝與道，盛矣。弘、正中，豪翰之士雄杜甫而右馬遷，既乏堂室之觀，卒依傍籬壁而已。余讀李公《愚谷集》，大氏詩似燕、許，文似周、程。蓋一音之契，足以究清和之極；一義之旨，足以闡中庸之微。而況衆善悉有，群美咸備乎？測其優柔涵咏之趣，而静深之蓄可知；挹其潔芳秀潤之標，而華實之致可想。即聖人復起，諸儒並列，質以公之載述，亦必謂之粹然一出於正者矣。噫！此可爲知者道，難與俗人言也。

雲中守肖溟程君於公有館甥之誼，則刻斯集以傳，托户曹趙陽谿君以余爲叙。公毓美大國之風，蜚英上第之選，位列九卿，蔚爲儒宗，炳然文章行業。其行業自有書者，余特叙其文章，溯齊魯之淵源焉。

程參戎刻《窗稿》序

丁卯寇亂之餘，議汾設戎守，乃一山程公奉璽書至。擁旄建牙，陳師鞠旅，調戰陣之具，飭鉦鼓之教，咸有綱有紀，有文有章，稱軍容焉。汾人知有軍容，自兹始也。公英資卓犖，才文武兼，少誦兵法幾十萬言，復文史足用，起武舉第一人，所以含育者弘，宜其所宣著如此云。練閲多暇，尤講藝以迪後生，出少所爲論十篇，《窗下稿》也。余取而觀之，創意構辭，析理敷議，其氣勃勃，其采煌煌，皆無舛於道而有成章，宛然經生之旨、匠氏之方也。其以迪人，人不興起乎？

夫百家之言多不雅馴，惟兵家祖本仁義，與六經通道，爲三代聖王之所慎，天下太平之所不敢忘。然而不根本六經，尠有知之而後能言，言之而後能行。國家設科取士，誠欲因言以卜其行。然世平道明，每切於文士而略於武夫；比四郊多壘，始大重武科之選。計得一儒將，如南仲、方叔、尹吉甫者出焉，隆《小雅》之墜緒，絶四夷之交侵，亦切切乎以言卜之也。公應期射策，既裒然千人之英，則儒將之功必於此乎兆焉。然駸駸已見諸行，顧世所以用之。

夫論宜理，在漢如東方朔、枚皋、孔融之辯，猶謂持論非其所長，豈非理不勝耶？公論頗準《過秦》，實雅通經術，故宜出其根本，垂條結華，爲一家之言。昔魯定公與齊侯會於夾谷，孔子言："有文事者必有武備，有武備者必有文事。"晉置中軍，用郤縠，以其悦理樂而敦詩書。蓋文武之道，相濟以爲用，而相須之甚殷。不然，雖以霍光之忠，猶是不學無術，闇於大道；而將相兼資，自趙充國、諸葛武侯後罕有儷焉。今誦其《留田》《出師》之言，其所學爲何如也？是故即《窗稿》而占廟謨，藉緒言而窺遠略，因點定之，命梓以廣其迪。《世説》曰："閑習禮度，不如式瞻儀形；諷味遺言，不如親承音旨。"信斯言也，則言語文學之表，又别有覿德之觀矣。學之不可以已也，余故一引其端云爾。

贈范大參請告東歸序

夫君子之有益於世也，則以身之去留繫國家之輕重，爲天下之安危。古之人有行之者，如唐之郭令公、裴晉公其卓然者，蓋其大德大才，而爲人心之所傾向如此。余以是觀今之大夫，其霅南范公乎？

公初以素望膺上簡書，兵備上谷，上谷之人倚以爲重，而曰"安我者，必是公也"。元年，大虜入寧武關，長驅興、嵐、石、汾等十餘州縣，横肆殺掠，而石州破，乃滿載循故道而歸。當是時，來不堵攔，去不邀擊，蓋二百年所未有之變。上咎厥圉臣，以爲玩寇弛備之誡。廟堂議選置將吏，言兵憲爲最。蓋兵憲守文執律，與將領並治要害之地，專事綜理之司，宣明節制，議處方略，督戰守之宜，紀功罪之當，導而上下，其視督撫之臣居中遥制，聽幕史行文書而已者，爲近而有功，故兵憲之爲最也。會岢嵐道使缺，撫臣請以公代，上進公山西省參政，錫璽書，備守嚴道，移鎮老營。公至，則盡易其往之玩弛，申憲令以作士氣，率忠義以啓人心，窮搜險阻以立峻防，薙獮寇孽以絶奸細。修城壁之壞，增溝壘之嚴。積儲峙，繕器用，明紀律，勤訓練。興利除害，順人所樂，軍實所資，罔不弘濟。自二年戊辰到官，及庚午，則邊鄙盡寧，民用生息，一道皆倚以爲重，而曰："安我者，必是公也。"

然勞瘁亦已甚矣。因上狀乞移疾歸次，稍就調攝，倘不先朝露，效忠有期。詔許之。即整駕東歸，副將東溪錢公偕所部追送，且抵余書曰："公所爲，皆開誠布公，集思廣忠，諸葛武侯之御軍也。故三軍皆倚以爲重，而曰'安我者，必是公也'。今公方就道東山，而吾能安枕北塞耶？是故願一言之，以紀其行。"汾、嵐南北衝也，前創置參守於汾，其調度守禦，料理兵糧，皆出公準裁。重兵在内，公以良翰鑰其北門，至今汾人亦倚以爲重，而曰"安我者，必是公也"，是公有大德大才，而人心向之。來一方則一方倚以爲重而藉之安，去則失其所以爲重而懼其危。即起，而鴻勛鉅業比隆汾晉，則其以一身而繫天下國家之望，豈誣方將哉！斯望美之云爾。

《雲林清籟》序

疇昔管涔子爲學官功令之司，好石屋禪師《山居頌》。迨其歸老，好之彌篤，常以拈示學人，人或持去。陽谿君聞之，爲抄補一册，因恐再失，乃摘其所珍六十餘篇，存之鉛槧，而號之曰《雲林清籟》。原夫字書，籟，簫也；簫，肅也，其聲肅肅然清也。則知籟品本清，以其奏於雲林，則又清矣。故曰《雲林清籟》者，表其非世俗之音也。

世俗之音，世俗之情吹之乎爾，而哀怨，而歡愉，而綺靡，而亢厲，清乎？俞俞否否，不可得而據。惟夫出世之士，厭非烟，息茂樹，蟬蜕外膠，冰解内熱，復初乎太樸，返真乎元素。虚明湛寂，妙感玄通，是惟無言；言則竅於天籟之自鳴，所謂靈樞之發，"虚而不詘，動而愈出""淡而不厭，簡而文"，清哉！神矣！夫清者，神之爲也。神妙萬物,物受之而不知,故上浮之美,絶埃通極之致,不可爲象。及其消融變化,遂使人驚魂動魄,澡心□慮,大夢回寤,沉醉改醒。賤啄腐於鴟群,耻喧繁於蛙部。餐風味道,深思高舉,則是泠氛所披,萬有生聽。乃冲微自然之應,而非實比其竹,而效俗之吹以動人也。然亦貴於所知,故知音者樂之,而不知者怪之。有言張樂洞庭之野,而鳥避魚潛,政以明俗物之不知音,亦猶聽古樂而睡也,蓋怪之矣!

石屋其人,則出世之士也。其言則天籟也,其道如是,是之取焉。若以翕赩之慣,方索寞之栖,緣俗之工,校遺世之弄,得無怪乎?矧世俗之所有者,雲林之所無;雲林之所有者,世俗之所無。無之無者常有餘,有之有者常不足。非由天籟以鳴之,孰祛解其惑哉?

《篤行貞節詩》序

嘉靖四十一年,日長至之後十日,皇帝册封慶成恭裕王子爲慶成王,以左給事中心庵王公爲制使。貴懿親之命,賢近臣之選,咨禮樂之英,昭軌物之度,惟其人也。公至,一宣命如制。王既端委而即冕服,公遂遄行,於燕勞餽贈一無所受。曰:"皇帝隆禮睦親,王拜命敬奉,禮義成,順德著矣。其務制節謹度,秉禮守文,惟明憲之肅,而以私惠餽遺於使臣也,其如天子之休命何?且吾先大夫,篤行君子也。老母在堂,樹貞一之節,蚤教某以四事,曰忠、孝、廉、節。夫忠無欺,夫孝無違,夫廉無私,夫節無易。斯四者,乃某之所以修之於家,而獻之於天子之庭,拳拳服膺,而唯恐失之者,其敢以帝臣之故而辱王之惠爲?昔周襄王使内史興錫晉侯,命見,晉侯使上卿迓於境,身自郊勞,館於宗廟。饋九牢,設庭燎,三命而後成禮,有忠信仁義之意。歸以報襄王曰:'晉侯其能禮矣!'今某之報於朝也,殆亦猶是矣,其何敢私惠之承?"

王曰:"亶如是哉!然賓饗贈餞,猶非晉侯之所已行者乎?且吾聞之，贈言重於車也。敬愛其親者，聞人揚其親之善則喜也。公之先大夫與母氏太夫人同有令德，惟馨惟清，俾皇天眷佑，篤生顯嗣，爲帝耳目之臣，忠孝廉節，厥德炳茂，復以其緒風餘輝被我有邦。《詩》曰：‘樂只君子，邦家之光。’公以之矣。是不可以贈乎？”於是作《篤行貞節》之詩以表之。王子小溪及宗室之能文者咸屬和焉。

夫使臣上不辱君，内不負親，身不失道，以順移忠之道昭矣，立身揚名之義彰矣。詩成，共爲一册，王徵外史胤爲叙述之。外史氏不能詩，第歌“鴻飛遵陸，公歸不復，於女信宿”，以追公之行。“吉甫作誦，穆如清風”，册書蓋可睹焉。

贈抑齋張公巡撫寧夏序

寧夏爲西北巨鎮，賀蘭西峙，黄河東漾，渠嶂綿延，若帶若屏。産有魚鹽之資、稻粱之利，士馬蕃息其中，無事則可以養鋒鋭，有警則放河渠之浸，據溝壘之阨以設險。且戰且守，而鮮敗衄，蓋地利、人和兼而有之，謂之巨鎮也宜。昔有宋失險，令大盜得負固以窺朔方，非賴韓、范經略安撫於外，李文靖、王文正公主張國是於内，幾危國矣！明興，統天括地，九邊雄隩，我鎮我城，則居重馭輕，捍外衛内之勢，如天上九關，虎豹守之，故外患雖不能免，而儆戒内嚴，卒保無虞焉。何也？得人勝也。

比來醜虜繹騷，朝廷推轂遣將，必擇南仲、方虎之賢。當是時，文武名德皆應運策勛，積威所加，虜寖怖懾。至今遂款納獻琛，屈膝請降。廟議以爲，天將開國家以太平之治，故使跳梁歸順，令士馬與隸氓稍稍休息；然而盛衰倚伏之機，居安思危之慮尤所當慎，其推轂遣將尤所當殷。蓋攘外之實不貴於用兵而貴於養兵，安内之實不貴於勞民而貴於養民。連歲兵疲於不戢，今因其時戢而養之，以精訓練；民困於多勞，今因其不勞而養之，以舒徭役。十年之後，當士嬉馬騰，民安物阜，平則保大，亂則定功，而我有餘矣。夫英雄展案措事，張惶揮霍，運大略於搶攘之間易；沈潛高明，布鴻猷於悠遠之際難。故必有經天緯地之文，而後可以濟武；有撥亂反治之武，而後可以濟文。文武相濟，而後可以言保大定功。

比寧夏巡撫闕，廷推才兼文武可以爲大臣者，惟抑齋張公。先是，公以大參進按察使秩，蓋爲今大擢之階矣。公往鎮河西，坐酒泉郡，威行塞外，羌虜悉皆知名。及擢守冀南，開府汾陽，凡八閱月而補偏捄弊，省費恤窮，練兵修器，咸井井有條。繕城周圍十里，悉甃以磚，工未半而節鉞啓行。度遺矩，昭確必，罔怠弛而惠澤遠也。行而經略撫綏，出文德之衷，振武功之烈，修安攘之實，豫戰守之防，懷新附之虜，輯來歸之衆，爲國家廣中興之業，垂太平億萬載之休，公之能也。晉而寅亮端揆，著勛盟府，儷古名臣，震曜天衢，公之光也。

大參知李村董公曰："人道喜有慶，别有贈焉，禮也。抑齋公之擢近次三事，可無慶乎？奏膚萬里，可無贈乎？"於是委外史氏而代之言如此。

贈大參省吾紀公移鎮汾陽序

省吾紀公以宿望受上簡書，飭兵岢嵐，坐鎮老營，爲隆慶庚午。明年，擢本省參知，分守冀南，當移鎮汾陽。於時老營將士佩公威惠，咸彷徨攀戀不忍捨去，乃總戎孫公馳書徵所以爲贈言。書曰："某所建牙徼道之劇衝也，虜連歲弗戢，士馬疲且邊人愚懭，類不識儀矩。自省吾公到，則正度以臨之，洪慈以體之，修其廢弛，補其缺略，申武之經，濟文之憲，一開誠布公而廣忠益。某等賴之，若處幽隩而見天庭之燭，若涉驚濤而得砥柱之扶。兹移鎮矣，吾其捨諸？計醜虜再至，賴公運帷幄之籌，收三箭之利。近遂款塞，尤欲賴公指畫，養鋭積儲以殷内治。兹移鎮矣，吾其捨諸？"

吾聞古之贈言也,以功德致其頌也。若公之功德非善頌,其孰能之?夫人臣受命,持憲分麾以臨吏民,俾一方吏稱其職,民安其業,如古所謂循理秉道之賢,尚矣!至於臨戎建策,使將士服義,夷虜知名,爲國家安邊禦侮,著勛封疆,又非古所謂文武兼資、萬邦爲憲之賢乎?省吾公於斯二者,實兼隆並茂焉。比聖上因遠人來服,益思進俊賢,興修小雅以弘内治,則經營四方之佐,入黼皇猷,斯其時矣!《詩》云:"衮職有闕,維仲山甫補之。"公,先帝獻納侍從之英也,既而爲勞臣矣。勞臣而凱旋如仲山甫,爲可頌也。今將以頌山甫者頌公,其千載一清風乎?"是則贈之云爾。

《秋崖詩》序〔一〕

代北之山有曰五臺者,名山也。比於首山、萊山,爲隱僻焉。太史公曰:"天下之名山八,三在蠻夷而五在中國。"豈以此爲在夷者耶?其山大五百里,昔文殊現〔二〕世,栖托此中,歷代寶之。漸致緝宇連岡,花宫被谷,至今爲法界之叢林,人天之蘭若焉。然地高氣寒,不殖〔三〕嘉生之物,雖有松柏生之,其土不肥,槁壤所蒸,間出芝菌,概不足以養生,而僧亦罕有其人。吾聞山之鉅者,其神必靈;神之靈者,其産必異。故不挺異人,或呈異物,據今幾兩失之。

吾何以觀之哉?聞此中時有金銀氣,或寶鏡攝光於雲嵐之阻,或金燈放彩於雨雪之宵,或見弱翁牽狗,老嫗抱兒,轉眼又復不見。臺盤石上,約可建五丈旗;及其登也,聚之千人不爲多,散之百人不爲少。凡此亦甚奇矣。然所謂"慌兮忽兮,其中有物;杳兮冥兮,其中有精"〔四〕,不可得而測也。不可得而測,乃所以爲山之靈乎?鳩摩羅什曰:"財有五備,福、戒、博聞、辨才、深識。"亦惟仁者能弘其事。嗟夫!五不必備,苟有一端,亦足以表山之靈矣。

銅殿僧祖印號秋崖,著詩二卷,言句之半,頗闡宗風。乃優鉢之花開來幾葉，菩提之樹秀出一枝，言理事之雙彰，則地靈人傑可無據乎？持是詩而來者，湛空也。空上人卓錫此山，能以法力募化十方，弘修危刹，大啓長廊，備百千珍品供養金像，施飽滿香飯，令住山貧子、游方大衆皆得如意。用以修贍，濟歡喜一大因緣，亦此山之奇士也。余讀《秋崖詩》，兼有感於斯人，因綴是語於卷右〔五〕，以貽其弟子，庶永鎮山門焉。

【校記】

〔一〕本文收入雍正《山西通志》卷二百十四《藝文志·序》。作者署名孔天胤，“胤”缺右筆。

〔二〕現，《山西通志》作“顴”，誤。

〔三〕殖，《山西通志》作“植”。

〔四〕《老子》原文作“恍兮惚兮，其中有物；窈兮冥兮，其中有精”。

〔五〕右，《山西通志》作“石”，誤。

《蒲坂王氏世恩録》序

《世恩録》者，録家世所承之誥命也。鑑川王公始以刑部河南司主事得封其考妣，繼以都察院右僉都御史得重贈其考妣及祖考妣，又繼以兵部右侍郎兼都察院右僉都御史得重贈其考妣及祖考妣。前後誥命，與叔考中書舍人誥命共如干軸，紀之册書，爲《世恩録》，若曰其世世對揚天子之休命云。

外史氏曰：《書》言章服之榮，天以命有德焉。明王奉若天道，推而致之臣工，於以崇德而象賢。故不自以爲恩，而臣工受之爲光啓之慶，則謂之恩，宜矣。然是典也，實教天下以孝而作之忠。夫人生本乎祖，子孫貴矣，而其所自出者猶夫賤也，則孝子之心必不若是恝矣。昔者周公成文、武之德，追王、太王、王季，上祀先公以天子之禮，又推其禮以達乎諸侯、大夫及士庶，人謂之達孝，是以後世有貤恩之典焉。於是卿大夫之孝始得尊顯其親，而天子之孝始達諸四海而無間，謂非教天下以孝而作之忠乎？夫孝者所以事君也，求忠臣者必於孝子之門，斯作之矣。觀上之錫命元臣，以崇其報國之忠；薦畀先世，以廣其承家之孝。一温綸涣發之間，而至誠惻怛之意藹然，太和元氣流行於四時，沾被乎萬物，則忠孝之士勃然起矣。

鑑川公純備大孝，弘展大忠，爲國垂文武之憲，樹安攘之勛。其封拜贈錫，翰如連如，蓋彤弓不止於一，彤矢不止於百。顧追崇其世，不至極品之隆乎？公既作《世德録》以昭其受恩之有自，兹又録其《世恩》以表其賚德之無窮，蓋言有世德而後有世恩，政明良之所相感歟！《采菽》之詩曰："樂只君子，天子葵之。樂只君子，福禄膍之。"晉錫之謂也。《江漢》之詩曰："虎拜稽首，對揚王休。作召公考，天子萬年。"鑑川公以之。

《蒲坂王氏世德録》序〔一〕

蒲坂鑑川王公，天啓孝衷，敬共明德，率乃祖考攸行，登奮顯融，以都察院右都御史兼兵部右侍郎錫璽書旄鉞，總督我宣、大、山西等處地方軍務，兼理糧餉。威略甫臨，醜虜内潰，遂得其愛子慕義歸命，名王執叛輸款，酋將交臂屈膝，納貢請降。兹事若就，實爲國家遏數十年方張之虜，建千百載未有之功。惟帝念之，議所以爲非常之酬，厥猷茂哉！先是，以西事奏膚，數膺寵命，弘闡厥宗，公曰："是惟我先世之德，格於皇天，克開我後，肆其賴之。惟時繹思，曷敢有忘！"乃本本源源，作《世德録》。

外史氏曰：先民有言，"禮不忘其本，而樂樂其所自生"〔二〕。是以周公作《大雅》之詩，追美世德；穆叔與范宣子論世，惟以立德爲太上之道；而史遷著《世家》，言"世其德者世其家"。是以君子貴奕世載德焉。鑑川公之先在龍門與滎河者，蓋文儒之軌歟，而悠遠莫稽；

其籍蒲者爲始高之祖，皆長厚君子云。高之子孟華公以孝友信義爲德，孟華之子敬齋公以方正寬簡爲德，敬齋之子素庵公以恭仁果毅爲德。止一公起家進士，官至中書舍人，以醇和敬敏爲德。素庵之子鑑川公，以忠肅恭懿、廣淵明允爲德。其諸德人，不可勝紀。自素庵而上，實佑啓後人而含弘之；自鑑川公而下，實纘承先緒而光大之。人之言曰："莫爲之前，雖美弗彰；莫爲之後，雖盛弗傳。"言作述之不可已已也。有作有述者，其惟世德乎？

録有狀有銘，有表有碑，雖撰者非一，要之皆人倫之藻鑑，文史之權衡，於辭無所假，於實無所遺。故金石之言，信而有徵矣。宋太祖時，侍郎王祐自以世積陰德，子孫當爲三公，乃手植三槐於庭以爲志。其後文正公旦果以元老相真宗，崇冠先儔，烈垂後嗣，故世謂爲三槐王氏。今鑑川公之貴，固已兆於楊貞庵銘孟華之時，而曰"三槐奕葉從此起"，有徵乎其言之也。然文正縉紳而處和戎之後易，公擁旄而當禦侮之衝難〔三〕。文正止於守文，公則文以經之，武以緯之，視天下之安危，以爲出將入相之望。所謂功在社稷，澤被生民，熙鴻號於無窮，垂功烈而不刊，然後知德慶之餘，蓄久而曜如此。有不知者，請以觀于《録》。日來盟府册勛，高文是勒，則必以是《録》爲張本焉。

【校記】

〔一〕由前文《蒲坂王氏世恩録》中"公既作《世德録》以昭其受恩之有自，玆又録其《世恩》以表其賚德之無窮，蓋言有世德而後有世恩，政明良之所相感歟"可知，本文應在《蒲坂王氏世恩録》之前。

〔二〕《禮記·檀弓上》原句爲："樂樂其所自生，禮不忘其本。"

〔三〕"禦侮之衝難"數字，底本漫漶不清，據祁縣本補。

《陽谿集》序

陽谿趙子讀《禮》之餘，集其志學以來至今尚書郎凡所著述爲一家言，余覽而序之。夫立言莫大乎著述矣。以著述者尚其辭，以修辭者立其誠。誠之立矣，辭之輯矣；辭之輯矣，民之洽矣。是故君子居其室，出其言，善則千里之外應之，况其邇者乎？然則陽谿子言之而我應之，宜矣。

其著述也，有紀事而曰録焉，有成聲而曰詩焉，有析義而曰文焉。其爲録也謹以嚴，其爲詩也和以澹，其爲文也洞以疏。夫《國風》發乎情，止乎禮義，《小雅》怨誹而不亂，《大雅》卓爾而不群，周公正其始，孔子折其中。後有作者，聖之所以合天也；後有述者，賢之所以翼聖也。而習習，而詡詡，吾無取焉。陽谿子幼學神敏，淵允夙成，方其綜理文章，已有性道之觀；及其包羅象外，遂積在中之美。至其篤孝友而重名節，好高清而耻淫濁，乃其天與之質，是故一篇之中三致意焉。嗟乎！源本道德之意微，而支流之舛甚；涵養性情之志少，而言語之過多。抑孰知《雲漢》之章，精輝與彩繒懸殊；《韶濩》之奏，音儀與鄭衛迥絶。於是而考天人之辨，察雅俗之因哉！夫禮，有本有文，無本不立，無文不行。有德者必有言，有言者不必有德，可以明此而不惑矣。

陽谿子年且服官，而其著述之盛已如此，亦可見涵養本源，無一息不在乎道德，無一念不理乎性情者。行亮采帝庭，潤色鴻業，以左右史之記爲録，以明良之賡歌爲詩，以黼黻之經緯爲文，則有太史氏之纂焉。

誥封兵部尚書梧岡霍翁登年八十序

惟天純佑善人，弘闡厥家，載篤其慶，畀之禔福。從以子孫，則必誕元德之嗣，爲國鴻臣。惟鴻臣克受休命于皇天上帝，以篤棐于國，則天必申錫顯祚。惟家之睨，于位及齒，惟其親之隆。若曰念兹戎功，用酬爾德，俾無内顧，俾覃厥保乂云。於戲！天人之際淵矣。時予之覯，民鮮克由，膚敏滋至，則有大司馬霍公。

大司馬應世奮庸，迪兹棐忱，實忠肅恭懿，宣兹惠和。濬若風猷，爲國耳目；飭若疆圉，爲國股肱；撫若方服，爲國屛幪；代若天言，爲國喉舌；調若天紀，爲國腹心。百司承式，庶績允釐，是惟鴻臣之表，克孚于休。是用休命之集于公之親，俾之具慶，曰安曰富，曰尊曰榮，曰康曰壽，是惟隆家之睨，惟純佑之允徵哉！我聞之《周書》："天壽平格，保乂有殷。"言命之不易，惟殷老平德，上通于天，乃萃遐祉于厥躬，庶其保乂于無窮，乃今惟司馬公。然我又觀之，天之高，三光縣之；地之厚，五岳峙之。天地長久，光岳不分，乃今惟尊惟榮，惟三光；惟安惟富，惟五岳；惟康惟壽，惟天地訢益，惟申錫之允徵哉！夫人間之世，罔弗受制於命，斯所值萬有不齊。或老而無子，或子而弗貴，或家貧而乏甘旨之羞，或禄薄而阻鼎俎之奉，或弗遑而有《南陔》之嗟，或不待而有風木之歎。兹事與時違，志緣運滯，爲不少矣！今梧岡翁壽而有子之貴，司馬公貴而尊親之養，至矣！非天之眷德，其孰能與於此者？

歲之癸酉，當萬曆改元。正月上辰，爲翁初度之日，多歷年所，薦登八十。司馬公請告在庭，躬奉觴上壽，適上賚圉績，賜黄金彩服，因取以侑萬年之觴。而廟堂之上，公卿大夫及鄉里衣冠撰歌頌而效《南山》者總至，誠祝釐之曠典，斂福之殊致也。于是外史氏挹豐美而備紀述，則曰：維天之慶，惟有德者承之。上其文家乘，以需世家之編。

贈明府達泉鄭公以卓異膺奬序

余觀智能之士，厭恂恂而居者，不足以延赫赫之光，多緣俗以爲工，而於修己治人之道疏也。君子則不然，惟其道，不惟其官，寧悃愊無華，而不以雕吾樸；寧寂寞無聞，而不以回吾默。小授則虔，大授則惕；居其位則思修其職，臨其民則思善其治。廣淵以涵之，齊肅以整之，哀矜以察之，□□以處之，慈惠以濡之，安和以保之，尤末也。承之以□□，出之以篤誠，審而後發，宜而後行。尤末也，其□□也若弗之勝，其治人也若弗之逮。亹亹孜孜，日□□給。當是時，雖有智巧，亦無所施，奚暇外慕哉！是故君子之於道也，守之終身而不易。

我君侯達泉公，卓然守道君子也。觀其自治、治人，實該此衆善。方且恂恂而居，以游天人之際、義命之間。其見之也定，其執之也堅，其視倘來之榮，猶劍之吷也。至其剛明静正，淡簡温良，則又性與天成，德由學立者焉。夫剛明者神而融，故談笑而解繁劇之衝；淡簡者文而理，故裁割而中肯綮之會。上交不諂，下交不瀆，故静正；不侮矜寡，不畏彊禦，故温良。純備豐美，故坐鎮雅俗，端軌樹風，有暉銅虎之章而茂《羔羊》之節也。斯其道高矣，遠矣！

於時巡撫大中丞楊公，巡按侍御史饒公、武公，並以璽書從事，褒奬令德，乃薦剡在廷，旌儀在序，而輿人之頌在門。《詩》曰："既見君子，樂且有儀。"公守道内重，初無慕乎聞達之心，而光明桓赫如此。允所謂無足而名自至，不飛而譽自揚，然後知緣俗之術亦已疏矣。夫喜之有慶也，禮也；君舉之必書也，《春秋》法也。於是士大夫等賀焉，而外史叙其事。

贈梁母太老夫人八十壽序

夫人莫不欲尊養其親，而兼遂之爲難。兼之者，天下之福人也。夫田里之士，孝弟力田以養父母，温飽於肉帛之間，定省於晨昏之際，告請於出入之期，依依膝下，甚歡也，可謂能養。然養而弗尊，則有無位之嗟。公卿大夫，有位以尊其親，有禄以養其親，甚榮也。然離親遠仕，則於依依乎闕，乃其歡不如田里。是二者不可得兼也。兼之而爲福何？詩人之頌魯曰："穆穆魯侯，敬明其德。""天錫純嘏，令妻壽母。"言魯侯能敬明其孝德，故天助母之壽以成之，謂之純嘏之錫。純嘏者，全福也。

觀察使岐泉梁公，忠孝純懿，爲國鼎臣，士之日以善養名，官之日以榮養著。歸之日，太夫人垂白高堂之上，既壽且康，而公益得以專備物之奉，罄盡志之愉，日問安寢闈，視膳豐潔。當春暉宣朗，家園景熙，奉太夫人御輕軒，玩芳物，席長筵，羅綵服，睠焉顧之，神怡體適。今年季夏，太夫人壽登八十，岐泉公六十餘矣，乃盛燕稱壽，服其命服，焕其寵章，惠文鷹纁，金紫熒煌。率昆仲，携子孫，集鄉里之衣冠，來親朋之杖履，獻南山之觴，爲永日之樂。君子曰："福生有基，天必祚善。"其昭昭也哉！太夫人家世善，莊敬慈惠，其積也善，積而慶弘。故天福之，令篤生賢嗣如岐泉公，以祚善也。公純孝，既以孝移忠，爲國家樹勑歷之勛，及功成身退，猶幸畢志於養，故天福太夫人壽以成其志，亦以祚善也。肆其子高年而躬養，母上壽而康樂，即奚斯〔一〕所稱何以尚諸？故以爲天下之福人也者，亦猶夫純嘏之謂也。

州之見禮於德門者，會逢其盛，咸鼓舞而拜賀於庭，以贊厥家慶，以對揚天眷之庥。外史胤爲叙其事。

【校記】

〔一〕奚斯，底本漫漶不清，據祁縣本補。

吴母太夫人八十壽序

太夫人者，故監察御史吴公之元配，今山西按察副使虚宇君之母也。君之晉時，太夫人命曰："往哉，其懋哉！予兹樂桑榆之光矣。"是歲癸酉九月，登年八十，慶於家。君已有職守，又拜表上皇帝萬壽，不得奉觴膝下，乃預自遣信歸而獻壽於庭。同寀諸大夫僉慶而頌之，外史胤爲之序曰：

夫君子之所深願於其親者，其惟名與壽乎？而壽爲大。昔者夫子之語參乎孝，曰"立身行道，揚名於後世，以顯父母"，而不言壽。及言大舜之壽，則又本之於天命，而歸諸德誠，謂名則卿大夫可勉，壽則雖天子不能以自必，惟視其德何？蓋天之大福曰壽，而主於報善；人之至善曰德，而主於膺福。虚宇公既揚名以顯其親，而尤必得其親之壽，豈徼福哉？蓋太夫人其德貞淑而仁孝，莊敬恭儉，慈惠之懿，皆足以格於皇天；子又純孝而孝弟之至，可通於神明。格於天，則天佑之；通於神，則神保之。是以其福之臻也。

初，太夫人之早孀也，則茹荼育孤，以保先君之祊教。三子悉令業儒，以克紹先君而光大之。其中子果以崑桂之姿，究天人之學，登金門，步玉堂，内位次九列，出則爲綱紀之臣，是爲虚宇君。太夫人以子貴，受封章之命服，則謹笥之不數御，居常布衣單味，晏如也。事繼祖姑，曲得其歡心；聯二寡孀，相得無間言。至經紀後事，不遺餘力。家有積羨，顧於族人，備極勞問；有業儒者，仍優助之。待僮僕以恩，僮僕不知鞭撻作何狀。夫先君之思，仁也；姑孀之順，孝也；端壼之儀，莊也；訓嗣之正，敬也；不褻寵珍，恭也；不溢温飫，儉也；不厲斯役，慈也；不吝恤睦，惠也。夫是之爲貞淑。

虛宇君舒文以廣國華，亮采以潤鴻業，忠順以事其上，惠威以平其民。而曰："凡此非我，皆太夫人教我。"其一出言舉足而不敢忘耳，夫是之爲孝弟之至。夫一善足以動天，而況其兼乎？小孝可以感神，而況於至乎？此受福之張本也。福斯慶，慶斯頌，其禮也夫！然望而獻壽，孝子之心猶不若是恝，客爲歌《四牡》焉。夫先王嘉勞臣之功，惻將母之懷，蓋言孝子而爲忠臣也，君其懋矣！

孔文谷集卷九　記

重修周文王武王陵寢及周公太公墓祠記〔一〕

咸陽之北，畢原之上，有〔二〕周文王、武王之陵在焉。而周公、太公之墓亦在於是。蓋自歷代以來，世世崇祀，載在典册，舉莫敢廢。元季弗紘，典禮湮昧，兵燹之餘〔三〕，略存遺迹而已。明興，統天範世，咸五登三，惇禮正〔四〕文，鑒周爲烈。故洪武之初，於天地帝王、山川岳瀆、賢聖功勛之祀，咸事表章，升中告望，百神允懷。惟是陵寢，寔〔五〕弘創構，兼置守塚四家，爰敕有司，奉守毋〔六〕替。憲臣省覽，務時修葺，所以昭當代禮樂之光，而保先王本源之舊。洪熙中嘗葺寢廟，增建殿門、齋宫。歷成化、弘治、正德之間，累有修增。而祠祀周公則成化十六年始，祠祀太公則正德九年始云。嗣時厥後，有司因循成事，漸致傾圮。

嘉靖二十八年，監察御史桐城盛汝謙〔七〕令縣吏補治。明年，監察御史濡須劉崙〔八〕代至，飭興茶馬，宣闡風猷，訪豐鎬之故墟，追雅頌之遐業，展禮陵墓，徘徊屋垣。謂頽檐壞壁，逼隘〔九〕被野，甚非所以幽妥神靈，明肅禋祀。内之周旋駿奔，外之禁防樵牧，乃自發公府之藏若干金，檄分巡道行縣，悉修葳之。於是文陵丕顯之殿，武陵丕承之殿，及門廡坊牌，咸撤易舊敝，加飾新美。二陵周圍繚以廣垣，比舊增廓蓋四百餘丈〔一〇〕。沿東故址建更衣亭三間，西建庖厨一所。又因故齋壇建道院九間，其軒朗嚴静，蓋儼乎若二聖雝雝然、肅肅然、競競然之在其上也。又表周公、太公之墓，各題碑其墓上〔一一〕。周公〔一二〕故有祠而隘，乃修廣之，而扁其堂曰“太和宇宙”。[其大門牌坊無弗整葺，]〔一三〕周關〔一四〕垣之計丈百有七十，而魯公伯禽之塚入焉。太公祠圮矣，乃更建堂三間，而扁曰“武成門”。垣之築，蓋差簡於周，有俟於後云。要之，軒朗嚴静，亦儼乎若二公几几然、桓桓然之在其旁也。功不干時，財不損下，經始落成，無廢多日，尚亦靈臺之意矣。

落成之辰，七月初吉，適按節來縣〔一五〕，乃精意潔牲，躬申祭告。時分巡副使張渙方督視厥成，及分守参政天胤〔一六〕咸以執事得附拜瞻，郡縣吏民理、學官弟子咸從樂嘉觀。知縣孫湛礱石請銘，用紀鴻造。[公以天胤嘗抵文學之役，遂令述之。]〔一七〕子貢有言：“文武之道在人，賢者識其大者。”夫不識其大，孰能修舉之如斯？其詞曰：

洪荒既判，神聖有作。遐哉莫考，二帝惟鑠。守道執中，三王一之。禮樂明備，維周緝熙。是爲顯承，佑啓無疆。成以元聖，翊以鷹揚。開世淑民，以養以訓。正德厚生，大化大順。幽厲弗由，降於戰國。及無道秦，禮器猶識。文不喪天，代纂其徽。之綱之紀，是馮是依。我明時憲，萬邦允孚。肇禋勿替，奕寢勿渝。敬恭侍史，肅將有虔。省覽隳缺，乂用植埏。門墉崇崇，殿堂業業。祀有攸容，靈罔弗愜。純嘏況臻，敷錫保和。民用秩秩，士也峩峩。維畢之原，維周之道。君子式尊，式修維好。曰識其大，典禮會焉。紀載勒銘，以啓後賢。〔一八〕

【校記】

〔一〕本文收入萬曆《咸陽縣新志》及雍正《陝西通志·藝文志》。《咸陽縣新志》題爲“重修周文王武王陵寢及周公太公墓祀記”，《陝西通志》題爲“修周文武陵寢及周公太公墓祠碑(有銘)”。字句有多處不同。

〔二〕有，《陝西通志》無。

〔三〕餘，《陝西通志》作“後”。

〔四〕正，《陝西通志》作“右”。

〔五〕寔，《咸陽縣新志》作“寘”，《陝西通志》作“實”。

〔六〕毋，《陝西通志》作“勿”。

〔七〕盛汝謙，《咸陽縣新志》《陝西通志》俱作“盛公汝謙”。

〔八〕劉崙，《咸陽縣新志》《陝西通志》俱作“劉公崙”。

〔九〕隘，《陝西通志》作“陋”。

〔一〇〕四百餘丈，《陝西通志》作“通計百餘丈”。

〔一一〕各題碑其墓上，《陝西通志》作“各題一碑墓上”。

〔一二〕周公，《陝西通志》無“公”字。

〔一三〕底本脱此句，據《陝西通志》補。

〔一四〕闢，底本漫漶不清，據《陝西通志》補。

〔一五〕適按節來縣，《陝西通志》作“適公按節來縣”。

〔一六〕天胤，《陝西通志》作“天引”。

〔一七〕底本脱此句，據《陝西通志》補。

〔一八〕《咸陽縣新志》文末有落款“嘉靖二十九年八月參政孔天胤撰”。

浙江改建船廠記〔一〕

浙歲繕漕船，初嘗解料于淮作之。後弗便，改回本省，然猶募作蘇地。後有〔二〕弗便，始于仁和縣謝村置廠團造。又欽命工部抽分主事兼督統理，而後事體稍歸于一。然厥廠興于草创，其地高窐，河港間隔，勢既難于臨視，而官旗商匠利於私便，猶往往散作他所，則稽察亦有所不周矣。故奸爲漁獵，物用苦窳。事不稱廩，工不軌程，弗便猶夫曩也〔三〕。

嘉靖甲辰，潮溪謝公來莅，秉道經務，精理植維，剗僞滌衰，興廢補敝，確然稱綜核焉。故榷則清平而不擾，船則静治而靡棘。於是吏民相與咨議，上狀言：“往者團造之舉，糾工料，合繕作，誠甚便宜。然廠實隘陋，擇地不良，居業非所，故有侵緩之失，苟且之虞，非團造意也。今明公悉心綜理之辰，誠不易遇，願有更畫，以闡初猷。”公於是遂令指揮牛天錫〔四〕等相度其宜，僉言廠宜更置，置關外板橋地便。因變取故廠之值與其扣庫之羨，買民隙地六畝，募易工材，經表營建。中構前堂五楹，左右廂各五間；後堂五楹，左右廂各三間，爲部使者督臨之所。周方繚以崇墉，前啓大門，門東置把總亭一所，把總居之；門西置分理亭一所，群有司居之。其匠作則租地傍附，搭廠數十，乃斜工料，乃合繕作〔五〕。又栅河兩頭，嚴其啓閉，以閑其出入。繇是規制廣嚴，畫略弘備，造作不分其志，督察可一其防，則侵緩之路湮，苟且之門塞，經體之理得，團造之猷闡矣。始事季冬之朔，而明年春仲落成。事盡便宜，官民一無擾焉。謝公于是將代，托余爲記其事。

夫浙人造舟供漕，自國初迄今百八十餘載。或解料於淮，或鄰境募作，或團造本省，一事而凡三變，皆不能無弊焉，緣利故也。利之所在，人必趨之。然古人有"一兔在野，百夫競逐；一金在市，雖强者莫之敢攫"之喻，何也？言主于一也。然則捄〔六〕弊之近者，其團造乎？往者名爲團造，而實無肆以居，則猶投兔于野而驅其逐，如是而欲息奸止弊，豈理也哉？故實有廠以團造，則主于一矣〔七〕。是捄〔八〕弊之良法也。公嘗欲略減料價以杜競逐之私，是亦一法乎？然舟漕事大，計費爲小，以財聚人，《易》所不諱，但貴操得其道而已。

謝公名體升，字順之，江西吉水縣人，舉戊戌進士［號潮溪］〔九〕。

【校記】

〔一〕本文收入嘉靖《仁和縣志》卷十四《紀遺》，題爲"改建船廠記"。題下有作者"提學副使孔天胤撰"。字句有多處不同。

〔二〕有，《仁和縣志》作"復"。

〔三〕本句《仁和縣志》作"勿便猶夫昨也"。

〔四〕錫，《仁和縣志》作"賜"。

〔五〕《仁和縣志》此句無"乃"字。

〔六〕捄，《仁和縣志》作"救"。

〔七〕《仁和縣志》本句作"惟其有廠則歸于一也"。

〔八〕捄，《仁和縣志》作"救"。

〔九〕底本脱此三字，據《仁和縣志》補。

新昌縣重建先師孔子廟庭記〔一〕

嘉靖甲辰秋七月，新昌縣先師孔子廟庭壞，以歲久故。初，縣令曹天憲修政勤禮，見廟屋傾圮〔二〕，啓聖祠、敬一亭附廟兩旁爲弗稱制，方計整葺而經之。適與壞會，廢興兹，其數哉！於〔三〕是曹令遂決策圖始，選材備物，狀其事，當道並皆獎與，因遂造作。首崇構廟庭五楹，次展地尊經閣後，中起敬一亭三間，奉皇上御箴等，碑亭後置屋三間，爲啓聖祠。餘力所存，又以飭廊廡、爨舍之弗周者。肇緒於是歲十月〔四〕之朔，落成於明年〔五〕閏正月之望。費取諸學租公俸之餘，事當於身率心惟之審。故規畫既式，工質孔良，速就而非〔六〕苟完，增美申于積敝。余〔七〕循行學校，五月自天台石梁逾天姥而來至縣，謁先師，課學官弟子以其道，則樂其廟貌之如斯，有司勤禮之若是也。又緣諸生之請而爲之記曰：

夫聖人之道，豈以廟貌爲隆汙哉！然宗其道則思以報其德，亦猶郊社之於上帝也，宗廟之於先也，屬屬乎其無已也。然惟仁人爲能享帝，惟孝子爲能享親，何也？享祀者，貌也；仁孝者，上帝先祖之心也。以貌而不以心，則其祀爲黴瀆，其人爲非類，鬼神弗之歆矣。然則報聖人而不以其心，豈所以爲宗其道乎？不宗不類，廟奚益也？今祭章讚〔八〕夫子之德曰："刪述六經，垂憲萬世。"夫六經，一簡牘爾，萬世何賴焉？昔者周道衰，虛文勝，學術不明，人心陷溺。陷溺之甚，彝倫攸汩。故勢利之風煽其烈火，競奪之俗熾於積薪。當是時，天下之人壹〔九〕已壞心逐物，乘勢取利。苟可得志，無復禮義之念，廉愧之萌。故賤妨貴，少陵長，遠間親，新間舊，小加大，淫破義，臣弑其君，子弑其父，其所由來者遠，人心死而天理滅亡也。夫子惻虛文之縱淫，懼實本之薶塞，畏天命之將隕，悲人窮之罔極，故追述天地皇王之心而表章之。爰有六經，以救厥亂，遂俾天下之陷溺者回心而嚮道，豈曰簡牘文字而已！門人三千，雖造詣殊科，要之皆明學術、正人心之志也。由是學士大夫陵夷至於暴秦，猶尊經抱器而不肯變，其志可知已，是故聖人之垂憲遠也。

今其道大宣，教者學者悉誦法鄒魯之道，攬六經之遺文，使徒直剿取其説而摘其章，利其舉而華之，不原聖人之志以正其心，或所行弗迪於彝憲，吾懼夫虚文之弊將重爲聖靈之所恫也。《詩》曰："神罔時恫。"神既恫矣，祀將誰享哉？昔者夫子既殁〔一〇〕，門人思之弗置〔一一〕，以有若似也，遂欲象夫子而事之。曾子止曰："江漢以濯之，秋陽以暴之，皜皜乎不可尚已。"是宗聖道而殷其心者也。思聖人者，若曾子可也。子曰："人而不仁，如禮樂何？"禮樂者，文也。仁，人心也。吾既睹其文爲，又懼虚勝，乃並紀斯言以告多士〔一二〕。

【校記】

〔一〕本文收入萬曆《新昌縣志》卷七《學校志》，題爲"明提學孔天胤上重修廟庭記"。字句有多處不同。

〔二〕傾圮，《新昌縣志》作"寖垝"。

〔三〕於，《新昌縣志》俱作"于"。

〔四〕十月，《新昌縣志》作"十一月"。

〔五〕年，《新昌縣志》作"歲"。

〔六〕非，《新昌縣志》作"弗"。

〔七〕余，《新昌縣志》作"予"。

〔八〕讚，《新昌縣志》作"贊"。

〔九〕壹，《新昌縣志》作"一"。

〔一〇〕殁，《新昌縣志》作"没"。

〔一一〕置，《新昌縣志》作"及"。

〔一二〕《新昌縣志》"士"後有"云"字。

陝西創置正學書院學田記

正學書院之設，爲簡俊八郡之梳而别儲其中，以講明正學，以專提學憲臣之統訓。蓋養一俊才，愈養百庸才；得一正學之士，愈得百謏聞偏見之士，其義大且遠哉！然弘治、正德之中，府庾之資給不匱，多士無田而有養，故高第雲集，正學日新。師道成而善人衆，如邃庵、虎谷諸公之所講明，對山、涇野諸才賢之所振厲，則屹如暉如，可徵而信焉。後饋餼竭於虚耗，朋徒寖以散去，提學之臣雖歲一考視，而總集專訓之事疏矣。故屋壁破壞而堂序榛蕪，雖嚴師抱嗟，志士思奮，莫可奈何。然必田之而後可以修墜緒，繹前徽，興教作良，周禮義、厚風俗之道，可兼有焉。自非鴻仁上哲，洞其遠者大者，以議制而垂憲，希不慮始之爲難矣。

嘉靖壬子，當大比多士，巡按監察御史吴興晝溪姚公一元，實以文德懿衷監臨選舉。既羅式之哀矣，又惜餘俊於遺珠，圖成器於琢玉，曰："曷集書院而教之乎？"於時提督學校副使金陵謝君少南方鋭情教理，蓄意修明，遂陳狀議所以置田，計歲所入租爲餼養之資。先葺整其廢舍，令諸生之俊者樂群敬業而復俅也。庶幾專訓兼總而條貫之，以俟正學之有成。即佩含德教，永永無替。於是晝溪公慨然是之，令有司求田，動贖金之在公藏者置之。凡置田四百畝有奇，籍曰學田，屬西安府管倉同知主之。

時歲大侵，諸生多菜色，晝溪公曰："倘歲取多積，勿吝乎恤貧。而昏，而喪，而刊刻書籍，而塗茨垣宇，皆得與焉。是學田之公也。"於是師生顒顒藹藹，欣戴创觀，相與作碑紀仁。謝君以某有旬宣之司，當述事著文以表金石，乃遂綴列如是。

夫子産興校，田廬是殖；孟子言教，井樹必先。大賢之创始永終，其政至今存焉。乃晝溪公之惠寧有泯耶！而况俊才正士繇今輩出，推其所養，以弘厥施，尤所以爲不朽也。敬書之，以考其來。田租之數、塍界之分，圖而列之碑之陰。

湛泉書院記

湛泉書院者，湛泉先生王公讀書所也。先生蚤歲讀書正志，以求堯舜之道。比策第登朝，踐陟銓署，即以其道贊冢宰，正百官，以弘聖天子光格之化。尋以建白忤時，則退而耕於野，葺其先大夫之敝廬以居，蔬食帶索，晏如也。後於宅邊得閑地一區，則因其高者而臺之，因其卑者而池之。而又堂於其臺焉，日以讀書樂道於其中。於是扁其堂爲"求志"，命其所爲"湛泉書院"也。

其地有崇峻之觀，則浮山、大尖諸峰列其東南，藐姑射之山列其西，霍山列其北，而屏如翰如也。有流湍之視，則平泉之湛湛，清汾之洋洋，而帶如珮如也；有變化之察，則興雲吐霞，揚光呈秀，魚鳥之聚散，草木之華悴，而燦如紛如也。合而取諸其身，得諸其心，則精一之中非書也，堯舜之道非古也。所謂反身而誠，樂莫大焉者也。而舉物無以加之，又惡得而損也？是故孔子以爲難焉，而曰："隱居以求其志，行義以達其道，吾聞其語矣。"夫道有隱顯乎哉？但未求之志耳。苟志於道，奚遇而不可也？《易》曰："樂則行之，憂則違之，確乎其不可拔。"蓋如斯而已矣。先生始正志求道，居位不渝，捨之則藏，求志如故，則其讀書樂道之實學可以觀矣。

嗟乎！自小人之儒勝而斯道日以微，不有君子，疇其起予？今見其學，蓋不可謂無其人矣。孟子曰："守先王之道，以待後之學者。"信斯言也，則後學而游焉、息焉、藏焉、修焉於兹所者，宜知所以辨志乎哉！夫伊尹、阿衡造端畎畝，顏淵陋巷致均禹稷，其志道可遐想也。先生築讀書臺，既自爲記以述其志，而又寓書於余，令記書院之所由。往余視學，歷安定臨涇，其地蓋有王符讀書臺云。其著論憤時,不如是之正默也。因謬稱厥旨以復之。

太平縣肇興水利記〔一〕

憲使東陽趙公分巡河東之明年,是爲嘉靖乙卯。紘〔二〕紀既秩,百度允修,乃爲民行水溉田,而教以水車之法如江南。於是河東諸郡邑奉法咸謹,悉令民平地畝,作渠塘,造水車以援水也。由是水之行可以升高亢,回舃〔三〕鹵而灌注沾濡焉。昔之絶無者,今則始有也。而後民知水之利,而後民知興其利以利民也繇我東陽公。

太平縣令鄒學書走狀告余曰:"太平地磽而農惰, 吏不能勸久矣。今奉東陽公創制建法,置水車纔七具,已灌田二千餘畝矣。繼自是而廣之,而民不可勝澤也,吏於是亦能以勸農〔四〕,然是良法也,美意也,爲斯民垂萬世利也。即時弗記,後其堙或遐哉而莫之考也。是故願有以文之而托之珉〔五〕乎! "余於是作記以貽鄒令曰:

昔者禹抑洪水,通道陂澤,惠流四海,功施萬世,豈直疏濬而已耶!誠令四海萬世得於舟楫之餘,旁引而田之,蒙其浸溉,用〔六〕弗阻於饑。以其神通則爲智,以其心普〔七〕則爲仁。故稱智仁之大者,禹其巍巍乎矣! 然其實不越以利民,故有牧民之責者,亦因民所利而利之,斯禹之徒也。

河東,汾所經歷,而出山之泉、行潦之水又無地無之。然率棄而不用,以故晉地少沃野而多凶年。況屬大禹行水之舊鄉,推禹之德,必不以潤澤饒江之南,而以乾〔八〕燥病冀之北也,第民不知用耳。昔者九川既疏,九澤既沛〔九〕,其決巖險,亨阻修,猶有待於人者。故蜀穿二江有李冰,魏引漳水有西門豹,秦鑿兩渠有鄭、白〔一〇〕。此皆引水灌田以億萬計,要其功惠,皆有利於民,故四子者至今存也。夫智者不外物宜而處,仁者不倍天地而施。故不知而不處,是不智也;知處而不施,是不仁也。故裁成天地之道者,仁之所以施;輔相萬物之

宜者,智之所以處。〔一一〕

東陽公高朗沉毅,宣慈惠和,視河東之民飢若吾之赤子之不嗛也,視其旱乾若吾之田渠之不治也,視其水之棄若吾之榮衛離也。〔一二〕乃汲汲焉,詳處而順施,令淪漪之流布而爲化雨,磽確之區轉而爲膏腴,其仁智可並觀矣,其裁成輔相之業可概例矣。其功惠之於物也,一河海而無極也,奚但太平之石爲可記哉!〔一三〕公今且峻陟矣,後有心公之心者,亦以是而稽吏治〔一四〕,植民生,斯厥休永永勿替矣。鄒令亦宜以告後之令曰:"亦幸毋貳爾心,以永保厥休。"

公諱〔一五〕祖元,字宗仁,别號南庵,由進士任山西按察司僉事。浙之東陽人也,故稱東陽公云。學書,關中人。

【校記】

〔一〕本文收入道光《太平縣志》卷十三《藝文上》,題爲"肇興水利記",作者爲"明布政使孔天允"。語句有所删減。

〔二〕紘,《太平縣志》作"綱"。

〔三〕舄,《太平縣志》作"潟"。

〔四〕《太平縣志》脱"吏於是亦能以勸農"句。

〔五〕珉,《太平縣志》作"石"。

〔六〕《太平縣志》"用"前有"民"字。

〔七〕普,《太平縣志》作"著"。

〔八〕乾,據文意當作"幹"。

〔九〕沛,《太平縣志》作"灑"。

〔一〇〕白,底本漫漶不清,據《太平縣志》補。

〔一一〕〔一二〕底本此二段有重影,各有十餘字漫漶難辨,據《太平縣志》補。

〔一三〕《太平縣志》脱"其功勞"至"可記哉"二十四字。

〔一四〕稽吏治,《太平縣志》作"稽治",脱"吏"字。

〔一五〕諱,《太平縣志》作"名"。

創建鄴二大夫祠記

鄴二大夫祠者，祀魏鄴令西門豹、史起也。《河渠書》曰："西門豹引漳水灌鄴，以富魏之河内。"《溝洫志》曰："魏文侯時，西門豹爲鄴令，有令名。至文侯曾孫襄王時，與群臣飲酒，王爲群臣祝曰：'令吾臣皆如西門豹之爲人臣也。'"又曰："史起爲鄴令，引漳水溉鄴，以富魏之河内。民歌之曰：'鄴有賢令兮爲史公，决漳水兮灌鄴旁，終古舄鹵兮生稻粱。'"是二大夫者，勞定於國，法施於民，名顯册書，義孚祀典，賢哉邈矣！

今之臨漳寔古鄴邑，邑祀往哲，宜莫如二大夫者，顧獨缺焉久之而莫之舉也。路君王道以名進士來宰是邑，問俗興理，綽有成緒，修祀與戎，用秩禮樂。睹兹缺典，則喟然歎曰："於古之作者之不專祀也，後何述哉！"乃選地諏日，創建厥祠。爲正殿五楹，大門三楹，東西翼室各三楹，中塑二大夫儀像，質之堅固，文之華采，輪奐之美，赫奕之觀備焉。遂定正祀期，每歲以季春三日、季秋九日，用羊一豕一從事。

其役經始於是歲三月五日，落成於四月二十八日。木石則取諸廢寺，瓴甓則得之措處，力役則假之柢侯之人，以故事省而功易，民悦而神安焉。因又作麗牲之碑，使人寓書於余焉，曰："始某讀書至二大夫，蓋嘗慕之。今筮仕適得其舊邑，及訪求遺廟，不可得矣。行安陽豐樂，蓋有二大夫祠云，故爲特建一祠於我邑，所以彰往而察來，存廢而補略焉。復私企靈貺，儻惠我元元如曩時者。然《春秋》有舉必書，况新作乎？公舊岳牧，又嘗分守兹郡，其記言以表之碑。"余於是叙述其端委而記之曰：

夫周道衰微，列雄各以其智力相競，知富國而不知富民，知彊兵而不知彊本，敝也久矣。當是時，因天分地以厚民之生者，惟二大夫行之,豈非文、武、成、康之遺哲哉!然自子長、孟堅一表著之,而知德者鮮。乃今有意乎推本之也,弘曠典,發幽光,自路君始。昔冉子自信足民而〔一〕未遑禮樂,曰"以俟君子";觀路君敬神和民,禮樂其有興也。君子哉,其若人乎!君子哉,其若人乎!

【校記】

〔一〕而,底本漫漶不清,據温抄本補。

修南宫縣學記

南宫之學隆矣。初,廟廡及明倫堂以屢有修葺,則飭其未然者,則有尊經閣、敬一亭、齋舍、門墻與坊牌焉。或木瓦摧頹,或位置徧僻,咸有待于修正。乃嘉靖甲子正月,知縣王君中孚議所以修正。仲春土融,遂經始之。於時耆民曲恩等再嚮義修閣。有故書院一區,介廟學中,宜毁。惟亭舊迫堂序,以議更建,乃更建於書院堂所,厥位孔陽焉。惟門舊列西隅,以議改作,乃改作書院門所,復表以坊牌,厥路正直焉。惟廟學左右各有一坊,以議修飾,則飾之;惟齋舍墻垣以議補治,則治之。凡是圜方向背,悉中度增美焉。故南宫之學隆矣!而其通光岳之靈,啓人文之秀,於是乎在。當孟夏落成,計礱石勒銘以紀其事,謂余弟學諭天民轉余撰述。

夫學校,弘教育才之所關也。其義在闡其法象,以明其道之尊;新其觀感,以作其學之敬。道尊則教弘,敬學則才育。故不尊則不敬焉,亦理也。夫日月之在天也,光華常新則群流仰鏡而熙熙,陰雲翳之則心目黯黯然。若夫教化之機,貴乎作新,焉可誣也?夫閣曰"尊經"者,以貯六籍,實帝王聖賢之心法載焉;亭曰"敬一"者,以奉聖制,實道統之傳、心法之藴昭焉。曰"齋"者,學官居之,以講乎此者也;曰"舍"者,弟子居之以業乎此者也。曰"門"曰"路"者,出入乎此，由乎此者也；曰“宫”“墻”“坊”“表”者，富美乎此者也。皆法象之存而道之寓，而其理實具於吾心。今既闡而明之，一舉而咸新之，猶日月懸象著明，學有不感發而興起者乎？

《易》曰：“富有之謂大業，日新之謂盛德。”學者誠反求諸心，居敬守一則可以富有，居守無間則可以日新。是故德言盛，業言大，無外假也。惟服我皇上之訓，參之經法之散殊，約之禮義之中正焉而已矣。古之政教也一，今之教教〔一〕也二。言政而及教，則舉其政之大者矣。《春秋》君舉必書，兹書其大，以表鴻觀焉。

【校記】

〔一〕教教，疑爲“政教”之誤。

創建泮宫亭橋記〔一〕

泮宫之前舊有池焉，以象學海也，取楊子“百川學海而至於海”義也。然歲久淤塞不治。嘉靖癸亥之春，濮陽人一川吴公道南來守是邦，謁視廟學，省覽斯池，則喟然歎曰：“是之謂學海也，而顧堙之哉！”爰命工治之，除其淤塞，以通其蓄洩。又曰：“池矣而弗亭之，則池與我猶判涣也；亭矣而弗橋之，其絶航斷港乎？”於是築臺於池之正中，而建亭其上，名曰“聚奎”。又締一橋於北面焉，名曰“步雲”。工既告完，師生乃謀共刻石以紀鴻休，俾外史氏記之。

夫《易》稱“天地象法，俯仰觀之；物之與身，遠近取焉”，言聖人之闡道、興教、迪學至易矣。今余以其虚而受、淵而時出者觀池，則池其道乎？是故“蓄”言受，“洩”言出也。以其建中而極者觀亭，則亭其教乎？是故“聚奎”者，文明之象也。天垂象，道顯文，真儒出而其教明也。以其循序而上達者觀橋，則橋其學乎？是故“步雲”者，高明之象也。山川出雲，連連不絶而升太空，學之不已而日進於高明也。

君子由教以勗其學，由學以致其道，亦猶由橋以達之亭，由亭以盡夫池也，譬豈遠乎哉？

夫道也者，人之心也。心本虛，自欺則窒；心本淵，自滿則淺。学者毋自欺，則窒往而虛復；不自滿，則淺去而淵存。亦猶夫池之治也，自決其堙者始也。夫以虛淵語道，則微妙而難知；以中極語教、循序語學，則彰察而易見。教也者，教此者也；學也者，學此者也。無二道，無兩心也。《易》曰："天下同歸而殊途，一致而百慮。"其斯之謂矣。

夫取川之學海也，蓋作池者之初機；而究竟其至，令學者得所津梁，則太守之垂範也遠，是宜銘之以永保黌序云。時同知宋君嘉猷、判官馬君宗儒贊厥成事，學正林君大槐方端本正文，以印來學，而訓導高君岡、李君應科協心底同，諸生亦胥丕應。適會逢茲舉，重作新之，所謂"無小無大，從公于邁"，吾道之興，良有兆乎？良有兆乎？

【校記】

〔一〕本文收於康熙《汾陽縣志》卷八上《藝文》、乾隆《汾州府志》卷八上、乾隆《汾陽縣志》卷十二、咸豐《汾陽縣志》卷十二《藝文志》，字句略有減省。

介休縣興復西渠水記〔一〕

縣東南有勝水，出狐岐之山，其流湛洋汪濊〔二〕，實惟沃壤之資、力農之本〔三〕。故通溝瀆，畜陂澤，則畚臿〔四〕而雲興，決渠而雨注，田惡可腴而凶年不憂？蓋因天分地之自然也。然細民未知其利，庸吏闇於化裁，則水之用微矣。〔五〕自宋文潞公始作三渠，分引此水溉田〔六〕，其東渠、中渠則繇東北灌寢〔七〕張〔八〕、宋安等村之田，西渠則繇石河而西經邑城黌泮，灌寢韓板等村之田，百姓饗其利。其後石河壅閼，

西渠乃遂不流，蓋近百年莫之能復焉。〔九〕

今年辛丑之夏，分守大參政疊川於公〔一〇〕行縣，尋介子之桂樹，訪有道之林丘，觀風川谷，問水郊源，遂得西渠所繇廢興〔一一〕。即召吏民而語之曰："泉流之興，以利民也。而今乃堙廢如是，夫石河之壅，有不可闢者乎？是則吏不爲民，故行水失時，地利有不盡焉。其盍治之哉？"〔一二〕乃顓命縣丞李敏德、主簿董舉正興理石河之役，又命新任知縣董君宗魯督視之。〔一三〕河深遂浚七尺，而暗構石隧於中，袤二百餘步，高三尺，廣二尺有奇。作十日而功成，西渠之水遂復流如故焉。〔一四〕又爲鑿泮池，廣橋門，用受新泌之流。於是士民欣然，謂公一旦而貽萬世之利。知縣董君等以訓導吕萬里撰狀，屬余爲記其事，以表石章，俾人世世有所考繹。〔一五〕

昔西門豹之治鄴也，令名炳焉，史起以爲仁智豹未之盡，則以有漳水而不知用。史起乃引之以溉鄴田，鄴人爲歌史公。今於公之澤溥矣，介人之歌寧有已耶？〔一六〕

【校記】

〔一〕本文收入乾隆《汾州府志》、乾隆《介休縣志》及嘉慶《介休縣志》。乾隆《汾州府志》題爲"介休興復西渠水利記"，作者孔天胤，"胤"缺右畫。乾隆《介休縣志》、嘉慶《介休縣志》題目俱爲"復西河水利記"，題後有"嘉靖二十年"，作者爲"明孔天英"。語句多有不同，或别有出處。另雍正《山西通志》卷三十一《水利志》有對本文的摘要："孔天印《興復西渠水記》：'縣東南有勝水出狐岐之山……'"

〔二〕湛洋汪濊，兩版《介休縣志》俱作"混混不舍"。

〔三〕沃壤之資、力農之本，兩版《介休縣志》俱作"農民灌溉之資"。

〔四〕臿，《汾州府志》作"插"。

〔五〕"故通溝瀆"至"水之用微矣"句，兩版《介休縣志》作"鑿溝浚澮，引源接流，可使瘠土爲腴，利至渥也。顧民不善疏，官不荒度，則水之用微矣"。

〔六〕分引此水溉田，兩版《介休縣志》俱作"引水分灌"。

〔七〕寖，《山西通志》摘要作"浸"。

〔八〕張，《汾州府志》作"北張"。

〔九〕“其東渠”後至“莫之能復焉”句，兩版《介休縣志》作“其東渠、中渠則由東北灌北張、宋安等村之田，西渠則由石河而西經邑城泮池，灌韓板等村之田，百姓深享其利，無不德之。乃自石河壅閼西渠之水，莫能遠達，蓋百年未之能復焉”。

〔一〇〕兩版《介休縣志》“辛丑之夏”前無“今年”二字。“分守大參政疊川於公”作“參政瀨川於公”，當誤。

〔一一〕兩版《介休縣志》無“尋介子之桂樹，訪有道之林丘，觀風川谷，問水郊源”句。

〔一二〕兩版《介休縣志》此句作“泉流之興，以利民也。而今乃壅閼如是，厥維弗疏之故”。

〔一三〕兩版《介休縣志》此句作“乃命縣尹董君宗魯興其役，主簿董君舉正督之石河故道”。

〔一四〕兩版《介休縣志》此句作“浚深七尺，構隧道二百餘步達泮池，高三尺，廣二尺有奇，凡十日工竣。於是西渠之水復通韓板如故焉”。

〔一五〕兩版《介休縣志》此句作“士民欣然頌公貽萬世之利，縣尹撰狀授茂才馬璐、高斌屬余爲記，永之貞珉，俾邑人世有所考”。

〔一六〕兩版《介休縣志》文末有“余於於公亦云”句。

遺愛祠記

巡按監察御史容堂吴公，奉上簡命，來按部三省，駐於河東平法清理。自嘉靖己未之冬莅事，至辛酉夏得代時，凡所以裨國計，厚民生，表忠賢，勵廉正，井井乎紀綱法度之施，惓惓乎風俗教化之務者，至矣溥矣。於是河東士民生爲公立一祠於麗譙之南，且立石焉，以彰遺愛、永去思。

都官員外郎張君良知移外史胤書曰：“比歲茂氣弗至，嘉生弗植，鹺薄凝賨，公私匱焉，而邊餉告棘者累矣。公來，志行通神明，猷爲當軌物，一歲之間，鹺乃大凝。於是撈採倍常，國課紓足焉。晉之屯卒有怙賊敗類，人莫敢何者，公廉得其情，壹草薙而禽獮之，以雪民之冤也。飢歲薦臻，所在道殣相望。公上疏，得請免田租之半，即阽於危亡者甦，概其所全活，奚啻數十萬已也？關龍逢，夏后氏之忠臣，祠蕪陋弗稱，公廓而新之；裴晉公、趙文簡公，唐宋賢相，然闕焉未有祠，公取廢寺創之。地震蕩之後，譙樓圮焉，公令復之。今觀其廟貌，聞其鼓鐘，而神人以和也。尤作興士類，厚資給以裕其暇治，正學術以進其廣崇，而士彬彬然起也。至於懲緝奸猾，則電掃風回；清我化源，則湛然澄徹云。兹舉其大略，若其良法美意，無惠不懷，靡威弗畏，著之人心，敷之物表者，誠又難以筴數也。良知等以爲，萬形皆可忘，惟盛德之思不能忘。然匪記之貞石，曷克紹永世哉？"胤亦荷公之德薰者，乃敬述其事而爲之記。

夫法家嚴而少恩，吾道本仁義，是故君子立朝，以正直忠厚爲本。容堂公以名御史申飭風紀，爲國家整安邊足用之務，綜覈所加，罔弗嚴憲，乃大有恩惠以及民如是。奚止於民？鬼神斯妥之矣。是則仁義兼隆，隨物廣運，恭肅宣慈，媲美聖才，非壹意行法者比也。是爲正直，是爲忠厚。夫正直是與，忠厚是崇，朝登之則治，神聽之則福，民思之則没世不能忘，理也。古之人有盛德繫思，有天子命祠與吏民生爲立祠，召父、狄梁公其人也。即其所蘊施，有一不正直忠厚者乎？河東人爲吴公建祠勒石以表遺愛，乃千載再見之爾。

公諱過，字檢之，河南汝陽縣人，嘉靖癸丑進士，容堂其别號也。

敕賜導道書院記

夫書院者，經籍之府，問學之淵也。而德行道藝之儒居之，則因以名之矣。古之教者，家有塾，黨有庠，術有序，國有學，自胄子以至秀民，肄焉同也。而書院則儒所獨也，乃近代之以義起也。義起者何？以道崇也。至於王侯而亦有之，則敦尚儒行之顯名，光表人文之絶軌已。

趙康王稱樂善嗜學，遵我皇上敬一之訓，作居敬堂。其嗣成皋王克紹丕懋，謂静專所以主敬，清寧所以協一。敬以爲輿，則無所不載；一以爲御，則無所不通。我思古人，在寢有甞御之箴，在庭有疑丞之弼，誠以禁其非心。今不箴而安於晏昵，不可以語清寧；不弼而泛於應酬，不可以語静專。因疏請於上，願以舊宫一區創置書院，計宣叙之暇肆力於學，以靖恭我有位，以奉揚我聖皇之寵靈。於是上嘉悦之，賜名"遵道書院"。王乃建工，爲藏書之所曰"萬卷樓"，爲講學之所曰"稽古正學"，爲端居之所曰"修敬堂"，爲門之坊表曰"敕賜遵道書院"云。工既成，王遣使徵記於外史氏。記曰：

夫遵道者何爲者也？昔者孔子之告哀公曰："天下之達道五，所以行之者三，曰君臣也，父子也，夫婦也，昆弟也，朋友之交也，五者天下之達道也。知、仁、勇三者，天下之達德也，所以行之者一也。"是則遵道之所本乎？夫行即遵也，誠以立德，德以行道，其孰能禦之？孔子曰："君子遵道而行，半塗而廢，吾弗能已矣。"誠言之不可以已也。王睿聖自天，學亹亹孜孜，在敬德以弘道，肆我皇上鑒於懿衷，肇錫嘉號，大哉敷言之旨，懸象著明，昭於日月矣。惟王監兹，崇勉緝熙，無愆無忘，無空言於《詩》《書》。《書·洪范》之篇曰："無有作好，遵王之道。無有作惡，遵王之路。無偏無黨，王道蕩蕩。無黨無偏，王道平平。無反無側，王道正直。"言去其六敝，則可以遵道也。《詩·大東》之章曰："周道如砥，其直如矢。君子所履，小人所視。"言能遵其道而人法之也。惟王監兹崇勉緝熙、篤静專之守，祛朋從之思，保清寧之藴，絀臆見之擾，雍于而宫，肅于而庭，出言爲經，作事成矩，秉禮樂之宗以黼黻皇猷，操著述之選以潤色鴻業，則遵道之有章也；業纂訓謨，功光屏翰，永禄位之榮，備名壽之福，則遵道之有慶也。《詩》曰："維其有章矣，是以有慶矣。"王其監於兹哉！

趙歷世百七十餘載而其主皆文，然未有書院，則書院之命自成皋始也。是爲記。

介休縣興修廟學記

宫室之修，尚矣。若夫崇聖人之道以修廟庭，明聖人之教以修庠序，尤禮樂政刑之大者也。古者道出於一，凡節文度數之彰、采色聲音之寓，皆政刑；紀綱法度之施，整齊和合之存，皆禮樂。是故幽以妥於神靈，明以作乎人文，而治效美焉。及俗吏爲之，則破而爲二，專政刑而遺禮樂；其又敝也，則以簿書期會爲能，以緣飾逢迎爲智，復並其政刑而失之矣。於是始有坐視廟學之壞而不修者，至使蓼莫之楹，風雨不避〔一〕；講誦之宫，鞠爲茂草，則頹靡之極也。間有作者，其聖人之徒歟？

介休縣先師孔子廟及儒學雖未大壞，然亦漸就圮矣。楚賢念虚劉公以名儒來莅，謁視之初即有意焉，積之逾年而修之。於廟之殿廡、大門、環墻，於學之堂舍、門垣與尊經之閣、坊表之牌，咸轉敗爲成，易腐爲新。閫爽莊嚴，平正通達，有截有業，爰清爰寧，所以爲聖人崇德明教之計審矣。落成之日，慶雲垂天，光風轉蕙，明信昭孚，燕喜嘉福，神人以和，於是乎徵。公愷悌温恭，自下車布令，一以敬神恤民爲心，有猷有爲，皆禮樂政刑之正。不爲流俗因循之所夾雜，悃愊無華而平易近民；不事表襮，充實而有光輝。丁卯虜寇之變，征繕繁興，公高城、深池、鑄兵、練士、廣儲，悉不動聲色而備。雍容俎豆之餘而兼軍旅之長，非有本之治，與道爲一者乎？不曰聖人之徒，吾不信也。

是時學諭李君新主盟斯道，與學訓紀君、焦君率諸生勒石紀事，而屬余爲文。余與其善，修不過飾貌以美觀，其所言德教之實，則宜反而求之於心。子貢曰：“夫子之墻數仞，不得其門而入，不見宗廟之美，百官之富。”言聖人道德之高廣也。孟子曰：“義，路也；禮，門也。惟君子能由是路，出入是門也。”言聖人禮義之中正也。道德禮義皆具於吾心而體於學，諸生瞻於斯，仰於斯，游於斯，息於斯，從事於斯，固亦聖人之徒也。繇是朝登賢俊之英，邑琰科名之烈，譬諸雲蒸，其猶龍變也夫！

【校記】

〔一〕温抄本眉批："避，似宜作蔽。"

臨縣修城記〔一〕

臨縣望河阻山，介於興、嵐、汾、石之間，近塞邑也。然民儉而足，城小而窳，以故虜入輒犯。隆慶元年丁卯九月，虜大犯，至破石州之城，劫汾州之堡，而臨之危爲甚。虜退去，當道乃下令繕城，仍調選才吏，易補沿邊郡邑。時關中人吴潮以滎河令調臨，至則省覽咨訪〔二〕，稽民物之利害，條政事之緩急，登陴而望黄雲、紫金諸山，則听然〔三〕歎曰："始吾欲崇墉以磚，今觀其土石之蒙冒，林莽之蓁叢，則磚可伐石而代也。即析薪以煉灰，不事省而功倍乎？"於是手畫心惟，夜思蚤作，募匠師，徵力役，公計料，廣揚榷，備器用，儲口食。既定方略，獨斷準裁，簡委群能，躬勵督察，遂運石成岸，積灰成丘〔四〕，趨事踴躍，鼛鼓弗勝。

以二年戊辰四月起工，至七月竣事。其包土城而爲石也，廣六里五步，高三丈五尺。其直如繩，其方如矩，其渟如淵，其峙如岳，其密如櫛，其堅整如鑄。而女墻樓櫓、天棚旗幟、鎗砲矢石之類森其上，重濠疊塹、品窖伏鋒、戰車湧械之屬羅其下。當是時，地無百雉之築而險有金湯之固，環視旁邑，莫兹之爲强矣。兵憲范公閲而嘉之，乃狀聞當道，咸加幣褒美，以奬其勞焉。庠士趙應秋、陳遺規等因過汾請余爲記。

夫疆圉之臣，恃安而忘危，愒守而忘戰，以至遇害而無備，臨敵則敗衂而不可支，若離石之難是已〔五〕。乃吴公善思患而豫防，必有備而無患矣。夫折柳樊圃，狂夫猶懼〔六〕，况設險有固於山谿者乎？昔公輸般爲楚造雲梯之械，將以攻宋，而墨翟先往禦之，請以試其術。墨解帶爲城，以牒爲械，公輸凡九設攻械而墨九距之。又使弟子禽滑釐等三百人持其術以守宋城，而公輸之技已窮，所謂善攻不如善守。今度胡虜〔七〕之智劣於公輸，明茂之宰賢於墨翟，百里之衆勇於禽釐。故虜〔八〕雖復來，而知其必無患。且公内治外嚴，惠威並建之實，文武兼資之良也，是以其莅官也多善政焉。今勒石紀事，專美崇墉，識其大也。

【校記】

〔一〕本文收入雍正《山西通志》卷二百〇七《藝文志·記》，署名孔天印。字句略有不同。

〔二〕訪，底本漫漶不清，據《山西通志》補。

〔三〕听然，《山西通志》作“哨然”。

〔四〕丘，《山西通志》作“邱”。

〔五〕已，《山西通志》作“也”。

〔六〕折，四庫本原作“析”，據《山西通志》改。《詩經·齊風·東方未明》：“折柳樊圃，狂夫瞿瞿。”

〔七〕胡虜，《山西通志》作“外國”。

〔八〕虜，《山西通志》作“敵”。

創置汾州學田記

夫田者，先王之所以厚民生也。故上爰稼穡，雖下農有之，而士出於農，蓋取給焉。今士寄身一藝而無田以資，斯窮且困矣。然則悲人之窮而爲之所，非仁者，其孰能之？我參知政事承山宋公分守冀南之年，問民疾苦，咨所以恤貧士者，州守某言置田便，公然之。動贖鍰，買望春原田百畝，籍爲學田，擇主守登散，蓋周恤之中含作養之意焉。於時學正朝、訓導應科、文,諸生俊民等言曰:“兹之有學田也,自公始也,曷敢以忘記哉?”乃敬礱石作碑,以余爲記而勒之。記曰:

仁矣乎,公之用心矣! 夫仁者之心,與物同體,見有失其所者,則必惻然思有以濟之,惟吾力之所能。故禹思天下有溺者,由己溺之;稷思天下有飢者,由己飢之;伊尹思天下之民匹夫匹婦有不被堯舜之澤者,若己推而納之溝中:皆是心也。凡其置田里,教樹畜,立學校,明禮義,皆是心之推也,故萬世歸仁焉。

汾之士蓋三百有奇,例得食廩者三十人,而額外之士貧窶者衆。至衣有百結之穿,而食無一飽之繼;又至嘉儀曠棄,兇禮頽連;又至喪心口腹之求,墮節奔走之累:均爲失其所者。公其憫之,是以有咨謀之議。賑於荒政則豐暖而有飢寒,乞於公府則出納而有吝惜,不如田之,則取其每歲之入與三年九年之積,而其恤不可勝用矣,是以果置田之行.然才品之不同,而教養之宜别。計其恤也,必貧而能孝弟忠信、禮義廉耻者給焉,而偷薄無行之士,雖貧莫與也;必貧而能窮經析理,修辭居業者給焉,而浮靡不文之士,雖貧莫與也。如是則與不傷惠而用之有節,是以儉於百畝焉。夫舉一事而兼衆善,推一心而統四端,仁矣! 仁矣!

然作養之意維何?夫植學之道,曰行與文。吾於爾有相,爾乃克勤。《傳》曰:“信以爲主,循而行之。譬如農夫,是藨[一]是蓘,雖有饑饉,必有豐年。”道,田也;學,農也。鹵莽,敝也;滅裂,毁也;藨蓘,獲也。未有懋學而終窶者也;即有焉,命也。師教之士,勉之矣。夫作之而俾之興,養之而俾之□[二],其所以爲成物乎?是以其意之厚也,仁矣! 仁矣! 昔鄭人誦子産之惠曰:“我有田疇,子産殖之。我有子弟,子産誨之。”今吾于公也亦云。

置田在嘉靖丙寅之秋,明年爲隆慶丁卯元年,立石於黌序。公諱岳,字伯鎮,浙江余姚縣人,嘉靖辛丑科進士。

【校記】

〔一〕薫，據《左傳·昭公元年》，當爲“穮”。

〔二〕□，底本漫漶不清，據文意疑爲“迪”。

弘修汾州廟學記

惟汾州先師孔子廟及儒學，自國初建設至今歷載二百，中間修理作輟，陋簡因循，遂底於敝，爲識者之所咨嗟，庸人之不省視久矣。嘉靖乙丑之歲，我分守左參政承山宋公來莅，謁廟而興蒼鼠之悲，視學而增茂草之歎，固已有意乎葺之。居逾年，遂定議蕆修。於是其請于巡按監察御史岸泉王公，特嘉允之，乃出帑購材，選匠命徒。公指授規劃，經紀厥爲，委吏精勤，群役景赴。于廟正殿五間，東西廡各三十間，以至門墻階序及名宦鄉賢祠，皆易腐爲新。經始于隆慶元年三月，凡六閱月而告成。功鉅而成速，財省而事增。其阯雖云沿襲，而實完美之更崇；其舉雖云繕治，而實久大之如創，斯觀者以爲弘修也。時學官弟子相與議於外史氏曰：“昔魯侯莅學，奚斯頌之；樊君理渠〔一〕，蔡邕述焉。我公扶廟學于將圮之餘，振禮教于式微之際。即其嘉惠，神人以和，可不刊石摛藻，銘靳鴻勛，同光曜靈，昭彼遐禩哉？”

夫廟者，貌也，先王祭有道有德者以爲聖師是也。是故飾貌以隆禮焉，所以教天下之敬。學者，教也。先王建國，君民教學爲先是也，是故飾教以正倫焉，所以教天下之讓。夫二者爲禮教之所關，尚矣。故禮教之興廢，繫世道之隆汙；世道之隆汙，繫人事之得失。然則重禮教之地而修之，公之事也；求敬讓之學而修之，則士之事也。公鄉哲陽明先生有言：“士之學也，以學爲聖賢。聖賢之學，心學也。道德以爲之地，忠信以爲之基，仁以爲宅，義以爲路，禮以爲門，廉址以爲墻垣,六經以爲户牖,四子以爲階梯。求之於心而無假雕飾,措之於行而無所不該。是則學之所以修者。”修則爲敬爲讓,不修則爲暴爲悖;修則爲人事之得,不修則其失也遠矣。兹既不敢忘公之德,其尚無負於厥修焉可也。公名岳,字伯鎮,浙江餘姚人,嘉靖辛丑進士。辭曰:

於穆清廟,聖師有嚴。光天之德,無遠弗瞻。
秩秩黌區,毓材講藝。文以禮樂,申之孝悌。
飾貌隆禮,敬恭明神。言飾其教,遜品篤倫。
肅肅憲彝,煌煌令典。肆于時夏,莫不承顯。
奈何固陋,蕪穢不治?丹臒毁棄,斧藻陵夷。
神栖壞屋,人翳頽垣。齋明弗屬,居肄豈敦?
顯允上公,誕膺純德。慈睿清明,中和正直。
命世康物,蕃我晉疆。賦政維則,出言有章。
萬善弘敷,百行兼舉。讓首虞庠,敬先尼宇。
于湮斯焕,于墜乃振。閟宫有侐,儒林彬彬。
來觀厥成,景福攸介。無小無大,從公于邁。
神罔時恫,人文以宣。以永終譽,曰億萬年!

【校記】

〔一〕渠,底本漫漶不清,祁縣本下半部分“木”字底較爲清晰。又據清人嚴可均《全上古三代秦漢三國六朝文》,蔡邕寫有《樊惠渠歌》,爲京兆尹樊陵修渠而作。據此識爲“渠”。

招隱園記

條嚴張子以書抵余焉,曰:“始嘉靖戊申,某棄南司徒,即歸築園,蓋二十餘畝,將隱而老焉,輒自以‘招隱’署其門内之坊也。坊之内爲見一堂,侍御黄公題也。堂之後爲心遠堂,其左右爲長廊也。又其後爲圃，爲山，爲洞，爲亭臺，則總署'四時佳興'一坊以表之。而建亭延景者四：春曰四雨，夏曰錦雲，秋曰晚香，冬曰寒友。其山疊石爲九峰，亭其上而洞其下。亭曰歸雲，洞曰蘿洞，一曰白雲居也。復鑿其西爲小洞，而連築一室於其北，曰逸老窩云。又有瓜畦、柳徑、魚沼、釣臺。徑之盡爲樂壽堂，臺之旁爲觀物亭。至於栽花種樹，編槿植欄，則隨宜布置之。而園之概止矣。當暄藹炎陰，霜藹雪幹，交芬互映。復秀水如帶，佳山若屏，嵐雲相駮，光彩萬殊。而吾日偃仰其中，以琴以書，載吟載酌，若不知有人間世事者。而園之涉止矣。竊計盤谷之宫，昌黎爰紀；獨樂之園，司馬自識：斯前事不朽矣。某無司馬公之德，而有李願之情，况子亦隱者，倘亦有昌黎之意乎？則某之前事亦托永存其書云爾。"又屬張雲溪氏言之，余述詞而爲之記曰：

招隱之倡，蓋自小山"叢桂攀援淹留"，其旨痛深。而左太冲、陸士衡輩益紬繹其旨曰："躊躇足力煩，聊用〔一〕投吾簪。"又曰："至樂非有假，安事澆醇樸。富貴苟難圖，税駕從所欲。"夫吾道本不憂懼，顧出於煩澆，苟投簪税駕，還醇返樸，何弗至樂哉？條巖子曰："園與主人日樂其樂，不知園之招我，我之樂園之招，斯至樂矣。"又曰："凡宦游將倦，思息躬于白雲之隈者，踵當相屬也。"大是杖策招隱士者，故作《招隱園記》。

【校記】

〔一〕用，《文選》左思《招隱詩》作"欲"。

孔文谷集卷十　記

介休縣繕城記〔一〕

比歲圉臣失守〔二〕,北虜〔三〕跳梁。隆慶元年九月,至入我内地〔四〕,大肆殺掠。時石州城守不設,致虜攻襲〔五〕,而介休以縣尹劉君備禦有方,得不被害〔六〕。於是郡縣咸大議城守之役,然無體國愛民之實者,猶勞而無功,費而寡效〔七〕。公曰:"夫古所謂以逸待勞者,非晏然〔八〕無事之謂也,乃一勞而永逸乎!夫古所謂成大事不計小費者,非秋毫無損之謂也,乃小費而大成乎!兹邑之城,在承平之時不可不謂之固;在折衝禦侮之時,則增繕惡可以已也?"〔九〕乃均田里以出其力,酌公帑以出其財。規畫既定,程限有期。既備乃事,弗亟弗徐〔一〇〕。民樂於趨事,工樂於售能,不數月而考厥成緒〔一一〕。其城〔一二〕增高一丈二尺,幇〔一三〕厚八尺,周圍雉堞、樓櫓、敵台之屬,皆有業有嚴,式堅式好〔一四〕。君所謂一勞而永逸、小費而大成,允矣。然舉一邑之民而遺之百世之安,則公之勤也,無窮之惠也。宜勒之金石,以示勿忘。於是邑之師生士夫與宗尉之有山莊於邑者,共伐石紀功,徵外史氏爲之記。〔一五〕

《易》曰:"王公設險,以守其國。"言城廓溝洫之修也〔一六〕。《詩》曰"大邦維翰",言守土者有以楨幹乎國也〔一七〕。夫大邦無險哉〔一八〕,而必曰"維翰",則設險者勢也,守之者不勢之勢也〔一九〕。使石州雖無堅城,倘得人以守,則必無破陷之虞。惟城、守俱乏,斯賊乃乘之矣〔二〇〕。今劉君鏡於先見,豫於遠圖,蓋不徒設險而已。其廣儲蓄以足其餽,練士卒以養其鋒,居民業以足其生,定民事以和其志〔二一〕。

無事則與之休息，有事則與之守之。可以折衝，可以禦侮，君其翰矣，邦其永寧〔二二〕。夫君子有體國之誠心，而後有佐國之良法；有愛民之真心，而後有保民之實政。君一繕墉之役而六美具焉，可以觀其心矣〔二三〕。是用記焉，以告來者。

君字仲將，旁其名，念虚其號也。嘉靖己酉鄉貢進士，湖廣興國州人〔二四〕。

【校記】

〔一〕本文收入乾隆《介休縣志》，題爲《繕縣城記》，題後有時間"隆慶四年"。詞句多有不同，或别有所本。

〔二〕失守，《介休縣志》作"失事"。

〔三〕虜，《介休縣志》作"寇"。

〔四〕至入我内地，《介休縣志》作"入晉地"。

〔五〕時石州城守不設，致虜攻襲，《介休縣志》作"時石州不設備，攻破"。

〔六〕《介休縣志》此句中"劉君"作"劉公"，"得不被害"作"得不陷"。

〔七〕《介休縣志》無"費而寡效"四字。

〔八〕晏然，《介休縣志》作"宴然"。

〔九〕《介休縣志》"乃一勞而永逸乎"，"乎"作"也"；無"夫古所謂成大事不計小費者，非秋毫無損之謂也，乃小費而大成乎"句；"承平"作"太平"；"增繕惡可以已"後無"也"字。

〔一〇〕《介休縣志》無"程限有期，既備乃事，弗亟弗徐"十二字。

〔一一〕考厥成緒，《介休縣志》作"告竣"。

〔一二〕《介休縣志》無"其城"二字。

〔一三〕幇，《介休縣志》作"加"。

〔一四〕有業有嚴，式堅式好，《介休縣志》作"言言仡仡，允矣"。

〔一五〕《介休縣志》此句作"一勞而永逸，於是邑之民咸頌公無窮之惠，宜勒之貞珉，以志不忘，而屬記於余"。

〔一六〕城郭溝洫之修，《介休縣志》作"城郭完固"。

〔一七〕守土者有以楨幹乎國，《介休縣志》作"屏蔽一方"。

〔一八〕夫大邦無險哉，《介休縣志》作"大邦寧，不設險"。

〔一九〕則設險者勢也，守之者不勢之勢也，《介休縣志》作"則設險者之又貴守險也"。

〔二〇〕《介休縣志》此句作“向者石州雖無堅城，倘守之得人，未必至於覆没，惟城、守俱失，賊乃乘之矣”。

〔二一〕《介休縣志》此句作“今劉公既守於前，復備於後，蓋不徒設險而已。將練士卒，厚蓋藏，務使民食俱足，民志咸和”。

〔二二〕《介休縣志》此句作“無事則與之休息，有事則與之折衝，公之翰矣，邦乃永寧”。

〔二三〕《介休縣志》此句作“一繕城而攻守備焉，是豈非有愛民之實心而發爲保民之實政哉？”

〔二四〕《介休縣志》文末有“縣丞吴君從政，主簿金君珊、李君朝官，並協恭董役，於法得書”句。

玄天上帝閣記

玄天上帝之神，司元化於北方，其儀披髮杖劍。髮，法也，猶言萬法；劍，檢也，以防檢非常。即其嚴威，有解厄誅邪之象焉。所謂純氣之守而物不能違，居聖之真，故曰真武也。其踐龜蛇，龜者甲兵，蛇者戰陣，合而爲旐，有捍難禦患之象焉。所謂聰明睿智，神武而不殺，處道之玄，故曰玄武也。考之《太和山志》，實爲歷代所崇。本朝列聖崇禮益尊，以故邦域之中多厥祠祀。師帥之長，職在敬神恤民，雖祀典缺載，亦有其舉之莫敢廢焉。

治城北墺，舊有一祠奉神。至隆慶三年，太守河内寧公大葳城築，增高四丈八尺，爲安攘計，謂舊阯湫隘，乃建閣城之高頂，背坎面離，厥位以貞。因義起緣，疏令道士某募資，爲銅範帖金聖像一尊，安奉於閣，仍以其餘資作鐘鼓二亭，以明年庚午三月三日落成。醮祭從事之辰，光景異常，若有靈貺。蓋太守以折衝禦侮之才，務民之義，永樹藩屏，而尤式禮大神如此，可謂敬恤之誠，明信之恪，一舉而衆善並也。神其有不應乎？有不爲民解厄誅邪、捍難禦患乎？《春秋》“君舉必書”，矧兹鴻代？乃邦人庶士咸願紀石，於是董役經歷思敬等礱石以待，而外史氏胤謹記，以垂無斁。

初建閣時，藐人嘗有夢徵，若上玄有起予者，兹不敢言。自太守而下,同有事於斯者,法得勒其名氏秩銜於左。

分守冀南道題名記

凡政府之有題名,尚矣,所以彰往而察來也。彰往者,名;察來者,實。孔子曰:“文武之政,布在方策,其人存則其政舉。”其名實之歸乎?是故實中其聲者謂之端,實不中其聲者謂之窾,言名以實存也。名以實存也者,修治之具而政之紀也,題之不可以已也。分守道舊居省中,但時出行縣而已,乃題名省碑可。嘉靖紀元以來,始議署汾,遂定開府於汾,則合題名於府中。然自是莅代陟遷,凡幾更歷矣,而題識之舉尚闕焉久之。

今年己未,東谿彭公以刑科都給事中擢守是道,實宣哲廣淵,明允敦大,近民體物,該理當情,治不數月而煩冗者芟,幽隱者達,奸慝者化,疲困者蘇,而綱紀秩焉,神宇泰焉。乃喟然坐堂上而歎曰:“劇哉,政之府也!莅乎吾前者,其修政也先乎吾,吾從而考之已,碑板莫傳焉,如後來何?”因稽之卷牒,得往哲如干人,斷自元年壬午以及於今,而題之石,仍虛左方以俟其後。命外史胤記之。

夫是舉也,信乎彰往而察來者,則亦有控名責實之義焉,蓋弗徒載其名氏、階資而已也。昔召公分陝以西,循行輯綏,得兆民和,自侯伯以至庶人各得其所,無失職者;畢公保釐東郊,旌別淑慝,彰癉樹風,申畫郊圻,慎固封守,皆能舉文武之政,以欽若成、康之心。是故《詩》咏《甘棠》,《書》陳《畢命》,豈非題鴻名於當時,垂茂實於後世哉?今聖明簡命守臣務康乂一方,固宜有召、畢其人者後先相望矣。公於是俞俞亹亹,取以爲記。

愚公園記

愚公於嘉靖三十三年甲寅典南堧屋址一區，至三十八年己未貼買之，明年庚寅六月築爲園。記曰：

古有愚谷、愚溪，今有愚公園焉。奚以言之？始愚公知其不可而爲之，進而無位，行而失塗，蒙止棘之汙，中含沙之射，瀕九死而一生，歷百折而纔返，何其愚也！既而問舍，上之不能昇華蹈滄，下之不能買山而隱。顧安此垣一方地，出直三倍而始得之，傍有巨窖，填萬箱土平焉。蓬藋柱宇，鼪鼯穴徑，劬損之多而休益之少，何其愚也！背後荒城，假以爲山；面前廢井，借以爲溪。晏坐有向隅之形，行汲多抱甕之累。孤雲蕭條而靡依，奇樹焦卷而稀潤。物且不堪，身自恬之，何其愚也！攬六籍之空文，終白首而無效。自昔難朔嘲雄，概已談之；而今竹几繩床尚自堆積，風雨晦冥，耽研不輟，何其愚也！天生耳目，爲受生色，今將絶毀譽之聽，斷榮辱之觀，塊然獨遠，闇然孤瑩，惟寂惟寞，抱神以静，何其愚也！性與天道，微妙難言，窮神知化，當不易極。今桑榆之光，更期遠照，孜孜終朝，亹亹闌夕，欲以躅先師之遐軌，躡二老之玄踪，挾三光之明，超四氣之變，凌霄漢而出宇宙，何其愚也！

夫愚谷、愚溪，愚乃是哲；園之云愚，都無哲處，故自表現之云爾。或有問愚公爲誰者，對是文谷山人也。

寄拙園記〔一〕

地不盈畝，喜與宅近。薄言治之，成一小園。東邊修屋五間，一爲門，一以住僮僕，三則我居之乎爾〔二〕。又鑿井西南隅，建厨西北隅，而厕其西之缺處焉〔三〕。其餘畫五十畦雜蒔花藥，墻下窗前稍置竹石,而園斯成矣,因名之〔四〕曰“寄拙”云。

余生也拙,既於世莫容,及退身求田,又卒汙萊焉。今在東里者潟而汙,在西岡者確而萊也,而豐年無登也。又築圃東南之郭,復壤䃺而井鹹,所産惟蓬蒿,故今自謂爲“蓬蒿園”也。由是以考余之拙,可概見矣。乃僅幸托迹於斯,則拙者其有寄乎!琴書載列,酒茗略具。偃仰從性,調息養真。親友相存,撫景共酌,陶然悠然,聊以自遂,固亦拙之餘也。

夫人生一寄爾,余有拙以寄其生,又有園以寄其拙。計於巧雖未得,拙亦弗全失也。故作記焉,以安之而已。嘉靖三十七年,歲次戊午四月八日。

【校記】

〔一〕本文收入康熙《汾陽縣志》卷之一《景致》附録《園林》部分、乾隆《汾陽縣志》卷十《雜識》,字句略有不同。

〔二〕乎爾,兩版《汾陽縣志》俱作“焉”。

〔三〕兩版《汾陽縣志》俱無“又鑿井西南隅,建厨西北隅,而厠其西之缺處焉”數字。

〔四〕兩版《汾陽縣志》俱無“之”字。

清陰軒記

吾所居,左有槐而右有竹,青天白雲蓋其上,合而觀之,有清陰焉。而吾於是得以廕息於其間,知吾之白以守其黑,保吾之定以一其動静,蓋吾之主以清。抑又思之:方吾之未息此陰也,而其清非始無也;及吾之既息此陰也,而其清非始有也。有無之間,未既之際,咸不可得而名也,而聊以名吾之軒曰“清陰”云爾。嘉靖丁未孟夏一日。

增置苑東樹園記

文苑東邊復增置一園,可六畝許。此中舊略有垣屋,皆壞,雜樹糾紛,衆草茀鬱,皆不可廕藉。北面有三槐樹鼎列,其上幕歷如蓋,下如幄焉,其傍有井而洌。計基趾百尺,可作一隱所。以槐幄居中央,東西正北參列小軒,而空其南面,疊階除,樹欄栅,階前撥畦,栽花種菊。畦盡而繼以果屬之植,令行間茂密,對面森聳,若經生負笈、童子獻花者,然則隱所之功畢矣。

余暇而盤桓其幄中,或與少長列坐其次。當晝陰垂景,月華穿漏,清言薄酌,亦一樂也。其垣屋與草木之無次第者,删繁就簡,化腐爲新。如師啓群蒙,因其固有者而裁之耳,不煩費也。

余每愛韓宣子聘魯,宴於季氏之嘉樹,賦詩歸美,穆如清風,今吾此三樹殆亦嘉矣。文苑清居有平霞館、桐竹房,頗不深邃,欲别作竹林西館,因土性不堪種竹,未果也。今得此,則西館可以不作。又竊以井湛槐緑,神理交瑩,不涉塵滓,情深而文明,有天地之純清焉,則名其軒以"湛緑"也。白雲康老易之曰"蘭雪",今作蘭雪堂。

汾州題名記

官府之有題名尚矣,顧汾州獨缺焉久之。嘉靖壬戌之秋,同知宋君嘉猷始取新志所載守貳,題石刻之。外史氏記曰:

自《春秋》"君舉必書",美惡咸載,於是諸侯大夫有名氏爵里之傳,後世可得而議焉。蓋因人以考其行,而思省之鑒誡存也。今之"題名",古之所謂"碑版"者乎?晉之州五,而汾爲大州,大則爲務也殷,務殷則需才也重,是故任官必選賢與能矣。有以辨之,必聰明宣哲而瑩於智者也；有以勝之，必彊毅果確而劭於勇者也；有以威之，必廉正直方而精於義者也；有以惠之，必慈和懇惻而篤於仁者也。其不然者，謬也。或失則昏惰，或失則暴虐焉而已矣。斯美惡之行也，行以著民物於前，而碑以著名氏爵里於後。後之人指曰：賢焉某也，能焉某也，否否焉某也。彼善是，其思也若齊；彼不善是，其省也若辱。而其爲鑒誡也遠矣。

斯名之題也，事之章也，政之紀也，風之不可已也。而又彰軌於久湮，闡物於新造，斯宋君之達於政也，雖百世可睹也。史以是記之。

重修天寧寺萬佛閣記〔一〕

天寧寺爲汾郡一大叢林，其寺莫稽所起，蓋自隋唐之間。在唐爲太子院，道一禪師居之；在宋有善昭禪師住持。此寺亦名太子院，時善昭建大法幢，闡明無上正真之法，參學之徒霧擁雲集。有六大士聽法而來，偈曰"胡僧金錫光，爲法到汾陽。六人成大器，勸請爲敷揚"是也。是時，地以人勝，故稱汾陽門下、西河師子，而寺益以彰也。入國朝，號天寧寺，二百年間雖累有修葺，然未至弘備。

嘉靖甲子之歲，鄉老某等始募化工資〔二〕，悉心興理，廣殿、長廊、門墻等項皆易朽爲新，焕然改觀。寺後萬佛閣別爲一園，傑爽静深，琱臺秀樹，曲檻回廊。踏閣遐觀，世界寥廓；憑欄俯眺，山水蒼茫。雖處寰中，實居塵外，余嘗謂爲"天香玉宇"〔三〕。乃鄉老〔四〕等於此修飾，倍加工力，金碧朱丹，繪畫塗塑，莊嚴巨麗，實輪焉奂焉之兼美也。乙丑秋落成，適分守大參知東越承山宋公登覽稱善，題"太虚勝覽"四字扁其閣，又集黄華老人書爲五言一絶，以紀其游。鄉老等並勒碑板，取鎮山門。

余宦游海内，轍迹幾半，見空林古刹得留名稱勝於天下後世者，未嘗不由高僧住持、名公題咏而能著現之。若此者,唐時有青龍寺,一長安尋常梵宇耳,因曇壁上人住持,王右丞題咏有“深居僧坊,俯傍人里。高原陸地,下映芙蓉之池;竹林果園,中秀菩提之樹”數語,至今流傳,以爲絶境也。今蘭若重新而上公來賁,香林再啓而翰墨垂華,即其因緣際會,豈非斯宇之大助哉!其年風雨調順,五穀蕃熟,衆謂神人協和之應。夫文德旁通,玄感幽贊,亦理之所必至也。余記焉及之,尚冀其師有如道一、善昭者主盟其中,俾法幢永建,寶刹常標焉。因刻石樹欄下,於以彰往而察來也。〔五〕

【校記】

〔一〕本文另見於民國王堉昌《汾陽縣金石類編》第333—334頁,山西古籍出版社2000年版。文後有王堉昌注:“碑高五尺許,寬二尺四寸,行各三十九字,徑六分半,正書,無題額。今在汾陽縣東關天寧寺後院。”

〔二〕鄉老某等始摹化工資,《汾陽縣金石類編》作“居民有信心者始摹化工資”。

〔三〕《汾陽縣金石類編》“天香玉宇”後有一“云”字。

〔四〕鄉老,《汾陽縣金石類編》作“居民”。

〔五〕《汾陽縣金石類編》碑末有落款:“嘉靖四十五年春三月上日,退默顧侗、懷玄履素、玉涔樵隱、金庭羽客,前河南左布政孔天胤撰。”王堉昌注:“玉涔樵隱、金庭羽客,皆孔自號也。”

徐溝縣修復三渠記〔一〕

嘉靖三十四年春,憲使小竹楊公奉上璽書督理屯政,乃下令郡縣周訪渠田之故而修復之。於是徐溝縣知縣董潤狀申其縣中渠田應合修復者有三。其一金水渠田,水源出自東山,西流過榆次縣車罔〔二〕等村,地勢西南高東北下,因失渠道,致厥水漫流,歲湌兩縣席、白、小王、靳、良龍、李青等村民居田不可勝計。今相度自車罔〔三〕村東改挑徑西一渠，引溉集義村穿過，由莊子屯下至武家庄，仍各因勢利導，滋[四]挑小渠，則通流可三十里，而高田饗灌注之利，下者得免於滰溢。其一嘉平渠田，故道自榆次縣胡喬村迤邐而東至徐之部村，通流殆三十五里。後水漲道湮，上流豪强往往霸種其地，而下流之民每欲挑濬輒被阻攔，蓋水利不通者三十年矣。今相度有長年三老賈瑶、閻讓等指授舊渠，其壅塞甚者約七百餘步，即此開通，實力少而功倍焉。其一沙河渠田，故道上自榆次縣圪塔村經流張花等村屯，下至徐之逯家營、東西王答等村，連引小河山水溉灌不窮。後河徙渠涸，又漸壅以風沙，遂亦閼塞久矣。今相度離故渠二百餘步，有民間退灘薄地四畝不堪耕種，止可作渠，即此開挑，當復通流如故。

狀上，仍各畫圖而附離其説。楊公覽之稱善，委太谷縣知縣王學謨行三渠覆覈之。已乃報曰："董令相度渠田，綜理修復，所以奉行條憲，達宣幽隱，誠甚允當。倘明公朝准其行，即軍民夕受其惠矣。"公於是三復稱善，下縣悉經紀其事。於是以嘉靖三十五年二月十五日，分委省祭官劉永銘等六員，民皂黄土等六名，渠長張子積等三十五名，率夫興作，至四月初五日告成。計金水渠通流一十一村，溉田一百九十九頃一十二畝，用人夫四百三十有一；嘉平渠通流一十四村，溉田一百二十二頃六十八畝，用人夫二百九十；沙河渠通流一十村，溉田一百一十二頃八十畝，用人夫二百。蓋不煩費、不淹遲，而鬱者宣焉，利者溥焉。役之善者，莫善於斯矣。董令以爲兹事體遠大，實使君楊公惠之，宜勒石以引勿替，乃徵余爲記。

夫屯田水利，政之大者。君子持其紀綱，舉之而莫廢之乎爾。然始作之而善，中輟之而敝，終復之而又善焉。豈非人哉？仁，人心也。君子有是心也，之於天下也猶一身也。身有痛癢則惻然知之，而按之摩之，平復而後已焉；有委痺焉，則謂之不仁。何也？徒有是心而不之知也，斯亦廢人焉而已矣。然居官理人，視民之休戚、物之通塞，漠然無所動於心，即有動焉而不爲之所，其爲廢奚不甚哉？楊公體天德，道聖學，持己應物，莫非此心，即先儒所謂察識而推廣之者，奚事而不然也？渠田猶人身之血脉，兹特察其閉者而開之，而公之仁可概觀矣。後有作者，但令此脈流行如吾一身焉可也。

當渠之成，楊公嘉獎董令之勞，白之巡撫大司馬王公，其詞曰："知縣潤留心水利，加意民瘼，修復久塞之河渠，數十餘村皆沾其惠；起集子來之夫役，五百餘頃永賴其休。"巡撫公答曰："本官留心民瘼，修濬官渠，沾惠至數十村，灌田餘五百頃，此無窮之利，應與金水相長者矣。即其功能誠可嘉尚。"是董令之賢鑿鑿可紀如此，要之亦真有愛民之心者也。不然，監司之於守令，猶身之於臂，臂之於指，須神一而氣孚。倘身運而臂不隨，臂運而指不應，雖有善者，亦無如之何也已矣！故仁政之行，必仁賢能主之，亦惟仁賢能輔而成之。何也？此心同也。

楊公諱胤賢，山東陽穀縣人，由進士任山西按察司僉事。董令則玉田人也。

【校記】

〔一〕雍正《山西通志》卷二十九《水利志》有本文摘要，"孔天孕《修復三渠記》"云。字句略有不同。

〔二〕〔三〕罔，《山西通志》作"輞"。

〔四〕《山西通志》無"利導滋"三字。

修建石佛寺記

寺之建有二，一以興人之善，一以表地之勝。人有善心即是佛性，情塵障之，往往著迷矣。然敬禮佛像之心實未嘗泯，故諭以聲聞法像則易於啓明，因其啓明而遂通之，則可以見性。是寺之建，不有以興人之善乎？地有秀嶺崇山、修渠怪石、古木長雲、麥隴桑田，然無幽人以托之，紺宇以經之，則無以包括衆美，藻飾奇致。是寺之建，不有以表地之勝乎？

城東北四里爲米家莊，其地背山面流，溝塍連絡，廬井交疏，人烟之輳而風景之叢也。其中舊有石佛寺，創自唐昭宗大順二年，歷代因之，無有圮壞。近歲爲大水所没，但存基址而已。嘉靖戊午，里人任敬等合謀修復。先起正殿三楹，仍敦延沙門僧真澍住持。本僧遂勤助協募，鳩工葺材，增建東西廊各三間。西廊塑西方大樂之景，東廊塑羅漢十王。又首塑釋迦、文殊、普賢三像於正殿，俱文以金碧。又建伽藍、土地堂二所，以至僧堂僚舍齋厨器用俱焕然一新焉。計其前功，起戊迄庚，不三載而告成。其僧行佛力，可以概見。

真澍乃頂禮乞言，以紀其事。余嘉其興人之善、表地之勝，舉可書也，遂次其大略如此。至於使一鄉之人，父慈子孝，兄友弟恭，婦雍夫肅，勤儉惠和，忠厚謹信，無替不二之教，同歸平等之仁，則又繄師之所以講道勸施者何如也。使一鄉之地，山增而高，木增而深，林木增而茂，魚鳥增而樂，晨鍾夕梵，蕩盡俗氛，錫杖蒲團，安成净界，依稀虎阜之名，仿佛竹林之號，則又繄師之所以玄暢妙詣者何如也。《易》曰"與善人居，如入芝蘭之室"〔一〕，今其室如此其邇也；諺曰"人杰地靈"，今其人亦復如是也。故余以爲善可興、勝可表也，理也。真澍乃頂禮受言，而勒之石云。

【校記】

〔一〕"與善人居"句語出《孔子家語·六本》，作者誤。

雲林庵記

僧之家焚香宴坐以養虛恬，禪誦經行而勤實戒，非憑藉隩曠，結宇幽栖，雖理懷淵遠而居業繇由哉？是以初祖投踪於嵩少，遠公遁迹於匡廬，雖上聖大賢，不能不龕嚴室樾以有成也。沙門釋圓知，字大覺，道號雲林，家世壽陽李氏，少從師學佛，入黄蘆山苦行精修若干年，得證正真之果。以嘉靖某年游錫汾陽，僑居羊市，即玄帝廟隙地構舍息焉，古人所謂“方丈蓬茨，以庇經象”者也。是時宗風扇揚，善類響臻，郡中王侯貴公父老人等咸重信之，嘉其教應之廣，惜其窟宅之隘，乃集衆緣，總以善力，置本市東隅閑地一區計若干畝，造雲林庵。上建觀音堂三間，傍建小厦各三間，後以磚甃一洞室，前有小圃，遂成一蘭若焉。其地東接新城，樓雉鬱紆；西邇人烟，喧填不入；南望平皋，光景超忽；北枕通衢，群動流衍。信宅生之有緣，業空而無累者也。其徒明講就斯里市人孔氏之子，遵修師憲，行願皈依，一時居净理者，推厥師弟爲道勝焉。

余杖屨暇游，每至斯所，覽厥玄况，未嘗不爽然失區中之戀，寥然起霞外之悰。而况朗懸智鏡以照群迷，高談宗理用開衆聽，使合同者春融乎妙有，復初者冰釋乎本無，參叩之徒覿德而情抛惡趣，含靈之黨溯風而心款善緣。即毒事不生，平懷並盡，風流清簡，俗尚慈良，不必遠尋净土，自然美作仁里。則雲林即菩提之果園，茅庵總黄金而布地。然薙草開林，業屬創始，弗紀其序，曷考其垂？有郡彦郝子元望，與寧遠令張子維間嘗游藝其中，而喜大覺之爲人。迨庵之成也，曰：“先生記之。”文谷子遂援翰而述之云爾。

其經營在嘉靖二十三年秋七月，明年冬十月落成，後四年秋九月作記。

文話叙記

夫文，六經尚矣；傳、記之文，其六經之枝流乎？余讀《左氏》《檀弓》而知其有典有則，爲著述之表儀也。蓋二家出孔子之時，故其文爲最古矣，凡先士之盛藻咸取法焉，而《史》《漢》之爲正。孔子曰：“辭達而已矣！”“達”之一字，所該者廣。《注》云：“辭取達意而止，不以富麗爲工。”夫文曰“郁乎”，章曰“斐然”，德曰“日新”，業曰“富有”，獨捐富麗而不用乎？鄭爲辭命，草創討論，修飾潤色，盡四子之長而孔子善之，焉知非富麗之工也？《左氏》之文富而艷，《檀弓》之文言簡而不疏，旨深而不晦；遷《史》之文直而嚴，班《書》之文贍而詳，蓋皆有富麗之則焉。後之有作，雖專門名家，要皆不出其範圍。韓昌黎好譏評人之過，而曰：“左氏浮誇。”孔子曰：“巧言令色，足恭，左丘明恥之。”夫既恥巧言，必非務爲浮誇者矣。不然，或傳疑之辭有似乎誇耳。余測海之餘，每有著之話言者，出四氏各如干條。

蘭雪齋散録記

比日漸長，稍取書讀，考幽人之所貞。適有同然乎我心者，輒掩卷太息曰：“彼人是哉！”千載之下，尚使人悲歌樂道之不能已已也，乃若韓昌黎《後漢三賢贊》，孟浩然《登鹿門山懷古》《夜歸鹿門歌》，王摩詰《桃源行》，非有心乎其人耶？余因檢取二王、仲長與龐德公本傳及陶淵明《桃花源記》對證觀之，於是益信焉。淵明《五柳先生傳》《與子儼等疏》，忘懷得喪，梁昭明作《傳》頗表逸宗。淵明方外之交有慧遠，慧遠之前有支道林，道林《逍遥篇》義及慧遠《廬山記》，並幽人之嘉藻也。余手録通前，總爲一編，刻置愚公園，用便觀玩。獨取其偏，從吾所好云爾。

新甓汾州城記〔一〕

夫城何以言新甓也？尚於舊也。舊畚土而築，而今包之磚也，非新甓而何？甓之云何？戒守也。守之云何？衛民社也。夫〔二〕衛民社者弘建始之功，鎸金石者陳垂遠之烈，兹維其宜矣。

汾州〔三〕，古西河地也，其勢阻山帶河，稱要害。其城方廣一千六百丈，高三丈二尺，蓋王制百雉之軌云。隆慶元年丁卯，北虜跳梁〔四〕，攻石州，城破，遂憑凌我疆堡。虜退〔五〕，乃大議繕城。三年己巳，增高於舊一丈六尺。然宿土暴見，築壓則多拆〔六〕，於是分守左參政張公，分巡副使董公、劉公，更議所以甓之。時總督、太子太保、兵部尚書王公，制虜款塞，慎固封守；巡撫都御史石公、楊公，巡按監察御使饒公、桂公，壹意内修，申嚴保障，皆曰甓之便。〔七〕乃命官計度，其事有五。一曰定功：以包墻五十丈爲一功，四面各八功，通定三十二功，計用工匠八百名，夫七千二百名。二曰定料：以墻廣一丈、高四丈八尺爲率，定磚及石條、石灰爲數各如干，通用磚二千四百二十四萬枚，石條四千丈，石灰萬車，而垛墻甕城之用在焉。三曰定值：計磚以萬，石條以丈，石灰以車爲率，直銀爲兩各如干，通用銀一萬九千有奇；計匠以百，計夫以千爲率，工食銀爲兩各如干，通用銀七千二百有奇，而餼廩、犒賞之費居外。四曰定財：計照糧起夫，照夫徵銀，出銀募夫而不用其力；率以糧十石，編夫一名，各徵銀三兩。凡以徵民兼之帑羨，通得銀之爲兩二萬九千有奇，而資用不乏。五曰定委：計功三十有二，每功委官二員，富民一名，通用官民九十六員。各分管造作，而州正、佐貳總管督視，凡既備矣。以五年辛未二月興事，適張公升去，左參政紀公至〔八〕，乃申畫董正，至六年壬申七月告有成緒。其甕城之未甓、壕隍之未挑者，復次第綜理，至萬曆元年癸酉六月告完。其雉堞聯延，樓櫓相望，什器儲偫，填委錯陳。其上隆崇寥廓，日薄星回；其下盤紆鞏固，環隍夾渠。其四面削成，均毗截業，即《易》謂“設險”，《詩》言“崇墉”，蔑以過焉。至其説以使民，一勞而永逸；義以制事，小費而大成。其爲民社之計，誠甚殷矣。郡中因屬爲紀。外史氏曰：

往犬羊在牧，人情匈匈鰓鰓，城惟恐其不高，池惟恐其不深。即高且深，猶恐其不固。今三者至矣，則何以益之？昔楚使公輸班攻宋，聞墨子之楗而謀解，是公輸之善攻不如墨子之善守。魏武侯詡山河之美，而吴起折之以德，是墨子之守又不如吴起之善。故起守西河而秦兵不敢東鄉，豈偶然哉！夫天下之事，忽於豫，非智也；略於備，非仁也；怠於成，非勇也。當是時，其修政教之紀乎？其講府兵之制乎？其舉團練之法乎？其精器械乎？其廣儲蓄乎？其重官守乎？神而明之，存乎其人。得其人，萬事理；不得其人，失之千里。明明廟謨，固迪兹久矣。

是役也，知州寧策議其始，同知夏詔、判官丘思敬總其事，知州鄭逢時理其中，知州周鐸纂其成，而同知劉褕、判官高魁、吏目陳邦佐皆與有勞焉。夫《春秋》之法，君舉必書，兹其大者，記之不可以已也。爰是叙述建議工程始末，經費、年月事數，城高廣丈尺，官府上下氏名，勒之碑，庶於萬斯年，景此嘉烈。其諸委管職役姓名及藩府出粟、犒勞、守衛並力贊襄者，咸列之碑陰。〔九〕

【校記】

〔一〕本文另見於萬曆《汾州府志》卷十三、乾隆《汾州府志》卷十三、乾隆《汾陽縣志》卷十二、咸豐《汾陽縣志》卷十二，字句略有不同。

〔二〕萬曆《汾州府志》此句無"夫"字。

〔三〕汾州，萬曆《汾州府志》作"汾城"。

〔四〕北虜跳梁，清代府志縣志俱作"北寇至"。

〔五〕虜退，清代府志縣志俱作"寇退"。

〔六〕坼，府志縣志俱作"塌"。

〔七〕清代府志、縣志俱無"時總督、太子太保、兵部尚書王公，制虜款塞，慎固封守；巡撫都御史石公、楊公，巡按監察御使饒公、桂公，壹意内修，申嚴保障，皆曰甓之便"句。

〔八〕紀公至，府志縣志俱作"紀公分巡"。

〔九〕乾隆《汾州府志》以"其大者記"收束，乾隆《汾陽縣志》、咸豐《汾陽縣志》以"記之不可以已也"收束，餘皆未録。

《南溪小隱圖》記

客有畫卷奉御史大夫南溪張公者，余問之，公曰："是南溪小隱者也。溪寓學官之東，先侍御卜以居子也。吾少時即結茅種竹，以爲求志之所；後漸次開闢，前宅後園，四植梧柳，溪以環之，與大江通，潮汐畢至，中廕花果菜蔬以自給。吾性拙，不嗜酒，且懶於人事，暇則與子弟親友燕坐閒行，菜羹蔬食，玩樂忘飢而已，故吾號南溪，以吾隱於是焉。自吾之出也，意時時不能忘，邇來倦游思歸，無問寢食矣。平山張生知之，乃畫此卷，慰我遐心。然矢以善言，著之表經，則有麓泉王右丞焉。右丞文字爾雅，義甚高，若‘自足無求’一語，其某之平生乎！故吾觀于圖書也，而益有所感焉。”于是文谷子亦矢之言曰：

於戲！於戲！是義其曷能言哉！昔者孔子有曰：“隱居以求其志，行義以達其道。吾聞其語矣，未見其人也。”□□□□難其人之寡纪焉。夫隱顯異遇，志道□□□□，求其行，奚所不宜？故聖人有天下而不與，丈夫處窮困而無憂，阿衡展迹于莘畝，尚父奮采于磻丘。蓋正志之惟一，斯素履之所由。夫一龍一蛇者，與時俱化者也，而其神不移。故天龍之景，蓄之泥蟠；廊廟之理，存之江湖。故乘道德而浮游者守其真，超萬物而遐舉者貴乎我。然而世之隱者以求顯也，及其顯也，忘乎其爲隱也。豈曰忘之，又厭薄之，故戚戚于貧賤者中悲，徼徼于富貴者内蕩。悲蕩之心入，而志道之理微。故孔子有懷人之歎，莊生起齊物之譚。乃若南溪公者，非聖人之所願見者耶？

余始觀公之行義也，穆乎其恭也，淵乎其冲也，睿乎其聰也，毅乎其弘也，沛乎其通也，裕乎其容也，渾乎其同也，浩乎其不可得而窮也。今而聞公之隱居也，而知其所以達焉。故言水樹之勝者，非以耽幽也；言蔬食之美者，非以甘淡也；言親好之燕者，非以樂閒也。而公之清明在躬，志氣如神，文理密察，道德精純，皆發之高明之物，得之游攬之真。故雖登歷華顯，樹乂動庸，功光日月，業美尚衡，要之達此而已。乃其貞志亮懷，榮盛曷得而易之？假使公在潛龍，其不榮盛耶？然則隱居之志者，吾道之真而萬物之本也，終身焉可也。斯南溪公達不忘隱之心與！知公之心，則茂林修竹非吾癖，明堂清廟非吾趨，吾惟一吾之心而遜其所之，是爲天下谿。於戲！於戲！是義其曷能言哉！書上卷端，以考德于公門。

翠虚亭記

嘉樹列園，秀色呈翠，睠言受之。爰起一亭，虚其中焉，所以受也，命之名曰“翠虚”。是夜夢帝署余焉“翠虚亭長”，昔峙五岳，今參一亭，直夢也已。亭南據雉堞之垣，北對蘭雪之堂，東接遂初之圃，西連文苑之居，中霤芙蓉之沼，依稀小有矣爾。其陽林陰渠咸已攝翠，而亭獨享姱名，遇之哉！觀翠之來，似兆於始青之冶，蘸於水碧之淵，而布於卉木。其漬沆瀣、晾晨霞則湛如，概中黄、凌倒景則瑩如，蒙霧雨、涉烟霏則膏如，襲暾曛、晃睛霽則縹如，薄流飈之輕則游如，泫零露之皓則滴如。絪緼掩冉，豔裔閃鑠，挹之而不可盡，溯之而不知其始之從，意衍之於太虚。及其水波葉脱，翠隨解散，究之而不知其終之委，意又太虚斂之。邈彼太虚，純是翠氣，不知虚涵翠耶？翠涵虚耶？殆竺乾氏所謂“色空之不相離而泯於一”者也。莊周闊放，謂“天之蒼蒼，其正色耶？其遠而不可至極耶？”抑又遠矣。

余欲以翠虚之旨，妙絶於一觀。夫即一亭之虚以自觀，乃以觀物物之有形有色，皆受之於天。天以精氣孳萬物，物得之而爲形；天以精神妙萬形，形表之而爲色。色者，清靈之光也。故君子所性仁義禮智根於心，其生色也粹。然喪其氣者，形如槁木；奪其神者，色如死灰。形神俱妙者，太虚遼廓而無閡，而葆光，而希夷。吾又何以觀之？是亭也，以取物則眇，以標理則洪，以稱名則誕，以引義則微，以該乎天地之間則備，以言乎其妙則至矣。惟日躅乎亭内，奉上帝以周旋，則亭長氏之修歟？乃自爲記。

亭作於萬曆二載春夏之交，迄於五月五日而亭成，七月十有五日上石。

天真四友社會記

萬曆二年甲戌，余年政七十。念老矣，多慮少悰，欲一月之間得一開口而笑，非悟言之適，必不爾也。蓋同道同心則樂，胸中無一俗氣則樂。先民有社會焉，如洛陽、睢陽，幾乎一死生，輕去就，忘晦顯，略盈乏，是以樂之窮年而不厭。今人罕有之者，俗可知也。蠹沉憂速老耳，戚哉！因思寵辱不驚居士、舒笑叟、巢雲君，皆脱網塵埃之外，垂照桑榆之表，今結一社爲天真四友人。月一會，會必竟日，食不兼味，口不談世，儒而文，仙而玄，佛而空，則其與也。天而真，則其自得也。子不云乎？"優哉游哉，維以卒歲。"樂之謂也。白雲康老言。

孔文谷集卷十一　碑誌

巡撫都御史繼津王公去思碑

繼津王公以嘉靖丙寅之春，茂膺簡命，爰撫榆陲，惟幾惟敕，以匡以綏，經緯萬端，惠威一致。不二載去鎮，此中文武大小官校耆餘皆汍瀾攀轅之泣，縈紆擬峴之思，謀共伐石勒銘，垂紀休烈，而以進士馬希龍撰述其事，李登、白楝、馮思吉同來屬詞。龍之述曰：

公哲宣沉毅，明允篤誠，玄覽懿衷，合度淵海，忠肝義膽，比景耀靈。挺方叔元老壯猷之儀，服孔子臨事好謀之訓。政體善經，功圖實效。榆所統要害之路者三。西則清平一城，坐落沙磧，無險可據，虜至輒攻，危於累卵。公創始增游擊之兵，持重以待。果有虜萬騎來薄，候其攀登蟻附，則矢石俱下，死者幾半。虜遂引去，以爲有神。自是塞門筆架之墟，虜不敢復窺，而西路晏然也。東則神木六堡，勢雖設險而兵食爲艱，每郊原有警，闢門晝閉，則斗米值銀數錢，炊爨以屋居者往往逃去。公創始造舟通河，運興、臨、石、嵐之糴，積府穀倉以備資給，省厥馱載之勞。調副總兵軍孤山屬城，入衛之卒以備戰守，則兵食兩足，虜犯必失利而去。自是葭、廬、麟州之墟，虜不敢復窺，而東路晏然也。中則古梁二百里爲鎮城耕牧之地，數爲虜所出没，至渡無定之河，截歸魚之餉。前巡撫胡公議請城之，而大垣未築。公創始築赤峽口至黑山城四十里，高墉屹立，允矣巨防。又創築邏城於紅山墩一帶，外增巨壘，内固重關，通三路之咽喉，爲萬年之保障。自是銀州金鎖之墟，虜不敢復窺，而中路晏然也。又以稽弊之事授憲副楊公，征繕之役授同知邵君、石君，自是法紀一新而城壘盡飭。是以都督趙公起授節旄而有威武之捷，參將李希靖有神木之捷，游擊高天吉有波羅之捷，守備陳鋭有常樂之捷。凡此雖諸將功，而知人善任、運籌決勝者，公也。又創舟無定河，以便米脂、上郡之轉輸；修先師孔子之廟，加諸生饌食之資。其他旌善賞功，恤疲養鋭，杜請謁之門，開廉平之府，悦詩書，敦禮樂，蒙霜露，冒矢石，壹意安攘之略，不遑其身之圖，不可更僕而記也。夫黠虜方張之時，一鎮孤危，屢經殘破，食匱於轉輸之不繼，兵疲於調遣之不堪，群生憂虞，莫知止極。而公之拊循若此，誠投醪於順流，而施纊於大寒也，如之何其勿思？

外史氏曰：凡人之思，以感德則真矣。觀其所感，則德之真有不表見者乎？夫《甘棠》之詩，思召伯去後作也。何武在位，無赫赫名，去後常見思。後世則不然，視勢位之隆替，故碑板歌頌每施於桓赫之時，而賢人失志，傷天下之無徒焉。其勢使之然也，抑亦無忠信誠懿之心以感之。公履盛位時，顧眄足以生人之光輝，援引足以拔人之幽滯，彼有言乎思者僞也。今思於去位而無所資利，則信乎其爲真德之感矣。《傳》曰："道盛德至善，民之不能忘也。"公其以之。是故叙録其美而系之以詞。公諱遴，字某，順天府霸州人，嘉靖丁未進士。其詞曰：

穆穆上德，昭受允惇。曰忠曰義，乃智乃仁。三才克諧，九德咸備。武表文衷，經天緯地。展采鴻衢，祗德之興。歔歷峻造，周旋廣居。天子曰咨，撫予榆塞。汝往式虔，俾夷之駾。公車言邁，有翼有嚴。元戎是飭，醜虜是殲。既高我墉，復深我隍。浚河以漕，造舟爲梁。行有乾糇，居有積餼。以飽待飢，其師孔毅。築當其衝，修中其窾。有廢必興，無弊不澣。有禮有樂，有兵有刑。惠焉雨露，威焉雷霆。桓桓將士，鼎鼎耆黎。沐浴歌咏，萬口一詞。天道靡夷，人事好乖。功高身退，實慇我懷。欲愬之庭，惟其遐矣。言徵之珉，曷惟其止？稽古在昔，厥惟《甘棠》。我思不爽，公德永揚。

太原府知府於公去思碑〔一〕

嘉靖三十八年己未〔二〕，皖川於公以工部郎中來守太原，至壬戌調去。太原人思其德不置，議建立生祠，勒石〔三〕頌德政。會督撫兵部左侍郎兼都察院右僉都御史兩溪萬公咨表循良，以風郡邑，於是太原人上狀，得所請焉。遂造祠郭南門外，仍採石作碑，是爲嘉靖乙丑之冬，距公去時四閱歲矣。〔四〕

有進士潘雲祥、傅震〔五〕者，邦之彦也〔六〕，特書其大政八事，涉汾屬辭焉。其一曰定危虞。言家丁叛亂之餘，雖略剿擒，然猶反仄〔七〕未安，人心疑畏，城中朝警夜呼，禍福叵測。值公下車，便〔八〕旌别淑慝，加意撫輯〔九〕，曾不浹旬，吏民悉安堵如故。其二〔一〇〕禱雨澤，言庚申歲旱，自春抵秋，米價騰踊，民不堪命。公齋心徒步，遍禱群神。俄而甘澍響答，晚田皆穗焉。其三曰急賑濟。言大旱之時，流餓顛連，道殣相望，公私束手，弗克引援。公惻心勞力，庾粥並施，而嗷嗷奄奄賴以全活者，奚翅數十萬也。其四曰修城池。言省城自辛丑虜犯城下〔一一〕，議修未果，公是時抗議修浚，實〔一二〕陰以荒政之法，存哺就食之民。且其費省而〔一三〕功倍，爲民保障之益遠也〔一四〕。其五曰省里甲。言陽曲當孔道，百役之需，奔命已疲。公隨事調停，删繁就簡，即〔一五〕公私兩便，而民力蘇矣。其六曰興學校。言饑饉薦臻之餘，人救死不贍，至博士馳講，群徒失業。公方憂恤倥偬，尤加意匡飭〔一六〕，點勘文章，周給貧窶，惟日拳拳焉。其七曰復堂宇。言郡庭廨舍燬於叛卒，僚吏至綴葦以居。公至，一修復之，視昔稱壯，然事不煩費而民無勞擾也。其八曰裁行户。言故事有金、楮二行以應上役，惟金行於義匪經，公力除去，惟餘楮，約定經用之數，令楮行不乾没而已。至於清正〔一七〕以抑貪暴，嚴毅以懾〔一八〕奸豪，慈惠以達幽隱，剛明以折諍訟,抗直而不撓,廉潔而不污,凡如此〔一九〕者,非復一端,枚不可得而舉也。

余於是歎曰:自古稱循良之吏有惠愛焉,孰非合乎天理,當乎人心者哉?而其人思之,亦自夫天理人心發之,自不能已已也。天理,人之心也;人心,天之理也。舉斯加諸彼,此合當是以其爲惠愛也。德威惟畏,德惠惟懷,是以其思之也。天好善利萬物,而我以私智戕之;人好安生樂業,而我以妄動拂之,奚惠愛焉?故有居其位弗獲治其民,去其位惟恐其弗速者,而誰與思之?我思遺愛,古之人如子産者是也,恭敬惠義,雖孔子亦思之矣,而况於鄭之人乎?何武在位,無赫赫名,去後常見思。今〔二〇〕於公之政,類非俗吏之所能爲,皆有惠愛於民之實又有名〔二一〕,宜太原之人思之而不置云。然思之而至於造祠作碑,亦可以見思公之實,庶乎子産,加於何武矣〔二二〕。公諱惟一,字德夫,直隸安慶人,嘉靖癸丑進士,今擢陝西按察副使。其辭曰:

肅肅使君,天受純壹。亮德鴻資,聲度身律。解薜登朝,水曹是秩。視草含香,紆珩捧日。郎官出守,遂分我疆。大藩首善,曰惟晉陽。屬城棋布,群宷宿張。胥悦新令,咸熙景光。牙凶甫夷,潛蘖未殄。凡飛赤白,驚我鷄犬。公來撫綏,草薙禽獮。閭井晏然,市肆不變。旱魃爲虐,再年阻飢。下民卒癉,公悉哺之。靡室弗賑,靡祠弗祈。雨師回亢,田畯轉嬉。新堂浚隍,飛翬聳雉。鼛鼓鼛鼛,枵腹泄泄。興工裕荒,庸典流惠。保障之功,一勞永憩。何以厚民?蠲煩省苛。何以作人?五美四科。如崑如華,如江如河。鎮定傾圮,涵濡委和。國推其勛,邦表其業。高車西邁,遺愛東浹。麥秀餘謡,棠陰永裒。創祠勒銘,弘備史牒。〔二三〕

【校記】

〔一〕本文另見於道光《陽曲縣志》卷十五《文徵下》,題爲“太原知府於公去思碑記”,題下有署名“明榜眼汾陽孔天孕譔”。《三晉石刻大全·太原市迎澤区卷》有收，三晉出版社2014年版。字句略有不同。

〔二〕《陽曲縣志》開篇無此句。

〔三〕石，《陽曲縣志》作“碑”。

〔四〕《陽曲縣志》無自“會督撫兵部”至“四閲歲矣”七十餘字。

〔五〕震，底本漫漶不清，據祁縣本補。傅震，嘉靖辛酉舉人，官耀州知州，未中進士。當爲作者誤記。

〔六〕“有進士”句，《陽曲縣志》作“公門人進士潘雲祥者，邦之彦也”。

〔七〕反仄，《陽曲縣志》作“反側”。

〔八〕便，《陽曲縣志》無。

〔九〕撫輯，《陽曲縣志》作“恤輯”。

〔一〇〕據文意，此處脱一“曰”字。

〔一一〕《陽曲縣志》無“虜犯城下”四字。

〔一二〕實，《陽曲縣志》無。

〔一三〕而，《陽曲縣志》無。

〔一四〕爲民保障之益遠也，《陽曲縣志》作“保障益遠”。

〔一五〕即，《陽曲縣志》無。

〔一六〕飭，《陽曲縣志》作“飾”，誤。

〔一七〕清正，《陽曲縣志》作“正己”。

〔一八〕懾，《陽曲縣志》作“攝”，誤。

〔一九〕如此，《陽曲縣志》作“若此”。

〔二〇〕《陽曲縣志》無自“余於是歎曰”至“今”近二百字。

〔二一〕皆有惠愛於民之實又有名，《陽曲縣志》作“其所爲皆有惠愛於民之實”。

〔二二〕《陽曲縣志》無自“然思之”至“加於何武矣”二十餘字。

〔二三〕《陽曲縣志》無銘詞。另有案語曰：“案：是碑立於嘉靖己丑冬，距公去時四閲歲矣。會督府雨溪萬公咨表循良，邑人上其狀得所請云。”

分守右參政芳洲洪公德政碑

右參政芳洲先生洪公，受天粹之醇靈，躬聖哲之明淑，撰經綸之實學，贍匡濟之遠才；高朗温文，沉潛剛毅；中立而不倚，任重而不回。是以德爲儒宗，行爲民表，非仁弗處，見義則爲。凡可安社厚生，罔不殫厥心力。其除害以興利也，如嘉穀之務滋；彰善而癉惡也，猶害馬之必去。是以惠威風行，懷畏草偃，斯古之所謂德政者乎！

汾歲大侵，道殣相望，阽於危亡，十室而九。寇賊奸宄，横恣竊發，禦人國門之外，劫路康莊之間。日殺不辜以取其財，或騎馬擐甲，負弩提刀，攘奪於市而去；夜則穿屋逾墻，探囊發櫃，或斫户擲石，縱火延燒，欲以生亂啓釁，變詐百出。繇是商旅驚弦而却，市肆集木而惴，室家乘屋而瞭，街巷列栅而防，猶不免焉。乃其比黨鈎連，依憑結納，有盤根之苞、附枝之孽以爲内主，有平遥之豪、趙城之俠以爲外主。外入則内應，内出則外應。蓋自視如常山之蛇，有中央首尾之形矣。惡積於習慣，害憯於勢成，以故國不敢問，吏不能捕，包藏暴露，不可測量。而又有效尤之徒，劫殺擔負，獸聚鳥散，謂莫敢我何，漸習然也。公攝守閲月，責苛慢之吏，綏困餒之民，禁泛濫之呼，滌挂搭之蠹。又閲月，申保甲之司，繕城廓之守，嚴緝捕之令，明賞罰之科。又閲月，盡得内外主之奸狀及群盗姓名踪迹，乃持典憲白王，囚厥苞孽五人，爲犯訓之宗也。而豪俠之在平、趙者，並以就擒。是時内外失據，群醜散亡，獨渠魁十餘負故苞所，爲觀望計。公笑曰："龜〔一〕兔罝矣，釜魚焉之？"乃密策〔二〕郡國守相率官校先入索〔三〕室，隨以别駕兵搜捕。須臾之頃，盡縛於庭，並得甲胄刀劍，咸沁有血痕，問罪咸伏焉。又收捕效尤之盗，亦駢首受縛，若神鬼追赦，使竟明罰。繇是道路通行，閭閻安處。闔郡轉清平之福，四境流昭曠之休，謂公呵禁不祥如神明，懷保疲黎逾父母也。然積歲凶殘殄以一朝之舉，萬心寃憤消以一念之推，非其仁明剛健，忘物我，公好惡，審機宜，成决斷，鮮克濟哉！昔者禹抑洪水而天下平，周公驅猛獸而百姓寧，以今概之，其德同矣。

於時嘉靖四十年，歲在昭陽作噩嘉平之月，汾州知州張朝憲，同知蕭相，判官康渤，吏目寇仲哲，儒學訓道楊光先、高岡，諸生張雲翔等三百人，僉歌頌德政，爰紀貞珉，垂法後世，傳之罔極。公諱

朝選,字汝尹,福建同安縣人,嘉靖辛丑進士。其辭曰:

於穆我君,純壹天授。才挺國楨,姿呈岳秀。匡時憲聖,經物體元。六蔽善誘,五美式尊。執規司矩,持衡履繩。獨立不易,平施以稱。台鼎之模,儒林之表。動與德宜,行爲道妙。攝府分陝,一視同仁。殪彼凶殘,拯此困貧。惟是凶殘,有苞有孽。迎刃而解,是掊是截。昊天上帝,悲民隱斯。特資鴻俊,干汾保釐。惟惠惟威,乃文乃武。民命如苗,我澤如雨。茂氣滋至,群生以宣。孰貽厥祉,陶化廣淵。凡我所康,咸賴之錫。微禹其魚,殊事合績。桓桓藩輔,秩秩郡吏。謙謙釁師,藹藹髦士。莫不感德,莫不頌功。圖刻金石,三光比隆。

【校記】

〔一〕龜,底本漫漶不清,據温抄本補。
〔二〕策,温抄本作"察"。
〔三〕索,底本漫漶不清,據温抄本補。

平遥縣知縣韓侯去思碑

韓侯諱廷學,陝西醴泉人也,由鄉貢進士以嘉靖某年任知縣事。惟縣素號難治,侯至,壹以易治之,蓋三載而治成矣。尋以迕物去。侯在官之日,人憚其明威,日惴惴焉畏之,覬其去。及去之後,率相感而思之。凡侯之明,以宣叙化裁,匪侯作明,以秩我也;凡侯之威,以彰癉遏剔,匪侯作威,以綏我也。我其畏之何哉?今則轉畏而爲懷也,耿耿焉,綣綣焉,雖欲忘之而不能自已也。相與謀作碑於庭,以寄其思,三十年弗果。今嘉靖戊午,汾州衛經歷楊君得金往攝縣,會文學耆舊,詢舊令尹之賢,乃文學耆舊以韓侯之所以爲理及邑人之所以爲思者告。楊君曰:"是在我矣。"即買石,躬請余記而碑之。

按事狀，列侯之善政凡有八條：其一興理學校，其二繕城濬河，其三寬省里甲，其四明悉聽斷，其五表揚節義，其六屏抑豪强，其七寓兵保甲，其八勸粟賑飢。夫是八者，蓋皆所謂侯之明威者也。而侯之存心乎愛人，於人而有所濟，人固卒未之知也。然而天理之在人心，終不容泯，則久而思，思而得，曰："秩我綏我，惟明惟威。"愈久而愈思，愈思而愈得，曰："非明非威，曷秩曷綏？"是故三十年之心猶一朝也。夫民俗愚，故樂成易，慮始難；民性神，故始而畏，終而懷。觀德於政，微民莫徵。夫王者自仁也，然孔子觀之必以其世。必以其世者，久則徵焉耳。今韓侯去後見思，在人心三十年而不渝，誠可以觀德矣。書之石，以告後來。

誥贈資政大夫兵部尚書霍公墓碑

公姓霍氏，諱鳳，字鳴瑞，世爲孝義縣人。其先蓋自有周霍叔。霍，河東邑也，後裔以邑爲氏，散處方隅，奕世載德，代有顯人。其居孝義者多隱，乃若孫以祖賢，祖以孫貴，開世閥閱，弘衍昌大，則自公肇之。公爲人質直而好義，孝友而敦仁，里中以賢豪稱。得年三十而卒，配李氏。葬勝水之南，後李氏附葬焉。子曰文會，元孫曰冀，是爲大司馬公。

大司馬應運崛興，能以其命世之才、佐時之略，光表家國。登嘉靖甲辰進士，歷監察御史、都察院右僉都御史，得封其父母如其官。嘉靖四十四年，晉南京兵部右侍郎，得追崇其祖。帝用贈公爲通議大夫、南京兵部右侍郎，厥配李氏爲〔一〕淑人。隆慶元年，晉總督陝西三邊軍務〔二〕、兵部左侍郎兼都察院右僉都御史，帝用贈公爲通議大夫、兵部左侍郎兼都察院右僉都御史，李氏爲淑人。隆慶二年，晉兵部尚書，帝用加贈公爲資政大夫、兵部尚書，加贈李淑人爲夫人。自贈卿貳至上卿，凡三錫命，皆極華衮之褒。其一命公之辭曰："含真守朴,積德累仁。勢利靡甘,彝倫是篤。賢者之後,遠而彌興。豫發聞孫,登踐庸顯。”淑人之辭曰:“持身敬慎,秉性貞純。早歲孀居,肇啓有家之業;遺孤撫育,預延累世之祥。致有聞孫,爲予良佐。”其再命公之辭曰:“性資朴茂,行誼純良。孝友著乎家庭,忠信孚於鄉曲。安常履素,不隨習俗之移;修德行仁,每切亢宗之志。詒爾式穀,肇啓嘉祥。”淑人之辭曰:“齊莊莅内,恪慎禔身。早失所天,誓勵柏舟之志;中經多難,益堅冰雪之操。撫遺孤以守宗祧,啓賢孫而位通顯。”其三命公之辭曰:“惇仁履孝,式重鄉評。習静韜華,雅稱市隱。雖厄窮且夭,而慶澤未亡。宜有繩武之孫,爲予名世之佐。”淑人之辭曰:“女師稟訓,夫族稱賢。從一而終,鞠成遺嗣,有古共姜令女之風焉。潛德未彰,施於孫子,爰升華於八座,宜貤貺於重闈〔三〕。”大司馬荷兹寵榮,克展孝思,乃樹碑墓道,屬外史氏文之,以紀萬禩之鴻休。

嗚呼!樂,樂其所自生;禮,不忘其本。考古世家,皆由其祖積德百年而後隆。公有豐德羨才而中道斂,蔵積再傳而大司馬出焉,豈非百年之驗哉?實皇天眷善,篤生俊哲,肇敏戎功,亶膺洪慶。若穆穆其文,桓桓其武,經營四方,孔惠孔威,尚書納言,夙夜罔弗欽。古所謂“功在社稷,澤被生民”,大司馬之烈也,公之遺也。懋哉,洋洋乎!淵矣!永矣!其子以少司馬加封資政大夫、兵部尚書,厥配郭氏以淑人加封夫人,偕葆天和,並躋上壽;孫則大司馬,鼎鉉方將,台緄未艾,厥配張氏封夫人;其曾孫鍾瑜、鍾琦、鍾珂、鍾琳與玄孫之髫〔四〕丱者,悉如芝蘭玉樹,萃美階庭,而鍾瑜廕國子生。銘曰:

松柏有本,清廟有梴。河漢有源,爲章於天。維哲斯濬,維茂乃宣。式弘我後,丕始厥先。以引以翼,曰仁曰賢。熙帝之載,靡所不虔。太微炳憲,北斗承乾。内貞百度,外寧九邊。帝嘉鴻臣,用錫元祉。曰祖之休,施於孫子。無德弗報,無功弗紀。何以賚之?于公乎敉。位號尊崇,册書豐美。幽明感昭,對揚殊禮。麗牲之碑,其文則史。於萬斯年,令聞不已。

【校記】

〔一〕厥配李氏爲,底本漫漶不清,據温抄本補。

〔二〕軍务,底本漫漶不清,據温抄本補。

〔三〕關,底本漫漶不清,據温抄本補。

〔四〕髩,底本漫漶不清,據温抄本補。

明通議大夫兵部左侍郎贈工部尚書襄敏張公墓誌銘〔一〕

嘉靖三十九年庚申三月二十三日,通議大夫兵部左侍郎南川先生張公卒於家,卜明年辛酉某月某日葬。時其弟都察院右僉都御史永石公玭巡撫順天,乃先期以其從侄進士德化所述公行狀,寓書於外史胤〔二〕曰:"子知吾兄者,幸作銘。"嗚呼!悲夫!哲人其亡,失我柱著。顧其立德與功,炳炳而在,敢不銘?

公諱珩,字珮玉,别號南川,世稱南川先生。始祖和之自秦遷石,故張氏家世石州焉。高祖居,曾祖大全,俱戢德弗耀。祖讓,贈都察院右都御史兼兵部右侍郎。考文紳,初封監察御史,歷贈大理寺左少卿、都察院右都御史兼兵部右侍郎,母康氏歷贈夫人,繼母馮氏歷封夫人,咸以公貴云。叔考禮,起家弘治〔三〕中進士。公八歲從授小學,端敏則見。十四授《易》母兄時齋先生,即潛心性命之學,敦尚儒行,才章兼美焉。中正德癸酉鄉試,辛巳登進士第,自癸迄辛,蓋專力聖學者九年。

壬午皇上即位,爲嘉靖元年,授試御史,上疏請崇正闢邪,以新聖政。癸未,實授陜西道監察御史,清審京通鋪行,奏革投充占役二十餘家,給補負欠物價二萬餘兩。尋奉敕巡鹽兩淮,條上清理十二事,綜覈利弊,[盡見興除。如罷權奄挂號之例,杜奸商請托之門,乃其大者。蓋正德以來，權奸用事，鹽法大壞，至公始一釐正。國課之外，歲得羨銀一百三十餘萬，解貯大倉，大司農秦公表請〔四〕旌勞，得賜羊酒文幣有差。又造運船以省荒年之徵派，清草場以來貧竈之復業。至於講學興禮，問苦賑飢，所以敦士習，續民命，亹亹如也。事竣，巡按畿輔，復巡按陝西，所至具貞紀憲天〔五〕，奬廉正，絀貪邪，察冤隱，除横暴。在畿輔，則奪勛貴濫討之莊田而歸之民，發武吏積稔之罪惡而收其黨；在陝西，則正强宗驕横之罪而訓典昭，革奏帶冒功之弊而名器審。監臨舉選，最號得人。窮邊下邑，靡不咨歷。至於講學興禮，問苦賑飢，所以敦士習，續民命，一亹亹如淮揚焉。事竣，部議超擢，會外艱弗果。壬辰起復，掌河南道，振紀揭紘，匡益弘多。時講官員缺，大學士方公薦公學行純明，補翰林侍講，公三疏力辭之。已乃升南京太僕寺少卿，未幾轉大理寺左少卿，尋引疾告歸。居歲餘，召還，升都察院右僉都御史，巡撫延綏。是時邊計久疏，公至，罷不急之務，汰無益之員，躬勵將士，融以恩威，慎審機宜，戰守無失。尤自節約以弭貪競，忠信以倡勇敢，益凡所經略，壹意安攘而已］〔六〕，故延鎮獨稱底寧。

己亥，升南京都察院右副都御史，提督操江。尋取回坐院，進階嘉議大夫。辛丑，偕吏部考察天下，官員多視公爲準裁。其年升左副都御史，會宣大總督之缺，廷推屬公。公上疏言“鄉人不便從事”，遂以迕旨落職爲民。癸卯，召復原職，巡撫寧夏。凡所經略安攘，一如延綏時。其年升兵部右侍郎兼都察院右僉都御史，總督陝西三邊軍務。公至，總統方略，計出萬全，居中調度，算靡遺策。大要以飭内治爲上，廣德心爲本。故其選將練兵，整備設禦，率以静制動，以逸待勞。臨事决議，必開誠布公，無用智自私之意。以故公威重如山岳，惠流若江河云。是時四鎮大吏如翁公萬達等，皆一時鴻略之臣，無弗敬服公節制者。前後斬獲首虜五百八十有奇，生擒十一，奪獲馬駝六千二百有奇，夷器一萬四千有奇，蒙璽書金幣褒奬者三。乙巳，升都察院右都御史，仍兼兵部右侍郎。丙午，升户部尚書，督理太倉,兼管西苑農事。未任,以延綏失利被繫,議配慶陽。壬子,召起用,復以都察院右副都御史巡撫延綏。癸丑,升南京兵部右侍郎,隨轉本兵之左,適丁繼母馮憂。制終,撫按交薦起用,而公忽不起矣。

公生於成化丙午十一月二十五日,享年七十有五。葬於山寺平原子新兆,從公卜也。先是,奏聞於朝,以公功德允元,贈工部尚書,謚襄敏,仍廕一子送監讀書。其致祭造葬,各遣官從事焉,甚渥典也。元配王氏,累封夫人,生子賢路,娶車氏,早亡。女一,適車珏。副室楊氏、李氏。楊〔七〕生子賢門,殤;女一,適監生馮潮。李〔八〕生子平路,即恩廕者,聘綏德都御史孫公女。賢路有子曰緘,即官生。公自御史歷太僕、廷尉及中丞、司馬,皆簡授重殷,罔弗宣序,而經制西陲之功,久且大矣。然兩陟再窒,未究厥勛,其竭忠盡瘁而已者耶〔九〕。

公忠孝仁明,廉允剛毅,涵養定正,踐履精實。尤博綜群籍,眇覿衆有,而體當於一源。故所出功行文辭,不愧古人。生平樂取人善,尤好指誨後進。洎懷遠度,淵渟山峙,令儀令望,邦國之典刑〔一〇〕,人倫之師表云。所遺有《恩光絲綸録》《心學圖》《南川紀年》,奏議、文集各若干卷,傳於世。系之銘曰:

在昔貴立,厥維德功。德由學懋,功以德崇。維功純備,精典博通。以事以業,宣勤亮忠。侍史僕射,命滋益恭。綏彼西土,式遏寇戎。文武是憲,寔〔一一〕司馬公。進庸兩窒,望出遂終。人爲公惜,公罔時恫。謚贈徽顯,曰襄司空。再廕厥嗣,俾世克鴻。景行坦坦,高山隆隆。銘其弗朽,曷其有窮!

【校記】

〔一〕本文收入雍正《山西通志》卷一百九十八《藝文志》、乾隆《汾州府志》卷三十《藝文志》、光緒《永寧州志》卷二十七《藝文志》。《山西通志》、乾隆《汾州府志》署名"孔天印",《永寧州志》署名"孔天胤","胤"缺右劃。原碑今存山西吕梁市博物館。

〔二〕外史胤,《山西通志》《汾州府志》作"外史印"。

〔三〕乾隆《汾州府志》、光緒《永寧州志》“弘治”作“宏治”,避乾隆弘曆諱。

〔四〕請,《永寧州志》作“乞”。

〔五〕《汾州府志》《永寧州志》無“具貞紀憲天”五字。

〔六〕底本脱“盡見興除”至“壹意安攘而已”三百餘字,據《山西通志》《汾州府志》《永寧州志》及温抄本補。

〔七〕楊,《永寧州志》作“楊氏”。

〔八〕李,《永寧州志》作“李氏”。

〔九〕耶,《汾州府志》《永寧州志》作“邪”。

〔一〇〕刑,《汾州府志》《永寧州志》作“型”。

〔一一〕寔,《汾州府志》《永寧州志》作“實”。

中憲大夫河南按察司副使柏山劉公墓誌銘

公諱尚義,字伯正,姓劉氏,柏山其别號也。世爲郡之愛子里人。始祖仲成,以宿德造家。高祖嚴,曾祖翥,俱有善行,見重鄉評焉。祖志美,偉儀修髯,善談論,以貢士授朝邑縣丞,號廉惠。委量田寧夏,田盡均。時值安化王亂,城中多遇害,丞獨保全,其治能如此。尋乞致仕〔一〕,進階文林郎。父世芳,爲郡碩儒,貢上太學,授膚施縣丞,亦號廉惠。入覲考上而卒,贈文林郎、河南道監察御史。母朱氏,封太孺人。

公生有粹質,與弟尚禮禀趨庭之訓,得淵源之傳,乃嘉靖甲午同舉於鄉。尚禮仕至富平、嵩、成三縣知縣,而公以乙未舉韓應龍榜進士,授行人司行人。詔使封葬代、徽兩藩,式禮不愆。已選擢河南道監察御史,巡視東城,發奸摘伏如神,權貴懔然。會扈從論事,忤旨當道,下遷秦州判官。尋調朝邑縣知縣。朝邑當郡嚴道,公至,興廢補弊,威惠並行,增拓城墉,爲民保障。又查正黄河退灘地數百頃,息雄藩之奏争,革頑民之隱占。初,其事蓋數爲前官所勘,數被梗中輟,公乃毅然任之,申狀撫按,乞委官從事。事未及行,而頑民已糾衆呼譟,將欲爲亂,委官遂皆奔去。公獨正色危坐,群凶亦稍稍退怯。乃徐召父老，曉以利害，仍密白撫按作捕治狀。於是渠魁就殄，脅從解散。諸所漏網亦漸獮薙，君子以爲仁且勇矣。居歲余，升鳳翔府通判。尋升松江府同知，會計明當，出納平允。革侵漁之弊，禁包攬之奸，皆有法可循。於是旁郡咸取以爲法焉。嘗一攝府，綱紀秩然。有吏白庫金若干，爲堂食可取，公叱之曰："若敢污我耶！"其廉明如此。升南京刑部福建清吏司郎中，持憲不撓。司寇萬公考公清廉，執法爲諸司稱首云。出補山東按察司僉事，分巡遼海。時遼海多事，公處之如馭六馬、理亂繩。有悍將犯辟，公盡法治之，一軍皆服。

時迎養太孺人。太孺人有疾，公日夜躬侍湯藥，衣不解帶。及哭太孺人也，水漿不入口者數日。歸葬之餘，誓欲廬墓，而哀毀骨立矣。起復，除四川按察司僉事，整飭安、綿、利、保等處兵備，兼督松茂等邊糧餉數十萬餘。公入境調停便宜，即議收折價，以省挖運之艱；嚴束土官，以懲玩愒之習。諸所舉措，俱切中時宜。於是撫按稱其智勇冠絶時流焉。綿中士人爲作"廉明剛毅，公惠通敏"八頌以美之。升陝西布政司右參議，督修榆林三路城堡，三閱月而告成。上嘉美之，賜勞白金、文幣有差。升河南按察司副使，整飭直隸、大名等府兵備，兼管河道。公前以西地震蕩，況瘁板築，復祗役天雄，酷暑冒跋，乃視事未幾而疽發於背，遂卒於官舍焉。公既卒，囊無一金。會大名别駕王龍池公爲列其事於當道，因得賻恤而歸之。

公生於弘治十一年十月十六日巳時，卒於嘉靖三十五年八月初八日卯時，享年五十有九。元配宋氏，封孺人，早卒。繼配孫氏，今苦節其家而稱淑媛者也。次配任氏、黄氏，俱早歿。生男一，曰繼龍，娶武氏。女一，適王迎。孫男一，曰康寧。公爲人簡静沉默，質朴少文，然實外和内剛而華美藴藉。故其與人接物，藹然佳款。居官一以誠心正道而行；至於事母，爲至孝矣。性雅好讀書，賦詩尤善五言，所著有《逐蓬集》四卷。初，公訃至汾，聞者皆爲流涕，鄉善好之，斯其徵矣。嗚呼！公作宦得名，處鄉爲賢，不謂生而能淑，死而不朽者乎？以嘉靖四十二年十一月十五日葬於南舍之塋，宋孺人附焉。富平君乃先事撰狀，托余銘之，以掩諸幽。余與公等有金蘭之誼，敢不銘？銘曰：

紹其厥家，揚於土庭。使躔有曜，法緯載炯。臺中之能，試諸輦轂。郡邑之遷，以表民牧。都官大夫，有猷有謀。移鎮海隅，砥如矢如。軫母之捐，摧毀徹天。制盈興復，爰整蜀綿。巖險之衝，調度平善。八頌見推，智勇蒙薦。曰陝是分，以董塞垣。既崇既固，保我大藩。建牙天雄，實資鴻遠。旻不憖遺，吾道奄卷。其人則已，其德允臧。銘其不朽，孰云其亡！

【校記】

〔一〕仕，底本原作“士”，據文意徑改。

壽官趙公墓誌銘

公諱鴻，字來賓，姓趙氏，其先太原文水人也。六世祖諱福，以洪武初徙孝義，家焉。是時天造草昧，文物寡希，獨其家以學興。故公之伯祖有諱敬者，以鄉舉歷官盩厔、咸寧尹，至太僕丞。有諱撝者，以歲貢歷官常州通判，並有能聲。曾祖諱孝祚，祖諱志剛。父諱泰，以歲貢官萊蕪簿，生四子，公其四也。爲人孝友兼至，勤敏異常。初，公六歲喪母，哀思骨立，父爲聘辛氏女。及期，蓋辛氏衰焉，有議别婚者，公不可，久之乃遂娶。從其伯經歷文習儒，充縣學弟子員。時萊蕪君祗柴役於易，公往省之，忽遇寇道中，則從容語曰：“吾儒生也，所携不過一金，任自取之耳。”寇曰：“吾無取於公也，其無恐。”遂不加害焉。時工部侍郎白公方監柴易州，聞而問公，頗奇之。公歸，乃肆力於學，方駸駸有成矣。值族侄傷人，公被逮焉。魚火之災，君子惜之。初，流賊自平陽北向，縣官計無所出，民頗逃去。公乃取《百將傳》可行者數事白縣官，斷橋隧，嚴城守，以安人心，且諷以死節之義。賊果溯河而東,縣人得免於難,公之力居多焉。

教其子若孫,必以德行爲先。嘉靖十二年,詔給冠帶,爲壽官。公雖老,猶好讀書,凡子史百家無不涉獵。然性嗜飲酒,稍飲即吟暢自若。嘗自題畫像曰:“一十二十學問無成,三十四十德行無聞,五十六十教誨子孫,七十以來叨作鄉賓。冠帶幸榮乎數載,姓名期播於無窮。嗚呼!此不由我,而屬汝後人。”卧病殆三載,不受醫藥,曰:“吾老焉,已矣,藥何爲哉?”疾革,一無所言,但指孫訥,若有期而已。尋卒,時嘉靖十八年三月初九日也。

生天順八年八月初三日,享年七十六歲。辛氏者,同縣鑒之第四女也。少喪父母,見育於伯母之門,及歸公,則孝敬端淑,人罕儷焉。先於嘉靖四年十一月十九日告終,距生則成化元年正月二十四日,享年六十一歲。有子男二,長思禹,次思商,太學生。有女二,長適武仲璽,次適張鉛。孫男六,時、曉、晴、暘、訥、讚。訥以茂材充弟子員。孫女五,婿武廷翰、李仲禄、武彦肅。曾孫男一,尚幼。嗚呼!公少嘗志學,乃格於誣逮,然其身之壽與其後昆之茂,亦福善之無爽焉。其年十一月三日,思禹等合葬公城西五里之原,思商哭具狀事而乞銘。銘曰:

玉之焚如,其實不渝。以杍以毓,而瑲珩瓊琚。我銘幽石,後其考諸!

中憲大夫湖廣按察司副使前監察御史黄崖〔一〕李公墓誌銘

公諱延康,字允吉,别號黄崖。家世爲上黨人,高祖得剛,曾祖志美,俱隱德弗耀。祖翥,仕安定縣令;父玹,洛南縣丞。並有能聲。洛南公生五子。其延昌,封濟南府推官,濟南子如桂拜河南按察司僉事。其延馨,仕至登州府太守。黄崖公則其四子也,登嘉靖壬辰進士，授汝寧府推官。持憲明慎，旁郡訟獄皆願李明府直之，即萬死無恨。有疑獄十年不決，公一審成案焉，民服其神。汝水氾濫爲災，治屢歲弗效，公一治之，乃遂底平，民至今賴之。居不三載，部使者交薦其賢，召行取還京，將不次用之，適奔洛南公之喪。及釋禫詣闕，拜湖廣道監察御史。巡視禁地，不競不撓。時其兄太守公爲户部郎中，並鳴珮登朝，人以爲盛。己亥，上幸承天，公扈從恪勤，賜文幣、白金嘉獎焉。已，巡按陝西，時茶馬多敝，公至，疏剔有條，即馬政大修。大司馬特上其事，復賜文幣、白金有差。當事竣復命，適奔母喪東歸。釋禫詣闕，命巡按順天。順天固畿輔之地，吏其地者稱盡法難。公至，興革利弊，甄淑糾奸，無論貴右，壹持之以法。風裁凜然，號"真御史"焉。值大享覃恩，贈洛南公爲文林郎、湖廣道監察御史，母馮氏爲孺人。

癸卯，升公河南按察司僉事，分巡河南、大梁兩道，並清正明敏，如巡按兩省然。戊申，升陝西布政司左參議，奉敕撫治商洛。商洛當三省孔道，流民依險負固，礦徒乘間竊發，處之得宜，非文武才不能。公至，安輯弭禦，悉有方略，於是晏然久之。後嵩廬之盜來竊礦爲亂，公自己捕治，得魁首數人，令脅從解去，乃爲喜事。當道欲邀功以逞，遂激鳥散者而獸聚之。及我軍敗績，猶委咎於公以自掩也，公但孩之而已。至於清心省事，節用愛人，馭物則寬嚴而有體，臨戎則謀勇之兼至。如矜宥罪孤以圖存其母，歎惜故人而竟正其法，則古之遺愛也。居五載不遷，公處之如一日焉。壬子入賀，升湖廣按察司副使，整飭襄陽兵備。未幾報罷，中外愕然。公正色歎曰："吾一官坎壈如斯，固知命不達，又不能求達。乃今歸休乎？吾奚不可者？"遂杜門樂志，無戚戚容。

乙卯九月二十七日，以疾終於正寢，得年五十有六。生於弘治庚申九月十有二日。配牛氏，封孺人。有子男一人，曰如松，郡學生員。有女三人，長册瀋王妃，次適都御史劉夔子承祥，次尚幼。公爲人端雅博通，孝友忠信，有弘濟之才、三事之德。太宰許松皋、大司馬王浚川，皆綜表人物不輕與可，並稱公有《羔羊》之節、愷悌之風焉。又長於作詩，蓋追大曆而上之矣。所著有《關中集》傳於世。嗟夫！公鴻才懋德，卓爾不群，宜躡大位、享高齡，乃二者俱弗之逮，天耶？人耶？獨其名與實爲不朽爾。以丙辰七月二十日葬柏谷山祖塋之原。如松以余與公有同年之雅，又同官陜西，相知爲最深也，馳刑部員外郎姚公九功所爲狀來索銘。余抆淚而爲之銘曰：

仕不躋膴，壽不曰眉。匪才弗振，匪德弗施。而造物尸之，吾何以知？遺以裕其後昆，如木有本，如水有源。終然達之濬且蕃，高山大谷存此言。

【校記】

〔一〕"黄崖"一作"黄巖"。孔天胤另寫有《中憲大夫湖廣按察司副使黄巖李公暨配孺人牛氏合葬墓志銘》（卷十二）；張四維《條麓堂集》卷二十四《紀述亭記》有"上黨黄巖李公既殁，其元嗣某甫卜地"云。也有稱"黄崖"者：李開先《李中麓閑居集》詩卷一《黄崖李公誄》，稱"上黨黄崖李公，諱延康，字允吉，以通才積學"云；劉儲秀《劉西陂集》卷一有詩《葛與川參伯，謝雲嶠、李黄崖憲長，徐鳳岡憲副》，也稱作"李黄崖"；又據嘉靖十一年進士《同年序齒録》，李延康字允吉，號黄崖。

何母周孺人墓誌銘

周孺人者，南京都察院右都御史柏齋何公之元配也。公上賓蓋十有九年，而孺人以老疾終，時爲嘉靖癸亥七月八日，享年八十有八，距生成化丙申七月廿日。考某，爲懷慶善士。孺人生有淑質，静莊慈婉，敬惠孝勤，紅饋之事，蚤自嫺習。年十六，歸柏齋公。公世耕讀於武陟之王化屯，值黄河北徙，田爲巨流，乃就業居郡城。城離屯五十里，孺人爲致食不匱，以故公得肆力於學。中弘治辛酉鄉試，登壬戌進士，拜翰林院某官，孺人得恩例誥封焉。

公在翰林，猶淡簡如書生。孺人雖貴，亦躬理織紝如河陽時。正德庚辰，公以進講忤旨，出爲開州同知，稍遷東昌府同知。公皆拜命就道，無寵辱之驚，孺人亦相勉慰藉曰：“人臣將危險不避，況直道而行，奚而不可耶！”及公乞歸養痾，盡付弟以先人田廬，蓋囊篋蕭然而已。仍教授生徒於南上村，生徒爲置田數十畝，孺人亦仍勤績紡以補其乏焉。辛巳，今上龍飛，起公爲山西督學副使。丁父侍郎公憂，起復，改督學浙江。歷升南太常少卿、正卿，工部右侍郎，改北工、户、禮三部右侍郎。乞病免，不報，升南京都察院右都御史，竟乞免歸，事母劉太淑人。孺人喜曰：“姑老矣，婦違養久。今甘旨雖乏，庶得躬奉之矣。”於是奉太淑人飲食起居，必親執其勞，無怠朝夕。是時太淑人年近八旬，孺人年且六旬矣。

丙申，公感足疾。戊戌，太淑人捐館舍，殯殮葬祭皆孺人主持，無不咸有儀法，而哀毁過之。乙巳，處柏齋公之喪，情禮兼至。蒙上敕諭，祭葬建祠，以表儒哲，則孺人爲合德焉。孺人居婺主中，雖老益彊。嘗召訓諸子言：“自吾歸爾先君，實慎修閫則，以順承先君，無敢弗虔。今若等務克纘先緒，其敢忽諸？人有言曰：‘門第高者，可畏不可恃。’爾先君雖致高位，無積遺，故舉世號清白。若等亦經鉏是力，乃從爾初服，庶克保爾世哉！”於是諸子皆哭，唯唯。

公名位荐陟，孺人當躋顯封，然升拜俱未三載，以故終孺人云。有子男二人：長光祖，任南宫縣學訓導，娶薛氏；次顯宗，充郡庠廩膳生，娶劉氏，繼陳氏。有女四人，適庠生王世綸、劉廷珮，監生蕭鸞、郝九疇。孫男四〔一〕人，長諮，以廕任撫州府通判，娶蕭氏；次詢，娶張氏，俱庠生；次謀，娶婁氏。孫女八人，適庠生郭鈐、吴大英，監生高梧，儒士朱一松，知縣寧策，儒士李良才、劉槓、張繼。曾孫男二，俱幼。曾孫女四，長聘吴某，次聘張本餗，餘俱幼。孺人殁後幾月，爲某月某日，當祔葬於某原。憲使次山劉公先撰狀徵余銘，以余嘗叙公遺文，及何長君與余弟南宫諭善，遂不獲辭。銘曰：

夫爲純儒，婦勤約以扶。夫爲名臣，婦恭靖以循。夫克孝養，婦是承是享。夫克保終，婦康樂攸同。《詩》語肅雍，《易》言健順。生而德媿，死而道盡。大國之封，何其靡盈？秩祠之榮慶，永保爾後生。銘石正固，含光以寧。

【校記】

〔一〕四，據下文内容當作“三”。

孔文谷集卷十二　碑誌

朝列大夫山東布政使司右參議西田趙公墓誌銘〔一〕

嘉靖辛卯之歲，郡文士舉於鄉者五人，余與焉。其年少而才美，則推西田公。

公既領鄉薦，凡三上禮闈不第，則益茂於藝。至甲辰，登秦鳴雷榜進士，授户部陝西司主事，監兑浙江，著聞〔二〕清敏。尋有繼母之服，服除，仍授本部廣東司主事。時北虜南犯，京師戒嚴，公主管皇城四門糧餉，調度、出納井井有條。尋考最，進階承德郎，升本司員外郎。值河南寇亂之餘，務得鴻略之臣以底定之，乃推公補河南按察司僉事，分巡河北，察奸敉疲，威惠大著。未幾，有父之服，服除，仍補前職，分巡大梁，循舊望也。大梁視河北殊劇，公治之若輕車熟路，按轡徐行而威惠覃敷矣。升山東布政司右參議，分守遼海東寧。時其地連歲大侵〔三〕，人不堪命，公到，罷泛濫之務，調拯恤之宜，發府庾之藏，勸富室之貸，散粟以周土著之貧，煮粥以待就食之困。又處牛種以助耕，設醫藥以療疫，掩餓莩之骸，禁流鈔之暴。家省户咨，心惟手畫，皇皇汲汲，如我恫瘝，於是遼左之人，阽於危亡而賴以全活也。

撫按方會疏表異，求不次之擢，而公疾作矣。醫者曰："疾得之勞瘁，敗矣。蓋所謂形神俱敝者也。"遂卒於官舍。訃聞之日，一道盡哭焉。時嘉靖辛酉四月二十九日也，距生正德戊辰八月四日〔四〕，得年五十有四。公始單車之任，及執燭而訣，惟兩家僮焉。巡按王公委官閱其囊篋，則書劍、衣服之外，惟俸金數兩而已。王重悲其清，令所司賻之，又遣使護導其櫬而歸之，則公歿未爲失所矣。

公生而有文如印在左手間，七歲能誦書千言，十歲善屬文，及弱冠，行藝卓越，識者覘其必大。公在官，悉優舉其職，資望駸隆。當道數表薦之，言公端平廉正之操，簡〔五〕遠寅亮之度，宜總統方略，左右密勿，行且〔六〕召公矣。同舉五人，二人止郡縣長，一人纔轉觀察，餘例格卑休矣。公不格於例而進有餘裕，據是三者，並合躡高位而享遐禄。，顧中路亦坎壈〔七〕焉。是人事不可信而天道不可必，其命也夫！然有不能朽者，則公之〔八〕忠誠仁愛與清節乎！

公世爲汾之田村里人，姓趙氏，諱世録，字汝功，西田其別號云。高祖諱友能，曾祖諱興，萊陽縣主簿，以廉惠稱。祖諱鏄，慷慨有大節。父諱廷璧，封户部廣東司主事。母某氏，贈太安人。弟世臣，充郡學廩膳〔九〕生員。配任氏，封安人。生子男二人：長淵，郡學生，娶安氏；次澤，娶周氏，繼任氏。女一，聘生員高孟龍，早卒。孫男一，尚幼。嘉靖癸亥三月十有八日，葬田村祖塋之次。淵〔一〇〕先事自陳狀乞銘。嗚呼！余忍銘吾友耶？又不忍不銘，因系之辭曰：

學成而宦不登，宦登而名不興，吾以觀其恒。宦登名興而命不競〔一一〕，抑又何憑？將竟其所未究，必前啓而後承。公有嗣子，龍變雲蒸。緒慶洪衍，於金石徵。〔一二〕

【校記】

〔一〕本文另見於民國王堉昌《汾陽縣金石類編》（以下簡稱《類編》）第448—450頁，山西古籍出版社2000年版。題目前有“故”字。題下署名：“賜進士及第、通議大夫、河南布政左使、前三奉敕命提督關浙學校、同郡年生文谷孔天胤撰；賜進士第、資政大夫、河南提刑按察司僉事、奉敕整飭兵備兼理鹽法、年家生蒙莊王文翰敬書；賜進士第、修職郎、國子監助教龍洲王緝篆額。”碑文後有王堉昌注：“石高一尺八寸三分，寬一尺六寸八分，共三十行，行各三十八字，正書，字徑三分。民國二十三年墓被掘出土，今仍在汾陽縣西郭家莊趙氏本塋。”字句略有不同。

〔二〕聞，《類編》作“譽”。

〔三〕侵，《類編》作“祲”。

〔四〕四日,《類編》作“二日”。

〔五〕簡,《類編》作“蕳”,注爲“蘭草”,當爲傳抄之誤。

〔六〕且,《類編》作“具”,當爲辨識或傳抄之誤。

〔七〕壜,《類編》作“墠”,注爲“古代祭祀用的平地”,當爲傳抄之誤。

〔八〕之,《類編》作“孰”,當爲辨識或傳抄之誤。

〔九〕廪膳,《類編》作“高等”,當爲辨識或傳抄之誤。

〔一〇〕淵,《類編》作“賴”,當爲辨識或傳抄之誤。

〔一一〕競,《類編》作“兢”,當爲辨識或傳抄之誤。

〔一二〕《類編》文末有“嘉靖四十二年三月十有八日,石工成濟鐫”。王堉昌又注:“萬曆二年,文谷撰墓碑與此志略同,不再編列。”可知此墓誌初刻於嘉靖四十二年,萬曆二年孔天胤又别撰有碑文。

敕封文林郎江都縣知縣前清苑縣主簿致仕恭孝先生岐山趙公墓誌銘

惟大明嘉靖四十四年乙丑七月二十三日,岐山公以疾終於正寢,享年七十三歲。時其家嗣訥在部,聞訃遂奔。卜兆以本年十二月二十七日葬,乃先具狀,即公年譜家録屬余銘焉。曰:“曩訥報江都政時,見先君老,欲不行,先君促之。及列西曹,懼先君老且病,欲乞歸,先君又手書止之。今則長痛永絶矣,惟銘以掩諸幽乎?”

按,公姓趙氏,諱思商,字尚質,道號岐山。其先太原文水人,自七世祖福居孝義之宣化里,遂籍焉。福生仲均,仲均生孝祚,孝祚生志剛。志剛生泰,以歲貢任萊蕪縣主簿,有能聲。泰生鴻,以耆德拜壽官,得飲於鄉。配辛氏,生二子,孟曰思禹,公其仲也。公受中於天,沉敏端厚,頎長白皙,目重瞳子,孝讓廉謹,率性根心,規仁矩義,終始不渝。六歲能讓兄取履,九歲讀書知大義,常代兄汲水負薪,以供炊爨。十歲選充秀才,益勤勉嗜學。夜乏膏焚,則就竈下火光讀之,由是學日以宏,試必高等焉。時邑子田文孝先生以篤行顯名,公欣慕定交,相與覃思理窟,力躋道岸。於是文孝之親賢之,因以其子妻之焉。屢舉不第，門人以次受經，束修之來，必却其厚者，曰："伊富我貧，多受恐爲所役。"乃示志，作《自責詩》二章。分守苑洛韓公，持義甚高，獨延奬二公。公自奉約甚，然於養親，雖啜菽飲水，必盡其歡。及臻有廪餼，乃喜其有肉帛之養也。母病，公侍不離寢，衣不解帶，憂悴籲藥，靡所不周。隆冬居喪，哀毁徹夜，至涕淚冰凝，手足凍裂，里閈之人無不感傷。既葬，讀《禮》，修《趙氏族譜》，藏於家。服竟，以選貢例貢入太學，是爲嘉靖癸巳。其年值壽官翁七旬，公置酒張樂，百拜奉爵而後行。太學二年，容止卓犖，欲上疏言天下事，不果。既而勤禮監之奏録，白部廪之誤多，又因妻子還鄉，辭給之半。時歷事生多潦草書録，及以空身而冒全給者，於是監部皆嘖嘖稱公爲食不浮人，窮不失義者矣。

事竣歸里，壽官翁方病劇，乃見公而愈，人謂之孝感云。公於是日以怡養爲事，嘗訓其子曰："俗心愛父母，類不若愛兒女真。惟不失愛父母之真心，斯爲孝子耳。"又嘗語其友曰："我輩未能得時行道以賞善罰惡，或因文字以示勸懲，亦非苟作者已。"於是爲漳縣令任君及任孝子作傳，又考正名宦鄉賢之祀。己亥，居壽官翁如母喪時，伏廬撰《遺德録》。服竟，除清苑縣主簿。治圄清正，攝縣稱平。如拒許時佑之賂而究其奸，公均徭之審而絀其僞，最爲郡守吴公所崇禮也。吴公方以嚴御史，不輕許可，顧獨重公，臺中之奬，一歲累下。計超叙有期，忽思歸不可留，遂投狀拂衣，休神家衖，課子西齋，明農南畝，灌園種樹，絛其風宇，家筵社會，寫我天倫焉。兄亡，厚爲葬祭。端居簡出，邑令皆登堂問政，因得除汾宗佃田之弊、瑞石貼差之累，民永便之。己未，訥舉進士，授定興，迎公就養。公到舍，訥百拜上壽，請訓所以爲邑。公曰："愛民便是忠君，忠君便是孝親。"復爲畫愛民數事，令出而民悦也。尋調繁江都，江都人所稱善政，皆歸惠於公焉。甲子，江都君考最，擢刑部雲南司主事，詔封公爲文林郎江都縣知縣。拜命一年，奄乎捐棄。嗚呼！痛矣！

生於弘治六年癸丑三月二十五日。配田氏，封孺人。有子男二：

長即訥，娶許州吏目宋君女，封孺人，有疾，再娶邑庠生李君女。次讃，廩膳生，娶盂縣主簿傅君女。有女二，長適武廷翰，次適武彦肅。孫男一，曰守黑，未聘。孫女七，長適國子生張君男庠生弘文，次聘傅應舉，次聘廣平府通判王公男用勛，次聘户部侍郎霍公男鍾琳，餘俱幼。公爲人淵渟岳峙，不妄言笑，不泛交游。於賢有德，雖未識面，願投分盍簪；即非其人，雖識弗昵。好客名飲，接殷勤歡，要皆善氣所存，無孟浪云者。尤好施恤，及助修橋梁以濟貧涉。至非分之物，一毫莫取。其爲庭訓，壹以《孝經》《曲禮》馴致聖學，肆今有子如高陽氏之才焉。平生介而有容，與物無競。遵道而行，實允蹈之，古所謂篤行君子矣。然其行己也恭，事親也孝，核其名實，奚忝前修？故我邦人諸士與其門人私議所以易名，謂夫子爲"恭孝先生"。所著有《家教録》如干卷。系之銘曰：

不上其第，以遺其嗣。不盈其位，以擴其世。栖鸞退飛，玄覽德輝。佩玉轙趨，弘表鄉閭。昭有令儀，實無惰行。萬石醇謹，太丘方正。進退惟可，取予不愆。知幾明微，哲人有焉。謙謙其恭，懇懇其孝。示我周行，報之隆號。雖有三珪，不如公所齎。雖有乘車，不如公所携。宫其隩區，以安營魄。勒銘幽茂，永好無斁。

皇明誥封奉國將軍北村公墓誌銘

國有敦文履善之英，是爲北村公云。往宗胄貴盛類不屑文爲，及與縫掖者游。至北村公，乃獨好書又好親賢，於書無所不通，於才人學士未嘗不虚左而迎之。故其德大雅，卓爾不群，而諸宗之有識者亦胥嚮風，繇是彬彬多文學之家矣。

公天才俊敏，神識朗融，綜理篇章，咸中矩矱。斧藻丹雘，爛若高霞。每觸景興情，含毫落紙，或矢之長音，或約之短律，曾不限步刻燭，而其詩已應機而就，若大化之鎔冶萬物，性色一無假焉，其敏捷如此。又善繪畫，凡得之寓形之感，超之有象之觀者，輒敷染標飾，亦若大化之善幻焉而不可窮也，其融會如此。要其妙，則蘇子所謂"少陵翰墨爲無形之畫，韓幹丹青乃不語之詩"者也。一時縉紳鉛槧之士咸傾心歸之，如鳥趨鳳焉。公孝友忠信，廣大温恭，非禮弗言，非義弗行，嘉善矜否，犯而不校。下有竊金器者，已而悔還，竟不之究。居常褒衣博帶，雲冠崔嵬，望之如古先哲人然。峪中有佳山水，良辰美景，公必往游，登高賦詩，陶陶然樂而忘歸也。數與方外僧秋山坐石臨流而談，僧所談他人不解，公獨領略，時拍手微笑。或看月寒潭之上，其所悟□□□〔一〕。

五十六薨於正寢。薨之日，從容端坐，與親知〔二〕，别且曰："吾乃復造化舊物，若等無徒悲。"顧命其子惟曰："若等〔三〕作善，若惟肖之而已。"時嘉靖十九年九月十有二日酉時，距生則成化二十一年四月初九日子時也。公薨未葬，以嘉靖三十六年三月十八日卜葬峪里之鮮原。其子中尉君以鄭君登瀛狀徵余銘，以掩諸幽。余固諸生而承誨愛者，敢不銘？

按，公姓朱氏，諱奇湎，别號北村，系屬太祖高皇帝五世之裔，誥封奉國將軍。高祖晉恭王，曾祖慶成莊惠王。祖諱美埭，封鎮國將軍。父諱鍾鈇，封輔國將軍。配夫人王氏，生子十有二人，公其仲也。元配郝氏，封淑人，有子一人表杷，封鎮國中尉，配何氏，封恭人。有女二人，長巴陵鄉君，及笄而喪。次雲朗鄉君，配儀賓張儀。有孫男三人，長知堥，封輔國中尉，配張氏，封宜人。次知炳，封輔國中尉。次尚幼。有孫女六人，長石鍾鄉君，配儀賓屈聘。次歙浦鄉君，配儀賓王三晉。鍾湖鄉君，配儀賓任清。次宗女，配宗婿李忠。次尚幼。公著述閎富，有《北村山藏藁》如干卷傳於世。銘曰：

道遐莫弘，于岸于登。文墜莫承，以汲以升。微公振邁，鮮克茲能。宗衮是賴，皇黼〔四〕有憑。銘彼不朽，視其岡陵。

【校記】

〔一〕底本“其所悟”及以下三字漫漶不清，温抄本至“其所悟”而止，餘字脱。核祁縣本，三字亦無法識别。

〔二〕知，底本漫漶不清，據温抄本補。

〔三〕等，底本漫漶不清，據温抄本補。

〔四〕黼，底本漫漶不清，據温抄本補。

鄉貢進士郭龍石先生暨配牛氏合葬墓誌銘〔一〕

壺有端文孝德之士曰龍石君。君姓郭氏，諱忻，字汝學，世爲壺關太平里人，别號龍石，里中稱龍石先生云。高祖諱麟，嘗輸粟助賑，敕旌其門爲“義民”。曾祖諱誠，祖諱榮，俱隱於義。父諱修，以納例授三品武職服色，配東昌太守楊氏女，蚤卒。繼上林苑署丞姜氏女，生龍石君。君五歲喪母，哀思欲絶，賴繼母王育之。稍長就學，日記千餘言。年十三，補學官弟子員，而學弘矣。十六，舉戊子鄉試不第，益發憤，精思實踐之學。十九，舉辛卯鄉試，遂魁多士。刻文五篇，主司評其文曰：“疏通《爾雅》，館閣之裁，華國經世之章也。”及見君，則少年而老成，於是益驚歎焉 。其後會試禮闈，歷壬辰至丙辰，凡八上不遇 。人爲君屈，君守道弗携而益邃於學，其視屈信，龍如蠖如也 。

初，三品公被訟成獄，君青衿，抱恨曰：“顧使吾父生兒不如緹縈哉？吾二弟幼，吾當爲理耳。”及中式，則叩首謝天曰：“是忻理父冤之日矣。”於是極力陳救者十餘年。又損其家貲之半，父竟得以不冤 ，然出獄時已年老目盲 ，而君亦面黧髪脱矣。君子曰：“孝哉龍石， 能回天以拔父於獄也。假使龍石如陶朱公兒， 不貲存而父亡乎？”然三品公夙雄於財，出見又損，則不悦龍石君，因逐之。君順受承慰，極其宛曲，父威亦稍霽焉。己未，當入會試，以中寒不果行，而三品公適考終正寢，君力疾悲號，水漿不入口者三日。棺斂之具，無所不盡其情，而哀毁逾禮矣。因脅痛氣郁，無醫師之良以拯之，遂不起焉。邑侯何君吊曰："天弗憖遺，使孝子淪棄。"里中人傷悼，皆抆淚失聲，以爲孝子可贖，人百其身也。

君稟清淑之氣，純孝友之心，温恭愷悌，端雅惠和，敦友睦親，恩信藹然，接人與物，謙敬無貳。至其涵睿照於冲虚，蓄英華於簡淡，若同而有介石之貞，如懦而有不倚之操，則進於道遠矣。兵憲汪北峰與君舊，數欲邀致館中不得，其介如此。前邑侯段君，名御史也，稱君"孝友賢俊，無愧古人"，信哉！爲文本理達辭而後有光焰；博綜群典，靡不精契。性喜作字，遂擅臨池之工。又喜陰陽地理星命之學，言命則屢中。常自筭"午運當厄，吾病在申歲，而革在小暑之前數刻乎？"届期果然。蓋是日交節在未，而午時厄也。

是爲嘉靖庚申六月四日，生於正德癸酉九月二十八日，得年四十有八。配牛氏，同邑巨族魁之女也。敬順慈和，罕有其儷，以嘉靖壬寅七月六日逝。生於正德庚午十月十有七日，得年三十有三。繼徐氏。有子男二人：長開封，牛出，充邑庠生，娶吴縣縣丞〔二〕閻應薦女；次開塾，徐出，尚幼。有女二人，孫女一人，尚幼。君卒之明年，開封將以十二月某日葬於紫巖之原，而以牛夫人祔。乃持其堂伯恬狀來索銘，拜手致辭，淚十數行下，曰："吾父殁時，言'同年而知我者，獨〔三〕文谷兄。兒走乞銘，必見憫'。"胤於是爲位而哭，涕泣而爲之銘。銘曰：

端也不得以宅揆，文也不得以羽儀。惟孝惟德，終焉以之。天有好，神有福，而謙謙者若斯人。何勸而爲？誠冥冥之不可知。古有易名，朋友得爲。貞曜之謚，徵諸誄辭。如以端孝屬之，先生庶無禄而康，匪壽而榮。我銘不爽，以妥厥靈。

【校記】

〔一〕本文又見於道光《壺關縣志》卷九《藝文上》，題爲“郭汝學墓志”，作者“孔天允”。字句略有不同，當爲原文之節略。

〔二〕丞，底本漫漶不清，據祁縣本補。

〔三〕獨，底本漫漶不清，據祁縣本補。

晉府右長史潭水先生李公暨配董氏穆氏吕氏三宜人合葬墓誌銘

李氏初爲平定郡西義井都人，在唐季蓋多顯者，至今義井南莊有高塚纍纍焉。金時有諱之才者，官總領，於鄉土有禦亂之功。之才生剛，剛生思忠，思忠生唐卿，唐卿生煥。煥當國初始，合族居平潭，爲平潭李氏云。煥生智，智生璞，三世皆尚德寡慾，而璞以勤儉積粟至三千石，能貸施一鄉，鄉人倚以爲命。於是郡中鄉飲皆僎之。璞生鳳，封順天府推官，配王氏，贈孺人，其賢在閻祭酒志。鳳生應奎，是爲長史公。

公字文輝，别號潭水。年七歲問父：“學與耕也孰優？”父大喜曰：“兒欲學矣！”遂令就塾。稍長，授經於舅氏王公，卒業於憲副雷公。經則博通，且潛心勵行，與俗學異。年十九，選郡庠生。二十四，中正德庚午鄉試。辛未，會試不第，就高陵縣學教諭。或姍之，公曰：“吾親老弟幼，吾不爲禄養而誰養乎？”乃端范正講，以臨諸生，不受諸生之餽遺。諸生有不能婚葬，必亟爲處之。尤敦重風誼，於時搜表孝友貞懿久匿而不彰者七人，事在《吕涇野集》中。時涇野先生居里中，遣弟應庚、應箕受學焉，而己猶與之共邁於是道，乃益尊。居八年，升鞏昌府學教授，其操履如高陵時。嘗手書《太極圖》《通書》於壁，以牖諸生。何大復督學時，獨許隴西諸生有性理之學，知屬公善教，於是徵公正學書院，修《雍大記》書。鞏去家三千，乃迎養父及弟應斗來就學並完婚。留五月，東歸，申狀願分禄以養，當道咸歎美之。

嘉靖癸未，丁母憂，哀襄盡禮。丙戌起復，補廬州府學，亦分禄養親，其操履亦如鞏昌時。己丑，升伊府紀善，言動端平，王敬重之。庚子，丁繼母憂。後府中多事，王拊髀謂左右曰："李紀善若在，豈有此哉？"因遣書存問。癸卯起復，太宰許公曰："兹宿儒久淹，視彼速化者何？"補晉府紀善，尋升右長史。王素重公端平，至是益敬禮之。庚戌，王上疏言公忠勤，得進四品服俸。癸丑，丁父憂。父在疾時，公乞假省問，遂獲躬奉湯藥及棺斂焉，人以爲孝感也。

公宅憂過傷，頗忽忽不豫。然秉禮敦道，訓啓後昆，無毫髪差。以嘉靖壬戌正月二十四日終於正寢，享年七十有八。訃聞於國，王惻然曰："奪我仲舒！"即遣官爲文以祭，兼賜旐賻。生於成化丁未十二月一日。元配董氏，繼穆氏，俱贈宜人，俱莊惠仁淑，俱得年二十九歲而卒。自有涇野公志，所謂"董母以育子而革疾，穆母以哭母而褫魄，慈可以照日月，孝可以塞乾坤"是已。又繼吕氏，贈宜人，郡名族遷之女也。端重沉静，不妄笑語。性慈孝，精女紅。穆宜人歿後，遺子女七人，而五人尚幼，吕撫育之，無異己出。尤孝敬舅姑。相潭水公歷廬、洛之間，守寒素之業，處諸叔妯娌並合道適宜。追惟董、穆，其賢同揆矣。得年三十九歲而卒。又繼劉氏。公有子七人：長念，舉乙未進士，歷官至歸德府知府，娶王氏，封孺人，繼孫氏。次愈，同兄舉進士，歷官至鳳陽府知府，娶楊氏，贈宜人，繼姚氏，封宜人。次慈，郡庠生，娶陸氏。女一，適丁未進士苗敏學，董宜人出也。次愛，早卒。次慤，郡庠生，娶張氏，繼董氏。次意，郡庠生，娶朱氏，穆宜人出也。次懇，壬子舉人。女一，適庠生白雲鷗，吕宜人出也。孫男十四人，孫女十五人，曾孫男四人。

公天質醇明，器宇閎邃，修儀美鬚，金聲玉色。性好讀書，每展一書，必究竟卒章乃已。古今治亂人物之紀，罔不淹詳。剛腸疾惡，却絶口不言人過。喜飲酒，雖多而不亂。即席雅談，必忠孝勤儉。或座有惡容，未嘗不慚沮棄去。居處無惰容，凡後生小子，見公必肅。

平旦整巾，即焚香祖考前。又好施恤而不責報。至於孝親友弟，樂道甘貧，誨人與物，惟公惟誠，殆性之矣。涇野先生不妄許人，稱公“孝友之行可通神明，篤信之學不愧往哲”，又稱公“有過目成誦之資，有食荼茹苦之節，有振頹激頑之材，有先人後己之行”，非華説也。三莅學官功令，弟子俱見思；兩輔大藩，兩王俱敬禮不衰。去之日問也，死之日，誄也，旐也，賻也，豈倖致哉！公所教弟，應庚歷官至西安府同知，應箕至狄道縣知縣，應斗充廪膳生，而應詔以力農裕。今年某月某日，葬公古城西原之新塋，啓三宜人合葬。乃歸德君泣爲公狀，鳳陽君乞爲吕母狀，先期委胤也作銘。胤年家生也，曷敢辭？銘曰：

學以啓家，賢焉光國。國有庠序付公殖，三釁之子歌樸棫。懿親雄藩公兩翊，陪德秉忠承北極。家頤大椿甘旨即，群弟諸兒聆講德。三鳳八龍金組絶，五馬大夫百里職。創功垂統萬年則，仁孝篤誠福齊稷。石君家聲衛武抑，吕史讚垂琬琰刻。我銘不斐義不忒，别有好辭榮墓側。

中憲大夫湖廣按察司副使黄巖李公暨配孺人牛氏合葬墓誌銘

嘉靖三十四年乙卯某月某日，中憲大夫湖廣按察司副使黄巖李公以疾終於正寢，葬柏谷山祖塋。後九載，爲四十二年癸亥，而元配牛孺人卒，當合葬。其冢嗣如松以大藩參雙峰姚公所爲狀來乞銘。

按狀，公諱延康，字允吉，别號黄巖居士。幼穎秀絶群，年十三，充學官弟子，才章玉瑩，鴻雅博通。以《禮經》中嘉靖壬午鄉試。壬辰，登進士第，授汝寧府推官。清理正讞，一以至公。有豪獄故不决者十年，冤民白御史，願得李明府一訊，即死無恨，於是遂正法焉。汝水氾溢，歲久不能治，用公治之，即事省而功倍。民間徭役被公審者，無不均平。有同寀之喪，貧不能歸，公捐俸盡以賻之。其高明仁義，大氐如此，以故"鏡明水清"之謡流響三河云。居三載，内徵，適丁外艱。起復，拜湖廣道監察御史。巡視内地，廉枉察奸無少怵，太宰許公稱公爲"真御史"。上幸承天，命公整飭軍士，護守禁垣，駕旋，賜勞白金、文幣有差。尋奉命巡按陝西茶馬。時私販爲蠹，邊厩屢空。公至，一煎浣而疏通之，蕃人畏服，馬以庶繁。大司馬爲上其事，特賜彩衣、白金以嘉其能。未幾，丁内艱。起復，巡按順天。其地爲輦轂之近而關節之衝，自非弘毅，鮮克通理。公肅紀綱以貞吏治，詢風俗以拯民疫，如大鈞垂令，暄凛並行，無少利害之心於其間。是以中貴請托不行，閥門犯辟罔貸，墨吏望風咸自解綬而去。至議上戎略，言飭武備，選將才，多所施行焉。

例補河南按察司僉事，分巡汝南、大梁二道。修屬城之圮，辨良吏之誣，弭妖賊之亂，御煩理劇，霆厲風行。升陝西布政司左參議，奉敕撫治商、洛。時礦盜竊發，傷我官軍，公相機剿撫，竟殄厥渠魁，寬其脅從，山民賴以全活者衆。有老嫗訟子之惡，公曲爲懲諭，子感悟爲孝。有洛南故人犯罪死律，彼私謂得免，公竟置之法，仍厚其家以報之。有按史倨慢，公正色讜言，不爲少曲，吏慚沮加敬焉。居五載，升湖廣按察司副使。有飛語陷公於京師者，遂謝政歸。朝論方共惜之，而公恬然無□□□□□，□農課子，飲酒賦詩，以自愉懌。

偶感疾而逝，享年五十有六，距生弘治庚申九月十有二日也。配牛氏，封孺人。生有至性，幼通《孝經》《女傳》。及笄，適黄巖公，與公合德，孝敬勤儉，靡所不宜。公家食爲名士，起家爲賢大夫，雖其自植，而孺人内助之力爲多。故封誥之文，美孺人"師於前哲，謹其婦儀。饋克主中，事不言外。相爾夫子，勵行飭文"，爲實録矣。享年六十而卒，時嘉靖癸亥某月某日也。生於弘治甲子某月某日。

公高祖得剛，曾祖志美，俱隱德弗耀。自祖翥始通仕籍，號安定君。考玹，仕洛南，以名宦見祠祀焉，贈文林郎、湖廣道監察御史。配馮氏，封太孺人。生五子，皆賢貴。曰延昌，封濟南府推官，其子如桂,見任陝西按察司副使。曰延馨,登己丑進士,仕至户部郎中、登州府知府。黄巖其行四云。牛孺人之考以齒德拜壽官,妣劉出諫議之門。公有子一人,即如松,爲庠上之彦,娶儀賓崔珹女。有女三人,長册瀋王妃;次適庠士劉承祥,都御史夢之子也;次册安慶王妃。公爲人莊静簡嚴,剛明仁恕,孝友忠信,出於自然。宫保王浚川公稱公"雅致不染涅於流俗"。太守陳公特祀公於社,前學憲曹公議之,撫按孟公、樂公允之,少保大司馬楊公爲作記焉,宜矣。公尤雅贍文學,所著有《慕終集》四卷存於塾。銘曰:

以位以年,與善則歉。以德以才,與俗則殊。以其所殊,而易其所歉,豈亦天道之盈虚、人事之反復乎?然其歿而祭於社也,與玉之埋也,山若增而高也,亦烜赫者之所歉,而澹默者之所殊也。銘之幽墟,與天壤俱。

清河縣學訓導封文林郎衛輝府推官西塢先生王公墓誌銘

嘉靖癸亥六月二日,西塢先生王公以疾終於正寢,享年八十有一。明年甲子閏二月廿四日,葬於姚村新兆,與其配兩孺人合。其子御史君乃先事問銘,自涑川走汾,跋涉殆七百里,出廷評李君所爲狀。

按狀,公諱澄,字志清,邑中號西塢先生。爲人貞敏莊厚,孝友和直。識進讓之義,達明保之機,而尤立於禮。幼穎慧,善讀,日滿千言。初操管,締藝才美,則徵師授學《毛詩》,六義理解焉。弱冠入邑庠,務飭己,修辭有儀法可觀。提學石公欲藉以化俗,令食廪鄉寧、吉州,歷三歲乃還。及應鄉舉,凡八上不第,竟以循次貢入太學,授清河縣學訓導。公至,守功令之章,課經治之術,崇禮尚恩,口不言利。乃門人日親,欲依歸終身而不忍捨去。及去,則遮留以思。公家食時,父母與祖父母康彊俱盛,公養則致敬。及其喪也,則壹以盡哀。邑人喪尚佛事，公獨純用古禮，絀是不爲，俗至今化之。與弟贇恭讓，逮白首無間。又能恤秦氏姊之貧及内外黨之乏者，至存歿取庇焉。教諸子，必先忠孝而後名聲，文章、政事皆有本源，以故趨庭之子，胥雲蒸龍變焉。

公在清河，日思歸養其老親，及仲子登薦，徑棄官歸，巡按楊公特走書幣追奬於家。公容與林廬逾二十載，其温恭敦睦，清平恬雅，非仁無爲，非道弗處，蓋如一朝。每遇聖旦元正，必蚤起祝釐，九頓首而退。凡閭社往來，接杯酒殷勤之歡，叙述情話與親戚同。糶，有雜者少筭，公輒呼補之。其人得遺釵米中，亦輒還公。鄰鬻宅，公酬價多，或迂之，曰："是則周之乎爾。"有傭作罷者，聞或困阨，未嘗不往救也。初，御史君以衛輝府推官考最，上封公如其官。公既封大郡，猶儒服傴僂，出里門不駕，其行誼純備，殆古所謂厚德君子也。

公先世太原，自八世祖從爲遼時金牌千户，鎮河東，因著籍聞喜焉。從傳曾孫二十一人，而十九公諱克仁者，以酒德比五斗先生。仁生臬，爲國初刑部主事。臬生吉，吉生佐，佐生懋，以齒德之劭拜壽官，而賓飲於鄉。配梁氏，成化癸卯七月十日生公。王氏起家自金牌、刑部，而後有濬齋公諱哲，仕至浙江右布政使。今踵武光裕，則自公更始之云。公初配盧孺人；繼配張氏，以子貴封太儒人。盧生於成化壬寅正月二十日，卒於正德庚午五月六日，得年二十有九。張生於弘治丁巳四月六日，卒於嘉靖庚申六月九日，享年六十有四。太儒人莊慎慈淑，實與公齊德，凡公所爲善行，自居家履官，端本垂範，皆太孺人從中助之。兒女婚嫁及諸婦諸孫佔俾機杼，以至欆鉏厮役，罔不經制有條。躬先勞苦節儉，終老不渝，其爲賢母如此。有子男七人。長宗夏，配某氏，盧出。次宗堯，癸卯舉人，任淅川縣知縣，配某氏。次宗舜，癸丑進士，授衛輝府推官，擢南京湖廣道監察御史，配某氏〔一〕，封孺人。次宗禹、宗湯，蚤卒。次宗文，邑庠生，配某氏。次宗武，配某氏。有女一人，適趙養誠，俱張出。有孫男十二人，曰廷對，邑庠生，娶某氏。有孫女幾人，一適解秋，一適邑庠生景仰傅，一適廷評子李豫養，餘尚幼。孫男一，未名。公德積慶餘，斯後昆振振盛矣。系之銘曰：

陶唐氏之墟，涑水之瀦，隆崇清淑而玄龕以居。蓄其淳穆，不大以舒。有慶其緒，有來其徐。馴雉者茂，峨豸而譽。以引以翼，夔如龍如。譬彼巨林，豐厥本初。銘之乎石，萬年考且。

【校記】

〔一〕按上文"有孫男十二人"，此處疑有脱文。

鄉貢進士吕梁張貞孝君墓誌銘

張君之生也，其從叔大司空襄敏公稱其志焉；其殁也，其從叔大中丞永石公述其行焉。余，君之友也，則叙而銘之。

君姓張氏，諱德化，字修甫，别號吕梁。高祖大全。曾祖釗，七品散官。祖文，鹿邑縣丞，有惠政。父璞。母李氏，以貞節見旌表云。君生於弘治乙丑三月二十七日。幼學能文，未冠，選入郡學。督學使每歲臨試，皆裦然舉首。蓋其天質純粹，復深造敏求，以故學日益邃，文日益高矣。壬辰，徵進河汾書院。庚子鄉試，以《易》中魁選焉。孝友端厚，篤履不渝。其父蚤世，祖父母與母在堂，君奉養周至，顔志之愉，温甘之款，洽如也。逮於喪葬，無不於禮也合焉。母李也節，君也孝，部使奏旌表其門，吕涇野先生讚其"節孝以相成"也。癸卯，致母之喪，哀毁危篤，瀕隕復甦，人謂孝感之徵。事兄某恭謹，值其暴卒，即不赴大比。喪其室人，必終期而繼賓興之時。有司特加餽焉，君固謝不受。嘗遇北虜於田，虜奪其乘而不害。已乃避巖谷中，經四日不食，猶賦詩書石，有"自知非烈士，即死不成名"之句。貞節坊毁，君竭力修復，曰："以保我母氏之烈也。"祖塋在石〔一〕婆神七老塔，嫌於湫隘，君展地奉遷，不用陰陽禍福之説，而位置廣輪，垣樹表記備焉。曰:“以安我先人之魄也。”力田自食,不假世營,構書屋城東,扁曰“崇倫”;築場圃一區,扁曰“所其無逸”,蓋言其志矣。門人來學者衆,凡受君指授,即卓爾不群。性喜飲酒,遇飲輒盡,絶不邇聲伎焉。宗黨有吉凶之儀,必助之;徒侣之乏,必見恤也。其孝友端厚,大率如此。

偶以痰疾,卒於嘉靖壬戌十月十有三日,得年五十有八。以明年癸亥某月某日葬於遷兆。元配董氏,繼王氏。有子男二。長纘〔二〕,娶御史車公梁之孫女。次繩,娶寧鄉鄉貢進士陳謨之女。有女二,長適鄉貢進士崔柄,次適安桐,俱王出。孫男一,曰所性。孫女二,俱幼。君之將葬也,門人輩謂:“夫子有真德實行,追配古賢,乃不得見用而謚於朝,若易其名曰‘貞孝’,亦猶行古人之道也。”故謂夫子爲“貞孝先生”。

君博聞强記,沉潛理學,尤善爲古文辭,復善書法。其淵識雅裁,蓋極天人焉。至於揚榷古今而談當世之務,則忠讜慨興,經濟涣發,如武庫啓而利器森列矣。所著有《袪俗小稿》《自考録》《吕梁集》若干卷。襄敏公曰:“吾侄學即是事,事即是學。”永石公曰:“吾侄既窮不失義,必達不離道。其舒文以廣國華乎?調鼎以亮天工乎?直言極諫乎?安邊理邑乎?而今已矣,殆齎志以殁者也,其命也夫!”是皆信史之言矣。銘曰:

大人稱志述行,炳於丹青。名以義起,昭於日星。無位而德尊,殁而永寧。其誰曰不然,以考吾之銘。

【校記】

〔一〕石,底本漫漶不清,據温抄本補。

〔二〕纘,底本漫漶不清,據温抄本補。

張雲溪先生墓誌銘

雲溪先生姓張氏，諱紳，字佩之。其先浙江仁和縣人，自高祖某從王，爲王國人，而家汾陽也。父諱其〔一〕，母金氏。

先生美姿儀，善清言，性温爽聰慧，涉獵書史，通畫水墨丹青，兼通詞翰。興寄所托，往往入妙。慕尚飲中八仙，家常釀酒，或舉杯獨酌，或遇客款留，或社中招飲，未嘗不高歌傾倒，有鳶飛魚躍之趣。撫景談諧，善而不虐。間談世務，亦鑿鑿可行。少營舉業不就，乃挾策而游京師，復西游於秦。大司馬彭幸庵、修撰康對山皆愛其爲人，相贈以詩，詩在二公集中。及倦游，爲晉府引禮舍人。又倦游，乃始歸汾。居無何，復游河東，河東人僉重其風流文雅云。

余秀才時，見禮於宗老北村翁，時先生在北翁社中，因相識焉。即余解方伯之印，遂與先生爲方外交。蓋文酒追隨，風雨晦冥而不輟者十年。余情在避喧，先生心亦遠俗，故交也。

嘉靖四十二年七月初五日，以微恙終，享年六十九歲。葬於城西石塔之原。配鄭氏，有子男三人。長鳳羽，宗婿。次鴻羽，生員。次鶴羽，宗婿。有女二人，長適王邦國，次適中尉知爨，封恭人。有孫男四人，長汝文，次汝行，次汝忠，次汝信。先生將葬，余買石爲志其墓，系之銘曰：

雕軒朱紱人所崇，堆金積玉人所傾。緼袍藜杖誰其明？余哀其行焉而銘，以闡幽人之貞。

【校記】

〔一〕其，據文意當作“某”。

王母太安人張氏墓誌銘

太安人張氏者，贈君王公鶴之配也。贈君父諱瑄，襲祖廕任汾州衛百户，進職千户，授武略將軍。母寧氏，封某人。太安人父諱祥．母段氏，爲郡中名族。

太安人温惠穆慈，自歸配贈君，綽有婦德。及生令嗣，母儀肅焉。子緯質粹，太安人命曰："自我爲汝家婦，未聞汝先世以文事濟武功者，兒勗之否？"因勸贈君延師以啓其學。學成，中嘉靖甲午鄉試。戊戌，贈君卒，太安人經濟喪葬，於禮也合焉。郝水峪先生爲之志。時子緝年十二，亦有粹質，太安人令就兄學。學成，中丙午鄉試。丙辰，命子緯仕，曰："吾老矣，汝以禄養吾，爲汝孝。"於是緯謁選，授鄢陵縣知縣。己未課最，升武定州知州。時歲饑，緯攝行救賑，政善策奇，所全活數百萬人，復還定而安集之。太安人喜曰："兒陰德乃爾，吾何幸！"壬戌入覲，以忤府左官，守順德府學教授，尋遷廣平府通判。迎養太安人，以遷所未往。己未，緝舉進士，太安人乃就養京師。其年緝授吉安府推官，以太安人老，難遠涉，又不忍舍母獨往，特上疏陳乞改懷慶府學教授。因奉太安人鸞廨，頃就養武定。及緝署縣武陟，復奉迎太安人來武陟。壬戌，緝升國子監助教，癸亥，升户部福建清吏司主事，太安人俱在邸舍。甲子秋，緯入賀，母子兄弟咸聚，太安人喜甚，已而泣數行下，曰："昔先大父易簀之日，顧四子六孫及女甥無一語，獨謂吾淑慎，當必有佳嗣以振吾宗。亦天以報婦乎？不意五十年來，遂有今日，卒何稱先人之教者？兒輩忠與孝哉！"

時緝監兑河南、山東之役，當出水次，太安人乃就養廣平。到廣平三日而卒，時嘉靖四十三年九月十七日也，享年七十有九。生於成化二十二年五月二十八日。時在内公卿大夫之與廣、順僚吏，皆夙聞太安人賢及兩子純明仁孝，皆爲文以誄，兼厚奠云。緯扶櫬自郡，緝奔喪自京，迫仲冬歸於正寢。以明年乙丑三月初九葬萬户山之祖塋。

太安人冲虚端静，本於天植，苦節貞行，勤理克家，終始不渝。居常齋莊蔬素，誦《觀音普門品》義，往往見諸施恤，即古所謂大慈者矣。初，王氏以武略興，歷世但守轄而已。至以科第起家而光大之，實自太安人始也。有子男三，長經，娶徐氏。次即緯，娶李氏。次即緝，娶趙氏。有女二，長適典膳侯濟，次適史朝賓。有孫男三，長天寵，生員，娶劉氏，早卒，經出。次用賀，聘史氏，緝出。次用勛，緯出，聘刑部主事趙君女。有孫女三，長聘任國柱，次聘余長男孔階，次尚幼，俱緝出。襄事之前，趙刑部撰狀，余作銘。銘曰：

有淑其媛，有士其行。惠巽宜庭，清恬保性。躬培善基，弘衍緒慶。訓育兩賢，蒙養均正。登名展寀，玉輝金映。適觀厥成，適享厥盛。德禄美兼，孝慈明並。既壽既康，以考終命。烈裕有承，褒表無竟。廓其武功，奭其慈令。銘其永存，鎮其長静。

慶城王長子小溪君墓誌銘

君諱新堤，别號小溪，今王之冢嗣也。於制爲長子，於禮爲嗣君云。母妃王氏。嗣君擅清一之資，撰剛中之德，志高千仞，心雄萬夫。莊敬威嚴，無間於隱顯；彊毅敦敏，莫測其淺深。自弱齡嗜學，長益耽文，聰慧天啓，悟徹神授。研精篇籍之府，振藻著作之庭。落筆成章，吐辭爲律。大篇春容，小言緻密。至舒染翰之雅，又出臨池之工。由是墨客之流，襲惠響於儒林；銀潢之侣，溯微波〔一〕於牛渚。方且孝隆兩宫，儀正四國。問安寢門之外，視膳東厢之側。動而足法，舉必可書。位壽弗登，聲華則茂。

生於某年某月某日，以嘉靖四十三年五月十有六日薨逝，春秋四十有一。明年乙丑四月十有九日，葬孝臣里之原。皇上遣官祭誄如制。所著有《奕善堂集》若干卷。擲金聲於地下，埋玉樹於土中。惜天下之寶沉淪，歎人間之世短促，良有以哉！配夫人李氏，有子三，長慎鍾，次慎鏐，次幼。有女二，長配儀賓雷行素〔二〕，封普德郡君，次聘安惟一。襄事之前，高陽令徐〔三〕之屏列其懿行，徵銘表幽。系之銘曰：

自我太祖高皇帝弘文起運，垂裕後昆，歷莊惠、恭僖、温穆、端順、恭裕以至今王，咸恪守一德，以承世風。至於哲嗣，則其文於鑠，其緒有廓。伫其追渥，輝此冥漠。

【校記】

〔一〕溯微波，底本漫漶不清，據温抄本補。

〔二〕雷行素，底本漫漶不清，據温抄本補。

〔三〕徐，底本漫漶不清，據温抄本補。

故王官叙庵潘公墓誌銘

嘉靖四十四年乙丑十二月，公以事被逮，聽理於省中，因鬱抑疾作，死旅舍，爲本月二十三日。時其子孝廉君隨侍，披跣告哀，官府盡憐之，亟令以禮櫬殮而歸葬焉。孝廉君痛父匪辜，乃日夜號柩次，不忍遽葬。以隆慶元年丁卯二月十六日，葬中千里祖塋。先事以其師憲使西瀛王公所列行狀來索銘。

按，公姓潘氏，諱存禮，字克敬，别號叙庵。其先江西浮梁縣人，自五世祖積善翁以軍興，隨太祖定鼎金陵，戎羽林，尋改撥隨晉恭王之國，居晉陽；尋又改隨慶成莊惠之郡，家汾陽焉。積善翁生旺，旺生英，英生通。通配李氏，生三子，公其長也。自積善至公凡五世，皆事王而以恪著，獨公以果毅彊直管書記之任。今王自授邑東館，及以長君嗣位，殆五十餘載，無一事不委重公，公亦無一事不稱旨者，蓋其心計精嚴而勤敏濟之。至於持論守見，侃侃不回，日與豪宗悍族相抗，尤爲人所憚焉。

居家孝友兼至，事親生則致養，顏志之承未或少違；病則迎醫籲天，憂瘁可掬；喪祭則哀毁悲慕，每歲時致奠，未嘗不泣數行下也。非賓宴不市酒肉，或問之，曰："曩吾欲養親，家貧不可以爲悦，今力能具而親不待。此皋魚之恨，爲我心惻矣！"仲弟存智好訟，繫太原獄五年，父母憂之，公百計與援，得免於難。季弟存信好遠游，父病，思一見永訣，公亟尋致之，且爲娶妻，以安其業，父瞑目焉。嘉靖己丑，當歲大祲，民間三旬九食，道殣相望。而公經營，奉親撫弟，無乏食焉。智被讞時，公躬往救之，渡汾河中流，適水泛漲，乃倉皇祝曰："某一身繫父母昆弟妻子八口之依，若葬魚腹，則一家之命傾矣。"俄而至岸，了無他虞，蓋神實助之。智有子，五歲而孤，公撫育封植，無異己出，今曰溪貴者也。其孝友如此。故事，藩府襲封，奏討書辦官二員，公於是得以嘉靖甲子之春奉朝命，冠帶爲書辦官，即古書記之任，故法得稱王官云。

生於弘治十二年十一月初三日，至歿時六十有七齡矣。元配左氏，静惠淑賢，嬰疾早亡，今祔葬。繼魏氏，亦以淑稱。有子男一人，曰溪望，充郡學廩膳生，即孝廉君也，左氏出，娶薛氏。有孫男三人，長九成，業儒，娶袁氏。次九功、九叙，俱幼。曾孫男一人，名嘉平。公爲人城府深沉，崖岸整峻，重然諾，寡交游，雖兒子不少假辭色，雖教令肄業，不輕予一錢。在府久見親信，有似專美，故取嫉；任事勇敢，有似婞直，故遺禍。實于中心，奚所惡哉！銘曰：

不知臣，觀其君，其君睿聖而公爲之臣；不知父，觀其子，其子孝廉而公爲之父。朱鳥見克，宵人纂言。青蠅爲釁，白璧有冤。人孰不死？無懟于天。其是安是固，以保爾後賢。

鴻臚寺序班西巖李公暨元配孺人武氏合葬墓誌銘

李公者，汾之大族也。諱廷儒，字文臣，號西巖。體貌魁梧，性資瓌朗。少習舉子業，充郡學生。已而從輪助例，貢上國學，爲國子生。嘉靖九年，授鴻臚寺序班。時朝廷方興禮樂之事，振郊廟之儀，得公俊偉，以爲宣序光也，大宗伯特雅重之。居無何，乃悦然念親老，欲歸，遂乞疏得休養焉。公自得歸，上奉二親，孝禮克全；下訓育諸子若孫，各睹成立；中養真田園，决渠灌花，間涉文酒之娱，兼窺黄老之秘，君子以爲達生者焉。公富而好禮，自郡守而下率樂與公交。前守郭公，關中名士，其治郡整嚴，顧尤與公善。及遷去，盡寄囊篋於公。比宦滿入關，公親往，舉而歸之，則封識無損也，關中縉紳咸贈詩稱美焉。關中回後，復欲游江南，遂由汴、泗歷淮、揚，度揚子，登金焦，覽太湖之廣，陟蘇臺之高。至杭，觀潮浙江，溯西湖，登兩峰而還，翩翩然有凌雲之想也。於是江南之好事者亦贈詩稱美焉。公自遠游，胸次益高，動止益逸。又善飯，人謂公有仙道，望之若神仙焉。

乃以微疾化去。自嬰疾至屬纊，談笑世緣，分理家務，若無疾人然。享年八十有三。生於成化二十一年閏四月十有二日，卒於隆慶元年二月十有六日，葬於大相山之新塋。配武氏，先卒，其賢備載光禄卿張公表中，今合葬云。公曾祖諱欽。祖諱子浩，義官。父諱忠，義官。母孟氏。蓋世號殷盛，至公而始宦焉。有子男四人，長瀛，選王府儀賓，卒。次渤，授山東武定州州判，升大寧都司斷事，娶賈氏。次洛，授河南臨漳縣丞，娶王氏。次漁，授四川劍州州判，娶安氏。有女一，適鎮國中尉知㸌，封恭人。孫男十二人，孫女八人。曾孫男三人，曾孫女十人。公爲人孝友忠信，兼好文墨，所著有《李氏家藏集》。三子入仕，俱以公年老，不肯久任，輒乞歸。及終之日，兒孫無一人不在側者，可不謂善慶之全美乎？銘曰：

大相之山，有業有巖。厥草維蔚，厥木維毿。有葭有菼，有檜有杉。丹青其宫，金石爾龕。我銘不朽，於公永緘。

隱居教授貞毅先生西野馮公暨元配孺人李氏合葬墓誌銘

隆慶二年十一月某日，吾師西野先生，年七十有八，以寢疾終。次月二十日葬，門人胤述其行而銘之。

先生姓馮氏，諱思翊，字忠甫，别號西野，世爲汾州中千里人。生有偉質奇氣，鋭志業儒，博通群籍。弱冠從師受《毛氏詩》，遂專門名家。兼精性理之學，綜觀諸子，一以濂洛關閩爲宗。充郡庠廩膳生，屢科不第，乃慨然棄去。别開館授徒，弟子雲集。時俗學務爲捷徑，講誦滅裂；先生則循循善誘，毋陵節，毋躐等焉。課著經義〔一〕必理明辭暢，一洗鈎棘浮剿之陋。後生小子以簡傲爲高，投刺先達，耻稱晚生。先生立教，必矯輕警惰，正容謹節，以禮爲先。自是游師門者，少長爲有序焉。先生齒德益劭，弟子益多，乃令高弟轉相傳受，以是有德有造，彬彬如也。今登甲乙之選，居藩臬之尊，綰郡邑之章，列師儒之秩，儲菁莪之養，與子姓之昭訓于家庭，策名於天府者，皆先生佑啓之也。

先生禀性嚴正，剛腸嫉惡，非禮勿動，見義必爲。於是非利害之際，了然明白，確乎其不可拔。遇豪貴則藐之，見善如不及焉。居家孝友純篤，與物忠信。晚卜築河底之岡，清渠茂林，有盤谷之勝，誓將老焉，而遂老於斯矣。

曾大父諱皛。大父諱得川，以高年有德，拜壽官而飲於鄉。父諱祥，母李氏。先生生於成化某年某月某日。元配李孺人，先卒而葬，其賢具載墓誌。兹啓孺人之壙而合葬之，禮也。生子男四，長伯奇，監生，娶郝氏。次仲奇，廩膳生，娶李氏。次叔奇，舉人，娶張氏。次季奇，儀賓，娶督黎鄉君。女四人，孫男九人，建勛、建策、建藩、建垣、建言、建章、建業、建和。孫女六人，曾孫男一，曾孫女一。

嗚呼！世固有小才而冒高位，凉德而紆顯爵。使先生遭〔二〕遇，在朝著則必樹蹇諤之節，以進賢退不孝爲己任；在郡邑則必除强去暴而表循良之儀。然卒止儒者之高蹈，其命也夫！諸門人以先生有才德而無爵位，當效古私謚之義以易其名，僉謂"操節正固，貞也；履道强直，毅也"，因謚夫子爲"貞毅先生"。系之銘曰：

孰同大鈞？曰人與神。孰歸定命？曰善與慶。故生爲異人，則死爲貴神。善積厥躬，則慶流子孫。於終之要，斯始之原。銘之乎幽，永矢弗諼。

【校記】

〔一〕義，底本漫漶不清，據温抄本補。

〔二〕遭，底本漫漶不清，據温抄本補。

慶成王府書辦官毅庵周公暨元配党氏合葬墓誌銘

嗚呼！毅庵其已矣。夫公厚德君子也，人之云亡，則靡所瞻，然而其行也爲可述也，其述也爲可銘也。乃孚溪君述之，而余爲之銘。

按，公姓周氏，諱永浩，字德洪，毅庵其别號也。其先本浙江海寧縣人，始祖賢，在洪武初以軍興從南京留守韋善有功，授總旗。永樂間，隨侍慶成莊惠王之國汾陽，後嗣乃世世事王，以謹厚稱。祖達。父琛，母朱氏，生三子，公乃行二。有卓犖之質、英敏之才。琛掌府書辦，公從之。明習其法，兼博通文史，涉百家言，於易數地理灼如也。尤深沉而有大略，謙重有容，言動可則，上下皆敬重之。歷事端順、恭裕及今王五十餘載而恪恭如一日。恭裕王之即位也，首疏其賢幹，當據例授官，乃得請爲書辦官。服冠帶朝謁，雍容文雅甚都，蓋與古記室從事之官相等夷。東漢至唐，三公、大將軍、諸王邸第皆有記室參軍、文學從事，主上表章書疏、露布羽檄及圖議國事，宣憲守文，如班、傅、陳、阮，代有名流。公茂殖雅裁，載膺厥職，殆無忝前修，而謹厚過之。宗室藩衍至千，啓事叢集，真贋混淆，公承旨剖分，無不畢達。其他納約自牖，進思退補之忠，未易指數焉。由是郡士大夫亦皆樂與公游，郡人緩急率倚公爲濟。而公慷慨措置，有惠有孚。凡識與不識，僉曰："公長者也。"治家嚴而不苛，恩而有禮。有良田廣宅，必夙夜省惕，灑掃潔清，無敢怠荒，無鹵莽滅裂。及有析薪而弗荷者，諸子若孫悉令業儒，以故周氏之門有詩禮風，雖新學小生而有芝蘭之氣。視親孝養純至，與兄弟友，于財必兼濟，庭靡間言。嘗墜馬幾斃，覺有異人舉援，得無恙。因詣王，辭老不任事，然每事仍召問，或使人就家咨之，其老成見重如此。

比忽欲斷敕家事，分産諸兒，乃手畫心惟者數日。因微困，頃之遂不起焉，時隆慶三年五月十有一日也，享年七十有七。生於弘治六年二月十有六日。配党氏，賢而早卒。繼黄氏。生子男四人〔一〕，長倫，次价，次倘，俱太學生。女四人。孫男三，長文蔚，郡學生。次文炳、文煇，俱業儒。公歿之日，府中、郡中咸共悼惜，謂温恭朝夕，執事有恪，長裾委蛇，無復斯人矣。以歿後六月二十五日，葬北郭廂祖塋之原，党孺人祔焉。系之銘曰：

才不世出，地不隱賢。譬彼徂徠，有桷有梃。或登名堂，或克靈光。其致雖異，其美式彰。竹素華於東觀，曳裾坦於舟轂。謙益高危，天道倚伏。懷玉而傴，則無寵辱。孰禔之福，孰與之齡。孰昌之後，孰永之寧。孰測之微，孰韙之銘。

【校記】

〔一〕四人，據下文當爲三人。

敕封太安人趙母田氏墓誌銘

太安人，今户部郎中陽谿君趙訥母也。姓田氏，父友勝，母張氏，爲里中賢淑。生子四人，女二人，太安人爲長女。静婉慈祥，不妄言笑。長兄文孝先生以德行範家，因得習聞古之儀訓，而孝敬勤儉，出乎天性。父母爲其擇配，文孝曰："我閲人多矣。有友趙某者，端人也。倘天作之合，非其人不可。"遂成禮而歸趙公，是爲封君恭孝先生。時公家貧業儒，父母在堂，兄嫂皆拙略寡營。鄉俗，新婦不遽操作，安人入門，即卸鉛緋，御荆布，親井臼炊食。每食必撙節，其精者奉舅姑，次夫君，其次自噉，則藿糝藜羹而已。如是久之，無怨苦心，以故封君不缺親養，且得專力於學。姑病腰痛，惟安人扶掖轉動則痛減，他子女來輒揮去。及卒，勸封君自假貸畢葬，知伯氏之寡營也。舅喪，亦如之。君子以封君貧不薄親、喪不廢禮焉，安人助也。封君性剛正，遇有不平欲往直，安人曰："彼言是耶，失在我；不是耶，失在彼。何以直爲？"封君素好省己，聞此語，乃大服。其祥厚而有識，多此類。

及家道中起，兒女長育，陽谿君方六七歲，安人教曰："正爾幼志，從服食始。"每有宴饌，雖餕餘，不多與食；有香美餅餌，必先使茹粗糲纔量與之。縫有新衣，戒匪時勿穿，不使爲輕俊習。宅近公署，每貴官過，必令陽谿縱觀曰："兒他日可如是。"又令講小學故事，至勤學孝順，曰："兒今日不可以不如是。"既而果然。嫁女治裝，必先具盛服華筵，上舅翁後乃從事。或以爲迂，安人曰："禮也。"教婦女務勤紡績，居常克儉，敝衣敗絮，皆煎浣補綴。而用寸木片紙，悉貯以待需。當封君已有俸禄，尚飯脱粟，其儉與性成而教家如此。田文孝夫婦相繼喪亡，弟貢亦早亡，遺婦吴氏守節，而田母老，安人與封君恤養兼至，白縣道樹碑文孝之墓，禮表吴節婦之門。陽谿君舉於鄉，時值田老母喪，安人厚爲營葬，而吴之恤也至今，其孝睦如此。長女早孀，安人勗曰："但守志安節，如吴舅母可矣。"女遂以節名。陽谿君舉進士，除定興令，嘗迎養二親。安人見善政，喜曰："吾幸有子矣！"尋調江都，擢刑部主事，仍以報江都政，封孺人。封君背棄，陽谿君起復户部主事，遇今上覃恩，加封太安人。已分曹監徐州倉，三迎太安人。始一就養，則又見善政而喜曰："吾幸有子矣！"喜竟如教。居無何，值大水没民田廬，陽谿君出公米救濟。太安人曰："民困至極，我何心鄉此？"會陽谿君事亦竣，即便道奉太安人過里舍。從吏促行，乃跽而請曰："母老矣，兒當止。"太安人曰："兒仕矣，吾老無恙。"還京，升郎中。又馳書請曰："母老矣，兒當止。"太安人又報書曰："兒仕矣，吾老無恙。"

頃疾作，以隆慶五年辛未四月初十日終於正寢，距生弘治八年乙卯九月十有五日，享年七十七歲。陽谿君自邸奔訃，且哭且行，十晝夜而抵喪次，哀毁絶而復蘇，乃治葬。以卒之年十月八日啓封君壙，合葬魏原。封君諱思商，字尚質，别號岐山，以選貢授清苑縣主簿，致仕。以子訥貴，封文林郎、江都縣知縣，贈户部主事。其嘉言懿行自有誌，邦人謚曰"恭孝"。生子男二人，長即訥，次纘。昔封君之葬也，陽谿君以予作銘，兹又自爲狀徵銘太安人。

嗚呼！世非無淑媛也，孰有純備三德如太安人者？弱質而省儀訓，淑慎爾止，柔嘉維則有女德；作配名儒，安貧委順，約己豐親，不匱夫子，有婦德；躬儉範俗，正志養蒙，佑啓賢嗣，厚倫篤親，至弘家之慶，爲國鼎臣，有母德。嗚呼！德誠備矣，曷可以弗銘？銘曰：

魯有公父文伯之母者，淑慎于禮。蓋尼父識之，而令聞不已。於穆趙母，實惟古所賢。其德不爽，式禮不愆。而儷嗣有倬，淳耀廣淵。匪聖斯纘，無美弗傳。銘其無射，以保萬年。

皇明慶成安穆王墓誌銘[一]

安穆王[二]諱知熑，别號竹溪[三]，太祖高皇帝七世孫也。高皇帝有[四]天下，大封諸子，其封晉者爲恭王。又分封諸王子，其始封於汾者爲慶成莊惠王，恭王第四子也。莊惠生恭僖，恭僖生温穆，温穆生端順，端順生恭裕，恭裕生王。恭裕有仁德，在位久，薨時年八十四。王以嘉靖四十一年襲爵，即位八年，以隆慶三年十月十有六日薨，享年七十有四。生於弘治九年七月二十日。訃聞於朝，上惻然久之，遣行人謝某[五]賜祭葬如制，謚安穆[六]。

王生而靈異，豁達沉敏，多才藝，好讀書作字。書無所不通，工真、行、草、篆，亦善八分，而行、篆爲絶。喜與文人[七]學士談經義辭章。端順王尚賢，恭裕爲長子，深居簡出。王日侍祖側，内贊决府事，外應酬賓客，朝省[八]縉紳先生之屬，温文而恭遜。時他王率多驕傲，鮮克由禮，王獨循循雅飭如文儒，以是著名[九]。諸賓客縉紳亦自負，然見王折節，乃相與延譽。尤樂得其書，曰："此竹溪君書也。"[一〇]及即位，一以寬厚爲體，而明恕行之。敬老恤貧[一一]，吊喪問疾，拯難雪冤，自宗黨而下，靡不蒙其恩惠。然秉憲正邪，凛凛不敢犯。終王之世，强宗而抵於法，幽囚流辟至伏誅者殆十數輩，餘孽俱以嚴見憚，漸轉禍爲福，王之威也。王國人曩固略儒，自王好文，選於庠者十數人，舉於鄉者幾人[一二]。左右侍從亦皆明習書史，忠敬有儀，王待之恩禮悉優。居常自奉"朝晡一菜一飯，冬夏一裘一葛"，泊如也[一三]。至於祀饗宴會，必盛服豐膳，鮮美異常。王寢疾，宫人製袴，刺文螭彩雲其上，王叱曰："此神物，豈宜備下體耶！"令易以素。其豐儉適宜，多此類。

初，張太妃無子，王出汪氏，封長子。時上疏乞恩，願母以子貴，詞極悲懇，動肅皇帝，敕封次妃，得盡孝兩宫。由是朝省皆知其孝[一四]。

配王氏,册封元妃。勤儉慈明〔一五〕,爲國母儀。生子十六人〔一六〕,嗣子〔一七〕新堤,號小溪君,敕封長子,英年早世,自有誌〔一八〕。堸等十餘位〔一九〕俱封鎮國將軍,其配皆夫人〔二〇〕。孫男二十一人,長慎鍾,敕封長孫,爲嗣王〔二一〕。次慎鏐等,各有嗣君〔二二〕。君卜兆於宋家里原,在郡城西北十里〔二三〕。以隆慶五年九月初一日葬,先期以教授吕恕撰狀,徵外史氏銘。吕君直諒,言不誣,繫之銘曰〔二四〕:

自慶肇封,世衍其祚。紹烈秉文,維王之度。博學多藝,理解六書。衆體咸備,行篆絶殊。折節撝謙,敦倫廣孝。不出户庭,成國之教。豐儉維宜,克猛克寬。居高思危,處善則安。荷天之綏,令德壽考。子孫其繩,式遵王道。穆穆价藩,桓桓宗老。新宫攸寧,萬年是保。

【校記】

〔一〕本文另見於王堉昌《汾陽縣金石類編》(以下簡稱《類編》)175—176頁,山西古籍出版社2000年版。題爲"慶成安穆王神道碑"。碑文後有撰、篆、書、立者信息:"賜進士及第通奉大夫河南左布政使前三奉敕提督陝西浙江學校副使陝西提刑按察使郡人孔天胤撰,賜同進士出身奉政大夫光禄寺少卿郡人王緝篆,賜同進士出身承德郎浙江清吏司署郎中事主事孝義趙訥書。大明萬曆二年歲次甲戌三月戊辰清明日立。"碑文與此文有多處不同。

〔二〕安穆王,《類編》作"王"。

〔三〕别號竹溪,《類編》作"道號竹溪翁"。

〔四〕有,《類編》作"奄有"。

〔五〕行人謝某,《類編》作"禮官"。

〔六〕謚安穆,《類編》作"謚曰安穆"。

〔七〕文人,《類編》作"高人"。

〔八〕《類編》無"朝省"二字。

〔九〕《類編》無"以是著名"四字。

〔一〇〕《類編》無"尤樂得其書,曰'此竹溪君書也'"句,而有"自是遐邇悉聞其賢。素性剛嚴"句。

〔一一〕《類編》"敬老恤貧"前有"如"字。

〔一二〕“選於庠者十數人”二句,《類編》作“士之選於庠、舉於鄉者,彬彬如也”。

〔一三〕《類編》無“泊如也”三字。

〔一四〕《類編》無“由是朝省皆知其孝”句。

〔一五〕册封元妃,勤儉慈明,《類編》作“妃出郡之望族,莊静純懿,恭儉慈明,大著母儀,宗壺向化,君子稱其‘上克纘徽音,下弘裕後昆,内成治之美,外闡王之烈’久矣,以萬曆元年七月十有一日薨”。

〔一六〕《類編》作“十四人”。

〔一七〕《類編》作“長子”。

〔一八〕“敕封長子”句,《類編》作“蒙今上恤恩,追封爲慶成悼懷王。其配夫人李氏,追封爲悼懷王妃”。

〔一九〕《類編》作“次新堀等”。

〔二〇〕其配皆夫人,《類編》作“皆封夫人”。

〔二一〕“敕封長孫”句,《類編》作“受莊皇帝策封,襲爵爲慶成王”。

〔二二〕各有嗣君,底本漫漶不清,據清温抄本補。《類編》作“各受封有差,修載於《志》云”。

〔二三〕“君卜兆於宋家里原”二句,《類編》作“初,安穆葬郡城西北宋家里新塋,妃祔葬焉”。

〔二四〕《類編》無“以隆慶五年九月初一日葬,先期以教授吕恕撰狀,徵外史氏銘。吕君直諒,言不誣,繫之銘曰”句,作“嗣王以仁孝賢明,光先裕後,宜配厚山川,躋顯於日月,乃勒碑神道,以表萬年”。無銘文。

孔文谷集卷十三　雜著

刻司馬温公《資治通鑑》題辭〔一〕

有宋司馬温公，患遷、固以來文字繁多，學者不能遍綜，乃删削冗長，舉撮機要，取關國家興衰、繫生民休戚，善可爲法、惡可爲戒者，上自戰國，下訖五代，爲編年一書。積之歲月之久，成之任理之專，治道弘備，觀覽不煩。故英宗親賜名爲《資治通鑑》，神宗親序〔二〕其爲“博而得其要，簡而周於事，典刑之總會，册牘之淵林”焉。

古者史以載事，六經皆史書，而王道之權莫著於《春秋》。《春秋》者，經世之大法也，故董生曰“有國者不可以不知，爲人臣子者不可以不知”云。太史公世掌天官，《史記》實纂《春秋》而作之，故歷代之史皆《史記》之流也。然以載事紀法，本俗沿世，垂鑒資理，則古今一揆焉。儒者之學，患於博而寡要。孔子曰：“誦《詩》三百，授之以政，不達；使於四方，不能專對，雖多，亦奚以爲？”援兹以審厥書，信亦要已。惟在學者溯流窮源，經史合一，徵往察來，體用不二，庶於〔三〕治有資爾。

自温公善述此編，而《綱目》《紀事》《詳節》等書咸探珠璿淵而不匱，搴芳桂林而有滋。則編纂之中要，述事之善焉可誣也？猶有拘方臆見，慭不滿於三國事者，則難以語“述而不作”矣，《綱目》可也。孔子曰：“吾猶及史之闕文也。”不云“改”也，且六朝五季當復何哉？夫史垂善惡，炯鑒戒，皆人心生也。假使萬世觀者一無曉其善惡，必拘枸文字正反間，則《國風》《小雅》不當載淫誹之篇，《春秋》當盡削弑逆之文〔四〕。有不然者，孔子亦與有姍焉矣！烏虖〔五〕，此可爲智者道，難與俗人言也。

世傳《少微通鑑》乃學究爲淺近求歷舉者作，取譬不遠，殆今卜者之《百中經》爾，非所以論曆也。使學者衹如《百中》以希賣卜，安可聞也？余謬領提調，與諸生修《大學》之道，居經史之業，遂私以前説質諸有道，僉謂不愆，乃從事雕繕〔六〕，用布學官弟子擇善而多識之。〔七〕其書凡二百九十四卷，另《考異》三十卷。〔八〕

【校記】

〔一〕本文另見於明嘉靖二十三年到二十四年《資治通鑒》附《考異》三十卷孔天胤刻本（以下簡稱"孔本"），中國國家圖書館有藏。原序略詳。

〔二〕序，孔本作"叙"。

〔三〕庶於，孔本作"庶"。

〔四〕弑逆之文，孔本作"夷狄之會盟"。

〔五〕烏虖，孔本作"嗚呼"。

〔六〕孔本"從事雕繕"前有"狀其事，先巡按雲川舒公、今嬴山高公，先巡鹽小江陳公、今南山高公，並承準裁"若干字。

〔七〕孔本"識之"後有"乃委付杭郡太守陳君一貫總其紘要，仁和令程良，錢塘令龔雲，從縣丞周璉，歸安學諭浦南金，錢塘學諭張鳴鶴，仁和學諭梁木，桐鄉學諭謝明德，武康學訓鄔縉，錢塘學訓林公惠，秀才王文祥、邵文珮、李東瀛、錢昕、鈕經、李敬孫等，分其校理。自嘉靖甲辰六月開局，明歲春三月完其書"等若干字。

〔八〕孔本"三十卷"後有"俱從唐太史家宋板文字。中憲大夫提督浙江學校按察副使河汾孔天胤題記"等若干字。

《越藝正詮》題辭

文章本有正體，要在明暢典則。至於長短豐約，惟準才情，各著理象。故詮辭達意，意盡而止。譬猶玉水瓊流，方圓自瑩；春華秋實，啓結有因。决非水木離其本源，而別資假合也。以此喻文，文體可知。

近來綴文之士，學不求心，心不明理，惟事裝演割裂，迎合時人,以希巧中,詭遇獲禽,誠亦易比。然本源湮伐〔一〕,則連篇累牘,都屬假合。都屬假合,則真者安在?晦翁有言:“自知道者觀之,一拶百碎。”非妄語也。至於明經勵志,敦理尚質,則不然矣。每見假合之陋,但作一題,從承破處便已妄安頭尾;及至起繳,輒又横肆邪説,拼贅至十餘行者。又摛辭略不按理,止將贗〔二〕本譋言,風影依稀,如“緝熙聯間”“慎密防疏”“無我正己”“存神應物”“天機嗜慾”“陽明陰濁”,及其“失迂誣”“不失體常”“吾以此望”“胡世莫覺”等語,種種穢謬,談不能悉。實無儒不習,無習不用,故千篇一律,辭理雙亡,繁衍愈長,疵冗愈甚。紫色亂朱,玉卮無當,所學何事,乃沿差襲謬而執迷不悟也?於乎!利進之私奪志,而速化之術蔽明,其菑豈讓洚水哉?

今聞《越藝》,睹諸篇卷,則有端人雅士之文,一雪此陋。其明勵敦尚,殆可測度。蓋將修經術以章理本,彬彬出野史之間,未可量也。即此數篇,亦已昭然發矇。恐不令群迷者一及見之,謹與太守議下書坊雕行。夫物甚微細,然實風猷所關,故又批此語於卷端。

丙午三月廿七日。

【校記】

〔一〕湮伐,底本漫漶不清,據祁縣本補。

〔二〕贗,底本漫漶不清,據祁縣本補。

《東覽篇》題辭

《東覽篇》者,憲使皇甫子安巡觀于東而作也。浙東惟會稽歸禹穴,迤邐東去,則四明、天台、龍湫、雁蕩,各以其據,摽秀稟靈,爲最神隩矣。古來娱者,或仙聖窟宅,或淪隱遁栖,或司馬子長之游探,或興公、康樂之流咏。雖造托殊軌,要之有興于覽,無匿于篇,咸非率爾者也。余以是察子安之作,求造托之理,則朗照而知鑒之積也,絶響而知谷之存也。夫稱山阿寂寥者,有莫賞之嗟;美登高能賦者,爲大夫之事。山阿奚與于賞?必兹以表靈。大夫奚與于賦?必兹以弘變。故古之達觀,未有當而無賞、賞而無賦者也。然自數賢而後,兹事遂已嘿塞,豈達者未觀,而觀者未達耶?抑亦斯人之不數也。有斐今篇,式紹往哲。人亦有言:"不誣方將,庶必賢于今日爾。"豈不然哉?更爲鴻寶希遘,光景易徂,宜如玉笈之卷而圖石室之藏,乃取次雕繕,都爲一册云。

讀湖關感别之篇便書其後

少玄皇甫子與巖潭王子别也,作《别友賦》,並取往懷諸篇書爲一册,抽緒神睿,振華憲雅,玉質金相,文棟郁如也。其稱物潔芳,托辭愁惋,則端静之志、離索之悰可顯焉。夫登山悵遐,臨水傷逝,人情疇弗爾者?若二子齊以掞天之藻,延閣之英,在商美霖旱之姿,于虞則儀韶之品。而乃巖郎一竭,江海長徂;乖龍之惜,埒乎子卿;飄鳳之嗟,鄰於宋玉。則予正襟閒謡,收視回慮,徒有感於斯文,不能喻之於懷。然後知寡和之曲彌高,百代之情難測云爾。故紫庭雙鸞之陳,則絶雲之概;天台八桂之想,則凌霞之標。夫事既雲霞上矣,豈涘溘所能喻哉?是故嗈時之羽非燕雀之誼,飛天之鱗無蝘蜓之游,才賢峻亮之士,焉與俗謀也?顧行違有時則憂樂緣之,斯性情之道,必引乎詩焉。

《陵海二集》題辭

大中丞少華先生,天才宏授,神智夙成。邁種之懿,測之而愈藏;通理之文,含之而彌暢。故能感物而造端,登高而陳賦,大夫所爲深美，詩人之垂典則，實齊軌運驤，遐舉不二焉。

嘉靖辛亥之秋，先生以舊德鴻資，詔起東山，爰授節鉞。始開府昌平，則上陵之曲以抒，於是有《陵下》之帙；嗣移鎮遼陽，則登海之篇攸綴，於是有《遼海》之編。蓋龍蟠虎踞之雄，重關絶塞之險，蕭條漭沆之形，澹慘烟沙之態，胡笳邊馬之音，刁斗寒霄之歎，或軍樂甫陳而悲歌互動，或春草遲緑而朔吹已梢，如兹之感，其至非一，皆足以生臨望之思，引别離之緒。此懷鄉之情，戀國之念，二集之中，交相發焉。觀在心之志，見功譽所不干；聽成聲之律，知文武之未墜。是故可以刊矣。

刊自癸丑之夏，秋乃告成，及冬而叙之云爾。

誠心堂銘

嘉靖二十九年辛亥秋八月，左使與川葛公守禮作後堂成，題曰“誠心”。時余爲左參政而問義焉，公曰：“《傳》有之矣：‘如保赤子，心誠求之。’夫岳牧之司，欽若帝之咨命。宣條布法，日孳孳務顓保民。民不同如面，實同我心。求民之瘼，當不出户庭，而如指諸掌。民忽去疾苦而就康悦，亦不對吏而不知誰所爲，如慈母不問，赤子不言，而各得其所願。欲惟心之所同然者，求之耳。心之所同然者何也？誠也。君此心，民亦此心。以心求心，無有弗實；無有弗實，即無有弗當。故民之所好好之，民之所惡惡之，斯可以爲民之父母矣。此愷悌之良，古之所謂遺愛者也，今之君子不敢不勉思。吾欲顧諟厥名以淵繹其義，故取而銘諸堂之後。夫自公退食，又作而思之之所乎？”余於是敬作銘以紀諸石。其詞曰：

肅肅大夫，建此崇宇。于公之北，于宴之處。匪游匪盤，求民之安。謂同此心，謀亶厥端。皇授下衷，厥有恒性。篤倫厚生，合愛咸正。乃實有之，弗貳弗欺。弗能自若，牧之用司。嗟嗟司牧，曷惟保鼇。心誠求之，道不遠而。我餒我冽，求飽而熱。我垢我蒙，求滌而潔。民之無生，我弗屏營。雖或有心，覆不用誠。是云虚位，罔民可爲。家有嬉幼，國有窮黎。自天降鑒，寧不我私？我是用愓，靡敢自適。曰衆可易，非予幬溺？懷保不遐，省躬閲家。公斯溥斯，弗戾弗差。康公之陳，克明克親。爰揭隆棟，光表牧臣。

贊恩壽册文

惟皇上帝，誕錫嘉命。集于有淑，俾緝熙于純嘏。君子承之，是爲允綏厥福。福之諸物，惟百千萬，而其洪厚遐懿，言有二焉。寵命，光也；年壽，康也。孰不爲光？皇用我錫，服其命服，天所光也。天之所光，耀莫大焉。孰不爲康？皇用我錫，履其壽履，天所康也。天之所康，慶莫大焉。既耀且慶，以保泰元。垂裕奕世，子孫克紹，是以有貺恩駢壽之册。外史氏讚之曰：

有周申伯之世，閥于蒲圻。曰謝太翁，與其夫人。敦素帥諄，厚其積修。天祚文嗣，俾作帝臣。大貺乃福，而鸞對鶴笄。如日如月，如山如河。並明並麗，孔固孔長。煌煌寶書，璨璨神筴。藏之金石之府，永保勿替。

題《文苑清居十二咏》

夫丘中之人，亦不能無所事事，但自適耳。蓋士之初也，處農圃之中，修詩書之業，或出而無遇，則復返於是焉。當是時，心去世營之擾，身捐俗累之煩，敦夙好乎詩書，而安農圃也。譬池魚籠鳥，脱偪促而返深茂，豈不適哉？

愚公適於園也，有南壖以寄其拙，而又有背郭一區，郡守張龍嵎公號"樂壽"也。愚一歲多偃此中，遂稍稍布署，得可圖咏者凡有十二,曰“平霞館”,曰“讀書臺”,曰“雙樹軒”,曰“杏花亭”,曰“桐竹山房”,曰“長春洞”,曰“春草茵”,曰“果庵”,曰“槐井”,曰“藥欄”,曰“魚鏡”,曰“菊柴”焉。平霞館在高處,若與霞平也,蓄書卷數千其中。讀書臺在館前,雙樹軒對兩翠柏作也。杏花亭以一株杏葱蘢可攬,故特置一亭也。桐竹山房在碧梧翠竹之間。長春洞乃面南甃磚爲之,取向陽恒暖,以蓄盆卉、安蒲團焉。春草茵,草可藉也。果庵以看碩果,帶樝、梨、柰、李之林也。槐井,井上有一大槐垂緑相蔭瑩也。藥欄,是芍藥與木芍藥之所植者。魚鏡,是砌石作池以養魚,所謂“魚下碧潭當鏡躍”也。菊柴,則樹散柴以籬其菊花耳。是爲丘中之事,雖無爲,與上德殊,要之非役役於外者乎?故足以自適矣。因興寄所托,總名“文苑清居”,而各咏其事以短章。仍丐定陶畫士郝君繪十二小照焉,間復以呈同好,庶有感於斯文而和之云。

園約二首

韓子曰:“採於山,美可茹;釣於水,鮮可食。”言取足於我而易供,無求於彼而難繼也。愚公亦自足於園,特與園丁約:主人到園,先上茶一杯,便刈蔬作雜菹一盤,菜羹一盂,炊粟米飯一碗爲早食。午食則量爲麪劑,而菹羹如前。有酒則傾一二磁盞,無則啜茶而已。有客到園,必皆賞我趣者,亦先上茶一杯,便刈蔬作菹。共爲四碟,作羹各爲一盂,加肉一品。飯則炊稻,仍加一品麪食也。愚公近戒殺生,故爲黍而不殺鷄,若市有湯鷄則買之。果酒隨設,果不必備,酒不令空。

愚公既與園丁約飲食之節,復自約其修曰:

老子有言:“知其雄,守其雌,爲天下谿。知其榮,守其辱,爲天下谷。”愚公既已爲谿谷之民,則其所守可知矣。曩出行失路,如羽毛之孑者,跕跕而飛,蹶蹶而走,幾不免於祆禽怪獸之口也。乃今深居而簡出。夫物有同類而相畏者，而况於人乎？故愚公作夢，亦畏與世接矣。即有惠好我者，則莫之逆也。家有薄資，令兒僮各以其力，勤四民之業，不妄求利，故頗自知足也。性好静坐，學《易》之復，以求天地之心。老子曰："致虚極，守静篤。萬物並作，吾以觀其復。夫物芸芸，各歸其根。歸根曰静，静曰復命。復命曰常，知常曰明。不知常，妄作，凶。"今也雖未能明，而妄作鮮乎？五代楊凝式書《神仙起居法》，直按摩耳，不足貴也。才不能爲文與詩，及作字，然意復好之，即雖未工，而達性檢心胥此焉系也。陶靖節委心去留，命杯取適，著文章自娱，頗示己志；邵康節隱居自樂，玄酒大羹，微醺朗吟，鼓陶唐氏之風。愚甚慕焉，然固師之乎爾。仲公理欲卜居清曠，逍遥一世之上，睥睨天地之間，不受當時之責，永保性命之期。愚讀其詞，未嘗不飄飄然有凌雲之氣也。嵇叔夜懶慢，蓋失其中行，至言餌術黄精，遵道士之遺言，道養得理，以盡性命，毋以思慮銷其精神，哀樂殃其平粹，余取焉。

解嘲一首

客有嘲愚文苑清居者曰："子之苑與居也，則荒陋甚矣。以比大象之林，直兔徑耳，奈何其詫之過耶？"

愚曰："然乎？否！否！夫是亦由乎履之素也，何名爲詫哉？昔子陵之潭而名'嚴'，子真之谷而名'鄭'也。今爲愚公之苑也者，是爲苑也文；不爲愚公之苑也者，不爲苑也文。爲愚公之居也者，是爲居也清；不爲愚公之居也者，不爲居也清也。名其本也。夫文者道之顯，清者氣之純。天地之間，何道而非氣，何氣而非道也？且地文之萌，茅甲畢現；天清之湛，光塵屬焉。子又安知荒之弗文，而陋之弗清也耶？假使愚因緣遘會，獲取雄盛，廣開園囿，起歌鐘[一]之館，高入青雲，改行乎闒茸之叢，變志於穢濁之染，而僞飾以美名，吾其安乎？子褊心徒搦〔二〕目富貴而兔徑乎？幽人之所貞，愚亦以子爲蛙坎〔三〕矣。吾方培真靈苑，廕景神居，垂條結華，敷琳琅之蘂〔四〕，璨瓊瑶之英，暉三光而爍九霄，簦絶飈，灑玄潤，極湛一之冲融，瑩潛虚之朗潔，流玉冰而飛蘭雪也。子以爲文耶？清耶？荒耶？陋耶？"

其人乃嘿塞而退耳。

【校記】

〔一〕鐘，底本漫漶不清，據温抄本補。

〔二〕搦，底本漫漶不清，據温抄本補。

〔三〕坎，底本漫漶不清，據温抄本補。

〔四〕蘂，底本漫漶不清，據温抄本補。

園中賞花賦詩事宜

連歲客見過賞花，人持酒金率滿一錢，似太重。自今春賞牡丹、秋賞菊花之時，主人具蒸豚白飯候花下，客過賞者，計人只出金五分，量買果餅酒津貼，務在盡歡，不復有八碟四碗、蒸卷粉湯之俗氣也，亦是快事。

詩以達性，然須清遠爲尚。西原薛子論詩，獨有取於謝康樂、王摩詰、孟浩然、韋應物。言"白雲抱幽石，緑篠媚清漣"，清也；"表靈物莫賞，蘊真誰爲傳"，遠也；"非必絲與竹，山水有清音"，"景昃〔一〕鳴禽集，水木湛清華"，清遠兼之也。總其妙在神韻矣。

愚公志。

【校記】

〔一〕昃，底本原作"具"。温抄本寫作"庂"，抄寫者注曰："《西河遺事》作昃。"按，謝琨《游西池》及王士禛《池北偶談》俱作"昃"，據此訂正。

邪氣解

白雲康老問曰："杜子《秋述》言：'魏子挺生者也，無矜色，無邪氣。必是用，則風后、力牧是已，文學則子游、子夏是已。以其無邪氣故也，得正始也。'夫正始與邪氣是何物哉？"

管涔子曰："吾聞之上古《天真》之篇：正始者，元氣也，其爲物清静光明，爲陽；邪氣者，賊風也，其爲物黯慘躁濁，爲陰。其元氣中人，則俾其人爲真人，爲至人，爲聖人，爲賢人；其賊風中人，則毁人精神，沉淫蒙冒，貪戾癡嗔，潰潰汩汩，淆其本真。口鼻迷其臭味，耳目亂其聰明，榮衛結轖，支體奮棖，突梯傲睨，譫言横行。匠人中之，乖錯準繩；畫師中之，舛厥圖經；文士中之，則墮落鬼道，窞於旁門，不可以登著作之庭。"

康老曰："毒哉！邪氣之害也有如此哉！然則何術可治？瘳之何方？"曰："有之。撥亂反治，復辟元始。'餐六氣而飲沆瀣，漱正陽而含朝霞，保神明之清澄，精氣入而麤穢除'，是則三閭大夫之所云，然又可爲知者傳，難與俗人論也。是太上無邪，其次去邪，其次痼邪。邪痼則弊焉而已矣，無惑乎癖民之種種也。悲夫！"

王朱辨

宋儒好以《春秋》之義責備賢者，往往過於刻薄。其隱微之病，在抑人揚己。名法大舜、孔子，而實申商之習；名□異端，而實陰用佛老之術。其流弊浸淫，使人矜誕譏評，賊義掩奸，忘躬厚之實，損仁恕之真，長虚無之風，傷師穆之化。即其病已在心，如油入麪，不可煎浣。若反以誅心之法，則壞人心術，不甚於洪水之爲災乎？然其毫釐千里之間，不可以不辨也。

姑舉一二。如朱穆，大節本無可議，易名曰“貞”，無忝公叔，而楊龜山詬之。夫梁冀雖不賢，既秉國之鈞，則辟賢固其分也。漢天子在上，天下仕者皆得立於其朝。苟其志在爲上爲德，爲下爲民，不在依阿取容以猥圖富貴，則不當言受梁冀之辟矣。王通挺生絶學之後，志欲興周公之功，修孔子之業，實爲吾道立一赤幟。而朱晦庵詈之，曾“互鄉童子之弗如”，謂其“僭擬聖人”。夫聖人可學而至也，擬之而言，何僭之有？斯二者，豈不過哉？

自兩賢横被詬詈，後世沿襲之儒，盡剿説雷同，不惟莫辨，益語刺刺不能休，是流弊浸淫之一徵也，可勝歎哉！晉陶潛述并州刺史南陽朱穆狀曰：“公叔中正嚴恪，有才數明見。初補豐令，政平民和，有宓子賤之風。上書陳損益，辭切情至。”宋阮逸作《文中子中説序》曰：“文中子，聖人之修者也，孟軻之徒歟？非諸子流矣。《中説》者，子之門人對問之書也，薛收、姚義集而名之。大哉中之爲義！上不蕩於虚無，下不局於器用，惟變所適，惟義所在。《中説》者，如是而已。或有執文昧理，以模範《論語》爲病，此皮膚之見，非心解也。”據是二説，可以折衷。

漁父説

愚公歸釣大陵之西、涔浦之南，爲汾汀漁父。

夫漁父有三：有魯漁父者，與孔子言於緇帷之林。其言不受名迹，不邇疵患，不拘於俗，不分於道，法天而貴真，任放而無我，孔子以爲有道也。有楚漁父者，與屈原言於湘潭之滸。其言掘泥揚波，餔糟歠醨，摽指玄同，揮斥矯亢，法聖而貴權，遯世而無悔，屈子之所不能測也。汾汀漁父者，初非漁也。嘗學劍，學劍不成，去，學書；學書不成，去，學爲儒。爲儒博而寡要，勞而無功，乃落而爲漁。今漁十九年矣，蒙風雨，冒霜雪，襲烟光明滅，與水波没興。垂釣益深，挂魚益少，至終歲而不獲一鱗。妻織布，兒緯蕭，蒼首治石田，計其所入，以糊余口。有微羡焉，則沽取鴟夷而酣，就蘆葦而卧，竊自視之，翩翩一漁父也。然無所取魚，空名爲漁，是其學漁復無所成，日垂景西矣。遂徘徊婆娑而不能去兹，即去兹，奚學也？

彼魯之漁也，抱道而閒於江海；楚之漁也，達世而隱於山澤。然至今不忘，繇於孔、屈，孰辨汾之漁哉！其野莽蒼，其濱寂寞，鳥獸之過我者，日數百而不驚，除罔兩問景，絶迹無與晤談者，而後嗟斯人之孤也。於是作《漁父》篇以自表焉，古二人，今一人，合而言之，三也。愚公志。

《論語》解

《論語》是聖門求仁之書，故首章論學，言説諸心學，至於"説"則得其本心，有天理之昭融，無人欲之障礙。故説也，朋來之樂，廣此説也；人不知而不愠，恒此説也。德於是乎成矣，此所以爲君子也。

《大學》解

《大學》是聖門窮理之書，故首章特言"至善""明德""親民"，是大人之體用，而其要只在"止至善"。故"知止"一節，正言至善所當止。"物有本末，事有終始，知所先後，則近道矣"爲下文張本，"道"字即是至善，"物"字即是身與家國天下，"事"字即修齊治平。"古之欲明明德於天下"至"致知在格物"，言先之所當知也；"物格而後知至"至"天下平"，言後之所當知也。"自天子以至於庶人，壹是皆以修身爲本"，歸本於明德也。明德者，至善之謂也；明之者，止於至善也。欲止至善，須要明善。故以格物致知言之，務窮理也。所謂物者，非外鑠也，具之吾性而皆備；所謂格者，非旁求也，反之吾心而自得。自得則知，知則誠，誠則正，正則修齊也。治也，平也，皆舉此而措之者也。夫是之謂“明明德”，夫是之謂“親民”，夫是之謂“止至善”。言“明德”，則親民之體已具；言“親民”，則明德之用已行；言“至善”，則體用一源，内外無間。其下十章，皆此理也。

親民作“親”爲是。《書》曰“百姓不親”，註言：“綱領者三，恐施之衣領而不便於用，只一綱一領焉可也？”

《中庸》解

《中庸》是聖門盡性之書，故首章特舉天命之性以明道之本原，爲人心不可須臾離者。其“戒慎乎其所不睹，恐懼乎其所不聞”，是直截向裏功夫，乃性學也。只此功夫，便自盡性。下文“莫見乎隱，莫顯乎微，故君子慎其獨也”，只是申言此意。“獨”字即是“隱微”，“隱微”字即是不睹不聞。“慎”字即是戒慎恐懼，非謂暗處細事之上又别有一層功夫也。

“喜怒哀樂之未發，謂之中；發而皆中節，謂之和。中也者，天下之大本也。和也者，天下之達道也”，乃直指心之性情，以見天命之性，率性之道，精切簡易。其所以戒慎、恐懼乎其所不睹不聞者，正涵養未發之本原也。“中和”是拈出精切簡易二字以明性道，令學者有所依據，非“性道”之外别有一“中和”也，故能“致中和，則天地位焉，萬物育焉”。而學問之極功，聖人之能事，畢矣。蓋天地萬物本吾一體，惟性有未盡，則不能合一；既盡吾性，則天位乎上，地位乎下，而我成位乎其中矣。萬物散殊，流而不息，而與我合同而化矣。故言“天地位焉，萬物育焉”者，言位育之外無餘事，兩間之内皆中和也，是故篤恭而天下平。《章句》以功效言之，亦是。但天地萬物本自位育，固非有待於人爲，亦非人爲所能使之然者。而“至誠無息”一章，正言此理。

"故君子尊德性而道問學"一條,正指出"大哉聖人之道",洋洋優優,即是吾之德性,要人尊之,從問學上來。其言廣大、精微、高明、中庸、故新、厚禮,皆德性也;致之、盡之,極之、道之,温之、知之,敦之、崇之,皆問學也,皆尊也。惟德性如此其大,是以其尊之如此也。是故"大哉聖人之道",其用則極於兩間,其體則具於一心焉而已矣。無巨細,無表裏也。故以尊德性爲存心,而極乎道體之大,以道問學爲致知;而極乎道體之細者,不免於分析之疑也。

《孟子》解

《孟子》是明善之書,"養氣"一章最是精到,似爲傳註所迷。如"其爲氣也,至大至剛,以直養而無害,則塞於天地之間",是統説浩然。"其爲氣也,配義與道;無是,餒也",乃直指道義爲氣之體,言理秉乎氣,氣載乎理,故爲配義與道。若無此義道,則是血氣之偏而已。是故養氣在乎集義,要義道充積,渾然在中,無所愧歉,方是本體功夫。"必有事焉,而勿正,心勿忘,勿助長也",正言"直養而無害"也。其功密,其義精,所謂精義入神以利用也。註云:"人能養成此氣,則其氣合乎道義而爲之助,使其行之勇决,無所疑憚。"則取彼而假合乎中,捨我而求助於外,即與告子何殊哉?"夫志氣之帥,氣體之充,實張本"配義與道"而言之。横渠子曰:"天地之師吾其性,天地之塞吾其體。"蓋確然有見於此矣。

孟子曰:"盡其心者知其性也,知其性則知天矣。"蓋統言心也、性也、天也,一理也。存其心,養其性,所以事天也,言學之始也;殀壽不貳,修身以俟之,所以立命也,言學之終也。學而至於立命,則全其天之所賦,心其有不盡乎?性其有不知乎?天其有不知乎?此蓋"天人合一"之旨,而非"物格知至""造理履事"之云云焉。

《園中録》語

《禮》之言曰:“耆指使。”又曰:“老者不以筋力爲禮。”余少日讀此,謂爲文具,今徵諸身,則一實也。游兆攝提格之歲,余年六十有二,自以其衰較始衰時誠又甚矣。蓋髪短脱,齒摇落,不可以攝簪冠、衎飲食,左脚麻木,不利走趨,幾有藍輿之役。甚衰之歎,捨我而誰也?自余謝卑位,返躬耕,常恐飢乏,尚藨[一]蓘是勤,今不能矣;而況能與賓客對讓登序,坐終日百拜乎?乃遂杜門,以一童子候之,而我偃仰廬中,存龍蛇之身,守大塊之逸而已。

有白雲康老者,莫逆交也。其人亡是非、喪爾我,閑往閑來,無將迎焉。文章亦外物耳,念嘗以此奮身,遂弗忍棄去。今雖未達匠心之妙,然頗著以自娱。造耑述辭,輒垂紙墨,慵作小楷,令兒寫之,以張吾軍,是爲《園中録》云。

固哉乎!余也以力衰,故遣形役。今綴言纍纍,若原蠶之絲,獨非形役乎?蓋吾心之精爽,與吾耳目之聰明,未與形俱敝也。康老曰:“姑兩置之矣,有天倪焉而和之,而曼衍之,將與子入無竟之門哉!”

游兆攝提格,爲丙寅也。愚公著。

【校記】

〔一〕藨,當作“穮”,見前校。

《叙知》與王北野翁

夫與余四十年相知而不惑者,其惟北野翁乎?翁少多藝,尤長於《易》數，兼通徐子平禄命之術。余布衣時問焉，翁筮之，得“遯”之“否”，推之，宦而不達。夫“遯”焉猶“否”，宦豈達耶？是後皆驗。其曰：“道不濟時，文不華國。君子無情，小人側目。甲戌之歲，其咎其辱。”乃甲午有蒲之役，甲辰有沙蟲之蠹，甲寅被讒見放，甲子被偷，戊辰即鹿無虞，豺狼返噬，固皆驗矣。由是使余信命而不憂，誰啓之哉？故知我者，翁也。

翁既自知命，生平不行一不義，守先人田廬聊以自足，無外求，非其人不與談命。人有贈者，曰：“吾豈賣卜耶？”拒不受。有子爲憲司掾，教令謹循。四女皆貴爲椒房，而子婿有弗佳者，絶不與通也。得秫釀酒置床頭，興到輒飲滿數杯。或彈琵琶，或吹洞簫於高林朗月之處，或拍手長嘯而陶陶然，浩浩然，如有自得，時人不得而窺也。余嘗有詩曰：“甕中有酒心常醒，囊裹無錢道不貧。”翁亦以爲知己之言。

今年翁七十有三，余六十有五，度處之日各已有限。如翁之知我，我之知翁，有出於世情之外者，不一言之。恐兩家後人忘之也，故因舉酒爲壽，作《叙知》。

篤行貞節傳

篤行公者，忻之厚德君子也。姓王氏，諱某，字某，道號守拙。氣清而質癯，宅心高明。不浮湛閭里之俗學，爲名儒不希利達，介石之操確如也。居身處物，壹簡淡温恭而終始不渝。客有遺紵履者，却曰：“又將以何爲冠乎？”每易一新服，必羞澀退避久之。不涉市酤，不邇聲妓。遇親識食飲，非專設曾不舉箸。與諸弟讀書城南，親戚相勞以酒肉，輒讓與諸弟。諸弟亦讓與公嗣，公不肯，曰：“若燈窗享此已過，而又恣豚犬口腹乎？”其簡嚴若此。視親孝養，或有疾，則憂惶靡寧，藥籲互至，疾愈乃夷。待諸弟友惠，不私蓄一錢，於宗族鄉黨六親罔有弗欽，取友無勢利之交。教群弟子，必先德理而後文辭。生平學問，務窮理盡性以至於命，涵養省察之功，日孳孳焉。常悲憫時事，以經濟自期，故於天文、地理、人事之紀，如井田官制、兵食大略，實種種究心。當大同癸巳之變，公不懌者累日，曰："王事多難，自茲始矣。"旨哉，其有意於世也！年三十七卒。公善風鑑，嘗引鏡自照曰："待吾過三十七歲，世間事方許我做。"時有友王某在其側，則惻然歎曰："恐君亦不免矣。"已而皆應。

公歿後若干年，有子曰治，登進士上第，給事省中。其配檀夫人以貞節著聞，忻守羅君題其門曰"篤行貞節"。篤行，以表公也，作《篤行公傳》。貞節婦者，篤行公之妻檀夫人也。公賢而蚤世，夫人稱未亡人。上孝養老親，歲時得一佳果新菜必先獻之；下誨育兩孤，勤勤懇懇，俾無忘庭訓焉。初適時，當篤行公敦仁履孝，亦即以莊静敬順，效琴瑟之好。公從師於外，有大父母、父母在堂，夫人内事以純孝稱。繼祖姑性嚴急，每呵責之，夫人竟怡顔底豫焉。家三世仕宦，固清乃中乏，夫人益勤儉主饋，相篤行公學未嘗缺供具也。及公疾，對夫人泣數行下，曰："及吾委化，奈親老、家貧、子幼何？"夫人亦泣數行下，曰："自入君門，久習温飽，目前小困，心已安之。竊見君家世積德，後嗣必有昌者；借終否焉，命也。吾以身任之，死而後已。"公乃瞑目。夫人毁容茹哀，經紀厥家。會雹菑慮患之餘，至躬掃園籜以代薪。夜非織紝則燈不然，曰："省油以給兒讀耳。"每同舍生與子會，必烹葵炊稻以勞，曰："先君有子，幸公等夾持。"子嘗畫紙爲棋局，及袖有冗書，夫人輒斥毁之，曰："聞先君言，玩物喪志，其此類也。"夫居常儉甚，至於祀奠、賓客、賻贈、饋遺無弗腆備，如篤行公之志焉。每一哭墓便絶，而復甦憶夫。妹蚤夭，長心悲之；有同母兄姊孤寡，亦往往爲視其家。兩家有疑事相質，輒立判可否，皆中。夙有痼疾，少間即起勤事，惟恐或墜。抱影長嗟，冰霜内藴，盛年守義，白首不渝，壹意保嗣克紹，不殁夫君而已。賢哉！賢哉！郡大夫欲上其事，夫人辭，言曰："此婦人常事，安敢上聞？"太守羅君特題"貞節”以表其門閭。今有子成名，爲天子侍從之臣，貞之教也。作《貞節傳》。

論曰：余讀孔子“躬行君子”及曾子“臨大節而不可奪”之言，而知行節者生人之美德，篤之貞之，爲德之一實也。自世教衰，民不興行與砥節，於是尊顯乏長厚之標，幽寡多卑屈之態。誠欲求徐孺於儒林，尋孟母於女史，則五原之内，晉昌之間，爰有其人如王氏夫婦者已！夫佔畢之呻而履道德，雖無位而行尊，死不朽矣；婦箕箒之執而建節義，竟有子而身貴，生則榮焉。《書》曰：“吉人爲善，惟日不足。”方哲士淑媛，各循勉爲善，奚暇要取名譽哉？然“桃李不言，下自成蹊”矣。是故君子譽之，而曰“篤行貞節”云。《漢史》曰：“高士弘清淳之風，貞女亮明白之節。”正斯之謂也。夫禮失求之野，閨門之内，綱紀之首，王教之端，豈不信哉！假使若人射策甲乙，拾芥青紫，或質不勝文，華掩其實，自非大行其道，不免隨俗以畢功能，雖陽焰一朝，未必奮厥幽光，垂千載名。況篤生鴻嗣，爲國鼎臣，抒補衮之猷，叶蒸人之雅，即慶錫所遺，抑又遠矣。

前年，嗣君以給事中册封到汾。進士任元者，善信人也，是君年家，向余論説此事，斯述之乎爾。

旌孝贈言

部使奉上明命，旌宗衮之賢二，其一爲東皋公。公系出太祖高皇帝之後，晉恭王之六代，慶成莊惠王之五代孫，奉國將軍南老府君之子。奕世載德，恭孝而温文。夫恭者，德之基也；孝者，德之元也；温者，德之純也；文者，德之章也。四德備矣，而孝爲大，公實履其大者。而持之以莊敬，敦之以和厚，發之以英華。蓋年且七十，而亹亹如一朝，以是家庭儀之，邦國信之，皆曰恭孝温文君子也。皇上龍飛，以文命敷四海，孝德首宗風，詔有司上宗室賢孝，令部使者旌薦以聞。於是郡國守相監司僉言公有實德如此，而部使者謹加禮如詔云。

時郡中學士大夫相與陳賀于公之堂，公隱然謝客曰："昔我先府君受祚命，兹益虔，夙夜進善，猶恐弗及，恭也；服我先訓，事我祖盡志盡物，一舉足而不敢忘，孝也；善與人同，與物無競，崖岸不立，疾怒不形，常使人愛之如冬之日，温也；動而中禮，出言有章，文也。實四德備矣，而孝爲大，然而未有聞焉。余小子自趨庭勉學至終天思慕，雖竊有志焉，而未之逮也。顧聲聞過情如此，願諸公有以教我矣。而曰賀焉，則吾豈敢哉！"諸學士大夫曰："史不虚美，禮無虚賀，公實有大德，宜有賀。且吾聞君子德盛而心下則德益盛，寵至而知誡則寵益彰。公家先君蓄德未曜，誠有待於後。公兹立身揚名，以顯父母，信有光於前矣。又聞公先君作《家訓》，有《五葉重光》之圖，秉文之士多讚望之。今觀其盛，則圖、訓爲有徵哉！肆將以'有斐'之詩進矣，奚而不可賀耶？"於是卒舉觴爲賀，而書以紀之。

甲第贈言

大將軍汾村公新建甲第一區，面南岡，背北阜，左長川，右萬户，中爲宫室，矩方繩直。樓觀崔嵬，階序整飭；丹楹刻桷，銀榜璇題；畫檐鳥翥，琱臺雲栖；重門洞啓，廣堂清暉；綺疏緹壁，珠網羅幃；圖書之館，翰墨之林；斧藻丹雘，湧碧流金。壯乎其巨麗也！自兩藩肇建厥國，群宗各承有家，斯爲盛矣。

乃儒紳因其落成，咸往賀焉，禮也。宴闌，有執爵而爲壽者曰："室則美矣，然猶有美於此者。願上公以仁爲宅，以禮爲門，以義爲路，以詩書爲園，以禮樂爲圃，以恭儉爲户牖，以莊敬爲几席，以大中至正爲庭堂。俾天道好謙，鬼神悦德，保佑呵護，永饗厥福。身其康彊，子孫逢吉。以清以寧，和調玉燭。書籍所傳，如崑崙之瓊宫璇室，吾固不能得其仿佛；若衛、霍之第，金、張之館，皆高入雲霄，歌鐘鼎沸，虎視塵寰。然率以寵盛德衰，不免犯雍門之嗟，非不生當華屋處也。公則不然，棟隆以師《大壯》，故麗而不奢；美宅以希樂志，故富而有禮。昔衛公子荆善居，孔子不厭其美；晉獻文字〔一〕考成，張老特爲之頌。則諸士大夫今日之賀也，亦猶行古之道也。”

【校記】

〔一〕字，當作“子”。《禮記·檀弓下》：“晉獻文子成室，晉大夫發焉，張老曰……”

贈言圖引

皇上以單于納款，自可作太平一觀，因外寧之會，修内治之實，宜益以慎，乃以簡訓儲蓄威明之事付圉臣，而以生養休息惠餒之事屬藩翰之臣。惟晉地於京師爲股肱郡，比兵疲民困，蓋特甚於他所。以故藩翰之選，視他所爲特重。

時憲使董公以法從近侍移補外臺，既整我冀南，復移藩省參知，良以此哉！惟冀南分鎮五州，當寇亂之餘，部使者矜恤吏民以仁恕；而有司不明，遂往往恣其私臆，或倚刑亂爲，苛肆於民上，而殘民以逞，厲階之郵幾不可遏。自公臨莅，正度允釐，躬歷郡縣，問民疾苦，考吏治厚薄，利爲之興，害爲之除，污暴爲之幽，廉善爲之顯。兼詰戎兵，爰謹征繕，如城我北郛，式貽永固，省節虚煩，用補凋𤸪〔一〕，乃其大端云。公每事必先其大者遠者，而近小之不遺，故滌弊源使之清，夷險崖使之平，有威有惠，宜民宜人焉。兹以新命蕃宣，實功弘前緒，德溥舊疆，而終始之，是不分土而奠，不易民而理，政教一而民志定也。得其一則萬事舉，持其定則四海安，内治實矣，外侮誠不足禦。

公命世之才也，蓋維岳降神，爲國表儀，故其忱恂九德，達於天人之微，裕於文武之略。固知出而經營，重則逾於泰山；入而寅亮，重則逾於九鼎，蓋隨其所在而重焉。今泰山在上，誰不仰憑？當命駕時，分守抑齋公曰："曩公鎮此土，予來也暮。暨予來此，公又參知省中矣。然數月之間，凡可以共濟洪川者，靡不同也。《書》曰：'同寅協功和衷哉。'公實起予。予則何以爲贈？"外史氏曰："贈言，古之道也。古之贈言者，美盛德，述崇功，而期所益盛，望所益崇。言之也文，頌之也勸，所以爲忠厚惻怛之誠。今也亦猶行古之道也。"乃矢事叙辭，爲圖史輝。

【校記】

〔一〕温抄本眉批："㔟音貴。"

《椿萱並茂圖》引

夫大海蕩蕩，水所歸矣；高賢愉愉，民所懷矣。以今觀之，豈不信然哉！我龍嵎公之治汾也，寬裕而有容，莊毅而有立，慈惠而有恩，恭遜而有禮。以是與民，民莫不與也。是故吉有喜也，喜有賀也，心油然同，情藹然篤也，壹百川之注而至於海也。

《椿萱並茂圖》者，爲公父樂庵翁與母太夫人壽也。其年齊七袠，而其誕同朔旬，是以其云"並茂"也。大椿以八千歲爲春秋，萱草亘天地而無憂，壽之長者，無若二物。然世之稱父母者舉之，故今舉以壽公之二親，物理與人情咸當也。復有詩以咏之，其言人人殊，要之皆歸德之心也。首其事者，書院長思翊，諸子偕屬而和之。

《雲溪圖卷》引

張子少嘗學文，蓋有意乎青紫矣。然意不自得則棄去之，務爲自得之學。日看雲觀水，見雲之聚散、水之流停，一自然而然，而造物者無容心於其間，則仰而思、俯而歎曰："吾之學盡在是矣。"於是處心端行，讀書窮理，一本諸正順之常，絶不猥隨世俗，嬰情去留。雖荆扉藿食，緼袍帶索，晏如也。及詞章涣發，藻繪間作，往往冲穊簡遠，有詩人隱逸之摽。蓋其玄解真詣，有得於雲水之外者，故自名其廬曰"雲溪"。與之游者，亦甚愛其自得之趣，故率稱"雲溪先生"云。

《汾亭别意》引

此送四明吕山人别也。山人徂秋看余，自上黨來，館留桐竹山房。過臘，明年庚午正月廿後别去，臨别作此圖，賦詩送之。計山人儵然玄遠，游戲紙墨，十旬之内，賦詩滿百篇，調《中原音韻》詞近三十首。又著《同時布衣録》一編，陳義甚高也。

余蕭索寡會，及會山人，復有大佳致戀，款語依依，清言穆穆，綢繆烟霞芝桂之表，抑何忍遂至分析耶？然聚散萍蘋也，古今人共歎，不得不爾。惟水則如人意，逝者如斯，而未嘗往也。余贈詩托意明月，山人留别指横汾，良有以哉！

汾亭者，王文子所謂"汾上亭"也。此地有子夏退老之石室，段干木、田子方之遺閭焉。千載之後，又見吕山人經行。桐竹山房，我之郊居也。圖有所咏，皆載之，貴乎得意以忘言，不可誦言而忘味云。

書多士贈言卷

暘谷先生崔公，主盟于汾之學也，蓋一年而士敬，二年而士愛，其三年而化矣乎？然有待焉而未之遂也，於是有教授太原之陟。夫物之情，有所敬者，懼其或相逖也；有所愛者，懼其或相離也。逖則企,離則思矣。今公則行,而多士之情可知矣。

先王建學立師以養士也,謂之曰“養”,則涵育薰陶,表儀變化,因其性之攸近,隨其材之所宜。俟其機之自動,以引而伸之,觸而長之,如草木發榮於元氣之蒸,滋長於風雨之潤,是之謂天地變化草木蕃,師道立而善人多,言善養也。世道衰微,師異教,士異習,以幫經貼註爲講論之資,以絺章繪句爲切磨之具,以角勝爲俊,以鬥靡爲高;其甚也,以賈楚怒馬爲嚴,以脂韋苟合爲寬。謀其利不正其誼,計其功不明其道,則心術壞,風俗渝,而輕惰蹇淺之習成矣。嗟乎!不有以養之,孰從而正之也?

公起家儒術,振迹鄒魯之間,號明經高第。其所爲教,壹以誠心實踐爲本。雖講論切磨,未嘗不在文藝,要之德成而上耳。而流俗因循之弊,有小必蠲;根本節目之詳,無大不舉矣。由是以模範,則足以起敬,是故士作敬也;由是以意氣,則足以致愛,是故士作愛也。《傳》曰:“與善人居,如入芝蘭之室,久而不聞其香,與之俱化矣。”多士升堂入室,固彬彬其盛。然化可能也,久不可能也,是故其有餘情焉矣。夫以善養人之義,惟孟子言之也深,其曰:“以德服人者,中心悦而誠服也,如七十子之服孔子也。”以徵養也。今多士之敬也、愛也,信已悦服之矣。公將啓行,禮有贈言,余斯叙述之云爾。

書鄭平川榮歸贈言卷

夫觀水之歸而知海也,觀人之與而知賢也。今之以言贈人者與也,然率於其勢若位者鶩之也,勢微位卑則鮮及之矣。至於委而去之,當益無所贈矣;苟有贈焉,必其與者及與於人者皆賢也。

平川公在韓城,人頌之;去韓城,人頌之。在高陵,人頌之;去高陵,人頌之。馬光禄谿田先生,關西名儒也;吕録事東華子,涇野先生之賢嗣也,皆矢詩叙辭。其他同聲以相和者,皆道義合者也,皆所以與公也。噫！公真賢矣。

詩思説

夫人心之中，萬理咸備，妙用渾涵。方其寂於無感，秘於未兆，實無端可尋。及有觸而形，是爲端緒；端緒萌生，則思之所由起也。夫即其所由起而究其所歸，若機緘之露，其發也微，不專一念之情，則郁而不鬯，故思之。思之，又重思之，引而伸之，觸其類而長之。若其決也，中潰四出，不專一念之正，則横溢而不可制。故求其端以盡其變，大其規以要其旨，考衷度中，撥亂而反之治。如此者，融性情之稟，極中和之量，聲成文，律合度，正之歸也。妙解玄通，有□□無思，無思無不思。得之於内，不可得而傳，精之□□，而思之能畢矣。

東溪圖説

東溪者，大將錢公之別號也。公□□鎮重既如山岳，而復別曰“東溪”，豈非智謀之象□有取于水乎？《説文》：“水注川爲谿。”言周流而無滯，大順而有容，天下之至智莫尚于此矣。故《易》曰：“地中有水，師，君子以容民畜衆。”“九二，在師中吉，無咎。《象》曰：‘在師中吉’，承天寵也。‘王三錫命’，懷萬邦也。”“師”之義遠矣，宜大將之有取焉。然所謂中者，以剛中也。天地之師，而吾之心也。又曰：“中心爲忠。”夫無慾則剛，克忠惟中。是故得衆得天而寵任隆也。《老子》曰：“上善若水，水善利萬物而不争。”古之君子，善世而不伐功，蓋天下而謙以處之，蓋如此。又曰：“天下之柔弱莫過於水，以攻堅强則莫之能勝。”古之君子統百萬之衆，臨參五之機，以静制動，以逸待勞，蓋如此。夫是兩端，亦《易》之旨也，非有《師》貞丈人之智，弗能明矣。

公英妙之年，而挺睿哲之姿、文武之略，爲國大帥，將策勛萬里，名炳丹青。則知自號“東溪”之義，非但取象於水，而洪德之守，實爲天下谿矣。因爲作《東溪圖説》。

壽辭贊述

歲維己酉，月令甲戌，火流飈而既盡，金肅氣以彌深。白露有凝，黄華斯綴。滕閣瞻暮山之紫，漆園談秋水之寒。木葉老而蒼蒼，雲英湛而白白。雁北來而寫影，星南粲以揚輝。時有朱門貴子，樂祥誕之佳逢；六甲神人，慶元辰之始適。堂開水陸之筵，門靄車騎之客。絲竹管弦，協彼清商。酒醴肴核，豐其中膳。歌萬年者，參《雅》《頌》之古辭；壽千金者，竊海山之遐祝。主人醉而賓旅從，天倫叙而心賞極。要其胸情所適，與其趣致之臻，雖東華西池之會，華林樂游之嬉，殆依稀矣乎！

有鴻臚李子，魁然巨室，翩然雄采。捧金卮而持獻，張錦軸以興謡。

書筆峰册

薛生善書畫，紀山公命其號曰“筆峰”。蓋峰者，鋒也。凡物之鋭而利者，皆謂之峰，若筆則尤貴是矣。故筆之有鋒者，稱中書君，禿則中不中也。夫山亦有之。余往登雁宕，其上蓋有筆峰云。峰處有天然石龍，下有石池如硯。滴水入池，則自龍鼻中出也。是山靈亦幻此奇事。要令世間知筆宜有鋒，而又有所以濡之者，非偶然也。夫峰有偏正，用筆在心，心正則鋒正矣。生其勉哉！

書《朂勤篇》後

余讀是篇，而知虚溪先生闡求心之要，開入德之門，以誘啓我多士者，至肯綮也。多士既皆乾惕以回輕惰，猶懼久而失其傳焉，則相與鐫貞珉，嵌屋壁，俾其文情如日月之精，久照長新，令學子接目警心，永永無愒焉。是先生之教行，弟子之傳習也盛矣！盛矣！

田生俊民等上之石。

李公像讚〔一〕

嗚呼！是爲西巖李公之遺像也。魁梧鎮重，鴻偉膚達，端静有容，深厚不伐。少選鄉庠，閒俎豆之事；長游國學，識冠履之儀。拜官臚句，克叙九賓。乞疏田里，不俟終日。以善養親，明農課子。孝德爲親，義方爲矩。樂志園廬之清曠，怡情黄老之真常。既富且貴，復壽而康。慶餘桂蘭之美，業垂家世之光。若公者，可謂福德之完人矣。

【校記】

〔一〕王堉昌《汾陽縣金石類編》中有孔天胤《李公畫像贊》，與此文略有不同。全文爲："秩秩臚句，巖巖李公。其德温厚，其儀碩豐。富無驕侈，貴有謙冲。辭榮闕下，游樂園中。夏雲冬雪，春柳秋桐。四時佳興，終歲靡空。桂子成列，蘭孫成叢。郁乎盛矣，康壽永隆。"落款"文谷山人前行省左丞孔天胤讚"。碑陰爲石州張湘所撰《西巖别墅記》。王堉昌注："碑連額高四尺五寸，寬二尺許，共二十二行，每行四十字，正書，字徑四分半。前像讚，後記文。額篆'西巖别墅記'五字，徑一寸七分。今在汾陽縣西北馮家莊村李公園。"

節文

昔有周文武盛時，以内治，則見於《天保》以上之詩；以外治，則見於《采薇》以下之詩。今因其禮樂征伐之文，以求《關雎》《麟趾》之實；因其宣勞勸勉之義，以求至誠惻怛之仁：則太和元氣流衍於無外，皆上下交而爲泰之時，賢才輔而天下治也。故太平之福備於《天保》之篇見焉。及其衰也，賢人失志，戎馬生郊，寇賊奸宄肆行，蠻夷猾夏，何也？無復先王之政教也。故子夏曰："《小雅》盡廢則四夷交侵，中國微矣。"至宣王中興，始内修政事，外攘夷狄，復文武之境土，揭日月於中天。其北伐也以吉甫，於是有《六月》之詩；其南征也以方叔，於是有《采芑》之詩。今觀二詩之辭，以求全勝之道一，惟得其人焉用之而已矣。

夫賢否在前而是非之心形焉者，公也；形而後有愛憎畏忌之情焉者，私也。夫其公也，則是其所是而不以爲恩，非其所非而不以爲厲。夫其愛憎之私也，則徇物而黨同，矜己而伐異。夫其畏忌之私也，則曲法以遠怨，矯情以避嫌，於是乎有是其所非而非其所是者矣。若曰："如是乎其利於我也，不如是則於害而有所不免也。"是愛憎畏忌不同，其爲計利計害之私一也。古之君子之於天下也，論是非不論利害；今也論利害不論是非，則論其秉是非之公，當賢否之實，吾不信也。憲臣司六條察舉，皆自謂惟公惟明乎爾。比有肆於民上而殘民以逞者，國人皆曰可殺，而察舉者顧獨與之，而又庇其敗；間有飭躬保民，循循猶恐不及者，國人皆曰可薦，而察舉者非但不與，且薄待之，其於愛憎畏忌之間何如也？其於是非之公、賢否之實何如也？當是時，吏有治行之善，而無勢利之援，其欲表現於儔人寡衆之中，難矣。即能自表現者，必其察舉者之公且明也。

自置郡以來，稱太守之良，惟漢代曰盛。究其所以爲良，則曰民安其業而已矣;究其所以爲安,則曰上平其政而已矣。平之云何?持衡而理,因物付物,以人治人,視其低昂而稱之使平,蓋事理本平,吾特平之而已,而吾不能出私智以擾之,斯平矣。安之云何?居民之生,定民之業。業本有四,而吾啓其昏蒙,率其倦怠,除其强梗,植其善良,俾各業其業,而成於吾之不以私智擾之,斯安矣。漢易秦苛刻,以寬和長厚務民,文、景之效,庶幾成、康,斯所以爲盛矣。此道下淪,吏趨愈下,至厲民以自養,使民疲於奔命以悦人,於是壞士習,剥民生,而後知吏治之衰甚也。夫士之於學也,猶農之於耕,工之於技,商之於貿也。余讀《管子》,而又知四民之中士爲之望,其業則孝弟忠信、禮義廉耻之行,《詩》《書》六藝之文,然使之守正而不遷,則師帥以維之,所謂"匡之直之,輔之翼之,使自得之"是已。彼三民之業者易易耳,然漢氏言政而不及教,言民而不及士,據其統紀,理固先之。夫文猶人也,躬行爲艱。惟躬行爲能平其政,惟平政爲能安其民。

大臣受遺命,輔幼君,宜修古三公之職,以保育聖躬,薰涵聖德。俟其長養成就,以弘博厚高明之業,其天下之事一以身任之而不疑。古者三公之輔其君也,太師以總其經法,太傅以宣其道義,太保以保其身體。至於幼君,尤加謹焉。正始於幾先,端本於新政,俾耳目聰明不眩於淫僻,精神志意不亂於奇靡。所邇必正厚之流,所狎無輕媟之輩,所存皆天地之心,所聞皆聖賢之學,所履皆帝王之道。勿作勞以困其脆弱之軀而日以堅强,勿多事以摇其未定之氣而日以完粹,庶思道恭默之居,而光啓嚮明之治也。所謂保育薰涵,俟其長養成就以弘大業者如此。今主上冲年御極, 大臣正宜一弘此道,以相輔佐。其要尤在親賢遠奸,内外交養,須講明"宫中府中一體"之義。蓋人主一日之間,御大廷之時少,居深宫之時多。御大廷,則有論思獻納、文學法從之臣爲之左右前後;居深宫,則左右前後不過宦官婦人。宜白兩宫,慎選謹厚端良之人以充暬御,專委責成,務在陳善閉邪。有不中者,許大臣得以與聞而裁議之。至於視朝考政聽講之期，亦須以時起居，節勞逸，酌量早晚疏密，俾上無憚煩苦難之意。徐徐而行，油油而入，日有所就，月有所將。將見聖躬與天同健，聖學與日俱新，積之廣大，發之高明，四海順治，萬壽無疆，實權輿於此矣。此則大臣之責，而天下之心也。

夫蕭蘭同隕而蘭摧則悲，珉玉共傷而玉毀則慼。誠以荆崑之寶，固於散礫殊珍；畹谷之香，豈與群菲並秀？惟物則爾，奚人不然？乃有邦之淑媛，芬芳潔白，媲美乎崇蘭；温潤貞堅，比德於良玉。宜其長生桂館，式弘蘋藻之儀；永主璇閨，聿展珪璋之助。顧嚴霜委質，白日沉輝；鏡掩離鸞，琴收別鶴；繐帷罔象，羅袂無聲。翩何珊珊，緬眇瑶臺之月；鄂不韡韡，低徊湘渚之雲。觀戴勝於柔條，驚心春老；聽哀蟬於落葉，動魄秋深。縞馬酸嘶，玄猿悽斷，意隨時而惜逝，情感物以追亡。是以其淚下萬行，腸回九曲，不能已已也矣！

宴　談

古柏庭前，修竹池邊，玲瓏翠藹，縹緲蒼烟。鳥悦茂而依枝，魚樂深而躍淵。彼微物之能爾，豈伊人之不然？寂無感而弗通，朕有開之必先。要白雲之康老，度長日之小年。婆娑其次，容與周旋。或偃或仰，或坐或遷。或傾有旨，或撫無絃。或形問影答，或神釋理詮。或高譚碧落，或下討黄泉。或遠稽憲時之聖，或近數遁世之賢。乃其天垂在宥，帝錫解懸。爾我都喪，生死互捐，恬愉淡漠，夷猶渺綿。蓋已游無何有之鄉，冥乎二老之玄。

策秀才講學正心文六首

問諸生：夫學校羅英材而教之，原以聖賢大學之道待諸生也。諸生固人人以英材自負，其於聖賢大學之道，修之講之否乎？

夫大學之道，只一“明明德”便可，推之天下國家，無往弗明。然所謂明德有何方體？只一正心而德明矣。故聖學格物窮理，自一念以至萬應，自博文以至約禮，無非致吾之知，求不爽乎善惡之幾，不差乎好惡之發。幾不爽而發不差，即吾之靈明之體不昧，便是正心，便是明明德矣。此德既明，則千變萬化，皆由此出。廣大光明，通達順利，無有虧欠，無有假借，無有將迎，無有内外。故達之天下國家，一以貫之而無餘，此之謂聖賢大學之道。後世離叛本心，外爲功名詞章之習，所以謂小人之學。今諸生亦知空談大人之學，乾慧聖賢之事，及其爲業，欲人人作一决科舉子而不可得，即又不如古之功名之士；欲人人作一成章經義而不可得，即又不如古之詞章之士。夫古之功名詞章，如管、樂、班、揚，雖不得爲大學，然其學術猶有過於淺俗者，故其人已不可及，而况進之聖賢、達之天下乎？此其故可知也。

學術之不明也，心術之不正也。心豈有不正哉？然而日營心於外，縱欲于中，則本源日益昏塞，未有源塞而流通者也。諸生其自今以始一洗習心，反觀吾道。要知學問無他，惟是變化氣欲，充養德性，不使陷溺，爲孟子所哀。每於心念感物而動之幾，慎加省察，其善其惡，務在不惑；好之惡之，務在不欺。推而至於應事接物、讀書爲文，無非體驗此理，以培養此心。務在有事勿正、勿忘勿助，不仁不義，寧死不爲，寧得天下而不爲。如此，則是格物真功，致知實事。如此，則意念自誠，誠則心體自正，正則明，明則萬物皆備於我，觸處無不感通。試發之而爲文詞，其六經三史、先秦兩漢，皆滄海之餘波也，而况于舉業乎？措之而爲事業，則黄、帝、堯、舜、皋、夔、伊、周，皆日月之末光也，而况於科第乎？故今文不成章者，非詞不能文，美不在中也；身不利用者，非材不能用，器不在藏也。夫美之與器，非吾之明德耶？惟諸生其省之察之，思之，辨之，篤而行之，俟自得之，毋爲道在邇而求諸遠也。

吾於諸生有教化之責、斯道之任，故懇懇告之、諭之，非嘵嘵好辯爲也。若止以隨俗校藝待諸生,諸生亦止以俗藝應常例,則是上下虛蒙,負朝廷養士之實,違夫子大學之教。少有志識者,當愧死而不爲也,諸生其亮之哉!惟高明而先識,忠信而好學者,當必有以答我也。《詩》曰:"人之好我,示我周行。"又曰:"先民有言,詢於芻蕘。"故諸生而有示我者,是好我也;不然,其猶芻蕘而詢之乎?是先民之言也爲可聽也,故諭。

問諸生:今日所課,豈非藝之最下乎?然締觀所呈篇卷,有解義達朱、蔡,屬詞象歐、蘇者亦罕矣,則下而又下。學校之教止此,學者以此爲賢,良可羞痛。

烏虖!學之不講久矣。先師曰:"是吾憂也。"蓋憂其必至於今也。三年之艾猶可蓄乎?夫學,猶種樹者也,心則其本根也,文章事業其枝葉也,講習討論,省察克治,其培養也。氣質之剛柔,情欲之生滅,皆本根之蠹也。講習者,講習乎此者也;討論者,討論乎此者也;省察者,省察乎此者也;克治者,克治乎此者也。乃所以爲培養也,乃所以爲學也。如是之久則根本貞固,枝葉洪鬯,文章炳焉,事業焕焉,《詩》《書》所稱,蔑以加焉。區區剪綵捕風、摶沙握泥,卒猶不能似者,豈不羞痛甚哉!且學無止法,今學者纔會操觚,便視爲學問之極功;偶博一第,便比作聖賢之能事。早夜孳孳,大小汲汲,止是徇習氣、任私情,長傲遂非,見小欲速。以驕矜爲貴,以惰慢爲尊,以輕薄爲才,以簡略爲德,以忠信爲腐鈍,以篤敬爲迂拘;言行無忌,尤悔不驚,見得則貪緣奔競,稍失則怨恨悲愁。識者盡惜其非,彼方自以爲是,蓋蹲狼于室而不知其害之隱,認賊爲子而不知其偷之深。由是本心日以蠹喪,萬事日以支離,邪行恣作,正道沮銷,有浮靡之風,無篤實之意,此豈聰明才辨、篤信好學之士減於古人,抑豈無豪傑之士不學而能者乎?然學術不明即世教衰,世教衰即民不興行。民不興行者,指凡民而言也,教猶在學校也。今學校之教不行于俊秀,則斯民之邪慝何有極也?昔孔、孟傷世教,悼民風,有德無位，獨講學以正人心、扶大道。今《論語》二十篇，《孟子》七篇，皆學之講也。諸生不以此理培養本根，惟務口耳爲媒利鬻名之計，又不憫惻生人陷溺之災，挺然力講此學，以興起斯文爲己任，捨其最〔一〕上而甘心其最下，何貴乎儒名而俗行耶？是故可羞痛甚也！

今第考品諸士，言雖不足以盡人，然由枝葉以測本根，並因以占事業，雖百世可知已。夫游、夏稱文學，子貢億則屢中，不聞聖學，終讓顏、曾。荀、揚、班、馬之徒，豈不稱儒文？然又拜游、夏之下風耳。宋儒獨周、程爲明學，然或少於文，彼固有所不屑。若《通書》三十章，《定性》一書，與六經並可也。諸生濟濟彬彬，信必有若而人者。但俗學方熾，邪見多指正見爲邪，兼以爲迂，故無定守者反爲所奪；或畏其指議，又從而忌諱之，遂廢學而不講。程子曰："學者爲氣所勝，習所奪，只可責志。"夫堂堂丈夫，一身性情不能料理，氣質不能變化，而惟汩没流浪，沉眯糠粃，以卒歲月。至欲爲一真實舉子而不可得，此豈不可責志？信斯言也。人苟訾諸生以無志心，必憤然疾其罵。然静思，勝乎？不勝乎？奪乎？不奪乎？則己之有志無志，當較然自明，凛然自失矣。

烏虖！吾以爲同志者請乎吾，非多言。吾謬興庠序于諸生，有講學之任，故學之不講，吾憂也久矣。諸生群養學校，所學何事而獨不此之憂乎？倘有憂，則必求是而講之。故敬問之，覬有以答之也。

問：學校之教，止是明學術以正人心。自正明謂之心，自明正謂之學。正則明矣，明則正矣。其他躁妄昏華不在明正之科者，皆孔子所謂"小人反是"，孟子所謂"庶民去之"。諸生日常修德講學，明乎？正乎？

否也。舉業，學之緒余。殆古人出疆必載之質，由忠信而後有禮者也，是以君子貴之。質不由衷，是貨之也，貨則君子耻之。今諸生而業舉也，亦由忠信以爲禮也則貴矣；倘以貨爲，則耻莫大焉。孔子至聖，但云"忠信好學"，其所學者何事？忠信之外豈復有别理哉？夫學術不明，人心陷溺，陷溺之弊，必至詖淫邪遁、横恣亂亡而後已。此孟子所爲深辯，凡以正明而已。今諸生豈無孟子？其人必有憂於此時者也。當自爲辯之，毋剿説空談，爲德之棄。

問：胡五峰叙周子《通書》言："先生患人以發策决科、榮身肥家、希世取寵爲事也，則曰'志伊尹之所志'；患人以廣聞見、工文詞、矜智能、慕空寂爲事也，則曰'學顔子之所學'。人有真能立伊尹之志、修顔子之學者，然後知《通書》之言，包括至大，而聖門之事業無窮矣。"朱子以爲不可易之至論，是一書之旨，皆吾之志學也。何者爲最要乎？

夫耕莘陋巷，樂道不改，必有事焉而勿正。今學者亦曰"吾志云爾，吾學云爾"，不太易乎？恐是荆公談相輪也，必反而求之。果能得其志學之事，而不犯先生之所患，然後爲真能耳。犯與不犯，惟在獨知君子、小人之分，惟在獨之慎與不慎。諸生人人好高，豈貴口滕？只内省其志，庶無墮口耳之虚華，溺勢利之昏波，焚氣欲之虐焰，則可以言志學矣。古之聖賢，豈要斷功滅文？只是先立乎大，小不能奪。故小奪大者，恥也；不能慎獨者，無恥也。無恥者，過也；不聞過者，大不幸也。必有恥則可教，聞過則可賢。然則立志修學之要，其諸此乎？特與諸生商榷而共學之，高明以爲如何？若有先覺，便當覺予以樂道不改之意。

問：程子言"古之學者，惟務養性情，其他則不學"，此於孟子學問求"放心"之旨，甚有發明。學者當必有據，因自思所學猶謬，故日用所行多不是。諸賢學皆求是，於此必皆精思力行，不知其方，何似聖門？務外近利，莫如子張、樊遲。觀其問行、問仁，問崇德、修慝、辨惑，却漸要近裏，而孔子告之，只在言行居處之間。宜若淺近，何程子謂爲"徹上徹下，與天地同其體"也？

夫此學絶無文采巨麗，反同乎天地，而後世雕篡矜榮，翕習雄甚，且視顓孫輩薄不爲也。概其所就，乃卒與草木鳥獸同朽腐焉。何耶？豈彼不曰學乎？誠學之謬也。吾懼夫謬者，將迷而不復也，故特請問其方，毋徒亦曰“忠信篤敬，懲忿窒欲，遷善改過”，如孔子説“見成”語也。必以己所精思力行者言之。如曰“我忿何等懲，我慾何等窒？我日改幾過、遷幾善也”云爾，“我忠信如何主，篤敬如何行”云爾，“我性情如何養，放心如何求”云爾，“我所學自度可與天地同體，抑與草木鳥獸同朽腐“云爾，若不言己事，猶是剿説常談，如貧子説金，吾無取焉。

問：子夏曰“博學而篤志，切問而近思，仁在其中矣”，此最是子夏篤信謹守之學，不知所學、所志、所問、所思者，是何等物事也？而仁何以遂在其中？朱子以爲未及力行，不知此外作何施爲而後謂之力行也？

昔伊川問謝顯道别後工夫，謝答：“只去矜字。”伊川遂許之爲“切問近思”之學。夫去一字反爲切學，豈與子夏博學之旨同耶？今諸生所務，顓在學問間，有默識如顔子者固無言矣。又冥然悍然者方小視游、夏等而不爲也，不知肯有姑從篤信如子夏、顯道之用心者乎？如有之，則必能言之矣。願自述其義，以發予蒙。

【校記】

〔一〕最，底本漫漶不清，據温抄本補。温抄本只選抄第二則。

〔二〕自，底本漫漶不清，據祁縣本補。

叙　語〔一〕

吾視學之日久，見諸生有文行之弗修者，皆原於心術之不正；心術之不正者，皆原於學術之不明。從古學校之教，專爲明學術以正人心；而今教者學者，多不爲正心。其所謂學，大氐多釣慾之鈎綫，伐性之斧斤。種種習弊，不可勝言，必待自明而後能自悔也。故吾以宣條奉憲，既惟是之諄諄，而又申懇於循行校閲之間。每于發題，便欲顯白此旨，講明厥術。故毋奇字隱語如吊詭猜謎之類以自矜，難及瞶眩人之耳目；或亦淺近之言，而有切深之理存焉。所願學官、弟子、同志，此件倘心學無舛，文行有資，庶出離迷塗而登朗岸也。肆採東循所策六首，爰命梓人遍告黌舍。

或問對待之説。曰："古無有也，蓋起於末師。夫道一而已矣。一生二，二生三，三生萬物。萬物可相對待，一則至尊而無對。聖人之言皆以一貫萬，而萬以宗一，初不假於對待。如宋儒以制外安内言四勿，以明體適用言明德新民，以静存動察言戒謹恐懼，以存心致知言尊德性、道問學，以智盡仁至言盡心知性，皆對待之説，皆非也。"

夫學校之教，卧碑敕諭之所開示詳矣。然告戒雖勤，遵行者少。實是學者安於近習，狃於小利，戚戚於貧賤，徼徼於富貴。苟可得意，無不奔求，遂使志氣變遷，流而不返。雖名讀書，不過假此以爲干禄之媒，故有曠安宅而弗居，捨正路而不由，孟子所以哀之也。今欲人人敦尚孝弟忠信之行、禮義廉耻之節，體認修己治人之方、義利公私之辨，豈有外於讀書窮理之一端？然讀書窮理，豈有外於主敬之一念？敬之一念，即是千聖萬賢，兢兢業業，天理之所以當存，人心之所以不死。但上智之心常虚常明，故常惺惺。其存之德行，發之事業，著之文詞，無非此理。中人以下之心，鮮不移於近習，誘於小利，故憧憧往求，無復虚明，亦無復惺惺，故謂"小人而無忌憚"。然此心既不常惺，非讀聖賢之書，親師友之賢，從而講習體認，時時提警，則如醉夢，無有醒時。故聖賢教人讀書窮理、親師取友，决非爲脱貧賤而取富貴之計。惟是焕醒此心，使天理常存，修己治人，隨處發見，無非孝弟忠信、禮義廉耻之實。至於義利公私，了然明白；所謂心事，如青天白日，磊磊落落，無纖芥可疑者，豈不大丈夫哉？昔伊尹相湯，其功格天，原其志，則自耕莘樂道，一芥不以與人，一芥不以取人。始顔子簞瓢陋巷，不改其樂，而孔子以四代禮樂許之。二賢之學，豈有爲耶？一惟正其心而已矣，而盛德大業自不外是。今生徒不務窮理正心，惟剿説陳言，綴掠時套，求捷徑以要青紫，覓筌蹄以希魚兔，豈所謂志伊尹之志，學顔子之學者耶？夫志學出此，更復何貴？

夫德之不修，學之不講，聞義不能從，不善不能改，雖聖人有憂焉。而下學於此，不惟不憂，且不少加之意。所以遷善改過之人，明善誠身之士，日以希闊。推原其故，豈惟心學之義湮？實由朋友之道喪。誠得益友時時講摩，德業必相勸，過失必相規，則精神志趣必有感通，流俗因循必難遷引，善人君子豈不由此而出乎？

余竊誦孔子"文莫吾猶人也，躬行君子則吾未之有得"之訓，則知君子不患不文，惟患文之失其實；不患不學，惟患學之不能行。又誦孔子"無欲速，無見小利；欲速則不達，見小利則大事不成""不怨天，不尤人""下學而上達，知我者其天乎"之訓，則知君子不□〔二〕不實之弊，全坐見小欲速之私、怨天尤人之累，苟□〔三〕其遠大，則近小不入矣。苟求諸己，則怨尤無從矣。□〔四〕行君子，非若人，其誰也？

【校記】

〔一〕温抄本抄有"夫學校之設"至"更復何貴"，題爲《叙語六首其三》。
〔二〕□，底本漫漶不清，據文意疑爲"行"字。
〔三〕□，底本漫漶不清，據文意疑为"見"字。
〔四〕□，底本漫漶不清，據文意疑爲"躬"字。

孔文谷集卷十四　四六語

一〔一〕

秋深仲序，月近九華。露珠溥沆瀣之光，金莖薦乎瑶素；霞綺散寥陽之彩，玉帳褰於紫清。爰飲衆賓，用娱多暇。行觴溢醴，穆生醉而楚主歡；授簡程詞，枚子賦而梁王悦。復有校書宗正，抽藻藜端；珥筆臺僚，抒文柱下。響絶洞庭之樂，辯雄秋水之談。俄景易終，傾懷未艾。玲瓏陟其雲構，窈窕窺其洞栖。夕陽與嵐采齊輝，天籟共谷神競爽。緬牛山之歎，徒苦襟沾；惜龍嶺之登，何嗤帽落？斯惟動必以禮，是故舉則可書。翠藻文魚，曾識在鎬之宴愷；珍林瑞鳥，總欣于苑之游悰。僕座忝盤盂，才慚鄒馬；亦含毫數子之後，庶以咏大國之風。

【校記】

〔一〕“四六語”由多篇組成，除第五篇《題〈石川稿〉》外，皆無題。爲便於閱讀，特加序號以分隔。温抄本於本卷下抄有本篇及《賀宫教吕磻溪先生》，後有温德端附言：“六朝崇尚四六，文體最卑，素甚厭之，今特選一以備體耳。端識。”

二

恭惟某：二華擄靈，三秦挺秀；儒林發藻，藝苑馳聲。爰有質而有文，彬彬君子；斯以引而以翼，藹藹吉人。賢路早登，一舉而青雲可致；禮闈遲偶，十上而白璧難酬。乃小試乎道端，遂高騰於物表。分麾大府，争傳別駕得王祥；主管三農，共説理財是劉晏。并州客舍，凛清節以明霜；代郡雁門，玩白羽之飛月。悉心計以裨國計，殫人謨而叶廟謨。塞上防秋，當甲兵之要害；軍中乏食，得錢穀之轉輸。草結闗門，處處皆封狐口；炊閑刁斗，人人總據敖倉。遂使萬里長城，不作籌沙之唱；更令千尋高闕，無爲庚癸之呼。肆彼醜之不來，恃吾師之有待。幕府上于襄之績，美其賦優；元戎成薄伐之功，歸其食足。雙旌五馬，既德懋而懋官；綵幣白金，又功懋而懋賞。褒書載下，慶禮攸行。冠裳萃僚寀之歡，在郡在邑在庠序；玉帛展人文之賁，曰王曰侯曰縉紳。伐鼓摐金，仁義之賢聲遠振；彈絲吹竹，中和之雅韻弘敷。環橋門而聽觀，舉首加額；躋公堂而稱頌，衆口一詞。予兹藐焉，遐不謂矣？緇衣適館，願言欽鄭武之賢；旨酒在堂，入飲愧澹臺之善。即群公之授簡，希小技以填詞。

三

伏以上棟下宇，《易》形《大壯》之爻；臨水面山，《詩》表《斯干》之什。惟肇造邦家，永謀燕翼；斯營修宫室，大衍鴻休。粤若衛有楚丘之營，《春秋》稱其善；與夫魯有靈光之建，詞賦美其隆。考成之儀，有典有則；獻頌之禮，是究是圖。

恭惟某：册府摽英，宗藩挺秀。才堪補衮，翻違侍從之班〔一〕；道可彌綸，竟列分封之寵。茂膺景福，光啓崇居。正位辨方，界金繩以取其直；揆日測景，運玉尺以規其圖。樹八柱而承天，立四維以紀地。由寢宫而堂廡，有翼有嚴；自門觀而庭除，如翬如矢。周回層複，護擁金銀之臺；弘敞森羅，披紛丹碧之館。虹蜺絢彩，夾畫棟以雲流；鵷鵲騰暉，蕩雕檐而霞布。間陳左圖右書，上映東奎西壁。傍開丙舍，外啓華林。下帶芙蓉之池，日懸綺井；高臨河漢之渚，月隱朱樓。輪焉奂焉，彬彬其美矣；允也展也，郁郁乎文哉！

某等目擊盛事，心喜成功。擬燕雀之徘徊，羡蓬萊之仿佛。抒詞申賀，酌醴贈言。伏願有室有家，安於泰山而固於盤石；多男多壽，比於彭祖而庶於周家。富貴尊榮，念國恩而由禮；文章道德，體天性而敦仁。伍舉論章華之台，張老頌獻武之築。卜云其吉，終焉允臧。欲綴雲門之謡，先咏蟾宫之曲。

【校記】

〔一〕班，底本漫漶不清，據祁縣本補。

四

伏以寶婺呈輝銀漢，表金華之象；靈萱著採璿堂，垂玉藻之文。有母氏之攸同，斯人生之可賀。恭惟奉國太淑人鄭，厚坤之柔完於初賦，貞巽之順禀於夙成。笄選良姻，望美姬姜之緒；韶徵淑質，鍾奇嬀汭之英。奠宗宫而蘋藻芬芳，主中饋而脩〔一〕瀡潔白。篤生後嗣，芝蘭森玉樹之行；恭體先君，冰雪凛金天之操。功弘婦則，德建母儀。公叔文伯之家，世奉賢媛；思齊太任之室，時承淑女。禄位名壽，天錫善以無疆；德言容功，人致福而有本。惟隆慶二載之大蜡，乃慈闈八袠之祥辰。鳳子龍孫，競將赤芾而作斑衣之舞；鶴笙鼉鼓，争向瓊筵而呈寶鼎之歌。緬西母之降瑶池，崑華皆蒙其瑞；及元君之開紫府，衡湘並衍其休。矧今日之嘉光，實百年之盛景。聿來稱賀，侑以雅詞。

【校記】

〔一〕脩，據文意當作"滫"。滫瀡，淘米水。

五 題《石川稿》

歙有奇人曰石川子，蓋有周程伯休父之後也。通胡氏《春秋》，洪心高蹈，亮志遠游。讀《鹽鐵》之書，羞比弘羊；觀《貨殖》之傳，思齊范蠡。早掄庠序，慚失意於青雲；中涉江湖，願潛踪於白舫。隱市而非俗，逃名而故儒。樂觴咏以韻豪賢，放烟波而投旅逸。學達生而果達，詩人往往扣關；處機事而忘機，野老紛紛争席。無取白衣之宦，有懷皂帽之夫。口不絶吟，飛葛天之浩唱；目多玄覽，探禹穴之靈文。濡黄而畫，江樓幻起仙人之鶴；掃素而書，洞録籠來道士之鵝。意獨好之，行有尚也。

當其良辰美景，賓主成歡；臨水登山，關河在望。操觚而八行具，叉手而四韻成。秀句玲瓏，不減敲金擊玉；芳音縹緲，何殊刻羽移商？苦竹寒聲，牛渚清風之度；孤桐雅調，龍門積雪之標。豈千載之無聞？誠一時之有見。或寄瑶華而申惠好，或抽蘭藻而散幽閑。或托興於騷人，或櫻情於羈旅。拊髀朗誦，□〔一〕爾顔開；擊節悲歌，潸然淚下。要之，詩緣别趣，弗假□〔二〕門；理屬同歸，無論異路。

有子曰木，過吾野叟之栖，作十年之僑寓。出彼家君之著，供一室之悟言。輒因游戲玄香，綴兹俳語；倘欲雕鎸文梓，冠此卮言。

【校記】

〔一〕□，底本漫漶不清，祁縣本"雨"字頭較清楚，疑爲"霽"。

〔二〕□，底本漫漶不清，據文意疑爲"専"。

六

恭惟某：道該文武，德貫天人。長久之休，協壽徵而成範；順信之慶，孚福應以定爻。自匪茹之弗馴，仗克猷之有翼。上台移度，光表太清。元宰臨戎，策收全勝。功在社稷，澤溥閭閻。沐其膏者，惟福之歸；咏其德者，咸壽之祝。爰兹吉月，實乃祥辰。星炳南華，天象所以示符；菊呈中理，地靈爲之表節。二儀且爾，庶府何如？緬申伯之翰周，維岳有作；厥南仲之城朔，于襄是歌。某等列秩藩維，摛詞頌禱。師貞迪吉，象風雲龍虎之交；皇覽壽禧，等松柏岡陵之類。

七

伏以出車郊牧，虔節鉞以專征；開府邊都，振旂常而亮采。道存遠略，人以全才。况取賢於四岳，實爲憲乎萬邦。忭兹榮晉，光我有孚。

恭惟御史大夫南溪張公：鎮英海岳，奮翼天衢。學匪居今，道惟稽古。博綜《墳》《典》之華，玄覽天人之奧。儒果通乎三才，士誠懋乎九德。修之於家，孝友睦姻之行；華之於國，文章禮樂之資。故家聲藹〔一〕麟鳳之祥，而國器重珪璋之美。冲襟秋湛〔二〕，泰於春融。星辰曳履，長鳴建禮之珂；日月依身，屢□明光之草。試公卿於郡縣，化美弦歌；咨岳牧於臯藩，風清琴鶴。四方馳譽，五省蒙恩。爾從中岳之司，特拜内臺之長。謂經營朔漠，必須叔、甫之才；安撫疆隅，雅重范、韓之侶。故推轂於西陲，乃臨戍乎上郡。簡書載錫，車服爾庸。公聞命以趨蹌，衆臨岐而眷戀。三司舊寀，共榮元老之行；萬里殊勛，擬上燕然之勒。溯穆風而作頌，慰今日之永懷。豈曰不文？願言孔武。歌鐃虎帳，帳羽鴻磐。

【校記】

〔一〕藹，底本漫漶不清，據祁縣本補。

〔二〕湛，底本漫漶不清，據祁縣本補。

八

恭維某：海岳標奇，扶風挺秀。悦周公仲尼之道，早居業於黌序；敦詩書禮樂之文，大蜚聲於藝苑。賢科振武，式高三禮之名；銓部遴材，卓冠四方之彦。燕館羨黄金之駿，薊門騰紫電之雄。初筮而兩邑成能，行同游宓；再命則三刀協夢，志擬龔黄。惟此郡之瀕汾，在昔人云覽冀。吴起守而稱治，卜子居而尚儒。史册有徵，鄉評無射。我侯莅止，日宣布以浚明；之子于征，時省觀而惠恤。矜寡彊禦，不侮而不畏；沉潛高明，知柔而知剛。盤錯糾紛，銛鋒每見；簿書期會，條理畢彰。敏則有功，寬能得衆。六事之修首學校，三物之教先禮經。故功令之章，師弟所共誦服；而風猷之準，吏民□〔一〕並皈依。當三載之績成，實前修之美繼。兹者天開黄道，萬國朝正；傳擁未輪，雙旌出宿。雲逵渺渺，目送飛鴻；洋水悠悠，情馳別鶴。青氈學士，張組而列筵；白面書生，指景而待樂。

【校記】

〔一〕□，底本及祁縣本皆漫漶不清，據文意疑爲“乃”。

九

恭維永國，睿聖賢王。天派宗潢，地分茅胙。睿聖合武公之懿，温文秉姬世之良。純孝克全,庭闈永鑒。孤忠自許,宸闕攸孚。褒美現乎璽書,榮寵光於日月。篤遵禮訓,則終三年之服而始拜封;敦闡文謨,則勤萬卷之觀而勞延攬。在宮雝而在廟肅,和敬充然;臨下簡而居上寬,仁義備矣。悦詩書而耽禮樂,輕貨利而淡聲華。恤從役之艱難,恩垂在宥;好賓游之容與,意廣同人。樂善之館弘開,實東平之有主;西園之宴數起,儼子建之多才。惟黄華凝露之辰,正青女降霜之月。壽星上映,福耀高懸。乃誕降之合符,聿長久之應節。蓋陽當重九者,其道莫不純陽;律中無射者,其德靡有厭射。是以桂掖椒房之黨,絡繹稱觴;金枝玉葉之英,聯翩獻頌。演箕疇以言福,鑰雲笄而謂仙。不曰東圃西池,則云南山北海。惟願不惑而不逾,比德宣尼;更祈以引而以恬,媲休彭祖。某荒林投迹,總慚鄴下之儔;綺帳填詞,聊效華封之祝。

十

惟皇上帝,鑒于祖宗文武聖神:洪廕本支,誕降遐福。茅土鞏盤石之固,藩維衍河漢之長。國有眉壽之老,邦有禮樂之英。百千萬億,永永勿替。

肆我儲王竹溪翁,睿哲之性,懿於天成;經緯之文,光於祖訓。樂善以怡其真,敦禮以端其范。故天真内腴,而和粹比之春融;雅範外符,而精純合乎秋潔。比之春者,元氣流行而不息;合乎秋者,玄功含蘊而不窮。是以富壽康寧,即《洪範》之所以稱福;麟趾螽斯,即《國風》之所以讃仁。蓋德積躬者,天自佑之;化及物者,人自悦之爲耳。

兹乙卯之歲,孟秋之辰,恭當令誕,載周花甲。彤扉儼青雀之儀,紫殿上金尊之壽。郡之耆儒散吏,占瑞祉之靈長,知修齡之綿邈。乃喜溢同情,歡騰共祝。各吐《下里》之章,敬擬《南山》之獻。取

《小雅》所謂“南山有臺,北山有萊。樂只君子,邦家之基。樂只君子,萬壽無期”,惟賢王可以當之也,故題其册曰《南山獻壽》云。

十一

伏以黍谷沉灰,未解不毛之凍;柏臺授律,方來有脚之春。披拂光風,非蕙蘭而亦轉;沾濡湛露,是荆杞而皆承。拜貺拜嘉,知感知重。

兹惟門下,海岳英奇,天人俊偉。文章黼黻,潤鴻業而緯地經天;道德珪璋,贊皇猷而外王内聖。煌煌卿月,曜靈西鄙之陲;耿耿法星,正度太微之座。問斯民之疾苦,清路鳴騶;訪退老之遺餘,傳書命鶴。敬交久而無替,仁體小而不遺。魏侯軾干木之閭,豈偃息之當念;堯帝枉汾陽之駕,即崇高之已忘。孰異世而同符,乃大人之合德。測量之廣,玉海千尋;比義之高,金山萬丈。

某丁年傴僂,孤飄陌上之蓬;晚節支離,苦結道傍之李。引盤龍而鑑貌,真面之可憎;試嚼蠟以嘗滋,果語言之無味。何能頌答?獨有屏營。敢湮雙鯉之遺,長存懷神;空擬七襄之報,竟缺機梭。所願早陟端揆,弘敷元祉。奉聖主垂衣而治,撫交泰之昌期;畀野老鼓腹而游,荷昇平之景運。

十二〔一〕

伏以賢有必旌,薦剡榮於華衮;喜無不慶,承筐侑厥腆儀。乃俎豆之嘉光,實衣冠之盛事。

恭維宫教吕磻溪先生:儲靈太華,早蜚三輔之英;瀹粹洪河,濬發五陵之秀。琢玉而成寶器,如珪如璋;雕龍以應文心,爲黼爲黻。修孔門德行之科,希踪冉、閔;纂漢室文章之選,比迹班、楊。白玉京中,奮雲藻而躡群龍之會;黄金臺上,展電足而空萬馬之群。挾〔二〕策有待於臨軒，振武尚期乎延閣。偶想操鉛之效，遂分剖竹之符。栽潘岳之花，榮旭點青春秀色；製尹何之錦，彩霞生白地明光〔三〕。學道愛人，春誦遍武城之室；親賢友善，虞弦横單父之堂。無何陸起龍蛇，網疏麟鳳。博士返青氈之座，郎官移紫炁之躔。法鼓鞺鞳以迎桴，洪鐘鏗鍧而應扣。談經談治，胡安定之在蘇湖；言誠言明，程伯子之居伊洛。典豫章之試，大攬鴻材；探禹穴之奇，覃研奥簡。旋推王相，遂補儒臣。讀《墳》《典》以論思，秩秩倚相之語；指金玉而獻納，愔愔旂招之詩。宋玉陳楚國之風，情同吹萬；司馬賦梁園之雪，義已析微。德重位輕，柳下不卑其小；道存身詘，梅生以下爲高。名無翼而長飛，見奬埋輪之使；春有脚而自至，承噓吹律之人。臺巡秩主，薦揚當仄陋明揚之日；省署司存，拔擢正幽沉顯擢之時。太階占六符，見少微之有曜；都講進三鱣，知伯起之就升。旌禮旅於堂，賀賓填於户。車如流水，馬似浮雲。花幣熒煌，同成喜氣；絲簧匝沓，總是歡聲。穆生執爵之餘，雅歌投壺之後。其詞曰：

翩翩玉舄雙鳧墜，下碧殿，鳴蒼珮。平臺文雅像瀛洲，又似小山叢桂。何人能到？除惟是仙。吏有分，清如水。等閑掣斷紅塵騎。思往事，堪垂淚。如今消得許多閑，却是虚舟無繫。烏臺有意，還來相薦，一疏聞丹陛。《右調·御街行》

【校記】

〔一〕温抄本卷十四《四六語》抄有此篇，題爲《賀宫教吕磻溪先生》，内容自“翩翩玉舄雙鳧墜”至“一疏聞丹陛”。

〔二〕挾，底本漫漶不清，據祁縣本補。

〔三〕“生”“明光”三字，底本漫漶不清，據祁縣本補。

孔文谷集卷十五　書

與南溪張左丞

日去省，辱城上餞。乃西行，三日而至密縣，頓六日而會巡院。又頓二日，始繇密如鄭。以十六日達輝縣。所謂構行署縣中者，尚無也。方與諸吏定約：清心省事以保疲氓，堅壁清野以戒不虞。然德術闇淺，省覽周章，不能就列，有同負乘，故已悚然憂矣。幸門下其恤之，教登山臨水，將毋有懷，遂欲遣人去家奉迎老母。即老母顧戀親愛，不堪遠勞，且携妻孥耳。客緒如斯，寧不苦顔？遣人後徑趨小灘，所司解運尚多。後期臨事，當有報白也。

與趙復齋

四載家園，極承道愛。分携之日，又辱報章雅麗，餞送殷勤，情文意氣，貫日凌霜。自顧鄙愚，曷可堪勝！别來至都城，半月而補官梁藩，住一月而起。以二月廿五日赴任，分守河北，駐當輝縣。此地乃共伯之國，有孫登嘯台、康節安樂窩、七賢竹林在焉。所謂"瞻彼淇奥，緑竹猗猗"[一]"淇水在右，泉源在左"，正此地也。且事簡民醇，盡與懶性相宜。但羈旅懷親，日無好况，遂使山阿莫賞，徒抗塵容而走俗狀，奈何奈何？緬惟復齋，穎悟天成，雅調神造，當弱冠之年，已超然玄覽矣。倘愛此歲華，益窮罔象，飄飄與雲氣游，蕩蕩與無極相混合，則不肖瞠乎其後，拜望下風，是甘心也。即今春草已歇，夏雲縱横，花鳥争媚，水竹閒清，安得佳客如復齋者，與之賞心樂事耶？北望佳人，秪增紆憒，奈何奈何？兹遣人携家之便，草草附承動静。

【校記】

〔一〕奥，底本原作“澳”；猗猗，原作“漪漪”。據原詩改。

與疊川於大參

初春曾上短書，想辱鑒聞。緬惟仁政茂昭，福履嘉集，雖龍轡暫頓而天衢有待。僕南行，以二月廿五日到官。此月十六日，承守分疆，駐輝縣。此地境静而事簡，甚與疏懶相宜。但遠行有羈旅之憒，孤游極懷親之感。攬春草而生愁，望夏雲而滋歎，以是觀僕情可知矣。又仰思仲子辭三公爲人灌園，陶生不爲五斗米向督郵折腰，視僕之頓足塵途，俯首末階，婆娑一官不能捨去，何天泉之遐邈如此？雖古今人之異調，要之，亦可恧焉久矣。自明公視僕，豈有行道之日耶？惶恐惶恐！家人回取賤眷，謹申狀承候萬福。賤眷倘來，乞賜馬票一紙，健步一人，得將至太行，不勝大幸。

與弟民〔一〕

春闌客緒，益復無聊。臨清觴而增悶，伏高枕以長吁。乃知爲貧而仕，誠不得已也。百泉書院背青山、面緑水，圖書湛采，花竹含暉，獨不得兄弟同游，携手共玩，雖有佳景，秪覺〔二〕予思。山中水次，嘉菜細鱗，種列奇分，曾不得一奉母慈，吾豈食而知味也！

【校記】

〔一〕本文收入雍正《山西通志》卷二百一十《藝文志》,題爲《與弟民書》,作者"孔天胤","胤"缺右筆。

〔二〕覺,《山西通志》作"攪"。

與雪山焦提學

承命兩文學惠音，甚感此時端佇駕臨，俾僕得從賞百泉之流，追和蘇門之嘯,是大願也。然自度泛舟之役,恐不能來。鳳想徒疲,蘭輝莫覿,果然良辰美景,賞心樂事,四者難并。是以古人登山有慕徒之懷,遠行有羈旅之憤,乃若余情,寧不苦傷？謹留書代候已。敬報山祇,肅咨川后,爲君開灑雲塗,奉供藻帳,萬惟俯鑒不宣。

與吕山甫郎中〔一〕

生薄劣,與世寡諧,譬苦李邊道,人自棄之耳。故雖傾條向人,人誰復憐之者？不自意在逆旅之中,歲晏之時,得蒙長者而一顧焉。豈曰顧之？遂相知之。京塵黄黑,日夜愁人,以道氣相報貽者,惟吾與公。此非離世抗俗,神解理投,聚首一夕,洞懷千古,蓋莫之能外飾也。春雪滿郊,清觴載别,回首懸心,可勝壹鬱。乃知屈子之悲,宜極於新知之别,古今人之感良不殊也。南來駐磁州十日,待公其來。既而不來,度必歸省兼携尊眷,甚便甚周。僕到官蓋在仲春廿五,尋當衹役監兑,誠無息肩之時。下太行即區區分地,乃弗克奉迎車駕,少展情悰。翻已辱教貺之,仍馳想君門,不能奮飛。慨春草之既歇,念王孫之不歸,奈何奈何？

【校記】

〔一〕吕山甫,底本原作“吕山車”,當爲刻寫之誤。吕高,字山甫。

與約庵周老先生

不肖昔在燕潁,辱承照覆者四年,别去者六年矣。日月遄征,懷感不替。即今西北多故,胡馬跳梁,朝廷必欲得魏相、趙充國其人者,海内屬望,端惟我翁。《詩》不云乎:“方叔元老,克壯其猷。”某戊戌過家,即哭先君子矣。壬寅起復,補河南,是時得拜《詩》教於陳僉憲,又得拜《書》教於遂平。垂思故吏,盛德如春;卉烏之感,其曷能言!是歲九月,又仗庇承乏浙中,謬司文學之事。念某久當俗吏,舊業已銷,一旦負乘,何可堪勝?伏覬尊慈閔畀之訓。

與岱野張憲副

東湖宴語,永以爲好也。達人雅度,無日不懷。切計七月初頭,玉節當至省中,平生義契湖海,襟期得共此秋天爲幸耳。不意海舶之事,遂勤料理,悠悠佳賞,渺焉中闕,情當奈何!入秋凡三拜翰章,教思深厚,又辱腆儀及壽家老母之儀,感益何任!然更欲乞惠一詩也。聞海上事漸次寧息,足知門下文武兼資,智勇齊布,一勞而永逸,重内而威外,甚賴甚賴!但此地傳語紛紛,多謂門下必主剿殺,恐成事變。書生冗談,愚人妄議,殊不入耳,蓋有同事而不同心者矣。而當道者亦白面郎也,惟門下經略之。

與陳虞山大卿

曩某釋褐歸里，幸謁門墻，承教睨。嗣是西入秦，東游燕趙，南涉梁楚之間，蓋碌碌徇禄者逾十載矣。緬想光儀，但增耿耿。兹移官浙省，謬忝文司，溯季子之流風，景上公之高誼，方冀獻書承候，希垂誨訓。乃辱門下存念故人，勤以手書，兼之嘉幣，何敢當何敢當！承命擇師，得端敏士二人，《易》曰楊生，《書》曰王生。二生俱學術純正，文章典雅，不爲時套所縛，要之可以進道，蓋不徒博取科第而已，謹進之門下。楊生即今歲批首，彼誠願蒙光範者也，惟高明處之。

與謝與槐

都門一别，倏已兩年。自徂歲一奉音徽，迄今未報。吏紛膠擾，懷抱可知。荒落之餘，叨移學職。蓋自首夏視事，即出小考，冒炎力疾，百爾張皇。雖大比屬完，而病軀已儽然矣。又事多掣肘，道難遂心。今所勉圖，惟在士習、學術之間，他無所計也。賴公之靈，復何以爲教耶？懸望懸望！

與蔡白石

某不穀，待罪名邦，忽已閲月矣。病冗膠紛，不得申問。然傾心門下，固無日不耿耿也。憶昔京邸之晤，方展契闊，奈復分張，遂已遥隔。黄鳥私情，寧不耿耿耶？秋首辱承教札及諸雅章，真瓊琚玉珮，卓爾不群者矣。甚愧鄙劣，無能仰稱，徒垂投分之誼，奈何奈何！門下鴻造玄覽，力追《雅》《頌》，英風茂烈，光振海隅，誠甚盛德。不穀冉冉而老，即已無聞，又冒此文司，不能引去，益可媿已。門下其何以教之？

與項甌東

高山景行，日勤嚮往，遠莫致之，耿耿奈何？即日得承教貺，不遺千里，拜命聆風，欣感兼及。不肖訖試之後，又權管司事，獅山至，裁稍脱身。然不能貶法苟善，以徇刻薄之吏，固不免於招尤也。世道險艱，不意遂至於此。然自達人觀之，殊不爲動，但當解印西歸耳。此時且勉從事，則温處先之矣。令郎游學進學，久已批□，請〔一〕勿爲念。余命俱祇存記。百泉之去，有志者所共興〔二〕歎。然世事果茫茫也，奈何奈何？人便，附狀承候，兼上《教約》兩册祈正，諸縷縷不能宣。

【校記】

〔一〕請，底本漫漶不清，據祁縣本補。

〔二〕共興，底本漫漶不清，據祁縣本補。

與劉柏山

憶昔某也宅憂，兄自京華一歸里第。是時，尋講舊業，間出新義，申車往復，朝游夕宴，甚樂也。已而兄西入關，僕以斗米之故，復出大河至浙上，中間别日，遂歷辛、壬、癸、甲四載。雲鳥流思，萬里一致。

然古之達士養德，勵學堅性，益能恒得之遷湮滯之餘，起之歷攬之久，故知兄於此必當大有所得也。僕年來略無所造，但能冲厥營慮，若眼前一切物幻無多概其中者，然學聞固益荒矣。往時猶好作詩,近非應人之求,再無一句也。江上愁心,不違將母,奈何奈何?雲間佳麗,更多風雅,政日清暇,其所得必更美大也。幸時時惠及。

與前溪劉大參

連月數奉提携,遂得觀法如□□者,世可多得耶?後生讀五車書,涵養十年,猶不□□也。只自服善,非敢佞詞。竭來至湖,頗得與諸生考究德業。清明前微風細雨,花飛滿城,不無惜此流光,但不似杭城風雨,殊令人作惡耳。徂歲辱委作叙,久緣風雨未成,此時始脱稿,又索不成章,惶恐奈何?

與郭瓮山

元城之别,三逾歲時矣。追惟清宴玄譚,朝游夕悟,割愛而分名畫,咏言而疊雅篇。覆我慶雲,照我若華。鄙人孤涉千里,舉世共賤,一旦承遘嘉會,感激歌咏,誠不能忘。徂歲遷此南官,背淮逾海,去都益以遼絶。初聞足下使宣、大,繼得緒山所寄玉書,始知節駐清源。然濕病瑣尾,稽報仍復久之,情當奈何?

與戚南山

高山景行,心日嚮往,道遠莫致,我勞如何!雖徂歲數承疏教,然不若親炙之爲真也。夫道術紛裂於詞章,神理薄蝕於聲利。逢掖之徒,名爲學孔子者,而實流於浮僞,反不若楊、墨之近裏。雖高明之士,猶不免於習俗之移,况其下者乎?此孟子之所哀也。

所賴海内英賢卓有先覺,相與振明斯道,將使堯、舜、周、孔之教,光如日月,流如江河。在江北則有先生與百泉諸公,然薛西原化於田園,林東城終于郎署,可慨也!在江南則有東郭、龍溪、波石、荆川、緒山諸公,實爲一時斯文之托。不肖則竊有志焉,而未逮者也。然於“喜怒哀樂未發”一章,實不敢忽。門下其何以誨之?右溪浩然歸去,豈不誠大丈夫哉!

與百泉胡大參

惟敝省隘陋,學士牿於見聞,蒙於大道,得承夫子而振鐸焉。惟邊圉廢弛,非大整頓振刷至不可爲得。承夫子而論建焉,然功化未就,而冒嫉已不能容矣。吾道之難行,斯民之不幸有如此者,奈何奈何?然於夫子之卷舒,固無與焉也。夫昭文之鼓琴也,與其不鼓也一也;孔、孟志欲行道於天下而不果也,退而作《春秋》、著七篇,其行也與不行也一也。然則夫子之歸也,必居然于此矣。謝右溪便,附疏承候。高山景行,心切嚮往,遠莫致之,奈何奈何?然不肖之荒于植也,夫子其何以教之?

與謝右溪年丈

嘗觀古之賢豪聖哲,正學術、弘德業者,未嘗不本之朋友;朋友之交,未嘗不本之意氣。後世勢利厚而意氣薄,意氣薄而朋友之道喪,朋友之道喪而學術德業俱以因之。故士生其時,或有盡一世無友而得之曠世之感,或有盡一國無友而得之四海之遠,亦難矣。故士有爲知己死者,非過也。僕德薄,又無勢位,不能取友,故舉國舉天下無與立談者。然每見有道之士,未嘗不願爲之執鞭也。先生來同官,正僕執鞭之日。先生亦不予逆,僕雖不肖,實願竊有請焉。其庶乎正學術、弘德業,以無忝於所生。乃先生今棄官而歸,捨我而去矣。古人云:“樂莫樂兮新相知,悲莫悲兮生别離。”私心以之。

別後火病大作，數日始能執筆，文不勝題，詞不盡意，奈何奈何？道駕暫息全椒，與南山晤言一室之内，游神千古之間，其於玄情當益朗絶。計其抵家當在仲秋，真大鵬之去而以六月息者也。僕則搶榆枋而止爾，奈何奈何？

與廖東雩年丈

遠別長懷，日焉耿耿。緬惟道儀貞則，文命誕敷，盡舉三聖人之鐸而振之，使敝邑之聾者聽，盲者視，委頓者作而起焉，彬彬然日抵于盛矣。乃知心德身教，其化固自神妙如此也。弟則竊有志焉，而未之逮者也。徇禄苟延，歲月徂遷而德業愓曠，門下其何以教之？

此地僅有益友，然地當孔道，日應接不能暇。即稍暇，僅圖一坐卧耳，更不能學也，奈何奈何？弟行日，妻妾俱留奉老母，以老母方抱離憂，舍弟又當出會試故也。今舍弟回家，老母復甚念游子矣，但一時搬取不便。然四十無兒，萬里孤泊，終非人情。兹遣价歸報平安，兼欲移取賤眷。倘遂其行，必須傳檄，亦于二河公處有告，惟門下垂玉。

與抑齋李年丈

首夏承書及詩，誨慰鄙人甚盛厚，道誼一脈，當自葆之無斁也。蓋自此脈一衰，人間萬事皆病，幸高明振而存之。故僕常謂：當五陰浮雲之障而耀燭龍於天庭，值洚水滔天之日而殿砥柱於中流，惟高明可以當之。不然，勢位冷暖之間，毀譽得喪之際，鮮不撓其真者，而高明乃屹然皭然如是。堯、舜而後稱大聖人者，周公、孔子；然處流言而不變，遭無上下之交而益固，此聖人之所以爲大也。願高明努力，不宣。

奉莊石山座主

某荒鄙，伏自辛、壬奉教承遇，克有今日。然十年荏苒，多難屢遷，無少樹諳以報明德。又音塵寂蔑，道遠莫致，高山白雲，但增耿耿。惟館下材不世出，道與時違，遂使鳳凰麒麟，藏戢郊藪，闕鴻化之嘉禎，乖海内之顒望。雖達人大觀無所不可，而登賢處俊之事良亦舛焉。然有非常之人，必有非常之用，故知館下亦暫卧隆中而稍息東山耳。

鄙生徇禄浙中，又逾歲時，人微德薄，秖積愆尤，然亦思告歸矣。初到即擬申候，緣病冗膠紛〔一〕，因循又已遲滯，良益苦心。兹因顧太守便，謹〔二〕修啓撰儀，再拜附獻館下，略布腹心。

【校記】

〔一〕病冗膠紛，底本漫漶不清，據祁縣本補。
〔二〕謹，底本漫漶不清，據祁縣本補。

與王端溪翁

往歲小灘奉教之後，即謬轉今官。彼緣除書到門，歸省又棘，故未能告謁請誨，輒已南邁。蓋自癸卯四月抵浙，今又逾一年矣。人微德薄，略無補於教化；但於敦本實、抑浮競一節，不敢後也。然頗犯昔人蜀日越雪之誚，而有北山愚叟之譏。亦知達節易效，而迂直終不可回，奈何奈何？

春首得邢〔一〕憲長寄示尊緘，愛念小子，至勤萬里之遥。中間訓旨〔二〕及所著二書，皆洞啓道陝，示我廣居。某雖不敏，敢不從事於斯？前輩舉業尚是通經，邇來又下一二層矣。孔門一派正學，寖已淪滅,士人雖號高材有志,不免流心埃溘,况可導而上下者乎?昔孔、孟扶正道則闢異端,夫異端者,異乎我者也,今異豈特楊、墨哉?蓋又異乎楊、墨者也,其不爲彼所悲泣者鮮矣。正道之在天下,即元氣流行於四時,不容少有雍閼。苟非其人,道不虚行,故孔、孟不用則空言無補,學術不明則人心陷溺〔三〕,知必爲衛道者之所憂也,然亦終非杞人之所能濟也。今夫子尚隱淪,他何足道耶?

楊郡守便,謹狀恭候起居,兼布腹心〔四〕。向所示《五經心義》,業已與同志者討論〔五〕,方欲刻而傳之人人,俟成另報。

【校記】

〔一〕得邪,底本漫漶不清,據温抄本補。
〔二〕訓旨,底本漫漶不清,據温抄本補。
〔三〕溺,底本原作"弱",當爲刻録脱筆所致,據温抄本改。
〔四〕布腹心,底本漫漶不清,據温抄本補。
〔五〕討論,底本漫漶不清,據温抄本補。

與張南墅憲長

道遠莫問,德音不忘。恭惟旬宣之餘,再統憲紘,禮樂刑政,實久其化。區區晉鄙休沐,何幸甚焉?賤子于役,忽已逾年,夏間欲取家口來浙,緣塗路遠艱,日夜思望。又聞邊信及水潦,遂謂不可得來,乃待於九月望日出試金華。心方耿耿,忽報家口數人仰庇公靈,以廿四日解舟到衙,而自家及浙,一路苟安,都賴從者將護,不然恐艱於進也。羈旅愁心,一旦得此,感激誠入骨髓。而門下之高仁大義,施及遠艱,至周至密,則其同體天地,同仁萬物之盛即是可知。第未能親拜來使,面陳腹心,屏營之私,不勝隕越。謹修狀,並封新刻《文章正宗》一部,報使者還報門下,餘容另具,不宣。

與中川陳宗師

惟昔高車西邁，小子〔一〕正留滯於北；其後日月迅駛，山川阻修，故既闕攀送，又不申候至今。但結佩明恩，並茲離緒，緬望雲莪，曷勝耿耿！若保釐經略，弘濟艱難，訏謨實惠，繫我民思者，不能忘也，不能言也。知丘園事定，素履安和，回眄世事，真一笑弈棋耳。小子仰庇寵靈，復從文事，覺尤微□徇禄者所宜。然不斷又如葛藤，昧夫子知勇之訓，犯詩人胡顔之譏。且今年四十即已無聞，況復後來，聰明益有所不逮耶？誠負明教甚矣。每對流光，歎不自已。然正若貧子思食，終無飽時，奈何奈何？

即月出校浙東，會馮憲長便，謹附狀承候起居，略布腹心，並上絹帕一端及《薛詩拾遺》六册、《學政事宜》四册請教，幸惟垂省。

【校記】

〔一〕子，底本漫漶不清，據下文"小子仰庇寵靈"句補。

與謝右溪年丈

兄之别去，時忽變而成冬。鄙人孤陋，當必知之。夏秋之間，曾兩得手書，知惠子之念我也。然古人謂悲樂之志，莫有過於相知而别離者，有以也。然兄之别也，豈惟失一益友？實抑失吾一嚴師矣。秋當四十，痛感無聞，存省之餘，頗覺顔子善學聖人真處，遂謂聖人不出吾腔子矣。亦知博約工夫亦不在外，但未能欲罷不罷，未能既竭其才，未能卓然有見耳。然亦非在外也，周公"仰思坐待"之訓，豈欺我哉？興四代之禮樂，使天下而歸仁，亦非在外也。吾兄此行，知叢寶樹之林，求赤水之珠，定當有見。此處卓然不惑，安得飛雲間之翼以示我耶？稍轉一官，便道還山矣。馮貞齋便，草草附承動定，兼布腹心。

與潘春谷年丈

仲秋雷尹使來，得奉教貺，旋附一書報命，想當徹聞。兹小价來，得再奉教，語高旨厚，欲誘鄙人而納之道範，此其義高厚甚矣。鄙人不敏，敢不勉旃？但因循之日尚多，而“有事勿忘”之意未之有逮也。此非持志立誠，卓然有著脚處，恐終虚枉耳。古人于此一件，必資師友，務在切摩。眼前同志誠不易得，惟念足下上根超解，卓彼先覺，拂衣塵表，講道汾亭，誠欲納鄙人而同歸之，則鄙人歸來，當必得所依矣。

與洪方洲先生

别日漸深，後晤遂不可度。前兩承教書，知最我良厚。然此意乃是天地生生之脈，往聖來賢，惟體此而續屬之耳。孟子殁後，惟濂、洛爲最仁者。近熟誦其書，紬繹其旨，頗於仲尼、顔子樂處不甚捍隔，亦知鳶飛魚躍，與“必有事焉而勿正心”之意同也。光風霽月，傍花隨柳，當不在風花間，乃知“集義”數語，真吾輩著脚得力之地。然千古大病，只一不能慎獨耳。朋友講習，莫大於是。然迹疏心密，忘言而得其意，庶幾勉焉。期無負於此心，則不肖所以奉門下也。惟高明其頻誨之眼前世事，惟事不由此件，故不可言。然同志實心，非徒言之知之，實允蹈之，誠亦不易得也。積懷耿耿，曷由面宣？水東公便，謹此略布腹心。

與程松谿先生

某蓬蒿之士而蔀屋之人也，又久睽大道之門，不聞鴻覽之訓，宜其無所裁矣。然每誦《大學》誠正至善之理，及孔子忠信好學之意，未嘗不有志焉。所覬先覺勗我不遺，比緣牛走之餘，得遂龍見之願。授館高齋，投車梵宇，集雨淹辰，天從人欲，而其玄譚秘論，亮懷吉暉，真挈我廣庭而携予暘谷，自謂平生之遇極于此矣，金谿鵝湖，蓋或無是之自在也。然而道之大觀，必自在如鳶飛魚躍，而後爲浩然之氣充塞兩間，無有間惕。少有異同，便有不飛之鳶、不躍之魚，醫書所謂“不仁”，《大學》所謂“自欺”者也。夫子其不欺矣，其庶乎仁矣。而不肖一念善信，寔不敢自詭于明遇，自負乎平生，實幸先覺之勗我也。

歲暮多懷，正圖申候，適承教至，紬領道誼。《易》稱“復見天地之心”，然則夫子之心藹然可想矣。比見北司成座席，弘化正彝，應藉純德，南海之望恐不果答也。別來屢夢來教，亦云夢之無，亦即飛躍之理乎！生贈八魚，蓋雀銜三鱣而報之矣。瞻望耿耿，言縷難悉。

再與蔡白石年丈

晤〔一〕候無期，曷勝耿耿。故雖書疏往復，都莫解於飢渴也。大雅之道久微，遂使作者悉專之古人，豈古今果相遠？升堂入室，在孔門諸賢區以別矣，顧獨顏子爲能入其室者也。今門下抱不世出之資，發千古之秘，當有一顏子興矣，不勝區區幸慰之私。僕本沉迷，又爲吏塵所汩，遂無復好言，羞對明德。日來得近少玄，因知此兄齊衡古人無疑，蓋非醞藉之久，誠便難到耳。僕今試省中諸士，事訖便欲渡江，或乘此一游禹穴、天台、雁蕩諸山。然必無嘉藻以報山靈，如兄昔游武夷故事,方知鄙人固陋乃爾。“少年不努力,老大徒傷悲”,斯言豈誣也! 巖潭兄便,草草附疏承候。

【校記】

〔一〕晤,底本漫漶不清,據祁縣本補。

與百泉皇甫先生

鄙人棄外日久,道里隔塞。海内名英,如我百泉先生昆玉,文星朗鑒,珪璋特達,四美全於吴門,八士半於周室,則勞我思存,邈莫致之。故雖秉性欽賢,但自抱耿耿耳。比來吏越,得奉少玄教范,因得竊奉先生之緒餘,然更恨不及門也。不謂門下遂垂惠念,情見乎詩。夫鄙人世所不道,而高明不〔一〕金玉其音,豈以孺子爲可教耶?感激洪誼,倍增耿耿。思酬明德,誠懼莫之從也,奈何奈何?

【校記】

〔一〕“不”下疑脱一“吝”字。

與錢緒山年丈

孟陬之晤甚幸, 然適多人事, 遂於此間未獲周悉而承指授,及既闊别,應多惆悵爾。閏月初旬起首校藝,迄今仍在品閲,因感古人“藝成而下”之説,則又怪今之學猶于下者而莫之成也。本之則無如之何,又恐務本之士不屑反求,秖於文字求之,非所以待上乘。乃顓以數日開閤,延另講學,設疑問難,至十五佰人無一似顔子之徒發聖人之藴者。即以程子,嘗以醫家言“不知痛養爲不仁,人以不知覺、不認義理亦爲不仁”譬最近之説,屬題試論,而諭者至一醫士而無之矣。學術不明，古聖人所深憂也，而今奈何？比來只理會一“仁”字，覺春意在眼前矣。但恐風雨飛花，更成剥落爾。勿忘勿助之間，真難著力也。

仲春渡江，當悉聞教。此件昨命叙《起俗》之篇，大氏兄叙已盡。然以道命不可抗，賢太守、賢大尹拳拳爲風教宣言，則不肖安得而不讚之也？是以忘其荒鄙，輒操紙筆，詞不雅馴，義不覈白，惟顗高明斷直之爾。

與黄久庵先生

昨論學永嘉，據孔子之言二章。其一是“子張問行”，其一則“志於道”一章，正竊謂俗學支離，學者不知道、德、仁、藝爲何物，往往紛馳於外，如游騎無所歸耳。必合一求之，乃爲聖人之學。而學人迷於章句，牿於見聞，率有睡聽之象，方竊疑歎不能已已。適承翁教書，正示此旨，豈非天牖愚衷者耶？甚幸甚幸！因以前所論説就門請正，略曰：

夫道一而已矣，即天命之性而人之心也。德者，自其道之得者而言也；仁者，自其道之純者而言也；藝者，自其道之散見者而言也。非有二物也，非在外也。自學者以聞見知識爲道，遂求道於事物文爲之間。此學非不立志，非不要有憑據，非不要有依歸，然路頭已差，則所志、所據、所依皆無著處，即於藝亦是汩没不可以爲游也。所謂游者，如神女揚光於清泠之淵，無迷津、無駭浪者也。與造化游也，非以藝爲美而後游也。惟學者汩没以爲游，則去道也遠矣。故孔子定之而曰“志於道，據於德，依於仁，游於藝”，言志在是，據在是，依在是，而後游亦在是也。道之本也，學之序也，而皆不外乎吾心者也。真知不外乎吾心，則志、據、依、游當必有著，而道、德、仁、藝謂之强名可也。孔子言“十五志學”，志於道也；三十而立，據於德也；

不惑、知命、耳順,依於仁也;從心不逾,游於藝也。聖人之道,如斯而已。切詳末學支離,全爲藝所汩没,蓋泥聞見者既以藝爲格物窮理之資,尚空寂者又以藝爲玩物喪志之累,皆非聖人游藝之學也,安得不謂之汩没支離耶?

此不肖論學永嘉,未敢自是,私心疑歎,不能已已焉者。幸承明訓,遂敢悉申其説,惟乞大賜開正,不勝憤悱。

與皇甫少玄年丈

高賢臨浙,鄙人正幸得有所依,故每一接詞承暉,未嘗不昭然發予矇錮也。莫春東行,實躡東覽之踪,冀其遠也,竊有請焉,當大有所承發。不謂天道近乖,人事多謬,遂使規矩改錯,星辰失行,雅志好修,傷心嚴譴。夫才賢之生以資世也,今所逢殆若此世道,當復奈何? 初出天姥,忽聞此惡信,便急渡江,欲送臨風之發,然至則行矣,悵惘可知。是後亦復多病,日卧枕簟,惟有歸魂,兩奉離書,倍增神愴。昔人有云:“平生竟何托? 懷抱共君深。一朝四美廢,方見百憂侵。”今果然哉!吾丈抱明夷之爻,秉素位之義,旦夕若有除書,當便勉行,更無芥意。此聖人居九夷、達者覺四遐之事,吾輩今日學問,處此方爲有得也。

別緒糾紛,辭不殫理,更有贈章,尋當報上。兹吏人之便,力疾奉狀,略款奉唁。《東覽篇》函歸藏史,鄙稿三十四篇虔祈斤正。俱惟垂省而惠德音,幸甚!

與寒谿方隱君

薌谿夜別,回戀增懷。弭嚴郡三日,見有司皆神往要客之臨,便理舟北還,一以省地方之多事,一以遂鄙人避喧之癖耳。出門匆匆,適奉至後一日篇翰，文辭蒼雅，徵羽交暢，且盛道文之所以玄者。至於相如閣筆，子雲停吟，而猶云玉巵而無當，此所以爲玄也。玄之又玄，其誰知之哉？痛四子之蒙愧，憐孱力之假神。至有取於草頭木脚，則又教鄙人者深矣。

《留别》一章，即已粘附前册，仍漫次之。不用“鬆”字，嫌在二冬也。其詞曰：“雲裹青谿鶴髪翁，送予薌水步如風。形容不意如漁父，姓字何緣達遠公。别惜夜光星斗爛，醉憐燈影鬢毛髼。臨岐莫以仙凡隔，天上人間此會逢。”次酬如然，殊覺淺陋，然不成報章，豈今日哉？教愛拳拳，無不領略，幸垂鑒炤。開春之約，當令勿爽之耳。

與鄭淡泉先生

摳謁未即果懷，但增耿耿，是故“不見君子”，詩人所以憂歎也。然此幽心，固亦莫能宣矣。即日奉枉教及書幣之貺，省章思義，秖攪營魂而加增郁紆耳，何能宣〔一〕言？

夫道之顯者，莫著于文；文之顯者，莫著於經史。經史者，教典之隆也。而淺陋之儒冥于舉業之源，溺于末習之流，胥失久矣。此實人才世道，關係匪細。鄙人叨冒此官，誠竊有志，故諄諄亦於此件。然學人安於所習，毁其所不見者，甚堅甚錮，雖父兄之教亦復爾爾也。此固鄙人德薄不足以風，然亦見世趨之下，其勢必至於此也，孔、孟皇皇，千載可想矣。鄙人日夜之心，惟有歸去，但移家避寇，托身難所，惟谷之憂不能遂决耳。

伏想明公，真葆龍現巖阿海曲之中，而抽金匱石室之緒，爲國家成一史記。上纘獲麟，下略司馬，固萬世之洪業也。《傳》《叙》諸篇，誠識其大。夫史失其官，自伯陽西去，太史令下，行文書而迄今矣。《史記》《漢書》，咸賢人憤志而作，故《漢書》是劉歆作之，而班固輯而成耳。願公卒成此不朽之事。嚮見海石先生亦云有志于此，但未見其書也。歲暮多煩,承報不悉,外《通鑑》一部八十八册奉覽,開歲或得面伏,並幸垂省。

【校記】

〔一〕宣,底本漫漶不清,據祁縣本補。

與楊月山總戎

足下渡江之時,正鄙人造門之際。有款未面,怛然此心。方西之夕,更念足下,又東還而不相及也,耿耿奈何!僕受性懶拙,不好妄交,獨見善如不及耳。憶足下專閫以來,每一相見,便心相愛之。然擾擾吏局中,却未多所就正。每擬終夕之談、十日之飲,當定有時,豈料今日遂分携若此耶?悵焉思之,愧聞《黄鳥》《伐木》之音,徒紆《東軒》《停雲》之想。

在嘉禾已八日,文案頗已就緒,但形神俱勞,火病大作,私自憐也。正念仙舟或當便至,適承手教,甚慰甚慰!病中草草題册畢,便據几作送行文,一時都成。雖文不爾雅,亦頗不負知好也。幸省亮。

與趙龍巖年丈

别忽三候,晝思夜夢,未嘗不在左右也。嘉興考閲,連服藥養病,共住十日。今來湖矣,文案具結,頗解外紛。海石書、虚齋訊俱得早至,甚慰懷仰。

静裏尋思,吾輩不如古人,只是件件粗略耳。粗略之故,却是放心。只一放其心,便將主將去逐世習。種種煩勞,盡是世習,故于性命道德之理無人經管也。此理不經不管,便如手足痿痹,不成全體。全體不成,豈有大用耶?故知吾輩今日學問,只要收放心耳。性命道德,更無物事可把捉者,即心便是矣。未有心不違仁而性命道德之不經管者也。性命道德,譬如日月在天,光明普照,萬象增輝,天地之化賴以轉施。即萬物有壞,此精無朽焉耳。吾輩今日收心,只是經管此件,若鄙吝内固,外膠不解,雖談天如衍,炙轂如髡,竟難以語性命道德之真也。《易》曰“聖人以此洗心退藏〔一〕”“齋戒以神明其德”,“洗”之一字,便是吾輩著脚處、下手處;然不齋不戒,皆非“洗”也。

日來但覺多病,精力頓减于前時,獨道德初心未之歇耳。道中觸目花落鳥啼,遂益驚歎。惜此逝川,歲月屢换,離合屢更,朋友德業相勸亦有更换否?尋思到此,不覺凛然。故晨起舟中,書此感懷,馳報門下代面談。亦冀心信海内同志幾人,絶學定當有繼。

今日邂逅,可惜草草放過二年也。昨談二氏之教,他不多及,只彼于心先不肯放也,豈不爲仙爲佛?言不盡意,幸垂省教。先後詩稿數篇並上。爲少嵋兄作四壽文,亦是今夜漫筆而成,亦頗似楊子雲也。幸覽裁轉致少嵋,詩二紙,亦是轉致少嵋、鳳岡二兄。湖州事訖,或仍過杭也,面近不悉。

【校記】

〔一〕藏,底本漫漶不清,據《周易》“聖人以此洗心,退藏於密”句補。

与蔡可泉提學

緬懷耿耿,正如春草在雨中耳。忽承教書,披慰可知。細覽宣條、締會兩編,即敬敷敕典,文質彬彬,君子之弘義也。然自道德風微,則俗化之衰先從學校起矣。今日吾輩所事,當定不在考較末藝之一邊也。諄諄勤勤,惟以明學正心盡其在我,而不必其從違,則吾事畢矣。兄不觀孔子與孟子好學好辨,豈必世之從違哉?但令道不屈耳。僕苦心三年，惟是此意。枘鑿之喻，蜀日之評，誠亦有之，而其道則可自信也。世事江河，豈不知搏一丸泥而塞瓠子之决爲大愚悖？要之憂决之心不可已已也。夫力小負重，兹事有類於鄙人，故承垂問，輒以獻笑。若門下高明厚盛，表布匡扶，當自不同也。

與大司空劉坦翁先生

古人有言："'高山仰止，景行行止'。身雖不至，心切鄉往之矣。"夫身至而仰可信，身不至而心往，誰信之者？要之心可信耳。鄙生受性疏簡，獨好欽賢，故海内巨人、一世儒宗，卓有我翁照耀今古者，其心不嚮往哉？顧其心難自言之，故但藏之矣。

從事已來，一官已歷四春，三歲兩到湖郡，俱爲俗牽，不能此身一至門下恭上起居，一奉顔誨，耿耿之懷如緬邈星漢而無梁也，則身不至而心可知矣。鄙生宣條無狀，正如精衛填海，而士習泛泛，洪水警予，非有神禹九年之力，恐天昏地陷，莫知止極也。鄙生將銜回木石，戢羽西山，恐伏謁長者，終無晨夕。謹狀，付托學官代申承候。祇展私忱，不嫌瀆聽。

與廖洞野先生

星際逾邁，卒業無期，懷誼溯風，天高海隔，耿耿之私，秖覺勞悴。昔壬寅大梁之歲，曾兩具書幣，托竹泉少參寄奉，想能畢達之也。到浙以來，煩痾幾倍于昔，奔走日無寧况，故闕焉久不申候。自饒尹處拜教及貺大部，又不報至今，迹不逮心，何勝隕越？

文章之盛衰，人才之進退，皆世道之大關也。今稱最有文章、最多人才者，則有大謬不然者矣；稱文最盛、才最進者，則又有大謬不然者矣。不審所謂大關者，當復何似？天降時雨，山川出雲，天地閉塞，賢人隱遁，井渫不食，爲我心惻。觀天之道，察人之行，高濤上流，莫可云易。鄙生賴庇光靈，殉禄散吏之餘，謬此文學之事。簿書刀筆，推奸斷盜，低首折腰，雖盡俗狀，猶若可爲。獨有今日頽梁壞壁、支離靡爛爲難補塞，爲難扶植耳。蓋補塞扶植，惟有忠信禮義可以施附，然學者視此，奚翅九牛一毛？即九牛又已無皮矣。諺語云："皮之不存，毛將安附？"故知今日之事，顧益不可爲也。故移山之叟、憂天下之人，千古一大愚魯也。

羈旅江上，已及瓜矣。離老母之日久，舊業遂益荒廢，子嗣未立，鬢毛變色，日夜思憶，惟有歸歟。或歸之後，稍敕家事，效昔人五岳之游，則起居門墻尚復有時。若聖朝思訪宿儒，延招舊彦，弘修稽古右文之事，遐闡金馬石渠之風，則某伏迹蓬蒿，睹日月之光華，被慶雲之餘彩，尤大願也。即日考訖，便據案修狀，托饒尹馳上，略表積忱。紙筆潦草，詞意不宣，伏惟垂省，幸甚！

再與劉坦翁

即日將發剡中，忽奉謝學官賚下教札四件、道義大書二件。緘未啓時，神情先震；及既對揚，則天光霍然下布，臨我有赫，神情應化，不知所云。昨某上狀，略布腹心，正如居井壁者仰青天望白日，而希光靈之照耀，其高卑固本殊絶，然獨恃區區此心可感通耳。今日果蒙昭鑒，大普光靈，何幸何幸！夫同生衆矣，道盛爲歸，故天民先覺，所以佑啓後人。後生小子不遇先覺，倀倀夜行乎爾。今蒙佑啓，何幸何幸！又惟我翁聲律身度，行遠言文，片詞雙字，爲世鴻寶。微然少諾，千金爲輕，此區區所以仰天望日而不敢必得者。今蒙垂貺，憲言嘉藻，連章屢牘，嘘枯吹生，大冶無外，何幸何幸！

"道義"二字，端雅莊嚴，謹銘座右，不敢忘規。尊翰謂某有之，某雖不敏，當必勉旃。每念千古聖賢爲天地立極，爲生民立命，只此二字。故道義衰微，則綱淪法斁，此孔、孟所以孳孳，志士仁人不能不汲汲爲也，某也敢不勉旃？若夫仁聖不倦之諭，則在公西華等稱不能學，而況鄙劣如某者哉？然勉强道義而不已焉，倘亦有爲之不厭之意乎？竊有志焉，而未之逮也。《詩》有"未見君子，憂心忡忡"〔一〕，《易》言"利見大人"，則以不見爲不幸，以見爲大幸。若秋水蒹葭之際，翁不命棹於西湖，某必鼓篋於苕溪之上矣。仰之望之，耿耿不宣。

【校記】

〔一〕忡忡，底本原作"冲冲"，據《詩經·召南·草蟲》改。

與顧箬翁

昨入國，不一走候門下，甚非古人敬老尊賢之禮。高山景行，徒自耿耿耳。謝學官來，猥辱教緘及和章之什，知老先生之垂緒後學同仁，善類至矣。實心實事，孔門拳拳，更無他道。今日教者學者，談空説虚，斧藻丹雘，不惟不可施之實用，抑已先自伐靈根矣。微老先生體之念之，其誰興言及此，爲後學呼醒耶？感激之私，言語莫悉。

與陳石陽先生

禊節遄邁，昔人"蘭亭""崇山峻嶺""茂林修竹""清流激湍"宛然可想。而古之作者光塵不屬，千載之下觀感陳迹，慨然興嗟而已。此時懷友正切，左右適有書來，遂識此抱同也。答音略□短，篇不多及，但願來果一會耳。僕孟夏之間可及□〔一〕華，吾兄可能一登梁日太守高樓否？京府之遷，亦□爲不好。除書到門，便當整裝。想須到秋天也，不盡□□〔二〕。

【校記】

〔一〕□,底本殘缺,據文意當作“金”。

〔二〕□□,底本殘缺,末字“盡”下半部分清楚,據文意當作“不盡”。

與張南溪先生

古之君子,龍德正中。□違與時,謂之樂天敦仁。竊惟□下今日正如此耳,幸慰幸慰!僕黯不知學,自得侍夫子而竊知所嚮;僕黯不知政,自得侍夫子而竊知所從;僕不信今之交者有道義,自得侍夫子,而竊知其忘年與名位之盛,而拳拳善類之與又如此。然則僕之少有所進,皆門下之大惠也。感激之私,懷往之戀,中心藏之,何日忘之!曩僕在家,辱門下塞上之書,尋有書幣附報,想能見徹。去歲又辱門下還都之書,緣約馬石渚要專差一人奉候,竟亦未果,至今耿耿。此中三載,盡屬因循,所謂明學正心,竟如枘鑿耳。

與謝與槐少參

寒巖别後,遂聞先太君之訃矣,茹苦奔歸,不及辭謝。山中四載,復出徇禄,遠道逶遲,音塵寂蔑,懷兄惠好,何時可忘!恭承移鎮中土,即近關可以通問。雖不遽晤,猶勝隔絶萬里耳。比來道況,想與天游,然風塵荏苒,能鬓不變耶?某憂殤之餘,多病早衰,嗣且未立,抱關以來,益復無緒。倘不匏繫,便當長往田廬,一返自然。人便,草草附承,情不宣悉。

與李少泉先生

曩某自梁徂越，辱明公教言見贈，情在惠好。後陳國博便，纔一書疏往復，然飢渴之懷，山川間之久矣，獨迹遠神馳，不可得而間也。每念海内綜文之士近復不少，如我公卓然大雅不群、名家力追古作，不但少也。與槐至，再辱五言見懷，是明公德誼甚盛，顧鄙人薄劣，何可堪勝此知遇之極？感酬言之，不能章也。

與包蒙泉先生

同年客游秦者十有三人，四在省城而九在諸郡陲，合并亦已難矣。念兄信旅人之爻，安何陋之土，關山阻修，人馬闊絶，雖音塵不易得達，而況殷勤杯酒之歡，携手河梁之日耶？此素心之交、同明之友，所以望塞雲而興歎，聽離鴻而耿懷也。兹分俸不腆之儀，少助館穀，伏惟〔一〕省照，遠誨德音。

【校記】

〔一〕惟，底本漫漶不清，據祁縣本補。

與童南衡先生

一别八載，□地通書，秖將魂夢依依左右耳。每訪相知，得聞桂□成行之喜，忽見邸報，始知淹歷郡縣，方轉都官耳。然名德大賢行道濟時，當必自兹始也，慰慶何可言？某奔迸以來，苦處四年，竟爲斗米之故，復抱關至今矣。顛顔白髮，僝然可掬。行返初服，聊卒歲山中，安得公車再莅晉鄙，俾鄙人一奉衮衣之光，再領緒論之懿耶？

懷望益不可言。

與葛與川吏部

某不才，辱明公知遇之日久矣。兹陳疾乞休，乃區區引分知止之行。故朝上疏，暮離省，絶無逗留顧望之私，惟覬得蒙題覆準行耳。不然，得爲齊民，亦返自然也。山間林下，啜菽飲水，覽卷看雲，以淹餘歲。無步兵痛哭之譏，而有淵亮〔一〕賦歸之樂，則明公之賜及鄙人者遠矣。

【校記】

〔一〕淵亮，據《晉書·陶潛傳》當作"元亮"。

乞休疏

臣天胤謹奏爲患病不能供職，懇乞天恩容令休致事：切照臣見年四十九歲，山西汾州人，由嘉靖十一年進士初授僉事，尋調知州，復升僉事，歷任參議、副使、參政、按察使，以至今職。嘉靖三十一年，忽得陰虚火動病症，痰喘怔忡，幾於委頓。調理數月，方克勉强視事。延至今春，前病又復舉發，痰喘變而爲膈塞，怔忡轉而爲健忘，形神銷憊，職務廢弛，經屢月矣。迎醫診療，僉謂此疾决非旦夕可瘳。伏念臣一芥草茅，荷蒙聖明收録，隨例外補，遍歷兩司，二十年間遂已滿秩，誓當竭身圖報，終效犬馬之勞。不意分過災生，病漸危篤，命將先於朝露，志惟切於首丘。伏望皇上矜憐小臣哀懇之私，敕下吏部，准令致仕，退歸調理。倘得延喘息之餘年，安止足之常分，即臣荷聖明覆載生成之仁於罔極矣。爲此謹具奏聞。

與督撫張南川先生

比奉狀，略布腹心。輒蒙洪仁不外，申惠德音，齊明三復，玼吝頓消。昔孔子論《詩》，約三百於一思；孟子談學問，總之收放心之一言。故誦而不達爲無益，學而不思爲大罔，皆言道理不全靠書册耳。自傳注之書出，記聞之業沿，而心思之學廢也久矣。我翁之訓，實宣闡聖門之精義，打破俗學之筌蹄，正後生小子省然欲進而未已者也。行且歸向寂寞，庶幾專力此件，但無緣日侍門墻，不免墮因習耳〔一〕。眼前萬事莫不是詩，莫不是學問，然心思所惕，退耕惟時焉。恭承履長臻泰，遠懷欣仰。張司訓人便，謹狀承候，並上近作三篇。

【校記】

〔一〕温抄本眉批："'因'字下似當有'循'字，應屬偶遺。"

與曹紀山先生

抑亭來，辱玉音不遐，兼録及拙園之語，知道愛無已已也。自公之南，山人無復被省記者，撫景暮雲春樹，可勝邑邑耶？文藻江山，互相發越；奇人達士，往往而足。於公天然之趣，緬可想矣。往王西瀛行時，專附一書，或無不到，然諭賜書附東谿處者，竟烏有也。昔人謂"遠書珍重何曾達"，信然耳。衛源諸稿已自刻之司中，云是經公選閲。今二帙想更精嚴矣，計抑亭當白孟老爲之。孟老比一過汾，頗酌酒賦詩，再宿從峪中游覽半日别去，亦俗世希有之事也。江陵劍客爲某先生，僕當奉書謝此神交。抑亭人回，謹狀附承。

與楊小竹少参

承再賜教章，兼遺米肉，存惠草野，牖啓蔀屋，仰荷知遇之仁至矣。顧下劣不足以辱清問，感悚奈何？夫人情於藩蘺畦徑之間，無不揀擇而間隔之。惟仁者則不然，畏天而悲人，嘉善而矜不能，此心之流行，隨處而充滿也。明公之於下劣，政如此耳。不然，棄置衰朽最莫如鄙生者，而盛德往往及之，何耶？山中闃寂，目霧耳雷，得傾領教音，不但肝膽生清泠之氣，實還返聰明，瞻鈞天而聆廣樂也。何幸如之，難以云喻。後言亦敬附一跋，以爲受教之階，但恨不躬在門墻，以畢兹生望之遑遑也。紀山公旦夕當至，德之不孤矣。卧痾經旬，《論學稿》先涉一過，仍細嚼之耳。

與王南岷年丈

春初首辱教書唁慰，道義之雅，感切心骨。比承移鎮，爲晉鄙錫惠綏之福，甚盛甚幸！僕緝學三十載，不敢自謂善人，然實不爲惡，此心誰可欺者？誠不意横被疵賤一至於此。但僕灰心世路已非一日，今天蓋假手於人，令得懸解耳，差足自樂也。然更有一大可笑，僕始以吉山泉爲君子路上人也，乃今我不知彼，焉能令彼之知我耶？若彼以我離任不辭之故，輒肆裝誣，是大無忌憚者也。若聽小人排陷，甘借一窮途無力之人以作功績，是心死而神不活者也，僕之五内何不清凉！

水東公相處不多，然於僕之心迹未必無睹，兄試一訪問，有不然者乎？張元洲亦惠書唁慰，痛僕受無情之謗，僕報以惡言滿紙，皆平生夢念所不到。吾誰欺？欺天乎？元洲乃固信之，此足爲知己矣，僕死復何恨哉！僕自罷歸，絶口不談是事，兹復及之，以知己者之

□答一長鳴耳。大駕何期一循行西河？區區不勝顒望。

再與端溪翁

陳環山化去，再無便寄候，但東望青天白雲寄此心耳。王西瀛來，得蒙賜誨問，又得聞台居萬福。所謂萬福，必是禄位名壽兼隆並茂可以當之，必是大德純備可以致之，乃我翁今日爲然矣。門人小子瞻太山，望北斗，更有何願？佩明恩，圖報答，更有何私？惟萬福萃元老之躬，吾道衍康寧之慶，如詩人歌衛頌魯，是其區區耳。

小子入山以來，覺於一切不要緊事漸次放下，放得一分即一分自在也。但又涉入疏懶，更復廢棄，日益習則日新之益少也。有墓田三頃，足飽饘粥。小兒七歲，小女十歲，足娱目前。門網常羅，市喧不到，静言自撫，似亦舜之徒歟？間復合藥養命，以安天年，時亦有少資助。小子人微數奇，世所共棄，獨蒙大造之恩眷念也。深恐亦欲得山中消息，輒敢叙之。

與彭東谿先生

張廷柱來，得拜領教扎〔一〕及書絹之貺，深情厚意，感荷無涯。晉中屬歲大侵，民窮盗起，孳者既與世長絶，而苟延旦夕者方未知所止，雖胤亦瓶鮮儲粟矣。幸芒種前後連得小雨，今野有青色矣。尚蒙台慈軫念，自非禹稷同心，誰復閔然者？

眼前世事益非矣，德人才士何罪於天，而以弭天災耶？忠邪賢不肖昭著於天，時行時止，亦自有天數。史稱于公必達，丙吉必不病死，言善人不終阨也。翁高明惻怛，所在爲國爲民，約己裕物，陰德非淺，暫阨必當大亨。况一時假借行私，公道豈能盡滅？雲開見日，在詣朝矣。願翁無忘蒼生，朝省交游誰最厚者，亦無效嵇康懶作書記可也。

天授人以大才大德，豈使之栖栖巖壑已耶？如不肖者，自我生之初已不遇也。向來正鬱鬱抱憤汾中，大小貴賤，靡不同之。忽承手教，尤兼慰惋，不往赴唁，但耿耿耳。人便，草草先布，尚容顯上起居。時下炎溽，萬惟珍攝。務樂天知命，一平此懷，以需大擢，幸甚！

【校記】

〔一〕扎，據文意當作“札”。

與陳抑亭先生

明公保釐冀方以來，康惠民物溥矣。至於教愛鄙人，拳拳懇懇，特邁等夷，則非鄙人之所能勝也。喜雨朝天之後，萬望復來，究竟洪澤乃移鎮楚邦矣。此中顒顒之心，延頸瞻戀，無計攀援。鄙人不能奮飛，惟有銘結深念，報德何期。又自愧薄劣，終無可報，奈何奈何？天若肯從人願，還借重仁明一拊徇全晉耳。謹狀，托康判上賀並申祖帳之送。玆意未展〔一〕，適辱加貺，就謝。

【校記】

〔一〕意未展，底本漫漶不清，據祁縣本補。

與王敬所方伯

明公道德、文章、政事兼隆並茂，海内顒顒争先睹之爲快，晉鄙之人何幸遂得被蒙保釐之惠耶！惟晉鄙内阨强宗，外迫驕虜，近益敝矣。知我公出其緒餘以經之，則一時幽隱當必順風而翔，含景而熙矣。鄙生跧伏山巖,已幸覺"光風轉惠泛崇蘭"也,欣躍何言?不能躬往,謹顓狀肅儀申賀。

再與楊小竹少參

某感明公下車惠問之仁,日競競此心,尚期飭滌,有以報明德者。但山中之人,方習懶甘退,不敢奉書抵政府耳。兹覆承賜教書,兼之腆貺,又不惜道諭政疏,納之門墻而與之言,豈以小子尚可教耶?蚉負雀躍,欣悚交集,纔誦數章,輒已心有戚戚矣。因亦幸鄙人之心,原未曾死也。

嗟夫!此學不講,在夫子亦已憂之久矣。當世固皆學儒,只人己之間,毫釐千里耳。稽古博文,儒者皆謂之學問,然聞見知識,其究亦不免爲人□。孟子一言道破,曰:"求放心而已。"今明公首揭爲己之外無學,則真學可知矣。吾人日孳孳汲汲,何所事哉?真當發深省也。不肖亦竊有志於是,恨不便叩門墻,敬事卒業,紬繹玄編,不勝憤悱。世隆道微,幸明公爲天地立心,爲生民立命,即山中草木亦欣欣向榮矣,何况墻東之生耶?感激之私,難以言喻。

與馮少洲大參

某至不肖,然夙性欽賢於大君子之門,馳高山景行之思久矣。往車駕度蒲坂,承寄懷鄙人,題箑見贈,兼示珠玉滿篇,至今奉揚仁風,無以爲報。後時盻公主盟三晉學校,已而爲浙人所得,心常悒悒。今蒙移鎮,遂終荷保釐,幸甚可知矣。然山中之人大類野鹿,雖此心日在門墻,而作書修禮每自疏慢,惶罪復何可言?兹仙臺公人從之便,謹奉狀恭上起居,略表積忱。倘熊軒行部,肯一過汾陽看籬下之霜華否?無任顒望令儀之至!

再與王敬所方伯

比仲微撰，聊表末悁，迹不殫情。正此忉怛，乃重辱書貺荐臨，適以見高誼之益崇耳，薄劣其何敢當！某莊服公款曲之清言，匡濟之遠旨，感遇欣向，誠不淺也。芳洲公捕獲宗盜四人，尋又捕獲城狐之盜十數人，而渠魁極難獲者咸授首焉。實與我公文學政事，玉映而金輝矣。一時社稷生靈之幸乃爾，此文武之道所以不墜也。入覲之行，必且留内，如群品之延望何耶？《武録》誦服之矣，俚稿容録請正。

與霍思齋兵部

明公鴻才駿德，爲世鼎臣。比者膺大廷之殊簡，綜四鎮之積弛，曾不旬月，綽已竟緒。當奏凱還朝之日，兼便道歸省之榮，推功能之選，舉忠孝之光，至我公爲甚盛矣。鄙人斗瞻於停雲之餘，雀躍於聞風之下。然而自阻趨承者，實以蓬累而行者無以與乎車馬之觀，搶榆而處者無以與乎雲海之運，是故高蓋之門無某之迹矣。然鄙人刻意銘心，盡是明公之誼，固無間於形迹之遐邇也。想公玄通在宥，必體諒之。

再與趙陽谿

比辱遐翰及諸新刻見寄，連日披玩，理學、文學、政事之學，具卓然名家，可謂無忝所生矣，欽服何言？向芳洲公爲山人刻詩四卷，約到滁陽作叙，以累下執補刻。今此公以奔訃不果，然垂一語以冠卷端，非吾陽谿之知愛也，更疇望耶？寄呈前卷，祈請文壇，倘蒙賜咳唾之餘，便得借珠玉之光矣。未審疑然何如，惟高明準裁，不勝覼縷。

小文奉壽尊翁，詞理欠佳，然意在伸教，陋不遑擇也，亦附呈覽教。吾鄉幸有秋矣，若邊信再稀，猶是太平也。人便，謹狀謝嘉惠並告所懇祈，迹留神往，無任區區！

與陳梧岡都憲

某曩役微官，無足比數，今返服丘中，遂與鹿豕俱矣。尚憶在淮、在浙之時，獨蒙公教愛，若心許鄙生爲可教愛者。及鄙生奔赴，未能辭謝，蒙又獨賜慰恤，不遺千里，至今銘感洪仁，無地報酬。惟緬仰隆德重望，撫綏全蜀，全蜀吏民鼓舞化光，行且調元台鼎而大被海隅也。正人君子得時行道，豈非斯文之大幸耶？此山林垂白，亦願須臾勿絶，以觀鴻造者也。抱此區區，望青天白雲而不可達。兹門生便，謹奉狀，托其叩申門下，恭上起居，略表腹心。

與王西塘侍御

再辱教音，不勝感重。竊嘗謬謂文章以明代運。唐人承六朝菁藻而會其文趣，故其精著之詩，詩斯妙矣。宋人承五代衰微而會以理趣，故其精著之詞，詞斯妙矣。詩者文之律，詞者理之聲，故皆可以風也。後之作者，多長於規模而短於意趣，雖工奚取焉？比得睹鴻製，實大會斯旨而入其室，故其大篇冲融，洵可以風。雖未多屬卷帙，即一臠而備九鼎之珍矣。郡守吴君亦雅好文學，欲取書院墨本並本郡刻本，總作録稿若干篇刊付琬琰，仍附鄙俚一跋，裝釘成册，呈報廣布，令後學與同志者知所感發，固風紀之猷遠也。

野人愚慮，未明可否，輒吐露奉聞。《志目》道中原開十九，今聞林廣文仍撰《帝王》一篇，則其書乃二十篇矣。《叙語》開十九者，乞皆更作二十。抑又自念衰鄙，猥荷台慈温純之厚，無可報稱，但增懔懔。公文之便，謹狀叩復，並上酒方一通。

與林虚溪先生

承道駕蚤發，追送弗及。撫景春暮，坐缺賞心，悵然奈何？緬想文館多暇，亦必興此懷耳。及奉翰緘，果爾神契。且得聞冠變之因起於内亂，此厄似有劫數，天故假手於人。至於善類，天必保全，如反風滅火，自有明效。吾丈當寧心定慮，以俟完璧之報矣。首夏清和，部使且至，道駕定當一來。人便，謹先狀附承。小刻完矣，全仗珠玉之光，乃先印十册，及題扇一柄呈覽。

與王心庵掌科

明公端服履道，光厥朝著，范我鄉邦。《詩》曰："高山仰止，景行行止。"鄙人身不能至，心切嚮往之矣。曩辱教命，以《篤行》《貞節》二傳見委，兹事體重大，陋劣何堪！但嚮往之心，到此尤不能已，輒敢勉成。然於先公幽光、太夫人之貞淑，實不能寫其萬一。才章有限，但汗顔血指耳。明公純德亮采，溯其家緒而弘之國功，自有太史氏記之，亦奚待於野人之覼縷耶？羞澀不敢露呈，以任復庵見促，遂難隱默，惟亮察。

與洪芳洲中丞

明公有隆龐之德，汪濊之澤，被於行山汾水，至今山增而高，水增而深也。則其《遵鴻》之怨思，《甘棠》之愛慕爲可知矣。悠悠此心，道遠莫致。方極天悵望,乃蒙惠風吹萬,無遠而弗届也。奉遠書,讀嘉集,知公款曲之衷,博達之概,細大不遺,而宇宙在其手也。今主上恭默思道,惟欲得鴻臣以造太平,只須光明俊偉之材、文章禮樂之器如公等,數賢布列,中外即盛德大業有不視諸掌乎? 雖山林垂白,亦望此久矣。鄙生尚善飯,每日課兒子習句讀,學弓裘,計優游以卒歲耳。郡中自劇盜剿平,犬不夜吠矣,想王僉憲〔一〕翰必謝及之。王生久蹭蹬末途,今日得奉教承令,何其幸也! 會思齊公人便,謹狀附承。覼縷之私,言不能盡。

【校記】

〔一〕疑此處脱一"文"字,王僉憲指王文翰。

與杭州劉望陽

山人與君時之相别二十餘年,地之相去四千餘里,雖謇其有意,無奈阻修何矣? 乃於維揚舟中寄我好音,三復清言,備悉遐旨。憶君博雅純茂,尚爽雲期,今日養素湖山之間,何殊著作之庭也? 君子或出或處,惟其是而已矣。南衡、十洲相次上賓,遂使友朋零落,痛當奈何! 山人苟延,迫次濛汜,自度青鞋布襪,尋盟兩峰,不能不疑然耳。承諭王公高士已有書達,趙陽谿款留,山人敬掃室延佇。聞其歸興將不可遏,且聲討回字,輒亦草草附上,略寫微忱。雖書疏往復,差解渴懷,然依舊阻修,適以重忉怛也。言不盡意,奈何奈何?

靖節云:"養真衡茅下,庶以善自名。"惟山人與君勗之而已。五年小稿寄呈覽教,向有《寄懷詩社》一篇,輒蒙諸公賞和,非此一寄示,則冥然莫之知也。承教受益,夫豈淺哉!

與詩人謝四溟

李生再來，再得公教音，知旅邸安和爲慰。蓋旅人只怕無上下之交，即有交，又恐厭怠。聞諸睿宗恩禮愈盛，而華園浩唱、玄館清言，亹亹焉愈出愈奇，其性情可知也。峒岡公亦時時青盼，尤爲可喜。此外却有一説，公近日藻思更精，詩律更細，於老年營魄覺無焦勞否？僕每羨公"無米粥"之談，前人未道。果如其言，當信口道出，信手拈出，不犯思議，功德有何不了？更須破除烟火煎熬耳。山人無可報德，但願公却老延年，故進其説如此，高明以爲何如？比夜長，得《秋懷》《宵談》二種，正恨不縮地就正，適李生回，帶呈。

與馮少洲大參

恭承分陝，西人則誠幸矣。鄙生當此，正切《遵鴻》之思，乃辱教貺，寫懿衷之清言，寄離緒之懇款，拜命承嘉，心魂隕越。某常謂至人難現，河清靡期。明公主盟斯道，冠冕人文，貞憲保釐，光表惠孚。晉鄙之人薰德而化，式弘且多。某竟以衰慵，自廢親炙，白首無聞，何益悲歎也！倘某不溘先朝露，猶欲待明公再撫晉疆，庶俾幽眇，或畢景桑榆耳。怦旋叙謝，不宣。

與陳抑亭中丞

恭承節鉞，鎮役南荒，實惟資重經綸，仰綏弘濟。今元臣雅望，文德懿衷，威惠兼至，明允茂昭如我公者，能復幾何？晉鄙諸生懷戀舊恩，喜聞新命，殊切顒仰。無便馳緘，乃辱〔一〕台慈存記，不遺萬里。去歲劉大參來晉，見畀翰簡碁〔二〕紈；今李思南來，又致翰簡珍杯之貺。勾漏丹砂，已自難得，况復陶鑄成器，分情仙□□□□玉不得專美於前矣。鄙生九叩首，登臺□□□□□狀附謝。

【校記】

〔一〕辱，底本漫漶不清，據祁縣本補。
〔一〕碁，底本漫漶不清，據祁縣本補。

與程静泉憲長

某自蹻羽分飛，由泛梗以至搶榆，荏苒逾三十載。想我同明適宵壤殊途，雖神交不遐而迹固遠矣。乃知昔人《伐木》《停雲》之咏，非無感而作也。客歲聞公當移總憲司，知世道轉移，元臣登叙，在此一行。又私幸友朋零落之餘，在晉之野尚有微生得躬被我公清問之惠、鴻化之光，亦一勝事。然駕久不至，顒望殊深。昨承山公見示上黨奉晤之律，始知闔省吏民欣承榮莅。某此時方圖奏記，乃已辱賜問，仰聆金玉之章，兼叨幣帛之貺，極知盛德大誼，存舊之厚、待物之宏如此。感激何可云喻？某月餘病，清風穆如，遂覺沈屙之脱體也。

與王西瀛年丈

日久不得東信，此中僻寂，亦無便奉書。正深懷想，適辱教音，感慰殊極。憲駕久淹，視司馬安一歲九遷，誠謂之拙。然爲子以考最遂顯揚之實，爲臣以久任成循良之美，安知拙者之無效耶？所貴乎君子之道，盡其在己而已矣，目前遲速非可以概其中也。芳洲公極重我公，亦是此公精鑒亮懷，與世俗殊也。仍寄念鄙生，無可報德，煩公會間一道弟感激之私耳。賢郎卜十五日赴試矣，必登高選，無勞遠念。芳洲公許賜叙未遑，又云已得石洲之作，未知何時可並發來，亦可望而不可必也。

再與洪芳洲中丞

東方人來，辱賜書賜衣，其温款之仁、綢繆之義厚矣。然處高位不遺傾蓋之餘，在遠道猶存一室之雅，自是大聖周公、孔子之事，顧迂賤其何可當？拜命承風，惟有縷刻。向呈鄙俚之作，輒辱許賜登壇一語，又徵得石洲君之好辭，如是則荊棘而被慶雲之惠，瓦礫而蒙冠玉之光，即溘先朝露無悔矣。延瓬末悁，可勝覼縷耶？公名世大業，與日俱升，與時俱泰，有非山人所能揄揚其萬一者。然仰泰山而攀陟之未緣，望蓬海而窺映之叵測，則區區無已之情也。東人回，先狀申謝。

与沁州张清源〔一〕

鄙生當離索之秋，辱公千里命駕，兩歲再及，感服高誼，至今未能往謝。慚負門墻，何可勝罪？蒙不彼〔二〕愚陋，以大製四編見教，兼令校叙，緣宏詞奥旨未易窺測，及生蓬心井鑿，無一日静定之休。是以丹鉛雖具，勘贊久稽。日來病起，覺有心緒，遂擅恣評點，僭爲叙説。中間有一字一句一韻礙澀可换者，仍乞斟酌去留〔三〕。須選善書者另謄一册，仔細看過，方可付梓。小序誠不足爲重，但博笑耳。

【校記】

〔一〕本文收入雍正《山西通志》卷二百一十《藝文志》，題爲“與沁州張清源書”，字句略有不同。

〔二〕彼，《山西通志》作“鄙”。

〔三〕留，底本漫漶不清，據《山西通志》補。

與王龍岡太守

恭承榮上，未展賀忱，翻辱遠教豐貺，存記犬馬之辰。西瀛來，又辱教書試録之惠，當寂寞之苦空，得親戚之情話，感慰可知矣。北虜破石至汾，八日方退，淫燒殺掠，慘不可言。庸闇撫臣，奸頑將士，先事既不能哨探隄防，臨事又不能堵截援捄，坐視危亡，漠不休戚。鄉民平日好勇鬥恨，不勝杯酒片言之憤，及聞虜至，骨軟魂消，至有一堡千數百人死於六七賊之手者，其無義氣如此，豈天之所廢不可支耶？大城四關幸安堵如故，兒婦輩俱各平安。今某不知所逃矣，不知將來事勢何所止極。喜公揭日月、乘風雲而行，自是另等福人也。

再與陳抑亭中丞

恭承名世偉賢，天受純懿，方當光闡大猷，遠就鴻業，乃中輟台鉉之登，蚤赴雲林之適，何知幾之神而退流之勇也？知今湖山之上，添一南華老仙矣。回視風塵之中，真無物可當。鄙生雖垂白待盡，然佩思囊訓，終不敢忘。第北虜大犯之餘，頗有憂生之嗟耳。川、貴去汾萬里，數荷台慈，不遠玉音，兼之珍貺，此情此德，豈浮世所多有耶？送李知府人回，曾附狀謝，未審達否。兹送承山公人便，謹申狀承候萬福。南望飛馳，不勝隕越。

印得《含育堂録》並薄帕偕往。承山公清德雅度，乃無故而有此行，誠世道艱危日甚一日也。達人思遠垢氛，惟怡神葆真，可以自得。言不殫情。

與郭艮山通政

去歲天假良緣,俾幽谷鄙生得見先達。彼時菊有黄華,欲攀奉賞心,而道駕遄邁,殊怏怏。俄而胡虜跳梁,寒籬幾壞,遂謂我公之行,神啓之也。經義之傳,根極要領而總乎藝,乃萬金不易之寶,倘兒輩學得,敢悖淵源耶?聞舊店周遭多幽林勝宇,如房山寺爲最,復多東道遞相邀致,則老景之適,豈羨丹丘之羽人、金門之貴客也?鄙生蹋翼,恨不奮飛□往從之游耳。

與馬北崖員外

當春陰冷淡,意緒無聊之時,辱台駕枉臨,得叙十七年睽携之想;而山間林下之常,物情世態之變,亦遂縱談。蓋一歲之中,開口而笑者惟此而已,何幸何幸! 駕復遄邁,無計攀留,方此抱歉,更辱翰簡瓊漿之貺,珍梨栽接又得王老妙手,實爲荒園添一勝事也。種種道愛,中心服之。人便,附此先謝。

與孫思泉大參

明公以侍從獻納之賢出守兹藩,重於分陝,而文命覃敷,金條石畫,大見弘濟於艱難。又以其餘惠存幽鄙,自是公輔之致廣大精微如此。在鄙人悶栖窮岫,病擁匡床,得此問遺,政如荆杞而被垂天之雲,道暍而蒙灑心之露耳。無德以報,但增耿耿。鄙人固蔽退塞,終不敢遣价謁書,溷擾公門。區區之私,誠有待而上,俘旋先附狀陳意。

與栗太行先生

某丁年仰高，今垂白殆盡矣。晤言之會，了不可得，賴神交耳。吕山人來，蒙見惠得音，乃神交之一徵也。吕公以四海爲一席，而我輩咫尺千里，固是人生相會之難，空言興歎，足爲鼓掌。吕公冲懷雅致，高出塵表，宜爲君子之所樂與也。將揚帆東邁，遂不可羈，因附信叙謝，呈舊稿一編求教。

與薛方山先生

某以嘉靖乙卯之歲還山，其年得公所寄《武林詩卷》於關中，其一念道誼之真，久而不渝如此，可以振頽風也。舊日東南之美，淪落殆盡，喜公挺松柏之茂，樹山斗之瞻，吾道之寄，斯文之托，遂在兹矣。鄙生投老無聞，守痾待露而已。心涯公便，遂奉狀聊以寫心。

與王鑑川督府

比節鉞經臨，枉顧蓬蓽，繼蒙遠賜教書，兹又德音荐畀，竊念迂賤朽生，何以克堪！自是台慈仁體萬物，德弘天道，謙尊而光如此耳。北虜自擅，不討之日久矣，自我公忠睿神武，經制萬全，遂使其貴子慕義歸順，老酋執叛輸款，誓滅板升諸賊奴，實爲我掃門庭之寇矣。至於市馬進貢，乃遠人來服之效；時出犒賞，不過費國家九牛一毛，其視他費若何？賴公總統方略，省歲防不貲之費，以廣儲蓄，養鋒鋭，更令郡縣略倣唐時府兵之制，各積官糧，各養民兵，則内治有自强之實，外寇不足虞也。國家二百年來，近歲虜患爲劇，乃今天授公明略，不煩一箭而成聖朝，超古邁今一大勝事。威寧、新建，不得專美於前矣。二《録》序中正要添此一段，所謂鋪張不世之鴻名，揚厲無前之偉績。旬内克完，附張分守馳獻。

再與馬北崖

徂歲方欣，良覯倏復阻別，至今猶有歉懷；况值春深，又多伐木、鳴鳥之情耶？竊聞時人仕者既不得閑，返就林間亦不減忙促，則兩失之。白首婆娑，豈〔一〕多前路，而猶惜社錢留與兒孫。"奄其已矣，他人是愉"，良可笑也。獨知公是達者，推其醉鄉之餘，潤及鄉〔二〕叟，使擊壤老人頽山倒海於杏花之天，誰之賜也？但欠策馬一臨，不能不悵然耳。

【校記】

〔一〕婆娑、豈，底本漫漶不清，據祁縣本補。

〔一〕鄉，底本漫漶不清，據祁縣本補。

答宗老雲峰翁

某草木朽腐人也，棲遲窮岫，緬領高風，□遂摳承，只側身東望而已。兹辱瑶華專惠，遠見記存，何幸如之！常謂漢家禮樂，至河間始克修明，俾古典不墜。今聞睿思弘闡六經，而尤爲秉禮之宗，篇翰間作，特緒餘耳。聖朝以暇豫待宗盟，暇則盤，豫則殆矣。惟履道著書可以無悉，比荷敕寵褒，豈不爲宗衮表儀哉？見壽圖章即裝潢，永以爲寶，尚計賦一詩往賀。

與馮益川憲副〔一〕

鄙人罷歸，作住山道士，見人便自退縮，十有八年於兹矣。恭承文德鉅公來整憲章，雖時切天雲之望，而私牘自不敢陳，乃隱淪之痼然耳。顧辱□然惠問，盛藻豐儀，暉潤□□。即空岫朽株，頓生佳色可知矣。念□□□□□□□□，幸流賢照，垂之淵于□□之陳。今又幸以一日之故，爲鉅公所存，誠此生之異數也。感戢在臆，覼縷曷勝？山中紙筆自娱，每歲晏輒有數篇。兹往其丁、戊、己、庚四册，頗徵尚，近亦以布思泉公，泉公處亦久稽候也。

【校記】

〔一〕此文底本多處漫漶難辨，核祁縣本，可多識别如"佳色""幸流賢照，垂之淵于"等十餘字，然尚有十餘字無法識别，不一一出校。温抄本未抄此文。

與王龍池方伯

夏后氏之璜，天下之至寶也，一旦横棄道傍，在古人猶爲天下惜之，今則誰顧之者？然遇不遇，時也，信哉！吕望、伊尹正而遇，孔、孟正而不遇。詭遇獲禽者不正而遇，一朝而獲十，狐貉盈車，雉兔滿乘，割鲜染輪，飛毛蔽天，遇之又遇矣。豈非時哉？而伐檀君子固甘心水涯耳，修身養性，可以自淑；吟咏先王之風，命酒弄琴，可以自樂；優游客與，可以卒歲。大是别有天地非人間。五柳先生吾師也，樂夫天命復奚疑？夫樂天者知命，知命者樂天，亦推仁者善弘其事。

前兩次辱書銘之心，緣秋冬間病，面腫牙疼，缺焉久不報。兹歲闌，申仰德之懷。某一歲中賦詩幾百首，又草詩話數十條，待開春録呈，乞點定。兹不備，不恭。

上慶成王宗川

古聖賢論學,其最大者是帝王之學。帝王與書生不同,書生以射策應舉務,聖帝明王只是常存此心,一要與天地之心一般。天地之心,只是中正仁義,故帝王之學,亦只是存此中正仁義之本心,而濟之以學問。明義理以養其性情,多聞見以廣其聰明。攬六藝之精華,溯百家之旨趣,親賢友善,好禮樂天,俾一言一行足以爲法于家邦。其著爲詩文,必玉振金聲,流芳於藝苑。處富貴而無驕侈之風,在高位而有温恭之度,乃帝王之學也。今賢王睿聖仁孝,誕膺鴻册,廣厦之下,細旃之上,宜益留意於學,以永終譽。

竊計四書、五經、《性理》《通鑒》,乃本朝經筵進講、便殿觀覽之書;《文章正宗》《古今韻會》,《唐音》、李杜等書,乃本朝教太子諸王、翰林吉士之書,宜各置一部,列之玉几,但暇則取玩味。必先經書而後子史,以次及於詩文,詩文所資必須廣博。因檢得《事類賦》一部,其書以一字爲一篇賦,而逐句註解,括盡天下之書,古人故事一覽無遺,宋太宗取爲禁中日課,意今日博文之資,莫妙於此。輒封上八册,請每日只看數句,積久而成多識也。

因上書輒瑣言陳瀆,誠待知遇之隆,不敢負義故耳。倘蒙採納,不勝至願。

孔文谷集卷十六　誄祭文

明經王桐庵先生誄

嘉靖十三年乙未，郡明經王桐庵先生，諱行仁，字愛之，年四十有三，卒。先生直諒貞固君子也，敏而嗜學，質而少文，履道甘貧，高尚絶俗。窮經析理則精微洞徹，立誠修辭則簡確冲融。規過廣益，篤友敘倫。憤世疾邪，憂君念國。棘圍屢躓，蓬户長扃。聽金石之聲，知寒士之所養；挹芝蘭之氣，樂善人之可俱。方期束帛之招，有待公車之起，乃鯤程中止，鴻志永徂。

余於先生貧交而兄事之。古人云："樂莫樂兮心相知，悲莫悲兮生別離。"嗚呼！生猶如此，死當奈何！余仕時，吊墳草之蕪，經過十載；歸日傷墓木之拱，又已廿年。思舊興嗟，向秀泣山陽之愍；補亡媡誄，顔延闡栗里之幽。其辭曰：

大鈞陶品，翕受弘敷。有材必達，無美或逋。
奈何先生，秉命獨殊。學超文史，道尊典謨。
飲水自樂，談經以娱。執規持矩，言師行儒。
朋濡麗澤，邦仰亨衢。璵璠竟匱，不如碔砆。
昊天如何，埤乃毒荼。既鞠既疢，殄我友于。
不官不壽，山川捨諸。惟德無朽，惟誄不誣。
庶其良嗣，攸恢永固。

故汾州學正虛溪先生林公誄

先生姓林氏，諱大槐，字茂德，道號虛溪，福建莆田人也。嘉靖壬子，以明經高第舉於鄉，歷癸丑、丙辰會試不第，署汾州學正。先生以學有憲，乃身爲師法；藝有極，乃身爲黼黻；教有本，乃申六行而愬四維。仁心以嘘之，義氣以鼓之，中以立之，和以融之，量材而授之，循序而與之。偷懦者俄以奮，蔽塞者俄以開，固陋者俄以廓，沉冥者華暢，彊猛者柔嘉。不疾而嚴，不期而信。《詩》曰："載色載笑，匪怒伊教。"然人所禀，兼術爲難，先生則才德文學之並茂。揆之衆甫，信乎其天民之英傑，人倫之表儀者。

居三年，聘浙江主考。己未，凡三上不第，拜直隸懷遠縣知縣。則以經術調政教，以文章飾紀綱，以恭敏厲功能，以愷悌流惠化。方當擢異，而儼然上賓矣。嗚呼！先生正志篤行，憂深思遠，壹以斯道爲己任，乃跬步未施而遐軌遽輟，何其數之迫也！汾弟子及諸士大夫聞訃之日，莫不爲位而哭，心悲涕零。追惟先生，言有壇宇，今則虛位之瞻焉；行有防表，今則遺踪之想焉。余乃抆淚而爲之誄曰：

天乎蒼蒼，望之不可測其茫茫。大化潛易，修短行藏。生當蠖屈，死必龍翔。先生其夭矯八極耶？其乘彼白雲，游於帝鄉；其御東維，爲列宿之光。爲日爲月，隆隆煌煌。爲山之巍巍，爲川之洋洋。夫神則無不之也，而斯人乎奚亡？然道尊而位卑，德厚而命微，抑安能以不永傷！

禱雨文〔一〕

惟神翰〔二〕襄造化，粒我蒸民。以風以雨，以雷以霆。鴻休罔極，惟時之徵。今者雷霆絶響，風雨愆期，蓋三閱月矣。野草不青，道殣相望。室滿啼飢之兒，家垂待哺之老。閭閻悲痛，輾轉無聊。倉廩空虚，賑貸莫及。其所詹〔三〕仰，惟神之明。是用陳啓噭噭之狀，叩籲嚇嚇〔四〕之靈。伏祈開通山澤，調理陰陽；早施甘澍，一洗暵荒。非予敢有私浼，惟神其德好生，其公陰隲。無感弗應，無微弗通。矜此鹵鞠，寧無鑒恫。故某等修省暴露，俯伏靈壇，爲萬民請旦夕之命。神其與我乎哉？嗚呼！汲汲皇皇，哀鳴是將；皇皇汲汲，俟望無斁。

【校記】

〔一〕本文收入康熙《汾陽縣志》卷七《雜記》，字句略有不同。

〔二〕翰，《汾陽縣志》作“幹”。

〔三〕詹，《汾陽縣志》作“瞻”。

〔四〕嚇嚇，《汾陽縣志》作“赫赫”。

再禱雨文

惟神於昭，奠兹境内。土穀嘉生，風雨不匱。佑啓休祥，消除災害。蒸民允承，庶官攸賴。比者時雨弗降，我稼未安。吏民皇皇，屢籲靈壇。竊覬神之一鑒，澤之一施。植枯槁於既仆，扶困餒於已疲。乃今旱益太甚，民益無聊。苟可以恤，不敢告勞。奈何心雖勞而力有限，人事邇而天道遥。惟神明聖，可以達天；惟神靈應，可以保民。神今不恫，民生無所矣。故某等再掃靈埸，懇申〔一〕虔祝，祈三日而爲霖，庶晚田之猶熟。過此則九夏將闌，一苗弗植。此邦之民靡有遺孑，是神不我恫也。神不我恫，惟我有咎。斯民何辜？胡不保佑？於戲！民噭噭兮疾呼，蘊隆隆兮憯予。雲油油兮雨不雨，望復望兮苦復苦。惟神其鑒之哉！

【校記】

〔一〕申，底本漫漶不清，據康熙《汾陽縣志》卷七《雜記》、祁縣本等補正。

祈雨告先正文

鄉先生歿而祭於社者，其生爲民表，而死則神庥乎！故建功立德則法垂乎邦國，捄災捍患則能通乎鬼神。凡以是也，故祀禱必依依焉。今九夏不雨，兩浙無禾，民貧不免於餓死，官空不能以賑貸。望雲則西郊之有滃，祈雨則百神之靡臨。此群公先正之所知也，然而捄災捍患惟其時。某等政不足以保民，德不能以格神，敢布憂忱，用求救於群哲。願普威靈，早施弘濟。豈惟鄉井之休，實二三大夫之大幸也。惟神其鑒之哉！

祭王陽明先生文

惟聖植教，惟教闡心。學由教迪，道以心憂。心義云何？厥惟明德。上帝降恒，三聖守一。孟曰"良知"，孔曰"不惑"。直指旁通，異名同出。奈何末儒，日以支離，矜名外鶩？逐利狂馳。以富貴爲最計，視聖賢爲不可爲。姍大道爲迂闊，挾小技而希世資。嗚呼！人心陷溺，聖教乃夷。滄海橫流，疇其砥之？

恭承先生，光表良知。揭日月而行中天，振唐虞、鄒魯之植於已披。道弗墮地，文其在兹。某等東西南北之人，生不及門，私淑未遠。于墻斯依，于堂斯踐。于神斯對，于貌斯儼。何以述規？昧旦丕顯。何以申儀？釃酒有衍。神其鑒諸，佑予狂簡。

祭灡石梁方伯文

嗚呼！古有哲人，性成而善。喜怒不形，物我無間。賢者稱仁，聖人許忠。寂寥千載，依稀我公。儲靈漲海，孕秀羅浮。睿思淵蓄，温理川流。學綜伊洛，志纂伊周。明經上第，司馬良籌。于藩于臬，克剛克柔。自閩徂浙，時推右轄。尋登左丞，勛階茂徵。三事翼勵，九德浚明。冲襟春穆，玄覽秋澄。物無弗載，時靡有争。朝野推賢，吏民懷惠。如日斯仰，如蘭斯締。奈何一朝，奄然長逝！嗚呼昊天，曷維其惕！殲我寅恭，失兹愷悌。江湧悲濤，堂垂素繐。悵焉莫從，泫然涕淚。爰整牲罍，載申哀祭。幽明詎殊，神感斯戾。

祭張襄敏公南川先生文

維帝降衷，維民秉德。爲性之恒，爲物之則。稽古哲人，踐斯盡斯。學之弗明，室是遠而。蔽也久矣，疇釋其回？貪邪縱妄，莫知我哀。我公崛起，古訓是求。精思力踐，匪正弗由。立朝徙鎮，匡翊廓清。忠肅恭懿，明允篤誠。誼弗謀利，道不計功。保我龍德，以正以忠。策勛掞藻，金石可鐫。運績雖促，已永萬年。

某知公學術可以勵俗儒陷溺之非，知公志業可以愧俗吏貪鄙詐僞之習，知公貞行雅言又足以表正鄉閭也。故想像暾詞，以代臨送。嗚呼！無忝所生，寔寧其已。高山嵳峩，白雲骩麗。

祭潘春谷少參文

維靈才高一世，心雄萬夫。晁賈之策，顔孟之儒。弱冠登朝，廷尉稱平。參藩分陝，安定臨涇。直方難進，舍之則藏。潔歸畎畝，忠懸廟堂。令聞令望，式昭遐邇。屢薦弗興，一疾遽止。於戲先生，厥遭匪辰！宦不達賢，壽不迨仁。爰有佳嗣，龍駒鳳雛。企其騰陟，以廓爾圖。徂春聆訃，驚魂路睽。今當窆穸，邈矣長違。同榜之生，合道之友。奚能爲情？寄詞隴首。

祭李黄巖憲使文

嗚呼蒼蒼，弗慭弗遺！殲兹鴻哲，而止於斯。公有令德，復有令儀。有才有猷，有文有辭。明粹廣博，沉毅肅寧。楨幹彪炳，融渾秀靈。射策金門，登第紫庭。推刑執憲，廉訪藩屏。駸歷廿載，終始一節。玉振金聲，山輝泉潔。道合顯庸，位宜上列。中路違遲，初服永絶。神返其天，人懷其賢。悲風四流，愁雲遠延。我聞我悼，我哀我憐。瓣香束帛，以貽末悁。

祭别駕陳環山文

惟靈高朗之姿，正直之度。博學多聞，中閎外著。厥德不回，與道其庶。抗志雲霄，遭時淪濩。仕籍晚通，郡僚初署。束帶俯仰，珮玉趨步。浩氣鬱紆，歸心猶豫。决事齋居，引疾投疏。未遂秋風，忽委朝露。宦不達才，德靡延數。天罔慭遺，人胡悲訴？旅櫬載旋，佳城于赴。兒僕哀號，閭井攀慕。某等共服仁賢，同承禮顧。《緇衣》徒咏，素車莫駐。酹酒春郊，含情烟樹。冀公清明，省予忱愫。

祭楊七嶺先生文

惟公與余，同長冀南。公名先著，余乃後駸。憶未識公，高山仰之。因回王屋，始覽光儀。君子既瞻，我心則慰。公情景孚，亦喜斯會。置酒郊亭，以宴以歌。飛鴻在望，朱弦孔和。竭來九載，音塵寂如。抱關隨牒，與子同車。裁一再見，幽明已殊。念子貞良，嘉樂豈弟。宜保天休，而克永世。德浮于官，壽不以仁。凄凉虚館，誰爲子親？余忝岳牧，不能周恤。送子將歸，佇立以泣。靈輀東返，河水秋横。滔滔之咽，曷其有平！公弭丘中，玄冥冥矣。保爾後昆，俾之興矣。我心繁憂，言莫之殫。臨風酹公，惓焉以潸。

祭總督王石岡文

惟靈惇懿天授，鴻朗世資。其德克類，厥才允宜。柔嘉惠直，膚敏翕施。策于上第，揚于清時。經術令望，儒宗淑儀。踐履華要，臺省茂熙。式奮爾庸，天衢是馳。桓桓司馬，秩秩邦憲。開府臨戎，承帝之眷。忠忱肅將，嚴簡謀選。屈彼群醜，綏伊遐甸。弗震弗虞，以温以晏。績以貞收，師無衄戰。士嬉馬騰，吏修民便。六載之功，三陲用康。皇心鑒微，申錫寵光。朱芾帶玉，崇階保衡。榮禄膴膴，勛名煌煌。式輝鼎鉉，載表彝常。即其人願，與其天福。永膺難老，百齡猶促。胡不慭遺，遽奪之速！營緯示占，里春罷築。輤總有嚴，音容莫屬。哀哉云亡，運也攸蹙！

某等覿德禀度，咏盛沐膏。山頹棟折，悲零怛忉。臨水送歸，逝者其滔。何以述行？𠻗詞且謡。何以奏格？刲牲釃醪。晝夜爰阻，精誠實昭。來斯歆斯，我蘋我蕭。

祭慶成安穆王文

繄高皇之七世，亶宗子之維城。奕載德之克紹，惇元允之茂明。軌姬文之安膳，躅河獻之典刑。涉藝林之芳潤，研翰藻之精英。琬琰銀鈎之妙，琳琅金薤之奇。言無微而不究，理有奥而必窺。極萬象之包羅，貞百行之委蛇。《易》讚“黄中”之美，《詩》稱“朱芾”之宜。年彌高而德卲，帝册命之寵旃。守河山之帶礪，襲珪組之蟬聯。志謙冲而寅畏，躬儉素而廣淵。繹倚相規申之語，欣武公《抑》戒之篇。睦群宗而有惠有儀，懲弗類而無黨無偏。昭哉王度之肅，允矣藩服之良。胡昊天之失憖，柬咸池之景光。帝聞之而悲悼，憂恤典而謚揚。實生榮而死哀，矧嗣世之發祥。維孝孫之睿聖，率乃祖之攸行。清輯熙之無讚，式金玉而有章。

某等義承延攬之餘，理感深情之痛。曾日月之幾何，忽幽明之如夢。望園陵白露之秋，凄車馬蒼雲之送。龍絶髯以何攀，酹言誄而遥貢。倘六虚之周游，或九原之回控。

祭貞毅先生馮公文

惟皇降懿，民受以生。彊毅正直，明允篤誠。我觀衆甫，亦鮮克由。於惟先生，時乃懋修。先生之道，剛貞是持。不屈於物，不詭於時。先生之才，英邁膚敏。大受則勝，弘敷則盡。先生之學，經史博通。文情理路，合一冲融。先生之教，以禮爲先。正容謹節，少長不愆。先生隱居，以經以鋤。敦仁履義，式表鄉間。先生教授，成己成物。孫子振振，生徒屹屹。或登于第，或藹于庠。或紆華綬，或綰金章。皆出模範，悉資陶冶。林菀桂間，蹊成李下。先生悃款，廊廟江湖。卜築西山，老我素儒。無位而尊，無爵而貴。彌壽而康，景福攸暨。奈何弗憖，圮此良木？失我所依，云胡不哭？丹旐在望，繐帷以飄。畫像雖即，營魂可招。某等陳牲酹醑，申之誄辭。薄言餞之，生悲死離。形則窀矣，神當旁燭。歸來歸來，如彼曙旭。

祭王母太安人張氏文

在昔孟母，育賢命世。尹母育賢，以善養志。二母之休，垂照兩儀。後有作者，誰其繼之！曰惟安人，配德貞固。節凜冰霜，庭分玉樹。招延師友，綜史博書。鴻衢蜚譽，龍馬出圖。郡邑庠序，矢其文德。成均司徒，其儀靡忒。母以子貴，子由母賢。徽音克紹，視古有妍。慈明康壽，乘彼化遷。生順歿寧，安人久焉。玆其返真，宅於玄室。永阻青春，長辭白日。臨歧望送，疇不殞傷？余亦悲止，酹言以將。

祭趙母太安人田氏文

於鑠顯母，純禀淑靈。柔嘉維則，慈惠以貞。德門之子，文儒之妹。恭君之配，名卿之母。克孝克敬，克順克儉。維壼之宜，維天之俔。維帝眷祥，載錫之慶。誕育賢嗣，俾弘文命。爲珪爲璋，爲龍爲光。邑錦雙製，天功代襄。嚴嚴司寇，允允司徒。帝曰嘉止，申命荐敷。封綸温如，褒衮焕乎。子德母成，母名子揚。慈孝相禪，福禄以昌。宜克長世，永保大年。奄忽遐馭，胡不慭焉！恒數百齡，母有其八。民生萬善，母有餘烈。生榮死哀，群聖一轍。存順歿寧，千古一訣。瞻望弗及，曷知我悲！薄言酹之，以寫我私。

祭兩湖蕭[一]方伯文

嗚呼！生之有死，其誰不然？顧死而可惜，於公則有四焉。公之才，當大有所爲；公之志，當遠有所就；公之氣，常不屈於物；公之行，每特立於衆。矯矯錚錚，鷹揚虎視。有憤嫉一世之心，隘狹四海之意。即其環瑋，固陸子所謂士之豪也。倘天有假年，人無愆願，則積德建功，當必有見。然忽身先朝露，事委秋草，如棟斯傾，如瀾斯倒，是力之制於命也，豈不惜哉！嗚呼命乎，玄且幽乎！彊弗能抗，巧能謀乎？修以聽乎，盡而正乎！考終令乎，惟德盛乎！公之已乎，其如是乎！某等念當日之相携，悵一旦之永絶。越水咽以悲流，楚雲黯其愁結。有酒空清，有餚徒潔。詞慚生誄，情傷死别。

【校記】

〔一〕蕭，底本原作"簫"，誤。蕭方伯指蕭一中。

祭土地神文

惟神秉中氣於五行，敦厚德於庶類。無尺地不賴其主宰，無一物不蒙其保佑。今修壽樂園成，敢忘神惠？特造室選辰，奉神爲司園之主。園有屋宇門墻、花木果蔬、鷄犬人烟、井泉道路，爲事頗多，俱仰祈靈佑。呵禁不祥，助施嘉氣，令百事安和，群品昌茂。俾林下放臣，得享清平之福，得以朔望時節，長奉香火祀奠以答神庥。寔神人相與憑也，是用祭告。自今伊始，神其鑒予，載安斯宇。

祭友人文

惟靈發源晉水，挺秀遼陽。植德純粹，履道正方。學窮鄒魯，儒步朱張。屢舉不第，戢翰以翔。臨釁振玉，兩邑奉揚。擢居王傅，如賈在梁。道德仁義，禮樂文章。日陳王所，莊敬毅彊。王每不夷，公輔不僵。忠憤伊鬱，疾疢云亡。曷維其已，蹇蹇用光。三嗣繼述，肯構肯堂。武宣垣塞，文顯宫墻。篤公之慶，以衍則長。死而不朽，如陵如岡。某等恭同宗派,陳此瓣香。水木之思,終焉永傷。

祭李荆陽大參文

憶公初夏,卧屙省齋。謂當勿藥,憂鬬喜偕。曷醫匪良,淹辰屢浹。六月徂暑,載震載慴。疾疏既上,温留靡從。冒彼炎熱,駕言歸東。群僚祖之,不復能飲。扶拜登車,丁寧起寢。家園之樂,茹必保和。伻來無書,覆虞有他。天根脱木,嚴霜應駟。凄其訃聞,悲其總至。嗟嗟令人,明允克恭。孝友敦備,文儀肅雍。右秩履道,左遷坦而。思不出位,行乃惠時。州郡稱良,臺省讚直。學咏源淵,辭踐閫閾。何位不詣,何壽不膺?乃靳乃嗇,德之無徵。悠悠鴻造,冉冉化遷。安知逝者,非然而然?嗚呼!生而不淑,誰謂其壽?死而不朽,誰謂其殀?昌黎斯言,頗類齊物。寄言歌之,聊以代哭。

祭張母馮氏太老夫人文

於惟夫人,載其厚德。歸配宜家,生賢佐國。厥賢惟何,儒服履道。纂孔肄周,淵思岸造。脱輓登階,鳴珮珥筆。司直典言,予違汝弼。衣繡持斧,樹風省方。明明御史,夫人之光。庭座踐陟,憲理寅清。秉鉞貞圉,榆塞底平。再晋再移,於寧於固。經略總統,敦大彊裕。内安外攘,文恬武熙。自彼鳥獻,莫不懌夷。中阻邅回,履信思順。光復保釐,山暉海潤。勛繇德峻,業以志崇。桓桓司馬,夫人之功。復有仲嗣,競爽連枝。駿歷昭懋,宣闡敬慈。册書内榮,鼎養滋備。胡乃弗須,倏其厭棄?司馬哀號,待命徂奔。墨縗從事,忠孝允元。凡民有喪,匍匐救之。淑媛其隕,心何弗馳?某等列司有三,抱惻惟一。言酹斯暾,有飾其肸。倬然壽母,休穆考終。無神不届,奚感不通!

祭劉母吕氏太老夫人文

天佑純良，作之内助。篤生淑媛，姜姬其庶。柔惠貞懿，莊敬孝慈。承天之道，應地之儀。克相夫君，齊體合德。修身正家，亮采華國。鳴珮省署，握符江邦。清通簡要，寰海無雙。敷文闡憲，于藩于宣。經略安拊，如山如川。赫赫司徒，桓桓司馬。人物權衡，文章風雅。帝心簡重，曰惟碩臣。貤封錫類，嘉此令嬪。於惟夫人，既多受祉。宫雍廟虔，睦姻仁禮。女有四德，溫其萃焉。斯其必壽，胡不永年？悲之如何，賢哉殄瘁！媵庶啼恩，閭里泣惠。居諸迅邁，窀穸遄臻。歲云既晏，迹誠已陳。某等夙聞賢善，共感悲零。送歸酹止，肹來其寧。

山西文華·著述編

孔天胤全集

第一册

明 孔天胤◎著
張勇耀 趙桂溟
韓兵强 常佩雨◎點校

《山西文華》編纂委員會 編

山西出版傳媒集團
三晋出版社

圖書在版編目(CIP)數據

孔天胤全集 / 張勇耀,趙桂溟,韓兵强,常佩雨點校. —太原：三晋出版社，2018.11

ISBN 978-7-5457-1779-2

Ⅰ. ①孔… Ⅱ. ①張… ②趙… ③韓… ④常… Ⅲ. ①孔天胤(1505—1581)—全集 Ⅳ. ①Z424.9

中國版本圖書館 CIP 數據核字(2018)第 259678 號

孔天胤全集

著　　者：〔明〕孔天胤
點 校 者：張勇耀　趙桂溟　韓兵强　常佩雨
責任編輯：落馥香
審　　訂：陳霞村　孫希鎮　吕曉莊
封扉設計：山西天目·王明自

出 版 者：山西出版傳媒集團·三晋出版社（原山西古籍出版社）
地　　址：太原市建設南路 21 號
郵　　編：030012
電　　話：0351-4922268（發行中心）
　　　　　0351-4956036（總編室）
　　　　　0351-4922203（印製部）
網　　址：http://www.sjcbs.cn

經 銷 者：新華書店
承 印 者：山西臣功印刷包裝有限公司

開　　本：700mm × 1000mm　1/16
印　　張：112.25
字　　數：1400 千字
版　　次：2018 年 11 月　第 1 版
印　　次：2018 年 11 月　第 1 次印刷
書　　號：ISBN　978-7-5457-1779-2
定　　價：680.00 圓（全八册）

ISBN 978-7-5457-1779-2
9 787545 717792 >

《山西文華》編纂委員會

出版説明

山西東屏太行，西瀕黄河，北通塞外，南控中原，是中華民族的主要發祥地之一。中華文明輝煌燦爛，三晉文化源遠流長。歷史文獻豐富、文化遺産厚重，形成了兼容並包、積澱深厚、韵味獨特的晋文化。山西省政府决定編纂大型歷史文獻叢書《山西文華》，以彙集三晋文獻、傳承三晉文化、弘揚三晉文明。

《山西文華》力求把握正確方向，尊重歷史原貌，突出山西特色，薈萃文化精華，按照搶救、保護、整理、傳承的原則整理出版圖書。叢書規模大，編纂時間長，參與人員多，特將有關編纂則例簡要説明如下。

一、《山西文華》是有關山西現今地域的大型歷史文獻叢書，分“著述編”“史料編”“圖録編”。每編之下項目平列；重大系列性項目，按其項目規模特徵，制定合理的編纂方式。

二、“著述編”以 1949 年 10 月 1 日前山西籍作者（含長期在晋之作者）的著述爲主，兼收今人有關山西歷史文化的研究性著述。

三、“史料編”收録 1949 年 10 月 1 日前有關山西的方志、金石、日記、年譜、族譜、檔案、報刊等史料，以影印爲主要整理方式。

四、“圖録編”主要收録1949年10月1日前有關山西的文化遺産精華，包括古代建築、壁畫、彩塑、書畫、民間藝術等，兼收古地圖等大型圖文資料。

五、今人著述采用簡體漢字横排，古代著述采用繁體漢字横排。

《山西文華》編纂委員會

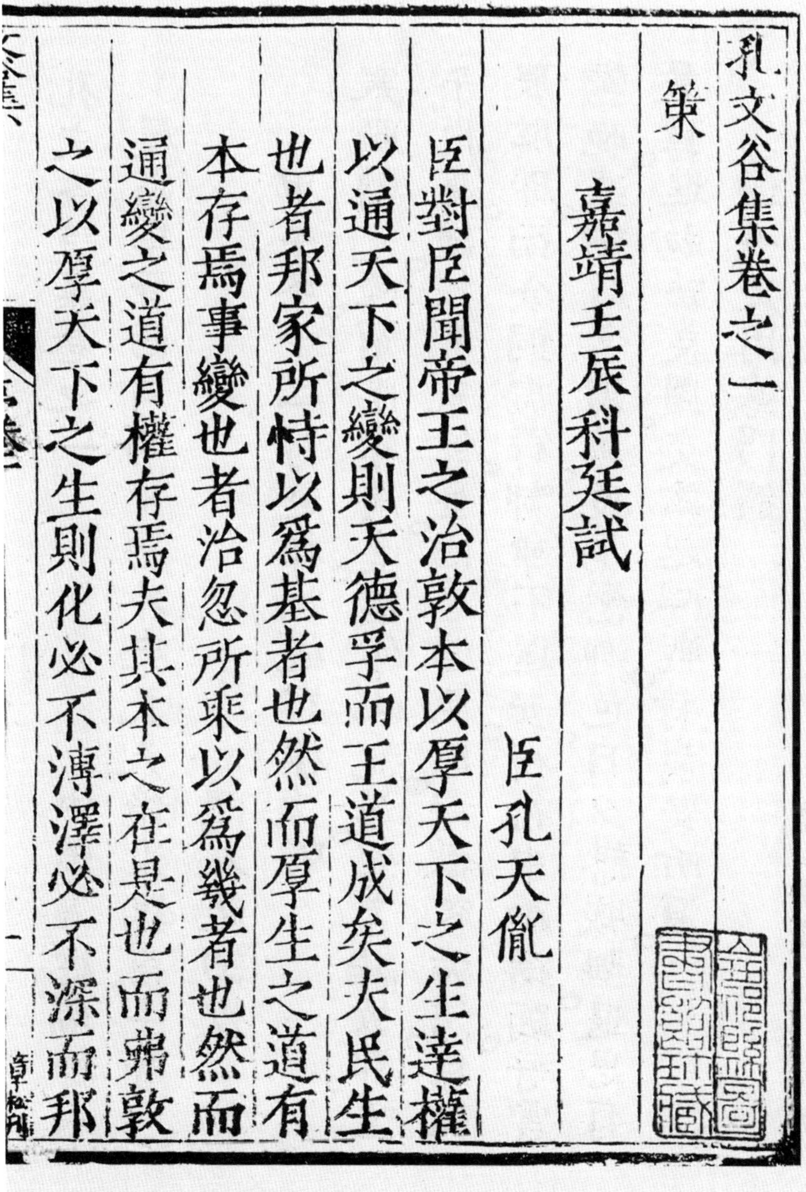
孔文谷集卷之一

策

嘉靖壬辰科廷試

臣孔天胤

臣對臣聞帝王之治敦本以厚天下之生達權以通天下之變則天德孚而王道成矣夫民生也者邦家所恃以爲基者也然而厚生之道有本存焉事變也者治忽所乘以爲幾者也然而通變之道有權存焉夫其本之在是也而弗敦之以厚天下之生則化必不溥澤必不深而邦

《孔文谷集》卷一書影

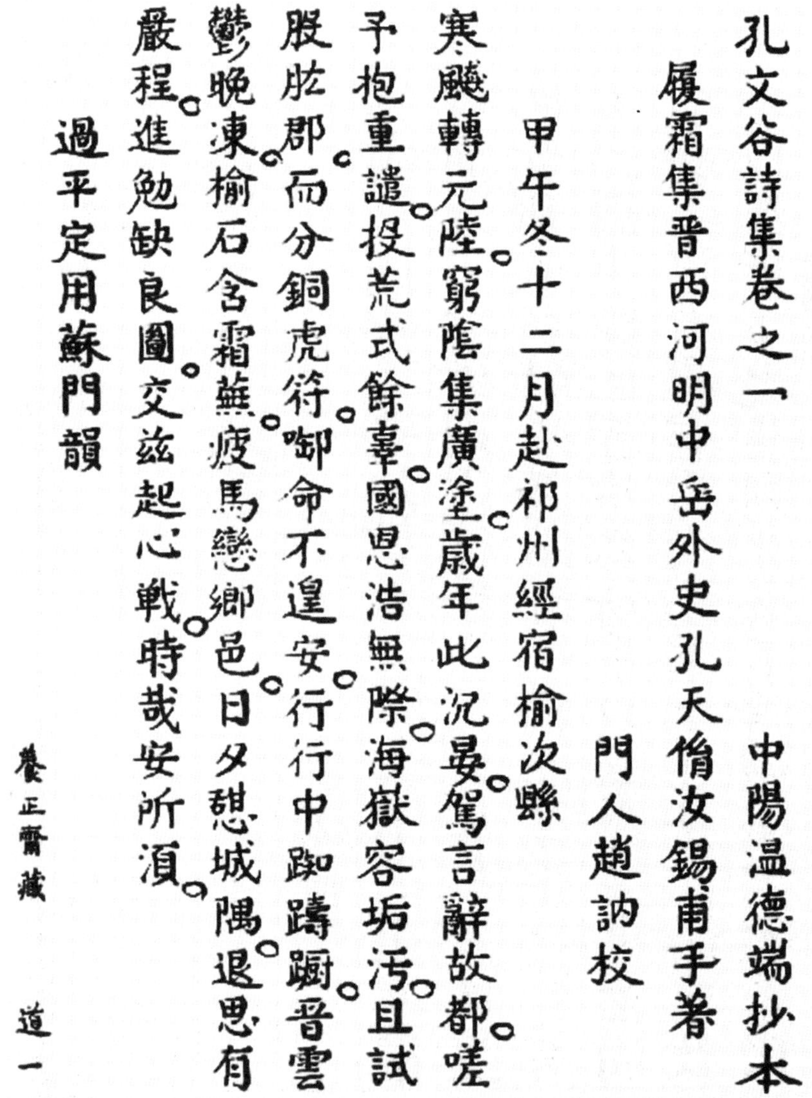

孔文谷詩集卷之一　中陽温德端抄本

履霜集晋西河明中岳外史孔天胤汝錫甫手着

門人趙訥校

甲午冬十二月赴祁州經宿榆次縣

寒飈轉元陸。窮陰集廣塗。歲年此況晏。駕言辭故都。嗟予抱重譴。投荒式餘辜。國恩浩無際。海嶽容垢污。且試股肱郡。而分銅虎符。啣命不遑安。行行中踟躕。晋雲鬱晚凍。榆石含霜蕪。疲馬戀鄉邑。日夕憩城隅。退思有嚴程。進勉缺良圖。交茲起心戰。時哉安所須。

過平定用蘇門韻

養正齋藏　道一

《孔文谷詩集》清温德端抄本書影

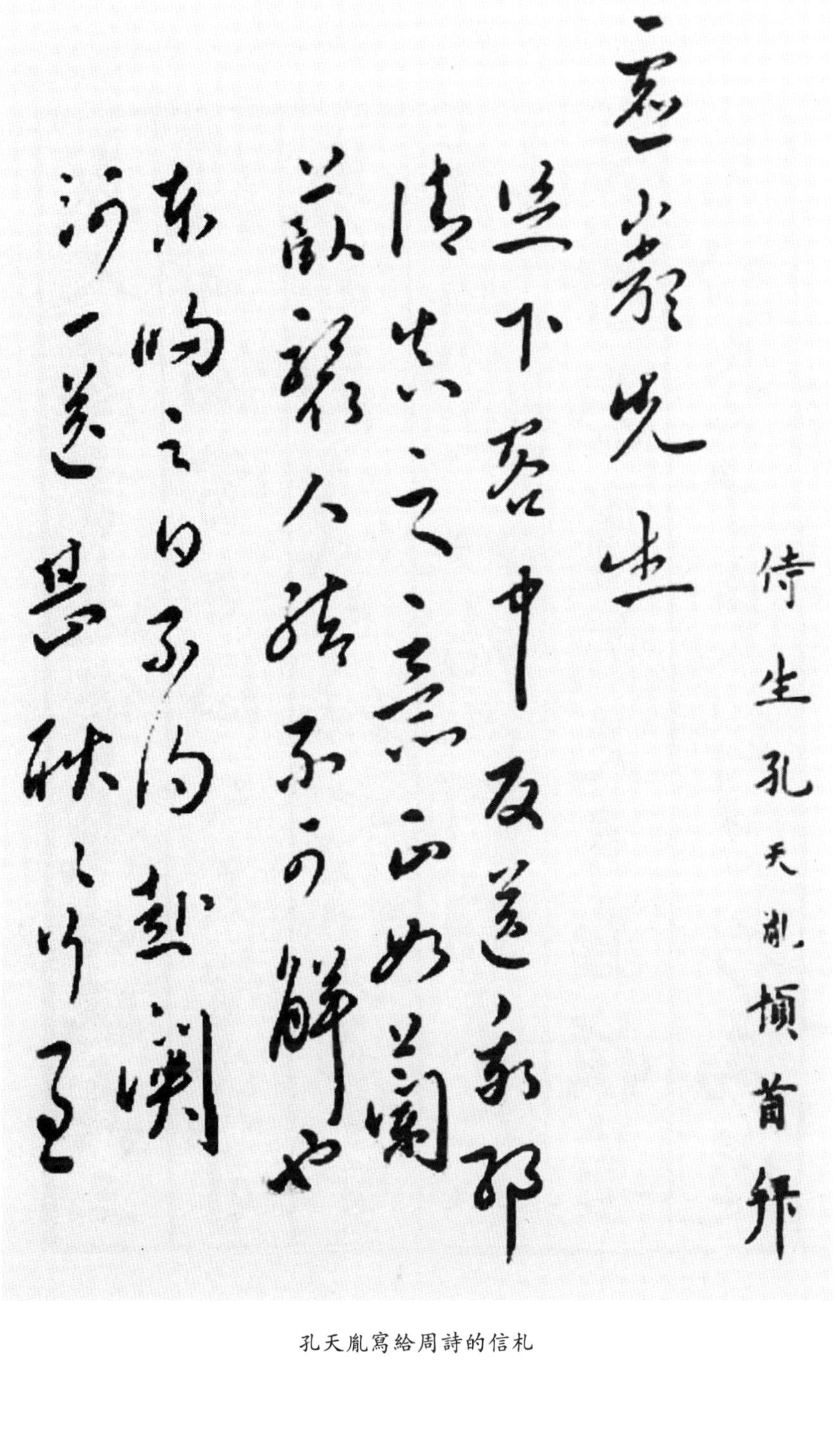
侍生孔天胤頓首拜

孔天胤寫給周詩的信札

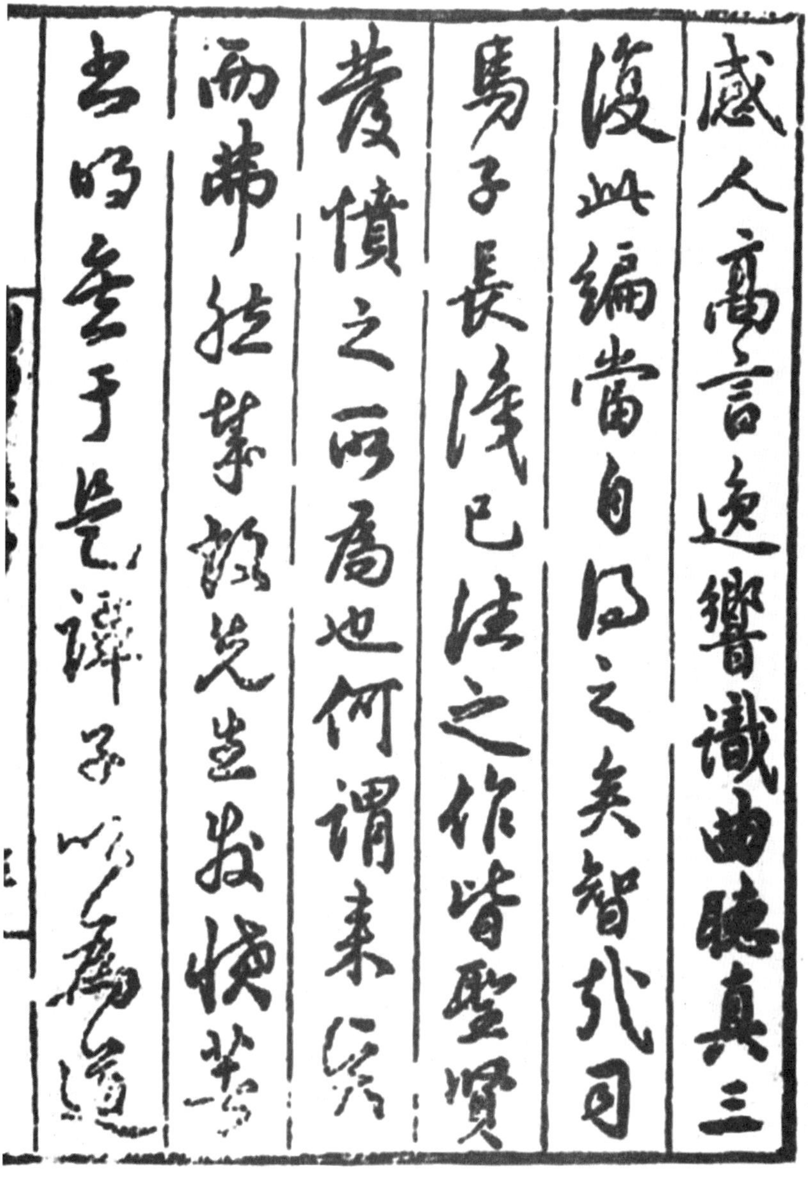
感人高言逸響識曲聽真三
復此編當自得之矣智弘司
馬子長淺已法之作皆聖賢
發憤之所為也何謂來賢
而弗捨業讀竟盡發憤焉
書明全于是譯子以為道

孔天胤《升庵南中集序》手迹

祁縣圖書館藏明隆慶五年《孔文谷集》刻本函套

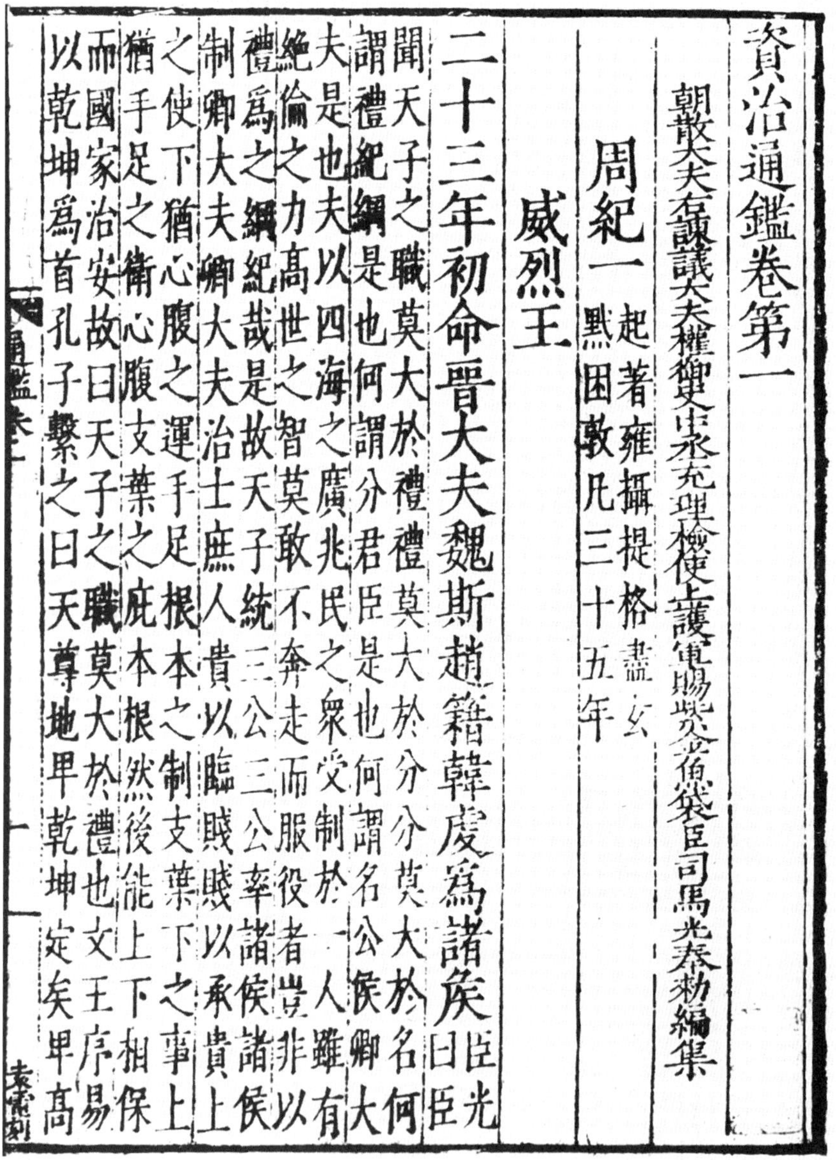

資治通鑑卷第一

朝散大夫右諫議大夫權御史中丞充理檢使上護軍賜紫金魚袋臣司馬光奉勅編集

周紀一 起著雍攝提格盡玄黓困敦凡三十五年

威烈王

二十三年初命晉大夫魏斯趙籍韓虔爲諸侯臣光曰臣聞天子之職莫大於禮禮莫大於分分莫大於名何謂禮紀綱是也何謂分君臣是也何謂名公侯卿大夫是也夫以四海之廣兆民之衆受制於一人雖有絕倫之力高世之智莫敢不奔走而服役者豈非以禮爲之綱紀哉是故天子統三公三公率諸侯諸侯制卿大夫卿大夫治士庶人貴以臨賤賤以承貴上之使下猶心腹之運手足根本之制支葉下之事上猶手足之衛心腹支葉之庇本根然後能上下相保而國家治安故曰天子之職莫大於禮也文王序易以乾坤爲首孔子繫之曰天尊地卑乾坤定矣卑高

通鑑卷之一　一

《資治通鑑》孔天胤嘉靖二十四年杭州刻本書影

出版前言

孔天胤，山西汾州人，是活躍於明代嘉靖、隆慶、萬曆年間一位卓有影響的官員、學者、詩人、作家、出版家、社會活動家。雖然《明史》無傳，衹在"藝文志"中著録有"孔天胤《汾州府志》八卷"（應爲《汾州志》），但其生平行迹，可稽考之文獻極多。一是如《明世宗實録》類官修史書，二是如王兆雲《皇明詞林人物考》、沈德符《萬曆野獲編》等明代筆記，三是如各種版本《山西通志》《汾州府志》《汾陽縣志》及其所任職之地的《陝西通志》《浙江通志》《祁州志》《潁州志》等地方史志，四是與他有交遊的人物如謝榛、錢薇、蔡汝楠、劉儲秀、張治道、胡侍等人的詩文集。特别是孔天胤自己的詩集、文集有多種刻本、抄本流傳，多地圖書館收藏，爲對他的進一步研究和古籍文獻的整理奠定了良好的基礎。

山西對於這樣一位名賢，一直有所關注，如《山西省志·人物志》《山西歷史名人傳》《山西藏書家傳略》等書中，均有孔天胤的一席之地。但由於缺乏深入研究，介紹往往陳陳相因，甚至謬誤流傳。2017年，由張勇耀、韓兵强合著的《孔天胤傳》《孔天胤評傳》先後由北岳文藝出版社、商務印書館出版，對孔天胤的家世、生平、宦迹、詩文、刻書、交遊等進行了較爲全面系統的考證和梳理。在此基礎上，點校出版《孔天胤全集》，是對這位山西明代名賢較爲全面的研究和展示。

整理出版《孔天胤全集》,至少有以下三點意義。

其一,孔天胤的詩文具有重要的文獻價值,對於研究當時的歷史、政治、經濟和人文彌足珍貴。如隆慶元年,蒙古俺答部大舉入侵,陷石州,在汾州一帶燒殺搶掠,孔天胤有《虜寇殺掠焚燒之餘,風雨大作,走回人口仍多凍死,及被官軍遮殺詐充首功,因成口號四首以代七哀。時九月廿七,爲立冬之日》等詩,生動描繪了戰亂下汾州百姓的慘況。他還十分關心邊事,如對於"俺答封貢"(又稱"隆慶和議")事件,曾致信王崇古,提出"至於市馬進貢,乃遠人來服之效;時出犒賞,不過費國家九牛一毛,其視他費若何?顧公總統方略,省歲防不貲之費,以廣儲蓄,養鋒鋭,更令郡縣略倣唐時府兵之制,各積官糧,各善民兵,則内治有自强之實,外寇不足虞也"等建議。再如孔天胤記載,嘉靖三十四年,山西僉事趙祖元學江南之法將水車灌溉引入太平縣,"置水車才七具,已灌田二千餘畝",後來水車灌溉法也被推廣到了汾陽,這是山西較早利用水車開展水利灌溉的記載。

其二,孔天胤一生刊刻校閲了諸多典籍和文集,並有多種得以保存和流傳。有明一代,山西學人刊印書籍最多的,當屬沁水李瀚和汾州孔天胤,因而稱其爲重要的出版家並不爲過。孔天胤一生刊刻有《集録真西山文章正宗》三十卷、《資治通鑒》二百九十四卷、《資治通鑒考異》三十卷、《薛詩拾遺》四卷、《林東城文集》二卷、《越絶書》十五卷、《西京雜記》六卷,又刻有《明道先生語略》《朱子晚年定論》《越藝正詮》,以及樊鵬《樊氏集》、林春《林東城集》、皇甫涍《東覽篇》、王崇慶《海樵子》《五經心義》《端谿先生文集》、張治道《嘉靖集》、胡侍《胡蒙谿續集》、許宗魯《陵海二集》、劉涇《晉陽稿》等名家的作品集,又與馮惟訥一起刊刻批點了謝榛的《適晉稿》。孔天胤所刻典籍,大多寫有序言;他還受人之請,爲當時一些名人文集撰寫序言，如趙康王朱厚煜的《居敬堂集》、慶成王朱慎鍾的《寶善堂稿》、陳其學之父陳鼎的《大竹文集》等，對於當時人物及其著述版本的研究，都有重要的史料價值。

其三，孔天胤存世的詩文與書信中，大量記録了他與當時一些重要人物的交往，對研究當時政治、經濟、軍事、農業極爲重要。浙江時期，交遊多爲著名的理學家，如王畿、錢德洪、黄綰、錢薇、蔡汝楠等；陝西時期，交遊多爲詩人學者，如康海、劉儲秀、張治道、胡侍、許宗魯等人；潁州時期，又與著名學者薛蕙交情深厚。致仕歸汾後，交遊多山西名宦，如翁萬達、楊巍、劉涇、洪朝選、宋岳、周斯盛、曹汴、李荷等人，並與詩人王道行、裴邦奇、吕陽等人多有詩文唱和，特别是詩人謝榛、吕時的來訪及詩文唱和，已成爲山西文化史上的盛事佳話，孔天胤與謝榛的三十餘首唱和詩，也成爲謝榛研究中不可或缺的重要文獻。

有鑒於此，《山西文華》叢書編委會决定將《孔天胤全集》納入"著述編"加以出版。

本書包含以下内容：《四庫全書存目叢書》中的《孔文谷文集》十六卷、《續集》四卷、《詩集》四卷、《文谷漁嬉稿》二十卷；明人俞憲所輯《盛明百家詩》中的《孔方伯集》一卷（另以明人曹學佺《石倉十二代詩選》中的《管涔集》作爲參校本）；孔天胤佚文三十一篇（主要採自方志及碑刻）；孔天胤佚詩二十首（主要採自各地方志及清人趙瑾編選的《晉風選》、清人錢謙益編選的《列朝詩集》中的《孔榜眼詩八首》）。另外，爲了全面考察孔天胤生平事迹，附録了各種文獻中記載的孔天胤的傳記、行迹、軼事，及孔天胤交遊人物所寫的與孔天胤及其父母相關的墓誌、壽序、祭文、書信、贈文、序跋、酬贈題咏詩歌等。最後附録孔天胤年譜。可以説，本書對目前可見的孔天胤作品及研究資料，皆搜羅殆盡，是研究孔天胤最爲詳備的資料合集。

對本書的整理、點校，張勇耀、趙桂溟、韓兵强、常佩雨四位各自付出了艱辛的勞動。特别是在資料查閲，版本校勘，佚文、佚詩搜集以及年譜的編寫方面，張勇耀、韓兵强二位用力尤多。希望本書的出版，能够爲明中期政治文化研究、理學詩學研究、相關人物研究、山西名賢研究、明代王府研究等注入新鮮的元素。倘如此，作者與編者的一番努力，亦當不負矣。

三晋出版社

2018年8月18日

前 言

孔天胤是一位無論在文學界、史學界還是出版界，都有着重要貢獻的山西名賢，然而多年來相關領域却對他關注不够。

孔天胤（1505—1581），字汝錫，号管涔山人，汾州文同里百金堡村（今屬山西文水縣）人。他出生於皇戚之家，幼承庭訓，屬意仕進。嘉靖十年，中山西鄉試第六名舉人，次年以一甲第二名進士及第。初授陝西按察司僉事提調學校，歷官直隸祁州知州、潁州兵備、浙江提學副使、陝西右布政使、河南左布政使等。一生爲官清廉，以賢能著稱。他不論提調學校、考選士子，還是强兵禦寇、救荒濟貧，均多建樹，廣爲士農所稱道，稱得上是一位頗具家國情懷、剛健有爲的循吏。

孔天胤還是一位承前啓後的理學家、注重實學的教育家、成果豐碩的文學家和卓越的出版家。他學養深厚，儒、釋、道貫通，對六經及孔孟之學皆有創見，尤以精研理學名世。他的學説繼承了王陽明的"心學"，融會衆説，頗有獨創性的觀點。孔天胤的學説在儒學思想史特別是在河汾學發展史上起到了承前啓後的作用。孔天胤爲官重實德實績，輕浮名虚譽，無論是兩任提學，還是主政一方，他都實實在在從教育的基礎工作做起，修廟學，建書院，正學風，選士子,事關教育的每一項舉措都盡心盡力。他還倡導爲學要先正心,“一正心,而德明矣”,並進一步提出“先行實而後文藝”的主張。孔天胤的實學教育思想至今都有現實意義。在從政之暇,他勤於著述,先後有《霞海篇》《孔文谷文集》《孔文谷詩集》《文谷漁嬉稿》《汾州志》等多種著作問世。孔著不僅在學術史、文學史上應有一席之地,他所寫的各類碑傳序跋、地方志乘中也保存了大量的歷史文獻數據,可以彌補一些正史的不足。同時,孔天胤還是一位傑出的詩學理論家,謝榛《適晉稿》、王士禛《池北偶談》中皆存其詩話,其詩學理論也散見於爲他人詩集所作序言中。

孔天胤一生成就中最有價值的部分,當是他在刊刻出版方面所做的貢獻。作爲一位有擔當的博學鴻儒,孔天胤不僅自己深鑽精研,還特别注重通過典籍的刊刻印行,擴大正統文化的傳播。

孔天胤一生歷正德、嘉靖、隆慶、萬曆四朝,親身經歷了“庚子之變”(1540)“庚戌之變”(1550)“延綏馬市”(1552)“丁卯寇亂”(1567)“隆慶和議”(1571)等重大事件,他在這些重大事件中的參與、努力,均在其詩文中有所呈現。因而對其詩文的細讀,可以讓我們對發生在嘉靖、隆慶年間的這些重大事件有更爲真切的瞭解。

孔天胤於嘉靖三十三年(1554)末致仕歸汾,在山西生活了近三十年,與山西數百位官吏多有交遊,因而其詩文集又是明代嘉慶至萬曆年間山西政治、軍事、文化、人事等方面極爲重要的歷史見證。在史學領域,孔天胤爲嘉靖版《山西通志》、隆慶版《介休縣志》作序,還主纂了第二版《汾州志》,這也是汾州歷史上第一部體例完備的志書,爲此後《汾州府志》《汾陽縣志》的編纂奠定了重要基礎。這些均在孔天胤的詩文集中有所反映,可以作爲山西史學界重要的參考文獻。

而從孔天胤的身份來説，他是“宣聖之裔，帝室之甥”（趙訥[①]語），因而關於他的史料，無論對孔氏後人還是明代王府研究，都有着極爲重要的意義。特别是他歸汾後，參與慶成王府“金蘭社”、永和王府“青蓮社”的詩社活動，並爲第八代慶成王朱慎鍾開列書單，且與王府幾十位宗親交遊並有詩歌唱和，這都爲明代王府的研究提供了重要的依據。

孔天胤詩文全集的點校是一項歷時十六年、共分三個階段、前後有四人經手的浩大工程。

最早開始這項工程的是趙桂溟先生。早在2001年，趙桂溟先生在北京師範大學工程製圖界傑出學者、教育家趙擎寰教授（汾陽籍人）的影響下，開始關注孔天胤。趙擎寰教授曾致信趙桂溟先生，贊譽孔天胤是當時“北方學界領袖”，並對當下學界及山西孔天胤研究不足的情况表示遺憾。在趙擎寰教授的啓發下，趙桂溟先生開始了對孔天胤的研究。從文獻資料的搜集，到文集詩集的整理，皆付出了艱辛的努力。趙桂溟先生最先完成的是《孔文谷集》十六卷、《續集》四卷，二十餘萬字、近四百篇文章的點校工作。

第二階段加入此項工作的是常佩雨博士。2014年，受趙桂溟先生委托，常佩雨博士在求學之餘，歷時一年，完成了對孔天胤詩集四卷（《履霜集》一卷、《澤鳴稿》一卷、《漁嬉稿》兩卷）及《文谷漁嬉稿》二十卷的點校和録入工作。對這二十四卷、兩千餘首詩歌的點校，常佩雨博士也付出了艱辛的努力。

第三階段的點校工作，主要是由我和韓兵强教授完成的。從

① 趙訥（1521—1599），字孟敏，號陽谿，孔天胤弟子，山西汾州孝義縣宣化坊人。明嘉靖三十八年（1559）己未科進士，歷任直隸定興知縣，直隸江都知縣，刑部主事，户部主事、員外郎、郎中，官至四川保寧府知府。卒後門人私謚文直先生。有《陽谿集》。生平參見清乾隆《汾州府志》卷十五《人物》及《孝義縣志》。

2015 年春到 2017 年夏，我與韓教授合作完成了《孔天胤傳》《孔天胤評傳》，目前已分别由北岳文藝出版社、商務印書館出版。在三年多的時間裹，我們立足三個方面，對與孔天胤相關的文獻進行了全面“掃蕩”。第一方面是孔天胤的詩文集。我們力求核查清楚孔天胤詩文集中每一篇所涉及的時間、人物、事件，並查找相關文獻進行印證，在此基礎上做出了孔天胤年譜。第二方面是各地的方志。對於孔天胤曾經生活、任職的地方的史志，我們都進行了拉網式的查閲。不僅有《山西通志》《陝西通志》《河南通志》《浙江通志》這樣大部頭的省志，而且有《祁州志》《潁州志》《杭州府志》以及陝西、河南、浙江與孔天胤相關的府、州、縣志，當然投入精力最多的還是現存各版《汾州府志》和《汾陽縣志》。第三方面是與孔天胤有交集的明人文集，凡與孔天胤同時代有文集存世者，幾乎都爬梳了一遍。

整理過程中，我們最先閲讀的版本，是齊魯書社 1997 年出版的《四庫全書存目叢書》集部第九十五册影印本。趙桂溟先生瞭解情況後，將他與常佩雨博士先期點校的孔天胤詩文集電子稿發給我，這爲我們閲讀、研究、寫作提供了極大的方便。但在寫作過程中我們也發現，這三十多萬字的點校本，無論是“點”還是“校”，均存在諸多問題。當然這些問題的産生也有諸多原因：一是《四庫全書存目叢書》影印本所依據的原刻本本身就存在着墨重洇染、漫漶不清甚至完全難辨的情況，也存在段落重出、字句脱漏、傳抄誤寫等情況；二是《四庫全書存目叢書》影印本又經過了縮印，加重了漫漶、重影等的程度；三是前期兩位點校者受當時資料查對方面的限制，未能對孔天胤詩文進行更爲詳細的核查辨析，當然也存在初次點校未加核校的訛漏。我將這些情況反饋給趙桂溟先生後，趙先生希望我和韓兵强教授能够對孔天胤的詩文集進行重新點校，並結合我們所查到的其他版本，加上“校記”，對這部書稿進行最後的加工。

於是從 2016 年 7 月孔天胤的兩本傳記交稿之後，我們開始了《孔天胤全集》的核點、校勘工作。

孔天胤詩文集的刊刻，歷時長，版本情况複雜。由我和韓兵强教授的研究可知，孔天胤詩文集的刊刻時間及内容大致經過了以下幾步。

第一，孔天胤在浙江期間，曾刊刻過《霞海篇》。

《霞海篇》是孔天胤按臨台州時所著，嘉靖四十五年（1566）林大春[①]在給孔天胤詩集寫的序言中説："始先生仕浙中，嘗著《霞海篇》二千餘言。其自叙天台、鴈蕩之勝，以爲不讓華嵩，顧獨怪其所托幽遐，光靈不屬乎禋祀。"[②]又據《欽定四庫全書總目提要》卷一百七十七，稱"《霞海篇》一卷，浙江巡撫採進本"，"明孔天允（胤）撰。是編乃其督學浙江時，案臨台州所作，故以《霞海》爲名。凡詩三十四首，力摹三謝而未成"[③]。但《霞海篇》並未收入《孔文谷詩集》，清代范邦甸《天一閣書目》卷一之一，清代嵇璜《續通志》卷一百六十二《藝文略》《續文獻通考》卷一百九十二《經籍考》著録。可知清代中期該書尚存。據錢仲聯等《中國文學大辭典》云，有萬曆間刻本、舊抄本[④]，如今其是否存世，尚待考證。

如今我們僅知的，是《霞海篇》在當時影響非常廣泛。嘉靖四十四年林大春序言中稱，《霞海篇》"傳之已久，爲詞林所宗"[⑤]。時人對孔天胤《霞海篇》評價頗高，浙江陳鶴曾爲《霞海篇》寫有後序[⑥]。孔

---

① 林大春（1523—1588），字井丹、邦陽，號石洲，廣東潮州府潮陽縣人，嘉靖二十九年庚戌科進士，歷任行人司行人、户部主事、浙江提學等職。

② （明）林大春《刻孔文谷先生詩集序》。

③ （清）紀昀《欽定四庫全書總目提要》卷一百七十七，《霞海篇》條。

④ 錢仲聯、傅璇琮、王運熙、章培恒、鮑克怡主編《中國文學大辭典 》，上海辭書出版社 1997 年版，第 952—953 頁。《中國古籍總目·集部》未録。

⑤ （明）林大春《刻孔文谷先生詩集序》。

⑥ （明）陳鶴《霞海篇後序》，《海樵先生全集》卷十五。

天胤還曾將《霞海篇》寄給同年包節[①]，包節有《讀〈霞海篇〉》一詩[②]。嘉靖三十一年，林大春以行人身份巡視陝西，其時孔天胤任陝西右布政使。林大春臨行，孔天胤送了一册《霞海篇》給他。林大春行至塞上，讀之而深爲所動，"每三復其言，慨然悲之"[③]，並寫下了長達三百多字的五言長詩《塞上讀〈霞海篇〉寄管涔子》[④]。

第二，孔天胤前期陸續刊刻過《履霜集》《澤鳴稿》兩部詩集。

《履霜集》所收詩歌的起止時間爲嘉靖十三年（1534）赴祁州途中到嘉靖二十年（1541）冬丁父憂結束赴河南任的路上；《澤鳴稿》所收詩歌的起止時間爲嘉靖二十年（1541）冬河南任上到嘉靖二十五年（1546）夏丁母憂之前。這兩部詩集，記載了他從政十二年間的輾轉流離、心路歷程、交遊酬和等情況。

第三，嘉靖四十一年（1562），洪朝選[⑤]刻孔天胤詩集四卷。

洪朝選曾與孔天胤相會於浙江，又於嘉靖四十一年（1562）以右參政分守冀南道駐汾州，與孔天胤多有交遊。趙訥在《孔文谷先生詩集序》中，記載了詩集刊佈的經過。趙訥在汾州時，見汾州正在編訂其師孔天胤詩集，於是準備"捐俸刊佈"。後到直隸江都知縣任上，遇到了已從汾州調離的洪朝選，説孔天胤詩集已在山西刊佈。這年秋，孔天胤將刻本寄給趙訥，趙訥爲之核校，並寫了序言。今《四庫全書存目叢書》集部所收的孔天胤卷，其中《孔文谷詩集》四

---

① 包節（1506—1556），字符達，號蒙泉，浙江嘉興縣人，《明史》有傳，嘉靖十一年中三甲一百零五名進士。歷官御史，謫湟中。有《包蒙泉集》。

② （明）包節《包侍御集》，俞憲《盛明百家詩》。

③ （明）林大春《刻孔文谷先生詩集序》。

④ （明）林大春《塞上讀〈霞海篇〉寄管涔子》，《全粵詩》卷三五四，嶺南美術出版社 2010 年版，第十一册。

⑤ 洪朝選（1516—1582），字舜臣，又字汝尹，號芳洲，别號静庵，福建泉州府同安縣人。嘉靖二十年辛丑科進士，歷任主事、參政、巡撫，累官至刑部左侍郎署尚書事。史載其奉旨出審遼王案，因不阿附權相張居正而被罷官歸籍，後被勞堪拘捕入獄，死於獄中。

卷,每卷都有"門人趙訥校"字樣。這四卷詩,前兩卷爲《履霜集》和《澤鳴稿》,第三卷、第四卷俱爲《漁嬉稿》。前兩卷爲舊集重刻,後兩卷爲新刻,收録了孔天胤自嘉靖三十四年(1555)到嘉靖三十九年(1560)間的所有詩歌。

孔天胤在給趙訥的信中提及,本來洪朝選答應到滁州後寫序的,因逢丁憂而未完成,所以請趙訥爲序[①]。嘉靖四十四年(1565)六月十五日,孔天胤爲四卷詩集的後兩卷《漁嬉稿》補寫了自序。序以漢賦主客問答的形式,對詩集名稱"漁嬉"及其詩稿刊刻存留的原因做了題解。嘉靖四十五年(1566),丁憂起復任山東巡撫的洪朝選,將爲孔天胤刊刻的詩集四卷寄給了孔天胤相交於陝西的忘年交林大春,請林大春爲之寫序。林大春序寫於嘉靖四十五年(1566)九月,故《孔文谷詩集》嘉靖四十一年(1562)版卷前林大春序當爲補刻。

第四,隆慶五年(1571),《孔文谷集》十六卷開始刊刻。

此年,趙訥給其師孔天胤寫了《請刻孔文谷先生全稿書》,請求孔天胤"以文録、語録全稿賜訥",自已將與"二三門生及海内同好之士"一起,將"已刻詩集梓爲全集"。得到孔天胤允許後,《孔文谷集》開工刊刻,這也就是《四庫全書存目叢書》所説的祁縣圖書館藏的隆慶五年(1571)刻本。此刻本後又經過了多次增刻。

《孔文谷集》前有趙訥於隆慶五年(1571)三月所寫的序言[②]。序言中稱,該集是趙訥"捐俸寄先生之弟乾石氏[③],偕諸門人刻於家塾"。萬曆二年(1574)中秋,七十歲的孔天胤爲自己的文集寫了自

① (明)孔天胤《再與趙陽谿》,《孔文谷文集》卷十五。

② (明)趙訥《文谷孔先生文集序》,《孔文谷集》卷前。

③ 乾石氏,即孔天民,孔天胤弟,小孔天胤十歲。字不詳,號乾石。嘉靖十六年舉人,曾任直隸南宫教諭、山東東明縣知縣。孔天胤有詩《臘月廿四日壽乾石弟作》,故知孔天民生於正德十年(1515)臘月二十四日。

序，回顧了自己的創作之路及詩文集的刊刻經過[1]。

第五，萬曆年間，又刻《孔文谷續集》四卷。

這四卷續集，文章多爲萬曆之後所寫，也有寫於陝西、浙江時期的，當是前集刊刻時遺漏，後來又收録的。

第六，從嘉靖四十年（1561）開始刊刻《文谷漁嬉稿》。

孔天胤《文谷漁嬉稿》二十卷，從嘉靖四十年（1561）一直到萬曆八年（1580），每年刻一卷，當都爲趙訥與孔天民所主持刊刻。孔天民曾於嘉靖四十二年（1563）卷之末端，附了這樣一段話：

> 家兄文谷先生詩稿多矣，率散刊齋閣。民齋居獨冷，有所得癸亥《漁嬉稿》，亦書而壽諸梓云。時嘉靖甲子春，弟弟子孔天民記。[2]

第七，明人俞憲所編《盛明百家詩》，其中一卷爲《孔方伯集》，收入孔天胤詩歌三十八首。

雖然《霞海篇》無存，但據俞憲所輯《孔方伯集》前小序"公先予歸數年，予歸後欲得其詩，僅得《霞海篇》數十首，蓋亦鼎中一臠耳"可知，《盛明百家詩·孔方伯集》中的詩歌主要來自《霞海篇》。

第八，明人曹學佺編輯刊刻有《石倉十二代詩選》，其中《明詩選》四集卷四十七爲《管涔集》，收録孔天胤詩歌二十四首，絶大部分與《盛明百家詩·孔方伯集》相同，但編排又略有不同。

第九，清代中陽（今山西孝義縣）温德端又組織當地學子，對孔天胤詩集四卷、文集十六卷、續集四卷中的部分篇目，進行了手抄，故又有《孔文谷詩文集》中陽温德端抄本。檢此版本，可見部分抄寫者名字，如《文谷文集》卷五由"門人李梁萌抄"，卷七由"李全五世兄抄"，卷九由"安先生令徒抄"，卷十三由"方儒抄"，卷十五由"郭先生令徒抄"；《文谷續集》卷一由"郭先生令徒抄"，卷三由"安先生

① （明）孔天胤《自序》，《孔文谷集》前序。

② （明）孔天民《刊漁嬉稿》，《文谷漁嬉稿》嘉靖四十二年卷末。

令徒抄"等。

這就是我們所知的孔天胤詩文集的一些刊刻、選刻、抄録情況。

孔天胤佚文、佚詩的搜集,是一項更爲艱鉅的工作。内容及發現的渠道大致有以下幾種。

第一,順着其生平履歷,我們找到了《嘉靖十年山西鄉試録》,其中收入孔天胤鄉試考卷文章一篇。

第二,由相關資料,得知孔天胤還曾刊刻過其他書籍,如樊鵬《樊氏集》、王崇慶《海樵子》、張治道《嘉靖集》、林春《林東城集》等,而孔天胤文集中並未收入這些文集的序言。於是查找這些文集,果然找到了孔天胤序。孔天胤還主纂有《汾州志》八卷,檢康熙《汾陽縣志·舊志序》,也找到了孔天胤的序言。

第三,由孔天胤文章及其他綫索,我們得知孔天胤曾爲其他人的詩文集作序,如楊慎《升庵南中集》、周詩《虚巖山人集》、裴邦奇《巢雲詩集》等,而文集中並未收入。多方查找這些文集,也找到了孔天胤的序言。

第四,翻閲與孔天胤相關的各地方志,也找到了一些文集中没有收録的詩文。如乾隆《祁州志》中的《書廟學碑後》《貞文書院碑後》,萬曆《衛輝府志》中的《衛輝府題名記》,萬曆《山西通志》中的《重修三賢閣記》,多種版本《汾陽縣志》中的《汾東關建城記》,萬曆《靈石縣志》中的《靈石重修廟學記》等。除了方志,還有一些地方文獻,如民國王堉昌主編的《汾陽縣金石類編》,其中有孔天胤的《弘修三官祠記》《重刻金黄華老人詩碣》等。另在三晉出版社近年出版的《三晉石刻大全》孝義市卷、汾陽市卷中也找到了文集中没有收録的一些文章。

第五,明清詩文選集。孔天胤詩歌出現比較集中的版本,有清人錢謙益編選的《列朝詩集》,丁集中選入《孔榜眼詩八首》,其中七首出自《孔方伯集》,一首爲新見佚詩;清人趙瑾編選的《晉風選》,選取孔天胤詩歌十二首,其中六首出自《孔方伯集》,六首爲新見佚詩。這七首佚詩,大部分爲孔天胤致仕前在陝西、河南所作。而孔天胤自嘉靖二十六年(1547)至嘉靖三十三年(1554),有八年的詩稿佚失,其中就包括這一階段。這七首佚詩的發現,也爲孔天胤這一時期的研究提供了重要依據。

第六,實地收録。經趙桂溟先生考察,山西太原崇善寺中有一通孔天胤撰文、於嘉靖四十二年(1563)立石的《重修崇善禪寺記》,我用了兩小時對碑文進行抄録。另外還拜訪了汾陽市作協主席張立新先生,他將尚未出版的《汾州明代金石文彙》電子版拷給我,其中有孔天胤的幾篇碑記,文集中均未收録。汾陽書法家温學鵬先生,又爲我們提供了存放於汾陽市博物館的孔天胤爲宗親朱奇藹所寫的碑文圖片,並親自抄録發來。而負責山西孔氏家譜修訂的孔憲政先生,2015年即向我們提供了發現於汾陽孔氏祖塋的孔天胤父母的墓碑文,爲我們的研究工作提供了重要幫助。河南日報社的孔德秋先生,則爲我們提供了孔天胤的佚文《演易亭記》,爲此前我們所未見。諸如此類,不一一列舉,在此一並致謝。

爲全面反映孔天胤生平、履歷、成就、交遊等情況,本書又以附録的形式,將孔天胤的相關史料記載、交遊贈答詩文以及年譜附於書後,以便讀者進一步查考與研究。

經過我們四人歷時十幾年拉鋸戰式的合作,一部較爲全面的《孔天胤全集》得以出現在世人面前。因所收爲當下可以找到的所有篇目,姑稱其爲"全集",不排除出版後又有新篇目出現的可能,也懇請讀者將發現的新内容提供給我們。

儘管我們足够努力,但由於水平有限,在點校過程中,難免會存在錯漏或訛誤之處,還請各位方家不吝指出,便於我們下一步修訂,在此先行謝過。

張勇耀

2018年8月

凡　例

一、本書内容包括以下三大部分：

1.《四庫全書存目叢書》集部第九十五册，即齊魯書社 1997 年影印本，其中包括《孔文谷集》十六卷、《續集》四卷，《詩集》四卷（含《履霜集》一卷、《澤鳴稿》一卷、《漁嬉稿》二卷），《文谷漁嬉稿》二十卷。齊魯書社影印本所據版本情况如下：詩集四卷，嘉靖四十一年由山西參政洪朝選刊刻。文集十六卷，隆慶五年趙訥刻，萬曆二年續刻。續集四卷，萬曆年間續刻，完成時間不早於萬曆四年。《文谷漁嬉稿》二十卷，起於嘉靖四十年辛酉（1561），終於萬曆八年庚辰（1580），每年一卷。這部分内容，本書簡稱“底本”。

2.明人俞憲編選《盛明百家詩》中的《孔方伯集》，刻於嘉靖、隆慶年間，此卷詩歌以孔天胤佚失的詩集《霞海篇》爲主，四庫本中大多没有收録，是孔天胤詩歌的重要補充。

3. 散見於各種古籍、地方文獻及現存碑刻中的孔天胤佚文佚詩。

二、凡是四庫本收録的詩文，均以四庫本爲底本；凡有其他版本的詩文，均在“校記”中標出另見的版本，並將有出入的字、詞、句進行標示，如“某，某版本中作某”。

三、本書主要的校勘版本有：

1.山西省祁縣圖書館《孔文谷先生文集》十册，包括文集十六卷、續集四卷。四庫本文集部分即據此影印。本書簡稱“祁縣本”。

2.國家圖書館古籍善本閲覽室《孔文谷詩集》明刻本二十四卷（其中包括詩集四卷、《文谷漁嬉稿》二十卷）。本書簡稱“萬曆本”。

3.國家圖書館普通古籍館《孔文谷文集》清中陽（今山西孝義）温德端手抄本。本書簡稱“温抄本”。

4.與孔天胤履歷相關的各地方志，如《山西通志》《汾州府志》《汾陽縣志》等。如清雍正《山西通志》中收録有孔天胤記、序三篇，書信三封，詩歌若干首；清康熙《汾陽縣志》中收録有孔天胤詩歌十幾首等。

5.《四庫全書存目叢書》中林大春爲孔天胤詩文集所寫的序言爲殘頁，缺漏近一半文字，依據林大春《井丹林先生文集》、梁有譽《山曉閣選明文全集》及國家圖書館《孔文谷詩集》明萬曆刻本、清温抄本進行了核對校勘。

6.孔天胤所刻圖書的書序，如《資治通鑒》《文章正宗》《西京雜記》等序，及他受人之托所寫的書序，如趙康王朱厚煜《居敬堂集》、第七代慶成王朱新堤《奕善堂稿》、第八代慶成王朱慎鍾《寶善堂稿》、劉儲秀《西陂集》、何瑭《柏齋集》、韓邦奇《苑洛先生集》等，依據相關刻本進行校勘。

7.孔天胤文集中的碑記，如《重修周文王武王陵寢及周公太公墓祠記》《浙江改建船廠記》《新昌縣重建先師孔子廟庭記》《太平縣肇興水利記》《創建鄴二大夫祠記》《創建泮宫亭橋記》《介休縣興復西渠水記》《臨縣修城記》《弘修汾州廟學記》《介休縣繕城記》《徐溝縣修復三渠記》《太原府知府於公去思碑》《平遥縣知縣韓侯去思碑》《明通議大夫兵部左侍郎贈工部尚書襄敏張公墓誌銘》《浮山縣弘修廟學記》《分守冀南道左參政濾濱張公創開田渠碑》等，依據碑記所對應的州縣方志，如陝西《咸陽縣志》、浙江《仁和縣志》《新昌縣志》、山西《太平縣志》《汾陽縣志》《介休縣志》《徐溝縣志》《陽曲縣志》《永寧州志》及《山西通志》等進行校勘。

8.孔天胤代作的序言，如嘉靖二十二年浙江鄉試録後序、嘉靖三十一年陝西鄉試録序、《山西通志》序，孔天胤文集中均注明“代作”二字。通過鄉試録刻本及嘉靖《山西通志》，確定了署名爲“廣東廣州府順德縣儒學教諭陳雍”的嘉靖二十二年浙江鄉試録後序爲孔天胤所作，署名爲“山東濟南府肥城縣儒學教諭楊舉”的嘉靖三十一年陝西壬子科鄉試録序，署名爲“巡按監察御史樂亭王好問”的嘉靖《山西通志》序，均爲孔天胤所作。這一發現也澄清了史學界的一些問題。我們通過認真核對，在“校記”中補出了孔天胤文集中相關序言中省去的人名、地名、事件等，以還原序言的原貌。

四、凡是四庫本漫漶不清之處，能够依據其他版本進行訂正的，在“校記”中全部寫出訂正後的字；無法核對訂正的，統一以“□”表示；根據上下文能够推斷字義的，以“疑爲某字”標示，以便於幫助讀者理解詩文。

五、對於四庫本中段落脱漏或錯入他文的情況，據其他版本予以補出的段落，文中用〔 〕予以標注，並在校記中説明。

六、對異體字的處理，參照國務院 2013 年印發的《通用規範漢字表》，特别是其中所附的《規范字與繁體字、異體字對照表》。個别屬於古今字者，予以保留。

七、原刻本“己”“已”“巳”皆作“巳”，“母”“毋”皆作“毋”，“戊”“戍”皆作“戍”，均據語境做了辨别和規範化處理。

八、對於原刻本中的錯誤，均據文意作了訂正，並在“校記”中予以注明。

九、所附《孔天胤年譜》的編纂體例如下：

1.著録範圍，以譜主的直接活動，特别是譜主畢生的修身、爲學、治事的活動爲重點。同時，譜主交遊所及，如家庭成員、師、友、生、徒、僚屬因年代久遠，相當數量的人物已不爲後人所瞭解，儘可能附以小傳，以期知人論世。爲了避免喧賓奪主，小傳以附録的形式編排於書後。人物生卒年首先採自墓誌銘、墓表、神道碑、行狀或地方志、文集中的人物傳記,部分人物生年依據現存進士登科録斷定。有矛盾的地方諸如“官年”現象,則未予以鑒别討論。

2.年譜力求將譜主置於當時國内外環境中,有關大事等情况,有助於説明當時時代之特點,故儘可能適當加以著録。希望做到既不漏又不蕪,既全面照顧又能重點突出。注重資料的整理與反映,歷史的分析和評價等暫未涉及。

3.本譜就現存詩文,逐一考證其撰期。其中較重要的,酌附解題,括其主旨,繫於相應的年、月、日下;如無可考,則繫於相近年次。一些年份不詳的詩文則於附録中加以説明。

4.資料儘可能按照作者年代先後排列,作者注明時代,重出者不再注明。

5.鑒於諸多書籍引用文獻未注明出處或語焉不詳,給閲讀者及研究造成諸多不便,年譜中所徵引資料,一律標出來源,篇目不作省略。

6.資料主要收集於明清史籍、各地方志、明清學人文集及筆記,近人與今人資料也盡力搜集採納。

7.譜文儘可能嚴格地保存原資料的面貌,直接引用原文,並以引號標明。儘可能做到“有根據”“可根據”。

8.譜文以“本譜”爲主體,開始於譜主誕生年,終止於譜主去世年,逐年編排。與一般年譜同例,以年爲綱,按年隸事。其中與譜主關係較密切的事,儘可能兼記月、日。

9.“本譜”以外,纂輯“譜前”與“譜後”部分。“譜前”記誕生前事,“譜後”記去世後事。所記均較簡略,以直接關係到譜主、承前啓後、一脉相連的事爲限。

10.譜文紀年,採用歷史紀年與公元紀年相對應之法,如有可能産生歧義者,略作標注。

目　録

第一册

第二册

第三册

二、孔文谷續集四卷

三、孔文谷詩集四卷

四、文谷漁嬉稿二十卷

文谷漁嬉稿卷三　癸亥(嘉靖四十二年)

第四册

第五册

五、孔方伯集一卷

六、孔天胤佚文輯録

七、孔天胤佚詩輯録

八、孔天胤、馮惟訥評謝榛詩

第六册

附録一　孔天胤研究資料彙編

一 傳記類

第七册

第八册

文谷孔先生文集序

士君子接人應事，其見于辭，大要有詩若文二者。詩則發于性情而述于歌咏，其辭屬之簡。然其人與事有非詩之所能盡者，則窮溯鋪揚、舒徐紆遠而爲文。雖不外于性情，而非歌咏之可以限載者，其辭或不容以簡矣。夫詩與文皆本于人之心也，而有能有不能，鮮有兼之者。即如昌黎以文雄，而詩則讓李、杜，而詩與文之中又各以其類分工拙焉，他固可推也。

明興，以舉業取士，士之精神心術，自童習以至於强仕，率盡竭于占蹕對偶之間，故于詩則判然置之分外，而于前人之文亦率以古目之。比仕而可以脱舉業，則又拘于吏事而倥偬于簿書之叢，即有豪傑之才，欲挽而爲古之作者亦已難矣。惟吾文谷先生殆兼有之。先生方盛年登上第，其脱舉業之習已早，一仕而督學秦中，則又不拘于吏事。矧其生當文運之隆，神降河山之秀，氣質之禀，厚而且清，不濁不浮，乃天地間氣所萃者。即故群之儒吏之習，猶當超出乎其外者，而况天既以此生之，故又特善培其所遇也，是故兼之者矣。

愚生也晚，聞先生方在諸生時，諸課試輒自成一家言，不卑卑隨衆剿襲。平居感物就事，口占歌咏，即爲希古之調，至今膾炙人口，所謂言出爲論，聲即爲律也。即其宦歷四方，至今懸車以來，啓口皆德，當席揮毫，每出一篇，若夙構記然者，是豈可以尋常儒吏例耶？學士大夫，無問遠近，識與不識，莫不訪問求請，得其篇章，不啻朋錫。一時在世者不論,即如故祥符高蘇門氏、亳州薛西原氏,諸子皆卓然以其詩文高視一世,獨于先生之作推讓焉,是故可傳也已。

往者閩中洪芳洲氏參藩晉省時,嘗刻其詩付西河之石室,因先生所自名"漁嬉"名之焉。顧其文尚秘,無以示也。訥宦游過家,往來且十年,數以爲請,乃先生以其詩則與人偕樂,每歲刻《漁嬉》一帙,而獨難于以文示人。比訥在民署閱年,蓋四方相知者愈益問請,以爲不可無傳也。予叨爲先生弟子,于是益以自愧内訟,乃捐俸寄先生之弟乾石氏,偕諸門人刻于家塾。因憶《漁嬉》之刻予業已序之,其于文敢獨嘿然已乎?

《易》有之:"觀乎人文,以化成天下。"然則文之爲言人也,文非其人則虚也。故文也者,人之緒也,不可以盡其人也,愚請因先生之文而言其人。蓋自訥從先生門下三十餘年,竊見其居家孝友,與宗親仁讓,處鄉黨交禮厚,邦之大夫禮見有時,無援瀆,即遠方慕而來見者,非道義則麾之。方其秦、越督學,則先行實而後文藝;潁、衛當路,則重風俗而略刑名;至總轄關、河兩藩,則又惓惓于節用愛人以爲本,而不屑屑于催科期會以爲能。其文之見于酬應者,即當如其人。惜也,人徒知其文也,而或不知其所以文也。

先生今年幾七十而德彌邵,方聖賢相逢之時,訪延舊老,得先生用之,將有名世之事業焉,何但以其文也!唐虞三代名世之臣,皆以其精神爲致君澤民之功,其文之可見者,謨訓數語之外無聞焉,非不能文,不屑于文也。然則先生豈徒欲以文顯哉?嘉靖初,肅皇帝以農桑策士,蓋示以安民致治之實也。先生應制,雅稱上意,遂擢首科,乃以宗親外補。假使先生不格于例,得竟其用,則其所以加于上下者,當如《豳風》《無逸》所稱矣。然先生高尚之志,當仕已然,今其恬愉淡泊,逍遥以游,與其弟乾石氏及諸山人詩酒相娱,甚樂也,仕路馳驅于先生何有哉!故愚嘗論之:君子之不能用,非君子之不幸,而斯民之不幸也;君子之用于文,非君子之幸,而學者之幸也。故吾于先生，論其人，既爲斯民惜，獨爲先生喜；論其文，復爲先生惜，轉爲學者喜。然則學者讀先生之文，尚知其人哉？撫卷咨嗟，奚啻三致意焉。

隆慶五年辛未三月吉，賜進士第、承德郎、户部署郎中、眷門生趙訥頓首撰。

請刻孔文谷先生全稿書

門人趙訥

訥聞躬行君子，原不在于文辭之工，而言之有文，斯足以爲行遠之籍。是故天行至健，日星斯章；地德無疆，山河爲紀。聖賢之道，豈容無文？道固不盡于文，而因文可以見道。一撮之土，廣厚之地可窺；小明之星，高明之天亦在。

惟吾師文谷先生，宣聖之裔，帝室之甥，忠孝著於家邦，德業超於遠近。貌標玉立，見之者鄙吝斯消；詞吐鐘洪，聞之者愚蒙遂發。德功已載於不朽，緒餘時見於文言。見豈因文？文無非道。萬言應制，簡在帝庭；兩省宗文，印傳聖教。諸所酬應，隨寓精微；凡有咏吟，莫非意趣。雖尊道不屑於小伎，意在忘言，而後學實賴於前言，不則何述？即平生著作之富，已播勒金石之間，炙口於人，傳心在世，顧梓行未有全集，則博大難於徧觀。今此四方猶勞求問，將來百世何以徵存？德自有言，道豈終秘？西河子夏雖不徒文學之科，汾上文中亦必有《中説》之著，此吾鄉之先進，爲今日之儀刑。

訥也不才，忝厠門下，僅供灑掃，敢與斯文？執經三十年，雖未敢望登堂而入室，聞言千萬語，亦私竊蠡測而管窺。嘗請選編，未蒙鈞賜，固知德行之存乎默，尤愧文章之不得聞。且近世稗野之家，猶或刊布於朝市，雖官府牒移之俗，亦已印貯於有司，况此至言，豈宜獨缺？既爲弟子，寧忍無傳？是以不揣近卑，妄援高遠，亦自知知言之不易，庶幾見立言之可行。伏乞尊慈，俯允所請，命侍史以文録、語録全稿賜訥，當與二三門生及海内同好之士，通與已刻詩集梓爲全集。美而斯愛，豈徒門人小子之私珍？愛而斯傳，當爲天下後世之同寶。雖凡夫肉眼，知之固難；而荆玉南金，世豈無識？訥不勝瞻望懇祈之至！

自　叙[一]

余弱冠學文，白首無成焉。文易言乎？憶每有所綴，初自謂小可，再看則醜矣，輒棄去。嘗懷草就正於人，復逡巡不敢面白，至臨别，置案間而出，其慙劣如此。比家僮整書，獲棄餘數百篇，陽谿君見而歎曰："先生之志於兹也，文故在兹矣。獨不觀世乎？夫赫奕之塗多附，沉冥之巷寡交。多附則延譽者衆，寡交則莫之與也。延譽則飛天皆洪閎之華，莫與則玄[二]文處幽而已。是故寂寞枯槁之人，雖著書含章，卒老死巖穴而名不稱者，夫豈少哉！乃今先生之文，門人小子而不録也，其誰爲？"於是與余弟東明君刊置家塾。余於是知覆瓿之笑必不免矣。乃自釋曰：

吾文猶孤生之桐乎？枝無扶疏而根有結據，其思古，其法存，其辭陋，其旨微。其叙事不爽於人情，其統類不愆於物理，其傳述不舛於賢者，其是非不謬於聖人。其詩陶寫幽人之貞，咏歌先王之風，庶幾乎六義之趨焉。是余所以學也。若其佳惡，我自知之；非陽谿誰復相知，定吾文於他日者？

韓子曰："昔楊子雲著《太玄》[三]，人皆笑之。子雲之言曰：'世不我知，無害也；後世復有子雲，必好之矣。'子雲死近千載，竟未有子雲，可歎也。"此語蓋傷知我者希。《老子》有言："知我者希，則我貴。"信斯言也，君子亦貴其所可貴者而已矣。若仲任之閉門潛思，著書養性；節信之憤世著論，《潛夫》是名，彼豈有徼於人之知哉？

萬曆二年歲次甲戌中秋日，七十老人文谷子書〔四〕。

【校記】

〔一〕本文收入清雍正《山西通志》卷二百一十三《藝文志·序》，署名“孔天印”。清代文獻爲避雍正帝胤禛諱，“胤”字做了缺筆、增筆或换字處理，用“印”“寅”“引”“允”“孕”等字代替。

〔二〕玄，《山西通志》作“元”。爲避康熙皇帝玄燁諱。

〔三〕楊，《山西通志》作“揚”。玄，《山西通志》作“元”。

〔四〕《山西通志》無“七十老人文谷子書”八字。

一、孔文谷集十六卷

孔文谷集卷一　策

嘉靖壬辰科廷試

臣孔天胤

臣對：臣聞帝王之治，敦本以厚天下之生，達權以通天下之變，則天德孚而王道成矣。夫民生也者，邦家所恃以爲基者也，然而厚生之道，有本存焉；事變也者，治忽所乘以爲幾者也，然而通變之道，有權存焉。夫其本之在是也，而弗敦之以厚天下之生，則化必不溥，澤必不深，而邦家之基或將匪安。夫其權之在是也，而弗達之以通天下之變，則弊弗可釐，滯弗可起，而治忽之機將有大可畏者矣。是以聖帝明王之治天下也，代天理物，必以厚生爲先；更化善治，必以通變爲先。惟厚生也，則必自其本之所在者而敦之，躬行於上而作則於下焉，經理之密而講晝之詳焉，必期化溥澤深而後已。惟通變也，則必自其權之所在者而達之，察時審勢而化裁之焉，隨幾應用而神明之焉，必期弊釐滯起而後已。化溥澤深則群生和、萬物育，而邦基日以益固；弊釐滯起則德富有、業日新，而治幾日以益熙。由是天德孚於上下，王道成於始終，而有以昭帝王之盛者固如是矣。

恭惟皇帝陛下，膺天眷命，纘承大統。臨御以來，視民如傷，望道未見，乃進臣等於廷，策以天下之務。臣莊誦竊歎，以爲聖人建其有極，敷錫厥福，端崇理本，明燭化機，固有神明之道，而乃以詢之末學之臣。臣愚，何足以知之？然對揚休命，不敢以終默焉。

臣嘗讀周之《書》有曰："惟天地萬物父母，惟元后作民父母。"言天生民而立之君，使司牧之也。讀《易》之辭有曰："后以財成天地之道，輔相天地之宜。"言明王代天理物，奉若天道也。是知奉若天道，莫大乎子民；子民之道，莫大乎厚生；厚生之道，莫大乎遂其所安所欲之情；遂其所安所欲之情，則又莫大乎重農桑之務，足衣食之源。足則民情遂，民情遂則民生厚，民生厚則教化行，風俗美，陰陽調，風雨時，群生和，庶類殖。民沴物眚之異、寇賊奸宄之變莫不盡銷，諸福之物、可致之祥莫不畢至，而王道有終矣。是以古昔先王，繼天立極，開物成務，必以此先焉。

粤稽庖羲氏之王天下也，首教民耒耜，而耕之制以興；耕之制興，而食之源以開矣。軒轅氏之王天下也，首教民衣服，而蠶之制以興；蠶之制興，而衣之源以開矣。堯命羲和授民時，舜命益、稷興民利，禹、湯平成允殖，文、武咸和永清，率是道也。然三代之道固無不同，而成周之法尤爲至備。於是天子有籍田之典焉，一撥三推，庶民助以終畝也；王后有親蠶之典焉，繅三盆手，世婦布於蠶宫也。夫君后至貴也，而以服田野之勞，誠念夫稼穡之艱難，小民之所依、王業之根本在是也，故服勞以爲天下先焉。是以當時之人，男則服事乎耕焉，所謂"亦服爾耕，十千維耦"也；女則服事乎蠶焉，所謂"女執懿筐，爰求柔桑"〔一〕也。夫天下至大也，而皆力農桑之務，誠念夫食之資於耕，衣之資於蠶，而所安所欲之樂在是也，故協極以先其本焉。今觀《無逸》之書，《七月》之詩，帝王所傳心法之要可繹思矣。成王以之致四十年之平，周家以之永八百年之祚，良以敦天下之本而厚天下之生如是也。

聖制曰："民之所安所欲者，必首之以衣與食。使無衣無食，未免有凍餒死亡、流離困苦之害。夫匪耕則何以取食，弗蠶則何以資衣？斯二者，亦王者之所念而憂者也。"大哉皇言，其真得帝王之法，而敦本以厚天下之生者乎！何其憂勤惕勵如此也！

臣嘗竊觀天下之勢矣，錢鎛在野，非不耕也，而閭閻猶啼飢之衆，杼機在室，非不蠶也，而寰宇多號寒之民，此其故何耶？漢賈誼告文帝曰："一人耕之，十人聚而食之，欲天下無飢不可得也；十人織之，不能衣一人，欲天下無寒不可得也。"夫誼之爲是言也，豈無見於天下之勢而云爾哉？蓋以天下之物，生之豐敗存乎天，用之多寡存乎人。天下之人，遺本逐末者亦已多矣，而游墮者又從而半之焉；終歲勤動者不足用矣，而冗雜者又從而耗之焉。昔人論治，嘗有"官浮於冗員，禄浮於冗食，兵浮於冗費"之説矣，又有"賞盈於太濫，俗盈於太侈，利盈於太趨"之説矣。之二説者，皆饑寒之由也，不獨誼之論爾也。飢寒切身，則怨聲愁氣上干天和，而水旱蝗蟲之爲災矣；人民流離，倉廪空竭，則外夷窺伺而邊有烟塵矣；游墮無賴俯仰相困，則放僻日恣而内有盗賊矣。

聖制曰："耕者無幾而食者衆，蠶者甚稀而衣者多。又加以水旱蝗蟲之爲災，游墮冗雜之爲害，邊有烟塵，内有盗賊，無怪乎民受其殃日甚一日也。"是陛下之沉幾先物，加志窮民，有以深識天下之勢，而洞見其受弊之源矣。然猶省躬自咎，以"上不能參調化機，下不能作興治理"而憂且愧焉。且又以"時有今昔，權有通變"，欲有道以"致雨暘時若，災害不生，百姓足食足衣，力乎農而務乎織，順乎道而歸乎化"，惓惓以清問芻蕘之臣焉。是即堯咨衢室，舜察邇言，禹、湯不自滿假，文、武不敢康寧之誠也。臣愚，學不足以明理，智不足以識時，抑何以仰裨聖治於萬一乎？我皇上體元居正，通變宜民，設施於九五之尊，炳焕於敷天之下者，臣得見知於依被之餘久矣。請以是而颺言之，而竊以一得之愚附焉。

今夫聖人理天下，使萬物各得其所爲至極，而君相以父母天下爲王道。故斯民失所，則當敦本以厚天下之生；治化未孚，則當達權以通天下之變。此帝王善治之規，古今不易之法也。今自其敦本者言之，農桑不復古久矣。我皇上光闡九疇，稼穡維寶，秩修六府，土穀是重。聖躬則秉耜於南郊,即古之三推之典也;皇后則親桑於内苑,即古之三繅之典也。是故百辟卿士承式於下而農務聿勤,六宫嬪嬙率履於内而蠶典克振,是其敦本以爲天下先者,固已躬行於上矣。又自其通變者言之,法久則弊生固也。我皇上一德昭格,百度維貞,參調化機,作興治理,敬天勤民。而祈報賑貸之有條,禁奢止暴而品式兵刑之有節。是故禮樂教化莫不振舉,而上下四方皆願精白以承休德,是其達權以爲通變之宜者,又以神明於上矣。

夫敦本以厚天下之生，宜乎民生之盡厚也，而凍餒猶不免焉，無乃聖心雖懇惻,而奉行者之不以實乎?達權以通天下之變,宜乎事變之盡通也,而偏滯猶未振焉,無乃王制雖詳密,而化裁者之或有蔽乎?蓋君者,出令者也,臣行其令而致之民焉,理也。君有惠下之德,而臣無宣德之誠,則膏屯而靡施,斯民安得不受其殃也?政者,救時者也,時有所極而變生焉,勢也。時有可變之勢,而吾無神化之方,則弊流而弗返,斯治安得而盡其善也?是必奉行之實,而後本可敦也;必化裁之當,而後變可通也。且力農而務織,足食而足衣,順道而歸化,有生者之所同欲也。今顧有欲耕而無其田、有田而不得耕者矣,欲蠶而無其桑、有桑而不得蠶者矣,又奚望其禮節之知而道化之協也?此豈可責之民耶?上恬而下熙,内安而外静,時和而沴消,願治者之所樂聞也。

今邊塵或有鼓之者矣,内寇或有致之者矣,而天災時變又未必無所感也,此豈可委之數耶?其所以奉而行之,化而裁之,亦惟存乎其人而已爾。是故奉行之道,最患乎虚名之相尚而實效之無補;而化裁之方,則以順時宜民、補偏救弊爲首務焉。然則爲之奈何?必也天子以實責宰相,宰相以實責監司,監司以實責守令,守令以實責庶民,而後謂之奉行之實,必也仰以觀於天文,俯以察於地理,中以觀於人物,遠以稽於先王,近以酌於時政,而後謂之化裁之宜。故爲今之計,不徒彌文之是飾也,而必尚實以敦其本焉;不貴更張之無漸也,而必達權以通其變焉。閭閻有勸課之吏,末作嚴裁抑之防,工役罷不急之務，賄斂禁催科之擾，豪强抑兼併之習，而又去三浮以從實，酌三盈以從約，則民將力乎農而務乎織，而衣食無不足之患矣。郡邑有循良之吏，鄉里弘庠塾之規，力田敦孝弟之懿，士習崇禮義之正，本俗無緇黄之惑，而又修五禮以防僞，明七政以齊民，則人將歸乎道而順乎化，而游墮冗雜之不爲害矣。由是練勇敢，勵戰鬥，旌才略，以務治軍選將之實，而又篤周之《采薇》以下五詩之義焉，則邊疆有吉甫、方叔之將，而烟塵可息矣。由是察言行，課功狀，公薦舉，以務求賢審官之實，而又如漢之重二千石之義焉，則郡邑有龔、黄、卓、魯之賢，而盗賊可化矣。

至於欲雨暘時若而災害之不生，則又在聖天子建中和之極，臻位育之功，而凡諸臣同心協德，興道致治。三孤以調燮鼎鼐，無媢嫉私刻之流；六卿以贊襄機務，無險詖傾側之士。有官守者盡其職而不曠厥工，有言責者盡其忠而不愧厥職。有功必賞，有罪必罰，俾體統正而朝廷尊；有利必興，有害必除，俾恩惠流而教化廣。由是人事盡於下而天變自回，人心和於上而天休自至。將見穹靈錫祜，壤祇貢祉；山出器車，河出馬圖；至治馨香，達於神明；協氣氤氳，盈於宇宙。前星炳耀，百男兆麟趾之祥；後禄延和，萬國鞏鴻圖之運。所謂天德孚而王道成者，蓋至矣，而無以加矣。

《易》曰："惟深也，故能通天下之志；惟幾也，故能成天下之務；惟神也，故不疾而速，不行而至。"臣草野之人，不識忌諱，謹以是爲聖明獻，臣〔二〕無任殞越之至！謹對。

【校記】

〔一〕"女執懿筐，爰求柔桑"，語出《詩經·豳風·七月》，原句爲"女執懿筐，遵彼微行，爰求柔桑"。

〔二〕"聖明獻，臣"四字，底本漫漶不清，據祁縣本補。

孔文谷集卷二　序

刻王端溪先生所著經義序

六經〔一〕,聖人之心也。所謂天地之道,民物之彝,宇宙之極,而非言語文字之云爾也。《書》曰:"惟皇上帝,降衷于下民。若有恒性,克綏厥猷,惟后。"言盡性也,非聖人曷以哉!在聖人,兼兩三才,首出庶物,闡道而弘化,叙彝而設教,建極以爲天下先。繇是變通之而爲《易》,經綸之而爲《書》,歌咏之而爲《詩》,節文之而爲《禮》,和暢之而爲《樂》,法製之而爲《春秋》,皆自其心出之者也,而非言語文字之云爾也。然自夫子没而微言絶,七十子喪而大義乖,則經垂空文,人挾臆見。垂空文則大道稱隱,挾臆見則真知寡儔。以不真之知,求久隱之道,其不謬叛者鮮矣。

夫聖人之心,廣大精微,純粹中正,與吾心一也。故發而爲德業,傳而爲訓典,皆是物也。學者生聖人後,志其道,恨不登其庭,乃取其經尊而讀之,亹亹乎言語文字之間也,而又硜硜乎傳注之説也。一切不求之吾心,以求聖人之心,而曰明經致用焉,可乎?特以資科第焉爾。

嗟乎!學術不明,人心陷溺。陷溺之害,甚於洪水橫流,將懼其不可止也。是故君子有畏天悲人之志,而後有救時反本之學。人亦有言:"衆言淆亂,折諸聖。"夫不得其心而能折諸聖者,未之有也。是故我端溪先生讀經體道,著《易》《書》《詩》《春秋》《禮記》心義各一卷。以余亦竊有志焉,而未之逮也,因悉寄示。時汾州守李君見而悦之,則梓之郡齋,以明學也,余故表其義云。

【校記】

〔一〕朱彝尊《經義考·通説三·説經下》"六經"後有"者"字。

贈玉臺任公上陝西布政左使序

嘉靖壬寅夏五月，陝西布政左使闕，宰臣進玉臺任公，言可用。若曰："關中，國之大省，又安攘事棘，必得岳牧，兹惟其人哉！"上曰："可。"是時，任公爲河南布政右使，廣陵南溪張公爲左使，一時德政和平，榮名嘉美，號爲最盛。蓋河南屢災，百姓困，公與南溪公同心共濟，協恭和衷，務惠養元元，與之休息，敦禮讓，崇節愛，以表在位，吏民於是各以其職業順序。晨起視事，庭無留難，府史但跪案前乞署文書而已。二公並坐堂上，垂紳玄覽，視春時所樹竹柏俱已長茂，鹿呦呦其下，鶴舞成列。自公退食，雍容委蛇，蓋省中晏然焉。國人至讚《羔羊》，故號最盛。

曩余僉事西司，間一來，則見受事者紛屈膝門外，吏人抱簡而集階次，大方伯處分或不暇退食。當是時，固心厭藩司之煩如是。今余起家得參議政事，攬清明之化，則又不煩。因時時察公等盛德，大氐公順利物，居敬而行簡爲本。夫公故能同，順故能應，敬簡故能貞。此三者，德之所以盛也。故事物之來，張公運於左，曰如此，公不以爲辱；公運於右，曰如彼，張公不以爲僭。是故大同而無我，循理而達治者已。故知建中和于一堂，布清寧于四境，非甚盛德，其孰能與于此？古之聖人，精明内蘊，外順理萬物，其志不分，萬物迎刃而解，故舉天下無難焉。孔子贊《易》，稱黄帝、堯、舜垂衣裳而天下治，蓋言乎其至易也。故易簡之德配天地，變通之理齊四時。公與張公同舉進士正德中，皆深于聖王之道，明於當世之務，故其盛德乃爾哉！公既被命，遂分陝而治，其道一舉諸此，關中其有庇乎？

夫關中民病矣，武備又不振，蓋官多政急，食少兵疲，故宰臣曰"安攘事棘"，憂之也。夫政有體，差税誠不足以病民；其病民者，以積煩故。夫省雖大，一總制，四巡撫，三巡按，以臨有司，斯有司之政常急，然不知簡要，日夜徒驅擾百姓以供事，百姓勞苦而不得息，如之何其不積煩也？夫國家命將守邊，武備宜日日振，其不振者，以積玩故。夫軍法最嚴，今匈奴殺掠其民人，主帥無論，或戰而折傷，即論不備，雖有斬獲，僅自贖而已。故將帥皆喜規避，務保全，奸人拾虜棄遺，偵殺其歸虜中者獻俘，制臣輒奏捷乞賞，奸人盡笑之，將士遂决意不戰矣。且居無積倉，行無裹糧，雖廉頗、李牧在，今能爲之哉？此賞罰之不明，而勸懲之無實，如之何其不積玩也？夫積煩以敝民，積玩以泐武備，非細故也。公去，以治行河南者推而達之，率有司辨期會之節，守寧一之規，悉除去煩苛，與民休息，百姓其無蘇乎？又移書塞上，白鎮巡以忠信謀明，鼓舞士氣，强本足用，蓄養軍威，毋邀近利，毋取虚名，毋怵禍患，請朝廷破條格以廣威惠，解文墨以待俊豪，三軍其無起乎？是固安攘之大者，知公必亦坐而運之矣。

國家重卿相之選，先試才外服，積官至岳牧，然後進之於朝，授以大政，調元，和布，化光，均平四海，垂耀無窮。誠閲歷廣大而明習甚周也，乃公惟其時矣。公始以比部員外郎出僉陝憲，歷雲南、江西、浙江，所在著聲，民所嘉樂，是非深於聖王之道，明於當世之務者耶？然江西、河南俱再至，惟陝乃公初出僉之所，今又總領大藩矣。《史記》言："東方物所始生，西方物之成孰。故作事者必於東南，收功實者常於西北。"故余知公之卿相之業繇兹其大顯云。

公西行之日，群僚出祖，供帳夷門，南溪公授簡贈言，命余申寫其事。然既職在末位，曷敢以不叙焉？第言之卑，適益蔽公之高美爾。是時補右使者，則按察使豐山孫公。

贈總督大司馬石岡王公進錫序

比歲邊不得寧，上勤于西顧，爰毖戎紀，而尊制師便宜戰守之防，綜飭功罰之令，總理方略，弘壹調度。則師丈之選，文武之才，足憲萬邦而貞六師，而後出則有重於泰山，入則功光乎日月。是爲安攘胥臻，内外咸輯，吏盡樂職而民悉序業，夷守定固而戎馬閑也。而後朝廷有大凱之樂，臣子有竭忠效義、運籌册萬全之勛。而後光表碩膚，嘉貺寵榮，鴻名照耀，休烈永存。是爲明良之盛，參贊之隆，禔福四海，爲生民慶。是故“豈弟君子，求福不回，民之攸塈”，是故交于神明，則有歆肸之享；洽于人民，則有頌美之孚。

我大司馬、兵部尚書石岡王公，實承上簡命，授畀全陝三邊四鎮而節制之，是爲嘉靖戊申。蓋是時，總理方略，弘壹調度，于以安内而攘外者，亟倚乎公。故公自本兵移鎮，式遄于行，入關與吏民約，所以撫綏；與將士約，所以備禦；又親冒霜霧，蕩風沙，周歷邊徼，視阨塞險要，兼簡軍實。而奇正之須、蜚輓之供、儲積之待、車騎之修、器械之戒無弗整也，斥堠之熢、封守之成無弗虔也，戰陳之勝、壁壘之堅無弗審也，驕匱之防、進止之機無弗省也。春夏水草生邊，令部曲耕守，以其餘力合築塞垣，西自瓦梁，東及響水，延亘殆將百里，使千夫乘塞列隧而萬虜莫前。故胡人雖秋高馬肥，不敢南向而牧。于是師有不戰之勝，兵有時戢之威。故虜裁一過西海，而甘、凉已獻俘矣。

公方憂勤儉素，多算廣謨，本之以忠誠，行之以仁義，周之以智慮，震之以剛健，質之以詩書，文之以禮樂。時戒懼而持之，俾不敢怠；日詔國人而訓之，使知其方。而虚文疑説、務勝好奇、矜能喜事，緣飾以希功名之會者，一切罷棄，而利害無所概其心。故居中鎮静則群動遵軌，舉得于外則福生于内。故文墨之吏壹意撫民，介胄之夫摶心慴侮，閭閻寡愁歎而疆圉絶猙獰。蓋自公命之，于今三年，所謂吏樂職，民序業，邊底寧，誠已然矣。

維時大司馬爲表其勞，天官冢宰爲奏其績，上乃大悦，賜褒美之書，崇貺錫之典，晉公太子少保，仍廕録元嗣。拜命之日，三軍之士莫不起舞，吏民睹旨聽風，咸共欣慶。若曰："今日朝廷有竭忠效義、運籌册萬全之臣如此，太平天子有大凱之報如此。"于是藩臬長吏相與議于政事之堂，曰："昔漢後將軍趙充國經理西羌，宣漢威德，料敵制勝，計出萬全，天子既册元勛，詩人爲之頌曰：'昔周之宣，有方有虎。詩人歌功，乃列於《雅》。在漢中興，充國作武。赳赳桓桓，亦紹厥後。'今三邊實廣于西羌，兵糧弗加于漢代，而坐制勝全尤有難于充國者。乃威謀慎重，正律矢文；昭其果毅，式遏醜虜；即其威惠，如山如河。豈曰柔遠寧邇，慰我皇心，實奠潤我人而福之，則匹休方、虎，比迹營平，我公爲有烈焉。况今躬被寵靈，薦承福祉以有慶也，則頌美之作可無絶乎？"

左參政天胤時與執事之末，乃謹述公盛德，列此叙辭。若陳詩歌功，如《雅》《頌》所云，則明堂清廟，高文典册存之。聞之古曰："君子服寵以爲美，安民以爲樂，聽德以爲聰，視遠以爲明。"夫聰明者，聖之德也；美樂者，時之遇也。或德盛而遇違，或因緣幸會而不必克，聖世豈少哉？乃今公實有之。尋以其德還而翼亮于清穆也，以康四海之民，以綏萬世之寵光，文其不在兹乎！

送大中丞約庵歐陽公撫治鄖陽序

鄖陽咽喉楚、蜀，襟帶漢、宛，形勢扼塞，風氣慓遬，而山林川澤之饒可以給民，故其民多呰窳而罕積蓄，而他所流亡往往歸集。其地通乎漢中、商洛、南陽、汝寧之間，故四郡之俗亦多枝柱急疾，奸宄易萌，非轂輻而銜轡之難爲理也。于是四郡之内各有兵備撫民方面一人，而于鄖陽特簡命御史中丞一人開府坐鎮，所以括綜方略，綏一統類。然職以撫治爲名，則誅鋤之不專，而保合之爲務；仁義之理不殊，而德威之宜異也。故爲政在人，言政有方體，而化裁繇之焉。

今歲甲辰，前中丞員闕，上命浙江左使歐陽公以右副都御史往，賜之璽書，假以節鉞。蓋簡夙望而登之，故既重且專矣。然古之君子，抱道德于身，負弘濟之志，方其藏器俟時，思無出位，及策名展寀，則亦患乎任之不重而柄之不專。蓋不重則不尊，不專則不一。不尊不一，而能視民，而能使民懷德畏威、式和彝憲者寡矣。故君子于其重且專也，而欲其道之行焉。今歐陽公奮膺簡擢，雄制三面，吏民約束，咸聽指揮，故朝晝令堂上，而夕風行四境矣。公喜悦則春氣澤流，震怒則川谷凛而成秋，蓋自外大夫而下無與抗禮者，自閭戎氓隸吏胥而上無不待命以爲榮悴者，則所謂重與專者，信然兼而有之。然其居尊守一，臨莅導施，使媮媠務勤，流徙安集，寇竊衰止，奸詐銷亡，禮教蔚興而兵刑備戒，則仁義之大較而德威之兼資也，知公必有以焉。

夫民一也，編户之民易治而流徙之民難爲，瘠土之民思善而沃土之民多淫。何也？勢也。善治者因其勢而理之，則必有以通其情，而移易風俗之化繇是而可期。不然，以編户者爲吾民也，而以流徙者非吾民也，而逐逐焉日防禁之，日追呼之，使其人摇摇如風林之羽，則是我以私心待之，適先自處其難，彼有不難爲者哉？不然，以瘠土者爲良民也，而以沃土者爲不良民也，而逐逐焉日疑忌之，日賤斥之，使其人惴惴如湍水之鱗，則是我以私心待之，適先自絶以善，而彼有不多淫者哉？故古之君子不分民而治，不偏物而理。有以節淫，則民皆思善；有以同利，則民皆樂業。如是而有不率則威之，威之而不恪者，未之有也。故德而後威則厥威惟畏，威而後德則厥德靡懷，是惟仁義者能之。故不仁則私，不義則陂，雖與之重任專柄，猶無益于治體也。

歐陽公慈惠而直温，敬簡而貞亮，自登進士，秉禮秩宗，歷試藩臬，咸本仁義以爲用，故德業炳然，爲一時望。今兹之行，知必化行江、漢，而與詩人稱召公經營疆理之功同聲。晉而左右密勿，以其道相而理天下焉可也。故當臨祖，與三司大夫尊美述辭，如古贈言之意云。

送前溪先生劉公赴雲南按察使序

嘉靖乙巳正月戊寅，浙參政安成劉公陟雲南按察使。先是，銓部以公陪推浙之右轄，時上方加志疆陲之事，急風紀之司，故陟惟其人，公惟其陟焉。駕言徂征，官僚涵餞，或有言公資望年勞，叙遷爲稍淹者。余考之，公秉德醇亮，履道端平，守直不阿，居寬有制，紹世服儒，遵古勵行，懇懇乎愷悌之風、禮樂之意者矣。自登進士，迨今逾三十載。初，三仕大邑，政成民思；繼歷刑曹，讞辟清允；出守二郡，惠化光孚；副貳蜀臬，參知浙藩，咸弘表憲儀，澤流懿德。蓋公每有揆議，必根據物情；每有設施，必務先大體。故其道經德而不回，其政循理而不擾。雖《詩》《書》所稱"和平正直"，蔑以逾焉。由兹治行以考資望，歲月以考年勞，則既賢且久矣。執政持是三物，以叙遷天下之才而庸之，而賢且久者猶爲前薪，則其爲有淹也，豈不信哉！

然辨賢而登列者，用人之事也；守道而無求者，貞己之常也。故以言乎用舍久速則存乎人，以言乎盈虚消息則存乎時，以言乎履則存乎常焉。子曰："君子素其位而行，不願乎其外。"其履之謂乎？又曰："君子居易以俟命。"其常之謂乎？在昔皇猷之世，民率恒性以貞，物無畔援，心無歆羡，宅仁以爲安，路義以爲通，位禮以爲尊，鏡智以爲耀，質之以忠信，文之以禮樂，亹亹業業，不敢少憩，惟守其常而已。我守其常，而物莫能變，故履道無弗坦也。故古之聖人可用可舍，可久可速，可盈可虚，可消可息，而吾無怨尤于其間者，常之至也。然仕或驟而累遷，久而弗調，賢而沈於下僚，德而遁世不見，自旁觀者視之，則有淹駛，有崇卑，有顯默；然以概君子之常，則遜于其遇而已矣。故耕莘、釣渭不爲遲屈，阿衡、鷹揚不爲顯伸，遜其遇也。後世常道失守，人趨競躁。朝問津要途，夕投書政府；日睥睨墻仞，時垂涎鼎頤。以先得爲高疾，末路爲委蛇，機變爲通敏，貞守爲鈍僻。夫通者既姍鈍僻，淹者亦厭委蛇，由是士人往往以貞爲戒，遂毁其仁宅，湮其義路，撤其禮位，垢其智鏡，伐其忠信，揉其禮樂，慕達節，效通顯，如秦上首功而人習戰殺，曾不知其猶火而併焚也。伯陽父曰："知常曰明，不知常，妄作，兇。"嗟乎，弗明也久矣！故出處之際，可以觀人；淹速之間，可以觀德。

劉公資望如此其賢也，積乎年勞如此其久也，今所叙遷裁至臬長，吾以觀乎有位，察韓子所謂尊高温厚，則有大謬不然者矣。非公確然貞守其常，能如是乎？吾聞公在郎署，執政嘗欲改爲御史，而公固不就，則宜有是之淹矣。雖然，君子之道焉可誣也？吾蓋觀諸天地之常，而知遠者、大者焉。二儀混茫，三辰隱藏；摩蕩既久，曜靈乃章。孰爲之理？曰惟厥常。故君子之道，不息則久，久則徵，徵則悠遠，悠遠則博厚，博厚則高明。凡是物也，皆非近小欲速而爲之者也。孔子思王序數成功曰："必世而後仁。"夫仁成於世，則以三十年爲期。今公履道守官，惟其期矣。由是大行其道，以崇博厚高明之業，上比日月之光，詎不於淹中得之耶！故於其行也而叙諸辭。《詩》曰："仲山甫永懷，以慰其心。"其斯之謂也。

贈觀察使南橋李公陟蜀藩右轄序

公稟名岳之醇靈，策昌賢之景運；貞載物之厚德，贍位事之修能；惠直紹山甫之嘉，儉靖履公儀之淑；藏睿瑩於沉潛，廓弘含於渾博。文質兼資，道器不二，彬彬乎體仁篤行之君子者矣。初以明經甲科郎署二京，繼綰郡符，超參藩務。並抒前美，克闡鴻休；功光虞典，事邁漢條。由是上嘉悦之，乃于甲辰之夏，陟尸浙臬。蓋盤錯之地，太阿是憑。公下車之日，慨思急疾之風非清平之化，鈎飾之虚罔明弼之實。乃躬率德禮，樂職中和；權審乎憲銓，網綜乎禁網；議事以制爲度，約法以省爲章。故小大之獄，必當其情；吏民之感，攸歸於德。遂令苛冗銷氛，奸譌息響，曾不半載，幾於刑措。處簡而施裕，時罕而績豐。非攬轡則江海俱澄，按節則風雷並益，焉克爾哉！由是上益嘉悦，即以是歲之冬陟丞蜀藩。

蜀爲公參知舊疆，吏民方懸去思，兹再宣旬，曷勝鼓舞。知公益抒前美，大闡鴻休，俾湛恩幽洽，祥風顯披，惠饒井邑，威帖羌夷；流天澤於瀰漫，成帝力之亹亹，晉之乎台階，升之乎鼎鉉。前美益烈，鴻休永熙，可覽於斯矣。蓋德博厚者其施光，能茂敦者其庸廣，豈與菌爝鷽斯究其揚詡哉！

夫慶雲垂採，見者欣屬；鴻飛遵渚，信宿興懷。乃若明公和衷一堂之上，投分屢月之交，開布不疑，宴翰時作，有《黄鳥》《伐木》之真，無白首按劍之薄，即一日不見，心各有冲，況萬里睽携，浮雲奄忽，如之何其處情也！然則曩時締聚之歡，秖以綢離日之悰云爾。公車既脂，僚寀出餞，乃相與綜述事意，光表攸行。

敘石南子奉壽大司馬萬公治齋老先生

嘉靖二十二年七月庚申，公自丘園以御史大夫受上徵命，統節南征。浮于江漢，臨于沅辰，觀險于五谿，厲兵乎二省，運籌决策，遣將授符。機以神速爲貴，算以廟勝爲多，乃用十一月甲子，申伐鬼國，肆剪蠻方，探罪鎮筸，校讐銅平。

是時，谿峒霜深，苗黨霧結，怙久稔之兇，憑莫當之險。曩在宣德，甞一剿平，則勞兵十萬，費食一年，故議者每以爲難。公于是止用師三萬，克期四月，遂屠夷捌鬼，割裂巴龍，灰塵瓦聶，蹂轢朦朧，戕木葉，椎雷公，犁都庫，攦糯塘，斬首上千，俘獲過半。縶渠魁而待命，走脅從以圖生。於是山箐失其險勁，閭戍得其晏寧，餘威震乎氐僰，緒烈竦乎莋邛。爲明年二月丁卯，奏膚于朝，上嘉悦之，晉兵部右侍郎。蓋苗夷蕃悍，增羨于昔，而兵力所施，翻省于前，事半而功倍，威顯而德併。非夫大道之隆，弘抱文武之略，得附衆攘遠之宜，曷克臻盛如此也！凱旋之辰，縉紳大夫以下，莫不郊勞慶讚，咏酬厥美。石南江子方參知浙藩，乃即公壽誕六旬之日，遥以其情致慶讚焉。賦《南山》之雅，寓萬年之觴，展親戚之義，頌邦家之光。

外史某聞而嘉之，且甚信然其言也，乃爲叙佐其事，意曰：惟皇上帝，含和秉禧。爰錫善類，厥惟葆兹。在昔先民，欽淑履祥。祈天永命，福壽康寧。顓用考德，故曰德善。降之百祥，非以徼神，惟其合德。不然，何安遐貞吉，惟天爲大哉！書籍所載，咸彰此理。稽其最著，則《南山》皎焉。故邦家之光，德暉普也；萬壽無疆，吉永貞也。司馬公端亮淵懿，經緯天人，振儀先朝，耀德大位，正議崇憲，恢紀植紘。既而知幾處神，韜光丘園，迹雖晦而名益顯，德既盛而業益隆，故簡命特徵，勛庸載赫。昔仲山甫出則經營四方，入則典司政本，贊命調化，熙鴻罔極，邦家之光，莫闡於是矣。明公今其以之志曰："宜民宜人，受禄于天。立德立功，宜其永年。"亦萬壽無疆之指也。故愚竊以石南子之言爲信然。誕辰爲其年十月乙亥二十七日。

叙浙江按察使抑齋盧公晉廣東布政右使序

廣東僻在嶺南，爲古百粤之地。唐虞三代列荒服外，自秦略定揚越，戍五嶺，漢益開拓疆圉，而番禺之間始稱都會，歷代相沿，風土寖勝。明興，綜壹四海，畫省分藩，乃叙廣州等十郡麗廣東布政使司。其地負山抱海，外控交桂，内鞏荆吴，閩越島夷匝居海中，重譯通道。瀕海多犀象毒冒、珠璣翠羽、銀銅果布之湊，號爲沃饒險阻之區。蠻夷大賈往往挾取珍貨相貿易，故豪猾則通番舶，其次則通山以謀旦夕，或競利則相賊殺，無賴則肆爲剽劫。故盜寇滋多，軍旅數興，蓋東南邊鎮，莫是之重焉矣。然古謂沃土之民多淫，險野之民多盜，亦勢所必爾者乎。

夫更化善治，懷撫震疊，勸導之以禮教，束縛之以刑罰，總其紘枋而盈縮劑量，使吏奉其職，民安其業，鳥獸革面，梯航遵軌，即海不揚波而内化光遠，則惟牧方之臣之任。故牧方得人則邊境安寧，或不得人則往往多事。故朝廷每命藩臣，必慎簡資望鴻碩、材德文武者往莅其任。

嘉靖二十二年秋，廣東右轄位虚，乃晉今浙江按察使抑齋盧公，惟其人也。公秉上哲之資，抱中和之德，蓄淵源之學，宏經緯之才，履道坦夷，持節貞介，由舉進士歷官兩京刑部郎署，特調兵部職方。時西北多故，大議盡所裁決，廟無遺策，邊竟底寧。陟廣東參議，歷浙江按察副使、布政大參政至總憲，皆廉正不苛，仁義並用，貪戾斂手，氓庶安席，群吏順令嚮風，士大夫服德慕誼。及有是命，中外莫不喜説，謂重鎮得人，謂朝廷知公之才之賢。行晉臺省，顓節鉞，據鼎鉉，出將入相，爲國家建安攘之勛，樹興隆之業，繇兹其丕顯矣。

魏劉劭有曰："凡人之質量，中和最貴矣。中和之質，必平淡無味，故能調成五材，變化應節。故其人質素平淡，中睿外朗，筋勁植固，聲清色懌，儀容正直，則純粹之德也。"吾每以是觀公，而知公之大受鴻造，榮名茂實，未可涯涘，况其歇歷已暉炳如是耶？公將行，群僚大夫咸相率爲詩，以美榮盛而贈之别。和峰鄒公視余，叙述其事。

送獅山柯公赴河南行省右轄序

孟子書與公孫生，言加卿相之位，由霸王之業而不動心也，而曰："我知言，我善養吾浩然之氣。"先儒曰："知言，則有以明夫道義，而於天下之理無所疑；養氣，則有以配夫道義，而於天下之事無所懼。此其所以當大任而不動心也。"是雖有説矣，然非孟子意也，亦非公孫生意也。夫公孫生亦知孟子之當大任而不以爲異也，其曰"動心否乎"，蓋私以得位爲樂否也。夫以得位爲樂，則必以不得位爲憂矣。以位爲憂樂者，世俗之情也；以道爲憂樂者，聖賢之所以異於人也。故樂則行之，憂則違之，確乎其不可拔，夫何疑何懼耶！其曰道義則然矣，而曰知言以明之，養氣以配之，是以義爲外也，失孟子意矣。

夫道義者，性之德也，氣之帥也，事之宰也，確乎其不可拔者也。不可拔者，不動心者也。夫不動心，故知言可以俟聖人，養氣可以塞天地。夫聖人可俟，天地可塞，而心有能動者耶？凡有所動於中者，必其道義弗純者也。故孟子曰："其爲氣也，配義與道；無是，餒也。"夫"配義與道"者，言道爲氣之主帥，而氣即次焉者也；"無是，餒也"者，言無主帥則氣不充焉者也。氣非内也，義非外也，而曰"合而有助，若襯貼然"，失孟子意矣。古之大夫居廣居，立正位，行大道，中心純乎道義，確乎其不可拔，故得志則澤加于民，不得志則修身見於世。其世之富貴、貧賤、威武，一無所概于其中，而後其言可以俟聖人，其氣可以塞天地，何假於助合，何資於襯貼？予觀世之隨俗以就功名，因人以成事業，類非有居廣居、立正位、行大道而爲之者，大氐皆沿術用智，假合襯貼而爲之。故窮居多戚戚之士，在位希蹇蹇之臣，此道德功利之所以分，舜跖王霸之所以異。

夫世衰道微，聖王不作，諸侯放恣，處士横議，邪説誣民，仁義充塞，異端蜂起，聖道嚮滅。孟子生當其時，國不能用，苟有用我，則必首闢邪説以崇正道，抑伯功以興王業，撥亂世，返之正。然則所謂"知言"云者，乃得位行道之大端，而非以是而明道義，欲其無所疑也。當是時，惟以行道爲心，不以得位爲樂，故道行則雖受天下而不爲泰，況卿相乎？不行，則修身焉爾矣。故可仕則仕，可止則止，可久則久，可速則速，乃所願則學孔子焉。然則動心之談，亦公孫生世俗之見已。予觀古之君子，建功業於天下，流光明於後世，未嘗不本之道義，行之剛大，而明君簡賢以自輔，俾乂以弘化，亦未嘗不斯人求之。然或所用非所養，又往往不若是烈。於戲，難哉！

獅山柯公，明允而篤誠，剛大而直方。起家正德丁丑進士，筮仕兩邑，最廉正。徵拜諫議，慨然以天下爲任。封駁建論，侃侃誾誾，不畏不撓，大要距詖闢邪以明王道。出守寧波、武昌，歷兵憲四川、參藩廣東，所在道行義立，黎民允懷，豪禦懾服。今歲二月來總浙憲，紀綱纔布，吏民仰首嚮風，然轉而之河藩右轄矣。河藩居天下之中，處河山之會，宗黨磐殖，供餽日繁。百姓困於徵使，吏不能恤；萑葦多盜，奸人犯法，吏不能捕；頻歲備胡河北，民又怵于兵，吏不能爲。以故地稱雄巨，而政事多于他省，故方伯之選，常慎簡其人以爲之重。公之兹行，實惟其理。然公之巖巖之氣，侃侃之行，卓有似於孟子。由是而加卿相之位，則何以哉！三司大夫咸舉觴以相贈也，而予以讀之《孟子》者申之，兼以考德而問業焉。

送都閫驃騎大將軍巢湖傅侯乞歸序

巢湖傅侯之專浙閫也，令簡政因而軍務平，軍人説焉。明年甲辰，忽上疏陳疾，願乞解印組去。得蒙旨，遂歸。三司大夫僉出祖送之。

文谷子叙曰：古之將者，受命制閫，申保郊圻，總領方略，戒禦不虞。居常則整伍礪械，鍊氣積威；有事則展采策勛，智勇交布。皆不遑啓處，不敢先身之圖而後國家之急，是爲干城之器，方虎之儔，《詩》《書》所稱，莫之有改焉。今傅侯既專閫受事，有封疆之司、軍旅之寄，則當體古名將之所爲。而乃智未效謀，勇未宣力，即引疾乞骸，息陰丘壑，比逢掖之遐舉，追考槃之緒風，是遑啓處而先身圖也，吾惑之。

傅侯乃力疾頓首言曰："噫嘻！敬聞命矣。鄙人曷敢以例此哉？然嘗察時以自裁也，則介胄不可以語太平，樗櫟不可以厠隆棟。今皇風清穆，海宇晏閒，麟鳳滿朝，珠璧投野。雖有伊、皋，無所用智，而況武人；雖有尹、南，無所用勇，而況非材。鄙人實抱擁腫之痾，被蒙匠石之棄，冒時而不去，非智也；見義而不爲，非勇也。乃今幸得以骸骨歸，方謂荷天地之鴻私，出犬馬之望外，而明公猶詰我以大道，訓我以古彝，鄙人曷敢以例此哉！"

諸大夫於是以傅侯始也若非智勇人也，而今乃知傅侯人之智勇也。夫量時而去，孰曰非智？去而不疑，孰曰非勇？古之豪俊，遇時有爲，則奉皇樞而吐玄策，擁華蓋而躍天衢；其不可爲也，則亦龍蛇其身而已矣。假使傅侯不去，縱不得立功萬里之域，揚輝三光之高，讚烈名于竹素，銘豐實於景鍾，即磬折取容，守官一面，綰銀黄，佩三組，日與雄藩冠蓋雍容以游，豈不可哉？然而有不欲焉，則傅侯之賢於人遠矣。

傅侯世胄，少嘗業儒，居廩膳，後連舉不第，乃襲其先將之廕而歷今官。然其行止之際，誠非讀書體道者不能也。故讀書者，非以博科干禄爲也，要之，適吾用耳。夫材爲世出，道以時庸，傅侯既自能以智勇律身，則當待時而出，如古名將之所爲矣。余特叙而歸之。

叙贈大中丞净峰張公初從浙之藩參移鎮廣東

惟歲癸卯,余奉璽書視黌校浙中,則訪諸寅寀而稟度焉。于時歐陽左丞及諸大夫咸語余以净峰張公之盛,其略曰:"公海岳英琦,珪璋淑質,天粹内融,德暉朗曜。道衍關閩之緒,學傾揚馬之波。是以掄魁里選,上第甲科,儀鳳羽于天朝,布鴻譽于海宇。初至大行禮官,搏心禮樂,揖志夔龍。上疏武皇,讜諫不撓;秉直南遷,亮節逾茂。今上御極,延攬名流,收羅宿望,則起公簿領之餘,置身郎署之上。乃三提文印,闡道東南;兩參大藩,升猷吴粤。有文經武緯之才,玉振金聲之實。既陟中丞,爰授節鉞。開府鄖陽,則江漢廓清;徙鎮洪都,則聲教赫奕。可謂鄒魯之儒宗,伊傅之匹儔者矣。子問度其若人之思乎?"

余退檢案牘,得憲令若干條,乃公曩布學宫,法程人士而有效者。其崇正學則精一之規也,其迪正道則明新之矩也,其正文體則雅頌之所也,其端士習則道德之同也。卓哉!廩廩乎言之維法、行之維則者矣。然非深造洞極,聲律身度,其疇克爾哉?故余也竊有志焉,而未逮也。

明日,以告歐陽子而謝之,歐陽子曰:"是所以爲净峰者也。曩净峰以督學晉參浙藩,尋有安南之役,上將命大司馬統六軍以行,而選文謨武略之臣經贊籌幄,於是公應簡命,移而鎮之廣東。方是時,群僚大夫偕有贈言之什,以公亟行,迄今未上。子其叙而述之,以補申章之義,可乎?"余乃述左丞之語,而竊附景仰之私如是。

《崧高》之詩曰"申伯之德,柔惠且直。揉此萬邦,聞于四國",公其以之;"吉甫作誦,其詩孔碩。其風肆好,以贈申伯",諸大夫有焉;又曰"高山仰止,景行行止",蓋某之謂矣。夫身雖不至,而心切嚮往,其誰曰不然哉?

送勿齋婁公赴福建布政左使序

皇帝臨御二十有二載，益加惠海寓，慎簡牧方，務安養元元，用敦化理。維時福建布政左使員闕，執政推上今浙江布政右使婁公調補之，帝曰："可。"除書既到，婁公乃祗承于役，式遄其行，圖卷在束，行李蕭然。而浙之吏民耆老、縉紳先生之徒，皆相與祖餞都亭，遮留郊野。仁風四流，義氣群翕；綢繆填委，傾聽駭觀。三司僚寀，重盍簪之雅素，光餞宴之有孚，依依終朝，益不忍别。蓋欣其道之行，而悵其伊人之遼邈云。約庵歐陽先生顧外史氏而語之曰："人情之於官也，迎之不若送之之爲真也，畏之不若愛之之爲至也，然而可以觀德焉已。婁公兹行，送者塞途，愛不遐謂，其至誠而能動，盛德而光輝者乎？而何其得人之情深如此也！"

于是外史氏作而紀曰：然哉！然哉！古稱仁人君子，真德實行，循理樂天，其心休休，其政悶悶，其感人動物，無所于知。而其入焉者，如登春臺而熙熙焉，和而不自知也；如飲醇醪而陶陶焉，醉而不自知也。故大海蕩蕩水所歸，高賢愉愉民所懷。《詩》言"豈弟君子"，《傳》稱"盛德至善"，豈非然哉？世風趨下，忠信乃漓；吏治蒸蒸，日底于僞。謀利則飾智以罔民，汲名則違道以干譽，生事則多端而動衆，好奇則變常以惑俗。上下相蒙，怨惡滋起。故民情有刻木而期不對，去位而恐不速，甚疾之也，而况于愛而送之者乎？善夫！人之言曰："名不貴苟傳，行不貴苟難。權爲茂矣，而其幾不若經也；辯爲美矣，而其理不若訥也；文爲顯矣，而其中不若樸也；博爲盛矣，而其正不若約也。"反經以持訥，抱樸而履約，其真德之義而實行之理乎！故通於道者其守約，明於治者其統近；其守約者無弗廣大也，其統近者無弗高遠也。故忠信者，治之本而道之先也。繇于兹者，婁公以之。

公天資惇厚，德性廉謹，忠信而愛人，易簡而不苛。始以明經射策登進士甲第，出知趙州，以廉平寬厚爲治，趙人以和。居三載，徵拜户部郎中。尋督理糧餉甘肅，廉平以處錢穀，寬厚以與軍士，而邊用足、邊人和焉。居又三載，拜杭州府知府。杭故稱劇郡，公至，壹以廉平寬厚爲治，杭人壹以和，爲作《青天之歌》，其詞曰："青天兮，昭明赫兮，覆我以無斁兮。"居六載，拜福建運鹽都轉運使。公至，既以廉平寬厚爲治，而又釐察錮弊，疏通常法，品式精明，綜理詳密，商民和之。居四載，拜浙江布政右參政。商民懷思，爲作《惠我之歌》，其詞曰："惠我兮何私？去我兮何之？帝弼汝兮皋夔，望閶闔兮懷思。"又曰："侯功德兮在我閩，水漭泱兮山嶙峋。起栖枳兮敷懋大綸，怳歌效祝兮衣被陽春。"又三載，而拜布政右使。是時，歐陽公爲左使，方以端亮清平爲天下先，而公壹以廉平寬厚相佐治。由是吏奉其職，民悉樂終其惠，故一時稱方伯之良，號公等爲最盛。乃今遷陟閩轄，閩人亦得終蒙其惠。而公之廉平寬厚之化，遂大溥于閩，何其盛哉！

初，公之去杭也，杭人思之，勒碑吴山之馆；及其去闽，闽人亦建生祠，而勒碑祠中。今蔡司马侯官人經，前许给事海宁人相卿，皆公正不阿，明理达世，而乐为民撰碑，述公之盛德，甚稱名實，此豈今之仕宦所易得哉！然则今日之行，固宜无弗爱且送者矣。所谓至誠而能動物，盛德而有光輝，豈不然哉！豈不然哉！昔班固作《循吏傳》，稱黄霸、朱邑、龔遂、召信臣等治郡，所居民樂，所去民思，榮名嘉美，祠祀無窮，此廪廪庶幾德讓君子之遺風，若婁公者何加焉！先王養賢輔治，歷試丕庸，故公卿之選，岳牧攸咨，以敭歷既久，諳練益深，通于當世之務，明於國家之體故也。以婁公之寬厚廉平，老成醇懿，將起而登陟臺省，晉而調羹鼎鉉，上佐天子建中和之極，下錫極四海以康兆民，豈不益美盛哉？于時群公之悵别者，咸有慰于斯言。肆用書之，以紀其行。

贈退齋先生林公陟湖廣按察使序

按察使總憲一方,或但以爲刑名,是大不然。夫憲者,法也。自天地設位,垂著象法,聖人則而憲之,以成其能。於是範裁百物,經緯萬端,本仁施義,降典折刑。典則截然而不可易,刑則凛然而不可犯。蓋自朝廷百官以至萬民,自家國以及天下,自一時以達萬世,咸循道遵軌,定志順分。君子日進德修業而不自息,小人日遷善遠罪而不自知。風宣教流,上穆下敬,禍亂不作。政治尚德而不尚刑,何也?天理明,人心正,憲法弘也。故唐虞之世,畫象而化;皋陶淑問,謨陳九德;吕命訓刑,務在棐彝。此其憲有所端,不以刑罰。以刑服民,憲失其本矣。故天理不明則人心陷溺,陷溺之民,閔不畏死,故以死懼之,犯法滋甚。然憲豈刑之謂哉?故先王之賞人也,非以崇欲;其刑人也,非以肆忿,以明憲也。後世憲本失真,議事寡制,虐用其民,一以刑辟,勢至以刻爲明,以深爲公。使天下畏治獄之吏,有疾痛之心,而乃襲取其明公之名以矜私能,則不止于肆忿矣,此則認刑名以爲天憲者之敝也。

《傳》曰:“正其本,萬事理。差之毫釐,失之千里。”可不慎歟!余嘗索是理於《中庸》,其曰“大哉聖人之道!洋洋乎!發育萬物,峻極於天。優優大哉!禮儀三百,威儀三千”,則憲莫備焉;其曰“待其人而後行。苟不至德,至道不凝焉”,則弘憲康紀,明天理以正人心,使上下揆道守法,截然知不可易,凛然知不可犯。官不訖威,民有懷畏,非是實德真達治體,則毫釐千里,幾何而弗差也?

林公禀明允剛正之姿,述唐虞三代之德,道以中庸爲依,學以廣微爲致。本自延閣高賢,秩宗典禮,始敷教浙中,後飭兵潁上,並光昭文武,允憲兼資。既復,敷教廣服,參政浙藩,益克終政教,憲化覃流。比湖廣按察使闕,天子特命公往任,持總其憲,以綏豐芑之原，誠甚榮遇矣。然憲法所在，人人皆得而奉之，皆可以明天理、正人心；顧復有不然者，或官守之專分不一，憲本之省不省殊爾。治體好尚，風化影隨。豈有迫驅？亦曰表正。表正之常，是爲天紀。調天之紀，以回民慝，以貞師師，以肅泯泯。由乎此，則爲天理明，人心正；不由乎此，則爲匪恒，爲弗貸。其孰曰不然者？若云臺憲之臣但以刑名，則害禮傷教，誣君子體道經世之誠，開小人以威虐恣騁之僞。世道之污隆，繫于此矣。昔子産鑄刑，叔向詒讓，世衰道微，邪説暴行有作，孟子正之。雖其時事不同，要之皆闡厥憲。今公之總是憲也，事專而位尊。事專則易舉，位尊則能信，當必象大《易》風雷之益，取四序春秋之理，推孔孟救世之心，顯聖王垂憲之意。晉而執衡司鉉，匡運格天，一弘憲如一方，而百官萬民，天下萬世，莫不同景光烈，則至德之修能，凝道之實事，所謂待人而行，誠有待焉者。

昔公之備潁〔一〕也，適代予，今予復從事公後，故竊契公之賢而知興道之易易也。時公便南邁，三司大夫咸有贈言之托，因輒漫次臆語，附而請裁。

【校記】

〔一〕潁，底本原作"頴"，誤。林雲同與孔天胤曾爲潁州兵備。

贈葵峰黄先生晉浙藩少參序

余南游于浙，而修取友之學，于憲僉葵峰黄子，則得其談《易》，與其尤長于《易》之政焉。葵峰子之談《易》也，比于今所傳章句爲有發揮，守墨之士所不得而喻也。蓋其意一本之心極，所謂"聖人以此洗心，退藏于密，齋戒以神明其德，寂然不動，感而遂通天下之故"，而以變以占，以象以辭，悉存乎感焉。故曰："吉凶悔吝，生乎動者也。"君子貞，所以感之者，必慎乎動，故終日乾乾，不息于誠。而懲忿，而窒欲，而遷善，而改過，而素位而行，而不願乎其外。斯求《易》於心，而《易》其幾矣。守墨之士，執其象不反其心，泥其言不惟其意，居常啓幄授徒，號爲講肆，投試操管，命題輒數篇可立就。小者叙高等，大者取甲乙之科，亦明經矣；然或當進退之際，臨利害之交，昧知幾之神，忘處命之義，雖多，亦奚以爲？是故守墨之士所不能喻也，而余于是得稍喻之于懷。

葵峰子之爲政也，亦一本之心極，而能體時而率物，因地而施理，遏惡而揚善，損過而就中。且貞固之幹，持以不摇；變通之宜，行以不倦。故筮仕大邑而惠敏敷，晉拜諫議而嘉讜著。出僉浙憲，敕興屯理，兼攝諸道，履載三年而風猷允塞，紘紀咸清，蓋庶乎亹亹成務，隨時變易以從道者矣。是故其政爲尤長于《易》也，而余之喻于懷者，益于是乎有資。

乃甲辰二月，葵峰子陟參大藩，不遠浙中而徙鎮焉。則余聽其談經而觀其善政，當亦不遠省闥而得之，雖稍離析，非遐阻睽，則分袂之期，猶若聚首于一堂也。然追惟曩時，同廨宇，數朝夕，聯鑣並衡，宴語稠互，自謂密親。及其吏案牽纏，行縣委迫，旅去旅來，若春燕秋鴻，間不相見者屢焉。况官守既分，齋署攸隔，即日在省中，亦已握手無及，况復有吏案行縣之擾耶？乃知古人歎室邇之人遥，懷嘉會之靡常，良有以也。既而葵峰子果拜表還京，自夏徂冬，方始來晤。晤未幾，復東行郡縣去，是爲乙巳。今春盡，夏且復闌，欲握手如昔，遂已寂寥如是，况復千里外耶？

方葵峰子升日，憲長柯亦升，而藩臬歐陽公等亦漸升别去。今司中舊僚，獨余與石南、白石、盤峰在耳。聚散之際，能無感懷？雖然，聖人之盛德大業莫備于《易》，而葵峰子日以其道進德修業，功光堯、舜，緒烈周、孔，而余之所以友其德者將無窮焉，抑奚聚散之足云也？諸大夫是時咸有贈言之托，而余乃自述此詞。大夫曰："嘉哉，葵峰子之德之政！吾輩亦皆資之云爾，豈曰子取之乎？"遂書列簡端。

浙江鄉試録後序[一]

嘉靖二十有二年癸卯秋八月，浙江省臣例舉鄉試，事成，録所選士九十人及其文二十一篇以獻。某[二]以執事，當叙諸末簡，于是作而言曰：

大哉，人文之盛乎！惟皇建極，惟士乃興，故雲漢章天，俊髦所以延譽；菁莪闡化，英乂所以樂成。蓋神化潛孚，氣類響應有必[三]然者。肆多士之呈藝而興也，皆鴻材利器，通經雅詞，下抒江海之靈，上焕斗牛之曜，積于藏修而徵于遴選，彬彬稱甚盛焉。故有司録其名氏以廣其聞，録其文詞以顯其學，而又宴之鹿鳴以樂其賢，升之天府以達其用，則多士之拔茅升階、鴻儀鳳翽，斯有時矣。然亦因《鹿鳴》而思所以爲嘉賓者乎？彼固皆育于《菁莪》，作于《雲漢》者也。當周之時，其政尚文，士生其間，宜文習盛麗，樸厚稍漓。然王者篤禮義[四]而求大道，則曰"德音孔昭，視民不恌，君子是則是傚"。而嘉賓樂治世而願明主，亦曰"民之質矣，日用飲食。群黎百姓，徧爲爾德"。夫厚典惇禮，憲世淑民，非至德其曷成之？故知周之君以望乎臣，周之臣以承乎君者，一惟純德以爲本，而渾化以爲功。其所謂文，特用救夏商之敝焉爾，而非所以爲教也。

今多士涵濡聖化，光顯藝材，既定其論，將承其官，君子望之，小民傒之，茂哉稱嘉賓矣！毋乃盛麗之習而樸厚之漓乎？夫雕文刻鏤，傷農事者也；錦綉纂組，害女紅者也；煩禮縟儀，虚談僞行，戕士德者也。農事傷則飢之本也，女紅害則寒之原也，士德戕則靡之極也，可弗慎與？夫周之《詩》有曰豈弟，曰顯允，曰馮翼，曰孝德，曰文武，曰肅雝，皆厚于其德而不漓者也；有曰詭隨，曰誇毗，曰彊禦，曰掊克，曰忮忒，曰譖背，曰回遹，皆習于其文而流焉者也。多士其鑒審于兹，如農之植本，務滋而其積有茨也；如織之恤緯，務績而其束有戔也。斯昭德塞違，以臨示百姓而民不媮，以表義位著而君子法之。爲龍爲光，爲圭爲璋，儼然盛世之嘉賓焉，豈不韙哉？如以其文而已也，吾懼其或流而靡也。其可以弗慎與！其可以弗慎與！

【校記】

〔一〕底本《贈葵峰黄先生晉浙藩少參序》目録後爲《送浙江右使畹溪謝公赴河南左轄序》，後者有目無文。乃《浙江鄉試録後序》中錯排入《送浙江右使畹溪謝公赴河南左轄序》片段致誤。《送浙江右使畹溪謝公赴河南左轄序》全文又見於《孔文谷續集》卷二，目、文對應。《浙江鄉試録後序》又見於《嘉靖二十二年浙江鄉試録》（以下簡稱《鄉試録》），卷末署名爲"廣東廣州府順德縣儒學教諭陳雍謹序"，可知此序爲孔天胤代主考官陳雍所作。

〔二〕某，《鄉試録》作"雍"。

〔三〕底本"必"至"然"之間有"而政有象焉"四百餘字，爲《送浙江右使畹溪謝公赴河南左轄序》錯入，核對兩文後删。

〔四〕義，《鄉試録》作"意"。

孔文谷集卷三　序

《起俗膚言》序

夫俗,緣教而成者也。故化俗之理,務在端教;道政齊刑,非其所先。粤若唐虞之世,其民淳穆,遜于五品,畫象不犯;桀紂之時,其民頑暴,不遜于五品,日誅殺之而犯。豈其性有殊?教不同也。及湯興,代之以寬,文武反之以仁,則頑民回面,暴者改心,此豈教有加益?其性然也。教則牖之云爾。譬牖,其室暗則光復而暗亡也,故端教之機,牖民孔易;視法殊軌,則效嚮異趨矣。

朝廷以風俗之事命親民之長,厥惟守令顓其槖籥,然或宣揚舛聲氣之元,鼓動愆應感之節,則視聽攸惑,習慮徂遷,窾窳嚚訟之類興,而孝悌忠信愧讓之本衰矣。議者率云寬政民慢,捄之惟恐不猛,於是而壹厲以政刑。如療沈痼,亟投峻餌,或稍緩于目前,而元元者急矣。如兹而欲起彼澆薄,登之渾厚,豈不難哉?矧令條之匪厚也?夫渾厚之道,民性本函,習而貫之,乃成自然。正如所謂暗室,梁棟、壁題、几席、帷杖無物不備,無庯不習,特扃牖未闢,則成蒙冒,有以牖之,便畢朗通。故端教之機,牖民孔易,以此象彼,或無遼焉。《記》曰:“移風易俗,莫善于樂。”樂者,樂也。樂者,性也。性者,教也。教既爲民樂矣,俗豈有不易哉?

余謬總黌序之憲,有觀省之司,比東校藝括甌,與諸生綜文質之際,問郡縣之政教,乃還歷諸暨,咨緒山子,論學紫山,而縣尹履祥等方録其紹興太守蘇君之《起俗膚言》四十條,以視法縣之人士而教之。余既善尹之循理而章教,而因紬攬太守之書,則知宣風不舛而動物靡愆，會稽之俗當由此起云。《詩》曰：“周道如砥，其直如矢。君子所履，小人所視。”《膚言》陳宗廟、名義、祭祀、燕享、教養等物，較然正直。不有君子，小人曷視哉！

送冲庵先生歐陽子參知蜀藩序

夫括甌之阻，大江之東藩也；岷梁之隘，西南藩之最也。天子簡封疆之臣，綜戎憲之事，不有達才，曷克兼資者哉？歐陽子者，天才之達者也。道姿冲睿，德輝朗宣，博雅閎聞，神識藻鑒。自登進士，歷水衡影纓朝署之間，延首垂衣之化。當是時也，群才等迹於凫雁，特達韜理乎珪璋。及出副浙臬，專奉璽書，重鎮封守，則投大之會而歷試之期乎！夫人負大則求荷於力，受試則必有所艱。求其中無震動，外無張皇，而雍容以居，而閒暇以處，自非特達，豈不難哉？

歐陽子自開府以來，三越歲於兹矣。吾觀其居常談笑樽俎，點染篇翰，登高臨深，劉攬周聽，一若無委於吏局，無事其才能者。然其飭軍旅，表官屬，斷案剖辭，防警察奸，則如操刀而割，悉中肯綮之會，合于桑林之舞。是故東藩之理，清静寧一，不大聲色，而盜山之徒、舶海之寇日衰止焉，而後知歐陽子之才爲天才之特達也。

頃拜新命，參政蜀藩。夫蜀固西南要隩，擇賢才以資屏扞，然得是人而達之，何有哉！古《詩》稱：“玄王桓撥，受小國是達，受大國是達。率履不越，遂視既發。”美哉！洋洋乎達其至矣。是故深識可以極微，博通可以運廣。不越者式遵其軌，既發者無出其機，而後掌布之績光於虞庭，大治之休垂乎殷祀。殷人頌美升歌，原本盛德而章之曰達，是故司徒之政，萬世可知已。季康子問：“賜也可使從政？”孔子曰：“賜也達，於從政乎何有？”是故君子不患乎無政，而患乎政之未達焉爾。歐陽子學仲尼之道，有志三代之英，宜其達於政事。然由賜之優，進司徒之盛，將無施而弗溥，邈〔一〕有光乎前烈，蓋由兹其選也。

初,歐陽子既駐括,僚友悵不數會,或歲間往來,輒留止浹旬,宴語闌夕,依依不忍復去,是亦達之徵也。今西去蜀萬里,意何以堪?然達則無間於心,當庶慰〔二〕其別云。《傳》曰:"'棠棣之華,翩其反而。豈不爾思?室是遠而。'未之思也,夫何遠之有?"其達心之謂乎?是時群公大夫出湄飲餞,咸紓此心,遂本贈言之義,而爲永懷之慰云爾。

【校記】

〔一〕底本"邈"字漫漶不清,據祁縣本補。

〔二〕底本"庶慰"二字漫漶不清,據祁縣本補。

送月山楊君赴清浪軍參戎序

維世天清地寧,偃革修藝,垂百七十,學士大夫壹意文憲,車騎材官晏然疆陲,飲馬射雉,終歲不肯一戰,而武功不勛,將略韜諱。大司馬推轂徙鎮,一以歲月爲資勞而已,而閫臣之任稍與漢殊。然或倉卒有事,則介胄之士急於星火,庭推闖授,弗遑日夕,亦其勢然哉!

昔歲庚子,匈奴掠過雁門高闕,辛、壬、癸、甲四歲,無歲不過。南渡漳、汾,東瞰紫荆,西登黄蘆,皆流火時來,草死後去。當是時,羽書如月,甲士如雲,猶無益于折衝,不能當其傷破。何也?兵策久安而素定未重也。然則制勝于無形,應變于不測,取之乎無窮,用之乎不竭,非有鴻謀駿烈,知名蚤計,一旦而欲委副,猶云難矣。《史》有之:"非信廉仁勇,不可以傳兵論劍。與道同符,内可以治身,外可以應變,君子比德焉。"於戲!鴻謨駿烈,離信廉仁勇奚以哉?皇帝垂神外攘,悉意虎臣,大司馬每上將領,必謹擇其人,大略先此四者。

去歲浙閩闕人，用月山楊君。楊君來，則有文事以濟武備，聽其言詞，覽其事采，則有本己之學。問其師授，則從陽明公游也。夫陽明之學，以良知爲天德者也，曾以其學行兵定禍，稱如神焉，而非書生之窾談也。廉者，德之辨也；信者，德之固也；仁者，德之宏也；勇者，德之毅也。皆知之而後能行之者也，楊君有得于是乎？今歲清浪闕參戎，又用君往。君之往也，必廣運厥學，訏闡令猷，宣威障塞，遏逖鬼方，用戒不虞，以綏南服。夫今日鴻駿之士，知名而蚤計，注意上將，在此一行。楊君其勉作功名，慰故舊哉！

是日新雨已，天暉明静，三司大夫咸出，送楊君浙河。以楊君好文，多篇章之贈，余叙此數語云。

别　叙

余與龍巖趙子偕登今上壬辰進士，其年余外補督學使者，分陜以西，龍巖選翰林吉士，授秋憲，尋改秩宗禮官，闊然不相聞者數年。後各遭遇徂遷，或沈或浮，或憂或喜，如驚禽斷梗，栖流無定，闊然又不相聞者數年。逡巡到於癸卯，余稍從河藩遷，督學江東，明年甲辰，龍巖亦起復，來補江東憲使。兩人闊然十載餘者，裁一旦晤語之耳。夫同生百歲，離日已空十載，能無慨乎！兩人既相晤，又同寀署，遂得數晨夕矢心，期簿書之隙，復綜理學問，庶乎《文言》所謂“忠信德業，乾乾終日”者。然余性疏淺，志有存而行弗逮。龍巖性深醇簡密，日行與志俱，余則師之云爾。要之，厚勵之機，善信之意，則如斷金嗅蘭，由由然相入而不自喻也。因追歎朋友，綴天命，紀人倫，王者不得則不興，君子不得則不成，有以也哉！顏、曾、閔、冉諸賢，修夫子之道，合志同術，至終其身不忍離去，有以也哉！然則思吾十載之前，良可慨矣！

今年丙午，龍巖當進表上皇帝壽，余亦且有秩滿之代，則一行之後，良晤復已中輟，度其來日，又安知非往日耶？此楚老悲離之旨，激於樂知之深；魏公索居之僻，差於離群之久。而余與龍巖之心，遂益繾綣慨惜，不能自得。前月孟陬，龍巖未行，余將閱嘉湖，龍巖曰："吾將行矣，恐不及面子也。"乃連日酌余，又夜送余過關，歌"于女信宿"。仲月，余來自嘉、湖，龍巖未行，又將閱寧、紹，龍巖曰："吾將行矣，恐不及面子也。"乃連日酌余，又夜送余過江，歌"瞻望弗及"，時三月二日也。余行二日到于會稽，雨夜下燒兩燭静坐，回思龍巖與余别者，酌之送之，信之宿之，瞻之望之，神留意眷，色愴情傷，歌聲貫金石，義氣薄雲天。竊攬古書籍，密親懿友，登臨悵别，蓋未有也。而余奚以得是於龍巖，龍巖亦奚取於余哉？夫世態嗜榮與利，嗜驕樂，嗜稱譽，嗜善柔，嗜黨伐，故肩袂易投，必其人之與也。而余貧賤木訥，舉世不之比數，獨龍巖有取焉，則君子之所嗜可知也。夫人之嗜好，凡物欲皆有厭斁，獨道義之悦不然。故詩人有言："心乎愛矣，遐不謂矣。中心藏之，何日忘之？"夫忘且不能，矧厭斁乎！明起試士，中心惝惘，如有所失。乃抽紙筆，敘寫别端，顓吏報上龍巖，且代余候送至西水，又賦《雙鸞》一篇並上。

又憶龍巖嘗命余敘説其號，今因極道義之事與《乾》爻九三之學，則"龍德而正中"者，非龍巖之名義乎？夫龍，至陽之精，無欲而静，故能隨時而動，動與天合。乾道變化，品物流行，遠邇幽明，出處語默，無不潛通，皆是物也。巖則高莊，而龍宅其中，乃居中應化，龍之所以神也。龍巖以之。今别矣，即山川間之，歲月邈之，勞心忉忉，曷云能來？譬諸亢旱之時，天地閼塞，山澤不通，人民皇皇艱阻，俯仰無門，而神龍一驤首附翼，則浮雲四流，霧雨咸集，當是萬里之通，一息可遍。然而忠信之德，神龍也；道義之情，雲雨也。人已賦形受役，山南海北，安能長握手不相離者？顧忠信所托，道義至不至耳。若龍德之雲行雨施，固無弗至者也。今别矣，復何言哉！余志存而行不逮也，則勉之；龍巖行與志俱也，則安之已乎！

贈督學紀山曹公陟參江藩序

紀山先生禀淵哲之上資，佩精一之正學，特達表荆璆之重，瓌琦挺衡岳之高，故德行純備，經緯夙成，才兼述作，道足楷模。蓋天爲世理，篤生鴻俊，俾之敭歷，以宣以蕃，文命覃敷，國鈞攸賴焉矣。方今上臨軒策士，開館延賢之辰，先生乃應運合符，登崇躡華，實所謂鏘然而《韶濩》鳴，蔚然而鸞鳳翔者也。是故金門玉堂，推高文大册之英；石室蘭臺，妙秘書執法之選。既而按部南邦，遍于江浙，攬轡登舟，並見肅清。時海内多虞，要公弘濟，乃出守河藩，進使晋臬，尋專奉璽書，宣叙彝訓。

惟是晋鄙，僻處荒隘，三聖攸邈，九原不興，士生其間，靡所見聞。是故師心緣俗之習滋，而成德廣業之致泯矣。常痛《葛屨》之謡，陳彼《魏風》；楊惲之書，陋此西河。覸習俗之固移，思化工之丕變。乃遂逅逢嘉會，蒙被烈光，提正印以主盟，開心極而闡范。謂錮蔽不可以明善，則示之以講學；謂卑污不可以致道，則示之以明志；謂越履不可以敦行，則示之以迪倫；謂剿説不可以綜文，則示之以本經。謂求材貴廣，所以養之，則〔一〕多蓄以鼓其機；謂考課貴精，所以别之，則嚴核〔二〕以稽其效。謂碩果不食，雖老生在所棄遺；謂後生可畏，雖童子亦必與進。至於登高作賦，推誠體物，言出爲章，動罔不吉，令聞者聲入而神依，見者容接而心向。乃道均貫一，義齊吹萬，所謂興觀群怨之際，有感必通；動静語默之間，無行不與者也。然即其寬而有制，則司徒之敬敷也；博而能約，則夫子之善誘也。於是三晋之士，其悟也如夢之覺，其從也如水之流焉。

乃先生誕膺簡命，參政江藩，駕言行邁，委講輟論。是時學官弟子悵然茫然，若隕若墜，郡守而下罔不同情，因徵余言以寫其衷，余以意應之。先生之生以名世也，以弘道也。其諸所敷布，皆欲匡一世使之平，揭斯道使之明。而其精切廣大之旨，皆寄與諸生，乃自心之本然，非外物之假借，所謂"歸而求之有餘師，擴而充之不可御"者，惟在服膺而勿失之耳。不然，覺者復夢，流者復塞，雖聖日與之居，亦迷途莫之返也。若先生之遠心冲度，贍智宏能，出乂藩維，入司鼎鉉，德盛業隆，參光配岳，則讚之不能增其高，數之不能竟其大云。於是郡守師生咸唯唯顒顒，遂軸而書之，以申帳餞。因憶先生按浙之日，余屬吏文學；及補河藩，余又忝丞署。草木之味，偶定交於五言；鷄黍之情，竟如約於千里。念人生之幾何，而所遇亦已多矣。故贈言鴻飛，不覺離緒之翩翩也。

【校記】

〔一〕底本"以養之則"四字漫漶不清，據祁縣本補。

〔二〕底本"别之則嚴核"五字漫漶不清，據祁縣本補。

贈羅江陳公總憲江西序

初，晉之民庶富而可教者，河東爲上，冀南次之，冀寧又次之，而政事之難易因之焉。近胡寇深犯，災沴荐臻，内繁賦役，外劇邊防，政煩教微，人不興行。蓋所謂庶者凋，富者耗，而可教者亦寖荒矣。舉其政事之難，則冀南爲上，冀寧次之，河東又次之焉。舉冀南之難，則汾其尤乎？其地近塞，其供役每先於列城；其治近省，其督責每先於群吏。而又宗藩盤之，食禄冗之，於時吏民皇皇，日不暇給，欲政之不煩，教之不微，不可得矣。

乃嘉靖三十六年，上命羅江陳公參知政事，分守冀南，開府汾陽焉。公下車之始，即深察民隱，允釐吏治。其所以推恩布德，除奸祛暴，壹以惠養元元爲意。而吏奉法、民安業者，日丕應丕變焉矣。始臨問諸生，大要以德藝爲上下。德猶本根，藝猶枝葉。德即和順積中，藝即英華發外。適見諸生多朴略少文，即爲文多不中於有司，問其學，故茫然不對，曷不反而求之心乎？孟子有言："學問之道無他，求其放心而已矣。"心苟不放，則德也者，德此者也；藝也者，藝此者也。充而盈之，聖同天乎？如斯而已矣，而奚舉子之業之戛戛乎哉！於是諸生醜然汗出，勃然思所以自求也。

三十七年，上擢公總憲，爲江西按察使。當其啓行，吏民與師生咸共攀戀，靡靡摇摇，如失所天。諸生方思奮緝學，期永服訓言，徵野史述詞，以奉揚大君子之光惠。胤乃述其私所見聞者而著之言。夫保釐明弼，在岳牧則稱其仁，在台省則推其乂者，盛德之至，熙載之光也。我公名賢宿望，其德忠肅而恭懿，宣慈而惠和，行見亮采於虞庭之上矣。

鄉耆趙翁七十壽序

余讀夫子"父母之年，不可不知。一則以喜，一則以懼"之訓，以爲此亦人子之恒情耳。而聖言垂憲乃如是之諄切，何耶？及讀孟子"人少則慕父母，知好色則慕少艾，有妻子則慕妻子，仕則慕君，不得於君則熱中。大孝，終身慕父母"之言，而後知孩提之童，無不知愛其親者，良心之始然也。及其感物而動移，隨事而遷改也，斯有不愛其親者矣。不愛則不之慕也，不之慕則不之知也，不之知則其喜也孳孳焉，惟得其私之爲也；其懼也孳孳焉，惟不得其私之爲也。一心之微，衆喜紛之，群懼殽之，幾何而能及其親也？昔者子游、子夏、曾參同受教聖門，求仁體孝以事其親，然游或優於飲食而短於敬，夏或長於服勞而少於色，求其善養志者則參焉一人而已，其餘固已難矣。是故夫子之教人孝也，自知年始也，蓋自良心之愛易知易能者發之也。今匹夫匹婦雖號稱至愚，然於其親之生日也，必有以樂之，而爲之拜焉觴焉；雖身處異域，亦必感時興愴，而爲之憶焉喟焉。何也？良心之不容泯也。然則感發人子之良心，最爲切近而易曉者，莫大乎知父母之年矣。知則能愛，愛則能慕，慕則能養，故一日之養重於三公也，如之何其勿喜？三乘之榮不俟終日也，如之何其勿懼？夫百年之内，喜也，以吾之養親之日永也；懼也，以吾之養親之日有限也。乃孟子所謂"終身慕"也，曾之孝，舜之大孝，繇此其廣之也。是故"聖謨洋洋，嘉言孔彰"者，百行之源也。誦法孔、孟，表裏《詩》《書》，介親之壽，永保康福者，萬夫之望乎！

鄉進士趙文岡子，聰敏誠懿，夙能孝養其親，蓋身體先聖知年之訓而有得者。兹於其尊翁七旬之歲，令誕之辰，奉觴稱壽，以展家慶。情文爍於襴彩，孝養芬於鼎頤，而同游之侣，通家之舊，各以其豹蔚之文，鶴筭之祝，彬彬而來也，所謂"躋彼公堂，稱彼兕觥，萬壽無疆"者也。太老先生目睹蘭桂森庭之儀，耳聆絲竹侑觴之響，心和錫純聚順之致，神游無懷葛天之野，陶陶焉，融融焉，不知老之將至云爾，望者以爲仙也。而文岡子之喜焉，而可以無懼懼焉，而可以長喜者亦可知也。然世之欲如曾子之孝者，窮居可能也，以禄養不可能也；欲如舜之大孝者，窮居可能也，以天下養不可能也。文岡子羹墻思舜，三省學曾，既以登氏賢書策名天府矣，行將躋膴仕，禄萬鍾，日羞五鼎之珍，以隆愛日之誠，其誰不曰文岡子之孝，不可能也。雖然，曾子不爲窘身以約其親，文岡子亦不以未仕而不爲親壽，其仁孝之志，亦已不可及矣。故曰：萬夫之望，文岡以之。

賀憲使譚子家慶四壽序

在昔上古，淳和沕穆，神極統天，精機肇世，五氣清平，萬有孚協。當是時，人生其間，上被三光，下游四序，無有夭閼，性命永延。故謂天下爲壽域，以天下皆壽長也，是爲泰和之盛在天下。中古則不然，五氣間不清平，萬有間不孚協，故風折木而淫稼，大浸稽天，大旱流金鑠石。當是時，人生其間，内慾外勞，多有夭閼。或大荒之野，無何之鄉，其教不爲，其民寡營，合乎元和，葆乎混沌，乃有玉禾醴泉誕生川谷，人茹飲之，悉老而壽，故亦無有夭閼，性命永延。故謂其國爲壽域，以國人皆壽長也，是爲泰和之盛在一國。下古則又不然，五氣參差，萬有糅錯，災異薦臻，嘉祥希鮮。當是時，人生其間，縱情嗜慾，迷心鴆毒，争名競利，毁道破德，干戈相尋，訩訩翕翕，乃形神雙敝，墮殞六極。故鰥寡孤獨者户有，而疾瘓死亡無空日也。或十室之信，上仁之里，其道躬行，其德處善，合乎元和，葆乎混沌，乃有天慶積于厥家，父祖子孫康强逢集，眉壽相望，春酒載堂，詩書禮樂照耀階序。子歌《魯頌》篇，孫上《南山》章，亦無夭閼，而性命永延。故謂其家爲壽域，以其家皆壽長也，是爲泰和之盛在一家。在天下者，皇；在一國者，王；在一家者，昌。

西蜀譚使君家，累世忠信，服行上古之道，躬修善德，不染世氛，含元履順，均體泰和。其先世既皆壽考，乃今大父金沙翁與其父大理公，及祖母與母氏太宜人，俱劭德高齒，白髮蒼顔，並懋堂上，齊樂林間。而使君方弱冠登朝，取進士上第。南官大理，天下稱平；東僉浙臬，江海揚清。實演家世之休風，而纂善慶之鴻緒者已。惟金陵浙江去西蜀殆八千里，使君則時時懷望，言昔衣褐之日，家門清宴，閭井安和，四老人在堂，每日晨昏及歲時節令、誕生之辰，問安拜慶，未嘗不在諸兒孫之列；而今望之，青天白雲，正勞我心耳。于是歲遣人一上家慶。在南都時，都官大夫咸有四壽之賀；兹在浙也，其誰不思賀哉？夫賀壽之義，頌禱之禮也。余覽曩之善頌與高年，蓋未有一家而四壽者。今蜀譚家慶四壽，所謂泰和之盛，不在斯乎？不在斯乎？泰和絪緼，輪菌彬芬，日月得之而久曜，金玉得之而長存。靈芝煒其三秀，神鳥翩其五文。物無稟而不瑞，人何壽而弗昌？爰省斯旨，式揆厥祥。鑄齡則壽，蓄德則章，承家則孝，輔世則良。弘兹四者，而後謂之昌。然則使君之上家慶也，尚以此哉！余故著册書，代諸賀者言。

譚使君名棨，登嘉靖戊戌進士，時爲按察僉事，别號少嵋。吾先子有言："始於事親，終於事君。立身揚名，以顯父母。"少嵋之謂也。

重刻《文章正宗》序〔一〕

《文章正宗》三十卷，余既選工雕印，布令學徒與舉業兼資習之，乃復告語其意。

夫文章爲教，自六籍已然。蓋聖人之道，本神其所顯設，故自皆成文。一天之垂象，而三辰曜如也，故六籍所載，皆聖人之道。道者，正宗之謂也。惟學者以道求之，則凡文章皆聖學；若止以文求之，則必支離乎道，將亡羊多岐，喪珠赤水，遂使神理微滅，聽聽焉日見虚華而悦之。夫虚華者，無宗之文也。凡物無宗，猶之乎不繫之舟與行潦之水，易爲飄蕩。故人〔二〕悦之，無不飄蕩其心志者，直欲假之以要紆青紫耳。即兹意已不成章，尚奚復他文有耶？

昔子貢以文章學聖人，而謂聖人者多聞人也，多知識人也；及見其與顔子而默之，則知聖人非多聞而無弗聞也，非多知識而無弗知識也。乃有宗焉，而舉物不能出之，於是乎反之而貫於一。故曰："夫子之文章可得而聞也，夫子之言性與天道，不可得而聞也。"是言可得而聞者，正不可得而聞者也。合一語也，是爲得聖人之宗。惟得其宗，則載籍之間皆性道，性道之外無文章矣。西山曰："士之於學，所以窮理而致用也。文雖學之一事，要亦不外乎此。故今所輯，以明義理、切世用爲主，其體本乎古，其指近乎經者，然後取焉。否則辭雖工亦不録。"其義蓋辨乎此。若學者徒以文之體指與其本古而近經者求之，則謬倍甚矣。故有正宗焉，不可以不察也。

經自嘉靖甲辰孟夏，而於仲秋之望落成。諸所督校，咸識名左方。〔三〕

【校記】

〔一〕書名一作《集録真西山文章正宗》，宋真德秀撰，嘉靖二十三年孔天胤刻於杭州並序，中國國家圖書館有藏。以下簡稱"孔本"。

〔二〕人，孔本作"學者"。

〔三〕孔本序末有落款："太原孔天胤记。"

重刻《唐詩紀事》序〔一〕

《唐詩紀事》若干卷，舊叙是臨邛灌園居士計敏夫字有功所集，而爲懷安假守王禧字慶長鋟置郡齋，時記嘉定甲申。年代既遠，印版〔二〕磨滅，或無再刻之者，故其書罕存。即〔三〕有傳者，但鈔本爾，嗜文之士意恒闕如也。嘉靖乙巳，錢塘洪子美氏釋宫寀玉絳之班，理家園竹素之業，得笥藏懷安初本，遂爲雕繕，久之成書。余覽而嘉之，且善其紀事之意，叙曰：

夫詩以道情，疇弗恒言之哉？然而必有事焉，則情之所繇起也，辭之所爲綜也。故觀于其詩者，得事則可以識情，得情則可以達辭。譬諸水木，事其源委本末乎？辭其津涉林叢乎？情其爲流爲鬯者乎？是故可以觀已。故君子曰："在事爲詩。" 又曰："國史明乎得失之迹。"夫謂詩爲事，以史爲詩，其義膴哉！"然自性情之説拘，而狂簡或遂略於事，則猶不窮水木，而徒迷鶩乎津涉，蔽虧乎林叢，其於流鬯益已疏矣。故孔父又言："致知在於格物。"〔四〕孟子誦《詩》，必論其世。且如虞有《卿雲》之歌，弗稽《大傳》，曷知其爲禪夏？漢盛五篇之詩，非考《兩都》，又焉得其鴻典也？故善學者大通而無閡〔五〕，不善學者小見而多離。《詩》從删後，豈展無之？顧《大雅》雖闕，然歌咏之事，可考而繹焉。唐俗尚詩，號專盛，至其摛藻命章，逐境紆翰〔六〕，皆情感事而發抒，辭緣情而綺麗，即情事之合一，詎觀覽之可偏？宋興理學，儒者偏鄙薄詞華，覆又推杜甫等，而以格調聲律爲品裁。然但言理而不及事，豈與古人説《詩》之旨同哉？今高材切慕其成説，競依憑其籬下，掇拾其緒餘，及博討唐篇，如窮水木，或不喻其時代與人物，是既不曉事，又安識所謂道情者與夫所謂聲調者？亦窾言也已。然則《紀事》一書，其藝流之源委，文苑之本末，利涉之方航，發蒙之朗若者。嘗觀集唐詩者奚啻什數，集紀事如有功者少；刻唐詩者奚啻百〔七〕數，刻紀事如子美者少。余故嘉善，作此叙詞。《詩》三百篇，《毛傳》蓋其紀事，今爲考亭所絀，然欲究遺經，當必考之。子美名楩，歷詹事府主簿。

【校記】

〔一〕此序又見於《唐詩紀事》明嘉靖錢塘洪楩刻本，題下有作者"明中憲大夫浙江提刑按察副使敕理學政汾陽孔天胤汝錫甫撰"，以下簡稱"洪本"。清黄宗羲《明文海》卷二百十七有收。

〔二〕版，洪本作"板"。

〔三〕即，洪本作"既"。

〔四〕本句洪本作"故孔父言知在于格物"。

〔五〕閱，洪本作"閲"。

〔六〕底本該句漫漶不清，據洪本補。翰，《明文海》作"懷"。

〔七〕百，洪本作"伯"。

《薛詩拾遺》序

薛先生禀上人之資，體先天之學，蓋自考功郎中請告，閉户著書，垂十九載而亡。然其道極底于玄，故其書多微言精義，時人莫能測也，先生亦罕出示人。故既殁，而其書罕傳，今所傳者，裁《老子集解》《約言》及《考功集》而已。余往在大梁，使人吊先生於墓，求書其家不得,得遺詩若干于朱灌甫所。至浙多暇,刻存往懿,謂之《拾遺》。然雖屬短篇,顧其稱指亦已玄矣。初,余嘗讀《考功》,感而賦之〔一〕,其詞曰:

余往歲丙申,初謁考功于譙城大寧齋中。考功一見余,即莫余逆也。留飲闌夕,賦詩見志,後數往來,並喪爾我。既余别先生去,而先生亦與世别矣。先生精契道本,神領聖宗,當朗曜天庭,燭世迷暗,然河清難俟。嗟乎!嗟乎!獨其書存耳,兹卷不與焉。卷中有《賦洮溪硯》〔二〕一篇,乃先生攬物懷余。夫先生懷余,余可得;余今懷先生,先生其可得耶!展卷揮涕,言不成章。

一覽西原作,闌干涕莫從。紛兹懷化鶴,憶昔見猶龍。耿耿對秋竹,青青倚春松。玉壺斟水月,瑶席整絲桐。聽嘯蘇門上,窺玄草閣中。著書躡二老,解綬辭三公。道即先天地,名誰究始終。希知占子貴,直指發余〔三〕蒙。義諦昭如日,言詮穆似風。洪河方飲鼠,岐路忽飛蓬。遠吊斯文喪,深悲吾道窮。流沙歸李叟,梁木萎尼翁。生死原相托,幽明遽不同。譙墳宿草長,苦縣暮雲叢〔四〕。懸劍情何極,投芻理亦空。惟將千古意,潛向九淵通。

烏虖!觀于此者,其庶知先生而有感于遺文也。嘉靖甲辰秋九月望日。

【校記】

〔一〕《讀薛考功集感而賦之》,另見於《孔文谷詩集》卷二《澤鳴稿》,字句略有不同。

〔二〕詩題一作《余有洮溪硯乃孔汝錫所贈者每懷其人因成斯咏》,見於薛蕙《考功集》卷五。

〔三〕余,《澤鳴稿》作"予"。

〔四〕叢,《澤鳴稿》作"重"。

刻《明道先生語略》序

聖學至宋，惟濂、洛爲得其宗；而醇乎其醇，則明道先生焉。故其言簡粹精貫，直指道源，顧伊川不及也。龜山、豫章、延平脈相授受，雖極尊述先生，然亦未有能至者也。朱子親事延平，猶云未領略其中和之意、喜怒哀樂未發之前之旨。則聖學之微，有非言語文字所能究竟明矣。今學者徒守朱子之章句，而不知尚考其師友淵源之所自，則無本之學也。吾故咨龍溪王子，取《明道語略》輯爲一帙，刻與同志者共學焉。孔子曰："可與共學，未可與適道；可與適道，未可與立；可與立，未可與權。"夫立而無權，猶執一也。夫學者各持其偏黨以自是，安於所習，毁其所不見，斯廢矣，尚何共學之爲貴乎？

刻《朱子晚年定論》序

諸儒訓詁之學，至朱子稍稍折衷，是故有《易》《詩》《四書》等傳注。初意蓋欲繇講解以爲入道之門，若曰博學而詳説之，將以反説約焉爾，誠非其學之至論之定也。一時門人遂以綴輯而張大之，後儒遂守其説而不詳，忘其約而不反。至於信傳而不信經，從人而不從天，學術支離，道體蒙障，則章句爲有禍焉，此門人黨伐過矣。故朱子晚年，既反約于詳説之餘，則盡悔其未詳之説之非，至以爲自誑誑人，罪不勝贖。斯學有所至，論有所定，朱子已非自誑，而學人之自誑者於今猶烈也，可勝痛哉！

適見陽明王子略取其言，稱其爲《定論》也，且曰："世之學者，徒守朱子中年未定之説，而不復知求其晚歲既悟之論，競相呶呶，以亂正學，不自知其入於異端。"信斯言也，則學者宜深省之。吾故刻其書，以視同志。

贈錢塘學諭張鳴鶴升容城知縣序

錢塘學諭張子當宰容城，而問所以治。文谷子曰：

夫政教一而已矣。子爲教，見士之善者若己有之，見不善者若己失之，責在己也。然則容之民有利病休戚，謂非己責，可乎？夫政出諸心者也，心無窒礙，然後能通乎物；通乎物，然後能體物；體物，斯可以言政焉。故廣大可以兼容，精明可以普照，敬簡可以弘馭，强敏可以廣業。執我見者偏，徇他物者闇，泥陳故者迂，惑綱領者亂。此八者，政之得失之所出也，民之利病休戚之所關也。子爲治，其研諸此而已乎！

孔文谷集卷四　序

《山西通志》序　代作[一]

晉志[二]之闕久矣。余按部之初,蓋申理之,暨余事竣,而其書二十篇成,是爲山西之[三]通志云。二十篇者,曰《圖考》,曰《建置沿革》,曰《星野》,曰《山川》,曰《風俗》,曰《物産》,曰《田賦》,曰《户口》,曰《祠祀》,曰《封建》,曰《職官》,曰《學校》,曰《古迹》,曰《帝王》,曰《名宦》,曰《人物》,曰《選舉》,曰《藝文》,曰《武備》,曰《雜志》焉。

夫志,記也,記一方之事而備載之書,是以謂之"通"也。昔楚靈王稱左史倚相能讀三墳五典、八索九丘[四]。九丘[五],蓋其志九州者,而其文不傳矣。《周禮》建史氏之官,而志之文始出。如太史掌建邦之典,小史掌邦國之志;内史掌八枋之法,外史掌四方之志;而邦國都鄙及萬民之治令,則御史掌之是已。余竊想有周盛時,建國親侯,治教隆洽,天下車同軌,書同文,行同倫,故其[六]典章文物之紀,輿圖簡册之數,通内外,合遐邇而一之。凡萬國之事[七]書,皆一王之法典,故《卷阿》之詩曰"爾土宇昄章,亦孔之厚"矣。及王室衰微,諸侯强[八]大,國自爲政,家自爲俗,是以在周則爲《周志》,在鄭則爲《鄭書》,在魯則爲《春秋》,在晉則爲《乘》,在楚則爲《檮杌》。雖其文則[九]存,而合同之化泯矣。故韓宣子聘魯,觀書於太史氏,見《易象》與魯《春秋》,曰:"周禮盡在魯矣。"夫言在魯,則他國之倍可知也。

聖朝統天絡地,範圍之以禮樂,彌隆之以政教。其典章文物之紀,輿圖簡册之數,光天之下,至於海隅,罔有闕失。大哉!洋洋乎!

周禮之盛，蔑以加乎兹也。肆余於晉志之成也，深有慶焉，然舉其治令以授諸從政，則余之事乎？夫事有定準而理有化裁，定準者因，化裁者革。《志》之事二十，以言其化裁者三，蓋《風俗》《學校》與《職官》焉。夫作而行之之謂風，沿而習之之謂俗，敦而本之存乎《學校》，神而明之存乎《職官》。舊《志》稱晉之俗深思儉陋，有陶唐氏之遺風。上黨故趙之分，其俗悲歌忼慨而尚氣節。雲中迫近戎狄，其俗尚武，多鄙朴而少禮文。比者豪貴所處，駸習驕横而椎埋剽竊，任俠依憑，往往自罹刑辟。田里之民，讐怨相競，鬥訟蜂起，至滅身而無悔。是子弟無父兄之教，寡廉鮮耻而俗不長厚也。然其漸磨〔一〇〕於聖化，遷改其敝習，會中和之極，同禮樂之歸，固已渢渢乎回風而嚮道矣；而猶有不盡然者，則有司之過也。夫有司主奉宣治令，故職官舉則學校興，學校興則風俗美。孔子曰："安上治民，莫善於禮；移風易俗，莫善於樂。"言治令之本也。從政者必移其本，而易其末焉可也。繼自是書之《志》曰：孰也官師之良也？而正學也，而使民興行也。繇是而田賦登也，户口增也，人文觀也，賢才奮也，兵食牣也。孰也官師之良也！外《志》紀之，而内書録之也，是則《志》之大者已。今《志》列表名臣，皆古之良大夫也。人言"後之視今，亦猶今之視昔"，有〔一一〕不信哉？

余斯叙述其義，以明是書爲熙世之法典，而非空文之垂焉耳。是舉也，學憲周君之所專任，方伯吴公諸賢之所助成。其賢良文學覃研撰述，與群執事之有裨者，咸得書其姓名於簡端焉，《春秋》"君舉必書"之義也。

【校記】

〔一〕此序另見於嘉靖《山西通志》，康熙《山西通志》"舊志序"收録。康熙《山西通志》題目下注明作者爲"巡按監察御史樂亭王好問撰"，可知此序爲孔天胤代王好問所作。雍正《山西通志》收入卷二百一十三孔天胤文章小輯中。

〔二〕志，嘉靖《山西通志》、康熙《山西通志》俱作"乘"。

〔三〕之,嘉靖《山西通志》、康熙《山西通志》俱無。

〔四〕丘,雍正《山西通志》作"邱"。

〔五〕丘,雍正《山西通志》作"邱"。

〔六〕其,嘉靖《山西通志》、康熙《山西通志》俱無。

〔七〕事,雍正《山西通志》作"車"。

〔八〕强,底本及嘉靖《山西通志》、康熙《山西通志》俱作"疆",據雍正《山西通志》改。

〔九〕則,嘉靖《山西通志》、康熙《山西通志》俱無。

〔一〇〕磨,雍正《山西通志》作"摩"。

〔一一〕有,雍正《山西通志》作"豈"。

《楊東江詩集》序

夫泥之在鈞,惟甄者之所爲;金之在鎔,惟冶者之所鑄。言以制器者,惟其人也。若夫篇章之事,有弗然哉?蓋人秘天之靈而爲心,心應感而爲志,志發言而爲聲,聲成文而爲詩,亦以爲文。或言近而指遠,或義約而語閎,於人情之微眇幽鬱無不本也,於物理之棼泯結滯無不該也,皆神檢朕兆於虚無,意匠經營於妙有。是以粹白純備,爰瑩厥靈,乃統天然,不惟其人,曷克爾也?余覽古載籍,明修其辭之卓越者爲大雅之才,其温潤者具愷悌之性,虞庭執法之臣,能賡"喜起";周室元戎之宰,善誦"清風"。作之惟人,亶其然矣。

太原太守祥符李君,廉正不阿,過汾咨余,言:"此時作者,有督府楊東江公焉。自御史按部畿内,以至兵憲易水,及兩撫雲中,總督遼、薊,咸感物而造端,情融而理會。乃其觀風問俗之際,不忘太史之陳;臨戎决策之時,有裕横槊之賦。實桓桓鷹揚,續虎變之文;鏘鏘鴻藻,表鳳鳴之瑞者矣。豈與雕蟲之生誉小技於窗間,揮寸管於畦徑,操不割之鉛刀,徒無因而强作者儔也?某將刻之以傳,倘子爲叙其事乎?"

余因引甄者、冶者,而伸作者之一致。太守曰:"公正直廣淵,義弘於大雅；宜慈惠和，仁篤於愷悌。斯其辭卓越爾，温潤爾，子之言是矣。公有謨有猷，執法如皋陶；能文能武，元戎如吉甫。行當歌明良於九重之端，咏穆清於百僚之上，子之言抑又是矣。兹集也，品其才章之美，信皇猷之黼黻，參之鐘石之縣，其金聲而玉振之歟！"遂書之琬琰，以請質於公。

贈雲汀齊公應召還京序

雲汀齊公，名御史也。今歲之春，出補陝臬憲副，飭兵關南。惟關南當蜀漢孔道，綿控鄖陽，弘統商洛。其地巖險阻深，其産金石草木之良，其人東西南北之所依負，故有欲焉則易以争，無賴則易於爲暴。或暴而獸聚鳥散，猝然不可撲滅，爲閭閻憂。惟廉察之明威，是毗是馮，捕治平輯，施於已形，禁於未著，分亂繩使之序，鍼疾本令不得發；惟廉察之明威，是匡是綏，故非有遠度淵識、廣略鴻姿，經緯勘定之才，仁智沈朗之德，天人之學，世道之任，不然也。而我公開府布令，風猷迥別；條畫方陳，景響輒效。又屬大侵之後，還安爲難，而扶惸保傷，銷萌滌邪，期月而已，即已改弦易聽。至於幽崖窮谷，莫不震疊如雷霆，潤澤如流水，郡縣凛然承事，吏民畏而愛之。無何，值醜虜跳梁，至於畿甸，上咨選俊乂，將推轂剖符，專任尊寵，用斯怒之威，奮不可勝之武，一掃其穴而犂其庭。於是當道上疏，薦者十有二人，而我公傑然稱首焉。上於是亟召公還京師，而關南之人咸懷去思，學士大夫皆榮其行而惝怳其别去。初，公在臺中也，望泰山重，蓋不宜外補；及外補則爲外重，今復還内則内重者，益信矣。

夫戎，大事也。古不忘戰以保大，後好戰以飾弱。飾弱者危，保大者安。夫爲戰均而安危異係，何也？夫古備而不輕用，則内有餘；後無備而輕用，則外有餘。内餘可以制外，故安也；外餘則内反受制，故危也。夫師行糧食，師老財匱，與養兵積資、養氣節勞者殊也；戢而動，與玩而無震者殊也。漢晁錯、趙充國皆有文武之略、安攘之能，方、虎之亞，頗、牧之儔也，而談攻議守、料機決勝無遺策、有萬全，册書可睹記焉。今公之識度姿略、才德學志，非特晁、趙也；行且咨之訏謨，授之大事，宵旰之憂，閫制之托，非特漢主也。而公何以籌之哉？公曩按部全晉，屬醜虜虔劉之餘，公察獄平憲，恤孤保疲，徵勇慎封，留田遠堠，爲晉人計者，溥也。夫事有小大，道無遠邇，其度衷制義有弗同乎？夫衆馬在廄，群木在山，雖至材駿，平居無所表見；及蹈遐建巍，使良樂般爾踟躕四顧，而後華山之騄駬、豫章之楩楠出焉。故公今日之行，必有濟爲天下萬世重可知也。

我，晉鄙之遺氓也，又從事大夫之後，沐浴其膏澤，歌咏其盛德久矣。當臨高送别，目覽飛鴻，何以贈之？惟有德音。三司大夫曰："吾志也。"於是乎歸之，以申同好。

《何柏齋先生文集》序〔一〕

柏齋先生者，昭代之儒臣也。自章句之習崇，而學或鮮於知德；自青紫之趣深，而仕或舛於行義。蓋流風相沿，蔓草相襲，有莫知其所以然而然者矣。士當其時，雖號爲有志，其所識踐猶不免於夾雜，何也？道之不明與不行也，擇守之無豫也，可勝惜哉！先生崛起河山之陽，獨曉然力究聖學，敷陳王道，於道德性命之微、禮樂倫制之大、辭受取予之節、出處進退之機，審固閑定，確乎其不可拔，於是海内稱理學者，推先生云。

先生遇孝宗朝，蜚英館職；逮事武皇帝，日進講經筵，讜論諤諤，要在親賢遠奸，敬天恤民，雖權幸側目，而道不少屈。今上御極，起用舊儒，而先生歷 臺省大位，却守在留都，竟謝病去，以故道不大伸。然其情志之端，言行之概，亦往往見諸著作。

先生端默簡淵,固不攻文與詩。然理散乎辭,自爾條貫;氣洩於聲,無不諧美者矣。故海内慕先生,弗克由見,咸欲見先生之遺章。緣平居罕以示人,斯刊布未廣。近次山劉公〔二〕始廣師門之傳,録其所述,又列系理學名臣之書,令潛德之光與薛文清等後先相望。庶天下後世知昭代儒臣在河内復有斯人焉,其於風教厚矣。

前河南左使天胤叙曰:元儒臣許魯齋亦河内人,先生嘗論其上接考亭之統,學以躬行爲急,而不徒事乎言語文字之間;道以致用爲先,而不徒極乎性命之奥〔三〕。其所得者,蓋純乎正而不可加矣。嗟乎!據其説以觀,先生之純正,視魯齋奚愧焉?故今謂柏齋接魯齋之統可也。遺文九卷,詩一卷,都爲一集。夫詞人之語麗淫而經師之言典則;緣情之靡易趨,而根心之粹難測。覽者宜有以自得之。

嘉靖壬戌之 秋九日〔四〕,會次山公〔五〕按節汾郡,因出此語就正,且奉命焉。公〔六〕曰:"可。"〔七〕

【校記】

〔一〕《何柏齋先生文集》又名《柏齋集》《何瑭集》《何文定公集》。明嘉靖四十一年劉涇刻本外,又有明萬曆賈待問刻本(以下簡稱"萬曆本")、《續中州名賢文表》本(以下簡稱"中州本")。萬曆本孔天胤序在卷首,題爲《何文定公文集序》;中州本在卷二十八後附録。

〔二〕公,萬曆本、中州本俱作"君"。

〔三〕奥,萬曆本作"粤",誤。

〔四〕日,中州本作"月"。

〔五〕公,萬曆本、中州本俱無。

〔六〕公,萬曆本、中州本俱作"次山"。

〔七〕萬曆本、中州本後俱有落款"河汾後學孔天胤撰"。

《西陂先生集》序〔一〕

《集》四卷，大司馬西陂先生作也。嘉靖己酉，先生既解兵柄，明年庚戌，卜築金華之圃，構樂志之精廬，理修文之舊業，則是《集》出焉。時巡撫大中丞印臺傅公覽厥鴻藻，謂先生沈〔二〕潛道藝，綜古文辭、篇章之積，歷三四十載而裁出，是立言勒成一家，可以傳矣，遂命工刻之。書成，門人天胤讀之，私竊歎曰："夫大夫之賦，與雕篆者殊塗也，信哉！"

余既三復其集辭，又紬繹其義，而知所以爲作。以上則歌咏盛德，以下則敷揚理事，以經緯則神情内融，以組織則機象外著。作者無矜名之衒，聽者無竊言之譏，可以章教，可以樹風。是故爲賢人君子之志，大夫之能賦明矣。夫矜名害道，竊言亂真；玉卮無當，雖美奚足焉？是故技之小者，壯夫薄之爾。夫志於作者，操紙〔三〕濡毫，無不欲希〔四〕乘最上，凌駕千古；及就綴列，斧藻丹雘，登之琬琰，潢以縹緗，信美矣。然使匠心者詮其品，宗眼者按其節，或辨迹於表玉，充類於説金，察巧於屠龍，課真於畫馬，猶不免於江河之趨，竟乏取於崑華之陟，豈色相之摹臨寡工？抑性情之德鮮也。

夫詩言志，以道性情。性静而虚，不能不感；情動而直，不能不應。應於心，不能不宣諸其口；發於聲，不能不矢諸其言。詩者，言之成聲，聲之成文者也。是故其所感正者其應和，其所發粹者其矢精，其所會正和粹精者，其文雅以醇。《詩》三百篇，皆繇此選也。故義有六焉，其思一而已矣。善乎子雲之言曰："詩人之賦麗以則，辭人之賦麗以淫。"夫則，則準乎性情；淫，則假於色相。準乎性情者，以言志；假於色相者，以志言。言志者不見而章，志言者直學語焉爾。即其意臆已殊，而蹊徑有不别哉？故以道性情言乎其詩，以養性情言乎其學。故淵以養静，篤以養虚，凝以養動，專以養直。養得其養，神明自瑩。所謂萬有之宗,衆妙之門,有感而斯應,不詘而愈出。文五采而彬布,聲八音而允諧。一化工之抒其藻,谷神之竅其籟,耳目無藉,而禮樂不可勝窮矣。是爲作者之絶軌,人文之大觀,顯道之餘烈,陳藝之緒芳。復何色相之可假,而言語之可學耶〔五〕? 彼拘方於體裁,喪偏乎格調,外矣。

先生天質冲睿,德膺廣淵,學繇道懋,才以智弘。性情之藴,洞然太虚,皎然光靈,確然正和粹精。其所著宣,宜其卓爾大雅不群如此,而後知詩人之不妄作,法言之有理也。言之文者行之遠,立之不朽者永之傳;名弗稱者聖之憂,美弗著者友之咎。先生之作,誠甚盛麗,門人小子而不叙述之也,非教也。故雖不敏,亦略附其説,俾覽者知所本焉。〔六〕

【校記】

〔一〕《西陂先生集》一名《劉西陂集》,收入《四庫未收書輯刊》(北京出版社1997年影印本),以嘉靖三十年傅鳳翱刻本爲底本。共有五篇序言,孔天胤序爲第三篇。本文底本目録爲《西陂先生文集序》。

〔二〕沈,《劉西陂集》作"沉"。

〔三〕紙,《劉西陂集》作"帋"。

〔四〕希,《劉西陂集》作"晞"。

〔五〕耶,《劉西陂集》作"邪"。

〔六〕《劉西陂集》文末有落款"嘉靖二十九年冬十二月上日,賜進士及第、大中大夫、陝西承宣布政使司左參政、門人河汾孔天胤撰"。

《苑洛先生文集》序〔一〕

大司馬韓公《苑洛先生文集》二十二卷,其一卷、二卷爲叙,三卷爲記,四卷、五卷、六卷爲誌銘,七卷爲表,八卷爲列傳,九卷爲策問,十卷爲五言,十一卷爲七言及聯句,十二卷爲填詞,十三、十四、十五、十六、十七卷爲奏議,十八、十九、二十、二十一、二十二卷爲語録。巡撫大中丞樵村賈公取付省中刻之,以表憲一方。若曰文獻爲可傳耳,於是外史胤推叙其略。

昔孔子學夏商之禮,歎文獻之不足徵;至於周禮,則曰學之、用之、從之焉。是有周之文獻,昭然可考而據也。然文托獻,獻紀文,苟非其人,道不虚行矣。

苑洛先生,當代之儒賢也,蚤植學於庭闈,崛蜚英於館閣,敭歷恭踐,保釐弼承,議制叙物,聰明純固,所謂亨於天人,嫺於大體,位著之表儀,典刑之舊德。故其爲文,類非丹雘斧藻之事,蓋帝王統治之猷,聖賢傳心之學。人物之污隆,風俗之上下,性情之所感宣,聞見之所著録,其辭不一,其陳理析義卓然一出於正,其揚教樹聲翕然一矢乎聖代之彝。即大夫考政事,士考學聞,鄉國之人考孝友睦姻之俗,雖不必别求載籍,其經法攸寓,可按集而省焉。然則謂公爲當代之文獻,不亦信乎?故刻斯集也,允矣,其垂表憲也。〔二〕

【校記】

〔一〕《苑洛先生文集》一名《苑洛集》,有嘉靖三十一年賈應春刻本、文淵閣四庫全書本、乾隆十六年成邦彦刻本、道光八年朝邑西河書院刻本,嘉慶年間又有補刻本。《四庫全書》本未收入孔天胤序,僅在"提要"中云"嘉靖末所刊,汾陽孔天胤爲之序"。賈應春刻本收於《原國立北平圖書館甲庫善本叢書》第744册,孔天胤序題爲"刻苑洛先生文集叙"。底本此文目録作《苑洛韓先生文集序》。

〔二〕賈應春刻本序末有落款"時嘉靖三十一年冬十月,河汾孔天胤序"。

《锡命赠言》序

夫尊位顯名,臻其身以及其親,乃有德者之致。然必自天子命之,厚典之錫,爰表卓賢,揚庭之輝,以流茂實矣。是故階秩所進無弗尊也,册書所褒無弗顯也。《傳》有之:"德懋懋官,立身揚名,以顯父母。"其是之謂乎?

南明汪公，以鴻俊博雅之賢，出守襄陽，爲主上宣著教化，培育元元。綱紀文章，條理温粹，循行疾苦，威惠溥將。歷三載而政成，則吏有神明之畏，民咸父母之懷，於以稱職而安業也。乃奏績，稱治行第一。上命進秩褒美，仍推廣以隆其親。繇是公父雙塘翁受封爲中憲大夫、湖廣襄陽府知府，母胡氏受封爲恭人，各錫之誥命。其稱雙塘翁曰："孝友施於家政，忠信重於鄉評。寄傲林泉，適情書史。不耀其光，以昌爾嗣子。俾效用明時，服采惟謹。"其稱胡母曰："早備組紃之訓，夙閑閨閫之儀。章敬順以相夫，明愛勞以教子。俾爾子茂著年勞，以光懿訓。温綸寬厚，皇覽幽微，所以體子之孝，勵臣之忠，源源本本，貤錫於庭闈，而增榮乎郡邑者盛矣。"乃雙塘翁夫婦於是列尊位，膺顯名。親以子貴，則玄文處幽而光表於國；子以親賢，則上功陟明而承寵於家。是南明公德茂而身立，有明徵也。

嗟夫！士大夫通籍内近，隨牒外遠，凡若干人，皆自以遭遇清平，計展采奮跂，立躋尊顯，爰以其緒業光於祖考，垂厥後昆，然畢竟有不能一致者，則卑而無位、没而無名者，又何歎焉？如南明公，治行高等，與其親之賢淑並見徹九重，緫荷百禄，式金玉之度，賨龍鳳之章，以光以裕，克崇克熙，信全美矣。而況後效遐祉，方焰焰未已耶！公拜兹寵榮，襄陽之人指峴山以獻壽，溯漢江以祝鼇；大堤、銅鍉，歌朱絲而咏玉壺也。

郡僚佐毛君、蘇君、趙君等，各欣睹盛事，相屬賀稱。毛、蘇猥與余有舊，因遠介托文。余敬次其書疏〔一〕之語爲《錫命贈言》。時南明公復有閩臯〔二〕憲副之擢，則諸君是舉，適以爲公使拜家慶之一賞〔三〕矣。

【校記】

〔一〕疏，底本漫漶不清，據祁縣本補。

〔二〕臯，底本漫漶不清，據祁縣本補。

〔三〕賞，底本漫漶不清，據祁縣本補。

《端溪先生集》序〔一〕

《孟子》載:“游於聖人之門者難爲言。”夫言何難哉?難乎其爲正耳。聖學不明,先王之法晦,天下之言學者皆任其一偏,言法者復沿襲於敝。是故異端之言滿天下,簧〔二〕鼓時人之耳目,比之淫窪之樂;充塞仁義,比之洪水猛獸之災。於是衆言殽亂,不可稽矣。游聖人之門者則不然,本天道以言學,述堯舜之道以言法。學術審,法軌端,如日中天,如水行地。如繩誠陳,不可欺以曲直;如衡誠設,不可枉以重輕。而百家之言始梗塞而喙息,而後知其説之難也。當是時,鄭聲放黜,《大韶》振;泛濫委輸,九河安;猰貐猰㺄之類竄伏,百姓寧輯。正道宣朗,而天下之言學、言法者壹統於天,同歸於堯舜。三綱布昭,九疇叙列,五尺童子不愆於儀,而後知君子之立言以扶教也。故孟子曰:“能言距楊、墨者,聖人之徒也。”

余誦覽端溪先生文集而編次之,其文浩浩,其旨諄諄,其究非聖人之學不敢談也,非先王之法不敢陳也。乃知先生〔三〕游聖明之世,贊皇極之敷,其所以修辭纂言,卓然一出于於正。觀者體之心可以知德,推之物可以明政,有非言語文字之間爾者,是故可以傳矣。然則孟子所謂“聖門之言”,其不如是矣乎?夫文章根本乎六經,先生所著有《六經心義》若干卷,刻在家塾。試取而並參,則是集也,特枝葉之扶疏者焉。

【校記】

〔一〕《端溪先生集》八卷本,今中國國家圖書館有藏,爲“門人汾陽孔天胤編次,建業張藴校刊”。有孔天胤序,“序”作“叙”,題目下有署名“門人河汾孔天胤撰”。底本目録作《端溪先生文集序》。

〔二〕簧,《端溪先生集》作“篁”。

〔三〕先生,《端溪先生集》作“翁”。

《武經七書》序

《武經七書》載兵家略已明備，故取用爲武之經焉。鼂錯曰：“將不知兵，以其卒予敵也。”夫將而不知兵則已，如欲知兵，捨是奚適哉？惟陝擅河山之勝，稱帶甲之雄，則桓桓之將，糾糾之旅，林立山峙，宜人人諳曉韜略。然或筭有遺策，攻有遺力，豈非知兵之道有未悉哉！即筭勝攻取，或又不能保全功名如古名臣，抑與不知兵者等耳。蓋兵法閎廓深遠，有三代揖讓之道焉。故帝王之兵稱全勝，内不失己，外不損人。不失己者，功光如日；不損人者，威行如雨。是所謂知兵之將至矣。然而世平道明，縉紳則守禮樂，介胄則熙恬門祚而已。故緩急之用，往往稱乏；安危之間，好忘屬焉。則揆策之猷、克詰之務，有不容緩者。顧臨莅三軍，親援枹鼓，可不學而無術哉！

巡按監察御史吴興姚公按歷兹土，百度咸貞，謂邊北多事，皇上方選將練兵，則將貴知兵，兵貴知要，尤莫嚴於此時者也。乃爰檢是書行省中，刻而布之，以開迪陝之武人。於是布政左使進賢張臬復覽正其譌闕，共成七卷，胤乃叙記其概如此。

夫規矩建而方員有程，衡繩陳而平直無舛，言有經法可據循也。《武經》布而將略之弗嫺，豈章憲條教之旨哉？即因文權事，如司馬穰苴，本齊之閭伍耳，晏子稱其“文能附衆，武能威敵”者，以深知古司馬兵法，故齊君追古附名，遂號彼之《兵法》。今誠有知兵者，又安知《七書》非我之書哉！

《蒙谿集》序〔一〕

夫顯道於藝，而有陳極之觀；行言於遠，而有載籍之托。是故明著作者振其華，愛傳述者表其實，肇文以來莫之已也。金版玉匱之書，流至於今；屋壁山巖之典，式存自古。倘華實之岨峿，亦奚足爲有無哉？夫照夜之珍，見之咸襲爲實；掞天之藻，攬之疇肯不盈？固好是之鈞鑄在兹，所同神者爾。抑有矜心相忌，誣瑕掩瑜，專務毁善，弗欣成美，斯狹淺之過，信道之衰甚矣。昔偉長著言典雅，魏文贊以成家；休文麗藻天逸，康樂稱其冠世。豈曹、謝之才薄於二子？惟徐、沈之實，故當合愛而同聲也。古之益友，何可逮焉！

蒙谿胡先生，誕膺醇壒，弘體沈潛；蚤策鴻蜚，中回鳳覽。乃遁迹深栖，壒埃無滓，博綜反約，神理並融。蓋《墳》《典》之菁英，儀、極之奥衍邃於是乎？而歲月所假，著作所臻，則章章而載還古禮，句句而言返今樂。蓋其緣情建標則窮神内瑩，體物施采則含景外彪；細則析於毫箴，鉅則周乎漭沆。故程憲司契，檢鏡獨持，淹疾莫窺，首尾咸麗焉。即使楚材同生，漢俊齊世，與談賦心，蓋亦如斯而已。斯固作者之朗暢，必傳之所不疑也。夫淵岳其衷者，可以列高深；金玉其相者，可以叙文質。摭華拾實，藝無本而不立，言靡文而弗行矣。三復蒙篇，一貫斯理，信哉！非空浮華如是，是之取爾。

時余與秋渠張子共愛希有，同期廣録，雖琱琰之未能，庶鋟梓之可就。將命匠作，各叙其旨一篇。事存表實，言不殫微。匪言弗殫，微固難究。〔二〕

【校記】

〔一〕此《蒙谿集》一作《胡蒙谿續集》，嘉靖三十一年孔天胤與張鐸共同編選刊刻。孔天胤序在胡侍集中名爲《胡蒙谿續集序》，題下有署名“河汾孔天胤撰”。底本此文目録作《胡蒙谿續文集序》。

〔二〕《胡蒙谿續集》中孔天胤序末有“嘉靖三十一年秋七月上日”數字。

刻《西京雜記》序〔一〕

《西京雜記》記漢故事〔二〕，本叙謂是劉歆所編録。歆多聞博綜，故所述經奇。今關中固漢西京也，鴻人達士慕漢之盛，吊古登高，往往歎陵谷之變遷，傷文獻之闕絶。或得斷碑殘礎、片簡隻字，云是漢者，即欣睹健羨，如獲珙璧，方且亟爲表識，恐復湮滅，好古之信也。乃若此書所存，言宫室苑囿，輿服典章，高文奇技，瑰行偉材，以及幽鄙而不涉淫怪，爛然如漢之所極觀，實盛稱長安之舊制矣。故《未央》《昆明》《上林》之記詳於郡史，卿、雲辭賦之心閟於本傳，《文木》等七賦〔三〕雅麗獨陳，《雨雹對》一篇天人茂著。餘如此類，遍難悉數〔四〕。然以之考古，豈不炯覽巨麗哉！

緣其書罕傳，故關中稱多古圖籍，亦獨闕之。余携有舊本在巾笥中，因聽左使百川張公談西京故事，多後學所不聞，云本《西京雜記》，余遂出其書，百川公即取而刻之，以廣其傳〔五〕。不知好古者視之，果何如也？〔六〕

【校記】

〔一〕此版《西京雜記》稱"孔本"，清代時由江安傅氏雙鑒樓所收藏，晚清上海涵芬樓借雙鑒樓藏本影印刊行，民國張元濟收入《四部叢刊》，扉頁有"上海涵芬樓借印江安傅氏雙鑒樓藏明嘉靖孔天胤刊本" 字樣。中華書局 1961 年出版羅根譯注《西京雜記》，也以孔本爲底本。其中皆有孔天胤序。

〔二〕記漢故事，《四部叢刊》孔本(以下簡稱"孔本")作"以記漢故事名"。

〔三〕七賦，孔本作"八賦"。

〔四〕數，孔本作"敷"。

〔五〕本段孔本作"余携有舊本在巾笥中，會左使百川張公下車宣條，敦修古藝憲之事，余因出其書商之，遂命工鋟梓，置省閣中，以存舊而廣傳"。

〔六〕孔本有落款"嘉靖壬子夏四月上日，河汾孔天胤識"。

《謫台稿》序〔一〕

《謫台》，紀行也。行役而賦，詩人之義遠矣。蓋泰履之言難興，而羈思之感易作。故登山臨水，緬爾長謡；别鶴飛鴻，悽然異調。咸繾綣於去國，並徙倚乎懷鄉，無有離而不傷，傷而不歌者也。夫《國風》婉思慕，《小雅》善怨悱，由來豈邇也哉！時有作者，要惟當斯情耳。

與槐謝公，本館閣鴻英，端揆碩質，一旦出補台郡法理，登臨海之嶠，詎厭承明之廬？從簿書之委，奚勞侍從之事？矧時物錯陳，光景代化，修阻前期，栖遲違己。斯不能不取感於情，因應於作矣。余諦覽其篇，其材藻之瑰麗，則《瓊林》《玉堂》之摽；其節響之冲邃，則《白雪》《幽蘭》之操。至石梁、桐柏之觀，層台、雙闕之陟，則陵霞御風之絶致，遺俗之極軌也。無復遷人逐客之悲，而有合節中聲之趣。蓋思而不淫，怨而不怒，《國風》《小雅》之流乎？夫詩可以興，吾得其情焉。是故行役之賦，賢人所爲述志也。

關日多暇，停雲遠思，因與秋渠太史共閲同歎，各矢叙辭。嗟乎！世固有服奇抱玄、深文朗質，不揚聲輝於清廟，則流音采於川塗，亦理也哉！是詩當永勒霞標之郡，爰紀台躔之讁云。

【校記】

〔一〕讁，四庫本作“謫”，“謫”爲“商”的異體字。據明俞憲《盛明百家詩·二謝詩集》小序：“《讁台》《河垣》二稿，乃司理台州、參議河南時作矣。”可知此稿名爲《讁台稿》。又據《千頃堂書目》：“謝少南，《河垣稿》一卷，又《讁台稿》一卷，又《粵台稿》二卷。”今據此改訂。

送理問宋子南歸序

夫人無幽顯，道在則爲尊。余視世恒情，率尊重通顯，斯言殆虚語耳。及觀宋子則又不然。宋子稟醇和之質，沈穎之姿，淵識允尚，覽遠服奇，固宜擢在高位。乃牒〔一〕從理問一官，稱屈焉。然職主讞憲體，附屬大藩，得行其令於郡邑。小大之獄得其情，則冤雪忿蠲，結滯懸解。乾没漁獵者懼，逋負欺隱者有省也。我二三大夫賴之，得恭己而惠民,否則昧昧備員,盈庭積案,上勞下瀆,無所裨賴,斯無足多者,是其任則重矣。前吏未易得人,而官益以輕,事不由道,其勢則然也。

宋子到官以來,信敬以飭躬,從容以審度,明慎以折獄,平恕以用中,蓋推據必當而負抑底平,省中稱得理焉。吾大夫得享其逸,繇是上下之情,無不允服宋子而重之。故撫按後先相望,品藻材行,甄别吏能,咸推獎宋子,表之薦剡,章之物采。吾大夫每與接談治事,必咸起心敬,其見重如此。是宋子官不加崇而望尊也。自他人視宋子,或以爲善事上官,或謂左右丞位近華要,執事者與之。故迨其屬,皆非知宋子者。

宋子政暇嘗與余論學,又遣其子秀才來正其學,知宋子卓然有道者也。其言曰:"某少事舉業,攻文詞,既從道林蔣先生,聞道德之學,文不根道不敢言也,行不繇道不敢爲也。今逡巡而守一官,亦如斯而已。先生以爲何如?"余帖然曰:"是有道者之真也,何往而弗尊?使子登上第,服大僚,卒默默無所本,視其所尊重何如哉?故道在則爲尊耳。"

當奔訃南還,因叙送以紀其别。

【校記】

〔一〕牒,底本漫漶不清,據祁縣本補。

贈抑亭陳公擢湖廣廉使序

昔者夫子之言政曰:"近者悦,遠者來。"夫政非務悦也,而必曰悦之云者,豈非驗吾之道有以信乎人哉?今有莅之而民悦,去之而見思者,其道蓋如斯矣。夫監司之體貴廉,而守令之務多飾;刑政之舉略儒,而禮樂之事遺吏。斯四者皆偏,是故廉與飾交則名實眩,儒與吏分則本末離。於是惠有所弗孚，威有所弗震，刑有所弗中，教有所弗興，而民聽貳；貳則弗信，弗信則弗悦，弗悦則弗思矣。君子則不然。心統之，身任之，公體之，平施之。一生之未遂，一害之未除，一法之未純，一士之未迪，監司者曰："吾大者不能行其道也。"守令者亦曰："吾有司者不能奉其法也。"刑政必以教化爲先，禮樂必以風俗爲要。事不偏任，功不專能，得不銜名，失不委咎，上不虚美，下不隱惡。斯六者皆善，是故惠有所必孚，威有所必震，刑有所必中，教有所必興，而民聽壹；壹則信，信則悦，悦則思，如流水之赴大壑，源源沄沄，雖欲已之而不可得。然後知吾之道真有以信乎民，而民信之，斯夫子之所謂政者也。

嘉靖戊申，抑亭陳公以純厚廣淵之德，濬敏達識之才，清謹正直之操，愷悌精明之運，守冀南而來也。下車與郡縣約曰："夫官以爲民，民之休戚，無秦、越之視，綱紀之盈縮，惟共貫焉。若用智自私，吾不敢爲。公等無務矯飾以病民，無自携貳以妨至公。"於是諸吏亹亹。汾之士陋，部使者蓋皆惜之，然率委於學官功令之司而不教。公至，始教以經法，於是諸生亹亹。其年北虜跳梁，過忻、代，公預授方略，令一道修戰守具，虜竟不敢犯冀南。明年大旱，百姓乏食，流莩載道，公移粟高平數千石，所全活汾、平、介、孝垂死者數十萬人。躬精禱雨，雨輒下。行入賀萬壽聖節，汾人作《喜雨朝天圖》歌咏仁澤。車未及，旋擢湖廣按察使。

方公之康惠我民，牖啓我後生，民士固欣然悦之，今則翻然思矣。汾郡師生楊光先等，言群情之所以念公者，圖宣之乎文辭，是誠所謂去四偏，兼六善，莅之而民悦，去之而見思者。公之道信乎民也，驗矣允矣。持是道以輔聖明，布元化，俾四海之廣莫不大悦，固大君子之優爲也已。

贈郡伯龍㟾張公入覲序

天下之言治，曰久任成功也。而士君子之仕，亦未嘗不欲久任以行其志；然而有不可必得者，豈非久任之難哉？余舉其難以觀百執事，則守令者尤其難者也。蓋守令以一人之身，有以承乎上，有以御乎下。上之人責我也常備，而吾所以承之者未必皆周，以未必皆周之迹而迕責備者之心則惎；下之人望我也常厚，而吾所以御之者未必皆詳，以未必皆詳之迹而拂厚望者之心則懟。懟與惎交而官危矣，如是而欲久任，豈不難哉？是故久任以成其功者，上下信之也。《書》曰"三載考績，三考黜陟幽明"，言久任之功也；孟子曰"獲上治民"，言所以信也。

我龍㟾張公之守汾也，蓋據膴原，膺劇郡。惟郡當冀孔道，密邇會城，其上則撫按監司實近矚之，而又有分守以親臨之，其所以責備者，奚但簿書期會之間而已也？當是時，雖龔遂、黄霸之賢，能自保其必周而無惎乎？其下則藩府之卒、軍衛之戎，與吾閭閻之民旁午錯綜，其所以厚望者，率多分黨比類之私。當是時，雖王尊、劉寬之賢，能自必其皆詳而無懟乎？乃龍㟾公處之，逮六載矣，上稱其賢，無所於惎；下頌其德，無所於懟。然非公志行之純，將無以信乎人；非上下之能信，公將不能一日安乎其位。而能儼然贊中和之極、奏循良之功於六載之久乎？公之志行矣。

今歲大侵，公輕徭省罰，以寬元元之命；復擒捕大盗，以銷不測之虞，又公之異能也。行再入覲，以膺明陟，僚佐蕭君、康君等，共服公寅恭之好、丕績之高，特列祖帳以榮其行。胤不敏，敢述美而爲之叙云。

《喜雨朝天圖》序

皇上膺歷統天，今四十載，其中秋十日爲萬壽聖節，我分守抑亭公以夙望簡命之臣，宜入賀。未行，值大旱。蓋自春如夏無一雨，公憂省祈恤，靡不周至，乃瀕行而雨施，群生以甦。公乃大喜，曰："聖主欽昊授時，令守臣宣序條達，庶陰陽調而風雨時，五穀熟而民人育，以錫福乎元元。而含生蒙化，咸鼓舞嘉祥，沐浴休澤，以歸福乎聖明。曰：'德潤四海，澤臻草木，天地之間，被潤澤而大豐美，實惟我后。惟我后壽萬萬億與天無極，惠育群有亦萬萬億無極。'是爲太平之祝，齊三光而超五岳，非徒隨例上章，獸舞山呼而已者。竊喜臣今日之行，蓋致之乎斯矣。周人祝其君之多福曰：'群黎百姓，遍爲爾德。民之質矣，日用飲食。'夫雨弗時若，嘉禾弗茂，民曷飲食哉？民飢，生且弗聊，曷爲德哉？故周人所云，爲善頌福也。今禄位名壽在聖明備矣，顧陰陽調而風雨時，五穀熟而民人育，乃君臣相待以成太平之福者，布之於下而報之於上，正守臣者之職而周人之心也，喜孰大焉！"

時汾人送公行者，作《喜雨朝天圖》卷而矢以詩。公愷悌通神明，慈惠徽幽隱，弘敏達時艱。汾去歲自春如夏無雨，公下車而雨隨，余有詩歌之。今歲乃復然也，公月前行縣四郡，雨盡隨車；及拜表省中，太原亦雨矣。余常憶昔百里嵩之在徐州如此，今故親目見之耳，又安能已於志喜之作耶！

贈中丞印臺傅公進少司空還朝序

印臺公拊循全陝之明年，是爲嘉靖庚戌。時秋高，虜乘至於畿輔，皇上思謨猷之臣，列在帷幄，爲安攘計，乃咨用宿望，進公工部右侍郎。而當塗上言："今日要務，宜選將練兵。誠有將，即不慮無兵；誠有兵，即區區醜虜所不足慮。故《易》讚師貞丈人，《詩》歌元老壯猷。"因疏名中外臣工有文武資略如干人，而我公爲稱首焉。繇是皇上於公蓋益注屬之矣。公既承簡命，遄車還京，三司寅餞灞亭，再拜贈言曰：

邇來西北多事，而關陝之爲殷；四方菑饉，而關陝之爲甚。天下民力凋劫，奸宄萌滋，吏治之弗勝也，而關陝之爲尤。自公撫臨，實保釐之。究政事之得失，研物理之精微，引義以正其維，弘仁以廣其育，炳睿以炯其察，議制以廉其斷。而民之勞者息也，而嗷嗷者有哺也，而蕩瑕剔蠹，彝憲叙而吏道光也。又夙夜匪懈，以考其衷；小大必情，以委其誠；幽顯畢達，以罄其宜。登其民數而斂其軍實，撙節其侈越而康保其休息。故群吏受紀，百物陳叙，曾不逾年而統類齊一。仰鏡承流，回風嚮道之不暇，而吾之牧岳者得以溥其化，布憲者得以章其度，分閫者得以申其律，皆公之靈也。今其持是而上，以其敬恭亮采，弼承天事，經營安攘，有弗洪濟用底於績〔一〕如拊循者哉？然公之善言在耳，穆如清風；懿德在心，愉如陽春。鴻飛之謡，爲我心惄焉。夫《詩·抑》有之："無言不酬，無德不報。"今公之及我者厚矣，何以酬之？我聞自昔："爾有嘉謀嘉猷，入告爾后於内。"公其以之，又何報之？我聞自昔："信其道德，謀明輔和。"公其以之。

公於是以爲贈言之古也。胤以執事之後，謹叙述之。雖揚厲盛美之難，亦表見群誼有如兹者。夫古之名臣，稟純碩之德，攄乂亮之才，應鴻昌之運，册桓赫之勛。出則賦政於外，經營四方；入則贊美元樞，珪瓛巖廊之上。譽烈炳乎日月，功流洽乎河海，如《詩》《書》所稱周、召、仲山、尹甫之明尚矣！然而德以本之，才以弘之，居天下之大端乎！勛烈其緒之，位望其因之焉爾。昔夫子蓋有志焉，遭時既絀，芟《诗》叙《書》，以言古君臣之際，德業之間，觀其深微而傷其遐邈，實惓惓乎于兹。後有作者，聖王之英也。我公高朗弘毅之德，總統遐馭之才，所謂文武之兼資，輔世之雄略，是故其所歔歷偉矣。今其入，而周、召其勛，仲山、尹甫其勛，如《詩》《書》所稱何讓焉！是則今日疇咨之旨，二三大夫之蓄意云。

【校記】

〔一〕於績，底本漫漶不清，據祁縣本補。

送與川葛公巡撫河南序

是歲秋八月，陝西左布政使與川葛公膺皇上簡命，進都察院右副都御史，巡撫河南。璽書載畀，式遄于行。惟時三司舊僚咸素服公義而榮厥徂征，乃贈言以相送也。前參知謝公俾胤爲叙其略。

夫御史大夫，尊官也。巡撫，則居尊以行其道，紘總一方，準裁庶務，匡表有位，惠植群生，古之所謂保釐者也，非其官尊者其任重乎？是故籲于俊乂，選于傑英，信于歷試，顯于懋咨。名其才，非其德，弗予也；名其德，非其實，弗予也。斯賢以簡登，庸以實奮，位匪輕授，道不虚行。昔孔子贊唐虞得人之盛，儼然夏、商、周之弗如也。豈三王而果下哉？或忠質文之有尚也，彼皆責實于名者也。其流也敝焉，徇名而失實者有矣，視渾渾者固有間乎？若忠肅恭懿，宣慈惠和，齊聖廣淵，明允篤誠，天下謂之元凱者也，而元凱不知也。堯以至仁甄陶之，舜以大智舉用之，而其效風動，而其變時雍，蕩如巍如，師如諧如。蓋非有他，皆取諸其實德者也，惟在聖人爲能簡之耳。今思此十六德者，有一聲音笑貌之可爲乎？有一言語文字之可假乎？是故純乎其天，率乎其性，樂則行之，憂則違之，確乎其不可拔者也。後世則不然，先名後實，投時之好，緣飾之巧，功名會焉。故竽瑟之談，岐絲之譬，伐檀之賦，朵頤之爻，上士所謂寒心，下士以之變節。如是而言，才德之際，名實之間，難矣，邈矣。

肆聖皇求治，必以唐虞而簡賢授位，一惟元凱其人。故尊官重任，疇克舉之，我儀圖之，與川公其宜之矣。蓋其睿哲之姿，有如齊聖；沉毅之藴，有如廣淵；忠信廉潔，有如忠肅；易直慈諒，有如惠和。由是而之保釐，則中州其勿乂乎？夫中州，伊雒之經，陰陽之會，田廬犖距，人物阜蕃，殷周之故都，禮樂之餘俗，所謂四隩咸宅，寓内莫如者也。矢其文德，宣其彝憲，則其教易行；息其游惰，敦其本力，則其養易足。廉貪立懦表之清，補偏救弊作之明，返異歸同範之一，黜浮崇雅本之公，中州其勿乂乎！夫無實而虚譽者有矣，未有有其實而無其功者也。

公舉於鄉也，爲明經第一。尋舉進士，復策高第，筮仕推府，辟命司馬，秩宗大夫。出視學河南，實弘於道德，嫺於兵刑，達於禮樂。及參晉之藩，掌晉之臬，實康我全晉之民。既莅分陝，實又提全陝之民而康之。今舉而之保釐也，無二道也，欲勿乂可乎？即舉而之寅亮也，必唐虞之乂爲也。故曰"信于歷試，顯于懋咨"。《詩》有之："肅肅王命，仲山甫將之。"兹行之謂與？於時諸大夫皆曰："然。"

《青氈獨坐卷》序

夫青氈者，以表儒官之清也。儒有抱道自娱，不競利達，不鄙窮約，飲水甘於列鼎，緼袍華於佩玉。偃仰一室之内，所樂惟琴書，咏歌先王之風，其聲若金石。至其講道論德以詔來學，吟風弄月以適天趣，與童冠數子回翔雀鱣之庭，雍容槐杏之所，而其光霽融朗之標，化育流行之意，蓋不知天壤之間，復有何樂可以代此者！乃坐卧乎一氈，一氈之内，萬物不能干其志；一氈之外，四海無以喻其寬。蓋皭然泥而不滓，卷之無朕而放之不窮，是爲儒之清也。然以清而言清，則難乎其爲狀。善喻者取一氈以表之，雖不言清，而其清自不可掩,乃其冲而深者越以章也。

我前源先生楊公實具是道,諸生田俊民等於誦服之餘,思以贊先生之德者,特繪《青氈獨坐》圖卷,以聲詩之,可謂善形容有道之氣象矣。余喜爲叙其大略如此。

孔文谷集卷五　序

陝西壬子科鄉試録序　代作〔一〕

皇上統天御極之三十一年，是爲嘉靖壬子，當大比興賢之期。惟西土克慎厥事〔二〕，監臨則巡按監察御史某，提調則布政使某，監試則按察使某，其諸執事咸秩如虔如惟。式晝既已昭矣，乃進〔三〕提學副使某所簡士二千有奇，三試之，得中式士六十有五人，文若干〔四〕篇，遵制録獻。某〔五〕謹叙其義曰：

夫興賢所以求俊乂也。今俊乂之選慎矣，慎則將必得若人焉。然其究也，信哉否歟？夫必慎，兹毋敢射主司。能自信之，惟俊惟乂，諸士有弗自信者乎？夫信者，實有諸己而無惑於志，故信己可以信人。中心疑者，動必窒焉。昔者子使漆雕開仕，曰："吾斯之未能信。"子説，説其能考所信。魯欲使樂克爲政，孟子喜之，喜其學在善信之中，良以此也。皇上大中和之極，久聖神之化，甄陶萬類，涵育群材，巍巍乎，蕩蕩乎，與天同運，盛矣〔六〕！夫四時行焉，百物生焉，以從天也。諸士沐浴鼓舞，藹藹彬彬，效庸熙事，疇不誠俊乂哉？然弘道惟艱，緝學無止，體而信之，當自兹始矣。夫九德之行，三物之教，皆古之俊民所以列〔七〕位。然其道非虛談僞作可以緣飾，要之，天德之良，本固有之，惟真識允蹈，信而不疑，斯廣大流行，亮采而用章。是雖德有九，物有三，而所以行之者一也。譬諸淵泉，方圓惟所注矣。昔有虞命官相事，以平水土命禹，禹惟服；以播時百穀命稷，稷惟服；以掌布五教、明五刑命契與皋陶，契與皋陶惟服；以典禮命伯夷、典樂命夔，伯夷與夔亦惟服。何也？皆自信其所能。孔門論志，仲由任治賦，冉求任足民，公西赤任學禮樂，蓋亦舉所自信。

今諸士抱藝抒藻，析理陳道，著之成篇，又雍容揖遜，式禮不愆，其威儀文辭儼然俊乂，亦略可表見。即且登用巖廊，策名委質，大受如虞庭，小試如仲尼之徒，則何如哉？夫亦慎所以體之矣。故無實而好名，未信而干進，君子耻之。舉稱得進匪幸，君用其所養，臣行其所學，化光溥焉，人文茂焉，聖世之所樂觀也。兹其究必信而有徵，諸士其可以不慎乎！〔八〕

【校記】

〔一〕本序爲孔天胤代主考官楊舉作。《嘉靖三十一年陝西鄉試録》有落款“山東濟南府肥城縣儒學教諭楊舉謹序”，題爲《陝西鄉試録序》（以下簡稱“原序”）。

〔二〕原序“克慎厥事”後三句爲“則巡按監察御史姚一元寔監臨之，御史按部竣事，復奉命簡，留逾再歲，兹於颺教貞憲備矣。乃夙遣介幣，延招儒官舉等遂偕至焉。於是以舉與教諭袁延椿、司考試賈拱禄、王納議、孫國隆、孫繼武、周以魯、王室賓，司同考试提調則左布政使張臬、左参議張鐸，監試則按察使李冕、副使殷學”。

〔三〕原序“乃進”後作“巡按監察御史劉世魁、提學副使謝少南”。

〔四〕若干，原序作“二十一”。

〔五〕某，原序作“舉”。

〔六〕盛矣，原序作“甚盛”。

〔七〕列，底本漫漶不清，據原序補。

〔八〕原序此後尚有：“是時，太子少保兵部尚書兼都察院右僉都御史王以旂，總督軍務都察院右副都御史賈應春撫循内地；都察院右副都御史張珩，右僉都御史張鎬、王誥、沈良才各撫循重鎮；巡按御史王本固，先蔡揚金，今孫永思、尚維持各按歷地方，咸統理方略，垂範樹風，而户部郎中張子順、刑部郎中陳棐並有事兹土，觀厥成焉。右布政使孔天胤，左参政蘇志皋，右参政李乘雲、何其高、石永、吕時中，右参議劉光文、楊濂，副使朱用、張玭、榮愷、張焕、范瑟、楊賢、劉世用、錢泮、張松，僉事陳其學、王光宇、薛尚義、趙彦章、崔峩、潘璵咸與綜理防範，而行太僕寺卿王朝賢，少卿李檠，苑馬寺少卿王教，都指揮使王延鶴、畢文，並以文事武備相厥成焉。先期入賀，則副使茅鍌，右参議李延康，都指揮僉事潘鐣，夙與有勞於禄，並得書之。”

贈臨津王公由汾州同知升任南京東城兵馬指揮序

守令之道二，曰守己，曰愛民焉而已矣。夫是二者，士人類能言之。然方其處也，謂其出而行之也；及其出也，則行之而弗逮者，往往而是焉。豈復以二道爲不美哉？夫亦有所奪之也。奪之云何？曰：物喪心也。守曰義，義吾心也；愛曰仁，仁吾心也。吾存吾義矣，吾體而行之，無弗宜也，以言乎修己則爲能守，而非有襲於外也；吾存吾仁矣，吾體而行之，無弗慈也，以言乎治人則爲能愛，而非有私於内也。無襲於外，雖行一不義而得天下，不爲也。古之人有行之者，淵陋巷而處，而爲邦之道已著；尹任世而出，而耕莘之德已含。何也？心主於一，而物不能二也。是故其出也，猶其處也；其言也，猶其行也。今之士則不然，俗學障之，俗思殽之，營營乎利害之畛而趨違之，逐逐乎彼我之界而厚薄之，於是損人以利己而可爲也，厚以自裕而以薄待天下而可爲也。夫利害不並存也，彼我不兩立也。我取其利，害必貽人；厚歸於我，薄則誰受？如是而曰守己，曰愛民，可自信乎？故未有守己而不愛民，亦未有愛民而不守己者也。

臨津王公，學純而志恪，存省仁義之性而有得於心。蓋自窮居之日，即以古孝廉自朂，庶乎孟子所謂“不爲”“不忍”焉者。是故筮而貳汾，而二道行焉。其淡泊之操，一年而人謂其矯也，二年而人謂其苦也，三年而人謂其貞矣。其寬和之政，一年而人謂其緩也，二年而人謂其便也，三年而人謂其惠矣。曰貞曰惠，能守能愛之謂也。昔者夫子之稱子産也，亦惟是焉而已矣。而王公何以服行厥躬，炳茂一至此耶？夫卓德異行，當世平道明之時，易；處物欲横流、仁義充塞之時，而能挺然以獨持者，難。若王公，可謂勇矣。即登而庸之，使當大任，奚不可者？乃擢南京東城兵馬指揮，蓋借賢以爲都官重也。啓行之日，一郡之人無不喜其叙遷，而惜其捨去者。余與同志相率而送，而申之斯言云爾。

贈僉憲南庵趙公陟参江藩序

嘉靖三十六載之夏，分巡憲使南庵趙公陟参江藩。當遂整車以行，惟河東郡屬吏良貴等，率三十六州邑長吏相與議於庭曰：

晉置四道，而河東爲最鉅。天子簡命憲臣，分鎮而巡之，必以名俊。乃南庵公望重而道弘，前憲臣之巡理也，咸有補於吏民，然即其所以宣序，一惟條格之恒有者耳。若濟難而時被其休，建利而世永其賴，事殊而功異，德廣而惠深，實惟我南庵公。夫乙卯地震之變亟矣，盈河東之民，横被蕩覆，輕者十室而半，重者過之，而蒲坂之間則十室而九也。又水火加於激薄，盜賊起於掘發，徹夜連日而不可已。公是時親爲捕治，加意督察，撫其孑遺而賑其殘破，瘞其伏骸而保其頹敗，由是喘息之餘黎得〔一〕相煦濡而生矣，傾危之故居得相寄泊而處矣。而城郭宫室漸次表營，令官府復睹其儀衛而條其紀綱也。今則寖以恢矣，非濟難而時被其休者乎？夫河東之地，有水而多旱，而民不知用之久矣。公至，察其土風，觀其流泉，相其原隰，令民作車以引水，作陂塘溝渠以爲蓄注，由是高亢之田將爲沃壤，旱幹〔二〕之歲亦有豐年。乃公造之物，民蒙其惠大矣，遠矣，非建利而世永其賴者乎？若夫端亮之體，精明之政，寬而有制，廉而不苛，示我表儀，立之中正，殆不能以歷陳矣。夫德盛者懷，功高者頌，今於公之行也，若之何爲情而後可也？

群吏唯唯贈言：天生俊良以扶世也，故君子以世道爲己責，隨其所在，則布德而樹功焉。非自爲其譽之謀求，以不負乎天焉而已矣。今南北多故，戎馬倥偬，其勢不啻一地之震蕩也；公私並匱，徵應復煩，其勢不啻一方之枯槁也。願公柄用大行，以其爲河東之濟難而建利者，而弘濟之，而普潤之，令威惠浹於海隅，勛烈升於廊廟，則我公之能事，群吏之所佇延也。《書》曰："若濟大川，用汝作舟楫。"《詩》曰："經營四方，告成于王。"公其以之。於是上其言以效之頌，送之遠而懷之不能已已也。

【校記】

〔一〕黎得，底本漫漶不清，據温抄本補。
〔二〕幹，底本作"乾"，據温抄本改。

贈郡守龍嵎張公受撫台旌獎序

主上以知人安民之道付之臣，其在外則撫按之務在知人，守令之務在安民。然急於知人者恒過於望察，則知人之數少。何也？心有物焉，則賢否昡其明也；上官過於望察，則有司急於求知其所爲。安民者亦恒過於表暴，則安民之數亦已微矣。何也？心有物焉，則名實損其真也。斯二者皆難。惟吏之賢者則不然，守道而服官，循理而奉職，以民爲吾同胞，以物爲吾與，因其利而導之，因其害而驅之。日孳孳焉，泯泯焉，爲之而不出吾性分之常。吾無所求知於時，而自當乎時之知，然後爲真能安民之賢矣。

求其賢者，其惟我龍嵎張公乎？公始守代，居無何，復移重守汾。惟代邇邊，外有黠虜之虞，民生蓋靡寧日。公守道循理以安之，民乃用安，虜用不敢深入。撫臣曰："賢矣！"乃請上移守汾州。惟汾居腹内，有强宗之患，民生蓋亦靡有寧日。公守道循理以安之，民乃用安，强横亦用以衰。撫臣曰："真賢矣！"乃宣上條令，復移書以旌之。夫以汾較代，則汾劇而代稍約，以治之難易則强之，患苞孽黠之虞，獸聚而鳥散耳。於是代民惜公之去，而汾民幸公之來也。於是撫臣亦自以爲知人之審也。

禮行之辰，吏士相與慶於堂，氓庶相與慶於野。山人得而識之。

昔者皋陶之陳《謨》曰："在知人，在安民。"然其道惟哲惟惠，惟其人之德有九；惟宣惟嚴，惟浚明，惟亮采，迪乎其身，見乎其家邦，公卿大夫之所以爲惠也。惟翕受敷施，惟九德咸事，君相之所以爲哲也。竊觀公寬嚴有濟，敬簡不渝，沉潛而高明，愿謹而强毅，蓋有迪知忱恂之學，而涵之有素者矣。今以其德見知於撫臣，而達之天子之庭，則俊乂之陟爲不遠也。是故有安民之實者，然後成知人之明；而於下有所求，於上有所援者，皆誣也。

劉母太夫人七旬序

嘉靖三十六載，菊有黄華之月，霜來青女之辰，劉母太夫人林氏壽登七十有四，子四，女十一，孫男三，孫女四，曾孫男及曾孫女，咸以是月獻壽致嬉以崇奉。太夫人元子介石君宰西平，遥以西平之俸致甘旨來；仲子白石君任都御史在告，乃親以臺省之儀致燕樂。元孫中齋君太守真定，亦遥以真定之俸致甘旨如西平。餘子若孫，或分銜於章甫，或振藻於黌庠，或舉進士於鄉，或正蒙養於塾，各彬彬藹藹，翩鸞停之彩，秀蘭茁之英。佐酒稱觥，舞階扶杖，先意以承其〔一〕志，和氣以怡其顔，所謂樂生而不可已者，舞之蹈之而不知其所以然也。君子以爲孝弟之至可以通神明矣，而况太夫人之心有不陶陶然樂哉！西河外史聞而讃曰：

維皇天篤佑，隆我國楨。用生才哲，賴此淑媛。乃太夫人慈惠和懿，克昭上帝，是用錫祉降康，俾身其康彊，子孫其逢吉。或股肱王家，亮采惠疇；或經略安撫，輯匡内外；或定省温凊，弗遠庭闈。式奉忠履孝，各有其人；並行並育，同符兩儀。乃太夫人家靡缺頤，國多移孝，寢息有高枕之安，興居無倚閭之望。是用游衍淳和，優入壽域，以引以恬，蓋保有無疆者矣。至如厥嗣顯揚，競明三事，荐登鼎鉉，均理化元，爲四海底昇平，爲八荒納仁壽，則太夫人無疆之福抑又爲大括。而咏言周母之曰"文也"，魯母之曰"壽也"，亦如斯而已。

【校記】

〔一〕底本此處衍一“其”字，據文意删。

贈霍州守元泉褚君受撫台旌獎序

海寧褚君之守霍也，與他守異也。他人之守霍者，謂其地之陋也而薄之，謂其民之敝也而疾之，謂其士之侗也而棄之，謂其宗之强也而諛之。夫是四者之心，皆梏於有我。有我則我與物離，物亦與我離，是以其政無三年成也。褚君則於其陋者而安之，於其敝者而植之，於其侗者而開之，於其强者而正之。安之於以奠其居，植之於以厚其生，開之於以廣其學，正之於以肅其儀。蓋以物同我而以我率物，而其心公焉。是以一年而政理，再年而政行，而物之懷惠者日以親也，畏威者日以敬也，則其政三年成可知矣。巡撫大中丞閔公知君之賢，表表如是，既疏名薦之於朝，復宣佈璽書褒美之令，檄所司優禮厚文，示旌獎於君之公堂，以彰善也。與時郡別駕陳九思以余與褚君有一日之雅，乃徵言爲叙其事，余凛然歎服。

夫文學、政事可二乎哉？而聖門別爲兩科，蓋據其所得之多者而言之耳。然文學所以求此心之理而明之，以去其偏鄙競僞之私；政事所以推此心之理而行之，以達其宣慈惠和之公。其道焉可岐也？若以文學爲摛藻之工，政事爲鈎奇之術，則二之可矣。故有大涵養者必有大設施，有大學術者必有大事功也。褚君夙以文學著聞兩浙，實修身體道，以求聖門之所謂求志、達道之實而一之，宜其治郡之賢表表如是矣。夫君子患不稱名，名稱之時，義行之日也。褚君其達矣乎！詩曰：“顒顒卬卬，如珪如璋，令聞令望。”維君子以之。

《蟠桃獻壽圖》序

陳母太恭人趙氏，淑德坤符，壽祉天介。甲寅之歲，庚午之月，十有一日，厥維誕辰，厥壽七十。時家子文岡大夫方奉帝璽書，載敷文命，周爰三聖之墟，式和五典之則，循循亹亹，善誘不倦。乃王事之在職，家慶之不躬上矣。于是緬望白雲之高，遥酌南山之獻，秩秩英僚，藹藹俊彦，咸與摛藻贊詞，舉觴添壽，取象金母之儀，摭實蟠桃之啖。繪圖裝軸，合組列錦，以遺太恭人，若曰"身雖不至，心則嚮往之"云爾。太恭人目睹金玉之章，耳聆海山之頌，當必樂福物之遐致，慰有子之浚明，適志養之嬉，增康强之豫，而不知老之將至與子之遠游也。

文岡公猶顒然歉然，不自已已，客有解之者曰："夫事親有等分焉。卿大夫之事，固宜與士庶殊矣。愉顔羞甘，定昏省晨，嘉時令節，上杯酒爲壽，依依終日堂序之不越者，士庶之所以爲孝。卿大夫則不然，承訓于家，展寀于國，身立而名顯，服寵而鼎頤，斂時錫以爲休，集人和以爲慶，故子崇萬里之勛，則親裕高堂之樂矣。今公奉太恭人宣慈之教、惠和之令，入而翼亮朝章，出而經緯文憲。帝貺晉錫之封，人歌魯母之壽，即其榮養，豈與士庶比哉！况太恭人克相夫君澹亭翁登上第，策鴻名，踐歷省寺，直哉寅清，參保東郊，惠威明允。夫君蚤世，太恭人又親訓其子，適觀其所樹揚，奕世載德，赫如桓如。而諸子若孫復森列炳蔚，即其受祉，則太恭人之所以壽，豈在膝下一觴哉！"文岡于是唯唯授圖，徵外史氏述詞叙列其上。

昔澹亭翁以直道左官，有遺愛于武鄉、陽曲，兩邑咸俎豆之。不三十載，而文岡公復主盟斯道，昌其惠思，龐博弘衍，實太恭人貞淑之風，融融穆穆，同壽永康。胤，晉鄙之遺氓也，敢不載言，以矢其音？

贈司馬大中丞麓泉王公榮進序

上之三十二年，以大中丞麓泉王公督撫吾晉之疆邑。一年平其政，弘闡厥猷，虜不敢向雁門，百姓寧息。霜寒草死，虜纔一窺伺。適我軍方張，固已追逐挫敗之矣，所俘獲斬首甚衆。奏上捷書，上大嘉悦，進公兵部右侍郎。且召之入，以其地之賴也，仍兼右僉都御史，督撫之如故。尋又邏獲奸細，以絶虜之鄉導。報書又上，上益大嘉悦，又進公兵部左侍郎兼右副都御史，督撫之如故。璽書載臨，吏民罔不欣抃。藩臬大夫相與頌功稱賀，曰：

惟是疆邑，股肱京輔，天子命重臣使鎮其地，實藉兹茂略，與其總統而布其惠威，以安内而攘外，而中外賴之，如草木之有山陵原隰，容保之用休也。乃自北虜跳梁，蓋十有六載，而兵不怠防，於是疆邑之民稍已稱困。然主憂勞，臣况瘁，官奔命，民竭躬，亦勢所必至矣。故前籌之或得或失，後事之或利或鈍，皆不可必也。惟我公經略安撫以來，其事細大，悉有條貫，可遵議以製，不泥其陳度，以可不行其臆。以故將信士奮，吏畏而民懷之，而于安于攘之功不可以有加也。是大臣總統有方，則庶僚可以靖共；政體均平便宜，則民雖勞而不怨。《詩》曰："君子所依，小人所腓。"其是之謂矣。夫大臣受主上之知，專閫外之寄，其任大，其責重，其心恒，以弗克稱使爲懼。及稱使矣，又功名之際，疑畏之衝，有不得而不業業者。今我公功立而志孚，名顯而位達，上心實眷注之，行且召之，而元臣之勛亨矣。某等敢不歌頌厥功，而惟慶之賀哉！故願登上竹帛，以紀不世之徽云爾。

於是徵外史氏叙述其旨而上之，考之於周，稱"文武吉甫，萬邦爲憲"。説者以爲文附衆、武威敵也。公素備是德而首憲是邦，則邦人庶士，誠亦沐浴歌咏之久矣。敢附及之。

贈葛陂許先生移職慶成王府教授序

葛陂許公司訓於汾之學五年，而有慶成王府教授之擢。除牒載臨，當移署府中。惟府與學宫居雖相望，而師生戀戀，咸惜其捨此而之彼也，乃請余言以贈之。余固知公者，而公之賢又可以颺之言。

蓋師儒之官，以道德爲實，以文章爲華，而傳道解惑，一惟傳此解此而已矣。近師席倚而不講，朋徒相視怠散，是末師而非往古，狃於所習，毁其所不見。於是惡拘檢，樂誕縱，於禮有所弗聞也，公於是獨言禮；用私智，見小利，於義有所弗聞也，公於是獨言義；廢講習，弛討論，於學有所弗聞也，公於是獨言學；昏理路，塞思塗，於文有所弗聞也，公於是獨言文。夫是四者，扶本實於既撥，振朝華於已萎。以紹古昔，以覺盲瞶，師道爲已端矣。雖暴棄者未易即回，而聰明持志之士改觀内向者，率影響應之也。使公誠久在師位，令興起者得卒業以考其成，豈不幸甚矣乎？

乃遽移其重於王官，譬之挈千尋之綆，汲九重之泉，泉半上而綆中絶，則渴者之望阻矣。然汲引之惠則惜之宜不能已也。又有爲公難其曳裾之行者，而公亦自有難色，余解之：

夫淮王雄尊，賈誼傳之；膠西弗馴，董子正焉。彼皆不遇其主，而二臣猶卒見信，名垂始終。况賢於所遇則志易行、職易稱者乎？故與王好竽而子鼓瑟，君好少而臣年老者，殊軌而異調也。今賢王樂善謹度，君臣道合，上好禮，公能言禮；上好義，公能言義；上好學，公能言學；上好文，公能言文。則古人魚水之喻，無以加於兹矣。然而或難之者，豈不過哉！皇朝藩服之盛，螽斯、麟趾照耀區夏。然舉其巨麗，則慶成據其最，中間好禮、好義、好學、好文者彬彬如也。即反是者，可導而上也。其轉移之機，牖啓之術，亦在公汲引之而已矣。然自亦有難色者，豈不亦過矣哉！昔孔子天縱之聖，其仕魯也，入門鞠躬，過位色勃；孟子命世之才，一見齊王則曰："齊人莫如我敬王者。"公固素願學孔、孟，則所以贈公者，豈復有他說耶？

王母太老夫人壽序

嘉靖三十有六載，厥惟嘉平之月十有某日，爲王母太夫人令誕之辰。是時，太夫人之嗣西石君以少參之重居守河東，奉迎太夫人於邸舍，日崇養以禄，於以隆愛日之誠。太夫人康彊悦豫，命西石以宣慈惠和、明允篤誠之道道平陽，蓋庶幾元愷之緒烈，而保釐堯舜之故都者矣！於是河東吏民咸服西石君之化，而鼓舞太夫人之慈訓，故於其誕辰，罔弗稱慶，若華封人之祝堯云。

惟時靈石縣令董大經請余叙讚厥休，而躬往獻壽於其堂。余竊以爲，卿大夫之孝與士庶異者，誠謂其克以禄養，然禄亦人事之常然者耳，而非與天地合其德者也。與天地合其德者，其惟元和乎？天地以太和元氣爲主本，而以其順化流行於四時，貫通乎萬物，而四時長序焉，萬物長生焉，而天長清焉，而地長寧焉。以其性情而言謂之仁，以其功效而言謂之壽，合仁與壽而言謂之福。今祝人以歛福者，必先乎壽，然不仁不可以言壽；祝人以饗壽者，必先乎仁，然不和不可以言仁。惟太夫人以和德訓厥家，西石君以太夫人之德亮采有邦，而濟濟庶僚，元元蒸民，悉以其和心頌太夫人。西石君於是既以鼎旨奉安膳，復聚是醇和以爲之順，積是百順以爲之福，則太夫人之所以爲壽者，真宜與天地覲矣。

刊《四書膚解》序

士以舉業爲時義，而不推本乎聖學者，誣也。何也？沿俗以爲工也，趨時以求售也，溺於末流而忘其源也。聖學或幾於息矣，不亦誣乎？夫聖人之學，心學也。心即性也，性即理也，理即道也。其諸所謂盡心知性、窮理修道，皆學也，而實不外於心也。其諸所謂德行之存、事業之著、文章之炳，皆心也，而實不外於學也。夫士之於舉業也，猶農夫之耕也。農夫不能捨耒耜以爲耕，士亦不能捨聖學以爲舉業也。堯、舜、禹、湯、文、武之爲君也，其臣未嘗非士也，其士未嘗無學也，然不聞有沿俗之行、趨時之習。即云有沿，則精一中敬之外無餘沿也；即云有趨，則精一中敬之外無餘趨也。無餘沿趨，即無二學也。周道衰，教化缺，學術不明，人心陷溺，於是有沿俗之行、趨時之習。斯士之敝也流，吾先子惻焉，表群聖之幽微，垂六藝之統紀，繩往緒，正來觀，博文約禮，而一以貫之。於是即心是學、即學是心之義，曉然如揭日月而行百世，以俟聖人而不惑也，何獨於舉業而二之哉？二之者，惑之也，故余以爲誣也。

三代損益時政，不損益禮，故忠、質、文迭易而禮不易，道不可變也。夫子用文，從周聖之時也。假使夫子生於今之世，必繇舉業矣，其綜文必屬時義矣，於舉業無所加，於聖學無所損也。今爲舉業之本領者，有六經以立其極，有四書以會其歸，何莫而非聖學之心法也？學者誦其言而不味其旨，狃於沿俗趨時，不復反而求之於心，宜乎其自誣也。是故想像者無真見，音響者無真聞，記誦者無真知，模擬者無真行，剽竊者無真得，其爲舉業亦已荒矣。夫子曰："辭達而已矣。"非示人以文之方乎？然未有欲達其辭而不求諸理者也，未有欲明諸理而不求諸心者也。故士不患不達，但患不達於辭；不患不達於辭，但患不達於聖學耶。

元泉褚子，浙名士也。明允深造，有師友淵源之學，家食授徒，成造廣益。及牧霍也，則政教兼舉，而尤懇懇於聖學之傳焉。霍進士喬承詔與諸生劉選等，既得其所著《書義》以鋟之梓，又得其《四書膚解》復選梓鋟之，蓋皆超悟而力行之矣。因以徵余叙。余覽之中夜，知云"膚"者，自謙也；其云"解"者，皆發明孔孟之心學，指陳舉業之正的，欲令學者一洗沿俗之行、趨時之習而歸之道。即其用心，豈徒嘉惠後學？實亦有裨於教矣。而學者無復雷同剿説以重誣焉可也。余故諄言之云爾。

《玄覽編》序

《玄覽編》者，載事之玄者也。昔純陽吕公，稟天授之醇靈，擷民彝之瑰異，綴儒林之藻秀，溯學海之波瀾，遭時濁亂，結□遠游，苦節求師，貞心進道，尋參領乎衆妙，竟策步於上乘。是故正言以筌其理，則雲笈翻華；詭行以印其象，則火鈴耀彩。乃其仁存浮世，意在深澤。斯清詞絶調，流寫人間；匿景現形，超騰物表。蓋游戲三昧，變化萬殊，不可得而測矣。覈其有無，究其旨歸，豈非老子所謂“玄之又玄”者耶！

今其書可睹記焉。學士大夫稔境域中，詫情方外，非聖之書概所不觀。然馬遷叙六家之統，惟道是崇；劉向博群書之精，列仙乃述。則弘觀廣覽，烏可以偏廢也？是故高文達識如坡老輩，皆喜躡玄踪，樂傳奇事。但其書止名文集之泛，未摽玄理之微。靈寶樸庵彭翁，家世嗜道，妙契厥文，始欲更飾徽題，重雕廣布，適其嗣東谿公保釐之暇，出是編語余。是時山人方覃思道德之府，極意逍遥之林，實卷展而義陳，目擊而心悦，便議熙號《玄覽》，鋟梓蘭齋，俾上達覽之而神悟，下士聞之而頤解也。問：“可以答仙翁乎？”公曰：“可哉！”遂定刻之。

老子有言：“滌除玄覽，能無疵乎？”夫玄覽者，覽於玄微也，吾取諸此而已。文垂千古，道在同心。龍沙之謡若非虚語，鶴樓之笛會豈無人？

長樂園序

長樂園，在城之北，峪之南，莊之下。其地有清流激湍，茂林修竹，如山陰蘭亭之勝云者。而崇山峻嶺，雲霞出没，嵐采氤氲，可以遠望。蓋望之而若屏風焉，而園之選勝撰於斯矣。大宗正南村翁，携其家嗣東皋君與諸孫七泉君等，日游偃其中，以爲樂焉。然未有以名其園者，幽谷朽生名曰“長樂”。蓋天生斯人，原以真樂付之，令弗憂煩，是爲本性，是爲自然，乃老子所謂爲常道者也。而人情奪目於富貴，役志於紛華，未得則憂其難，既得則患其失。悄悄焉，憧憧焉，寤無寧心，寐無好夢，丹顔早消，素絲先現。計其初心，欲以盡一生之歡，窮當年之樂，則歡樂之時少，而憂患之日多矣。

南村翁居足富貴，處滿紛華，而乃逍遥山水之間，栖遲魚鳥之際。樽酌循環，翰墨間作。象谿谷以怡神，先俯仰而上德，遂令憂患無所入之。夫憂患不入，即心是樂；此樂無改，是名永長。即長而言，其説有二：守此天真，以保百齡，延而綿之，萬有千歲，是一長樂也。父以是傳之子，子以是傳之孫，子而又子，孫而又孫，以永守此樂，永保此壽，是又一長樂也。故余名其園曰“長樂”云爾。

祚胤慶言序

余觀韓昌黎《河中府連理木頌》，言咸寧王尹蒲，有德之交暢者五，如訓戎宣恤之類，爲庶德昭融，神斯降祥，於是有殊本連理之柯生於河之東邑。此特假物而歸之德焉耳，孰愈夫躬備純德，建中用和，天人交〔一〕感，祚胤徵至爲無所假哉？

我東谿彭公之保釐冀南也，德不可得而數也，吾舉其大。夫司牧者將平之也，然徇性臆决，任法刻深。公來準儀，弗徇弗任，壹即之天理而順，當乎人心而安。簿書倥偬，則禮樂未遑；公來静正，闡厥聖謨，陳乃藝極，俾我多士，迪德勵業，矜寡彊〔二〕禦，易忽易撓；公來惠威，生養疲黎，保安無告，申訓明禮，銷奸化梁。監司務察，守令務蕆；公來寅亮，開誠率下，同道體物，吏職咸奉，民業以安，訟有牽連，獄有冤滯，或拘或嫌，鮮克伸控；公來明恕，平反昭雪，摘伏發奸，冤生感泣，服辜者甘，位崇道尊，視下若遺，視微若辱；公來謙損，詢于蒭蕘，賁及草莽，片善必嘉，小過弗計，樽俎雍容，瓊琚玉珮，恒事易了，變端難持；公來神敏，式遏寇宄，中厥機宜，府兵之亂，談笑定之，中丞倉卒，公益整暇，轉危而安，重如泰山。是故吾舉其大，比之昌黎之言交暢者，數不止五而有大焉也。

吾何以頌之？當是時，鼓舞休明，沐浴膏澤者，謂草木之蓁蓁，鹿豕之狉狉，士女之嬉嬉，皆公之和德，神之降祥也，何物而非連理哉？吾何以頌之？今己未仲秋，適公誕育良嗣，則祚胤徵至之祥也。《詩》曰："樂只君子，保艾爾後。"斯可以爲慶矣！以故王公、薦紳、父老皆賀。學正瑶，訓導光先、岡，諸生雲翔等，相與議於宫曰："昔鄭人頌子産之德，言'我有子弟，子産訓之'，今公奚但訓之，而實噓我太和，復我元氣，長育成就我如《菁莪》焉矣。今乃天錫公嗣，若曰公有仁恩，及我庶類，斯報之麟鳳之祥耳。天且不違，而况於人乎？"於是師生相率九頓首而稱慶，又托余言以爲之頌。余無昌黎之文而有其情，聊叙述其事，以紀公之福德云。

【校記】

〔一〕交，底本漫漶不清，據祁縣本補。

〔二〕彊，底本原作"疆"，據文意改。

壽宗尉西谷公六十序

世所謂壽者三：天錫其齡，俾以遐厚，其精神若或啓之，其氣體若或翼之，優游康彊，維順維期，一也；人廣其譽，俾以宣昭，叙述其勛徽，讚咏其辭令，彌漫洋溢，無已無殆，二也；我種其德，俾以純懋，尊德樂義而無假於外，安土敦仁而守固於中，長永真静，以清以寧，三也。

夫是三者，皆立不朽，與天壤俱。然繫乎天者有不可必，繫乎人者有不可知，則可篤長生之基，培久視之道者，惟其德而已矣。何也？存乎我者，即天之所以與我，人之所以同我者。是故失其德而天人違度者有之矣，未有有德而天不之應、人不之歸者也。天人合符，悠久不二，則沆瀣朝霞不足餐也，安期羨門不足慕也，而三壽之理森然備焉。演一以爲三可也，圜之而爲一亦可也；一歲而抵千秋可也，萬有千歲而爲一朝亦可也；一言而爲萬世法可也，遁一世而無悶亦可也。譬彼高山，衆丘仰之；譬彼大海，群壑赴之。一自然而然耳。乃上古天真之爲壽，黄帝之所聽瑩也。

惟我大宗正西谷公，實兼三壽而有之。公以銀潢之派，玉牒之英，蚤從事詩書禮樂，以克紹先王之光訓。乃文德懿衷，天章炳蔚，道積厥躬，行憲厥世，吐詞振藻，馳譽流芳，郁郁彬彬，盛矣美矣！而神宇泰定，性天朗融，望之儼然，即之温如。今甲子載周矣，而精神意氣猶夫方壯之時也，則綿歷之祺，保艾之慶，寧有既耶？故曰兼三壽而有之，不虚居矣。

戊辰三月十有九日，實惟誕辰，兄弟子姓合家慶於堂，而縉紳大夫聲附景從，固其理也。余因舉是説以明之，平川廣文書其説而獻之。

送周以明就例游太學詩序

夫燕雀之情一隅，鴻鵠之志千里，在物有之，人亦宜然。是故秉識之深者而洞重淵之測，垂覽之遠者而極高臺之觀。執矩之儒，守窮轍而不出；通方之士，適殊塗而有歸。故明主設雲綱以周羅，則綱總而目凡；多彦幸天門之廣闢，則猋從而景附。蓋時難得而易失，會因緣而可乘。《易》曰："觀國之光，利用賓於王。"故士獲委輅脱輓而游帝鄉，幸矣，何必株守墻東哉！

兑川周子，才稱樸茂，學號弘通。乃試藝屢頓於塲闈，抱志獨傷乎歲月。偶因例貢之選，聊從國學之游。惟兹賢士之所關，實彼大觀之攸繫。三代之彝倫炳焉，六經之精采焕焉。隆師則山斗之非遥，取友則金蘭之孔邇。故志有可辨而善有可摩，功有可崇而業有可廣。所謂顔、冉之龍翰鳳雛，曾、史之蘭薰雪白，舒、向之金玉淵海，卿、雲之黼黻河漢，皆繇此其選也。而琦瑰卓越，大有進於此者，不可得而殫也。引而伸之，觸其類而長之，是在周子矣。夫觀國之光尚賓也，周子其賓之哉！斯睹白日而翔天庭，附青雲以有爲也。於時同懷之侶，咸有贈别之篇。

峒山君壽圖序

惟朱明之肇序，寔清和之扇景。緑槐陰而如蓋，紅藥媚其滿欄。鳥喈喈而流韻，荷的的而始華。乃萬物之得時，而三才之朗茂。天地之盛節，而日月之韶光。老氏擬衆樂於熙臺，瞿叟囿群休於樂國。乘大化者神游，委至和者理解。鵬九萬而不渝，鷃一枝而自足。惟以惠適怡真，不以矯强拂性。然人情好歡而苦慼，物生愁廣而娱希。故歎老嗟卑者，臨鐘鼎而不夷；啼飢號寒者，值豐暖而愈泣。或充於財者嗇於用，通於勢者瑣於營，精神以内戰而凋，形色以外紛而瘁。坐使良辰孤邁，促景同傾，雖窮達殊塗，而憂患一軌，豈不痛哉！此達士炳齊物之觀，通人擅及時之樂，難與俗人道，可與智者談也。

奉國大將軍峒山，華誕當强仕之年，綺筵投四美之會。同宗之侶舉千金而稱壽，合道之朋頌萬年而奉觴，誠有見於此矣。

具慶贈言序

君子於其親也，值嘉辰，逢令旦，居則拜慶於一堂之上，仕則祝釐於萬里之外，情也，亦恒也。然而有進於是者，親具慶於家，子昭慶於國。中和之理達於位育，孝悌之至通於神明。人悦之，天眷之。錫祉受符，偕老並茂，優游容與，不可企及焉。昔者夫子之言孝曰："始於事親，中於事君，終於立身。揚名於後世，以顯父母。"夫事君者，以禄養也；名顯者，以善養也。以禄養者尊，以善養者榮矣。昔者詩人之言假樂曰："宜民宜人，受禄于天。保佑命之，自天申之。"夫宜民人者，中和達也；受禄命者，神明通也。中和達者人悦之，神明通者天眷之矣。君子躬此四德者於其親也，慶之大也，釐之隆也，非區區拜祝之間而已也。其我太守龍嵎張公之謂乎？

公珪璋之器，黼黻之才，勉爲親隨，牒三命而爲大夫，崇養以禄，是爲能尊其親。其爲大夫也，宣慈恭懿，弘衍家緒，廓其德音，崇養以善，是爲能榮其親。公樂民之樂，民亦樂公之樂；公老人之老，人亦老公之老。今年孟冬，值太封君樂庵翁與太夫人魏同辰共壽，是日龍嵎公南望祝釐，吏民顒顒亦南望祝釐，凡有衣冠、會文字者，罔不鼓舞歡情而歌頌盛德者矣。是不謂人悦乎？觀人之悦，而公之中和之理可知也。公之老親合德齊齒，清寧康彊，稱其慶則萬福之同，言其孝則百順之積，是不謂天眷乎？觀天之眷，而公之孝悌之至可知也。夫人道莫大於孝，孝莫大於尊榮其親；人生莫難於福，福莫難於人悦而天眷。我龍嵎公實咸有之。

余，齊民中之野人也，故因其祝釐而附屬之如此，庶馳獻萬年之觴，以表國人之善頌云。